성인을 위한 PEERS®
사회기술훈련

PEERS®

성인을 위한 사회기술훈련
PEERS® FOR YOUNG ADULTS

Elizabeth A. Laugeson 지음

유희정 · 김주현 외 옮김

Σ 시그마프레스

성인을 위한 PEERS® 사회기술훈련

발행일 2021년 6월 25일 1쇄 발행
        2024년 7월 5일 2쇄 발행

저 자 Elizabeth A. Laugeson
역 자 유희정 · 김주현 외 4인
발행인 강학경
발행처 (주) 시그마프레스
디자인 우주연
편 집 류미숙

등록번호 제10−2642호
주소 서울특별시 영등포구 양평로 22길 21 선유도코오롱디지털타워 A401∼402호
전자우편 sigma@spress.co.kr
홈페이지 http://www.sigmapress.co.kr
전화 (02)323−4845, (02)2062−5184∼8
팩스 (02)323−4197

ISBN 979-11-6226-339-6

PEERS® for Young Adults
Social Skills Training for Adults with Autism Spectrum Disorder and
Other Social Challenges

한국어판 부모와 함께하는 자폐스펙트럼장애 청소년 사회기술훈련(*Social Skills for Teenagers with Developmental and Autism Spectrum Disorders: The PEERS® Treatment Manual*, Laugeson & Frankel 2010; 유희정 외 역, 2013)에 이어 거의 8년 만에 성인을 위한 PEERS® 매뉴얼을 출판하게 되었습니다. 분당서울대학교병원의 소아청소년정신의학 클리닉에서는 그동안 200여 명이 넘는 청소년들과 PEERS® 프로그램을 진행해 왔고, 그 청소년들이 성인으로 자라나는 것을 지켜보았습니다. 어떤 PEERS® 졸업생들은 더 이상의 치료적인 도움 없이도 독립적인 삶을 잘 살아갈 수 있었지만, 어떤 졸업생들에게는 대학교에 진학하거나 직업을 찾기 시작하면서 PEERS®에서 배웠던 내용을 다시 한 번 복습해야 할 필요를 느꼈습니다. 그동안 고등학교의 구조적인 환경에서 대체로 잘 적응해 온 졸업생들에게조차 대학이나 일터는 또 다른 세상이었고, 독립적으로 살아나가기 위해서는 새로운 길잡이가 필요했습니다. 어떤 성인들은 다양한 이유로 성인기가 되어서야 처음으로 자폐스펙트럼장애 진단을 받게 되기도 했습니다. 그들은 어릴 때 진단을 받고 치료해 온 성인들보다 어쩌면 더 큰 사회적, 정서적인 어려움을 겪고 있었고, 더 깊은 혼란과 막막함을 경험하기도 했습니다. 그러나 전환기를 맞은 성인들을 도와줄 수 있는 체계적인 방법은 많지 않았으므로 처음 청소년을 위한 PEERS®를 도입했을 때와 똑같은 고민을 하게 되었습니다.

그러던 중에 UCLA PEERS® 클리닉에서 성인을 위한 PEERS® 개발을 완료했다는 소식을 듣게 되었습니다. 프로그램 개발자인 Elizabeth Laugeson 박사는 감사하게도 성인을 위한 PEERS®가 정식으로 출판되기 전에 먼저 프로그램을 교육 받을 수 있는 기회를 주었습니다. 성인을 위한 PEER® 수련 워크숍에 참석한 뒤 바로 매뉴얼을 번역하기 시작했습니다. 청소년을 위한 PEERS®와는 달리 성인을 위한 PEERS®에는 4회기에 걸쳐 데이트 예절에 관한 교육이 포함되어 있고, 저는 젊은 성인들의 연애와 관련된 사회적 관습은 문화에 따라, 세대에 따라 매우 큰 차이가 있으므로, 이를 한국의 상황에 맞게 수정해야 한다고 생각했습니다. 번역자들이 임의로 내용을 바꾸기보다는 실제로 우리 지역사회에서 살아가는 20~30대 청년들의 관점을 들어보는 것이 좋겠다고 판단했고, 이를 위해 29명의 젊은 성인을 대상으로 심층면접을 시행했습니다. 여기서 우리는 미국판 성인을 위한 PEERS® 매뉴얼에서 설명하는 내용들이 우리 문화에도 잘 맞는지, 좀 다르다면 어떻게 수정하고 어떤 예시들을 넣으면 좋을지 물어보고 답을 들었습니다. 그뿐만 아니라 젊은 성인들이 많이 참여하는 사회적 활동, 사회적 집단, 그리고 괴롭힘에 대처하는 전략에 대해서도 물었습니다. 그렇게 해서 얻은 자료들을 토대로 매뉴얼의 세부 내용들을 수정하였습니다. 그리고 그 매뉴얼을 기반으로 분당서울대학교병원 일반연구비(연구번호 14-2016-023)의 지원을 받아 31명의 성인을 대상으로 효과를 검증하였습니다.

저와 저희 팀은 연구 과정에서 만난 성인들과 보호자들을 통해 이 프로그램이 그들이 사회에서 독립하여 살아가는 데 필요한 첫걸음에 소중한 이정표가 될 수 있다는 것을 느꼈습니다. 프로그램에 참가한 성인들은 일자리를 찾고 다른 사람들과 관계를 맺는 것에 자신감을 얻게 되었다고 이야기하였습니다. 어떤 보호자들은 성인을 위한 PEERS®에 참가하면서 비로소 처음으로 자녀가 어엿한 성인이 되었고, 너무 당연하게도 데이트를 시작할 수 있는 나이가 되었음을 실감하였다고 말씀해주셨습니다. 치료팀은 자폐스펙트럼장애를 가진 사람들이 성인기에도 여전히 끊임없이 발전할 수 있다는 것을 알게 되었고, 우리가 도울 일 역시 많다는 것을 다시 깨닫게 되었습니다. 하지만 저는 성인을 위한 PEERS®를 한국에 도입한 것은 성인들을 돕기 위한 다면적이고 긴 여정의 시작일 뿐이라고 생각합니다. 앞으로 이 프로그램을 꾸준히 시행하면서 더 다양한 스펙트럼을 겪고 있는 성인들과 일하는 경험을 통해 프로그램이 더 잘 정착하고, 나아가 더 진화해 나가기를 기대합니다.

이 자리를 빌어 한국어판 성인을 위한 PEERS®를 번역하는 과정에 참여하신 모든 공역자께 감사드립니다. 우리나라 청년들의 데이트 문화에 대한 면담에 참여해주신 성인들께도 깊은 감사를 전합니다. 오랜 시간에 걸쳐 프로그램 검증 연구를 함께해주신 함께 웃는 재단의 조아라 사무총장님, 차세영 센터장님을 비롯한 재단 여러분께도 감사드립니다. 프로그램을 진행해주신 이경아 선생님, 김지윤 선생님의 노고에도 감사의 말씀 전합니다. 프로그램의 번역과 참가자들의 평가에 헌신적으로 노력해주신 노동현 선생님, 봉귀영 선생님께도 감사드립니다. 프로그램 진행을 도와주신 심리 수련생 백소영, 박희은, 박연주 선생님, 그리고 모든 보조 치료자 선생님들의 노력과 따뜻한 마음에도 진심으로 감사드립니다. 청소년을 위한 PEERS®에 이어 이 책의 출판을 과감히 결정해주신 (주)시그마프레스에도 경의를 표합니다.

이 프로그램의 개발자이며 저의 좋은 동료이자 친구인 Elizabeth Laugeson 박사에게도 마음 깊이 감사드립니다. Laugeson 박사의 통찰력과 관대함으로 얼마나 많은 한국의 청소년, 성인, 그리고 치료자들의 삶이 달라졌는지 안다면 아마 그녀도 매우 기뻐하지 않을까 생각합니다. 아울러 성인을 위한 PEERS®를 적용하고 연구하는 데 많은 영감을 불러일으켜준 Amy van Hecke와 Ofer Golan에게도 이 자리를 빌어 우정과 감사를 보냅니다.

마지막으로 한국어판 성인을 위한 PEERS®의 검증 연구에 참여해주신 성인들과 가족들께 가장 큰 감사를 전합니다. 여러분과 16주 동안 함께 일하면서 정말 보람 있고 기뻤습니다. 여러분의 노력 없이는 이 책이 세상에 나오지 못했을 것이며, 여러분으로 인해 이 프로그램이 비로소 의미를 갖게 되었습니다. 감사합니다.

대표 역자
유희정

저자 서문

이 매뉴얼은 첫 번째로 개발된 부모와 함께하는 **자폐스펙트럼장애 청소년 사회기술훈련**(*Social Skills for Teenagers with Developmental and Autism Spectrum Disorders: The PEERS® Treatment Manual*, Laugeson & Frankel, 2010; 한국어판 유희정 역, 2013)에 기반을 두고 있다. PEERS®는 자폐스펙트럼장애(Autism Spectrum Disorder, ASD) 및 기타 사회성에 어려움이 있는 청소년들을 대상으로 하는 부모 조력형 사회기술훈련이다. 청소년을 대상으로 한 연구 및 거기에서 파생된 성인 대상의 연구는 미국국립보건원(National Institutes of Health Training Grant NIH T32-MH17140, 책임연구자: Andrew Leuchter)을 통한 2개의 National Research Service Award로부터 연구비를 지원받았다. 성인을 위한 연구는 Organization for Autism Research(책임연구자: Alexander Gantman)에서 추가적으로 지원을 받았다.

이 매뉴얼에서는 기존에 출판된 **청소년을 위한 PEERS®** 매뉴얼을 일부 개정하고, 몇 가지 새로운 내용을 추가하였다. 성인들의 발달 특성에 더 적합하도록 내용을 수정하였고, 부모가 돕는 모델을 보호자가 돕는 모델로 바꾸었다. 새로운 매뉴얼에서는 보호자가 치료 환경 밖에서 사회성 코칭을 하게 되는데, 여기서 보호자는 부모뿐 아니라 성인 형제자매, 다른 가족 구성원, 활동 보조인, 직업 코치, 생활 코치 혹은 또래 멘토 등이 모두 될 수 있다. **청소년을 위한 PEERS®** 매뉴얼과 또 다른 점 중 하나는 4회기에 걸쳐 데이트 예절에 대한 내용을 다루고 있다는 점이다. 이 회기는 원래 청소년용 PEERS® 매뉴얼에 포함하기 위해 만들어졌지만, ASD를 비롯하여 발달장애 청소년들의 부모를 대상으로 시행한 포커스 그룹(focus group)을 거친 뒤 부모들의 요청에 의해 데이트 관련 수업 내용을 삭제하게 되었다. 부모들이 제기했던 우려는 사회적으로 미성숙한 청소년들이 데이트 예절을 배우기에는 아직 발달적으로 준비되어 있지 않다는 것이었다. 하지만 ASD나 기타 사회성에 어려움이 있는 성인들의 보호자들은 대체로 이런 우려를 하지 않는다. 이 프로그램을 연구했던 캘리포니아대학교 로스앤젤레스캠퍼스(UCLA)에서 PEERS® 클리닉에 참석한 성인들은 이 중 매우 소수만이 적극적으로 연애를 하고 있었지만, 대다수가 데이트 예절에 대해 더 알고 싶어 했다. 따라서 새로운 매뉴얼에 데이트와 관련된 수업 내용을 추가하는 것은 부적절하지 않으며, 어떤 참가자들은 이를 매우 적극적으로 배우고 싶어 할 수 있다고 판단하였다.

청소년을 위한 부모 조력형 프로그램은 14회기로 구성된 반면, 성인을 위한 PEERS® 매뉴얼은 16회기로 구성되었다. 두 회기가 늘어난 것은 데이트 예절에 대한 수업이 4회기 추가되고, 좋은 스포츠맨 되기와 나쁜 평판 바꾸기에 대한 두 회기가 삭제되었기 때문이다. 그러므로 이런 사회적 어려움에 대응하는 전략을 찾고 싶은 전문가들은 **부모와 함께하는 자폐스펙트럼장애 청소년 사회기술훈련**(영어판: Laugeson & Frankel 2010; 한국어판: 유희정 외 역, 2013) 혹은 영어 자료에 익숙하다면 PEERS® 치료 시리즈의 두 번째 편인 *PEERS®*

Curriculum for School-Based Professionals(Laugeson, 2014)을 참고하기를 권한다.

PEERS®의 수업 내용이 점점 보완되면서 가르치고자 하는 기술을 강조해서 보여주는 역할극 시연 역시 함께 발전하였다. 이 매뉴얼에서는 새롭게 업데이트된 적절한 사회적 행동과 부적절한 사회적 행동의 역할극 시연을 제공함으로써 치료자들이 새로운 기술을 가르치기 위한 수단으로 활용하게 하였다. 새로 포함된 역할극 시연의 예시를 몇 가지 들자면, 유머러스하게 풀어낸 **자랑하기, 이래라저래라 하기**, 대화 중에 **매우 개인적이 되기, 적절한 눈맞춤 하기, 적절한 신체적 경계 갖기**, 그리고 **대화 시작하기**를 위한 새로운 전략, **정보 교환하기, 소문과 뒷이야기 다루기** 등이다. 영어로 된 자료에 익숙하다면 PEERS® *Role Play Video Library*(www.routledge. com/cw/laugeson)에서도 이 매뉴얼에 사용된 중요한 역할극들의 동영상을 볼 수 있다. *FriendMaker* 모바일 앱에도 가르치고자 하는 목표 기술의 역할극 시연 동영상이 PEERS® 프로그램에 있는 규칙의 내용들과 함께 들어 있다. 이 동영상들은 치료자들이 교육 내용을 전달할 때 참가자들이 더 즐겁고 적극적으로 수업에 참여하게 돕는 추가적인 도구들이다. 또한 *FriendMaker* 모바일 앱을 통한 '가상의 코칭'으로 치료 회기 밖에서 추가적인 지원을 받도록 할 수 있다.

성인을 위한 PEERS® 매뉴얼에 추가된 또 다른 중요한 내용은 모든 수업에서 **조망 수용 질문**을 사용하는 것이다. 이 프로그램을 처음 개발하고 검증한 UCLA PEERS® 클리닉에서는 청소년과 성인 대상의 연구집단과 임상집단 모두에서 **조망 수용 질문**을 사용하는 것을 표준 치료 과정의 일부로 포함하고 있다. 사회적인 인지를 개선하도록 돕기 위해 가르치고자 하는 사회성 기술의 적절한 역할극과 부적절한 역할극 시연을 끝내고 바로 이 질문을 한다. **조망 수용 질문**이란 "저 사람은 기분이 어땠을 것 같나요?", "저 사람이 상대방에 대해서 어떻게 생각했을 것 같나요?", "저 사람이 상대방과 다시 이야기를 나누고 싶어 할 것 같나요?"라고 묻는 것이다. 매뉴얼에는 각각의 **조망 수용 질문**에 대한 적절한 대답을 제공함으로써 더 쉽게 교육할 수 있도록 하고, 논의가 더 잘 이루어질 수 있게 하였다. 개발자들은 치료 프로그램을 시행한 이후에 사회성 기술과 우정관계의 전반적인 개선뿐만 아니라 사회적 인지 역시 향상되었다는 연구 결과를 얻었으므로 이에 근거하여 이 질문을 성인용 매뉴얼에 추가하였다.

성인을 위한 PEERS® 교육 과정의 전반적인 내용은 청소년을 위한 PEERS® 매뉴얼을 기반으로 하고 있지만 성인의 발달 특성에 맞게 수정하고, 새로운 수업 내용을 추가하고, 그리고 새로운 역할극 시연과 **조망 수용 질문**을 추가함으로써 이를 새로 배운 사용자들뿐만 아니라 PEERS®에 숙련된 전문가들에게도 사회성 기술을 가르치는 데 유용하고 새로운 전략들을 제공해줄 수 있을 것으로 기대한다. 이 프로그램은 ASD를 가진 전환기의 성인들에게 사용하기 위해 개발되었지만 다른 종류의 사회성의 어려움이 있는 성인들에게도 널리 사용될 수 있을 것이다. PEERS®는 **생태학적으로 타당한 사회성 기술**(즉, 사회적으로 잘 적응하고 있는 사람들이 보이는 사회적 행동)을 가르치기 때문에 친밀하고 의미 있는 관계를 발전시키는 방법을 배우고 싶어 하는 어떤 성인들에게든 사용할 수 있다.

Elizabeth A. Laugeson

감사의 글

이 매뉴얼을 작성하고 출판하기까지 상당히 오랜 시간이 소요되었습니다. 이 매뉴얼은 10년이 넘는 기간에 걸친 연구와 임상 적용의 결과물입니다. 이 매뉴얼의 바탕이 된 연구와 임상은 캘리포니아대학교 로스앤젤레스 캠퍼스(UCLA) PEERS® 클리닉에서 일하는 연구자, 임상가, 그리고 대학원생 들로 구성된, 헌신적이고 유능한 팀의 기여가 있었기에 가능한 일이었습니다. 저는 이 팀원들의 노력과 꾸준한 헌신에 감사를 표하고 싶습니다. 특히 Mina Park, Shannon Bates, Jennifer Sanderson, Elina Veytsman, Ruth Ellingsen, Enjey Lin, Catherine Mogil, Jessica Hopkins, Courtney Bolton, Vindia Fernandez, Ted Hutman, Kalina Babeva, Mera West가 임상 현장에서 우리 가족들에게 보여준 놀랍도록 사려 깊은 노력과 공감에 특별한 감사를 전하고 싶습니다. 여러분은 우리 프로그램의 심장이며, 여러분을 나의 친구이자 동료라고 부를 수 있어서 자랑스럽습니다. 우리의 유능한 연구팀 내에서는 특별히 Alex Gantman, Yasamine Bolourian, Lara Tucci, Josh Mandelberg, James Yang, Jilly Chang, Ashley Dillon, Aarti Nair, Allison Vreeland의 훌륭한 기여에 감사를 표하고 싶습니다. 여러분은 우리 프로그램의 중추이자 우리가 하는 일을 신뢰할 수 있게 만드는 기반입니다. 여러분의 지칠 줄 모르는 노력에 끝없는 감사를 표합니다. 우리의 역할극 동영상의 개발을 위해 훌륭한 연기력을 발휘해주신 역할극팀의 Elina Veytsman, Jordan Albright, Gabe Aviera, James Yang, Allison Vreeland에게 여러분의 창의력을 나누어 주고, 사회적 실수를 설명하는 장면을 연기할 때 유머를 불어넣음으로써 언제나 우리를 웃게 해주어서 감사합니다. 최고의 편집자들이자 훌륭한 대학원생들인 Angela Dahiya, Ana Mendoza, Peggy Hsieh, Leilani Forby, Rhideeta Jalal, Morgan Joliffe, Gozi Egbuong, Mera West, Elina Veytsman, 그리고 James Yang의 편집팀에게도 특별한 감사를 전합니다. 항상 의무를 넘어서서 힘써 주시는 Team PEERS®에 속한 모든 학생, 인턴, 연구원, 보조 치료자들에게도 감사를 표합니다. 우리의 짐을 나누어 져주고 우리가 설 수 있는 다리가 되어 주어서 감사합니다. 여러분 없이는 이 일이 이루어지지 않았을 것입니다!

UCLA와 The Help Group에 있는 친구들과 동료들에게도 감사를 전하고 싶습니다. 특히 저의 연구와 작업을 지원해준 Peter Whybrow, Barbara Firestone, Jim McCracken, Susan Berman, Philip Levin 박사님께 특별한 고마움을 표합니다. 저의 연구 멘토인 Mary O'Connor, Blair Paley, Fred Frankel, 저의 길을 찾도록 도와주시고, 그로 인해서 제가 다른 사람들에게 같은 도움을 줄 수 있게 해주셔서 감사합니다. 그리고 가장 마음 넓은 멘토인 Andy Leuchter에게는 지금까지 받은 도움에 감사를 표할 마땅한 말을 찾을 수조차 없습니다. 지금까지 당신의 지도와 우정에 겸손하게 감사를 표합니다.

전 세계에 있는 저의 연구 동료들에게 PEERS®의 대사가 되어 주시고 우리 프로그램을 재현함으로써 객관적이며 문화적인 타당화를 이루어 주셔서 감사합니다. 특별히 Amy Van Hecke, 유희정, Ofer Golan,

Ralph Adolphs, Angela Scarpa, Mirella Dapretto, Adam McCrimmon, Kirstin Greaves-Lord, Tomoko Yamada, Masatsugu Tsujii에게 감사하고 싶습니다. 여러분의 연구와 지원으로 이 연구 프로그램이 실제 현장에서 신뢰를 얻고 특별함을 갖게 되었습니다. 우리 연구 가족 내에 여러분이 있어서 정말 기쁩니다!

제가 10년이 넘는 시간 동안 이 연구를 지속하도록 도와주신 UCLA의 Friends of the Semel Institute와 같은 관대한 기부자들에게 감사를 전하는 것 또한 빼놓을 수 없습니다. 특히 우리 연구 프로그램을 후원해주심으로써 보여준 Vicky Goodman과 Sally Weil의 변하지 않는 친절함과 관대함에 감사드립니다. Janet Lang, Barry Lang, Vera Guerin, 그리고 Shapell and Guerin Family Foundation, 우리의 연구와 훈련에 대한 여러분의 진심어린 지원에 감사합니다. 여러분의 관대함은 여러분이 아는 것보다 훨씬 더 큰 영향을 미칠 것입니다.

끊임없는 출장과 집필 회의를 견뎌 주고 인내심을 갖고 지지해준 저의 가족과 친구, 여러분의 사랑과 지지가 없었다면 이 일은 가능하지 않았을 것입니다. 저의 어머니 Janet Tate, 강한 여성이 무엇이 될 수 있는가에 대한 모범을 보여주셔서 감사합니다. 저의 영원한 친구들인 Jennifer Wilkerson, Carrie Raia, Dan Oakley, 이 매뉴얼에 쓰여 있는 좋은 우정의 특징의 표본이 되어 주어서 감사합니다. 여러분은 이러한 개념의 전형이며, 여러분의 우정에 끊임없는 감사를 표합니다.

마지막으로 그러나 가장 크게, 몇 년 동안 이 프로그램을 통해 함께 일할 수 있는 특권을 준 훌륭한 가족들에게, 우리가 하는 일에 의미를 부여해주셔서 감사합니다. 여러분의 서로를 위한 사랑의 헌신 그리고 무한한 지지가 희망과 영감을 창조합니다. 여러분의 이야기는 우리에게 감동을 주고, 여러분의 삶은 우리를 의미 있게 하며, 여러분은 이 책에 생명을 불어넣었습니다.

Elizabeth A. Laugeson

"Elizabeth Laugeson의 PEERS®는 자폐증 아동들에게 친구를 사귀고 함께 어울리는 방법을 가르치는 첫 번째 근거 기반 프로그램이다. PEERS®는 청소년을 위한 프로그램으로 시작하였고, 이 중요한 작업은 이제 대학생과 그 이후의 성인들로 확장되었다. 자폐증 성인 당사자인 내가 처음부터 Laugeson 박사의 연구를 지지해 왔다는 점을 자랑스럽게 여기며, 여러분도 나만큼 그녀의 새 책에 많은 가치를 느끼기를 바란다."

John Elder Robison, 뉴욕 타임스 베스트셀러 작가

"Elizabeth Laugeson이 자폐증 성인들을 위한 사회적 세상을 체계화하려는 시도의 결과로 엄청난 작업을 수행해낸 것을 축하한다. 사회적 세상을 지배하는 규칙은 복잡하고, 미묘하며, 함축적이다. 자폐증이 있는 사람들은 종종 사회적 세상에 '매뉴얼'이 부족하다고 이야기한다. 이 책은 바로 그 매뉴얼을 제공하고자 하는 감동적인 노력의 산물이며, 그 효과가 근거 연구로 뒷받침되었다."

Simon Baron-Coben, 케임브리지대학교 자폐연구센터 교수

"이 책은 고기능 자폐스펙트럼장애가 있는 젊은 성인들을 대상으로 보호자의 사회성 코칭의 도움을 받아 생태학적으로 타당한 사회성 기술을 가르치기 위한 독립적이고 포괄적인 교육 매뉴얼을 제공한다. 이 매뉴얼에는 잘 확립된 인지행동치료의 원칙과 의미 있는 관계를 맺고 유지하는 기제에 대한 깊이 있고 때로는 유머러스한 통찰력이 결합되어 있다. 고기능 자폐스펙트럼장애 성인을 돕는 모든 임상가가 반드시 읽어야 하는 책이라고 생각한다."

Anthony J. Bailey, 브리티시컬럼비아대학교 정신건강연구소 소아청소년정신과 과장

"자폐증에 대한 대부분의 개입은 아주 어린 아동들에게 초점을 맞추고 있지만, 이 책은 이미 잘 확립된 PEERS®의 지평을 자폐증 성인들에게까지 확장하고 있어 특히 반갑다. 이 책이 다루고 있는 집단 기반 프로그램은 자폐증이 있는 사람이 성인기에 접어들 때 직면하는 일상적인 사회적 문제를 다루기 위한 실용적이면서 근거에 기반한 전략을 제공한다. 자폐증 성인들과 함께 일하는 임상가들과 기타 전문가들에게 귀중한 자원이 될 것으로 믿는다."

Patricia Howlin , 런던킹스칼리지 소아임상심리학 명예교수

차례

시작하기

성인을 위한 PEERS® 매뉴얼의 목적

PEERS®(Program for the Education and Enrichment of Relational Skills)는 친구를 사귀고 유지하는 데 어려움을 겪는, 중고등학교에 다니는 청소년들을 대상으로 부모의 도움을 받아 치료하는 프로그램으로 처음 개발되었다. 이 프로그램은 자폐스펙트럼장애(Autism Spectrum Disorder, ASD) 청소년과 성인뿐 아니라 지적장애, 태아 알코올 스펙트럼장애(Fetal Alcohol Spectrum Disorder, FASD), 그리고 주의력결핍 과잉행동장애(ADHD) 청소년과 성인들을 대상으로 광범위한 검증 과정을 거쳤다. PEERS®는 우울, 불안, 기타 사회성에 어려움을 겪는 청소년과 성인들에게도 임상적으로 사용되고 있다.

성인을 위한 PEERS® 프로그램은 기존의 PEERS® 프로그램을 성인에 맞게 수정하고 확장한 것으로 보호자가 일상생활에서 사회성 코칭을 제공함으로써 도움을 주도록 되어 있다. 이것은 심각한 인지장애가 없는 고기능 성인을 위한 프로그램이며, 친구를 사귀고 유지하기, 연인관계 발전시키기, 갈등과 거절 다루기 등의 사회성 기술에 집중한다. 수업 내용은 대화를 시작하고 유지하기, 새로운 친구를 사귈 수 있는 곳 찾기, e-커뮤니케이션을 활용한 의사소통, 유머의 적절한 사용, 대화에 들어가고 빠져나오기, 성공적으로 함께 어울리기를 마련하고 실행하기, 데이트 예절, 논쟁 다루기, 그리고 간접적이고 직접적인 괴롭힘 및 다양한 형태의 거절 다루기를 포함하고 있다. 사회적 행동의 규칙과 단계는 (1) ASD를 가진 사람들이 흔히 범하는 사회적 오류, (2) 친구를 사귀고 유지하며 연인관계를 발전시키기 위해 필요한 핵심 사회성 기술, (3) 사회적인 관계에 잘 받아들여지고 있는 사람들이 또래 사이의 충돌이나 거절을 다룰 때 사용하는 생태학적으로 타당한 방법들에 대한 연구 근거에 기반하여 개발되었다.

성인을 위한 PEERS® 매뉴얼은 하나의 완성된 프로그램으로 모든 회기를 빠짐없이 순서대로 사용하도록 만들어졌다. 수업에서 가르치는 기술들은 이전 회기에서 배운 기술이 그다음 기술을 배우는 데 기반이 되도록 계획되었기 때문에 이 매뉴얼에 소개된 순서대로 교육해야 한다. 성인들이 따라야 하는 일련의 규칙과 단계가 제시되고 있다는 점에서 이 매뉴얼은 인지행동적인 지향을 갖고 있다고 할 수 있다. 수업식 교육은 사회적으로 잘 적응하고 있는 사람들이 사용하는 생태학적으로 타당한 사회기술에 기반하고 있다. 여기서 사용하는 역할극 시연, 행동 연습, 과제 등의 기법은 사회기술의 향상을 가져오는 것으로 연구를 통해 입증된 것들이다.

성인을 위한 PEERS® 프로그램은 북미를 포함한 여러 나라의 대학병원, 대학과 연결된 클리닉, 외래 기반

정신건강증진 프로그램에서 사용되어 왔다. UCLA PEERS® 클리닉에서 ASD를 비롯하여 기타 사회성에 어려움을 겪는 수백 명의 성인들을 대상으로 시행된 여러 차례의 임상시험과 사회기술 집단을 통해서 치료 효과가 확립되었다. 프로그램의 효능과 효과는 UCLA와 독립적인 미국 내외의 연구팀에서 시행 중인 여러 연구를 통해 추가적으로 확인되고 있다.

교육의 전달 방식은 연구 결과와 치료자들의 피드백을 바탕으로 지난 8년 동안에 걸쳐 수정되어 왔다. 현재의 매뉴얼과 교육 기법은 사회기술에 어려움을 겪는 성인을 대상으로 한 수년간의 연구와 임상 적용 결과들을 반영한 것이다. 이 매뉴얼을 효과적으로 사용하기 위해서는 치료자가 사회기술 집단을 운영해 본 경험이 많을 필요는 없지만, ASD 또는 그 밖에 사회성에 어려움이 있는 성인 및 그들의 보호자와 일하는 것에 대한 배경지식을 갖고 있는 전문가여야 한다.

사회성 코치 참여시키기

다른 사회기술 집단과는 다른 성인을 위한 PEERS®의 큰 특징은 보호자들을 사회성 코치로 참여하게 한다는 것이다. 이 모델에서는 성인 집단이 진행되는 동안 사회성 코치 집단을 나란히 동시에 진행한다. 즉, 성인들이 자신들의 집단에서 사회기술을 배우고 있는 동안 보호자들은 사회성 코치 집단에 참석하여 성인들이 관계를 발전시키고 유지하는 것을 돕는 방법을 배운다. 보호자는 주로 부모들이지만 성인이 된 형제나 다른 가족, 직업 코치, 일상생활을 돕는 치료사, 활동 보조인, 후견인, 친구, 배우자, 또래 멘토 등이 될 수도 있다. 사회성 코치들을 참여시키는 근거는 다음과 같은 이유들로 인해 수업에서 배운 기술들을 다른 상황에 쉽게 일반화시키고, 개선 효과를 좀 더 오래 유지할 수 있기 때문이다.

1. **자연스러운 사회 환경에서의 사회성 코칭** 보호자들은 자연스러운 사회 환경에서 코칭이 가능한 순간을 포착하여 사회성 기술을 코치해줄 수 있기 때문에 이를 통해 기술의 일반화가 좀 더 효과적으로 일어날 수 있다. 사회성 코치를 적절히 선택했을 경우 집단치료가 끝나고 한참 뒤에도 그 사람이 코칭을 제공할 수 있으므로 시간이 지나더라도 치료 효과가 더 잘 지속될 것을 기대할 수 있다.

2. **매주 사회화를 위한 과제를 완수하도록 돕기** 매주 부여되는 사회화를 위한 과제를 완수함으로써 학습한 기술의 일반화를 촉진할 수 있다. 보호자들은 회기 사이의 일주일 동안 지속적으로 성인들을 독려하고, 과제를 완수하기 어렵게 만드는 방해 요인들을 해결하게 도움으로써 부여된 과제를 해내는 데 매우 중요한 역할을 한다. 프로그램이 끝난 뒤 공식적으로 과제가 주어지지 않더라도 보호자들은 성인들이 PEERS® 기술을 계속 사용하도록 격려하기 때문에 사회성 코치를 치료에 참여하게 하는 것은 치료 효과의 지속성을 높이는 데 크게 기여한다.

3. **새로운 친구를 사귈 수 있는 곳을 찾도록 돕기** 보호자들이 프로그램에 참여하게 함으로써 성인들이 치료 상황 밖에서 새로운 친구를 사귈 수 있는 곳을 찾도록 도울 수 있다. 성인을 위한 PEERS®의 목적은 집단 내에서 친구 찾기, 즉 집단 구성원들이 다른 구성원들과 친구가 될 수 있는 자리를 제공해주는 것이 아니다. 대신에 우리는 성인들에게 어떻게 하면 실제 일상생활에서 더욱 독립적으로 친구를 찾을 수 있는지를 가르치려고 한다. 이 과정에서 보호자들은 성인들이 공통의 관심사를 가진, 성인을 받아들여줄 가

능성이 많은 또래를 만날 수 있도록 지역사회 내에서 다양한 사회적 활동을 찾는 것을 도와줌으로써 큰 도움을 줄 수 있다. 보호자들은 성인들이 이러한 활동에 가입하고 정기적으로 참여하게 할 뿐 아니라 집단치료가 끝난 한참 뒤에도 이러한 사회적 활동을 지속해 나갈 수 있게 도움으로써 치료 효과의 지속성을 향상시킬 수 있다.

매뉴얼의 구성

성인을 위한 PEERS®는 성인들에게 다른 사람들과 의미 있는 관계를 발전시키고 유지하는 데 필요한 사회기술을 가르치는 것에 중점을 두고 구조화된 집단 치료 형식을 사용하여 시행한다. 각 16회기의 개요를 표 1.1에 제시하였다.

이 매뉴얼은 회기마다 한 걸음씩 따라갈 수 있는 개요들을 설명하기 위해 만든 것이다. 임상가들과 프로그램을 적용하면서 우리는 내용의 개요를 제시하는 쪽이 서술식의 대본을 제공해주는 것에 비해 보다 자연스럽게 자료를 제시할 수 있고, 집단 치료자가 각 수업의 흐름에 적절한 한도 내에서 즉흥적으로 내용을 덧붙일 수도 있다는 것을 알게 되었다. 이 매뉴얼은 집단을 진행하는 동안에 볼 수 있게 하려고 만들어졌다. 즉, 여기 있는 자료들을 모두 외울 필요도 없고, 그렇게 하는 것을 권장하지도 않는다. 성인들은 집단 치료자가 치료 회기 동안에 그들 앞에서 매뉴얼을 펼쳐 보면서 집단에게 기술을 소개하고 이끌어가는 것을 편안하게 받아들인다. 매뉴얼을 충실히 따라야 하는 이유는 집단 치료자가 치료 충실도를 유지하고 치료 효과를 높이려면 가르치고자 하는 기술의 모든 필수적인 요소를 다루어야 하기 때문이다.

이 장에서는 교육 과정에 대한 소개와 매뉴얼의 구성, 집단의 구성, 필요한 치료진, 교육 방식 및 행동 조절 기술에 대해 소개한다. 치료 효과를 평가하는 방식과 이전 연구 결과에 대해서도 이 장에 기술하였다. 제2장에서 제17장까지는 총 16회기의 PEERS® 교육 과정을 정리한 치료자 가이드이다. 이 자료에는 회기 준비하기, 과제 점검을 수행하는 방법, 역할극 시연을 포함한 수업 방식의 교육, 행동 연습을 시행하는 방법, 성인과 사회성 코치의 다시 만나기를 위한 안내, 그리고 매주 성인과 그들의 사회성 코치들에게 복사해서 배포하기 위한 사회성 코칭 유인물이 포함되어 있다.

회기의 형식

- **사회성 코치 치료자 가이드**
  - **사회성 코치 회기 준비하기.** 사회성 코치 집단 치료자가 가장 중요한 자료를 적절하게 강조해서 가르칠 수 있도록 돕기 위해 각 회기의 이론적 근거를 여기에 제시한다. 사회성 코치 회기에서 제기될 수 있는 주제들에 대해 논의하고 이 문제들을 해결하는 방법을 제안한다.
  - **과제 점검.** 각 사회성 코치 회기는 이전 회기에서 부여된 과제를 점검하는 것으로 시작한다. 이 부분에는 집단 치료자가 과제 점검 중에 사회성 코치에게 물어보아야 하는 구체적인 질문들이 제시되어 있다.

표 1.1 각 회기의 개요

회기	교육	과제 점검	행동 연습	필요한 자료	과제 안내하기
1	정보 교환하기 및 대화 시작하기	없음	퀴즈쇼	화이트보드, 보드마커, 퀴즈쇼 답안지, 가위, 펜	1. 집단 구성원과 전화 혹은 영상 통화 2. 사회성 코치와 함께 대화 시작하기 및 정보 교환 연습하기
2	정보 교환하기 및 대화 유지하기	1. 집단 구성원과 전화 혹은 영상 통화 2. 사회성 코치와 함께 대화 시작하기 및 정보 교환 연습하기	퀴즈쇼	화이트보드, 보드마커, 퀴즈쇼 답안지, 가위, 펜	1. 집단 구성원과 전화 혹은 영상 통화 2. 사회성 코치와 대화 시작하기 및 정보 교환 연습하기
3	새로운 친구를 사귈 수 있는 곳 찾기	1. 집단 구성원과 전화 혹은 영상 통화 2. 사회성 코치와 대화 시작하고 유지하기 및 정보 교환 연습하기	퀴즈쇼	화이트보드, 보드마커, 퀴즈쇼 답안지, 가위, 펜	1. 새로운 친구를 사귈 수 있는 곳 찾기 2. 집단 구성원과 전화 혹은 영상 통화 3. 사회성 코치와 대화 시작하고 유지하기 및 정보 교환 연습하기 4. 개인 물건 가져오기
4	e-커뮤니케이션	1. 새로운 친구를 사귈 수 있는 곳 찾기 2. 집단 구성원과의 전화 혹은 영상 통화 3. 사회성 코치와 대화 시작하고 유지하기 및 정보 교환 연습하기 4. 개인 물건 가져오기	개인 물건으로 정보 교환하기	화이트보드, 보드마커, 성인들의 개인 물건	1. 새로운 친구를 사귈 수 있는 곳 찾기 2. 친구와 대화 시작하기 및 정보 교환 연습하기 3. 집단 구성원과의 전화 혹은 영상 통화 4. 사회성 코치와 정보 교환하기를 하면서 전화 시작하기 및 5. 개인 물건 가져오기
5	유머의 적절한 사용	1. 새로운 친구를 사귈 수 있는 곳 찾기 2. 친구와 대화 시작하기 및 정보 교환 연습하기 3. 집단 구성원과의 전화 혹은 영상 통화 4. 사회성 코치와 정보 교환하기를 하면서 전화 시작하기 및 전화 끝내기 연습하기 5. 개인 물건 가져오기	개인 물건으로 정보 교환하기	화이트보드, 보드마커, 성인들의 개인 물건	1. 새로운 친구를 사귈 수 있는 곳 찾기 2. 친구와 대화 시작하기 및 정보 교환 연습하기 3. 유머에 대한 반응에 주의 기울이기 4. 집단 구성원과의 전화 혹은 영상 통화 5. 개인 물건 가져오기
6	여러 사람이 하는 대화에 들어가기	1. 새로운 친구를 사귈 수 있는 곳 찾기 2. 친구와 대화 시작하기 및 정보 교환 연습하기 3. 유머에 대한 반응에 주의 기울이기 4. 집단 구성원과의 전화 혹은 영상 통화 5. 개인 물건 가져오기	여러 사람이 하는 대화에 들어가기	화이트보드, 보드마커, 성인들의 개인 물건	1. 새로운 친구를 사귈 수 있는 곳 찾기 2. 사회성 코치가 포함된 여러 사람이 하는 대화에 들어가기 3. 또래들끼리 하고 있는 여러 사람이 하는 대화에 들어가기 4. 유머에 대한 반응에 주의 기울이기 5. 집단 구성원과의 전화 혹은 영상 통화 6. 개인 물건 가져오기

표 1.1 각 회기의 개요(계속)

회기	교육	과제 점검	행동 연습	필요한 자료	과제 안내하기
7	대화에서 빠져나오기	1. 새로운 친구를 사귈 수 있는 곳 찾기 2. 사회성 코치가 포함된 여러 사람이 하는 대화에 들어가기 3. 또래들끼리 하고 있는 여러 사람이 하는 대화에 들어가기 4. 유머에 대한 반응에 주의 기울이기 5. 집단 구성원과의 전화 혹은 영상 통화 6. 개인 물건 가져오기	여러 사람이 하는 대화에 들어가고 빠져나오기	화이트보드, 보드마커, 성인들의 개인 물건	1. 사회성 코치가 포함된 여러 사람이 하는 대화에 들어가고 빠져나오기 2. 또래들끼리 하고 있는 여러 사람이 하는 대화에 들어가기 3. 유머에 대한 반응에 주의 기울이기
8	함께 어울리기	1. 사회성 코치가 포함된 여러 사람이 하는 대화에 들어가고 빠져나오기 2. 또래들끼리 하고 있는 여러 사람이 하는 대화에 들어가기 3. 유머에 대한 반응에 주의 기울이기	함께 어울리기	화이트보드, 보드마커, 보드게임, 카드게임	1. 함께 어울리기 2. 사회성 코치가 포함된 여러 사람이 하는 대화에 들어가고 빠져나오기 3. 또래들끼리 하고 있는 여러 사람이 하는 대화에 들어가기 4. 유머에 대한 반응에 주의 기울이기
9	상대에게 내가 관심이 있다는 것 알리기	1. 함께 어울리기 2. 사회성 코치가 포함된 여러 사람이 하는 대화에 들어가고 빠져나오기 3. 또래들끼리 하고 있는 여러 사람이 하는 대화에 들어가기 4. 유머에 대한 반응에 주의 기울이기	함께 어울리기	선택사항: 비디오게임, 아이패드, 휴대용 컴퓨터	1. 함께 어울리기 2. 상대에게 내가 관심이 있다는 것 알리기 3. 사회성 코치가 포함된 여러 사람이 하는 대화에 들어가고 빠져나오기 4. 또래들끼리 하고 있는 여러 사람이 하는 대화에 들어가기
10	데이트 신청하기	1. 함께 어울리기 2. 상대에게 내가 관심이 있다는 것 알리기 3. 사회성 코치가 포함된 여러 사람이 하는 대화에 들어가고 빠져나오기 4. 또래들끼리 하고 있는 여러 사람이 하는 대화에 들어가기	함께 어울리기	화이트보드, 보드마커, 보드게임, 카드게임	1. 함께 어울리기 2. 상대에게 내가 관심이 있다는 것 알리기 3. 사회성 코치가 포함된 여러 사람이 하는 대화에 들어가고 빠져나오기
11	데이트하기	1. 함께 어울리기 2. 상대에게 내가 관심이 있다는 것 알리기 3. 또래들끼리 하고 있는 여러 사람이 하는 대화에 들어가기	함께 어울리기	선택사항: 비디오게임, 아이패드, 휴대용 컴퓨터	1. 함께 어울리기 2. 상대에게 내가 관심이 있다는 것 알리기 및/혹은 데이트 신청하기 및/혹은 데이트하기 3. 또래들끼리 하고 있는 여러 사람이 하는 대화에 들어가기

(계속)

표 1.1 각 회기의 개요(계속)

회기	교육	과제 점검	행동 연습	필요한 자료	과제 안내하기
12	데이트에서 해야 할 것과 하지 말아야 할 것	1. 함께 어울리기 2. 상대에게 내가 관심이 있다는 것 알리기, 데이트 신청하기 및/혹은 데이트하기 3. 또래들끼리 하고 있는 여러 사람이 하는 대화에 들어가기	함께 어울리기	화이트보드, 보드마커, 보드게임, 카드게임	1. 함께 어울리기 2. 상대에게 내가 관심이 있다는 것 알리기 및/혹은 데이트하기 및/혹은 데이트 신청 3. 또래들끼리 하고 있는 여러 사람이 하는 대화에 들어가기
13	논쟁 다루기	1. 함께 어울리기 2. 상대에게 내가 관심이 있다는 것 알리기, 데이트 신청하기 연습하기 3. 또래들끼리 하고 있는 여러 사람이 하는 대화에 들어가기	함께 어울리기	화이트보드, 보드마커, 보드게임, 카드게임	1. 함께 어울리기 2. 사회성 코치와 함께 논쟁 다루기 3. 친구 혹은 연인과 논쟁 다루기 4. 상대에게 내가 관심이 있다는 것 알리기 및/혹은 데이트 신청하기 및/혹은 데이트하기
14	직접적 괴롭힘 다루기	1. 함께 어울리기 2. 사회성 코치와 함께 논쟁 다루기 3. 친구 혹은 연인과 논쟁 다루기 4. 상대에게 내가 관심이 있다는 것 알리기 및/혹은 데이트하기	함께 어울리기	선택사항: 비디오게임, 아이패드, 휴대용 컴퓨터	1. 함께 어울리기 2. 사회성 코치와 함께 놀림 다루기 3. 친구와 함께 직접적 놀림 괴롭힘 다루기 4. 사회성 코치와 함께 논쟁 다루기 5. 친구 혹은 연인과 함께 논쟁 다루기 6. 상대에게 내가 관심이 있다는 것 알리기 및/혹은 데이트하기
15	간접적 괴롭힘 다루기	1. 함께 어울리기 2. 사회성 코치와 함께 놀림 다루기 3. 친구와 함께 직접적 놀림 괴롭힘 다루기 4. 사회성 코치와 함께 논쟁 다루기 5. 친구 혹은 연인과 논쟁 다루기 6. 상대에게 내가 관심이 있다는 것 알리기 및/혹은 데이트하기	함께 어울리기	화이트보드, 보드마커, 보드게임, 카드게임	1. 함께 어울리기 2. 사회성 코치와 함께 자신에 대한 또 다른 소문을 스스로 퍼뜨리기 3. 사회성 코치와 함께 놀림 다루기 연습하기 4. 친구와 함께 직접적 혹은 간접적 괴롭힘 다루기 5. 친구 혹은 연인과 논쟁 다루기 6. 상대에게 내가 관심이 있다는 것 알리기 및/혹은 데이트하기
16	졸업과 마무리	1. 함께 어울리기 2. 사회성 코치와 함께 자신에 대한 또 다른 소문을 스스로 퍼뜨리기 3. 사회성 코치와 함께 놀림 다루기 4. 친구와 함께 직접적 혹은 간접적 괴롭힘 다루기 5. 친구 혹은 연인과 논쟁 다루기 6. 상대에게 내가 관심이 있다는 것 알리기 및/혹은 데이트하기	졸업식	선택사항: 비디오게임, 아이패드, 휴대용 컴퓨터	없음

○ **교육.** 그다음 부분은 각 회기의 교육 자료들로 각 사회성 행동에 대한 구체적인 규칙과 단계가 제시되어 있다. 사회성 기술을 강조하기 위해 활용할 수 있는 **역할극 시연**의 동영상 자료 사용 지침도 제시하였다.

○ **과제 안내하기.** 새로 배운 기술들을 치료 환경 밖에서 일반화하기 위해 매주 수행해야 할 사회화 과제가 주어진다. 이 부분에서는 회기마다 부여될 과제에 대한 포괄적인 설명과 함께 적절한 **사회성 코칭** 방법 및 기술을 연습하기 전후에 물어보아야 할 **조망 수용 질문**을 제공한다.

○ **사회성 코칭 팁.** 이 부분에서는 사회성 코치가 성인과 함께 새로 배운 기술을 연습하고 강화하는 것을 도울 때 사용할 수 있는 **사회성 코칭 팁**을 제공한다.

● **성인 치료자 가이드**

○ **성인 회기 준비하기.** 성인 집단 치료자가 회기의 준비하고, 목표로 하는 기술을 가르치는 근거를 이해하도록 돕기 위해 각 회기의 이론적 근거를 기술하고 있다. 또한 사회성 코치 회기에서 제기될 수 있는 주제들에 대해 논의하고 이 문제들을 해결하는 방법을 제안한다.

○ **과제 점검.** 각 성인 회기는 이전 회기에서 부여된 과제를 점검하는 것으로 시작한다. 이 부분에는 집단 치료자가 과제 점검 중에 사회성 코치에게 물어보아야 하는 구체적인 질문들이 제시되어 있다.

○ **교육.** 이 부분에서는 교육 내용을 전달하는 방법에 대해 구조화된 개요를 제공한다. 교육 자료는 보통 '소크라테스식 질문법' 혹은 역할극 시연을 통해 제시된다. 이러한 교육 방법은 성인들이 교육에 참여하도록 유도하고, 그들이 (적어도 집단적으로는) 수업의 규칙과 단계를 스스로 만들어 나가고 있다는 유능한 느낌을 줄 수 있다.

● **행동 연습**

○ 성인들이 교육 자료를 일상생활에 적용할 수 있도록 돕기 위한 다음 단계는 회기에서 새로 배운 기술들을 집단 안에서 연습하면서 치료진들로부터 수행에 대한 피드백을 받는 것이며, 이는 행동 연습 중에 이루어진다. **행동 연습**은 성인들이 새로 배운 기술을 조금 덜 구조적인 방식으로 연습할 수 있는 기회가 되면서, 동시에 회기에서 재미있고 적극적으로 참여할 수 있는 부분이다. 각 회기의 행동 연습 부분에는 다음과 같은 내용이 있다.

■ **필요한 자료.** 활동에 필요한 자료 목록이 제공되어 있다. 필요한 자료는 회기 시작 전에 준비해야 한다.

■ **규칙.** 회기 중에 활동을 촉진하는 방법, 사회성 코칭과 수행에 대한 피드백을 제시하는 방법에 대한 구체적인 지침이 기술되어 있다.

● **다시 만나기**

○ 성인을 위한 PEERS® 매뉴얼에는 회기마다 회기의 마무리 시간인 성인과 사회성 코치의 다시 만나기를 진행하는 방법을 설명한다. 여기에서는 그날 시행한 교육에 대한 간략한 개요를 이야기하고, 그 주에 수행할 과제를 요약하며, 그 과제를 완수하기 위한 집단 구성원들과 개별적으로 확인해야 할 것들에 관한 지침이 들어 있다.

● **사회성 코칭 유인물**

○ 각 회기 마지막 부분에는 **사회성 코칭 유인물**이 제공된다. 유인물은 복사해서 배포하기 위한 것으로 이 목적에 적합한 형태로 제작되었다. 사회성 코치 회기에서는 그 회기의 교육을 시작하는 시점에, 성인들에게는 다시 만나기 시간 중에 과제 안내하기를 시작할 때 유인물을 나누어 준다. 사회성 코칭 유인물은 성인들과 사회성 코치들이 그 회기에 배운 기술을 기억하게 돕고, 주간 과제의 개요를 알려주는 역할을 한다. 사회성 코칭 유인물은 매주 집단 구성원들에게 복사하여 배포해야 하며, 결석한 집단 구성원에게는

다음 번 회기에 왔을 때 직접 전달하거나 이메일로 전달해준다.

수업의 형식

성인을 위한 PEERS®는 매주 1회 90분 동안 진행되는 주간 사회기술 집단으로 시행하도록 개발되었다. 성인 집단과 사회성 코치 집단은 동시에 진행하지만 서로 다른 공간에서 이루어져야 한다.

사회성 코치 집단의 형식

● **과제 점검(50분).** 회기의 첫머리에 사회성 코치 치료자 가이드의 지침에 따라 이전 회기에 부여한 과제 점검의 시간을 갖는다.

● **교육 및 역할극 시연(20분).** 사회성 코치 치료자 가이드의 지침에 따라 교육 내용을 전달한다. 필요하다면 역할극 시연 동영상을 활용할 수 있다. 교육하는 동안 사회성 코치들에게 **사회성 코칭 유인물**을 나누어 준다. 교육에는 앞으로 해야 할 과제에 대해 논의하는 과정도 포함되어 있다.

　○ 사회성 코칭 과제 기록지는 부록 E에 있다. 이 기록지를 복사하여 교육 시간에 과제를 부여하기 시작할 때 배포하고, 다음 회기에 제출하게 한다. 사회성 코칭 과제 기록지는 사회성 코치들이 과제를 수행하는 동안 자신들의 역할을 체계적으로 계획할 수 있게 도와주고, 다음 회기에 이 과제들을 좀 더 간결하게 정리해 가져올 수 있게 하기 위한 것이다. 어떤 사회성 코치들은 지난주에 완료한 사회성 코칭 과제 기록지를 가져오는 것을 잊어버리기도 하므로 과제 점검 시간에 쓸 수 있도록 여분의 사본을 준비해 둔다.

● **성인들과 다시 만나기(10분).** 성인들이 다시 만나기 시간에 교육 받은 내용의 개요를 설명하는 동안 사회성 코치들은 잘 경청하게 한다. 다시 만나기 시간에 그날 부여된 과제를 공지한다. 성인들과 사회성 코치들은 회기를 떠나기 전에 과제에 대해 개별적이고 개인적으로 협의한다.

성인 집단의 형식

● **과제 점검(30분).** 회기의 첫머리에 성인 치료자 가이드의 지침에 따라 이전 회기에 부여한 과제 점검 시간을 갖는다.

● **교육 및 역할극 시연(30분).** 성인 치료자 가이드의 지침에 따라 **역할극 시연**과 함께 교육 내용을 전달한다.

● **행동 연습(20분).** 회기마다 행동 연습에서 설명한 대로 행동 연습을 통해 성인들이 새로 배운 기술을 연습하게 한다.

● **사회성 코치들과 다시 만나기(10분).** 각 회기의 다시 만나기의 지침에 따라 성인들이 사회성 코치들이 있는 곳에서 그날 배운 교육 내용의 개요를 설명하게 하고, 다음 주 과제를 검토한다. 다시 만나기 중 과제를 부여하기 직전에 성인들에게 **사회성 코칭 유인물**을 나누어 준다. 성인들과 사회성 코치들이 회기를 떠나기 전에 과제에 대해 개별적이고 개인적으로 협의한다.

집단의 구성

● **사회적 동기.** 집단에 참여할 사람을 결정하는 데 고려해야 할 가장 중요한 요인 중 하나는 사회적 동기이다. 즉, 친구를 사귀고 유지하는 방법, 연인관계를 발전시키는 방법, 갈등과 거절을 다루는 방법을 배우는 것에 분명한 관심을 갖고 있는 성인과 사회성 코치만을 집단에 포함해야 한다. 프로그램에 참여하고 싶지 않은 사람을 참여시키게 되면 중도에 탈락하거나 부정적인 태도를 집단의 다른 사람들에게 전염시킴으로써 큰 문제가 되어 버릴 수 있다. 사회적 동기를 평가하는 방법 중 하나는 치료를 시작하기 전에 집단 구성원을 적절하게 선별하는 것이다. 많은 임상가들이 치료 전에 잠재적인 집단 구성원들과 전화 선별 및 직접 면담을 시행하고 있을 것이다. 이 선별 과정에서 성인과 사회성 코치 양쪽 모두에게 참여에 대한 의지와 관심을 평가하는 것이 중요하다. 선별 과정에서 사회적 동기를 평가하는 방법 중 하나는 다음과 같이 물어보는 것이다. "우리는 성인을 위한 PEERS®라는 사회기술 집단을 운영하고 있습니다. 여기서는 친구를 사귀고 유지하는 방법, 연인관계를 발전시키는 방법, 그리고 대인관계에서 일어나는 갈등과 거절을 다루는 방법을 가르쳐 줍니다. (프로그램에 대해서 좀 더 자세히 설명한다.) 이런 프로그램에 참여하는 것에 관심이 있으신가요?" 치료 전에 성인 및 사회성 코치와의 면담을 통해 동기를 평가하는 것이 가장 중요하지만, 면담을 예약하기 전에 전화로 사회적 동기를 먼저 평가할 수도 있다. UCLA PEERS® 클리닉의 경험에 의하면 성인 본인이 치료 프로그램 참여를 직접 신청하는 것은 전체의 약 25% 정도에 불과하다. 그보다는 보호자들이 치료 참여를 희망하는 경우가 훨씬 더 많다. 따라서 잘못 이해하지 않도록 하기 위해서는 사전 선별 인터뷰를 예약하기 전에 성인과 사회성 코치 둘 모두와의 전화 통화를 통해 사회적 동기와 치료에 대한 순응도를 평가할 수 있다.

● **집단의 규모.** 최대 12명의 성인으로 구성된 집단을 시도해보기는 했지만 최적의 PEERS® 집단 규모는 7~10명이다. 12명보다 큰 집단은 상당히 어렵지만 일부 수정을 통해 가능할 수는 있다. 예를 들어 이런 경우에는 **과제 점검**과 행동 연습에 할당된 시간을 적절하게 조정하여야 하고, **행동 연습** 중에 피드백을 제공하기 위해 더 많은 치료진이 필요할 것이다. 집단이 6명 미만이 될 경우 구성원이 치료를 중단하거나 결석을 하면 집단이 크게 줄어들기 때문에 다소 위험할 수 있다.

● **집단의 연령 분포.** 같은 연령대의 성인이 두 명 이상 있다면 전체적인 집단의 연령대는 다양해도 괜찮다. 성인을 위한 PEERS® 프로그램은 만 30세 이상의 성인과 청소년에게도 사용된 적이 있기는 하지만, 대부분 참가자의 연령 범위는 만 18세에서 30세 사이였다. 이 매뉴얼을 작성할 시점을 기준으로 성인을 위한 PEERS® 프로그램의 효과는 만 18~24세 사이의 성인 대상의 연구에서만 효과가 검증된 상태이며, 그보다 많은 연령대를 대상으로 한 연구가 진행 중이다.

● **집단의 성별 구성.** 경험에 의하면 성인을 위한 PEERS® 집단에 남성과 여성이 함께 참여해도 별 문제 없이 편안하게 진행되었다. UCLA PEERS® 클리닉의 경험에 따르면 남성 쪽이 사회기술훈련을 위해 찾아올 가능성이 더 크기 때문에 집단의 여성 비율이 낮을 확률이 더 높다. 치료 시작 전에 여성 참가자가 동의하지 않는 한 가능하면 집단에 여성을 한 명만 참여시키지는 않는 것이 좋다. 치료를 원하는 여성이 한 명밖에 없는 경우에는 해당 여성에게 그 사실을 미리 알려주고, 만약 불편해한다면 다음 집단을 기다릴 것인지 직접 결정하게 한다.

● **ASD가 아닌 성인 포함하기.** ASD가 있는 사람들은 대체로 다른 ASD가 있는 사람들과 함께하는 사회기술

집단에서 더 성공적으로 성장하는 것을 관찰할 수 있었다. 이는 ASD가 있는 사람들이 일반적으로 보이는 모든 비정형적인 행동과 독특한 특성들이 같은 ASD가 있는 사람들의 집단에서는 크게 눈에 띄지 않기 때문일 수 있다. 따라서 ASD가 있는 성인들만으로 PEERS® 집단을 구성하는 것이 일반적이다. 이는 타인의 평가나 불편함이 없는 수용적이고 안전한 환경에서 사회기술을 배우게 도울 수 있다. 하지만 ADHD, 우울증, 불안 및 기타 사회적 행동문제가 있는 성인들도 ASD 성인들 특유의 어려움을 수용할 수 있다면 집단에 포함할 수 있다. 성인을 위한 PEERS® 교육 과정은 ASD 성인들을 위해 처음 개발되었지만 자폐스펙트럼 안에 있지 않은 성인들에게도 지속적인 효과가 있을 수 있음을 관찰하였다. PEERS®는 **생태학적으로 타당한 사회성 기술**(즉, 사회적으로 잘 적응하고 있는 성인들이 보이는 행동)을 교육함으로써 기술을 발전시키는 것을 목표로 하기 때문에 진단과 관계없이 광범위하게 적용될 가능성이 크다. 우리는 관계를 발전시키고 유지하며 갈등 및 거절을 다루기 위한 규칙을 잘 모르는 어떤 성인이라도 프로그램을 통해 도움을 받을 수 있을 것으로 기대하고 있다.

필요한 치료진

성인을 위한 PEERS®에서는 사회성 코치 집단과 성인 집단을 동시에 진행하게 되므로 두 명의 집단 치료자가 필요하다. 집단 치료자는 일반적으로 심리 전문가, 정신과 의사, 부부 및 가족 치료사, 사회복지사, 언어치료사, 작업치료사, 특수교육 전문가, 오락치료 전문가, 직업 카운셀러 및 기타 정신건강 전문가 및 교육자들이다. 전문적인 배경이 무엇이든 간에 성인 집단 치료자는 ASD 또는 그 외 사회성에 어려움이 있는 고기능 성인들과 함께 일한 경험이 있어야 하며, 사회성 코치 집단 치료자는 부모 및 보호자와 함께 일한 경험이 있어야 한다. 또한 집단 치료자는 실제 치료를 시작하기 전에 이 매뉴얼을 읽거나 공식 PEERS® 수련 세미나에 참석하여 PEERS® 교육 과정의 모든 측면에 대해 충분히 훈련이 되어 있어야 한다.

성인 집단의 진행을 돕기 위해서는 두 명의 집단 치료자 외에도 한두 명의 보조 치료자가 꼭 필요하다. 보조 치료자는 보통 학부생, 대학원생 또는 심리학 혹은 관련 정신건강 분야를 공부하고 있는 수련생, 그 외의 정신건강 전문가들이나 교육자들이 할 수 있다. 몇몇 성인을 위한 PEERS® 집단에서는 전형적인 발달을 하고 있는 또래 멘토 혹은 형제자매를 성인 집단의 코치로 포함시킨 적도 있지만 이런 방식의 효과는 아직 검증되지 않았다. 보조 치료자는 PEERS® 교육 과정의 모든 측면에 대해 훈련을 받아야 하며, 행동을 강화하고 조절하는 전략에 대해서도 잘 이해하고 있어야 한다. 보조 치료자는 보통 **역할극** 시연을 수행하고, 행동 연습 중에 수행에 대한 피드백을 제공하며, 행동의 강화와 관리를 통해 성인 집단 치료자를 보조하는 역할을 한다. 가능하다면 9~12회기의 데이트 예절과 관련된 기술을 시연하고 연습하기 위해 적어도 한 명의 남성과 한 명의 여성 보조 치료자를 두는 것이 가장 이상적이다. 이 회기에서 교육하고자 하는 기술을 연습할 때는 이성애 우선주의에 따르는 차별을 피하기 위해 데이트 예절과 관련된 기술을 남성 보조 치료자와 연습할지, 여성 보조 치료자와 연습할지 성인 각자가 선택할 수 있게 해야 한다.

시설과 환경

성인을 위한 PEERS®는 교실과 유사한 환경에서 진행하며, 특히 과제 점검과 교육 중에 이런 환경을 유지하는 것이 중요하다. 성인 집단의 경우 치료실에는 화이트보드와 보드마커, 큰 회의용 테이블이 있어야 하고, 의자는 성인들이 보드를 마주보고 앉도록 배치한다. 스마트보드를 사용할 수도 있지만 소크라테스식 질문법을 사용하여 성인들이 수업 내용을 구성해 나가는 것처럼 보여야 하기 때문에 회기에 앞서 회기에서 소개되는 규칙과 단계를 미리 작성해 놓아서는 안 된다. 행동 연습 동안 집단을 소집단으로 나눌 수 있도록 성인 치료실 또는 몇 개의 추가적인 방에 충분한 공간을 확보해야 한다. 사회성 코치 집단의 경우 치료실은 큰 회의 테이블을 중심으로 사회성 코치들이 집단 치료자를 보며 둘러앉을 수 있도록 의자를 배치한다. 2개의 치료실 가운데 하나는 다시 만나기 시간에 모든 성인과 사회성 코치가 모였을 때 편하게 서 있거나 앉아 있을 수 있을 정도로 충분히 넓어야 한다.

필요한 자료

프로그램을 위해서는 다음과 같은 자료들이 필요하다.

- **화이트보드 및 보드마커.** 교육 시간에 규칙과 단계를 하나씩 써 나가기 위해 사용하는 화이트보드와 보드마커는 성인 회기를 위해 필수적인 도구이다.
- **전화번호부.** 1~6회기에서 대화 기술을 연습하기 위해 부여하는 집단 구성원과의 전화 혹은 영상 통화 과제를 위해서는 성인들의 이름과 전화번호를 기록한 전화번호부가 필요하다. 전화번호부는 첫 회기 때 사회성 코치와 성인들에게 배포한다(부록 B 참조.) 1회기에서 집단 구성원들에게 이 정보를 제공하기 위해서는 사전 선별 면담 중에 개인정보 수집에 관한 동의를 받아야 할 수도 있다.
- **집단 구성원들과의 전화 혹은 영상 통화 배정표.** 이 서식은 1~6회기에서 성인들이 서로 대화 기술을 연습하기 위해 집단 구성원과의 전화 혹은 영상 통화 과제를 기록할 때 필요하다. 회기마다 누가 누구에게 전화를 하도록 배정 받았는지를 기록해 두게 되어 있다. 이렇게 함으로써 이 과제가 부여되는 회기 동안 집단 치료자가 '발신자'와 '수신자'의 순서를 적절히 바꾸어 배정할 수 있고, 성인들이 서로 다른 집단 구성원과 돌아가면서 통화하도록 할 수 있다(부록 C 참조).
- **사회성 코칭 유인물.** 사회성 코칭 유인물은 매뉴얼에서 복사하여 사용하면 된다. 이 유인물은 회기마다 사회성 코치에게는 교육 시간에, 성인들에게는 다시 만나기 시간에 배포한다. 사회성 코칭 유인물은 몇 부의 여유분을 만들어 두고, 지난 회기에 결석한 집단 구성원이 해당 회기의 개요와 과제를 파악할 수 있게 한다. 이 유인물은 프로그램에 참석하지 않는 다른 보호자(예: 가족, 상담사, 직업 코치 등)와도 공유하게 할 수 있다.
- **과제 수행 기록지.** 이 기록지는 매주 복사해서 사용한다. 매주 과제의 진행과 완수 여부를 추적하기 위해 꼭 활용할 것을 권한다. 과제 수행 기록지는 성인 집단 및 사회성 코치 집단 치료진이 작성해야 하며, 추후에 치료 순응도를 추적하기 위한 참고 자료로 수집해 둘 수도 있다(부록 D 참조).
- **행동 연습 자료.** 행동 연습에 필요한 추가 자료는 각 회기의 **행동 연습** 부분에 나와 있다. 예를 들어 8~15회

기에 함께 어울리기를 연습하기 위해서는 실내 게임(예: 비디오 게임, 카드 게임, 보드 게임)이 필요하다.
- **졸업 안내문.** 14회기와 15회기에서는 집단의 마무리와 이를 축하하기 위한 졸업파티를 알리는 안내장을 배포한다(부록 F 참조).
- **졸업장.** 이 졸업장은 집단의 마지막 날 졸업식에서 수여된다. 졸업장 수여는 성인들이 이뤄낸 성과를 칭찬하고 축하하기 위한 것이므로 반드시 할 것을 권한다(부록 G 참조).
- **사회성 코치 과제 기록지.** 이 기록지는 복사하여 교육 시간에서 과제 안내하기를 시작할 때 사회성 코치들에게 배포하고, 모두 기록하여 다음 회기 때 제출하게 한다(부록 E 참조).
- **선택 사항: DVD 플레이어, 스마트패드, 휴대용 컴퓨터, 게임 콘솔.** 사회성 코치 집단 또는 성인 집단에서 교육하고자 하는 기술의 비디오 역할극 시연을 보여주려면 DVD 플레이어, 아이패드 및 휴대용 컴퓨터와 같은 것들이 필요하다. 게임 콘솔, 스마트패드 및 휴대용 컴퓨터는 8~15회기 행동 연습 시간에 함께 어울리기를 연습할 때도 유용하게 사용할 수 있다. 휴대용 게임기는 권장하지 않는다.
- **선택 사항: 치료 효과 평가 도구.** 프로그램을 시작하기 전과 모두 마친 후에 치료 효과 평가 도구를 사용하여 치료 효과를 평가하는 것을 권한다. 성인용 사회성 기술 지식 검사(Test of Young Adult Social Skills Knowledge, TYASSK)는 PEERS®에서 가르치는 기술에 대한 지식을 평가하는 표준 검사 도구이다. 사회화의 질 질문지(Quality of Socialization Questionnaire, QSQ)는 또래와 하는 미리 계획해서 시행한 함께 어울리기의 빈도, 그리고 잠재적인 연인과의 데이트 빈도를 측정한다. 치료 효과를 판정하기 위해서는 두 가지 질문지를 모두 사용할 것을 권한다. 치료 효과 평가 도구에 대한 추가적인 예시는 이 장의 치료 효과 평가 부분에 수록되어 있다.

교육 방식

- **구체적인 규칙과 단계를 이용한 교육.** ASD가 있는 많은 성인들은 규칙이 있는 것을 매우 좋아하고, 이를 따르고 싶어 할 가능성이 크다. 이는 세상은 보통 예측할 수 없지만 규칙이 사회적 환경을 이해하는 안정적인 수단을 제공해주기 때문일 수도 있다. 또한 ASD를 가진 사람들은 매우 구체적이며, 글자 그대로 사고하는 경향이 있다. 이렇게 규칙을 선호하는 것, 그리고 명확한 흑백 논리로 사고하는 특성을 고려하여 PEERS®는 사회적 행동을 가르칠 때 구체적인 규칙과 단계를 사용한다. 즉, 성인들이 정교하고 때로는 복잡한 사회적 행동들을 이해할 수 있도록 돕기 위해 교육 시간에는 이를 더 작은 규칙과 단계로 세분화한다. 이러한 교육 방법은 ASD가 있는 성인들에게 도움이 될 뿐만 아니라 다른 사회적 어려움을 겪는 성인들에게도 매우 효과적인 교육 방식이 될 수 있다.
- **생태학적으로 타당한 사회성 기술.** 다른 사회기술 프로그램과 차별화된 PEERS®의 특징 중 하나는 생태학적으로 타당한 사회성 기술을 사용한다는 것이다. 이것은 본질적으로 사회적으로 잘 적응하고 있는 사람들이 자연스럽게 사용하는 사회적 행동들을 가르치는 것을 의미한다. 다시 말해서 우리는 성인들에게 우리가 사람들이 사회적 상황에서 해야 한다고 생각하는 것들을 가르치는 것이 아니라 연구를 통해 실제로 효과적이라고 밝혀진 것들을 가르치는 것이다. 우리가 효과적이라고 생각하는 것들이 현실에서 항상 적절한 것은 아니다.

- **소크라테스식 질문법.** PEERS®에서 사용되는 또 다른 중요한 수업 방법은 소크라테스식 질문법이다. 이 방법은 어떤 질문을 하거나 역할극을 통해 특정 행동을 보여줌으로써 집단 구성원들로부터 구체적인 반응을 이끌어 내는 것이다. 이 방법은 본질적으로 성인 및 사회성 코치들에게 질문에 대한 답변을 직접 제공하지 않으면서 그 질문을 통해 가르치려고 의도하는 답변을 스스로 할 수 있도록 유도한다. 성인들에게 이 접근 방식을 쓸 때의 장점은 집단 구성원에게 자신 혹은 동료가 사회적 행동의 규칙과 단계를 만들어 내고 있다는 느낌을 제공한다는 것이다. 집단 구성원들이 소크라테스식 질문법을 사용하여 수업의 요소들을 만들어 가게 하면 일방적인 강의에 비해 그들이 배운 내용을 더 신뢰하고 잘 기억할 확률이 높아진다.

- **우리끼리 단어 사용.** PEERS® 교육 과정의 또 다른 독특한 점은 **우리끼리 단어**를 사용하는 것이다. 매뉴얼에 **볼드체**로 표시된 용어는 **우리끼리 단어**이며 교육 과정에서 가르치는 중요한 개념들을 나타낸다. **우리끼리 단어**는 복잡한 사회적 행동들을 몇 개의 간단한 단어로 축약해서 상징적으로 표현한 것이다. **우리끼리 단어**를 최대한 많이 사용하면 성인, 사회성 코치, 그리고 치료진이 공통적으로 사용하는 표현들을 발전시켜 나가는 데 도움이 된다. 성인 회기에서 집단 치료자가 우리끼리 단어를 처음 사용할 때는 그 단어를 강조해서 말하고 보드에 적도록 한다

- **보드에 적기.** 성인을 위한 PEERS®의 각 회기에서는 매우 많은 교육 내용들을 다루게 된다. 따라서 성인 집단 회기에서 사회적 행동의 규칙과 단계와 관련된 **우리끼리 단어**는 반드시 보드에 적도록 한다. 사회성 코칭 유인물을 (사회성 코치 집단에서처럼) 성인의 교육 시간에 나눠주게 되면 소크라테스식 질문법을 사용하는 효과를 없애게 되므로 그렇게 하지는 않도록 한다. 배운 기술을 기억하고 받아들이는 능력을 극대화하기 위해서는 성인들이 자신과 동료들이 수업의 규칙과 단계를 만들어 나가는 것처럼 느껴야 한다. 같은 이유로 성인 집단에서는 가르치는 기술들을 미리 만들어진 파워포인트 슬라이드 혹은 기타 전자 프레젠테이션으로 전달하는 것도 권하지 않는다. 성인 회기 동안 사회적 행동의 규칙과 단계를 생성하는 것은 보다 유기적으로 느껴져야 한다. 따라서 회기 동안에 보드를 사용할 것을 적극 권한다.

- **역할극 시연.** 사회적 행동의 적절한 본보기와 부적절한 본보기를 보여주는 것은 사회기술을 이해하기 위해 중요한 요소이다. 역할극 시연은 성인을 위한 PEERS® 매뉴얼 전체에 걸쳐 사회적 예절의 구체적인 규칙과 단계를 설명하기 위해 사용된다. 역할극 시연의 예시는 성인 치료자 가이드의 음영으로 표시된 글상자에 대본 형식으로 제공되어, 집단 치료자들과 보조 치료자들이 구체적인 행동을 시연하는 방법을 이해하도록 돕는다. 이 대본은 적힌 그대로 읽게 하기 위한 것이 아니라 역할극 시연이 어떤 것인지에 대한 예시를 제공하는 것이다. 영어로 된 자료에 익숙하다면 www.routledge.com/cw/laugeson의 PEERS® *Role Play Video Library* 및 *FriendMaker* 모바일 앱 등에서 교육하고자 하는 기술들의 역할극 시연 동영상을 찾아서 참고해도 좋다.

- **조망 수용 질문.** 역할극 시연 다음에는 사회적 인지를 향상시키도록 돕기 위한 **조망 수용 질문**을 한다. 이 질문을 함으로써 성인들이 사회적 신호를 읽고 다른 사람들의 관점을 이해하도록 도우면서, 적절한 사회적 행동과 부적절한 사회적 행동에 대해 성인들이 더 활발히 논의할 수 있게 할 것이다. **조망 수용 질문**은 회기마다 반복되는데 일반적으로 세 가지 질문을 하게 된다: "상대방의 기분이 어땠을 것 같나요?", "상대방이 나에 대해서 어떻게 생각했을 것 같나요?", "상대방이 나와 다시 이야기를 나누고 싶어 할 것 같나요?" 각 역할극 시연 후에 동일한 **조망 수용 질문**을 사용함으로써 사회적 인지를 향상시킬 수 있게 하고, 성인들로 하여금 자신들이 사회적 상호작용을 할 때도 동일한 질문을 떠올릴 수 있게 도와줄 수 있다.

- **행동 연습.** 특정한 사회성 기술을 완전히 이해하기 위해서는 반드시 연습과 반복을 통해 실제로 사용해 보

아야 한다. 성인 집단의 모든 회기에 행동 연습이 별도의 활동으로 포함되어 있다. 데이트 예절과 관련된 교육과 같이 일부의 회기에는 행동 연습이 교육 시간 내에 있을 수도 있다. 행동 연습은 기술을 습득하는 데 필수적인 요소이며, 치료진이 수행에 대한 피드백을 주는 방식으로 사회성 코칭이 항상 함께 이루어져야 한다.

● **수행에 대한 피드백을 이용한 코칭.** 행동 연습을 최대한 활용하기 위해서는 치료진이 코칭을 통해 수행에 대한 피드백을 제공하는 것이 중요하다. 사회성 코치들 또한 사회성 코칭 유인물에 설명된 대로 가정과 사회에서 코칭을 제공하도록 권한다. 코칭은 PEERS®의 중요한 구성 요소이다. 모든 성인이 배운 기술을 바로 완벽하게 익힐 수는 없으며, 그 기술을 숙달하고 일반화하는 데는 추가적인 도움이 필요하기 때문이다.

● **과제 안내하기.** 각 회기는 보다 자연스러운 환경에서 기술을 사용하도록 촉진하기 위한 과제가 포함되어 있다. 일부 과제들은 집단 밖에서의 사회성 코칭을 장려하기 위해 성인과 사회성 코치가 함께 완수하도록 구성되어 있다. 또 일부 과제들은 사회성 코치들이 보이지 않게 코칭하면서 성인들이 독립적으로 완수하도록 되어 있다. 과제를 완수하는 것은 좀 더 자연스러운 사회 환경에서 기술을 일반화하는 것, 그리고 PEERS®의 전반적인 성공에 매우 중요하다. 우리의 연구 결과에 따르면 과제 완수 비율이 더 높은 사람들의 치료 결과가 유의미한 수준으로 더 높았고, 과제를 완수하지 않는 사람들에서는 치료 효과가 감소하였다. 따라서 새로 배운 기술들을 회기 밖에서 연습하도록 강력히 권해야 하고, 매주 **과제 점검**을 통해 집단 구성원들이 과제 수행에 대해 스스로 발표하도록 해야 한다.

● **과제 점검.** 집단 구성원들이 집단 밖에서 기술을 사용하도록 하기 위해 치료자는 모든 성인 및 사회성 코치 회기의 첫머리에 과제 점검을 한다. 과제 점검은 새로 배운 기술을 연습하는 데 중점을 두고 부여된 바로 전 주 과제를 잘 완수했는지 점검하는 것이다. 회기마다 과제 점검에 많은 시간을 소요하게 된다 (성인 집단은 약 30분, 사회성 코치 집단은 약 50분). 이는 자연스러운 사회 환경에서 배운 행동을 연습하고 수행해 보는 것의 중요성을 반영하는 것이다. 과제를 완수하지 않으면 사회성 기술은 다른 환경으로 일반화되지 않으므로 과제 점검에 충분한 시간을 할애하도록 한다. 동시에 과제 점검은 무엇이 효과가 있고 없는지를 평가하고, 발생할 수 있는 문제의 해결책을 논의함으로써 치료를 각 성인에게 개별화할 수 있는 시간이기도 하다.

● **매뉴얼을 융통성 있게 활용하기.** 매뉴얼화된 치료들이 받는 흔한 비판 중 하나는 '천편일률적인' 접근 방식을 사용한다는 것이다. 당연한 이야기지만 삶에서 '모두에게 들어맞는' 해법이란 없기 때문에 매뉴얼화된 치료라고 해서 이를 이런 방식으로 활용해서는 안 된다. 대신에 성인을 위한 PEERS® 교육 과정은 융통성 있게 활용하도록 고안된 프로그램이다. 즉, 꼭 필요한 경우 사회적 행동의 규칙과 단계를 적절히 수정할 수 있다. 사회성 기술의 문화적 차이와 관련된 내용이 그 예시가 되겠다. PEERS®에서 가르치는 기술들은 (프로그램이 전 세계에서 시행되고 있지만) 북미 및 기타 서양 문화에서 사용되는 일반적인 사회적 관습을 기준으로 하고 있다. 그러나 서구 사회 내에서조차도 문화적인 차이는 매우 크다. 따라서 집단 치료자는 집단 구성원이 속해 있는 사회의 관습이나 규범에 따라 교육 내용을 수정할 필요가 있다. 집단 구성원 모두가 동일한 문화권에 속해 있지 않을 수도 있기 때문에 과제 점검은 성인마다 치료를 개별화할 수 있는 훌륭한 기회가 될 수 있다. 과제 점검의 목적은 자연스러운 환경에서 기술을 적절하게 연습하도록 하는 것뿐만 아니라 프로그램의 효과가 잘 나타나지 않는 사람들이 겪고 있는 문제점의 해결책을 논의하고, 프로그램을 어느 정도 조정할 수 있는 기회를 제공하는 것이다. (핵심 교육 내용에서 너무 벗어나지 않는 범위 내에서) 매뉴얼을 융통성 있게 적용하는 것은 모든 집단 구성원이 치료로부터 도움을 받을 수 있도록 하기 위한 필수 요소이다.

행동 조절 기술

회기를 진행하는 중에 행동 문제를 보이는 집단 구성원은 거의 없겠지만 때때로 일어나는 수업 참여를 어렵게 하는 행동들을 수정하기 위해 행동 조절 기술이 필요할 수도 있다. 주의 깊게 살펴야 하는 행동에는 다음과 같은 세 가지 유형이 있다: (1) 부주의함(예: 수업에 집중하는 것, 집중력의 유지에 어려움이 있는 경우), (2) 방해행동(예: 수업에서 주의를 분산시키거나 진행을 방해하는 행동), (3) 타인을 존중하지 않음(예: 놀림, 괴롭힘 또는 무례하거나 부적절한 언급). 이러한 행동을 다루는 방법에 대해서는 다음과 같이 제안하고자 한다.

- **칭찬.** 사회적 관계를 맺고자 하는 동기가 있는 성인들과 그들의 사회성 코치들에게 사용할 수 있는 가장 효과적인 행동 조절 기술 중 하나는 칭찬을 사용하는 것이다. 적절한 행동에 대해 집단 혹은 집단의 개별 구성원을 칭찬하게 되면 그런 행동의 빈도를 높일 수 있을 것이다. 예를 들어 "여러분 모두 과제를 잘 완수하시느라 수고하셨습니다." 또는 "수업 내용을 진지하게 듣고 집단 밖에서 기술을 연습해 오셔서 정말 기쁩니다." 와 같은 칭찬은 집단 구성원의 바람직한 행동을 강화하고 장려하는 좋은 방법이다.

- **이름을 사용하여 주의를 환기하기.** 성인들이 수업 중에 딴생각을 하는 것처럼 보이는 것은 자주 일어나는 일이다. 확신하기는 어렵지만 때때로 그들의 주의력이 다른 곳으로 분산되는 것처럼 보일 수도 있다. 성인이 주의를 기울이는 데 어려움을 겪고 있다고 생각된다면 그들의 주의를 집중시키기 위해 수업을 잠시 멈추는 것보다는 수업을 진행하는 데 그 구성원의 이름을 사용하기만 해도 충분하다. 예컨대 "그래서 ○○씨, 정보 교환을 위한 규칙 중 하나는 말이죠……" 또는 "그래서 정보 교환의 목표는 공통의 관심사를 찾는 것이죠. 맞나요, ○○씨?" (동시에 고개를 끄덕임으로써 그 구성원의 반응을 촉진한다). 이름을 사용하여 주의를 환기하는 것은 성인들을 당황하게 하거나, 벌을 주는 것처럼 보이거나, 수업을 중단시키지 않으면서 그들을 다시 집중하도록 만드는 효과적인 방법이다.

- **또래 압력 사용하기.** 성인들은 가끔 부적절한 말을 하거나 상황에 맞지 않는 행동을 할 때도 있을 것이다. 이럴 때 동료들이 있는 앞에서 성인을 비난하게 되면 방어적이 되거나 당혹스러워할 것이다. 그렇게 하는 대신에 치료자가 관찰한 행동을 언급한 다음 약간의 또래 압력을 가하여 그 상황을 코칭할 수 있는 시간으로 활용한다. 이는 "~~와 같은 행동이/말이 왜 문제가 될 수 있을까요?"라는 매우 유용한 문장을 말한 다음, 부적절한 행동을 하지 않은 나머지 성인들의 반응을 이끌어 내는 것이다. 부적절한 행동을 하는 성인 당사자들에게 그들의 행동에 어떤 문제가 있는지 물어보는 것은 효과가 없으므로 그렇게 하지는 않는다. 대신에 다른 성인들에게 지금 발생한 특정 행동에 어떤 문제가 있는지를 물어본다면 그들은 당신의 질문에 기꺼이 답해줄 것이다. "○○씨의 행동에 어떤 문제가 있었나요?"와 같은 질문은 너무 개인적이므로 하지 않도록 한다. 질문은 다소 애매하고 일반적이어야 한다. 대다수의 성인들은 이러한 점에 대해 동료들과 논쟁을 벌이지는 않을 것이므로 그다음 수업을 바로 진행하면 된다. 이 방법을 사용하는 몇 가지 일반적인 예시는 다음과 같다.

  ○ 성인이 반복적으로 자기 순서가 아닌데도 이야기를 함으로써 집단을 방해할 때, 치료자는 "우리는 손을 들고 발표를 해야 합니다. 이 수업에서 손을 들지 않고 발표를 하면 어떤 문제가 생길 수 있을까요?"라고 말할 수 있다.

  ○ 성인이 다른 사람의 말을 부적절하게 비웃을 때, 치료자는 "우리는 서로를 존중해야 합니다. 다른 사람

을 비웃는 것은 어떤 문제가 될 수 있을까요?"라고 말할 수 있다.

○ 성인이 반복해서 수업 중에 농담을 하려고 할 때, 치료자는 "우리는 수업 중에 진지해야 합니다. 수업 중에 농담을 하는 것은 어떤 문제가 될 수 있을까요?"라고 말할 수 있다.

○ 성인이 다른 집단 구성원의 실수를 지적할 때, 치료자는 "다른 사람들에게 이래라저래라 하지 않도록 조심합시다. 다른 사람에게 이래라저래라 하는 것은 어떤 문제가 될 수 있을까요?"라고 말할 수 있다.

이러한 말들은 치료 시간 동안에 기대되는 바람직한 행동을 하도록 성인들의 주의를 환기시키는 동시에 너무 비난하거나 나무라는 것처럼 들리지 않게 한다. 이런 방법을 사용하면 바람직하지 않은 행동을 하는 성인을 직접 지적하지 않으면서 또래 압력을 적용할 수 있다. 일부 성인들(특히 나이가 더 어린 집단 구성원들)은 처음에는 한계를 시험해보려고 할 수 있지만 존중하는 태도로 이 상황들을 해결한다면 부정적인 영향을 최소화할 수 있다.

● **기대하는 바를 말하기.** 집단에서 부적절한 행동을 바꾸기 위해 유용한 방법 중 하나는 당신이 기대하는 바를 말하는 것이다. 위의 예들을 사용한다면 "우리는 말하기 전에 손을 들어야 합니다.", "우리는 서로를 존중해야 합니다.", 혹은 "우리는 진지하게 수업에 참여해야 합니다."와 같이 말할 수 있다. 기대하는 바를 말한 다음에 치료자는 성인들이 당연히 그 말을 바로 준수할 것이라고 기대한다는 듯이 빠르게 수업 진행을 이어가도록 한다. 성인이 당신의 말에 동의할 때까지 기다리게 되면 서로 대치하는 상황이 만들어질 수도 있다. 사회적 관계를 맺고자 하는 동기가 있는 성인 집단에서 기대하는 바를 말하고 그것을 지키도록 기대한다면, 성인들은 대체로 그 규칙을 잘 지킨다. 기대하는 바를 말할 때 대명사는 '나'가 아닌 '우리'를 사용해야 한다. 그렇게 하면 치료자가 집단 전체를 대신하여 말하고 있다는 인상을 주게 되고, 이것 역시 약간의 건강한 또래 압력을 적용하는 것이 되기도 한다.

● **타임 아웃.** 성인이 수업 중에 흐름을 저해하는 문제행동을 특히 많이 하거나 행동적으로, 또는 잘 조절하지 못하는 것 같아 보인다면 타임 아웃을 제안할 수 있다. 타임 아웃을 처벌 용도로 사용하는 것은 발달적으로 적합하지 않기 때문에 벌을 준다는 의미가 아니라 성인이 스스로를 조절할 수 있는 기회를 제공하는 것처럼 진행한다. 예를 들면 타임아웃을 제안할 때 "ㅇㅇ씨, 조금 따로 있는 시간이 필요한가요?" 또는 "ㅇㅇ씨, 잠시 쉬는 시간이 필요한가요?"와 같은 비판적이지 않은 질문을 사용할 수 있다. 성인들이 타임 아웃에 동의하는 것은 드물지 않으며, 특히 제시된 수업 내용이 그들에게 감정적으로 자극이 되는 내용인 경우에는 더욱 그렇다. 이러한 상황이 발생하면 성인과 함께 보조 치료자를 보내서 감정을 조절하는 데 도움을 주는 것이 좋지만, 이러한 행동을 너무 강화하지는 않도록 조심해야 한다. 그렇지 않으면 빈번한 타임 아웃을 통해 관심을 끌려고 할 수도 있기 때문이다. 극단적인 경우에는 성인이 동의한다면 사회성 코치로 하여금 상황을 완화시키는 것을 돕도록 할 수도 있다. 성인이 수업으로 돌아오고 나면 아무 일이 없었던 것처럼 타임 아웃이나 부적절한 행동에 대해서 언급하지 말아야 한다. 필요한 경우 회기를 마친 후 성인 및 그의 사회성 코치와 개별적인 면담을 할 수도 있다. 대부분의 성인을 위한 PEERS® 회기에서 발생하는 타임 아웃이 필요한 경우는 많지 않으며 꼭 필요한 경우에만 제한적으로 사용해야 한다.

사회성 코치 집단이 없는 PEERS®

성인을 위한 PEERS® 프로그램은 치료의 일부분으로 사회성 코치를 포함시키는 것을 강하게 권장하지만, 현실적으로는 사회성 코치 집단을 포함하지 못하는 경우도 있다. 우리는 이렇게 원래의 치료 형태에서 벗어난 프로그램을 농담처럼 '약식 PEERS® (PEERS® Lite)'라고 부르곤 한다. 이렇게 수정된 버전의 PEERS®는 원래 개발된 근거 기반 치료의 축소된 버전이라는 의미이다. 사회성 코치 집단을 하지 못하는 데는 치료진의 인력과 자원 부족, 적절하고 참여 가능한 사회성 코치 찾기의 어려움 등 다양한 이유가 있을 수 있다. 하지만 수정된 버전의 효과를 확실히 검증할 수 없기 때문에 ASD 및 그 외 사회성에 어려움이 있는 성인들에게 사회성 기술을 가르치기 위해 '약식 PEERS®'를 적용하는 것은 추천하지 않는다. 하지만 현실적인 이유로 인해 어떤 특정 상황에서는 원래 프로그램에서 다소 벗어나는 것이 불가피하다는 것을 알고 있으므로 사회성 코치 회기의 진행이 불가능할 경우 보호자를 치료에 최대한 참여시키는 방법에 대한 몇 가지 방법을 제안하고자 한다.

사회성 코치 회기를 정식으로 시행할 수 없는 경우라고 하더라도 임상가는 보호자들을 최대한 많이 참여시키도록 노력해야 한다. 부모, 성인 형제자매, 다른 가족 구성원, 직업이나 학업 멘토, 활동보조인, 친구, 연인, 또래 멘토, 상담사 또는 성인의 사회 생활에 관련된 어떤 사람이든 보호자의 역할을 할 수 있다. 보호자를 치료에 참여시키는 가장 간단한 방법은 매주 **사회성 코칭 유인물**을 배포하는 것이다. 유인물은 이 매뉴얼의 매 회기 마지막 부분에 수록되어 있으며, 가능하면 이를 복사하여 보호자에게 보낸다. **사회성 코칭 유인물**을 스캔하여 파일로 만든 다음 이메일로 보호자들에게 직접 보내는 임상가들도 많다. 이 유인물은 프로그램의 일부로 자유롭게 복사하여 배포되게 하는 의도를 가지고 제작된 것이므로 이렇게 공유하더라도 저작권 제한을 위반하지 않는다.

사회성 코치 집단을 운영할 여건이 되지 않을 때 치료에 보호자를 참여시키는 또 다른 방법은 보호자가 활용할 수 있는 추가 자료를 추천하는 것이다. 영어로 된 자료에 익숙하다면 *The Science of Making Friends: Helping Socially Challenged Teens and Young Adults*(Laugeson, 2013)는 부모와 다른 보호자들이 청소년과 성인들이 친구를 사귀고 유지하는 법을 배우고 친구 사이의 갈등과 거절을 다루는 방법을 배우도록 돕는 데 활용할 수 있는 책이다. 성인을 위한 PEERS®에서 가르치는 대부분의 기술(데이트 예절은 제외)이 이 책의 **서술적 설명** 및 부모와 보호자를 위한 **사회성 코칭 팁**과 청소년과 성인을 위한 회기 요약에 정리되어 있다. 가르치고자 하는 사회성 기술의 역할극 시연 동영상과 이에 뒤따르는 **조망 수용 질문**이 별첨된 DVD에 포함되어 있다. 자연스러운 사회 환경에서 기술을 일반화하는 데 도움이 되는 회기별 연습 활동도 제공한다. 사회성 코치 집단이 실현 가능하지 않은 경우 적절한 경우라면 보호자가 *The Science of Making Friends*를 사용하여 치료 환경 밖에서 성인들에게 사회성 코칭을 제공하는 방법에 대한 정보를 얻도록 제안할 수 있다.

영어로 된 자료에 익숙하다면 사회성 코치 집단을 운영할 수 없을 때 치료에 보호자를 참여시키는 또 다른 방법은 *FriendMaker* 모바일 앱의 사용을 권하는 것이다. *FriendMaker*는 청소년과 성인을 위하여 가상의 **사회성 코치** 역할을 하는 스마트폰용 모바일 앱이다. *FriendMaker* 앱은 간략히 요약된 자료를 통해 친구를 사귀고 유지하며 또래 사이의 갈등과 거절을 다루기 위한 구체적인 규칙과 단계를 설명한다. *FriendMaker*는 IOS 앱스토어에서 쉽고 저렴하게 구매할 수 있다. 이는 사회적으로 어려움을 겪고 있는 사람들에게 가상 코칭을 제공하는 유용한 도구일 뿐만 아니라 PEERS® 프로그램에 대한 추가적인 정보를 필요로 하는 보호자들에게 유용한 자원이기도 하다.

어떤 방식을 활용하든 간에 보호자가 사회성 코치로 참여함으로써 치료 환경 밖에서의 사회성 코칭을 통해 프로그램의 효과를 극대화하고 기술을 더 효과적으로 일반화시킬 수 있으므로 가능하다면 반드시 보호자를 참여하게 하는 것이 좋다.

지적장애 성인에게 매뉴얼 사용하기

성인을 위한 PEERS® 교육 과정은 지적장애를 동반하지 않은 사람들에게 적용하기 위해 개발되었지만, 성인을 위한 근거 기반 치료가 매우 부족하다는 점을 감안할 때 다른 인구집단에도 이 교육 과정을 사용해야 할 경우도 있을 것이다. 지적장애, 학습문제, 또는 실행기능에 문제가 있는 일부 성인들의 경우 각 회기에 제시되는 규칙과 단계의 수가 너무 많다고 느낄 수 있다. 이러한 경우 지적장애나 다른 학습 또는 인지문제가 있는 성인들에게 이 프로그램을 사용하기 위해 다음의 네 가지 대안을 제안한다.

1. **프로그램을 천천히 진행하기.** 성인을 위한 PEERS®는 일반적으로 수업 속도가 빠르고 지체 없이 진행된다. 지적장애나 다른 학습 또는 인지문제가 있는 성인을 대상으로 할 때는 프로그램의 속도를 늦춰도 괜찮다. 예를 들어 '치료 기간을 2배로', 즉 16주짜리 프로그램을 32주로 늘리는 것을 고려할 수 있다.

2. **행동 연습 기회를 추가적으로 제공하기.** UCLA PEERS® 클리닉에서 경험한 바에 따르면 지적장애(전체 지능지수 70 미만)가 있는 일부 성인들은 우리가 가르치는 사회성 기술의 모든 규칙과 단계를 명확하게 말로 설명하기는 어려워하지만 일반적으로 규칙을 따르고 단계를 사용하는 일은 할 수 있다. 이런 기술을 습득할 수 있는 가장 좋은 방법은 반복적으로 연습할 수 있게 돕는 것이다. 따라서 회기 중에, 그리고 회기 밖에서 사회성 코칭을 통해 수행에 대한 피드백을 제공하면서 행동 연습을 할 수 있는 기회를 더 많이 갖도록 하는 것이 좋다.

3. **수업을 단순화하기.** 지적장애 혹은 기타 학습 또는 인지문제가 있는 사람들을 위해 성인을 위한 PEERS® 교육 과정을 수정하는 또 다른 방법은 조금 단축해서 만든 단계 그리고/또는 간단한 규칙을 사용하는 식으로 수업 내용을 단순화하는 것이다. 표 1.2는 1회기에 나오는 대화 시작하기의 단계를 단축시킨 것이다. 표 1.3에는 6회기의 여러 사람이 하는 대화에 들어가기의 교육 내용의 단축된 단계를 예시로 제시하였다.

4. **시각 자료 사용하기.** 시각 자료는 학습에 어려움이 있는 사람들에게 사용하기 적절한 적응 중 하나이며 수업 내용을 이해하기 위한 대체 방법이 될 수 있다. PEERS®에 대한 향후 연구는 지적장애 성인을 위해 이러

표 1.2 대화 시작하기의 단축된 단계

원래의 단계	단축된 단계
1. 자연스럽게 지켜본다.	1. 공통의 관심사를 찾는다.
2. 소품을 사용한다.	2. 공통의 관심사를 언급한다.
3. 공통의 관심사를 찾는다.	3. 정보를 교환한다.
4. 공통의 관심사를 언급한다.	
5. 정보를 교환한다.	
6. 관심을 평가한다.	
7. 자신을 소개한다.	

표 1.3 여러 사람이 하는 대화에 들어가기의 단축된 단계

원래의 단계	단축된 단계
1. 대화를 귀 기울여 듣는다.	1. 지켜보고 귀 기울여 듣는다
2. 거리를 두고 지켜본다.	2. 대화가 짧게 멈출 때를 기다린다
3. 소품을 사용한다.	3. 더 가까이 다가간다
4. 주제를 확인한다.	4. 주제에 대해 언급한다
5. 공통의 관심사를 찾는다.	
6. 더 가까이 다가간다.	
7. 대화가 짧게 멈출 때를 기다린다.	
8. 주제에 대해 언급한다.	
9. 관심을 평가한다.	
10. 자신을 소개한다.	

한 접근법의 이점을 보다 면밀히 조사할 것이다. 우리의 임상 관찰은 이러한 수정된 수업 방식을 사용하는 것이 치료에 효과적이라는 것을 보여준다.

성인과 사회성 코치를 위한 추가 자료

치료를 하는 중에 또는 치료 후에 추가 자료를 필요로 하거나 원하는 성인 및 사회성 코치에게 다음과 같은 자료들을 추천한다. 아직 한국어 번역본은 없기 때문에 영어로 된 자료에 익숙한 경우에 참고할 수 있다. *The Science of Making Friends: Helping Socially Challenged Teens and Young Adults*(Laugeson, 2013)는 친구를 사귀고 유지하며 또래 사이의 갈등과 거절을 다루는 방법에 관심이 있는 부모, 사회성 코치 및 성인을 위한 책이다. 이 책은 부모와 사회성 코치를 위한 서술적인 설명, 청소년과 성인을 위한 회기 요약, 기술의 연습을 위한 각 회기의 연습 활동, 그리고 역할극 시연 동영상과 **조망 수용 질문**이 포함된 DVD를 활용하여 성인을 위한 PEERS®에서 가르치는 대부분의 기술에 대한 포괄적인 개요를 제공한다(데이트 예절은 포함되지 않았다). 또한 스마트폰용 *FriendMaker* 모바일 앱은 PEERS®에서 가르치는 기술을 빨리 복습하기를 원하는 성인 및 사회성 코치들에게 가상의 사회성 코칭을 제공한다. 교육하고자 하는 25가지의 사회성 기술에 대해 역할극 시연 동영상과 그에 따르는 **조망 수용 질문**이 포함되어 있으며, 우정을 발전시키고 유지하기 위한 사회적 예절의 규칙과 단계의 개요를 제공한다. 많은 성인들이 자연스러운 사회 환경에서 즉각적인 코칭이 불가능하거나 적절하지 않은 상황에서 *FriendMaker* 앱을 가상 코치로 사용한다.

어린이와 청소년을 위한 자원

ASD 및 기타 사회성에 어려움이 있는 어린이 또는 청소년과 함께 일하는 사람들에게는 다음과 같은 근거 기반의 사회기술 치료 매뉴얼을 권한다.

- 부모와 함께하는 자폐스펙트럼장애 청소년 사회기술훈련(*Social Skills for Teenagers with Developmental and Autism Spectrum Disorders: The PEERS® Treatment Manual, Laugeson &* Frankel 2010; 유희정 외 역, 2013)

  이 근거 기반의 매뉴얼은 중학생 및 고등학생 청소년을 위한 주간 부모 조력형 사회기술훈련을 실행하는 데 관심이 있는 사람들에게 유용하게 사용될 수 있다. 이 치료 매뉴얼에는 중고등학교에 재학 중인 청소년과 그들의 부모를 위한 1회 90분의 14회기가 포함되어 있다.

- *The PEERS® Curriculum for School-Based Professionals: Social Skills Training for Adolescents with Autism Spectrum Disorder*(Laugeson, 2014)

  아직 한국어로 번역되지는 않았지만, 이 근거 기반의 커리큘럼은 중학교 및 고등학교에서 매일 진행할 수 있는 수업 형식의 교육을 필요로 하는 교육자와 임상가에게 도움이 될 것이다. 이 교육 과정에는 중고등학교에 재학 중인 청소년을 위한 30~50분 길이의 16회기 분량의 수업이 포함되어 있다.

- 초등학생을 위한 어린이 친구 만들기(*Children's Friendship Training*, Frankel & Myatt, 2003; 하지혜 외 역, 2015)

  이 치료 매뉴얼은 초등학생과 함께 일하는 사람들에게 적합하다. 이 근거 기반 프로그램에는 초등학교에 재학 중인 아이들과 그들의 부모를 위한 60분 길이의 12회기가 포함되어 있으며, 친구를 사귀고 유지하는 기술에 중점을 두고 있다.

치료 전후의 변화 추적하기

치료 전후의 변화를 추적하는 것은 프로그램이 효과적인지를 검증하는 데 반드시 필요하다. 아래 기술한 것은 PEERS®를 사용한 출판된 연구 논문에서 사용한 평가 도구의 목록이다. 여기에는 사회적인 기능과 관련된 몇 가지 표준화된 평가가 포함되었다. 이러한 평가 도구들은 쉽게 구해서 사용할 수 있으며, 치료 후에 의미 있는 점수의 변화가 나타났던 척도들이다. 이러한 검사지들에 응답하는 것이 성인들과 사회성 코치들에게 큰 부담을 주지는 않았으며, 프로그램 전후에 사회적 기능의 변화를 측정함으로써 치료의 효과를 더 잘 평가할 수 있다.

성인용 사회성 기술지식검사(TYASSK)

TYASSK(Test of Young Adult Social Skills Knowledge)는 성인을 위한 PEERS®를 위해 개발된 30개 문항의 준거참조 검사로 프로그램에서 가르치는 구체적인 사회기술에 대한 성인의 지식을 평가한다. 검사 문항은 15개의 교육 내용에 포함된 핵심 요소들을 추출하여 만들었다. 성인들에게 문장의 일부를 보여주고 두 가지 답변 중에서 더 적합한 선택지를 골라 문장을 완성하게 한다. 점수 범위는 0점부터 30점까지이며, 점수가 높을수록 성인이 사회성 기술에 대해 더 많은 지식을 갖고 있음을 나타낸다. TYASSK는 알파계수가 .56인 청소년용 사회성 기술지식검사(Test of Adolescent Social Skills Knowledge, TASSK; Laugeson & Frankel, 2010)의 수정된 버전이며, TASSK의 알파계수(coefficient alpha)는 .56이었다. 질문지에서 묻는 영역의 범위가 넓다는 점을 고려할 때 이러한 중간 수준의 내적 일치도는 양호한 수준으로 간주한다. 성인을 위한 PEERS®의 치료 결과를 추적하기 위해 TYASSK를 사용한 이전의 연구에서는 ASD 성인들의 프로그램 전후 점수를 비교했을 때 프로그램을 완료한 후에 원점수가 대체로 6~8점 상승하였다. TYASSK를 작성하는 데 약 5분이 소요된다.

사회화의 질 질문지(QSQ)

QSQ(Quality of Socialization Questionnaire)는 성인(Quality of Socialization Questionnaire-Young Adult, QSQ-YA)과 사회성 코치(QSQ-C)에게 독립적으로 시행하는 척도로 지난 한 달 동안 친구들과 함께 어울린 빈도 및 데이트 빈도, 그리고 함께 어울리는 중에 친구들과 생기는 갈등의 수준을 평가한다. 사회적 관계의 개시 척도(Social Initiation Scale)는 지난 한 달간 다른 사람들을 초대하여 함께 어울린 횟수 및 데이트 횟수, 그리고 성인이 초대한 서로 다른 친구의 수를 측정하는 3개의 항목으로 구성되어 있다. 사회적 상호 교환성 척도(Social Reciprocity Scale)는 지난 한 달간 성인이 초대된 함께 어울리기 및 데이트 횟수, 그리고 함께 어울리기에 성인을 초대한 서로 다른 친구의 수를 측정한다. 갈등 척도(Conflict Scale)를 구성하는 12개의 항목에서는 최근의 함께 어울리기에서 겪었던 친구들 사이의 갈등 정도(예: "서로에게 화가 났다.")를 '전혀 그렇지 않다', '조금 그렇다', '꽤 그렇다', '매우 그렇다'의 4점 리커트 척도를 이용하여 성인과 보호자가 각각 보고한다. QSQ는 175명의 남녀 청소년을 대상으로 요인 분석을 통해 개발된 놀이의 질 질문지(Quality of Play Questionnaire, QPQ; Frankel & Mintz, 2009)를 수정하여 만든 것이다. 갈등 척도의 알파 계수(Coefficient alpha)는 .87이었다. 이 척도는 SSRS 문제행동 척도와의 수렴 타당성을 나타냈고(ρ=.35, $p<.05$), 지역사회 표본과 임상 표본을 유의미하게 변별하였다($p<.05$). 초대하거나 초대받는 함께 어울리기의 빈도 수 또한 지역사회 표본과 임상 표본을 유의미하게 변별하였다(p's$<.005$). 청소년을 위한 PEERS® 연구의 기저 시점에서 청소년과 부모의 QSQ의 점수 사이의 스피어만 상관계수(Spearman correlation)는 갈등 척도가 .55, 친구를 초대한 빈도가 .99, 친구로부터 초대된 빈도가 .99였다(빈도가 '0'인 경우를 제외했을 때의 상관계수는 각각 .97과 .94였고, p's$<.001$이었다). PEERS®의 치료 결과 평가를 위해 QSQ를 사용한 이전의 연구는 ASD 청소년과 성인들에서 프로그램 전보다 후에 함께 어울리기 횟수가 한 달에 2~4회 증가되었다는 것을 보여주었다. QSQ는 작성하는 데 약 5분이 걸린다.

사회적 반응성 척도(SRS-2; Constantino & Gruber, 2012)

SRS-2(Social Responsiveness Scale-Second Edition)는 65개 문항으로 된 측정도구로 자연스러운 사회적 상황에서 일어나는 ASD와 관련된 사회성 결핍(예 : 사회적 인식, 사회적 인지, 사회적 의사소통, 사회적 동기, 제한적이고 반복적인 관심사와 행동)의 유무 및 심각도를 평가한다. SRS-2는 성인과 사회성 코치가 모두 작성할 수 있다. 미국 인구를 반영하는 표본으로 표준화되었으며, 내적 일치도(α=.95), 평가자 간 일치도(r=.61) 및 수렴 타당도가 모두 높은 수준인 것으로 나타났다(Constantino & Gruber, 2012). PEERS®의 치료 효과를 평가하기 위해 SRS-2를 사용한 이전의 연구에서는 ASD 청소년 및 성인들의 사회적 기능에 대한 부모보고에서 프로그램 시행 전에 비해 프로그램 완료 후에 대체로 1 표준편차(10 T-score points)가량 향상된 것으로 보고되었다. SRS-2를 작성하는 데는 약 10분 정도 소요된다.

사회성 기술 향상 시스템(SSSI; Gresham & Elliot, 2008)

SSIS(Social Skills Improvement System)는 75개 문항으로 구성된 표준화된 평가 척도로 사회기술(의사소통, 협동, 자기주장, 책임감, 공감, 참여, 자기통제) 및 문제행동(외현화 및 내현화 행동, 괴롭힘, 과잉행동 및 부주의, ASD와 관련된 행동들)을 평가한다. SSIS는 만 13세에서 18세 사이의 청소년을 위해 개발되었지만, 성인들의 PEERS®이후에 나타나는 사회기술 변화를 평가하기 위해서도 성공적으로 사용되었다(Gantman et al., 2012; Laugeson et al., 2015). 성인들과 사회성 코치들이 4점 평가 시스템을 사용하여 다양한 사회기술과 문제행동의 빈도와 상대적 중요도를 평가한다. PEERS®의 치료 효과를 평가하기 위해 SSIS를 사용한 이전의 연구에서는 ASD 청소년 및 성인의 사회적 기능에 대해 치료 전과 후에 부모가 평정한 점수를 비교했을 때 프로그램 후에 거의 1 표준편차(10 standard score points)만큼 호전된 것으로 나타났다. SSIS를 작성하는 데는 약 10분 정도가 소요된다.

공감지수 척도(EQ; Baron-Cohen & Wheelwright, 2004)

EQ(Empathy Quotient)는 공감 능력을 측정하는 척도로 성인 및 보호자가 평정할 수 있다. 전형적인 발달을 하는 대조군의 12%가 EQ에서 30 미만의 점수를 받은 것에 비해 ASD 청소년 및 성인의 81%가 30 미만의 점수를 받았다. EQ는 탁월한 내적 일치도(.92) 및 검사–재검사 신뢰도(.97)를 보인다. 점수가 높을수록 더 좋은 공감 능력을 갖고 있다는 것을 나타낸다. PEERS®에서 치료 결과를 평가하기 위해 EQ를 사용했던 이전의 연구에서는 ASD 청소년 및 성인들의 사회적 기능에 대해 치료 전과 후에 부모가 평정한 점수를 비교했을 때 프로그램을 마친 후에 약 7점의 원점수가 높아진 것으로 나타났다. EQ를 모두 작성하는 데는 약 10분 정도가 걸린다.

사회적 · 정서적 고독 척도(SELSA; DiTommaso & Spinner, 1993)

SELSA(Social and Emotional Loneliness Scale)는 자기보고 척도로, 연애, 사회 및 가족과 관련된 외로움에 관한 37개 문항으로 구성되었다. 전형적으로 발달하는 대학생들에게 검증된 SELSA의 내적 일치도는 .89에서 .93이었다. 점수가 높을수록 더 많은 외로움을 느끼고 있다는 것을 나타낸다. 성인을 위한 PEERS®의 치료 결과를 평가하기 위해 SELSA를 사용한 이전의 연구에서는 ASD 성인들이 프로그램을 하기 전과 비교하여 모두 마친 후에 약 12점의 원점수가 감소되었음을 보여주었다. SELSA를 작성하는 데는 약 10분 정도 소요된다.

어떤 치료 효과가 예상되는가: 연구에 기반한 근거

사회기술훈련은 ASD 및 기타 사회적 어려움을 겪는 많은 성인들에게 꼭 필요하고, 치료에서 우선순위를 차지하고 있지만, 이 분야의 연구 논문들은 대부분 어린이들을 대상으로 한 치료에 집중되어 있다. 젊은 성인들을 위한 사회기술훈련의 효과와 효능을 조사하기 위한 연구는 거의 없다고 해도 과언이 아니다. 더구나 우정과 연인관계를 발전시키고 유지하기 위한 기술에 초점을 둔 사회기술훈련 프로그램도 거의 없다. ASD가 있는 사람들을 대상으로 한 사회성 기술훈련 연구 중에서도 사회적 능력 또는 친밀한 우정관계를 발전시키는 능력의 향상 정도에 대해서는 정식으로 측정하지 않았으며, 사회적 기능을 촉진하기 위해 보호자를 훈련에 포함시키는 것의 이점 또한 평가하지 않았다. ASD 및 기타 사회성에 어려움을 겪는 성인들의 사회적 능력을 향상시키고 우정 형성을 촉진하기 위한 근거 기반의 사회기술훈련이 부족하다는 인식으로부터 출발하여 이 매뉴얼을 개발하게 되었다.

UCLA PEERS® 클리닉에서 ASD 청소년을 대상으로 진행해 왔던 방식과 마찬가지로 성인을 위한 PEERS® 매뉴얼 역시 보호자 조력형 모델을 사용한다. 사회성 코칭을 위해 부모가 도움을 주는 청소년을 위한 PEERS® 모델과 동일하게, 마찬가지로 본 매뉴얼에서도 치료 환경 밖에서 기술을 사용하는 것을 강화하기 위해 보호자를 사회성 코치로 활용한다.

부모의 조력을 활용한 PEERS®의 최초 무작위 대조 연구는 *Journal of Autism and Developmental Disorders* (Laugeson, Frankel, Mogil, & Dillon, 2009)에 발표되었다. 이 연구에서는 ASD를 가진 만 13~17세의 청소년 33명을 두 가지 조건에 배정하였다. 청소년들을 무작위로 부모 조력형 PEERS® 치료군과 치료 대기 대조군 둘 중의 하나에 배정하였다. 치료를 먼저 받은 군은 치료 없이 대기한 대조군과 비교하여 부모가 평정한 사회기술에 대한 지식, 초대자가 되어 함께 어울리기를 한 횟수, 우정의 질 및 전반적인 사회기술에서 유의미한 개선 효과가 나타났다. 교사가 보고한 사회기술의 변화 또한 강한 효과 경향성을 보였다.

*Journal of Autism and Developmental Disorders*에 발표된 부모 조력형 PEERS®의 효과에 관한 두 번째 임상시험에서 첫 번째 임상시험에 참여하지 않았던, ASD를 가진 28명의 청소년을 대상으로 이전의 연구 결과가 재현되었다(Laugeson, Frankel, Gantman, Dillon, & Mogil, 2012). PEERS® 치료를 받은 청소년들은 치료를 기다리는 대조군과 비교하여 부모가 평가한 전반적인 사회기술, 그중에 특히 협동, 자기주장 및 책임감 척도가 유의미하게 개선되었다. 또한 치료군 내에서 사회적 반응성과 관련된 자폐증 증상들 가운데 사회적 동기, 사회적 의사소통, 사회적 인지 및 사회적 인식 영역에서 유의미한 개선이 있었을 뿐 아니라 자폐적 매너리즘의 감소도 나타났다. 청소년 자기보고에 의하면 또래를 초대하여 함께 어울리기를 한 횟수와 사회적 예절에 대한 지식이 향상된 것으로 보고되었다. 이런 치료 효과는 프로그램 종료 14주 후의 후속 평가에서까지 대체로 유지되었으며, 일부 청소년에서는 오히려 더 향상되었다. 또한 교사보고에 따르면 14주 후의 후속 평가 결과에서 전반적인 사회적 기능, 특히 자기주장 영역에서의 유의미한 향상이 나타났다. 이 연구 결과에서 특히 주목할 점은 이 연구에 관련된 교사들은 청소년이 배정된 집단에 대해 눈가림이 되어 있었으므로 청소년들이 사회기술훈련을 받았는지의 여부를 모르는 상태였음에도 불구하고 그들의 사회적 기능이 명백하게 개선되었음을 인지했다는 것이다.

성인을 위한 PEERS®는 이러한 부모 조력형 모델과 비슷하게 보호자 조력형 모델을 사용하여 부모, 성인 형제자매, 다른 가족 구성원, 활동보조인, 직업 코치 또는 또래 멘토 등과 같은 사회성 코치를 치료에 참여시킴으로써 사회적 관계에 대한 동기가 있는 성인의 사회성 기술을 향상시킨다. *Journal of Autism and Developmental Disorders*에 게재된 성인을 위한 PEERS®의 첫 번째 무작위 대조시험에서 만 18세에서 23세 사이의 ASD를 가진 17명의 성인이 보호자들과 함께 프로그램의 효과를 평가하는 연구에 참여하였다(Gantman, Kapp, Orenski, & Laugeson, 2012). 참가자들은 치료군과 치료 대기 대조군 중 하나에 무작위로 배정되었다. 결과는 치료군에서 대조군에 비하여 성인의 자기보고로 측정한 사회적 · 정서적 외로움과 사회기술 지식이 프로그램 후 유의미하게 개선되었음을 보여주었다. 보호자가 작성한 사회적 반응성 척도에서도 사회적 의사소통 영역에서 유의미한 개선과 자폐적 매너리즘의 유의미한 감소가 나타났다. 또한 보호자들은 협동, 자기조절 및 자기주장 측면에서 사회기술이 의미 있게 호전되었고, 공감 능력 및 함께 어울리기에 또래를 초대하거나 성인이 초대받은 횟수에서도 의미 있는 증가를 보고하였다.

*Journal of Autism and Developmental Disorders*에 발표된 2차 무작위 대조시험에서는 만 18세에서 24세 사이의 ASD를 가진 22명의 성인이 보호자와 함께 참여하여 성인을 위한 PEERS®의 효과를 평가하였다(Laugeson, Gantman, Kapp, Orenski, & Ellingsen, 2015). 참가자들은 치료군과 치료 대기 대조군 중 하나에 무작위로 배

정되었다. 그 결과 치료군은 보호자가 평가한 전반적인 사회기술, 특히 자기주장 및 협동 영역에서 유의미한 향상이 나타났다. 치료군에서 보호자가 평가한 사회적 반응성 가운데 사회적 동기와 자폐적 매너리즘 영역에서 자폐증 증상이 유의미하게 개선되었다. PEERS® 이후에 사회기술에 대한 지식이 유의미하게 향상되었고, 함께 어울리기에 또래를 초대하거나 또래에게 초대받는 활동을 통한 사회적 참여의 빈도 역시 의미 있게 증가되었다. 그뿐만 아니라 대부분의 치료 효과는 치료 종류 16주 후의 후속 평가에서도 유지되었고, 사회성이 새롭게 개선되는 현상도 관찰되었다.

결론. 이러한 연구 결과들은 모두 부모 및 보호자 조력형 PEERS® 프로그램이 ASD를 가진 전환기 성인들의 사회적 기능을 향상시키는 데 효과가 있을 가능성을 뒷받침하고 있다. 기타 사회적 어려움을 겪는 성인들을 대상으로는 아직 광범위하게 검증되지 않았지만 성인을 위한 PEERS®와 청소년을 위한 PEERS®는 ADHD, 우울증, 불안 및 기타 발달장애가 있는 사람들에게도 임상적으로 사용되고 있으며 비슷한 결과를 얻을 수 있을 것으로 기대하고 있다.

정보 교환하기 및
대화 시작하기

사회성 코치 치료자 가이드

사회성 코치 회기 준비하기

첫 번째 사회성 코치 회기의 목적은 보호자들에게 집단의 구조에 대해 알려주고, 치료에 대한 기대를 명확하게 하는 동시에 대화기술에 관한 첫 번째 교육을 진행하는 것이다. 명료한 기대치를 설정하는 것은 프로그램의 완결성을 유지하는 데 매우 중요하다. 이것이 전제되지 않고는 치료가 쉽게 핵심을 벗어나게 되고, 개입의 효과는 자연히 줄어들게 된다.

이 매뉴얼을 쓴 시점을 기준으로 PEERS®를 제외하고는 자폐스펙트럼장애(Autism Spectrum Disorder, ASD) 성인을 위한 근거 기반의 사회성 기술 프로그램은 존재하지 않으며, 심지어 자폐스펙트럼장애 청소년을 위한 프로그램조차도 근거 기반을 갖춘 프로그램이 매우 드물다. 그 결과 많은 보호자들은 성인들을 도와주고자 하는 몇 년에 걸친 시도가 별로 효과가 없는 방식으로 진행되었던 것에 실망한 상태에서 PEERS®에 참여하게 된다. 보호자들은 종종 다양한 형태의 불만과 실망감을 느낀다. 그들은 이 치료가 그들을 도와줄 수 있을 것이라고 기대하는 동시에 한편으로는 높은 저항을 보인다. 때때로 보호자들은 이전에 수많은 경험에서 별로 달라진 것이 없었기 때문에 이번에도 역시 바뀌지 않을 것이라고 예상한다. 이것은 치료 초기 단계에서 좌절과 회의감으로 나타날 수 있으며, 치료에 협조하는 데 영향을 미치기까지 한다. 이러한 유형의 치료 저항을 극복하기 위해서는 처음에 그들의 좌절감에 공감하면서, PEERS®가 다른 프로그램들과 어떻게 다른지 설명해주는 것이 도움이 될 수 있다. 전환기 청소년들을 위한 다른 사회기술 프로그램들과는 달리, PEERS®는 자폐스펙트럼장애 청소년 및 성인들의 사회기술을 개선하는 데 효과가 있음을 뒷받침하는 확고한 근거를 기반으로 하고 있다. 이 매뉴얼을 쓴 시점을 기준으로 자폐스펙트럼장애를 가진 전환기 청소년들을 위한 PEERS®의 효능과 효과를 설명하는 몇십 개의 논문이 공인 학술지에 게재되었다. 치료에 대한 보호자들의 회의감을 극복할 수 있는 방법 중 하나는 PEERS® 효과에 관한 연구들의 개요를 간략하게 설명해주고, 보호자들과 그들의 성인들이 제시된 대로 프로그램을 따라온다면 그들도 비슷한 결과를 기대할 수 있음을 강조하는 것이다.

대부분의 사회성 코치 및 성인들은 치료자의 도움을 바라고 또 필요로 하고 있으며, 치료자들도 그들과 함께해 나가면서 매우 큰 보람을 느끼게 될 것이다. 그들은 또한 집단을 만들어 준 것에 대해 감사하게 생각하고, 최선을 다해 과제를 완수해 내려고 애쓸 것이다. 사회성 코치들이 성인의 사회성 기술이 향상되는 것을 확인하기 시작하면 매우 기쁘게 생각할 것이다. 하지만 집단을 어렵게 만드는 일부 사회성 코치들도 있다. 사회성 코치 집단에서 발생하는 문제의 90% 이상은 10% 이내의 보호자들 때문에 일어난다. 이 장에서 다루는 내용들과 대부분의 사회성 코칭 회기의 구조는 이러한 어려운 행동을 다루는 데 목표를 둔다. 이렇게 함으로써 성인들이 PEERS®로부터 좀 더 많은 도움을 얻을 수 있는 기회를 주고, 집단의 다른 사회성 코치들도 충분한 도움을 받도록 할 수 있다. 대부분의 참여자들이 PEERS®로부터 확실히 효과를 얻을 수 있게 하는 최선의 방법은 우리가 제시하는 집단의 구조를 충실히 지키는 것이다.

치료에 저항적인 사회성 코치들을 만났을 경우에는 이러한 징후를 빨리 알아차리고, 어렵고 다루기 힘든 행동이 집단 전체에 걸림돌이 되기 전에 적절한 행동을 취해야 한다. 장마다 있는 **회기를 위한 준비** 부분은 매주 일어나는 흔한 문제들을 해결하기 위해 고안되었다. 하지만 일어날 수 있는 모든 문제를 예측하는 것은 불가능하기 때문에 사회성 코치 집단 치료자는 집단 치료를 진행하는 데 포괄적인 임상 훈련 및 전문성과 함께 폭넓은 정신건강 관련 훈련을 마친 사람이어야 한다. 우리 경험에 의하면 사회성 코치 집단을 진행하는 것이 때로는 성인 집단을 진행하는 것보다 임상적으로 더 어려우며, 뛰어난 임상 기술을 필요로 한다.

첫 사회성 코치 회기에서 자주 볼 수 있는 행동은 보호자가 아직 회기에서는 다루어지지 않은 내용에 대해서 한 발 앞서 물어보는 것이다. 이것은 매우 흔하고 별로 큰 문제가 되지는 않는다. 예를 들어 "제 아들이 새로운 사람들을 만나게 하려면 무엇을 가르쳐야 하나요?" 혹은 "제 딸이 성적인 관계를 제안하는 사람의 부탁을 거절하도록 어떻게 도와줘야 하나요?"와 같은 질문들이 첫 회기에서 나올 수 있다. 이후 회기에 다루게 되는 질문들은 이번 회기에서 논의하지 않고 해당 회기를 위해 남겨 두어야 한다. 즉, 치료자는 이렇게 말할 수 있다. "그것은 매우 중요한 질문입니다만, 우리는 나중에 그에 대해 함께 이야기하게 될 것입니다. 아직 우리는 그 주제까지 진행하지 않았으므로 잠시 기다렸다가 이후 치료시간에 다시 이야기하도록 하겠습니다." 또한 예를 들어 "자폐증의 원인은 무엇인가요?" 혹은 "자폐증이 완치되나요?"와 같이 치료와 관련 없는 질문들 역시 잘 가려내야 하며, 이때는 다음과 같이 답할 수 있다. "그것은 매우 좋은 질문입니다만, 지금은 성인들이 친밀하고 의미 있는 관계를 만들고 유지하는 것을 돕고자 하는 것이 우리 집단의 목적이므로 여기에 계속 주의를 집중해야만 하겠습니다. 지금은 우리에게 주어진 시간이 상당히 제한되어 있으므로 우리는 모두 주제를 벗어나 초점을 잃지 않도록 주의했으면 합니다." 이렇게 방향을 다시 제시해주면 사회성 코치들은 무엇을 기대할 수 있는지 정확히 알게 되어 좀 더 편안해지고, PEERS®가 제공하는 것에 대해 보다 더 잘 집중할 수 있게 된다. 적절하다고 판단되는 경우라면 PEERS®의 목적과 관련이 없는 질문들은 회기 시작 전이나 끝난 후에 개별적인 면담을 통해 다루도록 한다.

사회성 코치들에게는 성인 집단의 구조가 새롭기 때문에 "제 아들은 여러 가지 감각 문제를 많이 갖고 있습니다. 제가 이것을 어떻게 도와줄 수 있을까요?" 혹은 "제 딸이 수업에 가게 하려면 제가 무엇을 할 수 있을까요?"와 같이 주제에서 벗어난 이야기나 질문을 할 수 있다. 회기의 주제를 벗어나서 회기에 다루어야 하는 교육시간이 부족해지는 일을 방지하기 위해서는 역시 집단의 구조를 활용하여 다음과 같이 말함으로써 지금 당장은 방향을 전환해줄 수 있다. "매우 좋은 질문이지만 우리가 오늘 다뤄야 하는 내용이 아주 많으므로 아쉽게도 그 질문에 대해서 토론할 수 있는 시간이 없습니다. 원하시면 회기가 끝나고 이야기할 수 있겠습니다." 회기의 주제에서 유난히 자주 벗어나는, 다루기 힘든 집단에 대해서는 주제 목록을 칠판에 적음으로써 이 부분을 강조해야 할 수도 있다. 처음부터 사회성 코치들에게 다음과 같이 말함으로써 때때로 치료자가 그들의 이야기를 중단시킬 수도 있음을 알리는 것도 도움이 된다. "우리는 매주 매우 많은 양의 자료를 다루어야 하므로 여러분이 거기에 집중할 수 있도록 제가 때때로 이야기를 중단시키게 될 수도 있습니다. 이 프로그램으로부터 최상의 결과를 이끌어내기 위해서는 주제에 집중해야 하므로 이해해주셨으면 합니다." 사회성 코치들이 치료에 중요한 영향을 줄 수 있는 문제들을 제기한다면 치료의 흐름을 벗어나기보다는 집단 밖에서 따로 만나 추가적인 자문을 제공하는 것이 더 좋다.

치료 첫 회기에는 성인 및 사회성 코치들을 같은 방에 모두 모이게 해서 치료진과 집단의 다른 구성원들을 소개한다. 소개 시간을 갖는 것은 어색한 분위기를 부드럽게 하고, 집단 구성원들이 환영받고 있으며 안전하다고 느끼도록 돕기 위한 것으로 대략 5분에 걸쳐 짧게 진행한다. 사회성 코치 회기의 **장점 확인하기** 부분은 성인들의 긍정적인 특징을 알아내는 연습을 하는 것이다. 이러한 연습은 보호자들이 성인들의 친구 혹은 잠재적인 데이트 상대에게 호감을 줄 만한 성인의 긍정적 특성에 집중할 수 있도록 돕기 위한 것이다. 정신건강을 다루는 상황에서 우리는 종종 부정적인 특성에 더 주의를 기울이고, 특정 행동들을 병리적인 것으로 여기며, 때로는 그 사람의 특별한 점들을 무시하는 경향이 있다. PEERS®는 강점에 기반한 접근법이기 때문에 첫 번째 사회성 코치 회기는 보호자들이 그들의 성인들이 가진 특성 가운데 가장 좋아하는 점이 무엇인지에 초점을 맞추는 것이 도움이 된다. 대부분의 보호자들은 큰 어려움 없이 성인들의 장점을 찾아낸다. 치료자는 이러한 장점들이 성인들이 친밀하고 의미 있는 관계를 발전시키고 유지하는 데 중요한 특성이라고 재구성해준다. 그러나 어떤 보호자들은 장점 찾는 것을 어려워하기도 한다. 이러한 상황을 상상하는 것은 매우 가슴 아픈 일이다. 하지만 이것이 임상적으로 무엇을 의미하는가를 생각해보는 것은 매우 중요하다. 어떤 경우에는 보호자가 이 연습을 잘 이해하지 못해서 그런 것일 수 있기 때문에, 이럴 때는 연습 목적을 조금 더 자세하게 설명해준다. 또 다른 경우에는 보호자가 자신의 성인을 부정적으로 바라보는 경향 때문일 수 있는데, 이런 부정적인 특성에 편향되어 있는 것이 사회성 코치를 진행해 나가는 데 영향을 줄 수 있다는 사실을 잘 생각해보아야 한다. 어떤 경우든 치료자는 필요에 따라 부정적인 보호자들이 긍정적으로 변화할 수 있도록 방향을 전환함으로써 발생 가능한 임상적인 문제들을 즉각 해결해야 한다.

남은 시간 동안에는 사회성 코치들에게 집단의 구조 및 집단에서 기대할 수 있는 것들을 알려주고, 첫 회기 수업을 진행한 뒤 이에 맞는 **과제**를 부여하는 것에 집중한다. 이번 회기뿐 아니라 앞으로 있을 모든 회기마다 사회성 코치 및 성인들에게 **사회성 코칭 유인물**을 나눠줄 수 있게 준비해 두어야 한다. 유인물은 본 매뉴얼 각 장의 마지막 부분에 수록되어 있다. 유인물은 모든 사회성 코치 회기마다 나눠준다. 그 회기에서 받은 유인물은 다시 만나기 시간에 성인들이 함께 보아도 된다.

이번 회기에서 일어날 수 있는 또 다른 흔한 문제는 사회성 코치들이 자신의 성인이 첫 과제를 완수하기 어려운 이유를 늘어놓는 것이다. 소위 '헬리콥터 부모', 또는 일부 자녀를 과보호하는 부모들은 성인들의 과제를 대신 해주거나 너무 많은 것을 준비해주려고 할 수도 있다. 너무 많은 도움을 주려는 것을 막고, 좀 더 독립적이 되도록 돕기 위해서는 사회성 코치들로 하여금 한 발 물러나서 성인들이 그들의 도움을 받기 전에 과제를 어떻게 해결해 나가는지 보도록 한다. 예를 들어 성인들이 **집단 구성원과의 전화 통화** 과제를 하는 동안에 사회성 코치들이 옆에서 대본을 제공하거나 현장에서 코치하지 못하도록 하는 것이 좋다. 대신에 성인들이 통화를 하는 도중이 아닌, 통화를 하기 이전 혹은 이후에 보호자들이 사회성 코칭을 하도록 권고한다.

소개

- 첫 회기를 시작할 때 모든 성인 및 사회성 코치들이 치료진과 같은 방에 모여 서로를 소개하는 시간을 갖는다.
  - 모든 참가자와 치료진에게 이름표를 제공한다. 이름표는 프로그램이 진행되는 동안 매주 달도록 한다.
- 우선 집단을 환영하고, 치료진의 각 구성원이 자신의 전문적 배경과 PEERS®에서의 역할을 위주로 각자 소개한다.
- 돌아가면서 성인과 사회성 코치들이 다음과 같이 스스로를 소개하게 한다.
  - 성인은 자신의 이름, 나이 그리고 (적절하다면) 어디에서 일하는지, 어느 학교를 다니는지 소개한다.
  - 사회성 코치는 자신의 이름, 함께 온 성인이 누구이며 어떤 관계인지를 소개한다(예: 형제자매, 가족 구성원, 또래 멘토, 후견인, 사례관리자 등).
  - 멀리서 오는 구성원들이 있는 집단의 경우에는 어디에 사는지를 이야기하게 되면 자기소개 내용과 맥락이 더 풍부해질 것이다.
- 성인과 사회성 코치 집단은 서로 다른 방에서 모이겠지만 각 집단 회기의 마지막 10분 동안에 다시 만나서 오늘 논의한 내용들을 점검하고, 다음 주 동안에 그 기술들을 어떻게 연습할지를 이야기할 것이라고 설명한다.
- 소개를 마친 뒤에 성인 집단과 사회성 코치 집단 교실로 각각 자리를 옮긴다.

비밀 보장하기

- 비밀 보장의 한계를 점검한다(이것은 치료가 시행되는 국가/지역에 따라 다를 수 있으므로 해당 국가/지역의 상황에 따른다).
  - 설명: "만약 성인이 학대 혹은 방임되었다는 정보를 알게 되거나 자해 또는 타해 위험이 있다고 판단하면 우리는 적절한 기관에 이를 보고하도록 되어 있습니다."
- 집단 구성원들에게 치료 과정에서 듣게 되는 내용들에 대해 비밀을 지키도록 이야기한다.
  - 설명: "저희는 여러분과 성인들이 다른 구성원에 관한 비밀을 지켜주시기를 바랍니다. 즉, 여기에서 이야기했던 내용들을 집단 밖의 어떤 사람과도 이야기하면 안 됩니다. 집단 구성원들이 이 규칙을 모두 따르는지를 파악하고 통제하는 것은 어렵겠지만 저희는 모든 분이 이 규칙을 지켜주시기를 바랍니다."

PEERS®의 목적

- 설명: "PEERS®는 성인들이 친구관계 및 연인관계를 포함하여 친밀하고 의미 있는 관계를 만들고 유지하도록 돕는 사회기술훈련 집단이다."
- PEERS®에서는 다음과 같은 기술을 다룬다.
  - 우정 및 연인관계의 특징과 유형
  - 대화를 시작하고 유지하기
  - 새로운 친구를 사귈 수 있는 곳 찾기
  - e-커뮤니케이션 사용에 관한 규칙(전화, 이메일, SNS, 문자 메시지를 사용하는 데 필요한 규칙)
  - 여러 사람이 하는 대화에 들어가고 빠져나오기

- ○ 유머를 적절하게 사용하기
- ○ 성공적으로 함께 어울리기를 마련하고 실행하기
- ○ 다음과 같은 데이트 예절
  - 상대에게 내가 관심이 있다는 것 알리기
  - 데이트 신청하기
  - 거절과 원하지 않는 성적인 관계 다루기
  - 데이트에서 해야 할 것과 하지 말아야 할 것
- ○ 논쟁과 의견충돌 다루기
- ○ 놀림과 괴롭힘 다루기
- ○ 소문과 뒷이야기 다루기

- 사회성 코치들과 성인들이 같은 시각에 각각 다른 방에서 집단에 참여하게 될 것이라고 설명한다.
  - ○ 성인들이 PEERS®에서 배운 기술들을 활용할 수 있도록 보호자들에게 사회성 코칭 팁들을 알려줄 것이다.
- 집단은 매주 1회씩 90분 동안 총 16번의 모임을 갖게 될 것이라고 설명한다.
  - ○ 마지막 모임에서 성인들은 졸업 파티와 졸업식을 하게 될 것이며, 사회성 코치들에게 향후 어떻게 나아갈 것인가에 관한 팁을 제공해줄 것이다.
- 결석 예정일 알림표(부록 A)를 나눠준다.
  - ○ 결석 예정일 알림표에는 모임의 날짜와 그에 해당하는 회기 번호를 적는다. 그러나 집단 구성원이 참석하고 싶은 회기에만 참여하는 것을 막기 위해 회기 주제에 관한 내용은 기록하지 않는다.
- 모든 회기에 참석하는 것이 매우 중요하다는 것을 사회성 코치들에게 상기시킨다.
- 참석이 어려운 회기를 미리 알고 있다면 사회성 코치들이 결석 예정일 알림표를 작성해서 치료진에게 돌려주게 한다.
  - ○ 만약 집단 구성원 중에서 여러 명이 참석하지 못하는 회기가 있다면 한 주를 미루는 것도 고려해볼 수 있다.

사회성 코치 회기의 구조

과제 점검(50분)

- 치료시간은 이전 시간에 내준 과제를 점검하는 것으로 시작한다.
- 사회성 코치들과 성인들은 새로 배운 기술을 연습하기 위해 매주 과제를 받게 된다.
- 성인이 과제를 완수하는 데 어느 정도의 사회성 코칭을 제공할 것인지는 성인이 어느 정도의 개입을 필요로 하고 편안하게 느끼는지에 의해 결정된다.
  - ○ 이것은 각 회기의 마지막 부분인 다시 만나기 시간에 각자 개별적으로 치료진과 협의하여 결정한다.
  - ○ 사회성 코치는 성인과 함께 적어도 과제가 무엇인지에 관한 이야기는 나누어야 한다.
- 오직 완수된 과제에만 집중할 것이다.
  - ○ 과제를 완수하지 못한 이유를 이야기하는 데 시간을 할애하지 않으며, 다만 앞으로 과제를 완수할 수 있도록 문제를 어떻게 해결할 것인지에 대해서는 이야기를 나눌 수 있다.
  - ○ 치료 프로그램의 성공 여부는 과제를 얼마나 잘 완수하는지에 달려 있다.

교육(20분)

- 매주 관계 맺기 기술에 초점을 두는 새로운 교육이 진행될 것이다.
- 사회성 코치들과 성인들을 위해 매주 사회성 코칭 유인물을 나눠준다.
  - 배부 받은 유인물을 바인더에 넣어 잘 보관하고, 매주 집단에 가져오길 권한다.
  - 다른 보호자들과도 유인물을 같이 읽어볼 것을 권한다.
- 참고사항(영어로 된 자료에 익숙하다면)
  - PEERS® *Role Play Video Library*(www.routledge.com/cw/laugeson) 혹은 *Friendmaker* 모바일 앱을 통해 배우고자 하는 기술에 관한 역할극 동영상을 볼 수도 있다.
  - 사회성 코치 및 성인들은 프로그램이 진행되는 동안 추가 정보를 위해 *The Science of Making Friends*(Laugeson, 2013)에서 각 주에 해당되는 장을 읽어볼 수도 있다.

과제 안내하기(10분)

- 매주 과제를 내주게 되는데, 이는 새로 배운 기술 또는 이전에 배운 기술들을 집단 밖에서도 일반화할 수 있게 하기 위함이다.
- 사회성 코칭 유인물은 사회성 코칭 팁과 함께 과제에 관한 포괄적인 설명을 제공한다.
- 참고사항(영어로 된 자료에 익숙하다면)
  - 사회성 코치가 성인들이 과제를 완수하는 것을 도와주기 어려운 경우에는 추가적인 '가상의 코치' 역할을 할 수 있는 *FriendMaker* 모바일 앱을 사용할 수 있다.
- 사회성 코치 점검표를 배부한다. 여기에 매주 과제를 기록해서 주마다 집단 치료자에게 제출하도록 한다.

다시 만나기(10분)

- 각 회기의 마지막 부분에 사회성 코치 및 성인들이 다시 만나서 수업 내용을 점검하고, 과제를 확인하며 돌아오는 주의 과제에 관해 각각 개별적으로 협의한다.

성인 회기의 구조

성인 회기는 사회성 코치를 위한 회기와 매우 비슷한 구조이며, 대신 회기를 구성하는 각 부분에 할애되는 시간에 차이가 있고 행동 연습이 포함된다는 것을 간략히 설명한다.

- 과제 점검(30분)
- 교육과 역할극(30분)
- 행동 연습(20분)
  - 행동 연습 시간은 새로 배운 기술 또는 이전에 배운 기술을 연습하는 데 사용된다.
- 다시 만나기(10분)

치료에 대한 기대

- 사회성 코칭 유인물을 나눠준다.
  - 사회성 코치 치료자 가이드에 **볼드체**로 표시된 부분은 사회성 코칭 유인물에서 그대로 가져온 것이다.
- **볼드체**로 표시된 부분은 **우리끼리 단어**(buzzword)라고 하는데, PEERS® 교육 과정의 중요한 개념들에 해당

한다.

  ○ **우리끼리 단어**는 복잡한 사회적 행동들을 몇 개의 간단한 단어로 축약해서 표현한 것이다.

  ○ 가능한 한 **우리끼리 단어**를 많이 사용하여 치료자, 사회성 코치 및 성인 사이에 공통된 언어로 발전하게 한다.

PEERS®에서 기대할 수 있는 것

PEERS®의 목적은 다음과 같다.

● 성인들이 친구 및 연인을 만들고 유지하는 방법, 또래와의 갈등과 거절을 다루는 방법에 대해 배우는 것을 도와준다.

● 사회적으로 잘 적응하고 있는 성인들이 사용하는 생태학적으로 타당한 사회성 기술을 가르친다.

● 사회성 코치의 도움을 받아 친구 및 연인을 만날 수 있는 곳을 찾도록 도와준다.

● 사회성 코치를 통해 성인들에게 도움을 제공한다.

● 결과적으로 성인들이 사회적 관계에서 독립성을 기를 수 있도록 도와준다.

PEERS®의 교육 방법

● 각각의 **성인 회기** 및 **사회성 코치 회기**에서는 다음과 같은 교육 방법을 사용한다.

  ○ 사회적 행동의 구체적인 규칙과 단계를 가르치는 **교육**

  ○ 목표로 하는 기술을 보여주는 **역할극**

  ○ 성인들이 새로 배운 기술을 연습하기 위한 **행동 연습**

  ○ 새로 배운 기술을 연습하기 위한 **과제 안내하기**

  ○ 문제점을 해결하고 치료를 개별화하기 위한 **과제 점검**

● 사회성 코치가 할 일 중 가장 중요한 세 가지는 다음과 같다.

  ○ 성인들에게 PEERS® 밖에서 사회성 코칭을 제공한다.

  ○ 성인들이 사회적인 여가활동, 취미, 동호회나 동아리, 스포츠 그리고/혹은 모임 집단을 통해 PEERS® 밖에서 자신을 받아들여 줄 만한 친구를 사귈 수 있는 곳을 찾도록 돕는다.

  ○ 성인들이 친구들과 함께 어울리기를 계획하고 잠재적인 연애 상대와 데이트할 수 있도록 도와준다.

PEERS®에서 기대하기 어려운 것

● PEERS®는 지지 집단이나 성인의 정신적 · 심리적 질환이나 발달 문제가 무엇인지 알아내도록 돕는 집단은 아니다.

● PEERS®는 당신이 마주하는 모든 문제나 어려움을 해결해줄 수는 없다.

● PEERS®는 '우정을 나누는 상대를 찾는 집단'이 아니다.

  ○ 이 집단의 다른 구성원들과 지속적인 우정을 만들고 유지하는 것을 기대해서는 안 된다.

    ■ PEERS®는 성인들이 다른 구성원들과의 연습을 통해 치료 집단 밖에서 사회적 관계를 발전시키는 방법을 가르친다.

  ○ 치료 기간에 집단의 다른 구성원들과 어울리지 않아야 한다.

    ■ 치료가 모두 끝나고 난 다음에는 당신이 그렇게 하기를 원하고 또 다른 구성원도 동의하는 경우라면 서로 어울릴 수 있다.

- PEERS® 치료 기간에 다른 구성원들과 어울리는 것이 문제가 되는 것은 다음과 같은 이유 때문이다.
  - 어울리다 보면 갈등이 생길 수 있고 이로 인해 구성원들이 더 이상 집단에 참여하기를 원하지 않을 수 있다.
  - 소집단이 만들어지고 이로 인해 다른 집단 구성원들이 소외받는다고 느낄 수 있다.
  - 집단의 역동이 달라질 수 있으며 집단을 통해 친구 및 다른 사회적 관계를 만들고 유지하는 방법을 배우기보다는 친구와 어울리는 것 자체가 주된 목적이 될 수 있다.
- 당신이 다음과 같은 것들을 잘하지 않으면 성인들이 발전할 수 없다.
  - 규칙적으로 회기에 참석하고 제시간에 도착한다.
  - 각 과제를 완수하려고 노력한다.
  - PEERS® 밖에서 기술을 사용한다.
  - 사회성 코치의 도움을 통해 성인을 받아들여 줄 만한 또래 집단을 찾는다.

장점 확인하기

- 설명: "PEERS®는 기술을 키우는 집단으로 성인들이 의미 있는 관계를 발전시키고 유지하는 것을 도와주는 데 초점을 두고 있습니다. 다른 프로그램들과는 달리 PEERS®는 장점에 근거한 접근을 하게 됩니다. 비록 모든 사람이 각자의 어려움을 가지고 있지만, 우리는 또한 각자가 중요한 장점을 가지고 있다고 믿습니다. 이러한 장점을 통해서 종종 우리는 더 좋은 친구 또는 연인이 될 수 있습니다. 우리는 성인의 문제에 집중하느라 많은 시간을 보내게 되지만, 이 프로그램에서는 문제보다는 성인의 장점에 초점을 두면서 이 시간을 시작해보려고 합니다."
- 질문: "당신이 성인에 대해 가장 좋게 생각하는 것은 무엇인가요?"
- 돌아가면서 모든 사회성 코치가 성인의 장점을 하나씩 말하도록 한다.
  - 만약 부정적인 것에 초점을 맞춘다면 무엇이든 긍정적인 점을 찾을 수 있도록 방향을 전환해준다.
- 사회성 코치가 자신의 성인에 대해서 가장 마음에 드는 것을 이야기하면 이를 간략히 반복해서 말하고, 그러한 장점이 친구 및 다른 사회적 관계를 만들고 유지하는 데 어떻게 중요한지를 다시 구성해서 이야기한다.
- 설명: "여러분이 생각해낸 성인의 모든 장점은 사람들과 친밀하고 의미 있는 관계를 만들고 유지하는 데 중요한 특성이 될 것입니다."

교육: 좋은 우정의 특징

- 설명: "PEERS®의 목적은 성인들이 친구를 사귀고 유지하며 친밀하고 의미 있는 관계를 발전시키는 방법을 가르치는 것이기 때문에 좋은 친구란 무엇인지에 대해 모두가 동의하는 것이 중요합니다. 성인들 역시 사회성 코칭 유인물에 설명된 것과 같은 좋은 우정의 특징을 브레인스토밍할 것입니다."
- 좋은 우정의 특징을 제시하고 각각을 제시할 때마다 다음과 같이 물어본다. "이것이 왜 우정에 있어서 좋은 특징이라고 생각하나요?"
  - **공통의 관심사**
    - 친구들은 비슷한 관심사, 좋아하는 것, 취미를 공유한다.
    - 공통의 관심사는 친구와 함께 이야기하거나 함께할 것들을 제공한다.

○ 배려
- 좋은 우정은 서로 좋아함, 따뜻함, 애정 및 서로에 대한 배려에 바탕을 둔다.
- 배려는 이해심, 관심과 공감을 느끼고 드러내 보여주는 것이다.

○ 지지
- 지지는 필요할 때 도움과 지원을 해주는 것을 포함한다.
- 지지는 힘들 때 격려해주거나 안심시켜 주는 것을 의미한다.

○ 서로 이해하기
- 친구가 당신이 좋아하는 것과 싫어하는 것을 이해한다.
- 친구가 당신을 이해하고 당신이 무슨 생각을 하고, 어떤 감정을 느끼는지를 미리 예상할 수 있다.

○ 헌신과 충실함
- 헌신은 서로가 힘든 시기에 함께 있어 줄 것이라는 약속이다.
- 충실함은 당신의 지지와 신의를 행동으로 보여주는 것이다

○ 정직함과 신뢰
- 정직함이 없으면 우정에서 신뢰와 안정감을 얻기 힘들 것이다.
- 신뢰는 친구가 당신의 뒤에서 당신을 지지하고 있음을 믿는 것이다.

○ 동등함
- 동등한 우정에서는 어떤 한 사람이 상대방을 지배하거나 통제하지 않는다.
- 양쪽의 욕구가 똑같이 중요하며, 즐거움을 상호 교환적으로 서로 나누고 공유한다.

○ 비밀 공유
- 비밀을 공유한다는 것은 개인적인 생각, 감정, 그리고 살아온 과정을 나누는 것이다.
- 가벼운 친구 사이에서도 서로 생각이나 감정을 공유할 수 있다.

○ 갈등 해결
- 친한 친구 사이라도 때때로 말다툼을 하지만 서로 간에 갈등을 해결할 수 있다.
- 갈등을 해결할 수 있는 능력은 종종 배려, 헌신, 신뢰로 결정된다.

우정의 유형
- 설명: "일반적으로 우정에는 네 가지 유형이 있습니다. 때로는 성인들이 다른 사람과 어떤 유형의 우정을 나누고 있는지를 혼동할 때가 있습니다. 이러한 유형에 대해서 알고 있다고 하더라도 다른 사람과의 관계가 어떤 유형에 속하는지 확실히 아는 것은 여전히 어려울 수 있습니다. 다른 사람과 맺고 있는 우정관계가 어떤 유형에 속하고, 좋은 친구를 선택한 것인지 알 수 있는 가장 쉬운 방법 중 하나는 두 사람의 관계가 우정의 특징 가운데 얼마나 많은 것을 가지고 있는지를 생각해보는 것입니다."

- 아는 사람
  ○ 아는 사람이란 서로의 이름은 알지만 서로에 대해서 잘 모르고, 대체로 일터 혹은 학교 밖에서 만나지 않는 사람을 말한다.
  ○ 질문: "아는 사람들끼리는 좋은 우정의 특징을 많이 가지고 있나요?"
    - 대답: 아니요. 서로에 대해서 충분히 잘 알지 못합니다.

- **가벼운 친구**
  - 가벼운 친구란 서로의 이름을 알고 때때로 만나 어울리기도 하지만, 사회적으로 많은 시간을 함께하지는 않는 관계를 말한다.
  - 질문: "가벼운 친구들끼리는 좋은 우정의 특징을 많이 가지고 있나요?"
    - 대답: 많지 않습니다. 서로에 대해서 그렇게 잘 알지 못합니다.
- **일반적인 친구**
  - 사회적으로 같은 무리에 속해 있는 친구를 말합니다. 함께 모임에 가거나, 함께 어울리기도 하며, 학교나 일터 밖에서 만나 시간을 보내는 친구들입니다.
  - 질문: "일반적인 친구들끼리는 좋은 우정의 특징을 많이 가지고 있나요?"
    - 대답: 예. 많이 가지고 있지만 반드시 모두 갖고 있지는 않습니다.
- **절친한 친구**
  - 절친한 친구들은 자주 함께 어울리며, 대개 같은 **무리**에 포함되어 있고, 많은 여가 시간을 함께 보냅니다.
  - 질문: "절친한 친구들끼리는 좋은 우정의 특징을 많이 가지고 있나요?"
    - 대답: 예. 모두 다는 아니더라도 거의 대부분을 가지고 있습니다.
- 설명: "연인관계의 특징들은 한 가지 중요한 차이점을 빼고는 우정관계의 특징들과 매우 유사합니다. 연인관계의 특징에는 상호 간의 성적인 끌림도 포함되는데, 여기에는 열정, 사랑 그리고 더 깊은 정서적 · 신체적 친밀함을 포함할 수 있습니다. 우정에도 여러 가지 유형이 있듯이 연인관계에도 여러 가지 유형이 있습니다. 이것은 데이트 예절에 관한 회기에서 조금 더 상세하게 다룰 예정입니다."
- 설명: "만약 성인이 누가 친구인지 아닌지를 결정하는 것을 어려워하거나 친구가 어떤 유형에 속하는지 확실하지 않다고 생각할 때는 좋은 우정의 특징으로 돌아가 이를 다시 확인하고 빨리 평가를 해보는 것이 도움이 될 수 있습니다."

교육: 정보 교환을 위한 규칙

- 설명: "친구관계의 여러 가지 유형에 대해 확실히 알게 되었으므로 이제는 친구관계를 더 깊어지게 하고 사람들을 더 잘 알아가는 방법에 대해서 이야기를 나눌 필요가 있습니다. 이것은 친구와 이야기를 나누고 정보를 교환하는 것을 통해 이루어집니다. 정보 교환은 사람들이 좋은 대화를 할 때 자연스럽게 일어나는 일입니다. 정보 교환은 서로의 생각, 의견, 관심사 등을 나누고 서로 주고받는 것입니다. 정보 교환의 가장 중요한 목표는 공통의 관심사를 찾는 것입니다. 공통의 관심사를 알게 됨으로써 우리는 서로 이야기를 나눌 수 있는 주제나 함께할 수 있는 일들이 있는지 알아낼 수 있습니다."
- **상대에게 질문하기**
  - 치료자: "정보 교환을 위한 첫 번째 규칙은 상대에게 질문하는 것입니다. 여러분은 그 사람의 관심사, 취미, 주말에 무엇 하는 것을 좋아하는지 등을 물어볼 수 있습니다."
  - 질문: "성인들이 서로에게 물어볼 수 있는 흔한 질문에는 어떤 것들이 있나요?"
    - 대답: 관심사, 주말에 하는 활동, 영화, TV 프로그램, (컴퓨터/비디오) 게임, 스포츠, 책, 음악, 학교 혹은 직업이나 직장에 관한 질문들이 있습니다.
  - 질문: "그 사람에 대해서 묻는 것이 중요한 이유는 무엇인가요?"
    - 대답: 그 사람의 관심사, 취미, 좋아하는 것이 무엇인지 알 수 있고, 당신과 **공통의 관심사**를 갖고 있

는지 알아낼 수 있습니다.

- **스스로의 질문에 대답하기**
  - 치료자: "정보 교환에 대한 또 다른 규칙은 스스로의 질문에 대답하고, 여러분 자신에 대한 무엇인가를 공유해야 한다는 것입니다. 여기에는 여러분의 관심사, 좋아하는 것, 취미 등에 관해 이야기하는 것이 포함됩니다. 종종 상대방이 당신이 한 것과 같은 질문을 하는 경우도 있지만, 그러지 않을 경우에는 본인의 질문에 대답할 수 있습니다."
  - 질문: "여러분 스스로의 질문에 답하는 것이 중요한 이유는 무엇인가요?"
    - 대답: 왜냐하면 상대가 당신에게 같은 질문을 하지 않을 수 있기 때문이며, 정보를 교환하기 위해서는 당신이 스스로에 관한 것을 상대방과 공유해야 하기 때문입니다.
- **공통의 관심사 찾기**
  - 치료자: "정보 교환을 하는 가장 중요한 목적은 공통의 관심사를 찾는 것입니다. 왜냐하면 우정은 공통의 관심사를 기반으로 하기 때문입니다. 공통의 관심사는 그 사람과 같이 이야기할 수 있고 함께할 수 있는 활동들입니다. 상대방이 싫어하는 것이 무엇인지에 주의를 기울이는 것도 도움이 됩니다. 그래야 함께 있을 때 그런 것들을 이야기하거나 하지 않도록 피할 수 있기 때문입니다."
  - 질문: "공통의 관심사를 찾는 것이 중요한 이유는 무엇인가요?"
    - 대답: 대화를 유지할 수 있게 하고, 상대방과 함께 이야기를 나눌 수 있는 주제, 함께할 수 있는 활동을 주기 때문입니다. **우정은 공통의 관심사를 기반으로 하기 때문**입니다.
- **이어 가는 질문하기**
  - 치료자: "대화를 유지하는 방법 중에 하나는 이어 가는 질문을 하는 것입니다. 이어 가는 질문이란 무엇인가요?"
    - 대답: 같은 주제에 관한 질문입니다.
  - 질문: "이어 가는 질문을 하는 것이 중요한 이유는 무엇인가요?"
    - 대답: 상대에 대해 더 잘 알 수 있는 방법이기 때문입니다. **주제 바꾸기**를 너무 자주 하면 상대에게 거슬릴 수 있으며 진행자/면접관처럼 들릴 수 있기 때문입니다.
- **서로 대화 나누기**
  - 치료자: "정보 교환의 또 다른 규칙은 대화를 서로 주고받으며 나누는 것입니다. 즉, 때로는 이야기를 멈추고 상대가 질문을 하거나 무엇인가에 대해 언급할 수 있는 기회를 주는 것을 말합니다."
  - 질문: "서로 대화를 나누는 것이 중요한 이유는 무엇인가요?"
    - 대답: 왜냐하면 그것이 **정보 교환**을 하고 **양방향 대화를 하는 방법**이기 때문입니다. 서로 대화를 나누는 것이 서로에 대해 알아가는 방법이기 때문입니다.
  - 설명: "서로 대화를 나누고 있다는 것은 양방향 대화를 하고 있다는 것을 의미합니다. 서로 대화를 나누지 않는다면 결국 일방적인 대화를 하게 됩니다."
- **대화 독차지하지 않기**
  - 설명: "정보를 교환하는 규칙 중 하나는 대화를 독차지하지 않는 것입니다. 즉, 혼자만 이야기하거나 강의하듯 말하면서 상대에게 대화에 참여할 기회를 주지 않는 것은 곤란하다는 뜻입니다."
  - 질문: "대화를 독차지한다면 무엇이 문제가 될 수 있나요?"
    - 대답: 상대방이 지루해할 수 있습니다. 이기적이거나 무례해 보일 수 있습니다. **일방적인 대화** 방식입

니다. 오로지 당신에 대한 이야기만 하게 됩니다. 상대에 대해서 알아갈 수 없습니다.

- ○ [참고사항(영어로 된 자료에 익숙하다면): PEERS® *Role Play Video Library*(www.routledge.com/cw/ laugeson) 혹은 *FriendMaker* 모바일 앱을 통해 **대화 독차지하기** 역할극 동영상을 보여주고, 역할극 다음에 오는 **조망 수용 질문**을 할 수도 있다.]

- **진행자/면접관 되지 않기**
  - ○ 설명: "정보를 교환하는 규칙 중 하나는 진행자/면접관이 되지 않는 것입니다. 진행자/면접관이 된다는 것은 상대에게 연속적인 질문을 하면서 당신에 관한 이야기는 전혀 하지 않는다는 뜻입니다.
  - ○ 질문: "진행자/면접관이 되는 것은 무엇이 문제가 될 수 있나요?"
    - 대답: 상대가 지루하고 피곤할 수 있습니다. 참견하기 좋아하거나 사생활을 침범하는 사람으로 보일 수 있습니다. **일방적인 대화 방식**입니다. 오로지 상대에 관한 이야기만 하게 됩니다. 상대가 당신에 대해서 알아갈 수 없습니다.
  - ○ [참고사항(영어로 된 자료에 익숙하다면): PEERS® *Role Play Video Library*(www.routledge.com/cw/ laugeson) 혹은 *FriendMaker* 모바일 앱을 통해 **면접관/진행자 되기** 역할극 동영상을 보여주고, 역할극 다음에 오는 **조망 수용 질문**을 할 수도 있다.]

- **처음에는 너무 개인적이 되지 않기**
  - ○ 치료자: "정보 교환의 마지막 규칙은 처음부터 너무 개인적인 것이 되지 않게 하는 것입니다. 처음 누군가와 친해지기 시작할 때 개인적이 되는 것은 무엇이 문제가 될 수 있나요?"
    - 대답: 개인적인 생각 및 감정을 나누거나 개인적인 질문을 하는 것은 상대방을 불편하게 할 수 있습니다.
  - ○ 질문: "나중에 더 친한 친구가 된다면 더 개인적이 되어도 괜찮은가요?"
    - 대답: 예. 서로가 그것에 대해 편안하게 느낀다면 괜찮습니다.
  - ○ [참고사항(영어로 된 자료에 익숙하다면): PEERS® *Role Play Video Library*(www.routledge.com/cw/ laugeson) 혹은 *FriendMaker* 모바일 앱을 통해 **처음에 매우 개인적이 되기** 역할극 동영상을 보여주고, 역할극 다음에 오는 **조망 수용 질문**을 할 수도 있다.]

교육: 대화 시작하기의 단계

- 설명: "이제 정보를 교환하는 방법에 대해서 조금 알게 되었기 때문에 다른 사람과 어떻게 대화를 시작하는지에 대해서 배워 볼 것입니다. 다른 사람과 대화를 시작하는 방법을 아는 것은 때로는 어려울 수 있습니다. 간혹 사람들이 어떻게 해야 하는지에 대해 잘못된 조언을 해주기도 합니다. 새로운 사람을 만났을 때 여러분은 어떻게 하라는 말을 듣나요?"
  - ○ 대답: 다가가서 "안녕"이라고 인사하거나, 다가가서 자신을 소개하라고 합니다.
- 설명: "그러나 실제로 이렇게 하지 않습니다. 누군가에게 느닷없이 다가가서 "안녕!" 혹은 "안녕! 내 이름은 ○○○이야."라고 하면 어떤 일이 벌어질지 상상해보세요. 상대방이 당신에 대해서 어떻게 생각할 것 같나요?"
  - ○ 대답: 좀 엉뚱하고, 특이하고, 이상하다고 생각할 것입니다.
- 설명: "이상하게 보일 수 있는 행동을 하는 대신에 대화를 시작하기 위해 성인들이 따를 수 있는 구체적인 단계에 대해서 이야기를 나누어 보려고 합니다."

1. **자연스럽게 지켜본다.**
   - 설명: "누군가와 대화를 시작하려고 생각하고 있을 때는 빤히 쳐다보는 대신 몇 초 동안 자연스럽게 그 쪽을 쳐다보면서 관심이 있다는 것을 보여주는 것이 도움이 됩니다."
   - 질문: "자연스럽게 쳐다보는 것이 좋은 이유는 무엇인가요?"
     - 대답: 상대에게 당신이 관심이 있다는 것을 보여줍니다.

2. **소품을 사용한다.**
   - 설명: "자연스럽게 쳐다보는 동안 당신이 마치 뭔가 다른 활동에 집중하고 있는 것처럼 보여주기 위해 스마트폰, 게임기 혹은 책과 같은 소품을 사용하는 것이 도움이 될 수 있습니다."
   - 질문: "소품을 사용하는 것이 좋은 생각인 이유는 무엇인가요?"
     - 대답: 상대를 빤히 응시하는 것처럼 보이지 않기 때문입니다. 다른 것에 집중하고 있는 것처럼 보이기 때문입니다.

3. **공통의 관심사를 찾는다.**
   - 설명: "자연스럽게, 눈에 띄지 않게 상대방을 쳐다보고 있는 동안에 당신과 상대가 함께 나눌 수 있을 것 같은 어떤 공통의 관심사를 찾아야 합니다."
   - 질문: "공통의 관심사가 중요한 이유는 무엇인가요?"
     - 대답: 이야기할 주제가 생깁니다. 대화를 시작하기 위한 이유가 될 수 있습니다.

4. **공통의 관심사를 언급한다.**
   - 설명: "공통의 관심사를 확인한 후에는 그 관심사에 대해 언급하거나, 질문을 하거나 칭찬을 할 수도 있습니다."
   - 질문: "공통의 관심사를 언급하는 것이 중요한 이유는 무엇인가요?"
     - 대답: 그 사람과 대화를 시작하는 이유가 됩니다.

5. **정보를 교환한다.**
   - 설명: "그다음으로는 이어 가는 질문을 하고, 스스로의 질문에 대답하며, 당신 자신과 관련된 정보를 나누면서 공통의 관심사에 관해 정보를 교환해야 합니다."
   - 질문: "정보를 교환하는 것이 중요한 이유는 무엇인가요?"
     - 대답: 서로에 대해서 알아가는 방법이기 때문입니다.

6. **관심을 평가한다.**
   - 치료자: "다음에는 함께 이야기를 나누고자 하는 사람의 관심을 평가해야 합니다. 만약 그 사람이 당신과 이야기를 나누는 것에 대해 별 관심이 없는 것처럼 보인다면 그 자리를 떠나야 하나요?"
     - 대답: 예.
   - 설명: "상대가 당신과 이야기를 나누고 싶어 하는지 알기 위해서 스스로에게 다음과 같은 질문을 할 수 있습니다."
     - 그들이 나에게 이야기를 하고 있는가?
     - 그들이 나를 쳐다보고 있는가?
     - 그들이 나와 마주 보고 있는가(아니면 나에게 무관심한 태도를 보이는가)?

7. 자신을 소개한다.

- 설명: "상대가 당신과 이야기를 나누는 것에 관심을 보인다면 그리고 상대와 처음 만나는 경우라면, 대화 시작하기의 마지막 단계는 자신을 소개하는 것입니다. 그가 관심 없어 보인다면 자신을 소개하지 않고 자리를 떠나야 하나요?"
  - 대답: 예.

- [참고사항(영어로 된 자료에 익숙하다면): PEERS® *Role Play Video Library*(www.routledge.com/cw/laugeson) 혹은 *FriendMaker* 모바일 앱을 통해 **개인적 대화 시작하기**의 적절한 역할극과 부적절한 역할극 동영상을 보여주고, 역할극 다음에 오는 **조망 수용 질문**을 할 수도 있다.]
- 치료자: "여기까지가 대화를 시작하고 정보를 교환하기 위한 규칙 및 단계입니다. 성인들이 이번 주 과제인 대화 시작하기와 정보 교환하기를 연습할 때 사회성 코칭을 제공해줄 수 있도록 준비해야 합니다."

과제 안내하기

[사회성 코치에게 사회성 코치 과제 기록지(부록 E)를 배부하고, 작성해서 다음 회기에 제출하게 한다.]

1. 집단 구성원과 전화 혹은 영상 통화를 한다.

- 성인 집단 치료자는 매주 누가 누구와 전화할 것인지를 배정하고 다시 만나기 시간에 배정한 것을 큰 소리로 읽어 알려줄 것이다.
  - 치료진들은 전화 통화 도중에 사회성 코치들이 어디에 있을지 성인들과 각각 개별적으로 협의한다.
- 정보 교환을 위해 전화나 영상 통화를 할 수 있도록 상대 집단 구성원을 확인하고 약속을 정한다.
- 치료실을 떠나기 전에 성인들과 사회성 코치들은 다른 집단 구성원에게 전화를 하기 위한 날짜와 시간을 정한다.
- 전화를 하기 전에 **정보 교환** 규칙을 점검한다.
- 전화하고 난 뒤에 사회성 코치들은 성인들에게 다음과 같은 **사회성 코칭 질문**을 한다.
  - **공통의 관심사는 무엇이었나요?**
  - **만약 두 사람이 함께 시간을 보내게 된다면 그 정보를 가지고 무엇을 할 수 있나요?**

2. 성인들과 사회성 코치들은 **대화 시작하기, 정보 교환하기, 공통의 관심사 찾기**를 연습한다.

- 연습 전에 **대화 시작하기** 및 **정보 교환하기** 규칙을 점검한다.
- 연습을 한 이후에 사회성 코치들은 성인들에게 다음과 같은 **사회성 코칭 질문**을 한다.
  - **공통의 관심사는 무엇이었나요?**
  - **만약 두 사람이 함께 시간을 보내게 된다면 그 정보를 가지고 무엇을 할 수 있나요?**

사회성 코칭 팁

- 설명: "사회성 코칭을 하는 동안에 피드백을 해주는 것은 어려울 수 있습니다. 격려하기 위한 말을 하더라도 그것이 비판적으로 들리기 쉽습니다. 사회성 코칭을 하는 동안 피드백을 줄 때에는 다음과 같이 간단한 단계를 따르도록 노력해봅시다."

1. 칭찬한다.

- 성인이 잘한 것을 칭찬하는 것부터 시작한다.
  - 예시: "정보를 교환하고 공통의 관심사를 잘 찾았습니다."

2. 제안을 한다.

- 이 단계에서 행동을 수정하기 위한 **피드백**을 한다.
- 다음에는 무엇을 다르게 하면 좋을지 제안하며 문제를 해결한다.
  - "(이렇게) 하면 어떨까?"라고 말하며 제안을 할 수 있다.
    - 좋은 예시: "다음에는 친구에게도 무엇을 하는 것을 좋아하는지 물어보는 건 어떨까요?"
  - "(이렇게) 하지 않도록 조심하자."라고 함으로써 다른 방식의 제안을 할 수도 있다.
    - 좋은 예시: "다음에는 대화를 독차지하지 않도록 조심합시다."

3. 실수라고 여기지 않게 한다.

- 성인이 무엇을 잘못했는지 노골적으로 말하지 않는다.
  - 이것은 의기소침하게 하거나 당황스럽게 만들 수 있다.
    - 나쁜 예시: "정보 교환을 제대로 하지 않았습니다!"

4. 우리끼리 단어를 사용한다.

- 설명: "강의와 같은 긴 설명을 피하기 위해서는 사회성 코칭을 할 때 항상 우리끼리 단어를 사용하는 것이 좋습니다. 당신이 강의를 시작하면 성인들은 더 이상 관심을 갖지 않고, 당신의 말을 귀 기울여 듣지 않을 것입니다. 사회성 코칭은 간결해야 하고, 핵심만을 다뤄야 합니다. 피드백은 긍정적이고 격려가 되어야 하며, 동시에 잘못된 것을 바로잡을 수도 있어야 합니다."

성인 치료자 가이드

성인 회기 준비하기

첫 번째 회기의 가장 중요한 목적은 성인들에게 집단의 구조에 대해 소개하고, 수업식 교육과 **행동 연습**을 통해 집단의 결속을 다지는 것이다. 치료자가 처음부터 분명한 기대치를 수립하고 비적응 행동을 최소화하는 것이 매우 중요하다. 어린이 및 청소년 집단과는 달리, 특히 사회적 관계를 맺고자 하는 동기에 관한 초기 면담을 통해 선별된 경우라면 성인 집단에서는 비적응 행동이 거의 없을 것이다. 그러나 만약 비적응 행동이 나타날 경우라면 이 매뉴얼의 제1장에 나오는 **행동관리 기술** 부분이 도움이 될 것이다.

치료 회기 중의 '교육' 부분에서 성인들이 가장 큰 도움을 받을 수 있게 하려면, 교실 환경을 세밀하게 통제하고 예측 가능하게 만드는 것이 중요하다. 성인들은 이야기하고 싶을 때 반드시 손을 들어야 하고, 다른 사람들이 말하고 있는 중에 끼어들거나 본인의 이야기만 지나치게 길게 하거나 개인적인 이야기를 공개적으로 해서는 안 된다. 그러나 성인들에게는 이 규칙들을 좀 융통성 있게 적용할 필요가 있다. 자신의 차례가 아님에도 불구하고 이야기를 했다고 해서 지나치게 비판적이거나 융통성 없이 대하는 것은 발달적으로 부적절하다. 어떤 성인이 주제와 관련 없는 이야기를 하기 시작한다면, 치료자는 "이것이 주제에 맞는 이야기일까요?"라고 방향 전환을 함으로써 주제에서 너무 멀리 벗어나지 않게 할 수 있다. 또한 질문에 관해 지나치게 길고 관련 없는 대답을 하는 성인 역시 집단을 주제로부터 멀어지게 하므로 방향을 전환해주어야 한다. 이런 경우 "알겠습니다. 그런데 오늘 이야기해야 할 내용이 매우 많기 때문에 이제 진행을 해야만 합니다."라고 말할 수 있다. 만약 그래도 성인이 계속 이야기한다면 "다음에 시간이 되면 다시 이야기하도록 합시다."라고 할 수 있다. 하지만 그 주제로 다시 돌아가는 것은 좋지 않은데, 그렇게 하면 관련 없는 주제에 대해 이야기하는 것을 강화시킬 뿐이기 때문이다.

치료자가 재미있는 분위기를 만들어 주는 것은 중요하다. 재미있는 환경을 만들려면 성인들로 하여금 수업에서 규칙을 만들어내는 과정에 적극적으로 참여하게 하면 된다. PEERS®는 사회적 행동에 대한 구체적인 규칙과 단계를 가르치는, 정해진 교육 과정으로 이루어져 있다. 이런 과정은 '소크라테스식 질문법'과 모델링, 역할극 등을 통해 습득된다. '소크라테스식 질문법'은 얻고자 하는 답을 유도해낼 수 있는 질문을 던지는 것이다. 모델링과 역할극은 보다 복잡한 사회적 행동에 대한 규칙을 만들어낼 수 있게 하기 위해 적절한 행동과 부적절한 행동의 예를 구체적으로 시연해 보여주는 것이다(예: **대화를 독차지**하는 것처럼 보이는 행동을 보여주고, "**이 대화에서 잘못된 것은 무엇일까요?**"라고 물어보기). 이런 교수법은 수업식 교육을 하는 동안 성인들의 주의를 유지하고, 배우는 기술들을 좀 더 기꺼이, 신뢰를 갖고 받아들이도록 돕는다. 치료자가 규칙을 만들어 주었을 때보다 스스로 동료들과 함께 그것을 만들어냈다고 믿을 때, 성인들은 배운 내용을 훨씬 더 신뢰하게 된다. 또한 그들과 동료들이 규칙과 단계를 만드는 과정에 참여한다면 성인들은 그것을 더 잘 기억할 것이다.

사회적 행동의 규칙과 단계를 제시할 때, "어떻게 하면 좋은 대화를 할 수 있는지 생각나는 것이 있는 사람 있나요?"와 같은 **열린 질문**을 피하도록 한다. 이와 같은 질문은 너무 광범위할 뿐 아니라 아직 사회적 에티켓과 관련된 규칙을 잘 모르는 성인들이 부적절한 답을 하게 만들 가능성이 크다. 그 대신 이 매뉴얼의 수업식 교육 부분에 요약되어 있는 질문 방식을 따를 것을 권한다.

이번 회기에서는 교육에서 강의한 내용과 연결되는, 몇 가지 부적절한 역할극과 적절한 역할극을 함께 보여주게 된다. 이 매뉴얼에 제시된 역할극을 글자 그대로 읽을 필요는 없다. 제시된 역할극은 단지 본보기일 뿐이며, 사회성 기술을 보여주기 위해 치료팀에서 부적절하거나 적절한 역할극 시나리오를 만들어도 괜찮다. 부적절한 역할극은 대개 자폐스펙트럼장애 및 기타 사회성의 어려움을 가지고 있는 성인들이 흔히 하는 사회적 실수를 보여준다. 적절한 역할극은 사회적 관계에서 받아들여지는 성인들이 사용하는 **생태학적으로 타당한 사회성 기술**을 보여준다. 부적절한 역할극을 통해 보여주는 사회적 실수는 성인들에게 명확히 드러나도록 보여주어야 하며, 다소 과장되어 있는 것이 좋다(교육 목적과 재미있는 요소를 위해). 그러나 나이가 더 많은 성인들이 속해 있는 집단에서는 자칫 당신이 그들을 폄하한다고 생각할 수 있기 때문에 덜 과장된 역할극을 보여주는 것이 좋다.

부적절한 역할극은 웃음을 유발할 때가 많으며, 성인들이 치료에 잘 참여할 수 있도록 도와준다. 몇몇 성인들은 아마 이것을 기회로 농담을 하고 싶어 할 것이다. 집단 통제력을 잃지 않기 위해서는 성인들로부터 역할극에서 무엇이 잘못되었는지에 관한 피드백을 받을 때 진지함을 유지하는 것이 중요하다. 만약 어떤 성인이 농담으로 사람들을 웃기고 싶어서 역할극에 대한 부적절한 언급을 한다면, 그 대답이 왜 부적절한지에 대한 논쟁을 하기보다는 그 언급이 왜 부적절한지를 일반화하여 물어봄으로써 **집단이 함께 이야기하도록 터놓을 필요**가 있다. 예컨대 어떤 성인이 보조 치료자가 집단 치료자에게 "네 일이나 신경 써!"라고 말을 했어야 했기 때문에 특정 역할극이 부적절하다고 답했다면, 치료자는 성인과 논쟁하기보다는 집단에게 "**다른 사람에게 네 일이나 신경 쓰라고 말한다면 무엇이 문제가 될 수 있나요?**"와 같은 일반화하는 질문을 하는 것이 더 바람직하다. "**……한다면 무엇이 문제가 될 수 있나요?**"와 같은 말을 사용하여 성인의 부적절한 행동을 다루게 되면 상황을 완화시키는 데 훨씬 더 효과적이며, 집단의 다른 성인들이 이러한 부적절한 행동을 따라 할 가능성을 낮출 수 있다. 이것의 목적은 그 이야기를 한 성인을 창피하게 만들려는 것이 아니라 충분한 또래 압력을 활용하여 문제행동을 덜 강화시키기 위한 것이다. 그래서 진지하고 존중하는 태도를 유지하는 것이 중요하다. 대부분의 성인들은 자신이 언급했던 것을 치료자가 **집단과 함께 이야기하도록 터놓으면** 문제행동을 하지 않으려고 한발 물러서게 된다. 이렇게 하고 나서는 즉시 더 적절한 주제로 넘어가는 것이 중요하다.

부적절한 **역할극**의 시연을 통해 사회적 에티켓의 구체적인 규칙과 단계를 만들어 나간다. 규칙과 단계를 만들어 나갈 때는 성인들이 내용을 쉽게 확인할 수 있도록 화이트보드에 적는다. 여기에는 회기 내용에 글머리 기호가 표시되어 있는 모든 중요 항목과 **우리끼리 단어**들이 포함되는데, 이것은 매뉴얼에 **볼드체**로 쓰여 있어 쉽게 확인할 수 있다. **우리끼리 단어**는 치료자, 성인 및 사회성 코치 사이의 공통 언어이기 때문에 강조하고 자주 사용해야 함을 기억하기 바란다. **우리끼리 단어**는 복잡한 사회적 행동들을 단 몇 개의 단어로 축약해서 표현한 것으로 사회성 코칭을 하는 동안 강의하듯 길게 이야기하지 않아도 되기 때문에 매우 유용하다. 따라서 모든 **우리끼리 단어**는 다른 규칙 및 단계와 함께 보드에 적도록 한다. 수업이 시작되기 전에 **우리끼리 단어** 혹은 규칙 및 단계를 보드에 적어 놓거나 파워포인트 슬라이드로 준비하면 안 된다. 그 이유는 소크라테스식 질문법과 성인들이 스스로 규칙을 만들어 나가는 것을 방해하기 때문이다. 스마트보드를 사용할 때도 마찬가지이다. 수업 내용들을 화면에 미리 띄워 놓으면 성인들이 스스로 규칙과 단계를 만들어 나가는 것처럼 보이지 않기 때문에 그렇게 하지 않도록 한다.

마지막으로 PEERS®는 수업처럼 진행되지만 성인들에게 즐겁고 역동적이어야 한다. 그렇다고 해서 우스꽝스럽게 행동하고 농담을 주고받으라는 의미는 아니다. 그렇게 하면 집단에 대한 통제력을 잃거나 주제에서 벗어나 버리게 될 수 있다. 각 집단 치료자는 자신만의 수업 스타일이 있을 것이므로 최대한 자신의 방식대로 해도 된다. 성인들 앞에서 너무 멋있어 보이게 행동하려 노력하지 않도록 한다. 그들은 이것을 바로 알아차린다. 그저 있는 그대로의 자신대로 행동하며, 당신도 모르는 것을 성인들이 물어볼 때에는 그렇게 하는 게 적절하다고 판단했다면, 성인들에게 다시 물어봐도 된다. 성인들은 대개 치료자가 별로 익숙하지 않은 가장 최신의 (컴퓨터/비디오) 게임, 만화책 등에 관해 이야기하는 것을 즐길 것이다. 성인들의 개인적 관심사의 아주 세부적인 내용까지 알 필요는 없다. 집단을 진행하면서 그런 것들에 대해서 알아갈 시간이 얼마든지 있을 것이다.

소개

- 첫 회기를 시작할 때 모든 성인 및 사회성 코치들이 치료진과 같은 방에 모여 서로를 소개하는 시간을 갖는다.
  - 모든 참가자와 치료진에게 이름표를 제공한다. 이름표는 프로그램이 진행되는 동안 매주 달도록 한다.
- 우선 집단을 환영하고, 치료진의 각 구성원이 자신의 전문적 배경과 PEERS®에서의 역할을 위주로 각자 소개한다.
- 돌아가면서 성인과 사회성 코치들이 다음과 같이 스스로를 소개하게 한다.
  - 성인은 자신의 이름, 나이 그리고 (적절하다면) 어디에서 일하는지, 어느 학교를 다니는지 소개한다.
  - 사회성 코치는 자신의 이름, 함께 온 성인이 누구이며 어떤 관계인지를 소개한다(예: 형제자매, 가족 구성원, 또래 멘토, 후견인, 사례관리자 등).
  - 멀리서 오는 구성원들이 있는 집단의 경우에는 어디에 사는지를 이야기하게 되면 자기소개 내용과 맥락이 더 풍부해질 것이다.
- 성인과 사회성 코치 집단은 서로 다른 방에서 모이겠지만 각 집단 회기의 마지막 10분 동안에 다시 만나서 오늘 논의한 내용들을 점검하고, 다음 주 동안에 그 기술들을 어떻게 연습할지를 이야기할 것이라고 설명한다.
- 소개를 마친 뒤에 성인 집단과 사회성 코치 집단 교실로 각각 자리를 옮긴다.

집단 규칙

각각의 규칙에 대해 "이것이 왜 좋은 규칙인가요?"라고 묻는다.

1. 손을 든다.
2. 다른 사람 말에 경청한다(예: 다른 사람이 말할 때 이야기하거나 문자를 보내지 않는다).
3. 지시에 따른다.
4. 다른 사람을 존중한다(예: 다른 사람을 놀리거나 비웃지 않으며, 욕을 하지 않는다. 졸지 않는다).
5. 만지지 않는다(예: 때리거나, 발로 차거나, 밀치거나, 끌어안지 않는다).
6. 스마트폰 전원을 끈다.

PEERS® 소개

PEERS®의 목적

- 성인들에게 그룹의 이름은 PEERS®라는 것을 말해준다.
- 질문: "한글로 'peer'가 무엇일까요?"
  - 대답: '또래'라는 뜻이다. 자기와 비슷한 나이의 친구, 같은 학과/조의 학생, 동료 등을 의미한다.

- PEERS®는 성인들이 친구관계 및 연인관계를 포함하여, 친밀하고 의미 있는 관계를 만들고 유지하도록 돕는 사회기술 훈련집단이다."
- 매주 1회씩 90분 동안 총 16주 만난다.
- 16번째 주에는 졸업파티와 졸업식을 한다.

성인 회기의 구조

과제 점검(30분)

- 치료시간은 이전 시간에 내준 과제를 점검하는 것으로 시작한다.
- 성인과 사회성 코치들은 새로 배운 기술을 연습하기 위해 매주 과제를 받게 된다.
- 과제는 재미있는 것이며 새로 배운 기술을 연습하는 데 도움이 될 것이다.
- 과제를 완수하는 데 어느 정도의 사회성 코칭을 제공할 것인지는 성인이 어느 정도의 개입을 필요로 하고 편안하게 느끼는지에 의해 결정된다.
  - 이것은 각 회기의 마지막 부분인 다시 만나기 시간에 각자 개별적으로 치료진과 협의하여 결정한다.
  - 성인은 사회성 코치와 함께 적어도 과제가 무엇인지에 관한 이야기는 나누어야 한다.
    - 모든 성인이 이에 대해 구두로 동의하게 한다.
- 치료 프로그램의 성공 여부는 과제를 얼마나 잘 완수하는지에 달려 있다.

교육(30분)

- 매주 관계 맺기 기술에 초점을 두는 새로운 교육이 진행될 것이다.
- 여러분과 여러분의 사회성 코치들을 위해 매주 사회성 코칭 유인물을 나눠줄 것이며, 성인들에게는 다시 만나기 시간에 배부할 것이다.
  - 배부 받은 유인물을 바인더에 넣어 잘 보관하기를 권한다.
- 참고 사항(영어로 된 자료에 익숙하다면)
  - 성인과 사회성 코치들은 전체 프로그램이 진행되는 동안에 추가 정보를 위해 *The Science of Making Friends* (Laugeson, 2013)에서 각 주의 수업에 해당하는 장을 읽어볼 수도 있다.

행동 연습(20분)

- 매주 새로 배운 기술을 연습할 수 있는 행동 연습 시간이 있을 것이다.
- 행동 연습은 과제 점검 및 교육과 비교해서 덜 구조화되어 있으며, 치료진에게 코칭을 받으면서 기술을 연습할 수 있는 기회를 제공한다.
- 행동 연습에는 퀴즈쇼, 개인 물품에 관한 **정보 교환하기**, 다른 집단 구성원들과의 모의 함께 어울리기 등이 있다.

다시 만나기(10분)

- 각 회기의 마지막 부분에 사회성 코치 및 성인들이 다시 만나서 수업 내용을 점검하고, 과제를 확인하며 돌아오는 주의 과제에 관해 각각 개별적으로 협의한다.
- 매주 과제를 내주게 되는데, 이는 새로 배운 기술 또는 이전에 배운 기술을 집단 밖에서도 일반화할 수 있

게 하기 위함이다.

- 사회성 코칭 유인물은 사회성 코칭 팁과 함께 과제에 관한 포괄적인 설명을 제공한다.
- 참고 사항(영어로 된 자료에 익숙하다면)
  - ○ 과제를 완수하고자 할 때 사회성 코치가 옆에 없는 경우에는 '가상의 코치' 역할을 하는 *FriendMaker* 모바일 앱을 추가로 사용해볼 수 있다.

교육: 좋은 우정의 특징

- 설명: "이 그룹의 이름은 PEERS®입니다. Peers를 한글로 번역하면 친구 혹은 친구가 될 수 있는 '또래'라는 뜻이기도 합니다. 이 그룹의 목적은 우리가 친구를 사귀고 유지하며, 친밀하고 의미 있는 관계를 발전시킬 수 있는 방법을 배우는 것입니다. 그렇기 때문에 좋은 친구란 어떤 친구인지에 대해 우리 모두가 동의하는 것이 중요합니다."
- 다음 질문을 통해 성인들이 간략하게 토론할 수 있게 한다.
  - ○ "친구란 무엇인가요?"
  - ○ "친구가 되었다는 것을 어떻게 알 수 있나요?"
  - ○ "친구끼리는 무엇을 공통적으로 가지고 있나요?"
  - ○ "제일 친한 친구란 어떤 것인가요?"
- 브레인스토밍하면서 좋은 대답들은 칠판에 적는다.
- 좋은 우정의 특징을 설명하기 위해 성인들이 제공하는 대답을 아래에 언급된 **우리끼리 단어**를 사용하여 재구성한다.
  - ○ **공통의 관심사**
    - ■ 친구들은 비슷한 관심사, 좋아하는 것, 취미를 공유한다.
    - ■ 공통의 관심사는 친구와 함께 이야기하거나 할 것들을 제공한다.
  - ○ **배려**
    - ■ 좋은 우정은 서로 좋아함, 따뜻함, 애정 및 서로에 대한 배려에 바탕을 둔다.
    - ■ 배려는 이해심, 관심과 공감을 느끼고 드러내 보여주는 것이다.
  - ○ **지지**
    - ■ 지지는 필요할 때 도움과 지원을 해주는 것을 포함한다.
    - ■ 지지는 힘들 때 격려해주거나 안심시켜 주는 것을 의미한다.
  - ○ **서로 이해하기**
    - ■ 친구가 당신이 좋아하는 것과 싫어하는 것을 이해한다.
    - ■ 친구가 당신을 이해하고 당신이 무슨 생각을 하고, 어떤 감정을 느끼는지를 미리 예상할 수 있다.
  - ○ **헌신과 충실함**
    - ■ 헌신은 서로가 힘든 시기에 함께 있어 줄 것이라는 약속이다.
    - ■ 충실함은 당신의 지지와 신의를 행동으로 보여주는 것이다.
  - ○ **정직함과 신뢰**
    - ■ 정직함이 없으면 우정에서 신뢰와 안정감을 갖기 힘들 것이다.
    - ■ 신뢰는 친구가 당신의 뒤에서 당신을 지지하고 있음을 믿는 것이다.

- 동등함
  - 동등한 우정에서는 어떤 한 사람이 상대방을 지배하거나 통제하지 않는다.
  - 양쪽의 욕구가 똑같이 중요하며, 즐거움을 상호 교환적으로 서로 나누고 공유한다.
- 비밀 공유
  - 비밀을 공유한다는 것은 개인적인 생각, 감정, 그리고 살아온 과정을 나누는 것이다.
  - 가벼운 친구 사이에서도 서로 생각이나 감정을 공유할 수 있다.
- 갈등 해결
  - 친한 친구 사이라도 때때로 말다툼을 하지만 서로 간에 갈등을 해결할 수 있다.
  - 갈등을 해결할 수 있는 능력은 종종 배려, 헌신, 신뢰로 결정된다.

우정의 유형

- 설명: "일반적으로 우정에는 네 가지 유형이 있습니다. 때로는 성인들이 다른 사람과 어떤 유형의 우정을 나누고 있는지를 혼동할 때가 있습니다. 다른 사람과 맺고 있는 우정관계가 어떤 유형에 속하고, 좋은 친구를 선택한 것인지 알 수 있는 가장 쉬운 방법 중 하나는 두 사람의 관계가 우정의 특징 가운데 얼마나 많은 것을 가지고 있는지를 생각해보는 것입니다."
- **아는 사람**
  - 아는 사람이란 서로의 이름을 알지만 서로에 대해서 잘 모르고, 대체로 일터 혹은 학교 밖에서 만나지 않는 사람을 말한다.
  - 질문: "아는 사람들끼리는 좋은 우정의 특징을 많이 가지고 있나요?"
    - 대답: 아니요. 서로에 대해서 충분히 잘 알지 못합니다.
- **가벼운 친구**
  - 가벼운 친구란 서로의 이름을 알고 때때로 만나 어울리기도 하지만, 사회적으로 많은 시간을 함께하지는 않는 관계를 말한다.
  - 질문: "가벼운 친구들끼리는 좋은 우정의 특징을 많이 가지고 있나요?"
    - 대답: 많지 않습니다. 서로에 대해서 그렇게 잘 알지 못합니다.
- **일반적인 친구**
  - 사회적으로 같은 무리에 속해 있는 친구를 말합니다. 함께 모임에 가거나, 함께 어울리기도 하며, 학교나 일터 밖에서 만나 시간을 보내는 친구들입니다.
  - 질문: "일반적인 친구들끼리는 좋은 우정의 특징을 많이 가지고 있나요?"
    - 대답: 예. 많이 가지고 있지만 반드시 모두 갖고 있지는 않습니다.
- **절친한 친구**
  - 절친한 친구들은 자주 함께 어울리며, 대개 같은 무리에 포함되어 있고, 많은 여가 시간을 함께 보냅니다.
  - 질문: "절친한 친구들끼리는 좋은 우정의 특징을 많이 가지고 있나요?"
    - 대답: 예. 모두 다는 아니더라도 거의 대부분을 가지고 있습니다.
- 설명: "연인관계의 특징들은 한 가지 중요한 차이점을 빼고는 우정관계의 특징들과 매우 유사합니다. 연인관계의 특징에는 상호 간의 성적인 끌림도 포함되는데, 여기에는 열정, 사랑 그리고 더 깊은 정서적 · 신체적 친밀함을 포함할 수 있습니다. 우정에도 여러 가지 유형이 있듯이 연인관계에도 여러 가지 유형이 있습

니다. 이것은 데이트 예절에 관한 회기에서 조금 더 상세하게 다룰 예정입니다."
- 설명: "만약 성인이 누가 친구인지 아닌지를 결정하는 것을 어려워하거나 친구가 어떤 유형에 속하는지 확실하지 않다고 생각할 때는 좋은 우정의 특징으로 돌아가 이를 다시 확인하고 빨리 평가를 해보는 것이 도움이 될 수 있습니다."

교육: 정보 교환

- 설명: "친구관계의 여러 가지 유형에 대해 확실히 알게 되었으므로 이제는 친구관계를 더 깊어지게 하고 사람들을 더 잘 알아가는 방법에 대해서 이야기를 나눌 필요가 있습니다. 이것은 친구와 이야기를 나누고 정보를 교환하는 것을 통해 이루어집니다. 정보 교환은 사람들이 좋은 대화를 할 때 자연스럽게 일어나는 일입니다. 정보 교환은 서로의 생각, 의견, 관심사 등을 나누고 서로 주고받는 것입니다. 정보 교환의 가장 중요한 목표는 공통의 관심사를 찾는 것입니다. 공통의 관심사를 알게 됨으로써 우리는 서로 이야기를 나눌 수 있는 주제나 함께할 수 있는 일들이 있는지 알아낼 수 있습니다."
- [**정보 교환**을 위한 규칙들을 설명한다. **우리끼리 단어**는 **볼드체**로 되어 있으며 치료진, 성인 및 사회성 코치 사이의 공통 언어이기 때문에 강조되어야 한다. 수업이 끝날 때까지 칠판에 적혀 있는 것을 지우지 않는다. 영어로 된 자료에 익숙하다면 ▶ 표시가 있는 각 역할극에 해당하는 역할극 동영상이 PEERS® *Role Play Video Library*(www.routledge.com/cw/laugeson)에 포함되어 있으니 참고해볼 수도 있다.]
- **상대에게 질문하기**
  - 치료자: "정보 교환을 위한 첫 번째 규칙은 상대에게 질문하는 것입니다. 여러분은 그 사람의 관심사, 취미, 주말에 무엇 하는 것을 좋아하는지 등을 물어볼 수 있습니다."
  - 질문: "성인들이 서로에게 물어볼 수 있는 흔한 질문들에는 어떤 것들이 있나요?"
    - 대답: 관심사, 주말에 하는 활동, 영화, TV 프로그램, (컴퓨터/비디오) 게임, 스포츠, 책, 음악, 학교 혹은 직업이나 직장에 관한 질문들이 있습니다.
  - 질문: "그 사람에 대해서 묻는 것이 중요한 이유는 무엇인가요?"
    - 대답: 그 사람의 관심사, 취미, 좋아하는 것이 무엇인지 알 수 있고, 당신과 **공통의 관심사**를 갖고 있는지 알아낼 수 있습니다.
- **스스로의 질문에 대답하기**
  - 치료자: "정보 교환에 대한 또 다른 규칙은 스스로의 질문에 대답하고, 여러분 자신에 대한 무엇인가를 공유해야 한다는 것입니다. 여기에는 여러분의 관심사, 좋아하는 것, 취미 등에 관해 이야기하는 것이 포함됩니다. 종종 상대방이 당신이 한 것과 같은 질문을 하는 경우도 있지만, 그러지 않을 경우에는 본인의 질문에 대답할 수 있습니다."
  - 질문: "여러분 스스로의 질문에 답하는 것이 중요한 이유는 무엇인가요?"
    - 대답: 왜냐하면 상대가 당신에게 같은 질문을 하지 않을 수 있기 때문이며, 정보를 교환하기 위해서는 당신이 스스로에 관한 것을 상대방과 공유해야 하기 때문입니다.
- **공통의 관심사 찾기**
  - 치료자: "정보 교환을 하는 가장 중요한 목적은 공통의 관심사를 찾는 것입니다. 왜냐하면 우정은 공통의 관심사를 기반으로 하기 때문입니다. 공통의 관심사는 그 사람과 같이 이야기할 수 있고 함께할 수 있는 활동들입니다. 상대방이 싫어하는 것이 무엇인지에 주의를 기울이는 것도 도움이 됩니다. 그래야

함께 있을 때 그런 것들을 이야기하거나 하지 않도록 피할 수 있기 때문입니다."
- ○ 질문: "공통의 관심사를 찾는 것이 중요한 이유는 무엇인가요?"
  - ■ 대답: 대화를 유지할 수 있게 하고, 상대방과 함께 이야기를 나눌 수 있는 주제, 함께할 수 있는 활동을 주기 때문입니다. **우정은 공통의 관심사를 기반으로 하기 때문**입니다.
- **이어 가는 질문하기**
  - ○ 치료자: "대화를 유지하는 방법 중에 하나는 이어 가는 질문을 하는 것입니다. 이어 가는 질문이란 무엇인가요?"
    - ■ 대답: 같은 주제에 관한 질문입니다.
  - ○ 질문: "이어 가는 질문을 하는 것이 중요한 이유는 무엇인가요?"
    - ■ 대답: 상대에 대해 더 잘 알 수 있게 하는 방법이기 때문입니다. **주제 바꾸기**를 너무 자주 하면 상대에게 거슬릴 수 있으며 진행자/면접관처럼 들릴 수 있기 때문입니다.
  - [집단 치료자와 보조 치료자가 함께, 이어 가는 질문하기의 적절한 역할극을 보여준다.]
  - ○ 치료자: "역할극을 잘 보고 제가 무엇을 잘했는지 이야기해주세요."

적절한 역할극의 예

- ■ 집단 치료자: "나에게 주말에 무엇을 하는 걸 좋아하는지를 묻고 이어 가는 질문을 3개 해주세요.
- ■ 보조 치료자: "주말에 무엇을 하는 걸 좋아하니?"
- ■ 집단 치료자: "난 자전거 타는 것을 좋아해."
- ■ 보조 치료자: "아, 그래? 어디에서 자전거를 타?"
- ■ 집단 치료자: "우리 집 앞 공원에서."
- ■ 보조 치료자: "그럼, 긴 코스를 타니, 짧은 코스를 타니?"
- ■ 집단 치료자: "대개는 짧은 코스를 타."
- ■ 보조 치료자: "넌 보통 누구랑 자전거를 타러 가?"
- ■ 집단 치료자: "대개 친구랑 함께 가. 그래야 심심하지 않으니까."

행동 연습: 이어 가는 질문하기

- 설명: "지금부터 이어 가는 질문하기 연습을 할 것입니다. 여러분에게 각각 다른, 시작하는 질문을 할 것입니다. 그러면 여러분은 다른 구성원들이 지켜보고 있는 가운데 주어진 질문과 같은 주제에 대해서 3개의 이어 가는 질문을 해야 합니다."
- 각각의 성인이 돌아가면서 다음의 대화 주제를 가지고 3개의 **이어 가는 질문**을 하게 한다.
  - ○ "어떤 종류의 TV 프로그램을 좋아하나요?"
  - ○ "어떤 종류의 영화를 좋아하나요?"
  - ○ "어떤 종류의 음악을 좋아하나요?"
  - ○ "어떤 종류의 책을 좋아하나요?"
  - ○ "어떤 종류의 음식을 좋아하나요?"
  - ○ "어떤 종류의 스포츠를 좋아하나요?"
  - ○ "어떤 (컴퓨터/비디오) 게임을 좋아하나요?"

○ "주말에는 무엇을 하기를 좋아하나요?"

○ "어떤 수업을 듣고 있나요?"

● 각각의 성인이 연습을 끝낼 때마다 박수를 쳐준다.

● [주: 만약 어떤 성인이 **이어 가는 질문**을 생각해내는 것을 어려워한다면 이번 주에 사회성 코치와 함께 연습할 수 있도록 다시 만나기 시간에 따로 만나 추가 과제를 준다.]

● 서로 대화 나누기

○ 치료자: "정보 교환의 또 다른 규칙은 대화를 서로 주고받으며 나누는 것입니다. 즉, 때로는 이야기를 멈추고 상대가 질문을 하거나 무엇인가에 대해 언급할 수 있는 기회를 주는 것을 말합니다."

○ 질문: "서로 대화를 나누는 것이 중요한 이유는 무엇인가요?"

■ 대답: 왜냐하면 그것이 **정보 교환**을 하고 양방향 대화를 하는 방법이기 때문입니다. 서로 대화를 나누는 것이 서로에 대해 알아가는 방법이기 때문입니다.

○ 설명: "서로 대화를 나누고 있다는 것은 양방향 대화를 하고 있다는 것을 의미합니다. 서로 대화를 나누지 않는다면 결국 일방적인 대화를 하게 됩니다."

● **대화 독차지하지 않기** ▶

[집단 치료자와 보조 치료자가 함께, 집단 치료자가 대화를 독차지하는 부적절한 역할극을 보여준다.]

○ 치료자: "역할극을 잘 보고 제가 무엇을 잘못했는지 이야기해주세요."

부적절한 역할극의 예

■ 집단 치료자: "안녕, (이름)아/야. 잘 지냈니?"

■ 보조 치료자: "어, 안녕~ 난 별일 없었어. 그냥 학교 다니고 애들이랑 어울려 지내고. 너는 어때?"

■ 집단 치료자: "아, 나는 지난 주말을 정말 신나게 보냈어. 영화관에 가서 신작 영화(영화 제목)를 봤잖아."

■ 보조 치료자: "아, 그 영화 괜찮다고 들은 것……"

■ 집단 치료자: (끼어들며) "맞아, 진짜 재미있었어. 유명한 사람도 진짜 많이 나오고, 연기도 완전 잘하더라~ 그리고 영화가 끝나고 나서 내가 제일 좋아하는 이탈리안 레스토랑에 가서 식사를 했는데, 나 혼자 피자 한 판을 다 먹었잖아. 진짜 맛있더라고. 그리고 쇼핑몰 갔다가 진짜 재미난 오락실에 가서 하루 종일 게임하고 인형 뽑기도 했어. 수십 번 시도한 끝에 인형 뽑기 성공~~!"

■ 보조 치료자: "아, 너 그런 오락 게임 좋아……"

■ 집단 치료자: (끼어들며) "그래, 맞아. 그리고 집에 와서 또 케이블에서 하는 영화를 보느라고 정말 늦게까지 잠을 자지 않아서 오늘 너무 피곤해. 수업 시간에 계속 졸았어."

■ 보조 치료자: (지루해 보인다.)

■ 집단 치료자: "내일까지 해야 할 과제도 진짜 많아서 오늘도 늦게까지 책 보느라 못 잘 것 같아. 나 어떡하지……"

■ 보조 치료자: (주변을 둘러본다. 지루해 보인다.)

○ 치료자: "자, 여기까지입니다. 제가 대화를 나누면서 무엇을 잘못했지요?"

■ 대답: 다른 사람이 이야기할 수 있는 기회를 주지 않았습니다. 예의가 없었습니다.

○ 다음과 같은 **조망 수용 질문**을 한다.

- "(보조 치료자의 이름)이/가 어떤 기분이었을 것 같나요?"
    - □ 대답: 짜증납니다. 불만스럽습니다. 지루합니다.
- "(보조 치료자의 이름)이/가 저에 대해서 어떻게 생각했을 것 같나요?"
    - □ 대답: 이기적입니다. 지루합니다. 너무 불쾌합니다. 자기 중심적입니다.
- "(보조 치료자의 이름)이/가 저와 다시 이야기를 나누고 싶어 할 것 같나요?"
    - □ 대답: 아니요, 너무 불쾌했습니다. 너무 자기 중심적이었습니다.

○ 보조 치료자에게 같은 **조망 수용 질문**을 한다.

- "어떤 기분이 들었나요?"
- "저에 대해서 어떻게 생각했나요?"
- "저와 이야기를 다시 나누고 싶나요?"

○ 설명: "정보 교환 규칙 중 하나는 대화를 독차지하지 않는 것입니다. 즉, 혼자만 이야기하거나 강의를 하 듯 말하면서 상대에게 대화에 참여할 기회를 주지 않는 것은 곤란하다는 뜻입니다. 대화를 독차지한다 면 일방적인 대화를 하게 되고 자기에 관한 이야기만 하게 됩니다. 이것은 상대방에게 지루합니다."

● **진행자/면접관 되지 않기** ▶

[집단 치료자와 보조 치료자가 함께, 집단 치료자가 진행자/면접관이 되는 부적절한 역할극을 보여준다.]

○ 치료자: "역할극을 잘 보고 제가 무엇을 잘못했는지 이야기해주세요."

부적절한 역할극의 예

- 집단 치료자: "안녕~ (이름)아/야. 잘 지냈어?"
- 보조 치료자: "응, 잘 지냈어. 너는 어땠어?"
- 집단 치료자: "좋아. 참, 넌 어떤 종류의 영화를 좋아하니?"
- 보조 치료자: "나는 SF 액션 영화랑 코미디 영화를 좋아해. 너는?"
- 집단 치료자: "응, 그럼, 네가 가장 좋아하는 영화는 뭐야?"
- 보조 치료자: "어, 어…… 내가 제일 좋아하는 영화는 '마블 히어로' 시리즈야. 넌 어떤 영화를 가장 좋아해?"
- 집단 치료자: "응, 그거 좋지. 그럼, TV 프로그램은 어때? 넌 어떤 종류의 TV 프로그램을 주로 봐?"
- 보조 치료자: "아…… 나는…… 예능 프로를 좋아해. 너는?"
- 집단 치료자: "음, 그럼 네가 가장 좋아하는 TV 프로그램은 뭔데?"
- 보조 치료자: (짜증나 보인다.) "후…… 나는 (유행하는 예능 프로그램 제목)을/를 제일 좋아해."
- 집단 치료자: "근데~~ 넌 어떤 종류의 음악을 좋아하니?"
- 보조 치료자: (주변을 둘러본다. 지루해 보인다.) "하…… 나는 아이돌 음악을 제일 좋아해."

○ 치료자: "자, 여기까지입니다. 제가 대화를 나누면서 무엇을 잘못했지요?"

- 대답: 계속해서 질문만 했습니다. 자신에 대해서는 아무런 이야기도 하지 않았습니다.

○ 다음과 같은 **조망 수용 질문**을 한다.

- "(보조 치료자의 이름)이/가 어떤 기분이었을 것 같나요?"

        □ 대답: 짜증납니다. 피곤합니다. 질문을 많이 합니다. 불만스럽습니다. 지루합니다.
    ■ "(보조 치료자의 이름)이/가 저에 대해서 어떻게 생각했을 것 같나요?"
        □ 대답: 심문자 같습니다. 참견하기 좋아합니다. 짜증납니다. 이상합니다.
    ■ "(보조 치료자의 이름)이/가 저와 다시 이야기를 나누고 싶어 할 것 같나요?"
        □ 대답: 아니요. 너무 피곤하고 질문을 많이 합니다.
○ 보조 치료자에게 같은 **조망 수용 질문**을 한다.
    ■ "어떤 기분이 들었나요?"
    ■ "저에 대해서 어떻게 생각했나요?"
    ■ "저와 이야기를 다시 나누고 싶나요?"
○ 설명: "정보 교환하는 규칙 중 하나는 진행자/면접관이 되지 않는 것입니다. 진행자/면접관이 된다는 것은 상대에게 연속적인 질문을 하면서 당신에 관한 이야기는 전혀 하지 않는다는 뜻입니다. 이것 또한 일방적인 대화 방식입니다. 이번에는 모든 것이 상대방에 관한 것이지만 이것 또한 지루합니다."

● **처음에는 너무 개인적이 되지 않기** ▶
[집단 치료자와 보조 치료자가 함께, 집단 치료자가 지나치게 개인적인 질문을 하는 부적절한 역할극을 보여준다.]
○ 치료자: "역할극을 잘 보고 제가 무엇을 잘못했는지 이야기해주세요."

부적절한 역할극의 예

■ 집단 치료자: "안녕, (이름)아/야. 이번 주말에 뭐 해?"
■ 보조 치료자: "엄마랑 새아버지랑 백화점에 쇼핑 가려고."
■ 집단 치료자: "새아버지? 부모님 이혼하셨어?"
■ 보조 치료자: (놀라면서) "어, 어? 응."
■ 집단 치료자: "언제 이혼하셨어?"
■ 보조 치료자: (혼란스러워하며) "내가 열두 살 때……"
■ 집단 치료자: "왜?"
■ 보조 치료자: (불편해하며) "나도 몰라."
■ 집단 치료자: "너도 많이 힘들었지?"
■ 보조 치료자: (불편해하며) "모르겠어."
■ 집단 치료자: "부모님께서 왜 이혼을 하셨대? 넌 알아? 그때 너한테 얘기해주셨어?"
■ 보조 치료자: "우리 다른 이야기하면 안 될까?"
■ 집단 치료자: "엄마랑 친아빠 두 분 중에 누구를 더 자주 만나? 질투하실 때도 있어?"
■ 보조 치료자: (불편해하며) "모르겠어."
■ 집단 치료자: "너를 두고 싸우기도 하셔? 그런 경우에는 많이 어색해? 그럼 넌 어떻게 해?"
■ 보조 치료자: (불편해 보인다.) "우리 진짜 다른 거 이야기하면 안 될까?"
■ 집단 치료자: "우리 부모님도 내가 어렸을 때 이혼하셨어. 그리고 여태까지도 진짜 크게 싸우셔서 정말 어색할 때가 있어. 가끔은 언성도 많이 높아지시고 서로를 막 비난하면서 싸우셔. 정말 불편

> 할 때가 많아."
> - 보조 치료자: (한숨을 쉬며 불편해 보인다.)

- 치료자: "자, 여기까지입니다. 제가 대화를 나누면서 무엇을 잘못했지요?"
  - 대답: 지나치게 개인적인 질문들을 했습니다. 개인적인 이야기를 너무 많이 공유했습니다.
- 다음과 같은 **조망 수용 질문**을 한다.
  - "(보조 치료자의 이름)이/가 어떤 기분이었을 것 같나요?"
    - 대답: 불편합니다. 어색합니다. 창피합니다. 오싹합니다. 이상합니다.
  - "(보조 치료자의 이름)이/가 저에 대해서 어떻게 생각했을 것 같나요?"
    - 대답: 오싹합니다. 스토커 같습니다. 참견하기 좋아합니다. 이상합니다.
  - "(보조 치료자의 이름)이/가 저와 다시 이야기를 나누고 싶어 할 것 같나요?"
    - 대답: 아니요. 너무 불편하고 경계가 없다고 생각할 것 같습니다.
- 보조 치료자에게 같은 **조망 수용 질문**을 한다.
  - "어떤 기분이 들었나요?"
  - "저에 대해서 어떻게 생각했나요?"
  - "저와 이야기를 다시 나누고 싶나요?"
- 설명: "정보 교환 규칙 중 하나는 너무 개인적이 되지 않는 것입니다. 처음 누군가와 친해지기 시작할 때 개인적인 질문을 하거나 개인적인 정보를 공유하는 것은 상대를 불편하게 만들 수 있습니다. 더 친해진 다면 더 개인적이어도 괜찮습니다. 그러나 처음부터 너무 개인적이 되는 것은 위험할 수 있습니다."

역할극: 정보 교환하기 ▶

[집단 치료자와 보조 치료자는 적절한 역할극을 통해 정보 교환을 시연해 보여준다.]

- 치료자: "정보를 교환하는 데 필요한 규칙들을 배웠으므로 역할극을 잘 보고 우리가 무엇을 잘했는지 말해 주세요."

적절한 역할극의 예

- 집단 치료자: "안녕~ (이름)아/야! 잘 지냈어?"
- 보조 치료자: "응. 난 잘 지냈어. 너는?"
- 집단 치료자: "나도 잘 지냈어. 지난 주말 어떻게 보냈어?"
- 보조 치료자: "즐겁게 보냈어. 친구들과 영화를 보러 갔었거든."
- 집단 치료자: "와, 재미있었겠다. 무슨 영화 봤는데?"
- 보조 치료자: "최근에 가장 유행하는 신작 영화(영화 제목)를 보러 갔었어."
- 집단 치료자: "우와! 그거 봤구나~ 나도 보러 가고 싶었는데! 영화 괜찮아?"
- 보조 치료자: "응. 진짜 재밌어. 한 번 더 볼지도 몰라. 너 SF 영화 좋아해?"
- 집단 치료자: "응, 정말 좋아해. 나 SF 공상과학 내용을 책으로 읽는 것도 좋아해, 넌 어때?"
- 보조 치료자: "나도 진짜 좋아해. 나도 새로 나온 공상과학 책이 있으면 꼭 읽어."
- 집단 치료자: "와~, 나도 그래!"

- 치료자: "자, 여기까지입니다. 제가 대화를 나누면서 무엇을 잘했나요?"
  - 대답: 정보를 교환하고, 서로에게 질문을 하고, 스스로의 질문에 답했으며, 공통의 관심사를 찾고, 대화를 독차지하지 않았으며, 진행자/면접관이 되지 않고, 너무 개인적이 되지 않았습니다.
- 다음과 같은 **조망 수용 질문**을 한다.
  - "(보조 치료자의 이름)이/가 어떤 기분이었을 것 같나요?"
    - 대답: 좋습니다. 즐겁습니다.
  - "(보조 치료자의 이름)이/가 저에 대해서 어떻게 생각했을 것 같나요?"
    - 대답: 괜찮습니다. 재미있습니다. 좋은 사람입니다. 괜찮은 사람 같습니다.
  - "(보조 치료자의 이름)이/가 저와 다시 이야기를 나누고 싶어 할 것 같나요?"
    - 대답: 예.
- 보조 치료자에게 같은 **조망 수용 질문**을 한다.
  - "어떤 기분이 들었나요?"
  - "저에 대해서 어떻게 생각했나요?"
  - "저와 이야기를 다시 나누고 싶나요?"

교육: 대화 시작하기

- 설명: "이제 정보를 교환하는 방법에 대해서 조금 알게 되었기 때문에 다른 사람과 어떻게 대화를 시작하는지에 대해서 배워 볼 것입니다. 다른 사람과 대화를 시작하는 방법을 아는 것은 때로는 어려울 수 있습니다. 간혹 사람들이 어떻게 해야 하는지에 대한 잘못된 조언을 해주기도 합니다. 새로운 사람을 만났을 때 여러분은 어떻게 하라는 말을 듣나요?"
  - 대답: 다가가서 "안녕!"이라고 인사하거나, 다가가서 자신을 소개하라고 합니다.
- 설명: "그러나 실제로 이렇게 하지 않습니다. 누군가에게 느닷없이 다가가서 "안녕!" 혹은 "안녕! 내 이름은 ○○○이야."라고 하면 어떤 일이 벌어질지 상상해보세요. 상대방이 당신에 대해서 어떻게 생각할 것 같나요?"
  - 대답: 좀 엉뚱하고, 특이하고, 이상하다고 생각할 것입니다.
- 설명: "이상하게 보일 수 있는 행동을 하는 대신에 대화를 시작하기 위해 성인들이 따를 수 있는 구체적인 단계에 대해서 이야기를 나누어 보려고 합니다."

부적절한 역할극: 대화 시작하기 ▶

[집단 치료자와 보조 치료자가 함께, 집단 치료자가 느닷없이 대화를 시작하는 부적절한 역할극을 보여준다.]

- 치료자: "이제 역할극을 보여줄 것입니다. 잘 보고 대화를 시작할 때 제가 무엇을 잘못했는지 이야기해주세요."

부적절한 역할극의 예

- 보조 치료자: (스마트폰을 쳐다본다.)
- 집단 치료자: (갑자기 다가온다.) "야, 안녕!"

○ 보조 치료자: (혼란스러워 보인다.)

○ 집단 치료자: "난 (이름)야/이야."

○ 보조 치료자: (혼란스러워하며) "어? 어…… 안녕."

○ 집단 치료자: (지나치게 열정적으로) "야, 너 어제 저녁에 코믹 콘에 참석했었어?"

○ 보조 치료자: (혼란스러워하며) "뭐? 뭐라고?"

○ 집단 치료자: "코믹 콘. 거기 안 갔었어?"

○ 보조 치료자: (혼란스러워 보이며) "코믹 콘?"

○ 집단 치료자: "응. 어저께 시작했잖아. 갔었어?"

○ 보조 치료자: "음…… 아니."

○ 집단 치료자: "난 갔었는데! 정말 재미있었어. 너도 갔으면 좋았을 텐데. 너 만화 좋아해?"

○ 보조 치료자: (짜증이 나서 스마트폰을 쳐다보며) "음…… 아니."

○ 집단 치료자: (방해하며) "그런데 왜 안 갔어~? 가지 그랬어. 사람들이 정말 많이 왔고 재밌는 행사도 많이 했었어."

○ 보조 치료자: (짜증이 나서 스마트폰을 쳐다보며 빈정거린다.) "그래, 재미있었겠네."

○ 집단 치료자: "그래서 내일 갈 거야?"

○ 보조 치료자: (짜증을 내며) "뭐라고?"

○ 집단 치료자: "꼭 가야 해. 진짜 재미있을 거야."

○ (어색하고 긴 침묵이 이어진다.)

● 치료자: "자, 여기까지입니다. 대화를 시작할 때 제가 무엇을 잘못했지요?"

○ 대답: 상대에게 다가가 완전히 느닷없이 대화를 시작했습니다.

● 다음과 같은 **조망 수용 질문**을 한다.

○ "(보조 치료자의 이름)이/가 어떤 기분이었을 것 같나요?"

■ 대답: 당황스럽습니다. 의아합니다, 기분 나쁩니다. 이상합니다.

○ "(보조 치료자의 이름)이/가 저에 대해서 어떻게 생각했을 것 같나요?"

■ 대답: 예의가 없습니다. 특이합니다. 이상합니다.

○ "(보조 치료자의 이름)이/가 저와 다시 이야기를 나누고 싶어 할 것 같나요?"

■ 대답: 아니요. 매우 이상하다 생각할 것 같습니다.

● 보조 치료자에게 같은 **조망 수용 질문**을 한다.

○ "어떤 기분이 들었나요?"

○ "저에 대해서 어떻게 생각했나요?"

○ "저와 이야기를 다시 나누고 싶나요?"

● 설명: "이상하거나 느닷없이 보일 수 있는 행동을 하는 대신에 대화를 시작하기 위해 여러분이 따를 수 있는 구체적인 단계에 대해서 이야기를 나눠 보려고 합니다."

대화 시작하기의 단계

1. 자연스럽게 지켜본다.

- 설명: "누군가와 대화를 시작하려고 생각하고 있을 때는 빤히 쳐다보는 대신 몇 초 동안 자연스럽게 그쪽을 쳐다보면서 관심이 있다는 것을 보여주는 것이 도움이 됩니다."
- 질문: "자연스럽게 쳐다보는 것이 좋은 이유는 무엇인가요?"
  ○ 대답 : 상대에게 당신이 관심이 있다는 것을 보여줍니다.

2. 소품을 사용한다.

- 설명: "자연스럽게 쳐다보는 동안 당신이 마치 뭔가 다른 활동에 집중하고 있는 것처럼 보여주기 위해 스마트폰, 게임기 혹은 책과 같은 소품을 사용하는 것이 도움이 될 수 있습니다."
- 질문: "소품을 사용하는 것이 좋은 생각인 이유는 무엇인가요?"
  ○ 대답 : 상대를 빤히 응시하는 것처럼 보이지 않기 때문입니다. 다른 것에 집중하고 있는 것처럼 보이기 때문입니다.

3. 공통의 관심사를 찾는다.

- 설명: "자연스럽게, 눈에 띄지 않게 상대방을 쳐다보고 있는 동안에 당신과 상대가 함께 나눌 수 있을 것 같은 어떤 공통의 관심사를 찾아야 합니다."
- 질문: "공통의 관심사를 찾는 것이 중요한 이유는 무엇인가요?"
  ○ 대답: 이야기할 주제가 생깁니다. 대화를 시작하기 위한 이유가 될 수 있습니다.

4. 공통의 관심사를 언급한다.

- 설명: "공통의 관심사를 확인한 후에는 그 관심사에 대해 언급하거나, 질문을 하거나 칭찬을 할 수도 있습니다."
- 질문: "공통의 관심사를 언급하는 것이 중요한 이유는 무엇인가요?"
  ○ 대답: 그 사람과 대화를 시작하는 이유가 됩니다.

5. 정보를 교환한다.

- 설명: "그다음으로는 이어 가는 질문을 하고, 스스로의 질문에 대답하며, 당신과 관련된 정보를 나누면서 공통의 관심사에 관해 정보를 교환해야 합니다."
- 질문: "정보를 교환하는 것이 중요한 이유는 무엇인가요?"
  ○ 대답: 서로에 대해서 알아가는 방법이기 때문입니다.

6. 관심을 평가한다.

- 치료자: "다음에는 함께 이야기를 나누고자 하는 사람의 관심을 평가해야 합니다. 만약 그 사람이 당신과 이야기를 나누는 것에 별 관심이 없는 것처럼 보인다면 그 자리를 떠나야 하나요?"
  ○ 대답: 예.
- 설명: "상대가 당신과 이야기를 나누고 싶어 하는지를 알기 위해서는 스스로에게 다음과 같은 질문을 할 수 있습니다."
  ○ 그들이 나에게 이야기를 하고 있는가?
  ○ 그들이 나를 쳐다보고 있는가?

○ 그들이 나와 마주보고 있는가(아니면 나에게 무관심한 태도를 보이는가)?

7. 자신을 소개한다.

- 치료자: "상대가 당신과 이야기를 나누는 것에 관심을 보인다면 그리고 상대와 처음 만나는 경우라면, 대화 시작하기의 마지막 단계는 자신을 소개하는 것입니다. 자신을 어떻게 소개할 수 있나요?"
  ○ 대답: "그런데 내 이름은 ○○○이야/야." 혹은 "우리 정식으로 인사를 나눈 적은 없지? 내 이름은……"
- 질문: "그가 관심 없어 보인다면 자신을 소개하지 않고 그 자리를 떠나야 하나요?"
  ○ 대답: 예.

적절한 역할극: 대화 시작하기 ▶

[집단 치료자가 대화 시작하기의 단계를 따르면서 보조 치료자와 함께 적절한 역할극을 보여준다.]

- 치료자: "다른 역할극을 또 보여드리겠습니다. 잘 보고 제가 대화를 시작할 때 무엇을 잘했는지 이야기해 주세요."

적절한 역할극의 예

○ 집단 치료자 및 보조 치료자: (서로 몇 발짝 떨어져 서 있는다.)
○ 보조 치료자: (스마트폰을 쳐다본다.)
○ 집단 치료자: (스마트폰을 들고 있다가 보조 치료자를 쳐다본다.) "안녕. 그거 새로 나온 스마트폰이야?"
○ 보조 치료자: (쳐다보며 웃는다.) "응, 맞아."
○ 집단 치료자: (웃으면서) "와, 멋지다. 나도 하나 사고 싶었는데!"
○ 보조 치료자: "너도 꼭 사. 진짜 좋아."
○ 집단 치료자: "그러니깐. 난 아직 구형을 쓰고 있긴 한데, 새로 나온 게 더 좋아?"
○ 보조 치료자: "응. 진짜 좋은데다가 엄청 가볍고 기능도 다양해."
○ 집단 치료자: "나도 꼭 사야겠다. 이미 예약 상품은 끝나지 않았을까?"
○ 보조 치료자: "그럴 수도 있겠다. 난 일찍 주문했었거든."
○ 집단 치료자: "나도 그럴 걸 그랬다."
○ 보조 치료자: (자연스럽게 웃는다.) "그러게~"
○ 집단 치료자: "아! 난 (이름)(이)라고 해."
○ 보조 치료자: "안녕. 난 (이름)(이)야."
○ 집단 치료자 및 보조 치료자: (웃지만 악수는 하지 않는다.)

- 치료자: "자, 여기까지입니다. 대화를 시작할 때 제가 무엇을 잘했지요?"
  ○ 대답: 자연스럽게 지켜보았으며, 소품을 사용하고, 공통의 관심사를 찾고, 공통의 관심사에 대해서 언급했으며, 정보를 교환하고, 공통의 관심사를 평가하고, 자신을 소개했습니다.
- 질문: "(보조 치료자의 이름)이/가 저와 이야기를 나누고 싶어 하는 것 같았나요?"
  ○ 대답: 예.

- 질문: "이것을 어떻게 알 수 있었나요?"
  - 대답: 당신과 이야기를 나누고, 쳐다봤으며, 마주 봤습니다.
- 다음과 같은 **조망 수용 질문**을 한다.
  - "(보조 치료자의 이름)이/가 어떤 기분이었을 것 같나요?"
    - 대답: 좋습니다. 자연스럽습니다. 즐겁습니다.
  - "(보조 치료자의 이름)이/가 저에 대해서 어떻게 생각했을 것 같나요?"
    - 대답: 친절합니다. 멋집니다. 재미있습니다.
  - "(보조 치료자의 이름)이/가 저와 다시 이야기를 나누고 싶어 할 것 같나요?"
    - 대답: 예. 아마도 그럴 것 같습니다
- 보조 치료자에게 같은 **조망 수용 질문**을 한다.
  - "어떤 기분이 들었나요?"
  - "저에 대해서 어떻게 생각했나요?"
  - "저와 이야기를 다시 나누고 싶나요?"
- 설명: "지금까지 정보를 교환하고 대화를 시작하기 위한 규칙 및 단계에 대해서 배워 봤습니다. 새로운 사람을 만나고 모르는 사람과 정보를 교환할 때에 이러한 단계를 따르는 것이 중요합니다."

행동 연습

퀴즈쇼

필요한 자료

- 화이트보드와 보드마커
- 각각의 성인을 위한 **퀴즈쇼 답안지**
- 펜
- 가위

규칙

- 성인들은 **정보 교환** 게임에서 서로 경쟁할 것이다.
- 집단 치료자가 퀴즈쇼 답안지를 참고하여 각 성인에 대한 질문을 하고, 정보 교환을 통해 답을 알게 된 성인들은 대답을 한다.
  - 예
    - 집단 치료자: (이름)이/가 제일 좋아하는 운동이 무엇일까요?"
    - 성인: "축구입니다."
- 흥미와 협동을 유도하기 위해서 성인 집단 치료자는 정답에 대해 점수를 준다.
- 퀴즈쇼의 목적은 **정보 교환**을 완벽하게 연습하는 것이 아니다. 왜냐하면 완벽한 정보 교환을 목표로 하게 될 경우 성인들이 마치 진행자/면접관처럼 질문하게 되기 때문이다.
- 퀴즈쇼의 진짜 목적은 다음과 같은 사항을 개선하기 위한 것이다.
  - **주제 도입하기**
    - 제한된 관심사에 관한 것보다는 다양한 주제에 대해서 이야기를 나누기
  - **듣기 기술**
    - 사람들이 자신에 관한 정보를 공유할 때 그것을 경청하고 기억하기

게임 방법

- 퀴즈쇼 답안지를 나누어 준다(답안지는 이 섹션 마지막에 수록되어 있다).
- 성인들이 답을 채우고 집단 치료자에게 돌려주도록 한다.
- 성인들이 볼 수 있도록 **퀴즈쇼의 주제**를 칠판에 적어둔다.
  - **가장 좋아하는 음악**
  - **가장 좋아하는 주말 활동**
  - **가장 좋아하는 운동**
  - **가장 좋아하는 게임**
  - **가장 좋아하는 영화**
  - **가장 좋아하는 TV 프로그램**
  - **가장 좋아하는 책**
  - **현재 하고 있는 머리카락 색깔**(주: 이 항목은 질문해서 답을 얻는 것이 아니라, 다른 사람의 얼굴이나 머

리를 바라봄으로써 알 수 있다. 만약 모든 사람의 머리카락 색깔이 거의 똑같다면 이는 다른 것으로 대체해도 된다.)

- 요즘의 관심사
- 내가 사는 곳
- 각각의 성인이 다른 집단 구성원들과 소집단을 이루어 2~3분간 **퀴즈쇼**에 관한 **정보 교환**을 연습하게 한다.
  - ○ (남은 시간이 얼마나 되는지에 따라) 그룹을 몇 번 바꾼다.
  - ○ 필요한 경우에는 성인들이 퀴즈쇼의 주제에 맞는 질문을 하도록 유도해 준다.
- 성인들이 **정보 교환**을 하고 있는 동안
  - ○ 그어진 선에 따라 질문별로 **퀴즈쇼 답안지**를 자른다.
  - ○ 질문 범주에 따라 **퀴즈쇼 답안지**를 분류하고 답지 순서를 서로 섞는다.
- 성인들이 **정보 교환**을 끝냈다면, 그룹으로 다시 모여서 **퀴즈쇼**를 시작한다.
  - ○ 이번 회기에 가장 많이 참여하는 것으로 보이는 성인이 첫 번째 범주를 선택하게 하는 것으로 시작한다.
  - ○ 만약에 질문을 하기 전에 손을 든다면 답변을 할 수 없다고 알린다.
  - ○ 처음으로 손을 든 사람이 먼저 답을 말할 수 있다.
  - ○ 만약에 틀린 답을 말했다면 두 번째로 손을 든 사람이 대답할 기회를 얻는다. 계속 이런 방식으로 진행한다.
  - ○ 한 명의 성인은 질문 하나당 한 번의 대답 기회만 갖는다.
  - ○ 힌트를 주지 않는다.
- 만약에 성인들이 대답을 하는 데 너무 오랜 시간이 걸린다면 시간제한을 둘 수 있다.
- 답을 맞힌 성인은 점수를 얻고 다음 범주를 고를 수 있다.
- 만약에 아무도 답을 맞히지 못하였다면 방금 전 질문에서 지칭되었던 사람이 범주를 고른다.
- 게임을 하는 동안 성인들이 서로에게 박수를 쳐주도록 격려한다.
- 맞는 답에 대해 점수를 주고 칠판에 얻은 점수를 모두 기록한다.
- 성인들이 답을 맞히고자 무작위로 여러 가지 답을 연달아 한다면 정보 교환을 통해 알게 된 정보들만 대답하도록 유도한다.
  - ○ 가장 중요한 것은 성인들이 **정보 교환**을 통해 알게 된 정보들을 기억한다는 것이다.
- 게임의 마지막에 가장 많은 점수를 획득한 사람이 **퀴즈쇼 승자**가 된다.
- 다음 회기를 위해 **퀴즈쇼 답안지**를 보관해 둔다.

퀴즈쇼 답안지

음악 감상하기 _____ (이)가 가장 좋아하는 음악은 (이름) _____ (가장 좋아하는 음악)	**주말을 신나게 보내는 방법!** _____ (이)가 가장 좋아하는 주말 활동 (이름) _____ (가장 좋아하는 주말 활동)
즐겁게 운동하기 _____ (이)가 가장 좋아하는 운동은 (이름) _____ (가장 좋아하는 운동)	**내가 제일 좋아하는 게임은** _____ (이)가 제일 좋아하는 게임은 (이름) _____ (가장 좋아하는 게임)
영화, 영화, 영화! _____ (이)가 가장 좋아하는 영화 (이름) _____ (가장 좋아하는 영화)	**재미있는 TV 프로그램!** _____ (이)가 가장 좋아하는 TV 프로그램 (이름) _____ (가장 좋아하는 TV 프로그램)
베스트셀러! _____ (이)가 가장 좋아하는 책 (이름) _____ (가장 좋아하는 책)	**이게 나의 머리카락 색이야!** _____ 의 머리카락 색깔 (이름) _____ (현재 하고 있는 머리카락 색깔)
요즘 제일 재미있어! _____ 의 최근 관심사 (이름) _____ (최근 관심사)	**살기 좋은 우리 동네~** _____ (이)가 사는 곳 (이름) _____ (사는 곳)

다시 만나기

- 성인들에게 사회성 코치와 다시 만날 것이라고 안내한다.
  - ○ 성인들은 각자의 사회성 코치 곁에 서 있거나 앉아 있다.
  - ○ 다시 만나기 시간이 시작되기 전에, 조용히 하고 집단에 완전히 집중하게 한다.
  - ○ 사회성 코치들이 옆에서 듣고 있을 동안에 성인들이 이번 회기에서 배웠던 내용을 이야기하게 한다.
- 치료자: "오늘 우리는 좋은 우정의 특징, 우정의 유형 및 어떻게 정보를 교환하고 대화를 시작하는지에 대해서 배웠습니다. 정보를 교환하기 위해 지켜야 하는 규칙들에는 어떤 것이 있는지 이야기해볼 사람 있나요?"
- 성인들이 **정보 교환**의 규칙을 이야기하게 한다.
  - ○ 상대에게 질문하기
  - ○ 스스로의 질문에 대답하기
  - ○ 공통의 관심사 찾기
  - ○ 이어 가는 질문하기
  - ○ 서로 대화 나누기(양방향 대화)
  - ○ 대화 독차지하지 않기(일방적인 대화)
  - ○ 진행자/면접관 되지 않기(일방적인 대화)
  - ○ 처음에는 너무 개인적이 되지 않기
- 치료자: "대화를 시작하기 위해 따라야 하는 단계에 대해서도 배웠습니다. 대화 시작하기의 단계를 이야기해볼 사람 있나요?"
  1. 자연스럽게 지켜본다.
  2. 소품을 사용한다.
  3. 공통의 관심사를 찾는다.
  4. 공통의 관심사를 언급한다.
  5. 정보를 교환한다.
  6. 관심을 평가한다.
     - 그들이 나에게 이야기를 하고 있는가?
     - 그들이 나를 쳐다보고 있는가?
     - 그들이 나와 마주 보고 있는가(아니면 나에게 무관심한 태도를 보이는가)?
  7. (상대가 관심 있어 하는 것처럼 보이면) 자신을 소개한다.
- 치료자: "성인들이 정보 교환하기 연습을 아주 훌륭히 수행했습니다. 다 같이 박수를 쳐줍시다."
- 치료자: "이번 회기에서 성인들이 퀴즈쇼도 했습니다. 퀴즈쇼를 통해 정보 교환하는 방법을 배웠습니다. 오늘의 우승자는 (이름)입니다. (이름)을/를 위해 박수를 쳐줍시다."

과제 안내하기

성인들에게 사회성 코칭 유인물을 나눠주고 다음과 같이 과제를 안내한다.

1. **집단 구성원과 전화 혹은 영상 통화를 한다.**
   - 정보 교환을 위해 전화나 영상 통화를 할 수 있도록 상대 집단 구성원을 확인하고 약속을 정한다.
   - 치료실을 떠나기 전에 성인들과 사회성 코치들은 다른 집단 구성원에게 전화를 하기 위한 날짜와 시간을 정한다.
   - 전화를 하기 전에 **정보 교환** 규칙을 점검한다.
   - 전화하고 난 뒤에 사회성 코치들은 성인들에게 다음과 같은 **사회성 코칭 질문**을 한다.
     ○ 공통의 관심사는 무엇이었나요?
     ○ 만약 두 사람이 함께 시간을 보내게 된다면 그 정보를 가지고 무엇을 할 수 있나요?

2. 성인들과 사회성 코치들은 **대화 시작하기, 정보 교환하기, 공통의 관심사 찾기**를 연습한다.
   - 연습 전에 **대화 시작하기** 및 **정보 교환하기** 규칙을 점검한다.
   - 연습을 한 이후에 사회성 코치들은 성인들에게 다음과 같은 **사회성 코칭 질문**을 한다.
     ○ 공통의 관심사는 무엇이었나요?
     ○ 만약 두 사람이 함께 시간을 보내게 된다면 그 정보를 가지고 무엇을 할 수 있나요?

- 집단 구성원과의 전화 혹은 영상 통화 배정표(부록 C)를 읽어주고 사회성 코치들이 누가 누구에게 전화를 걸거나 받는지 기록하게 한다.
- 성인 및 사회성 코치들에게 전화번호부(부록 B)를 나눠주고, 매주 전화하기로 한 시간과 날짜를 전화번호부에 기록하게 한다.
- 다른 번호로 전화를 받기 원하거나 전화번호부에 잘못 입력된 사항이 있다면 성인 및 사회성 코치들이 관련 있는 모든 사람에게 이를 알려주도록 안내한다.
  ○ 수정해야 할 사항이 있을 경우에는 돌아오는 주에 새로운 전화번호부를 나눠준다.

개별적으로 확인하기

전화하기로 한 날짜와 시간을 다 정한 뒤에는 각각의 성인 및 사회성 코치들이 각자 개별적으로 다음과 같은 내용을 협의한다.

1. **집단 구성원과 전화 혹은 영상 통화**를 하는 동안에 사회성 코치들은 어디에 있을 것인지
2. 성인들과 사회성 코치들이 **대화 시작하기, 정보 교환하기, 공통의 관심사 찾기**를 언제 연습할 것인지

사회성 코칭 유인물

PEERS®에서 기대할 수 있는 것

PEERS®의 목적은 다음과 같다.

● 성인들이 친구 및 연인을 만들고 유지하는 방법, 또래와의 갈등과 거절을 다루는 방법에 대해 배우는 것을 도와준다.

● 사회적으로 잘 적응하고 있는 성인들이 사용하는 생태학적으로 타당한 사회성 기술을 가르친다.

● 사회성 코치의 도움을 받아 친구 및 연인을 만날 수 있는 곳을 찾도록 도와준다.

● 사회성 코치를 통해 성인들에게 도움을 제공한다.

● 결과적으로 성인들이 사회적 관계에서 독립성을 기를 수 있도록 도와준다.

PEERS®의 교육 방법

● 각각의 성인 회기 및 사회성 코칭 회기에서는 다음과 같은 교육 방법을 사용한다.

○ 사회적 행동의 구체적인 규칙과 단계를 가르치는 **교육**

○ 목표로 하는 기술을 보여주는 **역할극**

○ 성인들이 새로 배운 기술을 연습하기 위한 **행동 연습**

○ 새로 배운 기술을 연습하기 위한 **과제 안내하기**

○ 문제점을 해결하고 치료를 개별화하기 위한 **과제 점검**

● 사회성 코치가 할 일 중 가장 중요한 세 가지는 다음과 같다.

○ 성인들에게 PEERS® 밖에서 사회성 코칭을 제공한다.

○ 성인들이 사회적인 여가활동, 취미, 동호회나 동아리, 스포츠 그리고/혹은 모임 집단을 통해 PEERS® 밖에서 자신을 받아들여 줄 만한 친구를 사귈 수 있는 곳을 찾도록 돕는다.

○ 성인들이 친구들과 함께 어울리기를 계획하고 잠재적인 연애 상대와 데이트할 수 있도록 도와준다.

PEERS®에서 기대하기 어려운 것

● PEERS®는 지지 집단이나 성인의 정신과적 · 심리적 질환이나 발달 문제가 무엇인지 알아내도록 돕는 집단은 아니다.

● PEERS®는 당신이 마주하는 모든 문제나 어려움을 해결해줄 수는 없다.

● PEERS®는 '우정을 나눌 상대를 찾는 집단'이 아니다.

○ 이 집단의 다른 구성원들과 지속적인 우정을 만들고 유지하는 것을 기대해서는 안 된다.

○ 치료 기간에 집단의 다른 구성원들과 어울리지 않아야 한다.

○ 치료가 모두 끝나고 난 다음에는 당신이 그렇게 하기를 원하고 또 다른 구성원도 동의하는 경우라면 서로 어울릴 수 있다.

● 당신이 다음과 같은 것들을 잘하지 않으면 성인들이 발전할 수 없다.

○ 규칙적으로 회기에 참석하고 제시간에 도착한다.

○ 각 과제를 완수하려고 노력한다.

○ PEERS® 밖에서 기술을 사용한다.

○ 사회성 코치의 도움을 통해 성인을 받아들여 줄 만한 또래 집단을 찾는다.

좋은 우정의 특징

● 공통의 관심사

● 배려

● 지지

● 서로 이해하기

● 헌신과 충실함

● 정직함과 신뢰

● 동등함

● 비밀 공유

● 갈등 해결

친구의 유형

● 아는 사람

● 가벼운 친구

● 일반적인 친구

● 절친한 친구

정보 교환을 위한 규칙

● 상대에게 질문하기

● 스스로의 질문에 대답하기

● 공통의 관심사 찾기

● 이어 가는 질문하기

● 서로 대화 나누기(양방향 대화)

● 대화 독차지하지 않기(일방적인 대화)

● 진행자/면접관 되지 않기(일방적인 대화)

● 처음에는 너무 개인적이 되지 않기

대화 시작하기의 단계

1. 자연스럽게 지켜본다.

2. 소품을 사용한다.

3. 공통의 관심사를 찾는다.

4. 공통의 관심사를 언급한다.

5. 정보를 교환한다.

6. 관심을 평가한다.

　　○ 그들이 나에게 이야기를 하고 있는가?

　　○ 그들이 나를 쳐다보고 있는가?

　　○ 그들이 나와 마주 보고 있는가(아니면 나에게 무관심한 태도를 보이는가)?

7. 자신을 소개한다.

과제 안내하기

1. **집단 구성원과 전화 혹은 영상 통화를 한다.**

　● 정보 교환을 하기 위해 전화나 영상 통화를 할 수 있도록 상대 집단 구성원을 확인하고 약속을 정한다.

　● 치료실을 떠나기 전에 성인들과 사회성 코치들은 다른 집단 구성원에게 전화를 하기 위한 날짜와 시간을 정한다.

　● 전화를 하기 전에 **정보 교환** 규칙을 점검한다.

　● 전화하고 난 뒤에 사회성 코치들은 성인들에게 다음과 같은 **사회성 코칭 질문**을 한다.

　　○ 공통의 관심사는 무엇이었나요?

　　○ 만약 두 사람이 함께 시간을 보내게 된다면 그 정보를 가지고 무엇을 할 수 있나요?

2. 성인들과 사회성 코치들은 **대화 시작하기, 정보 교환하기, 공통의 관심사 찾기**를 연습한다.

　● 연습 전에 **대화 시작하기** 및 **정보 교환하기** 규칙을 점검한다.

　● 연습을 한 이후에 사회성 코치들은 성인들에게 다음과 같은 **사회성 코칭 질문**을 한다.

　　○ 공통의 관심사는 무엇이었나요?

　　○ 만약 두 사람이 함께 시간을 보내게 된다면 그 정보를 가지고 무엇을 할 수 있나요?

* (영어에 익숙하다면) *The Science of Making Friends* DVD (Laugeson, 2013) 혹은 *Friendmaker* 모바일 앱을 통해 각각의 규칙에 해당하는 역할극 동영상을 확인할 수 있다.

주요 용어

개별적으로 확인하기	사회성 코칭 유인물	정보 교환
개인적이 되지 않기	생태학적으로 타당한 사회성 기술	조망 수용 질문
공통의 관심사	소크라테스식 질문법	좋은 우정의 특징
대화 독차지하지 않기	양방향 대화	진행자/면접관 되지 않기
대화 시작하기	우리끼리 단어	집단 구성원과의 전화
브레인스토밍	일방적인 대화	친구를 사귈 수 있는 곳
사회성 코치	잠재적인 연애 상대	퀴즈쇼
사회성 코칭	전환기 청소년	헬리콥터 부모

정보 교환하기 및 대화 유지하기

사회성 코치 치료자 가이드

사회성 코치 회기 준비하기

PEERS®에서 가르치는 기술들은 하나의 기술이 그다음 기술을 배우는 데 기반이 되도록 단계별로 제시되어야 하며, 이는 체계화되고 미리 계획된 방식으로 구성되어 있다. 각 회기의 순서를 임의로 바꾸거나 원하는 수업만을 골라서 진행하는 모듈 방식의 교육과정이 아니다. 하나의 기술이 그다음에 배우는 기술과 자연스럽게 이어지기 때문에 프로그램이 진행되는 동안 계속해서 새로 집단 구성원을 모집하는 것은 바람직하지 않다. 다시 말하면 프로그램의 중간에 새로운 집단 구성원이 합류해서는 안 된다. 그렇게 될 경우 프로그램에 늦게 참여한 집단 구성원은 회기 내용을 이해하는 데 어려움이 따를 뿐만 아니라, **우리끼리 단어**를 생소하게 느낄 것이며, 과제 안내 역시 혼란스러울 수밖에 없다. 따라서 프로그램에 참여하게 될 모든 집단 구성원이 첫 회기에 함께 시작할 수 있게 등록할 것을 강력히 권한다. 그러나 아주 드물게 한두 명의 집단 구성원을 프로그램의 두 번째 회기부터 참여하게 하는 일이 생길 수는 있다. 이런 경우 새로 참여하는 집단 구성원에게는 첫 회기에서 다른 집단 구성원들에게 나누어 준 **사회성 코칭 유인물**을 주지만, 개별적으로 첫 회기의 내용을 가르치는 개별 수업을 하지는 않는다. 왜냐하면 회기에 참석하지 못한 집단 구성원에게 너무 많은 특별한 관심을 줌으로써 이후 수업에 결석하는 것을 강화하는 역할을 하기 때문이다. 그 대신 유인물에 있는 내용과 함께 주로 **과제 점검** 시간에 배웠던 기술을 반복해서 설명하게 되기 때문에 이것만으로도 프로그램에 새로 들어온 집단 구성원들이 수업 내용을 따라잡는 데 충분할 것이다.

지난주에 내주었던 과제 중에서 가장 중요한 것은 **집단 구성원과 전화 혹은 영상 통화**였으므로 과제 점검 시간에 이것을 검토할 수 있는 시간을 충분히 확보한다. 전화 과제를 완수했거나 완수하고자 노력한 사람이 있는지를 먼저 물어본다. 한 명씩 순서대로(예: 왼쪽에서 오른쪽으로) 돌아가면서 확인을 하게 되면 과제를 완료하지 못한 사람들의 이유를 듣는 데 귀중한 시간을 낭비하게 될 수 있기 때문에 그렇게 하지는 않도록 한다. 시간이 된다면 과제를 완료하지 못한 사람들에게 "과제를 완료하지 못하신 분들은 이번 주에는 어떻게 과제를 잘 완료할 수 있을지 방법을 찾아봅시다."와 같이 말함으로써 함께 **문제해결**을 하도록 시도해볼 수는 있다. 이유를 듣는 것이 효율적이 되려면 이런 보고가 간략해야 하고, 그 과정을 통해 과제를 방해하는 요인에 대한 해결책을 찾게 되어야 한다. 사회성 코치가 얼마나 바빴는지 혹은 성인이 일정이 얼마나 많았는지 등의 긴 설명을 듣는 것은 역시 효율적이지 못하다. 이러한 변명에 반응하는 좋은 방법은 이 치료가 좋은 결실을 맺는 데 과제를 완료하는 것이 얼마나 중요한지를 강조하는 것이다. 매주 회기에는 참석하지만 과제를 완수하지 못한 다면 치료 환경 밖에서 기술을 일반화하기 어려우며, 따라서 안타깝게도 회기에 참석하는 것이 되려 시간 낭비일 수 있다. 집단 치료자가 처음부터 이런 현실적인 기대치와 한계를 정해주는 것이 도움이 될 수 있다.

이 시점에서 생길 수 있는 또 다른 문제는 **집단 구성원과 전화 혹은 영상 통화**를 하는 동안 사회성 코치가 함께할 수 없는 것이다. 그 이유 중에 하나는 과제를 하는 동안 사회성 코치가 함께 있는 것을 성인이 불편해하기 때문일 수 있다. 이것은 지난주 다시 만나기 시간에 협의를 했어야 하는 사항이며, 성인은 적어도 사회성 코치와 전화 내용을 공유라도 할 것을 동의했어야 한다. 이러한 경우에는 다시 만나기 시간에 협의한 내용을 다시 점검하고, 성인이 최소한 전화한 내용을 사회성 코치와 함께 의논해야 한다는 것을 상기시키도록 한다. 또 다른 이유는 성인이 과제를 하기로 한 시간에 사회성 코치가 참여하기 어려운 것이다. 이것은 성인과 사회성 코치가 함께 거주하지 않는 경우에 더 흔하게 일어나는 일이다. UCLA PEERS® 클리닉의 경우 집단에 참여한 90%의 사회성 코치는 성인의 부모였으나, 직업 코치, 생활 코치, 또래 멘토, 성인 형제자매, 또는 다른 가족 구성원 등의 사회성 코치들이 함께하는 경우도 있었다. 이런 경우 성인들이 필요할 때마다 사회성 코치가 만나 도와주기란 쉽지 않으며, 성인과 자주 만나거나 심지어 하루에 한 번 보는 것조차 어려울 수 있다. 사회성 코치가 더 많이 참여하고 더 자주 만나면 좋겠지만 직접 만날 수 있는 시간이 제한되어 있는 경우에는 과제 일정을 더 주의 깊게 정할 필요가 있다. 예를 들어 이런 경우에는 다시 만나기가 진행되는 동안 집단 구성원들이 치료실을 떠나기 전에 **전화 혹은 영상 통화** 날짜와 시간을 정하는 것이다. 전화를 거는 성인과 전화를 받는 성인 양쪽의 시간이 맞아야 할 뿐 아니라 사회성 코치도 함께할 수 있는 시간을 찾는 것이 매우 중요하다. 이번 회기를 기회로 성인들이 전화 통화를 할 때 사회성 코치가 함께하는 것이 중요하다는 것을 강조하고, 다음 주의 과제를 완료할 때는 모두가 참여할 수 있도록 확인한다. 성인이 전화 통화를 하기 전과 후에 코칭이 필요하다는 것을 사회성 코치들에게 상기시켜 주고, 그들이 참여하지 않을 경우에 성인들이 코칭을 받을 수 있는 소중한 기회를 놓치게 됨을 다시 한 번 강조한다.

과제 점검에서 나타날 수 있는 또 다른 이슈는 전화 통화를 하기로 계획한 날짜와 시간에 통화가 이루어지지 않는 것이다. 비록 지난 회기의 다시 만나기 시간에서 전화 통화 날짜와 시간을 정했다 하더라도 계획은 늘 변경될 수 있는 것이고, 삶이란 예기치 않은 방해물들이 생길 수 있는 것이다. 그 결과 종종 약속되지 않은 날짜와 시간에 즉흥적으로 전화 통화를 하게 되는 경우가 있다. 예상하지 못한 시간에 전화를 하게 되는 경우에 생길 수 있는 가장 큰 문제는 전화를 받는 쪽 성인의 사회성 코치 시간과 맞지 않을 수 있으며, 그 결과 전화 통화하기 전과 후에 사회성 코칭을 할 기회를 놓치는 것이다. 그뿐만 아니라 전화를 받는 성인은 약속된 날짜와 시간에 오지 않는 전화를 초조하게 기다리고 있다가 더 심한 긴장을 경험하게 될 수 있다. 어떠한 경우에서든 전화를 받는 쪽의 입장에서는 공평하지 않은 일이 되는 것이다. 이 기회를 통해 약속된 날짜와 시간에 전화를 하지 않을 경우 이런 문제들이 생길 수 있다는 점을 짚고 넘어가도록 한다. 아울러 통화하는 일정이 변경되었을 경우에는 사회성 코치들이 다른 날짜와 시간을 다시 정할 수 있도록 한다.

전화 통화 과제를 수행하는 동안 일어날 수 있는 다른 이슈는 일부 사회성 코치들이 '대본 작가'가 되려고 하는 것이다. 이것은 전화 통화 전체를 대본처럼 미리 적어 놓는 것을 말한다. PEERS®에서는 대본 작성을 하지 않도록 교육한다. 대본의 문제점은 함께 통화를 하는 상대는 자신이 해야 할 대사를 모른다는 것이며, 따라서 대화를 시작하기도 전에 정해 놓은 대본의 틀에서 벗어나 혼란스러워할 수 있다. 대본을 썼을 때 일어날 수 있는 또 다른 문제는 대본에 일련의 질문들이 담겨 있게 되면, 결국 대화는 면접을 보는 것처럼 되어 버린다는 것이다. 그렇게 하기보다는 **상대에게 질문하기, 스스로의 질문에 대답하기, 이어 가는 질문하기**와 일반적인 **서로 대화 나누기**를 통해 **정보 교환**이 자연스럽게 흘러 가야 한다. 적용할 수 있는 몇 가지 다른 규칙들이 이번 회기에 좀 더 자세하게 논의될 예정이다. 이번 회기가 끝나기 전까지는 성인들에게 대본을 제공해주고자 하는 사회성 코치들에게 그들의 의도는 칭찬하되, 성인들이 **정보 교환** 규칙을 따르면서 조금 더 자연스럽게 이루어지는 대화를 할 수 있도록 다시 방향을 잡아준다. 만약 성인들이 함께 이야기할 대화거리가 떨어지는 것을 걱정한다면 이것을 기회로 삼아 성인 회기에서 흔한 대화 주제들을 가지고 함께 이야기를 나누는 **퀴즈쇼** 게임의 목적을 설명해주도록 한다. 퀴즈쇼에서는 앞으로 사용할 수 있는 '도식적인 틀'을 제공해준다. 도식적인 틀이란 성인들이 대화를 나눌 때 흔히 주제로 삼는 것(예: 영화, 게임, TV 프로그램, 스포츠, 음악, 책, 주말 활동, 학교, 직업, 최근 관심사, 사는 동네 등)을 의미한다. 사회성 코치들은 미리 대본을 정해 놓은 것처럼 느껴지지 않으면서 성인들이 대화에서 주제를 도입하는 데 도움이 되도록 필요하다면 퀴즈쇼에서 사용하는 것과 같이 대략적인 대화 주제 정도를 제공해줄 수 있다. 실제로 첫 번째 과제 점검에서 사회성 코치들은 성인들이 이전까지는 흔히 이야기하지 않던 주제들을 가지고 상대와 **정보 교환**을 하며 첫 과제를 수행했다고 발표할 것이다. 이런 경우 대부분은 성인들이 이전 주에 퀴즈쇼에서 나누었던 대화 주제들에 대해서 이야기를 나눈 것이다. 비록 이것이 제한된 관심사에 대해서만 이야기를 나누었던 이전의 대화들에 비해서는 엄청난 발전이지만 아직은 대화가 조금 경직되거나 부자연스럽게 들릴 수 있으며, 때로는 인터뷰나 면접을 진행하는 것처럼 들릴 수 있다. 이것을 기회로 사회성 코치들에게 우리는 이제 겨우 프로그램을 시작했을 뿐이고, 이번 회기에서 새로 다루게 될 **대화 유지하기**에 관한 새로운 교육 내용들이 대화기술과 **정보 교환**을 하는 능력을 키우는 데 도움이 될 것이라고 격려해준다.

과제 점검

[다음의 과제를 검토하고 발생 가능한 **문제해결**을 의논한다. 성공적으로 과제를 완수한 사람부터 시작한다. 시간이 된다면 (과제를 다 하지 못한 사람들에게) 왜 과제를 완수할 수 없었는지 이유를 질문할 수 있으며, 다음 주에 어떻게 이것을 할 수 있을지에 대한 **문제해결**을 시도해볼 수 있다. 과제를 점검하는 동안에는 반드시 (볼드체로 표시된) 우리끼리 단어를 사용한다. **집단 구성원과 전화 혹은 영상 통화**가 이번 회기의 가장 중요한 과제이므로 과제 점검 시간 대부분을 여기에 할애한다.]

1. **집단 구성원과 전화 혹은 영상 통화를 한다.**
   ● 치료자: "이번 주 과제 중 하나는 정보 교환하기 연습을 위해 성인들이 집단 구성원 중 누군가와 전화 혹은 영상 통화를 하는 것이었습니다. 여러분의 성인 중에서 전화 혹은 영상 통화를 한 사람이 있나요?"
   ● 질문
      ○ "당신의 성인은 누구와 이야기를 했으며, 누가 누구에게 전화를 걸었나요?"
      ○ "전화 통화 전에 당신은 어떤 사회성 코칭을 했나요?"
      ○ "성인이 전화 통화를 하는 동안 당신은 어디에 있었나요?"
      ○ "성인들은 정보를 교환하고 공통의 관심사를 찾았나요?"
      ○ "전화 통화 이후에 당신은 어떤 사회성 코칭을 했나요?"
         ■ 적절한 **사회성 코칭 질문**

□ 공통의 관심사는 무엇이었나요?

□ 만약 두 사람이 함께 시간을 보내게 된다면 그 정보를 가지고 무엇을 할 수 있을까요?

● 그 전화 혹은 영상 통화에 참여한 다른 사람이 바로 다음에 설명하도록 한다. 단, 동시에 발표하게 하지는 않는다.

2. 성인 및 사회성 코치들은 **대화 시작하기, 정보 교환하기, 공통의 관심사 찾기**를 연습한다.

● 치료자: "이번 주 또 다른 과제는 여러분의 성인과 함께 대화 시작하기, 정보 교환하기, 공통의 관심사 찾기를 연습하는 것이었습니다. 이번 과제를 완수했거나 완수하고자 노력하신 분이 있나요?"

● 완수했거나 완수하고자 노력한 과제에 초점을 두고 다음과 같이 질문한다.

○ "당신의 성인은 당신과 대화 시작하기를 연습했나요?"

○ "연습 전에 규칙과 단계들을 점검했나요?"

■ **대화 시작하기의 단계**

1. **자연스럽게 지켜본다.**

2. **소품을 사용한다.**

3. **공통의 관심사를 찾는다.**

4. **공통의 관심사를 언급한다.**

5. **정보를 교환한다.**

6. **관심을 평가한다.**

□ **그들이 나에게 이야기를 하고 있는가?**

□ **그들이 나를 쳐다보고 있는가?**

□ **그들이 나와 마주 보고 있는가(아니면 나에게 무관심한 태도를 보이는가)?**

7. **자신을 소개한다.**

○ "당신의 성인은 정보 교환하기를 연습했나요?"

○ "연습한 이후에 당신은 사회성 코칭 질문을 했나요?"

■ 적절한 **사회성 코칭 질문**

□ 공통의 관심사는 무엇이었나요?

□ 만약 두 사람이 함께 시간을 보내게 된다면 그 정보를 가지고 무엇을 할 수 있을까요?

● [사회성 코치 과제 기록지를 수거한다. 만약 사회성 코치가 과제 기록지 가져오는 것을 잊어버렸다면, 과제를 책임지고 할 수 있게 새로운 용지에 완성하게끔 한다.]

교육: 대화 주제

● 사회성 코치 유인물을 나눠준다.

○ 사회성 코치 치료자 가이드에서 **볼드체**로 표시된 부분은 사회성 코치 유인물에서 그대로 가져온 것이다.

○ 사회성 코치들에게 **볼드체**로 표시된 부분은 **우리끼리 단어**임을 상기시킨다. 이 단어들은 PEERS® 교육 과정의 중요한 개념들에 해당하므로 사회성 코칭을 할 때 최대한 많이 사용해야 한다고 설명한다.

● 설명: "오늘은 정보를 교환하고 대화를 잘 나눌 수 있는 방법에 대해 계속해서 이야기를 나눌 것입니다. 특히 오늘은 다른 사람과 대화를 유지하는 방법에 대해서 이야기할 것입니다. 정보를 교환하고 대화를 유지

표 3.1 성인 사이의 대화에서 자주 언급되는 주제

학교 혹은 직장에서의 사소한 일들/소문	비디오 게임/컴퓨터 게임	수업/전공
친구와의 문제	컴퓨터/기타 전자기기	시험/논문/학교과제
가족과의 문제	만화책/애니메이션	교수/상사
남자친구/여자친구	영화	입학 및 취업
데이트	TV 프로그램	스포츠
함께 어울리기/모임	유튜브 동영상/유행 중인 동영상	자동차/자전거/오토바이
주말 활동	인터넷 웹사이트	유명인
음악/콘서트	패션/의상	사회단체/활동
책	쇼핑	취미/관심사
뉴스/미디어/정치	메이크업/헤어스타일	기타 모임 집단

하는 방법에 대해서 배우기 전에 성인들이 자주 이야기하는 대화 주제를 알아보는 것이 도움이 될 것 같습니다."

● 질문: "성인들이 자주 이야기하는 대화 주제에는 어떤 것들이 있을까요?"

● 사회성 코칭 유인물에 제시된 표에 성인들이 자주 언급하는 대화 주제들이 제시되어 있다고 설명한다.

    ○ 표에 있는 예시 중에서 답으로 나오지 않은 것들이 있으면 추가로 언급한다.

교육: 정보 교환하기 및 대화 유지하기

설명: "우리는 성인들이 무엇에 대해서 자주 이야기하는지 알아보았고, 이제는 그들이 친구와 이야기를 하고 좋은 대화를 나눌 수 있도록 어떻게 도와줄지 알아볼 필요가 있습니다. 좋은 대화를 나누는 것은 정보를 교환하고 대화를 유지해 나가는 것을 통해 할 수 있습니다."

● 정보 교환하기

    ○ 설명: "지난주에 정보를 교환하고 대화를 시작하는 규칙들에 대한 이야기를 나눴습니다. 정보 교환하기 규칙에는 어떤 것들이 있는지 기억하시는 분들이 있을까요?"

        ■ 대답

            □ **상대에게 질문하기**

            □ **스스로의 질문에 대답하기**

            □ **공통의 관심사 찾기**

            □ **이어 가는 질문하기**

            □ **서로 대화 나누기**

            □ **대화 독차지하지 않기**

            □ **진행자/면접관 되지 않기**

            □ **처음에는 너무 개인적이 되지 않기**

○ 치료자: "대화를 유지하기 위한 규칙들은 정보를 교환하기 위한 규칙들과 똑같습니다. 지금부터 정보를 교환하기 위해 필요한 그 외의 다른 규칙들이 어떤 것들인지 알아보겠습니다."

● **반복하지 않기**

○ 치료자: "정보를 교환하고 대화를 유지하기 위한 또 다른 규칙은 반복하지 않기입니다. 이것은 같은 것을 반복해서 말하지 않아야 한다는 것입니다."

○ 질문: "같은 것을 계속 반복해서 말한다면 무엇이 문제가 될 수 있을까요?"

■ 대답: 공통의 관심사에 대해서 이야기를 하더라도 다른 사람이 지루해할 것입니다. 사람들은 한 가지 **공통의 관심사**에 대해서만 이야기하기보다는 다양한 주제에 대해서 이야기 나누는 것을 더 좋아합니다.

● **친구의 말에 경청하기**

○ 치료자: "정보를 교환하고 대화를 유지하기 위한 또 다른 규칙은 친구의 말에 경청하는 것입니다. 대화를 할 때 잘 듣지 않는다면 무엇이 문제가 될 수 있을까요?"

■ 대답: 친구는 자신이 무슨 말을 하는지에 대해서 당신이 관심이 없다고 생각할 것입니다. 경청한다는 것은 당신이 친구에게 관심이 있다는 것을 나타냅니다.

● **열린 질문하기**

○ 설명: "정보를 교환하고 대화를 유지하기 위한 또 다른 규칙은 열린 질문을 하는 것입니다. 열린 질문은 상대방이 더 긴 대답을 할 수 있고 더 많은 대화를 이끌어내는 질문입니다. 닫힌 질문은 "예" 혹은 "아니요" 같이 짧은 대답만을 요구하는 것입니다."

○ 치료자: "이것은 닫힌 질문을 하면 안 된다는 뜻은 아닙니다. 하지만 닫힌 질문을 너무 많이 사용한다면 무엇이 문제가 될 수 있을까요?"

○ 대답: 당신이 **진행자/면접관**인 것처럼 보일 수 있습니다.

● **자랑하지 않기**

○ 치료자: "정보를 교환하고 대화를 유지하기 위한 또 다른 규칙은 자랑하지 않기입니다. 이것은 자신이 가지고 있는 물건을 자랑하거나, 자신이 얼마나 많은 돈을 가지고 있는지 혹은 얼마나 똑똑한지를 이야기하지 않는다는 것입니다. 자랑을 한다면 무엇이 문제가 될 수 있을까요?"

■ 대답: **자랑**을 하는 것은 거들먹거리는 것처럼 보일 수 있습니다. 자기 중심적인/이기적인 사람으로 보일 수 있습니다. 가볍고 깊이가 없는 사람이라고 생각할 수 있습니다.

○ [참고사항(영어로 된 자료에 익숙하다면): PEERS® *Role Play Video Library*(www.routledge.com/cw/laugeson)에서 **자랑하기** 역할극 동영상을 보여줄 수도 있다.]

● **사사건건 따지지 않기**

○ 치료자: "정보를 교환하고 대화를 유지하기 위한 또 다른 규칙은 사사건건 따지지 않는 것입니다. 이것은 사소한 것들을 가지고 매사에 논쟁하거나 다른 사람의 말을 자주 부정하지 않아야 한다는 것입니다. 너무 사사건건 따진다면 무엇이 문제가 될 수 있을까요?"

■ 대답: 사람들은 자신의 말이나 행동을 누군가가 사사건건 따지는 것을 좋아하지 않습니다. 다른 사람의 말에 동의하지 않는다고 해서 그것을 반드시 지적해서 말할 필요는 없습니다. 무례해 보일 수 있습니다. 공격적으로 보일 수 있습니다.

○ [참고사항(영어로 된 자료에 익숙하다면): PEERS® *Role Play Video Library*(www.routledge.com/cw/

laugeson)에서 **사사건건 따지기** 역할극 동영상을 보여줄 수도 있다.]

● **이래라저래라 하지 않기**

○ 치료자: "정보를 교환하고 대화를 유지하기 위한 또 다른 규칙은 이래라저래라 하지 않는 것입니다. 이것은 다른 사람을 비판하거나 다른 사람의 실수를 지적하지 않아야 한다는 것입니다. 이래라저래라 한다면 무엇이 문제가 될 수 있을까요?"

■ 대답: 이래라저래라 한다면 그 사람을 화나고 당황스럽게 할 수 있습니다. 당신이 똑똑한 체하는 사람으로 보일 수 있습니다.

○ [참고사항(영어로 된 자료에 익숙하다면): PEERS® *Role Play Video Library*(www.routledge.com/cw/laugeson) 혹은 *FriendMaker* 모바일 앱을 통해 **이래라저래라 하기**의 역할극 동영상을 보여주고, 역할극 다음에 오는 **조망 수용 질문**을 할 수도 있다.]

● **놀리지 않기**

○ 설명: "정보를 교환하고 대화를 유지하기 위한 또 다른 규칙은 놀리지 않는 것입니다. 친구를 만들고 유지하고자 한다면 친구를 놀리거나 빈정거리는 것/험한 농담을 하는 것은 매우 위험한 행동입니다. 빈정거리는 것/험한 농담을 하는 것은 친구들 사이에서 놀리는 것과 비슷합니다. 대부분 장난으로, 재미로 하는 것이지만 그래도 위험합니다. 험한 농담을 하는 것은 무엇이 문제가 될 수 있을까요?"

■ 대답: 점점 심하게 번질 수 있으며, 서로 마음이 상할 수 있습니다.

○ [참고사항(영어로 된 자료에 익숙하다면): PEERS® *Role Play Video Library*(www.routledge.com/cw/laugeson) 혹은 *FriendMaker* 모바일 앱을 통해 **놀리기**의 역할극 동영상을 보여주고, 역할극 다음에 오는 **조망 수용 질문**을 할 수도 있다.]

● **목소리 크기를 잘 조절하기**

○ 치료자: "정보를 교환하고 대화를 유지하기 위한 또 다른 규칙은 목소리 크기를 잘 조절하는 것입니다. 이것은 너무 큰 소리로 말을 해서 다른 사람을 짜증나거나 거슬리게 하지 않아야 한다는 것입니다. 너무 크게 말한다면 무엇이 문제가 될 수 있을까요?"

■ 대답: 상대가 짜증이 나거나 신경에 거슬릴 수 있습니다. 다른 사람들이 주위에 있다면 상대가 창피해할 수도 있습니다.

○ 치료자: "상대방이 알아듣기 어렵게 너무 조용하게 이야기하는 것도 문제가 될 수 있습니다. 너무 작게 말한다면 무엇이 문제가 될 수 있을까요?"

■ 대답: 당신이 부끄러움이 많거나 우울한 사람이라고 생각할 수 있습니다. 상대가 너무 많은 노력을 해야 합니다. 당신이 말하는 것을 이해하기 어려워 당신과 이야기하는 것을 피할 수 있습니다.

○ 설명: "성인이 어디에 있는지에 따라서 목소리 크기를 알맞게 조절해야 하기 때문에 상황에 맞게 적절한 사회성 코칭을 제공할 수 있도록 해야 합니다."

○ [참고사항(영어로 된 자료에 익숙하다면): PEERS® *Role Play Video Library*(www.routledge.com/cw/laugeson) 혹은 *FriendMaker* 모바일 앱을 통해 **목소리 크기를 잘 조절하기**의 두 가지 역할극 동영상을 보여주고, 역할극 다음에 오는 **조망 수용 질문**을 할 수도 있다.]

● **적절한 신체적 경계 갖기**

○ 치료자: "정보를 교환하고 대화를 유지하기 위한 또 다른 규칙은 적절한 신체적 경계를 가지는 것입니다. 너무 가까이에 서 있으면 무엇이 문제가 될 수 있을까요?"

- 대답: 매우 불편한 느낌이 듭니다. 상대가 당신을 무섭다고/거북하다고 생각할 수 있습니다.
  - ○ 질문: "너무 멀리 서 있으면 무엇이 문제가 될 수 있을까요?"
    - 대답: 이상해 보일 수 있습니다. 주위에 다른 사람들이 있다면 상대방이 당혹스러울 수 있습니다.
  - ○ 설명: "일반적인 규칙은 한 팔 길이 정도 떨어져서 서는 것입니다. 하지만 이것을 직접 재지는 않아야 합니다!"
  - ○ [참고사항(영어로 된 자료에 익숙하다면): PEERS® *Role Play Video Library*(www.routledge.com/cw/laugeson) 혹은 *FriendMaker* 모바일 앱을 통해 **적절한 신체적 경계 갖기**의 두 가지 역할극 동영상을 보여주고, 역할극 다음에 오는 **조망 수용 질문**을 할 수도 있다.]
- **적절한 눈맞춤 하기**
  - ○ 치료자: "정보를 교환하고 대화를 유지하기 위한 또 다른 규칙은 적절한 눈맞춤을 하는 것입니다. 상대와 이야기할 때 적절한 눈맞춤을 하지 않으면 무엇이 문제가 될 수 있을까요?"
    - 대답: 당신이 상대와 대화 나누는 것을 재미없어 한다고 생각할 수 있습니다. 이상하고 특이해 보일 수 있습니다. 상대가 혼란스러워할 수 있습니다.
  - ○ 질문: "상대를 너무 빤히 쳐다본다면 무엇이 문제가 될 수 있을까요?"
    - 대답: 상대가 불편해할 수 있습니다. 너무 공격적으로 보일 수 있습니다. 당신이 무섭다고 생각할 수도 있습니다.
  - ○ 설명: "적절한 눈맞춤을 한다는 것은 상대를 쳐다보지만 때때로 다른 곳으로 시선을 돌리는 것을 말합니다."
  - ○ [참고사항(영어로 된 자료에 익숙하다면): PEERS® *Role Play Video Library*(www.routledge.com/cw/laugeson) 혹은 *FriendMaker* 모바일 앱을 통해 **적절한 눈맞춤 하기**의 두 가지 역할극 동영상을 보여주고, 역할극 다음에 오는 **조망 수용 질문**을 할 수도 있다.]
  - ○ [참고사항(영어로 된 자료에 익숙하다면): PEERS® *Role Play Video Library*(www.routledge.com/cw/laugeson) 혹은 *FriendMaker* 모바일 앱을 통해 **정보 교환하기**의 역할극 동영상을 보여주고, 역할극 다음에 오는 **조망 수용 질문**을 할 수도 있다.]
- 치료자: "지금까지 정보를 교환하고 대화를 유지하는 규칙들에 대해서 배웠습니다. 여러분의 성인들이 이번 주 과제를 수행하면서 정보를 교환하고 대화를 유지하는 방법을 연습하는 동안에 사회성 코칭을 제공해 줄 수 있도록 준비해야 합니다."

과제 안내하기

[사회성 코치에게 사회성 코치 과제 기록지(부록 E)를 배부하고, 작성해서 다음 회기에 제출하게 한다.]

1. 집단 구성원과 전화 혹은 영상 통화를 한다.
- 성인 집단 치료자는 매주 누가 누구와 전화할 것인지를 배정하고 다시 만나기 시간에 배정한 것을 큰 소리로 읽어 알려줄 것이다.
  - ○ 치료진들은 전화 통화 도중에 사회성 코치들이 어디에 있을지 성인들과 각각 개별적으로 협의한다.
- 정보 교환을 위해 전화나 영상 통화를 할 수 있도록 상대 집단 구성원을 확인하고 약속을 정한다.
- 치료실을 떠나기 전에 성인들과 사회성 코치들은 다른 집단 구성원에게 전화를 하기 위한 날짜와 시간

을 정한다.

- 전화를 하기 전에 **정보 교환** 규칙을 점검한다.
- 전화하고 난 뒤에 사회성 코치들은 성인들에게 다음과 같은 **사회성 코칭 질문**을 한다.
  - **공통의 관심사는 무엇이었나요?**
  - **만약 두 사람이 함께 시간을 보내게 된다면 그 정보를 가지고 무엇을 할 수 있나요?**

2. 성인들과 사회성 코치들은 **대화 시작하기, 정보 교환하기, 공통의 관심사 찾기**를 연습한다.
   - 연습 전에 **대화 시작하기** 및 **정보 교환하기** 규칙을 점검한다.
   - 연습을 한 이후에 사회성 코치들은 성인들에게 다음과 같은 **사회성 코칭 질문**을 한다.
     - **공통의 관심사는 무엇이었나요?**
     - **만약 두 사람이 함께 시간을 보내게 된다면 그 정보를 가지고 무엇을 할 수 있나요?**

사회성 코칭 팁

설명: "성인들이 과제를 수행하거나 새로 배운 기술을 연습할 때 여러분이 옆에 있어야 한다는 것을 기억하는 것이 중요합니다. 사회성 코칭을 하는 동안 피드백을 줄 때는 다음과 같이 간단한 단계를 따르도록 노력해 봅시다."

1. 칭찬한다.
- 성인이 잘한 것을 칭찬하는 것부터 시작한다.
  - 예시: "정보를 교환하고 공통의 관심사를 잘 찾았습니다."

2. 제안을 한다.
- 문제점을 해결하기 위해 다음에는 무엇을 다르게 하면 좋을지 제안하며 문제를 해결한다.
  - 예시: "다음에는 더 많은 열린 질문을 하는 건 어떨까요?"
  - 예시: "다음에는 목소리를 조금 더 잘 조절할 수 있도록 해봅시다."

3. 실수라고 여기지 않게 한다.
- 설명: "성인들을 의기소침하게 하거나 당황스럽게 만들 수 있기 때문에 성인이 무엇을 잘못했는지 노골적으로 말하지 않는다.
  - 나쁜 예시: "정보 교환을 제대로 하지 않았습니다!"

4. 우리끼리 단어를 사용한다.
- 설명: "강의와 같은 긴 설명을 피하기 위해서는 사회성 코칭을 할 때 항상 우리끼리 단어를 사용하는 것이 좋습니다. 당신이 강의를 시작하면 성인들은 더 이상 관심을 갖지 않고, 당신의 말을 귀 기울여 듣지 않을 것입니다."
- 설명: "또 한 가지 중요한 것은 지금부터 조망 수용 질문을 하기 시작하는 것입니다. 앞으로 매번 사회성 코칭을 할 때마다 이 질문들을 사용해야 합니다."
  - **조망 수용 질문**
    - **상대의 기분이 어땠을 것 같나요?**
    - **상대가 당신에 대해서 어떻게 생각하나요?**

■ 상대가 당신과 다시 이야기를 나누고 싶어 할까요?

● 설명: "성인 집단에서는 매번 역할극을 보여줄 때마다 위와 같은 조망 수용 질문을 할 것입니다. 성인들의 사회인지 능력을 증진시키고 다른 사람의 관점도 수용할 수 있는 능력을 키우는 데 도움이 될 것입니다. 앞으로는 사회적인 상황을 평가할 때 위에서 제시한 3개의 질문을 사용하시기 바랍니다."

● 설명: "(영어로 된 자료에 익숙할 경우) The Science of Making Friends를 읽거나 *FriendMaker* 앱을 사용한다면 모든 역할극이 끝날 때마다 위에서 제시된 3개의 조망 수용 질문을 한다는 것을 알 수 있을 것입니다. 따라서 여러분이 사회성 코칭을 하는 동안 언제든 조망 수용 질문들을 활용하면 좋겠습니다."

성인 치료자 가이드

성인 회기 준비하기

이번 주의 교육은 **정보 교환하기** 및 **대화 유지하기**를 포함한 대화기술의 규칙에 계속해서 초점을 맞출 것이다. 이번 회기는 성인들이 치료에 더 열심히 참여하게 하고, 치료에 대해 아직도 양가적인 성인들이 있다면 이들을 더 확실히 치료로 이끄는 데 매우 중요한 시점이다. 이번 회기에는 여러 가지 역할극이 포함되어 있는데, 이는 성인들이 직접 참여하고 즐길 수 있는 많은 기회를 제공한다. 성인들을 치료에 참여시키는 가장 좋은 방법은 그들로 하여금 스스로 수업의 규칙을 만들도록 하는 것이다. 교육에서 '소크라테스식 질문법'을 사용하고, 부적절한 대화 방식의 예를 보여주는 일련의 역할극을 조합하는 것은 성인들이 즐겁게 수업에 참여할 수 있도록 돕는다. 나쁜 예(즉, 하지 말아야 하는 행동)들을 보여주는 이 방법은 성인에게 사회적 예절의 규칙을 스스로 만들도록 격려함으로써 치료자가 가르치고 있는 내용을 더 신뢰하게 하는 데 매우 효과적이라고 알려져 있다. 부적절한 역할극은 다음과 같이 말하는 것으로 시작할 수 있다. **"잘 보고 제가 무엇을 잘못했는지 이야기해주세요."** 역할극 마무리에는 다음과 같은 질문을 한다. **"이 대화에서 제가 무엇을 잘못했나요?"** 시연할 때는 되도록 명확하고 과장함으로써 성인들이 재미를 느끼고 쉽게 답을 찾아낼 수 있게 해야 한다. 물론 모든 교육을 마무리하는 시점에는 바람직한 대화 방식을 보여주는 적절한 역할극도 보여주어야 한다. 바람직한 사회적 행동을 보여주는 적절한 역할극 또한 프로그램을 성공적으로 이끄는 데 매우 중요한데, 이는 실제로 성인들이 따라 해야 할, 생태학적으로 타당한 사회적 기술들을 시연해 보여주기 때문이다. 적절한 역할극은 주로 교육 시간의 마지막에 시연하며 다음과 같은 질문을 한 뒤 진행한다. **"잘 보고 제가 무엇을 잘했는지 이야기해주세요."** 그리고 후에 다음과 같은 질문을 이어서 한다. **"이 대화에서 제가 무엇을 잘했나요?"**

부적절한 역할극이든 적절한 역할극이든 모든 역할극을 하고 난 뒤에는 **조망 수용 질문**을 한다. 이러한 질문은 성인들의 사회인지 능력을 증진시키고, 타인의 관점을 이해함으로써 사회적 신호를 해석하도록 도와준다. **조망 수용 질문**은 매번 거의 동일하게 다음과 같은 질문들을 한다. (1) **"상대방의 기분이 어땠을 것 같나요?"** (2) **"상대방이 당신에 대해서 어떻게 생각할 것 같나요?"** (3) **"상대방이 당신과 다시 이야기를 나누고 싶어 할까요?"** 전체 프로그램이 진행되는 동안 계속해서 똑같은 조망 수용 질문을 받게 되면, 성인들이 타인과의 상호작용에서 스스로에게 같은 질문을 하기 시작하게 될 가능성이 크기 때문에 질문을 늘 동일하게 유지하는 것이 중요하다.

정보 교환을 하고 **대화 유지하기**를 위한 규칙 중 일부에 대해서는 역할극 시연을 하지 않는다. 이런 경우에는 규칙을 설명하는 것으로 시작하고 바로 이어서 다음과 같이 질문하는 것이 도움이 된다. **"왜(특정 규칙을 언급) 이렇게 하는 것이 중요할까요?"** 또는 **"(특정 규칙을 언급) 이렇게 하면 무엇이 문제가 될 수 있을까요?"** 이렇게 스스로 규칙을 만들도록 하는 기법은 성인들이 규칙에 대한 근거 역시 만들어 내야 하기 때문에 이를 통해 성인들이 배우고 있는 내용을 더욱 신뢰하고 기억하게 도울 수 있다. 성인들이 자신과 집단 구성원이 스스로 아이디어를 만들어 내고 있다고 생각하게 되면 당신이 가르치는 것을 더 신뢰하게 될 것이다.

마지막으로 사람들은 각자의 학습 방식이 있기 때문에 교육에서 자료들을 여러 가지 형태로 제시하는 것이 도움이 될 수 있다. 여기에는 단지 언어적 지시와 행동 연습뿐 아니라 칠판에 머리글 표시가 있는 핵심 내용과 **우리끼리 단어(볼드체로 표시)**를 적는 것도 포함된다. 머리글 표시가 있는 핵심 내용과 **우리끼리 단어**는 행동 연습 활동 중에 성인들이 시각적으로 볼 수 있는 곳에 적혀 있어야 하며, 회기 마지막까지 지우지 않도록 한다.

과제 점검

[다음의 과제를 검토하고 발생 가능한 **문제해결**을 의논한다. 성공적으로 과제를 완수한 사람부터 시작한다. 시간이 된다면 (과제를 다 하지 못한 사람들에게) 왜 과제를 완수할 수 없었는지 이유를 질문할 수 있으며, 다음 주에 어떻게 이것을 할 수 있을지에 대한 **문제해결**을 시도해볼 수 있다. 과제를 점검하는 동안에는 반드시 (볼드체로 표시된) 우리끼리 단어를 사용한다. **집단 구성원과 전화 혹은 영상 통화**가 이번 회기의 가장 중요한 과제이므로 과제 점검 시간 대부분을 여기에 할애한다.]

1. **집단 구성원과 전화 혹은 영상 통화를 한다.**
   - 치료자: "이번 주 과제 중 하나는 정보 교환하기 연습을 위해 성인들이 집단 구성원 중 누군가와 전화 혹은 영상 통화를 하는 것이었습니다. 집단 구성원과 전화 혹은 영상 통화를 한 사람은 손을 들어주세요."
   - 질문
     ○ "당신은 누구와 이야기를 했으며, 누가 누구에게 전화를 걸었나요?"
     ○ "정보를 교환하고 공통의 관심사를 찾았나요?"
     ○ "만약 두 사람이 함께 시간을 보내게 된다면 그 정보를 가지고 무엇을 할 수 있나요?"
   - 그 전화 혹은 영상 통화에 참여한 다른 사람이 바로 다음에 설명하도록 한다. 단, 동시에 발표하게 하지는 않는다.

2. 성인들과 사회성 코치들은 **대화 시작하기**, **정보 교환하기**, **공통의 관심사 찾기**를 연습한다.
   - 치료자: "이번 주 또 다른 과제는 여러분의 사회성 코치와 함께 대화 시작하기, 정보 교환하기, 공통의 관심사 찾기를 연습하는 것이었습니다. 사회성 코치와 정보를 교환한 사람은 손을 들어주세요."
   - 질문
     ○ "대화 시작하기를 연습했나요? 어떤 단계를 따랐나요?"
       ■ 대화 시작하기의 단계
         1. 자연스럽게 지켜본다.
         2. 소품을 사용한다.
         3. 공통의 관심사를 찾는다.
         4. 공통의 관심사를 언급한다.
         5. 정보를 교환한다.
         6. 관심을 평가한다.
           □ 그들이 나에게 이야기를 하고 있는가?
           □ 그들이 나를 쳐다보고 있는가?
           □ 그들이 나와 마주 보고 있는가(아니면 나에게 **무관심한 태도**를 보이는가)?
         7. 자신을 소개한다.
     ○ "정보를 교환하고 공통의 관심사를 찾았나요?"
     ○ "만약 두 사람이 함께 시간을 보내게 된다면 그 정보를 가지고 무엇을 할 수 있나요?"

교육: 대화 주제

- 설명: "오늘은 정보를 교환하고 대화를 잘 나눌 수 있는 방법에 대해 계속해서 이야기를 나눌 것입니다. 특

표 3.1 성인들 사이에서 자주 언급되는 대화 주제

학교 혹은 직장에서의 사소한 일들/소문	비디오 게임/컴퓨터 게임	수업/전공
친구와의 문제	컴퓨터/기타 전자기기	시험/논문/학교과제
가족과의 문제	만화책/애니메이션	교수/상사
남자친구/여자친구	영화	입학 및 취업
데이트	TV 프로그램	스포츠
함께 어울리기/모임	유튜브 동영상/유행 중인 동영상	자동차/자전거/오토바이
주말 활동	인터넷 웹사이트	유명인
음악/콘서트	패션/의상	사회단체/활동
책	쇼핑	취미/관심사
뉴스/미디어/정치	메이크업/헤어스타일	기타 모임 집단

히 오늘은 다른 사람과 대화를 유지하는 방법에 대해서 이야기할 것입니다. 정보를 교환하고 대화를 유지하는 방법에 대해서 배우기 전에 성인들이 자주 이야기하는 대화 주제를 알아보는 것이 도움이 될 것 같습니다."

● 질문: "성인들이 자주 이야기하는 대화 주제에는 어떤 것들이 있나요?"
● 성인들에게 일반적인 대화 주제에 대해 브레인스토밍하게 한다.
● 성인들이 스스로 생각해내지 못한다면 아래의 주제들을 제시해준다.

교육: 정보 교환하기 및 대화 유지하기

설명: "이제 우리는 어떤 것에 대해 이야기할지에 대한 아이디어를 갖게 되었습니다. 다음으로는 친구들과 어떻게 이야기하고 좋은 대화를 나눌 수 있는지 알아야 합니다. 좋은 대화를 나누는 것은 정보를 교환하고 대화를 유지해 나가는 것을 통해 할 수 있습니다."

　[**정보 교환하기** 및 **대화 유지하기**의 규칙 및 **우리끼리 단어**는 **볼드체**로 표시되어 있으며 칠판에 적는다. 수업이 끝날 때까지 칠판에 적혀 있는 것을 지우지 않는다. 영어로 된 자료에 익숙하다면 ▶ 표시가 있는 각 역할극에 해당하는 역할극 동영상 PEERS® *Role Play Video Library*(www.routledge.com/cw/laugeson)에 포함되어 있으니 참고해볼 수도 있다.]

● **정보 교환하기**
　○ 설명: "지난주에 정보를 교환하고 대화를 시작하는 규칙들에 대한 이야기를 나눴습니다. 정보 교환하기 규칙에는 어떤 것들이 있는지 기억하시는 분들 있나요?"
　　■ 대답
　　　□ **상대에게 질문하기**
　　　□ **스스로의 질문에 대답하기**
　　　□ **공통의 관심사 찾기**
　　　□ **이어 가는 질문하기**
　　　□ **서로 대화 나누기**

□ 대화 독차지하지 않기

□ 진행자/면접관 되지 않기

□ 처음에는 너무 개인적이 되지 않기

○ 치료자: "대화를 유지하기 위한 규칙들은 정보 교환하기 규칙들과 똑같습니다. 지금부터 정보를 교환하기 위해 필요한 그 외의 다른 규칙에는 어떤 것들이 있는지 알아보겠습니다."

- **반복하지 않기**
  - ○ 설명: "정보를 교환하고 대화를 유지하기 위한 또 다른 규칙은 반복하지 않기입니다. 이것은 같은 것을 반복해서 말하지 않아야 한다는 것입니다."
  - ○ 질문: "상대와 공통의 관심사를 찾았다고 해서 하나의 공통의 관심사에 대해서만 이야기를 나눠야 할까요?"
    - ■ 대답: 아니요. 여러 주제에 대해서 이야기를 나눠야 합니다.
  - ○ 질문: "같은 것을 계속 반복해서 말한다면 무엇이 문제가 될 수 있나요?"
    - ■ 대답: **공통의 관심사**에 대해서 이야기를 하더라도 다른 사람이 지루해할 것입니다. 사람들은 하나의 공통의 관심사에 대해서만 이야기하기보다는 다양한 주제에 대해서 이야기 나누는 것을 더 좋아합니다.

- **친구의 말에 경청하기**
  - ○ 설명: "정보를 교환하고 대화를 유지하기 위한 또 다른 규칙은 친구의 말에 경청하는 것입니다."
  - ○ 질문: "당신이 친구에게 질문을 한다면 친구의 대답에 경청해야 할까요?"
    - ■ 대답: 예.
  - ○ 질문: "대답을 듣지 않는다면 무엇이 문제가 될 수 있나요?"
    - ■ 대답: 친구는 자신이 무슨 말을 하는지에 대해서 당신이 관심이 없다고 생각할 것입니다. 경청한다는 것은 당신이 친구에게 관심이 있다는 것을 나타냅니다.

- **열린 질문하기**
  - ○ 설명: "정보를 교환하고 대화를 유지하기 위한 또 다른 규칙은 열린 질문을 하는 것입니다. 열린 질문은 상대방이 더 긴 대답을 할 수 있고 더 많은 대화를 이끌어내는 질문입니다. 닫힌 질문은 '예' 혹은 '아니요' 같이 짧은 대답만을 요구하는 것입니다."
  - ○ 치료자: "이것은 닫힌 질문을 하면 안 된다는 뜻은 아닙니다. 하지만 닫힌 질문을 너무 많이 사용한다면 무엇이 문제가 될 수 있나요?"
    - ■ 대답: 당신이 **진행자/면접관**처럼 보일 수 있습니다.
  - ○ 설명: "예를 들어 '제일 좋아하는 영화가 무엇입니까?'가 닫힌 질문이라면 '어떤 장르의 영화를 좋아하나요?'는 열린 질문이 될 수 있습니다. 열린 질문은 상대방이 더 긴 대답을 할 수 있고 더 많은 대화를 이끌어낼 수 있습니다."

행동 연습: 열린 질문하기

- 설명: "지금부터 열린 질문하기를 연습할 것입니다. 여러분에게 각각 다른 닫힌 질문의 예를 들어줄 것입니다. 그러면 여러분은 다른 구성원들이 지켜보고 있는 가운데 주어진 닫힌 질문과 같은 주제에 대한 열린 질문의 예들을 보여주세요."

- 각각의 성인이 돌아가면서 다음의 대화 주제에 대해 **닫힌 질문**으로부터 **열린 질문**을 만들어 내게 한다.
  - "제일 좋아하는 TV 프로그램은 무엇입니까?"
  - "제일 좋아하는 영화는 무엇입니까?"
  - "제일 좋아하는 밴드는 누구입니까?"
  - "제일 좋아하는 노래는 무엇입니까?"
  - "제일 좋아하는 책은 무엇입니까?"
  - "제일 좋아하는 음식은 무엇입니까?"
  - "제일 좋아하는 스포츠는 무엇입니까?"
  - "제일 좋아하는 게임은 무엇입니까?"
  - "제일 좋아하는 (컴퓨터/비디오) 게임은 무엇입니까?"
  - "제일 좋아하는 주말 활동은 무엇입니까?"
- 각각의 성인이 연습을 끝낼 때마다 박수를 쳐준다.
- [주: 만약 어떤 성인이 **열린 질문**을 생각해내는 것을 어려워한다면, 이번 주에 사회성 코치와 함께 연습할 수 있도록 다시 만나기 시간에 따로 만나 추가 과제를 준다.]
- **자랑하지 않기** ▶

  [집단 치료자와 보조 치료자가 함께, 집단 치료자가 자랑을 하는 부적절한 역할극을 보여준다.]
  - 치료자: "역할극을 잘 보고 제가 무엇을 잘못했는지 이야기해주세요."

부적절한 역할극의 예

- 집단 치료자: "안녕, (이름)아/야. 나 스마트폰 새로 구입했는데, 이거 한번 봐봐~!"
- 보조 치료자: "우와, 멋있다. 새로 산 거야?"
- 집단 치료자: "응, 이번에 새로 출시한 거 구입한 지 며칠 안 됐어. 대리점에서 가장 비싼 신형 스마트폰이었지! 보통 다들 너무 비싸서 못 살걸~!"
- 보조 치료자: (놀라면서) "오…… 그러게."
- 집단 치료자: "우리 집이 돈이 많아서 내가 사고 싶은 것은 거의 다 살 수 있어."
- 보조 치료자: (짜증내며 다른 곳을 쳐다본다.) "그래? 좋~겠네!"
- 집단 치료자: "신형이라 스마트폰 사용법도 꽤 복잡한데, 내가 또 이런 건 스마트하게 금방금방 익숙해져서 전혀 문제가 되지 않아."
- 보조 치료자: (지루해하며 다른 곳을 쳐다본다.) "후…… 그래."
- (길고 어색한 침묵)

  - 치료자: "자, 여기까지입니다. 제가 대화를 나누면서 무엇을 잘못했지요?"
    - 대답: 자랑을 했습니다.
  - 다음과 같은 **조망 수용 질문**을 한다.
    - "(보조 치료자의 이름)의 기분이 어땠을 것 같나요?"
      - 대답: 짜증납니다. 거슬립니다. 지루합니다.
    - "(보조 치료자의 이름)이/가 저에 대해서 어떻게 생각했을 것 같나요?"

□ 대답: 거만합니다. 거들먹거립니다. 속물적입니다. 얄팍합니다.

■ "(보조 치료자의 이름)이/가 저와 다시 이야기를 나누고 싶어 할 것 같나요?"

□ 대답: 아니요. 너무 짜증날 것 같습니다. 너무 자기 중심적입니다.

○ 보조 치료자에게 같은 **조망 수용 질문**을 한다.

■ "어떤 기분이 들었나요?"

■ "저에 대해서 어떻게 생각했나요?"

■ "저와 이야기를 다시 나누고 싶나요?"

○ 치료자: "정보를 교환하고 대화를 유지하기 위한 또 다른 규칙은 자랑을 하지 않는 것입니다. 자랑을 한다면 무엇이 문제가 될 수 있을까요?"

■ 대답: 자랑을 한다면 거들먹거리는 것처럼 보일 수 있습니다. 자기 중심적인/이기적인 사람으로 보일수 있습니다. 가볍고 깊이가 없는 사람이라고 생각할 수 있습니다.

● **사사건건 따지지 않기** ▶

[집단 치료자가 보조 치료자와 함께, 집단 치료자가 사사건건 따지는 부적절한 역할극을 보여준다.]

○ 치료자: "역할극을 잘 보고 제가 무엇을 잘못했는지 이야기해주세요."

부적절한 역할극의 예

■ 집단 치료자: "안녕, (이름)아/야. 잘 지내?"

■ 보조 치료자: "응, 잘 지내."

■ 집단 치료자: "너 이번 주말에 뭐 해?"

■ 보조 치료자: "응, 영화 보러 갈 것 같아."

■ 집단 치료자: "와~ 좋겠다. 무슨 영화 볼 거야?"

■ 보조 치료자: "스타워즈 전편을 다 보려고 하는데, '보이지 않는 위험'부터 시작하려고! 1편이 진짜 최고인 것 같아!"

■ 집단 치료자: (놀라면서 속상해한다) "에이~ 아닌데…… 그게 최고는 아니지! 2편 '클론의 공격'이 야말로 스타워즈 최고의 영화라 할 수 있지."

■ 보조 치료자: (놀라면서) "아! 그래? 나는 1편이 제일 재미있었는데."

■ 집단 치료자: (놀라면서 화를 낸다.) "아니, 어떻게 2편보다 1편이 더 재미있다고 생각할 수 있어?"

■ 보조 치료자: (당황하며 짜증을 낸다.) "몰라~ 난 1편이 더 재미있었어."

■ 집단 치료자: (놀라며 화를 낸다.) "말도 안 돼! 오비완 케노비가 전쟁으로 이어진 사악한 음모에 대해서 알게 된다거나……"

■ 보조 치료자: (짜증을 내며) "후…… 어……"

■ 집단 치료자: (끈질기게) "아나킨 스카이워커가 그의 임무와 금지된 사랑 간에서 갈등을 하거나……"

■ 보조 치료자: (짜증을 내며 지루해한다.) "어……"

■ 집단 치료자: (놀라며 화를 낸다.) "이런 내용인데, 어떻게 1편이 2편보다 재미있다고 할 수 있어? 2편이야말로 모두에게 제일 재미있었던 편이라고!"

- 보조 치료자: (짜증을 내며) "그래. 네가 그렇게 생각하면 그렇다고 치자."
- 집단 치료자: (계속 주장하며) "나는 그냥 그렇다고 말하는 거야…… 2편이 1편보다 훨씬 더 재미있었다는 것이 대다수의 의견이야."
- (길고 어색한 침묵)

○ 치료자: "자, 여기까지입니다. 제가 대화를 나누면서 무엇을 잘못했지요?"
- 대답: 계속 따졌습니다.
○ 다음과 같은 **조망 수용 질문**을 한다.
- "(보조 치료자의 이름)이/가 어떤 기분이었을 것 같나요?"
  □ 대답: 짜증납니다. 불쾌합니다.
- "(보조 치료자의 이름)이/가 저에 대해서 어떻게 생각했을 것 같나요?"
  □ 대답: 무례합니다. 거만합니다. 따지기를 좋아합니다. 자기 중심적입니다. 거들먹거립니다. 상대를 무시합니다.
- "(보조 치료자의 이름)이/가 저와 다시 이야기를 나누고 싶어 할 것 같나요?"
  □ 대답: 아니요. 너무 무례합니다.
○ 보조 치료자에게 같은 **조망 수용 질문**을 한다.
- "어떤 기분이 들었나요?"
- "저에 대해서 어떻게 생각했나요?"
- "저와 이야기를 다시 나누고 싶나요?"
○ 치료자: "정보를 교환하고 대화를 유지하기 위한 또 다른 규칙은 사사건건 따지지 않는 것입니다. 이것은 아주 사소한 것을 가지고 따지거나 다른 사람의 말을 자주 부정하지 않아야 한다는 것입니다. 계속해서 사사건건 따진다면 무엇이 문제가 될 수 있을까요?"
- 대답: 사람들은 자신의 말이나 행동을 누군가가 따지는 것을 좋아하지 않습니다.
○ 설명: 다른 사람의 말에 동의하지 않는다고 해서 그것을 반드시 이야기할 필요는 없습니다. 무례해 보일 수 있습니다. 공격적으로 보일 수 있습니다.

● **이래라저래라 하지 않기** ▶
[집단 치료자와 보조 치료자가 함께, 집단 치료자가 이래라저래라 하는 부적절한 역할극을 보여준다.]
○ 치료자: "역할극을 잘 보고 제가 무엇을 잘못했는지 이야기해주세요."

부적절한 역할극의 예

- 집단 치료자: "안녕, (이름)아/야. 잘 지내?"
- 보조 치료자: "응, 좋게 지내."
- 집단 치료자: "음……. 야, 근데 엄밀히 말하자면 '좋게 지내'가 아니라 '잘 지내'라고 해야지. '좋게 지내'는 어색한 것 같지 않아?"
- 보조 치료자: (짜증을 내며) "하…… 그래, 미안. 잘 지내."
- 집단 치료자: "이게 다 너를 위해서 그러는 거야. 올바른 표현법을 써야지."

> - 보조 치료자: (짜증을 내며) "응……"
> - 집단 치료자: "그래서 이번 주말에는 뭐 했어?"
> - 보조 치료자: (주위를 둘러보며 자리를 피하려고 한다.) "잘 모르겠어."
> - (길고 어색한 침묵)

○ 치료자: "자, 여기까지입니다. 제가 대화를 나누면서 무엇을 잘못했지요?"
- 대답: 상대방의 문법이 틀렸다고 지적했습니다. 이래라저래라 했습니다. 똑똑한 체를 했습니다.

○ 다음과 같은 **조망 수용 질문**을 한다.
- "(보조 치료자의 이름)이/가 어떤 기분이었을 것 같나요?"
  - 대답: 짜증납니다. 불쾌합니다. 민망합니다.
- "(보조 치료자의 이름)이/가 저에 대해서 어떻게 생각했을 것 같나요?"
  - 대답: 무례합니다. 거만합니다. 잘난 체합니다. 이래라저래라 합니다.
- "(보조 치료자의 이름)이/가 저와 다시 이야기를 나누고 싶어 할 것 같나요?"
  - 대답: 아니요. 너무 짜증나고 무례합니다.

○ 보조 치료자에게 같은 **조망 수용 질문**을 한다.
  - "어떤 기분이 들었나요?"
  - "저에 대해서 어떻게 생각했나요?"
  - "저와 이야기를 다시 나누고 싶나요?"

○ 치료자: "정보를 교환하고 대화를 유지하기 위한 또 다른 규칙은 이래라저래라 하지 않는 것입니다. 이것은 다른 사람을 비판하거나 다른 사람의 실수를 언급하지 않아야 한다는 것입니다. 이래라저래라 하면 무엇이 문제가 될 수 있을까요?"
- 대답: 이래라저래라 하면 그 사람을 짜증나고 창피하게 할 수 있습니다. 당신이 자랑하는 것처럼 보일 수 있습니다. 상대를 민망하게 만들 수 있으며 당신과 함께 있기를 원하지 않을 수 있습니다.

● 놀리지 않기 ▶
[집단 치료자가와 보조 치료자가 함께, 집단 치료자가 놀리는 부적절한 역할극을 보여준다.]
○ 치료자: "역할극을 잘 보고 제가 무엇을 잘못했는지 이야기해주세요."

부적절한 역할극의 예
- 집단 치료자: "안녕, (이름)아/야. 이번 주말에 뭐 했어?"
- 보조 치료자: "부모님이랑 함께 지냈어."
- 집단 치료자: (놀리면서) "뭐~? 부모님이랑 같이 있었다고? 야, 누가 요즘 주말에 부모님이랑 보내냐? 헐……"
- 보조 치료자: (불편해하며) "아, 몰라."
- 집단 치료자: (놀리면서) "너 마마보이야? 설마 외출할 때 엄마가 옷이랑 신발도 다 골라주는 거 아니야?"
- 보조 치료자: (불편해하며) "아니."

- 집단 치료자: (놀리면서) "야, 엄마가 너 지금 어디서 뭐 하고 있는지 아셔? 빨리 문자로 보고해야지. 연락 없다고 엄청 걱정하실 수 있잖아."
- 보조 치료자: (창피해하며 다른 곳을 본다.)
- 집단 치료자: (놀리면서) "야, 집 나설 때마다 네가 어디 있는지 꼭 확인시켜 드려. 엄마가 너에 대해서 무조건 다 알아야지. 안 그래?"
- 보조 치료자: (주변을 둘러보며 피하려고 한다.)

○ 치료자: "자, 여기까지입니다. 제가 대화를 나누면서 무엇을 잘못했지요?"
  - 대답: 상대방을 놀렸습니다. 짓궂게 행동했습니다.
○ 다음과 같은 **조망 수용 질문**을 한다.
  - "(보조 치료자의 이름)이/가 어떤 기분이었을 것 같나요?"
    □ 대답: 짜증납니다. 화납니다. 마음이 상합니다. 민망합니다.
  - "(보조 치료자의 이름)이/가 저에 대해서 어떻게 생각했을 것 같나요?"
    □ 대답: 무례합니다. 친절하지 않습니다. 불쾌합니다. 짓궂습니다. 고약합니다.
  - "(보조 치료자의 이름)이/가 저와 다시 이야기를 나누고 싶어 할 것 같나요?"
    □ 대답: 아니요. 너무 무례합니다.
○ 보조 치료자에게 같은 **조망 수용 질문**을 한다.
  - "어떤 기분이 들었나요?"
  - "저에 대해서 어떻게 생각했나요?"
  - "저와 이야기를 다시 나누고 싶나요?"
○ 치료자: "정보를 교환하고 대화를 유지하기 위한 또 다른 규칙은 놀리지 않는 것입니다. 친구를 만들고 유지하고자 한다면 친구를 놀리거나 빈정거리는 것/험한 농담을 하는 것은 매우 위험한 행동입니다. 빈정거리는 것/험한 농담을 하는 것은 친구들 사이에서 놀리는 것과 비슷합니다. 대부분 장난으로, 재미로 하는 것이지만 그래도 위험합니다. 험한 농담을 하는 것은 무엇이 문제가 될 수 있나요?"
  - 대답: 점점 심하게 번질 수 있으며, 친구의 마음이 상할 수 있습니다. 특히 누군가를 처음 알아가는 중이며, 상대방이 당신의 유머 감각을 이해하기 어려울 때는 더욱 그렇습니다.

● **목소리 크기 잘 조절하기** ▶

[집단 치료자와 보조 치료자와 함께, 집단 치료자가 너무 크게 말하는 부적절한 역할극을 보여준다.]

○ 치료자: "역할극을 잘 보고 제가 무엇을 잘못했는지 이야기해주세요."

부적절한 역할극의 예

- 집단 치료자: (매우 크게 말하며) "안녕, (이름)아/야! 잘 지냈니?"
- 보조 치료자: (깜짝 놀라서 뒤로 물러나며 귀를 막는다.) "어, 어…… 잘 지내고 있어."
- 집단 치료자: (매우 크게 말하며) "그동안 뭐 하고 지냈어?"
- 보조 치료자: (민망해하듯 멀리 떨어지며) "별일 없었어."
- 집단 치료자: (매우 크게 말하며) "그럼 주말에는 뭐 했어?"

> - 보조 치료자: (주변을 둘러보며 피하려고 한다.) "아, 몰라……"
> - (길고 어색한 침묵)

- 치료자: "자, 여기까지입니다. 제가 대화를 나누면서 무엇을 잘못했지요?"
  - 대답: 너무 큰 소리로 이야기했습니다.
- 다음과 같은 **조망 수용 질문**을 한다.
  - "(보조 치료자의 이름)이/가 어떤 기분이었을 것 같나요?"
    - 대답: 거슬립니다. 듣기 싫습니다. 민망합니다.
  - "(보조 치료자의 이름)이/가 저에 대해서 어떻게 생각했을 것 같나요?"
    - 대답: 이상합니다. 불쾌합니다. 짜증납니다.
  - "(보조 치료자의 이름)이/가 저와 다시 이야기를 나누고 싶어 할 것 같나요?"
    - 대답: 아마도 아닐 것입니다. 너무 이상합니다.
- 보조 치료자에게 같은 **조망 수용 질문**을 한다.
  - "어떤 기분이 들었나요?"
  - "저에 대해서 어떻게 생각했나요?"
  - "저와 이야기를 다시 나누고 싶나요?"
- 치료자: "정보를 교환하고 대화를 유지하기 위한 또 다른 규칙은 목소리 크기를 잘 조절하는 것입니다. 너무 크게 말한다면 무엇이 문제가 될 수 있을까요?"
  - 대답: 상대가 짜증이 나거나 신경에 거슬릴 수 있습니다. 다른 사람들이 주위에 있다면 창피해할 수 있습니다.

[집단 치료자와 보조 치료자와 함께, 집단 치료자가 너무 작게 말하는 부적절한 역할극을 보여준다.]
- 치료자: "역할극을 잘 보고 제가 무엇을 잘못했는지 이야기해주세요."

> **부적절한 역할극의 예**
>
> - 집단 치료자: (속삭이며) "안녕, (이름)아/야. 잘 지냈니?"
> - 보조 치료자: (들으려고 애쓰며) "뭐? 뭐라고?"
> - 집단 치료자: (속삭이며) "잘 지냈냐고?"
> - 보조 치료자: (혼란스러워 보임) "어, 어…… 잘 지내."
> - 집단 치료자: (속삭이며) "그동안 뭐 하고 지냈어?"
> - 보조 치료자: (들으려고 애쓰며) "어? 뭐라고?"
> - 집단 치료자: (속삭이며) "그동안 뭐 하고 지냈냐고!"
> - 보조 치료자: (주변을 둘러본다. 지루해 보인다.) "아…… 뭐 하면서 지냈냐고~? 응…… 별 일 없었어."
> - (길고 어색한 침묵)

○ 치료자: "자, 여기까지입니다. 제가 대화를 나누면서 무엇을 잘못했지요?"

■ 대답: 너무 작은 소리로 이야기했습니다.

○ 다음과 같은 **조망 수용 질문**을 한다.

■ "(보조 치료자의 이름)이/가 어떤 기분이었을 것 같나요?"

□ 대답: 혼란스럽습니다. 짜증납니다. 힘듭니다. 알아들으려면 너무 많은 노력을 해야 합니다.

■ "(보조 치료자의 이름)이/가 저에 대해서 어떻게 생각했을 것 같나요?"

□ 대답: 이상합니다. 부끄러움이 많습니다. 우울한 것 같습니다.

■ "(보조 치료자의 이름)이/가 저와 다시 이야기를 나누고 싶어 할 것 같나요?"

□ 대답: 아니요. 알아들으려면 너무 힘이 듭니다.

○ 보조 치료자에게 같은 **조망 수용 질문**을 한다.

■ "어떤 기분이 들었나요?"

■ "저에 대해서 어떻게 생각했나요?"

■ "저와 이야기를 다시 나누고 싶나요?"

○ 치료자: "상대가 알아듣기 어렵게 너무 조용하게 이야기하는 것도 문제가 될 수 있습니다. 너무 작게 말한다면 무엇이 문제가 될 수 있을까요?"

■ 대답: 당신의 목소리가 안 들릴 수 있습니다. 당신의 말을 알아듣기 위해 많은 노력을 해야 합니다. 당신의 말을 잘 알아듣기가 어려워 이야기하는 것을 피할 수 있습니다.

● **적절한 신체적 경계 갖기** ▶

[집단 치료자와 보조 치료자가 함께, 집단 치료자가 너무 가까이 서 있는 부적절한 역할극을 한다.]

○ 치료자: "역할극을 잘 보고 제가 무엇을 잘못했는지 이야기해주세요."

부적절한 역할극의 예

■ 집단 치료자: (지나치게 가까이 서서) "안녕, (이름)아/야! 잘 지냈니?"

■ 보조 치료자: (깜짝 놀라서 뒤로 물러나며) "어, 잘 지내고 있어."

■ 집단 치료자: (앞으로 한 발 더 다가서며) "그동안 뭐 하고 지냈어?"

■ 보조 치료자: (짜증이 난 듯 멀리 떨어지며) "응…… 별일 없었어."

■ 집단 치료자: (다시 한 번 앞으로 다가가며) "너 요즘 일하는 건 어때?"

■ 보조 치료자: (주변을 둘러보고 피하려고 하며) "어…… 모르겠어."

○ 치료자: "자, 여기까지입니다. 제가 대화를 나누면서 무엇을 잘못했지요?"

■ 대답: 너무 가까이에 서 있었습니다.

○ 다음과 같은 **조망 수용 질문**을 한다.

■ "(보조 치료자의 이름)이/가 어떤 기분이었을 것 같나요?"

□ 대답: 불편합니다. 불쾌합니다. 짜증납니다. 당황스럽습니다.

■ "(보조 치료자의 이름)이/가 저에 대해서 어떻게 생각했을 것 같나요?"

□ 대답: 이상합니다. 거북합니다. 스토커 같습니다.

■ "(보조 치료자의 이름)이/가 저와 다시 이야기를 나누고 싶어 할 것 같나요?"

        □ 대답: 절대로 아닙니다. 너무 거북합니다.

○ 보조 치료자에게 같은 **조망 수용 질문**을 한다.

  ■ "어떤 기분이 들었나요?"

  ■ "저에 대해서 어떻게 생각했나요?"

  ■ "저와 이야기를 다시 나누고 싶나요?"

○ 치료자: "정보를 교환하고 대화를 유지하기 위한 또 다른 규칙은 적절한 신체적 경계를 갖는 것입니다. 너무 가까이에 서 있으면 무엇이 문제가 될 수 있을까요?"

        □ 대답: 너무 가까이에 서 있으면 상대를 불편하게 만들 수 있습니다. 상대가 당신을 피하고 다시는 이야기를 나누고 싶어 하지 않을 수 있습니다.

[집단 치료자와 보조 치료자가 함께, 집단 치료자가 너무 멀리 서 있는 부적절한 역할극을 한다.]

○ 치료자: "역할극을 잘 보고 제가 무엇을 잘못했는지 이야기해주세요."

부적절한 역할극의 예

  ■ 집단 치료자: (방 반대쪽에 서서) "안녕, (이름)아/야! 오랜만이야~"

  ■ 보조 치료자: (들으려고 애쓰며 혼란스러운 듯이) "어. 안녕 (이름)아/야."

  ■ 집단 치료자: (여전히 방 반대쪽에 서서) "야, 진짜 반갑다, 잘 지냈어?"

  ■ 보조 치료자: (혼란스러워하며) "어…… 잘 지내."

  ■ 집단 치료자: (여전히 방 반대쪽에 서서) "그동안 뭐 하고 지냈어?"

  ■ 보조 치료자: (혼란스러운 듯 주변을 둘러보고 피하려고 하며) "별일 없었어."

  ■ (길고 어색한 침묵)

○ 치료자: "자, 여기까지입니다. 제가 대화를 나누면서 무엇을 잘못했지요?"

  ■ 대답: 너무 멀리 서 있었습니다.

○ 다음과 같은 **조망 수용 질문**을 한다.

  ■ "(보조 치료자의 이름)이/가 어떤 기분이었을 것 같나요?"

        □ 대답: 혼란스럽습니다. 이상합니다. 당혹스럽습니다.

  ■ "(보조 치료자의 이름)이/가 저에 대해서 어떻게 생각했을 것 같나요?"

        □ 대답: 이상합니다. 엉뚱합니다. 특이합니다. 주위 사람들을 의식하지 않습니다.

  ■ "(보조 치료자의 이름)이/가 저와 다시 이야기를 나누고 싶어 할 것 같나요?"

        □ 대답: 아마도 아닐 것입니다. 너무 당혹스럽습니다.

○ 보조 치료자에게 같은 **조망 수용 질문**을 한다.

  ■ "어떤 기분이 들었나요?"

  ■ "저에 대해서 어떻게 생각했나요?"

  ■ "저와 이야기를 다시 나누고 싶나요?"

○ 치료자: "정보를 교환하고 대화를 유지하기 위한 또 다른 규칙은 적절한 신체적 경계를 갖는 것입니다. 너무 멀리 서 있으면 무엇이 문제가 될 수 있을까요?"

- 대답: 이상해 보일 수 있습니다. 너무 많은 사람이 듣는다고 생각할 수 있습니다. 주위에 다른 사람들이 있다면 상대방과 대화하는 것이 창피할 수 있습니다.
  - 설명: "일반적인 규칙은 팔 길이 정도 떨어져서 서는 것입니다(한 팔 간격으로 떨어져 서 있는 것을 보여준다). 하지만 이것을 직접 재지는 않아야 합니다!"
    - [주: 만약 성인이 한 팔 간격이 어느 정도인지 알기 어려워하면, 사회성 코치와 함께 재 보는 연습을 할 수도 있다.]
- **적절한 눈맞춤 하기** ▶
  [집단 치료자와 보조 치료자가 함께, 집단 치료자가 눈맞춤을 적게 하는 부적절한 역할극을 보여준다.]
  - 치료자: "역할극을 잘 보고 제가 무엇을 잘못했는지 이야기해주세요."

부적절한 역할극의 예

- 집단 치료자: (다른 곳을 보면서) "안녕, (이름)아/야."
- 보조 치료자: (눈맞춤을 하면서) "어, 안녕? (이름)아/야."
- 집단 치료자: (다른 곳을 보면서) "어떻게 지내?"
- 보조 치료자: (혼란스러워하며) "잘 지내. 너는 어때?"
- 집단 치료자: (다른 곳을 보면서) "나도 잘 지내. 지난 주말에 뭐 했어?"
- 보조 치료자: (눈맞춤을 하려고 하며) "어, 난 등산했어."
- 집단 치료자: (다른 곳을 보면서) "좋았겠다. 나도 등산 좋아하는데"
- 보조 치료자: (눈맞춤을 하려고 하며) "와, 진짜? 나도 정말 좋아해."
- 집단 치료자: (다른 곳을 보면서) "누구랑 갔어?"
- 보조 치료자: (혼란스러워하며) "어…… 지난주에 누나랑 갔었어."
- 집단 치료자: (다른 곳을 보면서) "응…… 재미있었겠다."
- (길고 어색한 침묵)

- 치료자: "자, 여기까지입니다. 제가 대화를 나누면서 무엇을 잘못했지요?"
  - 대답: 눈맞춤을 하지 않았습니다.
- 다음과 같은 **조망 수용 질문**을 한다.
  - "(보조 치료자의 이름)이/가 어떤 기분이었을 것 같나요?"
    - 대답: 혼란스럽습니다. 어색합니다. 이상합니다.
  - "(보조 치료자의 이름)이/가 저에 대해서 어떻게 생각했을 것 같나요?"
    - 대답: 관심이 없습니다. 이상합니다. 특이합니다. 멍해 보입니다.
  - "(보조 치료자의 이름)이/가 저와 다시 이야기를 나누고 싶어 할 것 같나요?"
    - 대답: 아마도 아닐 것입니다. 너무 이상합니다. 대화가 재미없다고 생각할 것 같습니다.
- 보조 치료자에게 같은 **조망 수용 질문**을 한다.
  - "어떤 기분이 들었나요?"
  - "저에 대해서 어떻게 생각했나요?"
  - "저와 이야기를 다시 나누고 싶나요?"

○ 치료자: "정보를 교환하고 대화를 유지하기 위한 또 다른 규칙은 적절한 눈맞춤을 하는 것입니다. 상대와 이야기할 때 적절한 눈맞춤을 하지 않으면 무엇이 문제가 될 수 있을까요?"
  ■ 대답: 이상해 보일 수 있습니다. 상대가 혼란스러워할 수 있습니다. 당신이 상대와 대화 나누는 것을 재미없어 한다고 생각할 수 있습니다.

[집단 치료자와 보조 치료자가 함께, 집단 치료자가 너무 빤히 쳐다보는 부적절한 역할극을 보여준다.]
○ 치료자: "역할극을 잘 보고 제가 무엇을 잘못했는지 이야기해주세요."

부적절한 역할극의 예

■ 집단 치료자: (빤히 쳐다보며) "안녕, (이름)아/야. 잘 지냈어?"
■ 보조 치료자: "나는 잘 지내. 너는 어때?"
■ 집단 치료자: (빤히 쳐다보며) "나도 잘 지내. 지난 주말에 뭐 했어?"
■ 보조 치료자: (불편해하며 주변을 둘러본다.) "어, 나 등산 갔었어."
■ 집단 치료자: (빤히 쳐다보며) "우와~ 재미있었겠다. 누구랑 갔어?"
■ 보조 치료자: (주변을 둘러보며) "누나랑 갔어."
■ 집단 치료자: (빤히 쳐다보며) "와~ 좋았겠다. 나도 등산 좋아해."
■ 보조 치료자: (불편해하며 주변을 둘러본다.) "어…… 그래?"
■ 집단 치료자: (빤히 쳐다보며) "집 근처에 내가 자주 가는 등산로가 있어."
■ 보조 치료자: (불편해하며 주변을 둘러본다.) "좋겠네."
■ (길고 어색한 침묵)

○ 치료자: "자, 여기까지입니다. 제가 대화를 나누면서 무엇을 잘못했지요?"
  ■ 대답: 너무 빤히 쳐다봤습니다.
○ 다음과 같은 **조망 수용 질문**을 한다.
  ■ "(보조 치료자의 이름)이/가 어떤 기분이었을 것 같나요?"
    □ 대답: 불편합니다. 어색합니다. 부담스럽습니다. 민망합니다.
  ■ "(보조 치료자의 이름)이/가 저에 대해서 어떻게 생각했을 것 같나요?"
    □ 대답: 스토커 같습니다. 거북합니다. 무섭습니다. 이상합니다.
  ■ "(보조 치료자의 이름)이/가 저와 다시 이야기를 나누고 싶어 할 것 같나요?"
    □ 대답: 아니요. 너무 무섭습니다. 너무 부담스럽습니다.
○ 보조 치료자에게 같은 **조망 수용 질문**을 한다.
  ■ "어떤 기분이 들었나요?"
  ■ "저에 대해서 어떻게 생각했나요?"
  ■ "저와 이야기를 다시 나누고 싶나요?"
○ 치료자: 정보를 교환하고 대화를 유지하기 위한 또 다른 규칙은 적절한 눈맞춤을 하는 것입니다. 상대방을 너무 빤히 쳐다본다면 무엇이 문제가 될 수 있을까요?"
  ■ 대답: 상대방이 불편해할 수 있습니다. 너무 공격적으로 보일 수 있습니다. 당신이 무섭다고 생각할

수 있습니다.

○ 설명: "관심을 보이기 위해 눈맞춤을 하는 것은 중요하지만 너무 빤히 쳐다보는 것은 적절하지 않습니다. 대신에 상대방을 불편하게 하지 않기 위해 상대방을 쳐다보면서 때때로 다른 곳으로 시선을 돌려야 합니다."

역할극: 정보 교환하기 및 대화 유지하기 ▶

[집단 치료자와 보조 치료자는 주고받는 대화의 모든 단계를 사용하여 적절한 역할극을 시연해 보여준다.]

● 치료자: "정보를 교환하고 대화를 유지하는 데 필요한 규칙들을 배웠으므로 역할극을 잘 보고 우리가 무엇을 잘했는지 말해주세요."

적절한 역할극의 예

○ 집단 치료자: (팔 길이 정도 떨어져 서서, 적절한 눈맞춤을 유지하며, 적절한 목소리 크기를 사용) "안녕, (이름)아/야. 잘 지냈니?"

○ 보조 치료자: "응. 잘 지내고 있어. 너는 어때?"

○ 집단 치료자: "나도 잘 지내고 있어. 넌 요즘 뭐 하고 지내니?"

○ 보조 치료자: "응. 별로 특별한 일은 없어. 그냥 부족했던 과목의 공부를 많이 하고 있어. 그런데 이번 주말에는 머리 식히러 영화를 보러 갈 거야."

○ 집단 치료자: "와~ 그래? 무슨 영화 보러 갈 건데?"

○ 보조 치료자: "내 생각엔 _____(최근의 공상과학 영화 제목)을/를 보러 갈 것 같아. 넌 이번 주말에 뭐 해?"

○ 집단 치료자: "나도 영화 보러 갈 계획이었어. 근데 난 이미 _____(최근의 공상과학 영화 제목)을/를 보았어."

○ 보조 치료자: "아, 그렇구나. 괜찮았어?"

○ 집단 치료자: "응. 진짜 재미있더라. 넌 SF 액션 영화 좋아하니?"

○ 보조 치료자: "응. 내가 제일 좋아하는 영화 장르야. 너는 어때?"

○ 집단 치료자: "나도 제일 좋아하는 거라 주로 영화를 볼 때 SF 장르를 봐."

○ 보조 치료자: "와, 진짜? 그럼, 네가 제일 재미있게 본 SF 영화는 뭐야?"

○ 치료자: "자, 여기까지입니다. 제가 대화를 나누면서 무엇을 잘했나요?"
  ■ 대답: **열린 질문을 했습니다. 반복하지 않았습니다. 경청했습니다. 자랑하지 않았습니다. 이래라저래라 하지 않았습니다. 놀리지 않았습니다. 목소리 크기를 잘 조절하였습니다. 적절한 신체적 경계를 가졌습니다. 적절한 눈맞춤을 하였습니다.**

○ 질문: "서로가 상대방과 이야기를 나누고 싶어 하는 것 같았나요?"
  ■ 대답: 예.

○ 질문: "이것을 어떻게 알 수 있었나요?"
  ■ 대답: 서로 이야기를 나눴습니다. 서로를 쳐다봤습니다. 서로를 마주 보고 있었습니다.

○ 다음과 같은 **조망 수용 질문**을 한다.

- ■ "(보조 치료자의 이름)이/가 어떤 기분이었을 것 같나요?"
  - □ 대답: 좋습니다. 편안합니다.
- ■ "(보조 치료자의 이름)이/가 저에 대해서 어떻게 생각했을 것 같나요?"
  - □ 대답: 좋습니다. 재미있습니다. 참 괜찮습니다.
- ■ "(보조 치료자의 이름)이/가 저와 다시 이야기를 나누고 싶어 할 것 같나요?"
  - □ 대답: 예.
- ○ 보조 치료자에게 같은 **조망 수용 질문**을 한다.
  - ■ "어떤 기분이 들었나요?"
  - ■ "저에 대해서 어떻게 생각했나요?"
  - ■ "저와 이야기를 다시 나누고 싶나요?"
- ● 치료자: "지금까지 정보를 교환하고 대화를 유지하기 위한 규칙들을 배웠습니다. 이번 주 과제를 통해 정보를 교환하고 대화를 유지하는 방법을 연습할 것입니다."

행동 연습

퀴즈쇼

필요한 자료
- 화이트보드와 보드마커
- 각각의 성인을 위한 **퀴즈쇼 답안지**
- 펜
- 가위

규칙
- 성인들은 **정보 교환** 게임에서 서로 경쟁할 것이다.
- 집단 치료자가 퀴즈쇼 답안지를 참고하여 각 성인에 대한 질문을 하고, 정보 교환을 통해 답을 알게 된 성인들은 대답을 한다.
  - 예
    - 집단 치료자: (이름)이/가 제일 좋아하는 운동이 무엇일까요?"
    - 성인: "축구입니다."
- 흥미와 협동을 유도하기 위해서 성인 집단 치료자는 정답에 대해 점수를 준다.
- 퀴즈쇼의 목적은 **정보 교환**을 완벽하게 연습하는 것이 아니다. 왜냐하면 완벽한 정보 교환을 목표로 하게 될 경우 성인들이 마치 진행자/면접관처럼 질문하게 되기 때문이다.
- 퀴즈쇼의 진짜 목적은 다음과 같은 사항을 개선하기 위한 것이다.
  - **주제 도입하기**
    - 제한된 관심사에 관한 것보다는 다양한 주제에 대해서 이야기를 나누기
  - **듣기 기술**
    - 사람들이 자신에 관한 정보를 공유할 때 그것을 경청하고 기억하기

게임 방법
- 이전 회기에서 완성한 **퀴즈쇼 답안지**를 보관하고 있어야 한다.
  - 만약 퀴즈쇼 답안지를 보관하는 것을 잊어버렸다면 성인에게 이 섹션 마지막에 있는 퀴즈쇼 답안지를 완성하게 한다.
- 성인들이 볼 수 있도록 **퀴즈쇼의 주제**를 칠판에 적어둔다.
  - **가장 좋아하는 음악**
  - **가장 좋아하는 주말 활동**
  - **가장 좋아하는 운동**
  - **가장 좋아하는 게임**
  - **가장 좋아하는 영화**
  - **가장 좋아하는 TV 프로그램**
  - **가장 좋아하는 책**

- ○ **현재 하고 있는 머리카락 색깔**(주: 이 항목은 질문해서 답을 얻는 것이 아니라, 다른 사람의 얼굴이나 머리를 바라봄으로써 알 수 있다. 만약 모든 사람의 머리카락 색깔이 거의 똑같다면 이는 다른 것으로 대체해도 된다)
- 요즘의 관심사
- 내가 사는 곳
- 각각의 성인이 다른 집단 구성원들과 소집단을 이루어 2~3분간 **퀴즈쇼**에 관한 **정보 교환**을 연습하게 한다.
  - ○ (남은 시간이 얼마나 되는지에 따라) 그룹을 몇 번 바꾼다.
  - ○ 필요한 경우에는 성인들이 퀴즈쇼의 주제에 맞는 질문을 하도록 유도해 준다.
- 성인들이 **정보 교환**을 하고 있는 동안
  - ○ 그어진 선에 따라 질문별로 **퀴즈쇼 답안지**를 자른다.
  - ○ 질문 범주에 따라 **퀴즈쇼 답안지**를 분류하고 답지 순서를 서로 섞는다.
- 성인들이 **정보 교환**을 끝냈다면, 그룹으로 다시 모여서 **퀴즈쇼**를 시작한다.
  - ○ 이번 회기에 가장 많이 참여하는 것으로 보이는 성인이 첫 번째 범주를 선택하게 하는 것으로 시작한다.
  - ○ 만약에 질문을 하기 전에 손을 든다면 답변을 할 수 없다고 알린다.
  - ○ 처음으로 손을 든 사람이 먼저 답을 말할 수 있다.
  - ○ 만약에 틀린 답을 말했다면 두 번째로 손을 든 사람이 대답할 기회를 얻는다. 계속 이런 방식으로 진행한다.
  - ○ 한 명의 성인은 질문 하나당 한 번의 대답 기회만 갖는다.
  - ○ 힌트를 주지 않는다.
- 만약에 성인들이 대답을 하는 데 너무 오랜 시간이 걸린다면 시간제한을 둘 수 있다.
- 답을 맞힌 성인은 점수를 얻고 다음 범주를 고를 수 있다.
- 만약에 아무도 답을 맞히지 못하였다면 방금 전 질문에서 지칭되었던 사람이 범주를 고른다.
- 게임을 하는 동안 성인들이 서로에게 박수를 쳐주도록 격려한다.
- 맞는 답에 대해 점수를 주고 칠판에 얻은 점수를 모두 기록한다.
- 성인들이 답을 맞히고자 무작위로 여러 가지 답을 연달아 한다면 정보 교환을 통해 알게 된 정보들만 대답하도록 유도한다.
  - ○ 가장 중요한 것은 성인들이 **정보 교환**을 통해 알게 된 정보들을 기억한다는 것이다.
- 게임의 마지막에 가장 많은 점수를 획득한 사람이 **퀴즈쇼 승자**가 된다.
- 다음 회기를 위해 **퀴즈쇼 답안지**를 보관해 둔다.

퀴즈쇼 답안지

음악 감상하기 _____ (이)가 가장 좋아하는 음악은 (이름) _____ (가장 좋아하는 음악)	**주말을 신나게 보내는 방법!** _____ (이)가 가장 좋아하는 주말 활동 (이름) _____ (가장 좋아하는 주말 활동)
즐겁게 운동하기 _____ (이)가 가장 좋아하는 운동은 (이름) _____ (가장 좋아하는 운동)	**내가 제일 좋아하는 게임은** _____ (이)가 제일 좋아하는 게임은 (이름) _____ (가장 좋아하는 게임)
영화, 영화, 영화! _____ (이)가 가장 좋아하는 영화 (이름) _____ (가장 좋아하는 영화)	**재미있는 TV 프로그램!** _____ (이)가 가장 좋아하는 TV 프로그램 (이름) _____ (가장 좋아하는 TV 프로그램)
베스트셀러! _____ (이)가 가장 좋아하는 책 (이름) _____ (가장 좋아하는 책)	**이게 나의 머리카락 색이야!** _____ 의 머리카락 색깔 (이름) _____ (현재 하고 있는 머리카락 색깔)
요즘 제일 재미있어! _____ 의 최근 관심사 (이름) _____ (최근 관심사)	**살기 좋은 우리 동네~** _____ (이)가 사는 곳 (이름) _____ (사는 곳)

다시 만나기

- 성인들에게 사회성 코치와 다시 만날 것이라고 안내한다.
  - ○ 성인들은 각자의 사회성 코치 곁에 서 있거나 앉아 있는다.
  - ○ 다시 만나기 시간이 시작되기 전에, 조용히 하고 집단에 완전히 집중하게 한다.
  - ○ 사회성 코치들이 옆에서 듣고 있을 동안에 성인들이 이번 회기에서 배웠던 내용을 이야기하게 한다.
- 치료자: "오늘 우리는 정보 교환하기 및 대화 유지하기 규칙을 배웠습니다. 정보를 교환하고 대화를 유지하기 위해 지켜야 하는 규칙들에는 어떤 것이 있는지 이야기해볼 사람 있나요?"
- 성인들이 **정보 교환하기** 및 **대화 유지하기** 규칙을 이야기하게 한다.
  - ○ 반복하지 않기
  - ○ 친구의 말에 경청하기
  - ○ 열린 질문하기
  - ○ 자랑하지 않기
  - ○ 사사건건 따지지 않기
  - ○ 이래라저래라 하지 않기
  - ○ 놀리지 않기
  - ○ 목소리 크기를 잘 조절하기
  - ○ 적절한 신체적 경계 갖기
  - ○ 적절한 눈맞춤하기
- 치료자: "성인들이 정보 교환하기 및 대화 유지하기 연습을 아주 훌륭히 수행했습니다. 다 같이 박수를 쳐줍시다."
- 치료자: "이번 회기에서 성인들이 퀴즈쇼도 했습니다. 퀴즈쇼를 통해 정보 교환하는 방법을 배웠습니다. 오늘의 우승자는 (이름)입니다. (이름)을/를 위해 박수를 쳐줍시다."

과제 안내하기

성인들에게 사회성 코칭 유인물을 나눠주고 다음과 같이 과제를 안내한다.

1. 집단 구성원과 전화 혹은 영상 통화를 한다.
- 정보 교환을 위해 전화나 영상 통화를 할 수 있도록 상대 집단 구성원을 확인하고 약속을 정한다.
- 치료실을 떠나기 전에 성인들과 사회성 코치들은 다른 집단 구성원에게 전화를 하기 위한 날짜와 시간을 정한다.
- 전화를 하기 전에 **정보 교환** 규칙을 점검한다.
- 전화하고 난 뒤에 사회성 코치들은 성인들에게 다음과 같은 **사회성 코칭 질문**을 한다.
  - ○ **공통의 관심사는 무엇이었나요?**
  - ○ **만약 두 사람이 함께 시간을 보내게 된다면 그 정보를 가지고 무엇을 할 수 있나요?**

2. 성인들과 사회성 코치들은 **대화 시작하고 유지하기, 정보 교환하기, 공통의 관심사 찾기**를 연습한다.
- 연습 전에 **대화 시작하고 유지하기, 정보 교환하기** 규칙을 점검한다.

● 연습을 한 이후에 사회성 코치들은 성인들에게 다음과 같은 **사회성 코칭 질문**을 한다.
  ○ **공통의 관심사는 무엇이었나요?**
  ○ **만약 두 사람이 함께 시간을 보내게 된다면 그 정보를 가지고 무엇을 할 수 있나요?**

● 집단 구성원과의 전화 혹은 영상 통화 배정표(부록 C)를 읽어주고 사회성 코치들이 누가 누구에게 전화를 걸거나 받는지 기록하게 한다.

● 성인 및 사회성 코치들에게 전화번호부(부록 B)를 나눠주고, 매주 전화하기로 한 시간과 날짜를 전화번호부에 기록하게 한다.
  ○ 전화번호가 이전 주와 달라진 사람이 있으면 새로운 전화번호부를 나눠준다.

● 다른 번호로 전화를 받기 원하거나 전화번호부에 잘못 입력된 사항이 있다면 성인 및 사회성 코치들이 관련 있는 모든 사람에게 이를 알려주도록 한다.
  ○ 수정해야 할 사항이 있을 경우에는 돌아오는 주에 새로운 전화번호부를 나눠준다.

개별적으로 확인하기

전화하기로 한 날짜와 시간을 다 정한 뒤에는 각각의 성인 및 사회성 코치들이 각자 개별적으로 다음과 같은 내용을 협의한다.

1. **집단 구성원과 전화 혹은 영상 통화**를 하는 동안에 사회성 코치들은 어디에 있을 것인지
2. 성인들과 사회성 코치들이 **대화 시작하고 유지하기, 정보 교환하기, 공통의 관심사 찾기**를 언제 연습할 것인지

사회성 코칭 유인물

대화 주제

표 3.1 성인들 사이에서 자주 언급되는 대화 주제

학교 혹은 직장에서의 사소한 일들/소문	비디오 게임/컴퓨터 게임	수업/전공
친구와의 문제	컴퓨터/기타 전자기기	시험/논문/학교과제
가족과의 문제	만화책/애니메이션	교수/상사
남자친구/여자친구	영화	입학 및 취업
데이트	TV 프로그램	스포츠
함께 어울리기/모임	유튜브 동영상/유행 중인 동영상	자동차/자전거/오토바이
주말 활동	인터넷 웹사이트	유명인
음악/콘서트	패션/의상	사회단체/활동
책	쇼핑	취미/관심사
뉴스/미디어/정치	메이크업/헤어스타일	기타 모임 집단

정보 교환하기 및 대화 유지하기

- 반복하지 않기
- 친구의 말에 경청하기
- 열린 질문하기
- 자랑하지 않기
- 사사건건 따지지 않기
- 이래라저래라 하지 않기
- 놀리지 않기
- 목소리 크기를 잘 조절하기
- 적절한 신체적 경계 갖기
- 적절한 눈맞춤 하기

사회성 코치들이 사용할 조망 수용 질문

- 상대가 어떤 기분이었을 것 같나요?
- 상대가 당신에 대해서 어떻게 생각했을 것 같나요?
- 상대가 당신과 다시 이야기를 나누고 싶어 할 것 같나요?

과제 안내하기

1. 집단 구성원과 전화 혹은 영상 통화를 한다.
   - **정보 교환**을 하기 위해 전화나 영상 통화를 할 수 있도록 상대 집단 구성원을 확인하고 약속을 정한다.

- 치료실을 떠나기 전에 성인들과 사회성 코치들은 다른 집단 구성원에게 전화를 하기 위한 날짜와 시간을 정한다.
- 전화를 하기 전에 **정보 교환** 규칙을 점검한다.
- 전화하고 난 뒤에 사회성 코치들은 성인들에게 다음과 같은 **사회성 코칭 질문**을 한다.
  - 공통의 관심사는 무엇이었나요?
  - 만약 두 사람이 함께 시간을 보내게 된다면 그 정보를 가지고 무엇을 할 수 있나요?

2. 성인들과 사회성 코치들은 **대화 시작하기, 정보 교환하기, 공통의 관심사 찾기**를 연습한다.
- 연습 전에 **대화 시작하고 유지하기, 정보 교환하기** 규칙을 점검한다.
- 연습을 한 이후에 사회성 코치들은 성인들에게 다음과 같은 **사회성 코칭 질문**을 한다.
  - 공통의 관심사는 무엇이었나요?
  - 만약 두 사람이 함께 시간을 보내게 된다면 그 정보를 가지고 무엇을 할 수 있나요?

* (영어에 익숙하다면) *The Science of Making Friends* DVD(Laugeson, 2013) 혹은 *Friendmaker* 모바일 앱을 통해 각각의 규칙에 해당하는 역할극 동영상을 확인할 수 있다.

주요 용어

과제 기록지	사회성 코칭 팁	적절한 신체적 경계
대화 유지하기	사회성 코칭 질문	
발생 가능한 문제의 해결법	열린 질문	

새로운 친구를
사귈 수 있는 곳 찾기

사회성 코치 치료자 가이드

사회성 코치 회기 준비하기

사회성 코칭 회기를 구조화하는 것은 보호자들이 프로그램의 주제에서 이탈하지 않고 흐름을 잘 유지할 수 있게 도와준다. 회기의 구조는 치료 효율성을 유지하는 데 절대적으로 중요하다. 과제 점검, 교육, 과제 안내하기 및 다시 만나기로 이어지는 과정은 매우 간단하고 명료하기 때문에 사회성 코치들이 규칙적으로 반복되는 회기의 진행 방식을 빠르게 이해할 수 있을 것이다. 이전 회기에 참석하지 못한 보호자에게는 집단이 진행되는 동안 '추가로 설명해주는 시간'을 따로 할애해주지 않는 것도 중요하다. 그렇게 하게 되면 매주 규칙적으로 참가하는 사람들에게 불공평하게 되기 때문이다. 늦게 도착하는 보호자들 역시 마찬가지다. 특별한 관심을 보여주는 것은 회기에 규칙적으로 참석하거나 시간에 맞게 도착하는 것이 중요하지 않다는 메시지를 줄 수 있으며, 회기에 결석하거나 늦는 행동을 강화할 수 있다. 이와 비슷하게 다른 보호자가 이전 회기를 '임시로 채우기 위해' 대신 참석했었다면, 그 보호자가 과제를 완수하기에 충분할 만큼 회기의 내용을 잘 전달했을 것이라고 기대해서는 안 된다. 그보다는 다시 돌아온 보호자에게 참석하지 못한 회기 사회성 코칭 유인물을 제공하고, 다른 보호자들과 과제 점검하는 시간을 이용하여 놓친 내용에 대한 정보를 얻게 도와주는 것이 좋다. 회기에 참석하지 못한 집단 구성원들에게 이메일 혹은 다른 방법으로 결석한 회기의 사회성 코칭 유인물을 전해주는 것도 하나의 방법일 수는 있으나 집단 구성원이 참석하지 못하는 경우가 생길 수 있으므로 항상 지난 회기의 유인물을 몇 개 더 여분으로 준비해 두고 있어야 한다.

이번 회기의 중요한 초점은 성인들이 **새로운 친구를 사귈 수 있는 곳**을 찾을 수 있도록 돕는 것이다. 이미 자신을 받아들여줄 친구들을 만날 수 있는 **사회적 활동**에 참여하고 있는 일부 성인에게는 이 주제가 크게 어렵지 않을 수도 있다. 하지만 현재 **친구를 사귈 수 있는 곳**이 없는 성인들에게는 이 주제가 프로그램이 진행되는 동안 가장 어려운 부분이 될 수 있다. 대부분의 성인들에게는 **공통의 관심사**를 가지고 있고 그들을 받아들여줄 또래들을 만날 수 있는 **사회적 활동**을 찾아내는 데 사회성 코치의 추가적인 도움이 필요할 것이다. 치료자는 이번 회기에 부여되는 사회성 코치의 역할이 PEERS®에서 가장 중요하게 여기는 보호자의 과제 중 하나라는 점을 강조해야 한다.

고립되어 지내는 상태여서 현재 **새로운 친구를 사귈 수 있는 곳**이 없는 일부 성인들의 사회성 코치들은 이 회기에 즈음하여 약간의 저항을 보일 수도 있다. 예를 들어 어떤 사회성 코치들은 성인을 받아줄 만한 또래가 없고, 회기에서 제안하는 기준에 미치지 못하는 **사회적 활동**을 제시하기도 한다. 또 어떤 사회성 코치는 성인이 참여하고는 있지만 더 친밀한 친구관계를 만드는 데 별로 도움이 되지 않는 **사회적 활동**을 제시하는 경우도 있다. 그 예로는 성인이 종교 활동을 하며 청년회에 참석하는 것을 좋아하지만, 모임의 구성원 어느 누구에게도 청년회 밖에서 함께 만나자고 제안할 생각을 하지 않는 것과 같은 경우를 들 수 있겠다. 단지 성인이 어떤 활동을 좋아한다고 해서 **새로운 친구를 사귈 수 있는 곳**이라는 이번 회기 과제의 기준에 적합하다는 의미는 아니다. 성인들은 지금 사회적 관계를 맺고 싶은 동기가 높아진 상태이기 때문에 지금이야말로 **새로운 사회적 활동**을 찾기에 좋은 때이다. 사회성 코치는 어떤 경우에 사회적 활동이 생산적인지 혹은 아닌지를 판단하고, 생산적이지 않다면 성인들이 더 나은 대안을 찾을 수 있도록 격려해야 한다. 성인들에게 도움이 되는 좋은 활동 기준으로는 다음과 같은 것들이 있다: (1) 성인의 관심사와 관련이 있어야 하고, (2) 매주 혹은 최소 2주에 한 번씩은 만나야 하며, (3) 성인을 받아들여줄 비슷한 나이대의 또래들이 포함되어 있어야 하고, (4) 다른 또래들과 함께 어울릴 수 있는 구조화되지 않은 시간이 있으며, (5) 현재를 기점으로 2주 안에 시작하는 모임이어야 한다.

사회성 코치는 성인들이 **사회적 활동 찾기**를 할 수 있도록 가능한 선택지들에 대한 기본적인 배경 정보를 수집해야 하지만, **공통의 관심사**를 가진 새로운 **잠재적인 친구를 사귈 수 있는 곳**을 찾아서 적절한 활동에 참여하는 과정에는 반드시 성인 자신이 참여해야 한다. 여기서의 핵심은 성인 자신이 포함되는 것이 중요하다. 성인이 **사회적 활동**에 참여할 것인가 여부가 아니라 어떤 모임에 참여할 것인가를 결정하는 것이다. 몇몇 성인들은 이를 별로 내켜 하지 않을 수 있으나 친구를 사귀고자 하는 동기가 있는 성인이라면, 치료자와 사회성 코치의 도움으로 이 과정을 훨씬 잘 해낼 수 있다. 단, 만약 성인이 새로운 친구를 사귈 수 있는 적절한 **사회적 활동**에 이미 참여하고 있다면 새로운 활동을 또 찾을 필요는 없다.

과제 점검

[다음의 과제를 검토하고 발생 가능한 **문제해결**을 의논한다. 성공적으로 과제를 완수한 사람부터 시작한다. 시간이 된다면 (과제를 다 하지 못한 사람들에게) 왜 과제를 완수할 수 없었는지 이유를 질문할 수 있으며, 다음 주에 어떻게 이것을 할 수 있을지에 대한 **문제해결**을 시도해볼 수 있다. 과제를 점검하는 동안에는 반드시 (볼드체로 표시된) 우리끼리 단어를 사용한다. **집단 구성원과 전화 혹은 영상 통화**가 이번 회기의 가장 중요한 과제이므로 과제 점검 시간 대부분을 여기에 할애한다.]

1. **집단 구성원과 전화 혹은 영상 통화를 한다.**
   ● 치료자: "이번 주 과제 중 하나는 정보 교환하기 연습을 위해 성인들이 집단 구성원 중 누군가와 전화 혹은 영상 통화를 하는 것이었습니다. 집단 구성원과 전화 혹은 영상 통화를 한 사람은 손을 들어주세요."
   ● 질문
     ○ "당신의 성인은 누구와 이야기를 했으며, 누가 누구에게 전화를 걸었나요?"
     ○ "전화 통화 전에 당신은 어떤 사회성 코칭을 했나요?"
     ○ "성인이 전화 통화를 하는 동안 당신은 어디에 있었나요?"
     ○ "성인들은 정보를 교환하고 공통의 관심사를 찾았나요?"

○ "전화 통화 이후에 당신은 어떤 사회성 코칭을 했나요?"

■ 적절한 **사회성 코칭 질문**

□ **공통의 관심사는 무엇이었나요?**

□ **만약 두 사람이 함께 시간을 보내게 된다면 그 정보를 가지고 무엇을 할 수 있나요?**

● 그 전화 혹은 영상 통화에 참여한 다른 사람이 바로 다음에 설명하도록 한다. 단, 동시에 발표하게 하지는 않는다.

2. 성인 및 사회성 코치들은 **대화 시작하고 유지하기**, **정보 교환하기**, **공통의 관심사 찾기**를 연습한다.

● 치료자: "이번 주 또 다른 과제는 여러분의 성인과 함께 대화 시작하고 유지하기, 정보 교환하기, 공통의 관심사 찾기를 연습하는 것이었습니다. 이번 과제를 완수했거나 완수하고자 노력하신 분이 있나요?"

● 완수했거나 완수하고자 노력한 과제에 초점을 두고 다음과 같이 질문한다.

○ "당신의 성인은 당신과 대화 시작하고 유지하기를 연습했나요?"

○ "연습 전에 규칙과 단계를 점검했나요?"

■ **대화 시작하기 규칙**

1. **자연스럽게 지켜본다.**

2. **소품을 사용한다.**

3. **공통의 관심사를 찾는다.**

4. **공통의 관심사를 언급한다.**

5. **정보를 교환한다.**

6. **관심을 평가한다.**

□ **그들이 나에게 이야기를 하고 있는가?**

□ **그들이 나를 쳐다보고 있는가?**

□ **그들이 나와 마주 보고 있는가(아니면 나에게 무관심한 태도를 보이는가)?**

7. **자신을 소개한다.**

○ "당신의 성인은 정보 교환하기를 연습했나요?"

○ "연습한 이후에 당신은 사회성 코칭 질문을 했나요?"

■ 적절한 **사회성 코칭 질문**

□ **공통의 관심사는 무엇이었나요?**

□ **만약 두 사람이 함께 시간을 보내게 된다면 그 정보를 가지고 무엇을 할 수 있나요?**

● [사회성 코치 과제 기록지를 수거한다. 만약 사회성 코치가 과제 기록지 가져오는 것을 잊어버렸다면, 과제를 책임지고 할 수 있게 새로운 용지에 완성하게끔 한다.]

교육: 새로운 친구를 사귈 수 있는 곳 찾기

● 사회성 코칭 유인물을 나눠준다.

○ 사회성 코치 치료자 가이드에서 **볼드체**로 표시된 부분은 사회성 코칭 유인물에서 그대로 가져온 것이다.

○ 사회성 코치들에게 **볼드체**로 표시된 부분은 **우리끼리 단어**임을 상기시킨다. 이 단어들은 PEERS® 교육 과정의 중요한 개념들에 해당하므로 사회성 코칭을 할 때 최대한 많이 사용해야 한다고 설명한다.

- 설명: "오늘 우리는 새로운 친구를 사귈 수 있는 곳을 찾는 방법에 대해서 이야기를 할 것입니다. PEERS®는 성인들이 친구를 만들고 그 관계를 유지하며, 친밀하고 의미 있는 관계를 만들어 갈 수 있도록 도와주는 프로그램이지만 새로운 친구를 사귈 수 있는 모임은 아닙니다. 즉, 성인들이 PEERS® 모임 밖에서 새로운 친구를 사귈 수 있는 장소를 찾을 수 있는 방법을 가르쳐 주어야 한다는 것입니다. 그 과정을 시작하기 위해서는 우정은 선택임을 이해해야 합니다."
- 질문: "우리는 모든 사람과 친구가 될 수 있나요?"
  - 대답: 아니요.
- 질문: "모든 사람이 우리와 친구가 될 수 있나요?"
  - 대답: 아니요.
- 설명: "왜냐하면 우정은 선택이기 때문입니다. 따라서 누구와 친구가 될 것인가를 현명하게 선택하는 것이 중요합니다. 우정은 선택이며, 좋은 선택과 나쁜 선택이 있다는 것을 이해하였으므로 좋은 선택이 되는 친구를 어디서 사귈 수 있는지를 함께 이야기해볼 필요가 있습니다."

사회적 모임

- 설명: "어디에 가든 대부분 사람들이 함께 어울리는 집단이 있는데, 그 사람들은 어느 정도 **공통의 관심사**를 공유합니다. 이러한 집단을 '사회적 모임'이라고 하며 때로 이러한 집단은 게임 마니아, 컴퓨터 오타쿠 같은 이름을 가지고 있는 경우도 있습니다. 성인들이 흔히 알고 있는 다른 '사회적 모임'에는 어떤 것들이 있나요?"
- 사회성 코치들이 다양한 **사회적 모임**을 브레인스토밍하도록 한다.
  - 성인들로부터 확인된 다양한 **사회적 모임**에 관한 개요가 [표 4.1]에 제시되어 있다.
  - 어떤 사회성 코치들은 [표 4.1]에 제시된 **사회적 모임**에 낯설어 할 수 있기 때문에 설명할 수 있도록 준비해야 한다.
  - [주: **사회적 모임**은 각자의 문화에 따라 다를 것이다. [표 4.1]을 종합적이거나 완전한 목록이라고 생각하고 의존하지 않기 바란다. 시대와 문화에 따라 **사회적 모임**은 변하기 때문에 사회성 코치들이 이에 맞게 목록을 만들어낼 수 있도록 한다.]

사회적 활동 찾기

- 설명: "사회성 코치가 해야 할 가장 중요한 일 중 하나는 성인들이 새로운 친구의 원천, 즉 새로운 친구를 사귈 수 있는 곳을 찾을 수 있도록 도와주는 것입니다. 이것을 할 수 있는 가장 좋은 방법 중 하나는 성인들이 그들의 관심사에 바탕을 둔 사회적 활동에 참여할 수 있도록 돕는 것입니다. 사회적 활동에 참여하는 것은 이러한 사회적 모임에 속해 있는 사람들과의 통로를 만드는 것입니다. 사회적 활동을 현명하게 선택했다면, 아마도 거기에는 성인과 공통의 관심사를 가지고 있는 사람들이 참여하고 있을 것입니다. 우리는 우정이 공통의 관심사를 기반으로 두고 있다는 것을 잘 알고 있으므로 같은 관심사를 가지고 있는 사람들을 만날 수 있는 사회적 활동을 찾을 수 있도록 도와주는 것이 중요합니다."
- [표 4.2]에 나열된 각각의 관심사를 제시하면서 다음과 같이 질문한다. "만약 우리의 성인이 (관심사를 삽입)을/를 좋아한다면, (관심사를 삽입)을/를 좋아하는 다른 사람들을 어디에서 만날 수 있을까요?"

표 4.1 성인들로부터 확인된 다양한 사회적 모임

학교 동아리	팬클럽	패션피플
학생 자치회	스타트렉의 팬(트레키)	뷰티/코스메틱
운동선수	SF 마니아	힙합
스포츠 팀	컴퓨터 마니아	록 페스티벌/록 음악
스포츠 팬	과학 마니아	너드
스케이트	로봇 공학 클럽	영재클럽/멘사
서핑/스쿠버다이빙	영화 마니아	토론회
승마	만화/애니메이션 마니아	정치집단
동물 애호가	코스프레 마니아	군인집단
각종 수집가	비디오 게임 마니아	문화집단
피규어	보드 게임 마니아	종교집단
프라모델	클럽 마니아	성적소수자
인형 만들기	밴드 마니아	전공 관련
합창단	오토바이/자동차 게임	일하는 부서
음악인	독서 마니아	일하는 업종
예술인	역사 마니아	인기 있는 사람들
드라마/연극인	수학 마니아	기타 사회적 모임

표 4.2 가능한 사회적 활동

관심사	관련 사회적 활동
컴퓨터/기계	컴퓨터 수업을 듣는다. 컴퓨터/기계공학 부서의 이벤트에 참석한다. 기계 관련 단체 혹은 클럽에 참여한다. 컴퓨터 관련 단체 혹은 클럽에 참여한다.
컴퓨터/비디오 게임	친구들과 오락실/PC방에 간다. 게임 대회에 나간다. 게임 스토어에 찾아간다. 게임 관련 단체 혹은 클럽에 참여한다.
과학	과학 박물관 이벤트에 참석한다. 과학 수업을 듣는다. 과학 관련 단체 혹은 클럽에 참여한다. 로봇 관련 클럽에 참여한다.
만화책/애니	만화 대회에 나간다. 만화책 스토어에 찾아간다. 만화/애니메이션 수업을 듣는다. 만화/애니메이션 관련 단체 및 클럽에 참여한다.
보드 게임	보드 게임 대회에 나간다. 보드 게임 관련 단체 혹은 클럽에 참여한다.
코스프레	만화 대회에 나간다. 의상을 직접 만들 수 있도록 바느질 수업을 듣는다. 코스프레 관련 단체 혹은 클럽에 참여한다.
영화	영화 감상회에 참석한다. 영화 관련 단체 혹은 동호회에 참여한다.
스포츠	스포츠 팀에 가입한다. 지역 센터 등에서 스포츠를 배운다. 스포츠 연합에 가입한다. 스포츠 이벤트/스포츠 캠프에 참석한다. 스포츠 관련 단체 혹은 클럽에 참여한다.
자동차	자동차 쇼/자동차 박물관을 방문한다. 자동차 관련 수업을 듣는다. 자동차 관련 단체 혹은 클럽에 참여한다.
음악	콘서트에 간다. 대학생 밴드에 가입한다. 음악 관련 수업을 듣는다. 음악 관련 단체 혹은 클럽에 참여한다.
어학	어학 수업을 듣는다. 어학 관련 단체 혹은 클럽에 참여한다. 언어 교환 프로그램에 참여한다. 문화원에 간다.
요리	요리 수업을 듣는다. 요리 관련 단체 혹은 클럽에 참여한다. 요리 대회에 나간다.

공통의 관심사를 가진 사람 찾기

● 치료자: "어떤 경우에는 성인의 관심사에 기반을 둔 사회적 활동을 찾기가 어려울 수 있습니다. 이런 상황에서는 성인과 공통의 관심사를 가진 개인을 찾아보는 것이 도움이 될 수 있습니다. 이제 사회적 활동 밖에서 새로운 친구를 사귈 수 있는 다른 방법들에 대해서 이야기를 나눠 보겠습니다. 어떤 사람이 어떤 집단에 속해 있고 관심사가 무엇인지를 어떻게 알 수 있을까요?"

사회적 모임 및 공통의 관심사에 관한 단서

● 외모, 옷차림, 헤어스타일

● 관심사, 이야기하는 주제

● 여가 시간에 무엇을 하는지

● 누구와 시간을 보내는지

● 어디서 시간을 보내는지

● **어떤 사회적 활동에 참여하는지**

● 질문: "만약 성인이 컴퓨터 마니아이고 컴퓨터나 관련 기술을 좋아하는 다른 사람을 만나고 싶어 하는데, 가입할 수 있는 컴퓨터 동호회나 기술 동호회가 없는 경우에 공통의 관심사를 나누고 있는 사람들을 어떻게 만날 수 있을까요?"

  ○ 대답: 컴퓨터 마니아들은 학교의 컴퓨터 연구실에서 시간을 보내고, 컴퓨터 수업을 듣습니다. IT 부서 혹은 기계공학과 관련된 직장에서 일합니다. 대학교에서 기계공학 관련 수업을 듣습니다. 노트북이나 기타 다른 종류의 기기를 들고 다닙니다. 친구들과 컴퓨터에 대해서 이야기를 나눕니다. 컴퓨터 혹은 기술 관련 로고가 그려진 티셔츠를 입고 다닙니다.

● 질문: "만약 성인이 게임 마니아이고, (컴퓨터/비디오) 게임을 좋아하는 다른 사람을 만나고 싶어 하는데, 가입할 수 있는 게임 동호회가 없을 경우에 공통의 관심사를 나누고 있는 사람들을 어떻게 만날 수 있을까요?"

  ○ 대답: 게임 마니아들은 휴대용 게임기기를 들고 다닐 때가 많습니다. 쉬는 시간이나 수업 시간, 업무 시간 전후에 (컴퓨터/비디오) 게임을 합니다. 친구들과 (컴퓨터/비디오) 게임에 관한 이야기를 합니다. 게임 로고가 그려진 티셔츠를 입고 다닙니다.

● 질문: "만약 성인이 만화 혹은 애니메이션 마니아이고, 만화 혹은 애니메이션을 좋아하는 다른 사람을 만나고 싶어 하는데, 가입할 수 있는 만화 혹은 애니메이션 동호회가 없을 경우에 공통의 관심사를 나누고 있는 사람들을 어떻게 만날 수 있을까요?"

  ○ 대답: 만화 혹은 애니메이션을 좋아하는 사람들은 종종 자신이 가장 좋아하는 만화책이나 관련 잡지들을 들고 다닙니다. 자신의 물건에 캐릭터를 그려 놓았을 수도 있고, 그리기 실력을 향상시키기 위해 미술이나 만화 작화 수업을 듣기도 합니다. 친구들과 만화 혹은 애니메이션에 관한 이야기를 합니다. 만화 페스티벌이나 관련된 행사에 가는 것에 대해서 이야기를 나눕니다. 만화책 혹은 애니메이션 캐릭터가 그려진 티셔츠를 입고 다닙니다.

● 질문: "만약 성인이 과학 마니아이고, 과학을 좋아하는 다른 사람을 만나고 싶어 하는데, 가입할 수 있는 과학 동호회가 없을 경우에 공통의 관심사를 나누고 있는 사람들을 어떻게 만날 수 있을까요?"

  ○ 대답: 과학을 좋아하는 사람들은 학교의 과학 연구실에서 시간을 보냅니다. 과학 수업을 듣습니다. 과학과 관련된 직장에서 일을 합니다. 과학 책 혹은 공상과학 책을 들고 다닙니다. 친구들과 과학에 관련된

이야기를 합니다. 과학 혹은 공상과학과 관련된 로고가 그려진 티셔츠를 입고 다닙니다.

- 설명: "따라서 우리가 사회적 활동에 참석하지 않는다고 하더라도 공통의 관심사를 가진 사람들을 찾을 수 있는 방법은 많습니다."

집단에 받아들여졌는지 받아들여지지 않았는지 평가하기

- 설명: "여러분의 성인들이 어떤 사회적 모임에 어울릴지 찾아보기 시작하면, 성인이 그 집단의 사람들로부터 받아들여졌는지 혹은 받아들여지지 않았는지를 어떻게 판단할 것인지를 생각해보는 것이 중요합니다. 타인이 당신과 친구가 되고 싶어 한다는 것을 어떻게 알 수 있을까요? 어떤 사람들은 단지 느낌을 통해서 알 수 있다고 합니다. 느낌으로 알 수 있는 것도 사실이지만, 우리가 어느 집단에 받아들여졌는지 혹은 받아들여지지 않았는지를 알 수 있는 보다 명확한 행동들도 있습니다."

- 아래의 질문을 하고, 논의를 이끌어 가는 데는 [표 4.3]을 활용한다.
  - 질문: "집단에 받아들여졌다는 것을 어떻게 알 수 있을까요?"
  - 질문: "집단에 받아들여지지 않았다는 것을 어떻게 알 수 있을까요?"

- 설명: "누군가가 성인과 친구가 되지 않으려고 한다면 기분이 좋지 않을 것입니다. 이러한 일이 일어날 수 있으므로 사회성 코칭을 할 수 있도록 준비해야 할 필요가 있습니다. 누군가가 여러분의 성인과 친구가 되고 싶어 하지 않는다면, 다음과 같은 말을 성인들에게 상기시키는 것이 도움이 됩니다. 그다음에는 친구가 되고 싶어 하는 사람을 찾도록 방향을 전환해주어야 합니다."
  - **우정은 선택입니다. 우리는 모든 사람과 친구가 될 수 없으며, 모든 사람이 우리와 친구가 될 수 있는 것 또한 아닙니다.**

- 설명: "여러분의 많은 도움에 힘입어 이번 주부터 여러분의 성인들은 새로운 친구를 사귈 수 있는 사회적

표 4.3 사회적 모임으로부터 받아들여졌는지 혹은 받아들여지지 않았는지를 알 수 있는 신호

받아들여졌다는 신호	받아들여지지 않았다는 신호
어떤 일/활동을 하자고 당신에게 개인적으로 혹은 그룹과 함께 만나자고 한다.	어떤 일/활동을 하자고 당신에게 만나자고 하지 않는다.
함께 이야기를 나누려는 당신의 시도에 반응을 보이고 당신과 대화를 나눈다.	함께 이야기를 나누려는 당신의 시도를 무시하거나 당신에게 반응하지 않는다.
당신에게 자신의 연락처를 준다.	당신에게 자신의 연락처를 주지 않는다.
당신의 연락처를 물어본다.	당신의 연락처를 물어보지 않는다.
그냥 이야기를 나누려는 목적으로 당신에게 문자, 메시지, 이메일을 보내거나 전화를 한다.	당신에게 문자, 메시지, 이메일을 보내거나 전화를 하지 않는다.
당신의 문자, 메시지, 이메일 혹은 전화에 답한다.	당신의 문자, 메시지, 이메일 혹은 전화를 받지 않거나 이에 답장하지 않는다.
어떤 일/활동에 당신을 초대한다.	어떤 일/활동에 당신을 초대하지 않는다.
어떤 일/활동을 하자고 하는 당신의 초대를 받아들인다.	어떤 일/활동을 하자고 하는 당신의 초대를 받아들이지 않거나 나중에 하자고 미룬다.
소셜네트워킹사이트(SNS)에 당신을 친구로 추가한다.	소셜네트워킹사이트(SNS)에서 당신의 친구 추가 요청을 수락하지 않는다.
당신에게 친절한 말을 하거나 칭찬을 한다.	당신을 비웃거나 조롱한다.

활동을 찾기 시작할 것입니다."

과제 안내하기

[사회성 코치에게 사회성 코치 과제 기록지(부록 E)를 배부하고, 작성해서 다음 회기에 제출하게 한다.]

1. 새로운 친구를 사귈 수 있는 곳을 찾는다.
   - 성인과 사회성 코치는 공통의 관심사에 바탕을 둔 사회적 활동들에 대해 의논하고 결정한다.
   - 결정한 뒤 바로 이 활동에 참여를 시작한다.
     ○ 바람직한 **사회적 활동**의 기준
        ▪ 성인의 관심사에 근거한다.
        ▪ 매주 혹은 적어도 2주에 한 번 만난다.
        ▪ 성인을 받아들여주는 비슷한 나이대의 또래들이 포함되어 있다.
        ▪ 다른 사람들과 어울릴 수 있는 구조화되지 않은 시간이 있다.
        ▪ 앞으로 2주 안에 활동이 시작된다.

2. 집단 구성원과 전화 혹은 영상 통화를 한다.
   - 정보 교환을 위해 전화나 영상 통화를 할 수 있도록 상대 집단 구성원을 확인하고 약속을 정한다.
   - 치료실을 떠나기 전에 성인들과 사회성 코치들은 다른 집단 구성원에게 전화를 하기 위한 날짜와 시간을 정한다.
   - 전화를 하기 전에 **정보 교환** 규칙을 점검한다.
   - 전화하고 난 뒤에 사회성 코치들은 성인들에게 다음과 같은 **사회성 코칭 질문**을 한다.
     ○ **공통의 관심사는 무엇이었나요?**
     ○ **만약 두 사람이 함께 시간을 보내게 된다면 그 정보를 가지고 무엇을 할 수 있나요?**

3. 성인들과 사회성 코치들은 **대화 시작하고 유지하기, 정보 교환하기, 공통의 관심사 찾기**를 연습한다.
   - 연습 전에 **대화 시작하고 유지하기, 정보 교환하기** 규칙을 점검한다.
   - 연습을 한 이후에 사회성 코치들은 성인들에게 다음과 같은 **사회성 코칭 질문**을 한다.
     ○ **공통의 관심사는 무엇이었나요?**
     ○ **만약 두 사람이 함께 시간을 보내게 된다면 그 정보를 가지고 무엇을 할 수 있나요?**

4. **정보 교환**을 위한 **개인 물건**을 가져온다.
   - 다음 주에 집단 구성원과 함께할 **정보 교환**을 위한 **개인 물건**(예: 음악, 게임, 책, 그림 등)을 가져온다.

사회성 코칭 팁

1. 성인이 참여할 수 있는 **사회적 활동**을 먼저 찾아본다.
   - 성인의 관심사와 취미를 확인한다.
     ○ 성인의 관심사가 무엇인지 잘 모른다면, 성인과 **정보 교환**을 통해서 확인했던 **공통의 관심사**들이 무엇이었는지 생각해본다.
   - 성인이 선택할 수 있는 활동들을 찾아보기 시작한다.

- 처음에는 사회성 코치 혼자서 찾아본다.

2. 당신의 의견을 성인에게 이야기하고 성인의 생각을 들어본다.
   - 어떤 **사회적 활동**에 참여할지를 최종적으로 결정하는 것은 성인이기 때문에 여러분의 생각을 강요하지 않는다.

3. 성인과 서로 협력하여 의견을 교환하기 시작하고, 참여 가능한 활동을 함께 찾아본다.
   - 예: 페이스북의 취미 동호회 활동 페이지를 찾아보거나 www.meetup.com 등의 웹사이트에 들어가 성인들을 위한 모임을 찾아본다.

4. 성인이 **사회적 활동**에 참여하기 시작할 수 있도록 도와준다.
   - 예: meetup.com에서 모임을 구성하는 사람에게 이메일을 보낸다.

5. 실행 계획에서 문제가 있다면 **해결 방법**을 찾도록 도와준다.
   - 성인이 **사회적 활동**이 이루어지는 장소와 집을 어떻게 오갈 것인지를 확인한다.
   - **사회적 활동**에 참여하기 위해 필요한 금액이나 준비물을 확인한다.

6. **사회적 활동**이 언제인지를 성인에게 상기시켜 준다.
   - 만약 그렇게 하는 것이 필요하고 발달적으로 적합하다면 **사회적 활동**이 이루어지는 장소까지 직접 운전하여 성인을 데려다줄 수 있다.

성인 치료자 가이드

성인 회기 준비하기

젊은 성인들은 자신이 다층적 시스템으로 이루어진 사회적 관계 집단에 속해 있다는 사실을 인식하고 있다. 가장 친밀한 수준의 사회적 관계 집단은 **친한 또래집단**으로 일반적으로 몇몇의 가장 친한 친구들로 이루어진다. 사회적 관계집단의 다음 단계는 **사회적 모임**이다. 보통 공통의 관심사를 함께 나누는 열 명 정도의 친구로 구성된다. 이러한 사회적 모임은 게임 마니아, 컴퓨터 동아리 등과 같이 그들의 **공통의 관심사**를 보여주는 이름 또는 표식을 갖고 있는 경우도 많다. 연구에 따르면 많은 사람들이 둘 이상의 사회적 모임에 속해 있고, 자연스럽게 서로 다른 우정의 관계망 사이를 오가며, **사회적 모임** 안에서 가장 친한 친구들을 찾는다. 사회적 관계 집단의 마지막 단계는 **광범위한 동료집단**이다. 이 집단은 연령대가 비슷하고, 대개 서로 다른 **친한 또래집단** 혹은 **사회적 모임**에 포함된 개인들로 구성되어 있으나, 꼭 **공통의 관심사**를 나누거나 함께 어울리는 것은 아니다. 대부분의 성인들에게 **광범위한 동료집단**은 다니고 있는 대학교의 모든 학생 혹은 직장 내의 모든 동료 관계 같은 것들이다.

이런 여러 단계의 사회적 관계집단은 일생에 걸쳐 존재하지만, 공통의 관심사를 함께하는 열 명 정도의 또래를 포함하는 **사회적 모임**은 청소년 및 초기 성인기에 특히 의미가 있다. 전환기 청년들의 사회적 세계를 정의하는 것은 이 단계의 또래집단이며, 이것이 그들의 평판을 결정하고, 누구와 친구가 될 것인지를 규정한다. 그러나 자폐스펙트럼장애 혹은 다른 사회적 어려움을 겪고 있는 많은 성인들은 **사회적 모임**과 결속을 갖는 것에 대해서 별로 생각해보지 못한 경우가 많다. 그 결과 특정 **사회적 모임** 혹은 최소한 **공통의 관심사**를 나누는 사람들과 동질감을 갖는 경험을 놓치게 되고, **새로운 친구를 사귈 수 있는 곳**을 찾기가 어려워진다. 이번 회기의 목적은 이런 어려움을 극복하도록 돕는 것이다.

사회기술훈련에 의뢰된 많은 성인들은 집단을 인식하는 것에 문제를 보이는 것이 특징이다. 일반적으로 사회기술에 어려움을 겪고 있는 성인은 두 가지 유형 중 하나에 속하는 경우가 많다. 첫째는 사회적으로 소외된 유형이고, 둘째는 또래로부터 거절된 유형이다. **사회적으로 소외된** 성인들은 **사회적 모임**을 찾아내지 못한 결과로 사회적으로 고립되는 경우가 자주 있다. 그들은 대개 수줍음이 많거나 소심해 보이고, 사회적 관계망으로부터 철수한 것처럼 보이기도 하며, 먼저 타인과의 사회적 관계를 추구하는 경우가 거의 없이 때로는 다른 사람이 먼저 접근해 주기를 기다린다. 또래에게 다가가는 경우가 없으므로 결과적으로 소외되거나 혼자 남겨지는 것이다. **사회적으로 소외된** 성인들은 종종 또래와 사회적 관계망에서 완전히 철수하게 되거나(**외톨이, 혼자 지내기 좋아하는 사람**) 한 집단 혹은 그 이상의 집단 주변을 옮겨 다니게 된다(**주변인**). 이러한 성인들은 자폐스펙트럼장애와 같은 발달장애와 더불어 불안장애 혹은/그리고 우울증을 가지고 있는 경우가 많다. 이와 반대로 **또래로부터 거절된** 성인들은 부적절하거나 그를 받아주지 않는 **사회적 모임**에서 친구 만들기를 반복적으로 시도했을 가능성이 많다. **사회적으로 소외된** 성인들과는 달리, **사회적으로 거절된** 성인들은 친구를 만들기 위해 적극적으로 노력하지만 의도적인 거절을 당하곤 한다. 이러한 성인들은 친구에게 **이래라저래라 하거나, 대화를 독차지하고**, 대화에 갑자기 끼어드는 등의 실수를 한다. 같은 반 학생들 혹은 직장동료들로부터 놀림을 받기도 하며, 심하게는 동료들로부터 괴롭힘을 받거나 나쁜 평판으로 인해 친구를 만들거나 사귀기 더 어려워진다. 사회적으로 거절된 성인들은 자폐스펙트럼장애와 같은 발달장애와 더불어 주의력결핍과잉행동장애(attention deficit hyperactivity disorder, ADHD) 등의 충동조절장애를 같이 진단받기도 한다. 비록 **사회적**

으로 소외된 성인과 **또래로부터 거절된** 성인은 겉보기에 꽤 달라 보일 수 있지만, 새로운 **친구를 사귈 수 있는 곳**을 찾는 것은 서로 다른 이유로 모두 어려워한다. 성인이 또래로부터 받아들여지는 유형 가운데 어떤 범주에 속하는지를 파악하는 것도 중요하다. 당신이 가르치는 기술은 사회적으로 받아들여지는 성인들이 사용하는 동일한 **생태학적으로 타당한 기술**이지만, 위에 설명한 두 집단은 수용적인 사회적 모임을 찾는 과정에서 서로 다른 종류의 난관에 부딪히게 될 수 있기 때문이다. **사회적으로 소외된** 성인들은 수줍음이 많거나 적응하는 데 오래 걸린다는 평판이 있을 수 있다. 일반적으로 수줍음이 많은 것은 부정적인 성격 특성이라고 보지 않는 경향이 있기 때문에, 이러한 성인들은 이전부터 알고 있던 사람들이 모여 있는, 이미 알고 있는 집단에서 친구를 사귈 수 있을 가능성이 크다. 그러나 **또래로부터 거절된** 성인들은 평판이 매우 나쁜 상태에서 PEERS® 집단에 참여했을 수 있으므로 학교나 직장 내에서 **사회적 모임**을 고르는 것이 어려울 수 있다. 이러한 경우에는 성인들의 나쁜 평판이 차츰 잦아드는 것을 기다리면서, 학교 혹은 직장 밖에서 새로운 친구를 사귈 수 있도록 사회성 코치들이 도와주는 것이 더 좋다. [주: 나쁜 평판 바꾸기에 관한 규칙은 **부모와 함께하는 자폐스펙트럼장애 청소년 사회기술훈련**(유희정 역, 2013)을 참조할 수 있으며, 영어로 된 자료에 익숙하다면 *The Science of Making Friends: Helping Socially Challenged Teens and Young Adults*(Laugeson, 2013), 또는 *The PEERS® Curriculum for School-Based Professionals: Social Skills Training for Adolescents with Autism Spectrum Disorder*(Laugeson, 2014)를 참조해볼 수도 있다.]

성인들이 **사회적 모임**의 기능을 이해할 수 있도록 가르쳐 줌으로써 그들이 적절한 새로운 친구를 사귈 수 있는 곳을 찾을 수 있게 도울 수 있다. 대부분의 성인이 **사회적 모임**에 대한 이야기는 들어봤지만 그 기능에 대해서는 많이 생각해보지 않았을 것이기 때문에(예: 나는 비디오 게임을 좋아하니까 비디오 게임을 좋아하는 다른 사람과 친구가 되어야지), 당신을 이 문제에 대한 전문가로 바라볼 것이다. 그러므로 당신은 교육 전에 다양한 **사회적 모임**에 대해 명확하게 이해하는 것이 중요하다.

몇몇 성인들은 자신을 받아주지 않을 가능성이 큰 **사회적 모임**과 스스로 잘 어울린다고 말하겠지만 이는 사실과 다른 경우가 많다. 이번 회기에서 가장 중요한 부분은 부적절한 **사회적 모임**에 어울리려고 시도하는 성인을 부드럽게 설득하고, 대신 그 성인의 관심사에 근거하여 더 적절한 집단을 찾도록 하는 것이다. 이를 위해 다음과 같이 질문할 수 있다. "**그 집단과 어울리려고 한 적이 있나요?**" 성인이 그렇다고 대답할 경우에 다음과 같이 질문한다. "**그들이 당신을 받아들인 것 같았나요?**" 성인이 여기에도 그렇다고 대답할 경우 다음과 같이 물어본다. "**그것을 어떻게 알 수 있었나요?**" 이 회기의 교육 내용에는 수용 혹은 거절을 나타내는 행동의 신호들을 구별하게 해주는 내용이 포함되어 있다. 이 내용을 논의함으로써 성인이 예전에 거절을 당했다는 사실을 인정하게 된다면, 좀 더 적절한 **사회적 모임**을 찾도록 돕는 방향으로 나아갈 수 있다. 거절당했다는 사실을 깨닫는 것이 고통스러울 수 있으나, 이 프로그램에서 자주 사용하는 우리끼리 문구를 인용해 다음과 같이 말함으로써 그것 역시 정상적인 경험이 되도록 돕는다. "**우정은 선택입니다. 우리는 모든 사람과 친구가 될 수 없으며, 모든 사람이 우리와 친구가 될 수 있는 것 또한 아닙니다.**"

일을 하지 않거나 학교를 다니지 않는 성인들에게 **사회적 모임**이라는 개념은 잘 부합되지 않을 수도 있다. 그러나 이런 성인들에게도 이번 회기는 **사회적 활동**에 참여함으로써 **새로운 친구를 사귈 수 있는 곳**을 찾도록 하는 데 상당히 도움이 될 것이다. 성인들이 **공통의 관심사**를 가지고 있는 새로운 잠재적인 친구를 찾는 데 성공하려면 사회적 활동을 찾아내는 과정에서 사회성 코치의 도움이 꼭 필요하다. 만약 거주하는 지역 근처에 조직화된 **사회적 활동**이 드물거나 상당히 제한적이라면, 처음 시작은 **공통의 관심사**를 가진 몇 명의 성인을 찾는 것만으로도 충분하다.

반사회적인 집단(예: 범죄집단이나 비행 집단)을 선택하려는 성인이 있다면, **이를 집단과 같이 의논할 수 있도록 터놓고 "(집단 이름)와/과 어울린다면 무엇이 문제가 될 수 있나요?"** 라고 질문하는 방법으로 반론을 제기한다. 또한 성인들이 주변인(한 집단 혹은 그 이상의 집단을 옮겨 다니는 사람) 혹은 외톨이(또는 '나 혼자의 그룹')를 선택하지 않게 해야 한다. 이 둘은 모두 진정한 **사회적 모임**이 아니기 때문이다. 나중에 참조하기 위해 성인들이 선택한 **사회적 모임** 및 사회적 활동들을 칠판에 적어 놓는다.

과제 점검

[다음의 과제를 검토하고 발생 가능한 **문제해결**을 의논한다. 성공적으로 과제를 완수한 사람부터 시작한다. 시간이 된다면 (과제를 다 하지 못한 사람들에게) 왜 과제를 완수할 수 없었는지 이유를 질문할 수 있으며, 다음 주에 어떻게 이것을 할 수 있을지에 대한 **문제해결**을 시도해볼 수 있다. 과제를 점검하는 동안에는 반드시 (볼드체로 표시된) 우리끼리 단어를 사용한다. **집단 구성원과 전화 혹은 영상 통화**가 이번 회기의 가장 중요한 과제이므로 과제 점검 시간 대부분을 여기에 할애한다.]

1. **집단 구성원과 전화 혹은 영상 통화를 한다.**
   - 치료자: "이번 주 과제 중 하나는 정보 교환하기 연습을 위해 성인들이 집단 구성원 중 누군가와 전화 혹은 영상 통화를 하는 것이었습니다. 집단 구성원과 전화 혹은 영상 통화를 한 사람은 손을 들어주세요."
   - 질문
     ○ "당신은 누구와 이야기를 했으며, 누가 누구에게 전화를 걸었나요?"
     ○ "정보를 교환하고 공통의 관심사를 찾았나요?"
     ○ "만약 두 사람이 함께 시간을 보내게 된다면 그 정보를 가지고 무엇을 할 수 있나요?"
   - 그 전화 혹은 영상 통화에 참여한 다른 사람이 바로 다음에 설명하도록 한다. 단, 동시에 발표하게 하지는 않는다.

2. 성인들과 사회성 코치들은 **대화 시작하고 유지하기, 정보 교환하기, 공통의 관심사 찾기**를 연습한다.
   - 치료자: "이번 주 또 다른 과제는 여러분의 사회성 코치와 함께 대화 시작하고 유지하기, 정보 교환하기, 공통의 관심사 찾기를 연습하는 것이었습니다. 사회성 코치와 정보를 교환한 사람은 손을 들어주세요."
   - 질문
     ○ "대화 시작하기를 연습했나요? 어떤 단계를 따랐나요?"
       ■ **대화 시작하기의 단계**
       1. 자연스럽게 지켜본다.
       2. 소품을 사용한다.
       3. 공통의 관심사를 찾는다.
       4. 공통의 관심사를 언급한다.
       5. 정보를 교환한다.
       6. 관심을 평가한다.
         □ 그들이 나에게 이야기를 하고 있는가?
         □ 그들이 나를 쳐다보고 있는가?
         □ 그들이 나와 마주 보고 있는가(아니면 나에게 무관심한 태도를 보이는가)?

7. 자신을 소개한다.
  ○ "정보를 교환하고 공통의 관심사를 찾았나요?"
  ○ "만약 두 사람이 함께 시간을 보내게 된다면 그 정보를 가지고 무엇을 할 수 있나요?"

교육: 새로운 친구를 사귈 수 있는 곳 찾기

● 설명: "오늘 우리는 새로운 친구를 사귈 수 있는 곳을 찾는 방법에 대해서 이야기할 것입니다. PEERS®는 성인들이 친구를 만들고 그 관계를 유지하며, 친밀하고 의미 있는 관계를 만들어 갈 수 있도록 도와주는 프로그램이지만 새로운 친구를 사귈 수 있는 모임은 아닙니다. 즉, 다른 집단 구성원과 친밀하고 의미 있는 관계를 만들기 위해 여기에 모인 것이 아닙니다. 만약 친밀하고 의미 있는 관계가 된다면 그것은 매우 좋은 일입니다. 하지만 그러는 동안에 우리는 여러분이 PEERS® 모임 밖에서 새로운 친구를 사귈 수 있는 장소를 찾을 수 있는 방법을 가르쳐 주어야 합니다. 그 과정을 시작하기 위해서는 우정은 선택임을 이해해야 합니다."

● 질문: "우리는 모든 사람과 친구가 될 수 있나요?"
  ○ 대답: 아니요.

● 질문: "모든 사람이 우리와 친구가 될 수 있나요?"
  ○ 대답: 아니요.

● 설명: "왜냐하면 우정은 선택이기 때문입니다. 따라서 누구와 친구가 될 것인가를 현명하게 선택하는 것이 중요합니다. 우정은 선택이며, 좋은 선택과 나쁜 선택이 있습니다."

● 아래에 언급된 친구로 좋은 선택의 예를 제시하면서 "(고개를 끄덕이며) ……와/과 같은 사람을 선택하고 싶나요?"라고 질문한다. 각 항목에 대해 "……와/과 같은 사람을 선택하는 것이 중요한 이유는 무엇인가요?"라고 질문을 이어 간다.
  ○ "당신에게 착하고 친절한 사람?"
  ○ "당신에게 관심을 보이는 사람?"
  ○ "당신과 관심사가 같은 사람?"
  ○ "당신과 비슷한 나이대의 사람?"

● 아래에 언급된 친구로 나쁜 선택의 예를 제시하면서 "(고개를 끄덕이며) ……와/과 같은 사람을 선택하고 싶나요?"라고 질문한다. 각 항목에 대해 "……와/과 같은 사람을 선택하면 무엇이 문제가 될까요?"라고 질문을 이어 간다.
  ○ "당신에게 무례하거나 당신을 조롱하는 사람?"
  ○ "당신을 무시하는 사람?"
  ○ "당신을 이용하려는 사람?"
  ○ "당신을 곤란하게 만들 가능성이 큰 사람?"

사회적 모임

● 설명: "우정은 선택이며, 좋은 선택과 나쁜 선택이 있다는 것을 이해하였으므로 좋은 선택이 되는 친구를 어디서 사귈 수 있는가를 함께 이야기해볼 필요가 있습니다. "어디를 가든 사람들이 함께 어울리는 집단들이 있는데, 그 사람들은 어느 정도 공통의 관심사를 공유합니다. 이러한 집단을 '사회적 모임'이라고 하며

표 4.1 성인들로부터 확인된 다양한 사회적 모임

학교 동아리	팬클럽	패션피플
학생 자치회	스타트렉의 팬(트레키)	뷰티/코스메틱
운동선수	SF 마니아	힙합
스포츠 팀	컴퓨터 마니아	록 페스티벌/록 음악
스포츠 팬	과학 마니아	너드
스케이트	로봇 공학 클럽	영재클럽/멘사
서핑/스쿠버다이빙	영화 마니아	토론회
승마	만화/애니메이션 마니아	정치집단
동물 애호가	코스프레 마니아	군인집단
각종 수집가	비디오 게임 마니아	문화집단
피규어	보드 게임 마니아	종교집단
프라모델	클럽 마니아	성적소수자
인형 만들기	밴드 마니아	전공 관련
합창단	오토바이/자동차 게임	일하는 부서
음악인	독서 마니아	일하는 업종
예술인	역사 마니아	인기 있는 사람들
드라마/연극인	수학 마니아	기타 사회적 모임

때로 이러한 집단은 게임 마니아, 컴퓨터 동아리와 같은 이름을 가지고 있는 경우가 있습니다. 성인들이 흔히 알고 있는 다른 '사회적 모임'에는 어떤 것들이 있을까요?"

● 성인들이 다양한 **사회적 모임**을 브레인스토밍하도록 한다.

　○ 성인들로부터 확인된 다양한 **사회적 모임**에 관한 개요가 [표 4.1]에 제시되어 있다.

　○ [주: **사회적 모임**은 각자의 문화에 따라 다를 것이다. [표 4.1]을 종합적이거나 완전한 목록이라고 생각하고 의존하지 않기 바란다. 시대와 문화에 따라 **사회적 모임**은 변하기 때문에 성인들이 이에 맞게 목록을 만들어낼 수 있도록 한다.]

● **사회적 모임**의 이름을 칠판에 적고 이 회기가 끝날 때까지 지우지 않는다.

● [주: 성인들이 다양한 종류의 '마니아'를 찾아내기 시작하면, 다음의 정보들을 설명해주면서 '마니아'가 되는 것의 좋은 점을 이야기해준다. '마니아'가 되는 것을 정상적인 것으로 만들고 심지어 여기에 속하기를 격려한다면, 많은 성인이 하나 혹은 그 이상의 집단들과 스스로를 동일시하게 될 것이다.]

● 치료자: "다양한 종류의 '마니아'가 있으며, '마니아'가 되는 것은 꽤 멋있는 일이기도 합니다. 왜냐하면 '마니아'는 특정 분야에 큰 흥미가 있고, 그것을 잘한다는 뜻이기 때문입니다. 특정 분야를 즐기는 것만으로는 '마니아'가 될 수 없습니다. 그 분야에 대해서 많이 알고 있어야 합니다. 예를 들어 제가 컴퓨터를 무척 좋아하지만 컴퓨터에 대해서 잘 알지 못한다면 저를 컴퓨터 마니아라고 할 수 있을까요?"

　○ 대답: 아니요.

● 치료자: "컴퓨터 마니아란 컴퓨터에 관심이 많으면서 컴퓨터를 잘 사용할 줄 아는 사람들을 말합니다. 즉, 그들이 컴퓨터 마니아라는 사실을 자랑스러워하나요?"

○ 대답: 예.
● 질문: 다른 종류의 '마니아'에는 어떤 것들이 있을까요?
  ○ 대답: 컴퓨터/비디오 게임 혹은 게임 마니아, 만화책 마니아, 애니메이션 마니아, 과학 마니아, SF 마니아, 수학 마니아, 밴드 마니아, 영화 마니아
● 아래에 언급된 '마니아'의 예를 제시하면서 "~마니아는 무엇을 공통으로 가지고 있을까요?"라고 질문한다. 각 항목에 대해 "그들이 ~마니아라고 불리는 것을 자랑스러워하나요?"라고 질문을 이어 간다.
  ○ 컴퓨터 혹은 기술 마니아
  ○ 컴퓨터/비디오 게임 혹은 게임 마니아
  ○ 만화책 마니아
  ○ 과학 마니아

사회적 활동 찾기

● 설명: "이러한 사회적 모임에 대해서 우리가 중요하게 기억해야 할 것은 집단 구성원들끼리 공통점을 나누고 있다는 것입니다. 이러한 사회적 모임의 구성원들은 함께 어울리기도 하며, 사회활동, 스포츠 혹은 기타 모임 집단을 통해 서로 만나기도 합니다. 우리의 목표는 친구를 만들고 그 관계를 유지하는 것이며, 우리는 우정이 공통의 관심사를 기반으로 두고 있다는 것을 잘 알고 있으므로, 같은 관심사를 가지고 있는 사람들을 만날 수 있는 사회적 활동을 찾는 것이 중요합니다."
● [표 4.2]에 나열된 각각의 관심사를 제시하면서 다음과 같이 질문한다. "만약 우리가 (관심사를 삽입)을/를

표 4.2 가능한 사회적 활동

관심사	관련 사회적 활동
컴퓨터/기계	컴퓨터 수업을 듣는다. 컴퓨터/기계공학 부서의 이벤트에 참석한다. 기계 관련 단체 혹은 클럽에 참여한다. 컴퓨터 관련 단체 혹은 클럽에 참여한다.
컴퓨터/비디오 게임	친구들과 오락실/PC방에 간다. 게임 대회에 나간다. 게임 스토어에 찾아간다. 게임 관련 단체 혹은 클럽에 참여한다.
과학	과학 박물관 이벤트에 참석한다. 과학 수업을 듣는다. 과학 관련 단체 혹은 클럽에 참여한다. 로봇 관련 클럽에 참여한다.
만화책/애니	만화 대회에 나간다. 만화책 스토어에 찾아간다. 만화/애니메이션 수업을 듣는다. 만화/애니메이션 관련 단체 및 클럽에 참여한다.
보드 게임	보드 게임 대회에 나간다. 보드 게임 관련 단체 혹은 클럽에 참여한다.
코스프레	만화 대회에 나간다. 의상을 직접 만들 수 있도록 바느질 수업을 듣는다. 코스프레 관련 단체 혹은 클럽에 참여한다.
영화	영화 감상회에 참석한다. 영화 관련 단체 혹은 동호회에 참여한다.
스포츠	스포츠 팀에 가입한다. 지역 센터 등에서 스포츠를 배운다. 스포츠 연합에 가입한다. 스포츠 이벤트/스포츠 캠프에 참석한다. 스포츠 관련 단체 혹은 클럽에 참여한다.
자동차	자동차 쇼/자동차 박물관을 방문한다. 자동차 관련 수업을 듣는다. 자동차 관련 단체 혹은 클럽에 참여한다.
음악	콘서트에 간다. 대학생 밴드에 가입한다. 음악 관련 수업을 듣는다. 음악 관련 단체 혹은 클럽에 참여한다.
어학	어학 수업을 듣는다. 어학 관련 단체 혹은 클럽에 참여한다. 언어 교환 프로그램에 참여한다. 문화원에 간다.
요리	요리 수업을 듣는다. 요리 관련 단체 혹은 클럽에 참여한다. 요리 대회에 나간다.

좋아한다면, (관심사를 삽입)을/를 좋아하는 다른 사람들을 어디에서 만날 수 있을까요?"

공통의 관심사를 가진 사람 찾기

- 질문: "다양한 사회적 모임을 찾아내고 공통의 관심사를 가진 성인을 어디서 찾을 수 있는지에 대해서 이 야기를 나눠 봤으므로 이제 사회적 활동 밖에서 새로운 친구를 사귈 수 있는 다른 방법들에 대해서 이야기 를 나눠 보겠습니다. 어떤 사람이 어떤 집단에 속해 있고 관심사가 무엇인지를 어떻게 알 수 있을까요?"
  - ○ 대답
    - 외모, 옷차림, 헤어스타일
    - 관심사, 이야기하는 주제
    - 여가 시간에 무엇을 하는지
    - 누구와 시간을 보내는지
    - 어디서 시간을 보내는지
    - 어떤 사회적 활동에 참여하는지
- 질문: "만약 내가 컴퓨터 마니아이고, 컴퓨터나 관련 기술을 좋아하는 다른 사람을 만나고 싶은데, 가입할 수 있는 컴퓨터 동호회나 기술 동호회가 없는 경우에 공통의 관심사를 나누고 있는 사람들을 어떻게 만날 수 있을까요?"
  - ○ 대답: 컴퓨터 마니아들은 학교의 컴퓨터 연구실에서 시간을 보내고, 컴퓨터 수업을 듣습니다. IT 부서 혹은 기계공학과 관련된 직장에서 일합니다. 대학교에서 기계공학 관련 수업을 듣습니다. 노트북이나 기타 다른 종류의 기기를 들고 다닙니다. 친구들과 컴퓨터에 대해서 이야기를 나눕니다. 컴퓨터 혹은 기 술 관련 로고가 그려진 티셔츠를 입고 다닙니다.
- 질문: "만약 내가 게임 마니아이고, (컴퓨터/비디오) 게임을 좋아하는 다른 사람을 만나고 싶은데, 가입할 수 있는 게임 동호회가 없을 경우에 공통의 관심사를 나누고 있는 사람들을 어떻게 만날 수 있을까요?"
  - ○ 대답: 게임 마니아들은 휴대용 게임기기를 들고 다닐 때가 많습니다. 쉬는 시간이나 수업 시간, 업무 시 간 전후에 (컴퓨터/비디오) 게임을 합니다. 친구들과 (컴퓨터/비디오) 게임에 관한 이야기를 합니다. 게 임 로고가 그려진 티셔츠를 입고 다닙니다.
- 질문: "만약 내가 만화 혹은 애니메이션 마니아이고, 만화 혹은 애니메이션을 좋아하는 다른 사람을 만나 고 싶은데, 가입할 수 있는 만화 혹은 애니메이션 동호회가 없을 경우에 공통의 관심사를 나누고 있는 사람 들을 어떻게 만날 수 있을까요?"
  - ○ 대답: 만화 혹은 애니메이션을 좋아하는 사람들은 종종 자신이 가장 좋아하는 만화책이나 관련 잡지들 을 들고 다닙니다. 자신의 물건에 캐릭터를 그려 놓았을 수도 있고, 그리기 실력을 향상시키기 위해 미 술이나 만화 작화 수업을 듣기도 합니다. 친구들과 만화 혹은 애니메이션에 관한 이야기를 합니다. 만화 페스티벌이나 관련된 행사에 가는 것에 대해서 이야기를 나눕니다. 만화책 혹은 애니메이션 캐릭터가 그려진 티셔츠를 입고 다닙니다.
- 질문: "만약 내가 과학 마니아이고, 과학을 좋아하는 다른 사람을 만나고 싶은데, 가입할 수 있는 과학 동호 회가 없을 경우에 공통의 관심사를 나누고 있는 사람들을 어떻게 만날 수 있을까요?"
  - ○ 대답: 과학을 좋아하는 사람들은 학교의 과학 연구실에서 시간을 보냅니다. 과학 수업을 듣습니다. 과학 과 관련된 직장에서 일을 합니다. 과학 책 혹은 공상과학 책을 들고 다닙니다. 친구들과 과학에 관련된

이야기를 합니다. 과학 혹은 공상과학과 관련된 로고가 그려진 티셔츠를 입고 다닙니다.

- 설명: "따라서 우리가 사회적 활동들에 참석하지 않는다고 하더라도 공통의 관심사를 가진 사람들을 찾을 수 있는 방법이 많습니다."

집단에 받아들여졌는지 받아들여지지 않았는지 평가하기

- 설명: "누구와 친구가 될 수 있는지 그리고 그 집단의 사람들을 어디서 찾을 수 있는지에 대해서 이야기를 나눠 봤으므로, 그 집단의 사람들로부터 우리가 받아들여졌는지 혹은 받아들여지지 않았는지를 어떻게 판단할 것인지를 이야기할 것입니다. 우정은 선택이라는 것을 기억해야 합니다. 우리는 모든 사람과 친구가 될 수 없으며, 모든 사람이 우리와 친구가 될 수 있는 것 또한 아닙니다. 우정은 좋은 선택과 나쁜 선택이 있습니다. 때로는 자신과 친구가 되고 싶어 하지 않는 사람과 친구가 되려고 하는 사람들이 있습니다. 이것은 나쁜 선택입니다."

- 설명: "타인이 당신과 친구가 되고 싶어 한다는 것을 어떻게 알 수 있을까요? 어떤 사람들은 단지 느낌을 통해서 알 수 있다고 합니다. 느낌으로 알 수 있는 것도 사실이지만, 우리가 어느 집단에 받아들여졌는지 혹은 받아들여지지 않았는지를 알 수 있는 보다 명확한 행동들이 있습니다."

- 아래의 질문을 하고 논의를 이끌어 가는 데는 [표 4.3]을 활용한다.
  ○ 질문: "집단에 받아들여졌다는 것을 어떻게 알 수 있을까요?"
  ○ 질문: "집단에 받아들여지지 않았다는 것을 어떻게 알 수 있을까요?"

- 설명: "누군가가 나와 친구가 되지 않으려고 한다면 기분이 좋지 않을 것이라는 것을 잘 알고 있으나, 우정은 선택이라는 것을 잘 기억해야 합니다. 우리는 모든 사람과 친구가 될 수 없으며, 모든 사람이 우리와 친

표 4.3 사회적 모임으로부터 받아들여졌는지 혹은 받아들여지지 않았는지를 알 수 있는 신호

받아들여졌다는 신호	받아들여지지 않았다는 신호
어떤 일/활동을 하자고 당신에게 개인적으로 혹은 그룹과 함께 만나자고 한다.	어떤 일/활동을 하자고 당신에게 만나자고 하지 않는다.
함께 이야기를 나누려는 당신의 시도에 반응을 보이고 당신과 대화를 나눈다.	함께 이야기를 나누려는 당신의 시도를 무시하거나 당신에게 반응하지 않는다.
당신에게 자신의 연락처를 준다.	당신에게 자신의 연락처를 주지 않는다.
당신의 연락처를 물어본다.	당신의 연락처를 물어보지 않는다.
그냥 이야기를 나누려는 목적으로 당신에게 문자, 메시지, 이메일을 보내거나 전화를 한다.	당신에게 문자, 메시지, 이메일을 보내거나 전화를 하지 않는다.
당신의 문자, 메시지, 이메일 혹은 전화에 답한다.	당신의 문자, 메시지, 이메일 혹은 전화를 받지 않거나 이에 답장하지 않는다.
어떤 일/활동에 당신을 초대한다.	어떤 일/활동에 당신을 초대하지 않는다.
어떤 일/활동을 하자고 하는 당신의 초대를 받아들인다.	어떤 일/활동을 하자고 하는 당신의 초대를 받아들이지 않거나 나중에 하자고 미룬다.
소셜네트워킹사이트(SNS)에 당신을 친구로 추가한다.	소셜네트워킹사이트(SNS)에서 당신의 친구 추가 요청을 수락하지 않는다.
당신에게 친절한 말을 하거나 칭찬을 한다.	당신을 비웃거나 조롱한다.

구가 될 수 있는 것 또한 아닙니다. 누군가가 나와 친구가 되고 싶어 하지 않는다면, 나와 친구가 되고 싶어 하는 다른 사람을 찾아야 합니다."

새로운 친구를 사귈 수 있는 곳 찾아내기

● 설명: "우리는 지난 2주 동안 여러분이 좋아하는 일에 대한 정보를 교환하는 데 많은 시간을 할애했습니다. 여러분의 관심사를 바탕으로 여러분과 가장 잘 어울리는 사회적 모임이 무엇인지 생각해보세요. 돌아가면서 모두가 각자의 관심사에 따라 자신에게 잘 어울리는 집단을 2~3개 생각해보도록 하겠습니다. 그다음에 여러분과 같은 것을 좋아하는 사람들을 만날 수 있는 몇 가지 사회적 활동 혹은 기타 모임집단을 생각해보길 바랍니다."(표 4.2 참조)

● 각각의 성인에게 다음과 같이 질문한다.

○ "당신의 관심사를 바탕으로 당신과 어울리는 집단에는 어떤 것들이 있을까요?"

■ 성인이 언급한 적절한 집단은 빠르게 다시 말하도록 한다.

■ 성인이 언급한 부적절한 집단은 의도적으로 무시하도록 한다.

○ "이전에 그 집단의 구성원들과 함께 시간을 보내려고 노력한 적이 있나요?"

○ "그들이 당신을 받아들인 것 같았나요?"

■ 성인이 "예"라고 대답할 경우 다음과 같이 물어본다. "그것을 어떻게 알 수 있었나요?"

● "(관심사를 삽입)에 관심 있는 성인들을 또 어디서 만날 수 있을까요?"

● 돌아가면서 모든 성인이 대답을 마치면, 어떤 집단이 적절한지를 요약하고 사회성 코치들과 다시 만나기 시간에 이것을 소리 내어 읽을 수 있도록 보조 치료자가 과제 수행 기록지(부록 D)에 적어 놓는다.

● 설명: "이번 주부터 여러분의 사회성 코치들의 도움으로 새로운 친구를 사귈 수 있는 사회적 활동을 찾기 시작할 것입니다."

행동 연습

퀴즈쇼

필요한 자료

- 화이트보드와 보드마커
- 각각의 성인을 위한 **퀴즈쇼 답안지**
- 펜
- 가위

규칙

- 성인들은 **정보 교환** 게임에서 서로 경쟁할 것이다.
- 집단 치료자가 퀴즈쇼 답안지를 참고하여 각 성인에 대한 질문을 하고, 정보 교환을 통해 답을 알게 된 성인들은 대답을 한다.
  - 예
    - 집단 치료자: "(이름)이/가 제일 좋아하는 운동이 무엇일까요?"
    - 성인: "축구입니다."
- 흥미와 협동을 유도하기 위해서 성인 집단 치료자는 정답에 대해 점수를 준다.
- 퀴즈쇼의 목적은 **정보 교환**을 완벽하게 연습하는 것이 아니다. 왜냐하면 완벽한 정보 교환을 목표로 하게 될 경우 성인들이 마치 진행자/면접관처럼 질문하게 되기 때문이다.
- 퀴즈쇼의 진짜 목적은 다음과 같은 사항을 개선하기 위한 것이다.
  - **주제 도입하기**
    - 제한된 관심사에 관한 것보다는 다양한 주제에 대해서 이야기를 나누기
  - **듣기 기술**
    - 사람들이 자신에 관한 정보를 공유할 때 그것을 경청하고 기억하기

게임 방법

- 이전 회기에서 완성한 **퀴즈쇼 답안지**를 보관하고 있어야 한다.
  - 만약 퀴즈쇼 답안지를 보관하는 것을 잊어버렸다면 성인에게 이 섹션 마지막에 있는 퀴즈쇼 답안지를 완성하게 한다.
- 성인들이 볼 수 있도록 **퀴즈쇼의 주제**를 칠판에 적어둔다.
  - **가장 좋아하는 음악**
  - **가장 좋아하는 주말 활동**
  - **가장 좋아하는 운동**
  - **가장 좋아하는 게임**
  - **가장 좋아하는 영화**
  - **가장 좋아하는 TV 프로그램**
  - **가장 좋아하는 책**

○ **현재 하고 있는 머리카락 색깔**(주: 이 항목은 질문해서 답을 얻는 것이 아니라, 다른 사람의 얼굴이나 머리를 바라봄으로써 알 수 있다. 만약 모든 사람의 머리카락 색깔이 거의 똑같다면 이는 다른 것으로 대체해도 된다.)

- 요즘의 관심사
- 내가 사는 곳
- 각각의 성인이 다른 집단 구성원들과 소집단을 이루어 2~3분간 **퀴즈쇼**에 관한 **정보 교환**을 연습하게 한다.
  ○ (남은 시간에 따라) 그룹을 몇 번 바꾼다.
  ○ 필요한 경우에는 성인들이 **퀴즈쇼의 주제**에 맞는 질문을 하도록 유도해준다.
- 성인들이 **정보 교환**을 끝냈다면, 그룹으로 다시 모여서 **퀴즈쇼**를 시작한다.
  ○ 이번 회기에 가장 많이 참여하는 것으로 보이는 성인이 첫 번째 범주를 선택하게 하는 것으로 시작한다.
  ○ 만약에 질문을 하기 전에 손을 든다면 질문을 할 수 없다고 알린다.
  ○ 처음으로 손을 든 사람이 먼저 답을 말할 수 있다.
  ○ 만약에 틀린 답을 말했다면 두 번째로 손을 든 사람이 대답할 기회를 얻는다. 계속 이런 방식으로 진행한다.
  ○ 한 명의 성인은 질문 하나당 한 번의 대답 기회만 갖는다.
  ○ 힌트를 주지 않는다.
- 만약에 성인들이 대답을 하는 데 너무 오랜 시간이 걸린다면 시간제한을 둘 수 있다.
- 답을 맞힌 성인은 점수를 얻고 다음 범주를 고를 수 있다.
- 만약에 아무도 답을 맞히지 못하였다면 방금 전 질문에서 지칭되었던 사람이 범주를 고른다.
- 게임을 하는 동안 성인들이 서로에게 박수를 쳐주도록 격려한다.
- 맞는 답에 대해 점수를 주고 칠판에 점수를 기록한다.
- 성인들이 답을 맞히고자 무작위로 여러 가지 답을 연달아 한다면 정보 교환을 통해 알게 된 정보들만 대답하도록 유도한다.
  ○ 가장 중요한 것은 성인들이 **정보 교환**을 통해 알게 된 정보들을 기억한다는 것이다.
- 게임의 마지막에 가장 많은 점수를 획득한 사람이 **퀴즈쇼 승자**가 된다.

퀴즈쇼 답안지

음악 감상하기 _____ (이)가 가장 좋아하는 음악은 (이름) _____ (가장 좋아하는 음악)	**주말을 신나게 보내는 방법!** _____ (이)가 가장 좋아하는 주말 활동 (이름) _____ (가장 좋아하는 주말 활동)
즐겁게 운동하기 _____ (이)가 가장 좋아하는 운동은 (이름) _____ (가장 좋아하는 운동)	**내가 제일 좋아하는 게임은** _____ (이)가 제일 좋아하는 게임은 (이름) _____ (가장 좋아하는 게임)
영화, 영화, 영화! _____ (이)가 가장 좋아하는 영화 (이름) _____ (가장 좋아하는 영화)	**재미있는 TV 프로그램!** _____ (이)가 가장 좋아하는 TV 프로그램 (이름) _____ (가장 좋아하는 TV 프로그램)
베스트셀러! _____ (이)가 가장 좋아하는 책 (이름) _____ (가장 좋아하는 책)	**이게 나의 머리카락 색이야!** _____ 의 머리카락 색깔 (이름) _____ (현재 하고 있는 머리카락 색깔)
요즘 제일 재미있어! _____ 의 최근 관심사 (이름) _____ (최근 관심사)	**살기 좋은 우리 동네~** _____ (이)가 사는 곳 (이름) _____ (사는 곳)

다시 만나기

- 성인들에게 사회성 코치와 다시 만날 것이라고 안내한다.
  - ○ 성인들은 각자의 사회성 코치 곁에 서 있거나 앉아 있다.
  - ○ 다시 만나기 시간이 시작되기 전에, 조용히 하고 집단에 완전히 집중하게 한다.
  - ○ 사회성 코치들이 옆에서 듣고 있을 동안에 성인들이 이번 회기에서 배웠던 내용을 이야기하게 한다.
- 치료자: "오늘 우리는 새로운 친구를 사귈 수 있는 곳에 대한 이야기를 나눴습니다. 어디에 가든 대부분 사람들이 함께 어울리는 집단들이 있는데, 그 사람들은 어느 정도 공통의 관심사를 공유합니다. 이러한 집단을 '사회적 모임'이라고 합니다. 성인들은 다양한 사회적 모임, 그 집단의 구성원들을 어디서 만날 수 있는지 그리고 자신의 관심사를 바탕으로 자신이 어떤 집단에 어울릴지를 브레인스토밍했습니다. 각각의 성인이 찾아낸 사회적 모임을 읽어드리겠습니다. 사회성 코치들은 성인이 선택한 집단을 적어야 합니다."
  - ○ 보조 치료자 한 명이 각각의 성인이 선택한 사회적 모임을 읽어 내려가면서 성인들과 그들의 선택을 다시 한 번 확인한다.
- 사회성 코치들은 성인이 선택한 사회적 모임을 적는다.
  - ○ 성인들이 기억을 못하거나 부적절한 집단을 이야기할 수 있으므로 **새로운 친구를 사귈 수 있는 곳**을 여기서 다시 이야기하지 않게 한다.
- 치료자: "성인들이 새로운 친구를 사귈 수 있는 곳 찾기를 아주 훌륭히 수행했습니다. 다 같이 박수를 쳐줍시다."
- 치료자: "이번 회기에서 성인들이 정보 교환을 연습하기 위해 퀴즈쇼도 했습니다. 오늘의 우승자는 (이름)입니다. (이름)을/를 위해 박수를 쳐줍시다."

과제 안내하기

성인들에게 **사회성 코칭 유인물**을 나눠주고 다음과 같이 과제를 안내한다.

1. 새로운 친구를 사귈 수 있는 곳을 찾는다.

- 성인들과 사회성 코치들은 성인들의 관심사를 바탕으로 성인들이 참여할 수 있는 **사회적 활동**들에 대해 의논하고 결정한다.
- 결정한 뒤 바로 이 활동에 참여를 시작한다.
  - ○ 바람직한 **사회적 활동**의 기준
    - 성인의 관심사에 근거한다.
    - 매주 혹은 적어도 2주에 한 번 만난다.
    - 성인을 받아들여주는 비슷한 나이대의 또래들이 포함되어 있다.
    - 다른 사람들과 어울릴 수 있는 구조화되지 않은 시간이 있다.
    - 앞으로 2주 안에 활동이 시작된다.

2. 집단 구성원과 전화 혹은 영상 통화를 한다.

- 정보 교환을 위해 전화나 영상 통화를 할 수 있도록 상대 집단 구성원을 확인하고 약속을 정한다.
- 치료실을 떠나기 전에 성인들과 사회성 코치들은 다른 집단 구성원에게 전화를 하기 위한 날짜와 시간

을 정한다.

- 전화를 하기 전에 **정보 교환** 규칙을 점검한다.
- 전화하고 난 뒤에 사회성 코치들은 성인들에게 다음과 같은 **사회성 코칭 질문**을 한다.
  - 공통의 관심사는 무엇이었나요?
  - 만약 두 사람이 함께 시간을 보내게 된다면 그 정보를 가지고 무엇을 할 수 있나요?

3. 성인들과 사회성 코치들은 **대화 시작하고 유지하기, 정보 교환하기, 공통의 관심사 찾기**를 연습해야 한다.
   - 연습 전에 **대화 시작하고 유지하기, 정보 교환하기** 규칙을 점검한다.
   - 연습을 한 이후에 사회성 코치들은 성인들에게 다음과 같은 **사회성 코칭 질문**을 한다.
     - 공통의 관심사는 무엇이었나요?
     - 만약 두 사람이 함께 시간을 보내게 된다면 그 정보를 가지고 무엇을 할 수 있나요?

4. **정보 교환**을 위한 **개인 물건**을 가져온다.
   - 다음 주에 집단 구성원과 함께할 **정보 교환**을 위한 **개인 물건**(예: 음악, 게임, 책, 그림 등)을 가져온다.

- 집단 구성원과의 전화 혹은 영상 통화 배정표(부록 C)를 읽어주고, 사회성 코치들이 누가 누구에게 전화를 걸거나 받는지 기록하게 한다.
- 성인 및 사회성 코치들에게 전화번호부(부록 B)를 나눠주고, 매주 전화하기로 한 시간과 날짜를 전화번호부에 기록하게 한다.
  - 지난주에 이어 수정한 사항이 있다면 새로운 전화번호부를 나눠준다.
- 다른 번호로 전화를 받기 원하거나 전화번호부에 잘못 입력된 사항이 있다면 성인 및 사회성 코치들이 관련 있는 모든 사람에게 이를 알려주도록 안내한다.
  - 수정해야 할 사항이 있을 경우에는 돌아오는 주에 새로운 전화번호부를 나눠준다.

개별적으로 확인하기

전화하기로 한 날짜와 시간을 다 정한 뒤에는 각각의 성인 및 사회성 코치들이 각자 개별적으로 다음과 같은 내용을 협의한다.

1. 성인들이 참여하는 데 관심을 보이는 **사회적 활동**
   - 이미 참여하고 있는 **사회적 활동**이 있다면 다음을 확인한다.
     - 성인의 관심사에 근거한다.
     - 매주 혹은 적어도 2주에 한 번 만난다.
     - 성인을 받아들여주는 비슷한 나이대의 또래들이 포함되어 있다.
     - 다른 사람들과 어울릴 수 있는 구조화되지 않은 시간이 있다.
     - 앞으로 2주 안에 활동이 시작된다.

2. **집단 구성원과 전화 혹은 영상 통화**를 하는 동안에 사회성 코치들은 어디에 있을 것인지

3. 성인들과 사회성 코치들이 **대화 시작하고 유지하기, 정보 교환하기, 공통의 관심사 찾기**를 언제 연습할 것인지

4. 다음 주에 가지고 오기로 계획한 **개인 물건**은 어떤 것인지

사회성 코칭 유인물

사회적 모임

표 4.1 성인들로부터 확인된 다양한 사회적 모임

학교 동아리	팬클럽	패션피플
학생 자치회	스타트렉의 팬(트레키)	뷰티/코스메틱
운동선수	SF 마니아	힙합
스포츠 팀	컴퓨터 마니아	록 페스티벌/록 음악
스포츠 팬	과학 마니아	너드
스케이트	로봇 공학 클럽	영재클럽/멘사
서핑/스쿠버다이빙	영화 마니아	토론회
승마	만화/애니메이션 마니아	정치집단
동물 애호가	코스프레 마니아	군인집단
각종 수집가	비디오 게임 마니아	문화집단
피규어	보드 게임 마니아	종교집단
프라모델	클럽 마니아	성적소수자
인형 만들기	밴드 마니아	전공 관련
합창단	오토바이/자동차 게임	일하는 부서
음악인	독서 마니아	일하는 업종
예술인	역사 마니아	인기 있는 사람들
드라마/연극인	수학 마니아	기타 사회적 모임

사회적 활동 찾기

표 4.2 가능한 사회적 활동

관심사	관련 사회적 활동
컴퓨터/기계	컴퓨터 수업을 듣는다. 컴퓨터/기계공학 부서의 이벤트에 참석한다. 기계 관련 단체 혹은 클럽에 참여한다. 컴퓨터 관련 단체 혹은 클럽에 참여한다.
컴퓨터/비디오 게임	친구들과 오락실/PC방에 간다. 게임 대회에 나간다. 게임 스토어에 찾아간다. 게임 관련 단체 혹은 클럽에 참여한다.
과학	과학 박물관 이벤트에 참석한다. 과학 수업을 듣는다. 과학 관련 단체 혹은 클럽에 참여한다. 로봇 관련 클럽에 참여한다.
만화책/애니	만화 대회에 나간다. 만화책 스토어에 찾아간다. 만화/애니메이션 수업을 듣는다. 만화/애니메이션 관련 단체 및 클럽에 참여한다.
보드 게임	보드 게임 대회에 나간다. 보드 게임 관련 단체 혹은 클럽에 참여한다.
코스프레	만화 대회에 나간다. 의상을 직접 만들 수 있도록 바느질 수업을 듣는다. 코스프레 관련 단체 혹은 클럽에 참여한다.
영화	영화 감상회에 참석한다. 영화 관련 단체 혹은 동호회에 참여한다.
스포츠	스포츠 팀에 가입한다. 지역 센터 등에서 스포츠를 배운다. 스포츠 연합에 가입한다. 스포츠 이벤트/스포츠 캠프에 참석한다. 스포츠 관련 단체 혹은 클럽에 참여한다.

자동차	자동차 쇼/자동차 박물관을 방문한다. 자동차 관련 수업을 듣는다. 자동차 관련 단체 혹은 클럽에 참여한다.
음악	콘서트에 간다. 대학생 밴드에 가입한다. 음악 관련 수업을 듣는다. 음악 관련 단체 혹은 클럽에 참여한다.
어학	어학 수업을 듣는다. 어학 관련 단체 혹은 클럽에 참여한다. 언어 교환 프로그램에 참여한다. 문화원에 간다.
요리	요리 수업을 듣는다. 요리 관련 단체 혹은 클럽에 참여한다. 요리 대회에 나간다.

공통의 관심사를 가진 사람 찾기

사회적 모임 및 공통의 관심사에 관한 단서

- 외모, 옷, 헤어스타일
- 관심사, 이야기하는 주제
- 여가 시간에 무엇을 하는지
- 누구와 시간을 보내는지
- 어디서 시간을 보내는지
- 어떤 사회적 활동에 참여하는지

집단에 받아들여졌는지 받아들여지지 않았는지 평가하기

표 4.3 사회적 모임으로부터 받아들여졌는지 혹은 받아들여지지 않았는지를 알 수 있는 신호

받아들여졌다는 신호	받아들여지지 않았다는 신호
어떤 일/활동을 하자고 당신에게 개인적으로 혹은 그룹과 함께 만나자고 한다.	어떤 일/활동을 하자고 당신에게 만나자고 하지 않는다.
함께 이야기를 나누려는 당신의 시도에 반응을 보이고 당신과 대화를 나눈다.	함께 이야기를 나누려는 당신의 시도를 무시하거나 당신에게 반응하지 않는다.
당신에게 자신의 연락처를 준다.	당신에게 자신의 연락처를 주지 않는다.
당신의 연락처를 물어본다.	당신의 연락처를 물어보지 않는다.
그냥 이야기를 나누려는 목적으로 당신에게 문자, 메시지, 이메일을 보내거나 전화를 한다.	당신에게 문자, 메시지, 이메일을 보내거나 전화를 하지 않는다.
당신의 문자, 메시지, 이메일 혹은 전화에 답한다.	당신의 문자, 메시지, 이메일 혹은 전화를 받지 않거나 이에 답장하지 않는다.
어떤 일/활동에 당신을 초대한다.	어떤 일/활동에 당신을 초대하지 않는다.
어떤 일/활동을 하자고 하는 당신의 초대를 받아들인다.	어떤 일/활동을 하자고 하는 당신의 초대를 받아들이지 않거나 나중에 하자고 미룬다.
소셜네트워킹사이트(SNS)에 당신을 친구로 추가한다.	소셜네트워킹사이트(SNS)에서 당신의 친구 추가 요청을 수락하지 않는다.
당신에게 친절한 말을 하거나 칭찬을 한다.	당신을 비웃거나 조롱한다.

기억할 것

우정은 선택입니다. 우리는 모든 사람과 친구가 될 수 없으며, 모든 사람이 우리와 친구가 될 수 있는 것 또한 아닙니다.

과제 안내하기

1. **새로운 친구를 사귈 수 있는 곳**을 찾는다.
   - 성인들과 사회성 코치들은 성인들의 관심사를 바탕으로 성인들이 참여할 수 있는 **사회적 활동**들에 대해 의논하고 결정한다.
   - 결정한 뒤 바로 이 활동에 참여를 시작한다.
     - 적절한 **사회적 활동**의 기준
       - 성인의 관심사에 근거한다.
       - 매주 혹은 적어도 2주에 한 번 만난다.
       - 성인을 받아들여주는 비슷한 나이대의 또래들이 포함되어 있다.
       - 다른 사람들과 어울릴 수 있는 구조화되지 않은 시간이 있다.
       - 앞으로 2주 안에 활동이 시작된다.

2. **집단 구성원과 전화 혹은 영상 통화를 한다.**
   - 정보 교환을 위해 전화나 영상 통화를 할 수 있도록 상대 집단 구성원을 확인한다.
   - 치료실을 떠나기 전에 성인들과 사회성 코치들은 다른 집단 구성원에게 전화를 하기 위한 날짜와 시간을 정한다.
   - 전화를 하기 전에 **정보 교환** 규칙을 점검한다.
   - 전화하고 난 뒤에 사회성 코치들은 성인들에게 다음과 같은 **사회성 코칭 질문**을 한다.
     - 공통의 관심사는 무엇이었나요?
     - 만약 두 사람이 함께 시간을 보내게 된다면 그 정보를 가지고 무엇을 할 수 있나요?

3. 성인들과 사회성 코치들은 **대화 시작하고 유지하기, 정보 교환하기, 공통의 관심사 찾기**를 연습한다.
   - 연습 전에 **대화 시작하고 유지하기, 정보 교환하기** 규칙을 점검한다.
   - 연습을 한 이후에 사회성 코치들은 성인들에게 다음과 같은 **사회성 코칭 질문**을 한다.
     - 공통의 관심사는 무엇이었나요?
     - 만약 두 사람이 함께 시간을 보내게 된다면 그 정보를 가지고 무엇을 할 수 있나요?

4. **정보 교환**을 위한 **개인 물건**을 가져온다.
   - 다음 주에 집단 구성원과 함께할 **정보 교환**을 위한 **개인 물건**(예: 음악, 게임, 책, 그림 등)을 가져온다.

주요 용어

개인 물건	사회적 모임	외톨이
광범위한 동료집단	사회적 집단	우정은 선택
마니아	사회적 활동	친한 또래집단

e-커뮤니케이션

사회성 코치 치료자 가이드

사회성 코치 회기 준비하기

이번 회기의 과제 점검은 **새로운 친구를 사귈 수 있는 곳** 및 **사회적 활동**을 찾는 것에 초점을 두도록 한다. 이미 자신을 받아들여주는 동료들로 구성된 **사회적 활동**에 참여하고 있는 성인들에게는 문제가 되지 않을 수도 있겠으나, 그렇지 못한 성인들에게는 이번 과제의 수행이 상당히 어려웠을 수도 있다. 사회성 코치들이 성인들이 적절한 **사회적 활동**을 찾는 것을 도와줄 수 있도록 과제를 점검하는 동안 이 부분에 충분한 시간을 할애하도록 한다. 참여 가능한 **사회적 활동**들이 열거된 목록을 나눠주는 것은 권하지 않는다. 이러한 목록에는 우리가 미처 파악하기도 전에 이미 종료된 활동들이 포함되어 있기도 하고, 각각의 성인에 잘 맞지 않을 수도 있다. 더 중요한 것은 만약 **사회적 활동**이 적힌 목록을 나눠준다면, 사회성 코치와 성인들이 독립적으로 **사회적 활동**을 찾는 방법을 교육할 기회를 놓치는 것이다. 치료의 궁극적인 목표는 프로그램이 끝난 뒤에 집단 구성원들이 최대한 독립적이 될 수 있게 돕는 것이며, **친구를 사귈 수 있는 곳**의 목록을 나눠주는 것은 그 목표와 상반되는 것이다. 하지만 만약 어떤 성인이 **새로운 친구를 사귈 수 있는 곳**을 찾는 것에 어려움을 겪고 있고, 치료자나 다른 집단 구성원들에게 좋은 아이디어가 있다면 얼마든지 적절히 공유해도 좋다. 이렇게 추가적인 제안을 해주는 것은 사회적 활동들이 적힌 목록을 주는 것과는 엄연히 다르다. 목록을 제공하는 것은 마치 치료자가 **새로운 친구를 사귈 수 있는 곳**을 찾아주어야 하는 책임이 있는 것 같은 인상을 줄 수 있기 때문이다.

집단 내에서 구성원들의 부적절한 행동과 관련된 다루기 어려운 문제들이 일어날 수 있다. 대다수의 사회성 코치들은 수업에 집중해서 무엇인가를 열심히 배우려고 하겠지만 간혹 다른 사회성 코치와 대화를 나눈다거나, 메신저 하기, 음성 메시지 듣기 혹은 심지어 전화 통화를 하면서 집단에서 이루어지고 있는 논의를 지속적으로 무시하는 사회성 코치들도 있을 수 있다. 이러한 행동이 다른 집단 구성원들의 주의를 분산시키는 정도가 되면 여기에 개입하는 것이 좋다. 집단 치료자로서 당신의 중요한 임무 중 하나는 당신의 집단을 보호하는 것이다. 그러므로 한 명의 집단 구성원으로 인해 다른 집단 구성원들이 방해를 받게 된다면 (심지어 존중받지 못하게 된다면), 다른 구성원들에게 공평하지 못한 일이므로 집단 치료자는 여기에 개입을 해야 한다. 옆에 앉은 다른 사회성 코치들과 대화를 나누는 것을 중지시키는 한 가지 방법은 2~3초간 진행을 멈추고 대화를 나누고 있는 사회성 코치들을 가만히 바라보면서 그들이 대화를 멈추는지 확인하는 것이다. 대개는 이런 비언어적인 촉구 방법만으로도 그들의 관심을 다시 치료자에게 돌리기에 충분하다. 또 다른 접근 방법은 잠시 논의하던 것을 멈추고 다음과 같이 말하는 것이다. "죄송합니다. 지금 하고 계신 이야기가 잘 들리지 않는군요." 일단 모든 집단 구성원이 치료자에게 집중하고 나면 논의에 참여하고 있었던 구성원에게 부드럽게 사과하면서 다음과 같이 말한다. "죄송합니다. 우리가 무슨 이야기를 나누고 있었지요?" 특히 저항이 심해서 위와 같은 방법을 사용해도 별로 달라지지 않는 집단 구성원들에게는 "모두 저에게 주목해주시겠습니까?"와 같이 조금 더 직접적으로 말해야 할 수도 있다. 그 후에 모두가 조용해지기를 기다린 뒤 회기를 다시 진행한다. 조금 더 극단적인 경우에는 문제를 일으키는 사회성 코치와 집단 밖에서 따로 이야기해야 할 수도 있다. 하지만 이런 경우는 극히 드물고, 매우 조심스럽게 다루어야 한다. 이런 경우 사회성 코치가 당혹스러워하지 않도록 다른 사람들이 없는 곳에서 조용히 대화하는 것이 매우 중요하다. 처음에는 살짝 미안해하듯이 대화를 시작한다(예: "이런 말씀을 드리게 되어 죄송합니다만……"). 그리고 집단에 방해가 된 행동이 무엇이었는지를 간략하게 이야기한다(예: "지난 몇 주간 회기 시간 내내 음성 메시지를 확인하고 메신저에 답하시는 것을 보게 되었습니다."). 그다음 이것이 집단에 어떤 영향을 줄 수 있는지 언급한다(예: "알고 계셨는지 잘 모르겠습니다만 그러한 행동은 집단의 주의를 분산시킵니다."). 그리고 모든 집단 구성원이 프로그램을 통해 최대한의 도움을 받을 수 있도록 하는 것이 당신의 일이라고 설명한다(예: "저는 우리가 회기에서 다루는 내용들을 통해 모든 사람이 최대한의 도움을 받을 수 있었으면 좋겠습니다."). 그다음에 해결책을 찾는다(예: "저는 당신이 다시 회기에 집중하고, 따라서 당신과 다른 모든 집단 구성원이 수업을 통해 최대한의 도움을 받을 수 있도록 하려면 어떻게 해야 할지 고민하고 있습니다."). 이러한 대화는 치료 저항과 관련된 문제점들에 대해 새로운 통찰을 제시해줄 수 있다. 사회성 코치들이 이와 같이 집단에 방해가 되는 행동을 보이는 밑바탕에는 집단의 중요성을 폄하하려고 하는 동기가 있다. 치료자는 그 이유를 알아내고 문제점을 극복할 수 있는 방안을 찾아야 한다. 치료 저항을 극복하는 전략들에 대해서는 매뉴얼의 회기 준비하기 부분들에서 계속해서 논의할 것이다.

과제 점검

[다음의 과제를 검토하고 발생 가능한 **문제해결**을 의논한다. 성공적으로 과제를 완수한 사람부터 시작한다. 시간이 된다면 (과제를 다 하지 못한 사람들에게) 왜 과제를 완수할 수 없었는지 이유를 질문할 수 있으며, 다음 주에 어떻게 이것을 할 수 있을지에 대한 **문제해결**을 시도해볼 수 있다. 과제를 점검하는 동안에는 반드시 (**볼드체로 표시된**) **우리끼리 단어**를 사용한다. **새로운 친구 사귈 수 있는 곳 찾기**가 이번 회기의 가장 중요한 과제이므로 과제 점검 시간 대부분을 여기에 할애한다.]

1. **정보 교환**을 위한 **개인 물건**을 가져온다.
   - 치료자: "이번 주의 주요 과제 중 하나는 다른 집단 구성원들과 정보 교환을 위해 개인 물건을 가져오는 것이었습니다. 성인들이 정보를 교환하기 위해 가져온 개인 물건에 대해서 빠르게 듣겠습니다."
     - 가져온 물건이 부적절한 경우에는 다음 주에 가지고 올 수 있는 물건에 대해 **해결책**을 논의한다.

2. **새로운 친구를 사귈 수 있는 곳**을 찾는다.
   - 치료자: "이번 주 또 다른 과제는 성인들이 새로운 친구를 사귈 수 있는 곳을 찾고, 사회적 모임에 참여할 수 있도록 도와주는 것이었습니다. 성인과 함께 새로운 친구를 사귈 수 있는 곳을 찾아낸 분이 있나요?"

- **새로운 친구를 사귈 수 있는 곳**이 적절한지 그리고 다음의 기준을 만족하는지 확인한다.
  - 성인의 관심사에 근거한다.
  - 매주 혹은 적어도 2주에 한 번 만난다.
  - 성인을 받아들여주는 비슷한 나이대의 또래들이 포함되어 있다.
  - 다른 사람들과 어울릴 수 있는 구조화되지 않은 시간이 있다.
  - 앞으로 2주 안에 활동이 시작된다.

3. **집단 구성원과 전화 혹은 영상 통화를 한다.**
   - 치료자: "이번 주 과제 중 하나는 정보 교환하기 연습을 위해 성인들이 집단 구성원 중 누군가와 전화 혹은 영상 통화를 하는 것이었습니다. 여러분의 성인 중에서 전화 혹은 영상 통화를 한 사람이 있나요?"
   - 질문
     - "당신의 성인은 누구와 이야기를 했으며, 누가 누구에게 전화를 걸었나요?"
     - "전화 통화 전에 당신은 어떤 사회성 코칭을 했나요?"
     - "성인이 전화 통화를 하는 동안 당신은 어디에 있었나요?"
     - "성인들은 정보를 교환하고 공통의 관심사를 찾았나요?"
     - "전화 통화 이후에 당신은 어떤 사회성 코칭을 했나요?"
       - 적절한 **사회성 코칭 질문**
         - 공통의 관심사는 무엇이었나요?
         - 만약 두 사람이 함께 시간을 보내게 된다면 그 정보를 가지고 무엇을 할 수 있나요?
   - 그 전화 혹은 영상 통화에 참여한 다른 사람이 바로 다음에 설명하도록 한다. 단, 동시에 발표하게 하지는 않는다.

4. 성인들과 사회성 코치들은 **대화 시작하고 유지하기, 정보 교환하기, 공통의 관심사 찾기**를 연습한다.
   - 치료자: "이번 주 또 다른 과제는 여러분의 성인과 함께 대화 시작하고 유지하기, 정보 교환하기 및 공통의 관심사 찾기를 연습하는 것이었습니다. 이번 과제를 완수했거나 완수하고자 노력하신 분이 있나요?"
   - 완수했거나 완수하고자 노력한 과제에 초점을 두고 다음과 같이 질문한다.
     - "당신의 성인은 당신과 대화 시작하고 유지하기를 연습했나요?"
     - "연습 전에 규칙과 단계를 점검했나요?"
       - **대화 시작하기의 단계**
         1. 자연스럽게 지켜본다.
         2. 소품을 사용한다.
         3. 공통의 관심사를 찾는다.
         4. 공통의 관심사를 언급한다.
         5. 정보를 교환한다.
         6. 관심을 평가한다.
            - 그들이 나에게 이야기를 하고 있는가?
            - 그들이 나를 쳐다보고 있는가?
            - 그들이 나와 마주 보고 있는가(아니면 나에게 무관심한 태도를 보이는가)?

7. 자신을 소개한다.

○ "당신의 성인은 정보 교환하기를 연습했나요?"

○ "연습한 이후에 당신은 사회성 코칭 질문을 했나요?"

  ■ 적절한 **사회성 코칭 질문**

    □ **공통의 관심사는 무엇이었나요?**

    □ **만약 두 사람이 함께 시간을 보내게 된다면 그 정보를 가지고 무엇을 할 수 있나요?**

● [사회성 코치 과제 기록지를 수거한다. 만약 사회성 코치가 과제 기록지 가져오는 것을 잊어버렸다면, 과제를 책임지고 할 수 있게 새로운 용지에 완성하게끔 한다.]

교육: e-커뮤니케이션

● 사회성 코칭 유인물을 나눠준다.

  ○ 사회성 코치 치료자 가이드에서 **볼드체**로 표시된 부분은 사회성 코칭 유인물에서 그대로 가져온 것이다.

  ○ 사회성 코치들에게 **볼드체**로 표시된 부분은 **우리끼리 단어**임을 상기시킨다. 이 단어들은 PEERS® 교육과정의 중요한 개념들에 해당하므로 사회성 코칭을 할 때 최대한 많이 사용해야 한다고 설명한다.

● 설명: "오늘은 e-커뮤니케이션에 대해서 이야기를 나눌 것입니다. 여기에는 전화, 문자, 메신저, 소셜네트워킹사이트(SNS), 메일, 영상 통화 및 인터넷 사용 방법 같은 것들이 있습니다. 성인들 사이에서는 e-커뮤니케이션을 사용하여 서로 대화를 하는 것이 매우 보편적이기 때문에 e-커뮤니케이션을 사용할 때의 규칙들을 알아보는 것이 도움이 될 것입니다."

연락처 교환하기

● 설명: "성인들이 대화를 나누는 가장 일반적인 방법 중에 하나는 스마트폰을 사용하는 것입니다. 특히 문자를 하는 경우가 많습니다. 문자를 하거나 다른 유형의 e-커뮤니케이션을 하기 위해서 우리는 연락처를 교환해야 합니다. 여기서 연락처란 전화번호나 아이디를 교환하는 것을 의미합니다. 연락처를 교환하기 위해 따를 수 있는 매우 구체적인 단계들이 있습니다."

연락처 교환하기의 단계

1. 여러 차례 정보를 교환한다.

● 예: "네가 SF 영화를 좋아한다고 했었지?"

2. 공통의 관심사를 찾는다.

● 예: "나도 SF 영화를 좋아해. 지난주에 개봉한 영화 봤어?"

3. 연락을 위한 머리말로 공통의 관심사를 활용한다.

● 예: "우리 같이 영화 보러 가면 어떨까?"

4. 상대가 나의 제안에 관심이 있는지 평가한다.

● 관심이 있다는 신호: 동의한다. 꼭 그렇게 하고 싶은 것처럼 보인다. 만약 바쁘다면 만날 수 있는 다른 시간을 찾아보려고 노력한다.

  ○ 만약 상대방이 관심이 있다면 다음 단계로 넘어간다.

- 관심이 없다는 신호: 동의하지 않는다. 망설인다. 안 되는 이유들을 늘어놓는다. 바쁘다고 말하면서 만날 수 있는 다른 시간을 찾아보려고 노력하지 않는다.
  - 만약 상대방이 관심을 보이지 않는다면 대화 주제를 다시 공통의 관심사로 바꾼다.
    - 예: "그래, 아무튼 나중에 그 영화 한 번 꼭 봐."

5. 연락처를 교환하자고 제안한다.

- 치료자: "우리 연락처 교환할래?"

[참고사항(영어로 된 자료에 익숙하다면): PEERS® *Role Play Video Library*(www.routledge.com/cw/laugeson)에서 **연락처 교환하기**의 부적절한 역할극과 적절한 역할극 동영상을 보여줄 수도 있다.]

전화 통화

설명: "우리는 대부분의 성인이 전화 통화를 하기보다는 문자를 하기 위해 스마트폰을 사용한다는 것을 알고 있습니다만, 그래도 때로는 전화를 해야만 할 때가 있습니다. 그런데 오히려 전화를 자주 하지 않기 때문에 어떻게 전화를 시작하고 끝내는지 잘 모를 수 있습니다. 전화를 시작하고 끝낼 때 따라야 하는 매우 구체적인 단계들이 있습니다."

전화를 시작하기 위한 단계

1. 통화하고 싶은 사람의 이름을 말한다.

- 예: "안녕하세요. (이름)와/과 전화 통화할 수 있을까요?"
- 예외: 상대방의 개인 스마트폰이고 당신이 전화하고자 하는 사람이라고 확신할 때는 통화하고 싶은 사람의 이름을 말하지 않아도 됩니다.

2. 자신이 누구인지 말한다.

- 예: "안녕, (이름)아/야. 나 (이름)(이)야.", "안녕하세요? 저는 (이름)(이)라고 합니다."
- 예외: 상대방이 발신자를 확인하고, 전화를 받으면서 "안녕, (이름)아/야."라고 한다면 자신이 누구인지 말하지 않아도 됩니다.

3. 간단한 안부인사를 한다.

- 예: "요즘 어떻게 지내?", "잘 지내지?"

4. 전화 통화가 가능한지 묻는다.

- 예: "지금 전화 통화 가능해?"

5. 왜 전화했는지에 관해 머리말을 이야기한다.

- 예: "그냥 잘 지내는지 궁금해서 전화했어."
- **머리말/꼬리말**이란 무엇인가를 해야 하는 이유를 말한다(위와 같은 경우에는 상대방에게 전화를 한 이유가 머리말이다).
- 사회성 코치들이 **머리말**의 다양한 예시를 생각해낼 수 있게 한다(표 5.1 참조).

[참고사항(영어로 된 자료에 익숙하다면): PEERS® *Role Play Video Library*(www.routledge.com/cw/laugeson)에서 **전화 시작하기**의 적절한 역할극과 부적절한 역할극 동영상을 보여줄 수도 있다.]

전화를 끝내기 위한 단계

1. 대화가 잠시 멈출 때를 기다린다.
- 이것은 대화의 단계가 바뀌는 시점이기 때문에 잠시 기다린다.

2. 왜 전화를 끊는지에 관한 꼬리말을 이야기한다.
- 예: "나 이제 다시 일하러 가야 해."
- **머리말/꼬리말**이란 무엇인가를 해야 하는 이유를 말한다(위와 같은 경우에는 상대방과의 전화를 마쳐야 하는 이유가 꼬리말이다).
- 사회성 코치들이 **꼬리말**의 다양한 예시를 생각해낼 수 있게 한다(표 5.1 참조).

3. "전화 통화해서 좋았다/반가웠다."라고 말한다.
- 예: "전화 통화해서 좋았어."

4. "'나중에 또 이야기하자."고 말한다.
- 예: "다음에 또 이야기하자."

5. 작별 인사를 한다.
- 예: "안녕.", "잘 있어."

[참고사항(영어로 된 자료에 익숙하다면): PEERS® *Role Play Video Library*(www.routledge.com/cw/laugeson)에서 **전화 끝내기**의 적절한 역할극과 부적절한 역할극 동영상을 보여줄 수도 있다.]

표 5.1 머리말/꼬리말의 예

전화를 하는 이유	전화를 끊어야 하는 이유
"그냥 잘 지내는지 궁금해서 전화했어."	"나 이제 가야 해."
"그냥 별일 없는지 해서 전화했어."	"너 가 봐야 하지 않니?"
"직장/학교 관련해서 물어볼 게 있어서 전화했어."	"공부하러 가야 할 것 같아."
"너와 얘기를 안 한 지 오래되어서 전화했어."	"지금 저녁 먹으러 가야 해."
"뭐 하고 지내는지 궁금했어."	"다시 일하러 가야 할 것 같아."

음성 사서함

설명: "우리 성인들이 누군가에게 전화를 했는데 상대방이 전화를 받지 않아 음성 사서함(음성전화 메시지)으로 넘어가는 경우가 간혹 있습니다. 많은 성인이 음성 메시지를 남기는 것에 대해 불편하게 생각하지만 규칙을 알기만 하면 그럴 필요가 없습니다."

음성 사서함에 메시지를 남기는 규칙

1. 자신의 이름을 이야기한다.
- 예: "안녕, (이름)(이)야.", "안녕하세요? 저는 (이름)입니다."

2. 누구에게 전화를 했는지 말한다.

- 예: "나는 (이름)(이)에게 전화를 했어.", "저는 (이름)께 전화를 했습니다."
- 예외: 개인 전화(개인용 스마트폰, 그 사람만 사용하는 사무용 전화에 전화를 했다면 **누구에게 전화를 했는지** 말하지 않아도 됩니다.

3. 언제 전화했는지 말한다.

- 예: "지금은 목요일 저녁 6시야."

4. 왜 전화했는지 말한다.

- 예: "잘 지내는지 궁금해서 전화했어."

5. 전화번호를 남긴다.

- 예: "메시지를 받으면 010-1234-5678로 전화해줘."

6. 끝인사를 한다.

- 예: "곧 다시 얘기하자. 안녕."

- [참고사항(영어로 된 자료에 익숙하다면): PEERS® *Role Play Video Library*(www.routledge.com/cw/laugeson)에서 **음성 사서함에 메시지 남기기**의 적절한 역할극과 부적절한 역할극 동영상을 보여줄 수도 있다.]

e-커뮤니케이션 사용을 위한 일반적인 규칙

설명: "이제 우리는 연락처 교환하기 및 전화 통화하기의 단계와 규칙에 대해서 알게 되었습니다. 그 외에 문자, 메신저, 이메일 및 소셜네트워킹사이트를 사용하는 규칙에 대해서 알고 있는 것 또한 중요합니다."

- **잘 알지 못하는 사람에게 연락할 때는 자신이 누구인지 밝힌다.**
  - 설명: "우리가 잘 알지 못하는 사람에게 문자를 하거나 메신저, 쪽지, 이메일 등을 보낼 때 자신이 누구인지 밝히는 것이 중요한 이유는 무엇일까요?"
    - 대답: 밝히지 않으면 상대방이 "누구신가요?"라고 물어봐야 하기 때문입니다.
  - 질문: "대화를 '누구신가요?' 하며 시작하고 싶지는 않을 것입니다! 그보다는 자신이 누구인지를 밝히는 것이 좋습니다. 어떻게 할 수 있을까요?"
    - 대답: "나 (이름)(이)야.", "저는 (이름)입니다."
  - 치료자: "우리가 자주 문자, 메신저, 이메일을 주고받는 사람에게 자신이 누구인지 밝혀야 할까요?"
    - 대답: 아니요.
- **잘 알지 못하는 사람에게 연락을 할 때는 머리말/꼬리말을 사용한다.**
  - 설명: "전화할 때와 마찬가지로 잘 알지 못하는 사람과 문자, 메시지, 쪽지, 이메일 혹은 영상 통화를 할 때는 머리말/꼬리말을 사용해야 합니다."
  - 질문: "잘 알지 못하는 사람과 연락을 할 때 머리말/꼬리말을 사용하지 않으면 무엇이 문제가 될 수 있을까요?"
    - 대답: 당신이 상대방에게 연락하는 이유를 궁금해할 것입니다. 심지어 "대체 용건이 뭐야?"라고 물어볼 수도 있습니다.
  - 치료자: "대화를 '대체 용건이 뭐야?' 하며 시작하고 싶지는 않을 것입니다! 그러나 친한 친구와 문자,

메시저, 쪽지, 이메일 혹은 영상 통화를 할 때 항상 머리말/꼬리말을 사용해야 하나요?"

- 대답: 아니요. 그러나 친한 친구와 연락할 때 머리말/꼬리말을 사용한다고 해서 나쁠 것은 없습니다.

- **10시 규칙을 적용한다.**
  - 설명: "e-커뮤니케이션을 할 때 지켜야 하는 또 다른 중요한 규칙은 두 자리 숫자, 즉 10시 이전이나 이후에 전화나 문자를 하지 않는 것입니다. 즉, 오전 10시 이전 혹은 오후 10시 이후에 전화, 영상 통화 혹은 문자를 하지 말라는 뜻입니다."
  - 질문: "오전 10시 이전 혹은 오후 10시 이후에 전화나 문자를 하면 무엇이 문제가 될 수 있을까요?"
    - 대답: 상대방을 깨울 수 있습니다. 너무 이르거나 너무 늦을 수 있습니다.
- **너무 개인적이 되지 않도록 한다.**
  - 설명: "e-커뮤니케이션을 사용할 때 지켜야 하는 또 다른 중요한 규칙은 너무 개인적이 되지 않도록 하는 것입니다. 상대방을 잘 알고 있는 경우에도 이 규칙은 적용됩니다."
  - 질문: "문자, 메신저, 쪽지, 이메일, 음성 메시지, 영상 통화 혹은 페이스북 등 소셜네트워킹사이트를 사용할 때 너무 개인적이 된다면 무엇이 문제가 될 수 있을까요?"
    - 대답: **모든 사람이 당신이 보낸 것을 보거나, 듣거나, 들을 수 있습니다.** 너무 사적인 이야기를 한다면 상대방이 당혹스러워할 수도 있습니다. 당신이 보낸 것을 다른 사람들이 보거나, 읽거나, 듣는다면 당신이 곤란해질 수 있습니다.
  - 설명: "당신이 보낸 것을 누가 보거나, 읽거나 듣는 것을 통제할 수 없기 때문에 다른 사람이 보거나, 읽거나, 들어도 괜찮은 것들만 보내는 것이 또 하나의 중요한 규칙입니다. 개인적인 것은 상대방과 실제로 만났을 때 공유하도록 합니다."
- **딱 두 번 규칙을 사용한다.**
  - 설명: "e-커뮤니케이션을 사용하여 상대방에게 연락하다 보면 간혹 상대방에게 답이 없을 때도 있습니다. 전화, 문자, 메신저, 이메일 모두 여기 해당됩니다. 만약 다른 사람이 답장을 하지 않는다면 연달아 몇 개의 메시지를 보내고 나서 그만두어야 할까요?"
    - 대답: 두 번 혹은 그 이하
  - 설명: "정답은 두 번입니다. 이것을 딱 두 번 규칙이라고 하며, 상대방이 대답이 없을 때 두 번보다 많은 (3개 이상의) 메시지를 연달아 보내지 않아야 한다는 것을 의미합니다. 즉, 한 개는 보낼 수 있으나 3개 이상 보내지 않아야 합니다."
  - 질문: "3개 이상의 메시지를 연달아 보내면 무엇이 문제가 될 수 있을까요?"
    - 대답: 상대방이 바쁜 것일 수도 있습니다. 당신과 이야기하고 싶어 하지 않을 수 있습니다. 당신이 좀 무섭게 느껴질 수도 있습니다. 당신이 스토커라고 생각할 수도 있습니다.
  - 질문: "음성 사서함에 메시지를 남기지 않는다면 어떤가요? 3번 이상 연달아 전화했다가 끊어도 괜찮은가요?"
    - 대답: 아니요. 당신이 전화했다는 것을 상대방이 확인할 수 있습니다. **딱 두 번 규칙**은 부재중 전화도 적용됩니다.
  - 질문: "딱 두 번 규칙은 상대방이 답변이 없을 때 음성 메시지 두 개, 그다음 또 문자 두 개, 그다음 또 메신저 두 개, 그다음 또 이메일 두 개를 연달아 보내도 된다는 뜻인가요?"
    - 대답: 아니요. **딱 두 번 규칙**은 모든 유형의 e-커뮤니케이션을 통틀어서 적용해야 합니다.

○ 설명: "딱 두 번 규칙에 예외가 하나 있습니다. 페이스북 혹은 다른 소셜네트워킹사이트에서 다른 사람에게 '친구 추가'를 요청할 때입니다. 우리가 '친구 추가'를 요청할 때 상대방은 '수락'이나 '거절'을 선택하게 됩니다."

○ 질문: "만약 상대방이 당신의 '친구 추가' 요청을 거절한다면 어떻게 해야 할까요?"

- 대답: **넘어갑니다.** 당신을 알고 당신과 친구가 되는 것에 관심을 보이는 다른 사람에게 '친구 추가'를 요청합니다. 같은 사람에게 '친구 추가' 요청을 두 번 보내지 않습니다.
- 질문: "만약 '친구 추가'를 두 번 이상 보낸다면 무엇이 문제가 될 수 있을까요?"

○ 대답: 당신이 너무 절박해한다고 느낄 수 있습니다. 당신을 무섭다고 생각하거나 스토커라고 생각할 수 있습니다.

● **무작정 연락하기를 하지 않는다.**

○ 치료자: "e-커뮤니케이션을 사용할 때 지켜야 하는 또 다른 규칙은 무작정 연락하기를 하지 않는 것입니다."

○ 질문: "무작정 연락을 하는 것이 무엇인지 아는 사람이 있나요?"

- 대답: 무작정 연락을 한다는 것은 전화번호 혹은 온라인상의 아이디를 직접 알려주지 않은 사람에게 연락을 하는 것을 말합니다. 주로 텔레마케팅을 하거나 스팸전화를 하는 사람들이 하는 일입니다.

○ 다음을 설명한다.

- 전화번호, 메신저 아이디, 이메일 주소 혹은 온라인상의 아이디를 알려준다는 것은 연락해도 좋다고 허락하는 것을 의미한다.
- 학교 전화번호부, 온라인 전화번호부(또는 구글 검색)에서 누군가의 연락처를 찾을 수 있다고 해서 그 사람에게 연락해도 좋다는 허락을 받은 것은 아니다.

○ 질문: "허락을 받지 않은 상태에서 누군가에게 무작정 연락을 한다면 무엇이 문제가 될 수 있을까요?"

- 대답: 당신을 이상하거나 엉뚱하다고 생각할 수 있습니다. 무섭거나 스토커라고 생각할 수도 있습니다. 당신에게 "내 번호 어떻게 알았어?"라고 물어볼 수 있습니다.

○ 설명: "대화를 '내 번호 어떻게 알았어?'라고 시작하고 싶지는 않을 것입니다!"

○ 질문: "만약 당신이 누군가와 페이스북 친구이고, 그 사람이 자신의 프로필 페이지에 연락처를 적어 놓았다면, 그 사람에게 연락해도 좋다는 허락을 받은 것인가요?"

- 대답: 아니요. 전혀 그렇지 않습니다. 이것 역시 무작정 연락이고, 상대방이 당신을 무섭거나 이상하다고 생각할 수 있습니다.

○ 설명: "무작정 연락을 하는 대신에 우리는 연락처 교환하기의 단계들을 사용해야 합니다."

온라인에서 안전하게 활동하기

● 설명: "성인들은 다른 사람들과 어울릴 때 매우 보편적으로 인터넷을 사용합니다. 여러분의 성인들 역시 대부분 인터넷을 사용하며, 페이스북과 같은 소셜네트워킹사이트를 이용하고 있을 것입니다. 그러나 다른 종류의 e-커뮤니케이션과 마찬가지로 온라인에서 안전하게 활동하기 위한 규칙들이 있습니다."

● 설명: "온라인에서 안전하게 활동하기 위한 가장 중요한 규칙은 성인들이 인터넷을 사용하여 온라인에서 새로운 친구를 사귈 때 조심해야 한다는 것입니다."

● 질문: "온라인에서 새로운 친구를 사귀면 무엇이 문제가 될 수 있을까요?"

- ○ 대답: 위험할 수 있습니다. 상대가 누구인지 잘 모릅니다. 상대가 나쁜 의도를 가지고 접근할 수 있습니다.
- 치료자: "여러분의 성인들을 혼란스럽게 하는 주제 중의 하나는 '온라인 친구'라는 것입니다. '온라인 친구'와 '실제 친구'는 어떤 차이점이 있을까요?"
  - ○ 대답: 온라인 친구는 온라인에서 함께 게임을 하지만 실제 생활에서는 누구인지 모르는 친구를 말합니다. 실제 친구는 직접 만나서 알게 된 사람을 말합니다.
- 질문: "만약 '온라인 친구'를 '실제 친구'로 만든다면 무엇이 문제가 될 수 있을까요?"
  - ○ 대답: 상대방이 누구인지 잘 모릅니다. 위험한 사람일 수 있습니다. 상대방이 나쁜 의도를 가지고 접근할 수 있습니다.
- 질문: "이 규칙에는 예외가 하나 있습니다. 회원제 동호회가 여기에 포함됩니다. 많은 성인들이 회원제 동호회에 가입하나요?"
  - ○ 대답: 예.
- 치료자: "그러나 회원제 동호회에 가입하기 위해서는 지원을 해야 합니다. 아무나 집단 모임에 나타나지 못하게 함으로써 사람들을 보호하는 역할을 합니다. 성인들이 회원제 동호회에 참여할 때 안전하기 위한 방법에는 또 어떤 것들이 있을까요?"
  - ○ 회원제 동호회 참여를 위한 안전규칙
    - 사람들이 많은 공공장소에서만 만난다.
    - 그룹 구성원들끼리만 어딘가에 가지 않는다.
    - 그룹 구성원의 차를 타지 않는다.
    - 직접 운전하거나 대중교통을 이용한다.
    - 친구와 가족에게 어디에, 누구와, 언제 가는지 알려준다.
    - 그룹 모임 시작 전과 끝난 후에 가족이나 친구와 함께 간다.
    - 가능하다면 다른 친구들과 회원제 동호회에 참여한다.
- 질문: "한편 성인들이 이미 알고 지내는 사람과 좀 더 강한 우정을 발전시키기 위해 혹은 오랫동안 이야기를 나누지 못했던 친구와 다시 연락하기 위해 인터넷을 사용하는 것은 괜찮은가요?"
  - ○ 대답: 예. 당연합니다.
- 설명: "여기서의 핵심은 인터넷은 이미 알고 있는 친구들과 친밀한 우정을 발전시키는 데 매우 유용하다는 것입니다. 그러나 성인들이 새로운 친구를 사귈 때는 조심해야 합니다."
  - ○ 안전한 온라인 활동을 위한 제안
    - 온라인에서 만난 사람에게는 개인적인 정보를 주지 않도록 노력한다.
    - 회원제 동호회에서 알게 된 사람이 아니라면 인터넷에서 낯선 사람을 만나지 않도록 한다(회원제 동호회 모임은 예외인 경우가 있지만 그래도 항상 조심해야 한다).
    - 낯선 사람이 페이스북 혹은 다른 소셜네트워킹사이트를 통해서 한 '친구 추가' 요청을 수락하는 것에 주의한다.
- 설명: "사실 실제로 모르는 사람이 '친구 추가'를 하는 것은 페이스북의 이용약관에 위배됩니다."
    - 낯선 사람에게 '친구 추가' 요청을 보내지 않는다.
    - 프로필 페이지에 자신의 연락처를 게시하지 않는다.

- 페이스북 및 다른 소셜네트워킹사이트의 공개 대상 범위설정을 활용하여 누구나 당신의 계정을 볼 수 있게 하지 않는다.
- 설명: "지금까지 e-커뮤니케이션을 사용하는 규칙 중 몇 가지를 배웠습니다. 이번 주에 우리는 여러분의 성인들이 사회성 코치들과 함께, 그리고 전화 혹은 영상 통화를 하는 동안 정보를 교환하는 과정에서 e-커뮤니케이션을 사용하는 방법을 연습하게 할 것입니다."

과제 안내하기

[사회성 코치에게 사회성 코치 과제 기록지(부록 E)를 배부하고, 작성해서 다음 회기에 제출하게 한다.]

1. 새로운 **친구를 사귈 수 있는 곳**을 찾는다.
   - 성인과 사회성 코치는 공통의 관심사에 바탕을 둔 **사회적 활동**들에 대해 의논하고 결정한다.
   - 결정한 뒤 바로 이 활동에 참여를 시작한다.
     - 바람직한 **사회적 활동**의 기준
       - 성인의 관심사에 근거한다.
       - 매주 혹은 적어도 2주에 한 번 만난다.
       - 성인을 받아들여주는 비슷한 나이대의 또래들이 포함되어 있다.
       - 다른 사람들과 어울릴 수 있는 구조화되지 않은 시간이 있다.
       - 앞으로 2주 안에 활동이 시작된다.

2. 친구와 **대화 시작하기** 및 **정보 교환하기**를 연습한다(새로운 **친구를 사귈 수 있는 곳**에서 만난 친구와 해도 된다).
   - 연습 전에 사회성 코치들은 **대화 시작하고 유지하기** 및 **정보 교환하기** 규칙과 단계를 점검한다.
   - 연습을 한 이후에 사회성 코치들은 성인들에게 다음과 같은 **사회성 코칭 질문**을 한다.
     - 대화를 시작했나요? 했다면 누구와 했나요?
     - 그가 당신과 이야기를 나누고 싶어 하는 것 같았나요? 이것을 어떻게 알 수 있었나요?
     - 정보를 교환했나요? 공통의 관심사는 무엇이었나요?
     - 만약 두 사람이 함께 시간을 보내게 된다면 그 정보를 가지고 무엇을 할 수 있나요?
     - 함께 만나 시간을 보내기에 적합한 사람인 것 같나요?

3. 집단 구성원과 **전화 혹은 영상 통화**를 한다.
   - 정보 교환을 위해 전화나 영상 통화를 할 수 있도록 상대 집단 구성원을 확인하고 약속을 정한다.
   - 치료실을 떠나기 전에 성인들과 사회성 코치들은 다른 집단 구성원에게 전화를 하기 위한 날짜와 시간을 정한다.
   - 전화를 하기 전에 **전화 시작하고 끝내기** 및 **정보 교환** 규칙을 점검한다.
   - 전화하고 난 뒤에 사회성 코치들은 성인들에게 다음과 같은 **사회성 코칭 질문**을 한다.
     - 전화를 시작하기 위해 어떤 규칙들을 따랐나요?
       - 영상 통화를 하는 경우에는 단계들이 살짝 달라집니다(통화하고 싶은 사람이 누구인지, 그리고 자신이 누구인지 말하지 않습니다).
     - 공통의 관심사는 무엇이었나요?

○ 만약 두 사람이 함께 시간을 보내게 된다면 그 정보를 가지고 무엇을 할 수 있나요?

○ 전화를 끝내기 위해 어떤 규칙들을 따랐나요?

4. 성인들과 사회성 코치들은 **정보 교환하기** 및 **공통의 관심사 찾기**를 하면서 **전화 시작하고 끝내기**를 연습한다.

- 연습 전에 **전화 시작하고 끝내기, 정보 교환하기** 규칙을 점검한다.
- 연습을 한 이후에 사회성 코치들은 성인들에게 다음과 같은 **사회성 코칭 질문**을 한다.

○ 전화를 시작하기 위해 어떤 규칙들을 따랐나요?

○ 공통의 관심사는 무엇이었나요?

○ 만약 우리가 함께 시간을 보내게 된다면 그 정보를 가지고 무엇을 할 수 있나요?

○ 전화를 끝내기 위해 어떤 규칙들을 따랐나요?

5. **정보 교환**을 위한 **개인 물건**을 가져온다.

- 다음 주에 집단 구성원과 함께할 **정보 교환**을 위한 **개인 물건**(예: 음악, 게임, 책, 그림 등)을 가져온다.

사회성 코칭 팁

성인들이 소셜네트워킹사이트(SNS)에서 안전하게 활동할 수 있는 또 다른 방법

- 사회성 코치들은 성인들이 자신들의 계정을 모든 사람이 볼 수 있게 설정하지 않도록 공개 범위를 설정하는 것을 도울 수 있다.
- 소셜네트워킹사이트에서 여러분의 성인들을 '팔로우'하거나 '친구 추가'를 한다.

○ 성인들이 소셜네트워킹사이트에 어떤 글과 사진을 올리는지 확인한다.

○ 그들의 프로필 페이지에 연락처가 적혀 있지 않은지 확인한다.

○ 그들이 누구와 '친구'가 되고 누구를 '팔로우'하는지 확인한다.

■ 만약 그들이 당신이 잘 모르는 사람과 '친구'라면 서로 어떻게 아는 사이인지를 확인한다.

■ 낯선 사람의 친구 추가를 받아주려고 한다면 이를 하지 못하게 한다.

■ 낯선 사람에게 친구 추가 요청을 보내는 것을 하지 못하게 한다.

○ 만약 여러분이 소셜네트워킹 페이지 개설하는 방법을 잘 모른다면

■ 성인들에게 개설하는 방법을 가르쳐달라고 한다.

■ 다른 보호자에게 성인의 소셜네트워킹사이트 활동을 확인하게 한다(예: 성인 형제자매).

성인 치료자 가이드

성인 회기 준비하기

한 세대에서 다음 세대로 이어짐에 따라 성인들은 좀 더 복잡한 형태로 e-커뮤니케이션을 사용하는 법을 배우게 된다. 실제로 e-커뮤니케이션을 활용한 의사소통, 특히 문자, 메신저 및 소셜네트워킹사이트는 성인들의 문화에 매우 중요한 부분을 차지하고 있다. 또한 성인들 사이에서는 온라인 게임, 다중 온라인 게임(MMO) 및 비디오를 공유하는 웹사이트들의 인기가 지속적으로 급격히 증가하고 있다. 이번 회기는 이런 다양한 형태의 e-커뮤니케이션을 어떻게 효과적으로 활용할 것인지에 초점을 둔다.

이 회기의 목표는 성인들이 또래들과 이런 e-커뮤니케이션 형태로 이루어지는 의사소통을 좀 더 적절히 사용하는 법을 배우도록 돕는 것이다. 어떤 성인들에게는 학습의 첫머리에 나오는 전화 사용의 규칙 정도는 이미 알고 있는 내용일 것이다. 그러나 다른 성인들에게는 문자나 영상 통화를 제외한 전화가 익숙하지 않을 수 있다. 일부 성인들은 더 이상 전화 통화를 하는 사람은 없다고 주장하기까지 할 것이다. 비록 전화만 하기 위해 스마트폰을 사용하는 성인들이 갈수록 줄어들고 있는 것이 사실이나 그럼에도 불구하고 간혹 전화를 해야 할 때 어떻게 해야 하는지 방법을 모른다면, 삶을 살아가고 타인과 관계를 만들어 나가는 것은 매우 어려운 일이 될 것이다. 이 부분에서 치료자의 과제는 좀 더 정교한 형태의 e-커뮤니케이션을 다루는 부분에 이를 때까지 성인들의 관심을 유지하는 것이다. 역할극의 시연은 그런 점에서 도움이 될 것이다. 몇몇 성인은 그 내용들을 잘 알고 있겠지만 한두 단계는 잊어버리기가 매우 쉽다고 이야기해주는 것도 도움이 된다. 성인들이 대화에서 하나의 단계를 놓쳤을 때 그것이 대화에 어떤 영향을 줄 것인지 생각해보게 하는 것도 좋다. 예를 들어 이렇게 말할 수 있다. "여러분이 누군가에게 전화를 걸었을 때, 자기가 누구인지 이야기해야 하는 것은 당연하지요. 그런데 누가 여러분에게 전화를 해놓고 누구인지를 밝히지 않아서, 전화 한 사람이 누구인지 잘 몰랐던 적이 있었지요? 이와 같이 너무 당연해 보이지만 사람들은 자주 그걸 잊어버린답니다!"

인터넷상의 안전에 대해 강의할 때 강의에서 **온라인 친구**를 **실제** 친구로 만들려고 할 때 조심해야 한다는 점에 대해 한두 명의 집단 구성원이 반론을 제기하는 일이 흔히 생긴다. 소셜네트워킹사이트가 점점 많은 인기를 얻어 감에 따라 성인들은 친구뿐 아니라 낯선 사람들과 소통하는 데 인터넷을 이용한다. 친구들과 온라인에서 소통하는 것은 매우 적절하지만, 낯선 사람과 알게 되는 것은 미리 조심하지 않으면 성인들에게 위험할 수 있다. 이전 회기에서 이야기한 대로 이러한 성인의 반론을 다루는 가장 좋은 방법은 "……**라면 무엇이 문제가 될 수 있을까요?**"와 집단과 같이 논의할 수 있게 터놓는 질문을 하는 것이다. 이와 같은 경우에는 "온라인 친구를 실제 친구로 만드는 것은 무엇이 문제가 될 수 있을까요?"라고 물어볼 수 있다. 어떤 성인들은 즉시 이것이 위험하다고 이야기할 것이며, 온라인에서 시작된 관계가 위험해져 버린 이야기를 하기 시작할 수 있다. 이 논의는 특히 회원제 동호회와 연관된 주제이기 때문에 조심스럽게 이어 가야 한다. 회원제 동호회는 **공통의 관심사**를 공유하는 성인들을 위한 집단이다. 이 매뉴얼을 쓰고 있는 시점에서 회원제 동호회는 인기를 모으고 있으며, 성인들이 **공통의 관심사**를 공유하는 사람들과 **새로운 친구를 사귈 수 있는 좋은 곳**이 될 수 있다. 이러한 집단에 참여하기 위해서는 집단 관리자와 연락을 하고 입회 신청을 해야 한다. 아무나 회원제 동호회에 가입해서 활동할 수 있는 것은 아니기 때문에 이러한 방법은 집단과 집단에 입회를 지원하는 사람 모두를 보호해준다. 그러나 회원제 동호회 역시 몇 가지 위험요소가 있기 때문에 조심하기 위한 주의사항들이 있고(예: 공공장소에서 만나기, 어디를 가는지 가족 및 친구에게 알려주기 등), 이번 회기에서 그것들을 조금 더 상세하게 다루게 될 것이다. 온라인 친구를 실제 친구로 만들 때 조심해야 한다는 것을 알려준 후에는 인터넷은 지금 유지하고 있는 우정을 더 공고히 하고, 이미 알고 있는 사람들과의 우정을 발전시키는 데 큰 도움이 될 수 있다는 것을 성인들에게 상기시켜 준다.

과제 점검

[다음의 과제를 검토하고 발생 가능한 **문제해결**을 의논한다. 성공적으로 과제를 완수한 사람부터 시작한다. 시간이 된다면 (과제를 다 하지 못한 사람들에게) 왜 과제를 완수할 수 없었는지 이유를 질문할 수 있으며, 다음 주에 어떻게 이것을 할 수 있을지에 대한 **문제해결**을 시도해볼 수 있다. 과제를 점검하는 동안에는 반드시 **(볼드체로 표시된) 우리끼리 단어**를 사용한다. **새로운 친구를 사귈 수 있는 곳 찾기**가 이번 회기의 가장 중요한 과제이므로 과제 점검 시간 대부분을 여기에 할애한다.]

1. **정보 교환**을 위한 **개인 물건**을 가져온다.
   - 치료자: "이번 주의 주요 과제 중 하나는 다른 집단 구성원들과 정보 교환을 위해 개인 물건을 가져오는 것이었습니다. 여러분이 정보를 교환하기 위해 가져온 개인 물건에 대해서 빠르게 듣겠습니다.
     ○ 수업 시간에 집중하는 데 방해가 되지 않도록 성인들이 교실 한 편에 개인 물건을 두도록 한다.
     ○ 가져온 물건이 부적절한 경우에는 다음 주에 가지고 올 수 있는 물건에 대해 **해결책**을 논의한다.

2. **새로운 친구를 사귈 수 있는 곳**을 찾는다.
   - 치료자: "이번 주 또 다른 과제는 여러분이 새로운 친구를 사귈 수 있는 곳을 찾고, 사회적 모임에 참여하는 것이었습니다. 새로운 친구를 사귈 수 있는 곳을 찾아낸 사람이 있나요?"
   - **새로운 친구를 사귈 수 있는 곳**이 적절한지 그리고 다음의 기준을 만족하는지 확인한다.
     ○ 성인의 관심사에 근거한다.
     ○ 매주 혹은 적어도 2주에 한 번 만난다.
     ○ 성인을 받아들여주는 비슷한 나이대의 또래들이 포함되어 있다.
     ○ 다른 사람들과 어울릴 수 있는 구조화되지 않은 시간이 있다.
     ○ 앞으로 2주 안에 활동이 시작된다.

3. **집단 구성원과 전화 혹은 영상 통화를 한다.**
   - 치료자: "이번 주 또 다른 과제는 정보 교환하기 연습을 위해 성인들이 집단 구성원 중 누군가와 전화 혹은 영상 통화를 하는 것이었습니다. 집단 구성원과 전화 혹은 영상 통화를 한 사람은 손을 들어주세요."
   - 질문
     ○ "당신은 누구와 이야기를 했으며, 누가 누구에게 전화를 걸었나요?"
     ○ "정보를 교환하고 공통의 관심사를 찾았나요?"
     ○ "만약 두 사람이 함께 시간을 보내게 된다면 그 정보를 가지고 무엇을 할 수 있나요?"
   - 그 전화 혹은 영상 통화에 참여한 다른 사람이 바로 다음에 설명하도록 한다. 단, 동시에 발표하게 하지는 않는다.

4. 성인들과 사회성 코치들은 **대화를 시작하고 유지하기, 정보 교환하기, 공통의 관심사 찾기**를 연습한다.
   - 치료자: "이번 주 또 다른 과제는 여러분의 사회성 코치들과 함께 대화 시작하고 유지하기, 정보 교환하

기, 공통의 관심사 찾기를 연습하는 것이었습니다. 이번 주에 사회성 코치와 정보 교환을 한 사람은 손을 들어주세요."

- 질문
  - "대화 시작하고 유지하기를 연습했나요? 어떤 규칙들을 따랐나요?"
    - **대화 시작하기의 단계**
      1. 자연스럽게 지켜본다.
      2. 소품을 사용한다.
      3. 공통의 관심사를 찾는다.
      4. 공통의 관심사를 언급한다.
      5. 정보를 교환한다.
      6. 관심을 평가한다.
         - 그들이 나에게 이야기를 하고 있는가?
         - 그들이 나를 쳐다보고 있는가?
         - 그들이 나와 마주 보고 있는가(아니면 나에게 무관심한 태도를 보이는가)?
      7. 자신을 소개한다.
  - "정보를 교환하고 공통의 관심사를 찾았나요?"
  - "만약 두 사람이 함께 시간을 보내게 된다면 그 정보를 가지고 무엇을 할 수 있나요?"

교육: e-커뮤니케이션

- 설명: "오늘은 e-커뮤니케이션에 대해서 이야기를 나눌 것입니다. 여기에는 전화, 문자, 메신저, 소셜네트워킹사이트(SNS), 메일, 영상 통화 및 인터넷 사용법 같은 것들이 있습니다. 여러분 사이에서는 e-커뮤니케이션을 사용하여 서로 대화를 하는 것이 매우 보편적이기 때문에 e-커뮤니케이션을 사용할 때의 규칙들을 알아보는 것이 도움이 될 것입니다."
- [e-커뮤니케이션의 규칙과 단계 및 우리끼리 단어는 볼드체로 표시되어 있으며 칠판에 적는다. 수업이 끝날 때까지 칠판에 적혀 있는 것을 지우지 않는다. 영어로 된 자료에 익숙하다면 ⓥ 표시가 있는 각 역할극에 해당하는 역할극 동영상이 PEERS® *Role Play Video Library*(www.routledge.com/cw/laugeson)에 포함되어 있으니 참고해볼 수도 있다.]

연락처 교환하기 ⓥ

- 치료자: "여러분이 대화를 나누는 가장 일반적인 방법 중에 하나는 스마트폰을 사용하는 것입니다. 특히 문자를 하는 경우가 많습니다. 문자를 하거나 다른 유형의 e-커뮤니케이션을 하기 위해서 우리는 연락처를 교환해야 합니다. 여기서 연락처란 전화번호나 아이디를 교환하는 것을 의미합니다. 연락처를 교환하기 위해 따를 수 있는 매우 구체적인 단계들이 있습니다."

부적절한 역할극 : 연락처 교환하기 ⓥ

[집단 치료자와 보조 치료자가 함께, 연락처 교환하기의 부적절한 역할극을 한다.]

● 치료자: "역할극을 잘 보고 제가 무엇을 잘못했는지 이야기해주세요."

> **부적절한 역할극의 예**
>
> ○ 보조 치료자: (스마트폰을 쳐다본다.)
> ○ 집단 치료자: (갑자기 다가간다.) "야, 네 번호 좀 알 수 있을까?"
> ○ 보조 치료자: (혼란스러워하며) "뭐라고?"
> ○ 집단 치료자: (엄청 열정적으로) "나한테 네 번호 좀 알려달라고!"
> ○ 보조 치료자: (혼란스럽고 불편해 보인다.) "어? 어…… 안 될 것 같아."
> ○ 집단 치료자: (다가가며, 엄청 열정적으로) "아, 왜~? 네 번호 좀 알자."
> ○ 보조 치료자: (물러서며 다른 곳을 쳐다보고 짜증내며) "아니 안 돼."
> ○ 집단 치료자: "왜 안 돼?"
> ○ 보조 치료자: (다른 곳을 쳐다보며 얼른 자리를 피하려고 한다.)

● 치료자: "자, 여기까지입니다. 제가 연락처를 교환하면서 무엇을 잘못했지요?"
  ○ 대답: 갑자기 다가가서 상대방의 전화번호를 물어봤습니다. 상대방이 싫다고 했음에도 불구하고 계속 물어봤습니다.
● 다음과 같은 **조망 수용 질문**을 한다.
  ○ "(보조 치료자의 이름)의 기분이 어땠을 것 같나요?"
    ■ 대답: 이상합니다. 혼란스럽습니다. 불쾌합니다. 불편합니다.
  ○ "(보조 치료자의 이름)이/가 저에 대해서 어떻게 생각했을 것 같나요?"
    ■ 대답: 이상합니다. 엉뚱합니다. 무섭습니다. 스토커 같습니다.
  ○ "(보조 치료자의 이름)이/가 저와 다시 이야기를 나누고 싶어 할 것 같나요?"
    ■ 대답: 아니요. 매우 이상하다고 생각하며 다시 이야기를 나누고 싶어 하지 않을 것 않습니다.
● 보조 치료자에게 같은 **조망 수용 질문**을 한다.
  ○ "어떤 기분이 들었나요?"
  ○ "저에 대해서 어떻게 생각했나요?"
  ○ "저와 이야기를 다시 나누고 싶나요?"

연락처 교환하기의 단계

1. **여러 차례 정보를 교환한다.**
  ● 예: "네가 SF 영화를 좋아한다고 했었지?"

2. **공통의 관심사를 찾는다.**
  ● 예: "나도 SF 영화를 좋아해. 지난주에 개봉한 영화 봤어?"

3. **연락을 위한 머리말로 공통의 관심사를 활용한다.**
  ● 예: "우리 같이 영화 보러 가면 어떨까?"

4. **상대가 나의 제안에 관심이 있는지 평가한다.**

- 관심이 있다는 신호: 동의한다. 꼭 그렇게 하고 싶은 것처럼 보인다. 만약 바쁘다면 만날 수 있는 다른 시간을 찾아보려고 노력한다.
  - 만약 상대방이 관심이 있다면 다음 단계로 넘어간다.
- 관심이 없다는 신호: 동의하지 않는다. 망설인다. 안 되는 이유들을 늘어놓는다. 바쁘다고 말하면서 만날 수 있는 다른 시간을 찾아보려고 노력하지 않는다.
  - 만약 상대방이 관심을 보이지 않는다면 대화의 **주제**를 다시 **공통의 관심사**로 바꾼다.
    - 예: "그래, 아무튼 나중에 그 영화 한 번 꼭 봐."

5. **연락처를 교환하자고 제안한다.**
  - 예: "우리 연락처 교환할래?"
    - **연락처 교환하기**에 관해 아래와 같은 내용들을 설명해준다.
      - 상대방이 자신의 스마트폰을 당신에게 건네줄 때도 있다.
        - 이것은 그의 스마트폰에 당신의 번호를 입력하라는 의미이다.
      - 때로는 상대방이 당신의 스마트폰에 전화를 걸고, 전화가 울릴 때까지 기다린다.
        - 그 전화를 받으면 안 된다! 전화가 울릴 때까지 기다렸다가 끊으면 된다.
        - 이것은 상대방과 당신의 통화 기록에 서로의 번호를 남겨두기 위한 것이다. 나중에 상대방의 이름을 당신 스마트폰의 연락처에 입력하면 된다.

적절한 역할극: 연락처 교환하기 ▶

[집단 치료자가 보조 치료자와 함께, 연락처 교환하기의 적절한 역할극을 보여준다.]

- 치료자: "역할극을 잘 보고 제가 무엇을 잘했는지 이야기해주세요."

적절한 역할극의 예

- 보조 치료자: (스마트폰을 쳐다본다.)
- 집단 치료자: (다가간다.) "안녕, (이름)아/야."
- 보조 치료자: (쳐다본다.) "안녕, (이름)아/야."
- 집단 치료자: "주말 잘 보냈어?"
- 보조 치료자: (친절하게) "응, 주말 재미있게 보냈어. 영화를 보러 갔었거든."
- 집단 치료자: (관심을 보이며) "그래? 이번에 새로 개봉한 SF 영화 본 거야? 네가 SF 영화를 좋아한다고 했던 것으로 기억하는데……"
- 보조 치료자: (실망스러워하며) "아니, 그 영화는 아쉽게도 표가 다 매진되어서 못 봤어. 하지만 다음에라도 꼭 보고 싶어."
- 집단 치료자: (자연스럽게) "어, 나도 그래. (잠시 기다리고) 그럼 우리 같이 영화 보러 갈래?"
- 보조 치료자: (열정적으로) "그래, 재미있겠다!"
- 집단 치료자: (열정적으로) "좋아. 그럼 내가 네 번호 좀 알 수 있을까?"
- 보조 치료자: (스마트폰을 꺼내며, 친절하게) "그래."
- 집단 치료자: (스마트폰을 꺼내며) "번호가 뭐야?"

> ○ 보조 치료자: "010-1234-5678이야."
> ○ 집단 치료자: (번호를 입력하고, 전화를 걸어 전화가 울릴 때까지 기다린다.)
> ○ 보조 치료자: (받지 않고 끊는다.) "번호 떴어. 저장할게~"
> ○ 집단 치료자: (친절하게) "좋아. 그럼 계획도 세울 겸 이따가 전화할게."
> ○ 보조 치료자: (친절하게) "좋아!"

- 치료자: "자, 여기까지입니다. 연락처를 교환하면서 제가 무엇을 잘했는지 말해주세요."
  - 대답: 정보 교환을 여러 번 했습니다. 공통의 관심사를 찾았습니다. 공통의 관심사를 기반으로 연락을 계속하려고 했습니다. 상대방이 당신의 제안에 관심이 있는지 평가했습니다. 연락처 교환을 제안했습니다.
- 다음과 같은 **조망 수용 질문**을 한다.
  - "(보조 치료자의 이름)이/가 어떤 기분이었을 것 같나요?"
    - 대답: 괜찮습니다. 편안합니다. 기분 좋습니다.
  - "(보조 치료자의 이름)이/가 저에 대해서 어떻게 생각했을 것 같나요?"
    - 대답: 적절합니다. 좋은 사람입니다. 괜찮은 사람입니다.
  - "(보조 치료자의 이름)이/가 저와 다시 이야기를 나누고 싶어 할 것 같나요?"
    - 대답: 예.
- 보조 치료자에게 같은 **조망 수용 질문**을 한다.
  - "어떤 기분이 들었나요?"
  - "저에 대해서 어떻게 생각했나요?"
  - "저와 이야기를 다시 나누고 싶나요?"

행동 연습: 연락처 교환하기

- 설명: "지금부터 연락처 교환하기를 연습할 것입니다. 우리는 여러분이 즐겨 하는 주말 활동을 찾아낼 것이며, 저 또한 그것을 즐겨 한다고 가정할 것입니다. 그다음 여러분은 다른 구성원들이 지켜보는 가운데 저와 연락처 교환을 제안하는 방법을 연습할 것입니다."
- 각각의 성인이 돌아가면서 집단 치료자와 함께 **연락처 교환하기**를 연습한다.
  - 질문: "즐겨 하는 주말 활동이 무엇인가요?"
  - 치료자: "지금부터 저도 그것을 즐겨 한다고 가정하겠습니다. 우리는 여러 번 정보를 교환했다고 합시다. 이제 저와 연락처 교환하기 단계를 따르면서 연습합시다."
- 각각의 성인이 연습을 끝낼 때마다 박수를 쳐준다.
- [주: 만약 어떤 성인이 **연락처 교환하기**를 어려워한다면, 이번 주에 사회성 코치와 함께 연습할 수 있도록 다시 만나기 시간에 따로 만나 추가 과제를 내준다.]

전화 통화

- 치료자: "우리는 대부분의 성인들이 전화 통화를 하기보다는 문자를 하기 위해 스마트폰을 사용한다는 것을 알고 있습니다만, 그래도 때로는 전화를 해야만 할 때가 있습니다. 그런데 오히려 전화를 자주 하지 않기 때문에 어떻게 전화를 시작하고 끝내는지 잘 모를 수 있습니다. 전화를 시작하고 끝낼 때 따라야 하는

매우 구체적인 단계들이 있습니다."

부적절한 역할극: 전화 시작하기 ▶

[집단 치료자와 보조 치료자가 함께, 전화 통화를 시작하는 부적절한 역할극을 보여준다.]

- 치료자: "역할극을 잘 보고 제가 무엇을 잘못했는지 이야기해주세요."

> 부적절한 역할극의 예
>
> ○ 집단 치료자: (전화기를 귀에 댄 척하며) "따르릉, 따르릉."
> ○ 보조 치료자: (전화기를 드는 척하며) "여보세요."
> ○ 집단 치료자: "야, 너 뭐 하고 있어?"
> ○ 보조 치료자: (어리둥절한 목소리로 전화기를 쳐다보며) "어? 음…… TV 보고 있어."
> ○ 집단 치료자: "그래? 뭐 보는데?"
> ○ 보조 치료자: (어리둥절한 목소리로 다시 전화기를 쳐다보며) "그냥…… 스포츠 경기 보고 있어."
> ○ 집단 치료자: "그래? 어떤 경기 보고 있는데?"
> ○ 보조 치료자: (어리둥절하면서 짜증난 목소리로) "음…… (유명한 스포츠 팀 이름을 두 개 언급한다.)"
> ○ 집단 치료자: "그래서 넌 어느 팀을 응원하는데?"
> ○ 보조 치료자: (어리둥절하면서 짜증난 목소리로 다시 전화기를 쳐다본다.) "어? 음…… 모르겠어."

- 치료자: "자, 여기까지입니다. 제가 전화 통화를 시작하면서 무엇을 잘못했지요?"
  - ○ **대답**: 통화하고 싶은 사람의 이름을 말하지 않았습니다. 자신이 누구인지 밝히지 않았습니다. 안부인사를 하지 않았습니다. 전화 통화가 가능한지 묻지 않았습니다. 왜 전화했는지에 관해 머리말을 이야기하지 않았습니다.
- 다음과 같은 **조망 수용 질문**을 한다.
  - ○ "(보조 치료자의 이름)의 기분이 어땠을 것 같나요?"
    - ■ 대답: 이상합니다. 혼란스럽습니다. 의아합니다.
  - ○ "(보조 치료자의 이름)이/가 저에 대해서 어떻게 생각했을 것 같나요?"
    - ■ 대답: 이상합니다. 짜증납니다. 스토커 같습니다.
  - ○ "(보조 치료자의 이름)이/가 저와 다시 이야기를 나누고 싶어 할 것 같나요?"
    - ■ 대답: 아니요. 매우 이상하다고 생각할 것 같습니다.
- 보조 치료자에게 같은 **조망 수용 질문**을 한다.
  - ○ "어떤 기분이 들었나요?"
  - ○ "저에 대해서 어떻게 생각했나요?"
  - ○ "저와 이야기를 다시 나누고 싶나요?"

전화를 시작하기 위한 단계

1. **통화하고 싶은 사람의 이름을 말한다.**
   - 예: "안녕하세요. (이름)(이)와 전화 통화할 수 있을까요?"

○ 예외: 상대방의 개인 스마트폰이고 당신이 전화하고자 하는 사람이라고 ▨▨할 때는 **통화하고 싶은 사람을 말하지 않아도** 됩니다.

2. 자신이 누구인지 말한다.

- 예: "안녕, (이름)아/야. 나 (이름)(이)야.", "안녕하세요? 저는 (이름)(이)라고 합니다."
  - ○ 예외: 상대방이 발신자를 확인하고, 전화를 받으면서 "안녕, (이름)아/야"라고 한다면 **자신이 누구인지 말하지 않아도** 됩니다.

3. 간단한 안부인사를 한다.

- 예: "요즘 어떻게 지내는지 궁금해서 전화했어.", "잘 지내지?", "요즘 어때?"

4. 전화 통화가 가능한지 묻는다.

- 예: "지금 전화 통화 가능해?"

5. 왜 전화했는지에 관해 머리말을 이야기한다.

- 예: "어떻게 지내는지 궁금해서 전화했어."
- **머리말/꼬리말**이란 무엇인가를 해야 하는 이유를 말한다(위와 같은 경우에는 상대방에게 전화를 한 이유가 **머리말**이다).
- 사회성 코치들이 **머리말**의 다양한 예시들을 생각해낼 수 있게 한다(표 5.1 참조).

표 5.1 머리말/꼬리말의 예

전화를 하는 이유	전화를 끊어야 하는 이유
"그냥 잘 지내는지 궁금해서 전화했어."	"나 이제 가야 해."
"그냥 별일 없는지 해서 전화했어."	"너 가 봐야 하지 않니?"
"직장/학교 관련해서 물어볼 게 있어서 전화했어."	"공부하러 가야 할 것 같아."
"너와 얘기를 안 한 지 오래되어서 전화했어."	"지금 저녁 먹으러 가야 해."
"뭐 하고 지내는지 궁금했어."	"다시 일하러 가야 할 것 같아."

적절한 역할극: 전화 시작하기 ▶

[집단 치료자가 보조 치료자와 함께, 전화 시작하기의 적절한 역할극을 보여준다.]

- 치료자: "역할극을 잘 보고 제가 무엇을 잘했는지 이야기해주세요."

적절한 역할극의 예

- ○ 집단 치료자: (전화를 귀에 댄 척하며) "따르릉, 따르릉."
- ○ 보조 치료자: (전화기를 드는 척하며) "여보세요."
- ○ 집단 치료자: "안녕하세요. (이름)(이)와 통화 가능할까요?"
- ○ 보조 치료자: "제가 (이름)인데요."
- ○ 집단 치료자: "안녕? 나 (이름)(이)야."

○ 보조 치료자: "어, 안녕!"

○ 집단 치료자: "잘 지냈어?"

○ 보조 치료자: "응, 잘 지내."

○ 집단 치료자: "지금 통화 가능해?"

○ 보조 치료자: "응, 그럼~ 가능해."

○ 집단 치료자: "그냥~ 요즘 뭐 하고 지내는지 궁금해서 전화했어."

○ 보조 치료자: "아, 그래? 나 요즘 스포츠 경기를 즐겨 보고 있어."

○ 집단 치료자: "그래? 어떤 경기 보고 있어?"

○ 보조 치료자: (유명한 스포츠 경기 팀 두 개를 언급한다.)

○ 집단 치료자: (재미있게) "와, 재미있겠다! 너는 어느 팀 응원하고 있어?"

○ 보조 치료자: (신이 나서) "당연히 (팀 이름을 언급한다)."

- 치료자: "자, 여기까지입니다. 제가 전화 통화를 시작하면서 무엇을 잘했지요?"
  - **대답: 통화하고 싶은 사람의 이름을 말했습니다. 자신이 누구인지 밝혔습니다. 간단한 안부인사를 했습니다. 전화 통화가 가능한지 물었습니다. 왜 전화했는지에 관해 머리말을 이야기했습니다.**
- 다음과 같은 **조망 수용 질문**을 한다.
  - "(보조 치료자의 이름)이/가 어떤 기분이었을 것 같나요?"
  - 대답: 괜찮습니다. 편안합니다. 기분 좋습니다.
  - "(보조 치료자의 이름)이/가 저에 대해서 어떻게 생각했을 것 같나요?"
    - 대답: 적절합니다. 좋은 사람입니다. 괜찮은 사람입니다.
  - "(보조 치료자의 이름)이/가 저와 다시 이야기를 나누고 싶어 할 것 같나요?"
    - 대답: 아마도 그럴 것 같습니다.
- 보조 치료자에게 같은 **조망 수용 질문**을 한다.
  - "어떤 기분이 들었나요?"
  - "저에 대해서 어떻게 생각했나요?"
  - "저와 이야기를 다시 나누고 싶나요?"

부적절한 역할극: 전화 끝내기 ▶

[집단 치료자와 보조 치료자가 함께, 전화 끝내기의 부적절한 역할극을 보여준다.]

- 치료자: "전화 통화를 하고 있었던 이전 역할극에 이어서 계속해서 역할극을 보여드리겠습니다. 잘 보고 제가 무엇을 잘못했는지 이야기해주세요."

부적절한 역할극의 예

○ 집단 치료자와 보조 치료자: (전화기를 귀에 대고 이전 역할극에 이어서 역할극을 보여준다.)

○ 집단 치료자: "그래? 어떤 경기 보고 있어?"

○ 보조 치료자: (유명한 스포츠 경기 팀 두 개를 언급한다.)

> ○ 집단 치료자: (재미있게) "와, 재미있겠다! 너는 어느 팀 응원하고 있어?"
> ○ 보조 치료자: (신이 나서) "당연히 (팀 이름을 언급한다)."
> ○ 집단 치료자: (실망스러워하며, 어색하게) "아……, 그래?"
> ○ 보조 치료자: (혼란스러워하며, 궁금한 말투로) "왜? 넌 (방금 언급했던 팀 이름) 안 좋아해?"
> ○ 집단 치료자: (어색하고, 불편해하며) "응, 그다지 좋아하지 않아."
> ○ 보조 치료자: (불편해하며) "아……, (긴 침묵) 그래?"
> ○ 집단 치료자: (혼란스러워하며, 무엇을 해야 할지 몰라 전화를 끊는다. 뚝……. 띠띠띠)
> ○ 보조 치료자: (혼란스럽고 당황해한다.)

- 치료자: "자, 여기까지입니다. 제가 전화를 끝내면서 무엇을 잘못했지요?"
  - 대답: 대화가 잠시 멈출 때를 기다리지 않았습니다. 왜 전화를 끊는지에 관한 꼬리말을 이야기하지 않았습니다. "전화 통화해서 좋았다."라고 말하지 않았습니다. "나중에 다시 이야기하자."고 하지 않았습니다. 작별인사를 하지 않았습니다.
- 다음과 같은 **조망 수용 질문**을 한다.
  - "(보조 치료자의 이름)이/가 어떤 기분이었을 것 같나요?"
    - 대답: 이상합니다. 혼란스럽습니다. 불편합니다. 의아합니다.
  - "(보조 치료자의 이름)이/가 저에 대해서 어떻게 생각했을 것 같나요?"
    - 대답: 이상합니다. 특이합니다. 무례합니다
  - "(보조 치료자의 이름)이/가 저와 다시 이야기를 나누고 싶어 할 것 같나요?"
    - 대답: 아니요. 매우 이상하다고 생각할 것 같습니다.
- 보조 치료자에게 같은 **조망 수용 질문**을 한다.
  - "어떤 기분이 들었나요?"
  - "저에 대해서 어떻게 생각했나요?"
  - "저와 이야기를 다시 나누고 싶나요?"

전화를 끝내기 위한 단계

1. 대화가 잠시 멈출 때를 기다린다.
- 이것은 대화의 단계가 바뀌는 시점이기 때문에 잠시 기다린다.

2. 왜 전화를 끊는지에 관한 꼬리말을 이야기한다.
- 예: "나 이제 다시 일하러 가야 해."
- **머리말/꼬리말**이란 무엇인가를 해야 하는 이유를 말한다(위와 같은 경우에는 상대방과의 전화를 마쳐야 하는 이유가 꼬리말이다).
- 사회성 코치들이 **꼬리말**의 다양한 예시들을 생각해낼 수 있게 한다(표 5.1 참조).

3. "전화 통화해서 좋았다/반가웠다."라고 말한다.
- 예: "전화 통화해서 좋았어."

4. **"나중에 또 이야기하자."고 말한다.**
- 예: "다음에 또 이야기하자."

5. **작별 인사를 한다.**
- 예: "안녕, 잘 있어."

적절한 역할극: 전화 끝내기 ▶
[집단 치료자와 보조 치료자가 함께, 전화 끝내기의 적절한 역할극을 시연해 보여준다.]
- 치료자: "전화 통화를 하고 있었던 이전 역할극에 이어서 계속해서 역할극을 보여드리겠습니다. 잘 보고 제가 무엇을 잘했는지 이야기해주세요."

적절한 역할극의 예

○ 집단 치료자와 보조 치료자: (전화기를 귀에 대고 이전 역할극에 이어서 역할극을 보여준다.)

○ 집단 치료자: "그래? 어떤 경기 보고 있어?"

○ 보조 치료자: (유명한 스포츠 경기 팀 두 개를 언급한다.) "응, (팀 이름)와/과 (다른 팀 이름)."

○ 집단 치료자: (재미있게) "와, 재미있겠다! 너는 어느 팀 응원하고 있어?"

○ 보조 치료자: (신이 나서) "당연히 (팀 이름을 언급한다)."

○ 집단 치료자: (놀라면서) "아~ 그래?"

○ 보조 치료자: (궁금해하며) "너는 (방금 언급한 팀 이름) 안 좋아해?"

○ 집단 치료자: (자연스럽게) "응, 별로 좋아하지 않아. 그래도 네가 좋아하니깐 그 팀에 대해서 궁금해진다."

○ 보조 치료자: (궁금해하며) "그럼, 너는 어떤 팀 좋아해?"

○ 집단 치료자: (열정적으로) "난 (여러 팀 이름을 언급한다) 좋아해."

○ 보조 치료자: (신이 나서) "그래? 나도 그 팀 좋아하는데?! 잘됐다!!"

○ 집단 치료자: "아, 그렇구나~" (잠시 멈추고) "어, 근데, 친구랑 약속한 시간이 다 되어서 이제 가봐야 할 것 같아."

○ 보조 치료자: (친절하게) "어, 그래, 알겠어."

○ 집단 치료자: "전화 통화 즐거웠어."

○ 보조 치료자: "나도 통화 즐거웠어. 전화해줘서 고마워."

○ 집단 치료자: "나중에 또 전화할게."

○ 보조 치료자: "그래, 좋아."

○ 집단 치료자: "잘 지내. 안녕!"

○ 보조 치료자: "안녕!"

○ 집단 치료자와 보조 치료자: (전화기를 끊는 척한다.)

- 치료자: "자, 여기까지입니다. 제가 전화를 끝내면서 무엇을 잘했지요?"
  - 대답: 대화가 잠시 멈출 때를 기다렸습니다. 왜 전화를 끊는지에 관한 꼬리말을 이야기했습니다. "전화 통화 즐거웠어."라고 말했습니다. "나중에 또 전화할게."라고 했습니다. 작별 인사를 했습니다.

- 다음과 같은 **조망 수용 질문**을 한다.
  - ○ "(보조 치료자의 이름)이/가 어떤 기분이었을 것 같나요?"
    - ■ 대답: 괜찮습니다. 편안합니다.
  - ○ "(보조 치료자의 이름)이/가 저에 대해서 어떻게 생각했을 것 같나요?"
    - ■ 대답: 적절합니다. 상냥합니다. 괜찮은 사람입니다.
  - ○ "(보조 치료자의 이름)이/가 저와 다시 이야기를 나누고 싶어 할 것 같나요?"
    - ■ 대답: 아마도 그렇습니다.
- 보조 치료자에게 같은 **조망 수용 질문**을 한다.
  - ○ "어떤 기분이 들었나요?"
  - ○ "저에 대해서 어떻게 생각했나요?"
  - ○ "저와 이야기를 다시 나누고 싶나요?"

행동 연습: 전화 시작하고 끝내기

- 설명: "지금부터 여러분은 모두 다른 집단 구성원과 함께 전화를 시작하고 끝내는 것을 연습할 것입니다. 전화를 거는 사람이 전화 시작하기 단계를, 전화를 받는 사람이 전화 끝내기 단계를 연습할 것입니다."
- 개별적으로 **전화 시작하고 끝내기**를 연습할 수 있도록 5분가량의 시간을 준다.
  - ○ 성인들이 동시에 연습할 수 있도록 두 명씩 짝을 짓는다.
    - ■ 만약 성인들의 숫자가 홀수라면 남은 한 명은 보조 치료자와 함께 연습하거나 3인으로 된 팀을 하나 만든다.
  - ○ 전화를 거는 사람과 받는 사람을 배정해준다.
    - ■ 전화를 거는 사람이 전화를 시작한다.
    - ■ 전화를 받는 사람이 전화를 끝낸다.
  - ○ 그다음으로 전화를 거는 사람과 전화를 받는 사람 역할을 바꾸어 각각의 성인이 전화를 거는 사람과 전화를 받는 사람 역할 양쪽을 모두 연습할 수 있도록 한다.
- [주: 만약 어떤 성인이 **전화 시작하고 끝내기**를 어려워한다면, 이번 주에 사회성 코치와 함께 연습할 수 있도록 다시 만나기 시간에 따로 만나 추가 과제를 내준다.]

음성 사서함

- 설명: "우리가 누군가에게 전화를 했는데 상대방이 전화를 받지 않아 음성 사서함(음성전화 메시지)으로 넘어가는 간혹 경우가 있습니다. 대부분이 음성 메시지를 남기는 것에 대해 불편하게 생각하지만 규칙을 알기만 하면 그럴 필요가 없습니다."

부적절한 역할극: 음성 사서함에 메시지 남기기 ▶

[집단 치료자가 보조 치료자가 함께, 음성 사서함에 메시지 남기기의 부적절한 역할극을 보여준다.]

- 치료자: "역할극을 잘 보고 제가 무엇을 잘못했는지 이야기해주세요."

> 부적절한 역할극의 예
>
> ○ 집단 치료자: (전화기를 귀에 댄 척하며) "따르릉, 따르릉."
> ○ 보조 치료자: (음성전화 메시지) "안녕하세요? 지금은 전화를 받을 수 없으니 메시지를 남겨 주세요. 삐."
> ○ 집단 치료자: "너 지금 야구 경기 보고 있어? 나 방금 TV 틀어서 보고 있는데, 방금 한 경기 봤어? 어, 음…… (잠시 기다린다) 여보세요? 거기 누구 있어요? TV 보고 있어? 너 집에 있을 줄 알고 전화했는데…… (전화를 끊는 척한다.)"

- 치료자: "자, 여기까지입니다. 제가 음성 사서함에 메시지를 남기면서 무엇을 잘못했지요?"
  - 대답: 이름을 이야기하지 않았습니다. 누구에게 전화를 했는지 말하지 않았습니다. 언제 전화했는지 말하지 않았습니다. 왜 전화했는지 말하지 않았습니다. 전화번호를 남기지 않았습니다. 끝인사를 하지 않았습니다.
- 다음과 같은 **조망 수용 질문**을 한다.
  - "(보조 치료자의 이름)의 기분이 어땠을 것 같나요?"
    - 대답: 이상합니다. 의아합니다.
  - "(보조 치료자의 이름)이/가 저에 대해서 어떻게 생각했을 것 같나요?"
    - 대답: 이상합니다. 특이합니다. 무례합니다.
  - "(보조 치료자의 이름)이/가 저와 다시 이야기를 나누고 싶어 할 것 같나요?"
    - 대답: 아니요. 누구에게 전화를 해야 할지도 알 수 없습니다.
- 보조 치료자에게 같은 **조망 수용 질문**을 한다.
  - "어떤 기분이 들었나요?"
  - "저에 대해서 어떻게 생각했나요?"
  - "저와 이야기를 다시 나누고 싶나요?"

음성 사서함에 메시지를 남기는 규칙

1. 자신의 이름을 이야기한다.
- 예: "안녕, (이름)(이)야.", "안녕하세요? 저는 (이름)입니다.

2. 누구에게 전화를 했는지 말한다.
- 예: "나는 (이름)(이)에게 전화를 했어.", "저는 (이름)께 전화를 했습니다."
- 예외: 개인 전화(개인용 스마트폰, 그 사람만 사용하는 사무용 전화에 전화를 했다면 누구에게 전화를 했는지 말하지 않아도 됩니다.)

3. 언제 전화했는지 말한다.
- 예: "지금은 목요일 저녁 6시야."

4. 왜 전화했는지 말한다.
- 예: "잘 지내는지 궁금해서 전화했어."

5. 전화번호를 남긴다.

- 예: "메시지를 받으면 010-1234-5678로 전화해줘."
- 자주 통화하는 사람이라면 당신의 전화번호를 남길 필요는 없다. 하지만 당신의 전화번호가 상대의 연락처 목록에 들어 있지 않을 수도 있음을 염두에 두어야 한다.

6. 끝인사를 한다.

- 예: "곧 다시 얘기하자. 안녕."

역할극: 음성 사서함에 메시지 남기기 ▶

[집단 치료자가 보조 치료자가 함께, 음성 사서함에 메시지 남기기의 적절한 역할극을 보여준다.]

- 치료자: "역할극을 잘 보고 제가 무엇을 잘했는지 이야기해주세요."

> **적절한 역할극의 예**
>
> ○ 집단 치료자: (전화기를 귀에 댄 척하며) "따르릉, 따르릉."
> ○ 보조 치료자: (음성전화 메시지) "안녕하세요? 지금은 전화를 받을 수 없으니 메시지를 남겨 주세요. 삑."
> ○ 집단 치료자: "안녕. 나 (이름)(이)야. 지금 목요일 저녁 6시야. 요즘 어떻게 지내는지 궁금해서 전화했어. 010-1234-5678로 전화 부탁해. 곧 다시 전화할게. 안녕."

- 치료자: "자, 여기까지입니다. 제가 음성 사서함에 메시지를 남기면서 무엇을 잘했지요?"
  - **대답: 이름을 이야기했습니다. 누구에게 전화를 했는지 말했습니다. 언제 전화했는지 말했습니다. 왜 전화했는지 말했습니다. 전화번호를 남겼습니다. 끝인사를 했습니다.**
- 다음과 같은 **조망 수용 질문**을 한다.
  - "(보조 치료자의 이름)의 기분이 어땠을 것 같나요?"
    - 대답: 괜찮습니다. 편안합니다.
  - "(보조 치료자의 이름)이/가 저에 대해서 어떻게 생각했을 것 같나요?"
    - 대답: 친절합니다. 자연스럽습니다.
  - "(보조 치료자의 이름)이/가 저와 다시 이야기를 나누고 싶어 할 것 같나요?"
    - 대답: 아마도 그렇습니다.
- 보조 치료자에게 같은 **조망 수용 질문**을 한다.
  - "어떤 기분이 들었나요?"
  - "저에 대해서 어떻게 생각했나요?"
  - "저와 이야기를 다시 나누고 싶나요?"

행동 연습: 음성 사서함에 메시지 남기기

- 설명: "지금부터 여러분은 다른 집단 구성원과 함께 음성 사서함에 메시지 남기기를 연습할 것입니다. 여러분 모두 전화를 걸어 음성 사서함에 메시지 남기는 사람과 전화 받는 사람, 즉 음성 사서함의 자동응답 메시지 역할을 할 것입니다.

- 개별적으로 **음성 사서함에 메시지 남기기**를 연습할 수 있도록 5분가량의 시간을 준다.
  - 성인들이 동시에 연습할 수 있도록 두 명씩 짝을 짓는다.
    - 만약 성인의 숫자가 홀수라면 남은 한 명은 보조 치료자와 함께 연습하거나 3인조 팀을 하나 만든다.
  - 전화를 거는 사람과 받는 사람을 배정해준다.
    - 전화를 거는 사람은 음성 사서함에 메시지를 남긴다.
    - 전화를 받는 사람은 음성 사서함의 자동응답 메시지 역할을 한다.
  - 그다음으로 전화를 거는 사람과 전화를 받는 사람 역할을 바꾸어 모든 성인이 음성 사서함에 메시지 남기기를 연습할 수 있게 한다.
  - 각각의 성인이 연습을 끝낼 때마다 박수를 쳐준다.
- [주: 만약 어떤 성인이 음성 사서함에 메시지 남기기를 어려워한다면, 이번 주에 사회성 코치와 함께 연습할 수 있도록 다시 만나기 시간에 따로 만나 추가 과제를 내준다.]

e-커뮤니케이션 사용을 위한 일반적인 규칙

설명: "이제 우리는 연락처 교환하기 및 전화 통화하기의 단계와 규칙들에 대해서 알게 되었습니다. 그 외에 문자, 메신저, 이메일 및 소셜네트워킹사이트를 사용하는 규칙에 대해서 알고 있는 것 또한 중요합니다."

- **잘 알지 못하는 사람에게 연락할 때는 자신이 누구인지 밝힌다.**
  - 질문: "우리가 잘 알지 못하는 사람에게 문자를 하거나 메신저, 쪽지, 이메일 등을 보낼 때 자신이 누구인지 밝히는 것이 중요한 이유는 무엇일까요?"
    - 대답: 밝히지 않으면 상대방이 "누구세요?" 하고 물어봐야 하기 때문입니다.
  - 치료자: "대화를 '누구신가요?' 하며 시작하고 싶지는 않을 것입니다! 그보다는 자신이 누구인지를 밝히는 것이 좋습니다. 어떻게 이것을 할 수 있을까요?"
    - 대답: "나 (이름)(이)야.", "저는 (이름)입니다."
  - 질문: "우리가 자주 문자, 메신저, 이메일을 주고받는 사람에게 자신이 누구인지 밝혀야 할까요?"
    - 대답: 아니요.
- **잘 알지 못하는 사람에게 연락을 할 때는 머리말/꼬리말을 사용한다.**
  - 설명: "전화할 때와 마찬가지로 잘 알지 못하는 사람과 문자, 메신저, 쪽지, 이메일 혹은 영상 통화를 할 때는 머리말/꼬리말을 사용해야 합니다."
  - 질문: "잘 알지 못하는 사람과 연락을 할 때 머리말/꼬리말을 사용하지 않으면 무엇이 문제가 될 수 있을까요?"
    - 대답: 당신이 상대방에게 연락하는 이유를 궁금해할 것입니다. 심지어 "대체 용건이 뭐야?"라고 물어볼 수 있습니다.
  - 치료자: "대화를 '대체 용건이 뭐야?' 하며 시작하고 싶지는 않을 것입니다! 그러나 친한 친구와 문자, 메신저, 쪽지, 이메일 혹은 영상 통화를 할 때 항상 머리말/꼬리말을 사용해야 하나요?"
    - 대답: 아니요. 그러나 친한 친구와 연락 할 때 **머리말/꼬리말**을 사용한다고 해서 나쁠 것은 없습니다.
  - 성인들에게 **머리말/꼬리말**의 예를 만들어 보게 한다.
  - 예

- "네가 어떻게 지내고 있는지 궁금했어."
- "이번 주에 뭐 하는지 알고 싶어서요."
- "게임을 하러 갈 건지 알고 싶어서."

- **10시 규칙을 적용한다.**
  - 설명: "e-커뮤니케이션을 할 때 지켜야 하는 또 다른 중요한 규칙은 두 자리 숫자, 즉 10시 이전이나 이후에 전화나 문자를 하지 않는 것입니다. 즉, 오전 10시 이전 혹은 오후 10시 이후에 전화, 영상 통화 혹은 문자를 하지 말라는 것입니다."
  - 질문: "오전 10시 이전이나 오후 10시 이후에 전화나 문자를 하면 무엇이 문제가 될 수 있을까요?"
    - 대답: 상대방을 깨울 수 있습니다. 너무 이르거나 너무 늦을 수 있습니다.

- **너무 개인적이 되지 않도록 한다.**
  - 설명: "e-커뮤니케이션을 사용할 때 지켜야 하는 또 다른 중요한 규칙은 너무 개인적이 되지 않도록 하는 것입니다. 상대방을 잘 알고 있는 경우에도 이 규칙은 적용됩니다."
  - 질문: "문자, 메신저, 쪽지, 이메일, 음성 메시지, 영상 통화 혹은 페이스북 등 소셜네트워킹사이트를 사용할 때 너무 개인적이 된다면 무엇이 문제가 될 수 있을까요?"
    - 대답: **모든 사람이 당신이 보낸 것을 보거나, 듣거나, 들을 수 있기 때문입니다.** 너무 사적인 이야기를 한다면 상대방이 당혹스러워할 수도 있습니다. 당신이 보낸 것을 다른 사람들이 보거나, 읽거나, 듣는다면 당신이 곤란해질 수 있습니다.
  - 설명: "당신이 보낸 것을 누가 보거나, 읽거나 듣는 것을 통제할 수 없기 때문에 다른 사람이 보거나, 읽거나, 들어도 괜찮은 것들만 보내는 것이 또 하나의 중요한 규칙입니다. 개인적인 것은 상대방과 실제로 만났을 때 공유하도록 합니다."

- **딱 두 번 규칙을 사용한다.**
  - 설명: "e-커뮤니케이션을 사용하여 상대방에게 연락하다 보면 간혹 상대방에게 답이 없을 때도 있습니다. 전화, 문자, 메신저 그리고 이메일 모두 여기 해당됩니다. 만약 다른 사람이 답장을 하지 않는다면 연달아 몇 개의 메시지를 보내고 나서 그만두어야 할까요?"
    - 대답: 두 번 혹은 그 이하
  - 설명: "정답은 두 번입니다. 이것을 딱 두 번 규칙이라고 하며, 상대방이 대답이 없을 때, 두 번보다 많은 (3개 이상의) 메시지를 연달아 보내지 않아야 한다는 것을 의미합니다. 즉, 한 개는 보낼 수 있으나 3개 이상 보내지 않아야 합니다."
  - 질문: "두 번보다 많은(3개 이상의) 메시지를 연달아 보내면 무엇이 문제가 될 수 있을까요?"
    - 대답: 상대가 바쁜 것일 수도 있습니다. 당신과 이야기를 하고 싶어 하지 않을 수 있습니다. 당신이 좀 무섭게 느껴질 수도 있습니다. 당신이 스토커라고 생각할 수도 있습니다.
  - 질문: "음성 사서함에 메시지를 남기지 않는다면 어떤가요? 3번 이상 연달아 전화했다가 끊어도 괜찮은가요?"
    - 대답: 아니요. 당신이 전화했다는 것을 상대방이 확인할 수 있습니다. **딱 두 번 규칙**은 부재중 전화에도 적용됩니다.
  - 질문: "상대에게 문자를 남겼을 때 답장을 하지 않는다면 연달아 몇 번까지 문자를 보내고 나서 그만두어야 할까요?"

- 각각의 성인이 돌아가면서 대답하도록 한다.
- 설명: "정답은 두 번입니다. 딱 두 번 규칙입니다!"
- 질문: "두 번보다 많은(3개 이상의) 문자를 연달아 보내면 무엇이 문제가 될 수 있을까요?"
  - 대답: 상대가 바쁜 것일 수도 있습니다. 당신과 이야기하고 싶어 하지 않을 수 있습니다. 당신이 좀 무섭게 느껴질 수도 있습니다. 당신이 스토커라고 생각할 수도 있습니다.
- 질문: "상대에게 메신저를 남겼을 때 답장을 하지 않는다면 연달아 몇 번까지 메신저를 보내고 나서 그만두어야 할까요?"
  - 각각의 성인이 돌아가면서 대답하도록 한다.
- 설명: "정답은 두 번입니다. 딱 두 번 규칙입니다!"
- 질문: "두 번보다 많은(3개 이상의) 메신저를 연달아 보내면 무엇이 문제가 될 수 있을까요?"
  - 대답: 상대가 바쁜 것일 수도 있습니다. 당신과 이야기하고 싶어 하지 않을 수 있습니다. 당신이 좀 무섭게 느껴질 수도 있습니다. 당신이 스토커라고 생각할 수도 있습니다.
- 질문: "상대에게 메일을 보냈을 때 답장을 하지 않는다면 연달아 몇 번까지 메일을 보내고 나서 그만두어야 할까요?"
- 설명: "정답은 두 번입니다. 딱 두 번 규칙입니다!"
- 질문: "두 번보다 많은(3개 이상의) 메일을 연달아 보내면 무엇이 문제가 될 수 있을까요?"
  - 대답: 상대가 바쁜 것일 수도 있습니다. 당신과 이야기하고 싶어 하지 않을 수 있습니다. 당신이 좀 무섭게 느껴질 수도 있습니다. 당신이 스토커라고 생각할 수도 있습니다.
- 질문: "딱 두 번 규칙은 상대방이 답변이 없을 때 음성 메시지 두 개, 문자 두 개, 메신저 두 개, 이메일 두 개를 연달아 보내도 된다는 뜻인가요?"
  - 대답: 아니요. **딱 두 번 규칙**은 모든 형태의 e-커뮤니케이션을 통틀어서 적용해야 합니다.
- 설명: "딱 두 번 규칙에 예외가 하나 있습니다. 페이스북 혹은 다른 소셜네트워킹사이트에서 다른 사람에게 '친구 추가'를 요청할 때입니다. 우리가 '친구 추가'를 요청할 때 상대방은 '수락'이나 '거절'을 선택하게 됩니다."
- 질문: "만약 상대방이 당신의 '친구 추가' 요청을 거절한다면 어떻게 해야 할까요?"
  - 대답: **넘어갑니다.** 당신을 알고, 당신과 친구가 되는 것에 관심을 보이는 다른 사람에게 '친구 추가'를 요청합니다. 같은 사람에게 '친구 추가' 요청을 두 번 보내지 않습니다.
- 질문: "만약 '친구 추가'를 두 번 이상 보낸다면 무엇이 문제가 될 수 있을까요?"
  - 대답: 당신이 너무 절박해한다고 느낄 수 있습니다. 당신을 무섭다고 생각하거나 스토커라고 생각할 수 있습니다.

- **무작정 연락하기를 하지 않는다.**
  - 치료자: "e-커뮤니케이션을 사용할 때 지켜야 하는 또 다른 규칙은 무작정 연락하기를 하지 않는 것입니다."
  - 질문: "무작정 연락을 하는 것이 무엇인지 아는 사람이 있나요?"
    - 대답: 무작정 연락을 한다는 것은 전화번호 혹은 온라인상의 아이디를 직접 알려주지 않은 사람에게 연락을 하는 것을 말합니다. 주로 텔레마케팅을 하거나 스팸전화를 하는 사람들이 하는 일입니다.
  - 다음을 설명한다.

- 전화번호, 메신저 아이디, 이메일 주소 혹은 온라인상의 아이디를 알려준다는 것은 연락해도 좋다고 허락하는 것을 의미한다.
- 학교 전화번호부, 온라인 전화번호부(또는 구글 검색)에서 누군가의 연락처를 찾을 수 있다고 해서 그 사람에게 연락해도 좋다는 허락을 받은 것은 아니다.

○ 질문: "허락을 받지 않은 상태에서 누군가에게 무작정 연락을 한다면 무엇이 문제가 될 수 있을까요?"
- 대답: 당신을 이상하거나 엉뚱하다고 생각할 수 있습니다. 무섭거나 스토커라고 생각할 수도 있습니다. 당신에게 "내 번호 어떻게 알았어?"라고 물어볼 수 있습니다.
○ 설명: "대화를 '내 번호 어떻게 알았어?'라고 시작하고 싶지는 않을 것입니다!"
○ 질문: "만약 당신이 누군가와 페이스북 친구이고, 그 사람이 자신의 프로필 페이지에 연락처를 적어 놓았다면, 그 사람에게 연락해도 좋다는 허락을 받은 것인가요?"
- 대답: 아니요. 전혀 그렇지 않습니다. 이것 역시 무작정 연락이고, 상대방이 당신을 무섭거나 이상하다고 생각할 수 있습니다.
○ 설명: "무작정 연락을 하는 대신에 우리는 연락처 교환하기의 단계들을 사용해야 합니다."

온라인에서 안전하게 활동하기

- 설명: "많은 사람이 다른 사람들과 어울릴 때 매우 보편적으로 인터넷을 사용합니다. 여러분의 성인들 역시 대부분 인터넷을 사용하며, 페이스북과 같은 소셜네트워킹사이트를 이용하고 있을 것입니다. 그러나 다른 종류의 e-커뮤니케이션과 마찬가지로 온라인에서 안전하게 활동하기 위한 규칙들이 있습니다."
- 설명: "온라인에서 안전하게 활동하기 위한 가장 중요한 규칙은 여러분이 인터넷을 사용하여 온라인에서 새로운 친구를 사귈 때 조심해야 한다는 것입니다."
- 질문: "온라인에서 새로운 친구를 사귀면 무엇이 문제가 될 수 있을까요?"
  ○ 대답: 위험할 수 있습니다. 상대가 누구인지 잘 모릅니다. 상대가 나쁜 의도를 가지고 접근할 수 있습니다.
- 질문: "자, '온라인 친구'와 '실제 친구'는 어떤 차이점이 있을까요?"
  ○ 대답: **온라인 친구**는 온라인에서 함께 게임을 하지만 실제 생활에서는 누구인지 모르는 친구를 말합니다. **실제 친구**는 직접 만나서 알게 된 사람을 말합니다.
- 질문: "만약 '온라인 친구'를 '실제 친구'로 만든다면 무엇이 문제가 될 수 있을까요?"
  ○ 대답: 상대방이 누구인지 잘 모릅니다. 위험한 사람일 수 있습니다. 상대방이 나쁜 의도를 가지고 접근할 수 있습니다.
- 질문: "이 규칙에는 예외가 하나 있습니다. 회원제 동호회가 여기에 포함됩니다. 많은 성인이 회원제 동호회에 가입하나요?"
  ○ 대답: 예.
- 치료자: "그러나 회원제 동호회에 가입하기 위해서는 지원을 해야 합니다. 아무나 집단 모임에 나타나지 못하게 함으로써 사람들을 보호하는 역할을 합니다. 성인들이 회원제 동호회에 참여할 때 안전하기 위한 방법에는 또 어떤 것들이 있을까요?"
  ○ 회원제 동호회 참여를 위한 안전규칙
    - 사람들이 많은 공공장소에서만 만난다.

- 그룹 구성원들끼리만 어딘가에 가지 않는다.
- 그룹 구성원의 차를 타지 않는다.
- 직접 운전하거나 대중교통을 이용한다.
- 친구와 가족에게 어디에, 누구와, 언제 가는지 알려준다.
- 그룹 모임 시작 전과 끝난 후에 가족이나 친구와 함께 간다.
- 가능하다면 다른 친구들과 회원제 동호회에 참여한다.

● 질문: "한편 여러분이 이미 알고 지내는 사람과 좀 더 강한 우정을 발전시키기 위해 혹은 오랫동안 이야기를 나누지 못했던 친구와 다시 연락하기 위해 인터넷을 사용하는 것은 괜찮은가요?"

   ○ 대답: 예, 당연합니다.

● 설명: "여기서의 핵심은 인터넷은 이미 알고 있는 친구들과 친밀한 우정을 발전시키는 데 매우 유용하다는 것입니다. 그러나 여러분이 새로운 친구를 사귈 때는 조심해야 합니다."

   ○ **안전한 온라인 활동을 위한 제안**
   - 온라인에서 만난 사람에게는 개인적인 정보를 주지 않도록 노력한다.
   - 회원제 동호회에서 알게 된 사람이 아니라면 인터넷에서 낯선 사람을 만나지 않도록 한다(회원제 동호회 모임은 예외인 경우가 있지만 그래도 항상 조심해야 한다).
   - 낯선 사람이 페이스북 혹은 다른 소셜네트워킹사이트를 통해서 한 '친구 추가' 요청을 수락하는 것에 주의한다.
   - 낯선 사람에게 '친구 추가' 요청을 보내지 않는다.
   - 프로필 페이지에 자신의 연락처를 게시하지 않는다.
   - 페이스북 및 다른 소셜네트워킹사이트의 공개 대상 범위설정을 활용하여 누구나 당신의 계정을 볼 수 있게 하지 않는다.

● 설명: "지금까지 e-커뮤니케이션을 사용하는 규칙 중 몇 가지를 배웠습니다. 이번 주에 여러분의 성인들이 사회성 코치들과 함께, 그리고 전화 혹은 영상 통화를 하는 동안 정보를 교환하는 과정에서 e-커뮤니케이션을 사용하는 방법을 연습하게 할 것입니다."

행동 연습

개인 물건으로 정보 교환하기

필요한 자료

- 다른 집단 구성원들과 **정보 교환**을 위한 **개인 물건**을 가져온다.
- 성인이 **개인 물건** 가져오는 것을 잊었을 경우
  - ○ 음악이나 사진이 들어 있는 스마트폰을 사용해도 된다.
  - ○ 취미와 관련된 로고가 그려진 티셔츠를 활용해도 된다.
  - ○ **개인 물건**이 없더라도 자신의 관심사에 대해서 이야기하면 된다.

행동 연습

- 두 명씩 짝을 짓는다.
- 성인들로 하여금 자신의 **개인 물건**에 관해 **정보 교환하기** 및 **양방향 대화**를 연습하게 한다.
- **정보 교환**을 통해 **공통의 관심사**를 확인하도록 격려한다.
- 적절한 시점에 질문을 하도록 촉진해준다.
- 대략 5분마다 돌아가며 짝을 바꾼다.
  - ○ 성인들의 숫자가 홀수일 경우에는 세 명이 짝을 이루게 해야 할 수도 있다.
- 시간이 된다면 회기의 마지막 5분 동안은 정보 교환한 내용을 정리한다.
  - ○ 성인들이 돌아가면서 **정보 교환**을 통해 대화를 나눈 구성원에 대해 알게 된 내용을 기억해 내도록 한다.
  - ○ 성인들이 **공통의 관심사**를 확인하게 한다.
    - ■ 다음과 같이 물어본다. "만약 두 사람이 함께 시간을 보내게 된다면 그 정보를 가지고 무엇을 할 수 있을까요?"

다시 만나기

- 성인들에게 사회성 코치와 다시 만날 것이라고 안내한다.
  - 성인들은 각자의 사회성 코치 곁에 서 있거나 앉아 있다.
  - 다시 만나기 시간이 시작되기 전에, 조용히 하고 집단에 완전히 집중하게 한다.
  - 사회성 코치들이 옆에서 듣고 있을 동안에 성인들이 이번 회기에서 배웠던 내용을 이야기하게 한다.
- 치료자: "오늘 우리는 e-커뮤니케이션을 사용하는 방법에 대해서 배웠습니다. e-커뮤니케이션을 사용하는 일반적인 규칙들에는 어떤 것들이 있나요?"
  - **연락처를 교환하기 위한 규칙들을 사용한다.**
  - **전화 시작하고 끝내기 단계들을 따른다.**
  - **음성 사서함에 메시지 남기기 단계들을 따른다.**
  - **잘 알지 못하는 사람에게 연락할 때는 자신이 누구인지 밝힌다.**
  - **잘 알지 못하는 사람에게 연락을 할 때는 머리말/꼬리말을 사용한다.**
  - **10시 규칙을 적용한다.**
  - **너무 개인적이 되지 않도록 한다.**
  - **딱 두 번 규칙을 사용한다.**
  - **무작정 연락하기를 하지 않는다.**
  - **온라인 친구를 실제 친구로 만들 때 조심한다.**
- 성인들이 e-커뮤니케이션 사용하는 법 연습을 아주 훌륭히 수행했습니다. 다 같이 박수를 쳐줍시다.

과제 안내하기

성인들에게 사회성 코칭 유인물을 나눠주고 다음과 같이 과제를 안내한다.

1. **새로운 친구를 사귈 수 있는 곳을 찾는다.**
   - 성인들과 사회성 코치들은 성인의 관심사를 바탕으로 성인이 참여할 수 있는 **사회적 활동**에 대해 의논하고 결정한다.
   - 결정한 뒤 바로 이 활동에 참여를 시작한다.
     - 적절한 **사회적 활동**의 기준
       - 성인의 관심사에 근거한다.
       - 매주 혹은 적어도 2주에 한 번 만난다.
       - 성인을 받아들여주는 비슷한 나이대의 또래들이 포함되어 있다.
       - 다른 사람들과 어울릴 수 있는 구조화되지 않은 시간이 있다.
       - 앞으로 2주 안에 활동이 시작된다.

2. 친구와 **대화 시작하기** 및 **정보 교환하기**를 연습한다(새로운 친구를 사귈 수 있는 곳에서 만난 친구와 해도 된다).
   - 연습 전에 사회성 코치들은 **대화 시작하고 유지하기** 및 **정보 교환하기** 규칙과 단계를 점검한다.
   - 연습을 한 이후에 사회성 코치들은 성인들에게 다음과 같은 **사회성 코칭 질문**을 한다.

○ "대화를 시작했나요? 했다면 누구와 했나요?"

○ "그가 당신과 이야기를 나누고 싶어 하는 것 같았나요? 이것을 어떻게 알 수 있었나요?"

○ "정보를 교환했나요? 공통의 관심사는 무엇이었나요?"

○ "만약 두 사람이 함께 시간을 보내게 된다면 그 정보를 가지고 무엇을 할 수 있나요?"

○ "함께 만나 시간을 보내기에 적합한 사람인 것 같나요?"

3. **집단 구성원과 전화 혹은 영상 통화를 한다.**
   ● 정보 교환을 위해 전화나 영상 통화를 할 수 있도록 상대 집단 구성원을 확인하고 약속을 정한다.
   ● 치료실을 떠나기 전에 성인들과 사회성 코치들은 다른 집단 구성원에게 전화를 하기 위한 날짜와 시간을 정한다.
   ● 전화를 하기 전에 **전화 시작하고 끝내기** 및 **정보 교환** 규칙을 점검한다.
   ● 전화하고 난 뒤에 사회성 코치들은 성인들에게 다음과 같은 **사회성 코칭 질문**을 한다.
     ○ 전화를 시작하기 위해 어떤 규칙들을 따랐나요?
     ○ 공통의 관심사는 무엇이었나요?
     ○ 만약 두 사람이 함께 시간을 보내게 된다면 그 정보를 가지고 무엇을 할 수 있나요?
     ○ 전화를 끝내기 위해 어떤 규칙들을 따랐나요?

4. 성인들과 사회성 코치들은 **정보 교환하기** 및 **공통의 관심사 찾기**를 하면서 **전화 시작하고 끝내기**를 연습한다.
   ● 연습 전에 **전화를 시작하고 유지하기** 및 **정보 교환하기** 규칙을 점검한다.
   ● 연습을 한 이후에 사회성 코치들은 성인들에게 다음과 같은 **사회성 코칭 질문**을 한다.
     ○ 전화를 시작하기 위해 어떤 규칙들을 따랐나요?
     ○ 공통의 관심사는 무엇이었나요?
     ○ 만약 우리가 함께 시간을 보내게 된다면 그 정보를 가지고 무엇을 할 수 있나요
     ○ 전화를 끝내기 위해 어떤 규칙들을 따랐나요?

5. **정보 교환을 위한 개인 물건**을 가져온다.
   ● 다음 주에 집단 구성원과 함께할 **정보 교환을 위한 개인 물건**(예: 음악, 게임, 책, 그림 등)을 가져온다.

● 집단 구성원과의 전화 혹은 영상 통화 배정표(부록 C)를 읽어주고 사회성 코치들이 누가 누구에게 전화를 걸거나 받는지 기록하게 한다.

● 성인 및 사회성 코치들에게 전화번호부(부록 B)를 나눠주고, 매주 전화하기로 한 시간과 날짜를 전화번호부에 기록하게 한다.

개별적으로 확인하기

전화하기로 한 날짜와 시간을 다 정한 뒤에는 각각의 성인 및 사회성 코치들이 각자 개별적으로 다음과 같은 내용을 협의한다.

1. 성인들이 참여하는 데 관심을 보이는 **사회적 활동**
   ● 이미 참여하고 있는 **사회적 활동**이 있다면 다음을 확인한다.
     ○ 성인의 관심사에 근거한다.

○ 매주 혹은 적어도 2주에 한 번 만난다.

○ 성인을 받아들여주는 비슷한 나이대의 또래들이 포함되어 있다.

○ 다른 사람들과 어울릴 수 있는 구조화되지 않은 시간이 있다.

○ 앞으로 2주 안에 활동이 시작된다.

2. **집단 구성원과 전화 혹은 영상 통화**를 하는 동안에 사회성 코치들은 어디에 있을 것인지

3. 성인들과 사회성 코치들이 **대화 시작하고 유지하기, 정보 교환하기, 공통의 관심사 찾기**를 언제 연습할 것인지

4. 다음 주에 가지고 오기로 계획한 **개인 물건**은 어떤 것인지

사회성 코칭 유인물

연락처 교환하기 단계

1. 여러 차례 정보를 교환한다.

2. 공통의 관심사를 찾는다.

3. 연락을 위한 머리말로 공통의 관심사를 활용한다.

4. 상대가 나의 제안에 관심이 있는지 평가한다.

5. 연락처를 교환하자고 제안한다.

전화 시작하고 끝내기 단계

표 5.2 전화 시작하고 끝내기 단계

전화 시작하기	전화 끝내기
1. 통화하고 싶은 사람의 이름을 말한다.	1. 대화가 잠시 멈출 때를 기다린다.
2. 자신이 누구인지 말한다.	2. 왜 전화를 끊는지에 관한 끝인사를 이야기한다.
3. 간단한 안부인사를 한다.	3. "전화 통화해서 좋았다/반가웠다."라고 말한다.
4. 전화 통화가 가능한지 묻는다.	4. "나중에 또 이야기하자."고 한다.
5. 왜 전화했는지에 관해 첫인사를 이야기한다.	5. 작별인사를 한다.

머리말/꼬리말의 예

표 5.1 머리말/꼬리말의 예

전화를 하는 이유	전화를 끊어야 하는 이유
"그냥 잘 지내는지 궁금해서 전화했어."	"나 이제 가야 해."
"그냥 별일 없는지 해서 전화했어."	"너 가 봐야 하지 않니?"
"직장/학교 관련해서 물어볼 게 있어서 전화했어."	"공부하러 가야 할 것 같아."
"너와 얘기를 안 한 지 오래되어서 전화했어."	"지금 저녁 먹으러 가야 해."
"뭐 하고 지내는지 궁금했어."	"다시 일하러 가야 할 것 같아."

음성 사서함에 메시지를 남기는 단계

1. 자신의 이름을 이야기한다.

2. 누구에게 전화를 했는지 말한다.

3. 언제 전화했는지 말한다.

4. 왜 전화했는지 말한다.

5. 전화번호를 남긴다.

6. 끝인사를 한다.

e-커뮤니케이션 사용을 위한 일반적인 규칙

- 잘 알지 못하는 사람에게 연락할 때는 자신이 누구인지 밝힌다.
- 잘 알지 못하는 사람에게 연락을 할 때에는 머리말/꼬리말을 사용한다.
- 10시 규칙을 적용한다.
- 너무 개인적이 되지 않도록 한다.
- 딱 두 번 규칙을 사용한다.
- 무작정 연락하기를 하지 않는다.

회원제 동호회 참여를 위한 안전규칙

- 사람들이 많은 공공장소에서만 만난다.
- 그룹 구성원들끼리만 어딘가에 가지 않는다.
- 그룹 구성원의 차를 타지 않는다.
- 직접 운전하거나 대중교통을 이용한다.
- 친구와 가족에게 어디에, 누구와, 언제 가는지 알려준다.
- 그룹 모임 시작 전과 끝난 후에 가족이나 친구와 함께 간다.
- 가능하다면 다른 친구들과 회원제 동호회에 참여한다.

안전한 온라인 활동을 위한 제안

- 온라인에서 만난 사람에게는 개인적인 정보를 주지 않도록 노력한다.
- 회원제 동호회에서 알게 된 사람이 아니라면 인터넷에서 낯선 사람을 만나지 않도록 한다(회원제 동호회 모임은 예외인 경우가 있지만 그래도 항상 조심해야 한다).
- 낯선 사람이 페이스북 혹은 다른 소셜네트워킹사이트를 통해서 한 '친구 추가' 요청을 수락하는 것에 주의한다.
- 낯선 사람에게 '친구 추가' 요청을 보내지 않는다.
- 프로필 페이지에 자신의 연락처를 게시하지 않는다.
- 페이스북 및 다른 소셜네트워킹사이트의 공개 대상 범위설정을 활용하여 누구나 당신의 계정을 볼 수 있게 하지 않는다.

과제 안내하기

1. **새로운 친구를 사귈 수 있는 곳을 찾는다.**
   - 성인들과 사회성 코치들은 성인의 관심사를 바탕으로 성인이 참여할 수 있는 **사회적 활동**에 대해 의논하고 결정한다.
   - 결정한 뒤 바로 이 활동에 참여를 시작한다.
     - 바람직한 **사회적 활동**의 기준
       - 성인의 관심사에 근거한다.
       - 매주 혹은 적어도 2주에 한 번 만난다.

- ■ 성인을 받아들여주는 비슷한 나이대의 또래들이 포함되어 있다.
- ■ 다른 사람들과 어울릴 수 있는 구조화되지 않은 시간이 있다.
- ■ 앞으로 2주 안에 활동이 시작된다.

2. 친구와 **대화 시작하기** 및 **정보 교환하기**를 연습한다(새로운 친구를 사귈 수 있는 곳에서 만난 친구와 해도 된다).
   - 연습 전에 사회성 코치들은 **대화 시작하고 유지하기** 및 **정보 교환하기** 규칙과 단계를 점검한다.
   - 연습을 한 이후에 사회성 코치들은 성인들에게 다음과 같은 **사회성 코칭 질문**을 한다.
     - ○ 대화를 시작했나요? 했다면 누구와 했나요?
     - ○ 그가 당신과 이야기를 나누고 싶어 하는 것 같았나요? 이것을 어떻게 알 수 있었나요?
     - ○ 정보를 교환했나요? 공통의 관심사는 무엇이었나요?
     - ○ 만약 두 사람이 함께 시간을 보내게 된다면 그 정보를 가지고 무엇을 할 수 있나요?
     - ○ 함께 만나 시간을 보내기에 적합한 사람인 것 같나요?

3. 집단 구성원과 전화 혹은 영상 통화를 한다.
   - 정보 교환을 위해 전화나 영상통화를 할 수 있도록 상대 집단 구성원을 확인하고 약속을 정한다.
   - 치료실을 떠나기 전에 성인과 사회성 코치들은 집단의 다른 구성원에게 전화를 하기 위한 날짜와 시간을 정한다.
   - 전화를 하기 전에 **전화 시작하고 끝내기** 및 **정보 교환** 규칙을 점검한다.
   - 전화하고 난 뒤에 사회성 코치들은 다음과 같은 **사회성 코칭 질문**을 한다.
     - ○ 전화를 시작하기 위해 어떤 규칙들을 따랐나요?
     - ○ 공통의 관심사는 무엇이었나요?
     - ○ 만약 두 사람이 함께 시간을 보내게 된다면 그 정보를 가지고 무엇을 할 수 있나요?
     - ○ 전화를 끝내기 위해 어떤 규칙들을 따랐나요?

4. 성인과 사회성 코치들은 **정보 교환하기** 및 **공통의 관심사 찾기**를 하면서 **전화 시작하고 끝내기**를 연습한다.
   - 연습 전에 **전화 시작하고 끝내기** 및 **정보 교환** 규칙을 점검한다.
   - 연습을 한 이후에 사회성 코치들은 성인들에게 성인들에게 다음과 같은 **사회성 코칭 질문**을 한다.
     - ○ 전화를 시작하기 위해 어떤 규칙들을 따랐나요?
     - ○ 공통의 관심사는 무엇이었나요?
     - ○ 만약 우리가 함께 시간을 보내게 된다면 그 정보를 가지고 무엇을 할 수 있나요?
     - ○ 전화를 끝내기 위해 어떤 규칙들을 따랐나요?

5. **정보 교환**을 위한 **개인 물건**을 가져온다.
   - 다음 주에 집단 구성원과 함께할 **정보 교환**을 위한 **개인 물건**(예: 음악, 게임, 책, 그림 등)을 가져온다.

주요 용어

꼬리말	소셜네트워킹사이트(SNS)	친구 추가
딱 두 번 규칙	연락처 교환하기	회원제 동호회
머리말	온라인 친구	10시 규칙
무작정 연락하기	음성 사서함	e-커뮤니케이션

유머의 적절한 사용

사회성 코치 치료자 가이드

사회성 코치 회기 준비하기

이번 주 교육의 주제는 **적절한 유머의 사용**이다. 비록 이번 회기의 내용이 당신이 이끄는 집단의 모든 성인에게 꼭 필요한 것은 아니지만, 이 주제와 관련된 교육을 필요로 하는 어떤 유형의 성인들이 분명히 있을 것이다. 즉, 끊임없이 유머를 던지거나 재미있는 사람이 되고 싶어 하는 성인들이 바로 여기 해당된다. 그러나 아쉽게도 이러한 성인들의 노력에 아무도 웃어주지 않는 경우가 많을 것이다. 그리고 설령 웃는 경우라 할지라도 **함께 웃기**보다는 성인을 **향해 비웃는 것**일 가능성도 있다. 사회성이 결여된 많은 성인들은 사회인지 능력이 부족하고 타인의 관점과 조망을 이해하는 데 어려움을 겪고 있기 때문에, 그들이 던진 **유머에 대한 반응**을 잘 인지하지 못하며, 타인을 웃기려고 노력하는 과정에서 오히려 사람들을 그들과 멀어지게 하곤 한다. 성인들이 계속해서 유머를 던지고 웃기려고 하는 이유는 유머가 얼마나 주위의 관심을 끌고 타인에게 매혹적인지 알기 때문이다. 실제로 적절히 사용하기만 하면 유머는 매력적인 것이고, 주변 사람들을 끌어들이는 힘이 되기도 한다. 사람들은 대개 유머감각이 있고 자신을 웃게 만드는 사람 주변에 있기를 원한다. 그러나 부적절하게 사용했을 때 **유머는 타인과 멀어지게 만드는 가장 빠른 방법 중 하나가 된다.**

이번 회기의 어려운 점 가운데 하나는 성인들이 재미없는 유머를 던졌을 때 웃어주는 것이 오히려 성인에게 도움이 되지 않는다는 사실을 사회성 코치들이 이해하게 돕는 것이다. 보호자들은 웃기지 않은 유머에 자주 웃어주거나 이미 수십 번도 넘게 들은 유머에 웃어준다. 이것은 보호자들이 성인들을 배려하고, 그들이 상처받지 않기를 원하는 마음에서 하는 것이다. 때로는 성인들이 던진 유머가 다른 사람들에게는 웃기지 않지만 보호자들에게는 재미있고 귀엽다고 생각되는 경우도 있다. 이번 회기는 사회성 코치들로 하여금 성인들의 유머에 솔직하고 실제로 도움이 되는 반응을 보여주기 시작할 수 있게 격려하는 것이 중요하다. 만약 이것에 실패하여 성인들이 계속해서 유머를 부적절하게 사용한다면 이 프로그램의 성공적인 완수가 위기에 처할 수도 있다. 성인과 그들의 사회성 코치에게 이 개념을 설명하는 데 도움이 되는 방법 중 하나는 다음과 같이 말하는 것이다. **"당신은 PEERS에서 배운 기술을 모두 습득할 수 있습니다. 그러나 아무도 웃지 않는 유머를 계속해서 사용하려고 한다면, 친구를 만들고 유지하기가 매우 어려울 수 있을 것입니다."** 그리고 추가로 다음과 같이 설명한다. "부적절한 유머는 타인과 멀어지게 만드는 가장 **빠른 방법** 중 하나입니다. 만약 당신의 목표가 친구를 만들고, 그 관계를 유지하는 것이라면 부적절한 유머를 하는 것은 위험할 수 있습니다." 만약 성인이 유머를 구사함으로써 다른 사람들과 친해지려고 시도한다면 다음과 같이 상기시키는 것도 도움이 될 수 있다. "**우리는 다른 사람들과 관계를 맺을 수 있는 훨씬 덜 위험한 방법을 알고 있습니다. 바로 정보 교환입니다!**" 하지만 궁극적으로 이렇게 교육 받은 내용을 가지고 무엇을 할지 결정하는 것은 성인 자신이다. 비록 처음에는 효과적이지 않은 유머를 그만두기 싫어할 수 있으나, **유머에 대한 반응에 주의를 더 많이 기울이게 될수록** 유머를 부적절하게 사용하는 일도 점차 줄어들 것이다.

성인들은 교육이 진행되는 동안에 **유머에 대한 반응**이 행동으로 나타나는 신호들을 배울 것이다. 예를 들어 어떤 사람이 눈을 굴리거나 비꼬는 말을 하는 것은 **비웃는 것**이라는 경고 신호이다. 다만 자폐스펙트럼장애를 가진 성인들은 비꼬는 말을 해석하는 것이 어려울 수 있기 때문에, 이것을 신뢰할 만한 신호로 활용하는 것은 좀 어려울 수도 있다. 이러한 경우 **유머에 대한 반응**의 다른 행동 신호들에 초점을 맞추는 것이 가장 좋다.

사회성 코치가 성인들에게 **유머에 대한 반응**을 제공하는 것에 대해 열린 마음을 갖게 된 다음에는 유머에 대해 어떻게 반응할 것인지에 관한 전략들을 알려주어야 한다. 다른 회기들과 마찬가지로 매뉴얼의 과제 안내하기 부분 마지막에 **사회성 코칭 팁**이 제시되어 있다. 사회성 코칭 유인물은 다시 만나기 시간에 성인들에게도 나눠주게 되는데 사회성 코칭 팁을 성인들이 보게 되면 자신들을 낮추어 보는 것으로 오해할 수 있는 여지가 조금 있기 때문에 이 내용을 유인물에는 포함시키지 않았다. 따라서 **사회성 코칭 팁**은 사회성 코치들이 적절하게 필기를 해두도록 권한다. 이번 회기에도 몇 가지 팁을 제안하고 있는데, **적절한 유머의 사용**을 어려워하는 성인의 사회성 코치들은 이번 회기의 내용을 기록해 두면 도움이 될 것이다.

첫 번째 **사회성 코칭 팁**은 사회성 코치들이 성인들과 함께 **적절한 유머의 사용** 방법에 대해서 터놓고 이야기를 나누기 시작하는 것이다. 처음에는 성인들이 **부적절한 유머를 사용**했을 때 이것을 사회성 코치들이 지적해 줄 수 있도록 허락을 받는 것부터 시작할 수 있다. 성인이 여기에 동의한다면 성인과 사회성 코치가 함께 다른 사람들이 옆에 있을 때 성인이 **유머에 대한 반응에 주의를 기울이도록** 도와줄 수 있는 그들만의 신호를 만들어 낼 것을 권한다. 예를 들어 사회성 코칭을 하기 어려운 공공장소에서 성인이 유머를 부적절하게 사용할 경우에는 미리 정해 놓은 일상적인 말 혹은 질문(예: 우리 몇 시에 밥 먹기로 했지?)을 사용하여 성인이 그의 **유머에 대한 반응**에 주의를 기울이도록 상기시켜 주는 것이다. 아니면 다른 사람들에게는 들리지 않도록 미리 약속한 말로 촉구해주는 것이 도움이 될 수 있다(예: "유머 체크"라고 속삭인다). 공공장소에서 코치할 수 있는 기회가 생겼을 때 성인들이 **유머에 대한 반응에 주의를 기울이도록** 역시 미리 약속한 손짓(예: 머리를 뒤로 넘기거나 손을 마주 비비기)을 하는 것도 도움이 될 수 있다.

성인이 공공장소에서 미리 약속한 방식으로 사회성 코치를 받겠다고 동의를 했든 하지 않았든 간에 성인들이 **유머를 부적절하게 사용**했을 경우에는 이에 대해서 반드시 개별적으로 이야기를 나눠야 한다. 가장 쉬운 방법은 먼저 성인이 유머를 부적절하게 사용했던 경우를 이야기하고, 다음과 같은 사회성 코칭 질문을 던지는 것이다. "**당신의 유머에 대한 반응은 무엇이었나요?**", "**그것을 어떻게 알 수 있었나요?**" 이러한 질문들을 통해 **유머를 하는 사람**과 **유머를 듣는 사람** 중에서 어떤 쪽이 되는 것이 성인에게 더 나은지, 그리고 유머에 대한 반응이 좋지 못할 경우에도 계속해서 유머를 하는 것이 좋은지에 대해 조금 더 깊은 논의로 이끌어 갈 수 있다.

과제 점검

[다음의 과제를 검토하고 발생 가능한 **문제해결**을 의논한다. 성공적으로 과제를 완수한 사람부터 시작한다.

시간이 된다면 (과제를 다 하지 못한 사람들에게) 왜 과제를 완수할 수 없었는지 이유를 질문할 수 있으며, 다음 주에 어떻게 이것을 할 수 있을지에 대한 **문제해결**을 시도해볼 수 있다. 과제를 점검하는 동안에는 반드시 (볼드체로 표시된) **우리끼리 단어**를 사용한다. **새로운 친구를 사귈 수 있는 곳 찾기**가 이번 회기의 가장 중요한 과제이므로 과제 점검 시간 대부분을 여기에 할애한다.]

1. **정보 교환**을 위한 **개인 물건**을 가져온다.
   - 치료자: "이번 주의 주요 과제 중 하나는 다른 집단 구성원들과 정보 교환을 위해 개인 물건을 가져오는 것이었습니다. 성인들이 정보를 교환하기 위해 가져온 개인 물건에 대해서 빠르게 듣겠습니다."
   - 가져온 물건이 부적절한 경우에는 다음 주에 가지고 올 수 있는 물건에 대해 **해결책**을 논의한다.

2. **새로운 친구를 사귈 수 있는 곳**을 찾는다.
   - 치료자: "이번 주 또 다른 과제는 성인들이 새로운 친구를 사귈 수 있는 곳을 찾고, 사회적 모임에 참여할 수 있도록 도와주는 것이었습니다. 성인과 함께 새로운 친구를 사귈 수 있는 곳을 찾아낸 분이 있나요?"
   - **새로운 친구를 사귈 수 있는 곳**이 적절한지 그리고 다음의 기준을 만족하는지 확인한다.
     - 성인의 관심사에 근거한다.
     - 매주 혹은 적어도 2주에 한 번 만난다.
     - 성인을 받아들여주는 비슷한 나이대의 또래들이 포함되어 있다.
     - 다른 사람들과 어울릴 수 있는 구조화되지 않은 시간이 있다.
     - 앞으로 2주 안에 활동이 시작된다.

3. 친구와 **대화 시작하기** 및 **정보 교환하기**를 연습한다.
   - 치료자: "이번 주 또 다른 과제는 성인들이 친구와 대화 시작하기 및 정보 교환하기를 연습하는 것이었습니다. 이번 과제를 완수했거나 완수하고자 노력하신 분이 있나요?"
   - 완수했거나 완수하고자 노력한 과제에 초점을 두고 다음과 같이 질문한다.
     - "당신의 성인은 당신과 대화를 시작하고 유지하기를 연습했나요?"
     - "연습 전에 규칙과 단계를 점검했나요?"
       - **대화 시작하기의 단계**
       1. 자연스럽게 지켜본다.
       2. 소품을 사용한다.
       3. 공통의 관심사를 찾는다.
       4. 공통의 관심사를 언급한다.
       5. 정보를 교환한다.
       6. 관심을 평가한다.
          - 그들이 나에게 이야기를 하고 있는가?
          - 그들이 나를 쳐다보고 있는가?
          - 그들이 나와 마주 보고 있는가(아니면 나에게 무관심한 태도를 보이는가)?
       7. 자신을 소개한다.
     - "연습한 이후에 당신은 사회성 코칭 질문을 했나요?"

- 적절한 사회성 코칭 질문
  - 당신이 대화를 시작했나요? 누구와 대화를 시작했나요?
  - 그들이 당신과 이야기를 나누고 싶어 하는 것 같았나요? 그것을 어떻게 알 수 있었나요?
  - 정보를 교환했나요? 공통의 관심사는 무엇이었나요?
  - 만약 두 사람이 함께 시간을 보내게 된다면 그 정보를 가지고 무엇을 할 수 있나요?
  - 함께 만나 시간을 보내기에 적합한 사람인 것 같나요?

4. **집단 구성원과 전화 혹은 영상 통화를 한다.**
   - 치료자: "이번 주 또 다른 과제는 전화 시작하고 끝내기, 정보 교환하기 연습을 위해 집단 구성원 중 누군가와 전화 혹은 영상 통화를 하는 것이었습니다. 여러분의 성인 중에서 전화 혹은 영상 통화를 한 사람이 있나요?"
   - 질문
     - "당신의 성인은 누구와 이야기를 했으며, 누가 누구에게 전화를 걸었나요?"
     - "전화 통화 전에 당신은 어떤 사회성 코칭을 했나요?"
     - "성인이 전화 통화를 하는 동안 당신은 어디에 있었나요?"
     - "어떻게 전화 통화를 시작했나요?"
     - "성인들은 정보를 교환하고 공통의 관심사를 찾았나요?"
     - "어떻게 전화 통화를 끝냈나요?"
     - "전화 통화 이후에 당신은 어떤 사회성 코칭을 했나요?"
       - 적절한 사회성 코칭 질문
         - 공통의 관심사는 무엇이었나요?
         - 만약 두 사람이 함께 시간을 보내게 된다면 그 정보를 가지고 무엇을 할 수 있나요?
   - 그 전화 혹은 영상 통화에 참여한 다른 사람이 바로 다음에 설명하도록 한다. 단, 동시에 발표하게 하지는 않는다.

표 6.1 전화 시작하고 끝내기 단계

전화 시작하기	전화 끝내기
1. 통화하고 싶은 사람을 말한다.	1. 대화가 잠시 멈출 때를 기다린다.
2. 자신이 누구인지 말한다.	2. 왜 전화를 끊는지에 관한 꼬리말을 이야기한다.
3. 어떻게 지내는지 물어본다.	3. "전화 통화해서 좋았다."라고 말한다.
4. 전화 통화가 가능한지 묻는다.	4. "나중에 또 이야기하자."고 한다.
5. 왜 전화했는지에 관해 머리말을 이야기한다.	5. "안녕." 또는 "잘 있어."라고 말한다.

5. 성인들과 사회성 코치들은 **전화 시작하고 끝내기, 정보 교환하기, 공통의 관심사 찾기**를 연습한다.
   - 치료자: "이번 주 또 다른 과제는 여러분의 성인과 함께 전화 시작하고 끝내기, 정보 교환하기, 공통의 관심사 찾기를 연습하는 것이었습니다. 이번 과제를 완수했거나 완수하고자 노력하신 분이 있나요?"
   - 완수했거나 완수하고자 노력한 과제에 초점을 두고 다음과 같이 질문한다.

○ "당신과 당신의 성인은 전화 시작하고 끝내기를 연습했나요?"

○ "연습 전에 규칙과 단계들을 점검했나요?"

○ "어떻게 전화 통화를 시작했나요?"

○ "당신의 성인은 정보 교환하기를 연습했나요?"

○ "어떻게 전화 통화를 끝냈나요?"

○ "전화 통화 이후에 당신은 사회성 코칭 질문을 했나요?"

■ 적절한 **사회성 코칭 질문**

□ **공통의 관심사**는 무엇이었나요?

□ 만약 두 사람이 함께 시간을 보내게 된다면 그 정보를 가지고 무엇을 할 수 있나요?

● [사회성 코치 과제 기록지를 수거한다. 만약 사회성 코치가 과제 기록지 가져오는 것을 잊어버렸다면, 과제를 책임지고 할 수 있게 새로운 용지에 완성하게끔 한다.]

교육: 적절한 유머의 사용

● 사회성 코칭 유인물을 나눠준다.

○ 사회성 코치 치료자 가이드에서 **볼드체**로 표시된 부분은 사회성 코치 유인물에서 그대로 가져온 것이다.

○ 사회성 코치들에게 **볼드체**로 표시된 부분은 **우리끼리 단어**임을 상기시킨다. 이 단어들은 PEERS® 교육 과정의 중요한 개념들에 해당하므로 사회성 코칭을 할 때 최대한 많이 사용해야 한다고 설명한다.

● 치료자: "오늘 우리는 유머의 적절한 사용에 대해 이야기를 나누겠습니다. 유머는 사람들이 서로 의사 소통하고 친해지는 중요한 방식입니다. 유머를 적절하게 사용할 경우에는 많은 사람들의 관심을 끌고 매력적으로 보일 수 있습니다. 그러나 유머를 부적절하게 사용할 경우에는 사람들을 가장 빠르게 멀어지게 하는 방법이 되기도 합니다. 안타깝게도 우리 성인 중 일부는 유머를 적절하게 사용하지 못하기 때문에 그들이 유머를 사용하는 규칙들을 이해하고 유머에 대한 다른 사람들의 반응에 주의를 기울이는 방법을 배울 수 있게 도와주어야 합니다."

● **누군가를 처음 알게 되었을 때는 조금 더 진지하게 행동한다.**

○ 치료자: "유머를 적절하게 사용하기 위한 첫 번째 규칙은 누군가를 처음 알게 되었을 때는 조금 더 진지하게 행동해야 한다는 것입니다. 누군가를 처음 알게 되었을 때 우스꽝스럽게 행동하거나 웃기려고 한다면 무엇이 문제가 될 수 있을까요?"

■ 대답: 당신의 유머감각을 이해하지 못할지 모릅니다. 자신을 놀리고 있다고 생각할지도 모릅니다. 당신이 이상하다고 생각할 수도 있습니다.

○ 질문: "당신이 처음 만난 어떤 사람이 유머를 던진 것 같았으나 확실하지 않고, 당신이 웃어야 할지 말아야 할지 잘 몰랐던 적이 있었나요? 그때 당신은 어떨 것 같은가요?"

■ 대답: 어색하다. 불편하다. 혼란스럽다.

○ 치료자: "누군가를 처음 알게 되었을 때는 진지하게 대하는 것이 덜 위험합니다. 당신이 그 사람을 더 잘 알게 되면 좀 덜 진지해져도 될까요?"

■ 대답: **유머에 대한 반응**이 좋을 경우에는 덜 진지해져도 됩니다.

● **이미 당신의 유머를 들었던 사람에게는 같은 유머를 반복하지 않는다.**

○ 치료자: "유머를 적절하게 사용하기 위한 또 다른 규칙은 이미 당신의 유머를 들었던 사람에게는 같은 유머를 반복하지 않는 것입니다. 이미 당신의 유머를 들었던 사람에게 같은 유머를 반복한다면 무엇이 문제가 될 수 있을까요?"

■ 대답: 이미 들었던 적이 있는 유머는 대개 재미가 없기 때문입니다. 당신이 다른 말할거리가 없는 것처럼 보이게 합니다.

○ 설명: "성인이 유머를 하면 우리는 그것이 웃기지 않다고 생각하거나 수십 번도 더 들은 경우라도 종종 웃어줍니다. 이제부터 우리는 당신이 생각하기에 웃기지 않거나 이미 예전에 들었던 유머라면 웃어주지 않으시기를 권합니다. 대신에 이것을 유머에 대한 반응을 해줄 수 있는 기회로 사용합니다. 회기가 조금 더 진행된 뒤에 당신이 어떻게 하면 되는지를 알려드리겠습니다."

● **인신공격성 유머를 하지 않는다.**

○ 치료자: "유머를 적절하게 사용하기 위한 또 다른 규칙은 인신공격성 유머를 하지 않는 것입니다. 인신공격성 유머는 다른 사람을 웃음거리로 만드는 유머입니다. 이러한 유머는 다른 사람의 인종, 종교, 성별, 성적 지향, 장애, 지역, 학력, 경제계층, 개인의 취향, 직업, 전공 혹은 외모를 놀림거리로 만드는 유머를 포함합니다. 인신공격성 유머를 하면 무엇이 문제가 될 수 있을까요?"

■ 대답: 상대방을 모욕하게 됩니다. 상대방의 기분을 상하게 합니다. 상대방이 당신과 친구가 되고 싶지 않을 것입니다. 당신이 타인에게 비열하다는 나쁜 평판을 얻을 수 있습니다.

○ 설명: "우리는 인신공격성 유머가 흔하다는 것을 알고 있습니다. 그러나 당신의 목표가 친구를 만들고 그 관계를 유지하는 것이라면 이것은 매우 위험합니다!"

● **지저분한 유머는 하지 않는다.**

○ 치료자: "유머에 관한 또 다른 중요한 규칙은 지저분한 유머를 하지 않는 것입니다. 지저분한 유머란 성이나 다른 사람의 신체 일부에 관한 것입니다. 지저분한 유머를 하면 무엇이 문제가 될 수 있을까요?"

■ 대답: 지저분한 유머는 다른 사람을 불편하게 합니다. 당신의 평판을 나쁘게 할 수 있습니다.

○ 질문: "지저분한 유머를 하면 상대방이 당신에 대해서 어떻게 생각할 수 있을까요?"

■ 대답: 이상하거나 변태라고 생각할 수 있습니다.

○ 설명: "우리는 지저분한 유머가 어떤 사람들 사이에서는 흔하다는 것을 알고 있습니다. 그러나 당신의 목표가 친구를 만들고 그 관계를 유지하는 것이라면 이것은 매우 위험합니다!"

● **그 유머를 이해할 수 없는 사람이 있는 데서 자기들만 아는 유머를 하지 않는다.**

○ 설명: "유머를 적절하게 사용하기 위한 또 다른 규칙은 그 유머를 이해할 수 없는 사람이 있는 데서 자기들만 아는 유머를 하지 않는 것입니다. 자기들만 아는 유머란 오직 몇몇 사람만이 이해할 수 있는 유머입니다. 이는 앞뒤 상황을 다 알아야만 알아들을 수 있는 것이며, 특정한 사람들 사이에만 공유되는 것입니다."

○ 치료자: "자기들만 아는 유머를 하는 것이 잘못된 것은 아닙니다. 그러나 그것을 이해할 수 없는 사람들이 있는 데서 자기들만 아는 유머를 하면 무엇이 문제가 될 수 있을까요?"

■ 대답: 유머를 이해하지 못하는 사람들은 무슨 뜻인지 모를 것입니다. 그 사람들이 소외되었다고 느낄 수 있습니다. 그 사람들의 기분을 상하게 할 수 있습니다.

○ 질문: "만약 그 유머를 이해하지 못하는 사람 앞에서 실수로 자기들만의 유머를 하게 되었다면 어떻게 해야 하나요?"

- 대답: 사과하고 유머의 의미를 설명해줍니다.
    - 질문: "그러나 유머가 무슨 뜻인지 설명해주어야 한다면 재미가 있을까요?"
        - 대답: 아니요 그런 경우는 거의 없습니다.
- **권위 있는 사람에게 농담을 하지 않는다.**
    - 치료자: "유머를 적절하게 사용하기 위한 또 다른 규칙은 권위 있는 사람에게 농담을 하지 않는 것입니다. 권위 있는 사람에는 누가 있을까요?"
        - 대답: 교수/선생님, 학과장/학장, 지도 감독자, 직장 상사, 선임/선배, 법을 집행하는 사람들
    - 질문: "권위 있는 사람에게 농담을 하면 무엇이 문제가 될 수 있을까요?"
        - 대답: 상대방을 존중하지 않는 것처럼 보일 수 있습니다. 무례해 보일 수 있습니다. 매너가 없어 보입니다. 난처한 상황에 처할 수 있습니다.
    - 설명: "우리는 어떤 사람들의 경우 권위 있는 사람들에게 농담을 해도 문제가 되지 않는다는 것을 알고 있지만, 이것은 여전히 위험하다는 것을 기억해야 합니다!"
- **이유 없이 웃지 않는다.**
    - 치료자: "유머를 적절하게 사용하기 위한 또 다른 규칙은 이유 없이 웃지 않는 것입니다. 예를 들어 당신은 우스운 생각이 나서 큰 소리로 웃을 수 있지만, 그럴 때 아무도 당신이 왜 웃는지 이해 못할 것입니다. 이유 없이 웃으면 무엇이 문제가 될 수 있을까요?"
        - 대답: 당신이 사람들을 향해 비웃는다고 생각할 수 있습니다. 당신이 이상하다거나 괴상하다고 생각할 수 있습니다. 당신이 환청과 같은 정신병적 증상이 있다고 생각할 수 있습니다.
    - 질문: "만약 실수로 이유 없이 웃게 되었다면 어떻게 해야 할까요?"
        - 대답: "죄송합니다. 갑자기 우스운 일이 생각났어요."라고 말합니다.
- **유머는 나이에 적절해야 한다.**
    - 설명: "나이에 적절한 유머를 하는 것도 중요합니다. 이는 성인들은 친구에게 유머를 할 때 몸 개그 또는 초등학생이나 할 만한 유치한 유머를 하지 말아야 한다는 것을 의미합니다."
    - 질문: "나이에 적절하지 않은 유머를 하면 무엇이 문제가 될 수 있을까요?"
        - 대답: 사람들은 당신의 유머가 재미없다고 생각할 것입니다. 당신이 유치하거나 이상하다고 생각할 수 있습니다.
    - 질문: "만약 어린아이들과 놀아주면서 유머를 한다면 어떻게 해야 할까요? 이런 경우에는 유치한 유머를 해도 괜찮을까요?"
        - 대답: 예. 그것이 어린아이의 **나이에 맞는 유머**이기 때문입니다.
- **유머는 맥락에 적절해야 한다.**
    - 치료자: "맥락에 맞는 유머를 하는 것도 중요합니다. 이는 당신이 놓여 있는 상황에 맞는 유머를 해야 한다는 의미입니다. 예를 들어 로봇에 대해서 잘 모르는 사람들에게 로봇에 관한 유머를 한다면 사람들은 당신의 유머를 재미있어 할까요?"
        - 대답: 아니요. 아마 이해하지 못할 것입니다.
    - 질문: "그러나 로봇 동호회에 속한 로봇을 잘 아는 사람들에게 같은 유머를 한다면 그들은 당신의 유머를 재미있어 할까요?"
        - 대답: 그것이 적절한 유머였다면 아마도 그럴 것입니다.

○ 질문: "맥락에 적절하지 않은 유머를 하면 무엇이 문제가 될 수 있을까요?"

■ 대답: 사람들이 당신이 하는 유머 뜻을 이해하지 못하거나 유머가 맥락에 맞지 않는다고 생각한다면, 그들은 그것이 재미없다고 생각할 것입니다. 당신이 이상하다고 생각할 수 있습니다.

● **유머를 하기에 적절한 때인지 살핀다.**

○ 치료자: "유머를 하기에 적절한 때인지 부적절한 때인지 살피는 것 또한 중요합니다."

○ 질문: "유머를 하기에 적절한 때는 언제일까요?"

■ 대답: 파티(모임), 쉬는 시간, 점심 시간, 다른 사람들도 유머를 하고 있을 때

○ 질문: "유머를 하기에 부적절한 때는 언제일까요?"

■ 대답: 수업 도중, 교수님이 말하고 계실 때, 시험 보는 도중, 일을 해야 할 때, 사람들의 기분이 안 좋거나 슬플 때

● **누군가가 유머를 한다면 예의상 웃어준다.**

○ 치료자: "때때로 사람들은 우리에게 유머를 하지만 우리는 그들이 재미있다고 여겨지지 않을지도 모릅니다. 만약 우리가 웃지 않거나 "그건 재미없어."라고 말한다면, 그들은 기분 나빠할 수도 있습니다. 만약 우리의 목적이 친구를 사귀고 유지하는 것이라면, 어떤 사람이 재미없다고 생각되는 유머를 했을 때 우리는 어떻게 해야 할까요?"

■ 대답: 예의상 웃어줍니다. 친절하게 미소를 짓습니다. "그거 재미있다."고 말합니다.

○ [참고사항(영어로 된 자료에 익숙하다면): PEERS® *Role Play Video Library*(www.routledge.com/cw/laugeson)에서 **예의상 웃어주기**의 적절한 역할극과 부적절한 역할극 동영상을 보여줄 수도 있다.]

● **유머에 대한 반응에 주의를 기울인다.**

○ 설명: "유머를 적절하게 사용하기 위한 가장 중요한 규칙 중 하나는 만약 여러분이 유머를 하려고 한다면, 유머에 대한 반응에 주의를 기울여야 한다는 것입니다. 유머에 대한 반응이란 당신이 유머를 던진 후에 사람들이 보여주는 반응을 의미합니다."

○ 질문: "유머에 대한 반응에 주의를 기울이지 않는다면 무엇이 문제가 될 수 있을까요?"

■ 대답: 사람들이 당신의 유머가 재미없다고 생각할 것이고, 결국 당신은 사람들로부터 멀어지게 될 것입니다. 당신이 이상하거나 엉뚱하다고 생각할 것이고, 당신과 친구가 되고 싶지 않을 것입니다.

○ 설명: "유머에 대한 반응에 주의를 기울일 때, 당신이 잘 살펴보아야 하는 반응에는 네 가지가 있습니다."

■ **전혀 웃지 않는다.**

■ **예의상 웃어준다.**

■ **당신을 비웃는다.**

■ **함께 웃는다.**

○ 질문: "전혀 웃지 않는다는 것은 무엇을 의미할까요?"

■ 대답: 사람들이 당신의 유머가 웃기지 않다고 생각하는 것입니다. 이것은 **유머에 대한 나쁜 반응**입니다.

○ 질문: "예의상 웃어준다는 것은 무엇을 의미할까요?"

■ 대답: 예의를 지키기 위해 웃어주는 것입니다. 그러나 당신이 말한 것이 우스워서 웃는 것은 아닙니다. 이것은 **유머에 대한 나쁜 반응**입니다.

○ 질문: "당신을 비웃는다는 것은 무엇을 의미하나요? 당신을 비웃는 것인지 어떻게 알 수 있을까요?"

- 대답: [표 6.2] 참조. 이것은 **유머에 대한 나쁜 반응**입니다.
  ○ 질문: "당신과 함께 웃는다는 것은 무엇을 의미하나요? 함께 웃는 것인지 어떻게 알 수 있을까요?"
    - 대답: [표 6.2] 참조. 이것은 유일하게 **유머에 대한 좋은 반응**입니다.
  ○ 설명: "유머에 대한 반응에 주의를 기울일 때 사람들이 하는 가장 큰 실수는 상대방을 쳐다보지 않고 그저 그들의 반응을 듣기만 한다는 것입니다."
  ○ 아래의 예시들을 사용하여 다음과 같이 물어본다. "당신은 상대방이 아래의 (예시 삽입) 하는 것을 들을 수 있나요?"
    - "눈을 굴린다."
    - "이상한 표정을 짓는다."
    - "당신에게 손가락질한다."
    - "당신을 보며 웃는다."
    - "고개를 끄덕인다."
  ○ 설명: "유머에 대한 반응에 주의를 기울이기 위해서는 상대방의 반응을 잘 보면서 들어야만 합니다. 이것은 다른 사람의 반응을 주의 깊게 보아야 한다는 의미입니다. 단순히 그들이 웃는지 웃지 않는지 들으려고만 한다면 반응을 충분히 알지 못할 것입니다."
  ○ [참고사항(영어로 된 자료에 익숙하다면): PEERS® *Role Play Video Library*(www.routledge.com/cw/laugeson)에서 유머에 대한 반응으로 **비웃는 것**과 **함께 웃는 것**의 역할극 동영상을 보여줄 수도 있다.]

표 6.2 유머에 대한 반응을 보여주는 신호

비웃는 것	함께 웃는 것
웃으면서 눈을 굴린다.	웃으며 미소 짓는다.
다른 사람을 쳐다본 다음 웃는다.	유머 혹은 유머감각을 칭찬한다.
유머가 끝나기 전에 웃는다.	웃으며 고개를 끄덕인다.
웃기 전에 오랜 정적이 있다.	"그거 재미있는데."라고 미소 짓는다.
웃으며 이상한 표정을 짓는다.	"너 웃기다."라고 말하며 미소 짓는다.
웃으며 당신에게 손가락질한다.	다른 유머를 해달라고 부탁한다.
웃으며 다른 사람을 향해 고개를 흔든다.	"그 이야기 기억해 두어야겠다."라고 말한다.
비꼬는 말을 한다(이것은 해석하기 어려울 수 있다).	그들도 유머를 하기 시작한다.

유머를 사용하는 유형 알아보기

설명: "모든 사람은 각각 유머에 있어서 다른 역할을 합니다. 어떤 사람들은 유머하는 것을 좋아하고, 어떤 사람들은 유머 듣는 것을 좋아하며, 어떤 사람들은 아예 유머를 좋아하지 않습니다. 유머에 있어서 사람들을 대체로 세 가지 유형으로 나눌 수 있습니다."

- **유머를 하는 사람**
  ○ 설명: "유머를 하는 사람들은 끊임없이 유머하기를 좋아하는 사람들입니다. 그들은 자신을 코미디언이나 분위기 메이커 등으로 생각합니다. 그러나 실제로 항상, 매번 다른 사람들을 웃긴다는 것은 매우 어렵습니다. 안타깝게도 사람들은 항상 그들과 함께 웃는 것은 아니며, 때로는 그들을 비웃을 때도 있습니

다. 매우 극소수의 사람들만이 항상 재미있는 유머를 사용할 수 있습니다."

● 유머를 좋아하는 사람
  ○ 설명: "유머를 좋아하는 사람들은 유머 듣는 것을 즐기는 사람들입니다. 그들은 가끔씩 유머를 하기도 하고 재미있는 이야기를 하기도 하지만, 항상 웃기려고 노력하지는 않습니다. 유머를 듣는 사람들은 웃는 것을 좋아하며 간혹 유머나 우스갯소리를 하기도 하지만, 코미디언이나 분위기 메이커가 되려고 노력하지는 않습니다. 아마도 대부분의 사람들이 유머를 듣는 사람에 속할 것입니다."

● 유머를 거부하는 사람
  ○ 설명: "유머를 거부하는 사람들은 유머를 즐기지 않는 사람들입니다. 그들은 유머를 하는 것도 유머를 듣는 것도 좋아하지 않습니다. 유머는 그들을 불편하게 만들거나 혼란스럽게 만들기도 합니다."
  ○ 질문: "유머를 좋아하지 않아도 문제가 되지 않지만 만약 당신이 유머를 거부하는 사람이라면, 사람들에게 유머를 하지 말라고 할 필요가 있을까요?"
    ■ 대답: 아니요. 그건 **이래라저래라 하는 것**입니다.
  ○ 설명: "그래서 만약 성인이 유머를 불편해한다면 우정은 선택이고, 유머를 하는 사람과 친구가 되려는 것은 좋은 선택이 아닐 수 있다는 것을 상기시킵니다. 그러나 그들의 유머에 대해서 사람들에게 이래라저래라 할 필요는 없습니다."

● 설명: "오늘 여러분의 성인들은 스스로를 유머를 하는 사람이라고 여기는지, 유머를 듣는 사람 혹은 유머를 거부하는 사람이라고 생각하는지를 확인할 것입니다. 우리는 다시 만나기 시간에 그들이 어떤 대답을 했는지 검토할 것입니다. 놀라는 일이 없기를 바랍니다. 성인들이 그들의 유머에 대한 반응에 주의를 기울일 수 있도록 도와주는 것이 좀 더 앞으로 나아가기 위해 여러분이 할 일 중 하나입니다. 과제를 공지한 후에 어떻게 이것을 도울 수 있는지 몇 가지 팁을 알려드리도록 하겠습니다."

● 설명: "몇몇 성인은 자신의 유머가 좋은 반응을 얻지 못한다는 것을 깨달았을 때 깜짝 놀라거나 충격을 받을 수 있습니다. 그들은 아마도 다른 사람과 관계를 맺고 친해지고 싶기 때문에 유머를 하는 것일 겁니다. 이것은 좋은 일입니다. 그러나 우리에게는 이제 다른 사람과 친해질 수 있는 더 효과적이고 안전한 방법이 있습니다. 그것은 바로 정보를 교환하는 것입니다!"

과제 안내하기

[사회성 코치에게 사회성 코치 과제 기록지(부록 E)를 배부하고, 작성해서 다음 회기에 제출하게 한다.]

1. **새로운 친구를 사귈 수 있는 곳**을 찾는다.
   ● 성인과 사회성 코치들은 성인들의 관심사를 바탕으로 성인이 참여할 수 있는 **사회적 활동**에 대해 의논하고 결정한다.
   ● 결정한 뒤 바로 이 활동에 참여를 시작한다.
     ○ 바람직한 **사회적 활동**의 기준
       □ 성인의 관심사에 근거한다.
       □ 매주 혹은 적어도 2주에 한 번 만난다.
       □ 성인을 받아들여주는 비슷한 나이대의 또래들이 포함되어 있다.
       □ 다른 사람들과 어울릴 수 있는 구조화되지 않은 시간이 있다.

        □ 앞으로 2주 안에 활동이 시작된다.

2. 친구와 **대화 시작하기** 및 **정보 교환하기**를 연습한다(새로운 **친구를 사귈 수 있는 곳**에서 만난 친구와 해도 된다).

   ● 연습 전에 사회성 코치들은 **대화 시작하고 유지하기** 및 **정보 교환하기** 규칙과 단계를 점검한다.

   ● 연습을 한 이후에 사회성 코치들은 성인들에게 다음과 같은 **사회성 코칭 질문**을 한다.

   　○ 당신이 대화를 시작했나요? 누구와 대화를 시작했나요?

   　○ 그들이 당신과 이야기를 나누고 싶어 하는 것 같았나요? 그것을 어떻게 알 수 있었나요?

   　○ 정보를 교환했나요? 공통의 관심사는 무엇이었나요?

   　○ 만약 두 사람이 함께 시간을 보내게 된다면 그 정보를 가지고 무엇을 할 수 있나요?

   　○ 함께 만나 시간을 보내기에 적합한 사람인 것 같나요?

3. **유머에 대한 반응에 주의를 기울인다.**

   ● 만약 성인이 유머를 하게 된다면 (유머를 하는 것이 과제는 아니다) 그들의 유머에 대한 반응에 주의를 기울인다.

   ● 성인이 유머를 한 이후에 사회성 코치는 성인에게 개별적으로 다음과 같은 **사회성 코칭 질문**을 한다.

   　○ 당신의 유머에 대한 반응은 무엇이었나요?

   　○ 이것을 어떻게 알 수 있었나요?

4. **집단 구성원과 전화 혹은 영상 통화를 한다.**

   ● 정보 교환을 하기 위해 전화나 영상 통화를 할 수 있도록 상대 집단 구성원을 확인한다.

   ● 치료실을 떠나기 전에 성인과 사회성 코치들은 다른 집단 구성원에게 전화를 하기 위한 날짜와 시간을 정한다.

   ● 전화를 하기 전에 **전화 시작하고 끝내기** 및 **정보 교환** 규칙을 점검한다.

   ● 전화하고 난 뒤에 사회성 코치들은 성인들에게 다음과 같은 **사회성 코칭 질문**을 한다.

   　○ 전화를 시작하기 위해 어떤 규칙들을 따랐나요?

   　　■ 영상 통화를 하는 경우에는 규칙이 살짝 달라집니다(통화하고 싶은 사람과 자신이 누구인지 말할 필요가 없습니다).

   　○ 공통의 관심사는 무엇이었나요?

   　○ 만약 두 사람이 함께 시간을 보내게 된다면 그 정보를 가지고 무엇을 할 수 있나요?

   　○ 전화를 끝내기 위해 어떤 규칙들을 따랐나요?

5. **정보 교환**을 위한 개인 물건을 가져온다.

   ● 다음 주에 집단 구성원과 함께할 **정보 교환**을 위한 **개인 물건**(예: 음악, 게임, 책, 그림 등)을 가져온다.

사회성 코칭 팁

● 적절한 유머의 사용에 대해서 성인과 드러내 놓고 이야기를 나누기 시작한다.

　○ **부적절한 유머를 사용**했을 때 이것을 사회성 코치들이 지적해줄 수 있도록 허락을 받는다.

● 다른 사람들이 주위에 있을 때 성인이 **유머에 대한 반응에 주의를 기울이도록** 도와줄 수 있는 당신이 사용할

수 있는 신호를 만든다.

- ○ 일상적인 말 혹은 질문(예: 우리 몇 시에 밥 먹기로 했지?)
- ○ 다른 사람들에게 들리지 않는 특정한 언어적 촉구(예: "유머 확인"이라고 속삭이기)
- ○ 특정한 손짓(예: 손으로 머리 만지기, 손을 마주 비비기)

● 다른 사람이 없는 곳에서 성인이 사용했던 유머의 예시를 들어 **유머에 대한 반응**에 대해 이야기를 나눈다.

- ○ **유머에 대한 반응은 무엇이었나요?**
  - 전혀 웃지 않는다.
  - 예의상 웃어준다.
  - 당신을 비웃는다.
  - 함께 웃는다.
- ○ **이것을 어떻게 알 수 있었나요?**

● 재미있지 않은 유머에 웃어주지 않도록 합니다.

- ○ 다른 사람에게 이상하거나 거슬리게 생각될 만한 유머에 웃어주는 것은 성인에게 도움이 되지 않는 일을 하는 것입니다.
- ○ 대신에 위에서 언급했던 것처럼 다음과 같이 물어봅니다. **"당신의 유머에 대한 반응은 무엇이었나요?"**

● 유머가 받아들여지지 않음에도 불구하고 계속해서 유머를 하는 사람이 되고 싶어 하는 성인들에게는

- ○ 유머를 하고 싶어 하는 것은 자연스러운 것이라고 말하지만 다음을 상기시킨다.
  - **"만약 당신의 목표가 친구를 만들고 그 관계를 유지하는 것이라면 계속해서 유머를 하는 사람이 되려고 하는 것은 위험합니다!"**
  - **"우리는 조금 덜 위험한 방법으로 다른 사람들과 친해질 수 있습니다. 그것은 바로 정보를 교환하는 것입니다!"**

성인 치료자 가이드

성인 회기 준비하기

비록 우리는 유머감각이 주위 사람들을 끌어모으는 힘이 있다는 것을 알고 있지만, 부적절하게 사용한 **유머는 타인과 멀어지게 만드는 가장 빠른 방법 중 하나이다.** 누군가가 부적절하거나 저속한 유머를 한 번이라도 하면, 대부분의 사람들은 그 사람을 멀리하게 된다. 불행하게도 자폐스펙트럼장애를 가진 많은 사람들에게 유머는 가장 두드러지는 사회성 결함 중 하나이다. 자폐스펙트럼장애 성인들은 종종 유머, 특히 비꼬는 말이 포함된 유머를 이해하는 데 상당한 어려움을 보인다. 또한 사회인지 능력의 부족 및 조망 수용의 어려움으로 인해 유머에 대한 반응을 이해하고 해석하며, 유머를 하고 난 후 반응에 관한 사회적 신호를 읽어내는 것이 어려울 때가 많다. 이러한 약점에도 불구하고 자폐스펙트럼장애가 있는 많은 성인들은 상대방이 웃어주지 않아도 유머를 구사하는 것을 좋아하며, 안타깝게도 사람들은 때로 그들과 **함께 웃어주기**보다는 그들을 **비웃곤 한다.**

자폐스펙트럼장애 성인들의 일부는 유머하는 것을 즐기는 반면, 일부는 사람들이 유머를 하면 매우 혼란스러워하고 기분 나빠하거나 심지어 화를 내기도 한다. 이러한 성인들을 우리는 **유머를 거부하는 사람**이라고 지칭한다. 비록 자폐스펙트럼장애 성인 중에서는 극소수만 이에 해당되지만 **유머를 거부하는 사람**은 다른 사람들에게 유머를 하지 말라고 **이래라저래라** 하는 것이 그들의 권한이 아니라는 것을 이해하도록 도와야 한다. 대신에 **우정은 선택**이라는 것을 기억하는 것도 중요하다. 그들이 꼭 **유머를 하는 사람**과 친구가 될 필요는 없으며 **유머를 하는 사람**들은 유머를 거부하는 자폐스펙트럼장애 성인들과 친구가 될 필요는 없다.

집단의 어떤 성인들에게는 적절하게 유머를 사용하는 것에 대해 배우는 것이 다른 사람과의 관계를 발전시키는 데 매우 중요한 일이 된다. 유치하거나 미숙한 유머를 사용하거나 남들이 이해하지 못하는 유머를 자주 하는 성인이라면 특히 더 그렇다. 사회적인 관계에서 **또래에게 거절당하는** 많은 성인은 종종 그들의 부정적인 **유머에 대한 반응**을 잘 인식하지 못한다. 이것은 또 다른 거절을 불러오고, 결국 또래 사이에서 나쁜 평판으로 이어질 수 있다. **부적절한 유머를 사용하는** 성인들은 종종 또래에게 낯설거나 이상하게 비쳐지며, 이것이 놀림이나 괴롭힘으로 이어지기도 하고, 반드시 놀림이나 괴롭힘으로 이어지지 않는다 하더라도 또래관계 혹은 사회적 관계에서 제외되게 만들 수 있다. 따라서 자신을 **유머를 하는 사람**이라고 생각하는 성인들은 유머에 대한 반응에 대해 주의를 기울이고 유머를 적절히 사용하는 것에 대해 배우는 것이 꼭 필요하다. 일부 성인들이 이 핵심 기술을 발달시키지 못하는 것이 PEERS® 프로그램의 성공과 실패를 판가름하는 경우도 있다. 다시 말하자면 PEERS® 교육 과정에서의 다른 모든 기술을 성공적으로 습득한다고 하더라도 만약 그들이 계속해서 **부적절한 유머를 사용**할 경우 또래로부터 계속 거절당하는 경험을 하게 될 것이다.

이번 회기에서 일어날 수 있는 이슈 중 하나는 **유머를 듣는 사람**과 **유머를 하는 사람**의 역할을 잘못 이해하는 것에서 기인하는 것이다. 명확하게 말하자면 **유머를 듣는 사람**은 유머를 좋아하는 사람이다. 실제로 **유머를 듣는 사람**들도 때로는 유머를 구사하거나 타인을 웃게 하기 위한 말을 한다. 그러나 자신을 코미디언이나 그 집단에서 가장 재미있는 사람인 것처럼 여기는 **유머를 하는 사람**들과는 달리 **유머를 듣는 사람**은 항상 남들을 웃기려고 하지 않는다. 이러한 차이점을 설명해주는 것이 매우 중요하다. 그리고 아주 극소수의 사람들만이 항상 재미있는 **유머를 하는 사람**이 될 수 있다는 점을 강조해야 한다. 부적절하게 사용했을 때 **유머는 타인과 멀어지게 만드는 가장 빠른 방법 중 하나**이기 때문에, 만약 우리의 목표가 친구를 만들고 유지하는 것이라면 유머를 할 때 조심해야 하며 **유머에 대한 반응에 항상 주의를 기울여야** 한다는 점을 알려준다.

이번 회기에서 일어날 수 있는 또 다른 문제점은 몇몇 성인들이 하는 대부분의 유머는 **인신공격성 유머**이고 **지저분한 유머**는 남자들 사이에서 아주 흔하다고 말하며 회기에서 제시하는 규칙들에 반론을 제기하는 것이다. 이러한 언급을 할 경우 치료자는 그것이 맞는 말일 수도 있다고 응답한다. 실제로 인신공격성 유머는 매우 흔하며 특정 집단에서는 지저분한 유머도 매우 자주 사용된다. 그러나 이러한 행동들을 친구를 만들고 그 관계를 유지하는 데 매우 **위험**하다는 것을 강조하는 것이 핵심이다. 다음과 같이 말하며 이러한 행동이 매우 위험하다는 것을 알려줄 수 있다. "부적절한 유머는 타인과 멀어지게 만드는 가장 빠른 방법 중에 하나입니다. 만약 당신 목표가 친구를 만들고, 그 관계를 유지하는 것이라면 부적절한 유머를 하는 것은 위험할 수 있습니다." PEERS®에서 가르치는 다른 내용들과 마찬가지로 치료자는 친구를 만들고 유지하는 데 필요한 **생태학적으로 타당한 기술**에 관한 정보를 제공하면 된다. 집단 치료자의 역할은 연구를 통해서 확인된 방법들을 집단 구성원들과 공유하는 것이며, 이러한 정보를 사용할지 말지 여부는 성인들이 스스로 결정하는 것이다.

아마도 이번 회기에서 겪게 될 가장 큰 어려움은 유머를 성공적으로 사용하는 것에 대한 잘못된 믿음과 관련되어 있을 것이다. 사회기술훈련을 받기 위해 UCLA PEERS® 클리닉에 오는 성인 중 대략 20%의 성인들이 그들은 **유머를 하는 사람**이라고 이야기한다. 적절히 사용했을 때 유머가 사람들을 끌어 모으는 힘이 있다는 점을 고려한다면, 그들 모두가 성공적으로 **유머를 하는 사람**일 가능성은 매우 희박하다. 그들이 당신의 집단에 참여하고 있다는 점과 사회적으로 어려움을 겪고 있다는 것을 고려한다면 그들이 성공적인 **유머를 하는 사람**일 확률은 높지 않다. 그보다 성인들은 자신이 성공적인 **유머를 하는 사람**이라고 생각하는 반면 다른 사람들이 **그들과 함께 웃는지**에 대해서는 별로 큰 주의를 기울이지 않았을 것이다. 유머에 대한 반응에 주의를 기울이는 방법을 배우고 나면 많은 성인이 다른 사람들이 아예 웃고 있지 않거나, 자신을 향해 **비웃거나 예의상 웃어주는 것**이 있다는 사실을 알아차리게 된다. 이것은 일부 성인들에게는 아주 충격적인 일일 수도 있다. 아주 극소수의 사람들만이 항상 성공적으로 **유머를 하는 사람**이며, 위와 같은 사람들의 반응은 흔히 일어날 수 있는 일이라는 것을 강조함으로써 그런 경험들을 정상적인 것으로 만들어 주도록 한다. 대부분의 사람들은 **유머를 듣는 사람**이고, 그들은 유머를 즐기고 때때로 유머를 사용하기도 하지만, 항상 타인을 웃기려고 노력하는 것은 아니라는 것을 의미한다고 알려준다. 유머를 사용하는 대신 다른 좋은 방법이 있다는 것을 성인들에게 상기시켜 줄 수 있는 절호의 기회이기도 하다. 즉, **정보 교환**을 하는 것은 다른 사람들과 친해지는 데 매우 효과적이며 훨씬 덜 위험한 방법이다. 성인들의 목표가 친구를 만들고 그 관계를 유지하는 것이라면 좀 더 자주 **정보 교환**을 하고, 유머 사용은 조금 덜 하도록 권유한다.

이 회기를 기점으로 **적절한 유머의 사용** 규칙을 잘 지키지 않는 성인이 있다면 이것을 확실하게 알려주는 것이 매우 중요하다. **유머를 하는 사람**들은 유머를 사용할 적절한 때가 아님에도 불구하고 집단 내에서 자꾸만 유머를 사용하려고 시도할 수 있다. 이것을 성인들을 코칭할 수 있는 좋은 기회로 활용한다. 예를 들어 어떤 성인이 집단에서 부적절한 유머를 사용하고, 아무도 웃지 않거나 더 할 경우 다른 사람들이 그 성인을 향해 **비웃는다면** 다음과 같이 질문할 수 있다. "당신의 유머에 대한 반응은 무엇이었나요?" 대부분의 성인들은 자신의 유머에 대한 반응이 좋지 않았다는 것을 인정할 것이다. 이것을 기회로 성인들에게 다음을 상기시켜 준다. "부적절한 유머는 타인과 멀어지게 만드는 가장 **빠른** 방법 중 하나입니다. 만약 당신의 목표가 친구를 만들고, 그 관계를 유지하는 것이라면 부적절한 유머를 하는 것은 위험할 수 있습니다." 만약 유머에 대한 반응이 좋을 경우 (예: 다른 집단 구성원들이 **함께 웃는다**)에도 이전과 마찬가지로 이를 코칭을 할 수 있는 기회로 이용한다. "지금이 유머를 사용할 적절한 때인가요?" 대부분의 성인들은 그렇지 않다는 것을 인정할 것이고 당신은 다음과 같이 말할 수 있다. "우리는 수업에 진지하게 참여해야 합니다."

과제 점검

[다음의 과제를 검토하고 발생 가능한 **문제해결**을 의논한다. 성공적으로 과제를 완수한 사람부터 시작한다. 시간이 된다면 (과제를 다 하지 못한 사람들에게) 왜 과제를 완수할 수 없었는지 이유를 질문할 수 있으며, 다음 주에 어떻게 이것을 할 수 있을지에 대한 **문제해결**을 시도해볼 수 있다. 과제를 점검하는 동안에는 반드시 (**볼드체로 표시된**) 우리끼리 단어를 사용한다. **새로운 친구를 사귈 수 있는 곳 찾기**가 이번 회기의 가장 중요한 과제이므로 과제 점검 시간 대부분을 여기에 할애한다.]

1. **정보 교환**을 위한 **개인 물건**을 가져온다.
   - 치료자: "이번 주의 주요 과제 중 하나는 다른 집단 구성원들과 정보 교환을 위해 개인 물건을 가져오는 것이었습니다. 정보를 교환하기 위해 가져온 개인 물건에 대해서 빠르게 듣겠습니다."
     - ○ 수업 시간에 집중하는 데 방해가 되지 않도록 성인들이 교실 한 편에 개인 물건을 두도록 한다.
     - ○ 가져온 물건이 부적절한 경우에는 다음 주에 가지고 올 수 있는 물건에 대해 **해결책**을 논의한다.

2. **새로운 친구를 사귈 수 있는 곳**을 찾는다.
   - 치료자: "이번 주의 주요 과제는 사회성 코치의 도움으로 새로운 친구를 사귈 수 있는 곳을 찾고, 사회적 모임에 참여하는 것이었습니다. 새로운 친구를 사귈 수 있는 곳을 찾아낸 사람이 있나요?"
   - **새로운 친구를 사귈 수 있는 곳**이 적절한지 그리고 다음의 기준을 만족하는지 확인한다.
     - ○ 성인의 관심사에 근거한다.
     - ○ 매주 혹은 적어도 2주에 한 번 만난다.
     - ○ 성인을 받아들여주는 비슷한 나이대의 또래들이 포함되어 있다.
     - ○ 다른 사람들과 어울릴 수 있는 구조화되지 않은 시간이 있다.
     - ○ 앞으로 2주 안에 활동이 시작된다.

3. 친구와 **대화 시작하기** 및 **정보 교환하기**를 연습한다.
   - 치료자: "이번 주 또 다른 과제는 친구와 대화 시작하기 및 정보 교환하기를 연습하는 것이었습니다. 이번 과제를 완수했거나 완수하고자 노력한 사람이 있다면 손을 들어주세요."
   - 질문
     - ○ "누구와 어디서 대화 시작하기를 연습했나요?"
     - ○ "대화를 어떻게 시작했나요?"
       - ■ **대화 시작하기의 단계**
         1. 자연스럽게 지켜본다.
         2. 소품을 사용한다.
         3. 공통의 관심사를 찾는다.
         4. 공통의 관심사를 언급한다.
         5. 정보를 교환한다.
         6. 관심을 평가한다.
            - □ 그들이 나에게 이야기를 하고 있는가?
            - □ 그들이 나를 쳐다보고 있는가?

□ 그들이 나와 마주 보고 있는가(아니면 나에게 무관심한 태도를 보이는가)?

7. 자신을 소개한다.

○ "그들이 당신과 이야기를 나누고 싶어 하는 것 같았나요? 그것을 어떻게 알 수 있었나요?"

○ "정보를 교환했나요? 공통의 관심사는 무엇이었나요?"

○ "만약 두 사람이 함께 시간을 보내게 된다면 그 정보를 가지고 무엇을 할 수 있나요?"

○ "다시 만나고 싶은 사람 같나요?"

4. 집단 구성원과 전화 혹은 영상 통화를 한다.

● 치료자: "이번 주 또 다른 과제는 전화 시작하고 끝내기, 정보 교환하기 연습을 위해 집단 구성원 중 누군가와 전화 혹은 영상 통화를 하는 것이었습니다. 집단 구성원과 전화 혹은 영상 통화를 한 사람은 손을 들어주세요."

● 질문

○ "누구와 이야기를 했으며, 누가 누구에게 전화를 걸었나요?"

○ "어떻게 전화 통화를 시작했나요?"(전화를 건 사람에게 물어본다.)

○ "정보를 교환하고 공통의 관심사를 찾았나요?"

○ "만약 두 사람이 함께 시간을 보내게 된다면 그 정보를 가지고 무엇을 할 수 있나요?"

○ "어떻게 전화 통화를 끝냈나요?"(전화를 끊은 사람에게 물어본다.)

● 그 전화 혹은 영상 통화에 참여한 다른 사람이 바로 다음에 설명하도록 한다. 단, 동시에 발표하게 하지는 않는다.

표 6.1 전화 시작하고 끝내기 단계

전화 시작하기	전화 끝내기
1. 통화하고 싶은 사람을 말한다.	1. 대화가 잠시 멈출 때를 기다린다.
2. 자신이 누구인지 말한다.	2. 왜 전화를 끊는지에 관한 꼬리말을 이야기한다.
3. 어떻게 지내는지 물어본다.	3. "전화 통화해서 좋았다."라고 말한다.
4. 전화 통화가 가능한지 묻는다.	4. "나중에 또 이야기하자."고 한다.
5. 왜 전화했는지에 관해 머리말을 이야기한다.	5. "안녕." 또는 "잘 있어."라고 말한다.

5. 성인들과 사회성 코치들은 **전화 시작하고 끝내기, 정보 교환하기, 공통의 관심사 찾기**를 연습한다.

● 치료자: "이번 주 또 다른 과제는 사회성 코치와 함께 전화 시작하고 끝내기, 정보 교환하기, 공통의 관심사 찾기를 연습하는 것이었습니다. 이번 주에 사회성 코치와 함께 정보 교환을 한 사람은 손을 들어주세요."

● 질문

○ "어떻게 전화 통화를 시작했나요?"

○ "정보를 교환하고 공통의 관심사를 찾았나요?"

○ "만약 두 사람이 함께 시간을 보내게 된다면 그 정보를 가지고 무엇을 할 수 있나요?"

○ "어떻게 전화 통화를 끝냈나요?"

교육: 적절한 유머의 사용

● 설명: "오늘 우리는 적절한 유머의 사용에 대해 이야기를 나누겠습니다. 유머는 사람들이 서로 의사 소통하고 친해지는 중요한 방식입니다. 유머를 적절하게 사용할 경우에는 많은 사람들의 관심을 끌고 매력적으로 보일 수 있습니다. 그러나 유머를 부적절하게 사용할 경우에는 사람들을 가장 빠르게 멀어지게 하는 방법이 되기도 합니다. 따라서 친구를 만들고 그 관계를 유지하며 친밀하고 의미 있는 관계를 발전시키기 위해서는 유머의 적절한 사용에 관한 규칙들을 이해하고 있어야 합니다."

● [**적절한 유머의 사용**에 대한 규칙 및 **우리끼리 단어**는 볼드체로 표시되어 있으며 칠판에 적는다. 수업이 끝날 때까지 칠판에 적혀 있는 것을 지우지 않는다. 영어로 된 자료에 익숙하다면 ▶ 표시가 있는 각 역할극에 해당하는 역할극 동영상이 PEERS® *Role Play Video Library*(www.routledge.com/cw/laugeson)에 포함되어 있으니 참고해볼 수도 있다.]

● **누군가를 처음 알게 되었을 때는 조금 더 진지하게 대한다.**
  ○ 설명: "유머를 적절하게 사용하기 위한 첫 번째 규칙은 누군가를 처음 알게 되었을 때는 조금 더 진지하게 행동해야 한다는 것입니다."
  ○ 질문: "누군가를 처음 알게 되었을 때 우스꽝스럽게 행동하거나 웃기려고 한다면 무엇이 문제가 될 수 있을까요?"
    ■ 대답: 당신의 유머감각을 이해하지 못할지 모릅니다. 자신을 놀리고 있다고 생각할지도 모릅니다. 당신이 이상하다고 생각할 수도 있습니다.
  ○ 질문: "당신이 처음 만난 어떤 사람이 유머를 던진 것 같았으나 확실하지 않고, 당신이 웃어야 할지 말아야 할지 잘 몰랐던 적이 있었나요? 그때 당신은 어떨 것 같은가요?"
    ■ 대답: 어색합니다. 불편합니다. 혼란스럽습니다.
  ○ 설명: "누군가를 처음 알게 되었을 때 종종 사람들이 웃기려고 한다는 것을 알고 있습니다. 하지만 당신의 목표가 친구를 만들고 그 관계를 유지하는 것이라면 이것은 매우 위험합니다!"
  ○ 질문: "당신이 그 사람을 더 잘 알게 되면 좀 덜 진지해져도 될까요?"
    ■ 대답: 예. **유머에 대한 반응**이 괜찮았다면 덜 진지해져도 됩니다.

● **이미 당신의 유머를 들었던 사람에게는 같은 유머를 반복하지 않는다.**
  ○ 설명: "유머를 적절하게 사용하기 위한 또 다른 규칙은 이미 당신의 유머를 들었던 사람에게는 같은 유머를 반복하지 않는 것입니다."
  ○ 질문: "이미 당신의 유머를 들었던 사람에게 같은 유머를 반복한다면 무엇이 문제가 될 수 있을까요?"
    ■ 대답: 이미 들었던 적이 있는 유머는 대개 재미가 없기 때문입니다. 당신이 다른 말할거리가 없는 것처럼 보이게 합니다.
  ○ 질문: "만약 제가 어느 날 친구 A에게 어떤 유머를 했습니다. 그리고 그다음 날 다른 친구인 B와, A 그리고 제가 셋이 함께 있습니다. B는 유머를 듣지 못했지만 A는 이미 제 유머를 알고 있습니다. 그렇다면 제가 같은 유머를 반복해도 될까요?"
    ■ 대답: 아니요. 같은 사람 앞에서 같은 유머를 절대 반복하지 않습니다(단, **자기들만의 유머**는 예외입니다).
  ○ 질문: "만약 A가 저에게 B에게도 같은 유머를 하라고 한다면 어떻게 해야 하나요? 같은 유머를 반복해

도 될까요?"

- ■ 대답: 예. 단, 유머를 이미 들었던 사람이 같은 유머를 이야기하라고 할 때만 그렇게 하도록 합니다.
- ○ 질문: "만약 제가 어느 날 A에게 유머를 던지고 그다음 날 B와 함께 있습니다. 그러나 그 자리에 A는 없습니다. A가 그 자리에 없다면 B에게 같은 유머를 사용해도 될까요?"
  - ■ 대답: 예. 왜냐하면 B는 아직 유머를 듣지 못했고 A는 그 자리에 없기 때문입니다.
- ○ 설명: "사람들이 종종 이미 자신의 유머를 들었던 사람에게 같은 유머를 반복한다는 것을 알고 있습니다. 하지만 당신의 목표가 친구를 만들고 그 관계를 유지하는 것이라면 이것은 매우 위험합니다!"
- ● 인신공격성 유머를 하지 않는다.
  - ○ 설명: "유머를 적절하게 사용하기 위한 또 다른 규칙은 인신공격성 유머를 하지 않는 것입니다. 인신공격성 유머는 다른 사람을 웃음거리로 만드는 유머입니다. 이러한 유머는 다른 사람의 인종, 종교, 성별, 성적 지향, 장애, 지역, 학력, 경제계층, 개인의 취향, 직업, 전공 혹은 외모를 놀림거리로 만드는 유머를 포함합니다."
  - ○ 질문: "인신공격성 유머를 하면 무엇이 문제가 될 수 있을까요?"
    - ■ 대답: 상대방을 모욕하게 됩니다. 상대방의 기분을 상하게 할 것입니다. 상대방이 당신과 친구가 되고 싶지 않을 것입니다. 당신이 타인에게 비열하게 대한다는 나쁜 평판을 얻을 수 있습니다.
  - ○ 질문: "예를 들어 인종에 관한 유머를 하면 무엇이 문제가 될 수 있을까요?"
    - ■ 대답: 상대방은 당신이 인종차별주의자라고 생각할 수 있습니다. 상대방을 모욕하게 됩니다. 당신과 친구가 되고 싶지 않을 수 있습니다. 당신은 인종차별주의자라는 나쁜 평판을 얻을 수 있습니다.
  - ○ 질문: "만약 상대방이 인신공격성 유머의 대상이 아니라면 유머를 해도 되나요?"
    - ■ 대답: 아니요. 절대로 그렇지 않습니다. 비록 인신공격성 유머의 대상은 아니지만 많은 사람들은 이러한 유형의 유머를 불쾌해합니다.
  - ○ 질문: "만약 당신 친구들이 인종차별적인 유머를 한다면 당신도 인종차별적인 유머를 해도 되나요?"
    - ■ 대답: 아니요. 절대로 그렇지 않습니다. 비록 당신의 유머를 듣는 사람이 불쾌해하지 않더라도 누군가가 당신의 유머를 다른 사람을 통해 건너서 들으면 속상해할 수 있습니다. 당신은 인종차별주의자라는 나쁜 평판을 얻을 수 있습니다.
  - ○ 설명: "인신공격성 유머가 흔하다는 것을 알고 있습니다. 그러나 당신의 목표가 친구를 만들고 그 관계를 유지하는 것이라면 이것은 매우 위험합니다!"
- ● 지저분한 유머는 하지 않는다.
  - ○ 설명: "유머에 관한 또 다른 중요한 규칙은 지저분한 유머를 하지 않는 것입니다. 지저분한 유머란 성이나 다른 사람의 신체 일부에 관한 것입니다."
  - ○ 질문: "지저분한 유머를 하면 무엇이 문제가 될 수 있을까요?"
    - ■ 대답: 지저분한 유머는 다른 사람을 불편하게 합니다. 당신의 평판을 나쁘게 할 수 있습니다.
  - ○ 질문: "지저분한 유머를 하면 상대방이 당신에 대해서 어떻게 생각할 수 있을까요?"
    - ■ 대답: 이상하거나 변태라고 생각할 수 있습니다.
  - ○ 질문: "만약 당신 친구들이 지저분한 유머를 하고 있다면 당신도 지저분한 유머를 해도 될까요?"
    - ■ 대답: 아니요. 다른 누군가가 건너서 듣게 된다면 당신은 나쁜 평판을 얻을 수 있습니다. 사람들은 당신이 이상하거나 변태라고 생각할 수 있습니다.

- 설명: "지저분한 유머가 흔하다는 것을 알고 있습니다. 그러나 당신의 목표가 친구를 만들고 그 관계를 유지하는 것이라면 이것은 매우 위험합니다!"

- **그 유머를 이해할 수 없는 사람이 있는 데서 자기들만 아는 유머를 하지 않는다.**
  - 설명: 유머를 적절하게 사용하기 위한 또 다른 규칙은, 그 유머를 이해할 수 없는 사람이 있는 데서 자기들만 아는 유머를 하지 않는 것입니다. 자기들만 아는 유머란 오직 몇몇 사람만이 이해할 수 있는 유머입니다. 이는 앞뒤 상황을 다 알아야만 알아들을 수 있는 것이며, 특정한 사람들 사이에만 공유되는 것입니다."
  - 치료자: "자기들만 아는 유머를 하는 것이 잘못된 것은 아닙니다. 그러나 그것을 이해할 수 없는 사람들이 있는 데서 자기들만 아는 유머를 하면 무엇이 문제가 될 수 있을까요?"
    - 대답: 유머를 이해하지 못하는 사람들은 무슨 뜻인지 모를 것입니다. 그 사람들이 소외되었다고 느낄 수 있습니다. 그 사람들의 기분을 상하게 할 수 있습니다.
  - 질문: "만약 저와 제 친구들인 A와 B, 이렇게 셋만 아는 유머가 있습니다. 어느 날 저와 제 친구들은 C라는 친구와 함께 있는데, 제가 저희만 아는 유머가 하고 싶어졌습니다. A와 B는 이해할 수 있지만 C는 저희만 아는 유머를 이해할 수 없습니다. 제가 저희만 아는 유머를 해도 괜찮을까요?"
    - 대답: 아니요. 왜냐하면 C는 유머를 이해하지 못하고 소외받는 느낌을 받을 수 있습니다.
  - 질문: "만약 제가 C가 있는 앞에서 실수로 저희만 아는 유머를 했다면 어떻게 해야 할까요?"
    - 대답: C에게 사과를 하고 유머를 설명해줍니다.
  - 질문: "그러나 유머가 무슨 뜻인지 알려줘야 한다면 재미가 있나요?"
    - 대답: 아니요. 그런 경우는 거의 없습니다.
  - 설명: "사람들이 종종 자기들만 아는 유머를 이해하지 못하는 사람들 앞에서 자기들만 아는 유머를 하는 경우가 있다는 것을 알고 있습니다. 그러나 당신의 목표가 친구를 만들고 그 관계를 유지하는 것이라면 이것은 매우 위험합니다!"

- **권위 있는 사람에게 농담을 하지 않는다.**
  - 치료자: "유머를 적절하게 사용하기 위한 또 다른 규칙은 권위 있는 사람에게 농담을 하지 않는 것입니다. 권위 있는 사람에는 누가 있을까요?"
    - 대답: 교수/선생님, 학과장/학장, 지도 감독자, 직장 상사, 선임/선배, 법을 집행하는 사람들
  - 질문: "권위 있는 사람에게 농담을 하면 무엇이 문제가 될 수 있을까요?"
    - 대답: 상대방을 존중하지 않는 것처럼 보일 수 있습니다. 무례해 보일 수 있습니다. 매너가 없어 보입니다. 난처한 상황에 처할 수 있습니다.
  - 질문: "만약 당신의 교수 혹은 지도 감독자 농담을 한다면 당신도 농담을 해도 될까요?"
    - 대답: 아니요. 그래도 위험합니다. 난처한 상황에 처할 수 있습니다. 무례해 보일 수 있습니다. 상대방에게 나쁜 평판을 얻을 수 있습니다.
  - 설명: "사람들이 종종 권위 있는 사람들에게 농담을 한다는 것을 알고 있습니다. 그러나 이것은 매우 위험합니다!"

- **이유 없이 웃지 않는다.**
  - 설명: "유머를 적절하게 사용하기 위한 또 다른 규칙은 이유 없이 웃지 않는 것입니다. 예를 들어 당신은 우스운 생각이 나서 큰 소리로 웃을 수 있지만, 그럴 때 아무도 당신이 왜 웃는지 이해 못할 것입니다."

- ○ 질문: "이유 없이 웃으면 무엇이 문제가 될 수 있을까요?"
  - 대답: 당신이 사람들을 향해 비웃는다고 생각할 수 있습니다. 당신이 이상하다거나 기이하다고 생각할 수 있습니다. 당신이 정신병을 앓고 있거나 환청을 듣고 있다고 생각할 수 있습니다.
- ○ 질문: "만약 실수로 이유 없이 웃게 되었다면 어떻게 해야 할까요?"
  - 대답: "죄송합니다. 갑자기 우스운 일이 생각났어요."라고 말합니다.
- ○ 설명: "사람들이 종종 이유 없이 웃는다는 것을 알고 있습니다. 그러나 당신의 목표가 친구를 만들고 그 관계를 유지하는 것이라면 이것은 매우 위험할 수 있습니다!"
- ● **유머는 나이에 적절해야 한다.**
  - ○ 설명: "나이에 적절한 유머를 하는 것도 중요합니다. 이는 성인들은 친구에게 유머를 할 때 몸 개그 또는 초등학생이나 할 만한 유치한 유머를 하지 말아야 한다는 것을 의미합니다."
  - ○ 질문: "나이에 적절하지 않은 유머를 하면 무엇이 문제가 될 수 있을까요?"
    - 대답: 사람들은 당신의 유머가 재미없다고 생각할 것입니다. 당신이 유치하거나 이상하다고 생각할 수 있습니다.
  - ○ 질문: "만약 어린아이들과 놀아주면서 유머를 한다면 어떻게 해야 할까요? 이런 경우에는 유치한 유머를 해도 괜찮을까요?"
    - 대답: 예. 그것이 어린아이의 **나이에 맞는 유머**이기 때문입니다.
  - ○ 설명: "사람들이 종종 나이에 적절하지 않은 유머를 한다는 것을 알고 있습니다. 그러나 당신의 목표가 친구를 만들고 그 관계를 유지하는 것이라면 이것은 매우 위험합니다!"
- ● **유머는 맥락에 적절해야 한다.**
  - ○ 치료자: "맥락에 맞는 유머를 하는 것도 중요합니다. 이는 당신이 놓여 있는 상황에 맞는 유머를 해야 한다는 의미입니다. 예를 들어 로봇에 대해서 잘 모르는 사람들에게 로봇에 관한 유머를 한다면 사람들은 당신의 유머를 재미있어 할까요?"
    - 대답: 아니요. 아마 이해하지 못할 것입니다.
  - ○ 질문: "그러나 로봇 동호회에 속한 로봇을 잘 아는 사람들에게 같은 유머를 한다면 그들은 당신의 유머를 재미있어 할까요?"
    - 대답: 그것이 좋은 유머였다면 아마도 그럴 것입니다.
  - ○ 질문: "맥락에 적절하지 않은 유머를 하면 무엇이 문제가 될 수 있을까요?"
    - 대답: 사람들이 당신이 하는 유머의 뜻을 이해하지 못하거나 유머가 맥락에 맞지 않는다고 생각한다면, 그들은 그것이 재미없다고 생각할 것입니다. 당신이 이상하다고 생각할 수 있습니다.
  - ○ 설명: "사람들이 종종 맥락에 적절하지 않은 유머를 한다는 것을 알고 있습니다. 그러나 당신의 목표가 친구를 만들고 그 관계를 유지하는 것이라면 이것은 매우 위험합니다!"
- ● **유머를 하기에 적절한 때인지 살핀다.**
  - ○ 설명: "유머를 하기에 적절한 때인지, 부적절한 때인지 살피는 것 또한 중요합니다."
  - ○ 질문: "유머를 하기에 적절한 때는 언제일까요?"
    - 대답: 파티(모임), 쉬는 시간, 점심 시간, 다른 사람들도 유머를 하고 있을 때
  - ○ 질문: "유머를 하기에 부적절한 때는 언제일까요?"
    - 대답: 수업 도중, 교수님이 말하고 계실 때, 시험 보는 도중, 일을 해야 할 때, 사람들의 기분이 안 좋

거나 슬플 때

○ 치료자: "몇몇 사람들은 누군가가 슬퍼하고 있을 때 상대방에게 힘이 되어주기 위해 유머를 하기에 적절한 때라고 생각합니다. 누군가가 슬퍼하고 있을 때 유머를 한다면 무엇이 문제가 될 수 있을까요?"

■ 대답: 당신이 상대방의 감정에 무감각하다고 생각할 수 있습니다. 당신이 상대방을 별로 신경 쓰지 않는 것처럼 보일 수 있습니다. 당신이 동정심이 없다고 생각할 수 있습니다.

○ 설명: "사람들이 종종 누군가가 슬퍼하고 있을 때 유머를 사용한다는 것을 알고 있습니다. 하지만 당신의 목표가 친구를 만들고 그 관계를 유지하는 것이라면 이것은 매우 위험합니다!"

● 누군가가 유머를 한다면 예의상 웃어준다.

○ 설명: "때때로 사람들은 우리에게 유머를 하지만 우리는 그들이 재미있다고 여겨지지 않을지도 모릅니다. 만약 우리가 웃지 않거나 "그건 재미없어."라고 말한다면, 그들은 기분 나빠할 수도 있습니다. 만약 우리의 목적이 친구를 사귀고 유지하는 것이라면, 어떤 사람이 재미없다고 생각되는 유머를 했을 때 우리는 어떻게 해야 할까요?."

■ 대답: **예의상 웃어줍니다.** 친절하게 미소를 짓습니다. "그거 재미있다."고 말합니다.

부적절한 역할극: 예의상 웃어주기 ▶

[보조 치료자 2명이 **예의상 웃어주기**의 부적절한 역할극을 보여준다. 보조 치료자가 한 명뿐이라면 집단 치료자가 다른 보조 치료자의 역할을 대신할 수 있다.]

● 치료자: "이제부터 역할극을 보여줄 것입니다. 역할극을 잘 보고 (보조 치료자 2의 이름)이/가 예의상 웃으면서 무엇을 잘못했는지 이야기해주세요."

부적절한 역할극의 예

○ 보조 치료자 2: "안녕, (이름)아/야. 요즘 어떻게 지내?"

○ 보조 치료자 1: "나는 잘 지내. 너는 어떻게 지내?"

○ 보조 치료자 2: "나도 잘 지내. 방학 동안 뭐 했어?"

○ 보조 치료자 1: "친구들이랑 같이 자전거 타러 갔었어."

○ 보조 치료자 2: "와, 좋았겠다. 자전거 잘 타?"

○ 보조 치료자 1: "잘 타는 것 같아. 근데 웃긴 이야기를 하자면…… 한강 근처에서 자전거를 타는데 강아지가 옆에서 달리는 거야. 그래서 승부욕이 생겨서 자전거를 빨리 달리다가 넘어졌지 뭐야."

○ 보조 치료자 2: (과장되게 웃으면서) "완전 웃기다! 너 정말 재미있다! 내가 살면서 들었던 것 중에 제일 웃긴 것 같아!"

○ 보조 치료자 1: (어색하고 불편해 보인다.)

○ 치료자: "자, 여기까지입니다. (보조 치료자 2의 이름)이/가 예의상 웃어줄 때 무엇을 잘못했는지 이야기해주세요."

■ 대답: 너무 과장되었습니다. 진실되어 보이지 않았습니다. 과장되어 보였습니다. 너무 애쓰는 것 같았습니다.

○ 다음과 같은 **조망 수용 질문**을 한다.

○ "(보조 치료자 1의 이름)이/가 어떤 기분이었을 것 같나요?"

■ 대답: 불편합니다. 어색합니다.

○ "(보조 치료자 1의 이름)이/가 (보조 치료자 2의 이름)에 대해서 어떻게 생각했을 것 같나요?"

■ 대답: 지나치게 열성적입니다. 너무 애를 씁니다. 과장되어 보입니다.

○ "(보조 치료자 1의 이름)이/가 (보조 치료자 2의 이름)와/과 다시 이야기를 나누고 싶어 할 것 같나요?"

■ 대답: 아마도 아닐 것 같습니다.

○ 보조 치료자 1에게 같은 **조망 수용 질문**을 한다.

■ "어떤 기분이 들었나요?"

■ "(보조 치료자 2의 이름)에 대해서 어떻게 생각했나요?"

■ "(보조 치료자 2의 이름)와/과 다시 이야기를 나누고 싶나요?"

적절한 역할극: 예의상 웃어주기 ▶

[보조 치료자 2명이 **예의상 웃어주기**의 적절한 역할극을 보여준다. 보조 치료자가 한 명뿐이라면 집단 치료자가 다른 보조 치료자의 역할을 대신할 수 있다.]

● 치료자: "이제 또 다른 역할극을 보여줄 것입니다. 잘 보고 (보조 치료자 2의 이름)이/가 예의상 웃어주면서 무엇을 잘했는지 이야기해주세요."

적절한 역할극의 예

○ 보조 치료자 2: "안녕, (이름)아/야. 요즘 어떻게 지내?"
○ 보조 치료자 1: "나는 잘 지내. 너는?"
○ 보조 치료자 2: "나도 잘 지내. 방학 동안 뭐 하면서 지냈어?"
○ 보조 치료자 1: "친구들이랑 모여서 자전거 타러 갔었어."
○ 보조 치료자 2: "멋있다. 자전거 잘 타?"
○ 보조 치료자 1: "잘 타는 것 같아. 근데 웃긴 이야기를 하자면…… 한강 근처에서 자전거를 타는데 강아지가 옆에서 달리는 거야. 그래서 승부욕이 생겨서 자전거를 빨리 달리다가 넘어졌지 뭐야."
○ 보조 치료자 2: (예의상 웃으면서) "그거 진짜 웃기네."
○ 보조 치료자 1: (미소를 지으며, 편안하게) "응, 진짜 내가 생각해도 내 행동이 웃기더라고."

○ 치료자: "자, 여기까지입니다. (보조 치료자 2의 이름)이/가 예의상 웃어줄 때 무엇을 잘했지요?"

■ 대답: 과장되지 않았습니다. 적절합니다. 상대방이 진짜 재미있어서 웃는 것 같아 보입니다.

○ 다음과 같은 **조망 수용 질문**을 한다.

■ "(보조 치료자 1의 이름)이/가 어떤 기분이었을 것 같나요?"

□ 대답: 좋습니다. 으쓱한 기분입니다. 편안합니다.

■ "(보조 치료자 1의 이름)이/가 (보조 치료자 2의 이름)에 대해서 어떻게 생각했을 것 같나요?"

□ 대답: 좋습니다. 친절합니다.

■ "(보조 치료자 1의 이름)이/가 (보조 치료자 2의 이름)와/과 다시 이야기를 나누고 싶어 할 것 같나요?"

□ 대답: 예.

○ 보조 치료자 1에게 같은 **조망 수용 질문**을 한다.
  ■ "어떤 기분이 들었나요?"
  ■ "(보조 치료자 2의 이름)에 대해서 어떻게 생각했나요?"
  ■ "(보조 치료자 2의 이름)와/과 이야기를 나누고 싶나요?"

행동 연습: 예의상 웃어주기

● 설명: "지금부터 여러분이 보조 치료자 한 명과 예의상 웃어주기를 연습할 것입니다."
● 각각의 성인이 돌아가면서 보조 치료자 중 한 명과 **예의상 웃어주기**를 연습하게 한다.
● 보조 치료자는 각 성인에게 같은 이야기를 말하고 마지막에 **예의상 웃어주기**를 연습하게 한다.
  ○ 보조 치료자: "내가 지난주에 자전거를 타러 갔었는데, 웃긴 이야기를 하자면…… 한강 근처에서 자전거를 타는데 강아지가 옆에서 달리는 거야. 그래서 승부욕이 생겨서 자전거를 빨리 달리다가 넘어졌지 뭐야."
● 상황에 맞게 필요하다면 **사회성 코칭**을 제공하고 일어날 수 있는 문제의 **해결책**을 논의한다.
● 각각의 성인이 연습을 끝낼 때마다 박수를 쳐준다.
● **유머에 대한 반응에 주의 기울이기**
  ○ 설명: "적절한 유머를 사용하기 위한 가장 중요한 규칙 중 하나는 만약 여러분이 유머를 하려고 한다면, 유머에 대한 반응에 주의를 기울여야 한다는 것입니다."
  ○ 질문: "유머에 대한 반응에 주의를 기울이지 않는다면 무엇이 문제가 될 수 있을까요?"
    ■ 대답: 사람들이 당신의 유머가 재미없다고 생각할 것이고, 결국 당신은 사람들로부터 멀어지게 될 것입니다. 당신이 이상하거나 엉뚱하다고 생각할 것이고, 당신과 친구가 되려고 하지 않을 것입니다.
  ○ 설명: "유머에 대한 반응에 주의를 기울일 때 당신이 잘 살펴보아야 하는 반응에는 네 가지가 있습니다."
    ■ **전혀 웃지 않는다.**
    ■ **예의상 웃어준다.**
    ■ **당신을 비웃는다.**
    ■ **함께 웃는다.**
  ○ 질문: "전혀 웃지 않는다는 것은 무엇을 의미할까요?"
    ■ 대답: 사람들은 당신의 유머가 웃기지 않다고 생각하는 것입니다. 이것은 **유머에 대한 나쁜 반응**입니다.
  ○ 질문: "예의상 웃어준다는 것은 무엇을 의미할까요?"
    ■ 대답: 예의를 지키기 위해 웃어주는 것입니다. 그러나 당신이 말한 것이 우스워서 웃는 것은 아닙니다. 이것은 **유머에 대한 나쁜 반응**입니다.
  ○ 질문: "당신을 비웃는다는 것은 무엇을 의미하나요? 당신을 비웃는 것인지 어떻게 알 수 있을까요?"
    ■ 대답: [표 6.2] 참조. 이것은 **유머에 대한 나쁜 반응**입니다.
  ○ 질문: "당신과 함께 웃는다는 것은 무엇을 의미하나요? 함께 웃는 것인지 어떻게 알 수 있을까요?"
    ■ 대답: [표 6.2] 참조. 이것은 유일하게 **유머에 대한 좋은 반응**입니다.
  ○ 설명: "유머에 대한 반응에 주의를 기울일 때 사람들이 하는 가장 큰 실수는 상대방을 쳐다보지 않고 그저 그들의 반응을 듣기만 한다는 것입니다."

○ 아래의 예시들을 사용하여 다음과 같이 물어본다. "당신은 상대방이 아래의 (예시 삽입) 하는 것을 들을 수 있나요?"
  - "눈을 굴린다."
  - "얼굴을 찌푸린다."
  - "당신에게 손가락질한다."
  - "당신을 보며 웃는다."
  - "고개를 끄덕인다."

○ 설명: "유머에 대한 반응에 주의를 기울이기 위해서는 상대방의 반응을 잘 보면서 들어야만 합니다. 이 것은 다른 사람의 반응을 주의 깊게 보아야 한다는 의미입니다. 단순히 그들이 웃는지 웃지 않는지 들으려고만 한다면 반응을 충분히 알지 못할 것입니다."

표 6.2 유머에 대한 반응을 보여주는 신호

비웃는 것	함께 웃는 것
웃으면서 눈을 굴린다.	웃으며 미소 짓는다.
다른 사람을 쳐다본 다음 웃는다.	유머 혹은 유머감각을 칭찬한다.
유머가 끝나기 전에 웃는다.	웃으며 고개를 끄덕인다.
웃기 전에 오랜 정적이 있다.	"그거 재미있는데."라고 미소 짓는다.
웃으며 이상한 표정을 짓는다.	"너 웃기다."라고 말하며 미소 짓는다.
웃으며 당신에게 손가락질한다.	다른 유머를 해달라고 부탁한다.
웃으며 다른 사람을 향해 고개를 흔든다.	"그 이야기 기억해 두어야겠다."라고 말한다.
비꼬는 말을 한다(이것은 해석하기 어려울 수 있다).	그들도 유머를 하기 시작한다.

역할극: 유머에 대한 반응에 주의 기울이기 ▶

- 설명: "이제 우리는 유머에 대한 반응에 주의 기울이기를 연습할 것입니다. 유머에 대한 반응에 주의를 기울일 수 있는 가장 좋은 방법은 상대방의 반응을 잘 보면서 들어야만 합니다. 상대방의 반응을 주의 깊게 보아야 한다는 의미입니다. 상대방이 눈을 굴리거나 이상한 표정을 짓고 있을 수도 있기 때문에 단순히 그들이 웃는지 웃지 않는지 들으려고만 한다면 반응을 충분히 알지 못할 것입니다."

- 설명: "(보조 치료자의 이름)와/과 함께 연습하는 것을 먼저 보여주겠습니다. (보조 치료자의 이름)은/는 같은 유머를 반복할 것입니다. 이 유머는 진짜로 재미가 있기 때문에 하는 것은 아니며, 여러분의 나이에 적절하지 않은 유머의 좋은 예입니다. 우리가 이 유머를 사용하는 이유는 단순하기 때문이며 대부분의 사람들이 한 번은 들어봤을 법한 유머이기 때문입니다. 보조 치료자가 처음 유머를 할 때는 눈을 감고 이야기할 것입니다. 다시 유머를 할 때는 눈을 뜨고 저를 쳐다보고 있을 것입니다. 두 번 모두 내가 그를 향해 비웃었는지 아니면 함께 웃었는지를 맞혀야 합니다. 그리고 눈을 감았을 때와 눈을 뜨고 있었을 때 둘 중에 어느 쪽이 더 맞히기 쉬웠는지를 확인할 것입니다."

[집단 치료자는 보조 치료자와 함께, 유머에 대한 반응에 주의 기울이기 역할극을 한다.]

상대방을 보지 않고 유머에 대한 반응에 주의를 기울이는 예

- ○ 보조 치료자: (집단 치료자가 보이지 않게 돌아서서 눈을 감는다.) "아몬드가 죽으면 뭐게?"
- ○ 집단 치료자: (궁금해하며 웃는다) "글쎄, 몰라."
- ○ 보조 치료자: (아직 돌아서서 눈을 감고 있다.) "다이아몬드."
- ○ 집단 치료자: (보조 치료자와 함께 웃으면서 미소를 보이고 고개를 끄덕인다.)
- ○ 집단 치료자: (잠시 멈추고) "자, 여기까지입니다. 이제 돌아보셔도 됩니다. 제가 당신을 비웃는 것 같았나요, 아니면 함께 웃는 것 같았나요?"
- ○ 보조 치료자: (확실하지 않아 혼란스러워하며) "잘 모르겠습니다. 저를 비웃고 계셨나요?"
- ○ 집단 치료자: (성인들을 바라보며) "여러분은 어떻게 생각하시나요? 제가 (보조 치료자의 이름)을/를 비웃었나요, 아니면 함께 웃었나요?"
- ○ 성인들: "(보조 치료자의 이름)와/과 함께 웃었습니다."
- ○ 집단 치료자: "그것을 어떻게 알 수 있었나요?"
- ○ 성인들: "미소를 보이면서 고개를 끄덕였습니다. 눈을 굴리거나 이상한 표정을 짓지 않았습니다."
- ○ 집단 치료자: (보조 치료자를 바라보며) "당신과 함께 웃었습니다. 상대방을 쳐다보지 않으면 자신의 유머에 대한 반응을 알기 어렵습니다!"

상대방을 보면서 유머에 대한 반응에 주의를 기울이는 예

- ○ 집단 치료자: (계속해서 보조 치료자를 바라보며) "이번에는 눈을 뜨고 저를 바라보며 유머에 대한 반응에 주의를 기울여주세요."
- ○ 보조 치료자: (집단 치료자를 바라본다.) "아몬드가 죽으면 뭐게?"
- ○ 집단 치료자: (자연스럽게) "글쎄, 몰라."
- ○ 보조 치료자: (계속 집단 치료자를 바라보며) "다이아몬드."
- ○ 집단 치료자: (보조 치료자를 향해 비웃는다, 눈을 굴린다, 이상한 표정을 짓는다, 보조 치료자에게 손가락질한다.)
- ○ 집단 치료자: (잠시 멈추고) "자, 여기까지입니다. 제가 당신을 비웃은 것 같나요, 아니면 함께 웃은 것 같나요?"
- ○ 보조 치료자: (확신에 차서 자신 있게) "저를 비웃었습니다."
- ○ 집단 치료자: (성인들을 바라보며) "여러분은 어떻게 생각하시나요? 제가 (보조 치료자의 이름)을/를 비웃었나요, 아니면 함께 웃었나요?"
- ○ 성인들: "(보조 치료자의 이름)을/를 비웃었습니다."
- ○ 집단 치료자: "그것을 어떻게 알 수 있었나요?"
- ○ 성인들: "눈을 굴렸습니다, 이상한 표정을 지었습니다, 보조 치료자에게 손가락질했습니다."
- ○ 집단 치료자: (보조 치료자를 바라보며) "맞았습니다! 당신을 비웃었습니다. 유머에 대한 반응에 주의를 기울이는 데 눈을 감고 있는 것이 더 쉬웠나요, 아니면 눈을 뜨고 있는 것이 더 쉬웠나요?"
- ○ 보조 치료자: (확신에 차서 자신 있게) "당연히 눈을 뜨고 있을 때였습니다."

행동 연습: 유머에 대한 반응에 주의 기울이기 ▶

- 설명: "지금부터 여러분은 유머에 대한 반응에 주의 기울이기를 연습할 것입니다. 돌아가면서 여러분은 같은 유머를 두 번 할 것입니다. 처음 유머를 할 때는 눈을 감은 채 뒤돌아 서 있을 것입니다. 다시 유머를 할 때는 눈을 뜨고 있는 채 저를 바라볼 것입니다. 두 번 모두 제가 당신을 보고 비웃었는지 혹은 함께 웃었는지를 맞혀야 합니다. 여러분은 모두 같은 유머를 사용할 것입니다. 유머를 사용하는 방법을 연습하는 것이 아니라 유머에 대한 반응에 주의를 기울이는 것을 연습하는 것입니다."

- 다른 구성원들이 지켜보고 있는 가운데, 각각의 성인 모두 같은 유머를 한다.
  ○ 성인: "아몬드가 죽으면 뭐게?"
  ○ 집단 치료자: "글쎄, 몰라."
  ○ 성인: "다이아몬드."
  ○ 집단 치료자: (**비웃거나 함께 웃는다.**)

- 모든 성인이 같은 유머를 한다. 그렇게 하지 않으면 집단은 통제하기 어려워질 것이며 유머에 대한 반응에 주의를 기울이는 것보다는 누가 가장 웃긴 유머를 하느냐가 수업의 초점이 될 것이다.

- 집단 치료자는 연습 전체에 걸쳐 **비웃는 것**(예: 비웃으면서 눈을 굴리거나, 이상한 표정을 짓거나, 손가락질 하거나, 다른 사람을 향해 고개를 흔든다)과 **함께 웃는 것**(예: 웃으며 미소를 짓거나 고개를 끄덕인다)을 무작위로 번갈아 가며 반응한다.

- 연습의 첫 번째 단계에서 성인이 눈을 감고 뒤돌아선 채로 유머를 하고, **유머에 대한 반응에 주의 기울이기**를 한다.
  ○ 유머가 끝나고 집단 치료자가 반응을 한 다음, 성인이 **유머에 대한 반응**을 해석해보게 한다.
    ■ 치료자: "자, 이제 눈을 뜨세요. 제가 비웃었다고 생각하는지, 함께 웃었다고 생각하는지 말해주세요."
  ○ 성인이 답을 추측하게 하고, (눈을 뜨고 있었던) 나머지 성인들도 **유머에 대한 반응**을 해석해보게 한다.
  ○ 집단 치료자는 성인들에게 대답이 맞았는지 틀렸는지 말해준다.

- 두 번째 단계에서는 앞에 나온 성인이 눈을 뜨고 집단 치료자를 보는 상태에서 유머를 하고, **유머에 대한 반응에 주의 기울이기**를 한다.
  ○ 유머가 끝나면 집단 치료자는 반응을 해주고, 성인에게 **유머에 대한 반응**을 해석하게 한다.
    ■ 치료자: "자, 이제 제가 비웃었다고 생각하는지, 함께 웃었다고 생각하는지 말해주세요."
  ○ 성인이 답을 추측하게 하고, 나머지 성인들도 **유머에 대한 반응**을 해석해보게 한다.
  ○ 집단 치료자는 성인들에게 대답이 맞았는지 틀렸는지 말해준다.

- 그다음으로 연습했던 성인에게 유머에 대한 반응을 해석하는 데 어떤 방법이 더 쉬웠는지 물어본다. "유머에 대한 반응을 알아차리기에, 눈을 뜬 것과 감은 것 중에 어떤 쪽이 더 쉬웠나요?"
  ○ 대답: 눈을 뜬 것이 더 쉬웠습니다.
  ○ 만약 어떤 성인이 눈을 감은 상태가 더 쉽다고 말한다면 집단에게 이 문제를 던지도록 한다. "여러분은 어떻게 생각하나요? 일반적으로 눈을 뜨거나 감는 것 중 무엇이 유머에 대한 반응을 알아차리기에 더 쉬울까요?"
    ■ 대답: 눈을 뜬 것이 더 쉽습니다.

- 모든 성인이 **유머에 대한 반응**에 주의 기울이기 연습을 끝내면 다음과 같이 말한다.
  ○ 치료자: "이번 행동 연습의 목적은 우리가 유머를 할 때 다른 사람의 반응을 주의 깊게 보는 것이 얼마나

중요한지를 보여주는 것이었습니다. 만약 다른 사람의 반응을 보지 않는다면 유머에 대한 반응을 잘못 해석할 수 있습니다."

- [참고사항(영어로 된 자료에 익숙하다면): **비웃는 것**과 **함께 웃는 것**의 예를 실제로 보여주는 대신에 PEERS® *Role Play Video Library*(www.routledge.com/cw/laugeson)에서 **유머에 대한 반응**의 역할극 동영상을 보여줄 수도 있다. 만약 상대방이 **비웃었거나 함께 웃었다면** 눈을 감은 것과 눈을 뜬 것 중에 어느 것이 더 알아차리기 쉬웠는지 성인들이 개별적으로 추측하게 한다. 행동 연습을 할 수 있게 무작위로 보여줄 수 있는 20개의 **유머에 대한 반응** 동영상 역할극이 있다.]

유머를 사용하는 유형 알아보기

- 설명: "모든 사람은 각각 유머에 있어서 다른 역할을 합니다. 어떤 사람들은 유머 하는 것을 좋아하고, 어떤 사람들은 유머 듣는 것을 좋아하며 어떤 사람들은 아예 유머를 좋아하지 않습니다. 유머에 있어서 사람들을 대체로 세 가지 유형으로 나눌 수 있습니다."

- **유머를 하는 사람**
  - 설명: "유머를 하는 사람들은 끊임없이 유머 하기를 좋아하는 사람들입니다. 그들은 자신을 코미디언이나 분위기 메이커 등으로 생각합니다. 그러나 실제로 항상, 매번 다른 사람들을 웃긴다는 것은 매우 어렵습니다. 안타깝게도 사람들은 항상 그들과 함께 웃는 것은 아니며, 때로는 그들을 비웃을 때도 있습니다. 매우 극소수의 사람들만이 항상 재미있는 유머를 사용할 수 있습니다."

- **유머를 듣는 사람**
  - 설명: "유머를 듣는 사람들은 유머를 즐기는 사람들입니다. 그들은 가끔씩 유머를 하기도 하고 재미있는 이야기를 하기도 하지만, 항상 웃으려고 노력하지는 않습니다. 유머를 듣는 사람들은 웃는 것을 좋아하며 간혹 유머나 우스갯소리를 하기도 하지만, 코미디언이나 분위기 메이커가 되려고 노력하지는 않습니다. 아마도 대부분의 사람들이 유머를 듣는 사람에 속할 것입니다."

- **유머를 거부하는 사람**
  - 설명: "유머를 거부하는 사람들은 유머를 즐기지 않는 사람들입니다. 그들은 유머를 하는 것도 유머를 듣는 것도 좋아하지 않습니다. 유머는 그들을 불편하게 만들거나 혼란스럽게 만들기도 합니다."
  - 질문: "유머를 좋아하지 않아도 문제가 되지 않지만 만약 당신이 유머를 거부하는 사람이라면, 사람들에게 유머를 하지 말라고 할 필요가 있을까요?"
    - 대답: 아니요. 그건 **이래라저래라 하는 것**입니다.
  - 설명: "그래서 만약 성인이 유머를 불편해한다면 우정은 선택이고, 유머를 하는 사람과 친구가 되려는 것은 좋은 선택이 아닐 수 있다는 것을 기억해야 합니다. 그들의 유머에 대해서 사람들에게 이래라저래라 할 필요는 없습니다."

- 돌아가면서 성인들이 스스로를 **유머를 하는 사람**, **유머를 듣는 사람** 혹은 **유머를 거부하는 사람**인지를 확인하도록 한다.
  - 다시 만나기 시간에 발표를 할 때 성인이 자신의 대답을 기억하지 못나는 경우가 생길 수 있으므로 보조 치료자는 과제 수행 기록지에 그들의 대답을 적어 놓도록 한다.
  - 자신이 **유머를 하는 사람**이라고 주장하는 성인에게는 항상 재미있는 **유머를 하는 사람**이 되기 어려우며 **유머에 대한 반응에 주의 기울이기**를 상기시켜 준다.

○ 자신이 **유머를 듣는 사람**이라고 주장하는 성인은 칭찬해준다. **유머를 듣는 사람**인 경우는 아주 일반적이며 대부분의 사람이 **유머를 듣는 사람**이지만 때때로 유머 하기를 좋아한다고 말해준다.

■ 집단 치료자와 보조 치료자가 자신은 **유머를 듣는 사람**이라고 말하는 것이 도움이 될 수 있다.

○ 자신이 **유머를 거부하는 사람**이라고 주장하는 성인에게는 이것이 일반적이며 "우정은 선택이며 유머를 좋아하지 않거나 유머를 하거나 듣는 것이 불편하다면 유머를 하는 사람과 친구가 될 필요는 없습니다." 라고 말해준다.

■ 또한 **유머를 거부하는 사람**들에게는 다른 사람의 유머로 인해 불편하더라도 상대방에게 유머를 하지 말라고 **이래라저래라 할** 권리는 없다고 상기시키는 것이 도움이 될 수 있다. 상대방의 유머를 좋아하지 않는다면 그 사람과 친구가 될 필요는 없다.

● 설명: "지금까지 우리는 적절한 유머의 사용에 대한 규칙들을 배워봤습니다. 유머를 부적절하게 사용할 경우에는 사람들과 가장 빠르게 멀어지는 방법이 되기도 합니다. 그러므로 우리는 유머를 할 때 자신의 유머에 대한 반응에 주의를 기울여야 합니다. 만약 나쁜 반응을 얻는다면 유머를 하는 것을 멈춰야 합니다."

● 치료자: "만약 다른 사람과 친해지고자 한다면 우리는 훨씬 덜 위험한 방법이 있습니다. 우리는 다른 사람들과 어떻게 친해지고 알아갈 수 있나요?"

○ 대답: **정보 교환**을 합니다!

행동 연습

정보 교환을 위한 개인 물건 가져오기

필요한 자료

● 다른 집단 구성원들과 **정보 교환**을 위한 **개인 물건**을 가져온다.

● 성인이 **개인 물건**을 가져오는 것을 잊었을 경우

　○ 음악이나 사진이 들어 있는 스마트폰을 사용해도 된다.

　○ 취미와 관련된 로고가 그려진 티셔츠를 사용해도 된다.

　○ **개인 물건**이 없더라도 자신의 관심사에 대해서 이야기하면 된다.

행동 연습

● 두 명씩 짝을 짓는다.

● 성인들로 하여금 자신의 **개인 물건**에 관해 **정보 교환하기** 및 **양방향 대화**를 연습하게 한다.

● **정보 교환**을 통해 **공통된 관심사**를 확인하도록 격려한다.

● 적절한 시점에 질문을 하도록 촉진해준다.

● 대략 5분마다 돌아가며 짝을 바꾼다.

　○ 성인들의 숫자가 홀수일 경우에는 세 명이 짝을 이루게 해야 할 수도 있다.

● 시간이 된다면 회기의 마지막 5분 동안은 정보 교환한 내용을 정리한다.

　○ 성인들이 돌아가면서 **정보 교환**을 통해 대화를 나눈 구성원에 대해 알게 된 내용을 기억해 내도록 한다.

　○ 성인들이 **공통의 관심사**를 확인하게 한다.

　　■ 다음과 같이 물어본다. "만약 두 사람이 함께 시간을 보내게 된다면 그 정보를 가지고 무엇을 할 수 있을까요?"

다시 만나기

- 성인들에게 사회성 코치와 다시 만날 것이라고 안내한다.
  - 성인들은 각자의 사회성 코치 곁에 서 있거나 앉아 있는다.
  - 다시 만나기 시간이 시작되기 전에, 조용히 하고 집단에 완전히 집중하게 한다.
  - 사회성 코치들이 옆에서 듣고 있을 동안에 성인들이 이번 회기에서 배웠던 내용을 이야기하게 한다.
- 치료자: "오늘 우리는 유머의 적절한 사용에 관한 규칙에 대해서 배웠습니다. 유머의 적절한 사용에 관한 규칙들에는 어떤 것들이 있나요?"
  - 누군가를 처음 알게 되었을 때는 조금 더 진지하게 행동한다.
  - 이미 당신의 유머를 들었던 사람에게는 같은 유머를 반복하지 않는다.
  - 인신공격성 유머를 하지 않는다.
  - 지저분한 유머는 하지 않는다.
  - 그 유머를 이해할 수 없는 사람이 있는 데서 자기들만 아는 유머를 하지 않는다.
  - 권위 있는 사람에게 농담을 하지 않는다.
  - 이유 없이 웃지 않는다.
  - 유머는 나이에 적절해야 한다.
  - 유머는 맥락에 적절해야 한다.
  - 유머를 하기에 적절한 때인지 살핀다.
  - 누군가가 유머를 한다면 예의상 웃어준다.
  - 유머에 대한 반응에 주의를 기울인다.
- 치료자: "또한 우리는 스스로가 유머를 하는 사람, 유머를 듣는 사람 혹은 유머를 거부하는 사람인지에 대해서 이야기를 나눴습니다. 유머를 하는 사람, 유머를 듣는 사람 그리고 유머를 거부하는 사람의 차이점은 무엇인가요?"
  - 간단하게 성인들이 차이점을 말하도록 한다.
- 치료자: "돌아가면서 스스로가 유머를 하는 사람, 유머를 듣는 사람 혹은 유머를 거부하는 사람인지를 말해 봅시다. 사회성 코치들은 자신의 성인의 대답을 메모하도록 합니다. 놀라는 사람이 없기를 바랍니다."
  - 돌아가면서 각각의 성인이 스스로를 **유머를 하는 사람**, **유머를 듣는 사람**, **유머를 거부하는 사람**인지를 말하게 한다.
    - 성인이 자신의 대답을 기억하지 못하는 경우가 생길 수 있으므로 보조 치료자는 과제 수행 기록지에 그들의 대답을 적어 놓도록 한다.
  - 항상 재미있는 **유머를 하는 사람**이 되는 것은 쉽지 않다는 것을 강조하며 자신을 **유머를 하는 사람**이라고 말한 성인들에게는 그들의 **유머에 대한 반응에 주의 기울이기**가 항상 필요하다고 말한다.
- 치료자: "이번 회기에서 성인들이 유머에 대한 반응에 주의 기울이기를 아주 훌륭히 수행했습니다. 다 같이 박수를 쳐줍시다."

과제 안내하기

성인들에게 사회성 코칭 유인물을 나눠주고 다음과 같이 과제를 안내한다.

1. **새로운 친구를 사귈 수 있는 곳**을 찾는다.
   - 성인들과 사회성 코치들은 성인들의 관심사를 바탕으로 성인들이 참여할 수 있는 **사회적 활동**들에 대해 의논하고 결정한다.
   - 결정한 뒤 바로 이 활동에 참여를 시작한다.
     - 바람직한 **사회적 활동**의 기준
       - 성인의 관심사에 근거한다.
       - 매주 혹은 적어도 2주에 한 번 만난다.
       - 성인을 받아들여주는 비슷한 나이대의 또래들이 포함되어 있다.
       - 다른 사람들과 어울릴 수 있는 구조화되지 않은 시간이 있다.
       - 앞으로 2주 안에 활동이 시작된다.

2. 친구와 **대화 시작하기** 및 **정보 교환하기**를 연습한다(새로운 친구를 사귈 수 있는 곳에서 만난 친구와 해도 된다).
   - 연습 전에 사회성 코치들은 **대화 시작하고 유지하기** 및 **정보 교환하기** 규칙과 단계를 점검한다.
   - 연습을 한 이후에 사회성 코치들은 성인들에게 다음과 같은 **사회성 코칭 질문**을 한다.
     - 대화를 시작했나요? 했다면 누구와 했나요?
     - 그가 당신과 이야기를 나누고 싶어 하는 것 같았나요? 이것을 어떻게 알 수 있었나요?
     - 정보를 교환했나요? 공통의 관심사는 무엇이었나요?
     - 만약 두 사람이 함께 시간을 보내게 된다면 그 정보를 가지고 무엇을 할 수 있나요?
     - 함께 만나 시간을 보내기에 적합한 사람인 것 같나요?

3. **유머에 대한 반응**에 주의를 기울인다.
   - 만약 성인이 유머를 사용한다면 (유머를 사용하는 것이 과제는 아니다) **유머에 대한 반응**에 주의를 기울인다.
   - 성인이 유머를 사용한 이후에 사회성 코치는 성인에게 개별적으로 다음과 같은 **사회성 코칭 질문**을 한다.
     - 당신의 유머에 대한 반응은 무엇이었나요?
     - 그것을 어떻게 알 수 있었나요?

4. **집단 구성원과 전화 혹은 영상 통화**를 한다.
   - 정보 교환을 위해 전화나 영상 통화를 할 수 있도록 상대 집단 구성원을 확인하고 약속을 정한다.
   - 치료실을 떠나기 전에 성인과 사회성 코치들은 다른 집단 구성원에게 전화를 하기 위한 날짜와 시간을 정한다.
   - 전화를 하기 전에 **전화 시작하고 끝내기** 및 **정보 교환** 규칙을 점검한다.
   - 전화하고 난 뒤에 사회성 코치들은 성인들에게 다음과 같은 **사회성 코칭 질문**을 한다.
     - 전화를 시작하기 위해 어떤 규칙들을 따랐나요?
     - 공통의 관심사는 무엇이었나요?

○ 만약 두 사람이 함께 시간을 보내게 된다면 그 정보를 가지고 무엇을 할 수 있나요?

○ 전화를 끝내기 위해 어떤 규칙들을 따랐나요?

5. **정보 교환**을 위한 **개인 물건**을 가져온다.

- 다음 주에 집단 구성원과 함께할 **정보 교환**을 위한 **개인 물건**(예: 음악, 게임, 책, 그림 등)을 가져온다.

- 집단 구성원과의 전화 혹은 영상 통화 배정표(부록 C)를 읽어주고 사회성 코치들이 누가 누구에게 전화를 걸거나 받는지 기록하게 한다.

- 성인 및 사회성 코치들에게 전화번호부(부록 B)를 나눠주고, 매주 전화하기로 한 시간과 날짜를 전화번호부에 기록하게 한다.

개별적으로 확인하기

전화하기로 한 날짜와 시간을 다 정한 뒤에는 각각의 성인 및 사회성 코치들이 각자 개별적으로 다음과 같은 내용들을 협의한다.

1. 사회적 모임에 아직 참여하지 않았다면 성인이 참여하는 데 관심을 보이는 **사회적 활동**

- 이미 참여하고 있는 **사회적 활동**이 있다면 다음을 확인한다.

○ 성인의 관심사에 근거한다.

○ 매주 혹은 적어도 2주에 한 번 만난다.

○ 성인을 받아들여주는 비슷한 나이대의 또래들이 포함되어 있다.

○ 다른 사람들과 어울릴 수 있는 구조화되지 않은 시간이 있다.

○ 앞으로 2주 안에 활동이 시작된다.

2. 참여하는 **사회적 활동**에서 누구와 **정보 교환**을 할 것인지

3. **집단 구성원과 전화 혹은 영상 통화**를 하는 동안에 사회성 코치들은 어디에 있을 것인지

4. 성인들과 사회성 코치들이 **대화 시작하고 유지하기**, **정보 교환하기**, **공통의 관심사 찾기**를 언제 연습할 것인지

5. 다음 주에 가지고 오기로 계획한 **개인 물건**은 어떤 것인지

사회성 코칭 유인물

적절한 유머의 사용에 관한 규칙

- 누군가를 처음 알게 되었을 때는 조금 더 진지하게 행동한다.
- 이미 당신의 유머를 들었던 사람에게는 같은 유머를 반복하지 않는다.
- 인신공격성 유머를 하지 않는다.
- 지저분한 유머는 하지 않는다.
- 그 유머를 이해할 수 없는 사람이 있는 데서 자기들만 아는 유머를 하지 않는다.
- 권위 있는 사람에게 농담을 하지 않는다.
- 이유 없이 웃지 않는다.
- 유머는 나이에 적절해야 한다.
- 유머는 맥락에 적절해야 한다.
- 유머를 하기에 적절한 때인지 살핀다.
- 누군가가 유머를 한다면 예의상 웃어준다.
- 유머에 대한 반응에 주의를 기울인다.
  - 전혀 웃지 않는다.
  - 예의상 웃어준다.
  - 당신을 비웃는다.
  - 함께 웃는다.

표 6.2 유머에 대한 반응을 보여주는 신호

비웃는 것	함께 웃는 것
웃으면서 눈을 굴린다.	웃으며 미소 짓는다.
다른 사람을 쳐다본 다음 웃는다.	유머 혹은 유머감각을 칭찬한다.
유머가 끝나기 전에 웃는다.	웃으며 고개를 끄덕인다.
웃기 전에 오랜 정적이 있다.	"그거 재미있는데."라고 미소 짓는다.
웃으며 이상한 표정을 짓는다.	"너 웃기다."라고 말하며 미소 짓는다.
웃으며 당신에게 손가락질한다.	다른 유머를 해달라고 부탁한다.
웃으며 다른 사람을 향해 고개를 흔든다.	"그 이야기 기억해 두어야겠다."라고 말한다.
비꼬는 말을 한다(이것은 해석하기 어려울 수 있다).	그들도 유머를 하기 시작한다.

과제 안내하기

1. 새로운 친구를 사귈 수 있는 곳을 찾는다.
   - 성인과 사회성 코치들은 성인들의 관심사를 바탕으로 성인이 참여할 수 있는 **사회적 활동**들에 대해 의논하고 결정한다.
   - 결정한 뒤 바로 이 활동에 참여를 시작한다.

○ 바람직한 **사회적 활동**의 기준

- 성인의 관심사에 근거한다.
- 매주 혹은 적어도 2주에 한 번 만난다.
- 성인을 받아들여주는 비슷한 나이대의 또래들이 포함되어 있다.
- 다른 사람들과 어울릴 수 있는 구조화되지 않은 시간이 있다.
- 앞으로 2주 안에 활동이 시작된다.

2. 친구와 **대화 시작하기** 및 **정보 교환하기**를 연습한다(새로운 **친구를 사귈 수 있는 곳**에서 만난 친구와 해도 된다).

- 연습 전에 사회성 코치들은 **대화 시작하고 유지하기** 및 **정보 교환하기** 규칙과 단계를 점검한다.
- 연습을 한 이후에 사회성 코치들은 성인들에게 다음과 같은 **사회성 코칭 질문**을 한다.
  ○ 대화를 시작했나요? 했다면 누구와 했나요?
  ○ 그가 당신과 이야기를 나누고 싶어 하는 것 같았나요? 이것을 어떻게 알 수 있었나요?
  ○ 정보를 교환했나요? 공통의 관심사는 무엇이었나요?
  ○ 만약 두 사람이 함께 시간을 보내게 된다면 그 정보를 가지고 무엇을 할 수 있나요?
  ○ 함께 만나 시간을 보내기에 적합한 사람인 것 같나요?

3. 유머에 대한 반응에 주의를 기울인다.

- 만약 성인이 유머를 사용한다면 (유머를 사용하는 것이 과제는 아니다) **유머에 대한 반응**에 주의를 기울 인다.
- 성인이 유머를 사용한 이후에 사회성 코치는 성인에게 개별적으로 다음과 같은 **사회성 코칭 질문**을 한다.
  ○ 당신의 유머에 대한 반응은 무엇이었나요?
  ○ 그것을 어떻게 알 수 있었나요?

4. 집단 구성원과 전화 혹은 영상 통화를 한다.

- 정보 교환을 위해 전화나 영상 통화를 할 수 있도록 상대 집단 구성원을 확인하고 약속을 정한다.
- 치료실을 떠나기 전에 성인과 사회성 코치들은 다른 집단 구성원에게 전화를 하기 위한 날짜와 시간을 정한다.
- 전화를 하기 전에 **전화 시작하고 끝내기** 및 **정보 교환** 규칙을 점검한다.
- 전화하고 난 뒤에 사회성 코치들은 성인들에게 다음과 같은 **사회성 코칭 질문**을 한다.
  ○ 전화를 시작하기 위해 어떤 규칙들을 따랐나요?
  ○ 공통의 관심사는 무엇이었나요?
  ○ 만약 두 사람이 함께 시간을 보내게 된다면 그 정보를 가지고 무엇을 할 수 있나요?
  ○ 전화를 끝내기 위해 어떤 규칙들을 따랐나요?

5. 정보 교환을 위한 개인 물건을 가져온다.

- 다음 주에 집단 구성원과 함께할 **정보 교환**을 위한 **개인 물건**(예: 음악, 게임, 책, 그림 등)을 가져온다.

주요 용어

예의상 웃어주기

유머를 거부하는 사람

유머를 듣는 사람

유머를 좋아하는 사람

유머 사용 유형

유머에 대한 반응

적절한 유머의 사용

인신공격성 유머

자기들만 아는 유머

지저분한 유머

함께 웃기

여러 사람이 하는 대화에 들어가기

사회성 코치 치료자 가이드

사회성 코치 회기 준비하기

이번 회기의 초점은 성인들이 자신을 받아들여줄 만한 또래들의 대화에 적절하게 들어가도록 가르치는 것이다. 사회적으로 어려움을 겪는 성인들은 이런 높은 수준의 사회성 기술을 사용하는 것을 힘들어하는 경우가 많으며, 대개 한두 가지의 실수를 저지르곤 한다. **또래로부터 거절**을 경험한 성인들은 종종 대화에 불쑥 끼어들거나 **주제에서 벗어난** 이야기를 함으로써 결과적으로 점점 더 거절당하게 된다. **사회적으로 소외된** 성인들은 집단의 대화에 끼어들려는 시도조차 하지 않을 수 있다. 대신에 다른 사람들이 먼저 다가와 이야기해주길 바라기도 하지만 그런 일은 잘 일어나지 않는다. 둘 중 어떤 경우이든 친구를 만들고 그 관계를 유지하기 위한 성인들의 시도는 대체로 성공적이지 않다.

성인들이 받는 조언 역시 오류로 가득하다. 새로운 집단의 사람들과 어울리려고 시도할 때, 대부분의 성인들은 "다가가서 인사를 하세요." 혹은 "다가가서 자신을 소개하세요."와 같은 조언을 들었다고 말한다. 이러한 방법은 **생태학적으로 타당**하지 않다. 당신이 한 집단의 낯선 사람들에게 다가가서 "안녕하세요?"라고 인사를 하거나 자신을 소개한다고 상상해보라. 그 사람들이 당신에 대해서 어떻게 생각할까? 최소한 좀 독특하거나 느닷없다고 생각할 것이다. 더 심하게는 당신이 이상하고 조금 무섭다고 생각할 수도 있다. 때때로 성인들은 "자연스럽게 행동하세요." 혹은 "다가가서 말을 건네세요."라는 조언을 받기도 한다. 이러한 조언들이 무엇을 의미하는지 혹은 어떻게 하라는 것인지 이해하기 어렵지만, 다른 사람들과 무엇에 관해서 이야기할 것인지에 관한 맥락이 결정되지 않은 상황에서 그 사람들에게 다가가는 것은 역시 이상하고 느닷없어 보인다. 요약하면 성인들은 종종 그들을 진심으로 도와주고자 하는 보호자들로부터 사회적 상황에서 어떻게 행동해야 하는지에 대해 잘못된 조언을 듣는 것이다. 이번 회기는 그런 잘못된 조언들을 수정하고, 대신에 **여러 사람이 하는 대화에 들어가기 위한 생태학적으로 타당한 기술**을 제공하는 데 목적이 있다.

프로그램에 대해서 회의적으로 느끼는 사회성 코치가 있다면, 이번 회기야말로 그들이 프로그램에 조금 더 적극적으로 참여하는 중요한 전환점이 되는 경우가 많다. 사회적인 모임의 주변에서 섞이고 어울리며 자신이 있을 곳을 찾아가야 했던 경험이 없는 사람이 어디 있겠는가? 사회적인 기술이 뛰어난 사람들조차도 이런 상황에서는 좀 주눅이 들고 불안해질 수 있다. 다행스럽게도 이번 회기는 우리들 대부분이 때때로 사용해야 하는, 아주 정교한 사회적 기술에 초점을 맞추고 있기 때문에 프로그램을 완전히 신뢰하지 못하던 사회성 코치들도 조금 더 확신을 갖게 되는 경향이 있다. 그들은 대개 다음과 같은 말을 한다. "저한테도 이 기술이 필요하겠어요!", "이러한 기술을 제가 조금 더 일찍 알았으면 좋았을 것 같아요."

이번 회기가 프로그램에 대해 애매한 태도를 가지고 있던 사회성 코치들에게 전환점이 되기는 하지만, 그럼에도 불구하고 여전히 치료에 저항적인 사회성 코치들이 한두 명 있을 수 있다. 자주 나타나는 치료 저항의 유형 중 하나는 회기에 번번이 늦게 도착하는 것이다. 이들은 성인과 함께 회기에 늦게 도착하는 일이 잦고, 따라서 30분 혹은 그 이상의 시간 동안 수업에 참여하지 못한다. 사회성 코칭 회기의 과제 점검은 대략 50분 정도의 시간이 소요되기 때문에 이들은 때로 (사회성 코치들이 과제에 대해 보고하는 것 외에는) 중요한 부분을 놓치지 않았다고 잘못 생각한다. 그러나 사실 이 생각은 틀렸다. 계속해서 30분 혹은 그 이상씩 늦게 도착함으로써 다른 사람들의 과제를 확인하는 동안 제시되는 중요한 **사회성 코칭 팁**을 듣지 못하게 될 뿐 아니라, 성인은 성인 집단에서의 **과제 점검** 시간 전체를 놓치게 되는 것이다. 이는 과제 점검에 핵심인 교육한 내용을 반복하는 것(예: 과제를 수행하려고 시도했던 것을 **우리끼리 단어**를 사용하여 다시 규정하는 것), 그리고 **과제 점검** 시간에 제기되는 주제에 대한 **문제해결책**을 전혀 듣지 못하게 된다는 것을 의미한다.

그들의 지각이 집단에 방해가 되지 않도록 하는 것이 중요하며, 따라서 교육 내용을 되짚어주고 그들이 놓친 부분들을 채워주려 해서는 안 된다. 마찬가지로 이미 논의가 완료된 과제를 다시 점검하게 되면 사회성 코치들이 지각을 해도 별다른 문제가 되지 않는다고 생각하게 되기 때문에 역시 그렇게 하지 않도록 한다. 만약 사회성 코치가 교육 시간 중간에 들어온다면, 그 사람의 지각에 대해 직접적으로 말하지 않고 **사회성 코칭 유인물**을 나눠준다. 지각에 대한 변명을 들어주게 되면 회기 중의 귀중한 시간을 소모해 버리는 것이므로, 그렇게 하지 않도록 한다. 만성적인 지각에 대해서는 치료 상황 밖에서 사회성 코치와 함께 짚고 넘어가야 하는데, 이때는 회기가 끝나고 보호자를 기다리게 하여 성인과 잠시 떨어진 상태에서 이야기를 나눈다. 만약 지각의 원인이 성인에게 있다면 성인과 함께 대화하는 것도 좋다. 치료자는 그들에게 회기에서 놓친 부분이 무엇이며, 그것이 성인이 프로그램을 통해서 얻을 수 있는 이득을 어떻게 감소시키게 되는지를 상기시켜 준다. 또한 회기에 늦게 도착하는 것은 집단의 다른 구성원들에게 방해가 되며 제시간에 도착한 사람들에게 불공평하다는 점을 언급할 수도 있다.

과제 점검

[다음의 과제를 검토하고 발생 가능한 **문제해결**을 의논한다. 성공적으로 과제를 완수한 사람부터 시작한다. 시간이 된다면 (과제를 다 하지 못한 사람들에게) 왜 과제를 완수할 수 없었는지 이유를 질문할 수 있으며, 다음 주에 어떻게 이것을 할 수 있을지에 대한 **문제해결**을 시도해볼 수 있다. 과제를 점검하는 동안에는 반드시 (볼드체로 표시된) **우리끼리 단어**를 사용한다. **새로운 친구를 사귈 수 있는 곳 찾기**, 친구와 **대화 시작하기**, **정보 교환하기**가 이번 회기의 가장 중요한 과제이므로 과제 점검 시간 대부분을 여기에 할애한다.]

1. **정보 교환**을 위한 **개인 물건**을 가져온다.
   - 치료자: "이번 주의 주요 과제 중 하나는 다른 집단 구성원들과 정보 교환을 위해 개인 물건을 가져오는 것이었습니다. 성인들이 정보를 교환하기 위해 가져온 개인 물건에 대해서 빠르게 듣겠습니다."
     - 가져온 물건이 부적절한 경우에는 다음 주에 가지고 올 수 있는 물건에 대해 **해결책**을 논의한다.

2. 새로운 친구를 사귈 수 있는 곳을 찾는다.

- 치료자: "이번 주 또 다른 과제는 성인들이 새로운 친구를 사귈 수 있는 곳을 찾고, 사회적 활동에 참여할 수 있도록 도와주는 것이었습니다. 성인과 함께 새로운 친구를 사귈 수 있는 곳을 찾아낸 분이 있나요?"
- **새로운 친구를 사귈 수 있는 곳이 적절한지 그리고 다음의 기준을 만족하는지 확인한다.**
  ○ 성인의 관심사에 근거한다.
  ○ 매주 혹은 적어도 2주에 한 번 만난다.
  ○ 성인을 받아들여주는 비슷한 나이대의 또래들이 포함되어 있다.
  ○ 다른 사람들과 어울릴 수 있는 구조화되지 않은 시간이 있다.
  ○ 앞으로 2주 안에 활동이 시작된다.

3. 친구와 **대화 시작하기** 및 **정보 교환하기**를 연습한다.

- 치료자: "이번 주 또 다른 과제는 성인들이 친구와 대화 시작하기 및 정보 교환하기를 연습하는 것이었습니다. 이번 과제를 완수했거나 완수하고자 노력하신 분이 있나요?"
- 질문
  ○ "당신의 성인은 당신과 대화 시작하기를 연습했나요?"
  ○ "연습 전에 규칙과 단계를 점검했나요?"
    ■ **대화 시작하기의 단계**
    1. 자연스럽게 지켜본다.
    2. 소품을 사용한다.
    3. 공통의 관심사를 찾는다.
    4. 공통의 관심사를 언급한다.
    5. 정보를 교환한다.
    6. 관심을 평가한다.
        □ 그들이 나에게 이야기를 하고 있는가?
        □ 그들이 나를 쳐다보고 있는가?
        □ 그들이 나와 마주 보고 있는가(아니면 나에게 무관심한 태도를 보이는가)?
    7. 자신을 소개한다.
  ○ "연습한 이후에 당신은 어떤 사회성 코칭을 했나요?"
    ■ **적절한 사회성 코칭 질문**
        □ 당신이 대화를 시작했나요? 누구와 대화를 시작했나요?
        □ 그들이 당신과 이야기를 나누고 싶어 하는 것 같았나요? 그것을 어떻게 알 수 있었나요?
        □ 정보를 교환했나요? 공통의 관심사는 무엇이었나요?
        □ 만약 두 사람이 함께 시간을 보내게 된다면 그 정보를 가지고 무엇을 할 수 있나요?
        □ 함께 만나 시간을 보내기에 적합한 사람인 것 같나요?

4. 유머에 대한 반응에 주의를 기울인다.

- 치료자: "지난주에 우리는 유머의 적절한 사용에 대해서 배웠습니다. 성인이 유머를 사용할 때 그들이

자신의 유머에 대한 반응에 주의를 기울일 수 있도록 하는 것이 여러분의 과제였습니다. 유머를 하는 것이 과제는 아니었습니다. 이 과제를 완수했거나 완수하고자 노력하신 분이 있나요?"

- 질문
  - "당신의 성인이 유머를 사용했나요? 했다면 자신의 유머에 대한 반응에 주의를 기울였나요?"
  - "유머에 대한 반응에 주의 기울이기와 관련하여 어떤 사회성 코칭을 제공했나요?"
    - 적절한 **사회성 코칭 질문**
      - □ 당신의 유머에 대한 반응은 무엇이었나요?
      - □ 그것을 어떻게 알 수 있었나요?

5. 집단 구성원과 전화 혹은 영상 통화를 한다.

- 치료자: "이번 주 또 다른 과제는 전화 시작하고 끝내기 및 정보 교환하기 연습을 위해 집단 구성원 중 누군가와 전화 혹은 영상 통화를 하는 것이었습니다. 여러분의 성인 중에서 전화 혹은 영상 통화를 한 사람이 있나요."
- 질문
  - "당신의 성인은 누구와 이야기를 했으며, 누가 누구에게 전화를 걸었나요?"
  - "전화 통화 전에 당신은 어떤 사회성 코칭을 했나요?"
  - "성인이 전화 통화를 하는 동안 당신은 어디에 있었나요?"
  - "어떻게 전화 통화를 시작했나요?"
  - "성인들은 정보를 교환하고 공통의 관심사를 찾았나요?"
  - "어떻게 전화 통화를 끝냈나요?"
  - "전화 통화 이후에 당신은 어떤 사회성 코칭을 했나요?"
    - 적절한 **사회성 코칭 질문**
      - □ 공통의 관심사는 무엇이었나요?
      - □ 만약 두 사람이 함께 시간을 보내게 된다면 그 정보를 가지고 무엇을 할 수 있나요?
- 그 전화 혹은 영상 통화에 참여한 다른 사람이 바로 다음에 설명해야 한다. 단, 동시에 발표하게 하지는 않는다.

표 7.1 전화 시작하고 끝내기 단계

전화 시작하기	전화 끝내기
1. 통화하고 싶은 사람을 말한다.	1. 대화가 잠시 멈출 때를 기다린다.
2. 자신이 누구인지 말한다.	2. 왜 전화를 끊는지에 관한 꼬리말을 이야기한다.
3. 어떻게 지내는지 물어본다.	3. "전화 통화해서 좋았다."라고 말한다.
4. 전화 통화가 가능한지 묻는다.	4. "나중에 다시 이야기하자."고 한다.
5. 왜 전화했는지에 관해 머리말을 이야기한다.	5. "안녕." 또는 "잘 있어."라고 말한다.

- [사회성 코치 과제 기록지를 수거한다. 만약 사회성 코치가 과제 기록지 가져오는 것을 잊어버렸다면, 과제를 책임지고 할 수 있게 새로운 용지에 완성하게끔 한다.]

교육: 여러 사람이 하는 대화에 들어가기

- 사회성 코칭 유인물을 나눠준다.
  - 사회성 코칭 치료자 가이드에서 **볼드체**로 표시된 부분은 사회성 코칭 유인물에서 그대로 가져온 것이다.
  - 사회성 코치들에게 **볼드체**로 표시된 부분은 **우리끼리 단어**임을 상기시킨다. 이 단어들은 PEERS® 교육 과정의 중요한 개념들에 해당하므로 사회성 코칭을 할 때 최대한 많이 사용해야 한다고 설명한다.
- 치료자: "성인들이 새로운 친구를 만들 수 있는 방법 중 하나는 더 친해지고 싶은 사람들과 이야기를 하는 것입니다. 종종 성인들은 더 친해지고 싶은 사람들과의 대화에 어떻게 참여해야 하는지에 관한 조언을 얻습니다. 그러나 안타깝게도 그들이 얻는 조언은 틀린 경우가 많습니다. 대부분의 성인들은 새로운 사람들로 이루어진 집단과 만나게 되면 무엇을 하라고 조언 받나요?"
  - 대답: 자연스럽게 행동해라. 다가가서 말을 건네라. 다가가서 자신을 소개해라. 다가가서 '안녕하세요?' 라고 인사를 해라.
- 치료자: "이것이 어떻게 보일지 상상해보시기 바랍니다. 만약 제가 아무런 이유도 없이 사람들에게 다가가서 '안녕하세요?'라고 인사를 하고 저 자신을 소개한다면 사람들은 저를 어떻게 생각할까요?"
  - 대답: 당신이 독특하거나 너무 뜬금없다고 생각할 것입니다. 당신이 이상하다고 생각할 것입니다.
- 설명: "대신에 우리는 여러 사람이 하는 대화에 들어가기 위한 매우 구체적인 단계들을 따라야 합니다. 우리가 배우게 될 단계들은 이미 잘 알고 있는 사람들과의 대화에 들어가기 위한 것은 아닙니다. 친한 친구들에게는 그냥 다가가서 인사를 해도 됩니다. 우리가 여기서 배우게 될 단계들은 우리가 전혀 모르거나 별로 잘 알지 못하는 사람들의 집단 대화에 들어가기 위한 것입니다."

1. 대화를 귀 기울여 듣는다.

- 설명: "전혀 모르거나 별로 잘 알지 못하는 사람들이 모여서 하는 대화에 참여하기 전에, 먼저 그들이 나누는 대화를 귀 기울여 들어야 합니다."
- 질문: "대화를 귀 기울여 듣는 것이 중요한 이유는 무엇인가요?"
  - 대답: 대화에 참여하기 전에 먼저 무엇에 대해 이야기를 나누고 있는지 알아야 합니다.

2. 거리를 두고 지켜본다.

- 치료자: "대화를 귀 기울여 듣는 동안 거리를 두고 주의를 끌지 말고 지켜보아야 합니다. 거리를 두고 지켜보는 것이 중요한 이유는 무엇일까요?"
  - 대답: 그 사람들에게 관심이 있다는 것을 보여줍니다.
- 질문: "그러나 집단을 빤히 쳐다봐도 될까요?"
  - 대답: 아니요. 절대로 그렇지 않습니다.
- 질문: "집단을 빤히 쳐다본다면 무엇이 문제가 될 수 있을까요?"
  - 대답: (실제로 대화를 엿듣고 있기는 하지만) 당신이 대화를 엿듣는 것처럼 보일 수 있습니다. 당신이 이상하거나 무섭다고 생각할 수 있습니다. 당신이 스토커 같다고 생각할 수 있습니다.

3. 소품을 사용한다.

- 설명: "대화를 귀 기울여 들으며 지켜보는 동안 다른 것에 집중하고 있는 것처럼 보이기 위해 스마트폰, 게임기기 혹은 책과 같은 소품을 사용하는 것이 도움이 됩니다."

- 질문: "소품을 사용하는 것이 좋은 이유는 무엇일까요?"
  - 대답: 당신이 다른 것에 집중하고 있는 것처럼 보이기 때문입니다. (실제로 대화를 엿듣고 있기는 하지만) 당신이 엿듣는 것처럼 보이지 않기 위해서입니다.

4. 주제를 확인한다.
- 치료자: "대화를 듣는 가장 중요한 목표는 대화를 나누는 사람들이 어떤 주제로 이야기를 나누고 있는지 확인하는 것입니다. 주제를 확인하는 것이 중요한 이유는 무엇인가요?"
  - 대답: 여러 사람이 하는 대화에 참여하려고 한다면, 당신도 그들이 대화하고 있는 주제에 대해 이야기할 수 있어야 하기 때문입니다.

5. 공통의 관심사를 찾는다.
- 치료자: "대화에 들어가기 위한 시도를 하기 전에, 먼저 당신이 그들의 대화 주제와 공통된 관심사를 갖고 있는지를 확인할 필요가 있습니다. 공통의 관심사를 찾는 것이 중요한 이유는 무엇일까요?"
  - 대답: 공통의 관심사는 당신이 대화에 들어갈 수 있는 이유가 되기 때문입니다.
- 질문: "여러 사람이 나누고 있는 주제에 대해서 아무것도 모르는 상태에서 대화에 들어간다면 무엇이 문제가 될 수 있을까요?"
  - 대답: 당신으로 인해 대화가 잘 이루어지지 않을 수 있습니다. 집단 사람들이 지루해할 것입니다. 당신도 지루할 것입니다.

6. 더 가까이 다가간다.
- 치료자: "공통의 관심사를 찾고 대화에 참여하기로 결심했다면 집단에 조금 더 가까이 다가가야 합니다. 한 팔 혹은 두 팔 간격이 좋습니다. 더 가까이 다가가는 것이 중요한 이유는 무엇일까요?"
  - 대답: 당신이 관심이 있다는 것을 보여줍니다. 당신이 대화에 들어오려 하고 있다는 것을 사람들이 눈치채게 합니다. 멀리 떨어져서 집단과 대화를 나누려고 하는 것은 이상해 보일 수 있습니다.

7. 대화가 짧게 멈출 때를 기다린다.
- 치료자: "다음 단계는 여러 사람이 하는 대화에 참여하기 바로 직전에 대화가 짧게 멈출 때를 기다리는 것입니다. 대화가 짧게 멈출 때를 기다리는 것이 중요한 이유는 무엇인가요?"
  - 대답: 대화가 짧게 멈출 때를 기다리지 않고 대화에 들어가면 방해가 될 수 있습니다.
- 설명: "일부 성인들은 대화가 완전히 멈추는 때를 기다리는 경우도 있습니다. 특히 사회적 불안이 조금 더 높은 성인들이 그렇습니다. 그러나 대화가 완전히 멈추는 때는 없기 때문에, 이러한 성인들에게는 집단에 크게 방해만 되지 않도록 하면 된다고 말해줍니다. 들어가기 가장 좋은 시점은 집단의 한 사람이 말하기를 멈추고 다른 사람이 말을 꺼내려고 하기 직전입니다."

8. 주제에 대해 언급한다.
- 치료자: "대화 주제에 대한 당신의 생각을 이야기하거나 질문을 하면서 대화에 들어가야 합니다. 주제에 대해 언급하는 것이 중요한 이유는 무엇일까요?"
  - 대답: 그것이 당신이 대화에 참여하는 이유이기 때문입니다.

9. 관심을 평가한다.
- 설명: "사람들이 당신과 이야기를 나누고 싶어 하는지도 확인해야 합니다. 누군가가 우리와 이야기를 나

누고 싶어 한다는 것을 알려주는 세 가지 행동 신호를 알아봤었습니다. 여기에는 어떤 것들이 있나요?"
  ○ 대답: 그들이 당신에게 이야기를 한다. 당신을 쳐다본다. 당신과 마주 본다.
- 설명: "대화에 들어가기 위한 시도를 한 다음에는 스스로에게 다음과 같은 질문들을 던지면서 집단에 있는 사람들의 관심을 평가해야 합니다."
  ○ **그들이 나에게 이야기를 하고 있는가?**
    ■ 설명: "이것은 사람들이 당신 질문에 답을 하고, 당신에게 질문을 하며, 자신의 생각을 이야기하고, 당신 질문에 그냥 짧게 대답하거나 무례한 말을 하지 않는다는 의미입니다."
  ○ **그들이 나를 쳐다보고 있는가?**
    ■ 설명: "사람들이 당신에게 관심을 가지고 당신을 쳐다보고, 미소를 짓기도 하며, 눈을 굴리거나 이상한 표정을 짓지 않는 것을 의미합니다."
  ○ **그들이 나와 마주 보고 있는가(원을 열었는가 혹은 닫았는가)?**
    ■ 설명: "사람들이 집단을 이루어 대화를 할 때는 원을 만들어서 이야기를 나눕니다. 그들이 당신과 대화를 나누고 싶어 한다면 원을 열어줍니다. 그들이 당신과 대화를 나누고 싶어 하지 않는다면 원을 닫거나 당신을 무시합니다."

10. 자신을 소개한다.

- 설명: "집단이 당신을 받아들였다면 대화에 들어가기 위한 가장 마지막 단계는 당신이 모르는 사람들에게 자신을 소개하는 것입니다. 반드시 몇 분가량 대화를 나눈 뒤에, 그리고 당신이 대화에 받아들여졌다는 확신이 들 때 자신을 소개해야 합니다."
- 질문: "자신을 어떻게 소개하면 될까요?"
  ○ 대답: "내 이름 이야기 안 했지? 내 이름은 ○○○(이)야." 혹은 "제 소개 안 드렸죠? 저는 ○○○(이)라고 합니다."
- 설명: "물론 집단 사람들이 당신과 이야기를 나누는 데 관심이 없는 것 같다면 넘어갑니다. 대화에서 빠져나오기 위한 좀 더 구체적인 방법들을 다음 주에 성인들에게 가르쳐줄 것입니다."

- [참고사항(영어로 된 자료에 익숙하다면): PEERS® *Role Play Video Library*(www.routledge.com/cw/laugeson) 혹은 *FriendMaker* 모바일 앱에서 **여러 사람이 하는 대화에 들어가기**의 적절한 역할극과 부적절한 역할극 동영상을 보여주고, 역할극 다음에 오는 **조망 수용 질문**을 할 수도 있다.]

과제 안내하기

[사회성 코치에게 사회성 코치 과제 기록지(부록 E)를 배부하고, 작성해서 다음 회기에 제출하게 한다.]

1. 새로운 친구를 사귈 수 있는 곳을 찾는다.

- 성인과 사회성 코치들은 성인들의 관심사를 바탕으로 성인이 참여할 수 있는 **사회적 활동**들에 대해 의논하고 결정한다.
- 결정한 뒤 바로 이 활동에 참여를 시작한다.
  ○ 바람직한 **사회적 활동**의 기준
    ■ 성인의 관심사에 근거한다.

■ 매주 혹은 적어도 2주에 한 번 만난다.

■ 성인을 받아들여주는 비슷한 나이대의 또래들이 포함되어 있다.

■ 다른 사람들과 어울릴 수 있는 구조화되지 않은 시간이 있다.

■ 앞으로 2주 안에 활동이 시작된다.

2. 사회성 코치가 포함된 **여러 사람이 하는 대화에 들어가기**를 연습한다.

● 성인은 사회성 코치와 (성인을 대화에 받아들여줄) 또 다른 사람이 포함된 여러 사람이 하는 대화에 들어가기 연습을 한다.

● 연습 전에 사회성 코치들은 **여러 사람이 하는 대화에 들어가기** 규칙과 단계를 점검한다.

● 연습을 한 이후에 사회성 코치들은 성인들에게 다음과 같은 **사회성 코칭 질문**을 한다.

○ 우리가 당신과 이야기를 나누고 싶어 하는 것 같았나요?

○ 그것을 어떻게 알 수 있었나요?

○ 우리의 공통의 관심사는 무엇이었나요?

○ 만약 우리가 함께 시간을 보내게 된다면 그 정보를 가지고 무엇을 할 수 있을까요?

3. 또래들끼리 하고 있는 **여러 사람이 하는 대화에 들어가기**를 연습한다(새로운 친구를 사귈 수 있는 곳에서 만난 친구와 해도 된다).

● 연습 전에 사회성 코치들은 **여러 사람이 하는 대화에 들어가기** 규칙과 단계를 점검한다.

● 연습을 한 이후에 사회성 코치들은 성인들에게 다음과 같은 **사회성 코칭 질문**을 한다.

○ 어디서 누구와의 대화에 들어갔나요?

○ 어떤 단계를 따랐나요?

○ 그들이 당신과 이야기를 나누고 싶어 하는 것 같았나요? 그것을 어떻게 알 수 있었나요?

○ 정보를 교환했나요? 공통의 관심사는 무엇이었나요?

○ 만약 두 사람이 함께 시간을 보내게 된다면 그 정보를 가지고 무엇을 할 수 있나요?

○ 함께 만나 시간을 보내기에 적합한 사람인 것 같나요?

4. **유머에 대한 반응에 주의를 기울인다.**

● 만약 성인이 유머를 하게 된다면 (유머를 하는 것이 과제는 아니다) 그들의 유머에 대한 반응에 주의를 기울인다.

● 성인이 유머를 한 이후에 사회성 코치는 성인에게 개별적으로 다음과 같은 **사회성 코칭 질문**을 한다.

○ 당신의 유머에 대한 반응은 무엇이었나요?

○ 이것을 어떻게 알 수 있었나요?

5. **집단 구성원과 전화 혹은 영상 통화를 한다.**

● 정보 교환을 위해 전화나 영상 통화를 할 수 있도록 상대 집단 구성원을 확인하고 약속을 정한다.

● 주: 집단 구성원과 전화 혹은 영상 통화 과제는 이것이 마지막이다.

● 치료실을 떠나기 전에 성인과 사회성 코치들은 집단의 다른 구성원에게 전화를 하기 위한 날짜와 시간을 정한다.

● 전화를 하기 전에 **전화 시작하고 끝내기** 및 **정보 교환하기** 규칙을 점검한다.

- 전화하고 난 뒤에 사회성 코치들은 성인들에게 다음과 같은 **사회성 코칭 질문**을 한다.
  - 전화를 시작하기 위해 어떤 규칙들을 따랐나요?
    - 영상 통화를 하는 경우에는 규칙이 살짝 달라집니다(통화하고 싶은 사람에게 자신이 누구인지 말할 필요가 없습니다).
  - 공통의 관심사는 무엇이었나요?
  - 만약 두 사람이 함께 시간을 보내게 된다면 그 정보를 가지고 무엇을 할 수 있나요?
  - 전화를 끝내기 위해 어떤 규칙들을 따랐나요?

6. **정보 교환**을 위한 **개인 물건**을 가져온다.
  - 다음 주에 집단 구성원과 함께할 **정보 교환**을 위한 **개인 물건**(예: 음악, 게임, 책, 그림 등)을 가져온다.

사회성 코칭 팁

- 이번 주 과제 중 하나는 성인들이 사회성 코치와 또 다른 사람이 포함된 **여러 사람이 하는 대화에 들어가기**를 연습하는 것이다.
  - 필요할 때 당신이 바로 그 자리에서 사회성 코칭을 제공할 수 있도록, 또 다른 사람은 이 과제에 대해서 알고 있는 사람이면 가장 좋다.
    - 배우자, 성인 형제자매 및 가족 구성원과 함께 연습하는 것이 좋은 경우가 많다.
- 이 특별 과제는 성인들이 또래들끼리 하고 있는 **여러 사람이 하는 대화에 들어가기** 연습을 하기 바로 전에 할 수 있게 계획하는 것이 가장 좋다.
  - 예를 들어 성인들이 **사회적 활동**에 참가하러 가기 전에 **여러 사람이 하는 대화에 들어가기**를 위한 규칙과 단계를 점검하고 당신과 연습하게 한다면, 또래들끼리 하고 있는 여러 사람이 하는 대화에 들어가기를 시도할 때 그 규칙과 단계를 훨씬 더 잘 기억할 수 있을 것이다.
- 연습할 때 성인들이 흔히 하는 실수를 중심으로 코칭을 제공할 수 있도록 계획한다.
  - 충동조절문제(예: ADHD)가 있는 성인들은 보고, 듣고, 대화가 짧게 멈출 때를 기다리지 않고 대화에 끼어드는 경향이 있다.
    - 이러한 상황에서 물어볼 수 있는 **사회성 코칭 질문**
      - 어떨 때를 기다려야 할까요?
      - 대화가 짧게 멈출 때를 기다리는 동안에는 무엇을 해야 할까요?
  - 내재화 문제(예: 불안, 우울)를 겪고 있는 성인들은 대화가 **완전히 멈추는 때**를 기다리는 경향이 있다.
    - 이러한 상황에서 물어볼 수 있는 **사회성 코칭 질문**
      - 주제에 대해 잘 알고 있나요?
        [주: 성인들이 잘 모르는 주제라면 대화에 끼어들지 않았다는 것을 칭찬하고 성인이 알고 있는 주제로 바꾼다.]
      - 어떨 때를 기다려야 할까요?
      - 대화가 완전히 멈추는 때가 있을까요?
- 반드시 성인을 집단과의 대화에 받아들여주어야 한다.
  - 만약 그들이 무엇인가 부적절하게 행동한다면, "여기에서 잠깐!"을 외치고 사회성 코칭을 제공한다.

○ 대화에 받아들여지지 않았을 때 **대화에서 빠져나오기** 위한 단계들은 다음 주에 배우게 될 것이다.

● (영어를 사용하는 데 익숙하다면) 성인들이 **여러 사람이 하는 대화에 들어가기**를 할 때 실제 일상생활에서 도움을 줄 '가상의 코치'로서 *FriendMaker* 모바일 앱을 사용하도록 권장한다.

○ *FriendMaker* 모바일 앱에 있는 **여러 사람이 하는 대화에 들어가기** 단계를 확인하면서 동시에 스마트폰을 소품으로 사용할 수 있다.

성인 치료자 가이드

성인 회기 준비하기

다른 사람들과의 대화에 들어가는 방법을 아는 것은 친구를 만들고 그 관계를 유지하며, 다른 사람들과의 관계를 발전시키는 데 중요하다. 우리는 다른 사람들의 대화에 들어가는 과정을 통해 새로운 사람을 만난다. 성인들에게 새로운 사람을 만나기 위한 방법에 대해 어떤 조언을 받았는지 물어보면 그들은 아마 "다가가서 자신을 소개하세요." 혹은 "다가가서 인사하세요."라고 말하라고 들었다고 대답할 것이다. 그러나 안타깝게도 이것은 사회적으로 어려움이 없는 성인들이 사용하는 **생태학적으로 타당한 사회성 기술**이 아니다. 게다가 이러한 방법은 다른 사람들로부터 거절당하는 결과를 초래할 수 있다. 연구에 의하면 성공적으로 다른 사람들의 대화에 들어가기 위해서는 기다리거나 듣는 것과 같이 위험성이 낮은 전략들로부터 시작해야 한다. 성공적이지 못한 방법들로는 다른 사람들이 계속해서 대화를 나누고 있는 데 들어가서 질문을 하거나 그들의 생각을 부정하면서 방해하는 것 등이 있다.

성인들은 **또래관계에 들어가기**의 기초적인 단계(즉, 또래들끼리 하고 있는 **여러 사람이 하는 대화에 들어가기** 기술)를 배울 것이다. **또래관계에 들어가기**를 가르칠 때는 이 복잡한 사회적 행동을 별개의 단계로 나누는 것이 도움이 된다. 자폐스펙트럼장애 성인들은 구체적이고 문자 그대로 생각하는 경향이 있다. 복잡한 사회성 기술을 이해하기 쉽게 세분화하여 일련의 단계로 제시해주면 훨씬 더 쉽게 배울 수 있을 것이다. 이 단계들을 구체적인 부분으로 세분화한다면 자신이 해야 할 일을 더 쉽게 개념화하도록 도와주기 때문에 자폐스펙트럼장애가 아닌 다른 종류의 사회적 어려움을 가진 성인들에게도 마찬가지로 도움이 된다.

또래관계에 들어가기 기술의 성공 여부는 대화에 끼어들고자 하는 **사회적 모임**, 혹은 **사회적 모임**의 구성원을 적절히 선택하는 데에 달려 있다. 이 단계를 절대 과소평가해서는 안 된다. 만약 성인이 자신을 거절할 가능성이 큰 또래들과의 **대화에 들어가기**로 결정했다면, 이는 성인이 좌절감을 느끼게 하고, 사회적인 불안이나 회피행동을 강화할 뿐이다. 다시 만나기 시간에 치료자는 성인들이 어디에서, 누가 포함되어 있는 **사회적 모임**의 대화에 끼어들 것인지를 매우 구체적으로 확인해야 한다. 만약 성인이 그 집단에 받아들여질 가능성이 매우 작다고 생각된다면, 성인이 당분간 자신을 거절할 가능성이 작은 다른 **사회적 모임**을 선택하도록 권유하는 것이 좋다.

사회적 불안이 높은 성인들이 이번 회기에서 겪을 수 있는 더 큰 어려움은 행동 연습 시간에 **여러 사람이 하는 대화에 들어가기**의 모든 단계를 시작하지도 못하는 것이다. 그들이 불안을 극복할 수 있도록 돕는 방법 중 하나는 **여러 사람이 하는 대화에 들어가기**의 모든 단계를 치료자와 함께해 보는 것이다. 이러한 방법은 성인의 불안을 줄이고 앞으로 할 연습에서는 타인의 도움을 받지 않고 **여러 사람이 하는 대화에 들어갈** 수 있게 될 것이다. 사회적 불안이 심해서 행동 연습 및 과제 수행을 하기 힘들어하는 성인들에게는 **여러 사람이 하는 대화에 들어가기**의 첫 몇 단계만을 연습시키는 것도 도움이 될 수 있다. 예를 들어 집단을 좀 더 가깝게 느끼고 연습에 흥미가 생기기 전까지는 **대화를 귀 기울여 듣기, 거리를 두고 바라보기, 대화 주제를 확인하고 공통의 관심사 찾기**를 하는 것이다. 이후의 회기들에서는 성인이 좀 더 편안하게 느끼는 정도에 맞추어 단계를 추가할 것을 격려해준다.

여러 사람이 하는 대화에 들어가기 행동 연습을 수행하는 동안 일어날 수 있는 또 다른 문제점은 성인들이 **대화가 완전히 멈추는 때**를 기다리는 것이다. 또래들끼리 하고 있는 **여러 사람이 하는 대화에 들어가기** 전에 대

화가 완전히 멈추는 때를 기다리는 것은 아마도 이들이 규칙을 있는 그대로 따르고 정확히 지키려는 경향을 갖고 있기 때문일 것이다. 성인이 **대화를 귀 기울여 듣고, 거리를 두고 바라보지만** 그룹에 다가가려는 시도를 하지 않는 것을 보면 당신은 이를 바로 알아차릴 수 있을 것이다. 이럴 때는 다음과 같은 질문을 통해 성인들에게 코칭해줄 수 있다. "이 집단이 무엇에 대해서 이야기를 나누고 있는지 알고 있나요?", "주제에 관해서 아는 것이 있나요?", "무엇을 기다리고 있나요?", "대화가 완전히 멈추는 때가 있나요?", "대화가 완전히 멈추는 때는 없습니다. 다가가서 사람들이 하는 대화에 들어가세요. 너무 방해가 되지만 않으면 됩니다." 혹은 그 자리에서 여러 사람이 하는 대화에 들어가기 좋은 순간이 왔을 때 이를 성인에게 알려줄 수도 있다. 예를 들면 누군가가 이야기를 멈추고 다른 사람이 막 이야기를 시작하는 순간이 적절할 것이다.

행동 연습을 수행하는 동안 일어날 수 있는 또 다른 상황은 집단이 나누고 있는 대화 주제에 대해서 잘 모르기 때문에 **여러 사람이 하는 대화에 들어가기**를 거부하는 것이다. 이것은 매우 적절한 반응이기 때문에 그들이 좋은 결정을 내린 것을 칭찬해준다. 연습을 계속 수행할 수 있도록 집단 구성원들이 다른 주제를 가지고 이야기를 나누도록 권유한다. 이렇게 하는 것이 별로 자연스럽지는 않지만 연습을 위한 것이므로 성인들은 별로 개의치 않을 것이다. 이때 대화의 새로운 주제는 여러 사람이 하는 대화에 들어가려고 시도하고 있는 성인이 함께 대화를 나눌 수 있는 것으로 정하도록 한다.

과제 점검

[다음의 과제를 검토하고 발생 가능한 **문제해결**을 의논한다. 성공적으로 과제를 완수한 사람부터 시작한다. 시간이 된다면 (과제를 다 하지 못한 사람들에게) 왜 과제를 완수할 수 없었는지 이유를 질문할 수 있으며, 다음 주에 어떻게 이것을 할 수 있을지에 대한 **문제해결**을 시도해볼 수 있다. 과제를 점검하는 동안에는 반드시 (**볼드체**로 표시된) 우리끼리 단어를 사용한다. **새로운 친구를 사귈 수 있는 곳 찾기**, 친구와 **대화 시작하기, 정보 교환하기**가 이번 회기의 가장 중요한 과제이므로 과제 점검 시간 대부분을 여기에 할애한다.]

1. **정보 교환**을 위한 **개인 물건**을 가져온다.
   - 치료자: "이번 주의 주요 과제 중 하나는 다른 집단 구성원들과 정보 교환을 위해 개인 물건을 가져오는 것이었습니다. 정보 교환을 위해 가져온 개인 물건에 대해서 빠르게 듣겠습니다."
     ○ 수업 시간에 집중하는 데 방해가 되지 않도록 성인들이 교실 한 편에 개인 물건을 두도록 한다.
     ○ 가져온 물건이 부적절한 경우에는 다음 주에 가지고 올 수 있는 물건에 대해 **해결책**을 논의한다.

2. **새로운 친구를 사귈 수 있는 곳**을 찾는다.
   - 치료자: "이번 주의 주요 과제는 사회성 코치의 도움으로 잠재적인 친구를 사귈 수 있는 곳을 찾고, 사회적 모임에 참여하는 것이었습니다. 새로운 친구를 사귈 수 있는 곳을 찾아낸 사람이 있나요?"
   - **새로운 친구를 사귈 수 있는 곳**이 적절한지 그리고 다음의 기준을 만족하는지 확인한다.
     ○ 성인의 관심사에 근거한다.
     ○ 매주 혹은 적어도 2주에 한 번 만난다.
     ○ 성인을 받아들여주는 비슷한 나이대의 또래들이 포함되어 있다.
     ○ 다른 사람들과 어울릴 수 있는 구조화되지 않은 시간이 있다.
     ○ 앞으로 2주 안에 활동이 시작된다.

3. 친구와 **대화 시작하기** 및 **정보 교환하기**를 연습한다.

- 치료자: "이번 주 또 다른 과제는 친구와 대화 시작하기 및 정보 교환하기를 연습하는 것이었습니다. 이 과제는 여러분의 사회적 활동 상황에서 할 수 있는 것입니다. 이 과제를 한 사람은 손을 들어주세요."
- 질문
  ○ "누구와 어디서 대화 시작하기를 연습했나요?"
  ○ "대화를 어떻게 시작했나요?"
    ■ 대화 시작하기의 단계
      1. 자연스럽게 지켜본다.
      2. 소품을 사용한다.
      3. 공통의 관심사를 찾는다.
      4. 공통의 관심사를 언급한다.
      5. 정보를 교환한다.
      6. 관심을 평가한다.
        □ 그들이 나에게 이야기를 하고 있는가?
        □ 그들이 나를 쳐다보고 있는가?
        □ 그들이 나와 마주 보고 있는가(아니면 나에게 무관심한 태도를 보이는가)?
      7. 자신을 소개한다.
  ○ "그들이 당신과 이야기를 나누고 싶어 하는 것 같았나요? 그것을 어떻게 알 수 있었나요?"
  ○ "정보를 교환했나요? 공통의 관심사는 무엇이었나요?"
  ○ "만약 두 사람이 함께 시간을 보내게 된다면 그 정보를 가지고 무엇을 할 수 있나요?"
  ○ 함께 만나 시간을 보내기에 적합한 사람인 것 같나요?

4. **유머에 대한 반응에 주의를 기울인다.**

- 치료자: "지난주에 우리는 유머의 적절한 사용에 대해서 배웠습니다. 유머를 사용할 때 자신의 유머에 대한 반응에 주의를 기울일 수 있도록 하는 것이 여러분의 과제였습니다. 유머를 하는 것이 과제는 아니었습니다. 이번 주에 유머를 사용했고 자신의 유머에 대한 반응에 주의를 기울인 사람은 손을 들어주세요."
- 질문
  ○ "당신이 어떤 유머를 했는지는 궁금하지 않습니다. 당신의 유머에 대한 반응이 어땠는지 궁금합니다. 그들이 당신을 비웃었나요? 당신과 함께 웃었나요? 예의상 웃었나요? 아니면 아예 웃지 않았나요?"
  ○ "그것을 어떻게 알 수 있었나요?"
  ○ "유머에 대한 반응에 주의를 기울이는 것이 끝났나요?"
    ■ 대답: 아니요.
  ○ "언제 자신의 유머에 대한 반응에 주의를 기울일 건가요?"
    ■ 대답: 유머를 할 때마다 주의를 기울일 것입니다.
  ○ "어떻게 자신의 유머에 대한 반응에 주의를 기울일 건가요?"
    ■ 대답: 그들의 반응을 눈으로 보고 귀로 들을 것입니다.

5. **집단 구성원과 전화 혹은 영상 통화를 한다.**

- 치료자: "이번 주 또 다른 과제는 전화 시작하고 끝내기, 정보 교환하기 연습을 위해 집단 구성원 중 누군가와 전화 혹은 영상 통화를 하는 것이었습니다. 집단 구성원과 전화 혹은 영상 통화를 한 사람은 손을 들어주세요."
- 질문
  - "누구와 이야기를 했으며, 누가 누구에게 전화를 걸었나요?"
  - "전화 통화는 어떻게 시작되었나요(전화를 건 사람에게 물어본다)?"
  - "정보를 교환하고 공통의 관심사를 찾았나요?"
  - "만약 두 사람이 함께 시간을 보내게 된다면 그 정보를 가지고 무엇을 할 수 있나요?"
  - "전화 통화는 어떻게 끝났나요(전화를 끊은 사람에게 물어본다)?"
- 그 전화 혹은 영상 통화에 참여한 다른 사람이 바로 다음에 설명하도록 한다. 단, 동시에 발표하게 하지는 않는다.

표 7.1 전화 시작하고 끝내기 단계

전화 시작하기	전화 끝내기
1. 통화하고 싶은 사람을 말한다.	1. 대화가 잠시 멈출 때를 기다린다.
2. 자신이 누구인지 말한다.	2. 왜 전화를 끊는지에 관한 꼬리말을 이야기한다.
3. 어떻게 지내는지 물어본다.	3. "전화 통화해서 좋았다."라고 말한다.
4. 전화 통화가 가능한지 묻는다.	4. "나중에 다시 이야기하자."고 한다.
5. 왜 전화했는지에 관해 머리말을 이야기한다.	5. "안녕." 또는 "잘 있어."라고 말한다.

교육: 여러 사람이 하는 대화에 들어가기

- 치료자: "새로운 친구를 만들 수 있는 방법 중 하나는 더 친해지고 싶은 사람들과의 대화에 참여하는 것입니다. 종종 성인들은 더 친해지고 싶은 사람들과의 대화에 어떻게 참여하는지에 관한 조언을 받습니다. 그러나 여러분이 얻는 조언은 틀린 경우가 많습니다. 대부분의 성인은 새로운 사람들로 이루어진 집단과 만나게 되면 무엇을 하라고 조언 받나요?"
  - 대답: 자연스럽게 행동해라. 다가가서 말을 건네라. 다가가서 자신을 소개해라. 다가가서 '안녕하세요?'라고 인사를 해라.
- 치료자: "사실 이것은 좋은 조언이 아닙니다. 만약 제가 아무런 이유도 없이 사람들에게 다가가서 '안녕하세요?'라고 인사를 하고 저 자신을 소개한다면 사람들은 저를 어떻게 생각할까요?"
  - 대답: 당신이 독특하거나 너무 뜬금없다고 생각할 것입니다. 당신이 이상하다고 생각할 것입니다.
- 설명: "대신에 우리는 여러 사람이 하는 대화에 들어가기 위한 매우 구체적인 단계들을 따라야 합니다. 우리가 배우게 될 단계들은 이미 잘 알고 있는 사람들과의 대화에 들어가기 위한 것은 아닙니다. 친한 친구들에게는 그냥 다가가서 인사를 해도 됩니다. 우리가 여기서 배우게 될 단계들은 우리가 전혀 모르거나 별로 잘 알지 못하는 사람들의 집단과 대화에 들어가기 위한 것입니다."

[집단 치료자는 두 명의 보조 치료자가 대화를 하고 있는 데 끼어드는 부적절한 역할극을 보여준다. 보조 치료자가 한 명뿐이라면 (영어로 된 자료에 익숙하다면) PEERS® *Role Play Video Library*(www.routledge.com/cw/

laugeson) 혹은 *FriendMaker* 모바일 앱에서 **여러 사람이 하는 대화에 들어가기**의 부적절한 역할극 동영상을 보여주고, 역할극 다음에 오는 **조망 수용 질문**을 할 수도 있다.]

부적절한 역할극: 여러 사람이 하는 대화에 들어가기 ▶

- 치료자: "지금부터 여러 사람이 하는 대화에 들어가는 역할극을 보여드리겠습니다. 잘 보고 제가 무엇을 잘못했는지 이야기해주세요."

부적절한 역할극의 예

○ 집단 치료자: (2명의 보조 치료자와 몇 걸음 떨어진 곳에 서 있다.)

○ 보조 치료자 1: "안녕, (이름)아/야. 주말에 잘 지냈어?"

○ 보조 치료자 2: "응, 잘 보냈지. 너는?"

○ 보조 치료자 1: "나도 잘 지냈어. 주말에 뭐 했어?"

○ 보조 치료자 2: "친구들이랑 영화를 보러 갔었어."

○ 보조 치료자 1: "와, 그래? 무슨 영화를 봤는데?"

○ 보조 치료자 2: "새로 개봉한 마블 히어로 영화를 2편 연달아 봤어."

○ 보조 치료자 1: "진짜? 나도 마블 히어로 영화 진짜 좋아하는데! 어떤 영화였어……?"

○ 집단 치료자: (불쑥 걸어 들어와서 말을 끊는다.) "얘들아~ 너네 게임박람회에 갈 생각 있어?"

○ 보조 치료자 1: (놀라면서 혼란스러워하며) "음…… 아니. (집단 치료자로부터 몸을 돌린다.) 어쨌든 히어로 영화 봤다고 했었지?"

○ 집단 치료자: (말을 끊으면서) "야, 나는 다음 주에 게임박람회에 가려고 하는데 너희 게임박람회 가본 적 있어?"

○ 보조 치료자 2: (짜증스러운 표정으로 눈을 굴리며) "음…… 아니. (집단 치료자로부터 몸을 돌린다.) 어쨌든 친구들이랑 영화 2편 보고 저녁 먹었어. 너는 이번에 개봉하는 마블 히어로 영화 볼 생각……"

○ 집단 치료자: (말을 끊으며) "야, 이번 게임박람회에 꼭 가봐! 진짜 재미있어! 최신 게임도 많이 소개하고, 체험 이벤트도 많이 한대."

○ 보조 치료자 1 & 2: (짜증스러운 표정으로 집단 치료자의 말을 무시하며 눈을 굴린다.) "후……"

- 치료자: "자, 여기까지입니다. 제가 대화에 들어가면서 무엇을 잘못했지요?"
  ○ 대답: 갑자기 끼어들었습니다. **대화 주제에서 벗어난 이야기를 했습니다.**
- 치료자: "두 사람이 저와 대화를 나누고 싶어 하는 것처럼 보였나요?"
  ○ 대답: 아니요.
- 치료자: "그것을 어떻게 알 수 있었나요?"
  ○ 대답: **당신과 이야기를 하지 않았습니다. 당신을 쳐다보지 않았습니다. 당신을 마주 보지 않았습니다.**
- 다음과 같은 **조망 수용 질문**을 한다.
  ○ "(보조 치료자들의 이름)이/가 어떤 기분이었을 것 같나요?"
    ■ 대답: 거슬렸습니다. 짜증났습니다. 기분이 나빴습니다.
  ○ "(보조 치료자들의 이름)이/가 저에 대해서 어떻게 생각했을 것 같나요?"

- 대답: 무례합니다. 불쾌합니다. 짜증납니다. 이상합니다.
  - ○ "(보조 치료자들의 이름)이/가 저와 다시 이야기를 나누고 싶어 할 것 같나요?"
    - 대답: 아니요. 짜증나서 다시 이야기를 나누고 싶어 하지 않을 것입니다.
- 보조 치료자들에게 같은 **조망 수용 질문**을 한다.
  - ○ "어떤 기분이 들었나요?"
  - ○ "저에 대해서 어떻게 생각했나요?"
  - ○ "저와 이야기를 다시 나누고 싶나요?"

여러 사람이 하는 대화에 들어가기 위한 단계

[여러 사람이 하는 대화에 들어가기를 위한 규칙들과 **우리끼리 단어**는 **볼드체**로 표시되어 있으며 칠판에 적는다. 수업이 끝날 때까지 칠판에 적혀 있는 것을 지우지 않는다.]

1. 대화를 귀 기울여 듣는다.

- 설명: "전혀 모르거나 별로 잘 알지 못하는 사람들의 집단 대화에 참여하기 전에 먼저 그들이 나누는 대화를 귀 기울여 들어야 합니다."
- 질문: "대화를 귀 기울여 듣는 것이 중요한 이유는 무엇인가요?"
  - ○ 대답: 대화에 참여하기 전에 먼저 무엇에 대해 이야기를 나누고 있는지 알아야 합니다.

2. 거리를 두고 지켜본다.

- 설명: "대화를 귀 기울여 듣는 동안 거리를 두고 주의를 끌지 말고 지켜보아야 합니다. 즉, 대화를 나누고 있는 집단을 빤히 쳐다보지 않으면서 종종 1~2초 동안 바라보는 것을 의미합니다."
- 질문: "거리를 두고 지켜보는 것이 중요한 이유는 무엇일까요?"
  - ○ 대답: 집단에 관심이 있다는 것을 보여줍니다.
- 질문: "그러나 집단을 빤히 쳐다봐도 될까요?"
  - ○ 대답: 아니요. 절대로 그렇지 않습니다.
- 질문: "집단을 빤히 쳐다본다면 무엇이 문제가 될 수 있을까요?"
  - ○ 대답: (실제로 대화를 엿듣고 있기는 하지만) 당신이 대화를 엿듣는 것처럼 보일 수 있습니다. 당신이 이상하거나 무섭다고 생각할 수 있습니다. 당신이 스토커 같다고 생각할 수 있습니다.

3. 소품을 사용한다.

- 설명: "대화를 귀 기울여 들으며 지켜보는 동안 다른 것에 집중하고 있는 것처럼 보이기 위해 스마트폰, 게임기기 혹은 책과 같은 소품을 이용하는 것이 도움이 됩니다."
- 질문: "소품을 이용하는 것이 좋은 이유는 무엇일까요?"
  - ○ 대답: 당신이 다른 것에 집중하고 있는 것처럼 보이기 때문입니다. (실제로 대화를 엿듣고 있기는 하지만) 당신이 엿듣는 것처럼 보이지 않기 위해서입니다.

4. 주제를 확인한다.

- 치료자: "대화를 듣는 가장 중요한 목표는 대화를 나누는 사람들이 어떤 주제로 이야기를 나누고 있는지 확인하는 것입니다."

- 질문: "주제를 확인하는 것이 중요한 이유는 무엇인가요?"
  - 대답: 여러 사람이 하는 대화에 들어가려고 한다면, 당신도 그들이 대화하고 있는 주제에 대해 이야기할 수 있어야 하기 때문입니다.

5. 공통의 관심사를 찾는다.

- 치료자: "대화에 들어가기 위한 시도를 하기 전에, 먼저 당신이 그들의 대화 주제와 **공통의 관심사**를 갖고 있는지를 확인할 필요가 있습니다. 공통의 관심사를 찾는 것이 중요한 이유는 무엇일까요?"
  - 대답: 공통의 관심사는 당신이 대화에 들어갈 수 있는 이유가 되기 때문입니다.
- 질문: "만약 **공통의 관심사**를 나누지 않으며 집단이 나누고 있는 대화 주제에 대해서 아무것도 모른다면 대화에 들어가는 것을 시도해야 할까요?"
  - 대답: 아니요.
- 질문: "여러 사람이 나누고 있는 주제에 대해서 아무것도 모르는 상태에서 대화에 들어간다면 무엇이 문제가 될 수 있을까요?"
  - 대답: 당신으로 인해 대화가 잘 이루어지지 않을 수 있습니다. 집단 사람들이 지루해할 것입니다. 당신도 지루할 것입니다.

6. 더 가까이 다가간다.

- 설명: "공통의 관심사를 찾고 대화에 참여하기로 결심했다면 집단에 조금 더 가까이 다가가야 합니다. 한 팔 혹은 두 팔 간격이 좋습니다."
- 질문: "더 가까이 다가가는 것이 중요한 이유는 무엇일까요?"
  - 대답: 당신이 관심이 있다는 것을 보여줍니다. 당신이 대화에 들어오려 하고 있다는 것을 사람들이 눈치채게 합니다. 멀리 떨어져서 집단과 대화를 나누려고 하는 것은 이상해 보일 수 있습니다.

7. 대화가 짧게 멈출 때를 기다린다.

- 치료자: "다음 단계는 여러 사람이 하는 대화에 참여하기 바로 직전에 대화가 짧게 멈출 때를 기다리는 것입니다. 대화가 짧게 멈출 때를 기다리는 것이 중요한 이유는 무엇인가요?"
  - 대답: 대화가 짧게 멈출 때를 기다리지 않고 대화에 들어가면 방해가 될 수 있습니다.
- 질문: "대화가 '완전히' 멈추는 순간이 있나요?"
  - 대답: 아니요.
- 설명: "대화가 완전히 멈추는 때는 없기 때문에 집단에 크게 방해만 되지 않도록 하면 됩니다. 들어가기 가장 좋은 시점은 집단의 한 사람이 말하기를 멈추고 다른 사람이 말을 꺼내려고 하기 직전입니다."

8. 주제에 대해 언급한다.

- 설명: "대화 주제에 대한 당신의 생각을 이야기하거나 질문을 하면서 대화에 들어가야 합니다."
- 질문: "주제에 대해 언급하는 것이 중요한 이유는 무엇일까요?"
  - 대답: 그것이 당신이 대화에 참여하는 이유이기 때문입니다.

9. 관심을 평가한다.

- 설명: "사람들이 당신과 이야기를 나누고 싶어 하는지도 확인해야 합니다. 누군가가 우리와 이야기를 나누고 싶어 한다는 것을 알려주는 세 가지 행동 신호를 알아봤었습니다. 여기에는 어떤 것들이 있나요?"

○ 대답: 그들이 **당신에게 이야기를 한다. 당신을 쳐다본다. 당신과 마주 본다.**

- 설명: "대화에 들어가기 위한 시도를 한 다음에는 스스로에게 다음과 같은 질문들을 던지면서 집단에 있는 사람들의 관심을 평가해야 합니다."

  ○ **그들이 나에게 이야기를 하고 있는가?**

  ■ 설명: "이것은 사람들이 당신 질문에 답을 하고, 당신에게 질문을 하며, 자신의 생각을 이야기하고, 당신 질문에 그냥 짧게 대답하거나 무례한 말을 하지 않는다는 의미입니다."

  ○ **그들이 나를 쳐다보고 있는가?**

  ■ 설명: "사람들이 당신에게 관심을 가지고 당신을 쳐다보고, 미소를 짓기도 하며, 눈을 굴리거나 이상한 표정을 짓지 않는 것을 의미합니다."

  ○ **그들이 나와 마주 보고 있는가(원을 열었는가 혹은 닫았는가)?**

  ■ 설명: "사람들이 집단을 이루어 대화를 할 때는 원을 만들어서 이야기를 나눕니다. 그들이 당신과 대화를 나누고 싶어 한다면 원을 열어줍니다. 그들이 당신과 대화를 나누고 싶어 하지 않는다면 원을 닫거나 당신을 무시합니다."

10. **자신을 소개한다.**

- 설명: "집단이 당신을 받아들였다면 대화에 들어가기 위한 가장 마지막 단계는 당신을 모르는 사람들에게 자신을 소개하는 것입니다. 반드시 몇 분가량 대화를 나눈 뒤에, 그리고 당신이 대화에 받아들여졌다는 확신이 들 때 자신을 소개해야 합니다."
- 질문: "자신을 어떻게 소개하면 될까요?"

  ○ 대답: "내 이름 이야기 안 했지? 내 이름은 ○○○(이)야." 혹은 "제 소개 안 드렸죠? 저는 ○○○라고 합니다."

- 질문: "집단 사람들이 당신과 이야기를 나누는 데 관심이 없는 것 같다면 자신을 소개해야 할까요?"

  ○ 대답: 아니요. **다른 곳으로 가야 합니다.**

적절한 역할극: 여러 사람이 하는 대화에 들어가기 ▶

[집단 치료자는 두 명의 보조 치료자와 함께 **여러 사람이 하는 대화에 들어가기**의 적절한 역할극을 보여준다. 보조 치료자가 한 명뿐이라면 (영어로 된 자료에 익숙하다면) PEERS® *Role Play Video Library*(www.routledge. com/cw/laugeson) 혹은 *FriendMaker* 모바일 앱에서 **여러 사람이 하는 대화에 들어가기**의 적절한 역할극 동영상을 보여주고, 역할극 다음에 오는 **조망 수용 질문**을 할 수도 있다.]

- 치료자: "이제 또 다른 역할극을 보여드리겠습니다. 역할극을 잘 보고 제가 대화에 들어가면서 무엇을 잘했는지 이야기해주세요."

<u>적절한 역할극의 예</u>

○ 집단 치료자: (2명의 보조 치료자와 몇 걸음 떨어진 곳에 서 있다.)

○ 보조 치료자 1: "안녕, (이름)아/야. 주말에 잘 지냈어?"

○ 보조 치료자 2: "잘 보냈지. 너는?"

○ 보조 치료자 1: "나도 잘 지냈어. 주말에 뭐 했어?"

○ 보조 치료자 2: "친구들이랑 영화를 보러 갔었어."

○ 집단 치료자: (보조 치료자들을 바라보며 관심을 보이고 다시 다른 곳을 쳐다본다.)

○ 보조 치료자 1: "와, 그래? 무슨 영화를 봤는데?"

○ 보조 치료자 2: "새로 개봉한 마블 히어로 영화를 2편 연달아 봤어."

○ 집단 치료자: (보조 치료자들을 바라보며 관심을 보이고 다시 다른 곳을 쳐다본다.)

○ 보조 치료자 1: "진짜? 재미있었겠다! 나도 마블 히어로 영화 좋아하는데!"

○ 보조 치료자 2: "정말? 나도 마블 히어로 영화 보는 것을 좋아하거든."

○ 보조 치료자 1: "무슨 영화 봤어?"

○ 보조 치료자 2: "어벤져스 시리즈를 봤어."

○ 집단 치료자: (보조 치료자들을 바라보며 관심을 보이고 다시 다른 곳을 쳐다본다.)

○ 보조 치료자 1: "와~ 재미있었겠다. 어벤져스 시리즈는 다들 좋아하지."

○ 보조 치료자 2: "그렇지? 어벤져스 중 아이언맨이 내가 제일 좋아하는 시리즈야. 너는?"

○ 보조 치료자 1: "나도 당연히 아이언맨이지! 그것보다 더 재미있긴 힘들어."

○ 집단 치료자: (보조 치료자들을 바라보며 다가오면서 눈맞춤을 한다.)

○ 보조 치료자 1 & 2: (집단 치료자를 바라본다.)

○ 집단 치료자: (대화가 짧게 멈추는 때를 기다린다.) "너네 어벤져스 캐릭터 이야기하고 있었어?"

○ 보조 치료자 1 & 2: (집단 치료자를 바라본다.) "응. 너도 어벤져스 좋아해?"

○ 집단 치료자: "당연하지. 들었는지 모르겠는데 다음 주에 영화관에서 마블 히어로 시리즈를 다 상영해준다는데?"

○ 보조 치료자 2: (원을 열어주며) "진짜? 말도 안 돼!"

○ 보조 치료자 1: (원을 열어주며) "정말? 난 못 들었는데?"

○ 보조 치료자 2: "가서 봐야겠다!"

○ 집단 치료자: "나도! 마블 히어로 영화 중에서 극장에서 못 본 편이 있어."

○ 보조 치료자 1: "나도 그래. 어느 영화관에서 해주는지 알아봐야겠다."

○ 집단 치료자: "응, 꼭 찾아봐. (짧게 멈추고) 아, 맞다, 내 소개 안 했지? 내 이름은 ○○○(이)야."

○ 보조 치료자 2: (웃으면서) "난 ○○○(이)야."

○ 보조 치료자 1: (웃으면서) "내 이름은 ○○○(이)야."

● 치료자: "자, 여기까지입니다. 제가 대화에 들어가면서 무엇을 잘했나요?"

  ○ 대답: **대화를 귀 기울여 들었으며 거리를 두고 바라보았습니다. 소품을 사용했습니다. 주제를 확인했습니다. 공통의 관심사를 찾았습니다. 더 가까이 다가갔습니다. 대화가 짧게 멈출 때를 기다렸습니다. 주제에 대해 언급했습니다. 관심을 평가했습니다. 자신을 소개했습니다.**

● 질문: "(보조 치료자들의 이름)이/가 저와 이야기를 나누고 싶어 하는 것 같았나요?"

  ○ 대답: **예.**

● 질문: "그것을 어떻게 알 수 있었나요?"

  ○ 대답: **당신과 이야기를 했습니다. 당신을 쳐다봤습니다. 당신을 마주 보았습니다(원을 열었습니다).**

● 다음과 같은 **조망 수용 질문**을 한다.

○ "(보조 치료자들의 이름)이/가 어떤 기분이었을 것 같나요?"

  ■ 대답: 좋습니다. 재미있습니다.

○ "(보조 치료자들의 이름)이/가 저에 대해서 어떻게 생각했을 것 같나요?"

  ■ 대답: 좋습니다. 관심이 가는 사람입니다. 괜찮은 사람입니다.

○ "(보조 치료자들의 이름)이/가 저와 다시 이야기를 나누고 싶어 할 것 같나요?"

  ■ 대답: 예. 아마도 그럴 것 같습니다.

○ 보조 치료자들에게 같은 **조망 수용 질문**을 한다.

○ "어떤 기분이 들었나요?"

○ "저에 대해서 어떻게 생각했나요?"

○ "저와 이야기를 다시 나누고 싶나요?"

● 설명: "우리가 전혀 모르거나 별로 잘 알지 못하는 사람들과의 대화에 들어가기 위한 단계들을 배웠습니다. 여러분의 개인 물건에 대한 정보를 교환할 때 이것을 연습할 것입니다. 또한 이번 주 과제를 통해서도 여러 사람이 하는 대화에 들어가기를 연습할 것입니다."

행동 연습

여러 사람이 하는 대화에 들어가기

필요한 자료

● 다른 집단 구성원들과 **정보 교환**을 위한 **개인 물건**을 가져온다.

● 성인이 **개인 물건**을 가져오는 것을 잊었을 경우

    ○ 음악이나 사진이 들어 있는 스마트폰을 사용해도 된다.

    ○ 취미와 관련된 로고가 그려진 티셔츠를 사용해도 된다.

    ○ **개인 물건**이 없더라도 자신의 관심사에 대해서 이야기하면 된다.

행동 연습

● 성인들을 작은 집단으로 나눈다(3명 이하로는 하지 않는다).

● 성인들로 하여금 **개인 물건**을 가지고 **정보 교환**을 하는 동안에 **여러 사람이 하는 대화에 들어가기**를 연습하게 한다.

● **개인 물건**을 가지고 **정보 교환**을 하는 성인들에게는

    ○ **정보 교환**을 하면서 **공통의 관심사**를 찾으라고 격려한다.

    ○ 대화에 들어가려는 성인을 대화에 받아들여야 한다고 말한다.

● **여러 사람이 하는 대화에 들어가기**를 연습하는 성인들에게는

    ○ 정보 교환을 하는 성인들과 거리를 두고 성인에게 대화에 참여하려고 시도하기 전에 **여러 사람이 하는 대화에 들어가기** 단계들을 말로 이야기해보도록 한다(처음에는 칠판을 봐야 할 수도 있다).

    ○ 성인이 각 단계를 말할 수 있도록 다음과 같은 **사회성 코칭 질문**을 사용하여 소크라테스식 질문을 제공해야 할 수도 있다.

        ■ 귀로 무엇을 하면 될까요?

        ■ 무엇을 들어야 할까요?

        ■ 눈으로 무엇을 해야 할까요?

        ■ 사람들을 빤히 쳐다봐야 할까요?

        ■ 대화를 들으면서 무엇을 할 수 있을까요?

        ■ 방 건너편에서 여러 사람이 하는 대화에 참여해야 할까요?

        ■ 여러 사람이 하는 대화에 무작정 끼어들까요, 아니면 어떨 때를 기다려야 할까요?

        ■ 대화가 완전히 멈추는 때가 있을까요?

        ■ 여러 사람이 하는 대화에 들어가면 무엇에 관해서 이야기해야 할까요?

    ○ 다른 집단 구성원들이 **개인 물건**을 가지고 **정보 교환**을 하는 동안 성인이 각 단계를 사용하여 **여러 사람이 하는 대화에 들어가기**를 연습하게 한다.

    ○ 단계 지키는 것을 어려워한다면 다음의 **사회성 코칭 질문**을 통해 소크라테스식 질문을 제공할 수도 있다.

        ■ 사람들이 무엇에 관해 대화를 나누고 있는지 알고 있나요?

        ■ 그 주제에 대해서 아는 것이 있나요?

> □ [주: 성인이 잘 모르는 주제라면 대화에 끼어들지 않았다는 것을 칭찬하고 성인이 알고 있는 주제
> 로 바꾸게 한다.]

- ■ 대화를 듣는 동안 소품을 사용할 건가요?
- ■ 대화에 들어가기 전에 어떨 때를 기다려야 할까요?
- ■ 대화가 완전히 멈추는 때가 있을까요?
- ■ 대화에 들어가기 전에 좀 더 가까이 다가가야 할까요?
- ■ 대화에 끼어들 때 대화 주제에 맞는 이야기를 해야 할까요?

● **여러 사람이 하는 대화에 들어가기** 시도를 부적절하게 했다면, "여기에서 잠깐!"을 외치고 이것을 기회로 여
러 사람이 하는 대화에 적절하게 끼어드는 방법에 대한 피드백을 제공해주면서 실수를 바로잡아준다.

● 성인이 성공적으로 단계별 규칙을 지킬 때까지 다시 해보게 한다.

● 성인이 성공적으로 끼어들었다면 "여기까지입니다."를 외치고 다른 성인들이 박수를 쳐주도록 한다.
모든 성인이 적어도 한 번은 **여러 사람이 하는 대화에 들어가기** 연습을 하게 한다.

다시 만나기

- 성인들에게 사회성 코치와 다시 만날 것이라고 안내한다.
  - ○ 성인들은 각자의 사회성 코치 곁에 서 있거나 앉아 있다.
  - ○ 다시 만나기 시간이 시작되기 전에, 조용히 하고 집단에 완전히 집중하게 한다.
  - ○ 사회성 코치들이 옆에서 듣고 있을 동안에 성인들이 이번 회기에서 배웠던 내용을 이야기하게 한다.
- 치료자: "오늘 우리는 여러 사람이 하는 대화에 들어가기에 관한 규칙에 대해서 배웠습니다. 여러 사람이 하는 대화에 들어가기 위한 단계들은 무엇인가요?"
  1. 대화를 귀 기울여 듣는다.
  2. 거리를 두고 지켜본다.
  3. 소품을 사용한다.
  4. 주제를 확인한다.
  5. 공통의 관심사를 찾는다.
  6. 더 가까이 다가간다.
  7. 대화가 짧게 멈출 때를 기다린다.
  8. 주제에 대해 언급한다.
  9. 관심을 평가한다.
     - 그들이 나에게 이야기를 하고 있는가?
     - 그들이 나를 쳐다보고 있는가?
     - 그들이 나와 마주 보고 있는가(원을 열었는가 혹은 닫았는가?)
  10. 자신을 소개한다.
- 치료자: "이번 회기에서 성인들이 개인 물건을 가지고 정보 교환을 하는 동안 여러 사람이 하는 대화에 들어가기를 연습했으며 아주 훌륭히 수행했습니다. 다 같이 박수를 쳐줍시다."

과제 안내하기

성인들에게 사회성 코칭 유인물을 나눠주고 다음과 같이 과제를 안내한다.

1. **새로운 친구를 사귈 수 있는 곳을 찾는다.**
   - 성인들과 사회성 코치들은 성인들의 관심사를 바탕으로 성인이 참여할 수 있는 **사회적 활동**들에 대해 의논하고 결정한다.
   - 결정한 뒤 바로 이 활동에 참여를 시작한다.
     - ○ 바람직한 **사회적 활동**의 기준
       - 성인의 관심사에 근거한다.
       - 매주 혹은 적어도 2주에 한 번 만난다.
       - 성인을 받아들여주는 비슷한 나이대의 또래들이 포함되어 있다.
       - 다른 사람들과 어울릴 수 있는 구조화되지 않은 시간이 있다.
       - 앞으로 2주 안에 활동이 시작된다.

2. 사회성 코치가 포함된 **여러 사람이 하는 대화에 들어가기**를 연습한다.
   - 성인은 사회성 코치와 (성인을 대화에 받아들여줄) 또 다른 사람이 포함된 **여러 사람이 하는 대화에 들어가기** 연습을 한다.
   - 연습 전에 사회성 코치들은 **여러 사람이 하는 대화에 들어가기** 규칙과 단계를 점검한다.
   - 연습을 한 이후에 사회성 코치들은 성인들에게 다음과 같은 **사회성 코칭 질문**을 한다.
     - 우리가 당신과 이야기를 나누고 싶어 하는 것 같았나요?
     - 그것을 어떻게 알 수 있었나요?
     - 우리의 공통의 관심사는 무엇이었나요?
     - 만약 우리가 함께 시간을 보내게 된다면 그 정보를 가지고 무엇을 할 수 있을까요?

3. 또래들끼리 하고 있는 **여러 사람이 하는 대화에 들어가기**를 연습한다(새로운 친구를 사귈 수 있는 곳에서 만난 친구와 해도 된다).
   - 연습 전에 사회성 코치들은 여러 사람이 하는 대화에 들어가기 규칙과 단계를 점검한다.
   - 연습을 한 이후에 사회성 코치들은 성인들에게 다음과 같은 **사회성 코칭 질문**을 한다.
     - 어디서 누구와의 대화에 들어갔나요?
     - 어떤 단계를 따랐나요?
     - 그들이 당신과 이야기를 나누고 싶어 하는 것 같았나요? 그것을 어떻게 알 수 있었나요?
     - 정보를 교환했나요? 공통의 관심사는 무엇이었나요?
     - 만약 두 사람이 함께 시간을 보내게 된다면 그 정보를 가지고 무엇을 할 수 있나요?
     - 함께 만나 시간을 보내기에 적합한 사람인 것 같나요?

4. 유머에 대한 반응에 주의를 기울인다.
   - 만약 성인이 유머를 사용한다면 (유머를 사용하는 것이 과제는 아니다) 유머에 대한 반응에 주의를 기울인다.
   - 성인이 유머를 사용한 이후에 사회성 코치는 성인에게 개별적으로 다음과 같은 **사회성 코칭 질문**을 한다.
     - 당신의 유머에 대한 반응은 무엇이었나요?
     - 그것을 어떻게 알 수 있었나요?

5. **집단 구성원과 전화 혹은 영상 통화를 한다.**
   - 정보 교환을 위해 전화나 영상 통화를 할 수 있도록 상대 집단 구성원을 확인한다.
   - 주: 집단 구성원과 전화 혹은 영상 통화 과제는 이것이 마지막이다.
   - 치료실을 떠나기 전에 성인과 사회성 코치들은 집단의 다른 구성원에게 전화를 하기 위한 날짜와 시간을 정한다.
   - 전화를 하기 전에 **전화 시작하고 끝내기** 및 **정보 교환** 규칙을 점검한다.
   - 전화하고 난 뒤에 사회성 코치들은 성인들에게 다음과 같은 **사회성 코칭 질문**을 한다.
     - 전화를 시작하기 위해 어떤 규칙들을 따랐나요?
     - 공통의 관심사는 무엇이었나요?
     - 만약 두 사람이 함께 시간을 보내게 된다면 그 정보를 가지고 무엇을 할 수 있나요?

○ 전화를 끝내기 위해 어떤 규칙들을 따랐나요?

6. **정보 교환**을 위한 **개인 물건**을 가져온다.

- 다음 주에 집단 구성원과 함께할 **정보 교환**을 위한 **개인 물건**(예: 음악, 게임, 책, 그림 등)을 가져온다.

- 집단 구성원과의 전화 혹은 영상 통화 배정표(부록 C)를 읽어주고 사회성 코치들이 누가 누구에게 전화를 걸거나 받는지 기록하게 한다.

- 성인 및 사회성 코치들에게 전화번호부(부록 B)를 나눠주고, 매주 전화하기로 한 시간과 날짜를 전화번호부에 기록하게 한다.

개별적으로 확인하기

전화하기로 한 날짜와 시간을 다 정한 뒤에는 각각의 성인 및 사회성 코치들이 각자 개별적으로 다음과 같은 내용을 협의한다.

1. 사회적 모임에 아직 참여하지 않았다면 성인이 참여하는 데 관심을 보이는 **사회적 활동**
   - 이미 참여하고 있는 **사회적 활동**이 있다면 다음을 확인한다.
     ○ 성인의 관심에 근거한다.
     ○ 매주 혹은 적어도 2주에 한 번 만난다.
     ○ 성인을 받아들여주는 비슷한 나이대의 또래들이 포함되어 있다.
     ○ 다른 사람들과 어울릴 수 있는 구조화되지 않은 시간이 있다.
     ○ 앞으로 2주 안에 활동이 시작된다.

2. 사회성 코치가 포함된 **여러 사람이 하는 대화에 들어가기**를 언제 연습할 것인지
   - 성인이 편하게 연습할 수 있는 또 다른 사람에는 누가 있는지

3. 또래들끼리 하고 있는 **여러 사람이 하는 대화에 들어가기**를 어디서, 언제, 누구와 연습할 것인지
   - 그 집단이 성인을 받아들여줄 만한 **사회적 집단**인지, 그리고 그것을 어떻게 알 수 있는지

4. **집단 구성원과 전화 혹은 영상 통화**를 하는 동안에 사회성 코치들은 어디에 있을 것인지

5. 다음 주에 가지고 오기로 계획한 **개인 물건**은 어떤 것인지

사회성 코칭 유인물

여러 사람이 하는 대화에 들어가기 위한 단계

1. 대화를 귀 기울여 듣는다.

2. 거리를 두고 지켜본다.

3. 소품을 사용한다.

4. 주제를 확인한다.

5. 공통의 관심사를 찾는다.

6. 더 가까이 다가간다.

7. 대화가 짧게 멈출 때를 기다린다.

8. 주제에 대해 언급한다.

9. 관심을 평가한다.
   - 그들이 나에게 이야기를 하고 있는가?
   - 그들이 나를 쳐다보고 있는가?
   - 그들이 나와 마주보고 있는가(원을 열었는가 혹은 닫았는가)?

10. 자신을 소개한다.

과제 안내하기

1. 새로운 친구를 사귈 수 있는 곳을 찾는다.
   - 성인과 사회성 코치들은 성인들의 관심사를 바탕으로 성인이 참여할 수 있는 **사회적 활동**들에 대해 의논하고 결정한다.
   - 결정한 뒤 바로 이 활동에 참여를 시작한다.
     - 바람직한 **사회적 활동**의 기준
       - 성인의 관심사에 근거한다.
       - 매주 혹은 적어도 2주에 한 번 만난다.
       - 성인을 받아들여주는 비슷한 나이대의 또래들이 포함되어 있다.
       - 다른 사람들과 어울릴 수 있는 구조화되지 않은 시간이 있다.
       - 앞으로 2주 안에 활동이 시작된다.

2. 사회성 코치가 포함된 **여러 사람이 하는 대화에 들어가기**를 연습한다.
   - 성인은 사회성 코치와 (성인을 대화에 받아들여줄) 또 다른 사람이 포함된 **여러 사람이 하는 대화에 들어가기** 연습을 한다.
   - 연습 전에 사회성 코치들은 **여러 사람이 하는 대화에 들어가기** 규칙과 단계를 점검한다.
   - 연습을 한 이후에 사회성 코치들은 성인들에게 다음과 같은 **사회성 코칭 질문**을 한다.
     - 우리가 당신과 이야기를 나누고 싶어 하는 것 같았나요?
     - 그것을 어떻게 알 수 있었나요?
     - 우리의 공통의 관심사는 무엇이었나요?

○ 만약 우리가 함께 시간을 보내게 된다면 그 정보를 가지고 무엇을 할 수 있을까요?

3. 또래들끼리 하고 있는 **여러 사람이 하는 대화에 들어가기**를 연습한다(새로운 친구를 사귈 수 있는 곳에서 만난 친구와 해도 된다).

- 연습 전에 사회성 코치들은 **여러 사람이 하는 대화에 들어가기** 규칙과 단계를 점검한다.
- 연습을 한 이후에 사회성 코치들은 성인들에게 다음과 같은 **사회성 코칭 질문**을 한다.
    ○ 어디서 누구와의 대화에 들어갔나요?
    ○ 어떤 단계를 따랐나요?
    ○ 그들이 당신과 이야기를 나누고 싶어 하는 것 같았나요? 그것을 어떻게 알 수 있었나요?
    ○ 정보를 교환했나요? 공통의 관심사는 무엇이었나요?
    ○ 만약 두 사람이 함께 시간을 보내게 된다면 그 정보를 가지고 무엇을 할 수 있나요?
    ○ 함께 만나 시간을 보내기에 적합한 사람인 것 같나요?

4. **유머에 대한 반응**에 주의를 기울인다.

- 만약 성인이 유머를 하게 된다면 (유머를 구사하는 것이 과제는 아니다) 그들의 **유머에 대한 반응**에 주의를 기울인다.
- 성인이 유머를 한 이후에 사회성 코치는 성인에게 개별적으로 다음과 같은 **사회성 코칭 질문**을 한다.
    ○ 당신의 유머에 대한 반응은 무엇이었나요?
    ○ 이것을 어떻게 알 수 있었나요?

5. 집단 구성원과 전화 혹은 영상 통화를 한다.

- 정보 교환을 위해 전화나 영상 통화를 할 수 있도록 상대 집단 구성원을 확인하고 약속을 정한다.
- 치료실을 떠나기 전에 성인과 사회성 코치들은 집단의 다른 구성원에게 전화를 하기 위한 날짜와 시간을 정한다.
- 전화를 하기 전에 **전화 시작하고 끝내기** 및 **정보 교환** 규칙을 점검한다.
- 전화하고 난 뒤에 사회성 코치들은 성인들에게 다음과 같은 **사회성 코칭 질문**을 한다.
    ○ 전화를 시작하기 위해 어떤 규칙들을 따랐나요?
    ○ 공통의 관심사는 무엇이었나요?
    ○ 만약 두 사람이 함께 시간을 보내게 된다면 그 정보를 가지고 무엇을 할 수 있나요?
    ○ 전화를 끝내기 위해 어떤 규칙들을 따랐나요?

6. **정보 교환**을 위한 **개인 물건**을 가져온다.

- 다음 주에 집단 구성원과 함께할 **정보 교환**을 위한 **개인 물건**(예: 음악, 게임, 책, 그림 등)을 가져온다.

* 각 사회성 기술에 관한 역할극 동영상은 *The Science of Making Friends* DVD(Laugeson, 2013) 혹은 *FriendMaker* 모바일 앱을 통해 볼 수 있다.

주요 용어

거리를 두고 지켜보기	여러 사람이 하는 대화에 들어	원을 열기/닫기
소품 사용하기	가기	

7회기

대화에서 빠져나오기

사회성 코치 치료자 가이드

사회성 코치 회기 준비하기

지금까지 집단에는 총 6주간의 과제가 부여되었다. 치료자는 과제를 완수하는 데 있어서 집단 구성원들 사이에 어떤 패턴이 생겼다는 것을 곧 인지할 수 있을 것이다. 대부분의 사회성 코치들은 성인들이 과제를 완수할 수 있도록 돕는 자신의 책임을 매우 진지하게 받아들인다. 그들은 매주 회기에 참석하고, 수업에 제시간에 도착하며, 회기 밖에서 사회성 코칭을 제공하는 데 상당한 노력을 기울일 것이다. 그러나 그 과정에 조금 덜 열심히 참여하는 소수의 사회성 코치들도 있을 것이다. 그들은 매번 자신 혹은 성인이 너무 바빠서 과제를 완수할 수 없었다고 말하며 집단을 별로 중요하지 않은 것으로 만들려고 할 것이다. 또는 성인이 과제 수행을 거부했다고 하기도 한다. 혹은 성인이 이미 특정한 기술들을 "어떻게 하는지 이미 알고 있기 때문에" 연습할 필요가 없다고 말하기도 한다. 이런 류의 치료에 대한 저항에는 여러 가지 이유가 있을 수 있으며, 이는 철저한 임상 수련을 받고 집단 치료를 운영한 경험이 많은 사람이 사회성 코치 집단 치료자가 될 것을 권하는 이유 중의 하나이기도 하다. 그 이유가 무엇이든 간에 집단 치료자는 치료에 저항을 보이는 사회성 코치에게 너무 많은 시간을 할애하여 다른 집단 구성원들의 시간을 빼앗아서는 안 된다. 그러나 흔히 과제에 순응하지 않는 것으로 나타나는 반복적인 치료 저항의 패턴이 관찰된다면, 집단 치료자는 집단 밖에서 사회성 코치 및 성인과의 **개별적 면담**을 갖는 것이 좋다. 프로그램의 거의 절반을 지나고 있음을 생각하면, 모든 치료 저항성과 관련된 문제들은 이미 훨씬 이전에 이미 다루었거나, 아직 다뤄지지 않았다면 이번 회기에 짚고 넘어가야 한다.

이 프로그램에서 사회성 코치 및 성인과 집단 밖에서 **개별적 면담**을 갖는 것은 자주 일어나는 일이다. 이런 형태의 면담은 종종 일어날 수 있는 위기상황들을 해결하거나, 회기 내용과는 관련이 없지만 치료에 영향을 줄 수 있는 가족의 질문들을 다루거나, 혹은 치료 저항 및 과제를 완수하지 않는 문제들을 해결하는 데 필요한 경우가 많다. **개별적 면담**의 내용 및 구조는 다양할 수 있지만 과제에 순응하지 않는 문제에 대한 대화는 다음에 제시된 방법을 사용할 것을 권한다.

1. 회기가 끝나고 사회성 코치 및 성인과 잠시 이야기를 나눌 수 있는지를 물어보는 것으로 시작할 수 있

다. 사회성 코치나 성인 중 한 명이 불안해하는 것처럼 보인다면, 그들이 무슨 문제가 있어서가 아니라 단지 의논할 것이 좀 있다고 말한다.

2. 사회성 코치와 성인이 부여된 과제를 수행하지 않고 있다는 것을 알고 있다고 언급하는 것으로 상담을 시작한다. 면담 전에 **과제 수행 기록지**를 참조하면 그들이 과제를 수행해 온 이력을 보다 구체적으로 이해할 수 있다.

3. 그다음으로 사회성 코치와 성인도 이런 패턴을 알고 있는지, 그리고 과제를 완수하는 데 방해가 되는 어떤 문제가 있는지를 물어서 확인하는 것이 도움이 된다.

4. 치료에 방해가 되는 이러한 문제의 **해결책**을 논의하고 성인과 사회성 코치가 과제를 완수할 수 있는 방법을 찾도록 돕는다.

5. 이것은 과제를 완수하는 것이 왜 중요한지를 다시 이야기하는 언급할 수 있는 좋은 기회이기도 하다. 다음과 같이 말할 수 있다. "PEERS®에 매주 참여하셔서 모든 기술을 배운다고 하더라도 과제를 수행하지 않고, 배운 기술을 집단 밖에서 사용하지 않는다면 프로그램에서 최대의 효과를 얻을 것으로 기대할 수 없습니다." 또는 "만약 당신의 목표가 친구를 만들고 그 관계를 유지하며, 타인과의 관계를 발전시키는 것이라면 과제를 반드시 수행해야만 합니다."라고 말할 수도 있다. 우리가 연구한 바에 따르면 과제의 완수는 PEERS®의 성공을 예측하는 매우 중요한 요소인 것으로 나타났다. 과제를 수행해 오는 사람들은 프로그램에서 성공을 거두는 경향이 있었으며, 과제를 해오지 않는 사람들은 덜 성공적이었다. 집단 치료자로서 집단의 구성원들이 이런 개념을 이해할 수 있도록 하는 것은 치료자의 의무이다.

6. PEERS® 사전 면담에서와 유사하게 **개별적** 면담을 끝내면서 프로그램에 적극적으로 참여할 것과 과제를 완수해 올 것에 대해 성인과 사회성 코치에게 다시 한 번 확인을 받는다.

이번 회기 교육의 초점은 **대화에서 빠져나오기**에 있다. 또래들과의 **대화에서 빠져나오기**를 연습하기 위한 공식적인 과제는 주어지지 않을 것이다(단, 자연스럽게 일어나는 경우라면 예외이다). 결과적으로 성인들은 그들의 사회성 코치, 그리고 그들이 편안하게 여기는 다른 사람(예: 부모, 형제자매, 가족 구성원, 친구) 한 명과 함께 **대화에서 빠져나오기**를 연습하게 된다. 사회성 코치 치료자 가이드의 **사회성 코칭 팁** 부분에서 이것을 어떻게 연습할 수 있는지에 관한 정보를 제공한다. 사회성 코치들에게 이번 과제는 이 회기에서 배우게 될 중요한 사회성 기술을 연습할 수 있는 몇 안 되는 기회일 수도 있으므로 과제를 반드시 수행할 것을 강조한다.

이번 회기와 이전 회기들에서 주어지는 사회성 코치와 함께 연습하는 과제들은 사회성 코치와 성인이 모두 집단에 참여하기 때문에 준비하기 가장 쉬운 과제들이다. 그럼에도 불구하고 이상하게도 집단 구성원들이 가장 많이 잊어버리는 과제이기도 하다. 이에 대비하여 이들 과제를 안내할 때는 다음과 같이 말한다. "이번 주 또 다른 과제는 성인들이 사회성 코치와 또 다른 사람이 모여서 하는 대화에 들어가고 빠져나가는 것을 연습하는 것입니다. 비록 이것이 쉽게 수행할 수 있는 과제 중 하나이지만 많은 사람이 이번 과제를 수행하는 것을 잊어버립니다. 그러므로 과제를 꼭 잊지 말아주시기 바랍니다." 이와 같이 짧게 언급하는 것이 집단 구성원들에게 바라는 것이 무엇인지를 명확하게 알려주고, 과제 수행의 순응도를 높이는 데 도움이 된다.

과제 점검

[다음의 과제를 검토하고 발생 가능한 **문제해결**을 의논한다. 성공적으로 과제를 완수한 사람부터 시작한다. 시간이 된다면 (과제를 다 하지 못한 사람들에게) 왜 과제를 완수할 수 없었는지 이유를 질문할 수 있으며, 다

음 주에 어떻게 이것을 할 수 있을지에 대한 **문제해결**을 시도해볼 수 있다. 과제를 점검하는 동안에는 반드시 (볼드체로 표시된) **우리끼리 단어**를 사용한다. 사회성 코치가 포함된 **여러 사람이 하는 대화에 들어가기** 및 또래들끼리 하고 있는 **여러 사람이 하는 대화에 들어가기**가 이번 회기의 가장 중요한 과제이므로 과제 점검 시간 대부분을 여기에 할애한다. 이번 주는 점검해야 할 과제가 여섯 가지이므로 시간을 잘 배분해야 한다.]

1. **정보 교환**을 위한 **개인 물건**을 가져온다.
   - 치료자: "이번 주의 과제 중 하나는 다른 집단 구성원들과 정보 교환을 위해 개인 물건을 가져오는 것이었습니다. 성인들이 정보 교환을 위해 가져온 개인 물건에 대해서 빠르게 듣겠습니다."
     - 가져온 물건이 부적절한 경우에는 다음 주에 가지고 올 수 있는 물건에 대해 **해결책**을 논의한다.

2. 사회성 코치가 포함된 **여러 사람이 하는 대화에 들어가기**를 연습한다.
   - 치료자: "이번 주의 주요 과제 중 하나는 성인들이 당신과 또 다른 사람이 포함된 여러 사람이 하는 대화에 들어가기를 연습하는 것이었습니다. 이번 과제를 완수했거나 완수하고자 노력하신 분이 있나요?"
   - 질문
     - "당신과 당신의 성인은 누구와 연습했나요?"
     - "연습 전에 어떤 사회성 코칭을 했나요?"
     - "당신의 성인은 어떤 단계를 따랐나요?"
       1. 대화를 귀 기울여 듣는다.
       2. 거리를 두고 지켜본다.
       3. 소품을 사용한다.
       4. 주제를 확인한다.
       5. 공통의 관심사를 찾는다.
       6. 더 가까이 다가간다.
       7. 대화가 짧게 멈출 때를 기다린다.
       8. 주제를 언급한다.
       9. 관심을 평가한다.
       10. 자신을 소개한다.
     - "연습을 한 이후에 어떤 사회성 코칭을 했나요?"
       - 적절한 **사회성 코칭 질문**
         - 우리가 당신과 이야기를 나누고 싶어 하는 것처럼 보였나요?
         - 그것을 어떻게 알 수 있었나요?
         - 우리의 공통의 관심사는 무엇이었나요?
         - 만약 두 사람이 함께 시간을 보내게 된다면 그 정보를 가지고 무엇을 할 수 있나요?

3. 또래들끼리 하고 있는 **여러 사람이 하는 대화에 들어가기**를 연습한다(새로운 친구를 사귈 수 있는 곳에서 만난 친구와 해도 된다).
   - 치료자: "이번 주 또 다른 과제는 성인들이 또래들끼리 하고 있는 여러 사람이 하는 대화에 들어가는 것을 연습하는 것이었습니다. 이번 과제를 완수했거나 완수하고자 노력하신 분이 있나요?"
   - 질문

○ "당신의 성인은 어디서 누구와 연습했나요?"

○ "연습 전에 어떤 사회성 코칭을 했나요?"

○ "성인이 어떤 단계를 따랐나요?"

○ "연습한 이후에 어떤 사회성 코칭을 했나요?"

■ 적절한 사회성 코칭 질문

□ 어디서 누구와의 대화에 들어갔나요?

□ 어떤 단계를 따랐나요?

□ 그들이 당신과 이야기를 나누고 싶어 하는 것 같았나요? 그것을 어떻게 알 수 있었나요?

□ 정보를 교환했나요? 공통의 관심사는 무엇이었나요?

□ 만약 두 사람이 함께 시간을 보내게 된다면 그 정보를 가지고 무엇을 할 수 있나요?

□ 함께 만나 시간을 보내기에 적합한 사람인 것 같나요?

4. **새로운 친구를 사귈 수 있는 곳을 찾는다.**

● 치료자: "이번 주 또 다른 과제는 성인들이 새로운 친구를 사귈 수 있는 곳을 찾고, 사회적 활동에 참여할 수 있도록 도와주는 것이었습니다. 성인과 함께 새로운 친구를 사귈 수 있는 곳을 찾아낸 분이 있나요?"

● **새로운 친구를 사귈 수 있는 곳이 적절한지 그리고 다음의 기준을 만족하는지 확인한다.**

○ 성인의 관심사에 근거한다.

○ 매주 혹은 적어도 2주에 한 번 만난다.

○ 성인을 받아들여주는 비슷한 나이대의 또래들이 포함되어 있다.

○ 다른 사람들과 어울릴 수 있는 구조화되지 않은 시간이 있다.

○ 앞으로 2주 안에 활동이 시작된다.

5. **유머에 대한 반응에 주의를 기울인다.**

● 치료자: "이번 주 또 다른 과제는 유머에 대한 반응에 주의를 기울이는 것이었습니다. 성인이 유머를 사용할 때 그들이 자신의 유머에 대한 반응에 주의를 기울일 수 있도록 하는 것이 여러분의 과제였습니다. 유머를 하는 것이 과제는 아니었습니다. 이 과제를 완수했거나 완수하고자 노력하신 분이 있나요?"

● 질문

○ "당신의 성인은 유머를 사용했나요? 했다면 자신의 유머에 대한 반응에 주의를 기울였나요?"

○ "유머에 대한 반응에 주의 기울이기와 관련하여 어떤 사회성 코칭을 제공했나요?"

■ 적절한 사회성 코칭 질문

□ 당신의 유머에 대한 반응은 무엇이었나요?

□ 그것을 어떻게 알 수 있었나요?

6. **집단 구성원과 전화 혹은 영상 통화를 한다.**

● 치료자: "이번 주 또 다른 과제는 전화 시작하고 끝내기, 정보 교환하기 연습을 위해 집단 구성원 중 누군가와 전화 혹은 영상 통화를 하는 것이었습니다. 여러분의 성인 중에서 전화 혹은 영상 통화를 한 사람이 있나요?"

- 질문
    - "당신의 성인은 누구와 이야기를 했으며, 누가 누구에게 전화를 걸었나요?"
    - "전화 통화 전에 당신은 어떤 사회성 코칭을 했나요?"
    - "성인이 전화 통화를 하는 동안 당신은 어디에 있었나요?"
    - "성인들은 정보를 교환하고 공통의 관심사를 찾았나요?"
    - "전화 통화 이후에 당신은 어떤 사회성 코칭을 했나요?"
        - 적절한 **사회성 코칭 질문**
            - **공통의 관심사는 무엇이었나요?**
            - **만약 두 사람이 함께 시간을 보내게 된다면 그 정보를 가지고 무엇을 할 수 있나요?**
- 그 전화 혹은 영상 통화에 참여한 다른 사람이 바로 다음에 설명하도록 한다. 단, 동시에 발표하게 하지는 않는다.

- [사회성 코치 과제 기록지를 수거한다. 만약 사회성 코치가 과제 기록지 가져오는 것을 잊어버렸다면, 과제를 책임지고 할 수 있게 새로운 용지에 완성하게끔 한다.]

교육: 대화에서 빠져나오기

- 사회성 코치 유인물을 나눠준다.
    - 사회성 코치 치료자 가이드에서 **볼드체**로 표시된 부분은 사회성 코칭 유인물에서 그대로 가져온 것이다.
    - 사회성 코치들에게 **볼드체**로 표시된 부분은 **우리끼리 단어**임을 상기시킨다. 이 단어들은 PEERS® 교육 과정의 중요한 개념들에 해당하므로 사회성 코칭을 할 때 최대한 많이 사용해야 한다고 설명한다.
- 치료자: "지난주에 우리는 여러 사람이 하는 대화에 들어가기 위한 단계를 배웠습니다. 이번 주에는 대화에서 빠져나오는 방법을 배울 것입니다. 연구에 의하면 또래들의 대화에 들어가기 위한 노력의 50%는 성공적이지 못합니다. 즉, 우리가 여러 사람이 하는 대화에 들어가기 위해 시도를 할 때 절반 정도는 받아들여지지 않을 수도 있다는 뜻입니다. 따라서 대화에 들어가지 못하는 것은 큰일이 아닙니다. 이는 모든 사람에게 일어나는 일입니다."

대화에 받아들여지지 않는 이유

- 치료자: "대화에 받아들여지지 않는 이유에는 여러 가지가 있습니다. 비록 절반 정도는 대화에 받아들여지지 않을 수 있으나 우리는 왜 받아들여지지 않았는지, 그리고 다음 번에는 무엇을 다르게 할 수 있는지를 생각해보는 것이 중요합니다."
- 소크라테스식 질문법을 사용하여 사회성 코치들로 하여금 대화에 받아들여지지 않는 이유와 다음 번에는 무엇을 다르게 해야 하는지를 생각해보게 한다(표 8.1 참조).
    - 질문: "우리가 받아들여지지 않는 이유에는 어떤 것들이 있을까요?"
    - 각 대답에 대해 다음과 같이 이어서 물어본다. "다음 번에는 무엇을 다르게 할 수 있을까요?"

표 8.1 대화에 받아들여지지 않는 이유

받아들여지지 않는 이유	다음 번에는 무엇을 다르게 해야 할까?
자기들끼리 사적인 대화를 하고 싶어 한다.	이후에 다시 시도하고 대화에 참여하기 전에 대화를 귀 기울여 듣는다.
그들이 무례하거나 심술궂다.	다른 집단에 시도한다.
대화에 들어가기 규칙 중 하나를 잘 지키지 못했다.	규칙에 따라 다시 시도해본다.
너무 개인적인 이야기를 했다.	다른 집단에 시도하되 너무 개인적이지 않게 한다.
그들만의 친한 또래집단이며, 새로운 친구를 만들고 싶어 하지 않는다.	다른 집단에 시도한다.
당신이 잘 알지 못하는 것에 대한 이야기를 하고 있는 중이다.	당신이 잘 아는 것에 대해 이야기를 나누고 있는 다른 집단에 시도한다.
그 사람들에게 당신의 평판이 좋지 않다.	당신의 평판을 모르거나 그것에 신경 쓰지 않는 다른 집단에 시도한다.
당신이 대화에 참여하려고 한다는 것을 그들이 알아차리지 못했다.	규칙에 따라서 다른 집단에 시도한다.

대화에서 빠져나오기 위한 단계

● 치료자: "대화에서 빠져나와야 하는 경우에는 기본적으로 세 가지 상황이 있습니다. 대화에 처음부터 받아들여지지 않은 상황, 처음에는 받아들여졌으나 그 이후에 제외되는 상황, 그리고 완전히 받아들여졌으나 떠나야 하는 상황이 그것입니다. 여러 사람이 하는 대화에 들어가는 것과 마찬가지로 대화에서 빠져나올 때 따라야 하는 구체적인 단계들이 있습니다."

전혀 받아들여지지 않았을 때 대화에서 빠져나오기 위한 단계

● 치료자: "대화에 전혀 받아들여지지 않았을 때 따라야 하는 단계는 다음과 같습니다. 이것은 사람들이 당신에게 전혀 말을 걸지 않았거나, 당신을 대화에 끼어들지 못하게 했을 때를 말합니다."

1. **침착함을 유지한다.**
   ● 치료자: "대화에 전혀 받아들여지지 않았을 때 따라야 하는 첫 번째 단계는 침착함을 유지하는 것입니다. 이것은 화를 내거나 사람들이 여러분과 이야기를 나누도록 강요하지 않아야 한다는 것을 의미합니다. 화를 내거나 침착함을 잃어버린다면 무엇이 문제가 될 수 있을까요?"
   ○ 대답: 그들은 당신이 이상하다고 생각할 것입니다. 앞으로 그들이 당신과 대화하고 싶어 할 가능성이 작아집니다. 그들이 다른 사람들에게 당신의 반응에 대해서 이야기할 것이고, 그 결과 당신의 평판이 나빠질 수 있습니다.

2. **다른 곳을 본다.**
   ● 치료자: "대화에 전혀 받아들여지지 않았을 때 대화에서 빠져나오기 위한 두 번째 단계는 다른 곳을 보는 것입니다. 여러분이 다른 곳을 보기 시작하는 것은 집단 사람들에게 어떤 의미일까요?"
   ○ 대답: 당신의 관심은 이제 다른 곳에 있다는 것을 의미합니다. 그들이 이야기하는 것에 대해서 당신은 더 이상 관심이 없다는 것을 의미합니다.

3. **돌아선다.**
- 치료자: "침착함을 유지하고, 다른 곳을 바라본 뒤, 대화에서 빠져나오기 위한 다음 단계는 돌아서는 것입니다. 당신이 돌아서는 것은 집단에게 어떤 의미일까요?"
  - 대답: 지금 막 다른 곳으로 가려고 한다는 것을 뜻합니다. 그들이 이야기하고 있는 것에 흥미를 잃었다는 것을 의미합니다. 떠날 준비가 되었다는 뜻입니다.

4. **다른 곳으로 간다.**
- 치료자: "대화에 전혀 받아들여지지 않았을 때 대화에서 빠져나오기 위한 마지막 단계는 다른 곳으로 걸어가는 것입니다. 이것은 갑자기 확 가버리거나, 빠르게 걸어가 버리는 것을 의미하지 않습니다. 대신에 여러분은 천천히 조용하게 다른 곳으로 걸어가야 합니다. 빠르게 걸어간다면 무엇이 문제가 될 수 있을까요?"
  - 대답: 빠르게 걸어간다면 사람들의 주목을 끌게 될 것입니다. 대신에 자연스럽게 대화에서 빠져나오면서 당신이 다른 곳으로 갔다는 것조차 알아차리지 못하게 하는 것이 좋습니다.

- [참고사항(영어로 된 자료에 익숙하다면): PEERS® *Role Play Video Library*(www.routledge.com/cw/laugeson) 혹은 *FriendMaker* 모바일 앱에서 **전혀 받아들여지지 않았을 때 대화에서 빠져나오기**의 역할극 동영상을 보여주고, 역할극 다음에 오는 **조망 수용 질문**을 할 수도 있다.]

처음에는 받아들여졌으나 그 이후에 제외되었을 때 대화에서 빠져나오기 위한 단계
- 설명: "어떤 경우에는 처음에는 대화에 받아들여졌으나 몇 번 대화를 주고받은 뒤 어떤 이유에서든 대화에서 제외될 수 있습니다. 처음에는 받아들여졌으나 그 이후에 제외되었을 때 대화에서 빠져나오기 위한 단계들은 아래와 같습니다."

1. **침착함을 유지한다.**
- 치료자: "처음에는 받아들여졌으나 그 이후에 제외되었을 때 대화에서 빠져나오기 위한 첫 번째 단계는 침착함을 유지하는 것입니다. 앞에서와 마찬가지로 침착함을 유지하고 화를 내서는 안 됩니다. 만약 당신이 화를 낸다면 무엇이 문제가 될 수 있을까요?"
  - 대답: 그들은 당신이 이상하다고 생각할 것입니다. 앞으로 당신과 대화하고 싶어 할 가능성이 작아집니다. 그들이 다른 사람들에게 당신의 반응에 대해서 이야기할 것이고, 그 결과 당신의 평판이 나빠질 수 있습니다.

2. **다른 곳을 본다.**
- 치료자: "두 번째 단계는 마치 다른 일에 관심이 옮겨간 것처럼 천천히 다른 곳을 보는 것입니다. 여러분이 다른 곳을 보기 시작하는 것은 집단 사람들에게 어떤 의미일까요?"
  - 대답: 당신의 관심은 이제 다른 곳에 있다는 것을 의미합니다. 그들이 이야기하는 것에 대해서 당신은 더 이상 관심이 없다는 것을 의미합니다.

3. **대화가 짧게 멈출 때를 기다린다.**
- 치료자: "그다음 단계는 여러분이 무엇인가 말을 하기 전에 대화가 짧게 멈출 때를 기다리는 것입니다. 당신이 무엇인가 말하기 전에 대화가 짧게 멈출 때를 기다리는 것이 중요한 이유는 무엇인가요?"
  - 대답: 당신이 대화를 방해하면 그들의 기분이 상할 수도 있습니다.

4. 짧은 꼬리말을 한다.

- 설명: "다음 단계는 대화에서 빠져나오기 위한 짧은 꼬리말을 하는 것입니다. 꼬리말이란 당신이 어떤 행동을 해야만 하는 이유를 알려주는 것임을 기억하기 바랍니다. 꼬리말의 예는 다음과 같습니다."
  - "음…… 난 이만 갈게."
  - "난 가봐야 할 것 같아."
  - "갈게, 안녕(잘 있어)."
  - "다음에 보자."
- 질문: "이때 꼬리말은 매우 짧아야 합니다. 왜냐하면 사실은 사람들은 더 이상 당신과 이야기를 나눌 생각이 없으므로 당신이 어디를 가든 별로 신경 쓰지 않을 것이기 때문입니다. 그 자리에서 떠나기 전에 짧은 꼬리말, 또는 일종의 알려주는 말을 해야 하는 이유는 무엇일까요?"
  - 대답: 그들이 더 이상 당신과 이야기를 나누지 않더라도 대화에서 떠나려고 한다는 것을 알려주지 않고 빠져나온다면 이상하게 보일 수 있기 때문입니다.

5. 다른 곳으로 간다.

- 치료자: "처음에는 받아들여졌으나 그 이후에 제외되었을 때 대화에서 빠져나오기 위한 마지막 단계는 다른 곳으로 걸어가는 것입니다. 사람들이 우리 꼬리말에 무언가 대답을 할 때까지 기다린 다음에 다른 곳으로 가야 하나요?"
  - 대답: 아니요. 짧은 꼬리말을 한 후에 사람들의 대답을 기다리지 않습니다. 그저 자연스럽게 조용히 다른 곳으로 갑니다.
- [참고사항(영어로 된 자료에 익숙하다면): PEERS® *Role Play Video Library*(www.routledge.com/cw/laugeson) 혹은 *FriendMaker* 모바일 앱에서 **처음에는 받아들여졌으나 그 이후에 제외되었을 때** 대화에서 **빠져나오기**의 역할극 동영상을 보여주고, 역할극 다음에 오는 **조망 수용 질문**을 할 수도 있다.]

완전히 받아들여졌을 때 대화에서 빠져나오기 위한 단계

- 치료자: "우리는 때로 대화에 완전히 받아들여졌음에도 불구하고 대화에서 빠져나와야 할 때가 있습니다. 대화에 받아들여지지 않았을 때와 마찬가지로 이때도 따라야 할 구체적인 단계들이 있습니다."

1. 대화가 짧게 멈출 때를 기다린다.

- 치료자: "완전히 받아들여졌을 때 대화에서 빠져나오기 위한 첫 번째 단계는 떠나기 위해 무엇인가 말하기 전에 대화가 짧게 멈출 때를 기다리는 것입니다. 무엇인가를 말하기 전에 대화가 짧게 멈출 때를 기다리는 것이 중요한 이유는 무엇인가요?"
  - 대답: 급한 상황이 아니라면 다른 사람을 방해하는 것은 무례하기 때문입니다.

2. 구체적인 꼬리말을 한다.

- 설명: "다음 단계는 그 자리에서 떠나려는 이유를 알려주는 구체적인 꼬리말을 하는 것입니다. 이때는 당신이 대화에 완전히 받아들여진 상태이므로 꼬리말은 구체적이고 조금 더 길어야 합니다.
- 질문: "만약 당신이 '이만 갈게'라고만 하면 친구들이 어떻게 생각할까요?"
  - 대답: 그들은 당신이 그들과 이야기를 나누고 싶어 하지 않는다고 생각할 수 있습니다. 당신이 어디에 가는지 궁금해할 수 있습니다. 실제로 당신에게 "어디 가?"라고 물어볼 수 있습니다.

- 설명: "대신 '나 이제 수업에 가봐야 할 것 같아.', '나는 이제 집에 가야 할 것 같아.' 혹은 '점심 시간 끝나서 가봐야 할 것 같아.' 등의 예와 같이 조금 더 구체적일 필요가 있습니다. 이런 경우에는 그 자리에서 떠나야 하는 구체적인 이유를 알려주어야 친구들이 혼란스러워하거나 기분 나빠하지 않을 것입니다."

3. 나중에 보자고 한다.

- 치료자: "만약 친구들을 다시 만날 계획이라면 그다음 단계는 보통 '다음에 또 이야기하자.' 혹은 '다음에 또 봐.'와 같이 말하는 것입니다. '다음에 또 이야기하자.' 혹은 '다음에 또 보자.'와 같이 말하는 것이 좋은 이유는 무엇일까요?"
  - 대답: 당신이 그들과 다시 만나고 싶어 한다는 것을 보여줍니다. 그리고 당신이 원해서가 아니라 가야만 하기 때문에 대화에서 빠져나온다는 것을 친구들에게 알리는 것이기 때문입니다.

4. 작별인사를 한다.

- 설명: "다음 단계는 작별인사를 하는 것입니다. 어떤 사람들은 손을 흔들 수 있습니다. 떠나기 전에 작별인사를 하는 것이 중요한 이유는 무엇인가요?"
  - 대답: 친절한 행동입니다. 인사를 하지 않고 그냥 다른 곳으로 가는 것보다 덜 갑작스럽기 때문입니다.

5. 다른 곳으로 간다.

- 설명: "완전히 받아들여졌을 때 대화에서 빠져나오기 위한 마지막 단계는 다른 곳으로 가는 것입니다. 이 경우 위의 규칙을 모두 따랐다면 다른 곳으로 가는 것이 친구들에게 무례하거나 갑작스럽게 보이지 않을 것입니다."

- [참고사항(영어로 된 자료에 익숙하다면): PEERS® *Role Play Video Library*(www.routledge.com/cw/laugeson) 혹은 *FriendMaker* 모바일 앱에서 **완전히 받아들여졌을 때 대화에서 빠져나오기**의 역할극 동영상을 보여주고, 역할극 다음에 오는 **조망 수용 질문**을 할 수도 있다.]

과제 안내하기

[사회성 코치에게 사회성 코치 과제 기록지(부록 E)를 배부하고, 작성해서 다음 회기에 제출하게 한다.]

1. 사회성 코치가 포함된 **여러 사람이 하는 대화에 들어가고 빠져나오기**를 연습한다.
   - 성인은 사회성 코치와 (성인을 대화에 받아들여줄) 또 다른 사람이 포함된 **대화에 들어가고 빠져나오기**를 연습한다.
     - 전혀 받아들여지지 않았을 때 대화에서 빠져나오기를 연습한다.
     - 처음에는 받아들여졌으나 그 이후에 제외되었을 때 대화에서 빠져나오기를 연습한다.
     - 완전히 받아들여졌을 때 대화에서 빠져나오기를 연습한다.
   - 연습 전에 사회성 코치들은 **여러 사람이 하는 대화에 들어가고 빠져나오기** 규칙과 단계를 점검한다.
   - 연습을 한 이후에 사회성 코치들은 성인들에게 다음과 같은 **사회성 코칭 질문**을 한다.
     - **우리가 당신과 이야기를 하고 싶어 하는 것 같았나요?**
     - **그것을 어떻게 알 수 있었나요?**

2. 또래들끼리 하고 있는 **여러 사람이 하는 대화에 들어가기**를 연습한다(새로운 친구를 사귈 수 있는 곳에서 만난 친구와 해도 된다).

- 연습 전에 사회성 코치들은 **여러 사람이 하는 대화에 들어가고 빠져나오기** 규칙과 단계를 점검한다.
- 자연스럽게 빠져나와야 할 필요가 있는 상황이 아니라면 **대화에서 빠져나오기**는 공식적인 과제가 아니다.
- 연습을 한 이후에 사회성 코치들은 성인들에게 다음과 같은 **사회성 코칭 질문**을 한다.
  - 어디서 누구와의 대화에 들어갔나요?
  - 어떤 단계를 따랐나요?
  - 그들이 당신과 이야기를 나누고 싶어 하는 것 같았나요? 그것을 어떻게 알 수 있었나요?
  - 대화에서 **빠져나왔나요?** 어떤 단계를 따랐나요?

3. 유머에 대한 반응에 주의를 기울인다.
- 만약 성인이 유머를 한다면 (유머를 하는 것이 과제는 아니다) 그들의 유머에 대한 반응에 주의를 기울인다.
- 성인이 유머를 한 이후에 사회성 코치는 성인에게 개별적으로 다음과 같은 **사회성 코칭 질문**을 한다.
  - 당신의 유머에 대한 반응은 무엇이었나요?
  - 이것을 어떻게 알 수 있었나요?

사회성 코칭 팁

- 이번 과제 중 하나는 성인들이 사회성 코치와 또 다른 사람이 포함된 **여러 사람이 하는 대화에 들어가고 빠져나오기**를 연습하는 것이다.
  - 필요할 때 당신이 바로 그 자리에서 사회성 코칭을 제공할 수 있도록 또 다른 사람이 이 과제에 대해서 알고 있는 사람이면 가장 좋다.
    - 배우자, 성인 형제자매 및 가족 구성원과 함께 연습하는 것이 좋은 경우가 많다.
- 이 특별 과제는 성인이 또래들끼리 하고 있는 **여러 사람이 하는 대화에 들어가기** 연습을 하기 바로 전에 할 수 있도록 계획하는 것이 가장 좋다.
  - 예를 들어 성인이 **사회적 활동**에 참여하기 전에 **여러 사람이 하는 대화에 들어가고 빠져나오기**를 위한 규칙과 단계를 점검하고 당신과 연습하게 한다면, 또래들끼리 하고 있는 **여러 사람이 하는 대화에 들어가고 빠져나오기**를 시도할 때 규칙과 단계를 훨씬 더 잘 기억할 수 있을 것이다.
- 성인들에게 다음과 같은 각각의 다른 상황에서 **대화에서 빠져나오기**를 연습할 것이라고 알려준다.
  - 대화에 전혀 받아들여지지 않았을 때
  - 대화에 처음에는 받아들여졌으나 그 이후에 제외되었을 때
  - 대화에 완전히 받아들여졌을 때
- 성인들이 각각의 다른 상황에서 따라야 하는 단계를 잘 기억하고 있다고 생각한다면, 어떤 상황에서 대화에서 빠져나오는 것을 연습할 것인지 미리 알려주지 않고, 성인 스스로가 행동으로 나타나는 단서를 바탕으로 이를 알아차리게 한다.
- 성인들이 각각의 다른 상황에서 따라야 하는 단계를 잘 기억하지 못할 것이라고 생각한다면, 어떤 상황에 대해서 대화에서 빠져나오기를 연습할 것인지 미리 알려주고 연습 전에 단계를 점검한다.

성인 치료자 가이드

성인 회기 준비하기

이번 회기 교육의 목적은 성인들이 **여러 사람이 하는 대화에 들어가기**를 시도하는 동안 성공적이지 못했던 시도들을 만회하도록 돕는 것이다. 사회적 어려움을 겪고 있는 성인들은 대화에 들어가려고 시도했으나 계획대로 되지 않을 때 쉽게 당황한다. 사실 이것은 누구에게나 일어날 수 있는 일이지만, 사회적으로 서툰 성인들은 또래들이 그들의 예상과 다른 반응을 보이게 되면 큰 혼란을 느끼곤 한다.

　사회적 어려움을 겪는 성인들이 가장 흔히 하는 사회적 실수 중 하나는 그들이 대화에 받아들여지지 않았다는 사실을 인지하지 못하는 것이다. 그들은 억지로 대화를 하자고 강요하는 경향이 있고, 그 결과 대화 상대들의 불만과 짜증을 유발하곤 한다. 이런 패턴이 반복될 경우 좀 더 큰 또래집단 사이에 나쁜 평판을 얻는 결과로까지 이어질 수 있다. 이전 회기에서는 성인들이 대화에 받아들여졌는지 여부를 결정하기 위해 주의를 기울여야 하는 중요한 사회적 단서들을 점검하도록 하였고[예를 들어 **그들이 나에게 이야기를 하고 있는가**(언어적 신호), **그들이 나를 쳐다보고 있는가**(눈맞춤), **그들이 나와 마주 보고 이야기를 하는가**(신체적 언어)], 이번 회기에서는 **관심을 평가하는** 연습을 할 수 있는 몇 개의 역할극을 제공한다. 이번 회기의 역할극은 **조망 수용 질문**과 더불어 **또래관계에 들어가기** 동안에 일어나는 사회적 맥락을 알아차리는 능력을 향상시키고, 사회적 인지에 대한 이해를 높이는 데 도움이 될 것이다. **또래관계에 들어가기**에 관한 부적절한 역할극을 보여주고 나서 **"그들이 저와 이야기를 나누고 싶어 하는 것처럼 보였나요?"**, **"그것을 어떻게 알 수 있었나요?"**, **"그들의 기분이 어땠을 것 같나요?"**, **"그들이 저와 다시 이야기를 하고 싶어 할 것 같나요?"**와 같은 조망 수용 질문을 함으로써 성인들이 대화에 들어가려고 시도할 때 수용 및 거절과 관련된 사회적 단서를 이해하는 데 도움을 주게 될 것이다.

　또래관계에 들어가기를 시도하다가 거절당할 수 있는 이유 중 하나는 성인이 또래 사이에서 평판이 나쁜 것이다. 만약 성인의 평판이 나쁘다면, 그 성인을 잘 모르는 사람들과 함께하는 **사회적 활동**을 통해 **새로운 친구를 사귈 수 있는 곳**을 찾아내는 것이 중요하다. 이유가 무엇이든 간에 **또래관계에 들어가기** 과정에서 **또래로부터 거절**을 겪는 것은 매우 흔한 일이므로 너무 개인적인 일로 받아들이지 않도록 성인을 안심시켜 주어야 한다. 성인들에게 심지어 집단 치료자 자신(그리고 사회성 코치들)도 **여러 사람이 하는 대화에 들어가기**를 시도하다가 거절당하는 일이 있다고 이야기함으로써 이런 경험들을 정상화해주는 것이 큰 도움이 된다. 이렇게 고백함으로써 성인들이 자신의 경험을 정상적인 일로 받아들이게 하는 데 성공한다면, 성인들은 앞으로 좀 더 기꺼이 **여러 사람이 하는 대화에 들어가기** 시도를 할 수 있게 될 것이다.

　이번 회기 교육의 많은 부분이 **대화에 전혀 받아들여지지 않았을 때**, 또는 **처음에는 받아들여졌으나 그 이후에 제외되었을 때** 대화에서 **빠져나오기** 방법에 초점을 두고 있지만, **완전히 받아들여졌을 때** 대화에서 **빠져나오는** 방법 역시 교육한다. 이러한 경우에 사회적 어려움을 가지고 있는 성인들이 가장 흔히 하는 실수는 자신의 이야기가 끝나면 먼저 대화에서 떠난다고 알리는 말을 하거나 무엇을 하러 간다는 말을 하지 않은 채 그냥 다른 곳으로 가 버리는 것이다. 이러한 행동을 하게 되면 성공적인 관계로 이어지기가 매우 어려우므로 **완전히 받아들여졌을 때 대화에서 빠져나오기** 방법을 가르쳐주는 교육 부분도 상당히 유용할 것이다.

　1회기 성인 치료자 가이드에서 설명했던 바와 같이 이 매뉴얼은 부적절하고 적절한 사회적 행동을 보여주는 역할극 대본을 제공해주지만, **제시된 역할극 대본을 글자 그대로 읽으라는 의미는** 아니다. 그 대본들은 단지 역할극을 어떻게 시연하면 되는지를 보여주는 안내를 하기 위한 것이다. 부디 이러한 권유를 기억해 두기를 부탁드린다. 아울러 지금까지 집단에게 매뉴얼에 제시된 역할극 대본을 큰 소리로 읽어주지는 않았을 것이라 생각한다. 대신에 치료자 스스로가 대화를 창작하면서 그 과정을 즐겨 왔기를 바란다. 이번 회기에서 역할극을 시연할 때 특별히 기억해야 할 것은 부적절한 역할극을 보여줄 때는 모든 행동이 잘못되어 있어야 한다는 점이다. 다시 말해서 **대화에서 빠져나오기**의 부적절한 예를 보여준다면 **여러 사람이 하는 대화에 들어가기**도 부적절해야 한다. 마찬가지로 적절한 행동을 보여줄 때는 시연하는 모든 행동이 적절해야 한다. 다시 말하면 **대화에서 빠져나오기**의 적절한 예를 보여준다면, **여러 사람이 하는 대화에 들어가기**도 적절해야 한다. 역할극의 한 요소는 적절한 예를 보여주고 다른 부분은 부적절한 예를 보여준다면 집단의 성인들은 혼란스러워할 것이다.

과제 점검

[다음의 과제를 검토하고 발생 가능한 **문제해결**을 의논한다. 성공적으로 과제를 완수한 사람부터 시작한다. 시간이 된다면 (과제를 다 하지 못한 사람들에게) 왜 과제를 완수할 수 없었는지 이유를 질문할 수 있으며, 다음 주에 어떻게 이것을 할 수 있을지에 대한 **문제해결**을 시도해볼 수 있다. 과제를 점검하는 동안에는 반드시 (볼드체로 표시된) **우리끼리 단어**를 사용한다. 사회성 코치가 포함된 **여러 사람이 하는 대화에 들어가기** 및 또래들끼리 하고 있는 **여러 사람이 하는 대화에 들어가기**가 이번 회기의 가장 중요한 과제이므로 과제 점검 시간 대부분을 여기에 할애한다. 이번 주는 점검해야 할 과제가 여섯 가지이므로 시간을 잘 배분해야 한다.]

1. **정보 교환**을 위한 **개인 물건**을 가져온다.
   - 치료자: "이번 주의 주요 과제 중 하나는 다른 집단 구성원들과 정보 교환을 위해 개인 물건을 가져오는 것이었습니다. 정보 교환을 위해 가져온 개인 물건에 대해서 빠르게 듣겠습니다."
     - 수업 시간에 집중하는 데 방해가 되지 않도록 성인들이 교실 한 편에 개인 물건을 두도록 한다.
     - 가져온 물건이 부적절한 경우에는 다음 주에 가지고 올 수 있는 물건에 대해 **해결책**을 논의한다.

2. 사회성 코치가 포함된 **여러 사람이 하는 대화에 들어가기**를 연습한다.
   - 치료자: "이번 주 또 다른 과제는 사회성 코치가 포함된 여러 사람이 하는 대화에 들어가기를 연습하는 것이었습니다. 이 과제를 한 사람은 손을 들어주세요."
   - 질문
     - 당신과 당신의 사회성 코치는 누구와 연습했나요?
     - 어떤 단계들을 따랐나요?
       1. 대화를 귀 기울여 듣는다.
       2. 거리를 두고 지켜본다.
       3. 소품을 사용한다.
       4. 주제를 확인한다.
       5. 공통의 관심사를 찾는다.
       6. 더 가까이 다가간다.
       7. 대화가 짧게 멈출 때를 기다린다.
       8. 주제에 대해 언급한다.

9. 관심을 평가한다.

10. 자신을 소개한다.

3. 또래들끼리 하고 있는 **여러 사람이 하는 대화에 들어가기를** 연습한다(**새로운 친구를 사귈 수 있는 곳**에서 만난 친구와 해도 된다).

- 치료자: "이번 주 또 다른 과제는 또래들끼리 하고 있는 여러 사람이 하는 대화에 들어가는 것을 연습하는 것이었습니다. 이 과제를 한 사람은 손을 들어주세요."
- 질문
  ○ "어디에서 누구와의 대화에 들어갔나요?"
  ○ "어떤 단계들을 따랐나요?"
  ○ "그들이 당신과 이야기를 나누고 싶어 하는 것 같았나요?"
  ○ "그것을 어떻게 알 수 있었나요?"
    - **당신과 이야기를 했나요?**
    - **당신을 쳐다보았나요?**
    - **당신과 마주보고 이야기를 했나요(원을 열었나요)?**
  ○ "공통의 관심사는 무엇이었나요? 만약 두 사람이 함께 시간을 보내게 된다면 그 정보를 가지고 무엇을 할 수 있나요?"
  ○ 함께 만나 시간을 보내기에 적합한 사람인 것 같나요?

4. **새로운 친구를 사귈 수 있는 곳을** 찾는다.

- 치료자: "이번 주 또 다른 과제는 아직 완수하지 못했다면 사회성 코치의 도움으로 새로운 친구를 사귈 수 있는 곳을 찾고, 사회적 모임에 참여하는 것이었습니다. 새로운 친구를 사귈 수 있는 곳을 찾아낸 사람이 있나요?"
- **새로운 친구를 사귈 수 있는 곳**이 적절한지 그리고 다음의 기준을 만족하는지 확인한다.
  ○ 성인의 관심사에 근거한다.
  ○ 매주 혹은 적어도 2주에 한 번 만난다.
  ○ 성인을 받아들여주는 비슷한 나이대의 또래들이 포함되어 있다.
  ○ 다른 사람들과 어울릴 수 있는 구조화되지 않은 시간이 있다.
  ○ 앞으로 2주 안에 활동이 시작된다.

5. **유머에 대한 반응에 주의를 기울인다.**

- 치료자: "이번 주 또 다른 과제는 유머를 사용했다면 자신의 유머에 대한 반응에 주의를 기울이는 것이었습니다. 유머를 사용하는 것이 과제는 아니었습니다. 이번 주에 유머를 사용했고 자신의 유머에 대한 반응에 주의를 기울인 사람은 손을 들어주세요."
- 질문
  ○ "당신이 어떤 유머를 했는지는 궁금하지 않습니다. 당신의 유머에 대한 반응이 어땠는지 궁금합니다. 그들이 당신을 비웃었나요? 당신과 함께 웃었나요? 예의상 웃었나요, 아니면 아예 웃지 않았나요?"
  ○ "그것을 어떻게 알 수 있었나요?"
  ○ "유머에 대한 반응에 주의를 기울이는 것이 끝났나요?"

- 대답: 아니요.
  - ○ "언제 자신의 유머에 대한 반응에 주의를 기울일 것인가요?"
    - 대답: 유머를 할 때마다 주의를 기울일 것입니다.
  - ○ "어떻게 자신의 유머에 대한 반응에 주의를 기울일 것인가요?"
    - 대답: 그들의 반응을 눈으로 보고 귀로 들을 것입니다.

6. 집단 구성원과 전화 혹은 영상 통화를 한다.

- 치료자: "이번 주 또 다른 과제는 전화 시작하고 끝내기, 정보 교환하기 연습을 위해 집단 구성원 중 누군가와 전화 혹은 영상 통화를 하는 것이었습니다. 집단 구성원과 전화 혹은 영상 통화를 한 사람은 손을 들어주세요."
- 질문
  - ○ "누구와 이야기를 했으며, 누가 누구에게 전화를 걸었나요?"
  - ○ "정보를 교환하고 공통의 관심사를 찾았나요?"
  - ○ "만약 두 사람이 함께 시간을 보내게 된다면 그 정보를 가지고 무엇을 할 수 있나요?"
- 그 전화 혹은 영상 통화에 참여한 다른 사람이 바로 다음에 설명하도록 한다. 단, 동시에 발표하게 하지는 않는다.

교육 : 대화에서 빠져나오기

- 설명: "지난주에 우리는 여러 사람이 하는 대화에 들어가기 위한 단계들을 배웠습니다. 이번 주에는 대화에서 빠져나오는 방법을 배울 것입니다. 우리가 여러 사람이 하는 대화에 들어가기 위해 모든 단계를 따르더라도 사람들이 우리와 이야기하는 것을 원하지 않을 때가 종종 있습니다. 이는 모든 사람에게 일어나는 일이며, 개인적인 감정으로 받아들이지 않도록 합니다."
- 질문: "예를 들어 어떤 사람이 10번에 걸쳐 서로 다른 대화에 참여하려고 시도한다면 평균적으로 10번 중에 몇 번이나 거절당할까요?"
  - ○ 돌아가면서 각자의 생각을 말하게 한다.
- 치료자: "답은 10번 중 5번은 대화에 받아들여지지 않는다는 것입니다. 즉, 여러 사람이 하는 대화에 들어가기 위한 시도를 할 때 절반 정도는 받아들여지지 않을 수도 있다는 뜻입니다. 그러나 이것을 개인적인 감정으로 받아들이지 않도록 합니다. 이는 모든 사람에게 일어나는 일입니다."
- 질문: "우리는 여러 사람이 하는 대화에 들어가기 위한 시도를 멈춰야 할까요?"
  - ○ 대답: 한 번 성공하지 못했다고 해서 앞으로 시도를 하는 데 걸림돌이 되어서는 안 됩니다.

대화에 받아들여지지 않는 이유

- 치료자: "대화에 받아들여지지 않는 이유에는 여러 가지가 있습니다. 비록 절반 정도는 대화에 받아들여지지 않을 수 있으나 우리는 왜 받아들여지지 않았는지, 그리고 다음 번에는 무엇을 다르게 할 수 있는지를 생각해보는 것이 중요합니다."
- 소크라테스식 질문을 사용하여 성인들이 대화에 받아들여지지 않는 이유와 다음 번에는 무엇을 다르게 해야 하는지를 생각해보게 한다(표 8.1 참조).

○ 질문: "우리가 받아들여지지 않는 이유에는 어떤 것들이 있을까요?"

○ 각 대답에 대해 다음과 같이 이어서 물어본다. "다음 번에는 무엇을 다르게 할 수 있을까요?"

표 8.1 대화에 받아들여지지 않는 이유

받아들여지지 않는 이유	다음 번에는 무엇을 다르게 해야 할까?
자기들끼리 사적인 대화를 하고 싶어 한다.	이후에 다시 시도하고 대화에 참여하기 전에 대화를 귀 기울여 듣는다.
그들이 무례하거나 심술궂다.	다른 집단에 시도한다.
대화에 들어가기 규칙 중 하나를 잘 지키지 못했다.	규칙에 따라 다시 시도해본다.
너무 개인적인 이야기를 했다.	다른 집단에 시도하되 너무 개인적이지 않게 한다.
그들만의 친한 또래집단이며, 새로운 친구를 만들고 싶어 하지 않는다.	다른 집단에 시도한다.
당신이 잘 알지 못하는 것에 대한 이야기를 하고 있는 중이다.	당신이 잘 아는 것에 대해 이야기를 나누고 있는 다른 집단에 시도한다.
그 사람들에게 당신의 평판이 좋지 않다.	당신의 평판을 모르거나 그것에 신경 쓰지 않는 다른 집단에 시도한다.
당신이 대화에 참여하려고 한다는 것을 그들이 알아차리지 못했다.	규칙에 따라서 다른 집단에 시도한다.

대화에서 빠져나오기

● 설명: "사람들이 그들만의 대화에 다른 사람을 잘 받아들여주지 않는 것이 매우 흔하다는 것을 알게 되었으므로, 이제 우리는 이러한 상황에서 무엇을 해야 하는지 알아야 할 필요가 있습니다. 여러 사람이 하는 대화에 들어가기와 마찬가지로 대화에서 빠져나올 때도 따라야 하는 구체적인 단계들이 있습니다."

부적절한 역할극 : 전혀 받아들여지지 않았을 때 대화에서 빠져나오기 ▶

[집단 치료자는 두 명의 보조 치료자와 함께 전혀 받아들여지지 않았을 때 **대화에 들어가고 빠져나오기**의 부적절한 역할극을 보여준다.]

● 치료자: "지금부터 여러 사람이 하는 대화에 들어가려고 하지만 전혀 받아들여지지 않았을 때의 역할극을 보여줄 것입니다. 잘 보고 제가 무엇을 잘못했는지 이야기해주세요."

부적절한 역할극의 예

○ 집단 치료자: (몇 발짝 떨어져 서 있는다.)

○ 보조 치료자 1: "안녕, (이름)아/야. 어떻게 지냈어?"

○ 보조 치료자 2: "난 잘 지냈어. 넌 어때?"

○ 보조 치료자 1: "나도 잘 지냈어. 너 애니메이션 좋아한다고 하지 않았니? 지난주에 시작한 애니메이션 페스티벌에 갔었어?"

○ 보조 치료자 2: "어, 토요일에 갔었지. 굉장하더라. 너도 갔었어?"

○ 집단 치료자: (갑작스럽게 다가가며, 매우 가까이 서서는) "얘들아, 무슨 이야기하고 있어?"

○ 보조 치료자 2: (깜짝 놀라서) "뭐라고?"

○ 보조 치료자 1: (짜증스러운 듯 보인다.) "그냥 이야기하고 있었어. 어쨌든 너는 애니메이션 페스티벌 다녀왔다고 했지……"

○ 보조 치료자 1 & 2: (집단 치료자로부터 몸을 돌려 원을 닫는다.)

○ 집단 치료자: (방해하며) "야, 그래서, 너희들은 이번 주말에 뭐 할 거니?"

○ 보조 치료자 1: (짜증스러워하며 집단 치료자를 무시하고 눈을 굴린다.) "너 애니메이션 페스티벌에 갔다고 그랬지? 난 안 갔거든…… 어땠어?"

○ 보조 치료자 2: (집단 치료자를 무시하며) "정말 재미있었어! 사람도 진짜 많았고…… 넌 왜 안 갔어?"

○ 보조 치료자 1: (집단 치료자를 무시하며) "가족들과 다른 일정이 있었어. 하지만 다음에는 꼭 가려고……"

○ 집단 치료자: (방해하며) "야야, 애들아, 너네 이번에 새로 개봉한 영화 봤어?"

○ 보조 치료자 1 & 2: (짜증스러워하며 집단 치료자를 무시하고 눈을 굴린다.)

○ 보조 치료자 2: "너 가게 되면 알려줘. 나도 또 가고 싶거든……"

○ 집단 치료자: (방해하며) "영화 봤어? 나 이번 주말에 보러 갈 건데, 재미있는지 알고 싶어."

○ 보조 치료자 1 & 2: (짜증스러워하며 집단 치료자를 무시한다.)

○ 보조 치료자 2: (눈을 굴리며 조용하게) "정말 짜증나지 않아?"

○ 보조 치료자 1: (얼굴을 찌푸리며 눈을 굴린다.) "맞아, 나도 그래. 신경질 나."

○ 집단 치료자: (화를 내며) "너네 왜 그러니? 난 그냥 같이 이야기를 하고 싶었던 것뿐인데. 그렇게 무시할 필요는 없잖아!" (쿵쾅거리며 다른 곳으로 간다.)

○ 보조 치료자 1 & 2: "쟤 뭐야." (서로를 보며 웃는다.)

● 치료자: "자, 여기까지입니다. 제가 대화에 들어가면서 무엇을 잘못했지요?"

　○ 대답: 갑자기 끼어들어서 대화 주제에서 벗어난 이야기를 했습니다.

● 질문: "두 사람이 저와 대화를 나누고 싶어 하는 것처럼 보였나요?"

　○ 대답: 아니요.

● 질문: "그것을 어떻게 알 수 있었나요?"

　○ 대답: 그들이 **당신과 이야기를 하지 않았습니다**. 그들이 **당신을 쳐다보지 않았습니다**(눈을 굴리고 이상한 표정을 지었습니다). 그들이 **당신을 마주 보고 이야기를 하지 않았습니다**. 그들이 **원을 닫았습니다**.

● 질문: "그들이 저와 대화를 나누고 싶어 하지 않는다는 것을 알게 되었을 때 제가 어떻게 했어야 했나요?"

　○ 대답: 당신과 이야기하자고 강요하지 말았어야 합니다. 화를 내지 말았어야 합니다. 대화에서 빠져나왔어야 했습니다.

● 다음과 같은 **조망 수용 질문**을 한다.

　○ "(보조 치료자들의 이름)이/가 어떤 기분이었을 것 같나요?"

　　■ 대답: 거슬렸습니다. 짜증났습니다. 기분이 나빴습니다.

　○ "(보조 치료자들의 이름)이/가 저에 대해서 어떻게 생각했을 것 같나요?"

　　■ 대답: 무례합니다. 불쾌합니다. 짜증납니다. 이상합니다.

　○ "(보조 치료자들의 이름)이/가 저와 다시 이야기를 나누고 싶어 할 것 같나요?"

　　■ 대답: 아니요. 짜증나서 다시 이야기를 나누고 싶어 하지 않을 것입니다.

- 보조 치료자들에게 같은 **조망 수용 질문**을 한다.
  - "어떤 기분이 들었나요?"
  - "저에 대해서 어떻게 생각했나요?"
  - "저와 이야기를 다시 나누고 싶나요?"

전혀 받아들여지지 않았을 때 대화에서 빠져나오기 위한 단계

- 치료자: "사람들이 거절하는 것에 대해 화를 내고 받아들이지 못하는 것보다는 적절하게 대화에서 빠져나오는 방법을 알아야 합니다. 이러한 경우에 그 대화에 전혀 받아들여지지 않았다고 합니다. 그래서 다음은 우리가 대화에 전혀 받아들여지지 않았을 때 따라야 하는 단계들입니다."
- [**대화에서 빠져나오기** 위한 규칙과 단계 및 **우리끼리 단어**는 볼드체로 표시되어 있으며 칠판에 적는다. 대화에서 빠져나오는 단계들을 설명할 때 세 가지 상황(전혀 받아들여지지 않았을 때, 처음에는 받아들여졌으나 그 이후에 제외되었을 때, 완전히 받아들여졌을 때) 중 어느 것과 연관되는지를 반드시 언급하도록 한다. 수업이 끝날 때까지 칠판에 적혀 있는 것을 지우지 않는다.]

1. **침착함을 유지한다.**
   - 설명: "대화에 전혀 받아들여지지 않았을 때 따라야 하는 첫 번째 단계는 침착함을 유지하는 것입니다. 이것은 화를 내거나 사람들이 여러분과 이야기를 나누도록 강요하지 않아야 한다는 것을 의미합니다."
   - 질문: "화를 내거나 침착함을 잃어버린다면 무엇이 문제가 될 수 있을까요?"
     - 대답: 그들은 당신이 이상하다고 생각할 것입니다. 앞으로 당신과 대화하고 싶어 할 가능성이 작아집니다. 그들은 다른 사람들에게 당신의 반응에 대해서 이야기할 것이고, 그 결과 당신의 평판이 나빠질 수 있습니다.

2. **다른 곳을 본다.**
   - 설명: "대화에 전혀 받아들여지지 않았을 때 대화에서 빠져나오기 위한 두 번째 단계는 다른 곳을 보는 것입니다. 이것은 빤히 쳐다보라는 의미는 아닙니다. 대신에 자연스럽게 눈맞춤을 멈추고 다른 방향을 보라는 의미입니다."
   - 질문: "여러분이 다른 곳을 보기 시작하는 것은 집단 사람들에게 어떤 의미일까요?"
     - 대답: 당신의 관심은 이제 다른 곳에 있다는 것을 의미합니다. 그들이 이야기하는 것에 대해서 당신은 더 이상 관심이 없다는 것을 의미합니다.
   - 설명: "우리가 여기서 주의할 점은 시선을 돌릴 때 우리에게 너무 많은 주목을 끌지 않는 것입니다. 즉, 어깨 뒤를 보거나 몸 전체를 돌리지 않고 바라볼 곳을 찾아야 한다는 뜻입니다."
   - 질문: "다른 곳을 볼 때 몸 전체나 머리를 돌리게 되면 무엇이 문제가 될 수 있을까요?" (반대 방향으로 몸을 돌리는 것을 보여준다.)
     - 대답: 이상하게 보일 수 있고 당신의 행동이 주목을 끌게 될 것입니다. 사람들은 당신의 행동을 이상하다고 생각할 것이며 당신을 비웃거나 웃음거리로 만들 수 있습니다.
   - 설명: 오른쪽 또는 왼쪽 편을 바라보도록 해보세요. 다른 곳을 보기 위한 수단으로 스마트폰이나 다른 소품을 꺼내서 그것을 볼 수도 있습니다. 단, 그 물건은 쉽게 꺼낼 수 있는 곳에 있는 것이어야 합니다.

3. **돌아선다.**

- 설명: "침착함을 유지하고, 다른 곳을 바라 본 뒤, 대화에서 빠져나오기 위한 다음 단계는 돌아서는 것입니다. 이것은 여러분의 몸을 자연스럽게, 천천히 다른 방향으로 돌리라는 뜻입니다."
- 질문: "당신이 돌아서는 것은 집단에게 어떤 의미일까요?"
  ○ 대답: 지금 막 다른 곳으로 가려고 한다는 것을 뜻합니다. 그들이 이야기하고 있는 것에 흥미를 잃었다는 것을 의미합니다. 떠날 준비가 되었다는 뜻입니다.
- 치료자: "여러분이 이미 바라보고 있는 그 방향으로 몸을 돌리는 것이 중요합니다. 여러분이 바라보는 곳과 다른 방향으로 몸을 돌리면 어떤 문제가 생길 수 있습니까?" (한쪽을 바라보다가 다른 쪽으로 몸을 돌리는 것을 보여준다.)
  ○ 대답: 이것 역시 이상해 보일 수 있고, 당신의 행동이 주목을 끌게 될 것입니다. 집단은 당신이 이상하다고 생각하게 될 것입니다. 당신을 이상한 사람으로 생각할 것입니다.

4. **다른 곳으로 간다.**

- 설명: "대화에 전혀 받아들여지지 않았을 때 대화에서 빠져나오기 위한 마지막 단계는 다른 곳으로 걸어가는 것입니다. 이것은 갑자기 확 가버리거나, 빠르게 걸어가 버리는 것을 의미하지 않습니다. 대신에 여러분은 천천히 조용하게 다른 곳으로 걸어가야 합니다."
- 질문: "빠르게 걸어간다면 무엇이 문제가 될 수 있을까요?"
  ○ 대답: 빠르게 걸어간다면 사람들의 주목을 끌게 될 것입니다. 대신에 자연스럽게 대화에서 빠져나오면서 당신이 다른 곳으로 갔다는 것조차 알아차리지 못하게 하는 것이 좋습니다.
- 치료자: "바라보고 몸을 돌려 향했던 방향으로 걸어가는 것도 중요합니다. 바라보고 몸을 돌려 향했던 곳과 다른 방향으로 걸어가는 것은 어떤 문제가 있을까요?" (바라보고 몸을 돌려 향한 곳과 다른 방향으로 걸어가는 것을 보여준다.)
  ○ 대답: 이것은 매우 이상하게 보이고 아마도 당신에게로 주의를 끌게 만들 것입니다. 그런 이상한 행동을 하면 당신은 결국 나쁜 평판을 얻게 될 것입니다.

적절한 역할극 : 전혀 받아들여지지 않았을 때 대화에서 빠져나오기 ▶

[집단 치료자는 두 명의 보조 치료자와 함께 전혀 받아들여지지 않았을 때 대화에 들어가고 빠져나오기의 적절한 역할극을 한다.]

- 치료자: "지금부터 또 다른 역할극을 보여드리겠습니다. 역할극을 잘 보고 제가 대화에 들어가고 빠져나올 때 무엇을 잘했는지 이야기해주세요."

적절한 역할극의 예

○ 집단 치료자: (몇 발짝 떨어져 서 있으면서 스마트폰을 본다.)

○ 보조 치료자 1: "안녕, (이름)아/야. 어떻게 지냈어?"

○ 보조 치료자 2: "난 잘 지냈어. 넌 어때?"

○ 보조 치료자 1: "나도 잘 지냈어. 너 애니메이션 좋아한다고 하지 않았니? 지난주에 애니메이션 페스티벌에 갔었어?"

> ○ 집단 치료자: (보조 치료자들을 쳐다보고 살짝 미소 짓는다.)
> ○ 보조 치료자 2: "어, 토요일에 갔었지. 굉장하더라. 너도 갔었어?"
> ○ 보조 치료자 1: "아니, 나는 가족들과 다른 일정이 있어서 가지 못했어. 하지만 다음 번에는 가볼까 생각하고 있어."
> ○ 집단 치료자: (다시 쳐다본다.)
> ○ 보조 치료자 2: "너 가게 되면 알려줘, 나도 또 가고 싶거든."
> ○ 보조 치료자 1: "응, 꼭 그럴게! 같이 가면 재미있겠다!"
> ○ 집단 치료자: (조금 더 다가서며, 대화가 짧게 멈추는 순간을 기다리고 보조 치료자 2를 쳐다보면서) "너희들 애니메이션 페스티벌에 갔다 왔어?"
> ○ 보조 치료자 1 & 2: (말을 무시하고 원을 닫는다.)
> ○ 보조 치료자 1: "그럼 전시회에 유명한 만화가들도 나와 있어?"
> ○ 집단 치료자: (자연스럽게 다른 곳을 쳐다본다.)
> ○ 보조 치료자 2: "응, 난 만화가 2명이나 봤어! 정말 멋있더라."
> ○ 집단 치료자: (자연스럽게 돌아선다.)
> ○ 보조 치료자 1: "만화 주인공처럼 코스프레 하고 온 사람들도 있었어?"
> ○ 집단 치료자: (바라보고 몸을 돌려 향했던 방향으로 천천히 걸어간다.)
> ○ 보조 치료자 2: "정말 많은 사람들이 코스프레 하고 왔더라! 정말 재미있었어!"
> ○ 보조 치료자 1 & 2: (집단 치료자가 떠난 것에 대해 알아차린 것 같지 않다.)

● 치료자: "자, 여기까지입니다. 제가 대화에 들어가면서 무엇을 잘했지요?"
  ○ 대답: 대화를 귀 기울여 들었으며 거리를 두고 바라보았습니다. 소품을 사용했습니다. 주제를 확인했습니다. 공통의 관심사를 찾았습니다. 더 가까이 다가갔습니다. 대화가 짧게 멈출 때를 기다렸습니다. 주제에 대해 언급했습니다.
● 치료자: "(보조 치료자들의 이름)이/가 저와 이야기를 나누고 싶어 하는 것 같았나요?"
  ○ 대답: 아니요.
● 치료자: "그것을 어떻게 알 수 있었나요?"
  ○ 대답: 당신과 이야기를 하지 않았습니다. 당신을 쳐다보지 않았습니다. 당신과 마주 보고 이야기하지 않았습니다(원을 닫았습니다).
● 치료자: "대화에서 빠져나올 때 제가 무엇을 잘했지요?"
  ○ 대답: 침착함을 유지했습니다. 다른 곳을 쳐다봤습니다. 돌아섰습니다. 다른 곳으로 갔습니다.
● 다음과 같은 조망 수용 질문을 한다.
  ○ "(보조 치료자들의 이름)이/가 어떤 기분이었을 것 같나요?"
    ▪ 대답: 좋습니다. 적절합니다.
  ○ "(보조 치료자들의 이름)이/가 저에 대해서 어떻게 생각했을 것 같나요?"
  ○ 대답: 신경 쓰이지 않습니다. 알아차리지 못했습니다.
  ○ "(보조 치료자들의 이름)이/가 저와 다시 이야기를 나누고 싶어 할 것 같나요?"
    ▪ 대답: 확실하지 않습니다. 이야기하고 싶어 할 수도 있습니다.

- 보조 치료자들에게 같은 **조망 수용 질문**을 한다.
- "어떤 기분이 들었나요?"
- "저에 대해서 어떻게 생각했나요?"
- "저와 이야기를 다시 나누고 싶나요?"

처음에는 받아들여졌으나 그 이후에 제외되었을 때 대화에서 빠져나오기 위한 단계

- 설명: "어떤 경우에는 처음에는 대화에 받아들여졌으나 몇 번 대화를 주고받은 뒤 어떤 이유에서든 대화에서 제외될 수 있습니다. 예를 들어 여러분이 대화에 처음 들어갔을 때는 사람들이 당신과 대화를 나누었으나 그 이후에 원을 닫고, 여러분의 말을 무시하고, 더 이상 여러분과 이야기를 하지 않거나 여러분을 쳐다보지 않는다는 것을 알게 될 수 있습니다. 이러한 경우에 아무 말도 하지 않고 떠나는 것은 어색해 보일 수 있습니다. 따라서 처음에는 받아들여졌으나 그 이후에 제외되었을 때 대화에서 빠져나오기 위한 다른 단계들이 있습니다."

1. 침착함을 유지한다.
- 설명: "처음에는 받아들여졌으나 그 이후에 제외되었을 때 대화에서 빠져나오기 위한 첫 번째 단계는 침착함을 유지하는 것입니다. 앞에서와 마찬가지로 침착함을 유지하고, 화를 내서는 안 됩니다."
- 질문: "만약 당신이 화를 낸다면 무엇이 문제가 될 수 있을까요?"
  - 대답: 그들은 당신이 이상하다고 생각할 것입니다. 앞으로 당신과 대화하고 싶어 할 가능성이 작아집니다. 그들은 다른 사람들에게 당신의 반응에 대해서 이야기할 것이고, 그 결과 당신의 평판이 나빠질 수 있습니다.

2. 다른 곳을 본다.
- 설명: "두 번째 단계는 마치 다른 일에 관심이 옮겨간 것처럼 천천히 다른 곳을 보는 것입니다."
- 질문: "여러분이 다른 곳을 보기 시작하는 것은 집단 사람들에게 어떤 의미일까요?"
  - 대답: 당신의 관심은 이제 다른 곳에 있다는 것을 의미합니다. 그들이 이야기하는 것에 대해서 당신은 더 이상 관심이 없다는 것을 의미합니다.

3. 대화가 짧게 멈출 때를 기다린다.
- 설명: "그다음 단계는 여러분이 무엇인가 말을 하기 전에 대화가 짧게 멈출 때를 기다리는 것입니다. 대화에 들어갈 때와 마찬가지로 대화가 완전히 멈추는 때는 없습니다. 집단에 크게 방해가 되지만 않도록 하면 됩니다."
- 질문: "당신이 무엇인가 말하기 전에 대화가 짧게 멈출 때를 기다리는 것이 중요한 이유는 무엇일까요?"
  - 대답: 당신이 대화를 방해하면 그들이 기분이 상할 수도 있습니다.
- 설명: "대화가 짧게 멈추는 순간이라는 것을 기억해야 합니다. 사람들이 원하지 않는다면 그 사람들 옆에 너무 오래 머무르지 않아야 합니다."

4. 짧은 꼬리말을 한다.
- 설명: "다음 단계는 대화에서 빠져나오기 위한 짧은 꼬리말을 하는 것입니다. 꼬리말이란 당신이 어떤 행동을 해야만 하는 이유를 알려주는 것임을 기억하기 바랍니다. 꼬리말의 예는 다음과 같습니다."
  - "음…… 난 이만 갈게."

- ○ "난 가봐야 할 것 같아."
- ○ "갈게, 안녕(잘 있어)."
- ○ "다음에 보자."
- 설명: 이때 꼬리말은 매우 짧아야 합니다. 왜냐하면 사실은 사람들은 더 이상 당신과 이야기를 나눌 생각이 없으므로 당신이 어디를 가든 별로 신경 쓰지 않을 것이기 때문입니다.
- 질문: 그 자리에서 떠나기 전에 짧은 꼬리말, 또는 일종의 알려주는 말을 해야 하는 이유는 무엇일까요?"
  - ○ 대답: 그들이 더 이상 당신과 이야기를 나누지 않더라도 대화에서 떠나려고 한다는 것을 알려주지 않고 빠져나온다면 이상하게 보일 수 있기 때문입니다.

5. 다른 곳으로 간다.

- 설명: "처음에는 받아들여졌으나 그 이후에 제외되었을 때 대화에서 빠져나오기 위한 마지막 단계는 다른 곳으로 걸어가는 것입니다."
- 질문: 사람들이 우리의 꼬리말에 무언가 대답을 할 때까지 기다린 다음에 다른 곳으로 가야 하나요?"
  - ○ 대답: 아니요. **짧은 꼬리말을 한 후에** 사람들의 대답을 기다리지 않습니다. 그저 자연스럽게 조용히 다른 곳으로 갑니다.

적절한 역할극: 처음에는 받아들여졌으나 그 이후에 제외되었을 때 대화에서 빠져나오기 ▶

[집단 치료자는 두 명의 보조 치료자와 함께 처음에는 받아들여졌으나 그 이후에 제외되었을 때 **대화에 들어가고 빠져나오기**의 적절한 역할극을 한다. 만약 보조 치료자가 한 명뿐이라면 (영어로 된 자료에 익숙하다면) PEERS® *Role Play Video Library*(www.routledge.com/cw/laugeson) 혹은 *FriendMaker* 모바일 앱에서 **처음에는 받아들여졌으나 그 이후에 제외되었을 때 대화에서 빠져나오기**의 적절한 역할극 동영상을 보여주고, 역할극 다음에 오는 **조망 수용 질문**을 할 수도 있다.]

- 치료자: "지금부터 또 다른 역할극을 보여드리겠습니다. 역할극을 잘 보고 제가 대화에 들어가고 빠져나올 때 무엇을 잘했는지 이야기해주세요."

적절한 역할극의 예

- ○ 집단 치료자: (몇 발짝 떨어져 서 있으면서 스마트폰을 본다.)
- ○ 보조 치료자 1: "안녕, (이름)아/야. 어떻게 지냈어?"
- ○ 보조 치료자 2: "난 잘 지냈어. 넌 어때?"
- ○ 보조 치료자 1: "나도 잘 지냈어. 너 애니메이션 좋아한다고 하지 않았니? 지난주에 애니메이션 페스티벌에 갔었어?"
- ○ 집단 치료자: (보조 치료자들을 쳐다보고 살짝 미소 짓는다.)
- ○ 보조 치료자 2: "어, 토요일에 갔었지. 굉장하더라. 너도 갔었어?"
- ○ 보조 치료자 1: "아니, 나는 가족들과 다른 일정이 있어서 가지 못했어. 하지만 다음 번에는 가볼까 생각하고 있어."
- ○ 집단 치료자: (다시 쳐다본다.)
- ○ 보조 치료자 2: "너 가게 되면 알려줘, 나도 또 가고 싶거든."

> ○ 보조 치료자 1: "응, 꼭 그럴게! 같이 가면 재미있겠다!"
> ○ 집단 치료자: (조금 더 다가서며, 대화가 짧게 멈추는 순간을 기다리고 보조 치료자 2를 쳐다보면서) "너희들 애니메이션 페스티벌에 갔었어?"
> ○ 보조 치료자 2: (쳐다보고 집단 치료자 쪽으로 몸을 돌린다.) "응."
> ○ 집단 치료자: "나도 애니메이션 좋아하는데, 진짜 가보고 싶었어!"
> ○ 보조 치료자 2: "가지 그랬어. 정말 재미있었어!"
> ○ 집단 치료자: "페스티벌은 어디서 열렸었어?"
> ○ 보조 치료자 2: "코엑스에서 했었어." (다른 곳을 보며, 몸을 돌리고, 원을 닫기 시작한다.)
> ○ 보조 치료자 1: (집단 치료자로부터 몸을 돌리며) "그래서 다음 번은 언제 한대?"
> ○ 집단 치료자: (다른 곳을 쳐다보기 시작한다.)
> ○ 보조 치료자 2: "확실하지 않지만, 내 생각에는 다음 달쯤일 것 같아."
> ○ 보조 치료자 1: "우리 언제쯤인지 알아보고 표를 사자."
> ○ 집단 치료자: (대화가 짧게 멈추는 순간을 기다리고) "얘들아, 나중에 보자." (다른 곳으로 걸어간다.)
> ○ 보지치료자 1 & 2: (자연스럽게 쳐다보며) "어, 그래. 또 보자."

- 치료자: "자, 여기까지입니다. 제가 대화에 들어가면서 무엇을 잘했지요?"
  - 대답: 대화를 귀 기울여 들었으며 거리를 두고 바라보았습니다. 소품을 사용했습니다. 주제를 확인했습니다. 공통의 관심사를 찾았습니다. 더 가까이 다가갔습니다. 대화가 짧게 멈출 때를 기다렸습니다. 주제에 대해 언급했습니다.
- 질문: (보조 치료자들의 이름)이/가 저와 이야기를 나누고 싶어 하는 것 같았나요?"
  - 대답: 처음에는 이야기를 나누고 싶어 하는 것 같았으나, 그 이후에 대화에서 제외했습니다.
- 질문: "그것을 어떻게 알 수 있었나요?"
  - 대답: 그들이 더 이상 **당신과 이야기**를 하지 않았습니다. 그들이 더 이상 **당신을 쳐다보지** 않았습니다. 원을 닫았습니다.
- 질문: "대화에서 빠져나올 때 제가 무엇을 잘했지요?"
  - 대답: **침착함을 유지**했습니다. **다른 곳을 쳐다봤**습니다. **대화가 짧게 멈출 때**를 기다렸습니다. **짧은 꼬리말**을 했습니다. **다른 곳으로 갔**습니다.
- 다음과 같은 **조망 수용 질문**을 한다.
  - "(보조 치료자들의 이름)이/가 어떤 기분이었을 것 같나요?"
    - 대답: 좋습니다. 적절합니다.
  - "(보조 치료자들의 이름)이/가 저에 대해서 어떻게 생각했을 것 같나요?"
    - 대답: 신경 쓰이지 않습니다. 아무렇지 않습니다.
  - "(보조 치료자들의 이름)이/가 저와 다시 이야기를 나누고 싶어 할 것 같나요?"
    - 대답: 아마도 그럴 것 같습니다.
- 보조 치료자들에게 같은 **조망 수용 질문**을 한다.
  - "어떤 기분이 들었나요?"

○ "저에 대해서 어떻게 생각했나요?"

○ "저와 이야기를 다시 나누고 싶나요?"

완전히 받아들여졌을 때 대화에서 빠져나오기

● 치료자: "우리는 때로 대화에 완전히 받아들여졌음에도 불구하고 대화에서 빠져나와야 할 때가 있습니다. 대화에 받아들여지지 않았을 때와 마찬가지로 이때도 따라야 할 구체적인 단계들이 있습니다."

부적절한 역할극 : 완전히 받아들여졌을 때 대화에서 빠져나오기 ▶

[집단 치료자는 두 명의 보조 치료자와 함께 완전히 받아들여졌을 때 **대화에서 빠져나오기**의 부적절한 역할극을 보여준다.]

● 치료자: "역할극을 잘 보고 제가 대화에서 빠져나올 때 무엇을 잘못했는지 이야기해주세요."

부적절한 역할극의 예

○ 보조 치료자 1 & 2, 집단 치료자: (서서 이야기를 하고 있다.)

○ 집단 치료자: "너희는 저번 주말에 뭐 했어?"

○ 보조 치료자 1: "새로 개봉한 SF 영화 봤는데, 갑자기 제목이 생각이 안 난다."

○ 보조 치료자 2: "지난 금요일에 개봉한 영화 말하는 거야?"

○ 보조 치료자 1: "응, 맞아."

○ 보조 치료자 2: "와, 나도 그거 보고 싶은데!"

○ 집단 치료자: "아, 네가 본 영화가 어떤 것인지 알 것 같아."

○ 보조 치료자 1: "너도 봤어?"

○ 집단 치료자: "응, 나도 지난 주말에 봤어."

○ 보조 치료자 2: "아, 진짜? 어땠어?"

○ 보조 치료자 1: "재미있었어. 난 좋았어. (집단 치료자를 향해) 너는 어땠어?"

○ 집단 치료자: "나도 시간 가는 줄 모르고 재미있게 봤어."

○ 보조 치료자 2: "나도 이번 주말에 보러 가야겠다."

○ 보조 치료자 1: "응, 꼭 가서 봐! 재미있어."

○ 집단 치료자: "진짜 재미있어. 꼭 봐!"

○ 보조 치료자 2: "응, 이번 주말에는 꼭 보러 갈 거야."

○ 보조 치료자 1 & 2: (대화가 길게 멈춘다.)

○ 집단 치료자: (어색하며, 갑자기 다른 곳으로 간다.)

○ 보조 치료자 1 & 2: (어리둥절해하며 서로를 쳐다본다.)

○ 보조 치료자 2: (혼란스러워하며) "왜 그냥 갔지?"

○ 보조 치료자 1: (혼란스러워하며) "나도 모르겠어."

○ 보조 치료자 1 & 2: (고개를 젓는다.)

● 치료자: "자, 여기까지입니다. 제가 대화에서 빠져나오면서 무엇을 잘못했지요?"

○ 대답: 갑작스럽게 다른 곳으로 갔습니다.

- 다음과 같은 **조망 수용 질문**을 한다.
  - ○ "(보조 치료자들의 이름)이/가 어떤 기분이었을 것 같나요?"
    - 대답: 혼란스럽습니다. 놀랐습니다. 어리둥절합니다.
  - ○ "(보조 치료자들의 이름)이/가 저에 대해서 어떻게 생각했을 것 같나요?"
    - 대답: 무례합니다. 이상합니다. 이해하기 어렵습니다.
  - ○ "(보조 치료자들의 이름)이/가 저와 다시 이야기를 나누고 싶어 할 것 같나요?"
    - 대답: 아니요. 짜증나서 그러지 않을 것 같습니다.
- 보조 치료자들에게 같은 **조망 수용 질문**을 한다.
  - ○ "어떤 기분이 들었나요?"
  - ○ "저에 대해서 어떻게 생각했나요?"
  - ○ "저와 이야기를 다시 나누고 싶나요?"

완전히 받아들여졌을 때 대화에서 빠져나오기 위한 단계
- 설명: "갑작스럽게 다른 곳으로 가면서 대화에서 빠져나오는 것보다는 완전히 받아들여졌을 때 대화에서 빠져나오는 단계들을 따라야 합니다."

1. 대화가 짧게 멈출 때를 기다린다.
- 설명: 완전히 받아들여졌을 때 대화에서 빠져나오기 위한 첫 번째 단계는 떠나기 위해 무엇인가 말하기 전에 대화가 짧게 멈출 때를 기다리는 것입니다."
- 질문: "무엇인가를 말하기 전에 대화가 짧게 멈출 때를 기다리는 것이 중요한 이유는 무엇인가요?"
  - ○ 대답: 급한 상황이 아니라면 다른 사람을 방해하는 것은 무례하기 때문입니다.

2. 구체적인 꼬리말을 한다.
- 설명: "다음 단계는 그 자리에서 떠나려는 이유를 알려주는 구체적인 꼬리말을 하는 것입니다. 이때는 당신이 대화에 완전히 받아들여진 상태이므로 꼬리말은 구체적이고 조금 더 길어야 합니다."
- 질문: "만약 당신이 '이만 갈게.'라고만 하면 친구들이 어떻게 생각할까요?"
  - ○ 대답: 그들은 당신이 그들과 이야기를 나누고 싶어 하지 않는다고 생각할 수 있습니다. 당신이 어디에 가는지 궁금해할 수 있습니다. 실제로 당신에게 "어디 가?"라고 물어볼 수 있습니다.
- 설명: 대신 '나 이제 수업에 가봐야 할 것 같아.', '나는 이제 집에 가야 할 것 같아.' 혹은 '점심 시간 끝나서 가봐야 할 것 같아.' 등의 예와 같이 조금 더 구체적일 필요가 있습니다. 이런 경우에는 그 자리에서 떠나야 하는 구체적인 이유를 알려주어야 친구들이 혼란스러워하거나 기분 나빠하지 않을 것입니다.

3. 나중에 보자고 한다.
- 설명: "만약 친구들을 다시 만날 계획이라면 그다음 단계는 보통 '다음에 또 이야기하자.' 혹은 '다음에 또 봐.'와 같이 말하는 것입니다."
- 질문: '다음에 또 이야기하자.' 혹은 '다음에 또 보자.'와 같이 말하는 것이 좋은 이유는 무엇일까요?"
  - ○ 대답: 당신이 그들과 다시 만나고 싶어 한다는 것을 보여줍니다. 그리고 당신이 원해서가 아니라 가야만 하기 때문에 대화에서 빠져나온다는 것을 친구들에게 알리는 것입니다.

4. 작별인사를 한다.

- 설명: "다음 단계는 작별인사를 하는 것입니다. 어떤 사람들은 손을 흔들 수 있습니다."
- 질문: "떠나기 전에 작별인사를 하는 것이 중요한 이유는 무엇인가요?"
  - 대답: 친절한 행동입니다. 인사를 하지 않고 그냥 다른 곳으로 가는 것보다 덜 갑작스럽습니다.

5. 다른 곳으로 간다.

- 설명: "완전히 받아들여졌을 때 대화에서 빠져나오기 위한 마지막 단계는 다른 곳으로 가는 것입니다. 이 경우 위의 규칙을 모두 따랐다면 다른 곳으로 가는 것이 친구들에게 무례하거나 갑작스럽게 보이지 않을 것입니다."

적절한 역할극: 완전히 받아들여졌을 때 대화에서 빠져나오기 ▶

[집단 치료자는 두 명의 보조 치료자와 함께 완전히 받아들여졌을 때 **대화에서 빠져나오기**의 적절한 역할극을 한다.]

- 치료자: "역할극을 잘 보고 제가 대화에서 빠져나올 때 무엇을 잘했는지 이야기해주세요."

적절한 역할극의 예

○ 보조 치료자 1 & 2, 집단 치료자: (서서 이야기를 하고 있다.)

○ 집단 치료자: "너희는 저번 주말에 뭐 했어?"

○ 보조 치료자 1: "새로 개봉한 SF 영화 봤는데, 갑자기 제목이 생각이 안 난다."

○ 보조 치료자 2: "지난 금요일에 개봉한 영화 말하는 거야?"

○ 보조 치료자 1: "응, 맞아."

○ 보조 치료자 2: "와, 나도 그거 보고 싶은데!"

○ 집단 치료자: "아, 네가 본 영화가 어떤 것인지 알 것 같아."

○ 보조 치료자 1: "너도 봤어?"

○ 집단 치료자: "응, 나도 지난 주말에 봤어."

○ 보조 치료자 2: "아, 진짜? 어땠어?"

○ 보조 치료자 1: "재미있었어. 난 좋았어. (집단 치료자를 향해) 너는 어땠어?"

○ 집단 치료자: "나도 시간 가는 줄 모르고 재미있게 봤어."

○ 보조 치료자 2: "나도 이번 주말에 보러 가야겠다."

○ 보조 치료자 1: "응, 꼭 가서 봐! 재미있어."

○ 집단 치료자: "진짜 재미있어. 꼭 봐!"

○ 보조 치료자 2: "응, 이번 주말에는 꼭 보러 갈 거야."

○ 집단 치료자: (다른 곳을 바라보며 대화가 짧게 멈추는 순간을 기다린다.) "애들아, 나 이제 점심 시간이 끝나가서 가봐야 할 것 같아."

○ 보조 치료자 2: "응, 알겠어."

○ 보조 치료자 1: "그래, 가봐."

> ○ 집단 치료자: "다음에 또 보자, 안녕." (웃으면서 손을 흔들고 자연스럽게 다른 곳으로 걸어간다.)
>
> ○ 보조 치료자 2: (웃으면서 손을 흔든다.) "안녕, 다음에 봐."
>
> ○ 보조 치료자 1: (웃으면서 손을 흔든다.) "안녕."

- 치료자: "자, 여기까지입니다. 제가 대화에서 빠져나오면서 무엇을 잘했지요?"
  - 대답: 대화가 짧게 멈출 때를 기다렸습니다. 구체적인 꼬리말을 했습니다. 나중에 보자고 했습니다. 작별인사를 했습니다. 다른 곳으로 갔습니다.
- 다음과 같은 **조망 수용 질문**을 한다.
  - "(보조 치료자들의 이름)이/가 어떤 기분이었을 것 같나요?"
    - 대답: 좋습니다. 재미있습니다. 괜찮습니다. 관심이 갑니다.
  - "(보조 치료자들의 이름)이/가 저에 대해서 어떻게 생각했을 것 같나요?"
    - 대답: 친절합니다. 관심이 가는 사람입니다. 괜찮은 사람입니다.
  - "(보조 치료자들의 이름)이/가 저와 다시 이야기를 나누고 싶어 할 것 같나요?"
    - 대답: 예. 분명 그럴 것 같습니다.
- 보조 치료자들에게 같은 **조망 수용 질문**을 한다.
  - "어떤 기분이 들었나요?"
  - "저에 대해서 어떻게 생각했나요?"
  - "저와 이야기를 다시 나누고 싶나요?"
- 설명: "지금까지 각각 다른 상황에서 대화에서 빠져나오기 단계를 배웠습니다. 여러분이 가지고 온 개인 물건을 가지고 정보 교환을 하면서 이것을 연습할 것이며, 이번 주에 주어지는 과제를 통해서도 이것을 연습할 것입니다."

행동 연습

대화에 들어가고 빠져나오기

필요한 자료

- 다른 집단 구성원들과 **정보 교환**을 위한 **개인 물건**을 가져온다.
- 성인이 개인 물건을 가져오는 것을 잊었을 경우
  - ○ 음악이나 사진이 들어 있는 스마트폰을 사용해도 된다.
  - ○ 취미와 관련된 로고가 그려진 티셔츠를 사용해도 된다.
  - ○ **개인 물건**이 없더라도 자신의 관심사에 대해서 이야기하면 된다.

행동 연습

- 성인들을 작은 그룹으로 나눈다(3명 미만으로는 하지 않는다).
- 성인들이 **개인 물건**을 가지고 **정보 교환**을 하는 동안에 여러 사람이 하는 **대화에 들어가고 빠져나오기**를 연습하게 한다.
- **개인 물건**을 가지고 **정보 교환**을 하는 성인들에게는
  - ○ **정보 교환**을 하면서 **공통의 관심사 찾기**를 격려한다.
  - ○ 대화에 들어가려는 성인을 대화에 받아들여야 한다고 말한다.
  - ○ 행동 연습을 하는 동안에 또래를 거절하는 상황을 연기하게 하지 않는다.
- **여러 사람이 하는 대화에 들어가고 빠져나오기**를 연습하는 성인에게는
  - ○ 연습을 하게 되는 성인은 연습하기 전에 집단 밖에서 따로 **대화에 들어가고 빠져나오기**의 단계들을 말로 이야기해보도록 한다(처음에는 칠판을 봐야 할 수도 있다).
  - ○ **대화에서 빠져나오기**에서는 세 가지 상황이 연출될 수 있다. 만약 세 가지 모두 연습할 시간이 없다면(아마도 없을 가능성이 클 것이다) 가장 어려운 **전혀 받아들여지지 않았을 때 대화에서 빠져나오기**를 가정하여 연습한다.
    - ■ 일반적으로 꼬리말을 하는 것은 어렵지 않다. 그러나 대화에 전혀 받아들여지지 않았을 때 **침착함을 유지하고, 다른 곳을 보고, 돌아서고, 다른 곳으로 가는 것**은 조금 더 어려울 수 있다.
  - ○ 성인이 **여러 사람이 하는 대화에 들어가기**의 구체적인 단계를 이야기할 수 있도록 다음과 같은 **사회성 코칭 질문** 중 몇 개를 사용하여 소크라테스식 질문을 제공해야 할 수도 있다.
    - ■ 귀로 무엇을 하면 될까요?
    - ■ 무엇을 들어야 할까요?
    - ■ 눈으로 무엇을 해야 할까요?
    - ■ 사람들을 빤히 쳐다봐야 할까요?
    - ■ 대화를 들으면서 무엇을 할 수 있을까요?
    - ■ 방 건너편에서 여러 사람이 하는 대화에 참여해야 할까요?
    - ■ 여러 사람이 하는 대화에 무작정 끼어들까요, 아니면 어떨 때를 기다려야 할까요?
    - ■ 대화가 완전히 멈추는 때가 있을까요?
    - ■ 여러 사람이 하는 대화에 들어가면 무엇에 관해서 이야기해야 할까요?

○ 다른 집단 구성원들이 **개인 물건**을 가지고 **정보 교환**을 하는 동안 성인이 각~ 근 단계를 이용하여 **여러 사람이 하는 대화에 들어가기**를 연습하게 한다.

○ 단계를 따르는 것을 어려워한다면 다음의 **사회성 코칭 질문** 중 몇 개를 사용하여 소크라테스식 질문을 제공해야 할 수도 있다.

■ 사람들이 무엇에 관해 대화를 나누고 있는지 알고 있나요?

■ 그 주제에 대해서 아는 것이 있나요?

□ [주: 성인이 잘 모르는 주제라면 대화에 끼어들지 않았다는 것을 칭찬하고 성인이 알고 있는 주제로 바꾸게 한다.]

■ 대화를 듣는 동안 소품을 사용할 건가요?

■ 대화에 들어가기 전에 어떨 때를 기다려야 할까요?

■ 대화가 완전히 멈추는 때가 있을까요?

■ 대화에 들어가기 전에 좀 더 가까이 다가가야 할까요?

■ 대화에 끼어들 때 대화 주제에 맞는 이야기를 해야 할까요?

● **여러 사람이 하는 대화에 들어가기** 시도를 부적절하게 한 경우에는 "여기에서 잠깐!"을 외치고, 어떻게 하면 좀 더 적절하게 여러 사람이 하는 대화에 들어갈 수 있을지 피드백을 제공하면서 부드럽게 실수를 바로잡아 준다.

○ 성인이 성공적으로 단계를 따를 때까지 다시 하게 한다.

● 성인이 성공적으로 대화에 들어갔다면 "여기까지입니다."를 외치고 다음과 같이 말한다.

○ "여기까지입니다! 여러 사람이 하는 대화에 들어가기 위한 단계를 잘 따랐습니다. 지금부터는 다른 집단 구성원들이 당신을 대화에 전혀 받아들이지 않았다고 가정해봅시다. 대화에 전혀 받아들여지지 않았을 때는 어떤 단계를 따라야 하나요?"

○ **대화에 전혀 받아들여지지 않았을 때 대화에서 빠져나오기** 단계를 성인이 확인할 수 있도록 다음에 제시된 **사회성 코칭 질문** 중 몇 개를 사용하여 소크라테스식 질문을 제공해야 할 수도 있다.

■ "화를 내야 할까요?"

■ "사람들을 계속 쳐다봐야 할까요?"

■ "어느 쪽을 향해 서 있어야 할까요?"

■ "계속 그들 주변에 머물러 있어야 할까요?"

● **대화에서 빠져나오기** 시도를 부적절하게 했다면 "여기에서 잠깐!"을 외치고, 어떻게 하면 좀 더 적절하게 여러 사람이 하는 대화에 들어갈 수 있을지 피드백을 제공하면서, 부드럽게 실수를 바로잡아 줄 수 있는 기회로 삼는다.

○ 성인이 성공적으로 단계를 따를 때까지 다시 하게 한다.

○ 만약 성인이 빠져나오기의 단계들을 따르는 데 움직임이 뻣뻣해 보인다면(즉, 거의 로봇 같은 움직임을 보임) 다음과 같이 말해줄 수 있다. "약간 경직된 것 같아 보입니다. 아주 천천히 다른 곳으로 걸어가는 것은 어떨까요?" 이렇게 말하면 아마 성인이 조금 더 자연스럽게 움직일 수 있을 것이다.

● 성인이 성공적으로 **대화에서 빠져나왔다면** "여기까지입니다."를 외치고 다른 성인들이 박수를 쳐주도록 한다.

● 모든 성인이 적어도 한 번씩은 **대화에 들어가고 빠져나오기**를 연습하게 한다.

다시 만나기

- 성인들에게 사회성 코치와 다시 만날 것이라고 안내한다.
  - ○ 성인들은 각자의 사회성 코치 곁에 서 있거나 앉아 있는다.
  - ○ 다시 만나기 시간이 시작되기 전에 조용히 하고 집단에 완전히 집중하게 한다.
  - ○ 사회성 코치들이 옆에서 듣고 있을 동안에 성인들이 이번 회기에서 배웠던 내용을 이야기하게 한다.
- 치료자: "오늘 우리는 대화에서 빠져나오기에 관한 규칙과 단계에 대해서 배웠습니다. 따라야 하는 단계들은 무엇인가요?"(표 8.2 참조)
  - ○ "전혀 받아들여지지 않았을 때……"
  - ○ "처음에는 받아들여졌으나 그 이후에 제외되었을 때……"
  - ○ "완전히 받아들여졌을 때……"

표 8.2 대화에서 빠져나오기 위한 단계

전혀 받아들여지지 않았을 때	처음에는 받아들여졌으나 그 이후에 제외되었을 때	완전히 받아들여졌을 때
1. 침착함을 유지한다.	1. 침착함을 유지한다.	1. 대화가 짧게 멈출 때를 기다린다.
2. 다른 곳을 본다.	2. 다른 곳을 본다.	2. 구체적인 꼬리말을 한다.
3. 돌아선다.	3. 대화가 짧게 멈출 때를 기다린다.	3. 나중에 보자고 한다.
4. 다른 곳으로 걸어간다.	4. 짧은 꼬리말을 한다.	4. 작별인사를 한다.
	5. 다른 곳으로 간다.	5. 다른 곳으로 간다.

- 치료자: "이번 회기에서 사람들이 개인 물건을 가지고 정보 교환을 하는 동안 성인들은 여러 사람이 하는 대화에 들어가고 빠져나오기를 연습했으며 아주 훌륭히 수행했습니다. 다 같이 박수를 쳐줍시다."

과제 안내하기

성인들에게 **사회성 코칭 유인물**을 나눠주고 다음과 같이 과제를 안내한다.

1. 사회성 코치가 포함된 **여러 사람이 하는 대화에 들어가고 빠져나오기**를 연습한다.
   - 성인은 사회성 코치와 (성인을 대화에 받아들여줄) 또 다른 사람이 포함된 **여러 사람이 하는 대화에 들어가고 빠져나오기** 연습을 한다.
     - ○ **전혀 받아들여지지 않았을 때** 대화에서 빠져나오기를 연습한다.
     - ○ **처음에는 받아들여졌으나 그 이후에 제외되었을 때** 대화에서 빠져나오기를 연습한다.
     - ○ **완전히 받아들여졌을 때** 대화에서 빠져나오기를 연습한다.
   - 연습 전에 사회성 코치들은 **여러 사람이 하는 대화에 들어가고 빠져나오기** 규칙과 단계를 점검한다.
   - 각 연습이 끝나면 사회성 코치들은 성인들에게 다음과 같은 **사회성 코칭 질문**을 한다.
     - ○ 우리가 당신과 이야기를 하고 싶어 하는 것 같았나요?
     - ○ 그것을 어떻게 알 수 있었나요?

2. 또래들끼리 하고 있는 **여러 사람이 하는 대화에 들어가기**를 연습한다(새로운 **친구를 사귈 수 있는 곳**에서 만난 친구와 해도 된다).

- 연습 전에 사회성 코치들은 **여러 사람이 하는 대화에 들어가고 빠져나오기** 규칙과 단계를 점검한다.
- 자연스럽게 빠져나와야 할 필요가 있는 상황이 아니라면 **대화에서 빠져나오기**는 공식적인 과제가 아니다.
- 연습을 한 이후에 사회성 코치들은 성인들에게 다음과 같은 **사회성 코칭 질문**을 한다.
  - 어디서 누구와의 대화에 들어갔나요?
  - 어떤 단계를 따랐나요?
  - 그들이 당신과 이야기를 나누고 싶어 하는 것 같았나요? 그것을 어떻게 알 수 있었나요?
  - 대화에서 빠져나왔나요? 어떤 단계를 따랐나요?

3. 유머에 대한 반응에 주의를 기울인다.

- 만약 성인이 유머를 사용한다면 (유머를 사용하는 것이 과제는 아니다) 유머에 대한 반응에 주의를 기울인다.
- 성인이 유머를 사용한 이후에 사회성 코치는 성인에게 개별적으로 다음과 같은 **사회성 코칭 질문**을 한다.
  - 당신의 유머에 대한 반응은 무엇이었나요?
  - 그것을 어떻게 알 수 있었나요?

개별적으로 확인하기

각각의 성인 및 사회성 코치들이 각자 개별적으로 다음과 같은 내용들을 협의한다.

1. 사회성 코치가 포함된 **여러 사람이 하는 대화에 들어가고 빠져나오기**를 언제 연습할 것인지
   - 성인이 편하게 연습할 수 있는 또 다른 사람에는 누가 있는지

2. 또래들끼리 하고 있는 **여러 사람이 하는 대화에 들어가기**를 어디서, 언제, 누구와 연습할 것인지
   - 그 집단이 성인을 받아들여줄 만한 **사회적 집단**인지 그리고 그것을 어떻게 알 수 있는지

사회성 코칭 유인물

대화에 받아들여지지 않는 이유

표 8.1 대화에 받아들여지지 않는 이유

받아들여지지 않는 이유	다음 번에는 무엇을 다르게 해야 할까?
자기들끼리 사적인 대화를 하고 싶어 한다.	이후에 다시 시도하고 대화에 참여하기 전에 대화를 귀 기울여 듣는다.
그들이 무례하거나 심술궂다.	다른 집단에 시도한다.
대화에 들어가기 규칙 중 하나를 잘 지키지 못했다.	규칙에 따라 다시 시도해본다.
너무 개인적인 이야기를 했다.	다른 집단에 시도하되 너무 개인적이지 않게 한다.
그들만의 친한 또래집단이며, 새로운 친구를 만들고 싶어 하지 않는다.	다른 집단에 시도한다.
당신이 잘 알지 못하는 것에 대한 이야기를 하고 있는 중이다.	당신이 잘 아는 것에 대해 이야기를 나누고 있는 다른 집단에 시도한다.
그 사람들에게 당신의 평판이 좋지 않다.	당신의 평판을 모르거나 그것에 신경 쓰지 않는 다른 집단에 시도한다.
당신이 대화에 참여하려고 한다는 것을 그들이 알아차리지 못했다.	규칙에 따라서 다른 집단에 시도한다.

대화에서 빠져나오기 위한 단계

표 8.2 대화에서 빠져나오기 위한 단계

전혀 받아들여지지 않았을 때	처음에는 받아들여졌으나 그 이후에 제외되었을 때	완전히 받아들여졌을 때
1. 침착함을 유지한다.	1. 침착함을 유지한다.	1. 대화가 짧게 멈출 때를 기다린다.
2. 다른 곳을 본다.	2. 다른 곳을 본다.	2. 구체적인 꼬리말을 한다.
3. 돌아선다.	3. 대화가 짧게 멈출 때를 기다린다.	3. 나중에 보자고 한다.
4. 다른 곳으로 걸어간다.	4. 짧은 꼬리말을 한다.	4. 작별인사를 한다.
	5. 다른 곳으로 간다.	5. 다른 곳으로 간다.

과제 안내하기

1. 사회성 코치가 포함된 **여러 사람이 하는 대화에 들어가고 빠져나오기**를 연습한다.
   - 성인은 사회성 코치와 (성인을 대화에 받아들여줄) 또 다른 사람이 포함된 **여러 사람이 하는 대화에 들어가고 빠져나오기**를 연습한다.
     - 전혀 받아들여지지 않았을 때 대화에서 빠져나오기를 연습한다.
     - 처음에는 받아들여졌으나 그 이후에 제외되었을 때 대화에서 빠져나오기를 연습한다.
     - 완전히 받아들여졌을 때 대화에서 빠져나오기를 연습한다.
   - 연습 전에 사회성 코치들은 **여러 사람이 하는 대화에 들어가고 빠져나오기** 규칙과 단계를 점검한다.
   - 각 연습이 끝나면 사회성 코치들은 성인들에게 다음과 같은 **사회성 코칭 질문**을 한다.

○ 우리가 당신과 이야기를 하고 싶어 하는 것 같았나요?

○ 그것을 어떻게 알 수 있었나요?

2. 또래들끼리 하고 있는 **여러 사람이 하는 대화에 들어가기**를 연습한다(새로운 **친구를 사귈 수 있는 곳**에서 만난 친구와 해도 된다).

● 연습 전에 사회성 코치들은 **여러 사람이 하는 대화에 들어가고 빠져나오기** 규칙과 단계를 점검한다.

● 자연스럽게 빠져나와야 할 필요가 있는 상황이 아니라면 **대화에서 빠져나오기**는 공식적인 과제가 아니다.

● 연습을 한 이후에 사회성 코치들은 성인들에게 다음과 같은 **사회성 코칭 질문**을 한다.

○ 어디서 누구와의 대화에 들어갔나요?

○ 어떤 단계를 따랐나요?

○ 그들이 당신과 이야기를 나누고 싶어 하는 것 같았나요? 그것을 어떻게 알 수 있었나요?

○ 대화에서 **빠져나왔어야** 했나요? 어떤 단계를 따랐나요?

3. 유머에 대한 반응에 주의 기울이기

● 만약 성인이 유머를 사용한다면 (유머를 사용하는 것이 과제는 아니다) 유머에 대한 반응에 주의를 기울인다.

● 성인이 유머를 사용한 이후에 사회성 코치는 성인에게 개별적으로 다음과 같은 **사회성 코칭 질문**을 한다.

○ 당신의 유머에 대한 반응은 무엇이었나요?

○ 그것을 어떻게 알 수 있었나요?

* 각 사회성 기술에 관한 역할극 동영상은 *The Science of Making Friends* DVD(Laugeson, 2013) 혹은 *FriendMaker* 모바일 앱을 통해 볼 수 있다.

주요 용어

구체적인 꼬리말	완전히 받아들여졌을 때	처음에는 받아들여졌으나 그 이후에 제외되었을 때
대화가 완전히 멈추는 때	전혀 받아들여지지 않았을 때	
대화에서 빠져나오기	짧은 꼬리말	침착함 유지하기

함께 어울리기

사회성 코치 치료자 가이드

사회성 코치 회기 준비하기

이번 회기는 성인들이 친구들과 **함께 어울리기**를 계획하고 성공적으로 수행할 수 있도록 도와주는 것에 초점을 둔다. **새로운 친구를 사귈 수 있는 곳 찾기**에 실패한 성인에게 이번 회기의 가장 큰 난관은 **함께 어울리기**를 할 수 있는 친구를 찾는 것이다. 이러한 상황에서는 문제의 원인을 찾아야 하는데, 이를 위해 집단 치료자는 사회성 코치들이 또래들로부터 성인이 받아들여졌는지를 평가하거나 다른 잠재적인 원인을 평가할 수 있도록 도와야 한다. **새로운 친구를 사귈 수 있는 곳**을 찾지 못하는 이유는 보통 다음과 같다.

1. **공통의 관심사를 가진 친구를 찾지 못함.** 이는 성인들이 **함께 어울리기**를 할 수 있는 친구를 찾지 못하는 가장 흔한 이유일 것이다. 이런 경우에 제일 먼저 제공해야 할 사회성 코칭은 **새로운 친구를 사귈 수 있는 곳**을 찾을 수 있도록 도와주는 것이다. **새로운 친구를 사귈 수 있는 곳**을 찾을 때까지 한 주 더 이 과제를 부여한다. 성인이 적절한 사회적 모임을 찾을 수 있도록 성인과 성인의 사회성 코치에게 적절한 사회적 모임을 찾을 수 있는 웹사이트(예: www.meetup.com) 같은 것을 제시해주는 것이 좋다.

2. **부적절한 친구들을 선택하여 거절을 당함.** 성인들이 함께 어울리기를 하지 못하는 다른 이유 중 하나는 부적절한 친구들을 선택하는 경우이다. 어떤 성인들은 자신에게 관심이 없는 사람들과 친구가 되려고 시도한다. 그 결과는 **또래로부터 거절을 당하는 것**이다. 만약 성인이 거절당하고 있는지 여부가 확실하지 않다면, 사회성 코치는 이를 빨리 판단하기 위해 성인에게 [표 4.3]에 있는 사회적 모임으로부터 받아들여졌는지 혹은 받아들여지지 않았는지를 알 수 있는 신호를 다시 확인하게 한다. 만약 사회성 코치가 성인이 거절을 당하고 있다고 판단했다면 사회성 코치는 성인에게 다음과 같은 사항을 상기시켜 주는 것이 도움이 될 수 있다. "우정은 선택입니다. 우리는 모든 사람과 친구가 될 수 없으며, 또한 모든 사람이 우리와 친구가 될 수 있는 것이 아닙니다. 어떤 사람이 좋은 선택이 될 수 있는지 함께 확인합시다." 그리고 성인이 더 수용적인 **새로운 친구를 사귈 수 있는 곳**을 찾을 수 있도록 도와준다.

3. **친구들 사이에서 나쁜 평판이 있음.** 새로운 친구를 사귈 수 있는 곳을 찾을 때 방해가 될 수 있는 또 다

른 어려움은 성인이 좀 더 큰 동료집단에서 나쁜 평판을 갖고 있는 것이다. 이것도 **또래들로부터의 거절**과 관련되어 있으며 그 범위가 좀 더 넓다. 사람들이 나쁜 평판을 얻는 이유는 다양하다. 예를 들어서 **대화를 독차지하거나, 이래라저래라 하거나, 자랑하거나, 사사건건 따지는 것**과 같이 사람들이 싫어하는 행동을 할 때 나쁜 평판을 얻을 수 있다. 나쁜 평판과 같은 문제는 청소년 사이에서 더 흔한 문제이기는 하지만 성인 또한 종종 나쁜 평판으로 인해 외로움을 겪는다. 현재 속해 있는 또래집단을 피하기 어렵다면, 그다음 단계는 아마 나쁜 평판을 바꿀 수 있도록 노력하는 것이 될 것이다. 영어로 된 자료에 익숙하다면 매뉴얼에 제시되어 있지는 않지만, 나쁜 평판을 바꾸기 위한 생태학적으로 타당한 단계들은 *The Science of Making Friends: Helping Socially Challenged Teens and Young Adults*(Laugeson, 2013)를 참조해 볼 수 있다. 조금 더 공식적인 집단 프로그램이 필요하다면 부모와 함께하는 **자폐스펙트럼장애 청소년 사회기술훈련**(유희정 역, 2013)을 참조할 수 있으며, 영어로 된 자료에 익숙하다면 *Social Skills for Teenagers with Developmental and Autism Spectrum Disorders: The PEERS® Treatment Manual*(Laugeson & Frankel, 2010) 편 혹은 *The PEERS® Curriculum for School-Based Professionals: Social Skills Training for Adolescents with Autism Spectrum Disorder*(Laugeson, 2014)를 참조해볼 수도 있다.

4. **성인이 회기에서 배운 기술을 사용하지 않음.** 성인들이 **함께 어울리기**를 할 친구를 찾지 못하는 또 다른 흔한 이유는 성인이 회기에서 배운 기술을 집단 밖에서 사용하지 않는 것이다. 이보다 조금 덜 보편적인 이유이기는 하지만 불안이 심하거나 치료에 저항이 있는 성인들과 같은 경우에도 PEERS®에서 배운 기술을 다른 곳에서 사용하기 어려울 수 있다. 이런 이유들을 대부분 과제를 완료해 오지 않는 것을 통해 파악할 수 있다. 이와 같은 경우에는 사회성 코치 및 성인과 함께 **개별적 면담**을 통해 다음과 같이 상기시켜 주는 것이 중요하다. "당신의 목표가 친구를 사귀고 그 관계를 유지하는 것이라면 이러한 기술들을 연습하고 과제를 완수해야 합니다." 이러한 **개별적 면담**을 어떻게 진행하는지 다시 복습하고 싶다면 7회기의 사회성 치료자 가이드의 사회성 코치 회기 준비하기를 확인한다.

이와 같은 문제들을 해결하고 적절한 친구를 찾는 동안에 새로운 친구를 사귈 수 있는 곳 찾기에 어려움을 겪는 성인들에게는 예전에 사귀었던 친한 친구 혹은 비슷한 나이의 친척과 함께 어울리기를 할 수 있도록 격려하는 것도 방법이 될 수 있다. 가까운 문화에서는 가족 밖에서 친구를 사귀는 것이 극히 드문 현상일 수 있기 때문에 적절할 경우에는 융통성 있게 가족범위 내에서 친구가 되어 함께 어울릴 수 있게 한다.

과제 점검

[다음의 과제를 검토하고 발생 가능한 **문제해결**을 의논한다. 성공적으로 과제를 완수한 사람부터 시작한다. 시간이 된다면 (과제를 다 하지 못한 사람들에게) 왜 과제를 완수할 수 없었는지 이유를 질문할 수 있으며, 다음 주에 어떻게 이것을 할 수 있을지에 대한 **문제해결**을 시도해볼 수 있다. 과제를 점검하는 동안에는 반드시 (볼드체로 표시된) 우리끼리 단어를 사용한다. 사회성 코치가 포함된 **여러 사람이 하는 대화에 들어가고 빠져나오기** 및 또래들끼리 하고 있는 **여러 사람이 하는 대화에 들어가기**가 이번 회기의 가장 중요한 과제이므로 과제 점검 시간 대부분을 여기에 할애한다.]

1. 사회성 코치가 포함된 **여러 사람이 하는 대화에 들어가고 빠져나오기**를 연습한다.
   ● 치료자: "이번 주의 주요 과제 중 하나는 성인들이 당신과 또 다른 사람이 포함된 대화에 들어가고 빠져

나오기를 연습하는 것이었습니다. 이번 과제를 완수했거나 완수하고자 노력하신 분이 있나요?"

- 질문
  - "당신과 당신의 성인은 누구와 연습했나요?"
  - "연습 전에 어떤 사회성 코칭을 했나요?"
  - "당신의 성인은 여러 사람이 하는 대화에 들어가기 위해 어떤 단계들을 따랐나요?"
    1. 대화를 귀 기울여 듣는다.
    2. 거리를 두고 지켜본다.
    3. 소품을 사용한다.
    4. 주제를 확인한다.
    5. 공통의 관심사를 찾는다.
    6. 더 가까이 다가간다.
    7. 대화가 짧게 멈출 때를 기다린다.
    8. 주제를 언급한다.
    9. 관심을 평가한다.
    10. 자신을 소개한다.
  - "당신의 성인은 대화에서 빠져나오기 위해 어떤 단계들을 따랐나요?"
  - "연습을 한 이후에 어떤 사회성 코칭을 했나요?"
    - 적절한 사회성 코칭 질문
      - 우리가 당신과 이야기를 나누고 싶어 하는 것처럼 보였나요?
      - 그것을 어떻게 알 수 있었나요?

2. 또래들끼리 하고 있는 **여러 사람이 하는 대화에 들어가기**를 연습한다(새로운 친구를 사귈 수 있는 곳에서 만난 친구와 해도 된다).
   - 치료자: "이번 주 또 다른 주요 과제 중 하나는 성인들이 또래들끼리 하고 있는 여러 사람이 하는 대화에 들어가는 것을 연습하는 것이었습니다. 이번 과제를 완수했거나 완수하고자 노력하신 분이 있나요?"
   - 질문
     - "당신의 성인은 어디서 누구와 연습했나요?"
     - "연습 전에 어떤 사회성 코칭을 했나요?"
     - "성인이 어떤 단계들을 따랐나요?"

표 9.1 대화에서 빠져나오기 위한 단계

전혀 받아들여지지 않았을 때	처음에는 받아들여졌으나 그 이후에 제외되었을 때	완전히 받아들여졌을 때
1. 침착함을 유지한다.	1. 침착함을 유지한다.	1. 대화가 짧게 멈출 때를 기다린다.
2. 다른 곳을 본다.	2. 다른 곳을 본다.	2. 구체적인 꼬리말을 한다.
3. 돌아선다.	3. 대화가 짧게 멈출 때를 기다린다.	3. 나중에 보자고 한다.
4. 다른 곳으로 걸어간다.	4. 짧은 꼬리말을 한다.	4. 작별인사를 한다.
	5. 다른 곳으로 간다.	5. 다른 곳으로 간다.

- ○ "연습한 이후에 어떤 사회성 코칭을 했나요?"
  - ■ 적절한 사회성 코칭 질문
    - □ 어디서 누구와의 대화에 들어갔나요?
    - □ 어떤 단계들을 따랐나요?
    - □ 그들이 당신과 이야기를 나누고 싶어 하는 것 같았나요? 그것을 어떻게 알 수 있었나요?
    - □ 대화에서 **빠져나왔어야** 했나요? 어떤 단계들을 따랐나요?

3. **유머에 대한 반응에 주의를 기울인다.**
   - ● 치료자: "이번 주 또 다른 과제는 유머에 대한 반응에 주의를 기울이는 것이었습니다. 성인이 유머를 사용할 때 그들이 자신의 유머에 대한 반응에 주의를 기울일 수 있도록 하는 것이 여러분의 과제였습니다. 유머를 하는 것이 과제는 아니었습니다. 이 과제를 완수했거나 완수하고자 노력하신 분이 있나요?"
   - ● 질문
     - ○ "당신의 성인은 유머를 사용했나요? 했다면 자신의 유머에 대한 반응에 주의를 기울였나요?"
     - ○ "유머에 대한 반응에 주의 기울이기와 관련하여 어떤 사회성 코칭을 제공했나요?"
       - ■ 적절한 사회성 코칭 질문
         - □ 당신의 유머에 대한 반응은 무엇이었나요?
         - □ 그것을 어떻게 알 수 있었나요?

- ● [사회성 코치 과제 기록지를 수거한다. 만약 사회성 코치가 과제 기록지 가져오는 것을 잊어버렸다면, 과제를 책임지고 할 수 있게 새로운 용지에 완성하게끔 한다.]

교육: 함께 어울리기

- ● 사회성 코칭 유인물을 나눠준다.
  - ○ 사회성 코치 치료자 가이드에서 **볼드체**로 표시된 부분은 사회성 코칭 유인물에서 그대로 가져온 것이다.
  - ○ 사회성 코치들에게 **볼드체**로 표시된 부분은 **우리끼리 단어**임을 상기시킨다. 이 단어들은 PEERS® 교육 과정의 중요한 개념들에 해당하므로 사회성 코칭을 할 때 최대한 많이 사용해야 한다고 설명한다.
- ● 설명: "오늘 우리는 친구들과 성공적으로 함께 어울리기를 하는 방법에 대해서 이야기를 나눌 것입니다. 성인들이 친밀한 우정관계를 시작하기 위한 좋은 방법은 함께 어울리기를 계획하는 것입니다. 함께 어울리기는 집에서 혹은 지역사회 안에서 이루어질 수 있습니다. 함께 어울리기가 성공적이 되려면 함께 어울리기의 규칙과 단계에 익숙해질 필요가 있습니다. 우리는 규칙과 단계를 다음과 같이 다섯 시기로 구성했습니다. 함께 어울리기 계획하기, 준비하기, 시작하기, 함께 어울리기 하는 동안 규칙 지키기, 마무리하기가 바로 그 다섯 시기입니다."

함께 어울리기 계획하기

- ● **다섯 가지 요소를 사용하여 계획한다.**
  - ○ 설명: "성공적인 함께 어울리기를 하기 위한 첫 번째 부분은 함께 어울리기를 계획하는 것입니다. 이는 친구와 함께 무엇을 할 것인지, 그리고 누구와 함께할 것인지를 미리 결정해야 된다는 뜻입니다. 우리는 이것을 다섯 가지 요소라고 부릅니다."

- **누구와 할 것인가?**
  - 치료자: "계획의 한 부분은 누구와 함께할 것인지를 결정하는 것입니다. 함께 어울리기에 초대받은 모든 사람이 누구와 할 것인지를 미리 알아야 하는 것이 중요한 이유는 무엇일까요?"
    - 대답: **함께 어울리기**에 다른 사람들이 있다는 것을 알게 되었을 때 당신의 친구를 놀라게 하면 안 되기 때문입니다. 어떤 사람들은 서로 사이가 좋지 않을 수도 있고, 함께 있고 싶어 하지 않을 수도 있습니다.
- **무엇을 할 것인가?**
  - 치료자: "함께 어울리기 계획하기의 또 다른 부분은 함께 어울리기를 하기 전에 무엇을 할 것인지 생각하는 것입니다. 무엇을 할 것인지를 생각하는 것이 중요한 이유는 무엇일까요?"
    - 대답: 함께할 활동들을 계획하면 **함께 어울리기**가 더 쉽고 재미있을 것이기 때문입니다. 아무것도 할 것이 없어서 친구들이 지루해하면 안 되기 때문입니다.
  - 질문: "활동들은 무엇에 바탕을 두어야 할까요?"
    - 대답: **공통의 관심사**입니다.
  - 질문: "성인들로부터 확인된 함께 어울리기를 위한 일부 활동의 목록을 표에 제시하였습니다." (표 9.2 참조)
- **어디서 함께 어울리기를 할 것인가?**
  - 치료자: "어디서 함께 어울리기를 할 것인지를 미리 결정하는 것도 중요합니다. 어디서 함께 어울리기를 할 것인지를 결정하는 것이 중요한 이유는 무엇일까요?"
    - 대답: 어디서 할 것인지를 아무도 모르면 **함께 어울리기**를 할 수조차 없기 때문입니다.
- **언제 함께 어울리기를 할 것인가?**
  - 치료자: "언제 함께 어울리기를 할 것인지 결정하는 것도 중요합니다. 언제 함께 어울리기를 할 것인지를 결정하는 것이 중요한 이유는 무엇일까요?"
    - 대답: 만약 **함께 어울리기**를 언제 할 것인지 미리 결정하지 않으면, 다른 일정들이 생겨서 함께 어울리기를 아예 할 수 없게 될 수 있기 때문입니다.
- **어떻게 함께 어울리기가 이루어질 수 있도록 준비할 것인가?**
  - 치료자: "마지막 다섯 번째 요소는 '어떻게'입니다. 무엇을 할 것인지에 따라서 어떻게 함께 어울리기가 이루어질 수 있도록 할 것인지를 생각해보아야 합니다. 예를 들어 무엇을 타고 이동할 것인지 아니면 티켓을 구매해야 되는지 등이 여기 포함됩니다. 어떤 성인들은 이 부분의 계획에서 다른 사람들에 비해 더 많은 도움을 필요로 할 수 있습니다. 특히 교통편이나 비용을 지불하는 문제에서 더 그럴 수 있습니다."

함께 어울리기 준비하기

- **계획을 확정하기 위해 다시 연락한다.**
  - 치료자: "다섯 가지 요소를 사용하여 함께 어울리기를 계획했다고 하더라도, 우리는 여전히 함께 어울리기를 하기 바로 직전에 계획을 확정해야만 합니다. 우리는 이것을 언제, 그리고 어떻게 하면 될까요?"
    - 대답: 대체로 하루 혹은 이틀 전에 문자를 보내거나 전화를 하는 것이 적절합니다.
  - 설명: "활동 종류에 따라 성인들이 계획이 변경되지 않았는지 확인할 수 있도록 친구와 다시 연락하는 것을 도와주어야 하는 경우가 많습니다. 계획을 확정하면서 사용하는 표현이나 계획을 확정하기에 가장

표 9.2 성인들이 알려준 활동에 바탕을 둔 함께 어울리기

외식 활동	게임/오락 활동	관람/시청 활동	창작/예술/학습
맛집 탐방	PC방	영화관	쿠킹 클래스
치맥	컴퓨터 게임	스포츠 경기	베이킹 클래스
푸드트럭	VR 게임	뮤지컬/연극	플라워 클래스
배달음식 시켜 먹기	닌텐도Wii	오페라	바느질/십자수/뜨개질
저녁 파티	플레이스테이션	마술 공연	수공예
술자리	카드 게임	콘서트	만화 창작
바비큐	보드 게임	게임 전시회	영상 제작(유튜브 등)
커피/디저트 전문점	퀴즈 게임	만화 전시회	사진 촬영
피크닉	다트	만화방	스터디 카페
요리	오락실	북카페	토익 스터디
베이킹 카페	서바이벌 게임	각종 전시회/공모전	자격증 스터디
	바둑	박람회	취업 스터디
	장기/체스	박물관	
	노래방/코인노래방	미술관	
	사주/타로 카페	영화 보기	
	방탈출 카페	드라마 보기	
	애견파크/반려동물카페	예능 보기	
		유튜브 보기	

취미 활동	관광/체험 활동	집단 스포츠	2인 스포츠 및 기타 스포츠
쇼핑몰	놀이공원	농구	탁구
백화점	워터파크	야구	배드민턴
인터넷 웹 서핑	축제	축구	테니스/라켓볼/스쿼시
바/클럽	플리마켓	배구	캐치볼
당구/포켓볼	전통시장	족구	원반 던지기
볼링	동물원	피구	수영
골프/스크린 골프	사파리	발야구	바이킹
실내 야구장	수족관	하키	승마
스크린 야구장	식물원	럭비	스케이트 보딩
드라이브	테마 파크	미식축구	롤러 스케이팅
공원 산책	캠핑	컬링	아이스 스케이팅
애완견 산책	고카트	래프팅	스키/스노우보드
등산	레일 바이크	조정	수상스키
낚시	번지점프		스킨스쿠빙
헬스/에어로빅	산림욕		웨이크 보드
필라테스/요가	온천		제트 스키
댄스 스포츠	유람선		바나나 보트
방송 댄스	고궁/민속촌 탐방		
암벽등반/실내 암벽등반	해변가/강가		

좋은 시기를 선택하는 것을 도와주어야 할 수 있습니다."

● **자신의 공간을 깨끗하게 정리한다.**

    ○ 설명: "함께 어울리기를 준비할 때 또 다른 중요한 부분은 자신의 공간이 깨끗하게 정리되었는지 확인하는 것입니다. 이는 집에서 함께 어울리기를 한다면 성인이 함께 사용하는 공간을 깨끗하게 정리해야 한다는 의미입니다. 만약 운전을 한다면 성인이 자신의 차가 지저분하지 않게 해야 한다는 뜻입니다."

○ 질문: "집 혹은 차가 지저분하다면 무엇이 문제가 될 수 있을까요?"

■ 대답: 집 혹은 차가 지저분하다면 친구들이 당신을 게으르다고 생각할 수 있습니다. 다른 사람들과 어울리기 전에 깨끗하게 정리하는 것은 손님을 존중한다는 것을 보여주는 것입니다. 깨끗하게 정리하지 않는 것은 무례하고 손님을 존중하지 않는 것으로 생각됩니다.

● **함께 나누어 먹을 수 있는 간단한 간식을 준비한다.**

○ 치료자: "집에서 함께 어울리기를 한다면 함께 나누어 먹을 수 있는 간단한 간식을 준비해야 합니다. 친구들이 집에 방문했을 때 나누어 먹을 수 있는 음식이나 음료를 준비하는 것이 중요한 이유는 무엇일까요?"

■ 대답: 친구들이 목이 마르거나 배고플 수 있습니다. 마실 것이나 먹을 것 등을 권하지 않으면 무례해 보일 수 있습니다. 배려하지 않는다고 생각할 수 있습니다.

○ 설명: "만약 성인이 사람들을 집으로 초대할 예정이라면 무엇이 적절한지 결정할 수 있도록 도와주어야 할 수도 있습니다."

● **다른 사람이 함께 사용하거나 보거나 만지지 않았으면 하는 개인적인 물건은 치워 둔다.**

○ 치료자: "함께 어울리기를 준비할 때 중요한 또 다른 부분은 다른 사람이 함께 사용하거나 보거나 만지지 않았으면 하는 개인적인 물건들을 치워 두는 것입니다. 그런 물건들을 미리 치워 두는 것이 중요한 이유는 무엇일까요?"

■ 대답: 친구들에게 당신의 물건을 보거나 만지지 말아달라고 하면 무례해 보일 수 있기 때문입니다. 물건들을 미리 다른 곳에 치워 둠으로써 친구들이 그 물건이 거기 있었다는 것조차 모르게 하는 것이 더 쉽기 때문입니다(여기에는 함께 나누어 먹고 싶지 않은 음식도 포함됩니다).

○ 설명: "일부 성인들은 다른 사람들이 만지지 않았으면 하는 소중한 물건들을 가지고 있습니다. 만약 친구가 집에 오게 된다면 이런 물건들을 포함하여 다른 사람이 사용하거나 보거나 만지지 않았으면 하는 물건들을 모두 치워 둘 수 있도록 도와주어야 합니다."

● **몇 가지 다른 활동들도 할 수 있도록 준비한다.**

○ 치료자: "함께 어울리는 동안 무엇을 할 것인지 미리 결정하였다 하더라도 친구가 당신의 집에 왔을 때 함께할 수 있는 다른 활동들도 할 수 있도록 준비되어 있어야 합니다. 다른 활동을 준비해 두는 것이 중요한 이유는 무엇일까요?"

■ 대답: 사람들은 쉽게 지루함을 느끼고 계획이 바뀔 수 있기 때문입니다. 다른 활동들도 선택할 수 있어야 하기 때문입니다. 다양한 활동을 할 수 있게 준비해 두는 것이 도움이 되기 때문입니다.

○ 질문: "이러한 다른 활동들은 무엇을 바탕에 두어야 하나요?"

■ 대답: 당신과 친구의 **공통의 관심사**입니다.

함께 어울리기 시작하기

● 설명: "지금까지 우리는 함께 어울리기를 계획하고 준비하는 규칙을 배웠습니다. 이제 성인의 집에서 만나는 경우를 중심으로 함께 어울리기를 시작하기 위한 단계들에 대해 이야기하도록 하겠습니다."

1. 손님에게 인사를 한다.

● 치료자: "당신의 집에서 함께 어울리기를 하게 되면, 손님이 도착했을 때 해야 할 첫 번째 단계는 문 앞

에서 손님에게 인사를 하는 것입니다. 손님을 환영하는 인사를 어떻게 할 수 있을까요?"

○ 대답: "안녕? 어서 와."라고 인사합니다.

2. 손님을 집 안으로 맞이한다.

● 치료자: "다음 단계는 손님을 집 안으로 맞이하는 것입니다. '들어와.' 등의 말을 하며 손님이 안으로 들어올 수 있도록 문 옆으로 비켜서서 길을 만들어 줍니다. 손님을 집 안으로 맞이하는 것을 기억하지 못한다면 어떤 일이 생길 수 있을까요?"

○ 대답: 손님이 문 앞에 서서 계속 기다리게 될 것입니다. 손님이 매우 난처해할 수 있습니다.

● 설명: "손님을 집 안으로 맞이하면서 손님의 외투, 재킷 혹은 우산 등을 받아주기도 합니다."

3. 손님이 모르는 사람들에게는 손님을 소개한다.

● 치료자: "손님을 집 안으로 맞이하면 손님이 모르는 사람들에게는 손님을 소개합니다. 손님이 모르는 사람들에게 손님을 소개하는 것이 중요한 이유는 무엇일까요?"

○ 대답: 손님이 함께 있는 모든 사람을 알지 못하면, 손님이 어색해하거나 소외되었다고 느낄 수 있습니다. 손님이 함께 있는 모든 사람을 안다면, 더 편안하고 환영 받는다고 느낄 것입니다.

4. 집 안을 안내해준다.

● 치료자: "손님이 처음 집에 왔다면 집 안을 조금 안내해주는 것이 도움이 될 수 있습니다. 집 안을 안내해주는 것이 중요한 이유는 무엇인가요?"

○ 대답: 손님이 환영 받는다고 느끼게 하는 것이 초대자의 역할입니다. 집을 안내 받으면 환영 받는다고 느낄 수 있습니다. 특히 화장실이 어디 있는지 알고, 주위 환경에 익숙해지면 손님이 편안하게 느낄 것입니다.

5. 간단한 간식을 권한다.

● 치료자: "친구가 당신 집에 온 것에 대해 편안해지면, 또는 부엌을 지나면서 간단한 간식을 권합니다. 간식을 권하는 것이 중요한 이유는 무엇인가요?"

○ 대답: 손님이 배가 고프거나 목이 마를 수 있습니다. 손님에게 음식과 음료를 제공하는 것이 예의이기 때문입니다.

6. 손님에게 무엇을 하고 싶은지 물어본다.

● 치료자: "손님과 함께 무엇을 할 것인지 미리 계획했다고 하더라도, 손님이 당신 집에 온 것에 대해 편안해지고 난 다음, 무엇을 하고 싶은지 다시 물어보아야 합니다. 손님에게 무엇을 하고 싶은지 물어보는 것이 좋은 생각인 이유는 무엇일까요?"

○ 대답: 손님이 좋은 시간을 보내게 하는 것이 초대자의 역할입니다. 손님이 결국 미리 계획한 것과 다른 것을 하고 싶어 할 수도 있기 때문입니다.

● 설명: "적어도 당신들이 함께하기로 계획한 것을 손님이 여전히 하고 싶어 하는지를 확인해야 합니다. 다른 것을 하고 싶어 하지 않는다면 무엇을 하고 싶은지 물어보고 자연스럽게 분위기를 따라갈 마음의 준비가 되어 있어야 합니다."

● [참고사항(영어로 된 자료에 익숙하다면): PEERS® *Role Play Video Library*(www.routledge.com/cw/laugeson)

에서 **함께 어울리기를 시작할 때**의 적절한 역할극과 부적절한 역할극 동영상을 보여줄 수도 있다.]

함께 어울리기 하는 동안 규칙 지키기

● 설명: "지금까지 우리는 함께 어울리기를 시작하는 방법을 배웠습니다. 이제는 함께 어울리기를 하는 동안 무엇을 해야 하는지 알아야 합니다. 성인이 성공적인 함께 어울리기를 하기 위해 지켜야 할 중요한 규칙들이 몇 가지 있습니다."

● **함께 어울리기는 활동에 바탕을 두어야 한다.**
  ○ 설명: "함께 어울리기를 계획할 때 가장 먼저 해야 하는 것은 미리 무엇을 할 것인지를 결정하는 것입니다. 무엇을 할 것인지를 실제로 결정하지 않고 그냥 만나자고 한다면 무엇이 문제가 될 수 있을까요?"
    ■ 대답: 결국 지루해질 수 있습니다. 무엇을 할지 결정하지 못할 수 있습니다.
  ○ 치료자: "지루한 함께 어울리기가 되지 않기 위해서 함께 어울리기는 활동에 바탕을 두는 것이 가장 좋습니다. 활동은 무엇에 바탕을 두어야 할까요?"
    ■ 대답: **공통의 관심사**입니다.

● **당신의 집에서는 함께할 활동을 손님이 선택하도록 한다.**
  ○ 치료자: "집에서 **함께 어울리기**를 하기 위한 또 다른 중요한 규칙은 당신의 집에서는 함께할 활동을 손님이 선택하도록 하는 것입니다. 함께할 활동을 손님이 선택하도록 하는 것이 중요한 이유는 무엇일까요?"
    ■ 대답: 손님이 즐거운 시간을 보내도록 하는 것이 초대자의 역할이기 때문입니다.
  ○ 질문: "그러나 함께 어울리기 전에 무엇을 할 것인지를 대략적으로 계획하고, 계획이 변경된다면 다른 활동을 할 수 있도록 준비하는 것이 좋을까요?"
    ■ 대답: 예. 하지만 융통성 있게 해야 합니다.
  ○ 치료자: "함께할 활동을 손님이 선택해야 한다는 것을 모든 사람이 알고 있는 것은 아닙니다. 만약 여러분이 손님이 되어서 다른 사람의 집에 갔는데 초대자가 모든 활동을 선택하고 싶어 한다면 어떻게 해야 할까요?"
    ■ 대답: **친구에게 이래라저래라 하지 않습니다. 그때의 분위기를 따라갑니다. 우정은 선택이라는 것을 기억합니다.** 만약 계속해서 당신이 하고 싶은 것을 친구가 전혀 하고 싶어 하지 않는다면 앞으로는 그 친구와 어울리지 않아도 됩니다.

● **분위기를 따라간다.**
  ○ 치료자: "집에서 성공적으로 함께 어울리기를 하기 위한 또 다른 중요한 규칙은 분위기를 따라가야 한다는 것입니다. 이것은 때로 우리는 융통성을 가져야 할 필요가 있으며, 우리가 예상하지 못한 일이 일어나더라도 자연스럽게 흐름을 따라가야 한다는 뜻입니다. 예를 들어 함께 어울리기를 하는 동안에 계획이 바뀌는 경우도 있을까요?"
    ■ 대답: 예.
  ○ 질문: "계획이 바뀐다면 어떻게 해야 할까요?"
    ■ 대답: 분위기를 따라갑니다.
  ○ 설명: "만약 친구가 계속해서 계획을 바꾸는 것 때문에 성인들이 거슬려 한다면 일단 지금은 분위기를 따라가라고 말해줍니다. 하지만 우정은 선택이라는 것을 기억하십시오. 만약 성인이 정말로 그것을 싫

어한다면 그 친구와 다시 어울릴 필요는 없습니다.”

- **갑자기 다른 사람을 함께 어울리기에 초대하지 않는다.**
  - 설명: “성공적인 함께 어울리기를 하기 위해 필요한 또 다른 규칙은 갑자기 다른 사람을 함께 어울리기에 초대하지 않는 것입니다. 갑자기 다른 사람을 함께 어울리기에 초대한다면 무엇이 문제가 될 수 있을까요?”
    - 대답: 친구는 당신이 무례하다고 생각할 수 있습니다. 친구에게 충실하지 않은 행동입니다. 다른 사람을 초대한다면 친구가 실망할 수 있고, 자신과 함께 어울리는 것이 충분히 즐겁지 않아서 다른 사람을 초대한다고 생각할 수 있습니다. 당신 친구가 다른 사람과 잘 어울리지 못할 수도 있습니다.
  - 설명: “일반적으로 성인들이 함께 어울리기를 계획할 때 다섯 가지 요소를 사회적인 계약으로 여길 수 있도록 합니다. 만약 계획이 바뀐다면 함께 어울리는 사람들 모두가 거기에 동의해야 합니다.”
- **친구들을 소홀히 하지 않는다.**
  - 치료자: “함께 어울리기를 할 때 지켜야 하는 또 다른 중요한 규칙은 친구들을 소홀히 하지 않는 것입니다. 함께 어울리기를 할 때 어떤 친구와 이야기하기 위해 다른 친구를 소홀히 해도 되나요?”
    - 대답: 아니요. 모든 친구가 즐거운 시간을 보낼 수 있게 하는 것이 당신의 역할입니다. 모든 사람이 당신으로부터 관심을 받고 있다고 생각해야 합니다.
  - 질문: “함께 어울리기를 할 때 다른 사람과 문자 혹은 영상 통화를 해도 될까요? 그렇게 한다면 무엇이 문제가 될 수 있을까요?”
    - 대답: 함께 어울리기를 할 때 다른 사람과 문자나 영상 통화를 하는 것은 무례합니다. 친구에게 충실하지 않은 행동입니다. 친구는 소외감을 느끼거나 자신을 소홀히 한다고 생각할 수 있습니다. 친구가 재미없어 할 것입니다.
- **친구를 놀리지 않는다.**
  - 치료자: “함께 어울리기를 성공적으로 하기 위해서 지켜야 할 또 다른 규칙은 친구를 놀리지 않는 것입니다. 친구를 놀리면 무엇이 문제가 될 수 있을까요?”
    - 대답: 친구의 기분을 상하게 할 수 있습니다. 놀림이 점점 심해져서 결국 친구와 말다툼을 하거나 싸우게 될 수 있습니다. 당신과 다시는 어울리고 싶어 하지 않을 수 있습니다.
  - 질문: “때로는 친구들끼리 서로를 놀리기도 하나요?”
    - 대답: 예. 특히 남자들 사이에서는 더 그렇습니다.
  - 설명: “친구들끼리 놀리는 것을 ‘짓궂은 농담’이라고 합니다. ‘짓궂은 농담’은 일종의 놀림이지만 장난으로 친한 사이에서 하는 것입니다. 짓궂은 농담이 친구들 사이에서 매우 흔하다고 하더라도 친구를 놀리거나 짓궂은 농담을 한다면 무엇이 문제가 될 수 있을까요?”
    - 대답: 마음이 상할 수 있습니다. 점점 심해져서 말다툼을 하거나 싸우게 될 수 있습니다. **친구를 만들고 그 관계를 유지하는 것이 당신의 목표라면 짓궂은 농담을 하는 것은 위험할 수 있습니다.**
- **친구의 편이 되어 준다.**
  - 치료자: “만약 당신이 함께 어울리기에 여러 사람을 초대했는데 한 명의 친구가 다른 친구를 놀린다면 어떻게 해야 하나요?”
    - 대답: 놀림을 받는 친구의 편이 되어 주고, 좋은 분위기를 유지하려고 노력합니다.
  - 설명: “만약 당신이 함께 어울리기의 초대자라면 놀림을 받는 친구는 당신이 도와주기를 바랄 수 있습니

다. 친구의 편이 되어 주지 않는다면 당신은 친구에게 충실하지 않은 것처럼 보이고, 그들이 앞으로 당신과 함께 어울리고 싶어 하지 않을 수 있습니다."

- **친구와 다투지 않는다.**
  - 치료자: "성공적인 함께 어울리기를 하기 위해 지켜야 하는 또 다른 중요한 규칙은 친구와 다투지 않는 것입니다. 함께 어울리기를 하는 동안 친구와 다투면 무엇이 문제가 될 수 있을까요?"
    - 대답: 점점 심해져서 사람들이 화가 날 수 있습니다. 서로 마음이 상할 수 있습니다. 친구는 앞으로 당신과 함께 어울리고 싶어 하지 않을 수 있습니다.
  - 설명: "앞으로 몇 주 후에는 성인들에게 친구와의 갈등을 해결하는 방법, 그리고 논쟁과 의견충돌을 다루는 방법들을 알려줄 것입니다. 그 전에는 성인들에게 친구와 함께 어울릴 때 분위기를 따라가고, 친구와 다투는 것을 피하도록 제안할 수 있습니다."

- **친구에게 이래라저래라 하지 않는다.**
  - 설명: "정보를 교환할 때와 마찬가지로 성공적인 함께 어울리기를 하기 위해서 지켜야 하는 다른 중요한 규칙은 친구에게 이래라저래라 하지 않는 것입니다. 친구에게 이래라저래라 한다면 무엇이 문제가 될 수 있을까요?"
    - 대답: 무례합니다. 친구가 불쾌해질 수 있습니다. 당신이 자랑을 하고 다른 사람을 통제하려고 한다고 생각할 수 있습니다. 상대방이 난처해할 수 있습니다.

- **좋은 스포츠맨이 된다.**
  - 치료자: "많은 사람들이 함께 어울리기를 할 때 게임이나 스포츠 하는 것을 좋아합니다. 따라서 성공적으로 함께 어울리기를 하기 위한 또 다른 규칙은 좋은 스포츠맨이 되는 것입니다. 좋은 스포츠맨이 되는 것이 중요한 이유는 무엇일까요?"
    - 대답: 당신이 **나쁜 스포츠맨**이라면, 친구는 당신과 별로 어울리고 싶어 하지 않을 것입니다. 당신이 **좋은 스포츠맨**이면, 친구들이 즐거운 시간을 보내고 당신과 어울리고 싶어 하게 될 것입니다.
  - 질문: "우리는 어떻게 하면 좋은 스포츠맨이 될 수 있을까요?"
    - 대답: 친구를 칭찬해줍니다. 게임 중에 지나친 경쟁심을 보이지 않습니다. 친구에게 이래라저래라 하거나 자랑을 하지 않습니다. 졌을 때 속상해하거나 화내지 않습니다. 이겼을 때 자랑하거나 진 사람을 고소해하지 않습니다. 사이 좋게 나누어 차례대로 합니다. 규칙을 지킵니다. 속임수를 쓰지 않습니다.

- **활동이 지루하게 느껴질 때는 변화를 제안한다.**
  - 치료자: "함께 어울리기를 하는 동안 때로는 지루해질 수도 있습니다. 그러나 함께 어울리기를 하는 동안 친구에게 '재미없어'라고 말하거나 친구 곁을 떠나 버린다면 무엇이 문제가 될 수 있을까요?"
    - 대답: 무례해 보입니다. 함께 어울리는 사람이 지루하다고 말하는 것처럼 들릴 수 있습니다. 다시는 당신과 어울리지 않으려고 할 수 있습니다.
  - 설명: "지루하다고 말하거나 친구 곁을 떠나 버리는 것보다는 변화를 제안하는 것이 바람직합니다. '이것 끝나면 우리 다른 것을 해볼까?'와 같이 말하며 변화를 제안할 수 있습니다."
  - 질문: "당신이 변화를 제안한 활동을 친구가 하고 싶어 하지 않으면 어떻게 해야 할까요?"
    - 대답: **그때의 분위기를 따라갑니다.** 친구가 다음 활동을 선택할 수 있게 합니다. 그리고 **우정은 선택이라는 것을 기억합니다.** 당신이 제안하는 것을 친구가 항상 하고 싶어 하지 않는다면 앞으로 그 친구와

어울리지 않아도 됩니다.

- **함께 어울리기를 진행하는 총시간의 50%는 정보를 교환하는 데 쓴다.**
  - ○ 치료자: "성공적인 함께 어울리기를 하기 위한 또 따른 중요한 규칙은 함께 어울리기를 진행하는 총시간의 50%는 이야기를 나누고 정보를 교환하는 데 쓰는 것입니다. 총시간의 50%를 정보 교환에 쓰는 것이 중요한 이유는 무엇일까요?"
    - ■ 대답: 그것이 서로를 알게 되고 **공통의 관심사 찾기** 방법이기 때문입니다. 이야기를 나누고 **정보 교환**을 하지 않으면 서로를 알게 되지 못하고 더 친한 친구가 되기 어렵습니다.
- **처음에는 짧고 즐거운 함께 어울리기를 한다.**
  - ○ 치료자: "마지막으로 아주 잘 알지는 못하는 친구와 함께 어울리기를 한다면, 처음에는 짧고 즐겁게 하는 것이 더 좋습니다. 짧고 즐거운 함께 어울리기란 무슨 뜻일까요?"
    - ■ 대답: 처음에는 함께 어울리기를 짧게 하라는 뜻입니다. 처음부터 바로 긴 시간 함께 어울리지 않는다는 것입니다.
  - ○ 설명: "모든 것이 순조롭게 진행되는지 알기 위해서는 처음에는 짧고 즐거운 함께 어울리기를 하는 것이 좋습니다. 성인들이 친구를 더 잘 알게 되면, 더 긴 시간 어울려도 괜찮습니다. 적절한 시간이 어느 정도인지를 성인들이 결정할 수 있도록 여러분이 도움을 줄 수 있습니다."

함께 어울리기 마무리하기

- 설명: "이제 우리는 함께 어울리기를 하는 동안 지켜야 할 규칙들에 대해 알게 되었습니다. 지금부터는 함께 어울리기를 마무리하는 방법에 대하여 이야기해보도록 하겠습니다."

1. **활동이 잠시 멈출 때를 기다린다.**
   - 치료자: "함께 어울리기를 마무리할 때 첫 번째 단계는 활동이 잠시 멈출 때를 기다리는 것입니다. 이것은 꼭 그래야만 하는 경우가 아니라면 진행하고 있는 활동을 중단하지 말라는 의미입니다. 함께 어울리기를 하던 곳을 떠나거나 함께 어울리기를 마무리하기 위해 하고 있던 활동을 중단하면 무엇이 문제가 될까요?"
     - ○ 대답: 갑작스러워 보일 수 있습니다. 친구들은 당신이 그들과 더 이상 어울리고 싶어 하지 않는다고 생각할 수 있습니다.

2. **함께 어울리기를 마무리하기 위한 꼬리말을 한다.**
   - 치료자: "다음 단계는 떠나거나 함께 어울리기를 마무리하기 위한 꼬리말을 하는 것입니다. 꼬리말이란 우리가 무엇인가를 해야만 하는 이유를 알려주는 것임을 기억하십시오. 함께 어울리기를 하던 곳을 떠나거나 함께 어울리기를 마무리해야 하는 이유에는 어떤 예들이 있을까요?"
     - ○ 예시
       - ■ "나 이제 가봐야 해."
       - ■ "이제 공부해야 해."
       - ■ "시간이 많이 늦었네. 나 내일 아침 일찍부터 수업이 있어."
       - ■ "늦었네. 나 내일 아침 일찍 일하러 가야 해."
   - 질문: "함께 어울리기를 하던 곳을 떠나거나 함께 어울리기를 마무리할 때 꼬리말을 하지 않으면 무엇이

문제가 될 수 있을까요?"

○ 대답: 친구들은 당신이 그들과 더 이상 어울리고 싶어 하지 않는다고 생각할 수 있습니다.

3. 친구를 문까지 배웅한다.

- 치료자: "함께 어울리기를 집에서 했다면 다음 단계는 일어서서 친구를 문까지 배웅해주는 것입니다. 친구를 문까지 배웅하는 것이 중요한 이유는 무엇일까요?"

○ 대답: 친구 혼자 집 밖으로 나가는 길을 찾게 하는 것은 무례하기 때문입니다. 일어서서 문까지 배웅해주지 않는다면 친구가 떠나지 않을 수 있습니다. 다음에 무엇을 해야 하는지를 알기 위해 당신의 신호를 기다리고 있을 것입니다.

4. 친구에게 함께 어울리기를 해서 고맙다고 말한다.

- 치료자: "다음 단계는 친구에게 '와줘서 고마워.' 혹은 '오늘 (함께한 활동)을/를 같이해줘서 고마워.'라고 말하는 것입니다. 고맙다고 말하는 것이 중요한 이유는 무엇일까요?"

○ 대답: 친구의 기분을 좋게 만들어 주기 때문입니다. 당신이 친구에게 고마워한다는 것을 보여주기 때문입니다.

5. 친구에게 즐거운 시간을 보냈다고 말한다.

- 치료자: "만약 여러분이 즐거운 시간을 보냈다면, 친구에게 인사를 하거나 문까지 배웅하는 동안 즐거운 시간을 보냈다고 친구에게 이야기해주어야 합니다. 즐거운 시간을 보냈다고 말하는 것이 중요한 이유는 무엇일까요?"

○ 대답: 당신이 친구와 함께 보낸 시간이 즐거웠다는 것을 그들에게 알려주는 것이기 때문입니다. 친구를 기분 좋게 만들어 주기 때문입니다.

6. 잘 가라고 인사하고, 나중에 다시 보자고 한다.

- 치료자: "마지막으로 인사를 하거나 친구를 문까지 배웅해주면서 잘 가라고 인사하는 것이 중요합니다. '나중에 다시 보자.' 혹은 '곧 다시 연락하자.'라고 말할 수도 있습니다. 당신이 그렇게 하고 싶다면, 이것은 나중에 또 다른 함께 어울리기를 계획하기에 적절한 순간이기도 합니다. 잘 가라고 인사하고, 나중에 다시 보자고 말하는 것이 중요한 이유는 무엇일까요?"

○ 대답: 당신이 친구와 함께 즐거운 시간을 보냈고, 친구를 다시 만나고 싶다는 것을 보여주기 때문입니다.

- [참고사항(영어로 된 자료에 익숙하다면): PEERS® *Role Play Video Library*(www.routledge.com/cw/laugeson)에서 **함께 어울리기 마무리하기**의 적절한 역할극과 부적절한 역할극 동영상을 보여줄 수도 있다.]

과제 안내하기

[사회성 코치에게 사회성 코치 과제 기록지(부록 E)를 배부하고, 작성해서 다음 회기에 제출하게 한다.]

1. 친구와 **함께 어울리기**를 한다.

- 사회성 코치는 성인이 **다섯 가지 요소**를 사용하여 함께 어울리기를 계획할 수 있도록 도와주어야 한다.

○ **누구와 할 것인지**

○ **무엇을 할 것인지**

○ 어디서 함께 어울리기를 할 것인지

○ 언제 함께 어울리기를 할 것인지

○ 어떻게 함께 어울리기가 이루어질 수 있도록 준비할 것인지

● 연습 전에 사회성 코치들은 성인들과 **함께 어울리기** 규칙과 단계를 점검한다.

● 함께 어울리기 연습 이후에 사회성 코치들은 성인들에게 다음과 같은 **사회성 코칭 질문**을 한다.

○ 무엇을 하기로 결정했으며 함께할 활동을 누가 선택했나요?

○ 정보를 교환했나요? 함께 어울리는 시간의 몇 %를 정보를 교환하는 데 사용했나요?

○ 공통의 관심사는 무엇이었나요? 만약 두 사람이 함께 시간을 보내게 된다면 그 정보를 가지고 무엇을 할 수 있나요?

○ 당신과 친구는 좋은 시간을 보냈나요?

○ 다시 만나 시간을 보내기에 적합한 사람인 것 같나요?

2. 사회성 코치가 포함된 **여러 사람이 하는 대화에 들어가고 빠져나오기**를 연습한다.

● 성인은 사회성 코치와 (성인을 대화에 받아들여줄) 또 다른 사람이 포함된 **여러 사람이 하는 대화에 들어가고 빠져나오기**를 연습한다.

○ 전혀 받아들여지지 않았을 때 대화에서 빠져나오기를 연습한다.

○ 처음에는 받아들여졌으나 그 이후에 제외되었을 때 대화에서 빠져나오기를 연습한다.

○ 완전히 받아들여졌을 때 대화에서 빠져나오기를 연습한다.

● 연습 전에 사회성 코치들은 **여러 사람이 하는 대화에 들어가고 빠져나오기** 규칙과 단계를 점검한다.

● 연습을 한 이후에 사회성 코치들은 성인들에게 다음과 같은 **사회성 코칭 질문**을 한다.

○ 우리가 당신과 이야기를 하고 싶어 하는 것 같았나요?

○ 그것을 어떻게 알 수 있었나요?

3. 또래들끼리 하고 있는 **여러 사람이 하는 대화에 들어가기**를 연습한다(새로운 친구를 사귈 수 있는 곳에서 만난 친구와 해도 된다).

● 연습 전에 사회성 코치들은 **여러 사람이 하는 대화에 들어가고 빠져나오기** 규칙과 단계를 점검한다.

● 자연스럽게 빠져나와야 할 필요가 있는 상황이 아니라면 **대화에서 빠져나오기**는 공식적인 과제가 아니다.

● 연습을 한 이후에 사회성 코치들은 성인들에게 다음과 같은 **사회성 코칭 질문**을 한다.

○ 어디서 누구와의 대화에 들어갔나요?

○ 어떤 단계들을 따랐나요?

○ 그들이 당신과 이야기를 나누고 싶어 하는 것 같았나요? 그것을 어떻게 알 수 있었나요?

○ 대화에서 빠져나왔어야 했나요? 어떤 단계들을 따랐나요?

4. 유머에 대한 반응에 주의를 기울인다.

● 만약 성인이 유머를 한다면 (유머를 하는 것이 과제는 아니다) 그들의 유머에 대한 반응에 주의를 기울인다.

● 성인이 유머를 한 이후에 사회성 코치는 성인에게 개별적으로 다음과 같은 **사회성 코칭 질문**을 한다.

○ 당신의 유머에 대한 반응은 무엇이었나요?

○ 이것을 어떻게 알 수 있었나요?

사회성 코칭 팁

● 성인이 **다섯 가지 요소**를 사용하여 **함께 어울리기**를 계획할 수 있도록 도와준다.
  ○ 이번 과제를 실패하는 가장 흔한 원인은 성인들이 **언제** 그리고 **어디서** 함께 어울릴 것인지를 결정하는 것을 잊어버린 채 **계획을 확정하기** 때문이다.
● **함께 어울리기**가 성인의 집에서 이루어진다면 다음을 도와준다.
  ○ **성인의 공간이 깨끗하게 정리되었는지 확인한다.**
  ○ **함께 나누어 먹을 수 있는 간식을 준비해 둔다.**
  ○ **다른 사람이 함께 사용하거나 보거나 만지지 않았으면 하는 개인적인 물건은 치워 둔다.**
  ○ **다른 활동들도 할 수 있도록 준비한다.**
● **함께 어울리기**가 당신(대부분 성인의 부모) 집에서 이루어지고 이것이 발달적으로 적절하다면
  ○ 당신 집에서 성인과 그의 친구들이 어느 정도 자신들끼리만 함께할 수 있는 공간을 마련해준다.
  ○ 주기적으로 간식을 제공하면서 어떤 대화를 나누는지 확인한다.
    ■ 몇 차례 성인과 친구가 있는 곳에 음식이나 음료 등을 가져다주면서 **함께 어울리기**를 점검할 수 있다 (예: 처음에는 음료를 가져다주고 조금 기다렸다가 간식을 가져다준다. 그리고 조금 기다렸다가 더 가져다줄 것이 없는지 확인하고, 또 기다린다).
    ■ 간식을 가져다줄 때는 너무 눈에 띄지 않게 그들을 관찰하고, 간식을 권하는 말 이외에는 대화에 끼어들지 않는다.
  ○ 무엇인가 잘못되어 가고 있다고 생각되면 **꼬리말**을 사용하여 성인이 잠시 **빠져나오게 한다**(예: "간식을 준비해야 하는데 부엌으로 와서 도와줄 수 있겠니?")
  ○ 강의하듯 길게 이야기하지 말고 짧고 긍정적으로 말한다.
  ○ 1회기의 사회성 코칭 팁을 사용하여 사회성 코칭을 제공한다.
    1. **칭찬한다.** (예: "정보를 교환하고 공통의 관심사를 잘 찾았습니다.")
    2. **제안을 한다.** (예: "다음에는 대화를 독차지하지 않도록 조심합시다.")
    3. **우리끼리 단어를 사용한다.** (예: "이어 가는 질문을 하는 것은 어떨까요?")

성인 치료자 가이드

성인 회기 준비하기

이번 회기의 초점은 성인이 친구가 될 가능성이 있는 또래들과 **함께 어울리기**를 계획하고 수행하는 방법을 가르치는 데 있다. 또래관계에서 받아들여지는 성인들은 지역사회에서 혹은 집에서 자주 **함께 어울리기**를 한다. 그들은 학교 친구나 직장 동료들과 학교와 직장 밖에서 시간을 보냄으로써 그들을 친한 친구로 만든다. 따라서 성공적인 **함께 어울리기**를 위한 필수 기술을 학습하는 것은 성인들이 친구를 만들고 유지하며 관계를 발전시키는 것을 돕는 데 특히 중요하다. 연구에 의하면 가까운 친구관계를 만드는 가장 좋은 방법은 학교와 직장 같은 공식적인 자리 밖에서 사회적 만남을 계획하고 실제로 자주 만나는 것이다. 자폐스펙트럼장애 및 다른 사회적 어려움을 겪는 대부분의 성인은 공식적인 자리 밖에서 친구를 만나는 경우가 더 적기 때문에 **함께 어울리기**를 성공적으로 계획하고 실행에 옮기는 기술은 이후에 친구들과 더 가까운 관계를 발전시키는 데 아주 필수적인 것이 될 것이다.

이 회기에서 권하는 것 중 하나는 **활동에 바탕을 둔 함께 어울리기**를 하는 것이다. 이것은 참여하는 모든 사람의 **공통의 관심사**를 고려하여, 사전에 함께하기로 결정된 **활동에 바탕을 둔 함께 어울리기**가 시행되어야 한다는 의미이다. **활동에 바탕을 둔 함께 어울리기**는 함께 있는 시간 동안 계속해서 대화를 유지해야 하는 부담을 덜어준다. [표 9.2]에는 전 세계에서 PEERS®에 참여하는 성인들이 알려준 **활동에 바탕을 둔 함께 어울리기**를 위해 할 수 있는 활동을 열거하였다. 여기에 한국의 성인들을 대상으로 조사한 성인들이 만났을 때 자극하는 활동들도 추가하였다. 성인들이 선택한 활동은 문화와 **공통의 관심사**에 따라 다를 수 있기 때문에 표에 제시된 활동들이 전부라고 생각해서는 안 된다. 이 목록을 참고로 하되 성인들 스스로 활동들을 생각해낼 수 있도록 한다.

이번 회기에서 가장 자주 마주치는 문제는 **함께 어울리기**에 초대할 잠재적 대상자에 대해 선택의 여지가 별로 없다는 것이다. '가장 이상적인 것'은 성인이 좀 더 친해지기를 원하는 사람이나 성인과 좀 더 가까운 친구가 되는 것에 관심이 있어 보이는 또래이다. 따라서 **사회적 모임** 혹은 **사회적 활동**을 통해 만난 친구와 어울리는 것이 일반적으로 도움이 된다. 가장 이상적인 대상자가 없는 경우에는 보다 적합한 상대를 찾아낼 때까지 예전에 사귀었던 가까운 친구나 비슷한 나이의 먼 친척들과 어울리는 것도 가능한 방법이다. 이번 주 과제에서 가장 중요한 부분은 성인이 이제 막 학습한 기술을 연습할 수 있도록 실제로 **함께 어울리기**를 진행하는 것이다. 기술을 배운 직후에 연습을 하지 못한다면, 그 규칙을 나중에 사용하게 될 가능성은 별로 없다.

함께 어울리기에 참여할 잠재적 대상자를 찾는 데 어려움을 겪는 성인들에게는 성인을 받아줄 만한 **새로운 친구를 사귈 수 있는 곳**을 찾는 것이 다른 과제들보다 우선 이루어져야 한다. 비록 이번 회기에서는 공식적으로 주어지는 과제는 아니지만 프로그램의 현 시점에서 **새로운 친구를 사귈 수 있는 곳**을 찾지 못한 성인에게는 **공통의 관심사**를 공유하는 한두 명의 친구를 찾을 때까지 이를 추가 과제로 부여한다. **새로운 친구를 사귈 수 있는 곳**을 찾아내는지의 여부는 이 프로그램의 성공과 실패를 결정 짓는 요소이다. 이러한 치료과정의 어려움을 극복하는 방법은 이번 회기의 **사회성 코치 치료자 가이드** 부분의 사회성 코치 회기 준비하기에 더 자세하게 설명되어 있다.

마지막으로 이번 회기에는 **함께 어울리기를 하는** 동안에 친구들과 게임 혹은 스포츠를 할 경우에 사용할 수 있는 **좋은 스포츠맨** 되기 규칙이 포함되어 있다. 성인들은 좋은 스포츠맨이 되어야 할 필요가 있다. **좋은 스포츠맨**이 되기 규칙을 지키지 못함으로써 나쁜 평판을 얻는 경우는 청소년들 사이에서 더 흔하기 때문에, 따라서 매뉴얼에서 상세하게 다루지는 않을 것이다. 그러나 이에 관한 생태학적으로 타당한 기술에 관한 정보를 더 얻고자 할 경우 영어로 된 자료에 익숙하다면 *The Science of Making* Friends: *Helping Socially Challenged Teens and Young Adults*(Laugeson, 2013)를 참조해볼 수 있다. 좋은 스포츠맨 되기 규칙에 관한 조금 더 공식적인 집단 프로그램이 궁금하다면 부모와 함께하는 자폐스펙트럼장애 청소년 사회기술훈련(유희정 역, 2013)을 참조할 수 있으며, 영어로 된 자료에 익숙하다면 *Social Skills for Teenagers with Developmental and Autism Spectrum Disorders: The PEERS® Treatment Manual*(Laugeson & Frankel, 2010) 혹은 *The PEERS® Curriculum for School-Based Professionals: Social Skills Training for Adolescents with Autism Spectrum Disorder*(Laugeson, 2014)를 참조해볼 수도 있다.

과제 점검

[다음의 과제를 검토하고 발생 가능한 **문제해결**을 의논한다. 성공적으로 과제를 완수한 사람부터 시작한다. 시간이 된다면 (과제를 다 하지 못한 사람들에게) 왜 과제를 완수할 수 없었는지 이유를 질문할 수 있으며, 다음 주에 어떻게 이것을 할 수 있을지에 대한 **문제해결**을 시도해볼 수 있다. 과제를 점검하는 동안에는 반드시 (볼드체로 표시된) 우리끼리 단어를 사용한다. 사회성 코치가 포함된 **여러 사람이 하는 대화에 들어가고 빠져나오기** 및 또래들끼리 하고 있는 **여러 사람이 하는 대화에 들어가기**가 이번 회기의 가장 중요한 과제이므로 과제 점검 시간 대부분을 여기에 할애한다.]

1. 사회성 코치가 포함된 **여러 사람이 하는 대화에 들어가고 빠져나오기**를 연습한다.
   - 치료자: "이번 주의 주요 과제 중 하나는 사회성 코치와 또 다른 사람이 포함된 여러 사람이 하는 대화에 들어가고 빠져나오기를 연습하는 것이었습니다. 이 과제를 한 사람은 손을 들어주세요."
   - 질문
     ○ "당신과 당신의 사회성 코치는 누구와 연습했나요? 어떤 단계들을 따랐나요?"
       1. 대화를 귀 기울여 듣는다.
       2. 거리를 두고 지켜본다.
       3. 소품을 사용한다.
       4. 주제를 확인한다.
       5. 공통의 관심사를 찾는다.
       6. 더 가까이 다가간다.
       7. 대화가 짧게 멈출 때를 기다린다.
       8. 주제를 언급한다.
       9. 관심을 평가한다.
       10. 자신을 소개한다.
     ○ "그들이 당신과 이야기를 나누고 싶어 하는 것처럼 보였나요? 그것을 어떻게 알 수 있었나요?"
     ○ "대화에서 빠져나왔나요? 어떤 단계들을 따랐나요?"

표 9.1 대화에서 빠져나오기 위한 단계

전혀 받아들여지지 않았을 때	처음에는 받아들여졌으나 그 이후에 제외되었을 때	완전히 받아들여졌을 때
1. 침착함을 유지한다.	1. 침착함을 유지한다.	1. 대화가 짧게 멈출 때를 기다린다.
2. 다른 곳을 본다.	2. 다른 곳을 본다.	2. 구체적인 꼬리말을 한다.
3. 돌아선다.	3. 대화가 짧게 멈출 때를 기다린다.	3. 나중에 보자고 한다.
4. 다른 곳으로 걸어간다.	4. 짧은 꼬리말을 한다.	4. 작별인사를 한다.
	5. 다른 곳으로 간다.	5. 다른 곳으로 간다.

2. 또래들끼리 하고 있는 **여러 사람이 하는 대화에 들어가기를 연습한다(새로운 친구를 사귈 수 있는 곳에서 만**난 친구와 해도 된다).
   - 치료자: "이번 주 또 다른 주요 과제 중 하나는 또래들끼리 하고 있는 여러 사람이 하는 대화에 들어가기를 연습하는 것이었습니다. 이 과제를 한 사람이 있다면 손을 들어주세요."
   - 질문
     ○ "어디에서 누구와의 대화에 들어갔나요?"
     ○ "어떤 단계들을 따랐나요?"
     ○ "그들이 당신과 이야기를 나누고 싶어 하는 것 같았나요?"
     ○ "그것을 어떻게 알 수 있었나요?"
       ▪ 당신과 이야기를 했나요?
       ▪ 당신을 쳐다보았나요?
       ▪ 당신과 마주 보고 이야기를 했나요(원을 열었나요)?
     ○ 대화에서 빠져나왔어야 했나요? 어떤 단계들을 따랐나요?

3. **유머에 대한 반응에 주의를 기울인다.**
   - 치료자: "이번 주 또 다른 과제는 유머를 사용했다면 자신의 유머에 대한 반응에 주의를 기울이는 것이었습니다. 유머를 사용하는 것이 과제는 아니었습니다. 이번 주에 유머를 사용했고 자신의 유머에 대한 반응에 주의를 기울인 사람은 손을 들어주세요."
   - 질문
     ○ "당신이 어떤 유머를 했는지는 궁금하지 않습니다. 당신의 유머에 대한 반응이 어땠는지 궁금합니다. 그들이 당신을 비웃었나요? 당신과 함께 웃었나요? 예의상 웃었나요, 아니면 아예 웃지 않았나요?"
     ○ "그것을 어떻게 알 수 있었나요?"
     ○ "유머에 대한 반응에 주의 기울이는 것이 끝났나요?"
       ▪ 대답: 아니요.
     ○ "언제 자신의 유머에 대한 반응에 주의를 기울일 것인가요?"
       ▪ 대답: 유머를 할 때마다 주의를 기울일 것입니다.
     ○ "어떻게 자신의 유머에 대한 반응에 주의를 기울일 것인가요?"
       ▪ 대답: 그들의 반응을 눈으로 보고 귀로 들을 것입니다.

교육: 함께 어울리기

● 설명: "오늘 우리는 친구들과 성공적으로 함께 어울리기를 하는 방법에 대해서 이야기를 나눌 것입니다. 함께 어울리기는 친구들과 시간을 보내고 서로를 더 잘 알 수 있는 좋은 방법입니다. 친구와의 가까운 관계는 함께 어울리기를 통해 발전합니다. 안타깝게도 직장이나 학교 밖에서 함께 어울리지 않는다면 친한 친구가 아니라는 의미입니다. 친구와 가까운 관계를 발전시키는 좋은 방법은 함께 어울리기를 계획하는 것입니다. 함께 어울리기는 집에서 혹은 지역사회 안에서 이루어질 수 있습니다. 집에서 함께 어울리기를 한다면 당신이 초대자가 되는 것이며, 따라서 추가적으로 해야 할 일이 몇 가지 더 있습니다. 집에서 만나거나 혹은 다른 장소에서 만나거나 성공적으로 함께 어울리기를 하기 위해서는 함께 어울리기의 규칙과 단계를 잘 알아야 합니다."

● [함께 어울리기의 규칙 및 **우리끼리 단어**는 **볼드체**로 표시되어 있으며 칠판에 적는다. 수업이 끝날 때까지 칠판에 적혀 있는 것을 지우지 않는다. 영어로 된 자료에 익숙하다면 ▶ 표시가 있는 각 역할극에 해당하는 역할극 동영상이 PEERS® *Role Play Video Library*(www.routledge.com/cw/laugeson)에 포함되어 있으니 참고해볼 수도 있다.]

함께 어울리기 계획하기

● **다섯 가지 요소를 사용하여 계획한다.**
  ○ 설명: "성공적인 함께 어울리기를 하기 위한 첫 번째 부분은 함께 어울리기를 계획하는 것입니다. 이는 친구와 함께 무엇을 할 것인지, 그리고 누구와 함께할 것인지를 미리 결정해야 된다는 뜻입니다. 우리는 이것을 다섯 가지 요소라고 부릅니다."
● **누구와 할 것인가?**
  ○ 치료자: "계획의 한 부분은 누구와 함께할 것인지를 결정하는 것입니다. 함께 어울리기에 초대받은 모든 사람이 누구와 할 것인지를 미리 알아야 하는 것이 중요한 이유는 무엇일까요?"
    ■ 대답: **함께 어울리기**에 다른 사람들이 있다는 것을 알게 되었을 때 당신 친구를 놀라게 하면 안 되기 때문입니다. 어떤 사람들은 사이가 좋지 않을 수도 있고, 함께 있고 싶어 하지 않을 수도 있습니다.
● **무엇을 할 것인가?**
  ○ 치료자: "함께 어울리기 계획하기의 또 다른 부분은 함께 어울리기를 하기 전에 무엇을 할 것인지 결정하는 것입니다. 무엇을 할 것인지를 생각하는 것이 중요한 이유는 무엇일까요?"
    ■ 대답: 함께할 활동들을 계획하면 **함께 어울리기**가 더 쉽고 재미있을 것이기 때문입니다. 아무것도 할 것이 없어서 친구들이 지루해하면 안 되기 때문입니다.
  ○ 질문: "활동들은 무엇에 바탕을 두어야 할까요?"
    ■ 대답: **공통의 관심사**입니다.
  ○ 질문: "함께 어울리는 동안 성인들이 즐겨 하는 활동들에는 어떤 것들이 있을까요?"
    ■ 성인들이 아이디어를 브레인스토밍하게 한다(표 9.2 참조).
● **어디서 함께 어울리기를 할 것인가?**
  ○ 치료자: "어디서 함께 어울리기를 할 것인지를 미리 결정하는 것도 중요합니다. 어디서 함께 어울리기를 할 것인지를 결정하는 것이 중요한 이유는 무엇일까요?"

표 9.2 성인들이 알려준 활동에 바탕을 둔 함께 어울리기

외식 활동	게임/오락 활동	관람/시청 활동	창작/예술/학습
맛집 탐방	PC방	영화관	쿠킹 클래스
치맥	컴퓨터 게임	스포츠 경기	베이킹 클래스
푸드트럭	VR 게임	뮤지컬/연극	플라워 클래스
배달음식 시켜 먹기	닌텐도Wii	오페라	바느질/십자수/뜨개질
저녁 파티	플레이스테이션	마술 공연	수공예
술자리	카드 게임	콘서트	만화 창작
바비큐	보드 게임	게임 전시회	영상 제작(유튜브 등)
커피/디저트 전문점	퀴즈 게임	만화 전시회	사진 촬영
피크닉	다트	만화방	스터디 카페
요리	오락실	북카페	토익 스터디
베이킹 카페	서바이벌 게임	각종 전시회/공모전	자격증 스터디
	바둑	박람회	취업 스터디
	장기/체스	박물관	
	노래방/코인노래방	미술관	
	사주/타로 카페	영화 보기	
	방탈출 카페	드라마 보기	
	애견파크/반려동물카페	예능 보기	
		유튜브 보기	

취미 활동	관광/체험 활동	집단 스포츠	2인 스포츠 및 기타 스포츠
쇼핑몰	놀이공원	농구	탁구
백화점	워터파크	야구	배드민턴
인터넷 웹 서핑	축제	축구	테니스/라켓볼/스쿼시
바/클럽	플리마켓	배구	캐치볼
당구/포켓볼	전통시장	족구	원반 던지기
볼링	동물원	피구	수영
골프/스크린 골프	사파리	발야구	바이킹
실내 야구장	수족관	하키	승마
스크린 야구장	식물원	럭비	스케이트 보딩
드라이브	테마 파크	미식축구	롤러 스케이팅
공원 산책	캠핑	컬링	아이스 스케이팅
애완견 산책	고카트	래프팅	스키/스노우보드
등산	레일 바이크	조정	수상스키
낚시	번지점프		스킨스쿠빙
헬스/에어로빅	산림욕		웨이크 보드
필라테스/요가	온천		제트 스키
댄스 스포츠	유람선		바나나 보트
방송 댄스	고궁/민속촌 탐방		
암벽등반/실내 암벽등반	해변가/강가		

- 대답: 어디서 할 것인지를 아무도 모르면 **함께 어울리기**를 할 수조차 없게 되기 때문입니다.

● **언제 함께 어울리기를 할 것인가?**
   ○ 치료자: "언제 함께 어울리기를 할 것인지 결정하는 것도 중요합니다. 언제 함께 어울리기를 할 것인지를 결정하는 것이 중요한 이유는 무엇일까요?"
      ■ 대답: 만약 함께 어울리기를 언제 할 것인지 미리 결정하지 않으면, 다른 일정들이 완전히 차게 되어

함께 어울리기를 아예 할 수 없게 될 수 있기 때문입니다.

● **어떻게 함께 어울리기가 이루어질 수 있도록 준비할 것인가?**

  ○ 치료자: "마지막 다섯 번째 요소는 '어떻게'입니다. 무엇을 할 것인지에 따라서 어떻게 함께 어울리기가 이루어질 수 있도록 할 것인지를 생각해보아야 합니다. 예를 들어 무엇을 타고 이동할 것인지 아니면 티켓을 구매해야 되는지 등이 여기 포함됩니다. 함께 어울리기가 이루어질 수 있도록 어떻게 준비할 것인지를 미리 결정하는 것이 중요한 이유는 무엇일까요?"

    ■ 대답: 만약 함께 어울리기가 이루어질 수 있도록 어떻게 준비할 것인지 미리 결정하지 않으면, **함께 어울리기**를 아예 할 수 없게 될 수 있기 때문입니다.

함께 어울리기 준비하기

● **계획을 확정하기 위해 다시 연락한다.**

  ○ 치료자: "다섯 가지 요소를 사용하여 함께 어울리기를 계획했다고 하더라도, 우리는 여전히 함께 어울리기를 하기 바로 직전에 계획을 확정해야 할까요?"

    ■ 대답: 예.

  ○ 질문: "우리는 이것을 언제, 그리고 어떻게 하면 될까요?"

    ■ 대답: 대체로 하루 혹은 이틀 전에 문자를 보내거나 전화를 하는 것이 적절합니다.

  ○ 설명: "활동 종류에 따라 계획이 변경되지 않았는지 확인할 수 있도록 하루 혹은 이틀 전에 친구와 다시 연락해야 합니다. 계획을 확정하면서 사용하는 표현이나 계획을 확정하기에 가장 좋은 시기를 선택하는 것을 사회성 코치들이 도와줄 수 있습니다."

● **자신의 공간을 깨끗하게 정리한다.**

  ○ 설명: "함께 어울리기를 준비할 때 또 다른 중요한 부분은 자신의 공간이 깨끗하게 정리되었는지 확인하는 것입니다. 이는 집에서 함께 어울리기를 한다면 성인이 함께 사용하는 공간을 깨끗하게 정리해야 한다는 의미입니다. 만약 운전을 한다면 성인이 자신의 차가 지저분하지 않게 해야 한다는 뜻입니다."

  ○ 질문: "집 혹은 차가 지저분하다면 무엇이 문제가 될 수 있을까요?"

    ■ 대답: 집 혹은 차가 지저분하다면 친구들이 당신을 게으르다고 생각할 수 있습니다. 다른 사람들과 어울리기 전에 깨끗하게 정리하는 것은 손님을 존중한다는 것을 보여주는 것입니다. 깨끗하게 정리하지 않는 것은 무례하고 손님을 존중하지 않는 것처럼 보입니다.

● **함께 나누어 먹을 수 있는 간단한 간식을 준비한다.**

  ○ 설명: "집에서 함께 어울리기를 한다면 함께 나누어 먹을 수 있는 간단한 간식을 준비해야 합니다. 이는 사람들에게 먹을 것이나 마실 것 등을 줄 수 있도록 준비해야 한다는 의미입니다."

  ○ 질문: "친구들이 집에 방문했을 때 나누어 먹을 수 있는 음식이나 음료를 준비하는 것이 중요한 이유는 무엇일까요?"

    ■ 대답: 친구들이 목이 마르거나 배고플 수 있습니다. 마실 것이나 먹을 것 등을 권하지 않으면 무례해 보일 수 있습니다. 배려하지 않는다고 생각할 수 있습니다.

  ○ 설명: "만약 친구들이 당신 집에 방문할 예정이라면 항상 함께 나누어 먹을 수 있는 간단한 간식을 준비하는 것이 좋습니다. 무엇이 적절한지 결정할 수 있도록 사회성 코치들이 도와줄 수 있습니다."

● **다른 사람이 함께 사용하거나 보거나 만지지 않았으면 하는 개인적인 물건은 치워 둔다.**

○ 치료자: "함께 어울리기를 준비할 때 중요한 또 다른 부분은 다른 사람이 함께 사용하거나 보거나 만지지 않았으면 하는 개인적인 물건들을 치워 두는 것입니다. 그런 물건들을 미리 치워 두는 것이 중요한 이유는 무엇일까요?"

■ 대답: 친구들에게 당신의 물건을 보거나 만지지 말아달라고 하면 무례해 보일 수 있기 때문입니다. 물건들을 미리 다른 곳에 치워 둠으로써 친구들이 그 물건이 거기 있었다는 것조차 모르게 하는 것이 더 쉽기 때문입니다(여기에는 함께 나누어 먹고 싶지 않은 음식도 포함됩니다).

● **몇 가지 다른 활동들도 할 수 있도록 준비한다.**

○ 치료자: "함께 어울리는 동안 무엇을 할 것인지 미리 결정하였다 하더라도 친구가 당신 집에 오게 되었을 때 함께할 수 있는 다른 활동들도 할 수 있도록 준비되어 있어야 합니다. 다른 활동을 준비해 두는 것이 중요한 이유는 무엇일까요?"

■ 대답: 사람들은 쉽게 지루함을 느끼고 계획이 바뀔 수 있기 때문입니다. 선택할 수 있는 다른 활동들도 선택할 수 있어야 하기 때문입니다. 다양한 활동을 할 수 있게 준비해 두는 것이 도움이 되기 때문입니다.

○ 질문: "이러한 다른 활동들은 무엇을 바탕에 두어야 하나요?"

■ 대답: 당신과 친구의 **공통의 관심사**입니다.

함께 어울리기 시작하기

● 설명: "지금까지 우리는 함께 어울리기를 계획하고 준비하는 규칙을 배웠습니다. 이제 성인의 집에서 만나는 경우를 중심으로 함께 어울리기를 시작하기 위한 단계들에 대해 이야기하도록 하겠습니다."

부적절한 역할극: 함께 어울리기 시작하기 ▶

[집단 치료자는 한 명의 보조 치료자와 **함께 어울리기 시작하기**의 부적절한 역할극을 한다.]

● 치료자: "지금부터 역할극을 보여줄 것입니다. 역할극을 잘 보고 제가 함께 어울리기를 시작하면서 무엇을 잘못했는지 이야기해주세요."

부적절한 역할극의 예

○ (보조 치료자는 문 밖에 서 있는다.)

○ 보조 치료자: (문을 두드린다.)

○ 집단 치료자: (문을 열고, 그 자리에 서서 아무 말도 하지 않는다.)

○ 집단 치료자 및 보조 치료자: (긴 침묵이 이어진다.)

○ 보조 치료자: (혼란스러워하며) "음…… 안녕, (이름)아/야."

○ 집단 치료자: (어색하고 혼란스러워하며) "안녕."

○ 집단 치료자 및 보조 치료자: (긴 침묵이 이어진다.)

○ 보조 치료자: (혼란스러워하며 무엇을 해야 할지 모른다.) "요즘 어떻게 지내?"

○ 집단 치료자: (어색하고 혼란스러워하며) "잘 지내."

○ 집단 치료자 및 보조 치료자: (긴 침묵이 이어진다.)

○ 보조 치료자: (혼란스러워하며 어색하게) "나 들어가도 돼?"

> ○ 집단 치료자: (놀라며) "어…… 당연하지." (옆으로 비키지 않는다.)
> ○ 보조 치료자: (불편해하며 어색하게) "고마워." (집단 치료자를 비켜가며 안으로 들어간다.)
> ○ 집단 치료자: (문 앞에 서며 문을 열고 있다.)
> ○ 집단 치료자 및 보조 치료자: (긴 침묵이 이어진다.)

- 치료자: "자, 여기까지입니다. 제가 함께 어울리기를 시작하면서 무엇을 잘못했지요?"
  - 대답: 문 앞에 어색하게 서 있었습니다. 친구를 환영하지 않았습니다.
- 다음과 같은 **조망 수용 질문**을 한다.
  - "(보조 치료자들의 이름)이/가 어떤 기분이었을 것 같나요?"
    - 대답: 불편합니다. 어색합니다. 혼란스럽습니다.
  - "(보조 치료자들의 이름)이/가 저에 대해서 어떻게 생각했을 것 같나요?"
    - 대답: 이상합니다. 특이합니다. 별나 보입니다. 불친절합니다.
  - "(보조 치료자들의 이름)이/가 저와 다시 만나 시간을 보내고 싶어 할 것 같나요?"
    - 대답: 잘 모르겠습니다. 시작이 좋지 않습니다.
- 보조 치료자들에게 같은 **조망 수용 질문**을 한다.
  - "어떤 기분이 들었나요?"
  - "저에 대해서 어떻게 생각했나요?"
  - "저와 다시 만나 시간을 보내고 싶나요?"

함께 어울리기 시작하기를 위한 단계

- 설명: "함께 어울리기를 어색하게 시작하는 대신에 적절한 단계들을 따르면서 집에서 함께 어울리기를 시작해야 합니다."

1. 손님에게 인사를 한다.

- 치료자: "당신의 집에서 함께 어울리기를 하게 되면, 손님이 도착했을 때 해야 할 첫 번째 단계는 문 앞에서 손님에게 인사를 하는 것입니다. 손님에게 인사를 어떻게 할 수 있을까요?"
  - 대답: '안녕? 어서 와.'라고 인사합니다.

2. 손님을 집 안으로 맞이한다.

- 치료자: "다음 단계는 손님을 집 안으로 맞이하는 것입니다. '들어와.' 등의 말을 하며 손님이 안으로 들어올 수 있도록 문 옆으로 비켜서서 길을 만들어 줍니다. 손님을 집 안으로 맞이하는 것을 기억하지 못한다면 어떤 일이 생길 수 있을까요?"
  - 대답: 손님이 문 앞에 서서 계속 기다리게 될 것입니다. 손님이 매우 난처해할 수 있습니다.
- 설명: "손님을 집 안으로 맞이하면서 손님의 외투, 재킷 혹은 우산 등을 받아주기도 합니다."

3. 손님이 모르는 사람들에게는 손님을 소개한다.

- 치료자: "손님을 집 안으로 맞이하면 손님이 모르는 사람들에게는 손님을 소개합니다. 손님이 모르는 사람들에게 손님을 소개하는 것이 중요한 이유는 무엇일까요?"
  - 대답: 손님이 함께 있는 모든 사람들을 알지 못하면, 손님이 어색해하거나 소외되었다고 느낄 수 있

습니다. 손님이 함께 있는 모든 사람들을 안다면, 더 편안하고 환영 받는다고 느낄 것입니다.

4. 집 안을 안내해준다.

- 치료자: "손님이 처음 집에 왔다면 집 안을 조금 안내주는 것이 도움이 될 수 있습니다. 집 안을 안내해주는 것이 중요한 이유는 무엇인가요?"
  - 대답: 손님이 환영 받는다고 느끼게 하는 것이 초대자의 역할입니다. 집을 안내 받으면 환영 받는다고 느낄 수 있습니다. 특히 화장실이 어디 있는지 알고, 주위 환경에 익숙해지면 손님이 편하게 느낄 것입니다.

5. 간단한 간식을 권한다.

- 치료자: "친구가 당신 집에 온 것에 대해 편안해지면, 또는 부엌을 지나면서 간단한 간식을 권합니다. 무엇을 권해야 할까요?"
  - 대답: 마실 것 혹은 먹을 것을 권합니다. 간식을 권합니다.
- 질문: "손님들에게 간식을 권하는 것이 중요한 이유는 무엇인가요?"
  - 대답: 손님이 배가 고프거나 목이 마를 수 있습니다. 손님에게 음식과 음료를 제공하는 것이 예의이기 때문입니다.

6. 손님에게 하고 싶은 것이 무엇인지 물어본다.

- 치료자: "손님과 함께 무엇을 할 것인지 미리 계획했다고 하더라도, 손님이 당신 집에 온 것에 대해 편안해지고 난 다음, 무엇을 하고 싶은지 다시 물어보아야 할까요?"
  - 대답: 예.
- 질문: "손님에게 무엇을 하고 싶은지 물어보는 것이 좋은 생각인 이유는 무엇일까요?"
  - 대답: 손님이 좋은 시간을 보내게 하는 것이 초대자의 역할입니다. 손님이 결국 미리 계획한 것과 다른 것을 하고 싶어 할 수도 있기 때문입니다.
- 설명: "적어도 당신들이 함께하기로 계획한 것을 손님이 여전히 하고 싶어 하는지를 확인해야 합니다. 다른 것을 하고 싶어 하지 않는다면 무엇을 하고 싶은지 물어보고 자연스럽게 분위기를 따라갈 마음의 준비가 되어 있어야 합니다."

적절한 역할극: 함께 어울리기 시작하기 ▶

[집단 치료자는 두 명의 보조 치료자와 **함께 어울리기 시작하기**의 적절한 역할극을 한다. 한 명의 보조 치료자는 도착하는 손님 역할을 다른 보조 치료자는 이미 도착해 있는 손님 역할을 한다. 만약 보조 치료자가 한 명뿐이라면 성인 중 한 명이 이미 도착해 있는 손님 역할을 해도 된다.]

- 치료자: "지금부터 또 다른 역할극을 보여드리겠습니다. 역할극을 잘 보고 제가 함께 어울리기를 시작하면서 무엇을 잘했는지 이야기해주세요."

적절한 역할극의 예

○ (보조 치료자 1은 문 밖에 서 있다.)

○ 보조 치료자 1: (문을 두드린다.)

> ○ 집단 치료자: (문을 연다.) "안녕, (이름)아/야! 요즘 어떻게 지내?"
>
> ○ 보조 치료자 1: "안녕! 잘 지내. 너는?"
>
> ○ 집단 치료자: "나도 잘 지내. 어서 들어와." (보조 치료자 1이 들어올 수 있도록 길을 내준다.)
>
> ○ 보조 치료자 1: (들어온다.) "고마워."
>
> ○ 집단 치료자: "이전에 모두 같이 만난 적은 없는 것 같아. 이 친구는 ○○○(이)야. 얘는 ○○○(이)야."
>
> ○ 보조 치료자 1: "만나서 반가워."
>
> ○ 보조 치료자 2: "나도."
>
> ○ 집단 치료자: "너는 우리 집에 처음 왔으니까 우리 집을 간단하게 안내해줄게. (방 안을 돌아다니면서) 여기는 거실인데, 우리는 이따가 거실에서 놀 거야. 화장실은 이쪽으로 돌아가서 있고, 여기가 부엌이야."
>
> ○ 보조 치료자 1: "멋지다. 고마워."
>
> ○ 집단 치료자: "음료수나 간식 좀 갖다 줄까?"
>
> ○ 보조 치료자 1: "지금은 괜찮아. 고마워."
>
> ○ 집단 치료자: (보조 치료자들을 바라보면서) "우리 그럼 이제 게임하러 갈까?"
>
> ○ 보조 치료자 1 & 2: "좋아!"
>
> ○ 집단 치료자: "여기 ○○ 하고 ○○ 게임을 준비했는데, 너희는 어느 것을 하고 싶니?"

- 치료자: "자, 여기까지입니다. 제가 함께 어울리기를 시작하면서 무엇을 잘했지요?"
  - 대답: 손님을 환영하는 인사를 했습니다. 손님을 집 안으로 맞이했습니다. 손님이 모르는 사람들에게는 손님을 소개했습니다. 집 안을 안내해주었습니다. 간단한 간식을 권했습니다. 손님에게 무엇을 하고 싶은지 물어봤습니다.
- 다음과 같은 **조망 수용 질문**을 한다.
  - "(보조 치료자들의 이름)이/가 어떤 기분이었을 것 같나요?"
    - 대답: 좋습니다. 괜찮습니다.
  - "(보조 치료자들의 이름)이/가 저에 대해서 어떻게 생각했을 것 같나요?"
    - 대답: 친절합니다. 좋습니다. 좋은 초대자인 것 같습니다.
  - "(보조 치료자들의 이름)이/가 저와 다시 만나 시간을 보내고 싶어 할 것 같나요?"
    - 대답: 아마도 그럴 것 같습니다. 현재까지 좋습니다.
- 보조 치료자들에게 같은 **조망 수용 질문**을 한다.
  - "어떤 기분이 들었나요?"
  - "저에 대해서 어떻게 생각했나요?"
  - "저와 다시 만나 시간을 보내고 싶나요?"

함께 어울리기 하는 동안 규칙 지키기

- 설명: "지금까지 우리는 함께 어울리기를 시작하는 방법을 배웠습니다. 이제는 함께 어울리기를 하는 동안 무엇을 해야 하는지 알아야 합니다. 성공적인 함께 어울리기를 할 수 있도록 하기 위해 지켜야 할 중요한 규칙들이 몇 가지 있습니다."

- **함께 어울리기는 활동에 바탕을 두어야 한다.**
  - 설명: "함께 어울리기를 계획할 때 가장 먼저 해야 하는 것은 미리 무엇을 할 것인지를 결정하는 것입니다. 무엇을 할 것인지를 실제로 결정하지 않고 그냥 만나자고 한다면 무엇이 문제가 될 수 있을까요?"
    - 대답: 결국 지루해질 수 있습니다. 무엇을 할지 결정하지 못할 수 있습니다.
  - 질문: "함께 어울리는 친구에게 '무엇을 하고 싶니?'라고 물어봤으나 친구가 '나도 잘 모르겠어. 넌 무엇을 하고 싶어?'라고 되물어보며, 계속해서 서로에게 무엇을 하고 싶은지 물어본 경험이 있나요? 이런 상황이 발생한다면 당신과 당신 친구에게 어떨 것 같나요?"
    - 대답: 지루합니다. 짜증납니다.
  - 치료자: "지루한 함께 어울리기가 되지 않기 위해서 함께 어울리기는 활동에 바탕을 두는 것이 가장 좋습니다. 활동은 무엇에 바탕을 두어야 할까요?"
    - 대답: **공통의 관심사입니다.**
- **당신의 집에서는 함께할 활동을 손님이 선택하도록 한다.**
  - 치료자: "집에서 함께 어울리기를 하기 위한 또 다른 중요한 규칙은 당신의 집에서는 함께할 활동을 손님이 선택하도록 하는 것입니다. 함께할 활동을 손님이 선택하도록 하는 것이 중요한 이유는 무엇일까요?"
    - 대답: 손님이 즐거운 시간을 보내도록 하는 것이 초대자의 역할이기 때문입니다.
  - 질문: "그러나 함께 어울리기 전에 무엇을 할 것인지를 대략적으로 계획하고, 계획이 변경된다면 다른 활동을 할 수 있도록 준비하는 것이 좋을까요?"
    - 대답: 예. 하지만 융통성 있게 해야 합니다.
  - 치료자: "이 규칙에는 한 가지 예외가 있습니다. 만약 손님이 당신을 불편하게 만드는 일을 하고 싶어 하는 경우에 우리는 어떻게 해야 할까요?"
    - 대답: 제안을 따르지 않습니다. 다른 것을 하자고 제안합니다. 친구의 제안이 친구에게 좋은 선택인지를 생각합니다.
  - 치료자: "함께할 활동을 손님이 선택해야 한다는 것을 모든 사람이 알고 있는 것은 아닙니다. 만약 여러분이 손님이 되어서 다른 사람의 집에 갔는데 초대자가 모든 활동을 선택하고 싶어 한다면 어떻게 해야 할까요?"
    - 대답: **친구에게 이래라저래라 하지 않습니다. 그때의 분위기를 따라갑니다. 우정은 선택이라는 것을 기억합니다.** 만약 계속해서 당신이 하고 싶은 것을 친구가 전혀 하고 싶어 하지 않는다면 앞으로는 그 친구와 어울리지 않아도 됩니다.
- **분위기를 따라간다.**
  - 치료자: "집에서 성공적으로 함께 어울리기를 하기 위한 또 다른 중요한 규칙은 분위기를 따라가야 한다는 것입니다. 이것은 때로 우리는 융통성을 가져야 할 필요가 있으며, 우리가 예상하지 못한 일이 일어나더라도 자연스럽게 흐름을 따라 가야 한다는 뜻입니다. 예를 들어 함께 어울리기를 하는 동안에 계획이 바뀌는 경우도 있을까요?"
    - 대답: 예.
  - 질문: "계획이 바뀐다면 어떻게 해야 할까요?"
    - 대답: **분위기를 따라갑니다.**

○ 질문: "간혹 사람들이 생각이 바뀌어 다른 것을 하고 싶어 하기도 하나요?"
 ▪ 대답: 예.
○ 질문: "이런 경우에는 어떻게 해야 할까요?"
 ▪ 대답: **분위기를 따라갑니다.**
○ 설명: "만약 친구가 계속해서 계획을 바꾸는 것 때문에 성인들이 거슬려 한다면 일단 지금은 분위기를 따라가라고 말해 줍니다. 하지만 우정은 선택이라는 것을 기억하십시오. 만약 성인이 정말로 그것을 싫어한다면 그 친구와 다시 어울릴 필요는 없습니다."

● **갑자기 다른 사람을 함께 어울리기에 초대하지 않는다.**
 ○ 질문: "만약 함께 어울리기를 하는 동안 당신이 좋아하는 사람으로부터 갑자기 전화가 와서 당신을 만나고 싶어 한다고 가정해봅시다. 그 사람을 함께 어울리기에 초대해도 될까요?"
  ▪ 대답: 아니요. 함께 어울리기가 끝나고 전화를 하거나 문자를 합니다. 함께 어울리기에 초대하지 않습니다.
 ○ 질문: "갑자기 다른 사람을 함께 어울리기에 초대한다면 무엇이 문제가 될 수 있을까요?"
  ▪ 대답: 친구는 당신이 무례하다고 생각할 수 있습니다. 친구에게 충실하지 않은 행동입니다. 다른 사람을 초대한다면 친구가 실망할 수 있고, 자신과 함께 어울리는 것이 충분히 즐겁지 않아서 다른 사람을 초대한다고 생각할 수 있습니다. 당신 친구가 다른 사람과 잘 어울리지 못할 수도 있습니다.
 ○ 질문: "함께 어울리고 있는 손님에게 다른 사람도 불러도 되는지 물어봐도 될까요?"
  ▪ 대답: 아니요. 함께 어울리고 있는 손님은 마지못해 당신의 대답에 응할 수도 있습니다.
 ○ 질문: "만약 당신 손님이 함께 어울리기에 다른 사람들을 초대하고 싶어 한다면 어떻게 해야 할까요?"
  ▪ 대답: **분위기를 따라가고 우정은 선택이라는 것을 기억해야 합니다.** 만약 친구가 함께 어울리기를 할 때마다 다른 사람을 초대하고 싶어 하는 것이 당신에게 불편하다면 그 친구와 어울릴 필요가 없습니다.
 ○ 설명: "일반적으로 성인들이 함께 어울리기를 계획할 때 다섯 가지 요소를 사회적인 계약으로 여길 수 있도록 합니다. 만약 계획이 바뀐다면 함께 어울리는 사람들 모두가 거기에 동의해야 합니다."

● **친구를 소홀히 하지 않는다.**
 ○ 치료자: "함께 어울리기를 할 때 지켜야 하는 또 다른 중요한 규칙은 친구들을 소홀히 하지 않는 것입니다. 함께 어울리기를 할 때 어떤 친구와 이야기하기 위해 다른 친구를 소홀히 해도 될까요?"
  ▪ 대답: 아니요. 모든 친구가 즐거운 시간을 보낼 수 있게 하는 것이 당신의 역할입니다. 모든 사람이 당신으로부터 관심을 받고 있다고 생각해야 합니다.
 ○ 질문: "함께 어울리기를 할 때 다른 사람과 문자나 영상 통화를 해도 될까요?"
  ▪ 대답: 아니요.
 ○ 질문: "함께 어울리기를 할 때 다른 사람과 문자 혹은 영상 통화를 하거나 다른 사람과 이야기를 한다면 무엇이 문제가 될 수 있을까요?"
  ▪ 대답: 함께 어울리기를 할 때 다른 사람과 문자 혹은 영상 통화를 하거나 다른 사람과 이야기를 하는 것은 무례합니다. 친구에게 충실하지 않은 행동입니다. 친구는 소외감을 느끼거나 자신을 소홀히 한다고 생각할 수 있습니다. 친구가 재미없어 할 것입니다.
 ○ 질문: "만약 친구가 당신과 함께 어울리기를 할 때 다른 사람과 문자 혹은 영상 통화를 한다면 어떻게 해야 할까요?"

- 대답: 분위기를 따라가고 우정은 선택이라는 것을 기억해야 합니다. 만약 친구가 **함께 어울리기**를 할 때마다 다른 사람과 문자를 하고 싶어 하는 것이 당신에게 불편하다면 그 친구와 어울릴 필요가 없습니다.

● **친구를 놀리지 않는다.**
  ○ 치료자: "함께 어울리기를 성공적으로 하기 위해서 지켜야 할 또 다른 규칙은 친구를 놀리지 않는 것입니다. 친구를 놀리면 무엇이 문제가 될 수 있을까요?"
    - 대답: 친구의 기분을 상하게 할 수 있습니다. 놀림이 점점 심해져서 결국 친구와 말다툼을 하거나 싸우게 될 수 있습니다. 당신과 다시는 어울리고 싶어 하지 않을 수 있습니다.
  ○ 질문: "때로는 친구들끼리 서로를 놀리기도 하나요?"
    - 대답: 예. 특히 남자들 사이에서는 더 그렇습니다.
  ○ 설명: "친구들끼리 놀리는 것을 '짓궂은 농담'이라고 합니다. '짓궂은 농담'은 일종의 놀림이지만 장난으로 친한 사이에서 하는 것입니다. 짓궂은 농담이 친구들 사이에서 매우 흔하다고 하더라도 친구를 놀리거나 짓궂은 농담을 한다면 무엇이 문제가 될 수 있을까요?"
    - 대답: 마음이 상할 수 있습니다. 점점 심해져서 말다툼을 하거나 싸우게 될 수 있습니다. 당신과 다시는 어울리고 싶어 하지 않을 수 있습니다.
  ○ 설명: "친구들끼리 놀리거나 '짓궂은 농담'을 하는 것이 매우 흔하다는 것을 알고 있습니다. 그러나 친구를 만들고 그 관계를 유지하는 것이 당신의 목표라면 놀리거나 짓궂은 농담을 하는 것은 위험할 수 있습니다."

● **친구의 편이 되어 준다.**
  ○ 치료자: "만약 당신이 함께 어울리기에 여러 사람을 초대했는데 한 명의 친구가 다른 친구를 놀린다면 어떻게 해야 할까요?"
    - 대답: **놀림을 받는 친구의 편이 되어 주고, 좋은 분위기를 유지하려고 노력합니다.** (만약 당신이 초대자라면 모든 사람이 좋은 시간을 보낼 수 있도록 하는 것이 당신의 의무이기 때문에 친구의 편이 되어주는 것이 더욱더 중요합니다.)
  ○ 설명: "만약 당신이 함께 어울리기의 초대자라면 놀림을 받는 친구는 당신이 도와주기를 바랄 수 있습니다. 친구의 편이 되어 주지 않는다면 당신은 친구에게 충실하지 않은 것처럼 보이고, 그들이 앞으로 당신과 함께 어울리고 싶어 하지 않을 수 있습니다."

● **친구와 다투지 않는다.**
  ○ 치료자: "성공적인 함께 어울리기를 하기 위해 지켜야 하는 또 다른 중요한 규칙은 친구와 다투지 않는 것입니다. 함께 어울리기를 하는 동안 친구와 다투면 무엇이 문제가 될 수 있을까요?"
    - 대답: 점점 심해져서 사람들이 화가 날 수 있습니다. 서로 마음이 상할 수 있습니다. 친구는 앞으로 당신과 함께 어울리고 싶어 하지 않을 수 있습니다.
  ○ 설명: "앞으로 몇 주 후에는 성인들에게 친구와의 갈등을 해결하는 방법, 그리고 논쟁과 의견충돌을 다루는 방법들을 알려줄 것입니다. 그 전에는 성인들에게 친구와 함께 어울릴 때 분위기를 따라가고, 친구와 다투는 것을 피하도록 제안할 수 있습니다."

● **친구에게 이래라저래라 하지 않는다.**
  ○ 설명: "정보를 교환할 때와 마찬가지로 성공적인 함께 어울리기를 하기 위해서 지켜야 하는 다른 중요한

규칙은 친구에게 이래라저래라 하지 않는 것입니다. 친구에게 이래라저래라 하는 것은 무엇을 의미하나요?"

- 대답: 사람들의 실수를 지적하거나 그것을 어떤 방식으로든 고쳐주려고 하는 것을 의미합니다.

○ "친구에게 이래라저래라 한다면 무엇이 문제가 될 수 있을까요?"

- 대답: 무례합니다. 친구가 짜증이 날 수 있습니다. 당신이 자랑을 하고 다른 사람을 통제하려고 한다고 생각할 수 있습니다. 상대방이 난처해할 수 있습니다.

● **좋은 스포츠맨이 된다.**

○ 치료자: "많은 사람들이 함께 어울리기를 할 때 게임이나 스포츠 하는 것을 좋아합니다. 따라서 성공적으로 함께 어울리기를 하기 위한 또 다른 규칙은 좋은 스포츠맨이 되는 것입니다. 좋은 스포츠맨이 되는 것이 중요한 이유는 무엇일까요?"

- 대답: 당신이 나쁜 스포츠맨이라면, 친구는 당신과 별로 어울리고 싶어 하지 않을 것입니다. 당신이 좋은 스포츠맨이면, 친구들이 즐거운 시간을 보내고 당신과 어울리고 싶어 하게 될 것입니다.

○ 질문: "우리는 어떻게 하면 좋은 스포츠맨이 될 수 있을까요?"

- 대답: 친구를 칭찬해줍니다. 게임 중에 지나친 경쟁심을 보이지 않습니다. 친구에게 **이래라저래라 하거나 자랑을 하지 않습니다.** 졌을 때 속상해하거나 화내지 않습니다. 이겼을 때 자랑하거나 진 사람을 고소해하지 않습니다. 사이 좋게 나누어 차례대로 합니다. 규칙을 지킵니다. 속임수를 쓰지 않습니다.

○ 치료자: "좋은 스포츠맨이 될 수 있는 방법에는 여러 가지가 있습니다. 그러나 여러분이 좋은 스포츠맨이 된다고 해서 여러분의 친구들이 좋은 스포츠맨이 된다는 것은 아닙니다. 예를 들어 여러분의 친구가 지나친 경쟁심을 보이고 규칙을 따르려고 하지 않는다고 가정해봅시다. 친구의 행동에 놀라면서 반칙을 하고 있다고 이야기해야 할까요?"

- 대답: 아니요. 당신만 나쁘게 보일 수 있습니다.

○ 설명: "놀리거나 반칙을 하고 있다고 지적하기보다는 규칙을 한두 번 다시 언급해보도록 합니다. 그러나 계속해서 친구가 반칙을 한다면 어떻게 해야 할까요?"

- 대답: **분위기를 따라가고 우정은 선택이라는 것을 기억해야 합니다.** 만약 친구가 계속해서 반칙을 하는 것이 당신에게 불편하다면 그 친구와 어울릴 필요가 없습니다.

○ 설명: "함께 어울리기를 할 때는 분위기를 따라가고 우정은 선택이라는 것을 기억하는 것이 안전합니다. 그래도 친구와의 관계를 유지하고 싶다면 게임 혹은 스포츠를 하는 것을 피하고 다른 활동을 제안해도 괜찮습니다."

● **활동이 지루하게 느껴지면 변화를 제안한다.**

○ 질문: "사람들은 함께 어울리기를 하는 동안 때로는 지루해하기도 하나요?"

- 대답: 예.

○ 질문: "함께 어울리기를 하는 동안 친구에게 '재미없어'라고 말하거나 친구의 곁을 떠나 버린다면 무엇이 문제가 될 수 있을까요?"

- 대답: 무례해 보입니다. 함께 어울리는 사람이 지루하다고 말하는 것처럼 들릴 수 있습니다. 다시는 당신과 어울리지 않으려고 할 수 있습니다.

○ 치료자: "지루하다고 말하거나 친구 곁을 떠나 버리는 것보다는 변화를 제안하는 것이 바람직합니다. 변

화를 어떻게 제안할 수 있을까요?"

- 대답: "이것 끝나면 우리 다른 것을 해볼까?"라고 말할 수 있습니다.
- 질문: "당신이 변화를 제안한 활동을 친구가 하고 싶어 하지 않으면 어떻게 해야 할까요?"
  - 대답: 그때의 분위기를 따라갑니다. 친구가 다음 활동을 선택할 수 있게 합니다. 그리고 우정은 선택 이라는 것을 기억합니다. 당신이 제안하는 것을 친구가 항상 하고 싶어 하지 않는다면 앞으로 그 친 구와 어울리지 않아도 됩니다.

- **함께 어울리기를 진행하는 총시간의 50%는 정보를 교환하는 데 쓴다.**
  - 치료자: "성공적인 함께 어울리기를 하기 위한 또 다른 중요한 규칙은 함께 어울리기를 진행하는 총시간 의 50%는 이야기를 나누고 정보를 교환하는 데 쓰는 것입니다. 총시간의 50%를 정보 교환에 쓰는 것이 중요한 이유는 무엇일까요?"
    - 대답: 그것이 서로를 알게 되고 **공통의 관심사 찾기** 방법이기 때문입니다. 이야기를 나누고 **정보 교환** 을 하지 않으면 서로를 알게 되지 못하고 더 친한 친구가 되기 어렵습니다.

- **처음에는 짧고 즐거운 함께 어울리기를 한다.**
  - 치료자: "마지막으로 아주 잘 알지는 못하는 친구와 함께 어울리기를 한다면, 처음에는 짧고 즐겁게 하 는 것이 더 좋습니다. 짧고 즐거운 함께 어울리기란 무슨 뜻일까요?"
    - 대답: 처음에는 함께 어울리기를 짧게 하라는 뜻입니다. 처음부터 바로 긴 시간 함께 어울리지 않는 다는 것입니다.
  - 질문: "처음부터 긴 시간 함께 어울리기를 한다면 무엇이 문제가 될 수 있을까요?"
    - 대답: 서로가 지루해할 수 있습니다. 처음부터 무리일 수 있습니다.
  - 설명: "모든 것이 순조롭게 진행되는지 알기 위해서는 처음에는 짧고 즐거운 함께 어울리기를 하는 것이 좋습니다. 성인들이 친구를 더 잘 알게 되면, 더 긴 시간 어울려도 괜찮습니다. 적절한 시간이 어느 정도 인지를 성인들이 결정할 수 있도록 여러분이 도움을 줄 수 있습니다."

함께 어울리기 마무리하기

- 설명: "이제 우리는 함께 어울리기를 하는 동안 지켜야 할 규칙들에 대해 알게 되었습니다. 지금부터는 함 께 어울리기를 마무리하는 방법에 대하여 이야기해보도록 하겠습니다."

부적절한 역할극: 함께 어울리기 마무리하기 ▶

[집단 치료자는 두 명의 보조 치료자와 **함께 어울리기 마무리하기**의 부적절한 역할극을 한다. 보조 치료자가 한 명뿐이라면 한 명의 보조 치료자와 역할극을 해도 괜찮다.]

- 치료자: "지금부터 역할극을 보여드리겠습니다. 역할극을 잘 보고 제가 함께 어울리기를 마무리하면서 무 엇을 잘못했는지 이야기해주세요."

부적절한 역할극의 예

- 집단 치료자 & 보조 치료자: (앉아 있는다.)
- 보조 치료자 1: "정말 좋은 게임이었어!"

> ○ 보조 치료자 2: "나도 재미있었어!"
> ○ 집단 치료자: (주위를 둘러보며 지루해한다.)
> ○ 보조 치료자 1: (잠시 멈추고) "응, 이 게임 처음인데 재미있다." (집단 치료자를 바라보며 무엇을 해야 할지 모른다.)
> ○ 집단 치료자: (의식하지 못한 채 주위를 둘러보며 지루해한다.)
> ○ 보조 치료자 2: (잠시 멈추고) "응, 나도 좋았어." (집단 치료자를 바라보며 무엇을 해야 할지 모른다.)
> ○ 집단 치료자: (일어나서 자리를 떠난다.)
> ○ 보조 치료자 1: (혼란스러워하며) "쟤 뭐지?"
> ○ 보조 치료자 2: (혼란스러워하며) "나도 모르겠어."
> ○ 보조 치료자 1: (혼란스러워하며) "이제 뭐 해야 할까?"
> ○ 보조 치료자 2: (혼란스럽고 짜증을 내며) "그냥 가자."
> ○ 보조 치료자 1 & 2: (일어나서 문을 향해 걸어간다.)

- 치료자: "자, 여기까지입니다. 제가 함께 어울리기를 마무리하면서 무엇을 잘못했지요?"
  - 대답: 아무 말도 하지 않고 자리를 떠났습니다. 친구들을 배웅해주지 않았습니다.
- 다음과 같은 **조망 수용 질문**을 한다.
  - "(보조 치료자들의 이름)이/가 어떤 기분이었을 것 같나요?"
    - 대답: 혼란스럽습니다. 짜증납니다. 마음이 상합니다.
  - (보조 치료자들의 이름)이/가 저에 대해서 어떻게 생각했을 것 같나요?"
    - 대답: 무례합니다. 이상합니다. 배려가 부족합니다. 나쁜 초대자인 것 같습니다.
  - "(보조 치료자들의 이름)이/가 저와 다시 만나 시간을 보내고 싶어 할 것 같나요?"
    - 대답: 아니요. 아마도 그럴 것 같지 않습니다.
- 보조 치료자들에게 같은 **조망 수용 질문**을 한다.
  - "어떤 기분이 들었나요?"
  - "저에 대해서 어떻게 생각했나요?"
  - "저와 다시 만나 시간을 보내고 싶나요?"

함께 어울리기 마무리하기를 위한 단계

- 설명: "어색하게 마무리하는 대신에 적절한 단계에 따라 함께 어울리기를 마무리해야 합니다."

1. 활동이 잠시 멈출 때를 기다린다.

- 치료자: "함께 어울리기를 마무리할 때 첫 번째 단계는 활동이 잠시 멈출 때를 기다리는 것입니다. 이것은 꼭 그래야만 하는 경우가 아니라면 진행하고 있는 활동을 중단하지 말라는 의미입니다. 함께 어울리기를 하던 곳을 떠나거나 함께 어울리기를 마무리하기 위해 하고 있던 활동을 중단하면 무엇이 문제가 될까요?"
  - 대답: 갑작스러워 보일 수 있습니다. 친구들은 당신이 그들과 더 이상 어울리고 싶어 하지 않는다고 생각할 수 있습니다.

2. **함께 어울리기를 마무리하기 위한 꼬리말을 한다.**

- 치료자: "다음 단계는 떠나거나 함께 어울리기를 마무리하기 위한 꼬리말을 하는 것입니다. 꼬리말이란 우리가 무엇인가를 해야만 하는 이유를 알려주는 것임을 기억하십시오. 함께 어울리기를 하던 곳을 떠나거나 함께 어울리기를 마무리해야 하는 이유에는 어떤 예들이 있을까요?"
  - 예
    - "나 이제 가봐야 해."
    - "이제 공부해야 해."
    - "시간이 많이 늦었네. 나 내일 아침 일찍부터 수업이 있어."
    - "늦었네. 나 내일 아침 일찍 일하러 가야 해."
- 질문: "함께 어울리기를 하던 곳을 떠나거나 함께 어울리기를 마무리할 때 꼬리말을 하지 않으면 무엇이 문제가 될 수 있을까요?"
  - 대답: 친구들은 당신이 그들과 더 이상 어울리고 싶어 하지 않는다고 생각할 수 있습니다.

3. **친구를 문까지 배웅한다.**

- 치료자: "함께 어울리기를 집에서 했다면 다음 단계는 일어서서 친구를 문까지 배웅해주는 것입니다. 친구를 문까지 배웅하는 것이 중요한 이유는 무엇일까요?"
  - 대답: 친구 혼자 집 밖으로 나가는 길을 찾게 하는 것은 무례하기 때문입니다. 일어서서 문까지 배웅 해주지 않는다면 친구가 떠나지 않을 수 있습니다. 다음에 무엇을 해야 하는지를 알기 위해 당신의 신호를 기다리고 있을 것입니다.

4. **친구에게 함께 어울리기를 해서 고맙다고 말한다.**

- 치료자: "다음 단계는 '와줘서 고마워.' 혹은 '오늘 (함께한 활동)을/를 같이해줘서 고마워.'라고 말하는 것입니다. 고맙다고 말하는 것이 중요한 이유는 무엇일까요?"
  - 대답: 친구의 기분을 좋게 만들어 주기 때문입니다. 당신이 친구에게 고마워한다는 것을 보여주기 때문입니다.

5. **친구에게 즐거운 시간을 보냈다고 말한다.**

- 치료자: "만약 여러분이 즐거운 시간을 보냈다면, 친구에게 인사를 하거나 문까지 배웅하는 동안 즐거운 시간을 보냈다고 친구에게 이야기해주어야 합니다. 즐거운 시간을 보냈다고 말하는 것이 중요한 이유는 무엇일까요?"
  - 대답: 당신이 친구와 함께 보낸 시간이 즐거웠다는 것을 그들에게 알려주는 것이기 때문입니다. 친구를 기분 좋게 만들어 주기 때문입니다.

6. **잘 가라고 인사하고, 나중에 다시 보자고 한다.**

- 설명: "마지막으로 인사를 하거나 친구를 문까지 배웅해주면서 잘 가라고 인사하는 것이 중요합니다. '나중에 다시 보자.' 혹은 '곧 다시 연락하자.'라고 말할 수도 있습니다. 당신이 그렇게 하고 싶다면, 이것은 나중에 또 다른 함께 어울리기를 계획하기에 적절한 순간이기도 합니다."
- 질문: "잘 가라고 인사하고, 나중에 다시 보자고 말하는 것이 중요한 이유는 무엇일까요?"
  - 대답: 당신이 친구와 함께 즐거운 시간을 보냈고, 친구를 다시 만나고 싶다는 것을 보여주기 때문입니다.

적절한 역할극 : 함께 어울리기 마무리하기 ▶

[집단 치료자는 두 명의 보조 치료자와 **함께 어울리기 마무리하기**의 적절한 역할극을 한다. 보조 치료자가 한 명뿐이라면 한 명의 보조 치료자와 역할극을 해도 괜찮다.]

● 치료자: "지금부터 또 다른 역할극을 보여드리겠습니다. 역할극을 잘 보고 제가 함께 어울리기를 마무리하면서 무엇을 잘했는지 이야기해주세요."

적절한 역할극의 예

○ 집단 치료자&보조 치료자: (앉아 있는다.)

○ 집단 치료자: "이 게임 처음 해보는데, 정말 재미있는 게임이었어!"

○ 보조 치료자 1: "나도 정말 재미있었어!"

○ 보조 치료자 2: "나도!"

○ 집단 치료자: (잠시 멈추고) "시간이 좀 늦었네. 내일 다들 일찍부터 학교 가야 되지?"

○ 보조 치료자 1: "응."

○ 보조 치료자 2: "벌써 시간이 이렇게 됐구나……"

○ 집단 치료자: (일어나면서 문을 향해 걸어간다.) "와줘서 고마워!"

○ 보조 치료자 1: (집단 치료자를 따라 문 앞까지 걸어간다.) "초대해줘서 고마워!"

○ 보조 치료자 2: (집단 치료자를 따라 문 앞까지 걸어간다.) "응, 고마워."

○ 집단 치료자: "정말 재미있었어."

○ 보조 치료자 1: "나도 즐거웠어."

○ 보조 치료자 2: "나도."

○ 집단 치료자: "우리 곧 또 만나서 놀자."

○ 보조 치료자 1: "그래, 재미있겠다."

○ 보조 치료자 2: "그러면 좋겠다!"

○ 집단 치료자: (문을 열어준다.) "그럼 나중에 연락할게."

○ 보조 치료자 1: "좋아." (문 밖으로 걸어 나간다.)

○ 보조 치료자 2: "나중에 봐." (문 밖으로 걸어 나간다.)

○ 집단 치료자: "조심해서 가. 안녕!" (손을 흔든다.)

○ 보조 치료자 1 & 2: (손을 흔들면서) "안녕!"

● 치료자: "자, 여기까지입니다. 제가 함께 어울리기를 마무리하면서 무엇을 잘했지요?"
  ○ 대답: 활동이 잠시 멈출 때를 기다렸습니다. 함께 어울리기를 마무리하기 위한 꼬리말을 했습니다. 친구를 문까지 배웅하기 시작했습니다. 친구에게 함께 어울리기를 해서 고맙다고 말했습니다. 친구에게 즐거운 시간을 보냈다고 말했습니다. 나중에 다시 보자고 했습니다. 잘 가라고 인사했습니다.

● 다음과 같은 **조망 수용 질문**을 한다.
  ○ "(보조 치료자들의 이름)이/가 어떤 기분이었을 것 같나요?"
    ■ 대답: 좋습니다. 괜찮습니다.

○ (보조 치료자들의 이름)이/가 저에 대해서 어떻게 생각했을 것 같나요?"

 ■ 대답: 친절합니다. 좋습니다. 좋은 초대자인 것 같습니다.

○ "(보조 치료자들의 이름)이/가 저와 다시 만나 시간을 보내고 싶어 할 것 같나요?"

 ■ 대답: 예, 아마도 그럴 것 같습니다.

● 보조 치료자들에게 같은 **조망 수용 질문**을 한다.

○ "어떤 기분이 들었나요?"

○ "저에 대해서 어떻게 생각했나요?"

○ "저와 다시 만나 시간을 보내고 싶나요?"

행동 연습

함께 어울리기

필요한 자료

- 실내 게임(예 : 비디오 게임, 카드 게임, 보드 게임)
  - ○ 비디오 게임을 선택권으로 제공하고자 한다면 모든 집단원이 동시에 가지고 놀 수 있도록 여러 개의 게임용 콘솔을 준비한다.
  - ○ 휴대용의 조그마한 게임용 장치를 사용하면 순서를 기다리는 사람들은 지루해할 수 있기 때문에 이것은 사용하지 않는다.
  - ○ 다른 게임들을 가지고 있지 않다면 카드 몇 팩을 가지고 오는 것만으로도 충분하다.
- 선택사항: 유튜브 동영상을 볼 수 있는 아이패드나 휴대용 컴퓨터, 인터넷 서핑, 컴퓨터 게임
  - ○ 아이패드나 휴대용 컴퓨터를 선택권에 포함하고자 한다면 모든 집단원이 동시에 가지고 놀 수 있도록 여러 개를 준비한다.
- [주: PEERS® 프로그램을 진행하는 곳에서 게임기, 아이패드, 휴대용 컴퓨터와 같이 값비싼 물품을 구비하기는 대체로 어렵다. **활동에 바탕을 둔 함께 어울리기**를 진행하기 위해서는 몇 가지 카드 게임을 준비하는 정도면 충분하다.]

행동 연습

- 성인들에게 **함께 어울리기 시작하고 마무리하기**를 연습한다고 알린다.
- 성인들을 작은 집단으로 나눈다(3명 미만으로는 하지 않는다).
- 각각의 성인이 단계를 따르면서 **함께 어울리기 시작하기**를 연습하게 한다.
  - ○ '초대자'와 '손님' 역할을 정해준다.
    - 초대자 역할 1명
    - '도착하는 손님' 역할 1명
    - 다른 집단원들은 '도착해 있는 손님' 역할을 한다.
  - ○ 초대자 역할을 맡은 집단원이 **함께 어울리기 시작하기** 단계를 말로 이야기하는 것부터 시작한다(처음에는 칠판을 봐야 할 수도 있다.)
  - ○ 성인이 **함께 어울리기 시작하기**의 구체적인 단계를 이야기할 수 있도록 다음과 같은 **사회성 코칭 질문** 중 몇 개를 사용하여 소크라테스식 질문을 제공해야 할 수도 있다.
    - "손님이 당신 집 벨을 누르면 무엇을 해야 할까요?"
    - "손님이 문 앞에 서 있다면 무엇을 해야 할까요?"
    - "도착한 손님이 이미 도착해 있는 다른 손님들을 모른다면 어떻게 해야 할까요?"
    - "손님이 당신 집에 처음 방문하는 것이라면 무엇을 해야 할까요?"
    - "손님에게 무엇인가를 대접해야 할까요?"
    - "무엇을 할지 어떻게 정해야 할까요?"
  - ○ 도착하는 손님은 밖에 서서 문을 두드린다.

○ 도착해 있는 손님(들)은 근처에 자리 잡아 앉아 있도록 한다.

○ 초대자가 **함께 어울리기 시작하기**를 위한 단계를 따르게 한다.

○ 단계를 따르는 것을 어려워한다면 다음의 **사회성 코칭 질문** 중 몇 개를 사용하여 소크라테스식 질문을 제공해야 할 수도 있다.

- "친구가 당신 집 벨을 누르면 무엇을 해야 할까요?"
- "친구가 집 안으로 들어와야 할까요?"
- "모든 친구가 서로 알고 있는 사이인가요?"
- "친구가 당신 집을 방문한 적이 있나요?"
- "친구들에게 무엇인가를 대접해야 할까요?"
- "당신과 친구들이 무엇을 할지 어떻게 정해야 할까요?"

○ 성인이 연습을 끝내면 "여기까지입니다."라고 말하고 다른 성인들이 박수를 쳐주도록 한다.

○ 각각의 성인이 **함께 어울리기 시작하기**에서 초대자, 도착한 손님, 도착해 있는 손님 역할을 연습할 수 있게 한다.

● 성인들이 **함께 어울리기** 하는 동안 **정보 교환**을 하고, **공통의 관심사 찾기**, 치료팀에서 제공한 게임 및 아이템(예: 비디오 게임, 카드 게임, 보드 게임, 아이패드, 휴대용 컴퓨터)을 가지고 놀면서 어떻게 행동해야 하는지에 관한 규칙을 연습한다.

● 각각의 성인이 단계를 따르면서 **함께 어울리기 마무리하기**를 연습하게 한다.

○ 초대자와 손님 역할을 정해준다.

- 초대자 역할 1명
- 다른 집단원들은 손님 역할을 맡는다.

○ 초대자 역할을 맡은 집단원이 **함께 어울리기 마무리하기** 단계를 말로 이야기하는 것부터 시작한다.

○ 성인이 **함께 어울리기 마무리하기**의 구체적인 단계를 이야기할 수 있도록 다음과 같은 **사회성 코칭 질문** 중 몇 개를 사용하여 소크라테스식 질문을 제공해야 할 수도 있다.

- "함께 어울리기를 마무리하기 위해 친구들이 하던 것을 중단시켜야 할까요?"
- "친구들에게 무작정 가라고 해도 될까요?"
- 친구들이 혼자서 나가는 곳을 찾아가게 해도 될까요?
- "친구들에게 고맙다는 인사를 해야 할까요?"
- "좋은 시간을 보냈다면 무엇이라고 말해야 할까요?"
- "다음에 또 만나고 싶다면 무엇이라고 말해야 할까요?"
- "친구들이 떠날 때 가장 마지막에 무엇이라고 말해야 할까요?"

○ 초대자가 **일어나서 문까지 배웅하기** 연습을 시작하기 전에 초대자와 손님들은 앉아 있는다.

○ 초대자가 **함께 어울리기 마무리하기** 단계를 따르게 한다.

○ 단계를 따르는 것을 어려워한다면 다음의 **사회성 코칭 질문** 중 몇 개를 사용하여 소크라테스식 질문을 제공해야 할 수도 있다.

- "친구들에게 무작정 가라고 해야 할까요, 아니면 마무리해야 할 이유를 말해야 할까요?"
- "친구들이 혼자서 나가는 곳을 찾아가게 해도 될까요?"
- "친구들에게 고맙다는 인사를 해야 할까요?"

- ■ "좋은 시간을 보냈다면 무엇이라고 말해야 할까요?"
- ■ "다음에 또 만나고 싶다면 무엇이라고 말해야 할까요?"
- ■ "친구들이 떠날 때 가장 마지막에 무엇이라고 말해야 할까요?"

○ 손님들은 실제로 자리를 떠나고 역할극이 끝났을 때 다시 들어온다.

○ 성인이 연습을 끝내면 "여기까지입니다."라고 말하고 다른 성인들이 박수를 쳐주도록 한다.

○ 각각의 성인이 **함께 어울리기 마무리하기**에서 초대자와 손님 역할을 연습할 수 있게 한다.

다시 만나기

- 성인들에게 사회성 코치와 다시 만날 것이라고 안내한다.
  - ○ 성인들은 각자의 사회성 코치 곁에 서 있거나 앉아 있는다.
  - ○ 다시 만나기 시간이 시작되기 전에, 조용히 하고 집단에 완전히 집중하게 한다.
  - ○ 사회성 코치들이 옆에서 듣고 있을 동안에 성인들이 이번 회기에서 배웠던 내용을 이야기하게 한다.
- 치료자: "오늘 우리는 성공적으로 함께 어울리기를 하는 규칙과 단계에 대해서 배웠습니다. 우리는 함께 어울리기 계획하기와 준비하기 그리고 함께 어울리기 시작하기와 마무리하기를 어떻게 해야 하는지를 배웠습니다. 또한 우리는 함께 어울리는 동안에 무엇을 해야 하는지에 대해서도 이야기를 나눴습니다. 함께 어울리는 동안 지켜야 하는 규칙에는 어떤 것들이 있었나요?"
  - ○ **함께 어울리기는 활동**에 바탕을 두어야 한다.
  - ○ 당신의 집에서는 **함께할 활동을 손님이 선택**하도록 한다.
  - ○ **분위기를 따라간다.**
  - ○ 갑자기 **다른 사람을 함께 어울리기에 초대하지 않는다.**
  - ○ **친구들을 소홀히 하지 않는다.**
  - ○ **친구를 놀리지 않는다.**
  - ○ **친구의 편이 되어 준다.**
  - ○ **친구와 다투지 않는다.**
  - ○ **친구에게 이래라저래라 하지 않는다.**
  - ○ **좋은 스포츠맨이 된다.**
  - ○ 활동이 지루하게 느껴질 때는 **변화를 제안한다.**
  - ○ 함께 어울리기를 진행하는 총시간의 **50%는 정보를 교환**하는 데 쓴다.
  - ○ 처음에는 **짧고 즐거운** 함께 어울리기를 한다.
- 치료자: "이번 회기에서 성인들이 함께 어울리기 시작하기와 마무리하기를 연습했으며 아주 훌륭히 수행했습니다. 다 같이 박수를 쳐줍시다."

과제 안내하기

성인들에게 사회성 코칭 유인물을 나눠주고 다음과 같이 과제를 안내한다.

1. 친구와 **함께 어울리기**를 한다.
   - 사회성 코치들은 성인들이 **다섯 가지 요소**를 사용하여 함께 어울리기를 계획할 수 있도록 도와준다.
     - ○ **누구**와 할 것인지
     - ○ **무엇**을 할 것인지
     - ○ **언제** 함께 어울리기를 할 것인지
     - ○ **어디서** 함께 어울리기를 할 것인지
     - ○ **어떻게** 함께 어울리기가 이루어질 수 있도록 준비할 것인지
   - 연습 전에 사회성 코치들은 성인들과 **함께 어울리기** 규칙과 단계를 점검한다.

- 함께 어울리기 연습 이후에 사회성 코치들은 성인들에게 다음과 같은 **사회성 코칭 질문**을 한다.
  - 무엇을 하기로 결정했으며 함께할 활동을 누가 선택했나요?
  - 정보를 교환했나요? 함께 어울리는 시간의 몇 %를 정보를 교환하는 데 사용했나요?
  - 공통의 관심사는 무엇이었나요? 만약 두 사람이 함께 시간을 보내게 된다면 그 정보를 가지고 무엇을 할 수 있나요?
  - 당신과 친구는 좋은 시간을 보냈나요?
  - 다시 만나 시간을 보내기에 적합한 사람인 것 같나요?

2. 사회성 코치가 포함된 **여러 사람이 하는 대화에 들어가고 빠져나오기**를 연습한다.
   - 성인은 사회성 코치와 (성인을 대화에 받아들여줄) 또 다른 사람이 포함된 **여러 사람이 하는 대화에 들어가고 빠져나오기**를 연습한다.
     - 전혀 받아들여지지 않았을 때 대화에서 빠져나오기를 연습한다.
     - 처음에는 받아들여졌으나 그 이후에 제외되었을 때 대화에서 빠져나오기를 연습한다.
     - 완전히 받아들여졌을 때 대화에서 빠져나오기를 연습한다.
   - 연습 전에 사회성 코치들은 **여러 사람이 하는 대화에 들어가고 빠져나오기** 규칙과 단계를 점검한다.
   - 각 연습이 끝나면 사회성 코치들은 성인들에게 다음과 같은 **사회성 코칭 질문**을 한다.
     - 우리가 당신과 이야기를 하고 싶어 하는 것 같았나요?
     - 그것을 어떻게 알 수 있었나요?

3. 또래들끼리 하고 있는 **여러 사람이 하는 대화에 들어가기**를 연습한다(새로운 친구를 사귈 수 있는 곳에서 만난 친구와 해도 된다).
   - 연습 전에 사회성 코치들은 **여러 사람이 하는 대화에 들어가고 빠져나오기** 규칙과 단계를 점검한다.
   - 자연스럽게 빠져나와야 할 필요가 있는 상황이 아니라면 **대화에서 빠져나오기**는 공식적인 과제가 아니다.
   - 연습을 한 이후에 사회성 코치는 성인들에게 다음과 같은 **사회성 코칭 질문**을 한다.
     - 어디서 누구와의 대화에 들어갔나요?
     - 어떤 단계들을 따랐나요?
     - 그들이 당신과 이야기를 나누고 싶어 하는 것 같았나요? 그것을 어떻게 알 수 있었나요?
     - 대화에서 빠져나왔어야 했나요? 어떤 단계들을 따랐나요?

4. 유머에 대한 반응에 주의를 기울인다.
   - 만약 성인이 유머를 사용한다면 (유머를 사용하는 것이 과제는 아니다) 유머에 대한 반응에 주의를 기울인다.
   - 성인이 유머를 사용한 이후에 사회성 코치는 성인에게 개별적으로 다음과 같은 **사회성 코칭 질문**을 한다.
     - 당신의 유머에 대한 반응은 무엇이었나요?
     - 그것을 어떻게 알 수 있었나요?

개별적으로 확인하기

각각의 성인 및 사회성 코치들이 각자 개별적으로 다음과 같은 내용들을 협의한다.

1. 돌아오는 주에 **누구와 함께 어울리기**를 할 것인지
   - 친구들에게 **무엇**을 하자고 할 계획인지
   - 친구들에게 **언제** 그리고 **어디서** 만나자고 할 것인지
   - **어떻게** 함께 어울리기가 이루어질 수 있도록 준비할 것인지(예: 티켓 구매를 해야 되는지, 무엇을 타고 이동할 것인지 등)

2. 사회성 코치를 포함한 **여러 사람이 하는 대화에 들어가고 빠져나오기**를 언제 연습할 것인지
   - 성인이 편하게 연습할 수 있는 또 다른 사람에는 누가 있는지

3. 또래들끼리 하고 있는 **여러 사람이 하는 대화에 들어가기**를 어디서, 언제, 누구와 연습할 것인지
   - 그 집단이 성인을 받아들여줄 만한 **사회적 집단**인지 그리고 그것을 어떻게 알 수 있는지

사회성 코칭 유인물

함께 어울리기 계획하기

- 다섯 가지 요소를 사용하여 계획한다.
  - 누구와 할 것인가?
  - 무엇을 할 것인가?
  - 어디서 함께 어울리기를 할 것인가?
  - 언제 함께 어울리기를 할 것인가?
  - 어떻게 함께 어울리기가 이루어질 수 있도록 준비할 것인가?

함께 어울리기를 위해 흔히 하는 활동

표 9.2 성인들이 알려준 활동에 바탕을 둔 함께 어울리기

외식 활동	게임/오락 활동	관람/시청 활동	창작/예술/학습
맛집 탐방	PC방	영화관	쿠킹 클래스
치맥	컴퓨터 게임	스포츠 경기	베이킹 클래스
푸드트럭	VR 게임	뮤지컬/연극	플라워 클래스
배달음식 시켜먹기	닌텐도/wii	오페라	바느질/십자수/뜨개질
저녁 파티	플레이스테이션	마술 공연	수공예
술자리	카드 게임	콘서트	만화 창작
바비큐	보드 게임	게임 전시회	영상 제작(유튜브 등)
커피/디저트 전문점	퀴즈 게임	만화 전시회	사진 촬영
피크닉	다트	만화방	스터디 카페
요리	오락실	북카페	토익 스터디
베이킹 카페	서바이벌 게임	각종 전시회/공모전	자격증 스터디
	바둑	박람회	취업 스터디
	장기/체스	박물관	
	노래방/코인노래방	미술관	
	사주/타로 카페	영화 보기	
	방탈출 카페	드라마 보기	
	애견파크/반려동물카페	예능 보기	
		유튜브 보기	

취미 활동	관광/체험 활동	집단 스포츠	2인 스포츠 및 기타 스포츠
쇼핑몰	놀이공원	농구	탁구
백화점	워터파크	야구	배드민턴
인터넷 웹 서핑	축제	축구	테니스/라켓볼/스쿼시
바/클럽	플리마켓	배구	캐치볼
당구/포켓볼	전통시장	족구	원반 던지기
볼링	동물원	피구	수영
골프/스크린 골프	사파리	발야구	바이킹
실내 야구장	수족관	하키	승마
스크린 야구장	식물원	럭비	스케이트 보딩
드라이브	테마 파크	미식축구	롤러 스케이팅
공원 산책	캠핑	컬링	아이스 스케이팅
애완견 산책	고카트	래프팅	스키/스노우보드
등산	레일 바이크	조정	수상스키
낚시	번지점프		스킨스쿠빙
헬스/에어로빅	산림욕		웨이크 보드
필라테스/요가	온천		제트 스키
댄스 스포츠	유람선		바나나 보트
방송 댄스	고궁/민속촌 탐방		
암벽등반/실내 암벽등반	해변가/강가		

함께 어울리기 준비하기

- 계획을 확정하기 위해 다시 연락한다.
- 자신의 공간을 깨끗하게 정리한다.
- 함께 나누어 먹을 수 있는 간단한 간식을 준비한다.
- 다른 사람이 함께 사용하거나 보거나 만지지 않았으면 하는 개인적인 물건은 치워둔다.
- 몇 가지 다른 활동들도 할 수 있도록 준비한다.

함께 어울리기 시작하기 및 마무리하기를 위한 단계

표 9.3 집에서 함께 어울리기 시작하기 및 마무리하기를 위한 단계

함께 어울리기 시작하기	함께 어울리기 마무리하기
1. 손님에게 인사를 한다.	1. 활동이 잠시 멈출 때를 기다린다.
2. 손님을 집 안으로 맞이한다.	2. 함께 어울리기를 마무리하기 위한 꼬리말을 한다.
3. 손님이 모르는 사람들에게는 손님을 소개한다.	3. 친구를 문까지 배웅한다.
4. 집 안을 안내해준다.	4. 친구에게 함께 어울리기를 해서 고맙다고 말한다.
5. 간단한 간식을 권한다.	5. 친구에게 즐거운 시간을 보냈다고 말한다.
6. 손님에게 무엇을 하고 싶은지 물어본다.	6. 잘 가라고 인사하고, 나중에 다시 보자고 한다.

함께 어울리기 하는 동안 규칙 지키기

- 함께 어울리기는 활동에 바탕을 두어야 한다.
- 당신 집에서는 함께할 활동을 손님이 선택하도록 한다.
- 분위기를 따라간다.
- 갑자기 다른 사람을 함께 어울리기에 초대하지 않는다.
- 친구들을 소홀히 하지 않는다.
- 친구를 놀리지 않는다.
- 친구의 편이 되어 준다.
- 친구와 다투지 않는다.
- 친구에게 이래라저래라 하지 않는다.
- 좋은 스포츠맨이 된다.
- 활동이 지루하게 느껴질 때는 변화를 제안한다.
- 함께 어울리기를 진행하는 총시간의 50%는 정보를 교환하는 데 쓴다.
- 처음에는 짧고 즐거운 함께 어울리기를 한다.

과제 안내하기

1. 친구와 **함께 어울리기**를 한다.
   - 사회성 코치들은 성인들이 **다섯 가지 요소**를 사용하여 함께 어울리기를 계획할 수 있도록 도와준다.
     - **누구와** 할 것인지
     - **무엇을** 할 것인지
     - **언제** 함께 어울리기를 할 것인지
     - **어디서** 함께 어울리기를 할 것인지
     - **어떻게** 함께 어울리기가 이루어질 수 있도록 준비할 것인지
   - 연습 전에 사회성 코치들은 성인들과 **함께 어울리기** 규칙과 단계를 점검한다.
   - **함께 어울리기** 연습 이후에 사회성 코치들은 성인들에게 다음과 같은 **사회성 코칭 질문**을 한다.
     - 무엇을 하기로 결정했으며 함께할 활동을 누가 선택했나요?
     - 정보를 교환했나요? 함께 어울리는 시간의 몇 %를 정보를 교환하는 데 사용했었나요?
     - 공통의 관심사는 무엇이었나요? 만약 두 사람이 함께 시간을 보내게 된다면 그 정보를 가지고 무엇을 할 수 있나요?
     - 당신과 친구는 좋은 시간을 보냈나요?
     - 다시 만나 시간을 보내기에 적합한 사람인 것 같나요?

2. 사회성 코치가 포함된 **여러 사람이 하는 대화에 들어가고 빠져나오기**를 연습한다.
   - 성인은 사회성 코치와 (성인을 대화에 받아들여줄) 또 다른 사람이 포함된 **여러 사람이 하는 대화에 들어가고 빠져나오기**를 연습한다.
     - 전혀 받아들여지지 않았을 때 빠져나오기를 연습한다.
     - 처음에는 받아들여졌으나 그 이후에 제외되었을 때 빠져나오기를 연습한다.

○ **완전히 받아들여졌을 때** 대화에서 빠져나오기를 연습한다.

- 연습 전에 사회성 코치들은 **여러 사람이 하는 대화에 들어가고 빠져나오기** 규칙과 단계를 점검한다.
- 각 연습이 끝나면 사회성 코치들은 성인들에게 다음과 같은 **사회성 코칭 질문**을 한다.
  - ○ 우리가 당신과 이야기를 하고 싶어 하는 것 같았나요?
  - ○ 그것을 어떻게 알 수 있었나요?

3. 또래들끼리 하고 있는 **여러 사람이 하는 대화에 들어가기**를 연습한다(**새로운 친구를 사귈 수 있는 곳**에서 만난 친구와 해도 된다).

- 연습 전에 사회성 코치들은 **여러 사람이 하는 대화에 들어가고 빠져나오기** 규칙과 단계를 점검한다.
- 자연스럽게 빠져나와야 할 필요가 있는 상황이 아니라면 **대화에서 빠져나오기**는 공식적인 과제가 아니다.
- 연습을 한 이후에 사회성 코치는 성인들에게 다음과 같은 **사회성 코칭 질문**을 한다.
  - ○ 어디서 누구와의 대화에 들어갔나요?
  - ○ 어떤 단계들을 따랐나요?
  - ○ 그들이 당신과 이야기를 나누고 싶어 하는 것 같았나요? 그것을 어떻게 알 수 있었나요?
  - ○ 대화에서 빠져나왔어야 했나요?
  - ○ 빠져나왔어야 했다면 어떤 단계들을 따랐나요?

4. 유머에 대한 반응에 주의를 기울인다.

- 만약 성인이 유머를 사용한다면 (유머를 사용하는 것이 과제는 아니다) 유머에 대한 반응에 주의를 기울인다.
- 성인이 유머를 사용한 이후에 사회성 코치는 성인에게 개별적으로 다음과 같은 **사회성 코칭 질문**을 한다.
  - ○ 당신의 유머에 대한 반응은 무엇이었나요?
  - ○ 그것을 어떻게 알 수 있었나요?

주요 용어

간단한 간식 준비하기	분위기 따라가기	친구들을 소홀히 하지 않기
다른 사람이 함께 사용하거나 보거나 만지지 않았으면 하는 개인적인 물건 치우기	자신의 공간을 깨끗하게 정리하기	친구의 편이 되기
	좋은 스포츠맨	함께 어울리기
	집 안으로 맞이하기	활동에 바탕을 둔 함께 어울리기
다섯 가지 요소(를 사용해 계획하기)	집 안을 안내하기	활동이 잠시 멈출 때를 기다리기
문까지 배웅하기	처음에는 짧고 즐거운 함께 어울리기를 하기	
변화를 제안하기		

9회기

상대에게 내가 관심이
있다는 것 알리기

사회성 코치 치료자 가이드

사회성 코치 회기 준비하기

이번 회기를 비롯해 앞으로 있을 세 번의 회기에서는 적절한 데이트 예절에 초점을 맞출 것이다. 특히 이번 회기에서는 **상대에게 내가 관심이 있다는 것 알리기** 방법을 강조한다. 이것은 이런 주제에 대해 대체로 서투른 자폐스펙트럼장애 및 그 외 사회적 상호작용에 어려움이 있는 사람들에게 아주 유용한 기술이다. 연구에 따르면 비록 자폐스펙트럼장애 성인 대부분이 연애관계를 맺는 것에 관심을 표현하지만 실제로는 이들 중 대다수는 연인이 없다고 한다. 많은 자폐스펙트럼장애 성인에게 있어 데이트를 하고자 하는 소망이 있는가보다는 데이트를 어떻게 하는지 모르는 것이 더 문제가 된다. 연인과의 관계를 안정적으로 이어가는 과정에서 흔히 실수를 하게 된다.

자폐스펙트럼장애를 가진 사람들이 연애관계를 추구하면서 발생할 수 있는 더 심각한 문제 중 하나는 스토킹과 관련된 것이다. 그동안의 연구 결과들에 따르면 자폐스펙트럼장애 성인에서 스토킹 행동을 하는 비율이 높으며, 때로는 법적인 문제를 일으키기까지 한다. 사실 이런 행동은 다른 일반적인 스토킹과 같이 적대적인 의도가 있다기보다는 대부분 적절한 데이트 예절을 잘 모르는 데서 나오는 것일 가능성이 크다. 스토킹이란 타인이 원하지 않는 관심을 보이거나 혹은 그 관심을 강박적인 방식으로 표현하는 것을 지칭하는데, 여기에는 전형적으로 괴롭힘과 협박이 동반된다. 비록 자폐스펙트럼장애를 가진 사람들이 하는 지나치게 순진한 연애 행동에는 타인이 원하지 않는 강박적으로 느낄 만한 관심이 포함될 수 있으나, 상대방에게 두려움을 주거나 협박을 가할 목적으로 이러한 행동을 하는 경우는 드물다. 자폐스펙트럼장애를 가진 사람들은 제한되고 반복적이며 강박적인 관심사를 가지고 있는 것으로 알려져 있으며, 이러한 경우에는 사람이 그 관심의 대상이 되는 것이다. 그뿐만 아니라 자폐스펙트럼장애를 가지고 있는 사람들은 전형적으로 사회적 인지가 부족하고, 사회적인 신호를 읽거나 타인의 관점을 이해하는 데 어려움이 있기 때문에, 타인을 향한 그들의 애정이 일방적이거나 선을 넘어서 누군가에게 두려움의 대상이 되었다는 것을 인지하지 못할 수 있다. 예를 들어 타인의 신상과 주소를 인터넷 검색으로 알아낼 수 있다고 해서 그것이 그 사람의 집에 찾아가 문을 두드리는 것을 허락 받았다는 뜻이 아님을 이해 못할 수 있는 것이다. 이러한 행동은 스토킹 행위로 오해받을 수 있으며 법적인 문제로도 이어질 수 있다. 그러므로 자폐스펙트럼장애 혹은 다른 이유로 사회적 상호작용에 어려움을 겪는 사람들에게 **상대에게 내가 관심이 있다는 것 알리기**의 적절한 전략이 무엇인지를 가르치는 것은 데이트 예절을 가르치는 데 있어서 좋은 첫걸음이 된다.

다른 회기와 마찬가지로 이번 회기에서도 **생태적으로 타당한 사회성 기술**을 제공할 것이다. 그러나 **상대에게 내가 관심이 있다는 것을 알릴 때 생태적으로 타당한 방법** 중 한 가지는 확실히 배제하였는데, 이것은 바로 가벼운 사교적 신체 접촉을 사용하는 전략이다. 가벼운 사교적 신체 접촉은 전형적으로 발달하는 일반 성인이 타인에게 로맨틱한 호감을 표현할 때 흔히 사용하는 방법 중 하나이다. 타인과 대화를 나누면서 팔이나 손을 가볍게 건드리는 것은 때로 로맨틱한 관심이나 호감 표현을 의미할 수도 있다. 비록 이러한 방법이 특정 문화에서는 꽤 보편적으로 사용되기는 하지만, 자폐스펙트럼장애 성인들은 일반적으로 가벼운 사교적 신체 접촉을 해석하고 사용하는 데 어려움을 겪기 때문에 다소 위험할 수 있으므로 PEERS®에서는 이를 사용하는 전략은 가르치지 않는다. 따라서 수업을 진행하면서 이를 꼭 기억하길 바란다. 성인들이 이를 이용하는 전략을 잘 알지 못하는 경우라도 일부 사회성 코치들이 **상대에게 내가 관심이 있다는 것 알리기** 방법 중 하나로 가벼운 사교적 신체 접촉을 제안할 수 있다. 손이나 팔을 가볍게 건드리는 것은 경우에 따라 적절할 수 있으나 그보다 조금 과한 신체 접촉(예: 타인에게 매달리거나 기대는 것)은 당신이 실제로 원하는 것보다 더 신체 접촉을 하고 싶어 하는 것 같이 보일 수 있다. 이러한 위험과 혼돈을 피하기 위해 우리는 가벼운 사교적 신체 접촉을 사용하는 전략을 가르치지 않을 예정이다. 타인과 과도하게 신체 접촉을 하려는 경향이 있는 사람들에게는 실제로 처음에는 신체 접촉을 하지 말라고 권유한다. 신체 접촉과 관련된 두려움이 있는 성인들에게도 역시 처음에는 신체 접촉을 제한하지 않도록 이야기할 수 있다.

과제 점검

[다음의 과제를 검토하고 발생 가능한 **문제해결**을 의논한다. 성공적으로 과제를 완수한 사람부터 시작한다. 시간이 된다면 (과제를 다 하지 못한 사람들에게) 왜 과제를 완수할 수 없었는지 이유를 질문할 수 있으며, 다음 주에 어떻게 이것을 할 수 있을지에 대한 **문제해결**을 시도해볼 수 있다. 과제를 점검하는 동안에는 반드시 (**볼드체로 표시된**) **우리끼리 단어**를 사용한다. **함께 어울리기**가 이번 회기의 가장 중요한 과제이므로 과제 점검 시간 대부분을 여기에 할애한다.]

1. 친구와 **함께 어울리기**를 한다.
   - 치료자: "이번 주의 주요 과제 중 하나는 성인들이 그들의 친구와 **함께 어울리기**를 하는 것이었습니다. 이 과제를 완수했거나 완수하고자 노력하신 분이 있나요?"
   - 질문
     ○ "성인이 다섯 가지 요소를 사용하여 함께 어울리기를 계획할 수 있도록 도와줬나요?"
     ○ "함께 어울리기를 하기 전에 어떤 사회성 코칭을 했나요?"
     ○ "성인은 무엇을 누구와 하기로 결정했나요?"
     ○ "함께 어울리기를 어떻게 시작했나요?"
     ○ "함께할 활동들은 누가 골랐나요?"
     ○ "그들은 서로 정보를 교환했나요? 함께 어울리는 시간의 몇 %를 정보를 교환하는 데 사용했나요?"
     ○ "함께 어울리기를 어떻게 마무리했나요?"

○ "함께 어울리기를 한 이후에 어떤 사회성 코칭을 했나요?"

■ 적절한 사회성 코칭 질문

□ 무엇을 하기로 결정했으며 함께할 활동을 누가 선택했나요?

□ 정보를 교환했나요? 함께 어울리는 시간의 몇 %를 정보를 교환하는 데 사용했나요?

□ 공통의 관심사는 무엇이었나요? 만약 두 사람이 함께 시간을 보내게 된다면 그 정보를 가지고 무엇을 할 수 있나요?

□ 당신과 친구는 좋은 시간을 보냈나요?

□ 다시 만나 시간을 보내기에 적합한 사람인 것 같나요?

○ "함께 어울리기 상대로서 좋은 선택인 것 같나요? 성인이 다시 만나 시간을 보내기에 적합한 사람인 것 같나요?"

표 10.1 집에서 함께 어울리기를 시작할 때 및 마무리할 때를 위한 단계

함께 어울리기 시작하기	함께 어울리기 마무리하기
1. 손님에게 인사를 한다.	1. 활동이 잠시 멈출 때를 기다린다.
2. 손님을 집 안으로 맞이한다.	2. 함께 어울리기를 마무리하기 위한 꼬리말을 한다.
3. 손님이 모르는 사람들에게는 손님을 소개한다.	3. 친구를 문까지 배웅한다.
4. 집 안을 안내해준다.	4. 친구에게 함께 어울리기를 해서 고맙다고 말한다.
5. 간단한 간식을 권한다.	5. 친구에게 즐거운 시간을 보냈다고 말한다.
6. 손님에게 무엇을 하고 싶은지 물어본다.	6. 잘 가라고 인사하고, 나중에 다시 보자고 한다.

2. 사회성 코치가 포함된 **여러 사람이 하는 대화에 들어가고 빠져나오기**를 연습한다.

● 치료자: "이번 주 또 다른 과제는 성인들이 당신과 또 다른 사람이 포함된 여러 사람이 하는 대화에 들어가고 빠져나오기를 연습하는 것이었습니다. 이번 과제를 완수했거나 완수하고자 노력하신 분이 있나요?"

● 질문

○ "당신과 당신의 성인은 누구와 연습했나요?"

○ "연습 전에 어떤 사회성 코칭을 했나요?"

○ "당신의 성인은 여러 사람이 하는 대화에 들어가기 위해 어떤 규칙들을 따랐나요?"

1. 대화를 귀 기울여 듣는다.

2. 거리를 두고 지켜본다.

3. 소품을 사용한다.

4. 주제를 확인한다.

5. 공통의 관심사를 찾는다.

6. 더 가까이 다가간다.

7. 대화가 짧게 멈출 때를 기다린다.

8. 주제를 언급한다.

9. 관심을 평가한다.

10. 자신을 소개한다.

○ "당신의 성인은 대화에서 빠져나오기 위해 어떤 단계들을 따랐나요?"

○ "연습한 이후에 어떤 사회성 코칭을 했나요?"

■ 적절한 사회성 코칭 질문

□ 우리가 당신과 이야기를 나누고 싶어 하는 것처럼 보였나요?

□ 그것을 어떻게 알 수 있었나요?

표 10.2 대화에서 빠져나오기 위한 단계

전혀 받아들여지지 않았을 때	처음에는 받아들여졌으나 그 이후에 제외되었을 때	완전히 받아들여졌을 때
1. 침착함을 유지한다.	1. 침착함을 유지한다.	1. 대화가 짧게 멈출 때를 기다린다.
2. 다른 곳을 본다.	2. 다른 곳을 본다.	2. 구체적인 꼬리말을 한다.
3. 돌아선다.	3. 대화가 짧게 멈출 때를 기다린다.	3. 나중에 보자고 한다.
4. 다른 곳으로 걸어간다.	4. 짧은 꼬리말을 한다.	4. 작별인사를 한다.
	5. 다른 곳으로 간다.	5. 다른 곳으로 간다.

3. 또래들끼리 하고 있는 **여러 사람이 하는 대화에 들어가기를 연습한다**(새로운 친구를 사귈 수 있는 곳에서 만난 친구와 해도 된다).

● 치료자: "이번 주 또 다른 과제는 성인들이 또래들끼리 하고 있는 여러 사람이 하는 대화에 들어가는 것을 연습하는 것이었습니다. 이번 과제를 완수했거나 완수하고자 노력하신 분이 있나요?"

● 질문

○ "당신의 성인은 어디서 누구와 연습했나요?"

○ "연습 전에 어떤 사회성 코칭을 했나요?"

○ "성인이 어떤 단계들을 따랐나요?"

○ "연습한 이후에 어떤 사회성 코칭을 했나요?"

■ 적절한 사회성 코칭 질문

□ 어디서 누구와의 대화에 들어갔나요?

□ 어떤 단계들을 따랐나요?

□ 그들이 당신과 이야기를 나누고 싶어 하는 것 같았나요? 그것을 어떻게 알 수 있었나요?

□ 대화에서 빠져나왔어야 했나요? 어떤 단계들을 따랐나요?

4. **유머에 대한 반응에 주의를 기울인다.**

● 치료자: "이번 주 또 다른 과제는 유머에 대한 반응에 주의를 기울이는 것이었습니다. 성인이 유머를 사용할 때 그들이 자신의 유머에 대한 반응에 주의를 기울일 수 있도록 하는 것이 여러분의 과제였습니다. 유머를 하는 것이 과제는 아니었습니다. 이 과제를 완수했거나 완수하고자 노력하신 분이 있나요?"

● 질문

○ "당신의 성인은 유머를 사용했나요? 했다면 자신의 유머에 대한 반응에 주의를 기울였나요?"

○ "유머에 대한 반응에 주의 기울이기와 관련하여 어떤 사회성 코칭을 제공했나요?"

- 적절한 사회성 코칭 질문
  - 당신의 유머에 대한 반응은 무엇이었나요?
  - 그것을 어떻게 알 수 있었나요?

- [사회성 코치 과제 기록지를 수거한다. 만약 사회성 코치가 과제 기록지 가져오는 것을 잊어버렸다면, 과제를 책임지고 할 수 있게 새로운 용지에 완성하게끔 한다.]

교육: 데이트 예절−상대에게 내가 관심이 있다는 것 알리기

- 사회성 코칭 유인물을 나눠준다.
  - 사회성 코칭 치료자 가이드에서 **볼드체**로 표시된 부분은 사회성 코칭 유인물에서 그대로 가져온 것이다.
  - 사회성 코칭들에게 **볼드체**로 표시된 부분은 **우리끼리 단어**임을 상기시킨다. 이 단어들은 PEERS® 교육 과정의 중요한 개념들에 해당하므로 사회성 코칭을 할 때 최대한 많이 사용해야 한다고 설명한다.
- 설명: "오늘은 데이트 예절에 대해서 이야기를 나눌 것입니다. 지금쯤이면 성인들은 친구를 사귀고 친구와의 관계를 유지하는 데 필요한 기본 요소들을 배웠을 것입니다. 이러한 사회성 기술은 데이트를 할 때도 사용됩니다. 친구 이상의 관계를 맺기 위해서는 친구가 되는 방법부터 알아야 하기 때문입니다. 앞으로 있을 몇 번의 회기에서는 성인들에게 친구를 사귀는 데 필요한 기술 그 이상을 요구하는, 데이트 할 때 필요한 기본적인 기술을 알려주는 것을 목표로 합니다. 첫 번째로 데이트하기에 적합한 사람을 찾고 선택하는 것과 상대에게 내가 관심이 있다는 것을 알리는 방법에 대해서 이야기를 나누도록 하겠습니다."

데이트하기에 적합한 사람 선택하기

- **데이트를 하는 것은 본인의 선택이다.**
  - 설명: "친구와의 우정이 각자의 선택이듯이 데이트를 하는 것 또한 선택입니다."
  - 질문: "우리는 모든 사람과 데이트를 하나요?"
    - 대답: 아니요.
  - 질문: "모든 사람이 우리와 데이트를 하나요?"
    - 대답: 아니요.
  - 설명: "왜냐하면 데이트를 한다는 것은 우리의 선택이며, 우리는 현명하게 누구와 데이트를 할 것인지를 선택해야 하기 때문입니다. 데이트 상대로 발전할 가능성이 있는 상대를 선택할 때는 좋은 선택과 나쁜 선택이 있습니다. 사회성 코치로서 성인들이 좋은 선택과 나쁜 선택을 구분할 수 있도록 도와주는 것이 중요합니다."
- 아래에 언급된 데이트 상대로 **좋은 선택**의 예를 각각 제시하면서 "성인은 ……와/과 같은 사람을 선택하는 것이 좋을까요?"라고 질문한다. 각 항목에 대해 "……와/과 같은 사람을 선택하는 것이 중요한 이유는 무엇인가요?"라고 질문을 이어 간다.
  - "그를 실제로 좋아하는 사람?"
  - "그에게 관심이 있다고 생각되는 사람?"
  - "그와 공통의 관심사를 가진 사람?"
  - "그와 연령대가 비슷한 사람?"

○ "그의 마음을 받아줄 것 같은 사람?"

● 아래에 언급된 데이트 상대로 **나쁜 선택**의 예를 각각 제시하면서 "성인은 ……와/과 같은 사람을 선택하는 것이 좋을까요?"라고 질문한다. 각 항목에 대해 "……와/과 같은 사람을 선택하면 무엇이 문제가 될까요?" 라고 질문을 이어 간다.

○ "그에게 관심이 없다고 생각되는 사람?"

○ "그가 관심이 없는 사람?"

○ "그에게 못되게 굴거나 그를 조롱하는 사람?"

○ "그를 무시하는 사람?"

○ "그의 약점을 이용하거나 목적을 위해 이용하는 사람?"

○ "그를 예전에 거절했던 사람?"

○ "남자친구 혹은 여자친구가 있는 사람?"

● 다음 내용을 요약한다.

○ 데이트를 하는 것은 선택이다.

■ 우리는 모든 사람과 데이트를 하지 않으며 모든 사람이 우리와 데이트를 하는 것 또한 아니다.

■ 데이트를 하는 데 좋은 선택과 나쁜 선택이 있다.

데이트 상대를 만날 수 있는 곳

● 설명: "이제 데이트를 하는 것이 선택임을 이해했으므로 이번에는 성인들이 위에서 언급한 좋은 선택을 할 수 있는 잠재적인 데이트 상대를 어디서 만날 수 있을지 이야기해보겠습니다."

● 질문: "사람들은 데이트할 가능성이 있는 상대를 어디서 찾나요?"

○ [표 10.3]을 참조하여 흔히 알고 있는 **데이트 상대를 만날 수 있는 곳**의 목록을 확인한다.

○ [주: **데이트 상대를 만날 수 있는 곳**은 각자의 문화에 따라 다를 것이다. [표 10.3]을 종합적이거나 완전한 목록이라고 생각하고 의존해서는 안 된다. 시대와 문화에 따라 **데이트 상대를 만날 수 있는 곳**은 변하기 때문에 사회성 코치들이 이에 맞게 목록을 만들어낼 수 있도록 한다.]

표 10.3 성인들이 알려준 데이트 상대를 만날 수 있는 곳

공통의 친구	성인을 위한 각종 취미 관련 학원
가족 구성원의 친구	학교
친목회, 함께 어울리기, 파티	직장
동호회	이웃
스포츠 경기	스포츠 클럽, 사설 체육관, 여가 활동 센터
애견공원, 지역공원	교회, 성당, 절, 기타 종교모임
스포츠 동호회 및 클럽, 기타 여가 활동	각종 어학 및 취업 관련 스터디 그룹
콘서트, 박람회, 기타 지역모임	자원봉사 활동
카페, 술집, 클럽, 서점, 기타 공공장소	인터넷 데이트 웹사이트, 소개팅 앱

상대에게 내가 관심이 있다는 것 알리기

설명: "이제 데이트하기에 좋은 상대가 누구인지, 그리고 어디서 이러한 상대를 만날 수 있는지 배웠으므로 이번에는 어떻게 상대에게 내가 관심이 있다는 것을 알릴 것인지에 대해 이야기해보겠습니다."

- **공통의 친구와 이야기한다.**
  - 치료자: "상대에게 내가 관심이 있다는 것을 알리는 방법 중에 하나는 공통의 친구와 이야기하는 것입니다. 우리는 누군가에게 관심이 있다는 것을 알리기 위해 공통의 친구에게 무엇을 말하거나 물어볼 수 있을까요?" (다음과 같은 방법을 확인한다.)
    - 친구에게 그 사람한테 관심이 있다고 말한다.
      - □ 1. 예시: "너 (이름) 아니? (이름) 괜찮은 것 같아."
      - □ 2. 예시: "너 (이름) 아니? (이름) 귀여운 것 같지 않니?"
    - 친구에게 그 사람이 현재 연애를 하고 있는지 물어본다.
      - □ 1. 예시: "너 (이름)이/가 현재 연애를 하고 있는지 아니?"
      - □ 2. 예시: "너 (이름)이/가 남자친구/여자친구가 있는지 아니?"
    - 친구에게 그 사람이 나와 만나볼 의향이 있는지를 물어본다.
      - □ 1. 예시: "너는 (이름)이/가 나랑 만나볼 의향이 있다고 생각하니?"
      - □ 2. 예시: "너는 (이름)이/가 나한테 관심이 있다고 생각하니?"
  - 치료자: "만약 공통의 친구가 당신이 관심이 있는 사람에게 당신과 만나볼 의향이 있는지 물어보겠다고 하면, 이것에 동의는 하되 공통의 친구에게 당신이 물어봤다는 얘기는 하지 말아달라고 합니다. 그럼에도 불구하고 공통의 친구는 당신이 관심이 있는 사람에게 당신이 물어봤다고 얘기를 할 수 있지만 적어도 '(당신의 이름)이/가 나한테 너에게 물어보라는데……'라고 하지는 않을 것입니다."
  - [참고사항(영어로 된 자료에 익숙하다면): PEERS® *Role Play Video Library*(www.routledge.com/cw/laugeson)에서 **공통의 친구와 이야기**의 역할극 동영상을 보여줄 수도 있다.]
- **눈으로 관심을 표현한다.**
  - 설명: "상대에게 내가 관심이 있다는 것을 알리는 또 다른 방법 중 하나는 눈으로 관심 표현하기입니다. 눈을 사용한 관심 표현은 매우 구체적인 연속된 단계를 따라야 합니다."
  - 1. **눈맞춤을 한다.**
    - 치료자: "눈을 사용하여 관심을 표현하는 방법의 첫 번째 단계는 눈맞춤을 하는 것입니다. 이것은 상대방을 빤히 쳐다보라는 것이 아닙니다. 상대방을 빤히 쳐다보면 무엇이 문제가 될 수 있을까요?"
      - □ 대답: 당신을 무서운 스토커라고 생각할 수 있습니다. 누군가를 빤히 쳐다보면 위협적으로 보입니다.
    - 치료자: "빤히 쳐다보는 대신 살짝 눈을 맞추는 것이 바람직합니다. 눈맞춤을 했다면 다음 단계로 무엇을 해야 할까요?"
      - □ 미소를 짓습니다.
  - 2. **살짝 미소 짓는다.**
    - 치료자: "다음 단계는 상대에게 살짝 미소를 짓는 것입니다. 이것은 치아가 다 보일 정도로 크게 활짝 웃는 것이 아닙니다. 치아가 다 보일 정도로 크게 웃으면 무엇이 문제가 될 수 있을까요?"

□ 대답: 너무 과도할 수 있습니다. 상대에게 과도하게 열중하는 것으로 보일 수 있습니다. 당신을 무서운 스토커라고 생각할 수 있습니다.
  - 설명: "너무 크게 웃는 것보다는 치아가 보이지 않을 정도로 살짝 미소 짓습니다."

3. **다른 곳을 본다.**
  - 설명: "눈맞춤을 하고 살짝 미소를 지었다면, 눈을 사용한 관심 표현의 다음 단계는 다른 곳을 보는 것입니다. 다른 곳을 본다면 상대는 당신을 무서운 스토커가 아니라 안전한 사람이라고 생각할 것입니다."
  - 질문: "우리가 눈맞춤을 하고 살짝 미소를 지은 다음 다른 곳을 본다고 해서 상대방을 향한 당신의 관심을 명확하게 보여준 것은 아닙니다. 눈을 사용한 관심 표현의 다음 단계는 무엇일까요?"
    □ 대답: 상대방의 반응에 따라 위에서 언급된 단계를 반복해야 합니다.

4. **상대방의 반응에 따라 반복한다.**
  - 설명: "눈을 사용한 관심 표현의 마지막 단계는 전체 과정을 몇 번 반복하는 것입니다. 눈을 맞추고, 살짝 미소를 짓고, 다른 곳을 보고, 상대방의 반응에 따라 반복하는 것이 눈을 사용한 관심 표현의 방법입니다."
  - 질문: "여러분이 좋아하는 사람에게 눈맞춤을 하고 살짝 미소를 지었을 때, 상대도 눈맞춤을 하고 살짝 미소를 짓는다면 위의 단계를 몇 번 반복하도록 합니다. 상대방이 나와 눈맞춤을 하지 않거나 미소를 짓지 않았음에도 불구하고 이것을 반복한다면 무엇이 문제가 될 수 있을까요?"
    □ 대답: 당신을 무서운 스토커라고 생각할 수 있습니다.

○ [참고사항(영어로 된 자료에 익숙하다면): PEERS® *Role Play Video Library*(www.routledge.com/cw/laugeson)에서 **눈으로 관심 표현하기**의 적절한 역할극과 부적절한 역할극 동영상을 보여줄 수도 있다.]

● **누군가를 사귀고 있는지 물어본다.**
  ○ 설명: "상대에게 내가 관심이 있다는 것을 알리는 또 다른 방법 중 하나는 누군가를 사귀고 있는지 물어보는 것입니다. 이것 또한 매우 구체적인 연속된 단계를 따라야 합니다."

1. **정보를 교환하고 공통의 관심사를 찾는다.**
  - 치료자: "내가 좋아하는 사람에게 누군가를 사귀고 있는지 물어보기 위한 첫 단계는 서로 정보를 교환하고, 공통의 관심사를 찾는 것입니다."
    □ 예시: **"지난주에 네가 자전거를 타러 갔다는 것을 들었어. 나도 자전거 타는 것 좋아해."**

2. **공통의 관심사와 관련된 사회적 활동들에 대해서 물어본다.**
  - 치료자: "다음 단계는 공통의 관심사와 관련된 사회적 활동들에 대해서 물어보는 것입니다. 이러한 질문을 통해 상대가 누구와 시간을 보내는지에 대한 단서를 확인할 수 있으며, 다음 단계로 데이트에 대해 물어볼 수 있는 맥락을 만들어 줍니다. 데이트 역시 다른 사람과의 관계를 바탕으로 이루어지는 사회적 성질을 갖고 있기 때문입니다."
    □ 예시: **"자전거 타러 누구와 함께 갔었어?"**

3. **대화를 나누면서 자연스럽게 데이트에 관한 주제를 꺼낸다.**
  - 치료자: "내가 좋아하는 사람에게 현재 만나는 사람이 있는지 물어보기 위한 다음 단계는 대화를 나누면서 자연스럽게 데이트에 관한 주제를 꺼내는 것입니다. 이렇게 함으로써 상대방이 현재 만나는

사람이 있다면 이에 대해 언급할 기회를 줄 수 있으며, 또한 상대에게 현재 만나는 사람이 있는지를 물어볼 수 있는 기회가 됩니다."

- □ 예시: **"남자친구/여자친구와 자전거 타러 갔어?"**
- 질문: "상대의 대답을 통해 그가 당신에게 연애 상대로서의 호감을 가지고 있는지 어떻게 알 수 있나요?"
  - □ **좋은 신호**: 현재 만나고 있는 사람이 없다고 말하면서 당신에게 미소를 지으며 관심을 표현합니다.
  - □ **나쁜 신호**: 당신이 위와 같은 질문을 하고 나서 현재 만나는 사람이 있다고 하거나 불편해 보입니다.

4. **데이트에 관한 주제를 왜 꺼냈는지 상대방이 물어본다면 그 이유를 알려준다.**
   - 치료자: "내가 좋아하는 사람에게 현재 만나는 사람이 있는지 물어보기 위한 다음 단계는, 데이트에 관한 주제를 왜 꺼냈는지 상대방이 물어본다면 그 이유를 알려주는 것입니다. 그래야 둘 모두에게 덜 어색할 수 있고, 당신이 물어본 이유를 설명할 수 있는 기회가 됩니다."
     - □ 예시: (남자친구/여자친구가 있다고 할 경우) **"아······ 남자친구/여자친구 없으면 누구 소개시켜주려고 했지."**
     - □ 예시: (남자친구/여자친구가 없다고 할 경우) **"내 친구들은 남자친구/여자친구랑 자주 자전거를 타러 가서 물어봤어."**
   - 질문: "데이트에 관한 주제를 왜 꺼냈는지 상대방이 물어보지 않았음에도 불구하고 그 이유를 알려준다면 무엇이 문제가 될 수 있을까요?"
     - □ 대답: 어색할 수 있습니다. 데이트에 관한 주제를 꺼낸 다음에 대화 주제를 다시 공통의 관심사로 바꾸는 것이 더 자연스럽습니다.

5. **대화의 주제를 다시 공통의 관심사로 바꾼다.**
   - 설명: "내가 좋아하는 사람에게 현재 만나는 사람이 있는지 물어보는 마지막 단계는 대화 주제를 다시 공통의 관심사로 바꾸는 것입니다. 대화 주제를 바꾸면 서로에게 덜 어색한 상황을 만들 수 있을 것입니다. 당신이 현재 만나는 사람이 있는지를 상대가 궁금해한다면 당신에게 물어볼 수 있습니다."
     - □ 예시: **"그런데 너는 자전거를 잘 타니?"**
   - [참고사항(영어로 된 자료에 익숙하다면)]: PEERS® *Role Play Video Library*(www.routledge.com/cw/laugeson)에서 **누군가를 사귀고 있는지 물어보기**의 적절한 역할극과 부적절한 역할극 동영상을 보여줄 수도 있다.]

● **칭찬을 해준다.**
  ○ 설명: "상대에게 내가 관심이 있다는 것을 알리는 또 다른 방법은 상대를 칭찬해주는 것입니다. 칭찬을 해주는 것은 말로 관심을 표현하는 것과 같습니다. 다른 기술들과 마찬가지로 칭찬을 할 때도 좋은 방법과 나쁜 방법이 있습니다."
  ○ **상대에 대해서 잘 알지 못할 때는 구체적인 칭찬을 한다.**
    - 치료자: "우리가 잘 모르는 사람에게 칭찬을 할 때는 일반적인 칭찬보다는 구체적인 칭찬을 하는 것이 좋습니다. 구체적인 칭찬의 예로는 어떤 것들이 있을까요?"
      - □ 구체적인 칭찬의 예
        - **"웃는 모습이 예쁘다."**

-"방금 한 농담 정말 웃겨."

-"방금 이야기한 것 정말 재미있다."

-"우리 대화 정말 잘 통한다."

-"(여자에게) 어려 보인다."

　　□ 부적절한 칭찬의 예

-"젊어 보인다."

-"너 (특정 연예인 이름)을/를 닮았다."

○ 상대에 대해서 잘 알 때는 구체적이거나 일반적인 칭찬을 한다.

　■ 치료자: "우리가 실제로 잘 아는 사람한테 칭찬을 할 때는 일반적인 칭찬을 해도 좋고 구체적인 칭찬을 해도 좋습니다. 일반적인 칭찬의 예시로는 어떤 것들이 있을까요?"

　　□ 일반적인 칭찬의 예

-"넌 아름다워/예뻐/멋있어."

-"넌 정말 재미있어."

-"넌 정말 똑똑해."

　■ 질문: "잘 모르는 사람에게 일반적인 칭찬을 하면 무엇이 문제가 될 수 있을까요?"

　　□ 대답: 진실되어 보이지 않을 수 있습니다. 단지 상대의 기분을 좋게 하려고 아첨하는 것처럼 보일 수 있습니다. 일반적인 칭찬을 하기에는 아직 상대방을 잘 모르기 때문입니다.

○ **신체와 관련된 칭찬은 너무 많이 하지 않는다.**

　■ 치료자: "신체와 관련된 칭찬을 너무 많이 하지 않는 것 또한 중요합니다. 신체와 관련된 칭찬을 많이 하면 무엇이 문제가 될 수 있을까요?"

　　□ 대답: 신체와 관련된 칭찬을 하면 오로지 상대의 외모에만 관심이 있는 것처럼 보일 수 있습니다. 상대를 좋아하는 이유가 단지 그의 외모 때문인 것처럼 보일 수 있습니다.

○ **신체와 관련된 칭찬을 할 때는 얼굴에 관한 것만 한다.**

　■ 치료자: "신체와 관련된 칭찬을 할 때는 얼굴에 관한 것만 합니다. 얼굴이 아닌 다른 신체 부위와 관련된 칭찬을 하면 무엇이 문제가 될 수 있을까요?"

　　□ 대답: 얼굴이 아닌 다른 신체 부위와 관련된 적절한 칭찬은 매우 적습니다. 오로지 상대의 몸에만 관심이 있는 것처럼 보일 수 있습니다. 상대와 신체적 접촉만을 하고 싶어 하는 것처럼 보일 수 있습니다. 당신이 약간 무서워 보일 수도 있습니다. 상대가 불편해할 수 있습니다.

○ 질문: "그러나 예외가 있습니다. 신체와 관련된 칭찬을 할 때 얼굴에 관한 것이 아니더라도 할 수 있는 칭찬이 몇 가지 있습니다. 남자에게 할 수 있는 신체와 관련된 칭찬에는 어떤 것들이 있을까요?"

　■ 대답: 키, 어깨, 목소리

○ 질문: "여자에게 신체와 관련된 칭찬을 할 때 얼굴에 관한 것이 아니더라도 할 수 있는 칭찬에는 어떤 것들이 있나요?"

　■ 대답: 네일아트, 액세서리 등 그 사람이 꾸미고 있는 것, 손

○ [참고사항(영어로 된 자료에 익숙하다면): PEERS® *Role Play Video Library*(www.routledge.com/cw/laugeson)에서 **칭찬해주기**의 적절한 역할극과 부적절한 역할극 동영상을 보여줄 수도 있다.]

● **상대에게 관심을 보여준다.**

  - ○ 설명: "상대에게 내가 관심이 있다는 것을 알리는 다른 방법은 상대에게 관심을 보여주는 것입니다. 상대에게 관심이 있다는 것을 어떻게 보여줄 수 있을까요?"
  - ○ **정보를 교환한다.**
    - 설명: "상대에게 관심이 있다는 것을 보여주는 제일 좋은 방법은 상대와 대화를 나누고 정보를 교환하는 것입니다. 대화를 시작하고 이어 나가며, 여러 사람이 하는 대화에 들어가기 위해 배웠던 모든 방법이 데이트할 때 적용된다는 것입니다."
  - ○ **공통의 관심사를 찾는다.**
    - 치료자: "친구와의 우정과 마찬가지로 흔히 데이트 상대와의 연애관계 또한 서로에게 느껴지는 관심과 끌림뿐 아니라 공통의 관심사를 바탕으로 이루어집니다. 공통의 관심사를 찾는 것이 중요한 이유는 무엇일까요?"
      - □ 대답: 공통의 관심사를 통해 상대와 함께 이야기하고 같이할 수 있는 무엇인가가 생기기 때문입니다.
    - 질문: "당신과 공통점이 매우 적은 사람과 데이트를 할 수 있을까요?"
      - □ 대답: 할 수 있지만 조금 지루할 수도 있습니다.
- **상대가 던진 농담에 웃어준다.**
  - ○ 치료자: "상대에게 호감을 표현하는 다른 방법 중 하나는 상대가 던진 농담에 웃어주는 것입니다. 상대의 농담이 재미없다고 생각해도 웃어야 할까요?"
    - 대답: 예.
  - ○ 질문: "친절함을 드러내기 위해 재미가 없어도 웃어주는 것을 무엇이라고 하나요?"
    - **대답: 예의상 웃어주기**
  - ○ 질문: "상대에게 호감을 표현하고 내가 그를 좋아한다고 알릴 때 예의상 웃어주는 것이 중요한 이유는 무엇일까요?"
    - 대답: 상대가 나를 편하게 생각하게 해주기 때문입니다. 당신을 친절하고, 친해지기 쉽다고 생각할 수 있습니다. 상대의 농담에 웃지 않으면, 당신과 함께 있는 것을 불편하게 느끼거나 어색하다고 생각할 수 있습니다.
- 설명: "지금까지 성인들이 좋아하는 상대에게 자신의 감정을 표현할 때 사용할 수 있는 몇 가지 방법을 배웠습니다. 누군가에게 연애 상대로서의 관심을 가지고 있는 성인들을 위해 앞서 언급된 전략들을 사용하는 것을 이번 주에 연습하게 할 것입니다."

과제 안내하기

[사회성 코치에게 사회성 코치 과제 기록지(부록 E)를 배부하고, 작성해서 다음 회기에 제출하게 한다.]

1. 친구와 **함께 어울리기**를 한다.
   - 사회성 코치는 성인이 **다섯 가지 요소**를 사용하여 **함께 어울리기**를 계획할 수 있도록 도와주어야 한다.
     - ○ **누구와** 할 것인지
     - ○ **무엇을** 할 것인지
     - ○ **어디서 함께 어울리기**를 할 것인지

○ 언제 함께 어울리기를 할 것인지

○ 어떻게 함께 어울리기가 이루어질 수 있도록 준비할 것인지

● 연습 전에 사회성 코치들은 성인들과 **함께 어울리기** 규칙과 단계를 점검한다.

● 함께 어울리기 연습 이후에 사회성 코치들은 성인들에게 다음과 같은 **사회성 코칭 질문**을 한다.

○ 무엇을 하기로 결정했으며 함께할 활동을 누가 선택했나요?

○ 정보를 교환했나요? 함께 어울리는 시간의 몇 %를 정보를 교환하는 데 사용했나요?

○ 공통의 관심사는 무엇이었나요? 만약 두 사람이 함께 시간을 보내게 된다면 그 정보를 가지고 무엇을 할 수 있나요?

○ 당신과 친구는 좋은 시간을 보냈나요?

○ 다시 만나 시간을 보내기에 적합한 사람인 것 같나요?

2. 상대에게 내가 관심이 있다는 것 알리기를 연습한다.

● 성인들이 누군가를 연애 상대로 좋아하고 있다면 **상대에게 내가 관심이 있다는 것 알리기** 전략을 시도하게 한다.

○ 상대에게 연애 상대로서의 호감을 갖기 전까지는 시도하지 않는다.

● 성인들이 편하게 느낀다면 사회성 코치들과 **상대에게 내가 관심이 있다는 것 알리기**를 연습하도록 한다.

● 연습 전에 사회성 코치들은 **상대에게 내가 관심이 있다는 것 알리기** 규칙과 단계를 점검한다.

● 연습을 한 이후에 사회성 코치들은 성인들에게 다음과 같은 **사회성 코칭 질문**을 한다.

○ 누구와 연습했나요?

○ 상대에게 내가 관심이 있다는 것을 알리기 위해 무엇을 했나요?

○ 상대는 어떻게 반응했나요?

○ 데이트 상대로서 좋은 선택인 것 같나요? 당신과 데이트하기에 적합한 사람인 것 같나요?

3. 사회성 코치가 포함된 **여러 사람이 하는 대화에 들어가고 빠져나오기**를 연습한다.

● 성인은 사회성 코치와 (성인을 대화에 받아들여줄) 또 다른 사람이 포함된 **여러 사람이 하는 대화에 들어가고 빠져나오기**를 연습한다.

○ 전혀 받아들여지지 않았을 때 대화에서 빠져나오기를 연습한다.

○ 처음에는 받아들여졌으나 그 이후에 제외되었을 때 대화에서 빠져나오기를 연습한다.

○ 완전히 받아들여졌을 때 대화에서 빠져나오기를 연습한다.

● 연습 전에 먼저 사회성 코치들은 **여러 사람이 하는 대화에 들어가고 빠져나오기** 규칙과 단계를 점검한다.

● 연습을 한 이후에 사회성 코치들은 성인들에게 다음과 같은 **사회성 코칭 질문**을 한다.

○ 우리가 당신과 이야기를 하고 싶어 하는 것 같았나요?

○ 그것을 어떻게 알 수 있었나요?

4. 또래들끼리 하고 있는 **여러 사람이 하는 대화에 들어가기**를 연습한다(새로운 친구를 사귈 수 있는 곳에서 만난 친구와 해도 된다).

● 연습 전에 사회성 코치들은 **여러 사람이 하는 대화에 들어가고 빠져나오기** 규칙과 단계를 점검한다.

● 자연스럽게 빠져나와야 할 필요가 있는 상황이 아니라면 **대화에서 빠져나오기**는 공식적인 과제가 아니다.

● 연습을 한 이후에 사회성 코치들은 성인들에게 다음과 같은 **사회성 코칭 질문**을 한다.

○ 어디서 누구와의 대화에 들어갔나요?

○ 어떤 단계들을 따랐나요?

○ 그들이 당신과 이야기를 나누고 싶어 하는 것 같았나요? 그것을 어떻게 알 수 있었나요?

○ 대화에서 빠져나왔어야 했나요? 어떤 단계들을 따랐나요?

사회성 코칭 팁

데이트를 하고 데이트 상대와의 연애관계를 형성하는 데 관심이 있는 성인들을 위해서는 다음과 같은 사회성 코칭 팁을 제안한다.

● 사회성 코치들은 성인들과 함께 성인이 데이트 상대로서 관심을 가지고 있는 사람에 대해 대화를 나누기 시작해야 한다.

○ 성인이 데이트 상대로서 관심을 가지고 있는 사람이 **좋은 선택**인지 **나쁜 선택**인지를 평가해야 한다.

○ 성인에게 관심이 없는 상대와의 관계를 추구하고 있다면, 성인에게 "**데이트를 하는 것은 선택이며, 우리는 모든 사람과 데이트를 하지 않고, 모든 사람이 우리와 데이트를 하는 것 또한 아니다.**"라는 것을 상기시킨다.

● **좋은 선택**을 한 것 같은 성인에게는 **상대에게 내가 관심이 있다는 것 알리기**를 시도하도록 격려한다.

○ 한 번에 한 명씩 선택하도록 한다(즉, 성인이 여러 명과 연습을 하게 되면 누군가의 감정이 상하거나 성인이 나쁜 평판을 얻는 결과까지 초래할 수 있다).

○ 성인들이 현재 가장 관심 있는 사람을 선택하는 것으로 시작해서 상대와의 관계 및 상대의 관심을 주기적으로 평가하도록 한다.

● 성인들이 **공통의 친구와 이야기한다, 눈으로 관심을 표현한다, 칭찬을 해준다, 정보 교환을 통해 상대에게 관심을 보여준다, 공통의 관심사를 찾는다, 상대가 던진 농담에 웃어준다**를 천천히 시작하게 한다.

● 성인들에게 그들이 데이트하고 싶은 사람과 친구가 되고 그 관계를 유지하는 데 필요한 기술 또한 사용해야 한다는 것을 상기시킨다.

○ "**친구 이상의 관계가 되려면 어떻게 친구가 되어야 하는지를 먼저 알아야 한다.**"고 설명하는 것이 도움이 될 수 있다.

● 데이트 신청 방법은 아직 배우지 않았기 때문에 성인들이 좋아하는 상대에게 데이트 신청은 하지 않도록 한다.

성인 치료자 가이드

성인 회기 준비하기

치료자가 진행하는 집단에 속해 있는 많은 성인들이 데이트 예절에 관한 회기에 큰 관심을 보이겠지만, 이 중에 많은 이들이 실제로 연애를 하고 있을 가능성은 별로 없다. UCLA PEERS® 클리닉에 사회성 기술 훈련을 위해 참가한 18~30세 사이의 성인 중 10%만이 적극적으로 연애를 하고 있었다. 현재 당신이 진행하는 집단도 이와 비슷할 가능성이 많다. 그럼에도 불구하고 대부분의 성인들은 연애에 관심을 갖고 있고, 데이트 예절에 관한 일반적인 규칙들을 매우 배우고 싶어 할 것이다.

데이트하는 데 필요한 기술은 복잡하고 다면적이기 때문에 이를 주제로 하는 네 번의 회기에서는 단지 대략적인 것만 훑어보게 될 것이다. 하지만 지금까지 배웠던 우정과 관련된 대부분의 기술들은 연애를 하는 데 있어서도 그대로 적용된다고 생각하면 된다. 예를 들어 친구관계와 마찬가지로 연애를 할 때도 대화 이어 나가기, 대화에 들어가고 빠져나오기, e-커뮤니케이션 사용하기 및 적절한 유머를 사용하는 방법들을 알아야만 한다. 이것을 성인들에게 강조하기 위해서 **"친구 이상의 관계를 맺으려면 친구가 어떻게 되는 것인지를 먼저 알아야 한다."**는 것을 설명하면 도움이 될 수 있다.

데이트 예절에 관한 첫 번째 회기에서는 데이트하기에 적절한 사람을 선택하는 것과 **데이트 상대를 만날 수 있는 곳**을 확인하고 **상대에게 내가 관심이 있다는 것 알리기** 방법에 대해서 이야기할 것이다. 교육 시간에는 몇 개의 **역할극** 예시들과 **행동 연습**이 포함되어 있다. 이번 회기에서 역할극을 보여주는 가장 전통적인 방법은 남성 보조 치료자와 여성 보조 치료자가 시범을 보여주는 것이다. 하지만 이것이 당신 집단에서 최선의 방법인지에 대해서는 임상적인 판단을 해야 한다. 즉, 같은 성별의 치료자 혹은 다른 성별의 치료자가 함께하는 **역할극**을 섞어서 보여줄 수도 있다. 당신이 어떻게 하려고 결정했든 간에 동성애를 차별하게 되어서는 안 된다. 이를 위해서는 **행동 연습**을 할 때 성인들이 남성, 여성 보조 치료자와 연습할 수 있는 기회를 모두 주는 것이 중요하다. 단, 연습을 할 때 성인들이 그들의 성적 지향을 이야기할 필요는 없으며, 단지 다음과 같이 물어보면 된다. **"당신은 (여성 보조 치료자의 이름)와/과 (남성 보조 치료자의 이름) 중에서 누구와 연습을 하는 것이 더 편할 것 같습니까?"** 남성 혹은 여성 치료자 중에 선택해서 새로 배울 데이트 기술을 연습할 기회를 제공함으로써 이성애 중심의 교육을 피할 뿐 아니라 특정 성별의 치료자와 연습하는 것을 너무 불안해하는 성인에게 조금 덜 두려운 상대와 연습하는 쪽을 선택하게 할 수 있다.

초보 집단 치료자들이 하는 중요한 실수 중 하나는 성인들로 하여금 데이트 예절에 관한 전략들을 다른 집단 구성원과 서로 연습하게 하는 것이다. 이것은 집단 구성원들 사이의 관계를 매우 불편하게 만듦으로써 큰 실수로 이어질 가능성이 있다. 다른 회기들과는 다르게 회기가 진행되는 동안 데이트 예절에 초점을 둔 행동 연습들은 성인들이 오로지 집단 치료자 혹은 보조 치료자와만 연습할 수 있도록 해야 한다. 집단 구성원들끼리 연습하도록 할 경우 그들 사이의 경계가 심각하게 침해될 수 있으며, 혼란과 불편함을 일으킬 수 있다. 불필요한 어색함이나 스트레스를 불러오지 않기 위해서는 매뉴얼에 적혀 있는 치료 가이드라인을 그대로 따르는 것이 가장 좋다. 따라서 데이트 예절에 관한 네 번의 회기 동안 데이트와 관련된 **행동 연습**은 교육 중에 이루어져야 한다. 집단 구성원과 함께하는 추가적인 **행동 연습**은 데이트 예절에 관한 교육 이후에 진행되며, 여기서는 친구들과 함께 어울리기를 성공적으로 할 수 있도록 도와주는 데 초점을 맞출 것이다.

과제 점검

[다음의 과제를 검토하고 발생 가능한 **문제해결**을 의논한다. 성공적으로 과제를 완수한 사람부터 시작한다. 시간이 된다면 (과제를 다 하지 못한 사람들에게) 왜 과제를 완수할 수 없었는지 이유를 질문할 수 있으며, 다음 주에 어떻게 이것을 할 수 있을지에 대한 **문제해결**을 시도해볼 수 있다. 과제를 점검하는 동안에는 반드시 (볼드체로 표시된) 우리끼리 단어를 사용한다. **함께 어울리기**가 이번 회기의 가장 중요한 과제이므로 과제 점검 시간 대부분을 여기에 할애한다.]

1. 친구와 **함께 어울리기**를 한다.
   - 치료자: "이번 주의 주요 과제 중 하나는 여러분이 친구와 함께 어울리기를 하는 것이었습니다. 이번 주에 친구와 함께 어울리기를 한 사람은 손을 들어주세요."
   - 질문
     - "누구와 함께 어울렸으며 무엇을 하기로 결정했나요?"
     - "다섯 가지 요소를 사용하여 함께 어울리기를 계획했나요?"
     - "함께 어울리기를 어떻게 시작했나요?"
     - "함께할 활동들은 누가 골랐나요?"
     - "서로 정보를 교환했나요? 함께 어울리는 시간의 몇 %를 정보를 교환하는 데 사용했나요?"
     - "함께 어울리기를 어떻게 마무리했나요?"
     - "다시 만나 시간을 보내기에 적합한 사람인 것 같나요?"

표 10.1 집에서 함께 어울리기 시작하기 및 마무리하기를 위한 단계

함께 어울리기를 시작할 때	함께 어울리기를 마무리할 때
1. 손님에게 인사를 한다.	1. 활동이 잠시 멈출 때를 기다린다.
2. 손님을 집 안으로 맞이한다.	2. 함께 어울리기를 마무리하기 위한 꼬리말을 한다.
3. 손님이 모르는 사람들에게는 손님을 소개한다.	3. 친구를 문까지 배웅하기 시작한다.
4. 집 안을 안내해준다.	4. 친구에게 함께 어울리기를 해서 고맙다고 말한다.
5. 간단한 간식을 권한다.	5. 친구에게 즐거운 시간을 보냈다고 말한다.
6. 손님에게 무엇을 하고 싶은지 물어본다.	6. 잘 가라고 인사하고, 나중에 다시 보자고 한다.

2. 사회성 코치가 포함된 **여러 사람이 하는 대화에 들어가고 빠져나오기**를 연습한다.
   - 치료자: "이번 주 또 다른 과제는 사회성 코치와 또 다른 사람이 포함된 여러 사람이 하는 대화에 들어가고 빠져나오기를 연습하는 것이었습니다. 이 과제를 한 사람은 손을 들어주세요."
   - 질문
     - "당신과 당신의 사회성 코치는 누구와 연습했나요? 어떤 단계들을 따랐나요?"
       1. 대화를 귀 기울여 듣는다.
       2. 거리를 두고 지켜본다.
       3. 소품을 사용한다.
       4. 주제를 확인한다.

5. 공통의 관심사를 찾는다.

6. 더 가까이 다가간다.

7. 대화가 짧게 멈출 때를 기다린다.

8. 주제를 언급한다.

9. 관심을 평가한다.

10. 자신을 소개한다.

○ "그들이 당신과 이야기를 나누고 싶어 하는 것처럼 보였나요? 그것을 어떻게 알 수 있었나요?"

○ "대화에서 빠져나왔나요? 어떤 단계들을 따랐나요?"

표 10.2   대화에서 빠져나오기 위한 단계

전혀 받아들여지지 않았을 때	처음에는 받아들여졌으나 그 이후에 제외되었을 때	완전히 받아들여졌을 때
1. 침착함을 유지한다.	1. 침착함을 유지한다.	1. 대화가 짧게 멈출 때를 기다린다.
2. 다른 곳을 본다.	2. 다른 곳을 본다.	2. 구체적인 꼬리말을 한다.
3. 돌아선다.	3. 대화가 짧게 멈출 때를 기다린다.	3. 나중에 보자고 한다.
4. 다른 곳으로 걸어간다.	4. 짧은 꼬리말을 한다.	4. 작별인사를 한다.
	5. 다른 곳으로 간다.	5. 다른 곳으로 간다.

3. 또래들끼리 하고 있는 **여러 사람이 하는 대화에 들어가기**를 연습한다(새로운 친구를 사귈 수 있는 곳에서 만난 친구와 해도 된다).

● 치료자: "이번 주 또 다른 과제는 또래들끼리 하고 있는 여러 사람이 하는 대화에 들어가는 것을 연습하는 것이었습니다. 이 과제를 한 사람은 손을 들어주세요."

● 질문

○ "어디에서 누구와의 대화에 들어갔나요?"

○ "어떤 단계들을 따랐나요?"

○ "그들이 당신과 이야기를 나누고 싶어 하는 것 같았나요?"

○ "그것을 어떻게 알 수 있었나요?"

■ 당신과 이야기를 했나요?

■ 당신을 쳐다보았나요?

■ 당신과 마주 보고 이야기를 했나요(원을 열었나요)?

○ "대화에서 빠져나왔어야 했나요? 어떤 단계들을 따랐나요?"

4. **유머에 대한 반응에 주의를 기울인다.**

● 치료자: "이번 주 또 다른 과제는 유머를 사용했다면 자신의 유머에 대한 반응에 주의를 기울이는 것이었습니다. 유머를 사용하는 것이 과제는 아니었습니다. 이번 주에 유머를 사용했고 자신의 유머에 대한 반응에 주의를 기울인 사람은 손을 들어주세요."

- 질문
  - "당신이 어떤 유머를 했는지는 궁금하지 않습니다. 당신의 유머에 대한 반응이 어땠는지 궁금합니다. 그들이 당신을 비웃었나요? 당신과 함께 웃었나요? 예의상 웃었나요? 아니면 아예 웃지 않았나요?"
  - "그것을 어떻게 알 수 있었나요?"
  - "유머에 대한 반응에 주의 기울이는 것이 끝났나요?"
    - 대답: 아니요.
  - "언제 자신의 유머에 대한 반응에 주의를 기울일 것인가요?"
    - 대답: 유머를 할 때마다 주의를 기울일 것입니다.
  - "어떻게 자신의 유머에 대한 반응에 주의를 기울일 것인가요?"
    - 대답: 그들의 반응을 눈으로 보고 귀로 들을 것입니다.

교육: 데이트 예절 – 상대에게 내가 관심이 있다는 것 알리기

- 설명: "오늘은 데이트 예절에 대해서 이야기를 나눌 것입니다. 지금쯤이면 여러분은 친구를 사귀고 친구와의 관계를 유지하는 데 필요한 기본 요소들을 배웠을 것입니다. 이러한 사회성 기술은 데이트를 할 때도 사용됩니다. 친구 이상의 관계를 맺기 위해서는 친구가 되는 방법부터 알아야 하기 때문입니다. 앞으로 있을 몇 번의 회기에서는 여러분에게 친구를 사귀는 데 필요한 기술 그 이상을 요구하는, 데이트할 때 필요한 기본적인 기술을 알려주는 것을 목표로 합니다. 첫 번째로 데이트하기에 적절한 사람을 찾고 선택하는 것과 상대에게 내가 관심이 있다는 것을 알리는 방법에 대해서 이야기를 나누도록 하겠습니다."
- [다음에 제시된 중요 항목과 **볼드체**로 표시된 **우리끼리 단어**를 칠판에 적으면서 상대에게 내가 관심이 있다는 것 알리기 규칙과 단계를 보여준다. 회기가 끝날 때까지 칠판에 적은 규칙과 단계를 지우지 않는다. 영어로 된 자료에 익숙하다면 ▶ 표시가 있는 각 역할극에 해당하는 역할극 동영상이 PEERS® *Role Play Video Library*(www.routledge.com/cw/laugeson)에 포함되어 있으니 참고해볼 수도 있다.]

데이트하기에 적합한 사람 선택하기

- 데이트를 하는 것은 본인의 선택이다.
  - 설명: "친구와의 우정이 각자의 선택이듯이 데이트를 하는 것 또한 선택입니다."
  - 질문: "우리는 모든 사람과 데이트를 하나요?"
    - 대답: 아니요.
  - 질문: "모든 사람이 우리와 데이트를 하나요?"
    - 대답: 아니요.
  - 설명: "왜냐하면 데이트를 한다는 것은 우리의 선택이며, 우리는 현명하게 누구와 데이트를 할 것인지를 선택해야 하기 때문입니다. 데이트 상대로 발전할 가능성이 있는 상대를 선택할 때는 좋은 선택과 나쁜 선택이 있습니다."
- 아래에 언급된 데이트 상대로 **좋은 선택**의 예를 각각 제시하면서, "성인은 ……와/과 같은 사람을 선택하는 것이 좋을까요?"라고 질문한다. 각 항목에 대해 "……와/과 같은 사람을 선택하는 것이 중요한 이유는 무엇인가요?"라고 질문을 이어 간다.
  - "당신을 실제로 좋아하는 사람?"

○ "당신에게 관심이 있다고 생각되는 사람?"

○ "당신과 공통의 관심사를 가진 사람?"

○ "당신과 연령대가 비슷한 사람?"

○ "당신의 마음을 받아줄 것 같은 사람?"

● 아래에 언급된 데이트 상대로 **나쁜 선택**의 예를 각각 제시하면서 "성인은 ……와/과 같은 사람을 선택하는 것이 좋을까요?"라고 질문한다. 각 항목에 대해 "……와/과 같은 사람을 선택하면 무엇이 문제가 될까요?"라고 질문을 이어 간다.

○ "당신에게 관심이 없다고 생각되는 사람?"

○ "당신이 관심 없는 사람?"

○ "당신에게 못되게 굴거나 당신을 조롱하는 사람?"

○ "당신을 무시하는 사람?"

○ "당신의 약점을 이용하거나 목적을 위해 이용하는 사람?"

○ "당신을 예전에 거절했던 사람?"

○ "남자친구 혹은 여자친구가 있는 사람?"

● 설명: "친구와의 우정과 마찬가지로 데이트를 하고 연인관계를 발전시키는 것 또한 선택임을 기억해야 합니다. 당신이 누군가를 좋아한다고 해서 상대가 당신과 꼭 데이트를 해야 하는 것은 아닙니다. 이와 반대로 누군가가 당신에게 데이트 신청을 했거나 당신을 좋아한다고 해서 당신이 그 상대와 꼭 데이트를 해야 하는 것은 아닙니다."

데이트 상대를 만날 수 있는 곳

● 설명: "이제 데이트를 하는 것이 선택임을 이해했으므로 이번에는 여러분이 위에서 언급한 좋은 선택을 할 수 있는 잠재적인 데이트 상대를 어디서 만날 수 있을지 이야기해보겠습니다."

● 치료자: "사람들은 데이트할 가능성이 있는 상대를 어디서 찾나요?"

○ [주: **데이트 상대를 만날 수 있는 곳**은 각자의 문화에 따라 다를 것이다. [표 10.3]을 종합적이거나 완전한 목록이라고 생각하고 의존해서는 안 된다. 시대와 문화에 따라 데이트 상대를 만날 수 있는 곳은 변하기 때문에 성인들이 이에 맞게 목록을 만들어낼 수 있게 한다.]

표 10.3 성인들이 알려준 데이트 상대를 만날 수 있는 곳

공통의 친구	성인을 위한 각종 취미 관련 학원
가족 구성원의 친구	학교
친목회, 함께 어울리기, 파티	직장
동호회	이웃
스포츠 경기	스포츠 클럽, 사설 체육관, 여가 활동 센터
애견공원, 지역공원	교회, 성당, 절, 기타 종교모임
스포츠 동호회 및 클럽, 기타 여가 활동	각종 어학 및 취업 관련 스터디 그룹
콘서트, 박람회, 기타 지역모임	자원봉사 활동
카페, 술집, 클럽, 서점, 기타 공공장소	인터넷 데이트 웹사이트, 소개팅 앱

상대에게 내가 관심이 있다는 것 알리기

- 설명: "이제 데이트하기에 좋은 상대가 누구인지, 그리고 어디서 이러한 상대를 만날 수 있는지 배웠으므로, 이번에는 어떻게 상대에게 내가 관심이 있다는 것을 알릴 것인지에 대해 이야기해보겠습니다."
- **공통의 친구와 이야기한다.**
  - 치료자: "상대에게 내가 관심이 있다는 것을 알리는 방법 중에 하나는 공통의 친구와 이야기하는 것입니다. 공통의 친구란 무엇인가요?"
    - 대답: 당신과 당신이 좋아하는 사람이 함께 알고 있는 친구를 말합니다.
  - 치료자: "우리는 누군가에게 관심이 있다는 것을 알리기 위해 공통의 친구에게 무엇을 말하거나 물어볼 수 있을까요?"(다음과 같은 방법을 확인한다.)
    - **친구에게 그 사람한테 관심이 있다고 말한다.**
      - □ 예시: "너 (이름) 아니? (이름) 괜찮은 것 같아."
      - □ 예시: "너 (이름) 아니? (이름) 귀여운 것 같지 않니?"
    - **친구에게 그 사람이 현재 연애를 하고 있는지 물어본다.**
      - □ 예시: "너 (이름)이/가 현재 연애를 하고 있는지 아니?"
      - □ 예시: "너 (이름)이/가 남자친구/여자친구가 있는지 아니?"
    - **친구에게 그 사람이 나와 만나볼 의향이 있는지를 물어본다.**
      - □ 예시: "너는 (이름)이/가 나랑 만나볼 의향이 있다고 생각하니?"
      - □ 예시: "너는 (이름)이/가 나한테 관심이 있다고 생각하니?"
  - 치료자: "만약 공통의 친구가 당신이 좋아하는 사람에게 당신과 만나볼 의향이 있는지 물어보겠다고 하면, 이것에 동의는 하되 공통의 친구에게 당신이 물어봤다는 얘기는 하지 말아달라고 합니다. 그럼에도 불구하고 공통의 친구는 당신이 관심이 있는 사람에게 당신이 물어봤다고 얘기를 할 수 있지만 적어도 '(당신의 이름)이/가 나한테 너에게 물어보라던데……'라고 하지는 않을 것입니다."

적절한 역할극: 공통의 친구와 이야기하기 ▶

[집단 치료자는 보조 치료자와 함께 **공통의 친구와 이야기하기**의 적절한 역할극을 한다.]

- 치료자: "지금부터 역할극을 보여줄 것입니다. 잘 보고 제가 공통의 친구와 이야기하면서 무엇을 잘했는지 이야기해주세요."

적절한 역할극의 예

- ○ 집단 치료자: "안녕, (이름)아/야. 요즘 어떻게 지내?"
- ○ 보조 치료자: "잘 지내. 넌?"
- ○ 집단 치료자: "나도 잘 지내. (잠시 기다린 뒤) 있잖아, 너 (이름)(이)랑 친구지?"
- ○ 보조 치료자: "응, 친구로 지낸 지 몇 년 됐어."
- ○ 집단 치료자: "예전에 걔 본 적 있는데. 걔 좀 괜찮은 것 같아."
- ○ 보조 치료자: "응, (이름) 멋있지."
- ○ 집단 치료자: "걔가 현재 연애를 하고 있는지 아니?"

> ○ 보조 치료자: "응, (이름) 지금 만나는 사람 없어."
> ○ 집단 치료자: "진짜? 걔가 나같은 스타일을 좋아할까? 걔가 나랑 어울릴 것 같니?
> ○ 보조 치료자: "모르겠는데…… 내가 알아봐줄까?"
> ○ 집단 치료자: "그러면 고맙지. 근데 그 친구한테는 내가 물어봤다는 것을 모르게 해줘."
> ○ 보조 치료자: "응, 알겠어. 걱정하지 마."

- 치료자: "자, 여기까지입니다. 제가 공통의 친구와 이야기하면서 무엇을 잘했지요?"
  - ○ 대답: 친구에게 어떤 사람한테 관심이 있다고 말했습니다. 그 사람이 현재 연애를 하고 있는지 물어봤습니다. 그 사람이 나와 만나볼 의향이 있는지 물어봤습니다.
- 다음과 같은 **조망 수용 질문**을 한다.
  - ○ "(보조 치료자들의 이름)이/가 어떤 기분이었을 것 같나요?"
    - ■ 대답: 좋습니다. 괜찮습니다.
  - ○ "(보조 치료자의 이름)이/가 저에 대해서 어떻게 생각했을 것 같나요?"
    - ■ 대답: (이름)을/를 좋아한다고 생각했을 것 같습니다.
  - ○ "(보조 치료자의 이름)이/가 공통의 친구에게 제가 그 사람에게 관심이 있다는 사실을 이야기할 것 같나요?
    - ■ 대답: 아마도 그럴 것 같습니다.
- 보조 치료자들에게 같은 **조망 수용 질문**을 한다.
  - ○ "어떤 기분이 들었나요?"
  - ○ "저에 대해서 어떻게 생각했나요?"
  - ○ "공통의 친구에게 제가 그 사람에게 관심이 있다는 것을 이야기할 건가요?"

행동 연습: 공통의 친구와 이야기하기

- 설명: "지금부터는 여러분이 상대에게 내가 관심이 있다는 것을 알리는 방법 중에 하나인 공통의 친구와 이야기하기를 연습할 것입니다. 제가 여러분의 공통의 친구 역할을 하겠습니다."
- 각각의 성인이 돌아가면서 집단 치료자와 함께 **공통의 친구에게 이야기**함으로써 **상대에게 내가 관심이 있다는 것 알리기**를 연습할 수 있게 한다.
- 각각의 성인이 집단 치료자와 함께 다음과 같은 하나의 연속되는 대화 안에서 아래와 같은 전략을 연습할 수 있도록 한다. 다른 집단 구성원들은 이를 지켜본다.
  - ○ 친구에게 그 사람한테 관심이 있다고 말한다.
  - ○ 친구에게 그 사람이 연애를 하고 있는지 물어본다.
  - ○ 친구에게 그 사람이 당신과 만나볼 의향이 있는지 물어본다.
- 필요하다면 상황에 맞게 **사회성 코칭**을 제공하고 일어날 수 있는 문제의 **해결책**을 논의한다.
- 각각의 성인이 연습을 끝낼 때마다 박수를 쳐준다.
- 설명: "상대에게 내가 관심이 있다는 것을 알리는 방법 중에 하나는 공통의 친구와 이야기를 하는 것입니다. 공통의 친구가 없다면 다른 방법을 통해 상대에게 내가 관심이 있다는 것을 알려줄 수 있습니다."
- **눈으로 관심을 표현한다.**

○ 치료자: "상대에게 내가 관심이 있다는 것을 알리는 또 다른 방법 중 하나는 눈으로 관심을 표현하는 것입니다. 다른 기술들과 마찬가지로 이번 기술도 좋은 방법과 나쁜 방법이 있습니다.

부적절한 역할극: 눈으로 관심을 표현하기 ▶

[보조 치료자 2명이 **눈으로 관심을 표현하기**의 부적절한 역할극을 한다. 보조 치료자가 한 명뿐이라면 집단 치료자가 다른 보조 치료자의 역할을 대신할 수 있다.]

● 치료자: "지금부터 역할극을 보여줄 것입니다. 잘 보고 (보조 치료자 2의 이름)이/가 눈으로 관심을 표현하면서 무엇을 잘못했는지 이야기해주세요."

부적절한 역할극의 예

○ 보조 치료자 1 & 2: (서로 가까운 거리에서 각자의 스마트폰을 본다.)

○ 보조 치료자 2: (보조 치료자 1을 보며, 빤히 쳐다보기 시작한다.)

○ 보조 치료자 1: (보조 치료자 2를 보고, 그가 계속 쳐다보고 있다는 것을 눈치챈다. 놀라고 불편해 보인다.)

○ 보조 치료자 2: (치아가 다 보일 정도의 큰 웃음을 보이며, 계속 빤히 쳐다본다.)

○ 보조 치료자 1: (다른 곳을 보고, 돌아선다. 매우 불편해 보인다.)

○ 보조 치료자 2: (계속 빤히 쳐다보며 치아가 다 보일 정도의 큰 웃음을 보인다.)

○ 보조 치료자 1: (뒤돌아본다. 겁먹고 불편해 보인다.)

○ 보조 치료자 2: (계속 빤히 쳐다보고, 치아가 다 보일 정도의 큰 웃음을 보이며, 보조 치료자 1의 몸을 위아래로 훑는다.)

○ 보조 치료자 1: (다른 곳을 보며, 돌아서고, 매우 불편해 보인다.)

○ 보조 치료자 2: (계속 응시하며, "그래"라는 듯이 머리를 위아래로 끄덕이고, 치아가 다 보일 정도의 큰 웃음을 보인다.)

○ 보조 치료자 1: (돌아서 있는 상태로 계속 다른 곳을 바라보며, 매우 불편해 보인다.)

● 치료자: "자 여기까지입니다. (보조 치료자 2의 이름)이/가 눈으로 관심을 표현하면서 무엇을 잘못했지요?"
  ○ 대답: 상대방을 빤히 쳐다봤습니다. 치아가 다 보일 정도의 큰 웃음을 보였습니다. 상대방의 몸을 위아래로 훑고 계속 쳐다봤습니다. 다른 곳을 보지 않았습니다.
● 다음과 같은 **조망 수용 질문**을 한다.
  ○ "(보조 치료자 1의 이름)이/가 어떤 기분이었을 것 같나요?"
    ▪ 대답: 불편합니다. 무섭습니다. 섬뜩합니다.
  ○ "(보조 치료자 1의 이름)이/가 (보조 치료자 2의 이름)에 대해서 어떻게 생각했을 것 같나요?"
    ▪ 대답: 무섭습니다. 스토커 같습니다. 위험해 보입니다. 이상합니다.
  ○ "(보조 치료자 1의 이름)이/가 (보조 치료자 2의 이름)와/과 다시 다시 이야기를 나누고 싶어 할 것 같나요?"
    ▪ 대답: 아니요. 절대로 그럴 일은 없을 것 같습니다.
● 보조 치료자 1에게 같은 **조망 수용 질문**을 한다.

- ○ "어떤 기분이 들었나요?"
- ○ "(보조 치료자 2의 이름)에 대해서 어떻게 생각했나요?"
- ○ "(보조 치료자 2의 이름)와/과 이야기를 다시 나누고 싶나요?"

눈으로 관심을 표현하기 위한 단계

1. **눈맞춤을 한다.**
   - 치료자: "상대에게 내가 관심이 있다는 것 알리기 방법 중에 하나는 눈으로 관심을 표현하는 것입니다. 눈을 사용하여 관심을 표현하는 방법의 첫 번째 단계는 눈맞춤을 하는 것입니다. 이것은 상대를 빤히 쳐다보라는 뜻인가요?"
     - ○ 대답: 아니요.
   - 질문: "상대를 빤히 쳐다보면 무엇이 문제가 될 수 있을까요?"
     - ○ 대답: 당신을 무서운 스토커라고 생각할 수 있습니다. 누군가를 빤히 응시하면 위협적으로 보입니다.
   - 치료자: "빤히 쳐다보는 대신 살짝 눈을 맞추는 것이 바람직합니다. 눈맞춤을 했다면 다음 단계로 무엇을 해야 할까요?
     - ○ 대답: 그 사람을 향해 미소를 짓습니다.

2. **살짝 미소 짓는다.**
   - 치료자: "다음 단계는 상대에게 살짝 미소 짓는 것입니다. 치아가 다 보일 정도로 크게 활짝 웃어야 할까요?"
     - ○ 대답: 아니요.
   - 질문: "치아가 다 보일 정도로 크게 웃으면 무엇이 문제가 될 수 있을까요?"
     - ○ 대답: 너무 과도할 수 있습니다. 상대에게 과도하게 열중하는 것으로 보일 수 있습니다. 당신을 무서운 스토커라고 생각할 수 있습니다.
   - 질문: "치아가 보이지 않을 정도로 살짝 미소 짓는 것은 괜찮을까요?"
     - ○ 대답: 예.
   - 질문: "다음엔 무엇을 해야 할까요? 계속 웃으며 빤히 쳐다보아야 할까요?"
     - ○ 대답: 아니요. **다른 곳을 봐야 합니다.**

3. **다른 곳을 본다.**
   - 설명: "눈맞춤을 하고, 살짝 미소를 지었다면 눈을 사용한 관심 표현의 다음 단계는 다른 곳을 보는 것입니다. 다른 곳을 본다면 상대는 당신을 무서운 스토커가 아니라 안전한 사람이라고 생각할 것입니다."
   - 질문: "우리가 눈맞춤을 하고, 살짝 미소 지은 다음 다른 곳을 본다고 해서 상대방을 향한 우리의 관심을 명확하게 보여준 것은 아닙니다. 눈을 사용한 관심 표현의 다음 단계는 무엇일까요?"
     - ○ 대답: 상대방의 반응에 따라 위에서 언급된 단계들을 다시 반복합니다.

4. **상대방의 반응에 따라 반복한다.**
   - 설명: "눈을 사용한 관심 표현의 마지막 단계는 전체 과정을 몇 번 반복하는 것입니다. 눈을 맞추고, 살짝 미소를 짓고, 다른 곳을 보고, 상대방의 반응에 따라 반복하는 것이 눈을 사용한 관심 표현의 방법입니다."

● 질문: "여러분이 좋아하는 사람에게 눈맞춤을 하고 살짝 미소를 지었을 때, 상대방도 눈맞춤을 하고 살짝 미소를 짓는다면 위의 단계를 몇 번 반복하도록 합니다. 상대방이 나와 눈맞춤을 하지 않거나 미소를 짓지 않았음에도 불구하고 이것을 반복한다면 무엇이 문제가 될 수 있을까요?"
   ○ 대답: 당신을 무서운 스토커라고 생각할 수 있습니다.

적절한 역할극 : 눈으로 관심 표현하기 ▶

[보조 치료자 2명이 **눈으로 관심 표현하기**의 적절한 역할극을 한다. 보조 치료자가 한 명뿐이라면 집단 치료자가 다른 보조 치료자의 역할을 대신할 수 있다.]

● 치료자: "이제 또 다른 역할극을 보여줄 것입니다. 잘 보고 (보조 치료자 2의 이름)이/가 눈으로 관심을 표현하면서 무엇을 잘했는지 이야기해 주세요."

적절한 역할극의 예

○ 보조 치료자 1 & 2: (서로 가까운 거리에서 각자의 스마트폰을 본다.)
○ 보조 치료자 2: (보조 치료자 1을 살짝 쳐다본다.)
○ 보조 치료자 1: (보조 치료자 2를 보며, 그가 쳐다보는 것을 의식한다.)
○ 보조 치료자 2: (치아가 보이지 않을 정도로 살짝 미소 짓는다.)
○ 보조 치료자 1: (살짝 미소 지으며, 약간 당황한 듯 보인다.)
○ 보조 치료자 2: (다른 곳을 보며, 다시 스마트폰을 본다.)
○ 보조 치료자 1: (다른 곳을 보며, 다시 스마트폰을 본다.)
○ 보조 치료자 2: (다시 보조 치료자 1을 쳐다본다.)
○ 보조 치료자 1: (다시 보조 치료자 2를 쳐다본다.)
○ 보조 치료자 2: (살짝 미소 짓는다.)
○ 보조 치료자 1: (살짝 미소 짓는다.)
○ 보조 치료자 2: (다른 곳을 보며, 다시 스마트폰을 본다.)
○ 보조 치료자 1: (다른 곳을 보며, 다시 스마트폰을 본다.)
○ 보조 치료자 2: (살짝 미소 짓는다.)
○ 보조 치료자 1: (살짝 미소 짓는다.)
○ 보조 치료자 2: (다른 곳을 보며, 다시 스마트폰을 본다.)
○ 보조 치료자 1: (다른 곳을 보며, 다시 스마트폰을 본다.)
○ 보조 치료자 2: (보조 치료자 1을 다시 쳐다본다.)
○ 보조 치료자 1: (보조 치료자 2를 다시 쳐다본다.)
○ 보조 치료자 2: (살짝 미소 짓는다.)
○ 보조 치료자 1: (살짝 미소 짓는다.)

● 치료자: "자, 여기까지입니다. (보조 치료자 2의 이름)이/가 눈으로 관심을 표현하면서 무엇을 잘했지요?"
   ○ 대답: **눈맞춤을 했습니다. 살짝 미소를 지었습니다. 다른 곳을 봤습니다. 상대방의 반응에 따라 여러 번 반복했습니다.**

- 다음과 같은 **조망 수용 질문**을 한다.
  - "(보조 치료자 1의 이름)이/가 어떤 기분이었을 것 같나요?"
    - 대답: 기분이 좋습니다. 설레입니다. 기대가 됩니다.
  - "(보조 치료자 1의 이름)이/가 (보조 치료자 2의 이름)에 대해서 어떻게 생각했을 것 같나요?"
    - 대답: 좋은 사람입니다. 귀엽습니다. 친해지고 싶습니다.
  - "(보조 치료자 1의 이름)이/가 (보조 치료자 2의 이름)와/과 다시 이야기를 나누고 싶어 할 것 같나요?"
    - 대답: 예. 아마 그럴 것 같습니다.
- 보조 치료자 1에게 같은 **조망 수용 질문**을 한다.
  - "어떤 기분이 들었나요?"
  - "(보조 치료자 2의 이름)에 대해서 어떻게 생각했나요?"
  - "(보조 치료자 2의 이름)와/과 이야기를 다시 나누고 싶나요?"

행동 연습 : 눈으로 관심 표현하기

- 설명: "지금부터 여러분은 보조 치료자 한 명과 눈으로 관심 표현하기를 연습할 것입니다."
- 각각의 성인이 **눈으로 관심을 표현**함으로써 상대에게 내가 관심이 있다는 것 알리기 방법을 보조 치료자 중 한 명과 연습하게 한다.
  - 성인들이 함께 연습할 수 있도록 최소한 한 명의 남성 보조 치료자와 여성 보조 치료자가 있어야 한다.
  - 보조 치료자가 한 명뿐이라면 집단 치료자가 모자라는 같은 성별의 보조 치료자를 대신 할 수 있다.
  - 치료자: "(여성 보조 치료자의 이름)와/과 (남성 보조 치료자의 이름) 중 누구와 연습하는 것이 더 편할 것 같나요?"
- 각각의 성인이 한 명의 보조 치료자와 함께 아래에 제시된 단계를 따르면서 눈으로 관심을 표현하는 방법을 연습하게 한다. 다른 집단 구성원들은 이를 지켜본다.
  1. **눈맞춤을 한다.**
  2. **살짝 미소 짓는다.**
  3. **다른 곳을 본다.**
  4. **상대방의 반응에 따라 반복한다.**
- 필요하다면 상황에 맞게 **사회성 코칭**을 제공하고 일어날 수 있는 문제의 **해결책**을 논의한다.
- 각각의 성인이 연습을 끝낼 때마다 박수를 쳐준다.
- 설명: "상대에게 내가 관심이 있다는 것을 알리는 방법 중에 하나는 눈으로 관심을 표현하는 것입니다. 하지만 눈으로 관심을 표현할 때 좋은 방법과 나쁜 방법이 있음을 기억해야 합니다. 상대에게 내가 관심이 있다는 것을 알리는 다른 방법들도 있습니다."

- 누군가를 사귀고 있는지 물어본다.
  - 설명: "상대에게 내가 관심이 있다는 것을 알리는 또 다른 방법은 누군가를 사귀고 있는지 물어보는 것입니다. 누군가를 사귀고 있는지 물어볼 때도 좋은 방법과 나쁜 방법이 있습니다."

부적절한 역할극: 누군가를 사귀고 있는지 물어보기 ▶

[보조 치료자 2명이 **누군가를 사귀고 있는지 물어보기**의 부적절한 역할극을 보여준다. 보조 치료자가 한 명뿐

이라면 집단 치료자가 다른 보조 치료자의 역할을 대신할 수 있다.]

- 치료자: "지금부터 역할극을 보여줄 것입니다. 잘 보고 누군가를 사귀고 있는지 물어보면서 (보조 치료자 2 의 이름)이/가 무엇을 잘못했는지 이야기해주세요."

> 부적절한 역할극의 예
>
> ○ 보조 치료자 1: (스마트폰을 본다.)
> ○ 보조 치료자 2: (갑자기 다가오며) "남자친구/여자친구 있어요?"
> ○ 보조 치료자 1: (놀라고 당황하며) "죄송합니다. 뭐라고요?"
> ○ 보조 치료자 2: (지나치게 열성적으로) "지금 누구 사귀고 있냐고요?"
> ○ 보조 치료자 1: (불편해하고 어색해하며) "어…… 글쎄요…… 왜요?"
> ○ 보조 치료자 2: (끈질기게) "그냥 궁금했어요. 사귀는 사람 있어요?"
> ○ 보조 치료자 1: (불편해하고 어색해하며) "네. 남자친구/여자친구가 있어요." (다른 곳을 본다.)

- 치료자: "자, 여기까지입니다. (보조 치료자 2의 이름)이/가 현재 연애를 하고 있는지 물어볼 때 무엇을 잘 못했지요?"
  - ○ 대답: 너무 갑작스럽게 다가가서 물어봤습니다. 사귀는 사람이 있는지 물어보기 위한 이전 단계들이 없습니 다. 상황에 맞지 않게 물어봤습니다. 상대가 불편해하는데도 계속 물어봤습니다.
- 다음과 같은 **조망 수용 질문**을 한다.
  - ○ "(보조 치료자 1의 이름)이/가 어떤 기분이었을 것 같나요?"
    - 대답: 불편합니다. 무섭습니다. 섬뜩합니다.
  - ○ "(보조 치료자 1의 이름)이/가 (보조 치료자 2의 이름)에 대해서 어떻게 생각했을 것 같나요?"
    - 대답: 무섭습니다. 스토커 같습니다. 너무 절박해 보입니다. 이상합니다.
  - ○ "(보조 치료자 1의 이름)이/가 (보조 치료자 2의 이름)와/과 다시 이야기를 나누고 싶어 할 것 같나요?"
    - 대답: 아니요. 절대로 이야기를 나누고 싶어 하지 않을 것 같습니다.
- 보조 치료자 1에게 같은 **조망 수용 질문**을 한다.
  - ○ "어떤 기분이 들었나요?"
  - ○ "(보조 치료자 2의 이름)에 대해서 어떻게 생각했나요?"
  - ○ "(보조 치료자 2의 이름)와/과 이야기를 다시 나누고 싶나요?"

상대에게 현재 연애를 하고 있는지 물어보기 위한 단계

1. **정보를 교환하고 공통의 관심사를 찾는다.**
   - 치료자: "내가 좋아하는 사람에게 누군가를 사귀고 있는지 물어보기 위한 첫 단계는 서로 정보를 교환하 는 것입니다. 정보를 교환하면서 알고자 하는 것은 무엇인가요?"
     - ○ 대답: **공통의 관심사**입니다.

2. **공통의 관심사와 관련된 사회적 활동들에 대해서 물어본다.**
   - 치료자: "다음 단계는 공통의 관심사와 관련된 사회적 활동들에 대해서 물어보는 것입니다. 사회적 활동

에 대해서 물어보는 것이 좋은 이유는 무엇인가요?"

○ 대답: 상대가 누구와 어울리는지에 대한 단서를 확인할 수 있으며, 다음 단계로 데이트에 대해 물어볼 수 있는 상황을 만들어 줍니다. 데이트 역시 다른 사람과의 관계를 바탕으로 이루어지는 사회적 활동이기 때문입니다.

3. 대화를 나누면서 자연스럽게 데이트에 관한 주제를 꺼낸다.

● 치료자: "내가 좋아하는 사람에게 현재 만나는 사람이 있는지 물어보기 위한 다음 단계는 대화를 나누면서 자연스럽게 데이트에 관한 주제를 꺼내는 것입니다. 데이트와 관련된 질문을 하면 좋은 이유는 무엇인가요?"

○ 대답: 상대방이 현재 만나는 사람이 있다면 이에 대해 언급할 기회를 줄 수 있습니다. 상대에게 현재 만나는 사람이 있는지를 물어볼 수 있는 기회가 됩니다.

● 질문: "상대의 대답을 통해 그가 당신에게 연애 상대로서의 호감을 가지고 있는지 어떻게 알 수 있나요?"

○ **좋은 신호**: 현재 만나고 있는 사람이 없다고 말하면서 당신에게 미소를 지으며 관심을 표현합니다.

○ **나쁜 신호**: 당신이 위와 같은 질문을 하고 나서 현재 만나는 사람이 있다고 하거나 불편해 보입니다.

● 질문: "당신이 질문했을 때 상대가 현재 만나고 있는 사람이 있다고 말하거나 불편해 보인다면 상대에게 관심을 표현하고 내가 그를 좋아한다고 알려주어도 되나요?"

○ 대답: 상대가 당신에게 연애 상대로서 관심이 없거나 다른 사람을 만나고 있다면, 계속 그 사람과의 관계를 추구하는 것은 좋지 않습니다.

4. 데이트에 관한 주제를 왜 꺼냈는지 상대방이 물어본다면 그 이유를 알려준다.

● 치료자: "내가 좋아하는 사람에게 현재 만나는 사람이 있는지 물어보기 위한 다음 단계는, 데이트에 관한 주제를 왜 꺼냈는지 상대방이 물어본다면 그 이유를 알려주는 것입니다."

○ 예시: (남자친구/여자친구가 있다고 할 경우) "아…… 남자친구/여자친구 없으면 누구 소개시켜 주려고 했지."

○ 예시: (남자친구/여자친구가 없다고 할 경우) "내 친구들은 남자친구/여자친구랑 자주 자전거를 타러 가서 물어봤어."

● 질문: "데이트에 관한 주제를 왜 꺼냈는지 상대방이 물어보지 않았음에도 불구하고 그 이유를 알려준다면 무엇이 문제가 될 수 있을까요?"

○ 대답: 어색할 수 있습니다. 데이트에 관한 주제를 꺼낸 다음에 대화의 주제를 다시 공통의 관심사로 바꾸는 것이 더 자연스럽습니다.

5. 대화의 주제를 다시 공통의 관심사로 바꾼다.

● 설명: "내가 좋아하는 사람에게 현재 만나는 사람이 있는지 물어보기 위한 마지막 단계는 대화의 주제를 다시 공통의 관심사로 바꾸는 것입니다. 대화의 주제를 데이트에서 다시 공통의 관심사로 바꾸면 좋은 이유는 무엇인가요?"

○ 대답: 서로에게 덜 어색한 상황을 만들 수 있습니다. 당신이 현재 만나고 있는 사람이 있는지 상대가 궁금해한다면 당신에게 물어볼 수 있습니다.

적절한 역할극: 누군가를 사귀고 있는지 물어보기 ▶

[보조 치료자 2명이 **누군가를 사귀고 있는지 물어보기**의 적절한 역할극을 한다. 보조 치료자가 한 명뿐이라면 집단 치료자가 다른 보조 치료자의 역할을 대신할 수 있다.]

● 치료자: "이제 또 다른 역할극을 보여줄 것입니다. 잘 보고 (보조 치료자 2의 이름)이/가 누군가를 사귀고 있는지 물어보면서 무엇을 잘했는지 이야기해주세요."

적절한 역할극 예

○ 보조 치료자 2: "안녕, (이름)아/야. 요즘 어떻게 지내?"

○ 보조 치료자 1: "잘 지내. 넌?"

○ 보조 치료자 2: "나도 잘 지내. 방학 동안 뭐 했어?"

○ 보조 치료자 1: "나 지난주에 자전거 타러 갔었어."

○ 보조 치료자 2: "오! 재미있었겠다. 나도 자전거 타는 거 좋아하는데."

○ 보조 치료자 1: "나도. 진짜 재미있었어!"

○ 보조 치료자 2: (아무렇지 않게, 친절하게) "정말 그랬겠다! 자전거 타러 자주 가?"

○ 보조 치료자 1: (친절하게) "갈 수 있을 때마다 가려고 해."

○ 보조 치료자 2: (아무렇지 않게) "저번 주에는 누구랑 자전거 타러 갔어? 남자친구/여자친구랑 갔어?"

○ 보조 치료자 1: (미소 지으며 아무렇지 않게) "아니, 친구들이랑 갔어. 왜?"

○ 보조 치료자 2: (아무렇지 않게) "아, 내 친구들은 사귀는 사람이랑 가더라고."

○ 보조 치료자 1: (미소 지으며, 관심을 표현하며) "나는 친구들이랑만 가. 난 남자친구/여자친구가 없어."

○ 보조 치료자 2: (친절하게, 관심을 표현하며) "친구들이랑 자전거 타면 재미있겠다. 너는 자전거 잘 타?"

● 치료자: "자, 여기까지입니다. (보조 치료자 2의 이름)이/가 누군가를 사귀고 있는지 물어보면서 무엇을 잘했지요?"

○ 대답: **정보를 교환하고 공통의 관심사를 찾았습니다. 공통의 관심사와 관련된 사회적 활동들에 대해서 물어봤습니다. 대화를 나누면서 자연스럽게 데이트에 관한 주제를 꺼냈습니다. 데이트에 관한 주제를 왜 꺼냈는지 상대방이 물어보자 그 이유를 알려줬습니다. 대화의 주제를 다시 공통의 관심사로 바꿨습니다.**

● 다음과 같은 **조망 수용 질문**을 한다.

○ "(보조 치료자 1의 이름)이/가 어떤 기분이었을 것 같나요?"

■ 대답: 편안합니다. 좋습니다. 호기심이 생깁니다.

○ "(보조 치료자 1의 이름)이/가 (보조 치료자 2의 이름)에 대해서 어떻게 생각했을 것 같나요?"

■ 대답: 좋습니다. 나에게 관심이 있어 보입니다. 귀엽습니다.

○ (보조 치료자 1의 이름)이/가 (보조 치료자 2의 이름)와/과 다시 이야기를 나누고 싶어 할 것 같나요?

■ 대답: 예.

● 보조 치료자 1에게 같은 **조망 수용 질문**을 한다.

○ 어떤 기분이 들었나요?

○ (보조 치료자 2의 이름)에 대해서 어떻게 생각했나요?

○ (보조 치료자 2의 이름)와/과 이야기를 나누고 싶나요?

행동 연습: 누군가를 사귀고 있는지 물어보기

● 치료자: "지금부터 여러분이 보조 치료자 한 명과 누군가를 사귀고 있는지 물어보는 것을 연습할 것입니다."

● 각각의 성인이 **누군가를 사귀고 있는지 물어봄으로써** 상대에게 내가 관심이 있다는 것 알리기 방법을 보조 치료자 중 한 명과 연습하게 한다.

　○ 성인들이 함께 연습할 수 있도록 최소한 한 명의 남성 보조 치료자와 여성 보조 치료자가 있어야 한다.

　○ 보조 치료자가 한 명뿐이라면 집단 치료자가 모자라는 같은 성별의 보조 치료자를 대신 할 수 있다.

　○ 치료자: "(여성 보조 치료자의 이름)와/과 (남성 보조 치료자의 이름) 중 누구와 연습하는 것이 더 편할 것 같나요?"

● 성인들에게 그들이 무엇을 좋아하는지 물어본 다음, 보조 치료자들이 그들과 **공통의 관심사**를 공유하고 있다고 상상하면서, 그 관심사를 주제로 삼아 내가 관심이 있는 사람에게 현재 **누군가를 사귀고 있는지 물어보기**를 연습하게 한다.

● 각각의 성인이 한 명의 보조 치료자와 함께 아래에 제시된 단계를 따르면서 상대방에게 현재 누군가를 사귀고 있는지 물어보기 방법을 연습하게 한다. 다른 집단 구성원들은 이를 지켜본다.

　1. **정보를 교환하고 공통의 관심사를 찾는다.**

　2. **공통의 관심사와 관련된 사회적 활동에 대해서 물어본다.**

　3. **대화를 하다가 자연스럽게 데이트에 관한 주제를 꺼낸다.**

　4. **데이트에 관한 주제를 왜 꺼냈는지 상대방이 물어본다면 그 이유를 알려준다.**

　5. **대화의 주제를 다시 공통의 관심사로 바꾼다.**

● 성인들이 단계를 따라 수행하는 동안에 칠판을 보도록 격려한다.

　○ 성인들이 연습하는 동안 특정 단계를 짚어 주어야 할 수도 있다.

　○ 성인들이 행동 연습을 하는 동안에는 중간에 멈추지 않도록 한다.

● 필요하다면 상황에 맞게 **사회성 코칭**을 제공하고 일어날 수 있는 문제의 **해결책**을 논의한다.

● 각각의 성인이 연습을 끝낼 때마다 박수를 쳐준다.

● 설명: "상대에게 내가 관심이 있다는 것을 알리는 방법 중에 하나는 현재 누군가와 사귀고 있는지 물어보는 것입니다. 하지만 여기에도 좋은 방법과 나쁜 방법이 있음을 기억해야 합니다. 상대에게 내가 관심이 있다는 것을 알리는 다른 방법도 있습니다."

● **칭찬을 해준다.**

　○ 설명: "상대에게 내가 관심이 있다는 것을 알리는 또 다른 방법은 상대를 칭찬해주는 것입니다. 칭찬을 해주는 것은 말로 관심을 표현하는 것과 같습니다. 다른 기술들과 마찬가지로 칭찬을 할 때도 좋은 방법과 나쁜 방법이 있습니다."

　○ **상대에 대해서 잘 알지 못할 때는 구체적인 칭찬을 한다.**

　　■ 치료자: "우리가 잘 모르는 사람에게 칭찬을 할 때는 일반적인 칭찬보다는 구체적인 칭찬을 하는 것이 좋습니다. 구체적인 칭찬의 예로는 어떤 것들이 있을까요?"

　　　□ **구체적인 칭찬의 예**

　　　　－"웃는 모습이 예쁘다."

　　　　－"방금 한 농담 정말 웃겨."

　　　　　－"방금 이야기한 것 정말 재미있다."

　　　　　－"우리 대화 정말 잘 통한다."

　　　　　－"(여자에게) 어려 보인다."

　　　□ 부적절한 칭찬의 예

　　　　　－"젊어 보인다."

　　　　　－"너 (특정 연예인 이름)을/를 닮았다."

○ **상대에 대해서 잘 알 때는 구체적이거나 일반적인 칭찬을 한다.**

　■ 치료자: "우리가 실제로 잘 아는 사람한테 칭찬을 할 때는 일반적인 칭찬을 해도 좋고 구체적인 칭찬을 해도 좋습니다. 일반적인 칭찬의 예시로는 어떤 것들이 있을까요?"

　　□ **일반적인 칭찬의 예**

　　　　－"넌 아름다워/예뻐/멋있어."

　　　　－"넌 정말 재미있어."

　　　　－"넌 정말 똑똑해."

　■ 질문: "잘 모르는 사람에게 일반적인 칭찬을 하면 무엇이 문제가 될 수 있을까요?"

　　□ 대답: 진실되어 보이지 않을 수 있습니다. 단지 상대의 기분을 좋게 하려고 아첨하는 것처럼 보일 수 있습니다. 일반적인 칭찬을 하기에는 아직 상대방을 잘 모르기 때문입니다.

○ **신체와 관련된 칭찬은 너무 많이 하지 않는다.**

　■ 치료자: "신체와 관련된 칭찬을 너무 많이 하지 않는 것 또한 중요합니다. 신체와 관련된 칭찬이란 어떤 것인가요?"

　　□ 대답: 상대의 외모에 대한 칭찬을 말합니다.

　■ 질문: "신체와 관련된 칭찬을 많이 하지 않는 것 또한 중요합니다. 신체와 관련된 칭찬을 많이 하면 무엇이 문제가 될 수 있을까요?"

　　□ 대답: 신체와 관련된 칭찬을 많이 하면 오로지 상대의 외모에만 관심이 있는 것처럼 보일 수 있습니다. 상대를 좋아하는 이유가 단지 그의 외모 때문으로 보일 수 있습니다.

○ **신체와 관련된 칭찬을 할 때는 얼굴에 관한 것만 한다.**

　■ 치료자: "신체와 관련된 칭찬을 할 때는 얼굴에 관한 것만 합니다(예: "얼굴이 작다.", "눈이 커서 예쁘다.", "코가 오똑하다."). 얼굴이 아닌 다른 신체 부위와 관련된 칭찬을 하면 무엇이 문제가 될 수 있을까요?"

　　□ 대답: 얼굴이 아닌 다른 신체 부위와 관련된 적절한 칭찬은 매우 적습니다. 오로지 상대의 몸에만 관심이 있는 것처럼 보일 수 있습니다. 상대와 신체 접촉만을 하고 싶어 하는 것처럼 보일 수 있습니다. 당신이 약간 이상해 보일 수도 있습니다. 상대가 불편해할 수 있습니다.

　■ 질문: "그러나 예외가 있습니다. 신체와 관련된 칭찬을 할 때 얼굴 관한 것이 아니더라도 할 수 있는 칭찬이 몇 가지 있습니다. 남자에게 할 수 있는 신체와 관련된 칭찬에는 어떤 것들이 있을까요?"

　　□ 대답: 키, 어깨, 목소리

　■ 질문: "여자에게 신체와 관련된 칭찬을 할 때 얼굴에 관한 것이 아니더라도 할 수 있는 칭찬에는 어떤 것들이 있나요?"

　　□ 대답: 네일아트, 액세서리 등 그 사람이 꾸미고 있는 것, 손

부적절한 역할극: 칭찬하기 ▶

[보조 치료자 2명이 **일반적인 칭찬하기**의 부적절한 역할극을 보여준다. 보조 치료자가 한 명뿐이라면 집단 치료자가 다른 보조 치료자의 역할을 대신할 수 있다.]

● 치료자: "이제 역할극을 보여줄 것입니다. 잘 보고 (보조 치료자 2의 이름)이/가 칭찬을 하면서 무엇을 잘못했는지 이야기해주세요."

부적절한 역할극의 예

○ 보조 치료자 2: "안녕, (이름)아/야. 요즘 어떻게 지내?"
○ 보조 치료자 1: "잘 지내. 넌?"
○ 보조 치료자 2: "나도 잘 지내. 방학 동안 뭐 했어?"
○ 보조 치료자 1: "친구들이랑 같이 자전거 타러 갔었어."
○ 보조 치료자 2: "멋있다. 자전거 타러 자주 가?"
○ 보조 치료자 1: "갈 수 있을 때마다 가려고 해."
○ 보조 치료자 2: (지나치게 열정적으로) "대단하다. 너 국가대표 선수 해도 되겠다!"
○ 보조 치료자 1: (불편해하며, 어색하게) "그건 잘 모르겠어."

● 치료자: "자, 여기까지입니다. (보조 치료자 2의 이름)이/가 칭찬을 하면서 무엇을 잘못했지요?"
  ○ 대답: 일반적인 칭찬을 했습니다. 일반적인 칭찬을 하기에 아직 서로에 대해서 잘 알지 못합니다. 진실성이 부족해 보입니다. 칭찬을 하려고 너무 애쓰는 것처럼 보였습니다.
● 다음과 같은 **조망 수용 질문**을 한다.
  ○ "(보조 치료자 1의 이름)이/가 어떤 기분이었을 것 같나요?"
    ■ 대답: 불편합니다. 어색합니다.
  ○ "(보조 치료자 1의 이름)이/가 (보조 치료자 2의 이름)에 대해서 어떻게 생각했을 것 같나요?"
    ■ 대답: 지나치게 열성적입니다. 칭찬하려고 너무 애를 씁니다. 너무 절박합니다.
  ○ "(보조 치료자 1의 이름)이/가 (보조 치료자 2의 이름)와/과 다시 이야기를 나누고 싶어 할 것 같나요?"
    ■ 대답: 아마도 아닐 것 같습니다.
● 보조 치료자 1에게 같은 **조망 수용 질문**을 한다.
  ○ "어떤 기분이 들었나요?"
  ○ "(보조 치료자 2)에 대해서 어떻게 생각했나요?"
  ○ "(보조 치료자 2)와/과 다시 이야기를 나누고 싶나요?"

적절한 역할극 : 칭찬하기 ▶

[보조 치료자 2명이 **구체적인 칭찬하기**의 적절한 역할극을 보여준다. 보조 치료자가 한 명뿐이라면 집단 치료자가 다른 보조 치료자의 역할을 대신할 수 있다.]

● 치료자: "이제 또 다른 역할극을 보여줄 것입니다. 잘 보고 (보조 치료자 2의 이름)이/가 칭찬을 하면서 무엇을 잘했는지 이야기해주세요."

적절한 역할극의 예

○ 보조 치료자 2: "안녕, (이름)아/야. 요즘 어떻게 지내?"

○ 보조 치료자 1: "난 잘 지내. 너는 어떻게 지내?"

○ 보조 치료자 2: "나도 잘 지내. 방학 동안 뭐 했어?"

○ 보조 치료자 1: "친구들이랑 같이 자전거 타러 갔었어."

○ 보조 치료자 2: "멋있다. 자전거 타러 자주 가?"

○ 보조 치료자 1: "갈 수 있을 때마다 가려고 해."

○ 보조 치료자 2: (자연스럽게, 관심을 보이며, 미소를 지으며) "그러면 자전거 잘 타겠다."

○ 보조 치료자 1: (미소를 지으며, 자랑스럽게) "그냥 조금 잘하는 정도야."

- 치료자: "자, 여기까지입니다. (보조 치료자 2의 이름)이/가 칭찬을 하면서 무엇을 잘했지요?"
  - 대답: 구체적인 칭찬을 했습니다. 너무 과하지 않았습니다. 칭찬을 하려고 너무 애쓰지 않았습니다.
- 다음과 같은 **조망 수용 질문**을 한다.
  - "(보조 치료자 1의 이름)이/가 어떤 기분이었을 것 같나요?"
    - 대답: 좋습니다. 설레입니다.
  - "(보조 치료자 1의 이름)이/가 (보조 치료자 2의 이름)에 대해서 어떻게 생각했을 것 같나요?"
    - 대답: 좋습니다. 친절합니다. 나에게 관심이 있어 보입니다.
  - "(보조 치료자 1의 이름)이/가 (보조 치료자 2의 이름)와/과 다시 이야기를 나누고 싶어 할 것 같나요?"
    - 대답: 예.
- 보조 치료자 1에게 같은 **조망 수용 질문**을 한다.
  - "어떤 기분이 들었나요?"
  - "(보조 치료자 2의 이름)에 대해서 어떻게 생각했나요?"
  - "(보조 치료자 2의 이름)와/과 다시 이야기를 나누고 싶나요?"

행동 연습: 구체적인 칭찬하기

- 설명: "지금부터 여러분이 보조 치료자 한 명과 구체적인 칭찬하기를 연습할 것입니다."
- 각각의 성인이 **구체적인 칭찬을 함으로써 상대에게 내가 관심이 있다는 것 알리기** 방법을 보조 치료자 중 한 명과 연습하게 한다. 다른 집단 구성원들은 이를 지켜본다.
  - 성인들이 함께 연습할 수 있도록 최소한 한 명의 남성 보조 치료자와 여성 보조 치료자가 있어야 한다.
  - 보조 치료자가 한 명뿐이라면 집단 치료자가 모자라는 같은 성별의 보조 치료자를 대신 할 수 있다.
  - 치료자: "(여성 보조 치료자의 이름)와/과 (남성 보조 치료자의 이름) 중 누구와 연습하는 것이 더 편할 것 같나요?"
- 필요하다면 상황에 맞게 **사회성 코칭**을 제공하고 일어날 수 있는 문제의 **해결책**을 논의한다.
- 각각의 성인이 연습을 끝낼 때마다 박수를 쳐준다.
- 설명: "다른 사람에게 내가 그를 좋아한다고 알리는 방법 중에 하나는 칭찬을 해주는 것입니다. 그러나 여기에도 좋은 방법과 나쁜 방법이 있다는 것을 기억해야 합니다. 상대에게 내가 관심이 있다는 것을 알리는 다른 방법들도 있습니다."

- **상대에게 관심을 보여준다.**
  - 설명: "좋아하는 사람에게 당신이 그를 좋아한다고 알리는 다른 방법은 상대에게 관심을 보여주는 것입니다. 상대에게 관심이 있다는 것을 어떻게 보여줄 수 있을까요?"
  - **정보를 교환한다.**
    - 설명: "상대에게 관심이 있다는 것을 보여주는 제일 좋은 방법은 상대와 대화를 나누고 정보를 교환하는 것입니다. 대화를 시작하고 이어 나가며, 여러 사람이 하는 대화에 들어가기 위해 배웠던 모든 방법이 데이트할 때 적용된다는 것입니다."
    - 질문: "정보를 교환하는 목적은 무엇인가요?"
      - 대답: **공통의 관심사를 찾는 것입니다.**
  - **공통의 관심사를 찾는다.**
    - 설명: "친구와의 우정과 마찬가지로 흔히 데이트 상대와의 연애관계 또한 서로에게 느껴지는 관심과 끌림뿐 아니라 공통의 관심사를 바탕으로 이루어집니다."
    - 질문: "공통의 관심사를 찾는 것이 중요한 이유는 무엇일까요?"
      - 대답: 공통의 관심사를 통해 상대와 함께 이야기하고 같이할 수 있는 무엇인가가 생기기 때문입니다.
    - 질문: "당신과 공통점이 매우 적은 사람과 데이트를 할 수 있을까요?"
      - 대답: 할 수 있지만 조금 지루할 수도 있습니다.
- **상대가 던진 농담에 웃어준다.**
  - 치료자: "상대에게 호감을 표현하는 다른 방법 중 하나는 그가 던진 농담에 웃어주는 것입니다. 상대의 농담이 재미없다고 생각해도 웃어야 할까요?"
    - 대답: 예.
  - 질문: "친절함을 드러내기 위해 재미가 없어도 웃어주는 것을 무엇이라고 하나요?"
    - 대답: **예의상 웃어주기**
  - 질문: "상대에게 호감을 표현하고 내가 그를 좋아한다고 알릴 때 예의상 웃어주는 것이 중요한 이유는 무엇일까요?"
    - 대답: 상대가 나를 편하게 생각하게 해주기 때문입니다. 당신을 친절하고, 친해지기 쉽다고 생각할 수 있습니다. 상대의 농담에 웃지 않으면, 당신과 함께 있는 것을 불편하게 느끼거나 어색하다고 생각할 수 있습니다.

행동 연습

함께 어울리기

필요한 자료

- 실내 게임(예: 비디오 게임, 카드 게임, 보드 게임)
  - 비디오 게임을 선택권으로 제공하고자 한다면 모든 집단원이 동시에 가지고 놀 수 있도록 여러 개의 게임용 콘솔을 준비한다.
  - 휴대용의 조그마한 게임용 장치를 사용하면 순서를 기다리는 사람들은 지루해할 수 있기 때문에 이것은 사용하지 않는다.
  - 다른 게임들을 가지고 있지 않다면 카드 몇 팩을 가지고 오는 것만으로도 충분하다.
- 선택사항: 유튜브 동영상을 볼 수 있는 아이패드나 휴대용 컴퓨터, 인터넷 서핑, 컴퓨터 게임
  - 아이패드나 휴대용 컴퓨터를 선택권에 포함하고자 한다면 모든 집단원이 동시에 가지고 놀 수 있도록 여러 개를 준비한다.
- [주: PEERS® 프로그램을 진행하는 곳에서 게임기, 아이패드, 휴대용 컴퓨터와 같이 값비싼 물품을 구비하기는 대체로 어렵다. **활동에 바탕을 둔 함께 어울리기**를 진행하기 위해서는 몇 가지 카드 게임을 준비하는 정도면 충분하다.]

행동 연습

- 성인들에게 **함께 어울리기 시작하고 마무리하기**를 연습한다고 알린다.
- 성인들을 작은 집단으로 나눈다(3명 미만으로는 하지 않는다).
- 각각의 성인이 단계를 따르면서 **함께 어울리기 시작하기**를 연습하게 한다.
  - '초대자'와 '손님' 역할을 정해준다.
    - 초대자 역할 1명
    - '도착하는 손님' 역할 1명
    - 다른 집단원들은 '도착해 있는 손님' 역할을 한다.
  - 초대자 역할을 맡은 집단원이 **함께 어울리기 시작하기** 단계를 말로 이야기하는 것부터 시작한다(처음에는 칠판을 봐야 할 수도 있다.)
  - 성인이 **함께 어울리기 시작하기**의 구체적인 단계를 이야기할 수 있도록 다음과 같은 **사회성 코칭 질문** 중 몇 개를 사용하여 소크라테스식 질문을 제공해야 할 수도 있다.
    - "손님이 당신의 집 벨을 누르면 무엇을 해야 할까요?"
    - "손님이 문 앞에 서 있다면 무엇을 해야 할까요?"
    - "도착한 손님이 이미 도착해 있는 다른 손님들을 모른다면 어떻게 해야 할까요?"
    - "손님이 당신 집에 처음 방문하는 것이라면 무엇을 해야 할까요?"
    - "손님에게 무엇인가를 대접해야 할까요?"
    - "무엇을 할지 어떻게 정해야 할까요?"
  - 도착하는 손님은 밖에 서서 문을 두드린다.

○ 도착해 있는 손님(들)은 근처에 자리 잡아 앉아 있도록 한다.

○ 초대자가 **함께 어울리기 시작하기**를 위한 단계를 따르게 한다.

○ 단계를 따르는 것을 어려워한다면 다음의 **사회성 코칭 질문** 중 몇 개를 사용하여 소크라테스식 질문을 제공해야 할 수도 있다.

- "친구가 당신의 집 벨을 누르면 무엇을 해야 할까요?"

- "친구가 집 안으로 들어와야 할까요?"

- "모든 친구가 서로 알고 있는 사이인가요?"

- "친구가 당신의 집을 방문한 적이 있나요?"

- "친구들에게 무엇인가를 대접해야 할까요?"

- "당신과 친구들이 무엇을 할지 어떻게 정해야 할까요?"

○ 성인이 연습을 끝내면 "여기까지입니다."라고 말하고 다른 성인들이 박수를 쳐주도록 한다.

○ 각각의 성인이 **함께 어울리기 시작하기**에서 초대자, 도착한 손님, 도착해 있는 손님 역할을 연습할 수 있게 한다.

● 성인들이 **함께 어울리기**를 하는 동안 정보 교환을 하고, **공통의 관심사 찾기**, 치료팀에서 제공한 게임 및 아이템(예: 비디오 게임, 카드 게임, 보드 게임, 아이패드, 휴대용 컴퓨터)을 가지고 놀면서 어떻게 행동해야 하는지에 관한 규칙을 연습한다.

● 각각의 성인이 단계를 따르면서 **함께 어울리기 마무리하기**를 연습하게 한다.

○ 초대자와 손님 역할을 정해준다.

- 초대자 역할 1명

- 다른 집단원들은 손님 역할을 맡는다.

○ 초대자 역할을 맡은 집단원이 **함께 어울리기 마무리하기** 단계를 말로 이야기하는 것부터 시작한다.

○ 성인이 **함께 어울리기 마무리하기**의 구체적인 단계를 이야기할 수 있도록 다음과 같은 **사회성 코칭 질문** 중 몇 개를 사용하여 소크라테스식 질문을 제공해야 할 수도 있다.

- "함께 어울리기를 마무리하기 위해 친구들이 하던 것을 중단시켜야 할까요?"

- "친구들에게 무작정 가라고 해도 될까요?"

- 친구들이 혼자서 나가는 곳을 찾아가게 해도 될까요?

- "친구들에게 고맙다는 인사를 해야 할까요?"

- "좋은 시간을 보냈다면 무엇이라고 말해야 할까요?"

- "다음에 또 만나고 싶다면 무엇이라고 말해야 할까요?"

- "친구들이 떠날 때 가장 마지막에 무엇이라고 말해야 할까요?"

○ 초대자가 **일어나서 문까지 배웅하기** 연습을 시작하기 전에 초대자와 손님들은 앉아 있는다.

○ 초대자가 **함께 어울리기 마무리하기** 단계를 따르게 한다.

○ 단계를 따르는 것을 어려워한다면 다음의 **사회성 코칭 질문** 중 몇 개를 사용하여 소크라테스식 질문을 제공해야 할 수도 있다.

- "친구들에게 무작정 가라고 해야 할까요, 아니면 마무리해야 할 이유를 말해야 할까요?"

- "친구들이 혼자서 나가는 곳을 찾아가게 해도 될까요?"

- "친구들에게 고맙다는 인사를 해야 할까요?"

- ■ "좋은 시간을 보냈다면 무엇이라고 말해야 할까요?"

- ■ "다음에 또 만나고 싶다면 무엇이라고 말해야 할까요?"

- ■ "친구들이 떠날 때 가장 마지막에 무엇이라고 말해야 할까요?"

○ 손님들은 실제로 자리를 떠나고 역할극이 끝났을 때 다시 들어온다.

○ 성인이 연습을 끝내면 "여기까지입니다."라고 말하고 다른 성인들이 박수를 쳐주도록 한다.

○ 각각의 성인이 **함께 어울리기 마무리하기**에서 초대자와 손님 역할을 연습할 수 있게 한다.

다시 만나기

- 성인들에게 사회성 코치와 다시 만날 것이라고 안내한다.
  - ○ 성인들은 각자의 사회성 코치 곁에 서 있거나 앉아 있다.
  - ○ 다시 만나는 시간이 시작되기 전에, 조용히 하고 집단에 완전히 집중하게 한다.
  - ○ 사회성 코치들이 옆에서 듣고 있을 동안에 성인들이 이번 회기에서 배웠던 내용을 이야기하게 한다.
- 치료자: "오늘 우리는 데이트 예절과 상대에게 내가 관심이 있다는 것을 알리는 방법들에 대해서 배웠습니다. 상대에게 내가 관심이 있다는 것을 알리는 방법에는 어떤 것들이 있나요?"
  - ○ 공통의 친구와 이야기한다.
    - ▪ 친구에게 그 사람한테 관심이 있다고 말한다.
    - ▪ 친구에게 그 사람이 현재 연애를 하고 있는지 물어본다.
    - ▪ 친구에게 그 사람이 나와 만나볼 의향이 있는지를 물어본다.
  - ○ 눈으로 관심을 표현한다.
    1. 눈맞춤을 한다.
    2. 살짝 미소 짓는다.
    3. 다른 곳을 본다.
    4. 상대방의 반응에 따라 반복한다.
  - ○ 누군가를 사귀고 있는지 물어본다.
    1. 정보를 교환하고 공통의 관심사를 찾는다.
    2. 공통의 관심사와 관련된 사회적 활동에 대해서 물어본다.
    3. 대화를 나누면서 자연스럽게 데이트에 관한 주제를 꺼낸다.
    4. 데이트에 관한 주제를 왜 꺼냈는지 상대방이 물어본다면 그 이유를 알려준다.
    5. 대화의 주제를 다시 공통의 관심사로 바꾼다.
  - ○ 칭찬을 해준다.
    - ▪ 상대에 대해서 잘 알지 못할 때는 구체적인 칭찬을 한다.
    - ▪ 상대에 대해서 잘 알 때는 구체적이거나 일반적인 칭찬을 한다.
    - ▪ 신체와 관련된 칭찬은 너무 많이 하지 않는다.
    - ▪ 신체와 관련된 칭찬을 할 때는 얼굴에 관한 것만 한다.
  - ○ 상대에게 관심을 보여준다.
    - ▪ 정보를 교환한다.
    - ▪ 공통의 관심사를 찾는다.
  - ○ 상대가 던진 농담에 웃어준다.
- 치료자: "데이트를 하는 것은 본인의 선택임을 기억해야 합니다. 우리는 모든 사람과 데이트를 할 수 없으며 모든 사람이 우리와 데이트를 할 수 있는 것 또한 아닙니다. 데이트를 할 때는 좋은 선택과 나쁜 선택이 있습니다. 좋은 선택이라고 확인했을 때는 상대에게 내가 관심이 있다는 것을 알려주어야 합니다. 성인들은 관심을 표현하고, 상대에게 내가 관심이 있다는 것을 알리는 방법들을 연습했으며, 아주 훌륭히 수행했

습니다. 다 같이 박수를 쳐줍시다."

과제 안내하기

성인들에게 사회성 코칭 유인물을 나눠주고 다음과 같이 과제를 안내한다.

1. 친구와 **함께 어울리기**를 한다.
   - 사회성 코치들은 성인들이 **다섯 가지 요소**를 사용하여 함께 어울리기를 계획할 수 있도록 도와준다.
     - 누구와 할 것이지
     - 무엇을 할 것인지
     - 언제 함께 어울리기를 할 것인지
     - 어디서 함께 어울리기를 할 것인지
     - 어떻게 함께 어울리기가 이루어질 수 있도록 준비할 것인지
   - 연습 전에 사회성 코치들은 성인들과 **함께 어울리기** 규칙과 단계를 점검한다.
   - 함께 어울리기 연습 이후에 사회성 코치들은 성인들에게 다음과 같은 **사회성 코칭 질문**을 한다.
     - 무엇을 하기로 결정했으며 함께할 활동을 누가 선택했나요?
     - 정보를 교환했나요? 함께 어울리는 시간의 몇 %를 정보를 교환하는 데 사용했나요?
     - 공통의 관심사는 무엇이었나요? 만약 두 사람이 함께 시간을 보내게 된다면 그 정보를 가지고 무엇을 할 수 있나요?
     - 당신과 친구는 좋은 시간을 보냈나요?
     - 다시 만나 시간을 보내기에 적합한 사람인 것 같나요?

2. **상대에게 내가 관심이 있다는 것 알리기**를 연습한다.
   - 성인들이 누군가를 연애 상대로 좋아하고 있다면 **상대에게 내가 관심이 있다는 것 알리기** 전략을 시도하게 한다.
     - 상대에게 연애 상대로서의 호감을 갖기 전까지는 시도하지 않는다.
   - 성인들이 편하게 느낀다면 사회성 코치들과 **상대에게 내가 관심이 있다는 것 알리기**를 연습하도록 한다.
   - 연습 전에 사회성 코치들은 **상대에게 내가 관심이 있다는 것 알리기** 규칙과 단계를 점검한다.
   - 각 연습이 끝나면 사회성 코치들은 성인들에게 다음과 같은 **사회성 코칭 질문**을 한다.
     - 누구와 연습했나요?
     - 상대에게 내가 관심이 있다는 것을 알리기 위해 무엇을 했나요?
     - 상대는 어떻게 반응했나요?
     - 데이트 상대로서 좋은 선택인 것 같나요? 당신과 데이트하기에 적합한 사람인 것 같나요?

3. 사회성 코치가 포함된 **여러 사람이 하는 대화에 들어가고 빠져나오기**를 연습한다.
   - 성인은 사회성 코치와 (성인을 대화에 받아들여줄) 또 다른 사람이 포함된 **여러 사람이 하는 대화에 들어가고 빠져나오기** 연습을 한다.
     - 전혀 받아들여지지 않았을 때 대화에서 빠져나오기를 연습한다.
     - 처음에는 받아들여졌으나 그 이후에 제외되었을 때 대화에서 빠져나오기를 연습한다.
     - 완전히 받아들여졌을 때 대화에서 빠져나오기를 연습한다.

- 연습 전에 사회성 코치들은 **여러 사람이 하는** 대화에 들어가고 **빠져나오기** 규칙과 단계를 점검한다.
- 각 연습이 끝나면 사회성 코치들은 성인들에게 다음과 같은 **사회성 코칭 질문**을 한다.
  - 우리가 당신과 이야기를 하고 싶어 하는 것 같았나요?
  - 그것을 어떻게 알 수 있었나요?

4. 또래들끼리 하고 있는 **여러 사람이 하는** 대화에 들어가기를 연습한다(새로운 **친구를 사귈 수 있는 곳**에서 만난 친구와 해도 된다).
   - 연습 전에 사회성 코치들은 여러 사람이 하는 대화에 들어가고 **빠져나오기** 규칙과 단계를 점검한다.
   - 자연스럽게 빠져나와야 할 필요가 있는 상황이 아니라면 **대화에서 빠져나오기**는 공식적인 과제가 아니다.
   - 연습을 한 이후에 사회성 코치들은 성인들에게 다음과 같은 **사회성 코칭 질문**을 한다.
     - 어디서 누구와의 대화에 들어갔나요?
     - 어떤 단계들을 따랐나요?
     - 그들이 당신과 이야기를 나누고 싶어 하는 것 같았나요? 그것을 어떻게 알 수 있었나요?
     - 대화에서 **빠져나왔어야** 했나요? 어떤 단계들을 따랐나요?

개별적으로 확인하기

각각의 성인 및 사회성 코치들이 각자 개별적으로 다음과 같은 내용들을 협의한다.

1. 돌아오는 주에 **누구와 함께 어울리기**를 할 것인지
   - 친구들에게 **무엇을** 하자고 할 계획인지
   - 친구들에게 **언제** 그리고 **어디서** 만나자고 할 것인지
   - **어떻게** 함께 어울리기가 이루어질 수 있도록 준비할 것인지(예: 티켓 구매를 해야 되는지, 무엇을 타고 이동할 것인지 등)

2. **상대에게 내가 관심이 있다는 것 알리기** 시도를 어떻게 할 것인지 그리고 누구에게 할 것인지

3. 사회성 코치가 포함된 **여러 사람이 하는** 대화에 들어가고 **빠져나오기**를 언제 연습할 것인지
   - 성인이 편하게 연습할 수 있는 또 다른 사람에는 누가 있는지

4. 또래들끼리 하고 있는 **여러 사람이 하는** 대화에 들어가기를 어디서, 언제, 누구와 할 것인지
   - 그 집단이 성인을 받아들여줄 만한 **사회적 집단**인지, 그리고 그것을 어떻게 알 수 있는지

사회성 코칭 유인물

데이트하기에 적합한 사람 선택하기

- 데이트를 하는 것은 본인의 선택이다.
  - ○ 우리는 모든 사람과 데이트를 할 수 없으며, 모든 사람이 우리와 데이트할 수 있는 것 또한 아니다.
  - ○ 데이트를 할 때는 **좋은 선택**과 **나쁜 선택**이 있다.

데이트 상대를 만날 수 있는 곳

표 10.3 성인들이 알려준 데이트 상대를 만날 수 있는 곳

공통의 친구	성인을 위한 각종 취미 관련 학원
가족 구성원의 친구	학교
친목회, 함께 어울리기, 파티	직장
동호회	이웃
스포츠 경기	스포츠 클럽, 사설 체육관, 여가 활동 센터
애견공원, 지역공원	교회, 성당, 절, 기타 종교모임
스포츠 동호회 및 클럽, 기타 여가 활동	각종 어학 및 취업 관련 스터디 그룹
콘서트, 박람회, 기타 지역모임	자원봉사 활동
카페, 술집, 클럽, 서점, 기타 공공장소	인터넷 데이트 웹사이트, 소개팅 앱

상대에게 내가 관심이 있다는 것 알리기

- 공통의 친구와 이야기한다.
  - ○ 친구에게 그 사람한테 관심이 있다고 말한다.
    - ▪ 예시: "너 (이름) 아니? (이름) 괜찮은 것 같아."
    - ▪ 예시: "너 (이름) 아니? (이름) 귀여운 것 같지 않니?"
  - ○ 친구에게 그 사람이 현재 연애를 하고 있는지 물어본다.
    - ▪ 예시: "너 (이름)이/가 현재 연애를 하고 있는지 아니?"
    - ▪ 예시: "너 (이름)이/가 남자친구/여자친구가 있는지 아니?"
  - ○ 친구에게 그 사람이 나와 만나볼 의향이 있는지를 물어본다.
    - ▪ 예시: "너는 (이름)이/가 나랑 만나볼 의향이 있다고 생각하니?"
    - ▪ 예시: "너는 (이름)이/가 나한테 관심이 있다고 생각하니?"
- 눈으로 관심을 표현한다.
  1. 눈맞춤을 한다.
  2. 살짝 미소 짓는다.
  3. 다른 곳을 본다.
  4. 상대방의 반응에 따라 반복한다.
- 누군가를 사귀고 있는지 물어본다.

1. 정보를 교환하고 공통의 관심사를 찾는다.
   - 예시: "지난주에 네가 자전거를 타러 갔다는 것을 들었어. 나도 자전거 타는 것을 좋아해."
2. 공통의 관심사와 관련된 사회적 활동들에 대해서 물어본다.
   - 예시: "자전거 타러 누구와 함께 갔었어?"
3. 대화를 나누면서 자연스럽게 데이트와 관한 주제를 꺼낸다.
   - 예시: "남자친구/여자친구와 자전거 타러 갔어?"
   - **좋은 신호**: 현재 만나고 있는 사람이 없다고 말하면서 당신에게 미소를 지으며 관심을 표현합니다.
   - **나쁜 신호**: 당신이 위와 같은 질문을 하고 나서 현재 만나는 사람이 있다고 하거나 불편해 보입니다.
4. 데이트에 관한 주제를 왜 꺼냈는지 상대방이 물어본다면 그 이유를 알려준다.
   - 예시: (남자친구/여자친구가 있다고 할 경우) "아…… 남자친구/여자친구 없으면 누구 소개시켜 주려고 했지."
   - 예시: (남자친구/여자친구가 없다고 할 경우) "내 친구들은 남자친구/여자친구랑 자주 자전거를 타러 가서 물어봤어."
5. 대화의 주제를 다시 공통의 관심사로 바꾼다.
   - 예시: "그런데 너는 자전거를 잘 타니?"

- 칭찬을 해준다.
  - 상대에 대해 잘 알지 못할 때는 구체적인 칭찬을 한다.
    - **구체적인 칭찬의 예**
      - "웃는 모습이 예쁘다."
      - "방금 한 농담 정말 웃겨."
      - "방금 이야기한 것 정말 재미있다."
      - "우리 대화 정말 잘 통한다."
      - "(여자에게) 어려 보인다."
    - **부적절한 칭찬의 예**
      - "젊어 보인다."
      - "너 (특정 연예인 이름)을/를 닮았다."
  - 상대에 대해서 잘 알 때는 구체적이거나 일반적인 칭찬을 한다.
    - **일반적인 칭찬의 예**
      - "넌 아름다워/예뻐/멋있어."
      - "넌 정말 재미있어."
      - "넌 정말 똑똑해."
  - 신체와 관련된 칭찬은 너무 많이 하지 않는다.
  - 신체와 관련된 칭찬을 할 때는 얼굴에 관한 것만 한다.
- 상대에게 관심을 보여준다.
  - 정보를 교환한다.
  - 공통의 관심사를 찾는다.

- 상대가 던진 농담에 웃어준다.
  - 예의상 웃어준다.

과제 안내하기

1. 친구와 **함께 어울리기**를 한다.
   - 사회성 코치들은 성인들이 **다섯 가지 요소**를 사용하여 함께 어울리기를 계획할 수 있도록 도와준다.
     - **누구와** 할 것인지
     - **무엇을** 할 것인지
     - **언제** 함께 어울리기를 할 것인지
     - **어디서** 함께 어울리기를 할 것인지
     - **어떻게** 함께 어울리기가 이루어질 수 있도록 준비할 것인지
   - 연습 전에 사회성 코치들은 성인들과 **함께 어울리기** 규칙과 단계를 점검한다.
   - **함께 어울리기** 연습 이후에 사회성 코치들은 성인들에게 다음과 같은 **사회성 코칭 질문**을 한다.
     - 무엇을 하기로 결정했으며 함께할 활동을 누가 선택했나요?
     - 정보를 교환했나요? 함께 어울리는 시간의 몇 %를 정보를 교환하는 데 사용했나요?
     - 공통의 관심사는 무엇이었나요? 만약 두 사람이 함께 시간을 보내게 된다면 그 정보를 가지고 무엇을 할 수 있나요?
     - 당신과 친구는 좋은 시간을 보냈나요?
     - 다시 만나 시간을 보내기에 적합한 사람인 것 같나요?

2. **상대에게 내가 관심이 있다는 것 알리기**를 연습한다.
   - 성인들이 누군가를 연애 상대로 좋아하고 있다면 **상대에게 내가 관심이 있다는 것 알리기** 전략을 시도하게 한다.
   - 상대에게 연애 상대로서의 호감을 갖기 전까지는 시도하지 않는다.
   - 성인들이 편하게 느낀다면 사회성 코치들과 **상대에게 내가 관심이 있다는 것 알리기**를 연습하도록 한다.
   - 연습 전에 사회성 코치들은 **상대에게 내가 관심이 있다는 것 알리기** 규칙과 단계를 점검한다.
   - 각 연습이 끝나면 사회성 코치들은 성인들에게 다음과 같은 **사회성 코칭 질문**을 한다.
     - **누구와 연습했나요?**
     - 상대에게 내가 관심이 있다는 것을 알리기 위해 무엇을 했나요?
     - 상대는 어떻게 반응했나요?
     - 데이트 상대로서 좋은 선택인 것 같나요? 당신과 데이트하기에 적합한 사람인 것 같나요?

3. 사회성 코치가 포함된 **여러 사람이 하는 대화에 들어가고 빠져나오기**를 연습한다.
   - 성인은 사회성 코치와 (성인을 대화에 받아들여줄) 또 다른 사람이 포함된 **여러 사람이 하는 대화에 들어가고 빠져나오기** 연습을 한다.
     - **전혀 받아들여지지 않았을 때** 대화에서 빠져나오기를 연습한다.
     - **처음에는 받아들여졌으나 그 이후에 제외되었을 때** 대화에서 빠져나오기를 연습한다.
     - **완전히 받아들여졌을 때** 대화에서 빠져나오기를 연습한다.

- 연습 전에 사회성 코치들은 **여러 사람이 하는 대화에 들어가고 빠져나오기** 규칙과 단계를 점검한다.
- 각 연습이 끝나면 사회성 코치들은 성인들에게 다음과 같은 **사회성 코칭 질문**을 한다.
  - ○ 우리가 당신과 이야기를 하고 싶어 하는 것 같았나요?
  - ○ 그것을 어떻게 알 수 있었나요?

4. 또래들끼리 하고 있는 **여러 사람이 하는 대화에 들어가기**를 연습한다(새로운 친구를 사귈 수 있는 곳에서 만난 친구와 해도 된다).

- 연습 전에 사회성 코치들은 **여러 사람이 하는 대화에 들어가고 빠져나오기** 규칙과 단계를 점검한다.
- 자연스럽게 빠져나와야 할 필요가 있는 상황이 아니라면 **대화에서 빠져나오기**는 공식적인 과제가 아니다.
- 연습을 한 이후에 사회성 코치들은 성인들에게 다음과 같은 **사회성 코칭 질문**을 한다.
  - ○ 어디서 누구와의 대화에 들어갔나요?
  - ○ 어떤 단계들을 따랐나요?
  - ○ 그들이 당신과 이야기를 나누고 싶어 하는 것 같았나요? 그것을 어떻게 알 수 있었나요?
  - ○ 대화에서 빠져나왔어야 했나요?
  - ○ 빠져나왔다면 어떤 단계들을 따랐나요?

주요 용어

공통의 친구	데이트 예절	스토킹 행동
구체적인 칭찬	데이트하기에 적합한 사람	일반적인 칭찬
나쁜 신호	상대에게 내가 관심이 있다는 것	좋은 신호
눈으로 관심 표현하기	알리기	
데이트는 선택		

데이트 신청하기

사회성 코치 치료자 가이드

사회성 코치 회기 준비하기

이번 회기에서는 성인들에게 데이트 상대가 될 가능성이 있는 파트너에게 데이트를 신청하는 방법을 가르치는 것에 초점을 둘 것이다. 이 주제에 대해 사회성 코치들의 역할은 뒤에서 잘 드러나지 않게 이루어질 것이다. 성인들이 다른 사람에게 데이트 신청을 할 때 사회성 코치들이 함께한다는 것은 발달적으로 부적절하기 때문에 사회성 코칭은 주로 데이트 신청하기에 앞서 이를 준비하는 단계에서 이루어지게 된다.

성인들이 데이트 신청하기에 앞서 몇 가지 사항을 완수할 수 있게 사회성 코치들이 도와주도록 한다. 예를 들어 **공통의 친구에게 이야기하는 것, 눈으로 관심을 표현하는 것, 구체적이거나 일반적인 칭찬을 하는 것, 상대에게 누군가를 사귀고 있는지 물어보는 것, 정보를 교환하면서 관심을 보이는 것, 공통의 관심사를 찾는 것, 상대방이 던진 농담에 웃어주는 것** 등은 모두 성인들이 상대에게 관심이 있다는 것을 알리려고 할 때 사용하도록 사회성 코치가 격려할 수 있는 방법들이다. 이에 더하여 사회성 코치들은 성인들이 이러한 사회적 접근 방법을 사용했을 때 돌아오는 반응에 대해 평가하는 것을 충분히 도와줄 수 있다. 특히 성인들이 **상대에게 관심이 있다는 것 알리기**나 **데이트 신청하기**를 시도한 후에 상대방으로부터 얻은 피드백을 평가하는 것을 도와줄 사회성 코치들의 역할이 중요하다. 이러한 요인들을 잘 생각하면서 피드백에 담긴 경고 신호에 주의를 기울인다면, 데이트에서 생기는 부적절한 선택들을 피할 수 있다. 성인들은 이런 경고 신호를 해석하는 데 종종 어려움을 겪기 때문에 사회성 코치들이 이를 모니터하여 적절한 행동을 결정할 수 있게 도와주는 중요한 수문장 역할을 할 수 있다.

이와 더불어 이번 회기에서는 성인들이 관심 있어 하는 상대가 현재 여자친구 혹은 남자친구가 있는지를 확인하는 방법, 그리고 데이트 신청하기에 앞서 **데이트를 하면서 함께할 수 있는 활동 찾아보기** 교육을 할 것이다. 이것을 도와주는 것은 사회성 코치들의 또 다른 핵심 역할이다. 성인들이 **데이트를 하면서 함께할 수 있는 활동 찾아보기**는 일반적으로 **다섯 가지 요소**를 포함한다. 즉, **누구와** 데이트를 할 것인지, **무엇을** 할 것인지, **언제** 만날 것인지, **어디서** 만날 것인지, **어떻게** 데이트가 이루어질 수 있도록 준비할 것인지 등을 고려해야 한다. 사회적 상호작용에 어려움을 겪는 성인들은 흔히 이러한 실용적인 계획을 세울 때 도움을 필요로 한다. 이런 준비 단계를 진행하는 동안 사회성 코치들은 그들이 필요로 하는 많은 것들을 눈에 띄지 않게 뒤에서 도와줄 수 있다.

마지막으로 사회성 코치들의 중요한 역할은 성인들이 데이트 신청을 했을 때 흔히 겪을 수 있는 거절의 경험을 정상적인 것으로 받아들일 수 있도록 돕는 것이다. 비록 성인들이 다음 회기에서 데이트를 할 때 어떻게 행동해야 되는지를 배우기 전까지는 누군가에게 데이트 신청을 하지 않도록 권하지만, 사회성 코치들에게는 이번 회기부터 성인들이 거절당하는 것을 정상적인 경험으로 생각할 수 있도록 돕는 방법을 안내하기 시작할 것이다. 사회성 코치와 성인들은 우정관계에서와 마찬가지로 **데이트를 하는 것은 선택이며, 우리는 모든 사람과 데이트를 하지 않고, 모든 사람이 우리와 데이트하지 않음**을 다시 기억하게 할 것이다. 안타깝지만 모든 사람에게 거절은 연애를 하는 과정에서 마주칠 수밖에 없는 일부분이다. 그러나 성인들이 이 회기들에서 다루는 일반적인 데이트 규칙을 따르고, **나쁜 선택**을 하는 것은 피하는 동시에 **좋은 선택**을 할 수 있도록 돕는다면 반복적으로 거절당하는 경험을 최소화할 수 있을 것이다.

과제 점검

[다음의 과제를 검토하고 발생 가능한 **문제해결**을 의논한다. 성공적으로 과제를 완수한 사람부터 시작한다. 시간이 된다면 (과제를 다 하지 못한 사람들에게) 왜 과제를 완수할 수 없었는지 이유를 질문할 수 있으며, 다음 주에 어떻게 이것을 할 수 있을지에 대한 **문제해결**을 시도해볼 수 있다. 과제를 점검하는 동안에는 반드시 (**볼드체로 표시된**) **우리끼리 단어**를 사용한다. **함께 어울리기**가 이번 회기의 가장 중요한 과제이므로 과제 점검 시간 대부분을 여기에 할애한다.]

1. 친구와 **함께 어울리기**를 한다.
   - 치료자: "이번 주의 주요 과제 중 하나는 성인들이 그들의 친구와 함께 어울리기를 하는 것이었습니다. 이 과제를 완수했거나 완수하고자 노력하신 분이 있나요?"
   - 질문
     ○ "성인이 다섯 가지 요소를 사용하여 함께 어울리기를 계획할 수 있도록 도와줬나요?"
     ○ "함께 어울리기를 하기 전에 어떤 사회성 코칭을 했나요?"
     ○ "성인은 무엇을 누구와 하기로 결정했나요?"
     ○ "함께 어울리기를 어떻게 시작했나요?"
     ○ "함께할 활동들은 누가 선택했나요?"
     ○ "그들은 서로 정보를 교환했나요? 함께 어울리는 시간의 몇 %를 정보를 교환하는 데 사용했나요?
     ○ "함께 어울리기를 어떻게 마무리했나요?"
     ○ "함께 어울리기를 한 이후에 어떤 사회성 코칭을 했나요?"
       ■ 적절한 사회성 코칭 질문
         □ 무엇을 하기로 결정했으며 함께할 활동을 누가 선택했나요?
         □ 정보를 교환했나요? 함께 어울리는 시간의 몇 %를 정보를 교환하는 데 사용했나요?
         □ 공통의 관심사는 무엇이었나요? 만약 두 사람이 함께 시간을 보내게 된다면 그 정보를 가지고 무엇을 할 수 있나요?
         □ 당신과 친구는 좋은 시간을 보냈나요?

- □ 다시 만나 시간을 보내기에 적합한 사람인 것 같나요?
  - ○ "함께 어울리기 상대로서 좋은 선택인 것 같나요? 성인이 다시 만나 시간을 보내기에 적합한 사람인 것 같나요?

표 11.1 집에서 함께 어울리기 시작하기 및 마무리하기를 위한 단계

함께 어울리기 시작하기	함께 어울리기 마무리하기
1. 손님에게 인사를 한다.	1. 활동이 잠시 멈출 때를 기다린다.
2. 손님을 집 안으로 맞이한다.	2. 함께 어울리기를 마무리하기 위한 꼬리말을 한다.
3. 손님이 모르는 사람들에게는 손님을 소개한다.	3. 친구를 문까지 배웅한다.
4. 집 안을 안내해준다.	4. 친구에게 함께 어울리기를 해서 고맙다고 말한다.
5. 간단한 간식을 권한다.	5. 친구에게 즐거운 시간을 보냈다고 말한다.
6. 손님에게 무엇을 하고 싶은지 물어본다.	6. 잘 가라고 인사하고, 나중에 다시 보자고 한다.

2. **상대에게 내가 관심이 있다는 것 알리기**를 연습한다.
   - 치료자: "이번 주 또 다른 과제는 성인들이 상대에게 내가 관심이 있다는 것 알리기를 연습하는 것이었습니다. 이 과제는 상대방에게 연애 상대로서의 호감을 가지고 있을 때만 시도하는 것입니다. 성인들이 편하게 느낄 경우에는 사회성 코치와 연습을 했어도 상관없습니다. 이번 과제를 완수했거나 완수하고자 노력하신 분이 있나요?"
   - 질문
     - ○ "연습을 하기 전에 어떤 사회성 코칭을 했나요?"
     - ○ "성인은 누구와 연습했나요?"
     - ○ "상대에게 자신이 관심이 있다는 것을 알리기 위해 성인은 무엇을 했나요?"
     - ○ "상대는 어떻게 반응했나요?"
     - ○ "연습을 한 이후에 어떤 사회성 코칭을 했나요?"
       - ■ **적절한 사회성 코칭 질문**
         - □ **누구와 연습했나요?**
         - □ **상대에게 관심이 있다는 것을 알리기 위해 무엇을 했나요?**
         - □ **상대는 어떻게 반응했나요?**
         - □ **당신과 데이트하기에 적합한 사람인 것 같나요?**
     - ○ 데이트 상대로서 좋은 선택인 것 같나요? 성인과 데이트하기에 적합한 사람인 것 같나요?

3. 사회성 코치가 포함된 **여러 사람이 하는 대화에 들어가고 빠져나오기**를 연습한다.
   - 치료자: "이번 주 또 다른 과제는 성인들이 사회성 코치와 또 다른 사람이 포함된 여러 사람이 하는 대화에 들어가고 빠져나오기를 연습하는 것이었습니다. 이번 과제를 완수했거나 완수하고자 노력하신 분이 있나요?"
   - 질문
     - ○ "당신과 당신의 성인은 누구와 연습했나요?"
     - ○ "연습 전에 어떤 사회성 코칭을 했나요?"

○ "당신의 성인은 여러 사람이 하는 대화에 들어가기 위해 어떤 규칙들을 따랐나요?"

1. 대화를 귀 기울여 듣는다.

2. 거리를 두고 지켜본다.

3. 소품을 사용한다.

4. 주제를 확인한다.

5. 공통의 관심사를 찾는다.

6. 더 가까이 다가간다.

7. 대화가 짧게 멈출 때를 기다린다.

8. 주제를 언급한다.

9. 관심을 평가한다.

10. 자신을 소개한다.

○ "당신의 성인은 대화에서 빠져나오기 위해 어떤 규칙들을 따랐나요?"

○ "연습을 한 이후에 어떤 사회성 코칭을 했나요?"

■ 적절한 사회성 코칭 질문

□ 우리가 당신과 이야기를 나누고 싶어 하는 것처럼 보였나요?

□ 그것을 어떻게 알 수 있었나요?

표 11.2 대화에서 빠져나오기 위한 단계

전혀 받아들여지지 않았을 때	처음에는 받아들여졌으나 그 이후에 제외되었을 때	완전히 받아들여졌을 때
1. 침착함을 유지한다.	1. 침착함을 유지한다.	1. 대화가 짧게 멈출 때를 기다린다.
2. 다른 곳을 본다.	2. 다른 곳을 본다.	2. 구체적인 꼬리말을 한다.
3. 돌아선다.	3. 대화가 짧게 멈출 때를 기다린다.	3. 나중에 보자고 한다.
4. 다른 곳으로 걸어간다.	4. 짧은 꼬리말을 한다.	4. 작별인사를 한다.
	5. 다른 곳으로 간다.	5. 다른 곳으로 간다.

4. 또래들끼리 하고 있는 **여러 사람이 하는 대화에 들어가기**를 연습한다(새로운 친구를 처음 사귈 수 있는 곳에서 만난 친구와 해도 된다).

● 치료자: "이번 주 또 다른 과제는 성인들이 또래들끼리 하고 있는 여러 사람이 하는 대화에 들어가기를 연습하는 것이었습니다. 이번 과제를 완수했거나 완수하고자 노력하신 분이 있나요?"

● 질문

○ "당신의 성인은 어디서 누구와 연습했나요?"

○ "연습 전에 어떤 사회성 코칭을 했나요?"

○ "성인이 어떤 단계들을 따랐나요?"

○ "연습한 이후에 어떤 사회성 코칭을 했나요?"

■ 적절한 사회성 코칭 질문

□ 어디서 누구와의 대화에 들어갔나요?

□ 어떤 단계들을 따랐나요?

□ 그들이 당신과 이야기를 나누고 싶어 하는 것 같았나요? 그것을 어떻게 알 수 있었나요?

□ 대화에서 빠져나왔어야 했나요? 어떤 단계들을 따랐나요?

● [사회성 코치 과제 기록지를 수거한다. 만약 사회성 코치가 과제 기록지 가져오는 것을 잊어버렸다면, 과제를 책임지고 할 수 있게 새로운 용지에 완성하게끔 한다.]

교육: 데이트 예절−누군가에게 데이트 신청하기

● 사회성 코치 유인물을 나눠준다.

○ 사회성 코치 치료자 가이드에서 **볼드체**로 표시된 부분은 사회성 코칭 유인물에서 그대로 가져온 것이다.

○ 사회성 코치들에게 **볼드체**로 표시된 부분은 **우리끼리 단어**임을 상기시킨다. 이 단어들은 PEERS® 교육 과정의 중요한 개념들에 해당하므로 사회성 코칭을 할 때 최대한 많이 사용해야 한다고 설명한다.

● 설명: "오늘은 이전 회기와 마찬가지로 데이트 예절에 대해서 이야기를 나눌 것입니다. 지난주에는 누구와 데이트를 하고, 데이트 상대를 만날 수 있는 곳, 상대에게 내가 관심이 있다는 것 알리기 방법들에 대해서 이야기해 보았습니다. 이번 주에는 데이트를 신청하는 방법에 대해서 이야기를 나눌 것입니다."

데이트를 신청하기 전에

● 설명: "누군가에게 데이트 신청을 하기 전에 먼저 상대에게 내가 관심이 있다는 것을 알릴 수 있는 몇 가지 방법들을 시도해야 합니다."

● **공통의 친구가 있다면 그와 이야기한다.**

● **눈으로 관심을 표현한다.**

● **상대를 얼마나 잘 알고 있느냐에 따라서 구체적이거나 일반적인 칭찬을 한다.**

● **누군가를 사귀고 있는지 물어본다.**

● **정보를 교환하고 공통의 관심사를 찾음으로써 호감을 표현한다.**

● **적절한 경우 그의 농담에 웃어준다.**

● 설명: "데이트를 신청하기 전에 해야 할 것들이 아직 몇 가지 더 남았습니다."

● **데이트 상대로서 나에게 관심을 가지고 있는지 평가한다.**

○ 치료자: "상대가 당신에게 데이트 상대로서의 관심을 가지고 있는지 평가해야 합니다. 상대방이 당신에게 데이트 상대로서의 관심이 있다는 것을 어떻게 알 수 있나요?"

■ 대답: 당신이 호감을 표현할 때 상대방도 호감을 보입니다. 당신이 하는 칭찬을 좋아합니다. **정보 교환**을 하면서 당신에게 관심을 보입니다. 당신이 현재 연애를 하고 있는지 물어봅니다.

○ 질문: "또한 다른 사람들을 통해서도 여러분이 좋아하는 사람이 여러분에게 데이트 상대로서 관심을 가지고 있는지 평가할 수 있습니다. 이것을 어떻게 알 수 있을까요?"

■ 대답: 공통의 친구가 그 사람이 나를 좋아한다고 알려줍니다. 주위 사람들에게 물어봐서 알 수 있습니다.

□ 예시: "내가 좋아하는 사람이 나한테 (이렇게) 이야기했는데, 그 사람이 나한테 관심이 있다고 생각해?"

- **여자친구 혹은 남자친구가 있는지 알아낸다.**
  - ○ 치료자: "데이트 신청하기에 앞서 상대가 현재 여자친구 혹은 남자친구가 있는지도 확인해야 합니다. 상대가 누군가를 사귀고 있는지를 어떻게 확인할 수 있나요?"
    - ■ 대답: 공통의 친구에게 물어볼 수 있습니다. SNS(예: 페이스북) 프로필을 이용하여 상대가 누군가를 사귀고 있는지를 확인합니다. 상대에게 직접 물어볼 수도 있습니다.
- **데이트하면서 할 수 있는 활동들에 대해서 고려해본다.**
  - ○ 치료자: "누군가에게 데이트 신청을 하기 이전에 데이트를 하면서 함께할 수 있는 활동들에 대해서도 고려해보아야 합니다. 이것은 다섯 가지 요소로 이루어져 있습니다."
    - ■ 누구와 데이트를 할 것인지
    - ■ 무엇을 할 것인지
    - ■ 언제 만날 것인지
    - ■ 어디서 만날 것인지
    - ■ 어떻게 데이트가 이루어질 수 있도록 준비할 것인지

데이트 신청하기

- 설명: "상대에게 내가 관심이 있다는 것을 알리고, 나에게 이성적인 관심을 가지고 있는지를 평가한 다음, 그가 현재 여자친구/남자친구가 있는지 알아내고, 같이 데이트를 하면서 함께할 수 있는 활동들에 대해서 고려해본 후, 다음 단계는 상대에게 데이트를 신청하는 것입니다. 누군가에게 데이트를 신청할 때는 매우 구체적인 단계를 따라야 합니다."

1. **물어볼 적절한 타이밍을 기다린다.**
   - 치료자: "누군가에게 데이트를 신청하는 데 있어서 첫 번째 단계는 물어볼 적절한 타이밍을 기다리는 것입니다. 적절한 타이밍이란 언제일까요?"
     - ○ 대답: 주위에 다른 사람이 없을 때. 상대가 바쁘거나 다른 일에 집중하고 있지 않을 때. 그 사람과 당신이 이야기를 나눌 수 있는 시간이 될 때. 그 사람과 직접 대면해서 이야기를 나눌 수 있을 때. 그 사람이 기분 좋을 때.

2. **정보를 교환한다.**
   - 치료자: "데이트 신청하기의 다음 단계는 정보를 교환하는 것입니다. 데이트 신청하기에 앞서 정보를 교환하는 것이 중요한 이유는 무엇인가요?"
     - ○ 대답: 상대에게 상황에 맞지 않게 갑자기 데이트 신청을 하지 않기 위해서입니다.
   - 질문: "그 전에 정보 교환을 여러 번 한 상태여야 하나요?"
     - ○ 대답: 당신이 잘 알고 있고 여러 번 이야기를 나눈 사람에게 데이트를 신청하는 것이 덜 위험합니다.

3. **공통의 관심사를 언급한다.**
   - 치료자: "다음 단계는 공통의 관심사에 대해서 언급하는 것입니다. 어떤 공통의 관심사에 대해서 언급해야 하나요?"
     - ○ 대답: 당신이 데이트에서 함께할 것을 제안하려고 계획한 **공통의 관심사**에 대해서 언급합니다.

4. **상대에게 특정한 어떤 시간에 무엇을 할 계획인지를 물어본다.**
   - 설명: "정보를 교환하고, 데이트를 하면서 함께할 것을 제안하려고 계획한 공통의 관심사에 대해서 언급한 다음에 해야 할 것은 상대에게 특정한 어떤 시간에 무엇을 할 계획인지를 물어보는 것입니다."
   - 질문: "상대에게 특정한 어떤 시간에 무엇을 할 계획인지를 어떻게 물어보나요?"
     - 예시: "이번 주말에 뭐 해?"
     - 예시: "이번 금요일 저녁에 뭐 해?"
   - 설명: "특정한 어떤 시간에 무엇을 할 것인지 물어보는 것은 실제로 데이트 신청을 하는 것은 아니기 때문에 만약 상대가 거절했을 때 당신을 보호해줄 수 있습니다."

5. **상대의 관심도를 평가한다.**
   - 설명: "상대에게 특정한 시간에 무엇을 할 계획인지를 물어본 다음에는 그의 관심도를 평가해야 합니다. 그가 당신과 시간을 함께 보내고 싶어 하는지 알기 위한 좋은 신호와 나쁜 신호에는 어떤 것들이 있나요?"
     - **좋은 신호**: 시간이 된다며 당신에게 미소를 지을 때. 호의적이고 적극적으로 보일 때. 바쁘다고 말하며 아쉬워할 때 또는 다른 날짜를 제안할 때.
     - **나쁜 신호**: 불편해하며 바쁘다고 할 때. 남자친구/여자친구를 언급할 때. 시간이 된다고 말하면서 불편해 보일 때. 주제를 바꿀 때.

6. **공통의 관심사를 이유로 함께 만나자고 한다.**
   - 설명: "상대가 관심 있어 하는 것처럼 보이면 다음 단계는 공통의 관심사를 이유로 함께 만나자고 하는 것입니다."
   - 질문: "만약 당신과 그의 공통의 관심사가 SF 영화라면 데이트를 신청하는 데 사용할 만한 이유에는 무엇이 있을까요?"
     - 대답: 최근에 개봉한 SF 영화를 보기 위해 영화관을 갑니다.

7. **연락처를 교환한다.**
   - 치료자: "그가 당신의 제안에 동의를 하고, 아직 서로의 연락처가 없다면 다음 단계는 연락처를 교환하는 것입니다. 연락처를 교환하자고 어떻게 말할 수 있나요?
     - 예시: "네 연락처를 알려줄래?"
     - 예시: "전화번호 교환하자."

8. **언제 다시 연락할 것인지를 알려준다.**
   - 설명: "데이트 신청하기의 가장 마지막 단계는 언제 다시 연락할 것인지를 상대에게 알려주는 것입니다."
   - 질문: "상대의 연락처를 물어보거나 데이트 신청을 한 이후에 언제쯤 연락하는 것이 가장 적절한가요?"
     - 대답: 연락처를 받거나 데이트를 계획하고, 하루 이내에 다시 연락하는 것이 적절합니다.

- [참고사항(영어로 된 자료에 익숙하다면): PEERS® *Role Play Video Library*(www.routledge.com/cw/laugeson)에서 **데이트 신청하기**의 적절한 역할극과 부적절한 역할극 동영상을 보여줄 수도 있다.]
- 설명: "데이트 신청을 하고 상대가 그것을 받아들인 이후에도 해야 할 일이 몇 가지 있습니다."

- 하루 이내 규칙을 사용하여 연락한다.
  - 설명: "상대에게 관심이 있다면 하루 이내 규칙을 사용하여 연락합니다. 이것은 상대의 연락처를 물어봤거나 데이트를 신청한 날로부터 하루(24시간) 이내에 연락을 하라는 뜻입니다. 하루가 지나서 연락을 한다면 당신이 상대에게 더 이상 관심이 없다고 생각할 수 있습니다."
- 다섯 가지 요소를 사용하여 계획한다.
  - 설명: "데이트 신청을 할 때 다음에 언제 만나서 무엇을 할 것인지에 대해 대략적인 계획을 가지고 있어야 합니다. 하지만 하루가 지나 연락을 할 때는 다섯 가지 요소를 사용하여 확실한 계획을 세웁니다."
- 데이트하기 바로 전에 계획을 다시 확인한다.
  - 치료자: "데이트하기 바로 전에 상대와 계획을 다시 확인해야 합니다. 언제 데이트 신청을 했느냐에 따라서 데이트하기 하루 혹은 이틀 전에 계획을 확인하는 것이 적절합니다. 사회성 코치들은 성인들이 계획을 확인하기에 적절한 타이밍(시간)이 언제인지를 결정하는 데 도움을 줄 수 있습니다."

거절 받아들이기

- 설명: "여러분이 데이트 신청하기의 모든 단계를 따랐는데도 불구하고 간혹 거절당할 수 있습니다. 이런 일이 생겼을 때는 데이트는 선택이라는 것을 기억하는 것이 중요합니다. 우리는 모든 사람과 데이트를 하지 않으며, 모든 사람 또한 우리와 데이트하지 않습니다. 데이트 신청을 하고 거절당했을 때 따라야 하는 매우 구체적인 단계가 있습니다."

1. **침착함을 유지한다.**
   - 치료자: "누군가에게 데이트를 신청했을 때 거절을 받아들이는 첫 번째 단계는 침착함을 유지하는 것입니다. 침착함을 유지하는 것이 중요한 이유는 무엇인가요?"
   - 대답: **침착함을 유지하지** 않는다면 상대방이 불편해할 수 있습니다. 침착함을 잃으면 너무 절실하거나 어리석어 보일 수 있습니다. 당신이 나쁜 평판을 얻을 수 있습니다. 다른 사람이 당신과 데이트를 하고 싶어 하지 않을 수 있습니다.

2. **거절을 받아들이는 가벼운 말을 한다.**
   - 치료자: "다음 단계는 거절을 받아들이는 가벼운 말을 하는 것입니다. 거절을 받아들인다는 것을 보여주기 위해 할 수 있는 가벼운 말에는 무엇이 있나요?"
     - 예시: "응, 알겠어. 그렇구나."
     - 예시: "그래. 그냥 한번 물어봤어."
     - 예시: "응, 괜찮아. 신경 쓰지 마."

3. **주제를 다시 공통의 관심사로 바꾼다.**
   - 치료자: "거절을 받아들이는 다음 단계는 주제를 다시 공통의 관심사로 바꾸는 것입니다. 데이트를 신청하기 이전에 나누었던 대화의 주제로 다시 돌아가는 것이 좋은 이유는 무엇인가요?"
     - 대답: 거절당한 것에 초점을 두고 있으면 어색할 수 있기 때문입니다. 데이트 제안에서 벗어나 다시 **공통의 관심사**에 대해서 이야기하는 것이 더 좋기 때문입니다.

4. **대화에서 빠져나오기 전에 꼬리말을 한다.**
   - 치료자: "어느 순간에 이르면 대화는 끝날 것입니다. 대화에서 빠져나오기 전에 꼬리말을 하는 것이 가장 좋습니다. 꼬리말을 하는 것이 중요한 이유는 무엇인가요?"
     - 대답: 당신이 창피하거나 속상해서 도망치는 것처럼 보이지 않기 위해서입니다.

- 설명: "거절 받아들이기의 단계들을 따르는 동안 해야 할 일이 몇 가지 더 있습니다."
- **호의적인 태도를 유지한다.**
  - 치료자: "상대가 당신의 데이트 제안을 거절해도 상대에게 호의적인 태도를 유지하는 것이 중요합니다. 호의적인 태도를 유지하는 것이 중요한 이유는 무엇인가요?"
    - 대답: 호의적인 태도를 유지하지 않으면 서로에게 불편한 상황을 만들 수 있기 때문입니다.
- **당신과 데이트를 하자고 상대에게 강요하지 않는다.**
  - 치료자: "누군가가 당신의 데이트 제안을 거절한다면 계속해서 당신과 데이트를 하자고 상대에게 강요하지 않는 것이 중요합니다. 즉, 계속해서 데이트를 하자고 강요하거나 요청하지 말라는 뜻입니다. 좋으면서 싫어하는 척하고 있다고 생각하면 안 됩니다. 당신과 데이트를 하자고 강요하거나 계속해서 요청했을 때 문제가 될 수 있는 것이 무엇인가요?"
    - 대답: 상대를 불편하게 만들 수 있습니다. 너무 절실해 보일 수 있습니다. 무서운 스토커라고 생각할 수 있습니다. 당신이 나쁜 평판을 얻을 수 있습니다. 다른 사람들이 당신과 데이트하기 꺼릴 수 있습니다.
  - 질문: "만약 상대가 알려준 거절의 이유가 앞으로 달라질 가능성이 있는 것일 때는 어떻게 해야 하나요? 예를 들어 상대가 지금은 데이트를 하고 싶지 않다고 한다면 어떻게 해야 하나요? 어떻게 이야기할 수 있을까요?"
    - 예시: "생각이 바뀌면 나한테 알려줘."
    - 예시: "상황이 바뀌면 나한테 알려줘."
- **이유를 묻지 않는다.**
  - 치료자: "상대가 거절한 이유가 궁금할 수는 있으나 이유가 무엇인지 묻지 않습니다. 상대가 거절한 이후에 그 이유를 물어보면 무엇이 문제가 될 수 있을까요?"
    - 대답: 당신이 절실해 보일 수 있습니다. 상대를 불편하게 만들 수 있습니다. 물어보는 것 자체가 어색합니다.

- [참고사항(영어로 된 자료에 익숙하다면): PEERS® *Role Play Video Library*(www.routledge.com/cw/laugeson)에서 **거절 받아들이기**의 적절한 역할극과 부적절한 역할극 동영상을 보여줄 수도 있다.]

데이트 신청 거절하기

- 설명: "당신이 관심 없어 하는 사람이 당신에게 데이트 신청을 할 수도 있습니다. 이런 일이 생겼을 때는 데이트는 선택이라는 것을 기억하는 것이 중요합니다. 우리는 모든 사람과 데이트를 하지 않으며, 모든 사람 또한 우리와 데이트하지 않습니다. 당신이 누군가의 데이트 신청을 거절할 때 따라야 하는 매우 구체적인 단계가 있습니다."

1. **침착함을 유지한다.**
   - 치료자: "당신에게 데이트 신청을 한 사람에게 이를 거절하기 위한 첫 번째 단계는 침착함을 유지하는 것입니다. 침착함을 유지하는 것이 중요한 이유는 무엇인가요?"
     - 대답: 침착함을 유지하지 않으면 상대를 당황하게 할 수 있습니다. 상대의 기분을 상하게 할 수 있습니다. 못되거나 무례해 보일 수 있습니다. 당신이 나쁜 평판을 얻을 수 있습니다.

2. **호의적인 태도로 거절한다.**
   - 치료자: "다음 단계는 상대의 제안을 호의적인 태도를 유지하며 거절하는 것입니다. 어떻게 하면 호의적인 태도로 거절할 수 있을까요?"
     - 예시: "어려울 것 같아. 미안해."
     - 예시: "안 될 것 같아. 미안해."
     - 예시: "음…… 글쎄, 힘들 것 같은데."

3. **거절하는 이유를 말한다.**
   - 설명: "사람들은 종종 자신이 거절당한 이유를 알고 싶어 합니다. 그러므로 거절하는 이유를 말해주는 것이 상대에 대한 예의를 갖추는 것일 수 있습니다. 상대의 감정을 상하게 할 수 있는 이유라면 너무 솔직하게 말하지 않는 것이 좋습니다."
   - 질문: "상대의 제안을 거절하는 이유에는 어떤 것들이 있을까요?"
     - 예시: "나는 너를 그냥 좋은 친구라고 생각해." (데이트 신청임이 분명할 때)
     - 예시: "나 다른 사람한테 관심이 있어."
     - 예시: "나 현재 사귀는 사람이 있어." (만나는 사람이 없다면 본 예시는 말하지 않습니다.)

4. **당신에게 데이트 신청을 해준 것에 대해 고마움을 표시한다.**
   - 설명: "당신이 그 사람에게 관심이 없더라도 다른 사람이 당신과 데이트를 하고 싶어 하는 것은 일반적으로 당신을 칭찬해준 것과 마찬가지입니다. 즉, 그 사람의 제안에 고마움을 표시하는 것은 친절한 태도입니다. 데이트를 제안한 것에 대해 어떻게 고마움을 표시할 수 있을까요?"
     - 예시: "그래도 물어봐 줘서 고마워."
     - 예시: "나를 좋게 생각해주다니 기분 좋다."

5. **주제를 다시 공통의 관심사로 바꾼다.**
   - 치료자: "데이트 신청을 거절하는 것의 다음 단계는 주제를 다시 공통의 관심사로 바꾸는 것입니다. 데이트를 신청하기 이전에 나누었던 대화의 주제로 다시 돌아가는 것이 좋은 이유는 무엇인가요?"
     - 대답: 거절한 것에 초점을 두고 있으면 어색할 수 있기 때문입니다. 데이트 제안에서 벗어나서 다시 **공통의 관심사**에 대해 이야기하는 것이 더 좋기 때문입니다.

6. **대화에서 빠져나오기 전에 꼬리말을 한다.**
   - 치료자: "어느 순간에 이르면 대화는 끝날 것입니다. 대화에서 빠져나오기 전에 꼬리말을 하는 것이 가장 좋습니다. 꼬리말을 하는 것이 중요한 이유는 무엇인가요?"
     - 대답: 당신이 당황하거나 불편해서 도망치는 것처럼 보이지 않기 위해서입니다.

- 설명: "데이트 거절하기의 단계들을 따르는 동안 해야 할 일이 몇 가지 더 있습니다."

- **호의적인 태도를 유지한다.**
  - 치료자: "상대의 데이트 제안을 거절할 때 호의적인 태도를 유지하는 것이 중요합니다. 호의적인 태도를 유지하는 것이 중요한 이유는 무엇인가요?"
    - 대답: 호의적인 태도를 유지하지 않으면 서로에게 어색한 상황을 만들 수 있기 때문입니다.
- **단지 어떻게 거절하는지 모르겠다는 이유로 상대방의 제안을 받아들이지 않는다.**
  - 치료자: "누군가의 제안을 거절하는 것이 때로는 어색하게 느껴질 수 있습니다. 그러나 단지 어떻게 거절해야 하는지 몰라서 상대방의 제안을 받아들인다면 무엇이 문제가 될 수 있을까요?"
    - 대답: 상대를 좋아하지 않으면서 데이트하는 것은 그 사람에게 옳은 일이 아닙니다. 피할 수 없는 일이 일어나는 것을 그저 미루어 둘 뿐입니다. 관심 없는 사람과 데이트를 하는 것은 바람직하지 않습니다.
- **단지 미안하다는 이유로 상대방의 제안을 받아들이지 않는다.**
  - 치료자: "누군가의 데이트 제안을 거절하는 것에 사람들은 때로 죄책감을 느낍니다. 그러나 단지 미안하다는 이유로 상대방의 제안을 받아들이면 무엇이 문제가 될 수 있을까요?"
    - 대답: 그것은 그 사람에게 옳은 일이 아닙니다. 피할 수 없는 일이 일어나는 것을 그저 미루어 둘 뿐입니다. 관심 없는 사람과 데이트를 하는 것은 바람직하지 않습니다.
- **상대를 비웃거나 놀리지 않는다.**
  - 치료자: "어떤 사람들은 자신에게 데이트를 제안한 사람을 비웃거나 놀리는 경우가 있습니다. 상대를 비웃거나 놀린다면 무엇이 문제가 될 수 있을까요?"
    - 대답: 나쁜 행동입니다. 무례하고 예의 없습니다. 당신이 나쁜 평판을 얻을 수 있습니다. 다른 사람들이 당신에게 데이트를 신청하고 싶어 하지 않을 수 있습니다.
- **상대가 당신에게 데이트를 제안했다고 다른 사람들에게 이야기하지 않는다.**
  - 치료자: "누군가로부터 데이트 신청을 받았을 때 다른 사람에게 이야기하고 싶은 마음이 생길 수 있습니다. 하지만 누군가의 데이트 신청을 거절하고 다른 사람에게 이야기한다면 무엇이 문제가 될 수 있을까요?"
    - 대답: 사람들이 이에 대해서 뒤에서 수다를 떨 수 있습니다. 데이트를 신청한 사람에게 당황스러운 일이 될 수도 있습니다. 당신이 나쁘게 보이게 할 것입니다. 당신이 나쁜 평판을 얻을 수 있습니다. 나중에 다른 사람이 당신에게 데이트 신청하는 것이 두려워질 수도 있습니다.
- [참고사항(영어로 된 자료에 익숙하다면): PEERS® *Role Play Video Library*(www.routledge.com/cw/laugeson)에서 **데이트 신청 거절하기**의 적절한 역할극과 부적절한 역할극 동영상을 보여줄 수도 있다.]
- 설명: "지금까지 성인들이 데이트를 신청하고, 거절을 받아들이거나 데이트 제안을 거절하는 방법들에 관해 이야기했습니다. 오늘 성인들은 수업 시간에 이것을 연습할 것입니다."

과제 안내하기

[사회성 코치에게 사회성 코치 과제 기록지(부록 E)를 배부하고, 작성해서 다음 회기에 제출하게 한다.]

1. 친구와 **함께 어울리기**를 한다.
   - 사회성 코치는 성인이 **다섯 가지 요소**를 사용하여 함께 어울리기를 계획할 수 있도록 도와주어야 한다.
     - **누구**와 할 것인지

○ 무엇을 할 것인지

○ **언제** 함께 어울리기를 할 것인지

○ **어디서** 함께 어울리기를 할 것인지

○ **어떻게** 함께 어울리기가 이루어질 수 있도록 준비할 것인지

● 연습 전에 사회성 코치들은 성인들과 **함께 어울리기** 규칙과 단계를 점검한다.

● **함께 어울리기** 연습 이후에 사회성 코치들은 성인들에게 다음과 같은 **사회성 코칭 질문**을 한다.

○ 무엇을 하기로 결정했으며 함께할 활동을 누가 선택했나요?

○ 정보를 교환했나요? 함께 어울리는 시간의 몇 %를 정보를 교환하는 데 사용했나요?

○ 공통의 관심사는 무엇이었나요? 만약 두 사람이 함께 시간을 보내게 된다면 그 정보를 가지고 무엇을 할 수 있나요?

○ 당신과 친구는 좋은 시간을 보냈나요?

○ 다시 만나 시간을 보내기에 적합한 사람인 것 같나요?

2. **상대에게 내가 관심이 있다는 것 알리기**를 연습한다.

● 성인들이 누군가를 연애 상대로 좋아하고 있다면 상대에게 내가 관심이 있다는 것 알리기 전략을 시도하게 한다.

○ 상대에게 연애 상대로서의 호감을 갖기 전까지는 시도하지 않는다.

○ 성공적인 데이트를 할 수 있는 규칙을 아직 배우지 않았기 때문에 상대방에게 데이트 신청을 하지는 않는다.

● 성인들이 편하게 느낀다면 사회성 코치들과 **상대에게 내가 관심이 있다는 것 알리기**를 연습하도록 한다.

● 연습 전에 사회성 코치들은 **상대에게 내가 관심이 있다는 것 알리기** 규칙과 단계를 점검한다.

● 각 연습이 끝나면 사회성 코치들은 성인들에게 다음과 같은 **사회성 코칭 질문**을 한다.

○ 누구와 연습했나요?

○ 상대에게 내가 관심이 있다는 것을 알리기 위해 무엇을 했나요?

○ 상대는 어떻게 반응했나요?

○ 데이트 상대로서 좋은 선택인 것 같나요? 당신과 데이트하기에 적합한 사람인 것 같나요?

3. 또래들끼리 하고 있는 **여러 사람이 하는 대화에 들어가기**를 연습한다(새로운 친구를 사귈 수 있는 곳에서 만난 친구와 해도 된다).

● 연습 전에 사회성 코치들은 **여러 사람이 하는 대화에 들어가고 빠져나오기** 규칙과 단계를 점검한다.

● 자연스럽게 빠져나와야 할 필요가 있는 상황이 아니라면 **대화에서 빠져나오기**는 공식적인 과제가 아니다.

● 연습을 한 이후에 사회성 코치들은 성인들에게 다음과 같은 **사회성 코칭 질문**을 한다.

○ 어디서 누구와의 대화에 끼어들었나요?

○ 어떤 단계들을 따랐나요?

○ 그들이 당신과 이야기를 나누고 싶어 하는 것 같았나요? 그것을 어떻게 알 수 있었나요?

○ 대화에서 **빠져나왔어야** 했나요? 어떤 단계들을 따랐나요?

사회성 코칭 팁

데이트를 하고 데이트 상대와의 연애관계를 형성하는 데 관심이 있는 성인들을 위해서는 다음과 같은 사회성 코칭 팁을 제안한다.

- 적절한 경우 성인들이 **상대에게 내가 관심이 있다는 것 알리기** 방법들을 시도하도록 격려한다.
- 성공적인 데이트를 하기 위해 필요한 기술들은 아직 배우지 않았으므로 **데이트 신청하기**를 하려는 성인은 하지 못하게 한다.
  - 성인들이 당장 데이트 계획을 세워야 한다고 주장한다면, 데이트 예절에 관한 다음 회기가 지난 후에 데이트를 하게 한다.
- 성인들이 편하게 느낀다면 사회성 코치들과 **데이트 신청하기** 방법을 연습하도록 한다.
  - 연습을 하기 전에 단계들을 확인한다.
  - 필요하다면 상황에 맞게 사회성 코칭 유인물을 이용하여 **데이트 신청하기**의 단계를 따르게 한다.
  - 연습 이후에 어떤 단계들을 따랐는지 확인한다.

성인 치료자 가이드

성인 회기 준비하기

자폐스펙트럼장애를 비롯하여 다른 사회적 상호작용에 어려움을 겪는 성인들이 **데이트 신청하기**를 하면서 흔히 하는 사회적 실수는 맥락에 맞지 않게 또는 쌓아가는 과정 없이 불쑥 "저랑 데이트할래요?" 또는 "저랑 사귈래요?"라고 물어보거나, 반대로 아예 물어보지 않는다는 것이다. 사회적 상호작용에 어려움이 많은 성인들은 연인관계를 발전시키거나 유지하는 데 그다지 성공적이지는 못함에도 불구하고 대부분 연인을 갖고 싶다고 말하며, 매우 외로워하기도 한다.

PEERS®의 다른 회기들과 마찬가지로 이번 회기의 목적은 성인들에게 여러 사람과 가볍게 데이트하는 법, '연애 선수' 되는 법, 혹은 많은 사람들이 그 사람과 데이트하고 싶도록 만드는 법을 가르치는 것이 아니다. 데이트에 관한 회기의 목적은 성인들이 연인과 의미 있고 친밀한 관계를 발전시키고 유지할 수 있도록 돕는 것이다. 이 과정의 첫 번째 단계는 적절한 상대를 찾고 상대에게 내가 관심이 있다는 것을 알리는 것이다. 이전 회기의 초점이 그 첫 번째 단계였다면, 이번 회기의 목표는 이런 연애 대상으로서의 관심을 한 단계 발전시켜서 어떻게 **데이트 신청하기**를 할지 배우는 것이다.

이번 회기에서는 (1) **데이트 신청하기**, (2) **거절 받아들이기**, (3) **거절하기**에 초점을 두고, 몇 개의 적절한 역할극과 부적절한 역할극을 보여주며 **행동 연습**을 하게 된다. 적절한 역할극과 부적절한 역할극은 여섯 개로, 각각은 제안하기와 반응하기 두 부분으로 이루어져 있다. **거절 받아들이기** 및 **거절하기** 방법을 보여주는 역할극에서는 제안하기와 반응하기가 모두 적절하거나 모두 부적절하다. 다시 말해서 만약 **거절 받아들이기**의 부적절한 예시를 보여주고자 한다면 보조 치료자는 부적절한 방법으로 **데이트 신청하기**를 하는 것, 그리고 부적절한 방법으로 **거절 받아들이기**를 하는 것을 모두 보여주어야 한다. 마찬가지로 **거절 받아들이기**의 적절한 예시를 보여줄 때는 보조 치료자가 상대에게 **데이트 신청하기** 방법의 적절한 예시, 그리고 **거절 받아들이기**의 적절한 예시를 보여준다. 적절한 예시와 부적절한 예시를 섞어서 보여주게 되면 성인들이 혼란스럽게 느낄 수 있기 때문이다.

이전 회기에서와 마찬가지로 이번 회기에서도 한 명의 남성 보조 치료자와 한 명의 여성 보조 치료자가 각각 필요하다. 이렇게 함으로써 행동 연습을 할 때 이성애 중심주의를 피하고, 성인들이 연습 상대를 스스로 선택할 수 있게 함으로써 편안하게 연습을 진행할 수 있다. 이번 회기에서 집단 치료자는 (집단 치료자와 같은 성별의 보조 치료자가 없는 경우를 제외하고) 모든 **역할극** 및 **행동 연습**에 참여하지 않는다. 그 이유는 이번 회기에 다루는 기술과 관련된 **조망 수용 질문**은 묻는 사람과 대답하는 사람 사이에 시점을 이동하기 때문이다. 집단 치료자가 자기 자신에게 **조망 수용 질문**을 하는 것은 조금 어색할 수 있으나 보조 치료자가 부족할 경우에는 그렇게 할 수 있다. 이전 회기와 마찬가지로 모든 **행동 연습**은 집단 구성원들끼리가 아니라 집단 구성원과 보조 치료자가 함께한다. 또한 **행동 연습**은 교육에서 다룬 내용들의 맥락 안에서 이루어질 것이다.

과제 점검

[다음의 과제를 검토하고 발생 가능한 **문제해결**을 의논한다. 성공적으로 과제를 완수한 사람부터 시작한다. 시간이 된다면 (과제를 다 하지 못한 사람들에게) 왜 과제를 완수할 수 없었는지 이유를 질문할 수 있으며, 다음 주에 어떻게 이것을 할 수 있을지에 대한 **문제해결**을 시도해볼 수 있다. 과제를 점검하는 동안에는 반드시

(볼드체로 표시된) **우리끼리 단어**를 사용한다. **함께 어울리기**가 이번 회기의 가장 중요한 과제이므로 과제 점검 시간 대부분을 여기에 할애한다.]

1. 친구와 **함께 어울리기**를 한다.
   - 치료자: "이번 주의 주요 과제 중 하나는 여러분이 친구와 함께 어울리기를 하는 것이었습니다. 이번 주에 친구와 함께 어울리기를 한 사람은 손을 들어주세요."
   - 질문
     ○ "누구와 함께 어울렸으며 무엇을 하기로 결정했나요?"
     ○ "다섯 가지 요소를 사용하여 함께 어울리기를 계획했나요?"
     ○ "함께 어울리기를 어떻게 시작했나요?"
     ○ "함께할 활동들은 누가 선택했나요?"
     ○ "서로 정보를 교환했나요? 함께 어울리는 시간의 몇 %를 정보를 교환하는 데 사용했나요?"
     ○ "함께 어울리기를 어떻게 마무리했나요?"
     ○ "다시 만나 시간을 보내기에 적합한 사람인 것 같나요?"

표 11.1 집에서 함께 어울리기 시작하기 및 마무리하기를 위한 단계

함께 어울리기 시작하기	함께 어울리기 마무리하기
1. 손님에게 인사를 한다.	1. 활동이 잠시 멈출 때를 기다린다.
2. 손님을 집 안으로 맞이한다.	2. 함께 어울리기를 마무리하기 위한 꼬리말을 한다.
3. 손님이 모르는 사람들에게는 손님을 소개한다.	3. 친구를 문까지 배웅한다.
4. 집 안을 안내해준다.	4. 친구에게 함께 어울리기를 해서 고맙다고 말한다.
5. 간단한 간식을 권한다.	5. 친구에게 즐거운 시간을 보냈다고 말한다.
6. 손님에게 무엇을 하고 싶은지 물어본다.	6. 잘 가라고 인사하고, 나중에 다시 보자고 한다.

2. **상대에게 내가 관심이 있다는 것 알리기**를 연습한다.
   - 치료자: "이번 주 또 다른 과제는 상대에게 내가 관심이 있다는 것 알리기를 연습하는 것이었습니다. 이 과제는 상대방에게 연애 상대로서의 호감을 가지고 있을 때만 시도하는 것이었습니다. 여러분이 편하게 느낀다면 사회성 코치와 연습을 했어도 상관없습니다. 이 과제를 한 사람은 손을 들어주세요."
   - 질문
     ○ 누구와 연습했나요?
     ○ 상대에게 내가 관심이 있다는 것을 알리기 위해 무엇을 했나요?
     ○ 상대는 어떻게 반응했나요?
     ○ 데이트 상대로서 좋은 선택인 것 같나요? 당신과 데이트 하기에 적합한 사람인 것 같나요?

3. 사회성 코치가 포함된 **여러 사람이 하는 대화에 들어가고 빠져나오기**를 연습한다.
   - 치료자: "이번 주의 또 다른 과제는 사회성 코치와 또 다른 사람이 포함된 여러 사람이 하는 대화에 들어가고 빠져나오기를 연습하는 것이었습니다. 이 과제를 한 사람은 손을 들어주세요."
   - 질문

○ "당신과 당신의 사회성 코치는 누구와 연습했나요? 어떤 단계들을 따랐나요?"

1. 대화를 귀 기울여 듣는다.

2. 거리를 두고 지켜본다.

3. 소품을 사용한다.

4. 주제를 확인한다.

5. 공통의 관심사를 찾는다.

6. 더 가까이 다가간다.

7. 대화가 짧게 멈출 때를 기다린다.

8. 주제를 언급한다.

9. 관심을 평가한다.

10. 자신을 소개한다.

○ "그들이 당신과 이야기를 나누고 싶어 하는 것처럼 보였나요? 그것을 어떻게 알 수 있었나요?"

○ "대화에서 빠져나왔나요? 어떤 단계들을 따랐나요?"

표 11.2 대화에서 빠져나오기 위한 단계

전혀 받아들여지지 않았을 때	처음에는 받아들여졌으나 그 이후에 제외되었을 때	완전히 받아들여졌을 때
1. 침착함을 유지한다.	1. 침착함을 유지한다.	1. 대화가 짧게 멈출 때를 기다린다.
2. 다른 곳을 본다.	2. 다른 곳을 본다.	2. 구체적인 꼬리말을 한다.
3. 돌아선다.	3. 대화가 짧게 멈출 때를 기다린다.	3. 나중에 보자고 한다.
4. 다른 곳으로 걸어간다.	4. 짧은 꼬리말을 한다.	4. 작별인사를 한다.
	5. 다른 곳으로 간다.	5. 다른 곳으로 간다.

4. 또래들끼리 하고 있는 **여러 사람이 하는 대화에 들어가기**를 연습한다(**새로운 친구를 사귈 수 있는 곳에서** 만난 친구와 해도 된다).

● 치료자: "이번 주 또 다른 과제는 또래들끼리 하고 있는 여러 사람이 하는 대화에 들어가기를 연습하는 것이었습니다. 이 과제를 한 사람은 손을 들어주세요."

● 질문

○ "어디에서 누구와의 대화에 들어갔나요?"

○ "어떤 단계들을 따랐나요?"

○ "그들이 당신과 이야기를 나누고 싶어 하는 것 같았나요?"

○ "그것을 어떻게 알 수 있었나요?"

  ▪ 당신과 이야기를 했나요?

  ▪ 당신을 쳐다보았나요?

  ▪ 당신과 마주 보고 이야기를 했나요(원을 열었나요)?

○ "대화에서 빠져나왔어야 했나요? 어떤 단계들을 따랐나요?"

교육: 데이트 예절－데이트 신청하기

- 설명: "오늘은 데이트 예절에 대해서 계속 이야기를 나눌 것입니다. 지난주에는 누구와 데이트를 하고, 데이트할 사람을 어디서 찾고, 상대에게 내가 관심이 있다는 것을 어떻게 알릴 것인지에 대해서 이야기했습니다. 이번 주에는 누군가에게 데이트를 신청하는 방법에 대해서 이야기해볼 것입니다."

- [다음에 제시된 중요 항목과 **볼드체**로 표시된 **우리끼리 단어**를 칠판에 적으면서 데이트 신청하기 규칙과 단계를 보여준다. 회기가 끝날 때까지 칠판에 적은 규칙과 단계를 지우지 않는다. 영어로 된 자료에 익숙하다면 ▶ 표시가 있는 각 역할극에 해당하는 역할극 동영상이 PEERS® *Role Play Video Library*(www.routledge. com/cw/laugeson)에 포함되어 있으니 참고해볼 수도 있다.]

데이트 신청을 하기 전에

- 설명: "누군가에게 데이트 신청을 하기 전에 먼저 상대에게 내가 관심이 있다는 것을 알릴 수 있는 몇 가지 방법들을 시도해야 합니다."

- 상대에게 내가 관심이 있다는 것을 알리는 방법들을 하나씩 제시하면서 예시마다 "…… (각각의 행동 삽입)을/를 하는 것이 중요한 이유는 무엇인가요?"라고 질문한다.
  - ○ 공통의 친구가 있다면 그와 이야기한다.
  - ○ 눈으로 관심을 표현한다.
  - ○ 상대방에 대해서 얼마나 잘 알고 있느냐에 따라 구체적이거나 일반적인 칭찬을 한다.
  - ○ 현재 누군가와 연애를 하고 있는지 물어본다.
  - ○ 정보를 교환하고 공통의 관심사를 찾으면서 호감을 표현한다.
  - ○ 적절한 경우 그의 농담에 웃어준다.

- 설명: "데이트를 신청하기 전에 해야 할 것들이 아직 몇 가지 더 남았습니다."

- **데이트 상대로서 나에게 관심을 가지고 있는지 평가한다.**
  - ○ 치료자: "상대가 당신에게 데이트 상대로서의 관심을 가지고 있는지 평가해야 합니다. 상대방이 당신에게 데이트 상대로서의 관심이 있다는 것을 어떻게 알 수 있나요?"
    - ■ 대답: 당신이 호감을 표현할 때 상대방도 호감을 보입니다. 당신이 하는 칭찬에 기분이 좋아집니다. **정보 교환**을 하면서 당신에게 관심을 보입니다. 당신이 현재 연애를 하고 있는지 물어봅니다.
  - ○ 질문: "상대가 당신에게 데이트 상대로서의 관심을 가지고 있는 것 같지 않아도 **데이트 신청**을 해야 할까요?"
    - ■ 대답: 상대가 여러분에게 연애 상대로의 호감을 가지고 있는 것처럼 보이지 않는다면 **데이트 신청**을 하는 것은 위험합니다.
- **여자친구 혹은 남자친구가 있는지 알아낸다.**
  - ○ 치료자: "데이트를 신청하기에 앞서 상대가 현재 여자친구/남자친구가 있는지도 확인해야 합니다. 상대가 현재 연애를 하고 있는지를 아는 것이 중요한 이유는 무엇인가요?"
    - ■ 대답: 이미 연애를 하고 있는 사람에게 데이트를 신청하는 것은 무례한 것입니다. 누군가와 데이트를 하고 있다면 나의 데이트 신청을 거절할 확률이 높습니다. 누군가와 데이트를 하고 있다면 데이트 신청을 하는 것이 어색하고 당혹스러울 수 있습니다.

○ 질문: "상대가 현재 연애를 하고 있는지를 어떻게 확인할 수 있나요?"

■ 대답: 공통의 친구에게 물어볼 수 있습니다. SNS(예: 페이스북)의 프로필을 이용하여 상대가 현재 연애 중인지를 확인합니다. 상대에게 직접 물어볼 수도 있습니다.

● **데이트하면서 할 수 있는 활동들에 대해서 고려해본다.**

○ 치료자: "누군가에게 데이트 신청을 하기 이전에 데이트를 하면서 함께할 수 있는 활동들에 대해서도 고려해보아야 합니다. 이것은 **다섯 가지 요소**로 이루어져 있습니다. **다섯 가지 요소**는 무엇일까요?"

○ **누구와 데이트를 할 것인지**

■ 설명: "누군가에게 데이트를 신청하기 전에 일대일 데이트일 것인지 더블 데이트일 것인지 아니면 그룹 데이트일 것인지를 결정해야 합니다. 하지만 상황이 달라지더라도 융통성 있게 할 수 있도록 준비합니다."

■ 질문: "일대일 데이트란 무엇인가요?"

□ 대답: 단 둘이서 만나는 데이트입니다.

■ 질문: "더블 데이트란 무엇인가요?"

□ 대답: 두 커플이 만나는 데이트입니다.

■ 질문: "더블 데이트를 하게 된다면 주의해야 할 것이 있습니다. 적어도 한 커플은 실제로 연인 사이여야 더블 데이트를 하는 것이 안전합니다. 두 커플 모두 실제 연인 사이가 아니면 무엇이 문제가 될 수 있을까요?"

■ 대답: 서로 다른 사람의 데이트 상대를 좋아하게 될 수 있습니다. 서로를 불편하게 하거나 사이가 안 좋아질 수 있습니다.

■ 질문: "소개팅이란 무엇인가요? 누가 포함되어 있나요?"

□ 대답: **소개팅**이란 만나는 사람들끼리 서로를 잘 모르는 상태에서 만나는 것을 뜻합니다. 친구 혹은 가족이나 친척이 중간에서 서로를 연결 또는 소개해줄 수 있습니다. 소개팅은 **일대일 소개팅**일 수도 있고, **더블 소개팅**일 수도 있으며, **그룹 소개팅**일 수도 있습니다.

■ 질문: "온라인 데이트란 무엇인가요? 누가 포함되어 있나요?"

□ 대답: **온라인 데이트**는 **소개팅**과 비슷하지만 온라인, 즉 인터넷 웹사이트나 모바일 애플리케이션을 통해 데이트 상대를 만나는 것입니다. **온라인 데이트**는 **일대일 데이트**일 수도 있고, **더블 데이트**일 수도 있으며, **그룹 데이트**일 수도 있습니다.

■ 질문: "온라인에서 데이트 상대를 어떻게 만날 수 있나요?"

□ 대답: 페이스북 혹은 인스타그램 등과 같은 소셜네트워킹사이트에서 만날 수 있으며, 인터넷 데이트 웹사이트 및 소개팅 애플리케이션을 통해서도 만날 수 있습니다.

■ 설명: "단, 온라인 데이트의 경우 상대방의 신원을 모르기 때문에 매우 위험할 수 있고, 1회성 만남을 목적으로 하는 사람을 만날 확률이 더 높기 때문에 주의해야 합니다."

○ **무엇을 할 것인지**

■ 치료자: "데이트를 신청하기 이전에 데이트를 하는 동안 무엇을 할 것인지를 생각해보아야 합니다. 데이트하면서 할 수 있는 활동들은 무엇에 기반을 두어야 하나요?"

□ 대답: **공통의 관심사**를 기반으로 합니다.

○ **언제** 만날 것인지

- 치료자: "누군가에게 데이트를 신청하기 이전에 언제 만날 것인지를 생각해보아야 합니다. 시간과 날짜는 융통성 있게 정할 수 있도록 준비해야 하나요?"
  - 대답: 예.
- ○ **어디서** 만날 것인지
  - 치료자: "데이트를 신청하기 이전에 어디서 만날 것인지를 생각해보아야 합니다. 만날 수 있는 장소들에는 어떤 곳들이 있을까요?"
    - 대답: 데이트가 이루어질 장소에서 만납니다. (특히 상대방에 대해서 잘 모른다면) 공공장소에서 만납니다.
      - 첫 데이트 장소의 적절한 예시: 식당, 카페, 전시회, 복합쇼핑센터, 영화관
      - 첫 데이트 장소의 부적절한 예시: DVD방, 모텔, 집, 단둘만 있는 곳
- ○ **어떻게** 데이트가 이루어질 수 있도록 준비할 것인지
  - 치료자: "누군가에게 데이트를 신청하기 전에 데이트가 어떻게 이루어질 수 있을지를 생각해보아야 합니다. 데이트를 하기에 앞서 무엇을 생각해야 할까요?"
    - 대답: 두 사람 모두 데이트 장소에 어떻게 도착할 것인지(당신과 상대방 모두에게 해당합니다). 티켓은 어떻게 구매할 것인지. 예약해야 할 것이 있는지. 데이트 비용은 어떻게 지불할 것인지

데이트 신청하기

- 설명: "상대에게 내가 관심이 있다는 것을 알리고, 그가 나에게 데이트 상대로서의 관심을 가지고 있는지 평가하고, 남자친구/여자친구가 있는지 알아냈으며, 데이트하면서 함께할 수 있는 활동들에 대해서 고려해본 후, 다음 단계는 상대에게 데이트를 신청하는 것입니다. 데이트를 신청할 때 따라야 하는 매우 구체적인 단계들이 있습니다."

부적절한 역할극: 데이트 신청하기 ▶

[보조 치료자 2명이 **데이트 신청하기**의 부적절한 역할극을 한다. 보조 치료자가 한 명뿐이라면 집단 치료자가 다른 보조 치료자의 역할을 대신할 수 있다.]

- 치료자: "지금부터 역할극을 보여줄 것입니다. 잘 보고 (보조 치료자 2의 이름)이/가 데이트를 신청하면서 무엇을 잘못했는지 이야기해주세요."

부적절한 역할극의 예

○ 보조 치료자 1: (스마트폰을 쳐다본다.)

○ 보조 치료자 2: (신이 나서 빠른 속도로 다가온다.) "안녕, (이름)아/야. 나랑 데이트할래?"

○ 보조 치료자 1: (깜짝 놀라서, 당황하고 혼란스러워하며) "어……? 아니."

○ 보조 치료자 2: (끈질기게) "왜? 에이, 그러지 말고 나랑 데이트하자."

○ 보조 치료자 1: (불편하고 혼란스러워하며) "아니 싫어." (스마트폰을 보기 위해 뒤돌아선다.)

○ 보조 치료자 2: (끈질기게) "에이, 좋으면서 튕기지 말고. 나랑 데이트하자."

○ 보조 치료자 1: (불편하고 짜증내면서) "아니, 난 정말 너랑 데이트하고 싶지 않아." (스마트폰을 보기

> 위해 뒤돌아선다.)
> ○ 보조 치료자 2: (끈질기게) "그렇지만 나랑 데이트하면 재미있을 거야!"
> ○ 보조 치료자 1: (불편하며 어색해 보인다.)

- 치료자: "자, 여기까지입니다. (보조 치료자 2의 이름)이/가 데이트를 신청하면서 무엇을 잘못했나요?"
  - 대답: 상대방에게 갑작스럽게 데이트를 하자고 했습니다. 데이트 신청하기 이전 단계를 따라 준비하지 않았습니다. 싫다고 하는 상대방의 대답을 무시했습니다.
- 다음과 같은 **조망 수용 질문**을 한다.
  - "(보조 치료자 1의 이름)이/가 어떤 기분이었을 것 같나요?"
    - 대답: 불편합니다. 어색합니다. 짜증납니다.
  - "(보조 치료자 1의 이름)이/가 (보조 치료자 2의 이름)에 대해서 어떻게 생각했을 것 같나요?"
    - 대답: 이상합니다. 어색합니다. 너무 절실합니다.
  - "(보조 치료자 1의 이름)이/가 (보조 치료자 2의 이름)와/과 데이트를 하거나 다시 이야기를 나누고 싶어 할 것 같나요?"
    - 대답: 아니요.
- 보조 치료자 1에게 같은 **조망 수용 질문**을 한다.
  - "어떤 기분이 들었나요?"
  - "(보조 치료자 2의 이름)에 대해서 어떻게 생각했나요?"
  - "(보조 치료자 2의 이름)와/과 데이트를 하거나 다시 이야기를 나누고 싶나요?"

데이트 신청하기를 위한 단계

설명: "누군가에게 데이트를 신청할 때에는 갑자기, 불쑥 데이트를 하자고 물어보는 것보다는 따라야 할 몇 가지 구체적인 단계들이 있습니다."

1. 물어볼 적절한 타이밍을 기다린다.
- 치료자: "누군가에게 데이트를 신청하는 데 있어서 첫 번째 단계는 물어볼 적절한 타이밍을 기다리는 것입니다. 적절한 타이밍이란 언제일까요?"
  - 대답: 주위에 다른 사람이 없을 때. 상대가 바쁘거나 다른 일에 집중하고 있지 않을 때. 그 사람과 당신이 이야기를 나눌 수 있는 시간이 될 때. 그 사람과 직접 대면해서 이야기를 나눌 수 있을 때. 그 사람이 기분 좋을 때.

2. 정보를 교환한다.
- 치료자: "데이트 신청하기의 다음 단계는 정보를 교환하는 것입니다. 데이트 신청하기에 앞서 정보를 교환하는 것이 중요한 이유는 무엇인가요?"
  - 대답: 상대에게 상황에 맞지 않게 갑자기 데이트 신청을 하지 않기 위해서입니다.
- 질문: "그 전에 정보 교환을 여러 번 한 상태여야 하나요?"
  - 대답: 당신이 잘 알고 있고 여러 번 이야기를 나눈 사람에게 데이트를 신청하는 것이 덜 위험합니다.

3. 공통의 관심사를 언급한다.

- 치료자: "다음 단계는 공통의 관심사에 대해서 언급하는 것입니다. 어떤 공통의 관심사에 대해서 언급해야 하나요?"
  - 대답: 당신이 데이트에서 함께할 것을 제안하려고 계획한 공통의 관심사에 대해서 언급합니다.

4. 상대에게 특정한 어떤 시간에 무엇을 할 계획인지를 물어본다.

- 설명: "정보를 교환하고, 데이트를 하면서 함께할 것을 제안하려고 계획한 공통의 관심사에 대해서 언급한 다음에 해야 할 것은 상대에게 특정한 어떤 시간에 무엇을 할 계획인지를 물어보는 것입니다."
- 질문: "상대에게 특정한 어떤 시간에 무엇을 할 계획인지를 어떻게 물어보나요?"
  - 예시: "이번 주말에 뭐 해?"
  - 예시: "이번 금요일 저녁에 뭐 해?"
- 설명: "특정한 어떤 시간에 무엇을 할 것인지 물어보는 것은 실제로 데이트 신청을 하는 것은 아니기 때문에 만약 상대가 거절했을 때 당신을 보호해줄 수 있습니다."

5. 상대의 관심도를 평가한다.

- 설명: "상대에게 특정한 시간에 무엇을 할 계획인지를 물어본 다음에는 그의 관심도를 평가해야 합니다. 그가 당신과 시간을 함께 보내고 싶어 하는지 알기 위한 좋은 신호와 나쁜 신호에는 어떤 것들이 있나요?"
  - **좋은 신호**: 시간이 된다며 당신에게 미소를 지을 때. 호의적이고 적극적으로 보일 때. 다른 날에 만나는 것은 어떠냐고 물어볼 때.
  - **나쁜 신호**: 바쁘다고 하며 불편해 보일 때. 남자친구/여자친구에 대해서 이야기할 때. 시간이 된다고 하지만 불편해 보일 때. 주제를 바꿀 때.
- 질문: "상대가 관심 있는 것처럼 보인다면 데이트를 신청하는 단계를 계속 따라도 되나요?"
  - 대답: 예.
- 질문: "상대가 관심 없는 것처럼 보인다면 데이트를 신청하는 단계를 계속 따라야 하나요?"
  - 대답: 아니요. 데이트 신청하는 것을 그만두어야 합니다.

6. 공통의 관심사를 이유로 함께 만나자고 한다.

- 설명: "상대가 관심 있어 하는 것처럼 보이면 다음 단계는 공통의 관심사를 이유로 함께 만나자고 하는 것입니다."
- 질문: "만약 당신과 그의 공통의 관심사가 SF 영화라면 데이트 신청하기 위해 제안할 만한 좋은 활동은 무엇인가요?"
  - 대답: 최근에 개봉한 SF 영화를 보기 위해 영화관을 갑니다.
- 질문: "만약 당신과 그의 공통의 관심사가 스포츠라면 데이트 신청하기 위해 제안할 만한 좋은 활동은 무엇인가요?"
  - 대답: 함께 스포츠 이벤트에 참석합니다. 공공장소에서 함께 스포츠 게임을 봅니다.
- 질문: "만약 당신과 그의 공통의 관심사가 이탈리안 음식이라면 데이트 신청하기 위해 제안할 만한 좋은 활동은 무엇인가요?"
  - 대답: 같이 이탈리안 레스토랑에 갑니다.

7. 연락처를 교환한다.

- 치료자: "그가 당신의 제안에 동의를 하고, 아직 서로의 연락처가 없다면, 다음 단계는 연락처를 교환하는 것입니다. 연락처를 교환하자고 어떻게 말할 수 있나요?"
  - 예시: "네 연락처를 알려줄래?"
  - 예시: "전화번호 교환하자."
- 질문: "상대가 자신의 연락처를 주기 싫어한다면 이것은 좋은 신호일까요?"
  - 예시: 아니요. 아마도 아닐 것입니다.
- 질문: "연락처를 주기 싫어한다면 당신은 어떻게 해야 할까요?"
  - 대답: 강요하지 않습니다. 당신의 연락처를 주고 전화하거나 문자를 하라고 합니다. 자연스럽게 행동합니다. 상대로부터 연락 받을 기대를 하지 않습니다.

8. 언제 다시 연락할 것인지를 알려준다.

- 설명: "데이트 신청하기의 가장 마지막 단계는 언제 다시 연락할 것인지를 상대에게 알려주는 것입니다."
- 질문: "상대의 연락처를 물어보거나 데이트 신청을 한 이후에 언제쯤 연락하는 것이 가장 적절한가요?"
  - 대답: 연락처를 받거나 데이트를 계획하고, 하루 이내에 다시 연락하는 것이 적절합니다.
- 질문: "하루가 지난 다음에야 문자를 하거나 전화를 주면 무엇이 문제가 될 수 있을까요?"
  - 대답: 당신이 상대방에게 더 이상 관심이 없는 것처럼 보일 수 있습니다. 당신을 가지고 논다고 생각할 수 있습니다. 당신이 선수라고 생각할 수 있습니다. 당신에게 **관심이 없어질 수 있습니다.**
- 설명: "연락처를 교환하고 하루가 지나서 연락을 한다면, 상대방에게 연락이 늦어진 이유를 말해줘야 합니다."
  - "이유를 말해주지 않으면 당신을 연애선수라고 생각할 수도 있습니다. 당신에게 가졌던 **관심이 없어질 것입니다.**"

적절한 역할극: 데이트 신청하기 ▶

[보조 치료자 2명이 **데이트 신청하기**의 적절한 역할극을 보여준다. 보조 치료자가 한 명뿐이라면 집단 치료자가 다른 보조 치료자의 역할을 대신할 수 있다.]

- 치료자: "지금부터 역할극을 보여줄 것입니다. 잘 보고 (보조 치료자 2의 이름)이/가 데이트 신청을 하면서 무엇을 잘했는지 이야기해주세요."

<u>적절한 역할극의 예</u>

- 보조 치료자 1: (스마트폰을 쳐다본다.)
- 보조 치료자 2: "안녕, (이름)아/야. 요즘 어떻게 지내?"
- 보조 치료자 1: "난 잘 지내. 너는?"
- 보조 치료자 2: "나도 잘 지내. 그런데 너는 주말에 뭐 했어?"
- 보조 치료자 1: "친구들이랑 같이 영화 보러 갔어."
- 보조 치료자 2: "재미있었겠다. 우리가 저번에 말했던 SF 영화 본 거야?"
- 보조 치료자 1: (실망스러워하면서) "아니, 하지만 그거 보러 가고 싶어."

> ○ 보조 치료자 2: (아무렇지도 않은 듯이 상냥하게) "나도 그 영화 보고 싶어. (짧게 기다렸다가) 그런데 이번 주말에 뭐 해?"
>
> ○ 보조 치료자 1: (미소를 지으며, 관심을 표현하면서) "아직 아무런 계획이 없어."
>
> ○ 보조 치료자 2: (아무렇지도 않은 듯이 상냥하게) "그럼 그 영화 같이 보러 갈래?"
>
> ○ 보조 치료자 1: (미소를 지으며, 관심을 표현하면서) "그래. 재미있겠다."
>
> ○ 보조 치료자 2: (미소를 지으며, 아무렇지도 않게 관심을 표현하면서) "좋아. 그럼 네 번호 좀 알 수 있을까?"(스마트폰을 꺼낸다.)
>
> ○ 보조 치료자 1: (미소를 지으며, 상냥하게) "그래. 010-1234-5678이야."
>
> ○ 보조 치료자 2: (스마트폰에 번호를 입력한다.) "알겠어. 그럼 내일 내가 연락할게. 그때 같이 계획을 세워보자."
>
> ○ 보조 치료자 1: (미소를 지으며, 관심을 표현하면서, 상냥하게) "좋아."

- 치료자: "자, 여기까지입니다. (보조 치료자 2의 이름)이/가 데이트 신청을 하면서 무엇을 잘했나요?"
  - 대답: 물어볼 적절한 타이밍(시간)을 기다렸습니다. 정보를 교환했습니다. **공통의 관심사를** 언급했습니다. 상대에게 특정한 시간에 무엇을 할 계획인지 물어보았습니다. 상대의 관심도를 평가했습니다. **공통의 관심사**를 이유로 함께 만나자고 제안했습니다. 연락처를 교환했습니다. 상대에게 언제 연락할지 이야기했습니다.
- 다음과 같은 **조망 수용** 질문을 한다.
  - "(보조 치료자 1의 이름)이/가 어떤 기분이었을 것 같나요?"
    - 대답: 기분이 좋습니다. 설렙니다. 신납니다.
  - "(보조 치료자 1의 이름)이/가 (보조 치료자 2의 이름)에 대해서 어떻게 생각했을 것 같나요?"
    - 대답: 좋습니다. 친절합니다. 귀엽습니다.
  - "(보조 치료자 1의 이름)이/가 (보조 치료자 2의 이름)와/과 데이트를 하거나 다시 이야기를 나누고 싶어 할 것 같나요?"
    - 대답: 예.
- 보조 치료자 1에게 같은 **조망 수용** 질문을 한다.
  - "어떤 기분이 들었나요?"
  - "(보조 치료자 2의 이름)에 대해서 어떻게 생각했나요?"
  - "(보조 치료자 2의 이름)와/과 다시 이야기를 나누고 싶나요?"

행동 연습: 데이트 신청하기

- 설명: "지금부터 여러분이 보조 치료자 한 명과 데이트 신청하기를 연습할 것입니다."
- 각각의 성인이 돌아가면서 보조 치료자 중 한 명과 함께 **데이트 신청하기**를 연습하게 한다.
  - 성인들이 함께 연습할 수 있도록 최소한 한 명의 남성 보조 치료자와 여성 보조 치료자가 있어야 한다.
  - 보조 치료자가 한 명뿐이라면 집단 치료자가 모자라는 같은 성별의 보조 치료자를 대신 할 수 있다.
  - 질문: "(여성 보조 치료자의 이름)와/과 (남성 보조 치료자의 이름) 중 누구와 연습하는 것이 더 편할 것 같나요?"
- 성인들에게 그들이 무엇을 좋아하는지 물어본 다음, 보조 치료자들이 그들과 **공통의 관심사**를 공유하고 있

다고 상상하면서, 그 관심사를 주제로 삼아 공통의 관심사를 이유로 **데이트 신청하기**를 연습하게 한다.

● 성인들이 단계를 따라 수행하는 동안에 칠판을 보도록 격려한다.

  ○ 성인들이 연습하는 동안 특정 단계를 짚어 주어야 할 수도 있다.

  ○ 성인들이 행동 연습을 하는 동안에는 중간에 멈추지 않도록 한다.

● 필요하다면 상황에 맞게 **사회성 코칭**을 제공하고 일어날 수 있는 문제의 **해결책**을 논의한다.

● 각각의 성인이 연습을 끝낼 때마다 박수를 쳐준다.

거절 받아들이기

● 설명: "여러분이 데이트 신청하기의 모든 단계를 따랐는데도 불구하고 간혹 거절당할 수 있습니다. 이런 일이 생겼을 때는 데이트는 선택이라는 것을 기억하는 것이 중요합니다. 우리는 모든 사람과 데이트를 하지 않으며, 모든 사람 또한 우리와 데이트하지 않습니다. 데이트 신청을 하고 거절당했을 때 따라야 하는 매우 구체적인 단계가 있습니다."

부적절한 역할극: 거절 받아들이기 ▶

[보조 치료자 2명이 거절 받아들이기의 부적절한 역할극을 한다. 보조 치료자가 한 명뿐이라면 집단 치료자가 다른 보조 치료자의 역할을 대신할 수 있다.]

● 치료자: "이제부터 역할극을 보여줄 것입니다. 잘 보고 (보조 치료자 2의 이름)이/가 거절을 받아들이면서 무엇을 잘못했는지 이야기해주세요."

> 부적절한 역할극의 예
>
> ○ 보조 치료자 1: (스마트폰을 쳐다본다.)
> ○ 보조 치료자 2: (신이 나서, 빠른 속도로 다가온다.) "안녕, (이름)아/야. 나랑 데이트할래?"
> ○ 보조 치료자 1: (깜짝 놀라서, 당황하고 혼란스러워하며) "어……? 아니."
> ○ 보조 치료자 2: (끈질기게) "왜? 에이, 그러지 말고 조만간 나랑 데이트하자."
> ○ 보조 치료자 1: (불편하고 혼란스러워하며) "아니 싫어." (스마트폰을 보기 위해 뒤돌아선다.)
> ○ 보조 치료자 2: (끈질기게) "왜 싫은데?"
> ○ 보조 치료자 1: (불편하고 짜증내면서) "그냥 싫어." (스마트폰을 보기 위해 뒤돌아선다)
> ○ 보조 치료자 2: (끈질기게) "그렇지만 나랑 데이트하면 재미있을 거야! 딱 한 번만 만나자, 응?"
> ○ 보조 치료자 1: (불편하고 어색해하면서) "아니. 미안해."
> ○ 보조 치료자 2: (화를 내면서) "진심으로 미안해하는 거 아니잖아. 너 진짜 거만하다!"
> ○ 보조 치료자 1: (무서워하면서, 다른 곳을 보며 피할 곳을 찾는다.)

● 치료자: "자, 여기까지입니다. (보조 치료자 2의 이름)이/가 거절을 받아들이면서 무엇을 잘못했지요?"

  ○ 대답: 싫다고 하는 상대방의 말을 받아들이지 않았습니다. 싫은 이유에 대해서 물어봤습니다. 상대방에게 강압적으로 이야기했습니다. 화를 냈습니다.

● 다음과 같은 **조망 수용 질문**을 한다.

  ○ "(보조 치료자 1의 이름)이/가 어떤 기분이었을 것 같나요?"

- 대답: 불편합니다. 어색합니다. 짜증납니다. 무섭습니다. 두렵습니다.
  - ○ "(보조 치료자 1의 이름)이/가 (보조 치료자 2의 이름)에 대해서 어떻게 생각했을 것 같나요?"
    - 대답: 이상합니다. 너무 절실합니다. 무서운 스토커 같습니다.
  - ○ "(보조 치료자 1의 이름)이/가 (보조 치료자 2의 이름)와/과 이야기를 나누고 싶어 할 것 같나요?"
    - 대답: 아니요.
- 보조 치료자 1에게 같은 **조망 수용 질문**을 한다.
  - ○ "어떤 기분이 들었나요?"
  - ○ "(보조 치료자 2의 이름)에 대해서 어떻게 생각했나요?"
  - ○ "(보조 치료자 2의 이름)와/과 데이트를 하거나 다시 이야기를 나누고 싶나요?"

거절 받아들이기를 위한 단계

- 설명: "상대에게 압박을 주거나 거절하는 이유를 계속해서 물어보는 것보다는 너그럽게 거절을 받아들이고, 다음과 같은 중요한 단계들을 따라야 합니다."

1. 침착함을 유지한다.

- 치료자: "누군가에게 데이트를 신청했을 때 거절을 받아들이는 첫 번째 단계는 침착함을 유지하는 것입니다. 침착함을 유지하는 것이 중요한 이유는 무엇인가요?"
  - ○ 대답: 침착함을 유지하지 않는다면 상대방이 불편해할 수 있습니다. 침착함을 잃으면 너무 절실하거나 어리석어 보일 수 있습니다. 당신이 나쁜 평판을 얻을 수 있습니다. 다른 사람이 당신과 데이트를 하고 싶어 하지 않을 수 있습니다.

2. 거절을 받아들이는 가벼운 말을 한다.

- 치료자: "다음 단계는 거절을 받아들이는 가벼운 말을 하는 것입니다. 거절을 받아들인다는 것을 보여주기 위해 할 수 있는 가벼운 말에는 무엇이 있나요?"
  - ○ 예시: "응, 알겠어. 그렇구나."
  - ○ 예시: "그래. 그냥 한번 물어봤어."
  - ○ 예시: "응, 괜찮아. 신경 쓰지 마."

3. 주제를 다시 공통의 관심사로 바꾼다.

- 치료자: "거절을 받아들이는 다음 단계는 주제를 다시 공통의 관심사로 바꾸는 것입니다. 데이트를 신청하기 이전에 나누었던 대화 주제로 다시 돌아가는 것이 좋은 생각인 이유는 무엇인가요?"
  - ○ 대답: 거절당한 것에 초점을 두고 있으면 어색할 수 있기 때문입니다. 데이트 제안에서 벗어나 다시 **공통의 관심사**에 대해서 이야기하는 것이 더 좋기 때문입니다.

4. 대화에서 빠져나오기 전에 꼬리말을 한다.

- 치료자: "어느 순간에 이르면 대화는 끝날 것입니다. 대화에서 빠져나오기 전에 꼬리말을 하는 것이 가장 좋습니다. 꼬리말을 하는 것이 중요한 이유는 무엇인가요?"
  - ○ 대답: 당신이 창피하거나 속상해서 도망치는 것처럼 보이지 않기 위해서입니다.

- 설명: "거절 받아들이기의 단계들을 따르는 동안 해야 할 일이 몇 가지 더 있습니다."

- **호의적인 태도를 유지한다.**
  - 치료자: "거절을 당하고 나서도 상대에게 호의적인 태도를 유지하는 것이 중요합니다. 호의적인 태도를 유지하는 것이 중요한 이유는 무엇인가요?"
    - 대답: 호의적인 태도를 유지하지 않으면 서로에게 불편한 상황을 만들 수 있기 때문입니다.
- **당신과 데이트를 하자고 상대에게 강요하지 않는다.**
  - 치료자: "누군가가 당신의 데이트 제안을 거절한다면 계속해서 당신과 데이트를 하자고 상대에게 강요하지 않는 것이 중요합니다. 즉, 계속해서 데이트를 하자고 강요하거나 요청하지 말라는 뜻입니다. 또한 좋으면서 싫어하는 척하고 있다고 생각하면 안 됩니다. 당신과 데이트를 하자고 강요하거나 계속해서 요청했을 때 무엇이 문제가 될 수 있을까요?"
    - 대답: 상대를 불편하게 만들 수 있습니다. 너무 절실해 보일 수 있습니다. 무서운 스토커라고 생각할 수 있습니다. 당신이 나쁜 평판을 얻을 수 있습니다. 다른 사람들이 당신과 데이트하기 꺼릴 수 있습니다.
  - 질문: "만약 상대가 준 답변이 바뀔 가능성이 있을 때는 어떻게 해야 하나요? 예를 들어 상대가 지금은 데이트를 하고 싶지 않다고 한다면 어떻게 해야 하나요? 어떻게 이야기할 수 있을까요?"
    - 예시: "생각이 바뀌면 나한테 알려줘."
    - 예시: "상황이 바뀌면 나한테 알려줘."
  - 질문: "위와 같은 말을 꼭 해야 하나요?"
    - 대답: 아니요.
- **이유를 묻지 않는다.**
  - 치료자: "상대가 거절한 이유가 궁금하더라도 이유가 무엇인지 물어봐도 되나요?"
    - 대답: 아니요.
  - 질문: "상대가 거절한 이후에 그 이유를 물어보면 무엇이 문제가 될 수 있을까요?"
    - 대답: 너무 절실해 보일 수 있습니다. 상대를 불편하게 만들 수 있습니다. 물어보는 것 자체가 어색합니다.

적절한 역할극: 거절 받아들이기 ▶

[보조 치료자 2명이 **거절 받아들이기**의 적절한 역할극을 한다. 보조 치료자가 한 명뿐이라면 집단 치료자가 다른 보조 치료자의 역할을 대신할 수 있다.]

- 치료자: "이제부터 역할극을 보여줄 것입니다. 잘 보고 (보조 치료자 2의 이름)이/가 거절을 받아들이면서 무엇을 잘했는지 이야기해주세요."

적절한 역할극의 예

- 보조 치료자 1: (스마트폰을 쳐다본다.)
- 보조 치료자 2: "안녕, (이름)아/야. 요즘 어떻게 지내?"
- 보조 치료자 1: "난 잘 지내. 너는?"
- 보조 치료자 2: "나도 잘 지내. 그런데 너는 주말에 뭐 했어?"
- 보조 치료자 1: "친구들이랑 같이 영화 보러 갔어."

○ 보조 치료자 2: "재미있었겠다. 우리가 저번에 말했던 SF 영화 본 거야?"

○ 보조 치료자 1: (실망스러워하면서) "아니, 하지만 그거 보러 가고 싶어."

○ 보조 치료자 2: (자연스럽게 호의적인 태도로) "나도 그 영화 보고 싶어." (짧게 기다렸다가) "그런데 이번 주말에 뭐 해?"

○ 보조 치료자 1: (망설이면서, 약간 긴장하며) "아직 잘 모르겠어."

○ 보조 치료자 2: (자연스럽게, 호의적인 태도로) "그럼 우리 둘이 그 영화 보러 갈래?"

○ 보조 치료자 1: (살짝 어색하게) "실은…… 나 사귀는 사람이랑 그 영화 같이 보기로 했어."

○ 보조 치료자 2: (실망했지만 아무렇지도 않은 듯이 호의적인 태도로) "응, 그렇구나, 알겠어."

○ 보조 치료자 1: (호의적인 태도로) "하지만 물어봐 줘서 고마워."

○ 보조 치료자 2: (심각하지 않게, 호의적인 태도로) "응." (짧게 기다렸다가) "아무튼 그 영화 꼭 보러 가. 진짜 재미있다고 들었어."

○ 보조 치료자 1: (미소를 지으며, 호의적으로) "응, 나도 그렇게 들었어. 꼭 보러 가야지."

○ 보조 치료자 2: (짧게 기다렸다가) "난 이만 수업에 들어가 봐야겠다."

○ 보조 치료자 1: (자연스럽게) "나도."

○ 보조 치료자 2: (아무렇지도 않은 듯이, 호의적인 태도로) "그래. 그럼 나중에 봐."

○ 보조 치료자 1: (자연스럽게) "응. 잘 지내고."

○ 보조 치료자 2: (아무렇지도 않은 듯이, 호의적인 태도로, 손을 흔들면서) "안녕."

○ 보조 치료자 1: (자연스럽게 손을 흔들면서) "안녕."

○ 보조 치료자 1 & 2: (헤어진다.)

● 치료자: "자, 여기까지입니다. (보조 치료자 2의 이름)이/가 거절을 받아들이면서 무엇을 잘했지요?"

○ 대답: **침착함을 유지했으며, 받아들이는 가벼운 말을 했습니다. 대화의 주제를 다시 공통의 관심사로 바꿨습니다. 대화에서 빠져나오기 전에 꼬리말을 했습니다. 호의적인 태도를 유지했습니다. 상대에게 강요하지 않았습니다. 거절의 이유를 물어보지 않았습니다.**

● 다음과 같은 **조망 수용 질문**을 한다.

○ "(보조 치료자 1의 이름)이/가 어떤 기분이었을 것 같나요?"

■ 대답: 괜찮습니다. 상대에게 미안하지만 기분은 좋습니다.

○ "(보조 치료자 1의 이름)이/가 (보조 치료자 2의 이름)에 대해서 어떻게 생각했을 것 같나요?"

■ 대답: 좋은 사람입니다. 친절합니다.

○ "(보조 치료자 1의 이름)이/가 (보조 치료자 2의 이름)와/과 이야기를 나누고 싶어 할 것 같나요?"

■ 대답: 예. 아마 그럴 것 같습니다.

● 보조 치료자 1에게 같은 **조망 수용 질문**을 한다.

○ "어떤 기분이 들었나요?"

○ "(보조 치료자 2의 이름)에 대해서 어떻게 생각했나요?"

○ "(보조 치료자 2의 이름)와/과 이야기를 나누고 싶나요?"

행동 연습: 거절 받아들이기

● 설명: "지금부터 여러분이 보조 치료자 한 명과 데이트 신청하기 및 거절 받아들이기를 연습할 것입니다."

● 각각의 성인이 돌아가면서 보조 치료자 중 한 명과 함께 **거절 받아들이기**를 연습하게 한다.

   ○ 성인들이 함께 연습할 수 있도록 최소한 한 명의 남성 보조 치료자와 여성 보조 치료자가 있어야 한다.

   ○ 보조 치료자가 한 명뿐이라면 집단 치료자가 모자라는 같은 성별의 보조 치료자를 대신할 수 있다.

   ○ 질문: "(여성 보조 치료자의 이름)와/과 (남성 보조 치료자의 이름) 중 누구와 연습하는 것이 더 편할 것 같나요?"

● 성인들에게 그들이 무엇을 좋아하는지 물어본 다음, 보조 치료자들이 그들과 **공통의 관심사**를 공유하고 있다고 상상하면서, 그 관심사를 주제로 삼아 공통의 관심사를 이유로 **데이트 신청하기**를 연습하게 한다.

● 성인들이 **데이트 신청하기** 및 **거절 받아들이기**의 단계를 따르는 동안에 칠판을 볼 것을 격려한다.

   ○ 성인들이 연습하는 동안 특정 단계를 짚어 주어야 할 수도 있다.

   ○ 성인들이 행동 연습을 하는 동안에는 중간에 멈추지 않도록 한다.

● 필요하다면 상황에 맞게 **사회성 코칭**을 제공하고 일어날 수 있는 문제의 **해결책**을 논의한다.

● 각각의 성인이 연습을 끝낼 때마다 박수를 쳐준다.

데이트 신청 거절하기

● 설명: "자신이 관심 없어 하는 사람이 당신에게 데이트 신청을 할 수도 있습니다. 이런 일이 생겼을 때 데이트는 선택이라는 것을 기억하는 것이 중요합니다. 우리는 모든 사람과 데이트를 하지 않으며, 모든 사람 또한 우리와 데이트하지 않습니다. 즉, 누군가가 당신에게 데이트를 신청했다고 해서 이를 무조건 받아들일 필요는 없다는 뜻입니다. 당신이 누군가의 데이트 신청을 거절할 때 따라야 하는 매우 구체적인 단계가 있습니다."

부적절한 역할극 : 데이트 신청 거절하기 ▶

[보조 치료자 2명이 데이트 신청 거절하기의 부적절한 역할극을 한다. 보조 치료자가 한 명뿐이라면 집단 치료자가 다른 보조 치료자의 역할을 대신할 수 있다.]

● 치료자: "이제 또 다른 역할극을 보여줄 것입니다. 잘 보고 (보조 치료자 1의 이름)이/가 데이트 신청을 거절하면서 무엇을 잘못했는지 이야기해주세요."

부적절한 역할극의 예

○ 보조 치료자 1: (스마트폰을 쳐다본다.)

○ 보조 치료자 2: (신이 나서, 빠른 속도로 다가온다.) "안녕, (이름)아/야. 나랑 데이트할래?"

○ 보조 치료자 1: (놀라며, 화가 나서) "농담해? 내가 왜 너랑 데이트를 해!"

○ 보조 치료자 2: (끈질기게) "왜? 에이, 튕기지 말고 조만간 같이 데이트하자."

○ 보조 치료자 1: (보조 치료자 2를 향해 비웃으며) "내가 뭐 잘못 먹었니? 싫은데."

○ 보조 치료자 2: (혼란스러워하면서) "아, 왜 안 되는데?"

○ 보조 치료자 1: (무례하게 보조 치료자 2를 놀리면서) "넌 왜 내가 너랑 데이트를 할 거라고 생각해?"

○ 보조 치료자 2: (상처받은 얼굴로) "재미있을 것 같았어."

○ 보조 치료자 1: (짜증내면서, 무시하듯이) "내가 죽었다 깨어나도 그런 일 없을 거야!"

- 치료자: "자, 여기까지입니다. (보조 치료자 1의 이름)이/가 데이트 제안을 거절하는 데 무엇을 잘못했나요?"
  ○ 대답: 무례하게 행동했습니다. 상대방을 놀렸습니다. 비웃었습니다.
- 다음과 같은 **조망 수용 질문**을 한다.
  ○ "(보조 치료자 2의 이름)이/가 어떤 기분이었을 것 같나요?"
    ■ 대답: 창피합니다. 속상합니다. 화가 납니다.
  ○ "(보조 치료자 2의 이름)이/가 (보조 치료자 1의 이름)에 대해서 어떻게 생각했을 것 같나요?"
    ■ 대답: 나쁜 사람 같습니다. 무례합니다. 거만합니다.
  ○ "(보조 치료자 2의 이름)이/가 (보조 치료자 1의 이름)와/과 이야기를 나누고 싶어 할 것 같나요?"
    ■ 대답: 아니요.
- 보조 치료자 2에게 같은 **조망 수용 질문**을 한다.
  ○ "어떤 기분이 들었나요?"
  ○ "(보조 치료자 1의 이름)에 대해서 어떻게 생각했나요?"
  ○ "(보조 치료자 1의 이름)와/과 이야기를 나누고 싶나요?"

데이트 신청 거절하기를 위한 단계

설명: "상대방의 데이트 제안을 친절하게 거절할 때는 상대에게 무례하게 행동하거나, 상대를 향해 비웃거나 놀리는 대신에 다음과 같은 중요한 단계들을 따라야 합니다."

1. 침착함을 유지한다.

- 치료자: "당신에게 데이트 신청을 한 사람에게 이를 거절하기 위한 첫 번째 단계는 침착함을 유지하는 것입니다. 침착함을 유지하는 것이 중요한 이유는 무엇인가요?"
  ○ 대답: 침착함을 유지하지 않으면 상대를 당황하게 할 수 있습니다. 상대의 기분을 상하게 할 수 있습니다. 못되거나 무례해 보일 수 있습니다. 당신이 나쁜 평판을 얻을 수 있습니다.

2. 호의적인 태도로 거절한다.

- 치료자: "다음 단계는 상대방의 제안을 호의적인 태도로 거절하는 것입니다. 어떻게 하면 호의적인 태도로 거절할 수 있을까요?"
  ○ 예시: "어려울 것 같아. 미안해."
  ○ 예시: "안 될 것 같아. 미안해."
  ○ 예시: "음…… 글쎄, 모르겠어."

3. 거절하는 이유를 말한다.

- 설명: "사람들은 종종 자신이 거절당한 이유를 알고 싶어 합니다. 그러므로 거절하는 이유를 말해주는 것이 상대에 대한 예의를 갖추는 것일 수 있습니다. 상대의 감정을 상하게 할 수 있는 이유라면 너무 솔

직하게 말하지 않는 것이 좋습니다."

- 질문: "상대의 제안을 거절하는 이유에는 어떤 것들이 있을까요?"
  - ○ 예시: "나는 너를 그냥 좋은 친구라고 생각해."
  - ○ 예시: "나 다른 사람한테 관심이 있어."
  - ○ 예시: "나 현재 사귀는 사람이 있어." (만나는 사람이 없다면 본 예시는 말하지 않습니다.)

4. **당신에게 데이트 신청을 해준 것에 대해 고마움을 표시한다.**
   - 설명: "당신이 그 사람에게 관심이 없더라도 다른 사람이 당신과 데이트를 하고 싶어 하는 것은 일반적으로 당신을 칭찬해준 것과 마찬가지입니다. 즉, 그 사람의 제안에 고마움을 표시하는 것은 친절한 태도입니다. 데이트를 제안한 것에 대해 어떻게 고마움을 표시할 수 있을까요?"
     - ○ 예시: "그래도 물어봐 줘서 고마워."
     - ○ 예시: "나를 좋게 생각해주다니 기분 좋다."

5. **주제를 다시 공통의 관심사로 바꾼다.**
   - 치료자: "데이트 신청을 거절하는 것의 다음 단계는 주제를 다시 공통의 관심사로 바꾸는 것입니다. 데이트를 신청하기 이전에 나누었던 대화의 주제로 다시 돌아가는 것이 좋은 생각인 이유는 무엇인가요?"
     - ○ 대답: 거절한 것에 초점을 두고 있으면 어색할 수 있기 때문입니다. 데이트 제안에서 벗어나서 다시 **공통의 관심사**에 대해 이야기하는 것이 더 좋기 때문입니다.

6. **대화에서 빠져나오기 전에 꼬리말을 한다.**
   - 치료자: "어느 순간에 이르면 대화는 끝날 것입니다. 대화에서 빠져나오기 전에 꼬리말을 하는 것이 가장 좋습니다. 꼬리말을 하는 것이 중요한 이유는 무엇인가요?"
     - ○ 대답: 당신이 당황하거나 불편해서 도망치는 것처럼 보이지 않기 위해서입니다.

- 설명: "데이트 거절하기의 단계들을 따르는 동안 해야 할 일이 몇 가지 더 있습니다."

- **호의적인 태도를 유지한다.**
  - ○ 치료자: "상대의 데이트 제안을 거절할 때 호의적인 태도를 유지하는 것이 중요합니다. 호의적인 태도를 유지하는 것이 중요한 이유는 무엇인가요?"
    - ■ 대답: 호의적인 태도를 유지하지 않으면 서로에게 어색한 상황을 만들 수 있기 때문입니다.
- **단지 어떻게 거절하는지 모르겠다는 이유로 상대방의 제안을 받아들이지 않는다.**
  - ○ 치료자: "누군가의 제안을 거절하는 것이 때로는 어색하게 느껴질 수 있습니다. 그러나 단지 누군가의 제안을 어떻게 거절하는지 몰라서 데이트 제안을 받아들여야 할까요?"
    - ■ 대답: 아니요.
  - ○ 질문: "누군가의 제안을 어떻게 거절하는지 몰라서 받아들인다면 무엇이 문제가 될 수 있을까요?"
    - ■ 대답: 상대를 좋아하지 않는데 데이트하는 것은 그 사람에게 옳은 일이 아닙니다. 피할 수 없는 일이 일어나는 것을 그저 미루어 둘 뿐입니다. 관심 없는 사람과 데이트를 하는 것은 바람직하지 않습니다.
- **단지 미안하다는 이유로 상대방의 제안을 받아들이지 않는다.**
  - ○ 치료자: "누군가의 데이트 제안을 거절하는 것에 사람들은 때로 죄책감을 느낍니다. 단지 미안하다는 이

유로 상대방의 제안을 받아들여야 할까요?"

- 대답: 아니요.

○ 질문: "단지 미안하다는 이유로 상대방의 제안을 받아들이면 무엇이 문제가 될 수 있을까요?"

- 대답: 상대를 좋아하지 않는데 데이트하는 것은 그 사람에게 옳은 일이 아닙니다. 피할 수 없는 일이 일어나는 것을 그저 미뤄 둘 뿐입니다. 관심 없는 사람과 데이트를 하는 것은 바람직하지 않습니다.

● **상대를 비웃거나 놀리지 않는다.**

○ 치료자: "어떤 사람들은 자신에게 데이트를 제안한 사람을 비웃거나 놀리는 경우가 있습니다. 상대를 비웃거나 놀린다면 무엇이 문제가 될 수 있을까요?"

- 대답: 나쁜 행동입니다. 무례하고 예의 없습니다. 당신이 나쁜 평판을 얻을 수 있습니다. 다른 사람들이 당신에게 데이트를 신청하고 싶어 하지 않을 수 있습니다.

● **상대가 당신에게 데이트를 제안했다고 다른 사람들에게 이야기하지 않는다.**

○ 치료자: "누군가로부터 데이트 신청을 받았을 때 다른 사람에게 이야기하고 싶은 마음이 생길 수 있습니다. 하지만 누군가의 데이트 신청을 거절하고 다른 사람에게 이야기한다면 무엇이 문제가 될 수 있을까요?"

- 대답: 사람들이 이에 대해서 뒤에서 수다를 떨 수 있습니다. 데이트를 신청한 사람에게 당황스러운 일이 될 수도 있습니다. 당신이 나쁘게 보이게 할 것입니다. 당신이 나쁜 평판을 얻을 수 있습니다. 나중에 다른 사람이 당신에게 데이트 신청하는 것이 두려워질 수도 있습니다.

○ 질문: "가장 친한 친구, 사회성 코치 혹은 가족한테 말해도 되나요?"

- 대답: 예. 하지만 호의적으로 이야기해야 하고, 데이트를 제안한 상대를 놀리면 안 됩니다.

적절한 역할극: 데이트 신청 거절하기 ▶

[보조 치료자 2명이 **데이트 신청 거절하기**의 적절한 역할극을 한다. 보조 치료자가 한 명뿐이라면 집단 치료자가 다른 보조 치료자의 역할을 대신할 수 있다.]

● 치료자: "이제 또 다른 역할극을 보여줄 것입니다. 잘 보고 (보조 치료자 1의 이름)이/가 데이트 신청을 거절하면서 무엇을 잘했는지 이야기해주세요."

적절한 역할극의 예

○ 보조 치료자 1: (스마트폰을 쳐다본다.)

○ 보조 치료자 2: "안녕, (이름)아/야. 요즘 어떻게 지내?"

○ 보조 치료자 1: "난 잘 지내. 너는?"

○ 보조 치료자 2: "나도 잘 지내. 그런데 너는 주말에 뭐 했어?"

○ 보조 치료자 1: "친구들이랑 같이 영화 보러 갔어."

○ 보조 치료자 2: "재미있었겠다. 우리가 저번에 말했던 SF 영화 본 거야?"

○ 보조 치료자 1: (실망스러워하면서) "아니, 하지만 그거 보러 가고 싶어."

○ 보조 치료자 2: (아무렇지도 않은 듯이 상냥하게) "나도 그 영화 보고 싶어." (짧게 기다렸다가) "그런데 이번 주말에 뭐 해?"

○ 보조 치료자 1: (망설이면서, 약간 긴장하며) "아직 잘 모르겠어."

○ 보조 치료자 2: (아무렇지도 않은 듯이 상냥하게) "그럼 그 영화 같이 보러 갈래?"

○ 보조 치료자 1: (살짝 어색하게) "실은…… 나 사귀는 사람이랑 그 영화 보러 가기로 해……"

○ 보조 치료자 2: (아무렇지도 않은 듯이, 상냥하게) "응, 그렇구나. 알겠어."

○ 보조 치료자 1: (상냥하게) "하지만 물어봐 줘서 고마워."

○ 보조 치료자 2: (아무렇지도 않은 듯이 상냥하게) "응, 그냥 한번 물어본 거야."

○ 보조 치료자 1: (아무렇지도 않은 듯이 상냥하게) "응." (짧게 기다렸다가) "아무튼 그 영화 꼭 보러 가. 진짜 재미있다고 들었어."

○ 보조 치료자 2: (미소를 지으며 상냥하게) "응, 나도 그렇게 들었어. 꼭 보러 가야지."

○ 보조 치료자 1: (짧게 기다렸다가) "난 이만 수업에 들어가 봐야겠다."

○ 보조 치료자 2: (상냥하게) "나도."

○ 보조 치료자 1: (아무렇지도 않은 듯이 상냥하게) "그래. 그럼 나중에 봐."

○ 보조 치료자 2: (상냥하게) "응. 잘 지내고."

○ 보조 치료자 1: (아무렇지도 않은 듯이 상냥하게, 손을 흔들면서) "안녕."

○ 보조 치료자 2: (상냥하게 손을 흔들면서) "안녕."

○ 보조 치료자 1 & 2: (헤어진다.)

● 치료자: "자, 여기까지입니다. (보조 치료자 1의 이름)이/가 데이트 제안을 거절하면서 무엇을 잘했나요?"
  ○ 대답: 침착함을 유지했습니다. 호의적인 태도로 거절했습니다. 같이 데이트할 수 없는 이유를 말해줬습니다. 고마움을 표시했습니다. 대화의 주제를 다시 공통의 관심사로 바꿨습니다. 대화에서 빠져나오기 전에 꼬리말을 했습니다.
● 다음과 같은 **조망 수용 질문**을 한다.
  ○ "(보조 치료자 2의 이름)이/가 어떤 기분이었을 것 같나요?"
    ■ 대답: 대화가 끝날 무렵에는 기분이 괜찮아진 것 같습니다.
  ○ "(보조 치료자 2의 이름)이/가 (보조 치료자 1의 이름)에 대해서 어떻게 생각했을 것 같나요?"
    ■ 대답: 관심은 없지만 좋은 사람이라고 생각했을 것 같습니다.
  ○ "(보조 치료자 2의 이름)이/가 (보조 치료자 1의 이름)와/과 이야기를 나누고 싶어 할 것 같나요?"
    ■ 대답: 아마도 그럴 것 같습니다.
● 보조 치료자 2에게 같은 **조망 수용 질문**을 한다.
  ○ "어떤 기분이 들었나요?"
  ○ "(보조 치료자 1의 이름)에 대해서 어떻게 생각했나요?"
  ○ "(보조 치료자 1의 이름)와/과 이야기를 나누고 싶나요?"

행동 연습: 데이트 신청 거절하기

● 설명: "이제부터 여러분은 보조 치료자 한 명과 상대방의 데이트 신청을 거절하는 것을 연습할 것입니다."
● 각각의 성인이 돌아가면서 보조 치료자 중 한 명과 상대의 **데이트 신청 거절하기**를 연습하게 한다.
  ○ 성인들이 함께 연습할 수 있도록 최소한 한 명의 남성 보조 치료자와 여성 보조 치료자가 있어야 한다.

○ 보조 치료자가 한 명뿐이라면 집단 치료자가 모자라는 같은 성별의 보조 치료자를 대신할 수 있다.

○ 질문: (여성 보조 치료자의 이름)와/과 (남성 보조 치료자의 이름) 중 누구와 연습하는 것이 더 편할 것 같나요?

● 성인들에게 그들이 무엇을 좋아하는지 물어본 다음, 보조 치료자들이 그들과 **공통의 관심사**를 공유하고 있다고 상상하면서, 그 관심사를 주제로 삼아 공통의 관심사를 이유로 **데이트 신청하기**를 연습하게 한다.

● 보조 치료자가 데이트를 신청할 때 성인들이 **데이트 신청 거절하기** 단계를 따를 수 있게 한다.

● 성인들이 **데이트 신청 거절하기** 단계를 따르는 동안에 칠판을 볼 것을 격려한다.

○ 성인들이 연습하는 동안 특정 단계를 짚어 주어야 할 수도 있다.

○ 성인들이 행동 연습을 하는 동안에는 중간에 멈추지 않도록 한다.

● 필요하다면 상황에 맞게 **사회성 코칭**을 제공하고 일어날 수 있는 문제의 **해결책**을 논의한다.

● 각각의 성인이 연습을 끝낼 때마다 박수를 쳐준다.

행동 연습

함께 어울리기

필요한 자료

- 실내 게임(예: 비디오 게임, 카드 게임, 보드 게임)
  - ○ 비디오 게임을 선택권으로 제공하고자 한다면 모든 집단원이 동시에 가지고 놀 수 있도록 여러 개의 게임용 콘솔을 준비한다.
  - ○ 휴대용의 조그마한 게임용 장치를 사용하면 순서를 기다리는 사람들은 지루해할 수 있기 때문에 이것은 사용하지 않는다.
  - ○ 다른 게임들을 가지고 있지 않다면 카드 몇 팩을 가지고 오는 것만으로도 충분하다.
- 선택사항: 유튜브 동영상을 볼 수 있는 아이패드나 휴대용 컴퓨터, 인터넷 서핑, 컴퓨터 게임
  - ○ 아이패드나 휴대용 컴퓨터를 선택권에 포함하고자 한다면 모든 집단원이 동시에 가지고 놀 수 있도록 여러 개를 준비한다.
- [주: PEERS® 프로그램을 진행하는 곳에서 게임기, 아이패드, 휴대용 컴퓨터와 같이 값비싼 물품을 구비하기는 대체로 어렵다. **활동에 바탕을 둔 함께 어울리기를 진행하기 위해서는 몇 가지 카드 게임을 준비하는 정도면 충분하다.**]

행동 연습

- 성인들에게 **함께 어울리기 시작하고 마무리하기** 연습을 한다고 알린다.
- 성인들을 작은 집단으로 나눈다(3명 미만으로는 하지 않는다).
- 각각의 성인이 단계를 따르면서 **함께 어울리기 시작하기**를 연습하게 한다.
  - ○ '초대자'와 '손님' 역할을 정해준다.
    - 초대자 역할 1명
    - '도착하는 손님' 역할 1명
    - 다른 집단원들은 '도착해 있는 손님' 역할을 한다.
  - ○ 초대자 역할을 맡은 집단원이 **함께 어울리기 시작하기** 단계를 말로 이야기하는 것부터 시작한다(처음에는 칠판을 봐야 할 수도 있다).
  - ○ 성인이 **함께 어울리기 시작하기**의 구체적인 단계를 이야기할 수 있도록 다음과 같은 **사회성 코칭 질문** 중 몇 개를 사용하여 소크라테스식 질문을 제공해야 할 수도 있다.
    - "손님이 당신 집 벨을 누르면 무엇을 해야 할까요?"
    - "손님이 문 앞에 서 있다면 무엇을 해야 할까요?"
    - "도착한 손님이 이미 도착해 있는 다른 손님들을 모른다면 어떻게 해야 할까요?"
    - "손님이 당신 집에 처음 방문하는 것이라면 무엇을 해야 할까요?"
    - "손님에게 무엇인가를 대접해야 할까요?"
    - "무엇을 할지 어떻게 정해야 할까요?"
  - ○ 도착하는 손님은 밖에 서서 문을 두드린다.

○ 도착해 있는 손님(들)은 근처에 자리 잡아 앉아 있도록 한다.

○ 초대자가 **함께 어울리기 시작하기**를 위한 단계를 따르게 한다.

○ 단계를 따르는 것을 어려워한다면 다음의 **사회성 코칭 질문** 중 몇 개를 사용하여 소크라테스식 질문을 제공해야 할 수도 있다.

  ■ "친구가 당신 집 벨을 누르면 무엇을 해야 할까요?"

  ■ "친구가 집 안으로 들어와야 할까요?"

  ■ "모든 친구가 서로 알고 있는 사이인가요?"

  ■ "친구가 당신 집을 방문한 적이 있나요?"

  ■ "친구들에게 무엇인가를 대접해야 할까요?"

  ■ "당신과 친구들이 무엇을 할지 어떻게 정해야 할까요?"

○ 성인이 연습을 끝내면 "여기까지입니다."라고 말하고 다른 성인들이 박수를 쳐주도록 한다.

○ 각각의 성인이 **함께 어울리기 시작하기**에서 초대자, 도착한 손님, 도착해 있는 손님 역할을 연습할 수 있게 한다.

● 성인들이 **함께 어울리기** 하는 동안 정보 교환을 하고, **공통의 관심사 찾기**, 치료팀에서 제공한 게임 및 아이템(예: 비디오 게임, 카드 게임, 보드 게임, 아이패드, 휴대용 컴퓨터)을 가지고 놀면서 어떻게 행동해야 하는지에 관한 규칙을 연습한다.

● 각각의 성인이 단계를 따르면서 **함께 어울리기 마무리하기**를 연습하게 한다.

○ 초대자와 손님 역할을 정해준다.

  ■ 초대자 역할 1명

  ■ 다른 집단원들은 손님 역할을 맡는다.

○ 초대자 역할을 맡은 집단원이 **함께 어울리기 마무리하기** 단계를 말로 이야기하는 것부터 시작한다.

○ 성인이 **함께 어울리기 마무리하기**의 구체적인 단계를 이야기할 수 있도록 다음과 같은 **사회성 코칭 질문** 중 몇 개를 사용하여 소크라테스식 질문을 제공해야 할 수도 있다.

  ■ "함께 어울리기를 마무리하기 위해 친구들이 하던 것을 중단시켜야 할까요?"

  ■ "친구들에게 무작정 가라고 해도 될까요?"

  ■ 친구들이 혼자서 나가는 곳을 찾아가게 해도 될까요?

  ■ "친구들에게 고맙다는 인사를 해야 할까요?"

  ■ "좋은 시간을 보냈다면 무엇이라고 말해야 할까요?"

  ■ "다음에 또 만나고 싶다면 무엇이라고 말해야 할까요?"

  ■ "친구들이 떠날 때 가장 마지막에 무엇이라고 말해야 할까요?"

○ 초대자가 **일어나서 문까지 배웅하기** 연습을 시작하기 전에 초대자와 손님들은 앉아 있는다.

○ 초대자가 **함께 어울리기 마무리하기** 단계를 따르게 한다.

○ 단계를 따르는 것을 어려워한다면 다음의 **사회성 코칭 질문** 중 몇 개를 사용하여 소크라테스식 질문을 제공해야 할 수도 있다.

  ■ "친구들에게 무작정 가라고 해야 할까요, 아니면 마무리해야 할 이유를 말해야 할까요?"

  ■ "친구들이 혼자서 나가는 곳을 찾아가게 해도 될까요?"

  ■ "친구들에게 고맙다는 인사를 해야 할까요?"

- ■ "좋은 시간을 보냈다면 무엇이라고 말해야 할까요?"

- ■ "다음에 또 만나고 싶다면 무엇이라고 말해야 할까요?"

- ■ "친구들이 떠날 때 가장 마지막에 무엇이라고 말해야 할까요?"

○ 손님들은 실제로 자리를 떠나고 역할극이 끝났을 때 다시 들어온다.

○ 성인이 연습을 끝내면 "여기까지입니다."라고 말하고 다른 성인들이 박수를 쳐주도록 한다.

○ 각각의 성인이 **함께 어울리기 마무리하기**에서 초대자와 손님 역할을 연습할 수 있게 한다.

다시 만나기

● 성인들에게 사회성 코치와 다시 만날 것이라고 안내한다.

　○ 성인들은 각자의 사회성 코치 곁에 서 있거나 앉아 있는다.

　○ 다시 만나는 시간이 시작되기 전에, 조용히 하고 집단에 완전히 집중하게 한다.

　○ 사회성 코치들이 옆에서 듣고 있는 동안에 성인들이 이번 회기에서 배웠던 내용을 이야기하게 한다.

● 치료자: "오늘 우리는 데이트 예절과 데이트 신청하는 방법들에 대해서 배웠습니다. 데이트를 신청하기 위한 단계들에는 어떤 것들이 있나요?"

　1. **물어볼 적절한 타이밍을 기다린다.**

　2. **정보를 교환한다.**

　3. **공통의 관심사를 언급한다.**

　4. **상대에게 특정한 어떤 시간에 무엇을 할 계획인지를 물어본다.**

　5. **상대의 관심도를 평가한다.**

　6. **공통의 관심사를 이유로 함께 만나자고 한다.**

　7. **연락처를 교환한다.**

　8. **언제 다시 연락할 것인지를 알려준다.**

● 치료자: "성인들은 데이트 신청하기 방법을 연습했으며, 아주 훌륭히 수행했습니다. 다 같이 박수를 쳐줍시다."

과제 안내하기

성인들에게 사회성 코칭 유인물을 나눠주고 다음과 같이 과제를 안내한다.

1. 친구와 **함께 어울리기**를 한다.

　● 사회성 코치들은 성인들이 **다섯 가지 요소**를 사용하여 함께 어울리기를 계획할 수 있도록 도와준다.

　　○ **누구와** 할 것인지

　　○ **무엇을** 할 것인지

　　○ **언제** 함께 어울리기를 할 것인지

　　○ **어디서** 함께 어울리기를 할 것인지

　　○ **어떻게** 함께 어울리기가 이루어질 수 있도록 준비할 것인지

　● 연습 전에 사회성 코치들은 성인들과 **함께 어울리기** 규칙과 단계를 점검한다.

　● **함께 어울리기** 연습 이후에 사회성 코치들은 성인들에게 다음과 같은 **사회성 코칭 질문**을 한다.

　　○ 무엇을 하기로 결정했으며 함께할 활동을 누가 선택했나요?

　　○ 정보를 교환했나요? 함께 어울리는 시간의 몇 %를 정보를 교환하는 데 사용했나요?

　　○ 공통의 관심사는 무엇이었나요? 만약 두 사람이 함께 시간을 보내게 된다면 그 정보를 가지고 무엇을 할 수 있나요?

　　○ 당신과 친구는 좋은 시간을 보냈나요?

　　○ 다시 만나 시간을 보내기에 적합한 사람인 것 같나요?

2. 상대에게 내가 관심이 있다는 것 알리기를 연습한다.

- 성인들이 누군가를 연애 상대로 좋아하고 있다면 **상대에게 내가 관심이 있다는 것 알리기** 전략을 시도하게 한다.
  - 상대에게 연애 상대로서의 호감을 갖기 전까지는 시도하지 않는다.
  - 성공적인 데이트를 할 수 있는 규칙을 아직 배우지 않았기 때문에 상대방에게 데이트 신청을 하지는 않는다.
- 성인들이 편하게 느낀다면 사회성 코치들과 **상대에게 내가 관심이 있다는 것 알리기** 및 데이트 신청하기를 연습하도록 한다.
- 연습 전에 사회성 코치들은 **상대에게 내가 관심이 있다는 것 알리기** 및 데이트 신청하기 규칙과 단계를 점검한다.
- 각 연습이 끝나면 사회성 코치들은 성인들에게 다음과 같은 **사회성 코칭** 질문을 한다.
  - 누구와 연습했나요?
  - 상대에게 내가 관심이 있다는 것을 알리기 위해 무엇을 했나요?
  - 상대는 어떻게 반응했나요?
  - 데이트 상대로서 좋은 선택인 것 같나요? 당신과 데이트하기에 적합한 사람인 것 같나요?

3. 또래들끼리 하고 있는 **여러 사람이 하는 대화에 들어가기**를 연습한다(새로운 친구를 사귈 수 있는 곳에서 만난 친구와 해도 된다).

- 연습 전에 사회성 코치들은 **여러 사람이 하는 대화에 들어가고 빠져나오기** 규칙과 단계를 점검한다.
- 자연스럽게 빠져나와야 할 필요가 있는 상황이 아니라면 **대화에서 빠져나오기**는 공식적인 과제가 아니다.
- 연습을 한 이후에 사회성 코치들은 성인들에게 다음과 같은 **사회성 코칭** 질문을 한다.
  - 어디서 누구와의 대화에 들어갔나요?
  - 어떤 단계들을 따랐나요?
  - 그들이 당신과 이야기를 나누고 싶어 하는 것 같았나요? 그것을 어떻게 알 수 있었나요?
  - 대화에서 빠져나왔어야 했나요? 어떤 단계들을 따랐나요?

개별적으로 확인하기

각각의 성인 및 사회성 코치들이 각자 개인적으로 다음과 같은 내용들을 협의한다.

1. 돌아오는 주에 **누구와 함께 어울리기**를 할 것인지

- 친구들에게 **무엇을** 하자고 할 계획인지
- 친구들에게 **언제** 그리고 **어디서** 만나자고 할 것인지
- **어떻게** 함께 어울리기가 이루어질 수 있도록 준비할 것인지(예: 티켓 구매를 해야 되는지, 무엇을 타고 이동할 것인지 등)

2. **상대에게 내가 관심이 있다는 것 알리기** 시도를 어떻게 할 것인지 그리고 누구에게 할 것인지

3. 또래들끼리 하고 있는 **여러 사람이 하는 대화에 들어가기**를 어디서, 언제, 누구와 할 것인지

- 그 집단이 성인을 받아들여줄 만한 **사회적 집단**인지 그리고 그것을 어떻게 알 수 있는지

사회성 코칭 유인물

데이트 신청을 하기 전에

- 공통의 친구가 있다면 그와 이야기한다.
- 눈으로 관심을 표현한다.
- 상대를 얼마나 잘 알고 있느냐에 따라서 구체적이거나 일반적인 칭찬을 한다.
- 누군가를 사귀고 있는지 물어본다.
- 정보를 교환하고 공통의 관심사를 찾음으로써 호감을 표현한다.
- 적절할 경우 그의 농담에 웃어준다.
- 데이트 상대로서 나에게 관심을 가지고 있는지 평가한다.
- 다섯 가지 요소를 사용하여 데이트하면서 할 수 있는 활동들에 대해서 고려해본다.
    - 누가와 데이트를 할 것인지
    - 무엇을 할 것인지
    - 언제 만날 것인지
    - 어디서 만날 것인지
    - 어떻게 데이트가 이루어질 수 있도록 준비할 것인지

데이트 신청하기를 위한 단계

1. 물어볼 적절한 타이밍을 기다린다.
2. 정보를 교환한다.
3. 공통의 관심사를 언급한다.
4. 상대에게 특정한 어떤 시간에 무엇을 할 계획인지를 물어본다.
5. 상대의 관심도를 평가한다.
6. 공통의 관심사를 이유로 함께 만나자고 한다.
7. 연락처를 교환한다.
8. 언제 다시 연락할 것인지를 알려준다.

거절 받아들이기를 위한 단계

1. 침착함을 유지한다.
2. 거절을 받아들이는 가벼운 말을 한다.
3. 주제를 다시 공통의 관심사로 바꾼다.
4. 대화에서 빠져나오기 전에 꼬리말을 한다.
    - 거절 받아들이기를 위한 다른 규칙
        - 호의적인 태도를 유지한다.
        - 당신과 데이트를 하자고 상대에게 강요하지 않는다.
        - 이유를 묻지 않는다.

데이트 신청 거절하기를 위한 단계

1. 침착함을 유지한다.

2. 호의적인 태도로 거절한다.

3. 거절하는 이유를 말한다.

4. 당신에게 데이트 신청을 해준 것에 대해 고마움을 표시한다.

5. 주제를 다시 공통의 관심사로 바꾼다.

6. 대화에서 **빠져나오기** 전에 꼬리말을 한다.

- 데이트 신청 거절하기를 위한 다른 규칙
  - 호의적인 태도를 유지한다.
  - 단지 어떻게 거절하는지 모르겠다는 이유로 상대방의 제안을 받아들이지 않는다.
  - 단지 미안하다는 이유로 상대방의 제안을 받아들이지 않는다.
  - 상대를 비웃거나 놀리지 않는다.
  - 상대가 당신에게 데이트를 제안했다고 다른 사람들에게 이야기하지 않는다.

과제 안내하기

1. 친구와 **함께 어울리기**를 한다.
   - 사회성 코치들은 성인들이 **다섯 가지 요소**를 사용하여 함께 어울리기를 계획할 수 있도록 도와준다.
     - **누구와** 할 것인지
     - **무엇을** 할 것인지
     - **언제** 함께 어울리기를 할 것인지
     - **어디서** 함께 어울리기를 할 것인지
     - **어떻게** 함께 어울리기가 이루어질 수 있도록 준비할 것인지
   - 연습 전에 사회성 코치들은 성인들과 **함께 어울리기** 규칙과 단계를 점검한다.
   - 함께 어울리기 연습 이후에 사회성 코치들은 성인들에게 다음과 같은 **사회성 코칭 질문**을 한다.
     - 무엇을 하기로 결정했으며 함께할 활동을 누가 선택했나요?
     - 정보를 교환했나요? 함께 어울리는 시간의 몇 %를 정보를 교환하는 데 사용했었나요?
     - 공통의 관심사는 무엇이었나요? 만약 두 사람이 함께 시간을 보내게 된다면 그 정보를 가지고 무엇을 할 수 있나요?
     - 당신과 친구는 좋은 시간을 보냈나요?
     - 다시 만나 시간을 보내기에 적합한 사람인 것 같나요?

2. 상대에게 내가 관심이 있다는 것 알리기를 연습한다.
   - 성인들이 누군가를 연애 상대로 좋아하고 있다면 **상대에게 내가 관심이 있다는 것 알리기** 전략을 시도하게 한다.
     - 상대에게 연애 상대로서의 호감을 갖기 전까지는 시도하지 않는다.
     - 성공적인 데이트를 할 수 있는 규칙을 아직 배우지 않았기 때문에 상대방에게 데이트 신청을 하지는 않는다.

- 성인들이 편하게 느낀다면 사회성 코치들과 **상대에게 내가 관심이 있다는 것 알리기 및 데이트 신청하기**를 연습하도록 한다.
- 연습 전에 사회성 코치들은 **상대에게 내가 관심이 있다는 것 알리기 및 데이트 신청하기** 규칙과 단계를 점검한다.
- 각 연습이 끝나면 사회성 코치들은 성인들에게 다음과 같은 **사회성 코칭 질문**을 한다.
  - 누구와 연습했나요?
  - 상대에게 내가 관심이 있다는 것을 알리기 위해 무엇을 했나요?
  - 상대는 어떻게 반응했나요?
  - 데이트 상대로서 좋은 선택인 것 같나요? 당신과 데이트하기에 적합한 사람인 것 같나요?

3. 또래들끼리 하고 있는 **여러 사람이 하는 대화에 들어가기**를 연습한다(새로운 친구를 사귈 수 있는 곳에서 만난 친구와 해도 된다).
   - 연습 전에 사회성 코치들은 **여러 사람이 하는 대화에 들어가고 빠져나오기** 규칙과 단계를 점검한다.
   - 자연스럽게 빠져나와야 할 필요가 있는 상황이 아니라면 **대화에서 빠져나오기**는 공식적인 과제가 아니다.
   - 연습을 한 이후에 사회성 코치들은 성인들에게 다음과 같은 **사회성 코칭 질문**을 한다.
     - 어디서 누구와의 대화에 들어갔나요?
     - 어떤 단계들을 따랐나요?
     - 그들이 당신과 이야기를 나누고 싶어 하는 것 같았나요? 그것을 어떻게 알 수 있었나요?
     - 대화에서 빠져나왔어야 했나요?
     - 빠져나왔다면, 어떤 단계들을 따랐나요?

주요 용어

거절을 받아들이는 가벼운 말	상대의 관심도	하루 이내 규칙
데이트 신청 거절하기	적절한 타이밍	호의적인 태도로 거절하기
데이트 신청하기		

데이트하기

사회성 코치 치료자 가이드

사회성 코치 회기 준비하기

이번 회기는 성공적으로 데이트를 하는 것에 초점을 둔다. 규칙과 단계는 함께 어울리기의 경우와 비슷하기 때문에 몇몇 지침들은 반복해서 나올 수도 있다. 당신 집단에 속해 있는 대다수의 성인들은 데이트와 관련된 내용들을 배우는 데 관심을 표현할 테지만 실제로는 그중의 아주 일부만이 활발하게 연애를 하고 있을 가능성이 크다. 따라서 이번 회기에서 **상대에게 내가 관심이 있다는 것 알리기** 과제의 검토는 제한적으로만 하게 될 수도 있다. 또한 모든 보호자가 자신의 성인이 연애에 대해 갖고 있는 관심을 속속들이 잘 알 수는 없으므로 아마도 사회성 코치 집단에서는 과제에 대해 발표하는 경우가 더 드물 것이다.

데이트 예절과 관련하여 사회성 코치 집단에서 자주 나오는 질문 중 하나는 신체적 친밀함과 관련된 문제를 다루는 방법에 관한 것이다. 이번 회기에서 제시하는 규칙 중 하나는 **신체 접촉을 하기 전에 허락 받기**이다. 즉, 성인들이 포옹이나 키스와 같은 형태의 신체적 접촉을 시도하기에 앞서 그것을 해도 되는지 물어보도록 권유할 것이다. 이런 규칙을 포함하기로 결정한 이유는 이것이 생태학적으로 타당하기 때문이기보다는 자폐스펙트럼장애 및 다른 사회적 어려움을 겪는 사람들이 흔히 하는 사회적 실수와 더 관련이 있다. 실제 현실에서는 아마도 아주 극소수의 사람들만이 신체 접촉을 하기 전에 이에 관해 허락을 받을 것이다. 사람들은 허락을 구하는 대신에 그 순간 데이트 상대가 보여주는 사회적 신호를 읽음으로써 신체 접촉을 시도하는 가이드로 삼는다. 그러나 사회성이 매우 뛰어난 성인들에게도 이러한 사회적 신호를 읽는 것은 어려운 일일 수 있다. 더구나 사회적 인지발달이 다소 부족한 성인들, 즉 사회적 신호를 인지하고 징후를 해석하는 데 어려움이 있는 성인들에게 데이트 상대가 조금 더 신체적으로 친밀한 관계를 맺고 싶어 하는 시기를 알아차리는 것은 당연히 더 어려울 수밖에 없다. 따라서 우리는 신체적인 접촉을 하기 전에 허락을 받는 것만으로도 이런 실수들을 바로잡을 수 있을 것이라는 결론을 내렸다. 비록 "키스해도 될까요?"와 같은 질문이 일부 사회성 코치들에게는 '자연스럽게' 들리지 않을 수 있지만, 사실은 이런 질문을 받은 데이트 상대는 키스를 받고 싶다면 기분 좋게 "응"이라고 대답할 것이고, 키스를 받고 싶어 하지 않더라도 물어봐 준 것에 대하여 고맙게 느낄 것이다. **신체 접촉을 하기 전에 허락 받기**는 신호를 잘못 해석했을 때 발생할 수 있는 어색한 상황을 피하는 데 도움을 준다. 허락을 받는 규칙에 대해 성인 당사자가 반대하는 경우는 드물지만, 사회성 코치들 중에서 간혹 이와 같이 허락을 받는 것이 '연애의 밀고 당기기'를 하는 데 도움이 되지 않는다고 생각하는 경우가 있다. 이를 기회로 PEERS®에서의 데이트 예절에 관한 회기들은 성인들이 '밀고 당기기'를 하거나 '연애 선수'가 되는 것이 아니라는 것을 다시 설명한다. 즉, 데이트 예절에 관한 회기의 목적은 성인들이 의미 있는 연인관계를 발전시키는 데 필요한 기본적인 기술들을 제공하는 것이다.

마지막으로 데이트 예절에는 문화적인 차이가 많다는 것을 아는 것이 중요하다. 데이트 예절과 관련된 회기를 진행할 때는 이를 염두에 두고, 필요에 따라 회기의 내용을 수정하기 바란다. 특히 커플이 서로를 어떻게 만나고, 누구를 데이트 상대로 선택하고, 데이트하는 동안 누구와 무엇을 하고, 데이트 비용을 누가 부담하는지 등은 모두 문화적인 영향을 받는다. 이 매뉴얼은 북아메리카에서 실시한 연구에서 수집한 자료들을 가지고 개발한 것이므로 매뉴얼 내용은 서구 문화와 가장 잘 맞는 것이었다. 하지만 사람들이 연인관계를 형성해 나가는 것은 서구 문화 안에서조차 매우 큰 차이가 있을 수 있다. 따라서 원저자들은 필요에 따라 융통성 있게 내용을 활용하는 것을 허용한 바 있다. 이에 따라 한국어판을 제작하는 과정에서 역자들은 지역사회의 전형적인 성인 29명을 심층 면담한 뒤, 그들이 알려준 젊은 성인들의 연애문화에 대한 정보에 근거하여 일부를 한국 사정에 맞게 수정 보완하여 이 매뉴얼에 담았다.

과제 점검

[다음의 과제를 검토하고 발생 가능한 **문제해결**을 의논한다. 성공적으로 과제를 완수한 사람부터 시작한다. 시간이 된다면 (과제를 다 하지 못한 사람들에게) 왜 과제를 완수할 수 없었는지 이유를 질문할 수 있으며, 다음 주에 어떻게 이것을 할 수 있을지에 대한 **문제해결**을 시도해볼 수 있다. 과제를 점검하는 동안에는 반드시 (볼드체로 표시된) 우리끼리 단어를 사용한다. **함께 어울리기**가 이번 회기의 가장 중요한 과제이므로 과제 점검 시간 대부분을 여기에 할애한다.]

1. 친구와 **함께 어울리기**를 한다.
   - 치료자: "이번 주의 주요 과제 중 하나는 성인들이 그들의 친구와 함께 어울리기를 하는 것이었습니다. 이 과제를 완수했거나 완수하고자 노력하신 분이 있나요?"
   - 질문
     ○ "성인이 다섯 가지 요소를 사용하여 함께 어울리기를 계획할 수 있도록 도와줬나요?"
     ○ "함께 어울리기를 하기 전에 어떤 사회성 코칭을 했나요?"
     ○ "성인은 무엇을 누구와 하기로 결정했나요?"
     ○ "함께 어울리기를 어떻게 시작했나요?"
     ○ "함께할 활동들은 누가 선택했나요?"
     ○ "그들은 서로 정보를 교환했나요? 함께 어울리는 시간의 몇 %를 정보를 교환하는 데 사용했나요?"
     ○ "함께 어울리기를 어떻게 마무리했나요?"
     ○ "함께 어울리기를 한 이후에 어떤 사회성 코칭을 했나요?"
       ■ 적절한 **사회성 코칭 질문**
         □ 무엇을 하기로 결정했으며 함께할 활동을 누가 선택했나요?
         □ 정보를 교환했나요? 함께 어울리는 시간의 몇 %를 정보를 교환하는 데 사용했나요?

□ 공통의 관심사는 무엇이었나요? 만약 두 사람이 함께 시간을 보내게 된다면 그 정보를 가지고 무엇을 할 수 있나요?

□ 당신과 친구는 좋은 시간을 보냈나요?

□ 다시 만나 시간을 보내기에 적합한 사람인 것 같나요?

○ "함께 어울리기 상대로서 좋은 선택인 것 같나요?" 성인이 다시 만나 시간을 보내기에 적합한 사람인 것 같나요?

표 12.1 집에서 함께 어울리기 시작하기 및 마무리하기를 위한 단계

함께 어울리기 시작하기	함께 어울리기 마무리하기
1. 손님에게 인사를 한다.	1. 활동이 잠시 멈출 때를 기다린다.
2. 손님을 집 안으로 맞이한다.	2. 함께 어울리기를 마무리하기 위한 꼬리말을 한다.
3. 손님이 모르는 사람들에게는 손님을 소개한다.	3. 친구를 문까지 배웅한다.
4. 집 안을 안내해준다.	4. 친구에게 함께 어울리기를 해서 고맙다고 말한다.
5. 간단한 간식을 권한다.	5. 친구에게 즐거운 시간을 보냈다고 말한다.
6. 손님에게 무엇을 하고 싶은지 물어본다.	6. 잘 가라고 인사하고, 나중에 다시 보자고 한다.

2. **상대에게 내가 관심이 있다는 것 알리기**를 연습한다.

● 치료자: "이번 주 또 다른 과제는 성인들이 상대에게 내가 관심이 있다는 것 알리기를 연습하는 것이었습니다. 이 과제는 상대방에게 연애 상대로서의 호감을 가지고 있을 때만 시도하는 것입니다. 성인들이 편하게 느낄 경우에는 사회성 코치와 연습을 했어도 상관없습니다. 이번 과제를 완수했거나 완수하고자 노력하신 분이 있나요?"

● 질문

○ "연습을 하기 전에 어떤 사회성 코칭을 했나요?"

○ "성인은 누구와 연습했나요?"

○ "상대에게 자신이 관심이 있다는 것을 알리기 위해 성인은 무엇을 했나요?"

○ "상대는 어떻게 반응했나요?"

○ "시도를 한 이후에 어떤 사회성 코칭을 했나요?"

■ 적절한 사회성 코칭 질문

□ 누구와 연습했나요?

□ 상대에게 관심이 있다는 것을 알리기 위해 무엇을 했나요?

□ 상대는 어떻게 반응했나요?

□ 당신과 데이트하기에 적합한 사람인 것 같나요?

○ "데이트 상대로서 좋은 선택인 것 같나요? 성인과 데이트하기에 적합한 사람인 것 같나요?"

3. 또래들끼리 하고 있는 **여러 사람이 하는 대화에 들어가기**를 연습한다(새로운 **친구를 사귈 수 있는 곳**에서 만난 친구와 해도 된다).

● 치료자: "이번 주 또 다른 과제는 성인들이 또래들끼리 하고 있는 여러 사람이 하는 대화에 들어가기를

연습하는 것이었습니다. 이번 과제를 완수했거나 완수하고자 노력하신 분이 있나요?"

- 질문
  - ○ "당신의 성인은 어디서 누구와 연습했나요?"
  - ○ "연습 전에 어떤 사회성 코칭을 했나요?"
  - ○ "성인이 어떤 단계들을 따랐나요?"
    1. 대화를 귀 기울여 듣는다.
    2. 거리를 두고 지켜본다.
    3. 소품을 사용한다.
    4. 주제를 확인한다.
    5. 공통의 관심사를 찾는다.
    6. 더 가까이 다가간다.
    7. 대화가 짧게 멈출 때를 기다린다.
    8. 주제에 대해 언급한다.
    9. 관심을 평가한다.
    10. 자신을 소개한다.
  - ○ "연습한 이후에 어떤 사회성 코칭을 했나요?"
    - ■ 적절한 사회성 코칭 질문
      - □ 어디서 누구와의 대화에 들어갔나요?
      - □ 어떤 단계들을 따랐나요?
      - □ 그들이 당신과 이야기를 나누고 싶어 하는 것 같았나요? 그것을 어떻게 알 수 있었나요?
      - □ 대화에서 빠져나왔어야 했나요? 어떤 단계들을 따랐나요?

표 12.2 대화에서 빠져나오기 위한 단계

전혀 받아들여지지 않았을 때	처음에는 받아들여졌으나 그 이후에 제외되었을 때	완전히 받아들여졌을 때
1. 침착함을 유지한다.	1. 침착함을 유지한다.	1. 대화가 짧게 멈출 때를 기다린다.
2. 다른 곳을 본다.	2. 다른 곳을 본다.	2. 구체적인 꼬리말을 한다.
3. 돌아선다.	3. 대화가 짧게 멈출 때를 기다린다.	3. 나중에 보자고 한다.
4. 다른 곳으로 걸어간다.	4. 짧은 꼬리말을 한다.	4. 작별인사를 한다.
	5. 다른 곳으로 간다.	5. 다른 곳으로 간다.

- [사회성 코치 과제 기록지를 수거한다. 만약 사회성 코치가 과제 기록지 가져오는 것을 잊어버렸다면, 과제를 책임지고 할 수 있게 새로운 용지에 완성하게끔 한다.]

교육: 데이트 예절 – 데이트하기

- 사회성 코칭 유인물을 나눠준다.
  - ○ 사회성 코치 치료자 가이드에서 **볼드체**로 표시된 부분은 사회성 코칭 유인물에서 그대로 가져온 것이다.

○ 사회성 코치들에게 **볼드체**로 표시된 부분은 **우리끼리 단어**임을 상기시킨다. 이 단어들은 PEERS® 교육 과정의 중요한 개념들에 해당하므로 사회성 코칭을 할 때 최대한 많이 사용해야 한다고 설명한다.

● 설명: "오늘은 이전 회기와 마찬가지로 데이트 예절에 대해 계속해서 이야기를 나눌 것입니다. 지금까지 우리는 상대에게 내가 관심이 있다는 것을 알리는 방법과 데이트 신청하는 방법에 대해서 이야기를 나누었습니다. 이번 회기에서는 데이트하는 것에 대해 이야기를 나눌 것입니다. 데이트를 할 때는 데이트 계획하기, 데이트 준비하기, 안전한 데이트하기, 데이트 시작하기, 데이트하는 동안, 데이트 마무리하기, 데이트 이후와 같은 몇 가지 시기가 있습니다. 우리는 성인들이 각 시기에 무엇을 해야 하는지에 대해서 이야기를 나눌 것입니다."

데이트 계획하기

● 설명: "누군가에게 데이트 신청을 하고 상대가 당신의 제의를 받아들인 다음에는 데이트에 관한 자세한 것들을 계획해야 합니다. 아마도 무엇을 하고 언제 만날 것인지에 대한 계획에 대해서는 이미 이야기했겠지만 다른 세부적인 것들도 역시 확정해야 합니다."

● **하루 이내 규칙을 사용하여 연락한다.**

○ 설명: "상대에게 연락해 데이트의 세부사항들을 확정하는 것도 데이트의 일부입니다. 만약 당신이 상대에게 관심이 있으면서 연애 선수처럼 보이고 싶지 않다면 하루 이내 규칙을 사용하여 연락합니다. 이는 상대방의 연락처를 받았거나 데이트를 신청한 날로부터 하루 이내에 연락을 하라는 뜻입니다."

○ 질문: "연락처를 받았거나 데이트를 신청한 날로부터 하루 이상 더 지난 다음 연락을 한다면 무엇이 문제가 될 수 있을까요?"

■ 대답: 너무 늦게 연락한다면 상대가 당신에게 관심을 잃을 수 있습니다. 당신이 소위 '밀당'을 하거나 시시해 보이지 않으려 한다고 생각할 수 있습니다. 당신이 **연애 선수**라고 생각하거나 자신에게 관심이 없다고 생각할 수 있습니다. 당신에게 **관심이 식어버릴** 수 있습니다.

○ 치료자: "연락처를 교환하고 하루 이상 더 지나서 연락을 한다면 상대방에게 연락이 늦어진 이유를 말해 줘야 합니다."

○ 질문: "반대로 연락처를 받았거나 데이트를 신청하고 나서 바로 연락을 한다면 무엇이 문제가 될 수 있을까요?"

■ 대답: 너무 빨리 연락을 한다면 약간 무서울 수 있습니다. 당신이 너무 절실해 보일 수 있습니다. 당신에게 관심이 식어버릴 수 있습니다.

● **다섯 가지 요소를 사용하여 데이트 계획을 확정한다.**

○ 질문: "상대에게 다시 연락한 시점에 **다섯 가지 요소**를 사용하여 데이트 계획을 확정하는 것이 적절할까요?"

■ 대답: 예(그러나 상대방에게 다섯 가지 요소라는 말은 하지 않습니다).

○ 질문: "다섯 가지 요소란 무엇인가요?"

■ **누가**와 데이트를 할 것인지

■ **무엇을** 할 것인지

■ **언제** 만날 것인지

■ **어디서** 만날 것인지

- ▪ **어떻게** 데이트가 이루어질 수 있도록 준비할 것인지
- ● **데이트하기 바로 전에 계획을 다시 확인한다.**
  - ○ 치료자: "데이트를 계획할 때는 데이트하기 바로 전에 계획을 다시 확인해야만 합니다. 데이트 신청을 언제 했느냐에 따라서, 데이트하기 하루 또는 이틀 전에 계획을 다시 확인하는 것이 적절합니다. 계획을 다시 확인하는 것이 중요한 이유는 무엇일까요?"
    - ▪ 대답: 때로는 계획이 바뀔 수도 있기 때문입니다. 사람들은 때로 자신이 세운 계획을 잊어버리거나 바빠질 수도 있기 때문입니다. **데이트하기 바로 전에 계획을 다시 확인**하지 않으면 데이트가 이루어지지 않을 수 있기 때문입니다.
  - ○ 설명: "사회성 코치로서 당신은 성인들이 언제 계획을 다시 확인하는 것이 가장 적절한 때인지를 결정할 수 있도록 도와줄 수 있습니다."

데이트 준비하기

- ● 설명: "데이트하기의 다음 단계는 데이트 준비하기입니다. 실제로 데이트를 하기 바로 전에 다음과 같은 것들을 준비해야 합니다."
- ● **다른 사람에게 보여주어도 될 정도로 자신의 공간을 정리한다.**
  - ○ 치료자: "데이트를 준비할 때는 다른 사람에게 보여주어도 될 정도로 자신의 공간을 정리해야 합니다. 즉, 데이트를 하는 동안에 당신 차를 사용하고자 하거나, 여러 번 데이트를 한 뒤에 집에서 만나려고 한 다면 당신의 공간을 잘 깨끗이 정리해야 한다는 뜻입니다. 자동차나 집 또는 방이 깨끗하지 않으면 무엇이 문제가 될 수 있을까요?"
    - ▪ 대답: 자동차나 집 또는 방을 지저분하게 두는 것은 상대에 대한 예의가 아닙니다. 당신이 게으르다고 생각할 수 있습니다. 당신에게 **관심이 식어버릴** 수 있습니다.
- ● **데이트 상대가 함께 사용하거나 보거나 만지지 않았으면 하는 개인적인 물건들은 치워 둔다.**
  - ○ 치료자: "데이트를 하는 동안에 당신의 차를 사용하고자 하거나, 여러 번 데이트를 한 뒤에 집에서 만나려고 한다면 데이트 준비하기의 또 다른 중요한 사항은 데이트 상대가 함께 사용하거나 보거나 만지지 않았으면 하는 개인적인 물건들은 치워 두는 것입니다. 그런 물건들을 미리 치우는 것이 중요한 이유는 무엇일까요?"
    - ▪ 대답: 상대에게 당신의 물건을 보거나 만지지 말아달라고 하면 예의 없어 보일 수 있기 때문입니다. 개인적인 물건들을 미리 치워 놓는 것이 더 낫습니다.
- ● **깨끗한 위생 상태를 유지한다.**
  - ○ 치료자: "데이트를 준비할 때는 깨끗한 위생 상태를 유지하는 것 또한 중요합니다. 데이트할 때 깨끗한 위생 상태를 유지하는 것이 중요한 이유는 무엇일까요?"
    - ▪ 대답: 깨끗한 위생 상태를 유지하는 것은 자신과 상대에 대한 예의입니다. 위생 상태가 깨끗하지 못한 것은 상대에 대한 예의가 아닙니다. 당신에게 **관심이 식어버릴** 수 있습니다.
  - ○ 치료자: "사회성 코치로서 당신의 성인이 깨끗한 위생 상태를 유지하는 방법에 관해 도움을 주어야 할 수도 있습니다."
- ● **상황에 맞는 옷을 입는다.**
  - ○ 설명: "데이트를 준비하는 동안 데이트하러 나갈 때 무엇을 입을 것인지에 대해서도 고민해보아야 합니

다. 데이트를 하기 위해서는 상황에 맞는 옷을 입는 것이 중요합니다."

- ○ **데이트하면서 하게 될 활동에 맞는 옷을 입는다.**
  - ■ 치료자: "데이트하면서 하게 될 활동에 맞게 옷을 입어야 합니다. 데이트에 적절한 옷에는 어떤 것들이 있나요?"
    - □ 예시: 스포츠 관련 행사나 활동에는 캐주얼하게 입는다.
    - □ 예시: 저녁을 먹고 영화를 본다면 깔끔하게 차려입고 나간다.
    - □ 예시: 클래식 공연을 보거나 고급 레스토랑에 갈 때는 조금 격식을 갖추어 입고 나간다.
  - ■ 설명: "사회성 코치로서 성인들이 데이트 상황에 맞는 옷을 입을 수 있도록 도움을 주어야 할 수도 있습니다."
- ○ **노출이 심한 옷은 입지 않는다.**
  - ■ 치료자: "성인들이 데이트할 때 노출이 심한 옷을 입어야 한다고 생각하나요? 노출이 심한 옷을 입고 나가면 무엇이 문제가 될 수 있을까요?"
    - □ 대답: 상대가 오해할 수 있습니다. 상대가 성인과 진지한 만남을 가지려고 하지 않을 수 있습니다. 성인이 단지 성적으로 유혹하고 싶어 한다고 생각할 수 있습니다.
  - ■ 치료자: "노출이 심한 옷과 더불어 데이트를 할 때 입기에 부적절한 옷에는 어떤 것들이 있나요?"
    - □ 대답: 샌들을 신었다면 양말을 신지 않습니다. 몸에 너무 붙는 옷, 속옷이 비치는 옷, 나이에 맞지 않는 옷, 트레이닝복을 입지 않습니다. 경기장이 아닌 곳에서 스포츠팀 유니폼을 입지 않습니다. 첫 데이트에서는 모자 혹은 과도한 액세서리를 하지 않습니다.
- ○ **가장 멋있는 모습을 보여주려고 노력한다.**
  - ■ 치료자: "데이트를 할 때 당신의 가장 멋있는 모습을 보여주려고 노력하는 것이 중요하다고 생각하나요? 가장 멋있는 모습을 보여주는 것이 좋은 생각인 이유는 무엇일까요?"
    - □ 대답: 가장 멋있는 모습을 보여주려고 노력하는 것은 상대에 대한 예의입니다. 상대가 당신에게 더 큰 매력을 느낄 수도 있습니다.

안전한 데이트하기

- 설명: "데이트를 준비할 때는 어떻게 안전한 데이트를 할 수 있을지에 대해서 생각하는 것 또한 중요합니다. 예를 들어 많은 사람이 연인이 될 수 있는 사람을 만나고자 할 때 온라인 데이트 사이트나 소셜네트워킹사이트를 통해서 연애 상대를 만나기도 합니다. 온라인 데이트는 데이트 상대를 만날 수 있는 곳으로 매우 유용할 수는 있으나 매우 위험할 수도 있으므로 특별히 주의해야 합니다. 그 외에도 우리가 잘 모르는 사람과 만날 때는 조심해야 할 사항이 몇 가지 있습니다."
- **처음부터 개인적인 연락처를 주지 않는다.**
  - ○ 치료자: "온라인 데이트를 하거나 당신이 잘 모르는 사람과 데이트를 할 때 안전하게 데이트하는 방법은 처음부터 당신의 개인적인 연락처를 주지 않는 것입니다. 개인적인 연락처란 무엇인가요?"
    - ■ 대답: 주소, 집 전화번호, 직장 연락처
  - ○ 질문: "당신의 개인적인 연락처를 바로 주게 되면 무엇이 문제가 될 수 있을까요?"
    - ■ 대답: 상대에 대해서 아직 잘 모릅니다. 상대가 믿을 만한 사람인지 아직 모릅니다. 상대와 다시 만나서 이야기를 나누고 싶은지 아직 잘 모릅니다.

- ○ 설명: "사회성 코치로서 성인들이 언제 자신의 개인 연락처를 데이트 상대에게 줘도 괜찮을지를 정하는 데 도움을 줄 수 있습니다."
- ● **데이트하기 전에 소셜네트워킹사이트를 통해 상대에 대해서 알아본다.**
  - ○ 설명: "온라인을 통해 만난 사람 혹은 소개팅과 같이 잘 모르는 사람과 안전한 데이트를 하기 위한 또 다른 방법은 데이트하기 전에 소셜네트워킹사이트를 통해 상대에 대해서 미리 알아보는 것입니다. 이것은 상대를 스토킹하라는 뜻은 아닙니다. 그저 데이트하기 전에 소셜네트워킹사이트를 통해 상대의 현재 연애 상태를 확인하고, 그 사람에 대한 일반적인 사항들을 알아 놓으라는 의미입니다. 그렇게 하기 위한 방법들에는 어떤 것들이 있을까요?"
    - ■ 대답: 상대의 소셜네트워킹사이트 프로필을 확인합니다. 페이스북 친구가 되어 그가 올리는 글이나 사진을 확인해봅니다. 필요하다면 이름을 구글로 검색해서 신원을 파악해볼 수도 있습니다.
- ● **가족과 친구들에게 당신이 어디에서 누구와 만나는지 알려준다.**
  - ○ 치료자: "안전한 데이트를 할 수 있는 다른 방법은 데이트를 할 때 가족과 친구들에게 당신이 어디에서 누구와 만나는지 알려주는 것입니다. 사람들에게 당신이 어디에서 누구와 만나는지 알려주는 것이 좋은 이유는 무엇일까요?"
    - ■ 대답: 사람들이 당신이 어디에 있고 누구를 만나고 있는지 안다면 더 안전합니다. 만약 어떤 문제가 생긴다면 사람들이 어디서 어떻게 당신을 찾아야 하는지 알 수 있기 때문입니다.
- ● **만약 데이트 상대의 차를 타게 된다면 집 근처 큰 길에서 만나거나 헤어진다.**
  - ○ 치료자: "만약 데이트 상대의 차를 타게 되는 경우라면 안전한 데이트를 할 수 있는 또 다른 방법은 집 근처 큰 길에서 만나거나 헤어지는 것입니다. 이것이 중요한 이유는 무엇일까요?"
    - ■ 대답: 더 안전합니다. 특히 잘 모르는 사람과 데이트하게 된 경우에는 아직 어떤 사람인지 잘 모르기 때문에 집 앞에서 만나거나 집 앞까지 태워달라고 하는 것은 위험할 수 있습니다.
  - ○ 질문: "데이트 상대가 마음에 들지만 그 사람의 차를 타는 것이 안전하지 않다고 생각되거나 타고 싶지 않다면, 차에 태워주겠다는 제안을 거절할 수 있습니다. 차에 태워주겠다는 제안을 거절하고 데이트 장소 및 집에 어떻게 갈 수 있나요?"
    - ■ 대답: 제안은 고맙지만 다음에 타겠다고 말합니다. 대중교통 혹은 택시를 이용합니다. 친구, 사회성 코치 혹은 가족에게 태워다 달라고 합니다. 너무 멀지 않고 안전하다면 걷거나 자전거를 탑니다.
  - ○ 치료자: "특히 온라인, 소셜네트워킹사이트 혹은 소개팅 앱을 통해 잘 모르는 사람을 처음 만나 데이트를 하게 될 경우에는 더 주의해야 할 점이 있습니다. 이런 경우 안전한 데이트를 할 수 있는 또 다른 방법은 상대의 차에 타지 말고, 데이트 장소까지 가거나 그 장소에서 헤어질 때 당신 스스로 이동하는 것입니다. 이는 대중교통을 이용하거나 직접 운전을 해서 이동하라는 뜻입니다. 이렇게 하는 것이 중요한 이유는 무엇일까요?"
    - ■ 대답: 더 안전합니다. 당신이 떠나고 싶을 때 언제든지 떠날 수 있습니다.
  - ○ 설명: "온라인, 소셜네트워킹사이트 혹은 소개팅 앱을 통해 잘 모르는 사람을 만났을 때 이는 매우 중요합니다. 데이트 상대가 마음에 들 경우라도 데려다주겠다는 그의 제안은 고맙지만 다음에 타겠다고 말하는 것을 기억해야 합니다."
- ● **공공장소에서 만난다.**
  - ○ 치료자: "온라인에서 알게 된 사람과 데이트를 하거나 잘 모르는 사람과 데이트를 할 때 안전한 데이트

를 할 수 있는 또 다른 방법은 주변에 사람들이 많은 공공장소에서 데이트를 하는 것입니다. 공공장소에서 만나는 것이 좋은 생각인 이유는 무엇일까요?"

- 대답: 주변에 사람들이 있다면 더 안전합니다.

○ 질문: "공공장소가 아닌 곳에서 만난다면 무엇이 문제가 될 수 있을까요?"

- 대답: 당신과 데이트 상대 둘뿐이라면 덜 안전합니다. 주변에 사람이 없으면 당신이 아직 준비되지 않은 신체 접촉을 상대가 하려고 시도할 수 있고, 당신은 누군가에게 도움을 청하기도 어렵기 때문입니다.

● **처음부터 데이트 상대와 단둘이 있지 않는다.**

○ 치료자: "잘 모르는 사람을 만날 때 안전하게 데이트할 수 있는 또 다른 방법은 처음부터 데이트 상대와 단둘이 있지 않는 것입니다."

- **처음부터 상대를 당신의 집에 초대하지 않는다.**
- **처음부터 상대의 집에 방문하지 않는다.**
- **온라인에서 알게 된 모르는 사람이라면 처음부터 단둘이 자동차에 타지 않는다.**

○ 질문: "처음부터 데이트 상대와 단둘이 있지 않는 것이 좋은 생각인 이유는 무엇일까요?"

- 대답: 아직 상대를 잘 모르기 때문입니다. 상대가 믿을 만한 사람인지 아직 모르기 때문입니다. 상대와 단둘이 있을 때는 덜 안전하기 때문입니다.

○ 설명: "사회성 코치로서 성인들이 언제부터 데이트 상대와 단둘이 있어도 괜찮은지 결정하는 것을 도와주어야 할 수도 있습니다."

● **데이트하기 전후에 가족이나 친구들에게 알린다.**

○ 치료자: "잘 모르는 사람과 만날 때 안전한 데이트를 할 수 있는 또 다른 방법은 데이트하기 전후에 가족이나 친구들에게 알리는 것입니다. 데이트하기 전후에 가족이나 친구들에게 알리는 것이 좋은 생각인 이유는 무엇일까요?"

- 대답: 당신이 언제 무엇을 하고 있는지 사람들이 알고 있다면 더 안전하기 때문입니다. 당신이 무엇을 하고 있으며 당신을 어떻게 찾아야 하는지 사람들이 알고 있다면 더 안전하기 때문입니다. 당신이 안전하다는 것을 알기 때문에 가족과 친구들이 걱정을 하지 않아도 됩니다.

○ 설명: "예를 들어 카카오톡 애플리케이션에는 위치 정보 서비스가 있습니다. 이러한 애플리케이션을 사용하여 데이트하기 전에 가족이나 친구들에게 데이트 장소를 알려줄 수 있습니다."

데이트를 시작하기 위한 단계

● 설명: "지금까지 데이트 계획하기, 데이트 준비하기 및 안전한 데이트하기 방법들에 대해서 알게 되었으므로, 지금부터는 데이트를 시작할 때 무엇을 해야 하는지에 대해서 이야기를 나누어 보겠습니다. 친구들과 함께 어울리기를 하는 것과 마찬가지로 데이트를 시작할 때도 따라야 하는 구체적인 단계들이 있습니다."

1. **약속 장소에 늦지 않는다.**
   - 질문: "데이트를 시작하기 위해 가장 중요한 규칙은 약속 시간에 늦지 않게 맞춰서 약속 장소에 도착하는 것입니다. 약속 시간에 맞춰 데이트 장소에 도착하는 것이 중요한 이유는 무엇일까요?"

○ 대답: 당신의 데이트 상대를 존중하는 것입니다. 약속 시간보다 늦는다면 시간 계산을 잘 못하거나 게으른 사람처럼 보일 수 있기 때문입니다. 데이트 시작하기 전부터 기분이 나빠질 수 있습니다.

○ 질문: "만약 약속한 시간 내에 도착하지 못할 것 같은 경우에는 어떻게 해야 할까요?"

  ■ 대답: 데이트 상대에게 미리 연락하여 미안하다고 사과한 뒤 어느 정도 늦을 것 같은지 미리 알려줍니다.

○ 질문: "데이트 상대가 약속 장소에 늦게 도착할 경우에 비난하거나 화를 내도 될까요?"

  ■ 대답: 아니요.

2. 상대가 도착하면 자리에서 일어나 인사한다.

- 질문: "데이트 상대가 도착하면 자리에서 일어나 인사를 합니다. 이렇게 하는 것이 중요한 이유는 무엇일까요?"

  ○ 대답: 상대에게 더 예의 바르고 친절한 사람으로 보일 수 있습니다. 첫인상을 좋게 만들 수 있습니다. 자리에 앉아서 인사하면 무례해 보일 수 있습니다.

3. 상대를 위아래로 훑어보지 않는다.

- 질문: "다음 규칙은 상대가 걸어 들어올 때 위아래로 훑어보지 않는 것입니다. 데이트 상대를 위아래로 훑어보면 무엇이 문제가 될 수 있을까요?"

  ○ 대답: 상대가 불쾌해할 수 있습니다. 오로지 상대의 외모에만 관심이 있는 것으로 오해받을 수 있습니다. 스토커처럼 보일 수 있습니다.

- 질문: "데이트 상대의 외모나 옷차림 같은 것이 마음에 들지 않는다면 싫은 내색을 해도 될까요?"

  ○ 대답: 아니요. 무례합니다.

4. 관습적인 머리말로 대화를 시작한다.

- 질문: "데이트 상대와 인사를 하고 자리에 앉은 다음에는 관습적인 머리말로 대화를 시작합니다. 관습적인 머리말 예로는 어떤 것들이 있을까요?"

  ○ 예시: "여기까지 오느라 힘들지는 않으셨나요?"

  ○ 예시: "오늘 날씨가 참 좋지요?"

  ○ 예시: "차가 많이 막히지는 않으셨나요?"

- 설명: "이때 처음부터 너무 개인적이 되지 말아야 한다는 것을 기억합니다. 만나자마자 너무 개인적인 이야기를 하면 상대방이 불쾌해할 수 있고, 이후의 데이트가 어색해질 수 있습니다."

5. 카페에서 처음 만났다면 음료나 차 주문을 권한다.

- 질문: "카페에서 처음 만났다면 음료나 차를 주문하자고 권합니다. 이렇게 하는 것이 좋은 생각인 이유는 무엇일까요?"

  ○ 대답: 음료나 차를 권하는 것은 친절한 행동이기 때문입니다. 데이트 상대가 목이 마르거나 배가 고플 수 있습니다. 아무것도 안 하고 있는 것은 어색할 수 있습니다.

- 질문: "음료나 차를 주문할 때는 어떻게 해야 할까요?"

  ○ 대답: 무엇을 마시고 싶은지 물으며, 상대가 먼저 선택할 수 있도록 메뉴를 돌려서 보여줍니다. 주문을 받는 종업원에게도 친절한 말투로 이야기합니다.

- 질문: "어떤 카페에서는 주문하면서 바로 비용을 지불하는 경우도 있을 것입니다. 이때는 일반적으로 음료나 차를 마시자고 권한 사람이 비용을 지불합니다. 그러나 당신이 음료나 차를 권하지 않았어도 비용을 지불할 수 있도록 준비하거나 비용을 지불하겠다고 제안해야 할까요?"
  ○ 대답: 예.
- 설명: "비용 지불에 대한 일반적인 규칙은 '데이트하는 동안'에서 다시 자세히 설명할 예정입니다."

6. 데이트 계획에 대해서 말한다.

- 질문: "다음에는 데이트를 하면서 함께할 수 있는 것들 혹은 함께하기로 계획한 것을 하자고 제안하는 것입니다. 이것은 데이트의 다음 단계로 전환할 수 있게 도와줍니다. 데이트 계획에 대해서 어떻게 말할 수 있을까요?"
  ○ 예시: "배고프신가요? 점심 먹으러 갈까요?"
  ○ 예시: "곧 있으면 예매한 영화 시작할 것 같은데 영화 보러 갈까요?"
  ○ 예시: "콘서트 시간이 된 것 같은데 지금 갈까?"
  ○ 예시: "계획한 대로 게임하러 갈까? 아니면 혹시 다른 것 하고 싶어?"

데이트하는 동안

- 설명: "지금까지 데이트를 시작할 때 지켜야 할 규칙들에 대해 이야기하였습니다. 이제부터는 데이트를 하는 동안에 무엇을 해야 되는지에 대해서 이야기해보겠습니다. 데이트가 순조롭게 진행되려면 데이트를 하는 동안 따라야 할 중요한 규칙들이 몇 가지 있습니다."
- **데이트 상대에게 관심이 있다는 것을 보여준다.**
  ○ 치료자: "데이트를 하고 있다면 당신이 데이트 상대에게 관심이 있다는 것을 보여주는 것이 중요합니다. 데이트 상대에게 어떻게 당신의 관심을 보여줄 수 있을까요?"
    ■ 대답: 데이트 상대에게 질문을 합니다. 귀 기울여 듣습니다. 적절하게 눈맞춤을 합니다.
  ○ **살짝 미소를 짓고 적절한 눈맞춤을 한다.**
    ■ 질문: "살짝 미소를 짓고 적절하게 눈맞춤을 하는 것은 어떻게 해서 데이트 상대에게 관심이 있다는 것을 보여주는 방법이 될 수 있을까요?"
      □ 대답: 살짝 미소를 짓는 것은 당신이 데이트 상대와 함께 있는 시간을 즐기고 있다는 것을 보여주는 것입니다. 적절한 눈맞춤을 하는 것은 데이트 상대에게 관심이 있다는 것을 보여주는 것입니다.
    ■ 질문: "여전히 눈맞춤을 하고, 살짝 미소를 짓고, 다른 곳을 보고, 상대방의 반응에 따라 이것을 반복함으로써 눈으로 관심을 표현할 필요가 있을까요?"
      □ 대답: 아니요.
- 설명: "눈으로 관심을 표현하는 것은 상대를 잘 모를 때 사용하는 방법입니다. 이미 누군가와 데이트를 하게 된 상황이라면, 너무 빨리 다른 곳을 쳐다보지 말고 살짝 미소를 지으며 눈맞춤을 유지해도 됩니다."
- **데이트를 하는 총시간의 50%는 정보를 교환하는 데 쓴다.**
  ○ 치료자: "당신이 데이트 상대에게 관심이 있음을 보여주는 가장 좋은 방법 중 하나는 정보 교환입니다. 데이트 상대와 정보를 교환하는 것이 중요한 이유는 무엇일까요?"
    ■ 대답: 정보를 교환하는 것이 바로 서로에 대해서 알아가는 방법이기 때문입니다. 정보를 교환하면서

공통의 관심사 찾기를 할 수 있기 때문입니다.

- ○ 치료자: "함께 어울리기와 마찬가지로 데이트를 하는 총시간의 50%는 정보를 교환하는 데 쓰는 것이 좋습니다. 함께하는 총시간의 반 이상을 정보 교환을 하는 데 쓰는 것이 중요한 이유는 무엇일까요?"
  - ■ 대답: **총시간의 50%는 정보 교환**을 하는 데 쓰지 않으면 서로에 대해서 알기 어렵습니다.

● 상대가 던진 농담에 웃어준다.
- ○ 치료자: "당신이 데이트 상대에게 관심이 있음을 보여주는 또 다른 방법은 상대가 던진 농담에 웃는 것입니다. 상대의 농담이 재미없다고 생각할 때는 어떻게 해야 할까요?"
  - ■ 대답: 예의상 웃어줍니다.

● 상대에게 예의를 갖추고 존중하는 태도로 대한다.
- ○ 치료자: "데이트를 하는 동안에는 예의를 갖추고 상대를 존중하는 태도로 대하는 것이 중요합니다. 데이트 상대에게 어떻게 하면 예의를 갖추고 존중하는 태도로 대할 수 있을까요?"
  - ■ 대답: 문에서 나갈 때 상대를 먼저 나가게 합니다. 당신이 먼저 나갔을 때는 문을 잡고 기다립니다. 식당 혹은 다른 데이트 장소에서 상대가 먼저 자리를 선택하게 합니다. 상대의 음식이나 음료수가 나오기 전까지는 자신의 것을 먹거나 마시지 않습니다. 식사 예절을 지킵니다. 물을 따라줍니다. 숟가락, 젓가락 등을 올려 놓습니다. 욕이나 비속어를 쓰지 않습니다. **사사건건 따지지 않습니다. 이래라 저래라 하지 않습니다. 상대를 놀리거나 비웃지 않습니다.** 상대가 아닌 다른 사람을 놀리거나 비웃지도 않습니다.
- ○ 설명: "또한 맨스플레인(mansplain)을 하지 않아야 합니다. 맨스플레인은 남자(man)와 설명(explain)을 결합한 신조어입니다. 이는 대개 남자가 여자에게 잘난 체하는 어투나 행동으로 무엇인가를 설명해주는 것을 의미합니다. 맨스플레인을 하면 무엇이 문제가 될 수 있을까요?"
  - ■ 대답: 상대방을 무시하는 것으로 느낄 수 있습니다. 당신이 잘난 체한다고 생각할 수 있습니다. 당신이 설명하려고 하는 것을 상대가 이미 알고 있을 수도 있습니다. 당신에게 관심이 식어버릴 수 있습니다.

● 데이트 상대가 무엇을 하고 싶은지 물어본다.
- ○ 질문: "데이트 상대가 무엇을 하고 싶은지 물어보는 것이 중요한 이유는 무엇일까요?"
  - ■ 대답: **데이트 상대가 무엇을 하고 싶은지 물어보는 것**은 상대에게 **예의를 갖추고 존중하는 태도**를 보여주는 또 다른 방법입니다. 데이트 상대가 좋은 시간을 보낼 수 있도록 도와줍니다.
- ○ 혼자 모든 결정을 내리지 않는다.
  - ■ 질문: "혼자 모든 결정을 내리면 무엇이 문제가 될 수 있을까요?"
    - □ 대답: 모든 것을 통제하거나 대장 노릇 하려는 사람처럼 보일 수 있습니다. 당신이 데이트 상대의 관심사를 무시한다고 생각할 수 있습니다.

● **분위기를 따라간다.**
- ○ 치료자: "데이트를 하는 동안에는 분위기를 따라갈 수 있도록 마음의 준비가 되어 있어야 합니다. 때로는 우리가 예상하지 못한 일이 일어나더라도 융통성을 가지고 자연스럽게 흐름을 따라가야 한다는 뜻입니다. 분위기를 따라가는 것이 중요한 이유는 무엇일까요?"
  - ■ 대답: 계획이 바뀔 수 있기 때문입니다. 데이트하는 동안 데이트 상대가 하고 싶은 것이 달라질 수 있기 때문입니다.

○ 질문: "만약 데이트 상대가 당신이 안전하지 않다고 생각하거나 당신을 불편하게 만드는 것을 하자고 한다면 어떨까요? 그때도 분위기를 따라가야 할까요?"

■ 대답: 아니요. 당신이 안전하다고 생각하지 않거나 당신을 불편하게 만드는 것은 데이트에서 하지 않아도 됩니다.

● 데이트 상대를 칭찬한다.

○ 치료자: "데이트 상대를 칭찬하는 것도 좋습니다. 칭찬을 하는 것은 호감을 말로 표현하는 것임을 기억하십시오. 칭찬을 할 때 지켜야 할 규칙들에는 어떤 것들이 있었나요?"

■ 상대에 대해서 잘 알지 못할 때는 구체적인 칭찬을 한다.

■ 상대에 대해서 잘 알 때는 구체적이거나 일반적인 칭찬을 한다.

■ 신체와 관련된 칭찬은 너무 많이 하지 않는다.

■ 신체와 관련된 칭찬을 할 때는 얼굴에 관한 것만 한다.

● 다른 사람에게 호감을 표현하지 않는다.

○ 치료자: "누군가와 데이트를 하고 있을 때 데이트 상대가 아닌 다른 사람에게 호감을 표현하면 무엇이 문제가 될 수 있을까요?"

■ 대답: 그렇게 하는 것은 무례합니다. 데이트 상대에 대한 예의가 아닙니다. 당신을 바람둥이라고 생각할 수 있습니다. 당신과 다시는 데이트를 하고 싶어 하지 않을 수 있습니다.

● 갑자기 다른 사람을 데이트에 초대하지 않는다.

○ 질문: "데이트를 하는 장소에 갑자기 다른 사람을 초대한다면 무엇이 문제가 될 수 있을까요?"

■ 대답: 당신이 무례하다고 생각할 수 있습니다. 상대가 소외받았다고 느낄 수 있습니다.

○ 질문: "만약 당신의 데이트 상대가 갑자기 다른 사람을 데이트에 초대하려고 한다면 어떻게 해야 할까요?"

■ 대답: 그때의 분위기를 따라갑니다. 데이트는 선택이라는 것을 기억합니다. 만약 상대의 이러한 행동이 당신에게 불편하다면 그와 다시 만나지 않아도 됩니다.

● 데이트 상대를 소홀히 하지 않는다.

○ 다른 사람과 이야기를 나누느라 데이트 상대를 소홀히 하지 않는다.

■ 치료자: "데이트를 하는 동안에 데이트 상대를 소홀히 하지 않는 것 또한 중요합니다. 이는 다른 사람과 이야기를 나누느라고 데이트 상대를 소홀히 하지 않아야 한다는 뜻입니다. 예를 들어 당신이 더블 데이트 혹은 그룹 데이트를 한다고 가정해봅시다. 다른 사람과 이야기를 나누기 위해 데이트 상대를 소홀히 한다면 무엇이 문제가 될 수 있을까요?"

□ 대답: 이것은 당신의 데이트 상대에게는 재미없는 일입니다. 자신을 무시한다고 생각할 수 있습니다. 당신과 다시 데이트를 하고 싶지 않다고 생각할 수 있습니다.

○ 데이트를 하는 동안에 다른 사람에게 문자나 전화를 하지 않는다.

■ 질문: "데이트를 하는 동안 다른 사람에게 문자를 하거나 전화를 해도 될까요? 문자를 하거나 전화를 하면 무엇이 문제가 될 수 있을까요?"

□ 대답: 아니요. 데이트하는 동안 전화를 하거나 문자를 보내면 안 됩니다. 데이트 상대에게 무례한 행동입니다. 그를 무시하는 것과 마찬가지입니다. 데이트 상대를 소홀히 하는 것입니다.

○ 만약 중요한 문자나 전화를 기다리고 있다면, 데이트 상대에게 이를 미리 알려주고 양해를 구한다.

- 질문: "만약 데이트를 하는 동안 중요한 문자나 전화가 올 예정이라면 어떻게 해야 할까요?"
  - 대답: 데이트 상대에게 이를 미리 알려주고 양해를 구합니다.
- **당신이 혹은 데이트 상대가 지루해지면 변화를 제안한다.**
  - 질문: "사람들이 때로는 데이트를 하다가 지루해지기도 할까요? 그럴 때는 어떻게 해야 할까요?"
    - 대답: 예, 지루해지기도 합니다. **당신이 혹은 데이트 상대가 지루해지면 변화를 제안합니다.**
  - 질문: "어떻게 변화를 제안할 수 있을까요?"
    - 대답: "우리 이거 끝나면 다른 거 할래요?"라고 말할 수 있습니다.
  - 질문: "만약 당신이 제안한 것을 데이트 상대가 하기 싫어하면 어떻게 해야 할까요?"
    - 대답: 그때의 분위기를 따라갑니다. 데이트는 선택이라는 것을 기억합니다. 만약 상대의 이러한 행동이 당신에게 불편하다면 그와 다시 만나지 않아도 됩니다.
- **위험한 대화 주제는 피한다.**
  - 치료자: "데이트를 하는 동안에는 위험한 주제에 대해서 이야기 나누는 것을 피해야 할 것입니다. 특히 서로를 처음 알아가는 과정에서는 더 그렇습니다. 처음 만났을 때 이야기하기에 위험한 대화 주제에는 어떤 것들이 있을까요?"
    - 대답: 정치, 성, 종교, 데이트 상대의 경제력과 관련된 주제(연봉, 집 평수, 부모님 직업, 차 등), 과거 연애사
  - 질문: "처음 데이트를 하는데 정치, 성, 종교 및 데이트 상대의 경제력과 관련된 주제에 대해서 이야기를 나누게 되면 무엇이 문제가 될 수 있을까요?"
    - 대답: 매우 감정적인 대화를 하게 될 수도 있습니다. 당신 혹은 데이트 상대가 불쾌하거나, 기분이 상하거나, 상처를 받을 수 있습니다.
  - 설명: "언젠가는 결국 이러한 주제에 대해서 이야기를 하게 될 수도 있습니다. 그러나 누군가를 처음 알아갈 때 이러한 주제를 가지고 이야기를 나누는 것은 위험합니다."
- **위험한 장소는 피한다.**
  - 설명: "데이트를 하는 동안에 위험한 장소는 피해야 합니다. 이는 당신 혹은 데이트 상대를 불편하게 만들 수 있는 곳은 피해야 된다는 뜻입니다. 무엇이 위험한지는 당신과 데이트 상대에 달려 있습니다."
  - "만약 당신 혹은 데이트 상대가 ~~면 위험한 장소가 될 수 있는 곳들은 어디일까요?"라고 말하며 각 항목에 대해 다음과 같이 질문한다.
    - "술을 마시지 않는다면"
      - 위험한 장소: 술집, 바, 나이트 클럽, 댄스 클럽, 술을 마시는 파티, 록 페스티벌
    - "해산물을 싫어하거나 알레르기 반응이 있다면"
      - 위험한 장소: 해산물을 파는 식당, 일식집
    - "감각에 예민한 문제가 있다면"
      - 위험한 장소: 콘서트, 스포츠 경기장/행사, 시끄러운 음식점 혹은 술집, 클럽, 댄스 파티
    - "신체적으로 가까워지는 것에 관심이 없다면"
      - 위험한 장소: DVD방, 호텔방, 서로의 집, 차의 뒷좌석
- **신체 접촉을 하기 전에는 허락을 받는다.**
  - 치료자: "데이트의 또 다른 중요한 규칙은 신체 접촉을 하기 전에 허락을 받는 것입니다. 상대가 신체적

접촉을 원하는지 아는 것이 어려울까요? 신체 접촉을 하려고 했다가 상대가 아직 관심이 없거나 준비가 되지 않았다는 것을 알았을 때 매우 어색해질 수 있을까요?"

- 대답: 예.
○ 질문: "데이트 상대에게 신체 접촉을 하려고 할 때 거절당할 수 있는 위험을 최소화할 수 있는 방법에는 무엇이 있을까요?"
  - 대답: 신체 접촉을 하기 전에는 허락을 받습니다.
○ 설명: "사람마다 신체 접촉이 편해지는 시기가 다르기 때문에 신체 접촉을 하기 전에는 허락을 받아야 합니다. 상대가 당신을 좋아한다면 당신 제안에 기분 좋게 응할 것이고, 당신을 좋아하지 않는다면 신체 접촉을 하기 전에 물어본 것을 다행으로 생각해야 할 것입니다."

● 데이트 비용을 지불할 수 있도록 준비한다.
  ○ 데이트를 제안한 사람이 데이트 비용을 지불한다.
    - 설명: "데이트에 관한 일반적인 규칙 중 하나는 데이트를 제안한 사람이 데이트 비용을 지불해야 된다는 것입니다. 당신이 데이트 제안을 하지 않았어도 비용을 지불할 수 있도록 준비해야 할까요?"
      □ 대답: 예, 당연합니다.
    - 질문: "매번 같은 사람이 데이트 비용을 지불해야 할까요?"
      □ 대답: 아마도 아닐 것입니다. 가능하다면 번갈아서 데이트 비용을 지불하는 것이 좋습니다. 최소한 비용을 지불하겠다는 제안을 해야 합니다.
  ○ 항상 데이트 비용을 지불하겠다고 제안하고 비용을 지불할 수 있도록 준비한다.
    - 질문: "항상 데이트 비용을 지불하겠다고 제안하고, 데이트 비용을 지불할 수 있도록 준비해야 합니다. 데이트를 할 때마다 항상 현금 및/혹은 신용카드를 들고 가야 할까요?"
      □ 대답: 예, 당연합니다.
  ○ 데이트 비용을 나누어 낼 수 있게 준비한다.
    - 질문: "만약 데이트 상대가 비용을 나누어 내자거나 더치페이 하자고 하면 이것은 무엇을 의미할까요?"
      □ 대답: 데이트 비용을 함께 반반씩 나누거나 각자가 사용한 만큼씩 지불하자고 하는 것입니다.
  ○ 두 번 제안 규칙을 사용한다.
    - 설명: "데이트가 끝날 무렵에 계산서가 나오면 조금 어색할 수도 있습니다. 우리는 항상 데이트 비용을 준비하고 이것을 지불하겠다고 제안해야 합니다. 데이트 비용을 지불하겠다고 제안할 때는 두 번 제안 규칙을 사용하는 것이 좋습니다."
      1. 데이트 비용을 지불하겠다고 제안한다.
         □ 예시: "내가 낼게."
         □ 예시: "내가 같이 내도 될까?"
         □ 예시: "같이 나눠서 내자."
      2. 상대가 이를 거절하면 "그래도 괜찮아?"라고 물어보며 데이트 비용을 지불하겠다고 다시 제안한다.
      3. 상대가 이를 또 거절한다면 데이트 비용을 지불해준 것에 대한 고마움을 표시한다.
      4. 다음 데이트 비용을 지불하겠다고 말하고, 다음에 이를 꼭 지킨다(다음에 제안 규칙).
    - 설명: "다음 데이트 장소로 이동하거나 데이트 상대와 다시 만날 계획이라면 다음 번 비용은 당신이

지불하도록 합니다. 이것을 다음에 제안 규칙이라고 합니다. 다음 데이트 비용을 지불하겠다고 어떻게 말할 수 있을까요?"

- □ 예시: "그럼 다음에 내가 낼게."
- □ 예시: "식사를 계산해주셨으니까 디저트는 제가 살게요."
- □ 예시: "영화표를 사셨으니 팝콘은 제가 살게요."
  - ▪ 치료자: "다음 데이트 비용을 지불하겠다고 말했다면, 다음에는 꼭 당신이 비용을 지불하도록 합니다."
  - ▪ [참고사항(영어로 된 자료에 익숙하다면): PEERS® *Role Play Video Library*(www.routledge.com/cw/laugeson)에서 **두 번 제안 규칙**의 역할극 동영상을 보여줄 수도 있다. 그러나 **다음에 제안 규칙**은 한국 문화에서 주로 쓰이는 것이어서 영어로 된 자료의 역할극에는 내용이 포함되어 있지 않다.]

데이트를 마무리하기 위한 단계

- 설명: "데이트를 시작할 때 따라야 하는 구체적인 단계들이 있듯이 데이트를 마무리할 때도 따라야 하는 구체적인 단계들이 있습니다."

1. 데이트를 하는 동안 활동이나 대화가 잠시 멈출 때를 기다린다.

- 치료자: "데이트를 마무리하는 첫 번째 단계는 데이트 중에 활동이나 대화가 잠시 멈출 때를 기다리는 것입니다. 이것은 꼭 그래야만 하는 경우가 아니라면 데이트 상대와 하고 있던 것을 일부러 중단하지 말라는 의미입니다. 데이트를 마무리하기 위해 하고 있던 일을 일부러 중단하면 무엇이 문제가 될까요?"
  - ○ 대답: 무례해 보일 수 있습니다. 당신이 데이트 상대와 함께 시간을 보내고 싶어 하지 않는 것으로 보일 수 있습니다. 당신이 즐거운 시간을 보내고 있지 않는 것처럼 보일 수 있습니다.

2. 데이트를 마무리하기 위한 꼬리말을 한다.

- 설명: "함께하던 활동이 끝나면서 자연스럽게 데이트가 마무리되는 상황이 아니라면, 당신은 데이트를 마무리하기 위한 꼬리말을 해야 합니다. 데이트를 마무리하기 위한 꼬리말에는 어떤 것들이 있을까요?"
  - ○ 예시: "벌써 시간이 이렇게 됐네요."
  - ○ 예시: "집에 데려다줄게요."
  - ○ 예시: "내일 아침 수업이 있어."
  - ○ 예시: "시간이 많이 늦었네. 우리 둘 다 내일 일찍 나가야 하잖아."

3. 함께 데이트를 해서 고맙다고 말한다.

- 치료자: "데이트를 마무리하기 위한 다음 단계는 함께 데이트를 해서 고맙다고 말하는 것입니다. 고마움을 표시하는 것이 중요한 이유는 무엇일까요?"
  - ○ 대답: 상대방을 기분 좋게 합니다. 그와 시간을 보낸 것에 대해 고마워한다는 것을 상대가 알 수 있게 합니다.

4. 당신이 좋은 시간을 보냈다면 이를 데이트 상대에게 말한다.

- 치료자: "다음 단계는 만약 당신이 좋은 시간을 보냈다면 이를 데이트 상대에게 말하는 것입니다. 좋은 시간을 보냈다고 말하는 것이 중요한 이유는 무엇일까요?"

○ 대답: 당신이 즐거운 시간을 보냈다는 것을 상대에게 드러내 보여줍니다. 상대방을 기분 좋게 합니다. 다음에 또 만나고 싶어 한다는 것을 상대가 알 수 있습니다.

5. **데이트 장소에서 함께 나온다.**
   ● 치료자: "데이트 장소가 어디이든 간에 데이트 장소에서 함께 나와야 합니다. 이는 음식점에서 나오는 것, 혹은 영화관에서 나와 각자의 차가 있는 곳으로 가는 것, 또는 상대의 집 앞까지 데려다주는 것을 의미할 수도 있습니다. 데이트 장소에서 함께 나오는 것이 중요한 이유는 무엇일까요?"
   ○ 대답: 데이트 상대가 혼자서 그 장소에서 나가게 하는 것은 무례하기 때문입니다. 데이트 장소에서 헤어지면서 작별인사를 하지 않는 것은 무례하기 때문입니다.

6. **데이트 상대를 좋아한다면 다시 만나자고 제안한다.**
   ● 치료자: "데이트 마무리하기의 다음 단계는, 당신이 데이트 상대를 좋아할 경우 다시 만날 것을 제안하는 것입니다. 어떻게 제안할 수 있을까요?"
   ○ 예시: "이번 주말에 또 만날래?"
   ○ 예시: "우리 다시 만나자."
   ● 질문: "만약 당신이 데이트 상대를 좋아하지 않으면 다시 만날 것을 계획해야 할까요?"
   ○ 대답: 아니요. 다시 만나자고 하지 않아야 합니다. **데이트는 선택이라는 것을 기억합니다. 당신은 모든 사람과 데이트를 할 수 없으며 모든 사람이 당신과 데이트를 할 수 있는 것 또한 아닙니다.**

7. **다음 데이트를 위해 언제 연락할 것인지 알려준다.**
   ● 치료자: "만약 데이트 상대를 좋아하고 그를 다시 만나고 싶다면, 다음 데이트를 위해 언제 다시 전화를 하거나 문자를 할 것인지 알려줍니다. 이것은 어떻게 알려줄 수 있을까요?"
   ○ 예시: "이번 주말에 연락할게."
   ○ 예시: "며칠 후에 톡 할게."
   ○ 예시: "내일 연락할게."
   ● 설명: "당신이 다시 연락하겠다고 말했으면, 꼭 실제로 다시 연락해야 합니다."

8. **작별인사를 한다.**
   ● 치료자: "데이트 마무리하기의 마지막 단계는 작별인사를 하는 것입니다. 잘 가라고 인사를 한다거나 손을 흔드는 것이 여기에 포함됩니다."

● [참고사항(영어로 된 자료에 익숙하다면): PEERS® *Role Play Video Library*(www.routledge.com/cw/laugeson) 에서 **데이트 마무리하기**의 적절한 역할극과 부적절한 역할극 동영상을 보여줄 수도 있다. 그러나 한국 문화에서의 데이트 마무리하기와 내용이 다를 수 있다.]

데이트 이후

● 설명: "누군가와 데이트를 한 이후에 그 사람과 좋은 시간을 보냈고, 다시 만나고 싶다면 해야 할 몇 가지 일이 있습니다."

● **집에 도착했을 때쯤 안부 전화를 하거나 문자를 한다.**
   ○ 질문: "데이트 상대를 좋아하고 그와 다시 만나고 싶다면 데이트 상대가 집에 도착했을 때쯤의 시간을

생각하여 안부 전화를 하거나 문자를 하는 것이 왜 좋은 생각일까요?"

- 대답: 사려 깊은 행동입니다. 집에 도착했을 때쯤 연락을 한다면 상대가 당신이 좋은 시간을 보냈고, 상대를 좋아한다는 것을 알 수 있습니다.

- **함께 데이트해서 고맙다고 말한다.**
  - 질문: "함께 데이트를 해서 고맙다고 말하는 것이 왜 좋은 생각일까요?"
    - 대답: 데이트를 함께해서 고맙다고 말하면 당신이 호감이 있다는 것을 보여줍니다. 그와 함께한 것을 당신이 고마워한다는 것을 알려주는 것입니다.
- **데이트에서 좋은 시간을 보냈다고 말한다.**
  - 질문: "당신이 좋은 시간을 보냈다면, 이를 말하는 것이 왜 좋은 생각일까요?"
    - 대답: 그와 함께한 시간이 즐거웠다는 것을 보여주는 것입니다. 당신이 그를 좋아한다는 것을 알려줍니다.
- **데이트 상대를 좋아한다면 다시 만나자고 요청한다.**
  - 질문: "데이트 상대를 좋아한다면 다시 데이트를 하자고, 또는 다시 만나고 싶다고 요청해야 할까요?"
    - 대답: 예, 당연합니다.
  - 질문: "다시 만나자고 제안하지 않는다면 무엇이 문제가 될 수 있을까요?"
    - 대답: 당신이 그 사람에게 관심이 없다고 생각할 수 있습니다. 당신이 관심이 없다고 생각하면 당신을 더 이상 만나지 않을 수 있습니다.
  - 치료자: "만약 데이트 상대를 좋아하고 그를 다시 만나고 싶다면, 언제 다시 만나자고 요청하는 것이 좋을까요?"
    - 예시: 데이트를 하고 2~3일 후에 다시 만나자고 요청합니다. 다음 데이트를 위해 언제 연락할 것인지를 알려주었다면 연락하기로 한 그날에 다시 만나자고 요청합니다.
- 설명: "이것이 데이트를 할 때 따라야 할 규칙과 단계입니다. 당신의 성인 중에 데이트 상대가 있는 사람이라면, 이번 주에 지금까지 배웠던 것을 연습하는 시간을 가질 것입니다."

과제 안내하기

[사회성 코치에게 사회성 코치 과제 기록지(부록 E)를 배부하고, 작성해서 다음 회기에 제출하게 한다.]

1. 친구와 **함께 어울리기**를 한다.
   - 사회성 코치는 성인이 **다섯 가지 요소**를 사용하여 함께 어울리기를 계획할 수 있도록 도와주어야 한다.
     - **누구**와 할 것인지
     - **무엇**을 할 것인지
     - **어디서** 함께 어울리기를 할 것인지
     - **언제** 함께 어울리기를 할 것인지
     - **어떻게** 함께 어울리기가 이루어질 수 있도록 준비할 것인지
   - 연습 전에 사회성 코치들은 성인들과 **함께 어울리기** 규칙과 단계를 점검한다.
   - 함께 어울리기 연습 이후에 사회성 코치들은 성인들에게 다음과 같은 **사회성 코칭 질문**을 한다.
     - **무엇을 하기로 결정했으며 함께할 활동을 누가 선택했나요?**

- ○ 정보를 교환했나요? 함께 어울리는 시간의 몇 %를 정보를 교환하는 데 사용했나요?
- ○ 공통의 관심사는 무엇이었나요? 만약 두 사람이 함께 시간을 보내게 된다면 그 정보를 가지고 무엇을 할 수 있나요?
- ○ 당신과 친구는 좋은 시간을 보냈나요?
- ○ 다시 만나 시간을 보내기에 적합한 사람인 것 같나요?

2. 상대에게 내가 관심이 있다는 것 알리기, 데이트 신청하기, 데이트하기를 연습한다.
   - 성인들이 누군가를 연애 상대로 좋아하고 있다면
     - ○ 상대에게 내가 관심이 있다는 것을 알린다.
     - ○ 데이트를 신청한다.
     - ○ 데이트를 한다.
     - ○ 상대에게 연애 상대로서의 호감을 갖기 전까지는 시도하지 않는다.
   - 성인들이 편하게 느낀다면 사회성 코치들과 **상대에게 내가 관심이 있다는 것 알리기, 데이트 신청하기, 데이트하기**를 연습하도록 한다.
   - 연습 전에 사회성 코치들은 **상대에게 내가 관심이 있다는 것 알리기, 데이트 신청하기, 데이트하기** 규칙과 단계를 점검한다.
   - 각 연습이 끝나면 사회성 코치들은 성인들에게 다음과 같은 **사회성 코칭 질문**을 한다.
     - ○ 상대에게 내가 관심이 있다는 것 알리기
       - 누구와 연습했나요? 상대에게 내가 관심이 있다는 것을 알리기 위해 무엇을 했나요?
       - 상대는 어떻게 반응했나요?
       - 데이트 상대로서 좋은 선택인 것 같나요? 당신과 데이트하기에 적합한 사람인 것 같나요?
     - ○ 데이트 신청하기
       - 누구에게 데이트를 신청했나요? 어떤 단계들을 따랐나요?
       - 상대는 어떻게 반응했나요?
     - ○ 데이트하기
       - 무엇을 하기로 결정했나요?
       - 정보를 교환했나요? 함께 있는 시간의 몇 %를 정보를 교환하는 데 사용했나요?
       - 공통의 관심사는 무엇이었나요? 만약 두 사람이 다시 데이트를 하게 된다면 그 정보를 가지고 무엇을 할 수 있나요?
       - 당신과 당신의 데이트 상대는 좋은 시간을 보냈나요?
       - 데이트 상대로서 좋은 선택인 것 같나요? 당신과 다시 만나 데이트하기에 적합한 사람인 것 같나요?

3. 또래들끼리 하고 있는 **여러 사람이 하는 대화에 들어가기**를 연습한다(새로운 친구를 사귈 수 있는 곳에서 만난 친구와 해도 된다).
   - 연습 전에 사회성 코치들은 **여러 사람이 하는 대화에 들어가고 빠져나오기** 규칙과 단계를 점검한다.
   - 자연스럽게 빠져나와야 할 필요가 있는 상황이 아니라면 **대화에서 빠져나오기**는 공식적인 과제가 아니다.
   - 연습을 한 이후에 사회성 코치들은 성인들에게 다음과 같은 **사회성 코칭 질문**을 한다.
     - ○ 어디서 누구와의 대화에 들어갔나요?

○ 어떤 단계들을 따랐나요?

○ 그들이 당신과 대화를 나누고 싶어 하는 것처럼 보였나요? 이것을 어떻게 알 수 있었나요?

○ 대화에서 빠져나왔어야 했나요? 어떤 단계들을 따랐나요?

성인 치료자 가이드

성인 회기 준비하기

이번 회기는 데이트 예절에 관한 세 번째 회기이다. 이번 회기에는 데이트를 할 때 어떻게 행동해야 하는지에 관한 규칙과 단계가 포함되어 있지만 실제로 이것은 피상적인 내용들에 불과할 수 있다. 향후 연구에서는 PEERS®에서 쓰는 기법을 사용하여 진지한 연인관계 형성하기, 지속적인 연인관계 맺기, 신체적 관계와 안전 및 갈등과 헤어짐 극복하기와 같은 추가적인 주제에 대해서도 연구할 것이다. 그동안에 현재 교육 과정은 데이트와 관련된 기본적인 규칙과 단계를 다룬다.

이번 회기는 데이트 계획하기, 준비하기, 시작하기 및 마무리하기의 규칙과 단계, 데이트를 하는 동안에 어떻게 행동해야 하는지, 안전한 데이트를 하려면 어떻게 해야 하는지 알려줄 것이다. UCLA PEERS® 클리닉에서 치료한 성인들은 주로 온라인 데이트 사이트에서 상대를 찾았다고 보고하였고, 실제로 미국의 젊은 성인들에게 온라인 데이트 사이트는 연애 상대를 만나는 중요하고 보편적인 경로인 것으로 알려져 있다. 하지만 한국의 경우 온라인 데이트 사이트는 안전하지 않은 경우도 많기 때문에 한국어판에서는 이에 관한 내용을 다루지 않았다. 대신에 한국에서는 일대일 '소개팅'이 가장 흔한 형태인 것으로 보고되었으므로 소개팅을 통해 첫 번째 데이트를 할 때 필요한 기술들을 가르치고자 하였다. 안전한 데이트와 데이트 상대와 처음에는 공공장소에서 만나기, 데이트하기 전후에 가족 및 친구들에게 알려주기 및 데이트 상대와 단둘이 있지 않기 등을 강조할 것이다. 이러한 전략들은 온라인 데이트를 할 때만 유용한 것이 아니며 잘 모르는 상대와 데이트할 때도 많은 도움이 될 수 있다.

지난주 회기에서 데이트 신청하기에 초점을 둔 데이트 예절에 초점을 두었지만, 지난주에 부여한 과제에는 실제로 누군가에게 데이트 신청하기가 포함되지 않았다. 그 이유는 성인들이 먼저 이번 회기에서 안전한 데이트하기와 실제 성공적인 데이트하기 기술을 먼저 배워야 하기 때문이다. UCLA PEERS® 클리닉 프로그램에 참여하기 전부터 데이트를 하고 있던 성인들 중에서 첫 번째 데이트를 했다고 보고한 사람들은 많았으나, 두 번째 혹은 세 번째 데이트로 이어진 사람은 별로 없었다. 이번 회기의 목표는 성인들이 더 성공적인 첫 번째 데이트를 함으로써 다음번 데이트로 이어질 수 있도록 돕는 것이다. 사회성에 어려움이 있는 성인들뿐만 아니라 일반적인 성인들도 흔히 하는 사회적 실수를 하지 않도록 도와줌으로써 연애를 하고 싶어하는 성인들이 의미 있는 연인관계를 발전시켜 나갈 가능성을 높일 수 있을 것이다.

과제 점검

[다음의 과제를 검토하고 발생 가능한 **문제해결**을 의논한다. 성공적으로 과제를 완수한 사람부터 시작한다. 시간이 된다면 (과제를 다 하지 못한 사람들에게) 왜 과제를 완수할 수 없었는지 이유를 질문할 수 있으며, 다음 주에 어떻게 이것을 할 수 있을지에 대한 **문제해결**을 시도해볼 수 있다. 과제를 점검하는 동안에는 반드시 (볼드체로 표시된) **우리끼리 단어**를 사용한다. **함께 어울리기**가 이번 회기의 가장 중요한 과제이므로 과제 점검 시간 대부분을 여기에 할애한다.]

1. 친구와 **함께 어울리기**를 한다.
   - 치료자: "이번 주의 주요 과제 중 하나는 여러분이 친구와 함께 어울리기를 하는 것이었습니다. 이번 주에 친구와 함께 어울리기를 한 사람은 손을 들어주세요."

- 질문
  - ○ "누구와 함께 어울렸으며 무엇을 하기로 결정했나요?"
  - ○ "다섯 가지 요소를 사용하여 함께 어울리기를 계획했나요?"
  - ○ "함께 어울리기를 어떻게 시작했나요?"
  - ○ "함께할 활동들은 누가 선택했나요?"
  - ○ "서로 정보를 교환했나요? 함께 어울리는 시간의 몇 %를 정보를 교환하는 데 사용했나요?"
  - ○ "함께 어울리기를 어떻게 마무리했나요?"
  - ○ "다시 만나 시간을 보내기에 적합한 사람인 것 같나요?"

표 12.1 집에서 함께 어울리기 시작하기 및 마무리하기를 위한 단계

함께 어울리기 시작하기	함께 어울리기 마무리하기
1. 손님에게 인사를 한다.	1. 활동이 잠시 멈출 때를 기다린다.
2. 손님을 집 안으로 맞이한다.	2. 함께 어울리기를 마무리하기 위한 꼬리말을 한다.
3. 손님이 모르는 사람들에게는 손님을 소개한다.	3. 친구를 문까지 배웅한다.
4. 집 안을 안내해준다.	4. 친구에게 함께 어울리기를 해서 고맙다고 말한다.
5. 간단한 간식을 권한다.	5. 친구에게 즐거운 시간을 보냈다고 말한다.
6. 손님에게 무엇을 하고 싶은지 물어본다.	6. 잘 가라고 인사하고, 나중에 다시 보자고 한다.

2. **상대에게 내가 관심이 있다는 것 알리기**를 연습한다.
   - 치료자: "이번 주 또 다른 과제는 상대에게 내가 관심이 있다는 것 알리기를 연습하는 것이었습니다. 이 과제는 상대방에게 연애 상대로서의 호감을 가지고 있을 때만 시도하는 것이었습니다. 여러분이 편하게 느낀다면 사회성 코치와 연습을 했어도 상관없습니다. 이 과제를 한 사람은 손을 들어주세요."
   - 질문
     - ○ 누구와 연습했나요?
     - ○ 상대에게 내가 관심이 있다는 것을 알리기 위해 무엇을 했나요?
     - ○ 상대는 어떻게 반응했나요?
     - ○ 데이트 상대로서 좋은 선택인 것 같나요? 당신과 데이트하기에 적합한 사람인 것 같나요?

3. 또래들끼리 하고 있는 **여러 사람이 하는 대화에 들어가기**를 연습한다(**새로운 친구를 사귈 수 있는 곳**에서 만난 친구와 해도 된다).
   - 치료자: "이번 주 또 다른 과제는 또래들끼리 하고 있는 여러 사람이 하는 대화에 들어가기를 연습하는 것이었습니다. 이 과제를 한 사람은 손을 들어주세요."
   - 질문
     - ○ "어디에서 누구와의 대화에 들어갔나요?"
     - ○ "어떤 단계들을 따랐나요?"
       1. **대화를 귀 기울여 듣는다.**
       2. **거리를 두고 지켜본다.**

3. 소품을 사용한다.

4. 주제를 확인한다.

5. 공통의 관심사를 찾는다.

6. 더 가까이 다가간다.

7. 대화가 짧게 멈출 때를 기다린다.

8. 주제를 언급한다.

9. 관심을 평가한다.

10. 자신을 소개한다.

○ "그들이 당신과 이야기를 나누고 싶어 하는 것처럼 보였나요?"

○ "그것을 어떻게 알 수 있었나요?"

   ▪ 당신과 이야기를 했나요?

   ▪ 당신을 쳐다보았나요?

   ▪ 당신과 마주 보고 이야기를 했나요(원을 열었나요)?

○ "대화에서 빠져나왔나요? 어떤 단계들을 따랐나요?"

표 12.2 대화에서 빠져나오기 위한 단계

전혀 받아들여지지 않았을 때	처음에는 받아들여졌으나 그 이후에 제외되었을 때	완전히 받아들여졌을 때
1. 침착함을 유지한다.	1. 침착함을 유지한다.	1. 대화가 짧게 멈출 때를 기다린다.
2. 다른 곳을 본다.	2. 다른 곳을 본다.	2. 구체적인 꼬리말을 한다.
3. 돌아선다.	3. 대화가 짧게 멈출 때를 기다린다.	3. 나중에 보자고 한다.
4. 다른 곳으로 걸어간다.	4. 짧은 꼬리말을 한다.	4. 작별인사를 한다.
	5. 다른 곳으로 간다.	5. 다른 곳으로 간다.

교육: 데이트 예절 – 데이트하기

● 설명: "오늘은 이전 회기와 마찬가지로 데이트 예절에 대해 계속해서 이야기를 나눌 것입니다. 지금까지 우리는 상대에게 내가 관심이 있다는 것을 알리는 방법과 데이트 신청하는 방법에 대해서 이야기를 나누었습니다. 이번 회기에서는 데이트하는 것에 대해 이야기를 나눌 것입니다. 데이트를 할 때는 데이트 계획하기, 데이트 준비하기, 안전한 데이트하기, 데이트 시작하기, 데이트하는 동안, 데이트 마무리하기, 데이트 이후와 같은 몇 가지 시기가 있습니다. 우리는 성인들이 각 시기에 무엇을 해야 하는지에 대해서 이야기를 나눌 것입니다."

● [다음에 제시된 중요 항목과 **볼드체**로 표시된 **우리끼리 단어**를 칠판에 적으면서 **데이트하기** 규칙과 단계를 보여준다. 회기가 끝날 때까지 칠판에 적은 규칙과 단계를 지우지 않는다. 영어로 된 자료에 익숙하다면 ▶ 표시가 있는 각 역할극에 해당하는 역할극 동영상이 PEERS® *Role Play Video Library*(www.routledge.com/cw/laugeson)에 포함되어 있으니 참고해볼 수도 있다.]

데이트 계획하기

- 설명: "누군가에게 데이트 신청을 하고 상대가 당신의 제의를 받아들인 다음에는 데이트에 관한 자세한 것들을 계획해야 합니다. 아마도 무엇을 하고 언제 만날 것인지에 대한 계획에 대해서는 이미 이야기했겠지만 다른 세부적인 것들도 역시 확정해야 합니다."
- **하루 이내 규칙을 사용하여 연락한다.**
  - 설명: "상대에게 연락해 데이트의 세부사항들을 확정하는 것도 데이트의 일부입니다. 만약 당신이 상대에게 관심이 있으면서 연애 선수처럼 보이고 싶지 않다면 하루 이내 규칙을 사용하여 연락합니다. 이는 상대방의 연락처를 받았거나 데이트를 신청한 날로부터 하루 이내에 연락을 하라는 뜻입니다."
  - 질문: "연락처를 받았거나 데이트를 신청한 날로부터 하루 이상 더 지난 다음 연락을 한다면 무엇이 문제가 될 수 있을까요?"
    - 대답: 너무 늦게 연락한다면 상대가 당신에게 관심을 잃을 수 있습니다. 당신이 소위 '밀당'을 하거나 시시해 보이지 않으려 한다고 생각할 수 있습니다. 당신이 **연애 선수**라고 생각하거나 자신에게 관심이 없다고 생각할 수 있습니다. 당신에게 가졌던 **관심이 식어버릴** 수 있습니다.
  - 치료자: "연락처를 교환하고 하루 이상 더 지나서 연락을 한다면 상대방에게 연락이 늦어진 이유를 말해 줘야 합니다."
  - 질문: "반대로 연락처를 받았거나 데이트를 신청하고 나서 바로 연락을 한다면 무엇이 문제가 될 수 있을까요?"
    - 대답: 너무 빨리 연락을 한다면 약간 무서울 수 있습니다. 당신이 너무 절박해 보일 수 있습니다. 당신에게 **관심이 식어버릴** 수 있습니다.
- **다섯 가지 요소를 사용하여 데이트 계획을 확정한다.**
  - 질문: "상대에게 다시 연락한 시점에 다섯 가지 요소를 사용하여 데이트 계획을 확정하는 것이 적절할까요?"
    - 대답: 예(그러나 상대방에게 **다섯 가지 요소**라는 말은 하지 않습니다).
  - 질문: "다섯 가지 요소란 무엇인가요?"
    - **누구**와 데이트를 할 것인지
    - **무엇**을 할 것인지
    - **언제** 만날 것인지
    - **어디서** 만날 것인지
    - **어떻게** 데이트가 이루어질 수 있도록 준비할 것인지
  - 설명: "데이트를 신청할 때는 무엇을 언제 할 것인지에 대해 대략 생각해 놓아야 합니다. 그러나 데이트 신청을 한 이후에 연락을 할 때는 다섯 가지 요소를 사용하여 계획을 확정해야 합니다."
- **데이트하기 바로 전에 계획을 다시 확인한다.**
  - 치료자: "데이트를 계획할 때에는 데이트하기 바로 전에 계획을 다시 확인해야만 합니다. 데이트 신청을 언제 했느냐에 따라서, 데이트하기 하루 또는 이틀 전에 계획을 다시 확인하는 것이 적절합니다. 계획을 다시 확인하는 것이 중요한 이유는 무엇일까요?"
    - 대답: 때로는 계획이 바뀔 수도 있기 때문입니다. 사람들은 때로 자신이 세운 계획을 잊어버리거나

바빠질 수도 있기 때문입니다. **데이트하기 바로 전에 계획을 다시 확인**하지 않으면 데이트가 이루어지지 않을 수 있기 때문입니다.

- ○ 치료자: "어떻게 말하며 데이트 계획을 확인할 수 있을까요?"
  - 예시: "이번 주말에 만나는지 확인하려고 연락했어요."
  - 예시: "내일 저녁 약속을 확인하려고 연락했어."
  - 예시: "내일 약속 다시 알려주려고 전화했어."
- ○ 설명: "사회성 코치들이 여러분이 데이트 계획을 다시 확인하기에 적절한 때가 언제인지를 결정하는 것을 도와줄 수 있습니다."

데이트 준비하기

- 설명: "데이트하기의 다음 단계는 데이트 준비하기입니다. 실제로 데이트를 하기 바로 전에 다음과 같은 것들을 준비해야 합니다."

- **다른 사람에게 보여주어도 될 정도로 자신의 공간을 정리한다.**
  - ○ 치료자: "데이트를 준비할 때는 다른 사람에게 보여주어도 될 정도로 자신의 공간을 정리해야 합니다. 즉, 데이트를 하는 동안에 당신 차를 사용하고자 하거나, 여러 번 데이트를 한 뒤에 집에서 만나려고 한다면 당신의 공간을 잘 깨끗이 정리해야 한다는 뜻입니다. 자동차나 집 또는 방이 깨끗하지 않으면 무엇이 문제가 될 수 있을까요?"
    - 대답: 자동차나 집 또는 방을 지저분하게 두는 것은 상대에 대한 예의가 아닙니다. 당신이 게으르다고 생각할 수 있습니다. 당신에게 **관심이 식어버릴** 수 있습니다.
  - ○ 치료자: "데이트에 당신 차를 사용하고자 한다면 차의 안과 밖이 깨끗할 수 있도록 준비해야 합니다. 데이트에 지저분한 차를 사용하면 무엇이 문제가 될 수 있을까요?"
    - 대답: 지저분한 자동차를 사용하는 것은 데이트 상대에 대한 예의가 아닙니다. 당신이 게으르다고 생각할 수 있습니다. 당신에게 **관심이 식어버릴** 수 있습니다.
- **데이트 상대가 함께 사용하거나 보거나 만지지 않았으면 하는 개인적인 물건들은 치워 둔다.**
  - ○ 치료자: "데이트를 하는 동안에 당신 차를 사용하고자 하거나, 여러 번 데이트를 한 뒤에 집에서 만나려고 한다면 데이트 준비하기의 또 다른 중요한 사항은 데이트 상대가 함께 사용하거나 보거나 만지지 않았으면 하는 개인적인 물건들은 치워 두는 것입니다. 그런 물건들을 미리 치우는 것이 중요한 이유는 무엇일까요?"
    - 대답: 상대에게 당신 물건을 보거나 만지지 말아달라고 하면 예의 없어 보일 수 있기 때문입니다. 개인적인 물건들을 미리 치워 놓는 것이 더 쉽습니다.
- **깨끗한 위생 상태를 유지한다.**
  - ○ 치료자: "데이트를 준비할 때는 깨끗한 위생 상태를 유지하는 것 또한 중요합니다. 깨끗한 위생 상태를 유지하기 위해 무엇을 할 수 있을까요?
    - 대답: 비누로 깨끗이 샤워합니다. 머리를 감습니다. 이를 닦습니다. 냄새 제거제를 뿌립니다.
  - ○ 질문: "데이트할 때 깨끗한 위생 상태를 유지하는 것이 중요한 이유는 무엇일까요?"
    - 대답: 깨끗한 위생 상태를 유지하는 것은 자신과 상대에 대한 예의입니다.

- ○ 질문: "깨끗한 위생 상태를 유지하지 못하면 무엇이 문제가 될 수 있을까요?"
    - ■ 대답: 위생 상태가 깨끗하지 못한 것은 상대에 대한 예의가 아닙니다. 당신에게 **관심이 식어버릴** 수 있습니다.
- **상황에 맞는 옷을 입는다.**
  - ○ 설명: "데이트를 준비하는 동안, 데이트하러 나갈 때 무엇을 입을 것인지에 대해서도 고민해보아야 합니다. 데이트를 하기 위해서는 상황에 맞는 옷을 입는 것이 중요합니다."
  - ○ **데이트하면서 하게 될 활동에 맞는 옷을 입는다.**
    - ■ 치료자: "데이트하면서 하게 될 활동에 맞는 옷을 입어야 된다고 생각하나요?"
      - □ 대답: 예.
    - ■ 치료자: "데이트에 적절한 옷에는 어떤 것들이 있나요?"
      - □ 예시: 스포츠 관련 행사나 활동에는 캐주얼하게 입는다.
      - □ 예시: 저녁을 먹고 영화를 본다면 깔끔하게 차려입고 나간다.
      - □ 예시: 클래식 공연을 보거나 고급 레스토랑에 갈 때는 조금 격식을 갖추어 입고 나간다.
  - ○ 설명: "여러분이 데이트 상황에 맞는 옷을 입을 수 있도록 사회성 코치들이 도움을 줄 수 있습니다."
- **노출이 심한 옷을 입지 않는다.**
  - ○ 치료자: "성인들이 데이트할 때 노출이 심한 옷을 입어야 한다고 생각하나요? 노출이 심한 옷을 입고 나가면 무엇이 문제가 될 수 있을까요?"
    - ■ 대답: 상대가 오해할 수 있습니다. 상대가 성인과 진지한 만남을 가지려고 하지 않을 수 있습니다. 성인이 단지 성적으로 유혹하고 싶어 한다고 생각할 수 있습니다.
  - ○ 치료자: "너무 노출이 심한 옷과 더불어 데이트를 할 때 입기에 부적절한 옷에는 어떤 것들이 있나요?"
    - ■ 대답: 몸에 너무 붙는 옷, 속옷이 비치는 옷, 나이에 맞지 않는 옷, 트레이닝복을 입지 않습니다. 경기장이 아닌 곳에서 스포츠팀 유니폼을 입지 않습니다. 첫 데이트에서는 모자 혹은 과도한 액세서리를 하지 않습니다.
- **가장 멋있는 모습을 보여주려고 노력한다.**
  - ○ 치료자: "데이트를 할 때 당신의 가장 멋있는 모습을 보여주려고 노력하는 것이 중요하다고 생각하나요? 가장 멋있는 모습을 보여주는 것이 좋은 생각인 이유는 무엇일까요?"
    - ■ 대답: 가장 멋있는 모습을 보여주려고 노력하는 것은 상대에 대한 예의입니다. 상대가 당신에게 더 큰 매력을 느낄 수도 있습니다.

안전한 데이트하기

- 설명: "데이트를 준비할 때는 어떻게 안전한 데이트를 할 수 있을지에 대해서 생각하는 것 또한 중요합니다. 예를 들어 많은 사람들이 연인이 될 수 있는 사람을 만나고자 할 때 온라인 데이트 사이트나 소셜네트워킹사이트를 통해서 연애 상대를 만나기도 합니다. 온라인 데이트는 데이트 상대를 만날 수 있는 곳으로 매우 유용할 수는 있으나 매우 위험할 수도 있으므로 특별히 주의해야 합니다. 그 외에도 우리가 잘 모르는 사람과 만날 때는 조심해야 할 사항이 몇 가지 있습니다."
- **처음부터 개인적인 연락처를 주지 않는다.**
  - ○ 치료자: "온라인 데이트를 하거나 당신이 잘 모르는 사람과 데이트를 할 때 안전하게 데이트하는 방법은

처음부터 당신의 개인적인 연락처를 주지 않는 것입니다. 개인적인 연락처란 무엇인가요?"

- 대답: 주소, 집 전화번호, 직장 연락처
- ○ 질문: "당신의 개인적인 연락처를 바로 주게 되면 무엇이 문제가 될 수 있을까요?"
  - 대답: 상대에 대해서 아직 잘 모릅니다. 상대가 믿을 만한 사람인지 아직 모릅니다. 상대와 다시 만나서 이야기를 나누고 싶은지 아직 잘 모릅니다.
- ○ 설명: "상대에 대해서 더 잘 알게 되고 당신과 마찬가지로 상대도 당신에게 자신의 개인적인 연락처를 주고 싶어 한다면, 더 개인적인 연락처를 알려줘도 됩니다. 여러분의 사회성 코치들이 언제 개인적인 연락처를 데이트 상대에게 줘도 괜찮을지를 정하는 데 도와줄 수 있습니다."

● **데이트하기 전에 소셜네트워킹사이트를 통해 상대에 대해서 알아본다.**
- ○ 설명: "온라인을 통해 만난 사람 혹은 소개팅과 같이 잘 모르는 사람과 안전한 데이트를 하기 위한 또 다른 방법은 데이트하기 전에 소셜네트워킹사이트를 통해 상대에 대해서 미리 알아보는 것입니다. 이것은 상대를 스토킹하라는 뜻은 아닙니다. 그저 데이트하기 전에 소셜네트워킹사이트를 통해 상대의 현재 연애 상태를 확인하고, 그 사람에 대한 일반적인 사항들을 알아 놓으라는 의미입니다. 그렇게 하기 위한 방법들에는 어떤 것들이 있을까요?"
  - 대답: 상대의 소셜네트워킹사이트 프로필을 확인합니다. 페이스북 친구가 되어 그가 페이스북에 올리는 글이나 사진을 확인해봅니다. 필요하다면 이름을 구글로 검색해서 신원을 파악해볼 수도 있습니다.

● **가족과 친구들에게 당신이 어디에서 누구와 만나는지 알려준다.**
- ○ 치료자: "안전한 데이트를 할 수 있는 다른 방법은 데이트를 할 때 가족과 친구들에게 당신이 어디에서 누구와 만나는지 알려주는 것입니다. 사람들에게 당신이 어디에서 누구와 만나는지 알려주는 것이 좋은 생각인 이유는 무엇일까요?"
  - 대답: 사람들이 당신이 어디에 있고 누구를 만나고 있는지 안다면 더 안전합니다. 만약 어떤 문제가 생긴다면 사람들이 어디서 어떻게 당신을 찾아야 하는지 알 수 있기 때문입니다.

● **만약 데이트 상대의 차를 타게 된다면 집 근처 큰 길에서 만나거나 헤어진다.**
- ○ 치료자: "만약 데이트 상대의 차를 타게 되는 경우라면 안전한 데이트를 할 수 있는 또 다른 방법은 집 근처 큰 길에서 만나거나 헤어지는 것입니다. 이것이 중요한 이유는 무엇일까요?"
  - 대답: 더 안전합니다. 특히 잘 모르는 사람과 데이트하게 된 경우에는 아직 어떤 사람인지 잘 모르기 때문에 집 앞에서 만나거나 집 앞까지 태워다 달라고 하는 것은 위험할 수 있습니다.
- ○ 질문: "데이트 상대가 마음에 들지만 그 사람의 차를 타는 것이 안전하지 않다고 생각되거나 타고 싶지 않다면, 차에 태워주겠다는 제안을 거절할 수 있습니다. 차에 태워주겠다는 제안을 거절하고 데이트 장소 및 집에 어떻게 갈 수 있나요?"
  - 대답: 제안은 고맙지만 다음에 타겠다고 말합니다. 대중교통 혹은 택시를 이용합니다. 친구, 사회성 코치 혹은 가족에게 태워다 달라고 합니다. 너무 멀지 않고 안전하다면 걷거나 자전거를 탑니다.
- ○ 치료자: "특히 온라인, 소셜네트워킹사이트 혹은 소개팅 앱을 통해 잘 모르는 사람을 처음 만나 데이트를 하게 될 경우에는 더 주의해야 할 점이 있습니다. 이런 경우 안전한 데이트를 할 수 있는 또 다른 방법은 상대의 차에 타지 말고, 데이트 장소까지 가거나 그 장소에서 헤어질 때 당신 스스로 이동하는 것입니다. 이는 대중교통을 이용하거나 직접 운전을 해서 이동하라는 뜻입니다. 이렇게 하는 것이 중요한

이유는 무엇일까요?"

■ 대답: 더 안전합니다. 당신이 떠나고 싶을 때 언제든지 떠날 수 있습니다.

○ 설명: "온라인, 소셜네트워킹사이트 혹은 소개팅 앱을 통해 잘 모르는 사람을 만났을 때 이는 매우 중요합니다. 데이트 상대가 마음에 들 경우라도 데려주겠다는 그의 제안은 고맙지만 다음에 타겠다고 말하는 것을 기억해야 합니다."

● **공공장소에서 만난다.**

○ 치료자: "온라인에서 알게 된 사람과 데이트를 하거나 잘 모르는 사람과 데이트를 할 때 안전한 데이트를 할 수 있는 또 다른 방법은 주변에 사람들이 많은 공공장소에서 데이트를 하는 것입니다. 공공장소에서 만나는 것이 좋은 생각인 이유는 무엇일까요?"

■ 대답: 주변에 사람들이 있다면 더 안전합니다.

○ 질문: "공공장소가 아닌 곳에서 만난다면 무엇이 문제가 될 수 있을까요?"

■ 대답: 당신과 데이트 상대 둘뿐이라면 덜 안전합니다. 주변에 사람이 없으면 당신이 아직 준비되지 않은 신체적 접촉을 상대가 하려고 시도할 수 있고, 당신은 누군가에게 도움을 청하기도 어렵기 때문입니다.

● **처음부터 데이트 상대와 단둘이 있지 않는다.**

○ 치료자: "잘 모르는 사람을 만날 때 안전하게 데이트할 수 있는 또 다른 방법은 처음부터 데이트 상대와 단둘이 있지 않는 것입니다. 처음부터 데이트 상대와 단둘이 있지 않는 것이 좋은 생각인 이유는 무엇일까요?"

■ 대답: 아직 상대를 잘 모르기 때문입니다. 상대가 믿을 만한 사람인지 아직 모르기 때문입니다. 상대와 단둘이 있을 때는 덜 안전하기 때문입니다.

○ **처음부터 상대를 당신의 집에 초대하지 않는다.**

■ 질문: "처음부터 상대를 집에 초대해도 되나요?"

□ 대답: 아니요.

○ **처음부터 상대의 집에 방문하지 않는다.**

■ 질문: "처음부터 상대의 집에 방문해도 되나요?"

□ 대답: 아니요.

○ **온라인에서 알게 된 모르는 사람이라면 처음부터 단둘이 자동차에 타지 않는다.**

■ 질문: "온라인에서 알게 된 모르는 사람이라면 처음부터 단둘이 자동차에 타도 되나요?"

□ 대답: 아니요.

■ 질문: "처음부터 데이트 상대와 단둘이 있지 않는 것이 좋은 생각인 이유는 무엇일까요?"

□ 대답: 아직 상대를 잘 모르기 때문입니다. 상대가 믿을 만한 사람인지 아직 모르기 때문입니다. 상대와 단둘이 있을 때는 덜 안전하기 때문입니다.

■ 설명: "데이트 상대에 대해서 잘 모를 때는 단둘이 있지 않는 것이 더 안전합니다. 상대에 대해서 더 알게 된다면 단둘이 있기 시작해도 됩니다. 언제부터 데이트 상대와 단둘이 있어도 괜찮은지 결정하는 것을 여러분의 사회성 코치들이 도와주어야 할 수도 있습니다."

● **데이트하기 전/후에 가족이나 친구들에게 알린다.**

○ 치료자: "잘 모르는 사람과 만날 때 안전한 데이트를 할 수 있는 또 다른 방법은 데이트하기 전후에 가족

이나 친구들에게 알리는 것입니다. 데이트하기 전후에 가족이나 친구들에게 알리는 것이 좋은 생각인 이유는 무엇일까요?"

- ■ 대답: 당신이 언제 무엇을 하고 있는지 사람들이 알고 있다면 더 안전하기 때문입니다. 당신이 무엇을 하고 있으며 당신을 어떻게 찾아야 하는지 사람들이 알고 있다면 더 안전하기 때문입니다. 당신이 안전하다는 것을 알기 때문에 가족과 친구들이 걱정을 하지 않아도 됩니다.
  - ○ 설명: "예를 들어 카카오톡 애플리케이션에는 위치 정보 서비스가 있습니다. 이러한 애플리케이션을 사용하여 데이트하기 전에 가족이나 친구들에게 데이트 장소를 알려줄 수 있습니다."

데이트 시작하기

- 설명: "지금까지 데이트 계획하기, 데이트 준비하기 및 안전한 데이트를 하는 방법들에 대해서 알게 되었으므로 지금부터는 데이트를 시작할 때 무엇을 해야 하는지에 대해서 이야기를 나누어 보겠습니다. 친구들과 함께 어울리기를 하는 것과 마찬가지로 데이트를 시작할 때도 따라야 하는 구체적인 단계들이 있습니다."

부적절한 역할극 : 데이트 시작하기 ▶

[보조 치료자 2명이 **데이트 시작하기**의 부적절한 역할극을 한다. 보조 치료자가 한 명뿐이라면 집단 치료자가 다른 보조 치료자의 역할을 대신할 수 있다.]

- 치료자: "이제부터 역할극을 보여줄 것입니다. 잘 보고 (보조 치료자 2의 이름)이/가 데이트를 시작하면서 무엇을 잘못했는지 이야기해주세요."

부적절한 역할극의 예

○ 보조 치료자 1 : (시계를 보며 기다린다.) 대체 왜 이렇게 늦는 거지?

○ 보조 치료자 2 : (헐레벌떡 뛰어온다.) 아, ○○○ 씨 맞죠?

○ 보조 치료자 1 : (당황하면서) 네.

○ 보조 치료자 2 : (대답을 듣는 둥 마는 둥 하면서 위아래로 훑는다. 그러고 나서 등을 돌리고 걸어가 자기 마음대로 자리에 앉는다.)

○ 보조 치료자 1 : (잠시 멍하니 보조 치료자 2가 혼자 걸어가는 걸 보며 서 있다가 불쾌한 표정으로 따라가 앉는다.)

○ 보조 치료자 2 : (메뉴를 쓱 훑더니) 전 오렌지 주스요. (팔짱 끼고 앉아서 상대방을 멀뚱하게 쳐다본다.)

○ 보조 치료자 1 : (고민하다가 기분 상한 표정으로) 전 그냥 안 마실게요.

○ 보조 치료자 2 : (갸우뚱하며) 아, 그래요? 그럼 그냥 다른 데 갈까요? 식사하기는 이른데, 어디 가야 하나?

- 치료자: "자, 여기까지입니다. (보조 치료자 2의 이름)이/가 데이트를 시작하면서 무엇을 잘못했나요?"
  - ○ 대답: 약속 장소에 늦었습니다. 상대를 위아래로 훑어보았습니다. 상대에게 자리를 권하지 않고 마음대로 먼저 자리에 앉았습니다. 관습적인 머리말로 대화를 시작하지 않았습니다. 음료나 차 주문을 권하지 않았습니다. 데이트 계획에 대해서 말하지 않았습니다.
- 다음과 같은 **조망 수용 질문**을 한다.

○ "(보조 치료자 1의 이름)이/가 어떤 기분이었을 것 같나요?"

■ 대답: 불편합니다. 어색합니다. 당황스럽습니다.

○ "(보조 치료자 1의 이름)이/가 (보조 치료자 2의 이름)에 대해서 어떻게 생각했을 것 같나요?"

■ 대답: 이상합니다. 무례합니다. 좋은 데이트 상대가 아닙니다.

○ "(보조 치료자 1의 이름)이/가 (보조 치료자 2의 이름)와/과 데이트를 하고 싶어 할 것 같나요?"

■ 대답: 그렇지 않을 것 같습니다. 좋은 시작이 아닙니다.

● 보조 치료자 1에게 같은 **조망 수용 질문**을 한다.

○ "어떤 기분이 들었나요?"

○ "(보조 치료자 2의 이름)에 대해서 어떻게 생각했나요?"

○ "(보조 치료자 2의 이름)와/과 데이트를 하고 싶나요?"

데이트를 시작하기 위한 단계

● 설명: "어색하게 데이트를 시작하는 대신에 데이트 시작하기의 구체적인 단계들을 따라야 합니다."

1. 약속 장소에 늦지 않는다.

● 질문: "데이트를 시작하기 위해 가장 중요한 규칙은 약속 시간에 늦지 않게 맞춰서 약속 장소에 도착하는 것입니다. 약속 시간에 맞춰 데이트 장소에 도착하는 것이 중요한 이유는 무엇일까요?"

○ 대답: 당신의 데이트 상대를 존중하는 것입니다. 약속 시간보다 늦는다면 시간 계산을 잘 못하거나 게으른 사람처럼 보일 수 있기 때문입니다. 데이트 시작하기 전부터 기분이 나빠질 수 있습니다.

● 질문: "만약 약속한 시간 내에 도착하지 못할 것 같은 경우에는 어떻게 해야 할까요?"

○ 대답: 데이트 상대에게 미리 연락하여 미안하다고 사과한 뒤 어느 정도 늦을 것 같은지 미리 알려줍니다.

● 질문: "데이트 상대가 약속 장소에 늦게 도착할 경우에 비난하거나 화를 내도 될까요?"

○ 대답: 아니요.

2. 상대가 도착하면 자리에서 일어나 인사한다.

● 질문: "데이트 상대가 도착하면 자리에서 일어나 인사를 합니다. 이렇게 하는 것이 중요한 이유는 무엇일까요?"

○ 대답: 상대에게 더 예의 바르고 친절한 사람으로 보일 수 있습니다. 첫인상을 좋게 만들 수 있습니다. 자리에 앉아서 인사하면 무례해 보일 수 있습니다.

3. 상대를 위아래로 훑어보지 않는다.

● 질문: "다음 규칙은 상대가 걸어 들어올 때 위아래로 훑어보지 않는 것입니다. 데이트 상대를 위아래로 훑어보면 무엇이 문제가 될 수 있을까요?"

○ 대답: 상대가 불쾌해할 수 있습니다. 오로지 상대의 외모에만 관심이 있는 것으로 오해받을 수 있습니다. 스토커처럼 보일 수 있습니다.

● 질문: "데이트 상대의 외모나 옷차림 같은 것이 마음에 들지 않는다면 싫은 내색을 해도 될까요?"

○ 대답: 아니요. 무례합니다.

4. 관습적인 머리말로 대화를 시작한다.

- 질문: "데이트 상대와 인사를 하고 자리에 앉은 다음에는 관습적인 머리말로 대화를 시작합니다. 관습적인 머리말의 예로는 어떤 것들이 있을까요?"
  - 예시: "여기까지 오느라 힘들지는 않으셨나요?"
  - 예시: "오늘 날씨가 참 좋지요?"
  - 예시: "차가 많이 막히지는 않으셨나요?"
- 설명: "이때 처음부터 너무 개인적이 되지 말아야 한다는 것을 기억합니다. 만나자마자 너무 개인적인 이야기를 하면 상대방이 불쾌해할 수 있고, 이후의 데이트가 어색해질 수 있습니다."

5. 카페에서 처음 만났다면 음료나 차 주문을 권한다.

- 질문: "카페에서 처음 만났다면 음료나 차를 주문하자고 권합니다. 이렇게 하는 것이 좋은 생각인 이유는 무엇일까요?"
  - 대답: 음료나 차를 권하는 것은 친절한 행동입니다. 데이트 상대가 목이 마르거나 배가 고플 수 있습니다. 아무것도 안 하고 있는 것은 어색할 수 있습니다.
- 질문: "음료나 차를 주문할 때는 어떻게 해야 할까요?"
  - 대답: 무엇을 마시고 싶은지 물으며, 상대가 먼저 선택할 수 있도록 메뉴를 돌려서 보여줍니다. 주문을 받는 종업원에게도 친절한 말투로 이야기합니다.
- 질문: "어떤 카페에서는 주문하면서 바로 비용을 지불하는 경우도 있을 것입니다. 이때는 일반적으로 음료나 차를 마시자고 권한 사람이 비용을 지불합니다. 그러나 당신이 음료나 차를 권하지 않았어도 비용을 지불할 수 있도록 준비하거나 비용을 지불하겠다고 제안해야 할까요?"
  - 대답: 예.
- 설명: "비용 지불에 대한 일반적인 규칙은 '데이트하는 동안'에 다시 자세히 설명할 예정입니다."

6. 데이트 계획에 대해서 말한다.

- 질문: "다음에는 데이트를 하면서 함께할 수 있는 것들 혹은 함께하기로 계획한 것을 하자고 제안하는 것입니다. 이것은 데이트의 다음 단계로 전환할 수 있게 도와줍니다. 데이트 계획에 대해서 어떻게 말할 수 있을까요?"
  - 예시: "배고프신가요? 점심 먹으러 갈까요?"
  - 예시: "곧 있으면 예매한 영화 시작할 것 같은데 영화 보러 갈까요?"
  - 예시: "콘서트 시간이 된 것 같은데 지금 갈까?"
  - 예시: "계획한 대로 게임하러 갈까? 아니면 혹시 다른 것 하고 싶어?"

적절한 역할극 : 데이트 시작하기 ▶

[보조 치료자 2명이 **데이트 시작하기**의 적절한 역할극을 한다. 보조 치료자가 한 명뿐이라면 집단 치료자가 다른 보조 치료자의 역할을 대신할 수 있다.]

- 치료자: "이제부터 또 다른 역할극을 보여줄 것입니다. 잘 보고 (보조 치료자 2의 이름)이/가 데이트를 시작하면서 무엇을 잘했는지 이야기해주세요."

적절한 역할극의 예 1

(자리에서 직원이 음료를 주문 받는 경우)

○ 보조 치료자 1 : (테이블 쪽으로 걸어 들어온다.)

○ 보조 치료자 2 : (먼저 와서 앉아 있고 보조 치료자 1이 들어오는 것을 보고 자리에서 일어나 상냥하게 미소 짓는다.) 안녕하세요, 전 ○○○인데, ○○○ 씨 맞으시죠?

○ 보조 치료자 1 : 네, 안녕하세요.

○ 보조 치료자 2 : (자리를 비키며) 편하신 쪽으로 앉으시겠어요?

○ 보조 치료자 1 : (자리에 앉으며) 어디든 상관 없는데…… 그럼 전 이쪽에

○ 보조 치료자 2 : (함께 자리에 앉으며, 친절하게) 여기 찾아오시는데, 불편하진 않으셨어요? 오늘 날씨가 은근히 덥더라고요.

○ 보조 치료자 1 : (웃으며) 아니에요, 괜찮았어요.

○ 보조 치료자 2 : 다행이네요. (메뉴를 돌려 보여주면서) 여기 음료 메뉴가 있는데, 어떤 음료를 하시겠어요?

○ 보조 치료자 1 : 네, 음…… 전 아메리카노 마실게요, 뭐로 하시겠어요?

○ 보조 치료자 2 : 저도 같은 걸로 하겠습니다. (직원이 가까이 다가와서 주문을 받을 때) 여기 아메리카노 두 잔 주세요.

○ 보조 치료자 1 : (편안하게 미소를 짓는다.)

○ 보조 치료자 2 : 오늘 같이 영화를 보기로 했는데, 계획한 대로 개봉영화를 보러 갈까요? 혹시 다른 것 하고 싶은 것 있으세요?

○ 보조 치료자 1 : (미소 지으며) 영화 보는 것 좋아요.

적절한 역할극의 예 2

(음료를 주문 받는 곳에 가서 주문하고 음료를 직접 받아 와야 하는 경우)

○ 보조 치료자 1 : (테이블 쪽으로 걸어 들어온다.)

○ 보조 치료자 2 : (먼저 와서 앉아 있고 보조 치료자 1이 들어오는 것을 보고 자리에서 일어나 상냥하게 미소 짓는다.) 안녕하세요, 전 ○○○인데, ○○○ 씨 맞으시죠?

○ 보조 치료자 1 : 네, 안녕하세요.

○ 보조 치료자 2 : (자리를 비키며) 편하신 쪽으로 앉으시겠어요?

○ 보조 치료자 1 : (자리에 앉으며) 어디든 상관 없는데…… 그럼 전 이쪽에

○ 보조 치료자 2 : (함께 자리에 앉으며, 친절하게) 여기 찾아오시는데, 불편하진 않으셨어요? 오늘 날씨가 은근히 덥더라고요.

○ 보조 치료자 1 : (웃으며) 아니에요, 괜찮았어요.

○ 보조 치료자 2 : 다행이네요. 그럼 음료 주문하시겠어요? (음료 주문하는 곳을 가리키면서) 저기에 음료 메뉴가 있는데 같이 보러 가실까요?

○ 보조 치료자 1 : 네, 좋아요. (같이 카운터에 가서 메뉴를 확인한다.) 음…… 전 아메리카노 마실게요.

> 뭐로 하시겠어요?
> ○ 보조 치료자 2: 저도 같은 걸로 하겠습니다. (직원에게) 아메리카노 두 잔 주세요.
> ○ 보조 치료자 1: (편안하게 미소를 짓는다)
> ○ 보조 치료자 2: 오늘 같이 영화를 보기로 했는데, 계획한 대로 개봉영화를 보러 갈까요? 혹시 다른 것 하고 싶은 것 있으세요?
> ○ 보조 치료자 1: (미소 지으며) 영화 보는 것 좋아요.

- 치료자: "자, 여기까지입니다. (보조 치료자 2의 이름)이/가 데이트를 시작하면서 무엇을 잘했지요?"
  - 대답: 약속 장소에 늦지 않았습니다. 상대가 도착하자 자리에서 일어나 인사를 했습니다. 상대를 위아래로 훑어보지 않았습니다. 관습적인 머리말로 대화를 시작했습니다. 음료나 차 주문을 권했습니다. 데이트 계획에 대해서 말했습니다.
- 다음과 같은 **조망 수용 질문**을 한다.
  - "(보조 치료자 1의 이름)이/가 어떤 기분이었을 것 같나요?"
    - 대답: 괜찮습니다. 자연스럽습니다.
  - "(보조 치료자 1의 이름)이/가 (보조 치료자 2의 이름)에 대해서 어떻게 생각했을 것 같나요?"
    - 대답: 친절합니다. 편안합니다. 좋은 데이트 상대입니다.
  - "(보조 치료자 1의 이름)이/가 (보조 치료자 2의 이름)와/과 다시 데이트를 하고 싶어 할 것 같나요?"
    - 대답: 아마도 그럴 것 같습니다. 지금까지는 좋습니다.
- 보조 치료자 1에게 같은 **조망 수용 질문**을 한다.
  - "어떤 기분이 들었나요?"
  - "(보조 치료자 2의 이름)에 대해서 어떻게 생각했나요?"
  - "(보조 치료자 2의 이름)와/과 다시 데이트를 하고 싶나요?"

데이트하는 동안

- 설명: "지금까지 데이트를 시작할 때 지켜야 할 규칙들에 대해 이야기하였습니다. 이제부터는 데이트를 하는 동안에 무엇을 해야 되는지에 대해서 이야기해보겠습니다. 데이트가 순조롭게 진행되려면 데이트를 하는 동안 따라야 할 중요한 규칙들이 몇 가지 있습니다."

- **데이트 상대에게 관심이 있다는 것을 보여준다.**
  - 치료자: "데이트를 하고 있다면 당신이 데이트 상대에게 관심이 있다는 것을 보여주는 것이 중요합니다. 데이트 상대에게 어떻게 당신의 관심을 보여줄 수 있을까요?"
    - 대답: 데이트 상대에게 질문을 합니다. 귀 기울여 듣습니다. 적절하게 눈맞춤을 합니다.
- **살짝 미소를 짓고 적절한 눈맞춤을 한다.**
  - 질문: "살짝 미소를 짓고 적절하게 눈맞춤을 하는 것은 어떻게 해서 데이트 상대에게 관심이 있다는 것을 보여주는 방법이 될 수 있을까요?"
    - 대답: 살짝 미소를 짓는 것은 당신이 데이트 상대와 함께 있는 시간을 즐기고 있다는 것을 보여주는 것입니다. 적절한 눈맞춤을 하는 것은 데이트 상대에게 관심이 있다는 것을 보여주는 것입니다.

○ 질문: "여전히 눈맞춤을 하고, 살짝 미소를 짓고, 다른 곳을 보고, 상대방의 반응에 따라 이것을 반복함으로써 눈으로 관심을 표현할 필요가 있을까요?"

- 대답: 아니요.

○ 설명: "눈으로 관심을 표현하는 것은 상대를 잘 모를 때 사용하는 방법입니다. 이미 누군가와 데이트를 하게 된 상황이라면, 너무 빨리 다른 곳을 쳐다보지 말고 살짝 미소를 지으며 눈맞춤을 유지해도 됩니다."

● **데이트를 하는 총시간의 50%는 정보를 교환하는 데 쓴다.**

○ 치료자: "당신이 데이트 상대에게 관심이 있음을 보여주는 가장 좋은 방법 중 하나는 정보 교환입니다. 데이트 상대와 정보를 교환하는 것이 중요한 이유는 무엇일까요?"

- 대답: 정보를 교환하는 것이 바로 서로에 대해서 알아가는 방법이기 때문입니다. 정보를 교환하면서 **공통의 관심사**를 찾을 수 있기 때문입니다.

○ 치료자: "함께 어울리기와 마찬가지로 데이트를 하는 총시간의 50%는 정보를 교환하는 데 쓰는 것이 좋습니다. 함께하는 총시간의 반 이상을 정보를 교환하는 데 쓰는 것이 중요한 이유는 무엇일까요?"

- 대답: **총시간의 50%는 정보 교환**을 하는 데 쓰지 않으면 서로에 대해서 알기 어렵습니다.

○ 질문: "만약 영화를 보러 가기로 했다면 영화를 보는 총시간의 50%는 정보 교환을 하는 데 써야 할까요?"

- 대답: 아니요. 서로에 대해서 알아갈 수 있도록 영화를 보기 전후에 같이 이야기를 나눌 수 있게 데이트를 계획해야 합니다.

● **상대가 던진 농담에 웃어준다.**

○ 치료자: "당신이 데이트 상대에게 관심이 있음을 보여주는 또 다른 방법은 상대가 던진 농담에 웃는 것입니다. 상대의 농담이 재미없다고 생각할 때는 어떻게 해야 할까요?"

- 대답: **예의상 웃어줍니다.**

○ 질문: "데이트 상대에게 관심이 있다는 것을 보여주기 위해 예의상 웃어주는 것이 중요한 이유는 무엇일까요?"

- 대답: 상대가 편하게 느낄 수 있도록 해줍니다. 당신이 친절해 보입니다. 웃어주지 않으면 상대가 불편해하거나 어색해할 수 있습니다.

● **상대에게 예의를 갖추고 존중하는 태도로 대한다.**

○ 치료자: "데이트를 하는 동안에는 예의를 갖추고 상대를 존중하는 태도로 대하는 것이 중요합니다. 데이트 상대에게 어떻게 하면 예의를 갖추고 존중하는 태도로 대할 수 있을까요?"

- 대답: 문에서 나갈 때 상대를 먼저 나가게 합니다. 당신이 먼저 나갔을 때는 문을 잡고 기다립니다. 음식점 혹은 다른 데이트 장소에서 상대가 먼저 자리를 선택하게 합니다. 상대의 음식이나 음료수가 나오기 전까지는 자신의 것을 먹거나 마시지 않습니다. 식사 예절을 지킵니다. 물을 따라줍니다. 숟가락, 젓가락 등을 올려 놓습니다. 욕이나 비속어를 쓰지 않습니다. **사사건건 따지지 않습니다. 이래라저래라 하지 않습니다. 상대를 놀리거나 비웃지 않습니다. 상대가 아닌 다른 사람을 놀리거나 비웃지도 않습니다.**

○ 설명: "또한 맨스플레인(mansplain)을 하지 않아야 합니다. 맨스플레인은 남자(man)와 설명(explain)을 결합한 신조어입니다. 이는 대개 남자가 여자에게 잘난 체하는 어투나 행동으로 무엇인가를 설명해주는 것을 의미합니다. 맨스플레인을 하면 무엇이 문제가 될 수 있을까요?"

- 대답: 상대방을 무시하는 것으로 느낄 수 있습니다. 당신이 잘난 체한다고 생각할 수 있습니다. 당신이 설명하려고 하는 것을 상대가 이미 알고 있을 수도 있습니다. 당신에게 **관심이 식어버릴** 수 있습니다.
  - 치료자: "상대에 대한 예의를 갖추고 그를 존중해주는 것이 중요한 이유는 무엇일까요?"
    - 대답: 데이트 상대가 자신은 특별하다고 생각하게 됩니다. 당신은 매너가 좋다는 것을 보여줍니다. 당신이 좋은 사람이라는 것을 보여줍니다.

- **데이트 상대가 무엇을 하고 싶은지 물어본다.**
  - 질문: "데이트 상대가 무엇을 하고 싶은지 물어보는 것이 중요한 이유는 무엇일까요?"
    - 대답: 데이트 상대가 무엇을 하고 싶은지 물어보는 것은 상대에게 예의를 갖추고 존중하는 태도를 보여주는 또 다른 방법입니다. 데이트 상대가 좋은 시간을 보낼 수 있도록 도와줍니다.
  - **혼자 모든 결정을 내리지 않는다.**
    - 질문: "데이트를 하는 동안에 혼자 모든 결정을 내려야 할까요?"
      - 대답: 아니요.
    - 치료자: 혼자 모든 결정을 내리면 무엇이 문제가 될 수 있을까요?
      - 대답: 모든 것을 통제하거나 대장 노릇 하려는 사람처럼 보일 수 있습니다. 당신이 데이트 상대의 관심사를 무시한다고 생각할 수 있습니다.

- **분위기를 따라간다.**
  - 치료자: "데이트를 하는 동안에는 분위기를 따라갈 수 있도록 마음의 준비가 되어 있어야 합니다. 때로는 우리가 예상하지 못한 일이 일어나더라도 융통성을 가지고 자연스럽게 흐름을 따라가야 한다는 뜻입니다. 분위기를 따라가는 것이 중요한 이유는 무엇일까요?"
    - 대답: 계획이 바뀔 수 있기 때문입니다. 데이트하는 동안 데이트 상대가 하고 싶은 것이 달라질 수 있기 때문입니다.
  - 치료자: "만약 데이트 상대가 당신을 짜증나게 하거나 신경에 거슬리게 행동한다면 어떻게 해야 할까요?"
    - 대답: **분위기를 따라갑니다. 데이트는 선택이라는 것을 기억합니다. 만약 상대의 이러한 행동이 당신에게 불편하다면 그와 다시 만나지 않아도 됩니다.**
  - 질문: "만약 데이트 상대가 당신이 안전하지 않다고 생각하거나 당신을 불편하게 만드는 것을 하자고 한다면 어떨까요? 그때도 분위기를 따라가야 할까요?"
    - 대답: 아니요. 당신이 안전하다고 생각하지 않거나 당신을 불편하게 만드는 것은 데이트에서 하지 않아도 됩니다.

- **데이트 상대를 칭찬한다.**
  - 치료자: "데이트 상대를 칭찬하는 것도 좋습니다. 칭찬을 하는 것은 호감을 말로 표현하는 것임을 기억하십시오. 칭찬을 할 때 지켜야 할 규칙들에는 어떤 것들이 있었나요?"
    - **상대에 대해서 잘 알지 못할 때는 구체적인 칭찬을 한다.**
    - **상대에 대해서 잘 알 때는 구체적이거나 일반적인 칭찬을 한다.**
    - **신체와 관련된 칭찬은 너무 많이 하지 않는다.**
    - **신체와 관련된 칭찬을 할 때는 얼굴에 관한 것만 한다.**

- **다른 사람에게 호감을 표현하지 않는다.**

- ○ 치료자: "누군가와 데이트를 하고 있을 때 데이트 상대가 아닌 다른 사람에게 호감을 표현하는 것이 괜찮다고 생각하나요?"
  - ■ 대답: 아니요. 무조건 좋지 않습니다.
- ○ 질문: "데이트를 하고 있을 때 데이트 상대가 아닌 다른 사람에게 관심을 표현한다면 무엇이 문제가 될 수 있을까요?"
  - ■ 대답: 그렇게 하는 것은 무례합니다. 데이트 상대에 대한 예의가 아닙니다. 당신을 바람둥이라고 생각할 수 있습니다. 당신과 다시는 데이트를 하고 싶어 하지 않을 수 있습니다.
- **갑자기 다른 사람을 데이트에 초대하지 않는다.**
  - ○ 질문: "만약 데이트를 하다가 아는 사람과 마주치면 어떻게 해야 할까요? 그를 데이트에 초대해도 될까요?"
    - ■ 대답: 아니요. 데이트에 초대하지 않습니다.
  - ○ 질문: "데이트를 하는 장소에 갑자기 다른 사람을 초대한다면 무엇이 문제가 될 수 있을까요?"
    - ■ 대답: 당신이 무례하다고 생각할 수 있습니다. 상대가 소외받았다고 느낄 수 있습니다.
  - ○ 질문: "만약 당신의 데이트 상대가 갑자기 다른 사람을 데이트에 초대하려고 한다면 어떻게 해야 할까요?"
    - ■ 대답: 그때의 분위기를 따라갑니다. 데이트는 선택이라는 것을 기억합니다. 만약 상대의 이러한 행동이 당신에게 불편하다면 그와 다시 만나지 않아도 됩니다.
- **데이트 상대를 소홀히 하지 않는다.**
  - ○ **다른 사람과 이야기를 나누느라 데이트 상대를 소홀히 하지 않는다.**
    - ■ 치료자: "데이트를 하는 동안에 데이트 상대를 소홀히 하지 않는 것 또한 중요합니다. 이는 다른 사람과 이야기를 나누느라고 데이트 상대를 소홀히 하지 않아야 한다는 뜻입니다. 예를 들어 당신이 더블 데이트 혹은 그룹 데이트를 한다고 가정해봅시다. 다른 사람과 이야기를 나누기 위해 데이트 상대를 소홀히 한다면 무엇이 문제가 될 수 있을까요?"
      - ☐ 대답: 이것은 당신의 데이트 상대에게는 재미없는 일입니다. 자신을 무시한다고 생각할 수 있습니다. 당신과 다시 데이트를 하고 싶지 않다고 생각할 수 있습니다.
  - ○ **데이트를 하는 동안에 다른 사람에게 문자나 전화를 하지 않는다.**
    - ■ 질문: "데이트를 하는 동안에 다른 사람에게 문자를 하거나 전화를 해도 될까요? 문자를 하거나 전화를 하면 무엇이 문제가 될 수 있을까요?"
      - ☐ 대답: 아니요. 데이트하는 동안 전화를 하거나 문자를 보내면 안 됩니다. 데이트 상대에게 무례한 행동입니다. 그를 무시하는 것과 마찬가지입니다. 데이트 상대를 소홀히 하는 것입니다.
    - ■ 질문: "만약 데이트 상대가 데이트를 하는 동안에 다른 사람에게 문자나 전화를 한다면 어떻게 해야 할까요?"
      - ☐ 대답: 그때의 분위기를 따라갑니다. 데이트는 선택이라는 것을 기억합니다. 만약 상대의 이러한 행동이 당신에게 불편하다면 그와 다시 만나지 않아도 됩니다.
  - ○ **만약 중요한 문자나 전화를 기다리고 있다면, 데이트 상대에게 이를 미리 알려주고 양해를 구한다.**
    - ■ 질문: "만약 데이트를 하는 동안에 중요한 문자나 전화가 올 예정이라면 어떻게 해야 할까요?"
      - ☐ 대답: 데이트 상대에게 이를 미리 알려주고 양해를 구합니다.

- **당신이 혹은 데이트 상대가 지루해지면 변화를 제안한다.**
  - 질문: "사람들이 때로는 데이트를 하다가 지루해지기도 할까요? 그럴 때는 어떻게 해야 할까요?"
    - 대답: 예, 지루해지기도 합니다. 당신이 혹은 데이트 상대가 지루해지면 변화를 제안합니다.
  - 질문: "데이트를 하는 동안에 '나 지루해'와 같은 말을 하면 무엇이 문제가 될 수 있을까요?"
    - 대답: 무례해 보일 수 있습니다. 데이트 상대가 지루하다는 것처럼 들립니다. 상대가 당신과 다시는 만나고 싶어 하지 않을 수 있습니다.
  - 질문: "지루하다는 말을 하는 대신에 당신이 혹은 데이트 상대가 지루해지면 변화를 제안하면 됩니다. 어떻게 변화를 제안할 수 있을까요?"
    - 대답: "우리 이거 끝나면 다른 거 할래요?"라고 말할 수 있습니다.
  - 질문: "만약 당신이 제안한 것을 데이트 상대가 하기 싫어하면 어떻게 해야 할까요?"
    - **대답: 그때의 분위기를 따라갑니다. 데이트는 선택이라는 것을 기억합니다. 만약 상대의 이러한 행동이 당신에게 불편하다면 그와 다시 만나지 않아도 됩니다.**
- **위험한 대화 주제는 피한다.**
  - 치료자: "데이트를 하는 동안에는 위험한 주제에 대해서 이야기 나누는 것을 피해야 할 것입니다. 특히 서로를 처음 알아가는 과정에서는 더 그렇습니다. 처음 만났을 때 이야기하기에 위험한 대화 주제에는 어떤 것들이 있을까요?"
    - 대답: 정치, 성, 종교, 데이트 상대의 경제력과 관련된 주제(연봉, 집 평수, 부모님 직업, 차 등), 과거 연애사
  - 질문: "처음 데이트를 하는데 정치, 성, 종교 및 데이트 상대의 경제력과 관련된 주제에 대해서 이야기를 나누게 되면 무엇이 문제가 될 수 있을까요?"
    - 대답: 매우 감정적인 대화를 하게 될 수도 있습니다. 당신 혹은 데이트 상대가 불쾌하거나, 기분이 상하거나, 상처를 받을 수 있습니다.
  - 설명: "언젠가는 결국 이러한 주제에 대해서 이야기를 하게 될 수도 있습니다. 그러나 누군가를 처음 알아갈 때 이러한 주제를 가지고 이야기를 나누는 것은 위험합니다."
- **위험한 장소는 피한다.**
  - 설명: "데이트를 하는 동안에 위험한 장소는 피해야 합니다. 이는 당신 혹은 데이트 상대를 불편하게 만들 수 있는 곳은 피해야 된다는 뜻입니다. 무엇이 위험한지는 당신과 데이트 상대에 달려 있습니다."
  - "만약 당신 혹은 당신의 데이트 상대가 ~~면 위험한 장소가 될 수 있는 곳들은 어디일까요?"라고 말하며 각 항목에 대해 다음과 같이 질문한다.
    - "술을 마시지 않는다면"
      - 위험한 장소: 술집, 바, 나이트 클럽, 댄스 클럽, 술을 마시는 파티, 록 페스티벌
    - "해산물을 싫어하거나 알레르기 반응이 있다면"
      - 위험한 장소: 해산물을 파는 식당, 일식집
    - "감각에 예민한 문제가 있다면"
      - 위험한 장소: 콘서트, 스포츠 경기장/행사, 시끄러운 음식점 혹은 술집, 클럽, 댄스 파티
    - "신체적으로 가까워지는 것에 관심이 없다면"
      - 위험한 장소: DVD방, 호텔방, 서로의 집, 차의 뒷좌석

- ○ 설명: "데이트를 하는 동안에 그리고 데이트를 계획할 때 당신이 혹은 데이트 상대를 불편하게 만들 수 있는 곳은 피하는 것이 중요합니다."
- ● **신체 접촉을 하기 전에는 허락을 받는다.**
  - ○ 치료자: "데이트의 또 다른 중요한 규칙은 신체 접촉을 하기 전에 허락을 받는 것입니다. 상대가 신체 접촉을 원하는지 아는 것이 어려울까요? 신체 접촉을 하려고 했다가 상대가 아직 관심이 없거나 준비가 되지 않았다는 것을 알았을 때 매우 어색해질 수 있을까요?"
    - ■ 대답: 예.
  - ○ 질문: "데이트 상대에게 신체 접촉을 하려고 할 때 거절당할 수 있는 위험을 최소화할 수 있는 방법에는 무엇이 있을까요?"
    - ■ 대답: 신체 접촉을 하기 전에는 허락을 받습니다.
  - ○ 설명: "사람마다 신체 접촉이 편해지는 시기가 다르기 때문에 신체 접촉을 하기 전에는 허락을 받아야 합니다. 상대가 당신을 좋아한다면 당신의 제안에 기분 좋게 응할 것이고, 당신을 좋아하지 않는다면 신체 접촉을 하기 전에 물어본 것을 다행으로 생각해야 할 것입니다."
- ● **데이트 비용을 지불할 수 있도록 준비한다.**
  - ○ **데이트를 제안한 사람이 데이트 비용을 지불한다.**
    - ■ 설명: "데이트에 관한 일반적인 규칙 중 하나는 데이트를 제안한 사람이 데이트 비용을 지불해야 된다는 것입니다. 당신이 데이트 제안을 하지 않았어도 비용을 지불할 수 있도록 준비해야 할까요?"
      - □ 대답: 예, 당연합니다.
    - ■ 질문: "매번 같은 사람이 데이트 비용을 지불해야 할까요?"
      - □ 대답: 아마도 아닐 것입니다. 가능하다면 번갈아서 데이트 비용을 지불하는 것이 좋습니다. 최소한 비용을 지불하겠다는 제안을 해야 합니다.
  - ○ **항상 데이트 비용을 지불하겠다고 제안하고 비용을 지불할 수 있도록 준비한다.**
    - ■ 질문: "당신이 데이트 제안을 하지 않았음에도 불구하고 데이트 비용을 지불하겠다고 제안해야 할까요?"
      - □ 대답: 예.
    - ■ 질문: "이것은 우리가 데이트를 할 때마다 항상 현금 및/혹은 신용카드를 들고 가야 한다는 의미일까요?"
      - □ 대답: 예, 당연합니다.
  - ○ **데이트 비용을 나누어 낼 수 있게 준비한다.**
    - ■ 질문: "만약 당신의 데이트 상대가 비용을 나누어 내자거나 더치페이 하자고 하면 이것은 무엇을 의미할까요?"
      - □ 대답: 데이트 비용을 함께 반반씩 나누거나, 각자가 사용한 만큼씩 지불하자고 하는 것입니다.
  - ○ **두 번 제안 규칙을 사용한다.**
    - ■ 설명: "데이트가 끝날 무렵에 계산서가 나오면 조금 어색할 수도 있습니다. 우리는 항상 데이트 비용을 준비하고 이것을 지불하겠다고 제안해야 합니다. 데이트 비용을 지불하겠다고 제안할 때는 두 번 제안 규칙을 사용하는 것이 좋습니다."
      - **1. 데이트 비용을 지불하겠다고 제안한다.**

- □ 예시: "내가 낼게."
- □ 예시: "내가 같이 내도 될까?"
- □ 예시: "같이 나눠서 내자."

2. **상대가 이를 거절하면 "그래도 괜찮아?"라고 물어보며 데이트 비용을 지불하겠다고 다시 제안한다.**

3. **상대가 이를 또 거절한다면 데이트 비용을 지불해준 것에 대한 고마움을 표시한다.**

4. **다음 데이트 비용을 지불하겠다고 말하고, 다음에 이를 꼭 지킨다(다음에 제안 규칙).**

   - 설명: "다음 데이트 장소로 이동하거나 데이트 상대와 다시 만날 계획이라면 다음 번 비용은 당신이 지불하도록 합니다. 이것을 다음에 제안 규칙이라고 합니다. 다음 데이트 비용을 지불하겠다고 어떻게 말할 수 있을까요?"
     - □ 예시: "그럼 다음에 내가 낼게."
     - □ 예시: "식사를 계산해주셨으니까 디저트는 제가 살게요."
     - □ 예시: "영화표를 사셨으니 팝콘은 제가 살게요."
   - 치료자: "다음 데이트 비용을 지불하겠다고 말했다면, 다음에는 꼭 당신이 비용을 지불하도록 합니다."

적절한 역할극: 두 번 제안 규칙 ▶

[집단 치료자와 보조 치료자 2명이 **두 번 제안 규칙**의 적절한 역할극을 보여준다. 보조 치료자가 한 명뿐이라면 집단 치료자가 다른 보조 치료자의 역할을 대신할 수 있으며 성인들 중에서 한 명이 룸메이트/종업원 역할을 해도 된다.]

- 치료자: "이제부터 역할극을 보여줄 것입니다. 잘 보고 (보조 치료자 2의 이름)이/가 두 번 제안 규칙을 따르면서 무엇을 잘했는지 이야기해주세요."

적절한 역할극의 예

- ○ 보조 치료자 1 & 2: (자리에 앉는다.)
- ○ 보조 치료자 1: "정말 맛있게 먹었어요."
- ○ 보조 치료자 2: "네, 진짜 맛있었어요."
- ○ 집단 치료자: "영수증 여기 있습니다. 준비되면 말씀해 주세요." (가짜 영수증을 내려놓는다.)
- ○ 보조 치료자 1: (영수증을 향해 손을 뻗는다.)
- ○ 보조 치료자 2: (지갑을 들고 있으면서) "제가 낼게요."
- ○ 보조 치료자 1: "아니에요. 제가 낼게요."
- ○ 보조 치료자 2: (아직 지갑을 들고 있으면서) "제가 사고 싶었는데……. 진짜 그래도 될까요?"
- ○ 보조 치료자 1: "당연하죠. 제가 낼게요."
- ○ 보조 치료자 2: "감사합니다. 다음에는 제가 낼게요."
- ○ 보조 치료자 1: "아니에요. 제가 내고 싶었습니다. (잠시 기다린다.) 다음에도 같이 오면 좋겠네요!"
- ○ 보조 치료자 1 & 2: (서로를 향해 웃는다.)

- 치료자: "자, 여기까지입니다. (보조 치료자 2의 이름)이/가 두 번 제안 규칙을 따르면서 무엇을 잘했나요?

○ 대답: 데이트 비용을 지불하겠다고 제안했습니다. 상대가 이를 거절하자 **그래도 괜찮은지 물어봤습니다.** 데이트 상대가 괜찮다고 하자 **고마움을 표시했습니다.** 다음 데이트 비용을 지불하겠다고 말했습니다.

● 다음과 같은 **조망 수용 질문**을 한다.

○ "(보조 치료자 1의 이름)이/가 어떤 기분이었을 것 같나요?"

■ 대답: 괜찮습니다. 자연스럽습니다.

○ (보조 치료자 1의 이름)이/가 (보조 치료자 2의 이름)에 대해서 어떻게 생각했을 것 같나요?"

■ 대답: 친절합니다. 사려 깊습니다. 좋은 데이트 상대입니다.

○ "(보조 치료자 1의 이름)이/가 (보조 치료자 2의 이름)와/과 다시 데이트를 하고 싶어 할 것 같나요?"

■ 대답: 예.

● 보조 치료자 1에게 같은 **조망 수용 질문**을 한다.

○ "어떤 기분이 들었나요?"

○ "(보조 치료자 2의 이름)에 대해서 어떻게 생각했나요?"

○ "(보조 치료자 2의 이름)와/과 다시 데이트를 하고 싶나요?"

행동 연습: 두 번 제안 규칙

● 치료자: "지금부터 여러분이 보조 치료자 중 한 명과 방금 보여준 예시를 사용하여 두 번 제안 규칙을 사용하는 방법을 연습할 것입니다."

● 다른 집단원들이 지켜보는 가운데 각각의 성인이 돌아가면서 보조 치료자 중 한 명과 함께 **두 번 제안 규칙**을 사용하는 방법을 연습하게 한다.

○ 성인들이 함께 연습할 수 있도록 최소한 한 명의 남성 보조 치료자와 한 명의 여성 보조 치료자가 있어야 한다.

○ 보조 치료자가 한 명뿐이라면 집단 치료자가 모자라는 같은 성별의 보조 치료자를 대신할 수 있다.

○ 질문: "(여성 보조 치료자의 이름)와/과 (남성 보조 치료자의 이름) 중 누구와 연습하는 것이 더 편할 것 같나요?"

● 집단 치료자가 다음과 같이 말하며 행동 연습을 시작한다. "영수증 여기 있습니다. 준비되면 말씀해 주세요. (가짜 영수증을 내려놓는다.)"

● 보조 치료자는 영수증을 향해 손을 뻗는다.

● 성인들이 **두 번 제안 규칙**의 단계를 따라 수행하는 동안에 칠판을 보도록 격려한다.

○ 성인들이 연습하는 동안 특정 단계를 짚어 주어야 할 수도 있다.

○ 성인들이 행동 연습을 하는 동안에는 중간에 멈추지 않도록 한다.

● 필요하다면 상황에 맞게 **사회성 코칭**을 제공하고 일어날 수 있는 문제의 **해결책**을 논의한다.

● 각각의 성인이 연습을 끝낼 때마다 박수를 쳐준다.

데이트 마무리하기

● 설명: "데이트를 시작할 때 따라야 하는 구체적인 단계들이 있듯이 데이트를 마무리할 때도 따라야 하는 구체적인 단계들이 있습니다."

● [집단 치료자와 2명의 보조 치료자가 함께 **데이트 마무리하기**의 부적절한 역할극을 보여준다. 보조 치료자

가 한 명뿐이라면 집단 치료자가 다른 보조 치료자의 역할을 대신할 수 있으며 성인들 중에서 한 명이 집단 치료자가 맡았던 룸메이트/종업원 역할을 대신할 수 있다.]

부적절한 역할극: 데이트 마무리하기 ▶

● 치료자: "이제부터 역할극을 보여줄 것입니다. 잘 보고 (보조 치료자 2의 이름)이/가 데이트를 마무리하면서 무엇을 잘못했는지 이야기해주세요."

부적절한 역할극의 예

○ 보조 치료자 1 & 2: (자리에 앉는다)

○ 보조 치료자 1: "정말 맛있게 먹었어요."

○ 보조 치료자 2: (산만해 보이며 다른 곳을 본다.)

○ 집단 치료자: "거스름돈 여기 있습니다." (가짜 영수증과 돈을 내려놓는다.)

○ 보조 치료자 1: "감사합니다!"

○ 보조 치료자 2: (산만해 보이고 다른 곳을 보며 지루해 보인다.)

○ 보조 치료자 1: (잠시 기다린다.) "같이 밥도 먹고 재미있었어요." (당황스러워하며 무엇을 해야 할지 몰라 한다.)

○ 보조 치료자 2: (다른 곳을 보며 지루해한다.)

○ 보조 치료자 1: (잠시 기다린다.) "함께 어울릴 수 있어서 좋았어요." (당황스러워하며 무엇을 해야 할지 몰라 한다.)

○ 보조 치료자 1 & 2: (잠시 기다린다.)

○ 보조 치료자 2: (일어나서 자리를 떠난다.)

○ 보조 치료자 1: (매우 놀라며 혼란스러워 보인다.)

● 치료자: "자, 여기까지입니다. (보조 치료자 2의 이름)이/가 데이트를 마무리하면서 무엇을 잘못했나요?"
   ○ 대답: 데이트 상대에게 아무 말도 하지 않고 자리를 떠났습니다. 고맙다는 말을 하지 않았습니다. 좋은 시간을 보냈다는 말을 하지 않았습니다. 작별인사를 하지 않았습니다.
● 다음과 같은 **조망 수용 질문**을 한다.
   ○ "(보조 치료자 1의 이름)이/가 어떤 기분이었을 것 같나요?"
      ▪ 대답: 혼란스럽습니다. 황당합니다. 불쾌합니다.
   ○ "(보조 치료자 1의 이름)이/가 (보조 치료자 2의 이름)에 대해서 어떻게 생각했을 것 같나요?"
      ▪ 대답: 무례합니다. 이상합니다. 사려 깊지 못합니다. 나쁜 데이트 상대입니다.
   ○ "(보조 치료자 1의 이름)이/가 (보조 치료자 2의 이름)와/과 다시 데이트를 하고 싶어 할 것 같나요?"
      ▪ 대답: 아니요.
● 보조 치료자 1에게 같은 **조망 수용 질문**을 한다.
   ○ "어떤 기분이 들었나요?"
   ○ "(보조 치료자 2의 이름)에 대해서 어떻게 생각했나요?"
   ○ "(보조 치료자 2의 이름)와/과 다시 데이트를 하고 싶나요?"

데이트 마무리하기를 위한 단계

- 설명: "데이트를 어색하게 마무리하는 것보다 구체적인 단계들을 따라서 데이트를 마무리해야 할 필요가 있습니다."

1. **데이트를 하는 동안 활동이나 대화가 잠시 멈출 때를 기다린다.**
   - 치료자: "데이트를 마무리하는 첫 번째 단계는 데이트 중에 활동이나 대화가 잠시 멈출 때를 기다리는 것입니다. 이것은 꼭 그래야만 하는 경우가 아니라면 데이트 상대와 하고 있던 것을 일부러 중단하지 말라는 의미입니다. 데이트를 마무리하기 위해 하고 있던 일을 일부러 중단하면 무엇이 문제가 될까요?"
     - 대답: 무례해 보일 수 있습니다. 당신이 데이트 상대와 함께 시간을 보내고 싶어 하지 않는 것으로 보일 수 있습니다. 당신이 즐거운 시간을 보내고 있지 않는 것처럼 보일 수 있습니다.

2. **데이트를 마무리하기 위한 꼬리말을 한다.**
   - 설명: "함께하던 활동이 끝나면서 자연스럽게 데이트가 마무리되는 상황이 아니라면, 당신은 데이트를 마무리하기 위한 꼬리말을 해야 합니다. 데이트를 마무리하기 위한 꼬리말에는 어떤 것들이 있을까요?"
     - 예시: "벌써 시간이 이렇게 됐네요."
     - 예시: "집에 데려다줄게요."
     - 예시: "내일 아침 수업이 있어."
     - 예시: "시간이 많이 늦었네. 우리 둘 다 내일 일찍 나가야 하잖아."

3. **함께 데이트를 해서 고맙다고 말한다.**
   - 치료자: "데이트를 마무리하기 위한 다음 단계는 함께 데이트를 해서 고맙다고 말하는 것입니다. 고마움을 표시하는 것이 중요한 이유는 무엇일까요?"
     - 대답: 상대방을 기분 좋게 합니다. 그와 시간을 보낸 것에 대해 고마워한다는 것을 상대가 알 수 있게 합니다.

4. **당신이 좋은 시간을 보냈다면 이를 데이트 상대에게 말한다.**
   - 치료자: "다음 단계는 만약 당신이 좋은 시간을 보냈다면 이를 데이트 상대에게 말하는 것입니다. 좋은 시간을 보냈다고 말하는 것이 중요한 이유는 무엇일까요?"
     - 대답: 당신이 즐거운 시간을 보냈다는 것을 상대에게 드러내 보여줍니다. 상대방을 기분 좋게 합니다. 다음에도 또 만나고 싶어 한다는 것을 상대가 알 수 있습니다.
   - 치료자: "좋은 시간을 보내지 않았다면 어떻게 말해야 할까요?"
     - 대답: 좋은 시간을 보냈다는 것을 언급하지 않습니다. 만나서 고마웠다고만 말합니다.

5. **데이트 장소에서 함께 나온다.**
   - 치료자: "데이트 장소가 어디이든 간에 데이트 장소에서 함께 나와야 합니다. 이는 음식점에서 나오는 것, 혹은 영화관에서 나와 각자의 차가 있는 곳으로 가는 것, 또는 상대의 집 앞까지 데려다주는 것을 의미할 수도 있습니다. 데이트 장소에서 함께 나오는 것이 중요한 이유는 무엇일까요?"
     - 대답: 데이트 상대가 혼자서 그 장소에서 나가게 하는 것은 무례하기 때문입니다. 데이트 장소에서 헤어지면서 작별인사를 하지 않는 것은 무례하기 때문입니다.

6. **데이트 상대를 좋아한다면 다시 만나자고 제안한다.**

- 치료자: "데이트 마무리하기의 다음 단계는 당신이 데이트 상대를 좋아할 경우 다시 만날 것을 제안하는 것입니다. 어떻게 제안할 수 있을까요?"
  - 예시: "이번 주말에 또 만날래?"
  - 예시: "우리 다시 만나자."
- 치료자: "이제 데이트 상대가 당신에게 관심이 있는지를 평가해야 합니다. 상대가 관심이 있는 것처럼 보인다면 그 자리에서 다음 데이트의 정확한 날짜와 시간을 정해야 할까요?"
  - 대답: 같이하고 싶은 것이 특정한 날과 시간에만 하는 것이 아닌 이상 그럴 필요는 없습니다. 보통 나중에 문자나 전화로 연락을 해서 계획을 세웁니다.
- 질문: "만약 당신이 데이트 상대를 좋아하지 않으면 다시 만날 것을 계획해야 할까요?"
  - 대답: 아니요. 다시 만나자고 하지 않아야 합니다. 데이트는 선택임을 기억합니다. 당신은 모든 사람과 데이트를 할 수 없으며 모든 사람이 당신과 데이트를 할 수 있는 것 또한 아닙니다.

7. 다음 데이트를 위해 언제 연락할 것인지 알려준다.

- 치료자: "만약 데이트 상대를 좋아하고 그를 다시 만나고 싶다면, 다음 데이트를 위해 언제 다시 전화를 하거나 문자를 할 것인지 알려줍니다. 이것은 어떻게 알려줄 수 있을까요?"
  - 예시: "이번 주말에 연락할게."
  - 예시: "며칠 후에 톡 할게."
  - 예시: "내일 연락할게."
- 설명: "당신이 다시 연락하겠다고 말했으면, 꼭 실제로 다시 연락해야 합니다."

8. 작별인사를 한다.

적절한 역할극: 데이트 마무리하기 ▶

[집단 치료자와 2명의 보조 치료자가 함께 **데이트 마무리하기**의 적절한 역할극을 보여준다. 보조 치료자가 한 명뿐이라면 집단 치료자가 다른 보조 치료자의 역활을 대신할 수 있으며 성인들 중에서 한 명이 집단 치료자가 맡았던 룸메이트/종업원 역할을 대신할 수 있다.]

- 치료자: "이제부터 또 다른 역할극을 보여줄 것입니다. 잘 보고 (보조 치료자 2의 이름)이/가 데이트를 마무리하면서 무엇을 잘했는지 이야기해주세요."

적절한 역할극의 예

○ 보조 치료자 1 & 2: (자리에 앉는다.)

○ 보조 치료자 1: "정말 맛있게 먹었어요."

○ 보조 치료자 2: "네, 진짜 맛있었어요."

○ 집단 치료자: "거스름돈 여기 있습니다". (가짜 영수증과 거스름돈을 내려놓는다.)

○ 보조 치료자 1 & 2: "감사합니다."

○ 보조 치료자 2: "저녁 사주셔서 감사합니다!"

○ 보조 치료자 1: "함께해주셔서 저도 감사합니다."

○ 보조 치료자 2: (잠시 기다리고) "시간이 많이 늦은 것 같아요."

> ○ 보조 치료자 1: "그러네요, 진짜 시간 가는 줄 몰랐어요."
>
> ○ 보조 치료자 2: "정말 좋은 시간을 보냈어요."
>
> ○ 보조 치료자 1: "저도 즐거웠어요."
>
> ○ 보조 치료자 1 & 2: (둘 다 자리에서 일어나서 문을 향해 걸어간다.)
>
> ○ 보조 치료자 1: "제가 차로 집까지 바래다 드릴까요?"
>
> ○ 보조 치료자 2: "말씀은 감사하지만 괜찮아요. 여기서 지하철 타면 바로 가거든요."
>
> ○ 보조 치료자 1: "아, 그러시겠어요?"
>
> ○ 보조 치료자 2: "네, (잠시 기다리고) 언제 한번 다시 만나요."
>
> ○ 보조 치료자 1: "그래요. 이번 주에 시간 나면 연락 주세요. 토요일 저녁에 만나서 아까 얘기한 그 영화를 보면 좋을 것 같아요."
>
> ○ 보조 치료자 2: "그래요! 제가 내일 전화할게요. 그때 계획을 세워봐요."
>
> ○ 보조 치료자 1: "좋아요. 기다리고 있을게요."
>
> ○ 보조 치료자 2: "그럼 제가 또 연락할게요. 조심히 들어가세요."
>
> ○ 보조 치료자 1: "네, 안녕히 가세요."

- 치료자: "자, 여기까지입니다. (보조 치료자 2의 이름)이/가 데이트를 마무리하면서 무엇을 잘했나요?"
  - 대답: 데이트를 하는 동안 활동이나 대화가 잠시 멈출 때를 기다렸습니다. 데이트를 마무리하기 위한 꼬리말을 했습니다. 함께 데이트를 해서 고맙다고 말했습니다. 좋은 시간을 보냈다고 데이트 상대에게 알려줬습니다. 데이트 장소에서 함께 나왔습니다. 다시 만나자고 제안했습니다. 다음 데이트를 위해 언제 연락할 것인지를 알려줬습니다. 작별인사를 했습니다.
- 다음과 같은 **조망 수용 질문**을 한다.
  - "(보조 치료자 1의 이름)이/가 어떤 기분이었을 것 같나요?"
    - 대답: 좋습니다. 즐겁습니다. 재미있습니다. 신납니다.
  - "(보조 치료자 1의 이름)이/가 (보조 치료자 2의 이름)에 대해서 어떻게 생각했을 것 같나요?"
    - 대답: 재미있습니다. 친절합니다. 귀엽습니다. 좋은 데이트 상대입니다.
  - (보조 치료자 1의 이름)이/가 (보조 치료자 2의 이름)와/과 다시 데이트를 하고 싶어 할 것 같나요?"
    - 대답: 예.
- 보조 치료자 1에게 같은 **조망 수용 질문**을 한다.
  - "어떤 기분이 들었나요?"
  - "(보조 치료자 2의 이름)에 대해서 어떻게 생각했나요?"
  - "(보조 치료자 2의 이름)와/과 다시 데이트를 하고 싶나요?"

데이트 이후

- 설명: "누군가와 데이트를 한 이후에 그 사람과 좋은 시간을 보냈고, 다시 만나고 싶다면 해야 할 몇 가지 일이 있습니다."
- **집에 도착했을 때쯤 안부 전화를 하거나 문자를 한다.**

○ 질문: "데이트 상대를 좋아하고 그와 다시 만나고 싶다면 데이트 상대가 집에 도착했을 때쯤의 시간을 생각하여 안부 전화를 하거나 문자를 합니다. 안부 전화를 하거나 문자를 하는 것이 좋은 생각인 이유는 무엇일까요?"

■ 대답: 사려 깊은 행동입니다. 집에 도착했을 때쯤 연락을 한다면 상대가 당신이 좋은 시간을 보냈고, 상대를 좋아한다는 것을 알 수 있습니다.

● **함께 데이트를 해서 고맙다고 말한다.**

○ 질문: "함께 데이트를 해서 고맙다고 말하는 것이 왜 좋은 생각일까요?"

■ 대답: 데이트를 함께해서 고맙다고 말하면 당신이 상대에게 호감이 있다는 것을 보여줍니다. 그와 함께한 것을 당신이 고마워한다는 것을 알려주는 것입니다.

● **데이트에서 좋은 시간을 보냈다고 말한다.**

○ 질문: "당신이 좋은 시간을 보냈다면, 이를 말하는 것이 왜 좋은 생각일까요?"

■ 대답: 그와 함께한 시간이 즐거웠다는 것을 보여주는 것입니다. 당신이 그를 좋아한다는 것을 알려줍니다.

● **데이트 상대를 좋아한다면 다시 만나자고 요청한다.**

○ 질문: "데이트 상대를 좋아한다면 다시 데이트를 하자고, 또는 다시 만나고 싶다고 요청해야 할까요?"

■ 대답: 예, 당연합니다.

○ 질문: "다시 만나자고 제안하지 않는다면 무엇이 문제가 될 수 있을까요?"

■ 대답: 당신이 그 사람에게 관심이 없다고 생각할 수 있습니다. 당신이 관심이 없다고 생각하면 당신을 더 이상 만나지 않을 수 있습니다.

○ 치료자: "만약 데이트 상대를 좋아하고 그를 다시 만나고 싶다면, 언제 다시 만나자고 요청하는 것이 좋을까요?"

■ 예시: 데이트를 하고 2~3일 후에 다시 만나자고 요청합니다. 다음 데이트를 위해 언제 연락할 것인지를 알려주었다면 연락하기로 한 그날에 다시 만나자고 요청합니다.

● 설명: "지금까지 데이트를 할 때 따라야 할 규칙과 단계에 대해서 배웠습니다. 데이트 상대가 있다면 이번 주에 지금까지 배웠던 것을 연습하는 시간을 가질 것입니다."

행동 연습

함께 어울리기

필요한 자료

- 실내 게임(예: 비디오 게임, 카드 게임, 보드 게임)
  - ○ 비디오 게임을 선택권으로 제공하고자 한다면 모든 집단원이 동시에 가지고 놀 수 있도록 여러 개의 게임용 콘솔을 준비한다.
  - ○ 휴대용의 조그마한 게임용 장치를 사용하면 순서를 기다리는 사람들은 지루해할 수 있기 때문에 이것은 사용하지 않는다.
  - ○ 다른 게임들을 가지고 있지 않다면 카드 몇 팩을 가지고 오는 것만으로도 충분하다.
- 선택사항: 유튜브 동영상을 볼 수 있는 아이패드나 휴대용 컴퓨터, 인터넷 서핑, 컴퓨터 게임
  - ○ 아이패드나 휴대용 컴퓨터를 선택권에 포함하고자 한다면 모든 집단원이 동시에 가지고 놀 수 있도록 여러 개를 준비한다.
- [주: PEERS® 프로그램을 진행하는 곳에서 게임기, 아이패드, 휴대용 컴퓨터와 같이 값비싼 물품을 구비하기는 대체로 어렵다. **활동에 바탕을 둔 함께 어울리기**를 진행하기 위해서는 몇 가지 카드 게임을 준비하는 정도면 충분하다.]

행동 연습

- 성인들에게 **함께 어울리기 시작하고 마무리하기**를 연습한다고 알린다.
- 성인들을 작은 집단으로 나눈다(3명 미만으로는 하지 않는다).
- 각각의 성인이 단계를 따르면서 **함께 어울리기 시작하기**를 연습하게 한다.
  - ○ '초대자'와 '손님' 역할을 정해준다.
    - 초대자 역할 1명
    - '도착하는 손님' 역할 1명
    - 다른 집단원들은 '도착해 있는 손님' 역할을 한다.
  - ○ 초대자 역할을 맡은 집단원이 **함께 어울리기 시작하기** 단계를 말로 이야기하는 것부터 시작한다(처음에는 칠판을 봐야 할 수도 있다.)
  - ○ 성인이 **함께 어울리기 시작하기**의 구체적인 단계를 이야기할 수 있도록 다음과 같은 **사회성 코칭 질문** 중 몇 개를 사용하여 소크라테스식 질문을 제공해야 할 수도 있다.
    - "손님이 당신 집 벨을 누르면 무엇을 해야 할까요?"
    - "손님이 문 앞에 서 있다면 무엇을 해야 할까요?"
    - "도착한 손님이 이미 도착해 있는 다른 손님들을 모른다면 어떻게 해야 할까요?"
    - "손님이 당신 집에 처음 방문하는 것이라면 무엇을 해야 할까요?"
    - "손님에게 무엇인가를 대접해야 할까요?"
    - "무엇을 할지 어떻게 정해야 할까요?"
  - ○ 도착하는 손님은 밖에 서서 문을 두드린다.

○ 도착해 있는 손님(들)은 근처에 자리 잡아 앉아 있도록 한다.

○ 초대자가 **함께 어울리기 시작하기**를 위한 단계를 따르게 한다.

○ 단계를 따르는 것을 어려워한다면 다음의 **사회성 코칭 질문** 중 몇 개를 사용하여 소크라테스식 질문을 제공해야 할 수도 있다.

- "친구가 당신 집 벨을 누르면 무엇을 해야 할까요?"

- "친구가 집 안으로 들어와야 할까요?"

- "모든 친구가 서로 알고 있는 사이인가요?"

- "친구가 당신 집을 방문한 적이 있나요?"

- "친구들에게 무엇인가를 대접해야 할까요?"

- "당신과 친구들이 무엇을 할지 어떻게 정해야 할까요?"

○ 성인이 연습을 끝내면 "여기까지입니다."라고 말하고 다른 성인들이 박수를 쳐주도록 한다.

○ 각각의 성인이 **함께 어울리기 시작하기**에서 초대자, 도착한 손님 그리고 도착해 있는 손님 역할을 연습할 수 있게 한다.

● 성인들이 **함께 어울리기**를 하는 동안 **정보 교환**을 하고, **공통의 관심사 찾기**, 치료팀에서 제공한 게임 및 아이템(예: 비디오 게임, 카드 게임, 보드 게임, 아이패드, 휴대용 컴퓨터)을 가지고 놀면서 어떻게 행동해야 하는지에 관한 규칙을 연습한다.

● 각각의 성인이 단계를 따르면서 **함께 어울리기 마무리하기**를 연습하게 한다.

○ 초대자와 손님 역할을 정해준다.

- 초대자 역할 1명

- 다른 집단원들은 손님 역할을 맡는다.

○ 초대자 역할을 맡은 집단원이 **함께 어울리기 마무리하기** 단계를 말로 이야기하는 것부터 시작한다.

○ 성인이 **함께 어울리기 마무리하기**의 구체적인 단계를 이야기할 수 있도록 다음과 같은 **사회성 코칭 질문** 중 몇 개를 사용하여 소크라테스식 질문을 제공해야 할 수도 있다.

- "함께 어울리기를 마무리하기 위해 친구들이 하던 것을 중단시켜야 할까요?"

- "친구들에게 무작정 가라고 해도 될까요?"

- 친구들이 혼자서 나가는 곳을 찾아가게 해도 될까요?

- "친구들에게 고맙다는 인사를 해야 할까요?"

- "좋은 시간을 보냈다면 무엇이라고 말해야 할까요?"

- "다음에 또 만나고 싶다면 무엇이라고 말해야 할까요?"

- "친구들이 떠날 때 가장 마지막에 무엇이라고 말해야 할까요?"

○ 초대자가 일어나서 **문까지 배웅하기** 연습을 시작하기 전에 초대자와 손님들은 앉아 있는다.

○ 초대자가 **함께 어울리기 마무리하기** 단계를 따르게 한다.

○ 단계를 따르는 것을 어려워한다면 다음의 **사회성 코칭 질문** 중 몇 개를 사용하여 소크라테스식 질문을 제공해야 할 수도 있다.

- "친구들에게 무작정 가라고 해야 할까요? 아니면 마무리해야 할 이유를 말해야 할까요?"

- "친구들이 혼자서 나가는 곳을 찾아가게 해도 될까요?"

- "친구들에게 고맙다는 인사를 해야 할까요?"

- "좋은 시간을 보냈다면 무엇이라고 말해야 할까요?"
- "다음에 또 만나고 싶다면 무엇이라고 말해야 할까요?"
- "친구들이 떠날 때 가장 마지막에 무엇이라고 말해야 할까요?"

○ 손님들은 실제로 자리를 떠나고 역할극이 끝났을 때 다시 들어온다.

○ 성인이 연습을 끝내면 "여기까지입니다."라고 말하고 다른 성인들이 박수를 쳐주도록 한다.

○ 각각의 성인이 **함께 어울리기 마무리하기**에서 초대자와 손님 역할을 연습할 수 있게 한다.

다시 만나기

- 성인들에게 사회성 코치와 다시 만날 것이라고 안내한다.
  - 성인들은 각자의 사회성 코치 곁에 서 있거나 앉아 있는다.
  - 다시 만나는 시간이 시작되기 전에, 조용히 하고 집단에 완전히 집중하게 한다.
  - 사회성 코치들이 옆에서 듣고 있는 동안에 성인들이 이번 회기에서 배웠던 내용을 이야기하게 한다.
- 치료자: "오늘 우리는 데이트하는 방법들에 대해서 배웠습니다. 데이트를 하기 위해서는 데이트 계획하기, 준비하기, 시작하기, 마무리하기 및 안전한 데이트하기와 같이 여러 시기들이 있습니다. 데이트를 하는 동안에 지켜야 할 규칙들에는 어떤 것들이 있었나요?"
  - 데이트 상대에게 관심이 있다는 것을 보여준다.
  - 데이트를 하는 총시간의 50%는 정보를 교환하는 데 쓴다.
  - 상대가 던진 농담에 웃어준다.
  - 상대에게 예의를 갖추고 존중하는 태도로 대한다.
  - 데이트 상대가 무엇을 하고 싶은지 물어본다.
  - 분위기를 따라간다.
  - 데이트 상대를 칭찬한다.
  - 다른 사람에게 호감을 표현하지 않는다.
  - 갑자기 다른 사람을 데이트에 초대하지 않는다.
  - 데이트 상대를 소홀히 하지 않는다.
  - 당신이 혹은 데이트 상대가 지루해지면 변화를 제안한다.
  - 위험한 대화 주제는 피한다.
  - 위험한 장소는 피한다.
  - 신체 접촉을 하기 전에는 허락을 받는다.
  - 데이트 비용을 지불할 수 있도록 준비한다.
- 치료자: "데이트를 하는 방법들에 대한 이야기와 더불어, 성인들은 데이트 신청하는 방법을 연습했으며, 아주 훌륭히 수행했습니다. 다 같이 박수를 쳐줍시다."

과제 안내하기

성인들에게 사회성 코칭 유인물을 나눠주고 다음과 같이 과제를 안내한다.

1. 친구와 **함께 어울리기**를 한다.
   - 사회성 코치들은 성인들이 **다섯 가지 요소**를 사용하여 함께 어울리기를 계획할 수 있도록 도와준다.
     - **누구**와 할 것인지
     - **무엇**을 할 것인지
     - **언제** 함께 어울리기를 할 것인지
     - **어디서** 함께 어울리기를 할 것인지
     - **어떻게** 함께 어울리기가 이루어질 수 있도록 준비할 것인지

- 연습 전에 사회성 코치들은 성인들과 **함께 어울리기** 규칙과 단계를 점검한다.
- **함께 어울리기** 연습 이후에 사회성 코치들은 성인들에게 다음과 같은 **사회성 코칭 질문**을 한다.
  ○ 무엇을 하기로 결정했으며 함께할 활동을 누가 선택했나요?
  ○ 정보를 교환했나요? 함께 어울리는 시간의 몇 %를 정보를 교환하는 데 사용했나요?
  ○ 공통의 관심사는 무엇이었나요? 만약 두 사람이 함께 시간을 보내게 된다면 그 정보를 가지고 무엇을 할 수 있나요?
  ○ 당신과 친구는 좋은 시간을 보냈나요?
  ○ 다시 만나 시간을 보내기에 적합한 사람인 것 같나요?

2. 상대에게 내가 관심이 있다는 것 알리기, 데이트 신청하기 및/혹은 데이트하기를 연습한다.
   - 성인들이 누군가를 연애 상대로 좋아하고 있다면
     ○ 상대에게 내가 관심이 있다는 것을 알린다.
     ○ 데이트를 신청한다.
     ○ 데이트한다.
     ○ 상대에게 연애 상대로서의 호감을 갖기 전까지는 시도하지 않는다.
   - 성인들이 편하게 느낀다면 사회성 코치들과 **상대에게 내가 관심이 있다는 것 알리기, 데이트 신청하기, 데이트하기**를 연습하도록 한다.
   - 연습 전에 사회성 코치들은 **상대에게 내가 관심이 있다는 것 알리기, 데이트 신청하기, 데이트하기** 규칙과 단계를 점검한다.
   - 각 연습이 끝나면 사회성 코치들은 성인들에게 다음과 같은 **사회성 코칭 질문**을 한다.
     ○ 상대에게 내가 관심이 있다는 것 알리기
       ■ 누구와 연습했나요? 그리고 상대에게 내가 관심이 있다는 것을 알리기 위해 무엇을 했나요?
       ■ 상대는 어떻게 반응했나요?
       ■ 데이트 상대로서 좋은 선택인 것 같나요? 당신과 데이트하기에 적합한 사람인 것 같나요?
     ○ 데이트 신청하기
       ■ 누구에게 데이트를 신청했나요? 어떤 단계들을 따랐나요?
       ■ 상대는 어떻게 반응했나요?
     ○ 데이트하기
       ■ 무엇을 하기로 결정했나요?
       ■ 정보를 교환했나요? 데이트를 한 시간의 몇 %를 정보를 교환하는 데 사용했나요?
       ■ 공통의 관심사는 무엇이었나요? 만약 두 사람이 다시 데이트를 하게 된다면 그 정보를 가지고 무엇을 할 수 있나요?
       ■ 당신과 당신의 데이트 상대는 좋은 시간을 보냈나요?
       ■ 데이트 상대로서 좋은 선택인 것 같나요? 당신과 다시 만나 데이트하기에 적합한 사람인 것 같나요?

3. 또래들끼리 하고 있는 **여러 사람이 하는 대화에 들어가기**를 연습한다(새로운 친구를 사귈 수 있는 곳에서 만난 친구와 해도 된다).
   - 연습 전에 사회성 코치들은 **여러 사람이 하는 대화에 들어가고 빠져나오기** 규칙과 단계를 점검한다.

- 자연스럽게 빠져나와야 할 필요가 있는 상황이 아니라면 **대화에서 빠져나오기**는 공식적인 과제가 아니다.
- 연습을 한 이후에 사회성 코치들은 성인들에게 다음과 같은 **사회성 코칭 질문**을 한다.
  - 어디서 누구와의 대화에 들어갔나요?
  - 어떤 단계들을 따랐나요?
  - 그들이 당신과 이야기를 나누고 싶어 하는 것 같았나요? 그것을 어떻게 알 수 있었나요?
  - 대화에서 빠져나왔어야 했나요? 어떤 단계들을 따랐나요?

개별적으로 확인하기

각각의 성인 및 사회성 코치들이 각자 개별적으로 다음과 같은 내용들을 협의한다.

1. 돌아오는 주에 **누구와 함께 어울리기**를 할 것인지
   - 친구들에게 **무엇**을 하자고 할 계획인지
   - 친구들에게 **언제** 그리고 **어디서** 만나자고 할 것인지
   - **어떻게** 함께 어울리기가 이루어질 수 있도록 준비할 것인지(예: 티켓 구매를 해야 되는지, 무엇을 타고 이동할 것인지 등)

2. **상대에게 내가 관심이 있다는 것 알리기** 시도를 어떻게 그리고 누구에게 할 것인지, 그리고 **데이트 신청하기**를 어떻게 할 것인지
   - 돌아오는 주에 **누구와 데이트**를 할 계획인지
   - **무엇**을 하자고 할 계획인지
   - **언제** 그리고 **어디서** 만나자고 할 것인지
   - **어떻게** 데이트가 이루어질 수 있도록 준비할 것인지(예: 티켓 구매를 해야 되는지, 무엇을 타고 이동할 것인지 등)

3. 또래들끼리 하고 있는 **여러 사람이 하는 대화에 들어가기**를 어디서, 언제, 누구와 할 것인지
   - 그 집단이 성인을 받아들여줄 만한 **사회적 집단**인지 그리고 그것을 어떻게 알 수 있는지

사회성 코칭 유인물

데이트 계획하기

- 하루 이내 규칙을 사용하여 연락한다.
- 다섯 가지 요소를 사용하여 데이트 계획을 확정한다.
- 데이트하기 바로 전에 계획을 다시 확인한다.

데이트 준비하기

- 다른 사람에게 보여주어도 될 정도로 자신의 공간을 정리한다.
- 데이트 상대가 함께 사용하거나 보거나 만지지 않았으면 하는 개인적인 물건들은 치워 둔다.
- 깨끗한 위생 상태를 유지한다.
- 상황에 맞는 옷을 입는다.
  - 데이트하면서 하게 될 활동에 맞는 옷을 입는다.
  - 노출이 심한 옷은 입지 않는다.
  - 가장 멋있는 모습을 보여주려고 노력한다.

안전한 데이트하기

- 처음부터 개인적인 연락처를 주지 않는다.
- 데이트하기 전에 소셜네트워킹사이트를 통해 상대에 대해서 알아본다.
- 가족과 친구들에게 당신이 어디에서 누구와 만나는지 알려준다.
- 만약 데이트 상대의 차를 타게 된다면 집 근처 큰 길에서 만나거나 헤어진다.
- 공공장소에서 만난다.
- 처음부터 데이트 상대와 단둘이 있지 않는다.
  - 처음부터 상대를 당신의 집에 초대하지 않는다.
  - 처음부터 상대의 집에 방문하지 않는다.
  - 온라인에서 알게 된 모르는 사람이라면 처음부터 단둘이 자동차에 타지 않는다.
- 데이트하기 전후에 가족이나 친구들에게 알린다.

데이트를 시작하고 마무리하기 위한 단계

표 12.3 데이트 시작하기 및 마무리하기 단계

데이트 시작하기	데이트 마무리하기
1. 약속 장소에 늦지 않는다.	1. 데이트를 하는 동안 활동이나 대화가 잠시 멈출 때를 기다린다.
2. 상대가 도착하면 자리에서 일어나 인사한다.	2. 데이트를 마무리하기 위한 꼬리말을 한다.
3. 상대를 위아래로 훑어보지 않는다.	3. 함께 데이트를 해서 고맙다고 말한다.
4. 관습적인 머리말로 대화를 시작한다.	4. 당신이 좋은 시간을 보냈다면 이를 데이트 상대에게 말한다.
5. 카페에서 처음 만났다면 음료나 차 주문을 권한다.	5. 데이트 장소에서 함께 나온다.

6. 데이트 계획에 대해서 말한다.	6. 데이트 상대를 좋아한다면 다시 만나자고 제안한다.
	7. 다음 데이트를 위해 언제 연락할 것인지 알려준다.
	8. 작별인사를 한다.

데이트하는 동안

- 데이트 상대에게 관심이 있다는 것을 보여준다.
  - 살짝 미소를 짓고 적절한 눈맞춤을 한다.
- 데이트를 하는 총 시간의 50%는 정보를 교환하는 데 쓴다.
- 상대가 던진 농담에 웃어준다.
- 상대에게 예의를 갖추고 존중하는 태도로 대한다.
- 데이트 상대가 무엇을 하고 싶은지 물어본다.
  - 혼자 모든 결정을 내리지 않는다.
- 분위기를 따라간다.
- 데이트 상대를 칭찬한다.
  - 상대에 대해서 잘 알지 못할 때는 구체적인 칭찬을 한다.
  - 상대에 대해서 잘 알 때는 구체적이거나 일반적인 칭찬을 한다.
  - 신체와 관련된 칭찬은 너무 많이 하지 않는다.
  - 신체와 관련된 칭찬을 할 때는 얼굴에 관한 것만 한다.
- 다른 사람에게 호감을 표현하지 않는다.
- 갑자기 다른 사람을 데이트에 초대하지 않는다.
- 데이트 상대를 소홀히 하지 않는다.
  - 다른 사람과 이야기를 나누느라고 데이트 상대를 소홀히 하지 않는다.
  - 데이트를 하는 동안에 다른 사람에게 문자나 전화를 하지 않는다.
  - 만약 중요한 문자나 전화를 기다리고 있다면, 데이트 상대에게 이를 미리 알려주고 양해를 구한다.
- 당신이 혹은 데이트 상대가 지루해지면 변화를 제안한다.
- 위험한 대화 주제는 피한다.
- 위험한 장소는 피한다.
- 신체적 접촉을 하기 전에는 허락을 받는다.
- 데이트 비용을 지불할 수 있도록 준비한다.
  - 데이트를 제안한 사람이 데이트 비용을 지불한다.
  - 항상 데이트 비용을 지불하겠다고 제안하고 비용을 지불할 수 있도록 준비한다.
  - 데이트 비용을 나누어 낼 수 있게 준비한다.
  - 두 번 제안 규칙을 사용한다.
    1. 데이트 비용을 지불하겠다고 제안한다.
       - 예시: "내가 낼게."
       - 예시: "내가 같이 내도 될까?"
       - 예시: "같이 나눠서 내자."

2. 상대가 이를 거절하면 "그래도 괜찮아?"라고 물어보며 데이트 비용을 지불하겠다고 다시 제안한다.

3. 상대가 이를 또 거절한다면 데이트 비용을 지불해준 것에 대한 고마움을 표시한다.

4. 다음 데이트 비용을 지불하겠다고 말하고, 다음에 이를 꼭 지킨다(다음에 제안 규칙).

데이트 이후

- 집에 도착했을 때쯤 안부 전화를 하거나 문자를 한다.
- 함께 데이트를 해서 고맙다고 말한다.
- 데이트에서 좋은 시간을 보냈다고 말한다.
- 데이트 상대를 좋아한다면 다시 만나자고 요청한다.

과제 안내하기

성인들에게 사회성 코칭 유인물을 나눠주고 다음과 같이 과제를 안내한다.

1. 친구와 **함께 어울리기**를 한다.
    - 사회성 코치들은 성인들이 **다섯 가지 요소**를 사용하여 함께 어울리기를 계획할 수 있도록 도와준다.
        ○ **누구와** 할 것인지
        ○ **무엇을** 할 것인지
        ○ **언제** 함께 어울리기를 할 것인지
        ○ **어디서** 함께 어울리기를 할 것인지
        ○ **어떻게** 함께 어울리기가 이루어질 수 있도록 준비할 것인지
    - 연습 전에 사회성 코치들은 성인들과 **함께 어울리기** 규칙과 단계를 점검한다.
    - 함께 어울리기 연습 이후에 사회성 코치들은 성인들에게 다음과 같은 **사회성 코칭 질문**을 한다.
        ○ 무엇을 하기로 결정했으며 함께할 활동을 누가 선택했나요?
        ○ 정보를 교환했나요? 함께 어울리는 시간의 몇 %를 정보를 교환하는 데 사용했나요?
        ○ 공통의 관심사는 무엇이었나요? 만약 두 사람이 함께 시간을 보내게 된다면 그 정보를 가지고 무엇을 할 수 있나요?
        ○ 당신과 친구는 좋은 시간을 보냈나요?
        ○ 다시 만나 시간을 보내기에 적합한 사람인 것 같나요?

2. 상대에게 내가 관심이 있다는 것 알리기, 데이트 신청하기 및/혹은 데이트하기를 연습한다.
    - 성인들이 누군가를 연애 상대로 좋아하고 있다면
        ○ **상대에게 내가 관심이 있다는 것**을 알린다.
        ○ **데이트를 신청**한다.
        ○ **데이트**한다.
        ○ 상대에게 연애 상대로서의 호감을 갖기 전까지는 시도하지 않는다.
    - 성인들이 편하게 느낀다면 사회성 코치들과 **상대에게 내가 관심이 있다는 것 알리기, 데이트 신청하기, 데이트하기**를 연습하도록 한다
    - 연습 전에 사회성 코치들은 **상대에게 내가 관심이 있다는 것 알리기, 데이트 신청하기, 데이트하기** 규칙과

단계를 점검한다.

- 각 연습이 끝나면 사회성 코치들은 성인들에게 다음과 같은 **사회성 코칭 질문**을 한다.
  - 상대에게 내가 관심이 있다는 것 알리기
    - 누구와 연습했나요? 그리고 상대에게 내가 관심이 있다는 것을 알리기 위해 무엇을 했나요?
    - 상대는 어떻게 반응했나요?
    - 데이트 상대로서 좋은 선택인 것 같나요? 당신과 데이트하기에 적합한 사람인 것 같나요?
  - 데이트 신청하기
    - 누구에게 데이트를 신청했나요? 그리고 어떤 단계들을 따랐나요?
    - 상대는 어떻게 반응했나요?
  - 데이트하기
    - 무엇을 하기로 결정했나요?
    - 정보를 교환했나요? 데이트를 한 시간의 몇 %를 정보를 교환하는 데 사용했나요?
    - 공통의 관심사는 무엇이었나요? 만약 두 사람이 다시 데이트를 하게 된다면 그 정보를 가지고 무엇을 할 수 있나요?
    - 당신과 당신의 데이트 상대는 좋은 시간을 보냈나요?
    - 데이트 상대로서 좋은 선택인 것 같나요? 당신과 다시 만나 데이트하기에 적합한 사람인 것 같나요?

3. 또래들끼리 하고 있는 **여러 사람이 하는 대화에 들어가기**를 연습한다(새로운 친구를 사귈 수 있는 곳에서 만난 친구와 해도 된다).
   - 연습 전에 사회성 코치들은 **여러 사람이 하는 대화에 들어가고 빠져나오기** 규칙과 단계를 점검한다.
   - 자연스럽게 빠져나와야 할 필요가 있는 상황이 아니라면 **대화에서 빠져나오기**는 공식적인 과제가 아니다.
   - 연습을 한 이후에 사회성 코치들은 성인들에게 다음과 같은 **사회성 코칭 질문**을 한다.
     - 어디서 누구와의 대화에 들어갔나요?
     - 어떤 단계들을 따랐나요?
     - 그들이 당신과 이야기를 나누고 싶어 하는 것 같았나요? 그것을 어떻게 알 수 있었나요?
     - 대화에서 빠져나왔어야 했나요?
     - 빠져나왔다면 어떤 단계들을 따랐나요?

주요 용어

관습적인 머리말	데이트 시작하기	신체적 접촉(하기 전에 허락받기)
다음에 제안 규칙	데이트 이후	안전한 데이트하기
데이트 계획하기	데이트 준비하기	위험한 대화 주제
데이트 마무리하기	데이트하는 동안	위험한 데이트 장소
데이트 비용 지불 제안하기	두 번 제안 규칙	
데이트 상황에 맞는 옷	맨스플레인(mansplain)	

데이트에서 해야 할 것과 하지 말아야 할 것

사회성 코치 치료자 가이드

사회성 코치 회기 준비하기

이번 회기의 목표는 데이트를 할 때 일반적으로 **해야 할 것과 하지 말아야 할 것**, 그리고 **데이트 상대의 성적인 압박 다루기**의 개요를 제공하는 것이다. **데이트에서 해야 할 것**은 사회적 관계를 잘해 나가고 있는 성인들이 데이트 할 때 사용하는 **생태학적으로 타당한 사회성 기술**을 다루고 있으며, **데이트에서 하지 말아야 할 것**은 주로 자폐스펙트럼장애 및 그 밖의 대인관계에서 어려움을 겪는 성인들이 흔히 하는 사회적 실수와 관련되어 있다.

이번 사회성 코칭 회기에서 가장 자주 제기되는 질문은 잘 모르는 사람으로부터 원치 않는 성적인 압력을 받을 때 이를 다루는 방법과 관련된 것들이다. 이것이 매우 중요한 주제이기는 하나 이번 회기에서는 그 주제를 다루지는 않는다. 다시 한 번 강조하면 PEERS®의 목적은 성인들이 친구를 사귀고 유지하는 것, 그리고 적절한 경우에 연애관계를 맺을 수 있도록 도와주는 것이다. 모르는 사람의 성적인 접근 또는 착취를 피하는 것은 매우 중요한 삶의 기술 가운데 하나지만 관계를 발전시키는 범주에 속하지는 않는다. 그러나 데이트 상대(혹은 아는 사람)로부터 원치 않는 성적인 압력을 받았을 때 이를 다룰 수 있는 유용한 기술들은 이번 회기에서 교육하게 될 것이다. 모르는 사람으로부터 받는 성적인 접근과 관련된 추가적인 조언을 필요로 하는 사회성 코치와 성인이 있다면 회기 밖에서 **개별적 면담**을 통해 도움을 주도록 한다. 이를 회기 안에서 이야기하기에는 시간이 부족할 수 있지만, 이는 매우 중요한 문제이므로 안전에 대한 우려가 있는 경우에는 회기 밖에서 반드시 이를 다루어야 한다.

과제를 점검하는 동안 대부분의 사회성 코치들은 데이트 예절에 관해 발표할 내용이 별로 많지 않을 것이다. 이는 아마도 현재 실제로 활발하게 데이트를 하고 있는 성인이 별로 없을 것이기 때문이다. 성인이 데이트에 관심이 있다고 이야기한 사회성 코치들에게는 이것을 기회로 삼아 성인들이 데이트를 할 기회를 만들도록 도울 수 있는 방법들을 찾아본다. 미국의 예이기는 하나 UCLA PEERS® 클리닉에 참여한 성인들이 성공적인 데이트를 시작할 수 있게 하는 가장 인기 있는 방법 중 하나는 온라인 데이트 웹사이트에 계정을 만들도록 도와주는 것이었다고 한다. 우리나라에서는 온라인 데이트 사이트가 미국만큼 활발하거나 안전하지는 않지만 문화적 상황에 맞는 다른 방법들을 함께 생각해볼 수 있을 것이다.

과제 점검

[다음의 과제를 검토하고 발생 가능한 **문제해결**을 의논한다. 성공적으로 과제를 완수한 사람부터 시작한다. 시간이 된다면 (과제를 다 하지 못한 사람들에게) 왜 과제를 완수할 수 없었는지 이유를 질문할 수 있으며, 다음 주에 어떻게 이것을 할 수 있을지에 대한 **문제해결**을 시도해볼 수 있다. 과제를 점검하는 동안에는 반드시 (볼드체로 표시된) 우리끼리 단어를 사용한다. **함께 어울리기**가 이번 회기의 가장 중요한 과제이므로 과제 점검 시간 대부분을 여기에 할애한다.]

1. 친구와 **함께 어울리기**를 한다.
   - 치료자: "이번 주의 주요 과제 중 하나는 성인들이 그들의 친구와 함께 어울리기를 하는 것이었습니다. 이 과제를 완수했거나 완수하고자 노력하신 분이 있나요?"
   - 질문
     - "성인이 다섯 가지 요소를 사용하여 함께 어울리기를 계획할 수 있도록 도와줬나요?"
     - "함께 어울리기를 하기 전에 어떤 사회성 코칭을 했나요?"
     - "성인은 무엇을 누구와 하기로 결정했나요?"
     - "함께 어울리기를 어떻게 시작했나요?"
     - "함께할 활동들은 누가 선택했나요?"
     - "그들은 서로 정보를 교환했나요? 함께 어울리는 시간의 몇 %를 정보를 교환하는 데 사용했나요?"
     - "함께 어울리기를 어떻게 마무리했나요?"
     - "함께 어울리기를 한 이후에 어떤 사회성 코칭을 했나요?"
       - 적절한 사회성 코칭 질문
         - 무엇을 하기로 결정했으며 함께할 활동을 누가 선택했나요?
         - 정보를 교환했나요? 함께 어울리는 시간의 몇 %를 정보를 교환하는 데 사용했나요?
         - 공통의 관심사는 무엇이었나요? 만약 두 사람이 함께 시간을 보내게 된다면 그 정보를 가지고 무엇을 할 수 있나요?
         - 당신과 친구는 좋은 시간을 보냈나요?
         - 다시 만나 시간을 보내기에 적합한 사람인 것 같나요?
     - "함께 어울리기 상대로서 좋은 선택인 것 같나요? 성인이 다시 만나 시간을 보내기에 적합한 사람인 것 같나요?"

표 13.1 집에서 함께 어울리기 시작하기 및 마무리하기를 위한 단계

함께 어울리기 시작하기	함께 어울리기 마무리하기
1. 손님에게 인사를 한다.	1. 활동이 잠시 멈출 때를 기다린다.
2. 손님을 집 안으로 맞이한다.	2. 함께 어울리기를 마무리하기 위한 꼬리말을 한다.
3. 손님이 모르는 사람들에게는 손님을 소개한다.	3. 친구를 문까지 배웅한다.
4. 집 안을 안내해준다.	4. 친구에게 함께 어울리기를 해서 고맙다고 말한다.
5. 간단한 간식을 권한다.	5. 친구에게 즐거운 시간을 보냈다고 말한다.
6. 손님에게 무엇을 하고 싶은지 물어본다.	6. 잘 가라고 인사하고, 나중에 다시 보자고 한다.

2. **상대에게 내가 관심이 있다는 것 알리기, 데이트 신청하기 및/혹은 데이트하기를 연습한다.**
   - 치료자: "이번 주 또 다른 과제는 성인들이 **상대에게 내가 관심이 있다는 것 알리기, 데이트 신청하기 및/혹은 데이트하기**를 연습하는 것이었습니다. 이 과제는 상대방에게 데이트 상대로 호감을 가지고 있을 때만 시도하는 것이었습니다. 성인들이 편안하게 느낄 경우에는 사회성 코치와 연습을 했어도 상관없습니다. 이번 과제를 완수했거나 완수하고자 노력하신 분이 있나요?"
   - 질문
     - "연습 전에 어떤 사회성 코칭을 했나요?"
     - "성인은 무엇을 누구와 연습했나요?"
     - "상대에게 자신이 관심이 있다는 것을 알리기 위해 성인은 무엇을 했나요? 그리고 상대는 어떻게 반응했나요?"
     - "성인은 데이트 신청을 했나요? 했다면 상대는 어떻게 반응했나요?"
     - 데이트를 했다면 다음과 같이 질문한다.
       - "그들은 무엇을 하기로 결정했나요?"
       - "그들은 서로 정보를 교환했나요? 함께 있는 시간의 몇 %를 정보를 교환하는 데 사용했나요?"
       - "성인과 그의 데이트 상대는 좋은 시간을 보냈나요?"
     - "연습한 이후에 어떤 사회성 코칭을 했나요?"
     - "데이트 상대로서 좋은 선택인 것 같나요? 성인과 다시 만나 데이트하기에 적합한 사람인 것 같나요?"

3. **또래들끼리 하고 있는 여러 사람이 하는 대화에 들어가기를 연습한다(새로운 친구를 사귈 수 있는 곳에서 만난 친구와 해도 된다).**
   - 치료자: "이번 주 또 다른 과제는 성인들이 또래들끼리 하고 있는 여러 사람이 하는 대화에 들어가기를 연습하는 것이었습니다. 이번 과제를 완수했거나 완수하고자 노력하신 분이 있나요?"
   - 질문
     - "당신의 성인은 어디서 누구와 연습했나요?"
     - "연습 전에 어떤 사회성 코칭을 했나요?"
     - "성인이 어떤 단계들을 따랐나요?"
       1. 대화를 귀 기울여 듣는다.
       2. 거리를 두고 지켜본다.
       3. 소품을 사용한다.
       4. 주제를 확인한다.
       5. 공통의 관심사를 찾는다.
       6. 더 가까이 다가간다.
       7. 대화가 짧게 멈출 때를 기다린다.
       8. 주제에 대해 언급한다.
       9. 관심을 평가한다.
       10. 자신을 소개한다.
     - "연습한 이후에 어떤 사회성 코칭을 했나요?"

- 적절한 사회성 코칭 질문
  - 어디서 누구와의 대화에 들어갔나요?
  - 어떤 단계들을 따랐나요?
  - 그들이 당신과 이야기를 나누고 싶어 하는 것 같았나요? 그것을 어떻게 알 수 있었나요?
  - 대화에서 빠져나왔어야 했나요? 어떤 단계들을 따랐나요?

표 13.2 대화에서 빠져나오기 위한 단계

전혀 받아들여지지 않았을 때	처음에는 받아들여졌으나 그 이후에 제외되었을 때	완전히 받아들여졌을 때
1. 침착함을 유지한다.	1. 침착함을 유지한다.	1. 대화가 짧게 멈출 때를 기다린다.
2. 다른 곳을 본다.	2. 다른 곳을 본다.	2. 구체적인 꼬리말을 한다.
3. 돌아선다.	3. 대화가 짧게 멈출 때를 기다린다.	3. 나중에 보자고 한다.
4. 다른 곳으로 걸어간다.	4. 짧은 꼬리말을 한다.	4. 작별인사를 한다.
	5. 다른 곳으로 간다.	5. 다른 곳으로 간다.

- [사회성 코치 과제 기록지를 수거한다. 만약 사회성 코치가 과제 기록지 가져오는 것을 잊어버렸다면, 과제를 책임지고 할 수 있게 새로운 용지에 완성하게끔 한다.]

교육: 데이트 예절 – 데이트에서 해야 할 것과 하지 말아야 할 것

- 사회성 코칭 유인물을 나눠준다.
  - 사회성 코치 치료자 가이드에서 **볼드체**로 표시된 부분은 사회성 코칭 유인물에서 그대로 가져온 것이다.
  - 사회성 코치들에게 **볼드체**로 표시된 부분은 **우리끼리 단어**임을 상기시킨다. 이 단어들은 PEERS® 교육과정의 중요한 개념들에 해당하므로 사회성 코칭을 할 때에 최대한 많이 사용해야 한다고 설명한다.
- 설명: "이전 회기들과 마찬가지로 오늘도 데이트 예절에 대해서 이야기를 나눌 것입니다. 지금까지 우리는 상대에게 내가 관심이 있다는 것 알리기, 데이트 신청하기 및 성공적인 데이트하기에 대해서 이야기를 나누었습니다. 오늘은 데이트할 때 일반적으로 해야 할 것과 하지 말아야 할 것, 그리고 데이트 상대의 성적인 압력을 다루는 방법에 대해서 살펴보겠습니다."

데이트에서 해야 할 것

- 설명: "데이트를 할 때는 해야 할 것과 하지 말아야 할 것들이 많이 있습니다. 먼저 해야 할 것들에 대해서 이야기해봅시다."
- **데이트는 선택이라는 것을 기억한다.**
  - 설명: "데이트에서 첫 번째 중요한 규칙은 데이트는 선택이라는 것입니다. 우리는 모든 사람과 데이트를 할 수 없으며, 모든 사람이 또한 우리와 데이트할 수도 없습니다."
  - 질문: "우리가 누군가를 좋아한다는 이유만으로 그와 데이트를 해도 되나요?"
    - 대답: 아니요.
  - 질문: "누군가가 우리를 좋아한다는 이유만으로 그 사람과 데이트를 해도 되나요?"

- 대답: 아니요.
  - ○ 설명: "데이트에서 큰 부분을 차지하는 것은 데이트는 선택이며, 모든 관계가 성공적일 수는 없다는 사실을 기억하는 것입니다. 모든 관계가 성공적일 정도로 쉽다면, 지금 모든 사람이 연애를 하고 있을 것입니다."

● **당신이 상대에게 관심이 없다면 그 사람을 보낸다.**
  - ○ 치료자: "데이트의 또 다른 규칙은 당신이 상대에게 관심이 없다면 그 사람을 보내는 것입니다. 상대에게 연애 상대로서 관심이 없는데 그와 계속 데이트를 한다면 무엇이 문제가 될 수 있을까요?"
    - ■ 대답: 그 사람에게 공평한 일이 아닙니다. 그 사람을 속이는 것입니다. 그 사람이 상처를 받을 수 있습니다.

● **상대가 당신에게 관심이 없다면 그 사람을 내버려둔다.**
  - ○ 치료자: "데이트를 할 때 지켜야 하는 또 다른 규칙은 상대가 당신에게 관심이 없다면 그 사람을 내버려두는 것입니다. 당신에게 연애 상대로서 관심이 없는 사람과 데이트를 하려고 한다면 무엇이 문제가 될 수 있을까요?"
    - ■ 대답: 당신이 너무 간절해 보일 수 있습니다. 잘 진행되지 않을 것입니다. 상대가 당신을 무서워할 수 있습니다. 스토커처럼 보일 수 있습니다. 당신이 상처받게 될 것입니다.

● **상대에게 예의를 갖추고 존중하는 태도로 대한다.**
  - ○ 설명: "데이트할 때 지켜야 하는 또 다른 규칙은 상대에게 예의를 갖추고 존중하는 태도로 대하는 것입니다. 상대에게 예의를 갖추고 존중하는 태도로 대하는 것이 중요한 이유는 무엇인가요?"
    - ■ 대답: 당신이 예의 바르지 않거나 상대를 존중하지 않으면 상대가 당신을 싫어하거나 당신과 데이트를 하고 싶어 하지 않을 수 있습니다. 당신이 무례하거나 불친절하다면 좋은 사람으로 보이지 않을 수 있습니다.
  - ○ 질문: "누군가와 데이트를 할 때 어떻게 하면 상대에게 예의를 갖추고 존중하는 태도로 대할 수 있나요?"
    - ■ 대답: 친절하게 대합니다. 상대와 이야기할 때 올바른 말을 사용합니다. 욕이나 비속어를 쓰지 않습니다. 함께 있는 동안 다른 사람들에게도 친절하게 대합니다. **상대를 소홀히 하지 않습니다. 이래라저래라 하지 않습니다. 사사건건 따지지 않습니다.**

● **솔직하고 정직하게 대한다.**
  - ○ 설명: "데이트할 때 지켜야 하는 또 다른 중요한 규칙은 상대에게 솔직하고 정직하게 대하는 것입니다. 데이트를 할 때 솔직하거나 정직하게 대하지 않는다면 무엇이 문제가 될 수 있을까요?"
    - ■ 대답: 당신을 신뢰하지 않을 수 있습니다. 당신을 거짓말쟁이라고 생각할 수 있습니다. 당신과 데이트하고 싶어 하지 않을 수 있습니다.
  - ○ 질문: "만약 상대가 자신의 외모, 머리 혹은 옷 스타일에 대해서 물어봤는데 당신은 별로 멋지지 않다고 생각했을 때에도 솔직하고 정직해야 하나요?"
    - ■ 대답: 아니요. 이것은 좀 다른 문제입니다. 상대가 상처받을 수 있습니다. 무례한 행동입니다.
  - ○ 질문: "만약 상대가 자신에 대해서 어떻게 생각하냐고 물어보거나, 당신이 현재 만나는 사람이 있는지 물어본다면 솔직하고 정직해야 하나요?"
    - ■ 대답: 예. 당신이 그를 어떻게 생각하는지, 그리고 현재 만나는 사람이 있는지에 대해서는 솔직해야

합니다. 만약 다른 사람을 만나고 있다면 이에 대해서는 거짓말하면 안 됩니다.

○ 설명: "현재 만나는 사람이 있는지 혹은 없는지를 솔직하게 말한다면 상대가 오해를 하거나 마음이 상하는 것을 피할 수 있습니다. 사회성 코치로서 성인들이 솔직하고 정직하고자 한다면, 무엇을 상대에게 알려주어야 적절한지를 결정하도록 도울 수 있습니다."

● **연락을 유지한다.**

○ 치료자: "만약 당신이 상대를 좋아한다면, 데이트할 때 따라야 하는 또 다른 중요한 규칙은 그 사람과 계속 연락을 유지하는 것입니다. 누군가를 좋아할 때 그 사람과 연락을 유지하는 것이 중요한 이유는 무엇일까요?"

■ 대답: 연락하는 것은 당신이 그를 좋아한다는 것을 보여주는 것이기 때문입니다. 그 사람이 계속 관심을 가지게 할 수 있습니다. 예의 바르게 대하고 존중하는 것입니다.

○ 질문: "상대를 좋아함에도 불구하고 계속 연락하지 않으면 무엇이 문제가 될 수 있을까요?"

■ 대답: 당신이 그 사람에게 관심이 없는 것처럼 보일 수 있습니다. 그의 마음이 상할 수 있습니다. 당신이 연애 선수 같이 행동한다고 생각할 수 있습니다. 당신에게 관심을 잃을 수 있습니다. 더 이상 당신과 데이트를 하고 싶어 하지 않을 수 있습니다.

○ 질문: "누군가를 좋아한다면 얼마나 자주 연락하는 것이 적절할까요?"

■ 대답: 관계가 어떤 단계에 있는지에 따라 다릅니다. 커플이 아직 아닌 단계라면 대부분 일주일에 적어도 몇 번은 연락합니다. 진지한 관계라면 보통 매일 연락합니다.

○ 치료자: "누군가를 좋아하지만 이유 없이 연락하지 않는 것을 은어로 '잠수를 탄다'라고 합니다. 이유 없이 연락하지 않는, 즉 잠수를 타는 이유는 무엇일까요?"

■ 대답: 데이트 상대에게 상처를 받아서 연락을 하지 않을 수 있습니다. 게임을 하느라 너무 바빠서 데이트 상대에게 연락하는 것을 잊어버릴 수 있습니다.

○ 질문: "이유 없이 연락하지 않으면, 즉 잠수를 타면 무엇이 문제가 될 수 있을까요?"

■ 대답: 당신이 무심하다고 생각할 수 있습니다. 데이트 상대의 입장을 고려하는 것이 아닙니다. 당신에게 관심이 식어버릴 수 있습니다.

○ 설명: "사회성 코치로서 당신은 성인들이 얼마나 자주 연락해야 하는가를 결정하는 데 도움을 줄 수 있습니다."

● **신체 접촉을 하기 전에는 허락을 받는다.**

○ 치료자: "11회기에서도 언급하였듯이 데이트 상대에게 포옹이나 키스 등 신체 접촉을 하기 전에 위험을 최소화할 수 있는 방법은 어떠한 신체적 접촉을 하든지 간에 허락을 받는 것입니다. 어떻게 말할 수 있을까요?"

■ 예시: "안아도 될까?"

■ 예시: "키스해도 될까?"

○ 설명: "상대가 당신을 좋아한다면 기꺼이 '그래.'라고 대답할 것입니다. 하지만 상대가 당신을 좋아하지 않는다면, 신체 접촉을 하기 전에 허락을 구한 걸 다행으로 여겨야 할 것입니다."

데이트에서 하지 말아야 할 것

● 설명: "데이트에서 해야 할 것이 많은 것처럼 하지 말아야 할 것 또한 많이 있습니다."

- **처음부터 너무 개인적이 되지 않는다.**
  - 설명: "누군가와 처음 데이트를 할 때는 처음부터 너무 개인적이 되지 않는 것이 중요합니다. 즉, 처음부터 개인적인 질문을 너무 많이 한다거나 당신의 개인적인 정보를 너무 많이 공유하지 말라는 것입니다."
  - **처음부터 개인적인 질문을 너무 많이 하지 않는다.**
    - 질문: "처음부터 개인적인 질문을 너무 많이 하면 무엇이 문제가 될 수 있을까요?"
      - 대답: 상대를 불편하게 만들 수 있습니다. 참견하기 좋아하고 경계를 지키지 않는 사람처럼 보일 수 있습니다.
  - **처음부터 개인적인 정보를 너무 많이 공유하지 않는다.**
    - 질문: "처음부터 개인적인 정보를 너무 많이 공유하면 무엇이 문제가 될 수 있을까요?"
      - 대답: 상대를 불편하게 만들 수 있습니다. 상대가 겁을 먹게 만들 수 있습니다. 당신이 너무 부담스럽게 다가온다고 생각할 수 있습니다.
  - **질병이 있다면 처음에는 밝히지는 않는다.**
    - 질문: "처음에는 우리가 받았던 진단이나 의학적인 병력을 알려야 할까요? 그리고 만약 공유한다면 무엇이 문제가 될 수 있을까요?"
      - 대답: 아니요. 데이트 상대가 불편하게 느낄 수 있습니다. 그렇게 하는 것은 너무 빨리 너무 많은 정보를 공유하게 되는 것입니다. 상대가 당신을 부담스러워할 수 있습니다. 당신과 다시 데이트를 하고 싶어 하지 않을 수 있습니다.
- **처음부터 과거의 연애 경력에 대해서 이야기하지 않는다.**
  - 설명: "데이트에서 하지 말아야 할 또 다른 중요한 규칙은 처음부터 과거의 연애 경력에 대해서 이야기하지 않는 것입니다. 즉, 누군가와 데이트하기 시작할 때는 상대에게 당신이 연애 경험이 부족한 것에 대해서 이야기한다거나 예전에 사귀었던 사람들에 대해서 이야기하지 않아야 한다는 뜻입니다."
  - **처음부터 연애 경험이 부족했던 것을 이야기하지 않는다.**
    - 질문: "처음부터 당신이 연애 경험이 부족하다는 이야기를 하면 무엇이 문제가 될 수 있을까요?"
      - 대답: 상대를 불편하게 만들 수 있습니다. 상대가 당신을 부담스러워할 수 있습니다. 그 사람에게 큰 부담으로 느껴질 수 있습니다.
  - **처음부터 과거의 좋지 않았던 연애 경험에 관해 이야기하지 않는다.**
    - 질문: "처음부터 과거의 좋지 않았던 연애 경험에 관해 이야기하면 무엇이 문제가 될 수 있을까요?"
      - 대답: 무례해 보일 수 있습니다. 전에 사귀었던 사람과 아직 끝나지 않은 것처럼 보일 수 있습니다. 상대를 불편하게 만들 수 있습니다.
  - **처음부터 과거의 연인에 대해서 이야기하지 않는다.**
    - 질문: "처음부터 과거의 연인에 대해서 이야기를 하거나 연애 경력에 대해서 이야기한다면 무엇이 문제가 될 수 있을까요?"
      - 대답: 상대를 불편하게 만들 수 있습니다. 상대를 신경 쓰이게 만들 수 있습니다. 상대가 질투를 할 수도 있습니다. 당신에 대한 관심이 식어버릴 수 있습니다. 당신과 다시 데이트를 하고 싶어 하지 않을 수 있습니다.
    - 질문: "만약 데이트 상대가 당신의 연애 경력에 대해서 물어본다면 어떻게 해야 할까요?"
      - 대답: 질문에 솔직하고 정직하게 대답합니다. 그러나 최대한 짧게 대답한 다음 대화의 주제를 바

꿉니다.

- 질문: "데이트를 꽤 여러 번 했다면 당신의 연애 경력에 대해서 조금 더 알려줘도 되나요?"
  - □ 대답: 예, 연인관계가 된 상태라면 그래도 됩니다.

- **처음부터 당신의 감정에 대해서 이야기하지 않는다.**
  - ○ 치료자: "데이트에서 하지 말아야 할 또 다른 규칙은 처음부터 당신의 감정에 대해서 이야기하지 않는 것입니다. 당신의 감정에 대해서 바로 이야기를 한다면 무엇이 문제가 될 수 있을까요?"
    - 대답: 상대가 당신을 무서워할 수 있습니다. 너무 부담스럽게 다가온다고 생각할 수 있습니다. 당신과 다시 데이트를 하고 싶어 하지 않을 수 있습니다.
  - ○ 설명: "대부분의 사람들은 적어도 3~4번 데이트를 하기 전까지는 자신의 감정에 대해서 이야기하지 않습니다. 어떤 사람들은 자신의 감정에 대해서 아주 드물게 이야기하거나 혹은 전혀 이야기하지 않기도 합니다. 사회성 코치로서 당신은 성인들이 언제 자신의 감정에 대해 이야기하는 것이 적절한지 결정하는 것을 도울 수 있습니다."

- **관계를 진전시키려고 서두르지 않는다.**
  - ○ 치료자: "누군가와 처음 데이트를 시작할 때 또 중요한 것은 관계를 진전시키려고 서두르지 않는 것입니다. 관계를 진전시키려고 서둔다는 것은 무슨 뜻일까요?"
    - 대답: 너무 빨리 다가가는 것을 말합니다. 자신의 감정에 대해서 너무 일찍 이야기하는 것입니다. 둘 사이의 관계에 대해 이야기하지 않은 상태에서 서로를 특별한 관계라고/연인이라고 가정하는 것입니다.
  - ○ 질문: "관계를 진전시키려고 서두르면 무엇이 문제가 될 수 있을까요?"
    - 대답: 진전시키려고 서두르면 상대가 당신을 무서워할 수 있습니다. 당신에 대한 관심이 식어버릴 수도 있습니다.

- **커플이라고 가정하지 않는다.**
  - ○ 질문: "누군가와 몇 번 데이트를 했다고 해서 그와 커플이라고 생각해도 된다는 뜻일까요? 그리고 커플이라고 가정한다면 무엇이 문제가 될 수 있을까요?"
    - 대답: 아니요. 상대가 무서워할 수 있습니다. 당신이 너무 부담스럽게 다가가는 것처럼 보일 수 있습니다. 서로 오해하게 될 수 있습니다.
  - ○ 질문: "우리나라에서는 커플이 되기 전에 '썸을 탄다'라는 표현이 있습니다. 썸이란 무엇인가요? 이때는 서로 커플이라고 해도 되나요?"
    - 대답: 썸을 탄다는 것은 커플이 되기 전에 서로에게 관심이 있는 단계를 말합니다. 커플인지를 서로 확신하지 못하는 상태에서 데이트를 하는 단계를 말합니다. 이 단계에서는 아직 커플이라고 할 수 없습니다.
  - ○ 질문: "그렇다면 커플이 되었다는 것을 어떻게 알 수 있나요?"
    - 대답: 보통은 당신과 상대방이 서로 특별한 관계라는, 즉 다른 사람은 만나지 않기로 하는 대화를 하게 됩니다.
  - ○ 질문: "서로 커플이 된다는 것을 확인할 수 있는 대화에는 어떤 것들이 있을까요?"
    - 예시: "우리 사귈래?"
    - 예시: "우리 진지하게 만나볼래요?"
  - ○ 설명: "서로 커플이 된다는 것을 확인하는 대화를 할 때 상대방이 동의해야만 커플이 되는 것입니다."

○ 질문: "커플이 되는 것에 대한 대화를 언제 하는 것이 적절할까요?"
- 대답: 관계에 따라서 다르지만 대부분 커플이 되기로 결정하기 전에 몇 번 데이트를 합니다.
○ 설명: "사회성 코치로서 당신은 성인들이 언제 데이트 상대와 서로 특별한 관계가 되거나 서로 다른 사람을 만나지 않기로 하는 것에 관한 대화를 할지 결정하는 데 도움을 줄 수 있습니다."

● 둘 사이의 개인적인 일들을 퍼트리지 않는다.
○ 치료자: "또 다른 데이트의 규칙은 둘 사이의 개인적인 일들을 퍼트리지 않는 것입니다. 둘 사이의 개인적인 일들을 퍼트리는 것은 무슨 뜻일까요? 그리고 둘 사이의 개인적인 일들을 퍼트리면 무엇이 문제가 될 수 있을까요?"
- 대답: 둘 사이에서 일어났던 개인적인 일들을 다른 사람에게 이야기하는 것을 뜻합니다. 보통은 둘 사이의 신체적 관계에 대한 자세한 이야기를 다른 사람에게 하는 것을 의미할 때가 많습니다. 둘 사이의 개인적인 일들을 퍼트리는 것은 당신과 데이트하는 사람에게 몰상식한 행동이며, 상대를 존중하지 않는 것입니다.

● 연애 선수가 되지 않는다.
○ 치료자: "데이트에서 하지 말아야 할 또 다른 규칙은 연애 선수가 되지 않는 것입니다. 연애 선수가 된다는 것은 무슨 뜻일까요? 그리고 연애 선수가 된다면 무엇이 문제가 될 수 있을까요?"
- 대답: 데이트 상대를 가지고 노는 것입니다. 상대가 모르게 다른 여러 사람과 데이트를 하는 것을 말합니다. 이는 상대를 존중하지 않는 것입니다.
○ 질문: "즉, 동시에 여러 사람과 데이트를 하면 안 된다는 뜻인가요?"
- 대답: 아니요. 그러나 커플이 되려는 대화를 하고 난 뒤라면 그렇게 해서는 안 됩니다.
○ 설명: "동시에 여러 사람과 데이트를 하는 것은 본인의 선택이지만, 누군가와 진지하게 만나려고 한다면 다른 사람을 만나는 것은 위험합니다."

● 상대에게 압박을 주지 않는다.
○ 치료자: "데이트에서 하지 말아야 할 또 다른 규칙은 데이트하는 상대에게 압박을 주지 않는 것입니다. 상대가 준비되지 않은 상태에서 사귀자고 강요하거나 신체적인 관계를 맺으려고 한다면 무엇이 문제가 될 수 있을까요?"
- 대답: 상대방을 불편하게 만들 수 있습니다. 상대방의 의견을 존중하지 않는 것입니다. 당신이 그를 통제하려고 하거나 너무 절박한 것처럼 보일 수 있습니다. 당신과 데이트를 하고 싶어 하지 않을 수 있습니다.
○ 설명: "데이트는 선택임을 기억해야 합니다. 당신이 상대와의 연애로부터 무엇인가를 원한다고 해서 그 사람 또한 같은 것을 원하는 것은 아닙니다. 그것은 그 사람의 선택입니다."

● 어딘가에 무분별하게 연애 기록을 남기지 않는다.
○ 치료자: "데이트에서 하지 말아야 할 또 다른 규칙은 어딘가에 무분별하게 연애 기록을 남기지 않는 것입니다. 이것은 누드 사진 혹은 성관계 동영상을 찍거나, 커플 문신을 하지 말라는 의미입니다. 누드 사진 혹은 동영상을 찍거나 커플 문신을 한다면 무엇이 문제가 될 수 있을까요?"
- 대답: 돌이킬 수 없는 일이 될 가능성이 많습니다. 데이트 상대와 헤어진다면 문제가 될 수 있습니다. 다음에 만나게 될 수도 있는 다른 데이트 상대가 싫어할 수 있습니다.
○ 치료자: "그렇다면 페이스북 혹은 인스타그램 등의 소셜 네트워킹사이트에 커플 사진을 올리는 것도 하

지 말아야 하나요?"

- 대답: 아니요. 페이스북 혹은 인스타그램 등의 소셜네트워킹사이트에 커플 사진을 올리는 것은 괜찮습니다. 하지만 이때도 역시, 모든 사람이 보아도 되는 사진만을 올려야 한다는 것을 기억합니다.

데이트 상대의 성적인 압박 다루기

- 설명: "데이트의 규칙 중 하나가 데이트 상대에게 압박을 주지 않는 것이기는 하지만, 그렇다고 해서 이런 일이 일어나지 않을 것이라는 보장은 없습니다. 사람들은 때로 성적인 제안을 하기도 하며, 상대가 하기 싫거나 준비되지 않은 것들을 하려고 압박을 주기도 합니다. 이런 일이 일어났을 때 데이트 상대의 성적인 압박을 다루기 위한 매우 구체적인 단계들이 있습니다."

1. 침착함을 유지한다.

- 치료자: "데이트 상대의 성적인 압박을 다루기 위한 첫 번째 단계는 침착함을 유지하는 것입니다. 침착함을 유지한다는 것은 무슨 뜻이며, 이것이 중요한 이유는 무엇인가요?"
- 대답: 마음을 진정하고, 화내거나 흥분하지 말라는 뜻입니다. 화를 낸다면 상황을 더 나쁘게 할 수 있으며 점점 더 서로의 감정을 상하게 할 수 있습니다.

2. 상대에게 당신이 무엇을 하고 싶지 않은지 말한다.

- 치료자: "데이트 상대의 성적인 압박을 다루기 위한 다음 단계는 그에게 당신은 무엇을 하고 싶지 않은지 말하는 것입니다. 이것은 당신이 그와의 관계를 유지하고 싶거나 유지하고 싶지 않는 것과는 관계가 없습니다. 당신이 무엇을 하고 싶지 않은지를 분명하게 말하는 것이 중요한 이유는 무엇일까요?"
- 대답: 당신이 성적으로 무엇을 하고 싶고 무엇을 하고 싶지 않은지는 당신의 선택입니다. 상대에게 당신이 무엇을 하고 싶지 않은지 말을 하지 않는다면 그 사람은 잘 모를 수 있습니다. 상대는 당신의 마음을 읽을 수 없습니다.
- 질문: "상대에게 당신은 무엇을 하고 싶지 않은지 어떻게 말할 수 있을까요?"
- 예시: "나는 (특정 행동)을/를 하고 싶지 않아."
- 예시: "나는 (특정 행동)을/를 하는 것이 편하지 않아."
- 예시: "저는 (특정 행동)을/를 별로 좋아하지 않아요."
- 질문: "만약 상대가 제안하는 것을 지금 당장 할 준비가 안 된 것일 뿐 나중에는 할 수도 있다고 생각한다면 어떻게 말할 수 있을까요?"
- 예시: "나는 아직 신체적인 관계를 가질 준비가 되지 않았어."
- 예시: "지금은 (특정 행동)을/를 하는 것이 편하지 않아."
- 예시: "저는 아직 다음 단계로 넘어가는 것이 조금 빠른 것 같아요."

3. 거절하는 이유를 말한다.

- 치료자: "만약 당신이 상대를 좋아하고 그와의 관계를 유지하고 싶은 상태라면, 데이트 상대의 성적인 압박을 다루는 다음 단계는 거절하는 이유를 말해주는 것입니다. 데이트 상대와 조금 더 신체적인 관계를 가질 준비가 되지 않았다는 것을 알려주는 말 또는 이유에는 어떤 것들이 있을까요?"
- 예시: "난 아직 너에 대해서 충분히 잘 알지 못해."
- 예시: "지금 관계를 하기엔 아직 준비가 되지 않았어."

○ 예시: "조금 천천히 관계를 진전시켰으면 좋겠어요."

● 질문: "만약 데이트 상대가 제안한 것이 앞으로도 절대로 편해지지 않을 것 같다면 이것에 대해서 말을 해야 하나요?"

○ 대답: 예.

● 질문: "만약 데이트 상대가 마음에 들지 않거나 그와의 관계를 유지하는 것에 관심이 없다면 제안을 거절하는 이유를 말해주어야 하나요?"

○ 대답: 아니요.

4. '나' 전달법을 사용하여 당신이 느끼는 것을 말한다.

● 설명: "데이트 상대의 성적인 압박을 다루기 위한 다음 단계는 '나' 전달법을 사용하여 당신이 느끼는 것을 말하는 것입니다. 여기에는 상대에게 무엇을 원하는지, 혹은 앞으로 관계를 진행하기 위해 무엇을 하고 싶은지 말하는 것입니다."

● 질문: '나' 전달법이란 무엇인가요?"

○ 대답: "나는 …… 생각해." 혹은 "나는 ……(이)라고 느껴."와 같이 자기 자신을 주어로 시작하는 문장을 말합니다.

● 질문: '너' 전달법이란 무엇인가요?"

○ 대답: "너는…… 했어." 혹은 "너는 나를 ……(이)라고 느끼게 만들어."와 같이 상대를 주어로 시작하는 문장을 말합니다.

● 질문: "당신의 감정이나 생각을 전달하려고 할 때 '나' 전달법 대신 '너' 전달법을 쓴다면 무엇이 문제가 될 수 있을까요?"

○ 대답: '너' 전달법을 사용하면 사람들은 방어적이 됩니다. '나' 전달법은 자신의 감정에 초점을 두고 상대를 탓하지 않기 때문에 덜 공격적입니다.

● 질문: "만약 데이트 상대로부터 성적인 압박을 느낄 때 사용할 수 있는 '나' 전달법의 예로는 어떤 것들이 있을까요?"

○ 예시: "나는 너를 좋아하지만 아직 시간이 좀 필요해."

○ 예시: "나는 우리 관계를 조금 천천히 진전시키고 싶어."

○ 예시: "저는 당신을 알아가는 데 아직 시간이 좀 더 필요한 것 같아요."

● 질문: "만약 '나' 전달법을 사용하여 당신이 어떤 기분인지 이야기한다면 자신감 있게 말해야 하나요? 자신감 있게 말하는 것이 중요한 이유는 무엇인가요?"

○ 대답: 예. 그래야 당신이 하는 말이 무엇을 의미하는지 상대가 알 수 있기 때문입니다.

5. 주제를 바꾼다.

● 치료자: "만약 당신이 데이트 상대를 좋아하고 관계를 끝내기보다는 천천히 진전시키고 싶다면 다음 단계는 주제를 바꾸려고 시도하는 것입니다. 주제를 바꾼다는 것은 무엇을 의미하나요?"

○ 대답: 무언가 다른 것에 대해서 이야기하는 것입니다. 무언가 다른 것을 하는 것입니다. 대화의 초점을 바꾸는 것입니다.

6. (그래도 압박을 느낀다면) 꼬리말을 하고 떠난다.

● 치료자: "그래도 아직 성적인 압박을 느끼거나 함께 있는 자리가 불편하게 느껴진다면 상대와 계속 같이

있어야 하나요?"

  ○ 대답: 아니요. 절대로 아닙니다.

- 질문: "함께 있는 것이 불편하다면 어떻게 해야 하나요?"

  ○ 대답: 꼬리말을 하고 떠납니다.

7. 데이트를 하는 것은 선택이라는 것을 기억한다.

- 설명: "마지막으로 데이트를 하는 것은 선택이라는 것을 기억해야 합니다. 만약 당신이 원치 않는 것을 데이트 상대가 하고 싶어 하거나 당신에게 계속 압박을 준다면, 그가 당신에게 좋은 선택이 아니라는 것을 의미할 수도 있습니다."

- [참고사항(영어로 된 자료에 익숙하다면): PEERS® *Role Play Video Library*(www.routledge.com/cw/laugeson)에서 데이트 상대의 **성적인 압박 다루기**의 적절한 역할극과 부적절한 역할극 동영상을 보여줄 수도 있다.]

과제 안내하기

[사회성 코치에게 사회성 코치 과제 기록지(부록 E)를 배부하고, 작성해서 다음 회기에 제출하게 한다.]

1. 친구와 **함께 어울리기**를 한다.

- 사회성 코치는 성인이 **다섯 가지 요소**를 사용하여 함께 어울리기를 계획할 수 있도록 도와주어야 한다.

  ○ **누구와** 할 것인지

  ○ **무엇을** 할 것인지

  ○ **언제** 함께 어울리기를 할 것인지

  ○ **어디서** 함께 어울리기를 할 것인지

  ○ **어떻게** 함께 어울리기가 이루어질 수 있도록 준비할 것인지

- 연습 전에 사회성 코치들은 성인들과 **함께 어울리기** 규칙과 단계를 점검한다.

- **함께 어울리기** 연습 이후에 사회성 코치들은 성인들에게 다음과 같은 **사회성 코칭 질문**을 한다.

  ○ 무엇을 하기로 결정했으며 함께할 활동을 누가 선택했나요?

  ○ 정보를 교환했나요? 함께 어울리는 시간의 몇 %를 정보를 교환하는 데 사용했나요?

  ○ 공통의 관심사는 무엇이었나요? 만약 두 사람이 함께 시간을 보내게 된다면 그 정보를 가지고 무엇을 할 수 있나요?

  ○ 당신과 친구는 좋은 시간을 보냈나요?

  ○ 다시 만나 시간을 보내기에 적합한 사람인 것 같나요?

2. 상대에게 내가 관심이 있다는 것 알리기, 데이트 신청하기 및/혹은 데이트하기를 연습한다.

- 성인들이 누군가를 연애 상대로 좋아하고 있다면

  ○ 상대에게 내가 관심이 있다는 것을 알린다.

  ○ 데이트를 신청한다.

  ○ 데이트를 한다.

  ○ 상대에게 연애 상대로서의 호감을 갖기 전까지는 시도하지 않는다.

- 성인들이 편하게 느낀다면 사회성 코치들과 **상대에게 내가 관심이 있다는 것 알리기, 데이트 신청하기, 데**

이트하기를 연습하도록 한다.

- 연습 전에 사회성 코치들은 **데이트 예절**에 관한 규칙과 단계를 점검한다.
- 각 연습이 끝나면 사회성 코치들은 성인들에게 다음과 같은 **사회성 코칭 질문**을 한다.
  ○ 상대에게 내가 관심이 있다는 것 알리기
    - 누구와 연습했나요? 상대에게 내가 관심이 있다는 것을 알리기 위해 무엇을 했나요?
    - 상대는 어떻게 반응했나요?
    - 데이트 상대로서 좋은 선택인 것 같나요? 당신과 데이트하기에 적합한 사람인 것 같나요?
  ○ 데이트 신청하기
    - 누구에게 데이트를 신청했나요? 어느 단계들을 따랐나요?
    - 상대는 어떻게 반응했나요?
  ○ 데이트하기
    - 무엇을 하기로 결정했나요?
    - 정보를 교환했나요? 함께 있는 시간의 몇 %를 정보를 교환하는 데 사용했나요?
    - 공통의 관심사는 무엇이었나요? 만약 두 사람이 다시 데이트를 하게 된다면 그 정보를 가진 무엇을 할 수 있나요?
    - 당신과 당신의 데이트 상대는 좋은 시간을 보냈나요?
    - 데이트 상대로서 좋은 선택인 것 같나요? 당신과 다시 만나 데이트하기에 적합한 사람인 것 같나요?

3. 또래들끼리 하고 있는 **여러 사람이 하는 대화에 들어가기**를 연습한다(새로운 친구를 사귈 수 있는 곳에서 만난 친구와 해도 된다).
   - 연습 전에 사회성 코치들은 **여러 사람이 하는 대화에 들어가고 빠져나오기** 규칙과 단계를 점검한다.
   - 자연스럽게 빠져나와야 할 필요가 있는 상황이 아니라면 **대화에서 빠져나오기**는 공식적인 과제가 아니다.
   - 연습을 한 이후에 사회성 코치들은 성인들에게 다음과 같은 **사회성 코칭 질문**을 한다.
     ○ 어디서 누구와의 대화에 들어갔나요?
     ○ 어떤 단계들을 따랐나요?
     ○ 그들이 당신과 대화를 나누고 싶어 하는 것처럼 보였나요? 이것을 어떻게 알 수 있었나요?
     ○ 대화에서 빠져나왔어야 했나요? 어떤 단계들을 따랐나요?

성인 치료자 가이드

성인 회기 준비하기

이번 회기에서는 성인들에게 데이트할 때 일반적으로 **해야 할 것과 하지 말아야 할 것**, 그리고 **데이트 상대의 성적인 압박 다루기**를 전반적으로 알려주게 될 것이다. 이 회기에서는 두 개의 역할극을 통해 원치 않는 성적인 압박을 다루는 단계들의 개요를 보여준다. 다른 데이트 예절 회기들과 마찬가지로 이번 역할극도 가능하다면 집단 치료자가 아닌 두 명의 보조 치료자가 할 수 있도록 한다. 데이트 예절 회기들에서 보여주는 역할극에 집단 치료자를 제외하는 것은 전문가 집단 내에서의 경계를 유지하기 위한 것이다. 많은 경우에 집단 치료자는 보조 치료자를 지도감독하거나 멘토 역할을 하기 때문에 집단 치료자가 (물론 실제로 서로 간에 일어나는 일은 아니지만) 호감 표현하기, 데이트 신청하기 등의 전략을 시연해 보여주는 것은 불편하거나 심지어 부적절해 보일 수 있다. 집단 치료자들은 자신의 임상적, 전문적인 판단력을 사용하여 **역할극**에서 가장 적합하고 실현 가능한 방식이 무엇인지를 결정해야 한다.

이번 회기에서 보여주는 **역할극**은 데이트 상대의 성적인 압박을 다루는 것에 초점을 맞춘다. 이것은 매우 예민한 주제이기 때문에 역할극과 이어지는 **행동 연습**을 할 때, 이 매뉴얼에 제시된 예시를 그대로 사용할 것을 강력히 권한다. 이 매뉴얼에서 제시하는 예시는 데이트가 끝날 무렵에 한 명의 보조 치료자가 다른 보조 치료자에게 같이 밤을 보내자고 요청하는 내용으로 구성되어 있다. 이것을 사용하도록 추천하는 이유는 이 예시가 성적인 압박이라는 주제를 다루는 데 있어서 조금 순화되고 단순한 예시이기 때문이다. 성적인 압박을 다루는 조금 더 생생한 예시를 활용하게 되면 집단 구성원들과 보조 치료자들을 모두 불편하게 만들고 경계를 위반하는 문제가 발생할 수도 있다. 따라서 역할극을 할 때는 이 매뉴얼에 제시된 예시를 그대로 사용하거나, 혹은 반드시 이와 비슷하게 순화된 예시를 보여주도록 한다. 마찬가지로 성인들과 함께 행동 연습을 할 때도 반드시 **역할극**에서 보여준 것과 같은 예시를 사용하는 것이 매우 중요하다. 행동 연습을 할 때마다 성적인 압박의 예시를 바꾸게 되면 너무 개인적으로 보일 수 있으며, 결과적으로 불편함과 오해를 불러일으킬 수 있다. 대신에 성인들이 행동 연습을 할 때도 성적인 압박을 다루는 역할극에서 보조 치료자들이 보여주었던 것과 동일한 예시를 사용하도록 한다. 예를 들면 함께 밤을 보내자고 요청하는 역할극을 보여주고 나서, 이후에 성인들이 행동 연습을 할 때도 이와 똑같은 내용으로 연습을 진행해야 한다는 뜻이다. **행동 연습**을 할 때 보조 치료자들은 다음과 같이 말하며 시작한다. "그냥 궁금해서 그러는데…… 시간도 늦었는데 우리 집에서 그냥 자고 가지 않을래?"라고 말한 다음 각각의 성인이 데이트 상대의 성적인 압박을 다루는 단계들을 따라 연습할 수 있도록 한다. 이런 예시를 사용한다면 이번 회기의 주제로 인해 느낄 수 있는 불편함을 최소화할 수 있을 것이다.

과제 점검

[다음의 과제를 검토하고 발생 가능한 **문제해결**을 의논한다. 성공적으로 과제를 완수한 사람부터 시작한다. 시간이 된다면 (과제를 다 하지 못한 사람들에게) 왜 과제를 완수할 수 없었는지 이유를 질문할 수 있으며, 다음 주에 어떻게 이것을 할 수 있을지에 대한 **문제해결**을 시도해볼 수 있다. 과제를 점검하는 동안에는 반드시 (**볼드체로 표시된**) **우리끼리 단어**를 사용한다. **함께 어울리기**가 이번 회기의 가장 중요한 과제이므로 과제 점검 시간 대부분을 여기에 할애한다.]

1. 친구와 **함께 어울리기**를 한다.
    - 치료자: "이번 주의 주요 과제 중 하나는 여러분이 친구와 함께 어울리기를 하는 것이었습니다. 이번 주에 친구와 함께 어울리기를 한 사람은 손을 들어주세요."
    - 질문
        - "누구와 함께 어울렸으며 무엇을 하기로 결정했나요?"
        - "다섯 가지 요소를 사용하여 함께 어울리기를 계획했나요?"
        - "함께 어울리기를 어떻게 시작했나요?"
        - "함께할 활동들은 누가 선택했나요?"
        - "서로 정보를 교환했나요? 함께 어울리는 시간의 몇 %를 정보를 교환하는 데 사용했나요?"
        - "함께 어울리기를 어떻게 마무리했나요?"
        - "당신과 당신의 친구는 좋은 시간을 보냈나요?"
        - "다시 만나 시간을 보내기에 적합한 사람인 것 같나요?"

표 13.1 집에서 함께 어울리기 시작하기 및 마무리하기를 위한 단계

함께 어울리기 시작하기	함께 어울리기 마무리하기
1. 손님에게 인사를 한다.	1. 활동이 잠시 멈출 때를 기다린다.
2. 손님을 집 안으로 맞이한다.	2. 함께 어울리기를 마무리하기 위한 꼬리말을 한다.
3. 손님이 모르는 사람들에게는 손님을 소개한다.	3. 친구를 문까지 배웅한다.
4. 집 안을 안내해준다.	4. 친구에게 함께 어울리기를 해서 고맙다고 말한다.
5. 간단한 간식을 권한다.	5. 친구에게 즐거운 시간을 보냈다고 말한다.
6. 손님에게 무엇을 하고 싶은지 물어본다.	6. 잘 가라고 인사하고, 나중에 다시 보자고 한다.

2. **상대에게 내가 관심이 있다는 것 알리기, 데이트 신청하기 및/혹은 데이트하기**를 연습한다.
    - 치료자: "이번 주 또 다른 과제는 상대에게 내가 관심이 있다는 것 알리기, 데이트 신청하기 및/혹은 데이트하기를 연습하는 것이었습니다. 이 과제는 상대방에게 연애 상대로서의 호감을 갖기 전까지는 시도하지 않는 것이었습니다. 이 과제를 한 사람은 손을 들어주세요."
    - 질문
        - "누구와 연습했나요?"
        - "상대에게 내가 관심이 있다는 것을 알리기 위해 무엇을 했나요? 상대는 어떻게 반응했나요?"
        - "데이트 신청은 했나요? 했다면 상대는 어떻게 반응했나요?"
        - 데이트를 했다면 다음과 같은 질문을 한다.
            - "무엇을 하기로 결정했나요?"
            - "정보를 교환했나요? 데이트를 한 시간의 몇 %를 정보를 교환하는 데 사용했나요?"
            - "공통의 관심사는 무엇이었나요? 만약 두 사람이 다시 데이트를 하게 된다면 그 정보를 가지고 무엇을 할 수 있나요?"
            - "당신과 당신의 데이트 상대는 좋은 시간을 보냈나요?
        - "데이트 상대로서 좋은 선택인 것 같나요? 당신과 다시 만나 데이트하기에 적합한 사람인 것 같나요?"

3. 또래들끼리 하고 있는 **여러 사람이 하는 대화에 들어가기**를 연습한다(새로운 친구를 사귈 수 있는 곳에서 만
   난 친구와 해도 된다).
   - 치료자: "이번 주 또 다른 과제는 또래들끼리 하고 있는 여러 사람이 하는 대화에 들어가기를 연습하는
     것이었습니다. 이 과제를 한 사람은 손을 들어주세요."
   - 질문
     ○ "어디에서 누구와의 대화에 들어갔나요?"
     ○ "어떤 단계들을 따랐나요?"
        1. **대화를 귀 기울여 듣는다.**
        2. **거리를 두고 지켜본다.**
        3. **소품을 사용한다.**
        4. **주제를 확인한다.**
        5. **공통의 관심사를 찾는다.**
        6. **더 가까이 다가간다.**
        7. **대화가 짧게 멈출 때를 기다린다.**
        8. **주제를 언급한다.**
        9. **관심을 평가한다.**
        10. **자신을 소개한다.**
     ○ "그들이 당신과 이야기를 나누고 싶어 하는 것처럼 보였나요?"
     ○ "그것을 어떻게 알 수 있었나요?"
        - **당신과 이야기를 했나요?**
        - **당신을 쳐다보았나요?**
        - **당신과 마주보고 이야기를 했나요(원을 열었나요)?**
     ○ "대화에서 빠져나왔어야 했나요? 어떤 단계들을 따랐나요?"

표 13.2 대화에서 빠져나오기 위한 단계

전혀 받아들여지지 않았을 때	처음에는 받아들여졌으나 그 이후에 제외되었을 때	완전히 받아들여졌을 때
1. 침착함을 유지한다.	1. 침착함을 유지한다.	1. 대화가 짧게 멈출 때를 기다린다.
2. 다른 곳을 본다.	2. 다른 곳을 본다.	2. 구체적인 꼬리말을 한다.
3. 돌아선다.	3. 대화가 짧게 멈출 때를 기다린다.	3. 나중에 보자고 한다.
4. 다른 곳으로 걸어간다.	4. 짧은 꼬리말을 한다.	4. 작별인사를 한다.
	5. 다른 곳으로 간다.	5. 다른 곳으로 간다.

교육: 데이트 예절—데이트에서 해야 할 것과 하지 말아야 할 것

- 설명: "이전 회기들과 마찬가지로 오늘도 데이트 예절에 대해서 이야기를 나눌 것입니다. 지금까지 우리는
  상대에게 내가 관심이 있다는 것 알리기, 데이트 신청하기 및 성공적인 데이트하기에 대해서 이야기를 나
  누었습니다. 오늘은 데이트할 때 일반적으로 해야 할 것들과 하지 말아야 할 것들, 그리고 데이트 상대의

성적인 압력을 다루는 방법에 대해서 살펴보겠습니다."

- [다음에 제시된 중요 항목과 **볼드체**로 표시된 **우리끼리 단어**를 칠판에 적으면서 **데이트에서 해야 할 것**과 **하지 말아야 할 것** 규칙과 단계를 보여준다. 회기가 끝날 때까지 칠판에 적은 규칙들과 단계를 지우지 않는다. 영어로 된 자료에 익숙하다면 ▶ 표시가 있는 각 역할극에 해당하는 역할극 동영상이 *PEERS*® *Role Play Video Library*(www.routledge.com/cw/laugeson)에 포함되어 있으니 참고해볼 수도 있다.]

데이트에서 해야 할 것

- 설명: "데이트를 할 때는 해야 할 것과 하지 말아야 할 것이 많이 있습니다. 먼저 해야 할 것들에 대해서 이야기해봅시다."

- **데이트는 선택이라는 것을 기억한다.**
  - 설명: "데이트에서 첫 번째 중요한 규칙은 데이트는 선택이라는 것입니다. 우리는 모든 사람과 데이트를 할 수 없으며, 모든 사람이 또한 우리와 데이트할 수도 없습니다."
  - 질문: "우리가 누군가를 좋아한다는 이유만으로 그와 데이트를 해도 되나요?"
    - 대답: 아니요.
  - 질문: "누군가가 우리를 좋아한다는 이유만으로 그 사람과 데이트를 해도 되나요?"
    - 대답: 아니요.
  - 설명: "데이트에서 큰 부분을 차지하는 것은 데이트는 선택이며, 모든 관계가 성공적일 수는 없다는 사실을 기억하는 것입니다. 모든 관계가 성공적일 정도로 쉽다면 지금 모든 사람이 연애를 하고 있을 것입니다."

- **당신이 상대에게 관심이 없다면 그 사람을 보낸다.**
  - 치료자: "데이트의 또 다른 규칙은 당신이 상대에게 관심이 없다면 그 사람을 보내는 것입니다. 상대에게 연애 상대로서 관심이 없는데 그와 계속 데이트를 한다면 무엇이 문제가 될 수 있을까요?"
    - 대답: 그 사람에게 공평한 일이 아닙니다. 그 사람을 속이는 것입니다. 그 사람이 상처를 받을 수 있습니다.
  - 질문: "즉, 그와 친구가 되어서는 안 된다는 의미일까요?"
    - 대답: 꼭 그렇지는 않습니다. 데이트를 하지 않기로 결정하여도 친구가 될 수 있습니다. **우정은 선택**이라는 것을 기억해야 합니다. 당신이 그와 친구가 되고 싶다고 해서 상대도 당신과 꼭 친구가 되고 싶어 하는 것은 아닙니다.

- **상대가 당신에게 관심이 없다면 그 사람을 내버려둔다.**
  - 치료자: "데이트를 할 때 지켜야 하는 또 다른 규칙은 상대가 당신에게 관심이 없다면 그 사람을 내버려두는 것입니다. 당신에게 연애 상대로서 관심이 없는 사람과 데이트를 하려고 한다면 무엇이 문제가 될 수 있을까요?"
    - 대답: 당신이 너무 간절해 보일 수 있습니다. 잘 진행되지 않을 것입니다. 상대가 당신을 무서워할 수 있습니다. 스토커처럼 보일 수 있습니다. 당신이 상처받게 될 것입니다.
  - 질문: "즉, 그와 친구가 되어서는 안 된다는 의미일까요?"
    - 대답: 꼭 그렇지는 않습니다. 데이트를 하지 않기로 결정하여도 친구가 될 수 있습니다. **우정은 선택**이라는 것을 기억해야 합니다. 당신이 그와 친구가 되고 싶다고 해서 상대도 당신과 꼭 친구가 되고

싫어 하는 것은 아닙니다.

● **상대에게 예의를 갖추고 존중하는 태도로 대한다.**

○ 설명: "데이트할 때 지켜야 하는 또 다른 규칙은 상대에게 예의를 갖추고 존중하는 태도로 대하는 것입니다. 상대에게 예의를 갖추고 존중하는 태도로 대하는 것이 중요한 이유는 무엇인가요?"

■ 대답: 당신이 예의 바르지 않거나 상대를 존중하지 않으면 상대가 당신을 싫어하거나 당신과 데이트를 하고 싶어 하지 않을 수 있습니다. 당신이 무례하거나 불친절하다면 좋은 사람으로 보이지 않을 수 있습니다.

○ 질문: "누군가와 데이트를 할 때 어떻게 하면 상대에게 예의를 갖추고 존중하는 태도로 대할 수 있나요?"

■ 대답: 친절하게 대합니다. 상대와 이야기할 때 올바른 말을 사용합니다. 욕이나 비속어를 쓰지 않습니다. 함께 있는 동안 다른 사람들에게도 친절하게 대합니다. **상대를 소홀히 하지 않습니다. 이래라저래라 하지 않습니다. 사사건건 따지지 않습니다.**

● **솔직하고 정직하게 대한다.**

○ 설명: "데이트할 때 지켜야 하는 또 다른 중요한 규칙은 상대에게 솔직하고 정직하게 대하는 것입니다. 데이트를 할 때 솔직하거나 정직하게 대하지 않는다면 무엇이 문제가 될 수 있을까요?"

■ 대답: 당신을 신뢰하지 않을 수 있습니다. 당신을 거짓말쟁이라고 생각할 수 있습니다. 당신과 데이트를 하고 싶어 하지 않을 수 있습니다.

○ 질문: "만약 상대가 자신의 외모, 머리 혹은 옷 스타일에 대해서 물어봤는데 당신은 별로 멋지지 않다고 생각했을 때도 솔직하고 정직해야 하나요?"

■ 대답: 아니요. 이것은 좀 다른 문제입니다. 상대가 상처받을 수 있습니다. 무례한 행동입니다.

○ 질문: "만약 상대가 자신에 대해서 어떻게 생각하냐고 물어보거나, 당신이 현재 만나는 사람이 있는지 물어본다면 솔직하고 정직해야 하나요?"

■ 대답: 예. 당신이 그를 어떻게 생각하는지, 그리고 현재 만나는 사람이 있는지에 대해서는 솔직해야 합니다. 만약 다른 사람을 만나고 있다면 이에 대해서는 거짓말하면 안 됩니다.

○ 설명: "현재 만나는 사람이 있는지 혹은 없는지를 솔직하게 말한다면 상대가 오해를 하거나 마음이 상하는 것을 피할 수 있습니다. 솔직하고 정직하고자 한다면, 무엇을 상대에게 알려주어야 적절한지 결정하는 것을 여러분의 사회성 코치들이 도와주어야 할 수도 있습니다."

● **연락을 유지한다.**

○ 치료자: "만약 당신이 상대를 좋아한다면, 데이트할 때 따라야 하는 또 다른 중요한 규칙은 그 사람과 계속 연락을 유지하는 것입니다. 누군가를 좋아할 때 그 사람과 연락을 유지하는 것이 중요한 이유는 무엇일까요?"

■ 대답: 연락하는 것은 당신이 그를 좋아한다는 것을 보여주는 것이기 때문입니다. 그 사람이 계속 관심을 갖게 할 수 있습니다. 예의 바르게 대하고 존중하는 것입니다.

○ 질문: "상대를 좋아함에도 불구하고 계속 연락하지 않으면 무엇이 문제가 될 수 있을까요?"

■ 대답: 당신이 그 사람에게 관심이 없는 것처럼 보일 수 있습니다. 그의 마음이 상할 수 있습니다. 당신이 연애 선수 같이 행동한다고 생각할 수 있습니다. 당신에게 관심을 잃을 수 있습니다. 더 이상 당신과 데이트를 하고 싶어 하지 않을 수 있습니다.

- ○ 질문: "즉, 상대방에게 10분마다 연락하라는 의미인가요?"
  - 대답: 아니요. 10분마다 연락하면 상대가 당신을 무서워할 수 있습니다.
- ○ 질문: "누군가를 좋아한다면 얼마나 자주 연락하는 것이 적절할까요?"
  - 대답: 관계가 어떤 단계에 있는지에 따라 다릅니다. 커플이 아직 아닌 단계라면 대부분 일주일에 적어도 몇 번은 연락합니다. 진지한 관계라면 보통 매일 연락합니다.
- ○ 치료자: "누군가를 좋아하지만 이유 없이 연락하지 않는 것을 은어로 '잠수를 탄다'라고 합니다. 이유 없이 연락하지 않는, 즉 잠수를 타는 이유는 무엇일까요?"
  - 대답: 데이트 상대에게 상처를 받아서 연락을 하지 않을 수 있습니다. 게임을 하느라 너무 바빠서 데이트 상대에게 연락하는 것을 잊어버릴 수 있습니다.
- ○ 질문: "이유 없이 연락하지 않으면, 즉 잠수를 타면 무엇이 문제가 될 수 있을까요?"
  - 대답: 당신이 무심하다고 생각할 수 있습니다. 데이트 상대의 입장을 고려하는 것이 아닙니다. 당신에게 관심이 식어버릴 수 있습니다.
- ○ 설명: "얼마나 자주 연락해야 하는지 결정하는 것을 여러분의 사회성 코치들이 도와주어야 할 수도 있습니다."
- **신체 접촉을 하기 전에는 허락을 받는다.**
  - ○ 치료자: "11회기에서도 언급하였듯이 데이트 상대에게 포옹이나 키스 등 신체 접촉을 하기 전에 위험을 최소화할 수 있는 방법은 어떠한 신체 접촉을 하든지 간에 허락을 받는 것입니다. 어떻게 말할 수 있을까요?"
    - 예: "안아도 될까?"
    - 예: "키스해도 될까?"
  - ○ 설명: "상대가 당신을 좋아한다면, 기꺼이 '그래.'라고 대답할 것입니다. 하지만 상대가 당신을 좋아하지 않는다면, 신체 접촉을 하기 전에 허락을 구한 걸 다행으로 여겨야 할 것입니다."

데이트에서 하지 말아야 할 것

- 설명: "데이트에서 해야 할 것이 많은 것처럼 하지 말아야 할 것 또한 많이 있습니다."
- **처음부터 너무 개인적이 되지 않는다.**
  - ○ 설명: "누군가와 처음 데이트를 할 때는 처음부터 너무 개인적이 되지 않는 것이 중요합니다. 즉, 처음부터 개인적인 질문을 너무 많이 한다거나 당신의 개인적인 정보를 너무 많이 공유하지 말라는 것입니다."
  - ○ **처음부터 개인적인 질문을 너무 많이 하지 않는다.**
    - 질문: "처음부터 개인적인 질문을 너무 많이 하면 무엇이 문제가 될 수 있을까요?"
      - □ 대답: 상대를 불편하게 만들 수 있습니다. 당신과 다시 데이트를 하고 싶어 하지 않을 수 있습니다.
  - ○ **처음부터 개인적인 정보를 너무 많이 공유하지 않는다.**
    - 질문: "처음부터 개인적인 정보를 너무 많이 공유하면 무엇이 문제가 될 수 있을까요?"
      - □ 대답: 상대를 불편하게 만들 수 있습니다. 처음부터 너무 빨리 많은 것을 알게 되는 것입니다. 당신과 다시 데이트를 하고 싶어 하지 않을 수 있습니다.
  - ○ **질병을 갖고 있다면 처음에는 밝히지 않는다.**

- 질문: "처음에는 우리가 받았던 진단이나 의학적인 병력을 알려야 할까요? 그리고 만약 공유한다면 무엇이 문제가 될 수 있을까요?"
  - □ 대답: 아니요. 데이트 상대가 불편하게 느낄 수 있습니다. 그렇게 하는 것은 너무 빨리 너무 많은 정보를 공유하게 되는 것입니다. 상대가 당신을 부담스러워할 수 있습니다. 당신과 다시 데이트를 하고 싶어 하지 않을 수 있습니다.

- **처음부터 과거의 연애 경력에 대해서 이야기하지 않는다.**
  - ○ 설명: "데이트에서 하지 말아야 할 또 다른 중요한 규칙은 처음부터 과거의 연애 경력에 대해서 이야기하지 않는 것입니다. 즉, 누군가와 데이트하기 시작할 때는 상대에게 당신이 연애 경험이 부족한 것에 대해서 이야기한다거나 예전에 사귀었던 사람들에 대해서 이야기하지 않아야 한다는 뜻입니다."
  - ○ **처음부터 연애 경험이 부족했던 것을 이야기하지 않는다.**
    - 질문: "처음부터 당신이 연애 경험이 부족하다는 이야기를 하면 무엇이 문제가 될 수 있을까요?"
      - □ 대답: 상대를 불편하게 만들 수 있습니다. 상대가 당신을 부담스러워할 수 있습니다. 그 사람에게 큰 부담으로 느껴질 수 있습니다. 당신과 다시 데이트를 하고 싶어 하지 않을 수 있습니다.
    - 질문: "누군가와 처음 데이트를 하는 것이라면 이것을 바로 말하는 것이 좋을까요? 바로 말한다면 무엇이 문제가 될 수 있을까요?"
      - □ 대답: 아니요. 그 사람에게 큰 부담으로 느껴질 수 있습니다. 그 사람에게 큰 압박이 될 수 있습니다. 상대를 불편하게 만들 수 있습니다.
    - 질문: "데이트를 여러 번 한 이후에 그 사람에게 누군가와 처음 데이트를 한 것이라고 말해도 되나요?"
      - □ 대답: 예. 연인관계라면 말을 해도 됩니다.
  - ○ **처음부터 과거의 좋지 않았던 연애 경험에 관해 이야기하지 않는다.**
    - 질문: "처음부터 과거의 좋지 않았던 연애 경험에 관해 이야기하면 무엇이 문제가 될 수 있을까요?"
      - □ 대답: 데이트 상대를 불편하게 만들 수 있습니다. 처음부터 너무 빨리 많은 것을 알게 되는 것입니다. 당신을 부담스러워할 수 있습니다. 당신과 다시 데이트를 하고 싶어 하지 않을 수 있습니다.
  - ○ **처음부터 과거의 연인에 대해서 이야기하지 않는다.**
    - 질문: "처음부터 과거의 연인에 대해서 이야기를 하거나 연애 경력에 대해서 이야기한다면 무엇이 문제가 될 수 있을까요?"
      - □ 대답: 과거의 연인을 잊지 못한 것처럼 보일 수 있습니다. 상대가 질투를 할 수 있습니다. 당신에게 관심을 잃을 수 있습니다. 당신과 다시 데이트를 하고 싶어 하지 않을 수 있습니다.
    - 질문: "만약 데이트 상대가 당신의 연애 경력에 대해서 물어본다면 어떻게 해야 할까요?"
      - □ 대답: 질문에 솔직하고 정직하게 대답합니다. 그러나 최대한 짧게 대답한 다음 대화의 주제를 바꿉니다.
    - 질문: "데이트를 꽤 여러 번 했다면 당신의 연애 경력에 대해서 조금 더 알려줘도 되나요?"
      - □ 대답: 예. 연인관계가 된 상태라면 그래도 됩니다.

- **처음부터 당신의 감정에 대해서 이야기하지 않는다.**
  - ○ 치료자: "데이트에서 하지 말아야 할 또 다른 규칙은 처음부터 당신의 감정에 대해서 이야기하지 않는 것입니다. 당신의 감정에 대해서 바로 이야기를 한다면 무엇이 문제가 될 수 있을까요?"

- 대답: 상대가 당신을 무서워할 수 있습니다. 너무 부담스럽게 다가온다고 생각할 수 있습니다. 당신과 다시 데이트를 하고 싶어 하지 않을 수 있습니다.
  - ○ 질문: "만약 당신이 그를 정말 좋아하고 항상 그를 생각한다면 어떻게 해야 할까요? 이것을 말해야 할까요? 이것을 말한다면 무엇이 문제가 될 수 있을까요?"
    - 대답: 아니요. 상대가 당신을 무서워할 수 있습니다. 당신이 스토커라고 생각할 수 있습니다. 당신과 다시 데이트를 하고 싶어 하지 않을 수 있습니다.
  - ○ 질문: "그와 몇 번 데이트를 한 이후에 그에게 당신의 감정에 대해서 더 말해줘도 되나요?"
    - 대답: 예.
  - ○ 설명: "대부분의 사람들은 적어도 3~4번 데이트를 하기 전까지는 자신의 감정에 대해서 이야기하지 않습니다. 어떤 사람들은 자신의 감정에 대해서 아주 드물게 이야기하거나 혹은 전혀 이야기하지 않기도 합니다. 사회성 코치로서 당신은 성인들이 언제 자신의 감정에 대해 이야기하는 것이 적절한지 결정하는 것을 도울 수 있습니다."

- ● **관계를 진전시키려고 서두르지 않는다.**
  - ○ 치료자: "누군가와 처음 데이트를 시작할 때 또 중요한 것은 관계를 진전시키려고 서두르지 않는 것입니다. 관계를 진전시키려고 서둔다는 것은 무슨 뜻일까요?"
    - 대답: 너무 빨리 다가가는 것을 말합니다. 자신의 감정에 대해서 너무 일찍 이야기하는 것입니다. 둘 사이의 관계에 대해 이야기하지 않은 상태에서 서로를 특별한 관계라고/연인이라고 가정하는 것입니다.
  - ○ 질문: "관계를 진전시키려고 서두르면 무엇이 문제가 될 수 있을까요?"
    - 대답: 진전시키려고 서두르면 상대가 당신을 무서워할 수 있습니다. 상대가 당신에 대한 관심이 식어버릴 수도 있습니다.
  - ○ 설명: "모든 연인관계는 각각 다른 속도로 진전되기 때문에 침착함을 유지하고 관계를 진전시키려고 서두르지 않도록 주의할 필요가 있습니다."

- ● **커플이라고 가정하지 않는다.**
  - ○ 질문: "누군가와 몇 번 데이트를 했다고 해서 그와 커플이라고 생각해도 된다는 뜻일까요? 그리고 커플이라고 가정한다면 무엇이 문제가 될 수 있을까요?"
    - 대답: 아니요. 상대가 무서워할 수 있습니다. 당신이 너무 부담스럽게 다가가는 것처럼 보일 수 있습니다. 서로 오해하게 될 수 있습니다.
  - ○ 질문: "우리나라에서는 커플이 되기 전에 '썸을 탄다'라는 표현이 있습니다. 썸이란 무엇인가요? 이때는 서로 커플이라고 해도 되나요?"
    - 대답: 썸을 탄다는 것은 커플이 되기 전에 서로에게 관심이 있는 단계를 말합니다. 커플인지를 서로 확신하지 못하는 상태에서 데이트를 하는 단계를 말합니다. 이 단계에서는 아직 커플이라고 할 수 없습니다.
  - ○ 질문: "그렇다면 커플이 되었다는 것을 어떻게 알 수 있나요?"
    - 대답: 보통은 당신과 상대방이 서로 특별한 관계라는, 즉 다른 사람은 만나지 않기로 하는 대화를 하게 됩니다.
  - ○ 질문: "서로 커플이 된다는 것을 확인할 수 있는 대화에는 어떤 것들이 있을까요?"

- 예시: "우리 사귈래?"
- 예시: "우리 진지하게 만나볼래요?"

○ 설명: "서로 커플이 된다는 것을 확인하는 대화를 할 때 상대방이 동의해야만 커플이 되는 것입니다."

○ 질문: "커플이 되는 것에 대한 대화를 언제 하는 것이 적절할까요?"

- 대답: 관계에 따라서 다르지만 대부분 커플이 되기로 결정하기 전에 몇 번 데이트를 합니다.

○ 설명: "데이트 상대와 특별한 관계가 되거나 다른 사람을 만나지 않기로 하는 대화를 언제 할지 결정하는 것을 여러분의 사회성 코치들이 도와주어야 할 수도 있습니다. 또한 커플이 된다는 것은 한 사람이 정하는 것이 아니라 서로가 동의했을 때 결정된다는 것을 꼭 기억해야 합니다."

● **둘 사이의 개인적인 일들을 퍼트리지 않는다.**

○ 치료자: "또 다른 데이트의 규칙은 둘 사이의 개인적인 일들을 퍼트리지 않는 것입니다. 둘 사이의 개인적인 일들을 퍼트리는 것은 무슨 뜻일까요?

- 대답: 둘 사이에서 일어났던 개인적인 일들을 다른 사람에게 이야기하는 것을 뜻합니다. 보통은 둘 사이의 신체적 관계에 대한 자세한 이야기를 다른 사람에게 하는 것을 의미할 때가 많습니다.

○ 질문: "둘 사이의 개인적인 일들을 퍼트린다면 무엇이 문제가 될 수 있을까요?"

- 대답: 둘 사이의 개인적인 일들을 퍼트리는 것은 데이트 상대에 대한 예의가 아닙니다. 매우 개인적인 정보입니다. 둘 사이의 개인적인 일들을 퍼트린다면 당신과 다시 데이트를 하고 싶어 하지 않을 수 있습니다.

● **연애 선수가 되지 않는다.**

○ 치료자: "데이트에서 하지 말아야 할 또 다른 규칙은 연애 선수가 되지 않는 것입니다. 연애 선수가 된다는 것은 무슨 뜻일까요?

- 대답: 데이트 상대를 가지고 노는 것입니다. 상대가 모르게 다른 여러 사람과 데이트를 하는 것을 말합니다.

○ 질문: "연애 선수가 된다면 무엇이 문제가 될 수 있을까요?"

- 대답: 당신과 데이트하는 사람들에게 예의가 아닙니다. 당신이 다른 사람들과 데이트를 하고 있다는 것을 모른다면 그들에게 예의가 아닙니다. 그들이 상처를 받을 수 있습니다. 당신은 나쁜 평판을 얻을 수 있습니다.

○ 질문: "즉, 동시에 여러 사람과 데이트를 하면 안 된다는 뜻인가요?"

- 대답: 아니요. 그러나 커플이 되려는 대화를 하고 난 뒤라면 그렇게 해서는 안 됩니다.

○ 설명: "동시에 여러 사람과 데이트를 하는 것은 본인의 선택이지만, 누군가와 진지하게 만나려고 한다면 다른 사람을 만나는 것은 위험합니다."

● **상대에게 압박을 주지 않는다.**

○ 치료자: "데이트에서 하지 말아야 할 또 다른 규칙은 데이트하는 상대에게 압박을 주지 않는 것입니다. 상대에게 압박을 준다는 것은 무엇을 의미하나요?"

- 대답: 상대가 하고 싶지 않아 하는 것을 강압적으로 하게끔 만드는 것을 뜻합니다. 상대는 준비가 되지 않았는데 진지한 관계를 갖자고 하는 것입니다. 상대가 불편해함에도 불구하고 신체 관계를 하려고 하는 것입니다.

○ 질문: "상대가 준비되지 않은 상태에서 사귀자고 강요하거나 신체적인 관계를 하려고 한다면 무엇이 문

제가 될 수 있을까요?"

- 대답: 상대방을 불편하게 만들 수 있습니다. 상대방의 의견을 존중하지 않는 것입니다. 당신이 그를 통제하려고 하거나 너무 절박한 것처럼 보일 수 있습니다. 당신과 데이트를 하고 싶어 하지 않을 수 있습니다.
  - 설명: "데이트는 선택이라는 것을 기억해야 합니다. 당신이 상대와의 연애로부터 무엇인가를 원한다고 해서 그 사람 또한 같은 것을 원하는 것은 아닙니다. 그것은 그 사람의 선택입니다."
- **어딘가에 무분별하게 연애 기록을 남기지 않는다.**
  - 치료자: "데이트에서 하지 말아야 할 또 다른 규칙은 어딘가에 무분별하게 연애 기록을 남기지 않는 것입니다. 이것은 누드 사진 혹은 성관계 동영상을 찍거나, 커플 문신을 하지 말라는 의미입니다. 누드 사진 혹은 동영상을 찍거나 커플 문신을 한다면 무엇이 문제가 될 수 있을까요?"
    - 대답: 돌이킬 수 없는 일이 될 가능성이 많습니다. 데이트 상대와 헤어진다면 문제가 될 수 있습니다. 다음에 만나게 될 수도 있는 다른 데이트 상대가 싫어할 수 있습니다.
  - 치료자: "그렇다면 페이스북 혹은 인스타그램 등의 소셜네트워킹사이트에 커플 사진을 올리는 것도 하지 말아야 하나요?"
    - 대답: 아니요. 페이스북 혹은 인스타그램 등의 소셜네트워킹사이트에 커플 사진을 올리는 것은 괜찮습니다. 하지만 이때도 역시 모든 사람이 보아도 되는 사진만을 올려야 한다는 것을 기억해야 합니다.

데이트 상대의 성적인 압박 다루기

- 설명: "데이트 규칙 중 하나가 데이트 상대에게 압박을 주지 않는 것이기는 하지만, 그렇다고 해서 이런 일이 일어나지 않을 것이라는 보장은 없습니다. 사람들은 때로 성적인 제안을 하기도 하며, 상대가 하기 싫거나 준비되지 않은 것들을 하려고 압박을 주기도 합니다. 이런 일이 일어났을 때 데이트 상대의 성적인 압박을 다루기 위한 매우 구체적인 단계들이 있습니다."

부적절한 역할극: 데이트 상대의 성적인 압박 다루기 ▶

[보조 치료자 2명이 **데이트 상대의 성적인 압박 다루기**의 부적절한 역할극을 보여준다. 보조 치료자가 한 명뿐이라면 집단 치료자가 다른 보조 치료자의 역할을 대신할 수 있다.]

- 치료자: "이제부터 역할극을 보여줄 것입니다. 잘 보고 (보조 치료자 2의 이름)이/가 데이트 상대의 성적인 압박을 다루면서 무엇을 잘못했는지 이야기해주세요."

부적절한 역할극의 예

- 보조 치료자 1: "오늘 같이 시간을 보낼 수 있어서 정말 좋았어. 내가 저녁을 대접할 수 있게 이렇게 와줘서 고마워."
- 보조 치료자 2: "응, 나도 재미있었어."
- 보조 치료자 1: (잠시 기다리고) "그냥 궁금해서 그러는데 …… 시간도 늦었는데 그냥 우리 집에서 자고 가지 않을래?"
- 보조 치료자 2: (놀라서, 과하게 행동하며) "뭐? 집에 가지 말고 너랑 밤새 있으라고? 어떻게 그런 걸

> 물어볼 수 있어? 우리 사귄 지 아직 두 달밖에 안 됐어!"
>
> ○ 보조 치료자 1: (당황해하며, 미안한 말투로) "미안해. 너를 불쾌하게 할 생각은 없었어. 그냥 시간도 늦었고 집까지 가려면 네가 피곤해할 것 같아서."
>
> ○ 보조 치료자 2: (과하게 행동하며) "세상에 나한테 그런 걸 물어보다니 믿을 수 없어! 나 갈게!" (자리를 박차며 떠난다.)
>
> ○ 보조 치료자 1: (놀라고, 혼란스러워하며)

- 치료자: "자, 여기까지입니다. (보조 치료자 2의 이름)이/가 데이트 상대의 성적인 압박을 다루면서 무엇을 잘못했지요?"
  - 대답: 화를 내고 흥분했습니다. 데이트 상대에게 소리를 질렀습니다. 자리를 박차고 나갔습니다.
- 다음과 같은 **조망 수용 질문**을 한다.
  - "(보조 치료자 1의 이름)이/가 어떤 기분이었을 것 같나요?"
    - 대답: 혼란스럽습니다. 기분이 상합니다. 놀랐습니다. 화가 납니다.
  - "(보조 치료자 1의 이름)이/가 (보조 치료자 2의 이름)에 대해서 어떻게 생각했을 것 같나요?"
    - 대답: 예측할 수 없는 사람입니다. 너무 과하게 행동합니다.
  - "(보조 치료자 1의 이름)이/가 (보조 치료자 2의 이름)와/과 다시 데이트를 하고 싶어 할 것 같나요?"
    - 대답: 아니요. 아마도 그럴 것 같지 않습니다.
- 보조 치료자 1에게 **조망 수용 질문**을 한다.
  - "어떤 기분이 들었나요?"
  - "(보조 치료자 2의 이름)에 대해서 어떻게 생각했나요?"
  - "(보조 치료자 2의 이름)와/과 다시 데이트를 하고 싶나요?"

데이트 상대의 성적인 압박을 다루기 위한 단계

- 설명: "화를 내며 침착함을 잃는 것보다는 데이트 상대가 성적인 관계를 제안하거나 당신이 원하지 않는 것을 하자고 압박을 준다면 따라야 할 매우 구체적인 단계들이 있습니다."

1. 침착함을 유지한다.

- 치료자: "데이트 상대의 성적인 압박을 다루기 위한 첫 번째 단계는 침착함을 유지하는 것입니다. 침착함을 유지한다는 것은 무슨 뜻이며, 이것이 중요한 이유는 무엇인가요?"
  - 대답: 마음을 진정하고, 화내거나 흥분하지 말라는 뜻입니다. 화를 낸다면 상황을 더 나쁘게 할 수 있으며 점점 더 서로의 감정을 상하게 할 수 있습니다.
- 설명: "당신이 데이트 상대를 좋아하지만 그가 당신이 준비가 되기도 전에 조금 더 많은 신체적인 관계를 가지려고 한다면 간단한 대화를 통해서 문제를 해결할 수도 있습니다. 그가 당신에게 압박을 주기 위한 의도가 아닐 수 있기 때문에 침착함을 유지하는 것부터 시작합니다."

2. 상대에게 당신이 무엇을 하고 싶지 않은지 말한다.

- 치료자: "데이트 상대의 성적인 압박을 다루기 위한 다음 단계는 그에게 당신은 무엇을 하고 싶지 않은지 말하는 것입니다. 이것은 당신이 그와의 관계를 유지하고 싶거나 유지하고 싶지 않은 것과는 관계가

없습니다. 당신이 무엇을 하고 싶지 않은지를 분명하게 말하는 것이 중요한 이유는 무엇일까요?"

   ○ 대답: 당신이 성적으로 무엇을 하고 싶고 무엇을 하고 싶지 않은지는 당신의 선택입니다. 상대에게 당신이 무엇을 하고 싶지 않은지 말을 하지 않는다면 그 사람은 잘 모를 수 있습니다. 상대는 당신의 마음을 읽을 수 없습니다.

- 질문: "상대에게 당신은 무엇을 하고 싶지 않은지 어떻게 말할 수 있을까요?"
  - 예시: "나는 (특정 행동)을/를 하고 싶지 않아."
  - 예시: "나는 (특정 행동)을/를 하는 것이 편하지 않아."
  - 예시: "저는 (특정 행동)을/를 별로 좋아하지 않아요."
- 질문: "만약 상대가 제안하는 것을 지금 당장 할 준비가 안 된 것일 뿐 나중에는 할 수도 있다고 생각한다면 어떻게 말할 수 있을까요?"
  - 예시: "나는 아직 신체적인 관계를 가질 준비가 되지 않았어."
  - 예시: "지금은 (특정 행동)을/를 하는 것이 편하지 않아."
  - 예시: "저는 아직 다음 단계로 넘어가는 것이 조금 빠른 것 같아요."

3. 거절하는 이유를 말한다.

- 치료자: "만약 당신이 상대를 좋아하고 그와의 관계를 유지하고 싶은 상태라면, 데이트 상대의 성적인 압박을 다루는 다음 단계는 거절하는 이유를 말해주는 것입니다. 거절하는 이유를 말하는 것은 무슨 뜻일까요?"
  - 대답: 거절하는 이유란 당신이 무엇을 하고 무엇을 하지 않는지에 대해 이유를 말해주는 것을 말합니다.
- 질문: "데이트 상대와 조금 더 신체적인 관계를 가질 준비가 되지 않았다는 것을 알려주는 말 또는 이유에는 어떤 것들이 있을까요?"
  - 예시: "난 아직 너에 대해서 충분히 잘 알지 못해."
  - 예시: "지금 관계를 하기엔 아직 준비가 되지 않았어."
  - 예시: "조금 천천히 관계를 진전시켰으면 좋겠어요."
- 질문: "만약 데이트 상대가 제안한 것이 앞으로도 절대로 편해지지 않을 것 같다면 이에 대해서 말을 해야 하나요?"
  - 대답: 예.
- 질문: "만약 데이트 상대가 마음에 들지 않거나 그와의 관계를 유지하는 것에 관심이 없다면 제안을 거절하는 이유를 말해주어야 하나요?"
  - 대답: 아니요.

4. '나' 전달법을 사용하여 당신이 느끼는 것을 말한다.

- 설명: "데이트 상대의 성적인 압박을 다루기 위한 다음 단계는 '나' 전달법을 사용하여 당신이 느끼는 것을 말하는 것입니다. 여기에는 상대에게 무엇을 원하는지, 혹은 앞으로 관계를 진행하기 위해 무엇을 하고 싶은지 말하는 것입니다."
- 질문: "'나' 전달법이란 무엇인가요?"
  - 대답: "나는 …… 생각해." 혹은 "나는 …… (이)라고 느껴."와 같이 자기 자신을 주어로 시작하는 문

장을 말합니다.

- 질문: '너' 전달법이란 무엇인가요?"
  - 대답: "너는 …… 했어." 혹은 "너는 나를 ……(이)라고 느끼게 만들어."와 같이 상대를 주어로 시작하는 문장을 말합니다.
- 질문: "당신의 감정이나 생각을 전달하려고 할 때 '나' 전달법 대신 '너' 전달법을 쓴다면 무엇이 문제가 될 수 있을까요?"
  - 대답: '너' 전달법을 사용하면 사람들은 방어적이 됩니다. '나' 전달법은 자신의 감정에 초점을 두고 상대를 탓하지 않기 때문에 덜 공격적입니다.
- 질문: "만약 데이트 상대로부터 성적인 압박을 느낄 때 사용할 수 있는 '나' 전달법의 예로는 어떤 것들이 있을까요?"
  - 예시: "나는 너를 좋아하지만 아직 시간이 좀 필요해."
  - 예시: "나는 우리 관계를 조금 천천히 진전시키고 싶어."
  - 예시: "저는 당신을 알아가는 데 아직 시간이 좀 더 필요한 것 같아요."
- 질문: "만약 '나' 전달법을 사용하여 당신이 어떤 기분인지 이야기한다면 자신감 있게 말해야 하나요? 자신감 있게 말하는 것이 중요한 이유는 무엇인가요?"
  - 대답: 예. 그래야 당신이 하는 말이 무엇을 의미하는지 상대가 알 수 있기 때문입니다.

5. 주제를 바꾼다.

- 치료자: "만약 당신이 데이트 상대를 좋아하고 관계를 끝내기보다는 천천히 진전시키고 싶다면 다음 단계는 주제를 바꾸려고 시도하는 것입니다. 주제를 바꾼다는 것은 무엇을 의미하나요?"
  - 대답: 무언가 다른 것에 대해서 이야기하는 것입니다. 무언가 다른 것을 하는 것입니다. 대화의 초점을 바꾸는 것입니다.
- 질문: "그 사람을 좋아한다면 대화의 주제를 바꾸는 것이 좋은 이유는 무엇일까요?"
  - 대답: 대화의 주제를 바꾸면 어색한 상황으로부터 벗어날 수 있기 때문입니다.

6. (그래도 압박을 느낀다면) 꼬리말을 하고 떠난다.

- 치료자: "그래도 아직 성적인 압박을 느끼거나 함께 있는 자리가 불편하게 느껴진다면 상대와 계속 같이 있어야 하나요?"
  - 대답: 아니요. 절대로 아닙니다.
- 질문: "함께 있는 것이 불편하다면 어떻게 해야 하나요?"
  - 대답: 꼬리말을 하고 떠납니다.
- 설명: "불편한 상황에 놓이게 되거나 하고 싶지 않은 것을 해야 할 것 같은 압박을 느낀다면 떠나기 위한 꼬리말을 하면서 그 상황에서 빠져나와도 됩니다."
- 질문: "그 상황에서 어떻게 빠져나올 수 있을까요?"
  - 대답: 집까지 운전해서 간다. 친구, 가족 혹은 사회성 코치에게 전화해서 데려와 달라고 한다. 택시를 부른다. 교통수단을 사용한다. 집이 멀지 않다면 걸어간다.

7. 데이트를 하는 것은 선택이라는 것을 기억한다.

- 설명: "마지막으로 데이트를 하는 것은 선택이라는 것을 기억해야 합니다. 만약 당신이 원치 않는 것을

데이트 상대가 하고 싶어 하거나, 당신에게 계속 압박을 준다면, 그가 당신에게 좋은 선택이 아니라는 것을 의미할 수도 있습니다."

적절한 역할극: 데이트 상대의 성적인 압박 다루기 ▶

[보조 치료자 2명이 **데이트 상대의 성적인 압박 다루기**의 적절한 역할극을 보여준다. 보조 치료자가 한 명뿐이라면 집단 치료자가 다른 보조 치료자의 역할을 대신할 수 있다.]

● 치료자: "이제부터 또 다른 역할극을 보여줄 것입니다. 잘 보고 (보조 치료자 2의 이름)이/가 데이트 상대의 성적인 압박을 다루면서 무엇을 잘했는지 이야기해주세요."

적절한 역할극의 예

○ 보조 치료자 1: "오늘 같이 시간을 보낼 수 있어서 정말 좋았어. 내가 저녁을 대접할 수 있게 이렇게 와줘서 고마워."

○ 보조 치료자 2: "응, 나도 재미있었어."

○ 보조 치료자 1: (잠시 기다리고) "그냥 궁금해서 그러는데 …… 시간도 늦었는데 그냥 우리 집에서 자고 가지 않을래?"

○ 보조 치료자 2: (침착하고, 명확하게) "음… 그런데 아직 나는 너랑 같이 밤을 보내는 것이 편하지 않아."

○ 보조 치료자 1: (자연스럽게) "알겠어, 그래, 그럼."

○ 보조 치료자 2: (침착하고, 친절하게) "나는 그냥 관계를 조금 천천히 진전시켰으면 좋겠어. 너를 알아가는 데 아직 시간이 조금 더 필요한 것 같아."

○ 보조 치료자 1: (안심시키며) "응, 좋아. 이해해."

○ 보조 치료자 2: (친절하게) "고마워." (잠시 기다리고) "저녁 정말 맛있었어. 요리 정말 잘한다!"

○ 보조 치료자 1: (웃으면서) "고마워! 네가 좋았다니 다행이야."

○ 보조 치료자 2: (친절하게) "응, 정말 맛있었어! 어떻게 이렇게 요리를 잘해?"

● 치료자: "자, 여기까지입니다. (보조 치료자 2의 이름)이/가 데이트 상대의 성적인 압박을 다루면서 무엇을 잘했지요?"

○ 대답: **침착함을 유지했습니다. 상대에게 무엇을 하고 싶지 않은지 말했습니다. 거절하는 이유를 말했습니다. '나' 전달법을 사용했습니다. 대화의 주제를 바꿨습니다.**

● 다음과 같은 **조망 수용 질문**을 한다.

○ "(보조 치료자 1의 이름)이/가 어떤 기분이었을 것 같나요?"

■ 대답: 괜찮습니다.

○ "(보조 치료자 1의 이름)이/가 (보조 치료자 2의 이름)에 대해서 어떻게 생각했을 것 같나요?"

■ 대답: 자기 생각을 분명히 표현합니다. 주관이 있습니다. 솔직합니다.

○ "(보조 치료자 1의 이름)이/가 (보조 치료자 2의 이름)와/과 다시 데이트를 하고 싶어 할 것 같나요?"

■ 대답: 예.

● 보조 치료자 1에게 **조망 수용 질문**을 한다.

○ "어떤 기분이 들었나요?"

○ "(보조 치료자 2의 이름)에 대해서 어떻게 생각했나요?"

○ "(보조 치료자 2의 이름)와/과 다시 데이트를 하고 싶나요?"

행동 연습: 데이트 상대의 성적인 압박 다루기

● 설명: "이제부터 여러분이 방금 봤던 예시를 사용하여 보조 치료자 한 명과 데이트 상대의 성적인 압박 다루기를 연습할 것입니다."

● 각각의 성인이 역할극에서 보여줬던 같은 예시를 사용하여 보조 치료자 한 명과 **데이트 상대의 성적인 압박 다루기**를 연습할 수 있게 한다.

○ 성인들이 함께 연습할 수 있도록 적어도 한 명의 남성 보조 치료자와 한 명의 여성 보조 치료자가 있도록 한다.

○ 보조 치료자가 1명뿐이라면 집단 치료자가 없는 성별의 보조 치료자 역할을 대신할 수 있다.

○ 질문: "당신은 (여성 보조 치료자의 이름)와/과 (남성 보조 치료자의 이름) 중에서 누구와 연습하는 것이 더 편할 것 같습니까?"

● 보조 치료자가 앞에서 본 역할극에 나왔던 것처럼 함께 밤을 보내자고 제안하는 것을 연기할 것이라고 성인에게 알려준다. 성인은 그 제안을 받아들이고 싶지 않은 상황임을 가정하고 **데이트 상대의 성적인 압박 다루기** 단계를 따르는 연습을 해야 한다.

● 보조 치료자가 다음과 같이 말하며 역할극을 시작한다. "그냥 궁금해서 그러는데 …… 시간도 늦었는데 그냥 우리 집에서 자고 가지 않을래?"

● 성인들이 **데이트 상대의 성적인 압박 다루기**의 단계별 사항을 수행하는 동안에 칠판을 보도록 격려한다.

○ 성인들이 연습하는 동안 특정 단계를 짚어 주어야 할 수도 있다.

○ 성인들이 행동 연습을 하는 동안에는 중간에 멈추지 않도록 한다.

● 필요하다면 상황에 맞게 **사회성 코칭**을 제공하고 일어날 수 있는 문제점의 **해결책**을 논의한다.

● 각각의 성인이 연습을 끝낼 때마다 박수를 쳐준다.

행동 연습

함께 어울리기

필요한 자료

- 실내 게임(예: 비디오 게임, 카드 게임, 보드 게임)
  - 비디오 게임을 선택권으로 제공하고자 한다면 모든 집단원이 동시에 가지고 놀 수 있도록 여러 개의 게임용 콘솔을 준비한다.
  - 휴대용의 조그마한 게임용 장치를 사용하면 순서를 기다리는 사람들은 지루해할 수 있기 때문에 이것은 사용하지 않는다.
  - 다른 게임들을 가지고 있지 않다면 카드 몇 팩을 가지고 오는 것만으로도 충분하다.
- 선택사항: 유튜브 동영상을 볼 수 있는 아이패드나 휴대용 컴퓨터, 인터넷 서핑, 컴퓨터 게임
  - 아이패드나 휴대용 컴퓨터를 선택권에 포함하고자 한다면 모든 집단원이 동시에 가지고 놀 수 있도록 여러 개를 준비한다.
- [주: PEERS® 프로그램을 진행하는 곳에서 게임기, 아이패드, 휴대용 컴퓨터와 같이 값비싼 물품을 구비하기는 대체로 어렵다. **활동에 바탕을 둔 함께 어울리기**를 진행하기 위해서는 몇 가지 카드 게임을 준비하는 정도면 충분하다.]

행동 연습

- 성인들에게 **함께 어울리기**를 연습한다고 알린다.
  - 주: 성인들은 더 이상 **함께 어울리기 시작하고 마무리하기**를 연습하지 않을 것이다.
- 성인들을 작은 집단으로 나눈다.
- 각각의 성인이 단계를 따르면서 **함께 어울리는 동안**에 어떻게 행동해야 하는지를 연습하게 한다.
  - **정보를 교환한다.**
  - **공통의 관심사를 찾는다.**
  - 치료팀이 제공하는 게임 및 아이템을 가지고 논다(예: 비디오 게임, 카드 게임, 보드 게임, 아이패드, 컴퓨터 등)
- 필요에 따라 친구를 만들고 그 관계를 유지하기 위한 규칙에 관한 **사회성 코칭**을 제공한다.

다시 만나기

- 성인들에게 사회성 코치와 다시 만날 것이라고 안내한다.
  - ○ 성인들은 각자의 사회성 코치 곁에 서 있거나 앉아 있다.
  - ○ 다시 만나는 시간이 시작되기 전에, 조용히 하고 집단에 완전히 집중하게 한다.
  - ○ 사회성 코치들이 옆에서 듣고 있는 동안에 성인들이 이번 회기에서 배웠던 내용을 이야기하게 한다.
- 치료자: "오늘 우리는 일반적으로 데이트에서 해야 할 것과 하지 말아야 할 것 그리고 데이트 상대의 성적인 압박을 다루는 방법에 대해서 이야기를 나눴습니다. 데이트 상대의 성적인 압박을 다루기 위한 단계들에는 어떤 것들이 있었나요?"
  1. 침착함을 유지한다.
  2. 상대에게 당신이 무엇을 하고 싶지 않은지 말한다.
  3. 거절하는 이유를 말한다.
  4. '나' 전달법을 사용하여 당신이 느끼는 것을 말한다.
  5. 주제를 바꾼다.
  6. (그래도 압박을 느낀다면) 꼬리말을 하고 떠난다.
  7. 데이트를 하는 것은 선택이라는 것을 기억한다.
- 설명: "데이트에 관한 이야기와 더불어 성인들은 함께 어울리기를 연습했으며 아주 훌륭히 수행했습니다. 다 같이 박수를 쳐줍시다."

과제 안내하기

성인들에게 사회성 코칭 유인물을 나눠주고 다음과 같이 과제를 안내한다.

1. 친구와 **함께 어울리기**를 한다.
   - 사회성 코치들은 성인들이 **다섯 가지 요소**를 사용하여 함께 어울리기를 계획할 수 있도록 도와준다.
     - ○ **누구와** 할 것인지
     - ○ **무엇을** 할 것인지
     - ○ **언제** 함께 어울리기를 할 것인지
     - ○ **어디서** 함께 어울리기를 할 것인지
     - ○ **어떻게** 함께 어울리기가 이루어질 수 있도록 준비할 것인지
   - 연습 전에 사회성 코치들은 성인들과 **함께 어울리기** 규칙과 단계를 점검한다.
   - 함께 어울리기 연습 이후에 사회성 코치들은 성인들에게 다음과 같은 **사회성 코칭 질문**을 한다.
     - ○ 무엇을 하기로 결정했으며 함께할 활동을 누가 선택했나요?
     - ○ 정보를 교환했나요? 함께 어울리는 시간의 몇 %를 정보를 교환하는 데 사용했나요?
     - ○ 공통의 관심사는 무엇이었나요? 만약 두 사람이 함께 시간을 보내게 된다면 그 정보를 가지고 무엇을 할 수 있나요?
     - ○ 당신과 친구는 좋은 시간을 보냈나요?
     - ○ 다시 만나 시간을 보내기에 적합한 사람인 것 같나요?

2. **상대에게 내가 관심이 있다는 것 알리기, 데이트 신청하기** 및/혹은 **데이트하기**를 연습한다.
   - 성인들이 누군가를 연애 상대로 좋아하고 있다면
     - 상대에게 내가 관심이 있다는 것을 알린다.
     - 데이트를 신청한다.
     - 데이트한다.
     - 상대에게 연애 상대로서의 호감을 갖기 전까지는 시도하지 않는다.
   - 성인들이 편하게 느낀다면 사회성 코치들과 **상대에게 내가 관심이 있다는 것 알리기, 데이트 신청하기, 데이트하기**를 연습하도록 한다.
   - 연습 전에 사회성 코치들은 **데이트 예절**에 관한 규칙과 단계를 점검한다.
   - 각 연습이 끝나면 사회성 코치들은 성인들에게 다음과 같은 **사회성 코칭 질문**을 한다.
     - 상대에게 내가 관심이 있다는 것 알리기
       - 누구와 연습했나요? 그리고 상대에게 내가 관심이 있다는 것을 알리기 위해 무엇을 했나요?
       - 상대는 어떻게 반응했나요?
       - 데이트 상대로서 좋은 선택인 것 같나요? 당신과 데이트하기에 적합한 사람인 것 같나요?
     - 데이트 신청하기
       - 누구에게 데이트를 신청했나요? 어떤 단계들을 따랐나요?
       - 상대는 어떻게 반응했나요?
     - 데이트하기
       - 무엇을 하기로 결정했나요?
       - 정보를 교환했나요? 데이트를 한 시간의 몇 %를 정보를 교환하는 데 사용했나요?
       - 공통의 관심사는 무엇이었나요? 만약 두 사람이 다시 데이트를 하게 된다면 그 정보를 가지고 무엇을 할 수 있나요?
       - 당신과 당신의 데이트 상대는 좋은 시간을 보냈나요?
       - 데이트 상대로서 좋은 선택인 것 같나요? 당신과 다시 만나 데이트 하기에 적합한 사람인 것 같나요?

3. 또래들끼리 하고 있는 **여러 사람이 하는 대화에 들어가기**를 연습한다(새로운 **친구를 사귈 수 있는 곳**에서 만난 친구와 해도 된다).
   - 연습 전에 사회성 코치들은 **여러 사람이 하는 대화에 들어가고 빠져나오기** 규칙과 단계를 점검한다.
   - 자연스럽게 빠져나와야 할 필요가 있는 상황이 아니라면 **대화에서 빠져나오기**는 공식적인 과제가 아니다.
   - 연습을 한 이후에 사회성 코치들은 성인들에게 다음과 같은 **사회성 코칭 질문**을 한다.
     - 어디서 누구와의 대화에 들어갔나요?
     - 어떤 단계들을 따랐나요?
     - 그들이 당신과 이야기를 나누고 싶어 하는 것 같았나요? 그것을 어떻게 알 수 있었나요?
     - 대화에서 빠져나왔어야 했나요? 어떤 단계들을 따랐나요?

개별적으로 확인하기

각각의 성인 및 사회성 코치들이 각자 개별적으로 다음과 같은 내용들을 협의한다.

1. 돌아오는 주에 **누구와 함께 어울리기**를 할 것인지
   - 친구들에게 **무엇**을 하자고 할 계획인지
   - 친구들에게 **언제** 그리고 **어디서** 만나자고 할 것인지
   - **어떻게** 함께 어울리기가 이루어질 수 있도록 준비할 것인지(예: 티켓 구매를 해야 되는지, 무엇을 타고 이동할 것인지 등)

2. **상대에게 내가 관심이 있다는 것 알리기** 시도를 어떻게 그리고 누구에게 할 것인지, 그리고 **데이트 신청하기**를 어떻게 할 것인지
   - 돌아오는 주에 **누구와** 데이트를 할 계획인지
   - **무엇**을 하자고 할 계획인지
   - **언제** 그리고 **어디서** 만나자고 할 것인지
   - **어떻게** 데이트가 이루어질 수 있도록 준비할 것인지(예: 티켓 구매를 해야 되는지, 무엇을 타고 이동할 것인지 등)

3. 또래들끼리 하고 있는 **여러 사람이 하는 대화에 들어가기**를 어디서, 언제, 누구와 할 것인지
   - 그 집단이 성인을 받아들여줄 만한 **사회적 집단**인지 그리고 그것을 어떻게 알 수 있는지

사회성 코칭 유인물

데이트에서 해야 할 것

- 데이트는 선택이라는 것을 기억한다.
- 당신이 상대에게 관심이 없다면 그 사람을 보낸다.
- 상대가 당신에게 관심이 없다면 그 사람을 내버려둔다.
- 상대에게 예의를 갖추고 존중하는 태도로 대한다.
- 솔직하고 정직하게 대한다.
- 연락을 유지한다.
- 신체 접촉을 하기 전에는 허락을 받는다.

데이트에서 하지 말아야 할 것

- 처음부터 너무 개인적이 되지 않는다.
    - 처음부터 개인적인 질문을 너무 많이 하지 않는다.
    - 처음부터 개인적인 정보를 너무 많이 공유하지 않는다.
    - 질병을 갖고 있다면 처음에는 밝히지 않는다.
- 처음부터 과거의 연애 경력에 대해서 이야기하지 않는다.
    - 처음부터 연애 경험이 부족했던 것을 이야기하지 않는다.
    - 처음부터 과거의 좋지 않았던 연애 경험에 관해 이야기하지 않는다.
    - 처음부터 과거의 연인에 대해서 이야기하지 않는다.
- 처음부터 당신의 감정에 대해서 이야기하지 않는다.
- 관계를 진전시키려고 서두르지 않는다.
- 커플이라고 가정하지 않는다.
- 둘 사이의 개인적인 일들을 퍼트리지 않는다.
- 연애 선수가 되지 않는다.
- 상대에게 압박을 주지 않는다.
- 어딘가에 무분별하게 연애 기록을 남기지 않는다.

데이트 상대의 성적인 압박 다루기

1. 침착함을 유지한다.

2. 상대에게 당신이 무엇을 하고 싶지 않은지 말한다.
    - 예시: "나는 (특정 행동)을/를 하고 싶지 않아."
    - 예시: "나는 (특정 행동)을/를 하는 것이 편하지 않아."
    - 예시: "아직 신체적인 관계를 가질 준비가 되지 않았어요."
    - 예시: "저는 (특정 행동)을/를 별로 좋아하지 않아요."

3. 거절하는 이유를 말한다.
- 예시: "난 아직 너에 대해서 충분히 잘 알지 못해."
- 예시: "지금 관계를 하기엔 아직 준비가 되지 않았어."
- 예시: "조금 천천히 관계를 진전시켰으면 좋겠어요."

4. '나' 전달법을 사용하여 당신이 느끼는 것을 말한다.
- 예시: "나는 너를 좋아하지만 아직 시간이 좀 필요해."
- 예시: "나는 우리 관계를 조금 천천히 진전시키고 싶어."
- 예시: "저는 당신을 알아가는 데 아직 시간이 좀 더 필요한 것 같아요."

5. 주제를 바꾼다.

6. (그래도 압박을 느낀다면) 꼬리말을 하고 떠난다.

7. 데이트를 하는 것은 선택이라는 것을 기억한다.

과제 안내하기

성인들에게 사회성 코칭 유인물을 나눠주고 다음과 같이 과제를 안내한다.

1. 친구와 **함께 어울리기**를 한다.
- 사회성 코치들은 성인들이 **다섯 가지 요소**를 사용하여 함께 어울리기를 계획할 수 있도록 도와준다.
  ○ 누구와 할 것인지
  ○ 무엇을 할 것인지
  ○ 언제 함께 어울리기를 할 것인지
  ○ **어디서** 함께 어울리기를 할 것인지
  ○ **어떻게** 함께 어울리기가 이루어질 수 있도록 준비할 것인지
- 연습 전에 사회성 코치들은 성인들과 **함께 어울리기** 규칙과 단계를 점검한다.
- **함께 어울리기** 연습 이후에 사회성 코치들은 성인들에게 다음과 같은 **사회성 코칭 질문**을 한다.
  ○ 무엇을 하기로 결정했으며 함께할 활동을 누가 선택했나요?
  ○ 정보를 교환했나요? 함께 어울리는 시간의 몇 %를 정보를 교환하는데 사용했나요?
  ○ 공통의 관심사는 무엇이었나요? 만약 두 사람이 함께 시간을 보내게 된다면 그 정보를 가지고 무엇을 할 수 있나요?
  ○ 당신과 친구는 좋은 시간을 보냈나요?
  ○ 다시 만나 시간을 보내기에 적합한 사람인 것 같나요?

2. 상대에게 내가 관심이 있다는 것 알리기, 데이트 신청하기 및/혹은 데이트하기를 연습한다.
- 성인들이 누군가를 연애 상대로 좋아하고 있다면
  ○ 상대에게 내가 관심이 있다는 것을 알린다.
  ○ 데이트를 신청한다.
  ○ 데이트한다.
  ○ 상대에게 연애 상대로서의 호감을 갖기 전까지는 시도하지 않는다.

- 성인들이 편하게 느낀다면 사회성 코치들과 **상대에게 내가 관심이 있다는 것 알리기, 데이트 신청하기, 데이트하기**를 연습하도록 한다.
- 연습 전에 사회성 코치들은 **데이트 예절**에 관한 규칙과 단계를 점검한다.
- 각 연습이 끝나면 사회성 코치들은 성인들에게 다음과 같은 **사회성 코칭 질문**을 한다.
  - 상대에게 내가 관심이 있다는 것 알리기
    - 누구와 연습했나요? 그리고 상대에게 내가 관심이 있다는 것을 알리기 위해 무엇을 했나요?
    - 상대는 어떻게 반응했나요?
    - 데이트 상대로서 좋은 선택인 것 같나요? 당신과 데이트하기에 적합한 사람인 것 같나요?
  - 데이트 신청하기
    - 누구에게 데이트를 신청했나요? 어떤 단계들을 따랐나요?
    - 상대는 어떻게 반응했나요?
  - 데이트하기
    - 무엇을 하기로 결정했나요?
    - 정보를 교환했나요? 데이트를 한 시간의 몇 %를 정보를 교환하는 데 사용했나요?
    - 공통의 관심사는 무엇이었나요? 만약 두 사람이 다시 데이트를 하게 된다면 그 정보를 가지고 무엇을 할 수 있나요?
    - 당신과 당신의 데이트 상대는 좋은 시간을 보냈나요?
    - 데이트 상대로서 좋은 선택인 것 같나요? 당신과 다시 만나 데이트하기에 적합한 사람인 것 같나요?

3. 또래들끼리 하고 있는 **여러 사람이 하는 대화에 들어가기**를 연습한다(새로운 친구를 사귈 수 있는 곳에서 만난 친구와 해도 된다).
   - 연습 전에 사회성 코치들은 **여러 사람이 하는 대화에 들어가고 빠져나오기** 규칙과 단계를 점검한다.
   - 자연스럽게 빠져나와야 할 필요가 있는 상황이 아니라면 **대화에서 빠져나오기**는 공식적인 과제가 아니다.
   - 연습을 한 이후에 사회성 코치들은 성인들에게 다음과 같은 **사회성 코칭 질문**을 한다.
     - 어디서 누구와의 대화에 들어갔나요?
     - 어떤 단계들을 따랐나요?
     - 그들이 당신과 이야기를 나누고 싶어 하는 것 같았나요? 그것을 어떻게 알 수 있었나요?
     - 대화에서 **빠져나왔어야** 했나요?
     - **빠져나왔다면** 어떤 단계들을 따랐나요?

주요 용어

'나' 전달법	성적인 압박 다루기	연애 선수(가 되지 않기)
'너' 전달법	솔직하고 정직하게 대하기	커플이라 가정하지 않기
데이트는 선택	연락 유지하기	
무분별한 연애 기록(을 남기지 않기)		

논쟁 다루기

사회성 코치 치료자 가이드

사회성 코치 회기 준비하기

이번 회기의 초점은 성인들이 친구 혹은 연인과 논쟁을 하거나 의견 불일치가 있을 때 이를 다루는 데 필요한 갈등 해결 기술을 발전시키도록 돕는 것이다. 이 회기는 특히 사회성 코치들이 매우 흥미로워하는 시간 중에 하나인데 "남편과 이 방법을 같이 배워봐야 할 것 같아요." 혹은 "아내와 의견충돌이 있으면 여기에 제시된 규칙을 따라 해봐야 할 것 같아요."와 같이 말하는 사회성 코치들도 있다. PEERS®에서 가르치는 다른 사회성 기술들과 마찬가지로 이번 회기를 통해 누구나 도움이 되는 기술을 배울 수 있는 것이 사실이다. 의견 불일치는 건강한 친구 및 연인관계에서조차도 흔하게 일어날 수 있는 일이기 때문이다.

이번 회기의 내용은 상당히 명료하지만 **논쟁에 대응하기** 단계들의 순서에 대해서는 동의하지 않는 사람들이 있을 수 있다. 이 단계의 순서는 다음과 같다. (1) **침착함을 유지한다.** (2) **상대방의 말을 먼저 귀 기울여 듣는다.** (3) **상대방이 말한 것을 반복한다.** (4) **'나' 전달법을 사용하여 당신의 입장에 대해 설명한다.** (5) **미안하다고 말한다.** (6) **문제를 해결하려고 노력한다.** 이 단계들 자체에 이의를 제기하는 사회성 코치는 별로 없지만 순서에 대해서는 다른 의견을 제기하는 경우가 종종 있다. 특히 **'미안하다고 말한다'** 단계가 조금 더 일찍 와야 한다고 주장하는 사회성 코치들이 간혹 있을 것이다. 일반적으로는 회기에서 제시한 단계의 순서를 따라야 하지만 이에 대해 다른 의견을 제기하는 사람들이 있다면, 다섯 번째 규칙을 조금 더 먼저 해도 괜찮을 수도 있다. 그러나 상대방이 당신의 입장을 기꺼이 듣게 하려면 **'나' 전달법을 사용하여 당신의 입장에 대해 설명**하는 것은 **침착함을 유지**하고, **상대방의 말을 먼저 귀 기울여 듣**고, **상대방이 말한 것을 반복**한 후에 해야 한다. 또한 대부분의 논쟁은 **문제를 해결하려고 노력**해야만 끝나기 때문에 이것이 마지막 단계 어딘가에서 이루어져야 한다. 단계를 순서대로 따르는 것도 중요하지만, 모든 단계를 따르는 것이 더 중요하다. 단계 가운데 하나라도 빠뜨린다면 갈등 해결은 불가능해질 수도 있다.

대부분의 사회성 기술들과 마찬가지로 갈등을 해결하는 전략은 문화마다 서로 다를 수 있다. 심지어 PEERS®가 개발된 북미 안에서도 미국과 캐나다 사이에 문화적으로 약간 다른 부분이 존재한다. PEERS® 워크숍에 참여한 캐나다의 많은 정신건강 전문가들은 PEERS®를 시행하는 교육자들은 공통적으로 **논쟁에 대응**

하기에서 **미안하다고 말하는** 단계는 더 일찍 와야 할 뿐만 아니라 더 자주 언급되어야 한다고 말한다. PEERS®
트레이닝을 완료한 캐나다 전문가들은 우스갯소리로 **논쟁에 대응하기** 단계는 사실 다음과 같아야 된다고 말
한다. **침착함을 유지한다. 상대방의 말을 먼저 귀 기울여 듣는다. 상대방이 말한 것을 반복한다. 미안하다고 말한
다. '나' 전달법을 사용하여 당신의 입장에 대해 설명한다. 미안하다고 말한다. 문제를 해결하려고 노력한다. 미
안하다고 말한다.** 농담 섞인 어조로 하는 말이지만, 이러한 경우를 통해 같은 북미 내의 이웃인 미국과 캐나다
사이에도 문화적인 차이가 존재한다는 사실을 알 수 있다. 그러므로 이번 회기를 진행하기 전에 각 문화에 맞
게 세부를 수정할 필요가 있다.

이번 회기에서 제기될 수 있는 또 다른 논점은 **상대방이 말한 것을 반복**하도록 성인들에게 가르치는 것이
다. 세 번째 이 단계의 의도는 성인들이 상대방의 말을 적극적으로 듣고 그 사람의 입장을 이해하려고 노력하
는 것을 가르치려고 하는 것이다. 자폐스펙트럼장애 또는 다른 사회성 문제를 가진 성인들에게 이번 단계가
힘들게 느껴지는 이유는 상대방의 감정을 이해하고 공감을 전달하는 데 어려움이 있기 때문이다. 자신 혹은
상대방이 어떠한 감정 상태인지 이해하고 감정에 이름을 붙이는 것이 어려울 수 있기 때문에 논쟁을 하는 상
황에서도 적극적으로 상대방의 이야기에 귀를 기울이고 적극적으로 공감을 표현하지 못하는 경우가 많다. 그
래서 이번 교육에서는 적극적이고 공감적인 경청이라는 표현 대신에 **상대방이 말한 것을 반복**한다고 하는 더 단
순한 규칙을 제시하는 것이다. 이 과정을 쉽게 수행할 수 있도록 성인들에게 문장의 틀을 만들어 제시해줄 것이
다. 성인들은 "너의 이야기를 들어보니……"로 문장을 시작함으로써 상대방의 말을 잘 듣고 있다는 것과 공
감하고 있다는 것을 보여주도록 교육받을 것이다. 예를 들어 **"너의 이야기를 들어보니, 네가 기분이 상한 것 같
다.', "너의 이야기를 들어보니, 네가 화가 난 것 같다."** 혹은 **"너의 이야기를 들어보니, 네가 속상한 것 같다."** 등
의 표현이 가능할 수 있다. 이런 문장의 틀은 성인들이 적극적이고 공감적인 경청을 하고 있음을 보여주도록 돕
는 것이지만, 일부 사회성 코치들은 이것이 약간 인위적으로 들린다고 이야기할 수도 있다. 성인이 이 문장이
어느 정도로 인위적인지 잘 파악할 만큼 좋은 사회성 기술을 갖춘 사람이라면 조금 더 자연스럽게 공감적인 반
응을 보여줄 수 있을 것이다. 이런 경우에 적절하다면 사회성 코치는 성인이 더 공감적인 반응을 하도록 격려
해도 좋다. 하지만 공감을 전달하는 것을 어려워하는 성인들에게는 **"너의 이야기를 들어보니……"**로 시작하는
단순한 문장을 사용해도 상대방의 말을 적극적으로 귀 기울여 듣고 있다는 것을 보여주기에 충분할 것이다.

과제 점검

[다음의 과제를 검토하고 발생 가능한 **문제해결**을 의논한다. 성공적으로 과제를 완수한 사람부터 시작한다.
시간이 된다면 (과제를 다 하지 못한 사람들에게) 왜 과제를 완수할 수 없었는지 이유를 질문할 수 있으며, 다
음 주에 어떻게 이것을 할 수 있을지에 대한 **문제해결**을 시도해볼 수 있다. 과제를 점검하는 동안에는 반드시
(볼드체로 표시된) 우리끼리 단어를 사용한다. **함께 어울리기**가 이번 회기의 가장 중요한 과제이므로 과제 점검
시간 대부분을 여기에 할애한다.]

1. 친구와 **함께 어울리기**를 한다.
   - 치료자: "이번 주의 주요 과제 중 하나는 성인들이 그들의 친구와 함께 어울리기를 하는 것이었습니다.
     이번 과제를 완수했거나 완수하고자 노력하신 분이 있나요?"
   - 질문
     ○ "성인이 다섯 가지 요소를 사용하여 함께 어울리기를 계획할 수 있도록 도와줬나요?"

- ○ "함께 어울리기를 하기 전에 어떤 사회성 코칭을 했나요?"
- ○ "성인은 무엇을 누구와 하기로 결정했나요?"
- ○ "함께 어울리기를 어떻게 시작했나요?"
- ○ "함께할 활동들은 누가 선택했나요?"
- ○ "그들은 서로 정보를 교환했나요? 함께 어울리는 시간의 몇 %를 정보를 교환하는 데 사용했나요?
- ○ "함께 어울리기를 어떻게 마무리했나요?"
- ○ "함께 어울리기를 한 이후에 어떤 사회성 코칭을 했나요?"
  - 적절한 사회성 코칭 질문
    - □ 무엇을 하기로 결정했으며 함께할 활동을 누가 선택했나요?
    - □ 정보를 교환했나요? 함께 어울리는 시간의 몇 %를 정보를 교환하는 데 사용했나요?
    - □ 공통의 관심사는 무엇이었나요? 만약 두 사람이 함께 시간을 보내게 된다면 그 정보를 가지고 무엇을 할 수 있나요?
    - □ 당신과 친구는 좋은 시간을 보냈나요?
    - □ 다시 만나 시간을 보내기에 적합한 사람인 것 같나요?
- ○ "함께 어울리기 상대로서 좋은 선택인 것 같나요?" 성인이 다시 만나 시간을 보내기에 적합한 사람인 것 같나요?"

표 14.1 집에서 함께 어울리기 시작하기 및 마무리하기를 위한 단계

함께 어울리기 시작하기	함께 어울리기 마무리하기
1. 손님에게 인사를 한다.	1. 활동이 잠시 멈출 때를 기다린다.
2. 손님을 집 안으로 맞이한다.	2. 함께 어울리기를 마무리하기 위한 꼬리말을 한다.
3. 손님이 모르는 사람들에게는 손님을 소개한다.	3. 친구를 문까지 배웅한다.
4. 집 안을 안내해준다.	4. 친구에게 함께 어울리기를 해서 고맙다고 말한다.
5. 간단한 간식을 권한다.	5. 친구에게 즐거운 시간을 보냈다고 말한다.
6. 손님에게 무엇을 하고 싶은지 물어본다.	6. 잘 가라고 인사하고, 나중에 다시 보자고 한다.

2. **상대에게 내가 관심이 있다는 것 알리기, 데이트 신청하기 및/혹은 데이트하기를 연습한다.**
   - 치료자: "이번 주 또 다른 과제는 성인들이 상대에게 내가 관심이 있다는 것 알리기, 데이트 신청하기 및/혹은 데이트하기를 연습하는 것이었습니다. 이 과제는 상대방에게 데이트 상대로 호감을 가지고 있을 때만 시도하는 것이었습니다. 성인들이 편안하게 느낄 경우에는 사회성 코치와 연습을 했어도 상관없습니다. 이번 과제를 완수했거나 완수하고자 노력하신 분이 있나요?"
   - 질문
     - ○ "연습을 하기 전에 어떤 사회성 코칭을 했나요?"
     - ○ "성인은 무엇을 누구와 연습했나요?"
     - ○ "상대에게 자신이 관심이 있다는 것을 알리기 위해 성인은 무엇을 했나요? 그리고 상대는 어떻게 반응했나요?"
     - ○ "성인은 데이트 신청을 했나요? 했다면 상대는 어떻게 반응했나요?"

○ 데이트를 했다면 다음과 같이 질문한다.

- "그들은 무엇을 하기로 결정했나요?"
- "그들은 서로 정보를 교환했나요? 함께 있는 시간의 몇 %를 정보를 교환하는 데 사용했나요?"
- "성인과 그의 데이트 상대는 좋은 시간을 보냈나요?"

○ "연습한 이후에 어떤 사회성 코칭을 했나요?"

○ "데이트 상대로서 좋은 선택인 것 같나요? 성인과 다시 만나 데이트하기에 적합한 사람인 것 같나요?"

3. 또래들끼리 하고 있는 **여러 사람이 하는 대화에 들어가기**를 연습한다(새로운 **친구를 사귈 수 있는 곳**에서 만난 친구와 해도 된다).

- 치료자: "이번 주 또 다른 과제는 성인들이 또래들끼리 하고 있는 여러 사람이 하는 대화에 들어가기를 연습하는 것이었습니다. 이번 과제를 완수했거나 완수하고자 노력하신 분이 있나요?"
- 질문

○ "당신의 성인은 어디서 누구와 연습했나요?"

○ "연습 전에 어떤 사회성 코칭을 했나요?"

○ "성인이 어떤 단계들을 따랐나요?"

1. 대화를 귀 기울여 듣는다.
2. 거리를 두고 지켜본다.
3. 소품을 사용한다.
4. 주제를 확인한다.
5. 공통의 관심사를 찾는다.
6. 더 가까이 다가간다.
7. 대화가 짧게 멈출 때를 기다린다.
8. 주제를 언급한다.
9. 관심을 평가한다.
10. 자신을 소개한다.

○ "연습한 이후에 어떤 사회성 코칭을 했나요?"

- 적절한 사회성 코칭 질문
  □ 어디서 누구와의 대화에 들어갔나요?
  □ 어떤 단계들을 따랐나요?

표 14.2 대화에서 빠져나오기 위한 단계

전혀 받아들여지지 않았을 때	처음에는 받아들여졌으나 그 이후에 제외되었을 때	완전히 받아들여졌을 때
1. 침착함을 유지한다.	1. 침착함을 유지한다.	1. 대화가 짧게 멈출 때를 기다린다.
2. 다른 곳을 본다.	2. 다른 곳을 본다.	2. 구체적인 꼬리말을 한다.
3. 돌아선다.	3. 대화가 짧게 멈출 때를 기다린다.	3. 나중에 보자고 한다.
4. 다른 곳으로 걸어간다.	4. 짧은 꼬리말을 한다.	4. 작별인사를 한다.
	5. 다른 곳으로 간다.	5. 다른 곳으로 간다.

□ 그들이 당신과 이야기를 나누고 싶어 하는 것 같았나요? 그것을 어떻게 알 수 있었나요?

□ 대화에서 빠져나왔어야 했나요? 어떤 단계들을 따랐나요?

● [사회성 코치 과제 기록지를 수거한다. 만약 사회성 코치가 과제 기록지 가져오는 것을 잊어버렸다면, 과제를 책임지고 할 수 있게 새로운 용지에 완성하게끔 한다.]

교육: 논쟁 다루기

● 사회성 코칭 유인물을 나눠준다.
  ○ 사회성 코치 치료자 가이드에서 **볼드체**로 표시된 부분은 사회성 코칭 유인물에서 그대로 가져온 것이다.
  ○ 사회성 코치들에게 **볼드체**로 표시된 부분은 **우리끼리 단어**임을 상기시킨다. 이 단어들은 PEERS® 교육과정의 중요한 개념들에 해당하므로 사회성 코칭을 할 때 최대한 많이 사용해야 한다고 설명한다.
● 설명: "오늘 우리는 논쟁을 다루는 방법에 대해 이야기할 것입니다. 친구 혹은 연인과의 논쟁 및 의견충돌은 흔하게 일어나며, 아주 격렬하지 않은 논쟁으로 인해 친구 혹은 연인과의 관계가 끝나게 되지는 않습니다. 논쟁이 흔하기 때문에 그것을 다루는 방법을 아는 것이 중요합니다. 성인들이 다른 사람과 논쟁을 할 때는 대부분 두 가지 중 하나의 상황에 놓이게 될 것입니다. 상대방이 성인 때문에 화가 나서 논쟁에 대응해야 하는 경우와 성인이 다른 사람 때문에 화가 나서 논쟁을 제기해야 하는 경우입니다. 만약 누군가가 우리에게 화가 나서 논쟁에 대응해야 하는 것부터 이야기를 나눠보겠습니다."

논쟁에 대응하기 위한 단계

1. **침착함을 유지한다.**
   ● 치료자: "친구 혹은 연인과의 논쟁 혹은 의견충돌에 대응하기 위한 첫 번째 단계는 침착함을 유지하는 것입니다. 즉, 마음을 차분하게 하고 흥분하지 않아야 한다는 의미입니다. 성인들이 침착함을 유지할 수 있는 방법에는 어떤 것들이 있을까요?"
     ○ 대답: 크게 심호흡을 한다. 속으로 천천히 10까지 숫자를 센다. 이야기를 하기 전에 진정할 시간을 갖는다.
   ● 질문: "논쟁에 대응하는 동안 침착함을 잃는다면 무엇이 문제가 될 수 있을까요?"
     ○ 대답: 침착함을 잃는다면 나중에 후회하게 될 말을 하거나 친구 혹은 연인과의 관계를 더 나쁘게 만들 수 있습니다.

2. **상대방의 말을 먼저 귀 기울여 듣는다.**
   ● 설명: "친구 혹은 연인과의 논쟁 혹은 의견충돌에 대응하기 위한 다음 단계는 상대방의 말을 먼저 귀 기울여 듣는 것입니다. 즉, 상대방이 당신 때문에 화가 났다면 당신의 입장에 대해 설명하기 전에 상대방의 말을 먼저 귀 기울여 들어야 한다는 의미입니다."
   ● 질문: "상대방의 말을 먼저 귀 기울여 듣는 것이 중요한 이유는 무엇일까요?"
     ○ 대답: 귀 기울여 듣는 것은 의사소통의 중요한 부분이고, 상대방의 관점을 이해하도록 도와줍니다.

3. **상대방이 말한 것을 반복한다.**
   ● 설명: "다음 단계는 당신이 상대방의 말을 귀 기울여 듣고 있다는 것을 알려주기 위해 상대방이 말한 것을 반복하는 것입니다."

- 질문: "상대방이 말한 것을 반복하는 것이 중요한 이유는 무엇일까요?"
  - 대답: 당신이 귀 기울여 듣고 있다는 것을 보여줍니다. 당신이 상대방의 말에 신경 쓰고 있다는 것을 보여줍니다. 당신이 공감하고 있다는 것을 보여줍니다.
- 설명: "만약 성인이 이번 단계를 시행하는 데 어려움을 겪는다면, 상대방이 말한 것을 반복하기 위해서는 보통 다음과 같이 시작할 수 있습니다. "너의 이야기를 들어보니……"
  - 예시: "너의 이야기를 들어보니 네가 속이 상한 것 같다."
  - 예시: "너의 이야기를 들어보니 네가 화가 난 것 같다."
  - 예시: "당신의 이야기를 들어보니 당신의 기분이 상한 것 같네요."
- 설명: "상대방이 말한 것을 반복하는 것은 그 사람의 말을 귀 기울여 듣고 공감을 하고 있다는 것을 보여줍니다. 상대방이 말한 것을 반복하지 않는다면 당신이 상대방의 말에 귀 기울여 듣고 있는지를 알 수 없으며, 논쟁은 계속 이어질 것입니다. "너의 이야기를 들어보니……"와 같이 말하는 것은 상대방이 말한 것을 반복할 수 있는 방법 중 하나입니다. 그러나 성인이 이것보다 더 자연스럽게 상대방이 말한 것을 반복할 수 있다면 그렇게 하도록 노력할 것을 권장합니다."

4. '나' 전달법을 사용하여 당신의 입장에 대해 설명한다.

- 설명: "논쟁에 대응하기의 다음 단계는 '나' 전달법을 사용하여 당신의 입장에 대해 설명하는 것입니다. 많은 사람들이 논쟁을 다룰 때 이번 단계를 가장 먼저 하려고 하지만 침착함을 유지하고, 상대방의 말을 먼저 귀 기울여 듣고, 상대방이 말한 것을 반복하고 난 다음까지 기다려야 합니다. '나' 전달법을 사용하여 당신의 입장에 대해 설명할 때는 상대방이 틀렸다고 말하는 것을 피해야 합니다. 대신에 차분하게 '나' 전달법을 사용하여 당신의 입장에 대해 설명하도록 합니다."
- 질문: "상대방이 틀렸다고 말하면 무엇이 문제가 될 수 있을까요?"
  - 대답: 상대방을 화나게 하고 논쟁 혹은 의견충돌을 더 악화시킬 수 있습니다. 상대방이 동의하지 않을 것입니다. 상대방이 당신에게 더 화가 날 수도 있습니다.
- 설명: "당신의 입장에 대해 설명할 때는 '나' 전달법을 사용해야 합니다. '나' 전달법이란 무엇일까요?"
  - 대답: "나는 …… 생각해." 혹은 "나는 ……(이)라고 느껴."와 같이 자기 자신을 주어로 시작하는 문장을 말합니다.
- 질문: "그렇다면 '너' 전달법이란 무엇일까요?"
  - 대답: "너는 …… 했어." 혹은 "너는 나를……(이)라고 느끼게 만들어."와 같이 상대를 주어로 시작하는 문장을 말합니다.
- 질문: "그렇다면 '나' 전달법 대신 '너' 전달법을 쓴다면 무엇이 문제가 될 수 있을까요?"
  - 대답: '너' 전달법을 사용하면 사람들은 방어적이 됩니다. '나' 전달법은 자신의 감정에 초점을 두고 상대를 탓하지 않기 때문에 덜 공격적입니다.
- 질문: "논쟁 혹은 의견충돌에 대응할 때 사용할 수 있는 '나' 전달법 문장에는 어떤 것들이 있을까요?"
  - 예시: "나는 너를 화나게 할 의도는 없었어."
  - 예시: "나는 우리 사이에 오해가 있다고 생각해."
  - 예시: "저는 우리 사이에 의사소통이 잘 안 되었다고 생각해요."

5. **미안하다고 말한다.**
   - 설명: "친구 혹은 연인과의 논쟁 혹은 의견충돌에 대응하기 위한 다음 단계는 미안하다고 말하는 것입니다. 당신이 뭔가를 잘못했다고 생각하지 않아도 미안하다고 말하는 것이 중요합니다."
   - 질문: "상대방이 화가 났다면 미안하다고 말하는 것이 중요한 이유는 무엇일까요?"
     - 대답: 상대방이 현재 '기분이 나쁘다고 하는 것'에 대해 당신이 미안해한다는 것을 보여줘야 하기 때문입니다. 논쟁 혹은 의견충돌은 당신이 미안하다고 말하기 전까지는 끝나는 경우가 거의 없기 때문입니다.
   - 질문: "단지 미안하다고 말하는 것만으로 끝내도 될까요? 아니면 무엇 때문에 미안한지를 말해야 할까요?"
     - 대답: 무엇 때문에 미안한지 말해야 합니다. 무엇 때문에 미안한지 말을 하지 않으면 상대방이 "무엇 때문에 미안한데?"라고 물어볼 수 있습니다.
   - 설명: "미안하다고 말하는 것은 당신이 뭔가를 잘못했다고 인정한다는 의미는 아닙니다. 상대방이 그렇게 느끼는 것에 대해 혹은 이런 일이 일어났다는 것에 대해 안타까운 마음을 표현할 수 있습니다."
     - 예시: "네가 기분이 나빴다면 미안해."
     - 예시: "이런 일이 생기게 되어 미안해."
     - 예시: "당신의 기분이 상했다면 미안해요."

6. **문제를 해결하려고 노력한다.**
   - 설명: "친구 혹은 연인과의 논쟁 혹은 의견충돌에 대응하기 위한 가장 마지막 단계는 문제를 해결하려고 노력하는 것입니다. 이것은 몇 가지 방법을 통해 이루어질 수 있습니다."
     - **상대방에게 당신이 앞으로 어떻게 다르게 행동할 것인지 말한다.**
       - 설명: "문제를 해결하려고 노력하기 위한 방법 중 하나는 상대방에게 당신이 앞으로 어떻게 다르게 행동할 것인지 말하는 것입니다."
         - 예시: "너를 다시 언짢게 하지 않도록 노력할게."
         - 예시: "다시는 그런 일이 없도록 노력할게."
         - 예시: "다음에는 더 조심하도록 노력할게요."
     - **당신이 어떻게 하기를 원하는지 상대방에게 물어본다.**
       - 설명: "문제를 해결하려고 노력하기 위한 다른 방법은 당신이 어떻게 하기를 원하는지 상대방에게 물어보는 것입니다."
         - 예시: "내가 어떻게 하면 네 기분이 나아질 수 있을까?"
         - 예시: "내가 어떻게 했으면 좋겠니?"
         - 예시: "제가 어떻게 하면 이것이 해결될 수 있을까요?"
     - **당신이 상대방에게 원하는 것을 제안한다.**
       - 설명: "문제를 해결하려고 노력하기 위한 다른 방법은 당신이 상대방에게 원하는 것을 제안하는 것입니다."
         - 예시: "내가 너의 기분을 또 언짢게 한다면 말해주었으면 좋겠어."
         - 예시: "다음에는 네가 무엇을 원하는지 알 수 있게 해주었으면 좋겠어."

□ 예시: "다음에도 이런 일이 생긴다면 저에게 말해주었으면 좋겠어요."

○ **문제를 해결할 수 없다면 침착함을 유지한다.**

■ 질문: "논쟁 혹은 의견충돌에서의 문제를 항상 해결할 수 있나요?"

□ 대답: 항상 그렇지는 않습니다.

■ 설명: "문제를 해결할 수 없다면 침착함을 유지해야 합니다. 상대방이 자신의 잘못을 인정하는 것을 기대하지 않습니다. 친구 혹은 연인과의 관계를 생각한다면 당신의 목표는 상대방이 사과하거나 잘못을 인정하도록 하는 것이 아닙니다. 당신의 목표는 갈등 상황을 끝마치려고 노력하는 것입니다."

○ **의견 차이를 인정한다.**

■ 질문: "사람들은 때로 의견 차이를 인정해야 하나요? 그리고 이것은 무엇을 의미할까요?"

□ 대답: 논쟁 혹은 의견충돌에서 서로 의견이 다를 수 있다는 것을 인정해야 할 때도 있습니다.

■ 설명: "친구 혹은 연인과의 관계를 앞으로 지속적으로 유지하고 싶다면, 때로는 서로 의견이 다를 수 있다는 것을 인정해야 할 때가 있습니다."

● **모든 단계를 따라야 한다는 것을 기억한다.**

○ 설명: "모든 단계를 시행해야 논쟁에 대응할 수 있다는 것을 이해하는 것이 중요합니다. 예를 들어 간혹 사람들은 끝나지 않을 것 같은 논쟁을 할 때가 있습니다. 이것은 대개 위의 단계 중 하나를 빠트렸기 때문입니다."

○ 질문: "만약 당신과 논쟁을 하는 사람이 같은 불평을 반복하고 "넌 내가 하는 말을 이해 못하고 있어!"와 같이 말한다면 어떤 단계를 빠트린 것일까요?"

■ 대답: **상대방이 말한 것을 반복하지** 않았습니다. 따라서 당신이 상대방의 말에 귀 기울여 듣지 않았다고 생각합니다.

○ 질문: "만약 당신과 논쟁을 하는 사람이 계속해서 질문을 하거나 "네가 왜 그랬는지 알 수가 없어!" 혹은 "어떻게 그럴 수 있어?"와 같이 말한다면 어떤 단계를 빠트린 것일까요?"

■ 대답: **'나' 전달법을 사용하여 당신의 입장에 대해 설명하지** 않았습니다. 따라서 당신의 입장을 이해할 수 없습니다.

○ 질문: "만약 당신과 논쟁을 하는 사람이 계속해서 자신의 기분을 말하고 "넌 하나도 신경을 쓰는 것 같지 않아!" 혹은 "너는 지금 별로 동요하지 않는 것 같아."와 같이 말한다면 어떤 단계를 빠트린 것일까요?"

■ 대답: **미안하다고 말하지** 않았습니다. 따라서 당신이 상대방을 걱정하지 않는다고 생각합니다.

○ 질문: "만약 당신과 논쟁을 하는 사람이 당신이 앞으로 어떻게 할 것인지를 계속해서 물어보고 "너를 믿을 수 있을지 모르겠어!" 혹은 "네가 다음에 또 그러지 않을지 어떻게 알아?"와 같이 말한다면 어떤 단계를 빠트린 것일까요?"

■ 대답: **문제를 해결하려고 노력하지** 않았습니다. 따라서 상대방은 당신을 믿을 수 없습니다.

○ 설명: "만약 위의 단계 중 하나라도 빠트린다면, 논쟁 혹은 의견충돌이 끝나지 않을 수 있음을 기억해야 합니다. 모든 단계를 위와 같이 따를 수 있도록 해야 합니다."

● [참고사항(영어로 된 자료에 익숙하다면): PEERS® *Role Play Video Library*(www.routledge.com/cw/laugeson)

에서 **논쟁에 대응하기** 혹은 *FriendMaker* 모바일 앱에서 **의견충돌 다루기**의 역할극 동영상을 보여주고 역할극 다음에 오는 **조망 수용 질문**을 할 수도 있다.]

논쟁 제기하기를 위한 단계

- 설명: "논쟁 다루기의 다른 부분은 문제를 제기하고 여러분의 입장을 설명하는 것입니다. 때로는 친구나 연인이 당신의 기분을 상하게 하는 말 혹은 행동을 할 수 있습니다. 화를 내거나 아무 말을 하지 않는 것보다는 여러분의 입장을 설명하고 문제를 제기하는 방법을 알아야 합니다. 다른 사람이 우리 때문에 속상해서 논쟁에 대응할 때와 마찬가지로 우리가 속상해서 논쟁을 제기할 때도 따라야 하는 구체적인 단계들이 있습니다."

1. 적절한 장소와 때를 기다린다.

- 치료자: "논쟁 제기하기를 위한 첫 번째 단계는 문제에 대해서 의논하기 위해 적절한 장소와 때를 기다리는 것입니다. 적절한 장소와 때는 언제일까요?"
    - 대답: 혼자 있을 때, 주위에 다른 사람들이 없을 때, 두 사람 모두 흥분된 상태가 아닐 때, 이야기할 시간이 충분할 때, 방해받지 않을 때

2. 침착함을 유지한다.

- 치료자: "논쟁 제기하기를 위한 다음 단계는 침착함을 유지하는 것입니다. 침착함을 유지한다는 것은 무엇을 의미하나요?"
    - 대답: 흥분하지 않고, 화내지 않으며 침착함을 잃지 않는 것입니다.
- 질문: "침착함을 유지하지 않는다면 무엇이 문제가 될 수 있을까요?"
    - 대답: 침착함을 유지하지 않으면 논쟁이 악화될 수 있습니다. 상황을 잘 다루지 못하여 문제를 일으킨 사람이 될 수 있습니다. 친구 혹은 연인과의 관계가 더 나빠질 수 있습니다.

3. 따로 개인적으로 이야기할 수 있는지 물어본다.

- 치료자: "다음 단계는 상대방에게 따로 개인적으로 이야기할 수 있는지 물어보는 것입니다. 여러분의 기분이 상하여 문제를 제기할 때 개인적으로 이야기할 수 있는지 물어보는 것이 좋은 이유는 무엇일까요?"
    - 대답: 다른 사람들이 당신의 개인적인 문제를 알지 못하게 하기 위해서입니다. 다른 사람들이 대화를 엿듣게 된다면 당신과 상대방이 곤란할 수 있기 때문입니다. 다른 사람들이 당신의 문제에 대해서 떠들고 다닐 수 있습니다. 논쟁을 하는 것은 대개 개인적인 공간에서 이루어집니다.
- 질문: "따로 개인적으로 이야기할 수 있는지 어떻게 물어볼 수 있을까요?"
    - 예시: "개인적으로 이야기하고 싶은 것이 있는데 괜찮아?"
    - 예시: "함께 이야기하고 싶은 것이 있는데, 사람들이 없는 곳으로 가도 괜찮을까?"
    - 예시: "우리 서로 이야기할 필요가 있는 것 같아요. 개인적으로 이야기 나눌 수 있을까요?"

4. '나' 전달법을 사용하여 당신의 입장에 대해 설명한다.

- 설명: "논쟁 제기하기의 다음 단계는 '나' 전달법을 사용하여 당신의 입장에 대해 설명하는 것입니다. '나' 전달법이란 무엇인가요?"

○ 대답: "나는 …… 생각해." 혹은 "나는 ……(이)라고 느껴."와 같이 자기 자신을 주어로 시작하는 문장입니다.

- 질문: 논쟁 제기하기를 위한 '나' 전달법의 예시로는 어떤 것들이 있을까요?
  ○ 예시: "나는 네가 우리의 계획을 취소했을 때 기분이 상했어."
  ○ 예시: "나는 네가 나한테 그렇게 말할 때 기분이 안 좋아."
  ○ 예시: "저는 당신이 제 문자에 답장을 주지 않을 때 기분이 좋지 않아요."

5. 상대방의 말을 귀 기울여 듣는다.

- 치료자: "논쟁 제기하기를 위한 다음 단계는 상대방의 말을 귀 기울여 듣는 것입니다. 상대방 때문에 기분이 상했을 때 그 사람의 말을 귀 기울여 듣는 것이 중요한 이유는 무엇일까요?"
  ○ 대답: 상대방의 말을 귀 기울여 듣지 않는다면 당신이 싫어하는 행동 혹은 말을 상대방이 왜 했는지 모르기 때문입니다. 상대방의 입장을 설명할 기회가 필요합니다. 상대방의 말을 귀 기울여 듣지 않으면 논쟁이 해결되지 않을 수 있습니다.

6. 상대방이 말한 것을 반복한다.

- 치료자: "논쟁 제기하기를 위한 다음 단계는 상대방이 말한 것을 반복하는 것입니다. 상대방이 말한 것을 반복하는 것이 중요한 이유는 무엇일까요?"
  ○ 대답: 당신이 상대방의 말을 들었다는 것을 알아야 합니다. 상대방이 말한 것을 반복하지 않으면 계속해서 자신의 입장을 설명하려고 할 것입니다. 상대방이 말한 것을 반복하지 않으면 논쟁이 해결되지 않을 수 있습니다.
- 질문: "상대방이 말한 것을 어떻게 반복할 수 있을까요?"
  ○ 대답: 상대방이 말한 것을 요약합니다. "너의 이야기를 들어보니 ……"와 같이 문장을 시작하며 상대방이 말한 것을 반복할 수 있습니다.

7. 상대방이 어떻게 해주었으면 좋겠는지 알려준다.

- 설명: "논쟁을 제기하기 위한 다음 단계는 상대방이 어떻게 해주었으면 좋겠는지 알려주는 것입니다. 대부분의 사람들은 논쟁에 대응하기 위한 모든 단계를 잘 알지 못합니다. 그러나 모든 단계를 따르지 않으면 논쟁이 끝나지 않을 수 있습니다."
- 질문: "당신을 화나게 한 사람이 논쟁에 대응하기 위한 모든 단계를 따르지 않는다면 어떻게 해야 하나요?"
  ○ 대답: 상대방이 어떻게 해주었으면 좋겠는지 알려줍니다.
- 질문: "상대방이 당신의 입장을 들으려고 하지 않는다면, 상대방이 어떻게 해주었으면 좋겠는지 어떻게 알려줄 수 있나요?"
  ○ 예시: "내가 설명할 수 있는 기회를 줬으면 좋겠어."
  ○ 예시: "내가 말하는 것을 진지하게 들었으면 좋겠어."
  ○ 예시: "제가 지금 어떤 기분인지 설명할 수 있는 기회를 주면 안 될까요?"
- 질문: "당신이 말한 것을 상대방이 반복하지 않는다면, 상대방이 어떻게 해주었으면 좋겠는지 어떻게 알려줄 수 있나요?"
  ○ 예시: "내 입장에서 이해해줄 수 있어?"

○ 예시: "내가 무슨 말을 하는지 이해가 되니?"

○ 예시: "제가 왜 화났는지 이해가 되나요?"

● 질문: "상대방이 '나' 전달법을 사용하여 당신의 입장을 설명하지 않는다면, 상대방이 어떻게 해주었으면 좋겠는지 어떻게 알려줄 수 있나요?"

○ 예시: "이게 어떻게 된 것인지 설명해줄 수 있어?"

○ 예시: "네가 왜 그랬는지 내가 이해할 수 있도록 도와줘."

○ 예시: "당신이 왜 그런 생각을 하는지 설명해주면 도움이 될 것 같아요."

● 질문: "당신은 미안하다는 이야기를 듣고 싶으나 상대방이 먼저 이야기하지 않는다면, 이것을 어떻게 표현할 수 있을까요?"

○ 예시: "당신이 미안해한다는 것을 표현해주면 제 마음이 편해질 것 같아요."

○ 예시: "네가 미안해한다는 것을 알면 내 기분이 풀릴 것 같아."

○ 예시: "당신이 미안해한다는 것을 알면 문제가 해결될 것 같아요."

8. 문제를 해결하려고 노력한다.

● 설명: "친구 혹은 연인과 논쟁 제기하기를 위한 마지막 단계는 문제를 해결하려고 노력하는 것입니다. 나로 인해 화가 난 사람과의 논쟁에 대응하는 것과 마찬가지로 몇 가지 방법을 통해 문제를 해결하려고 노력할 수 있습니다."

● **당신이 앞으로 어떻게 다르게 행동할 것인지 말한다.**

○ 설명: "문제를 해결하려고 노력하기 위한 방법 중 하나는 당신이 앞으로 어떻게 다르게 행동할 것인지 이야기하는 것입니다."

■ 예시: "앞으로는 너무 예민하게 굴지 않도록 할게."

■ 예시: "다시는 그러지 않도록 노력할게."

■ 예시: "다음에는 더 이해하려고 노력할게요."

● **당신이 어떻게 하기를 원하는지 상대방에게 물어본다.**

○ 설명: "문제를 해결하려고 노력하기 위한 다른 방법은 당신이 어떻게 하기를 원하는지 상대방에게 물어보는 것입니다."

■ 예시: "이런 일이 다시 일어나지 않을 수 있도록 내가 무엇을 안 했으면 좋겠니?"

■ 예시: "다음에는 내가 어떻게 했으면 좋겠니?"

■ 예시: "우리가 어떻게 해야 이 문제를 해결할 수 있을까요?"

● **상대방에게 원하는 것을 제안한다.**

○ 설명: "문제를 해결하려고 노력하기 위한 다른 방법은 상대방에게 원하는 것을 제안하는 것입니다."

■ 예시: "앞으로는 나한테 그렇게 말하지 않았으면 좋겠어."

■ 예시: "다음에는 내 기분도 생각해주었으면 좋겠어."

■ 예시: "다음에도 이런 일이 생긴다면 저에게 말해주었으면 좋겠어요."

● **문제를 해결할 수 없다면 침착함을 유지한다.**

○ 질문: "논쟁 혹은 의견충돌에서의 문제를 항상 해결할 수 있나요?"

■ 대답: 아니요.

○ 설명: "문제를 해결할 수 없다면 침착함을 유지해야 합니다. 상대방이 자신의 잘못을 인정하는 것을 기대하지 않습니다. 친구 혹은 연인과의 관계를 생각한다면 당신의 목표는 상대방이 사과하거나 잘못을 인정하도록 하는 것이 아닙니다. 당신의 목표는 논쟁을 끝내려고 노력하는 것입니다."

● **의견 차이를 인정한다.**
  ○ 질문: "나를 화나게 한 사람과의 논쟁을 다룰 때 때로는 의견 차이를 인정해야 하나요?"
    ■ 대답: 논쟁 혹은 의견충돌에서 의견 차이를 인정해야 할 때도 있습니다.
  ○ 치료자: "친구 혹은 연인과의 관계를 유지하고 싶다면 앞으로 나아가기 위해 때로는 의견 차이를 인정해야 할 때가 있습니다."

9. **우정과 데이트는 선택임을 기억한다.**
  ● 설명: "마지막으로 우정과 데이트는 선택임을 기억합니다. 친구 혹은 연인과 논쟁이 생기고, 이것이 만약 당신을 매우 화나게 한다면, 계속해서 친구 혹은 연인관계를 유지할 필요는 없습니다. 다만 친구 혹은 연인과의 논쟁은 매우 흔하게 일어난다는 것을 기억해야 하며, 아주 격렬하지 않은 논쟁 때문에 친구 혹은 연인과의 관계가 끝나게 되지는 않습니다. 그러나 우정과 데이트는 선택임을 기억해야 합니다."
  ● 설명: "논쟁에 대응할 때와 마찬가지로 논쟁을 제기할 때 하나의 단계를 따랐다고 해서 논쟁이 해결되는 것이 아닙니다. 모든 단계를 따라야 합니다. 만약 단계 중 하나라도 빠트리면 논쟁이 끝나지 않을 수 있기 때문에 모든 단계를 순서에 맞게 따라야 한다는 것을 기억해야 합니다."

● [참고사항(영어로 된 자료에 익숙하다면): PEERS® *Role Play Video Library*(www.routledge.com/cw/laugeson) 에서 **논쟁 다루기** 역할극 동영상을 보여줄 수도 있다.

과제 안내하기

[사회성 코치에게 사회성 코치 과제 기록지(부록 E)를 배부하고, 작성해서 다음 회기에 제출하게 한다.]

1. **친구와 함께 어울리기를 한다.**
  ● 사회성 코치는 성인이 **다섯 가지 요소**를 사용하여 함께 어울리기를 계획할 수 있도록 도와주어야 한다.
    ○ **누구와** 할 것인지
    ○ **무엇을** 할 것인지
    ○ **언제** 함께 어울리기를 할 것인지
    ○ **어디서** 함께 어울리기를 할 것인지
    ○ **어떻게** 함께 어울리기가 이루어질 수 있도록 준비할 것인지
  ● 연습 전에 사회성 코치들은 성인들과 **함께 어울리기** 규칙과 단계를 점검한다.
  ● 함께 어울리기 연습 이후에 사회성 코치들은 성인들에게 다음과 같은 **사회성 코칭 질문**을 한다.
    ○ 무엇을 하기로 결정했으며 함께할 활동을 누가 선택했나요?
    ○ 정보를 교환했나요? 함께 어울리는 시간의 몇 %를 정보를 교환하는 데 사용했나요?
    ○ 공통의 관심사는 무엇이었나요? 만약 두 사람이 함께 시간을 보내게 된다면 그 정보를 가지고 무엇을 할 수 있나요?
    ○ 당신과 친구는 좋은 시간을 보냈나요?
    ○ 다시 만나 시간을 보내기에 적합한 사람인 것 같나요?

2. 사회성 코치와 함께 **논쟁 다루기**를 연습한다.
   - 연습 전에 사회성 코치들은 성인들과 **논쟁에 대응하기** 및 **논쟁 제기하기** 규칙과 단계를 점검한다.
   - 연습을 한 이후에 사회성 코치들은 성인들에게 다음과 같은 **사회성 코칭 및 조망 수용 질문**을 한다.
     - 어떤 단계들을 따랐나요?
     - 마지막에 제 기분이 어땠을 것 같나요?
     - 마지막에 제가 당신에 대해서 어떻게 생각했을 것 같나요?
     - 제가 당신과 다시 만나고 싶어 할 것 같나요?

3. 자연스러운 상황이라면 친구 혹은 연인과 **논쟁 다루기**를 연습한다.
   - 연습 전에 사회성 코치들은 성인들과 **논쟁에 대응하기** 및 **논쟁 제기하기** 규칙과 단계를 점검한다.
   - 연습을 한 이후에 사회성 코치들은 성인들에게 다음과 같은 **조망 수용 질문**을 한다.
     - 어떤 단계들을 따랐나요?
     - 마지막에 당신의 기분은 어땠고, 상대방의 기분은 어땠을 것 같나요?
     - 마지막에 서로에 대해서 어떻게 생각했나요?
     - 두 사람이 서로 다시 만나고 싶을 것 같나요?

4. **상대에게 내가 관심이 있다는 것 알리기, 데이트 신청하기 및/혹은 데이트하기**를 연습한다.
   - 성인들이 누군가를 연애 상대로 좋아하고 있다면
     - **상대에게 내가 관심이 있다는 것을 알린다.**
     - **데이트를 신청한다.**
     - **데이트를 한다.**
     - 상대에게 연애 상대로서의 호감을 갖기 전까지는 시도하지 않는다.
   - 성인들이 편하게 느낀다면 사회성 코치들과 **상대에게 내가 관심이 있다는 것 알리기, 데이트 신청하기, 데이트하기**를 연습하도록 한다.
   - 연습 전에 사회성 코치들은 **데이트 예절** 규칙과 단계를 점검한다.
   - 각 연습이 끝나면 사회성 코치들은 성인들에게 다음과 같은 **사회성 코칭 질문**을 한다.
     - **상대에게 내가 관심이 있다는 것 알리기**
       - 누구와 연습했나요? 상대에게 내가 관심이 있다는 것을 알리기 위해 무엇을 했나요?
       - 상대는 어떻게 반응했나요?
       - 데이트 상대로서 좋은 선택인 것 같나요? 당신과 데이트하기에 적합한 사람인 것 같나요?
     - **데이트 신청하기**
       - 누구에게 데이트를 신청했나요? 어느 단계들을 따랐나요?
       - 상대는 어떻게 반응했나요?
     - **데이트하기**
       - 무엇을 하기로 결정했나요?
       - 정보를 교환했나요? 함께 있는 시간의 몇 %를 정보를 교환하는 데 사용했나요?
       - 공통의 관심사는 무엇이었나요? 만약 두 사람이 다시 데이트를 하게 된다면 그 정보를 가지고 무엇을 할 수 있나요?

- 당신과 데이트 상대는 좋은 시간을 보냈나요?
- 데이트 상대로서 좋은 선택인 것 같나요? 당신과 다시 만나 데이트하기에 적합한 사람인 것 같나요?

사회성 코칭 팁

성인과 **논쟁 다루기**를 연습할 때 다음과 같은 사회성 코칭 팁을 제안한다.

- 근거가 없는 논쟁으로 성인을 놀라게 하지 않는다.
- 연습하기 전에 무엇을 가지고 논쟁을 할 건지 계획하고, **논쟁에 대응하기** 및 **논쟁 제기하기** 규칙과 단계를 점검한다.
- (성인이 너무 감정적으로 문제를 다루지 않는 이상) 현실적으로 가능한 의견충돌을 가지고 논쟁 다루기를 연습한다.
- (영어로 된 자료에 익숙하다면) *The Science of Making Friends* DVD 혹은 *FriendMaker* 앱을 사용하여
  ○ **논쟁에 대응하기** 단계를 점검한다.
  ○ 의견충돌 다루기 동영상 역할극을 본다.
  ○ 역할극 다음에 오는 **조망 수용 질문**에 관해서 논의한다.
- **논쟁 다루기** 단계들을 연습할 수 있도록 실생활에서 **코칭할 수 있는 순간**을 이용한다.

성인 치료자 가이드

성인 회기 준비하기

이번 회기의 목적은 성인들이 또래 혹은 연인과의 논쟁이나 의견 불일치를 다루는 기본적인 기술을 가르치는 것이다. 오해와 논쟁은 성인들 사이에서는 흔한 일이고, 아주 격렬하지 않은 너무 빈번하거나 격렬한 정도가 아니라면 친구관계 혹은 연인관계가 끝나는 것으로 이어지지 않는다. 하지만 갈등을 해결하는 기술이 부족한 일부 성인들은 논쟁이 벌어졌을 때 해결해 나가는 방법을 모르고 결국 관계를 끝내는 쪽을 선택하기도 한다. 이것은 자폐스펙트럼장애 성인들에서 특징적이기도 한데, 이들은 융통성이 부족하고 유연하게 사고하지 못하는 경향이 있기 때문이다. 자폐스펙트럼장애를 가진 많은 성인들은 친구관계를 흑백논리로 해석하기도 한다. 예를 들어 그 사람과 잘 지낸다면 친구이고, 잘 지내지 못한다면 친구가 아닌 것이다. 이번 회기의 중요한 목표는 때로는 친구 혹은 연인과 논쟁하게 되더라도 그 관계를 끝내야 하는 것은 아니라는 것을 성인들이 이해하도록 돕는 것이다. 오히려 간헐적인 논쟁이 있더라도 갈등의 적절한 해결을 통해 친구관계 혹은 연인관계가 지속될 수 있다. 단, 특정 친구 혹은 연인과 너무 빈번하게 또는 너무 격렬하게 갈등을 겪는다면 관계에 있어서 그 선택이 적절한지 다시 생각해볼 필요는 있을 것이다.

이번 회기에서 가장 큰 숙제는 다른 사람과의 논쟁을 해결하기 위해서 **논쟁에 대응하기** 및 **논쟁 제기하기** 과정의 모든 단계를 완성해야 한다는 것을 성인들이 이해할 수 있도록 돕는 것이다. 많은 성인들이 모든 단계를 전체적으로 사용하기보다는 하나의 단계만을 선택하여 사용하려고 할 것이다. 몇몇 성인들은 이번 회기의 교육 내용에 동의하지 않을 수 있다. 그들은 다음과 같이 말할 것이다. "미안하다고 말하는 것은 논쟁 해결에 도움이 되지 않습니다.", "자신의 입장만 이야기한다고 문제가 해결되지 않습니다." 이것은 사실이다. 미안하다고만 말하거나 자신의 입장만을 이야기한다고 해서 논쟁이 해결되지는 않는다. 모든 단계를 조합하여 사용해야만 효과적인 논쟁 해결로 이어질 수 있다. **역할극 시연**은 모든 단계를 완성해야 한다는 것을 성인들이 이해하게 하는 데 도움이 될 것이다. 이번 회기의 역할극은 두 명의 보조 치료자가 함께 **논쟁 다루기** 단계들을 각각 따로 보여주고, 그다음 각 단계에 새로운 단계를 하나씩 더해서 연속적으로 시연해 보여준다. 각 단계를 보여줄 때마다 "여기까지"를 외치고 성인들에게 논쟁이 끝난 것 같은지를 물어보게 된다. 모든 단계를 포함한 하나의 큰 역할극을 한 번에 보여주게 되면 성인들에게 모든 단계를 완성해야 한다는 것을 이해시키기 힘들 수도 있다.

다른 회기에서 배운 기술들과 마찬가지로 이번 회기의 내용을 성인들이 바로 적용할 수 있는 기회는 제한적일 수 있으나 앞으로 남은 회기 사이에 꾸준히 연습한다면 최대한의 효과를 얻을 수 있을 것이다. 논쟁이 일어나는 친구관계가 없는 성인의 경우에는 이번 회기에서 가르치는 기술들을 자연스러운 환경에서 사용하게 될 일이 없을 수도 있다. 그러므로 과제 안내하기 동안 성인이 사회성 코치와 함께 회기 밖에서 **논쟁 다루기**를 연습할 수 있도록 격려해야 한다. 실제로 일어나는 가족 간의 논쟁을 기회로 이것을 연습할 수도 있다. 성인이 친구 혹은 연인과의 논쟁이 일어날 때를 대비해서 사회성 코치와 성인이 **사회성 코칭 유인물**을 가지고 다니면서 익히게 하는 것도 좋다.

과제 점검

[다음의 과제를 검토하고 발생 가능한 **문제해결**을 의논한다. 성공적으로 과제를 완수한 사람부터 시작한다.

시간이 된다면 (과제를 다 하지 못한 사람들에게) 왜 과제를 완수할 수 없었는지 이유를 질문할 수 있으며, 다음 주에 어떻게 이것을 할 수 있을지에 대한 **문제해결**을 시도해볼 수 있다. 과제를 점검하는 동안에는 반드시 (볼드체로 표시된) **우리끼리 단어**를 사용한다. **함께 어울리기**가 이번 회기의 가장 중요한 과제이므로 과제 점검 시간 대부분을 여기에 할애한다.]

1. 친구와 **함께 어울리기**를 한다.
   - 치료자: "이번 주의 주요 과제 중 하나는 여러분이 친구와 함께 어울리기를 하는 것이었습니다. 이번 주에 친구와 함께 어울리기를 한 사람은 손을 들어주세요."
   - 질문
     - "누구와 함께 어울렸으며 무엇을 하기로 결정했나요?"
     - "다섯 가지 요소를 사용하여 함께 어울리기를 계획했나요?"
     - "함께 어울리기를 어떻게 시작했나요?"
     - "함께할 활동들은 누가 선택했나요?"
     - "서로 정보를 교환했나요? 함께 어울리는 시간의 몇 %를 정보를 교환하는 데 사용했나요?"
     - "함께 어울리기를 어떻게 마무리했나요?"
     - "당신과 친구는 좋은 시간을 보냈나요?"
     - "다시 만나 시간을 보내기에 적합한 사람인 것 같나요?"

표 14.1 집에서 함께 어울리기 시작하기 및 마무리하기를 위한 단계

함께 어울리기 시작하기	함께 어울리기 마무리하기
1. 손님에게 인사를 한다.	1. 활동이 잠시 멈출 때를 기다린다.
2. 손님을 집 안으로 맞이한다.	2. 함께 어울리기를 마무리하기 위한 꼬리말을 한다.
3. 손님이 모르는 사람들에게는 손님을 소개한다.	3. 친구를 문까지 배웅한다.
4. 집 안을 안내해준다.	4. 친구에게 함께 어울리기를 해서 고맙다고 말한다.
5. 간단한 간식을 권한다.	5. 친구에게 즐거운 시간을 보냈다고 말한다.
6. 손님에게 무엇을 하고 싶은지 물어본다.	6. 잘 가라고 인사하고, 나중에 다시 보자고 한다.

2. **상대에게 내가 관심이 있다는 것 알리기, 데이트 신청하기** 및/혹은 **데이트하기**를 연습한다.
   - 치료자: "이번 주 또 다른 과제는 상대에게 내가 관심이 있다는 것 알리기, 데이트 신청하기 및/혹은 데이트하기를 연습하는 것이었습니다. 이 과제는 상대방에게 연애 상대로서의 호감을 갖기 전까지는 시도하지 않는 것이었습니다. 이 과제를 한 사람은 손을 들어주세요."
   - 질문
     - "누구와 연습했나요?"
     - "상대에게 내가 관심이 있다는 것을 알리기 위해 무엇을 했나요? 상대는 어떻게 반응했나요?"
     - "데이트 신청은 했나요? 했다면 상대는 어떻게 반응했나요?"
     - 데이트를 했다면 다음과 같은 질문을 한다.
       - "무엇을 하기로 결정했나요?"
       - "정보를 교환했나요? 데이트를 한 시간의 몇 %를 정보를 교환하는 데 사용했나요?"

- "공통의 관심사는 무엇이었나요? 만약 두 사람이 다시 데이트를 하게 된다면 그 정보를 가지고 무엇을 할 수 있나요?"
        - "당신과 데이트 상대는 좋은 시간을 보냈나요?
    ○ "데이트 상대로서 좋은 선택인 것 같나요? 당신과 다시 만나 데이트하기에 적합한 사람인 것 같나요?"

3. 또래들끼리 하고 있는 **여러 사람이 하는 대화에 들어가기를** 연습한다(새로운 친구를 사귈 수 있는 곳에서 만난 친구와 해도 된다).
    - 치료자: "이번 주 또 다른 과제는 또래들끼리 하고 있는 여러 사람이 하는 대화에 들어가기를 연습하는 것이었습니다. 이 과제를 한 사람은 손을 들어주세요."
    - 질문
        ○ "어디에서 누구와의 대화에 들어갔나요?"
        ○ "어떤 단계들을 따랐나요?"
            1. 대화를 귀 기울여 듣는다.
            2. 거리를 두고 지켜본다.
            3. 소품을 사용한다.
            4. 주제를 확인한다.
            5. 공통의 관심사를 찾는다.
            6. 더 가까이 다가간다.
            7. 대화가 짧게 멈출 때를 기다린다.
            8. 주제를 언급한다.
            9. 관심을 평가한다.
            10. 자신을 소개한다.
        ○ "그들이 당신과 이야기를 나누고 싶어 하는 것처럼 보였나요?"
        ○ "그것을 어떻게 알 수 있었나요?"
            - 당신과 이야기를 했나요?
            - 당신을 쳐다보았나요?
            - 당신과 마주보고 이야기를 했나요(원을 열었나요)?
        ○ "대화에서 빠져나왔나요? 어떤 단계들을 따랐나요?"

표 14.2 대화에서 빠져나오기 위한 단계

전혀 받아들여지지 않았을 때	처음에는 받아들여졌으나 그 이후에 제외되었을 때	완전히 받아들여졌을 때
1. 침착함을 유지한다.	1. 침착함을 유지한다.	1. 대화가 짧게 멈출 때를 기다린다.
2. 다른 곳을 본다.	2. 다른 곳을 본다.	2. 구체적인 꼬리말을 한다.
3. 돌아선다.	3. 대화가 짧게 멈출 때를 기다린다.	3. 나중에 보자고 한다.
4. 다른 곳으로 걸어간다.	4. 짧은 꼬리말을 한다.	4. 작별인사를 한다.
	5. 다른 곳으로 간다.	5. 다른 곳으로 간다.

교육: 논쟁 다루기

- 설명: "오늘 우리는 논쟁하는 방법에 대해 이야기할 것입니다. 친구 혹은 연인과의 논쟁 및 의견충돌은 흔하게 일어나며, 아주 격렬하지 않은 논쟁으로 인해 친구 혹은 연인과의 관계가 끝나게 되지는 않습니다. 논쟁이 흔하기 때문에 그것을 다루는 방법을 아는 것이 중요합니다. 성인들이 다른 사람과 논쟁을 할 때는 대부분 두 가지 중 하나의 상황에 놓이게 될 것입니다. 상대방이 성인 때문에 화가 나서 논쟁에 대응해야 하는 경우와 성인이 다른 사람 때문에 화가 나서 논쟁을 제기해야 하는 것입니다. 만약 누군가가 우리에게 화가 나서 논쟁에 대응해야 하는 것부터 이야기를 나눠보겠습니다."

- [**논쟁 다루기**의 규칙 및 **우리끼리 단어**는 볼드체로 표시되어 있으며 칠판에 적는다. 수업이 끝날 때까지 칠판에 적혀 있는 것을 지우지 않는다. 영어로 된 자료에 익숙하다면 ▶ 표시가 있는 각 역할극에 해당하는 역할극 동영상이 PEERS® *Role Play Video Library*(www.routledge.com/cw/laugeson)에 포함되어 있으니 참고해볼 수도 있다.]

논쟁에 대응하기 위한 단계

1. 침착함을 유지한다.

- 치료자: "친구 혹은 연인과의 논쟁 혹은 의견충돌에 대응하기 위한 첫 번째 단계는 침착함을 유지하는 것입니다. 즉, 마음을 차분하게 하고 흥분하지 않아야 한다는 의미입니다. 성인들이 침착함을 유지할 수 있는 방법에는 어떤 것들이 있을까요?"
  - 대답: 크게 심호흡을 한다. 속으로 천천히 10까지 숫자를 센다. 이야기를 하기 전에 진정할 시간을 갖는다.
- 질문: "논쟁에 대응하는 동안 침착함을 잃는다면 무엇이 문제가 될 수 있을까요?"
  - 대답: 침착함을 잃는다면 나중에 후회하게 될 말을 하거나 친구 혹은 연인과의 관계를 더 나쁘게 만들 수 있습니다.

2. 상대방의 말을 먼저 귀 기울여 듣는다.

- 설명: "친구 혹은 연인과의 논쟁 혹은 의견충돌에 대응하기 위한 다음 단계는 상대방의 말을 먼저 귀 기울여 듣는 것입니다. 즉, 상대방이 당신 때문에 화가 났다면 당신의 입장에 대해 설명하기 전에 상대방의 말을 먼저 귀 기울여 들어야 한다는 의미입니다."
- 질문: "상대방의 말을 먼저 귀 기울여 듣는 것이 중요한 이유는 무엇일까요?"
  - 대답: 귀 기울여 듣는 것은 의사소통의 중요한 부분이고, 상대방의 관점을 이해하도록 도와줍니다.

3. 상대방이 말한 것을 반복한다.

- 설명: "다음 단계는 당신이 상대방의 말을 귀 기울여 듣고 있다는 것을 알려주기 위해 상대방이 말한 것을 반복하는 것입니다."
- 질문: "상대방이 말한 것을 반복하는 것이 중요한 이유는 무엇일까요?"
  - 대답: 당신이 귀 기울여 듣고 있다는 것을 보여줍니다. 당신이 상대방의 말에 신경 쓰고 있다는 것을 보여줍니다. 당신이 공감하고 있다는 것을 보여줍니다.
- 설명: "만약 성인이 이번 단계를 시행하는 데 어려움을 겪는다면, 상대방이 말한 것을 반복하기 위해서는 보통 다음과 같이 시작할 수 있다. "너의 이야기를 들어보니 ……""

- ○ 예시: "너의 이야기를 들어보니 네가 속이 상한 것 같다."
- ○ 예시: "너의 이야기를 들어보니 네가 화가 난 것 같다."
- ○ 예시: "당신의 이야기를 들어보니 당신의 기분이 상한 것 같네요."

- 다음에 제시된 불평을 말하고 각 성인이 불평의 내용에 맞게 **상대방이 말한 것을 반복하게** 한다.
  - ○ 치료자: "네가 나를 놀릴 때마다 기분이 나빠."
    - 예시: 내가 말한 것이 너를 기분 나쁘게 만든 것 같다.
  - ○ 치료자: "네가 나한테 장난 치는 것이 싫어."
    - 예시: 내가 너를 화나게 한 것 같다.
  - ○ 치료자: "네가 많은 사람들 앞에서 내 옷차림을 보고 웃을 때 정말 창피했어."
    - 예시: 내가 너를 기분 나쁘게 만든 것 같다.
  - ○ 치료자: "네가 나의 문자에 답장을 하지 않으면 기분이 나빠."
    - 예시: 내가 너를 속상하게 한 것 같다.
  - ○ 치료자: "네가 나한테 그렇게 말할 때 화가 났어."
    - 예시: 내가 너를 화나게 한 것 같다.
  - ○ 치료자: "네가 나의 비밀을 다른 사람한테 말하는 것이 싫어."
    - 예시: 내가 너를 속상하게 한 것 같다.
  - ○ 치료자: "네가 나한테 그렇게 말하는 것이 싫어."
    - 예시: 내가 너를 화나게 한 것 같다.
  - ○ 치료자: "네가 늦게 도착해서 정말 짜증나."
    - 예시: 내가 너를 짜증나게 한 것 같다.
  - ○ 치료자: "네가 나를 바람맞혔을 때 기분 나빴어."
    - 예시: 내가 너를 속상하게 한 것 같다.
  - ○ 치료자: "네가 나를 그렇게 대할 때마다 화가 나."
    - 예시: 내가 너를 정말 화나게 한 것 같다.

- 설명: "상대방이 말한 것을 반복하는 것은 그 사람의 말을 귀 기울여 듣고 공감을 하고 있다는 것을 보여줍니다. 상대방이 말한 것을 반복하지 않는다면 당신이 상대방의 말에 귀 기울여 듣고 있는지를 알 수 없으며, 논쟁은 계속 이어질 것입니다. "너의 이야기를 들어보니 ……"와 같이 말하는 것은 상대방이 말한 것을 반복할 수 있는 방법 중 하나입니다. 그러나 당신이 이것보다 더 자연스럽게 상대방이 말한 것을 반복할 수 있다면 그렇게 하도록 노력할 것을 권장합니다."

4. '나' 전달법을 사용하여 당신의 입장에 대해 설명한다.

- 설명: "논쟁에 대응하기의 다음 단계는 '나' 전달법을 사용하여 당신의 입장에 대해 설명하는 것입니다. 많은 사람들이 논쟁을 다룰 때 이번 단계를 가장 먼저 하려고 하지만 침착함을 유지하고, 상대방의 말을 먼저 귀 기울여 듣고, 상대방이 말한 것을 반복하고 난 다음까지 기다려야 합니다. '나' 전달법을 사용하여 당신의 입장에 대해 설명할 때는 상대방이 틀렸다고 말하는 것을 피해야 합니다. 대신에 차분하게 '나' 전달법을 사용하여 당신의 입장에 대해 설명하도록 합니다."
- 질문: "상대방이 틀렸다고 말하면 무엇이 문제가 될 수 있을까요?"

- 대답: 상대방을 화나게 하고 논쟁 혹은 의견충돌을 더 악화시킬 수 있습니다. 상대방이 동의하지 않을 것입니다. 상대방이 당신에게 더 화가 날 수도 있습니다.
- 설명: "당신의 입장에 대해 설명할 때는 '나' 전달법을 사용해야 합니다. '나' 전달법이란 무엇일까요?"
  - 대답: "나는 …… 생각해." 혹은 "나는 ……(이)라고 느껴."와 같이 자기 자신을 주어로 시작하는 문장을 말합니다.
- 질문: "그렇다면 '너' 전달법이란 무엇일까요?"
  - 대답: "너는 …… 했어." 혹은 "너는 나를 ……(이)라고 느끼게 만들어."와 같이 상대를 주어로 시작하는 문장을 말합니다.
- 질문: "그렇다면 '나' 전달법 대신 '너' 전달법을 쓴다면 무엇이 문제가 될 수 있을까요?"
  - 대답: **'너' 전달법**을 사용하면 사람들은 방어적이 됩니다. **'나' 전달법**은 자신의 감정에 초점을 두고 상대를 탓하지 않기 때문에 덜 공격적입니다.
- 질문: "논쟁 혹은 의견충돌에 대응할 때 사용할 수 있는 '나' 전달법 문장에는 어떤 것들이 있을까요?"
  - 예시: "나는 너를 화나게 할 의도는 없었어."
  - 예시: "나는 우리 사이에 오해가 있다고 생각해."
  - 예시: "저는 우리 사이에 의사소통이 잘 안 되었다고 생각해요."

5. **미안하다고 말한다.**
   - 설명: "친구 혹은 연인과의 논쟁 혹은 의견충돌에 대응하기 위한 다음 단계는 미안하다고 말하는 것입니다. 당신이 뭔가를 잘못했다고 생각하지 않아도 미안하다고 말하는 것이 중요합니다."
   - 질문: "상대방이 화가 났다면 미안하다고 말하는 것이 중요한 이유는 무엇일까요?"
     - 대답: 상대방이 현재 '기분이 나쁘다고 하는 것'에 대해 당신이 미안해한다는 것을 보여줘야 하기 때문입니다. 논쟁 혹은 의견충돌은 당신이 미안하다고 말하기 전까지는 끝나는 경우가 거의 없기 때문입니다.
   - 질문: "잘못을 했지만 의도적이지 않았을 때에도 미안하다고 말해야 할까요?"
     - 대답: 예.
   - 질문: "미안하다고 말하지 않으면 논쟁이 끝날 수 있을까요?"
     - 대답: 아마도 그러지 못할 것입니다.
   - 질문: "단지 미안하다고 말하는 것만으로 끝내도 될까요? 아니면 무엇 때문에 미안한지를 말해야 할까요?"
     - 대답: 무엇 때문에 미안한지 말해야 합니다. 무엇 때문에 미안한지 말을 하지 않으면 상대방이 "무엇 때문에 미안한데?"라고 물어볼 수 있습니다.
   - 질문: "미안하다고 말하는 것이 당신이 뭔가를 잘못했다고 인정하는 것인가요? 당신이 잘못한 것이 없다고 생각하는데도 잘못을 인정해야 하나요?"
     - 대답: 미안하다고 말하는 것이 잘못을 인정하는 것은 아닙니다. 당신이 잘못한 것이 없다고 생각한다면 비난받을 필요는 없습니다.
   - 설명: "미안하다고 말하는 것이 당신이 뭔가를 잘못했다고 인정한다는 의미는 아닙니다. 상대방이 그렇게 느끼는 것에 대해 혹은 이런 일이 일어났다는 것에 대해 안타까운 마음을 표현할 수 있습니다."

○ 예시: "네가 기분이 나빴다면 미안해."

○ 예시: "이런 일이 생기게 되어 미안해."

○ 예시: "당신의 기분이 상했다면 미안해요."

6. **문제를 해결하려고 노력한다.**

- 설명: "친구 혹은 연인과의 논쟁 혹은 의견충돌에 대응하기 위한 가장 마지막 단계는 문제를 해결하려고 노력하는 것입니다. 이것은 몇 가지 방법을 통해 이루어질 수 있습니다."

- **상대방에게 당신이 앞으로 어떻게 다르게 행동할 것인지 말한다.**

  ○ 설명: "문제를 해결하려고 노력하기 위한 방법 중 하나는 상대방에게 당신이 앞으로 어떻게 다르게 행동할 것인지 말하는 것입니다."

    ▪ 예시: "너를 다시 언짢게 하지 않도록 노력할게."

    ▪ 예시: "다시는 그런 일이 없도록 노력할게."

    ▪ 예시: "다음에는 더 조심하도록 노력할게요."

- **당신이 어떻게 하기를 원하는지 상대방에게 물어본다.**

  ○ 설명: "문제를 해결하려고 노력하기 위한 다른 방법은 당신이 어떻게 하기를 원하는지 상대방에게 물어보는 것입니다."

    ▪ 예시: "내가 어떻게 하면 네 기분이 나아질 수 있을까?"

    ▪ 예시: "내가 어떻게 했으면 좋겠니?"

    ▪ 예시: "제가 어떻게 하면 이것이 해결될 수 있을까요?"

- **당신이 상대방에게 원하는 것을 제안한다.**

  ○ 설명: "문제를 해결하려고 노력하기 위한 다른 방법은 당신이 상대방에게 원하는 것을 제안하는 것입니다."

    ▪ 예시: "내가 너의 기분을 또 언짢게 한다면 말해주었으면 좋겠어."

    ▪ 예시: "다음에는 네가 무엇을 원하는지 알 수 있게 해주었으면 좋겠어."

    ▪ 예시: "다음에도 이런 일이 생긴다면 저에게 말해주었으면 좋겠어요."

- **문제를 해결할 수 없다면 침착함을 유지한다.**

  ○ 질문: "논쟁 혹은 의견충돌에서의 문제를 항상 해결할 수 있나요?"

    ▪ 대답: 항상 그런 것은 아닙니다.

  ○ 질문: "문제를 해결할 수 없다면 침착함을 잃고 화를 내야 하나요?"

    ▪ 대답: 아니요. 문제를 해결할 수 없다면 침착함을 유지해야 합니다.

  ○ 설명: "문제를 해결할 수 없다면 침착함을 유지해야 합니다. 상대방이 자신의 잘못을 인정하는 것을 기대하지 않습니다. 친구 혹은 연인과의 관계를 생각한다면 당신의 목표는 상대방이 사과하거나 잘못을 인정하도록 하는 것이 아닙니다. 당신의 목표는 갈등 상황을 끝마치려고 노력하는 것입니다."

- **의견 차이를 인정한다.**

  ○ 질문: "사람들은 때로 의견 차이를 인정해야 하나요? 그리고 이것은 무엇을 의미할까요?"

    ▪ 대답: 논쟁 혹은 의견충돌에서 서로 의견이 다를 수 있다는 것을 인정해야 할 때도 있습니다.

  ○ 설명: "친구 혹은 연인과의 관계를 앞으로 지속적으로 유지하고 싶다면 때로는 서로 의견이 다를 수

있다는 것을 인정해야 할 때가 있습니다."

- **모든 단계를 따라야 한다는 것을 기억한다.**
  - ○ 설명: "모든 단계를 시행해야 논쟁에 대응할 수 있다는 것을 이해하는 것이 중요합니다. 예를 들어 간혹 사람들은 끝나지 않을 것 같은 논쟁을 할 때가 있습니다. 이것은 대개 위의 단계 중 하나를 빠트렸기 때문입니다."
  - ○ 질문: "만약 당신과 논쟁을 하는 사람이 같은 불평을 반복하고 "넌 내가 하는 말을 이해 못하고 있어!"와 같이 말한다면 어떤 단계를 빠트린 것일까요?"
    - 대답: **상대방이 말한 것을 반복**하지 않았습니다. 따라서 당신이 상대방의 말에 귀 기울여 듣지 않았다고 생각합니다.
  - ○ 질문: "만약 당신과 논쟁을 하는 사람이 계속해서 질문을 하거나 "네가 왜 그랬는지 알 수가 없어!" 혹은 "어떻게 그럴 수 있어?"와 같이 말한다면 어떤 단계를 빠트린 것일까요?"
    - 대답: '나' 전달법을 사용하여 **당신의 입장에 대해 설명**하지 않았습니다. 따라서 당신의 입장을 이해할 수 없습니다.
  - ○ 질문: "만약 당신과 논쟁을 하는 사람이 계속해서 자신의 기분을 말하고 "넌 하나도 신경을 쓰는 것 같지 않아!" 혹은 "너는 지금 별로 동요하는 것 같지 않아."와 같이 말한다면 어떤 단계를 빠트린 것일까요?"
    - 대답: **미안하다**고 말하지 않았습니다. 따라서 당신이 상대방을 걱정하지 않는다고 생각합니다.
  - ○ 질문: "만약 당신과 논쟁을 하는 사람이 당신이 앞으로 어떻게 할 것인지를 계속해서 물어보고 "너를 믿을 수 있을지 모르겠어!" 혹은 "네가 다음에 또 그러지 않을지 어떻게 알아?"와 같이 말한다면 어떤 단계를 빠트린 것일까요?"
    - 대답: **문제를 해결하려고 노력**하지 않았습니다. 따라서 상대방은 당신을 믿을 수 없습니다.
- 설명: "만약 위의 단계 중 하나라도 빠트린다면, 논쟁 혹은 의견충돌이 끝나지 않을 수 있음을 기억해야 합니다. 모든 단계를 위와 같이 따를 수 있도록 해야 합니다."

역할극: 논쟁에 대응하기 ▶

[보조 치료자 2명이 단계별로 **논쟁에 대응하기**의 적절한 역할극을 보여준다. 각 단계는 개별적으로 보여주며, 이전 역할극에 새로운 단계를 추가해서 연속적으로 보여준다. 보조 치료자들이 논쟁을 여러 번 보여줄 것이며, 할 때마다 새로운 단계를 추가하여 보여줄 것이라고 설명한다. 이렇게 하면 각 단계가 중요하다는 것을 보여줄 수 있다.]

- 치료자: "논쟁에 대응하기 위한 첫 두 단계는 침착성을 유지하는 것과 상대방의 말을 먼저 듣는 것입니다. 잘 보고 (보조 치료자 2의 이름)이/가 어떤 단계들을 따랐는지 이야기해주세요."
  - ○ [보조 치료자 2는 **침착함을 유지하고, 상대방의 말을 먼저 귀 기울여 듣는다**를 보여준다.] ▶

적절하지만 미완성된 역할극의 예

○ 보조 치료자 1: "(보조 치료자 2의 이름)아/야, 나 너 때문에 정말 화가 났어! 애들이 그러는데 네가 뒤에서 내 이야기를 하고 다니면서, 내가 (이름)을/를 좋아한다는 것을 모두에게 말했다며!"

> ○ 보조 치료자 2: (침착함을 유지하고, 화 내지 않고 귀 기울여 듣는다.)
>
> ○ 보조 치료자 1: "네가 모두에게 그걸 말했다니 정말 믿을 수가 없다! 그건 비밀이었잖아. 이제는 모두가 다 알게 되었고 내 뒤에서 이야기하고 있어."
>
> ○ 보조 치료자 2: (침착함을 유지하고, 화내지 않고 귀 기울여 듣는다.)

- 치료자: "자, 여기까지입니다. (보조 치료자 2의 이름)이/가 어떤 단계들을 따랐지요?"
  - ○ 대답: **침착함을 유지했습니다. 상대방의 말을 먼저 귀 기울여 들었습니다.**
- 질문: "논쟁이 끝난 것 같나요?"
  - ○ 대답: 아니요.
- 설명: "다음 단계는 상대방의 말을 따라서 반복하는 것입니다. 잘 보고 (보조 치료자 2의 이름)이/가 어떤 단계들을 따랐는지 이야기해주세요."
- [보조 치료자 2는 **침착함을 유지하고, 상대방의 말을 먼저 귀 기울여 듣고, 상대방이 말한 것을 반복한다**를 보여준다.] ▶

> 적절하지만 미완성된 역할극의 예
>
> ○ 보조 치료자 1: "(보조치료자 2의 이름)아/야, 나 너 때문에 정말 화가 났어! 애들이 그러는데 네가 뒤에서 내 이야기를 하고 다니면서 내가(이름)을/를 좋아한다는 것을 모두에게 말했다며!"
>
> ○ 보조 치료자 2: (침착함을 유지하고, 화 내지 않고 귀 기울여 듣는다.)
>
> ○ 보조 치료자 1: "네가 모두에게 그걸 말했다니 정말 믿을 수가 없다! 그건 비밀이었잖아. 이제는 모두가 다 알게 되었고 내 뒤에서 이야기하고 있어."
>
> ○ 보조 치료자 2: "너 정말 화가 많이 난 것 같다."
>
> ○ 보조 치료자 1: "그래, 나 정말 화가 났어! 내가 너한테 그건 비밀이라고 했으니 말하지 않을 줄 알았어. 그런데 이제 모두를 내 일을 알고 뒤에서 나를 놀리고 있어."
>
> ○ 보조 치료자 2: (미안해하는 것처럼 보인다.)

- 치료자: "자, 여기까지입니다. (보조 치료자 2의 이름)이/가 어떤 단계들을 따랐지요?"
  - ○ 대답: **침착함을 유지했습니다. 상대방의 말을 먼저 귀 기울여 들었습니다. 상대방이 말한 것을 반복했습니다.**
- 질문: "논쟁이 끝난 것 같나요?"
  - ○ 대답: 아니요.
- 설명: "다음 단계는 '나' 전달법을 사용하여 자신의 입장에 대해서 설명하는 것입니다. 잘 보고 (보조 치료자 2의 이름)이/가 어떤 단계들을 따랐는지 이야기해주세요."
- [보조 치료자 2는 **침착함을 유지하고, 상대방의 말을 먼저 귀 기울여 듣고, 상대방이 말한 것을 반복하고, '나' 전달법을 사용하여 당신의 입장을 설명한다**를 보여준다.] ▶

> 적절하지만 미완성된 역할극의 예
>
> ○ 보조 치료자 1: "(보조 치료자 2의 이름)아/야, 나 너 때문에 정말 화가 났어! 애들이 그러는데 네가 뒤에서 내 이야기를 하고 다니면서, 내가 (이름)을/를 좋아한다는 것을 모두에게 말했다며!"

○ 보조 치료자 2: (침착함을 유지하고, 화 내지 않고 귀 기울여 듣는다.)

○ 보조 치료자 1: "네가 모두에게 그걸 말했다니 정말 믿을 수가 없다! 그건 비밀이었잖아. 이제는 모두가 다 알게 되었고 내 뒤에서 이야기하고 있어."

○ 보조 치료자 2: "너 정말 화가 많이 난 것 같다."

○ 보조 치료자 1: "그래, 나 정말 화가 났어! 내가 너한테 그건 비밀이라고 했으니 말하지 않을 줄 알았어. 그런데 이제 모두들 내 일을 알고 뒤에서 나를 놀리고 있어."

○ 보조 치료자 2: (미안해하는 것처럼 보인다.) "어······ 난 그게 비밀인지 몰랐어. 난 사람들이 이미 알고 있다고 생각했기 때문에 뒤에서 네 이야기를 한다고 생각하지 않았어. 그래서 사람들이 너를 놀릴 거라고는 상상도 못했어."

○ 보조 치료자 1: "그런데 지금 사람들이 날 놀리고 있고, 그건 다 네 잘못이야! 네가 아무 말 안 했다면 이런 일은 없었을 거 아니야."

○ 보조 치료자 2: (미안해하는 것처럼 보인다.)

● 치료자: "자, 여기까지입니다. (보조 치료자 2의 이름)이/가 어떤 단계들을 따랐지요?"

　○ **대답**: 침착함을 유지했습니다. 상대방의 말을 먼저 귀 기울여 들었습니다. 상대방이 말한 것을 반복했습니다. '나' 전달법을 사용하여 당신의 입장에 대해서 설명했습니다.

● 질문: "논쟁이 끝난 것 같나요?"

　○ 대답: 아니요.

● 설명: "다음 단계는 미안하다고 말하는 것입니다. 잘 보고 (보조 치료자 2의 이름)이/가 어떤 단계들을 따랐는지 이야기해주세요."

● [보조 치료자 2는 **침착함을 유지하고, 상대방의 말을 먼저 귀 기울여 듣고, 상대방이 말한 것을 반복하고, '나' 전달법을 사용하여 당신의 입장에 대해서 설명하고, 미안하다고 말한다**를 보여준다.] ▶

적절하지만 미완성된 역할극의 예

○ 보조 치료자 1: "(보조 치료자 2의 이름)아/야, 나 너 때문에 정말 화가 났어! 애들이 그러는데 네가 뒤에서 내 이야기를 하고 다니면서, 내가 (이름)을/를 좋아한다는 것을 모두에게 말했다며!"

○ 보조 치료자 2: (침착함을 유지하고, 화 내지 않고 귀 기울여 듣는다.)

○ 보조 치료자 1: "네가 모두에게 그걸 말했다니 정말 믿을 수가 없다! 그건 비밀이었잖아. 이제는 모두가 다 알게 되었고 내 뒤에서 이야기하고 있어."

○ 보조 치료자 2: "너 정말 화가 많이 난 것 같다."

○ 보조 치료자 1: "그래, 나 정말 화가 났어! 내가 너한테 그건 비밀이라고 했으니 말하지 않을 줄 알았어. 그런데 이제 모두들 내 일을 알고 나를 놀리고 있어."

○ 보조 치료자 2: (미안해하는 것처럼 보인다.) "어······ 난 그게 비밀인지 몰랐어. 난 사람들이 이미 알고 있다고 생각했기 때문에 뒤에서 네 이야기를 한다고 생각하지 않았어. 그래서 사람들이 너를 놀릴 거라고는 상상도 못했어."

○ 보조 치료자 1: "그런데 지금 사람들이 날 놀리고 있고, 그건 다 네 잘못이야! 네가 아무 말 안 했다면

이런 일은 없었을 거 아니야."

- 보조 치료자 2: (미안해하는 것처럼 보인다.) "내가 너를 기분 나쁘게 했다면 미안해. 나는 네 비밀을 이야기하려는 의도는 아니었어."
- 보조 치료자 1: "하지만 이미 넌 말을 했고, 이제 되돌리기에는 너무 늦었어."

- 치료자: "자, 여기까지입니다. (보조 치료자 2의 이름)이/가 어떤 단계들을 따랐지요?"
  - 대답: **침착함을 유지했습니다. 상대방의 말을 먼저 귀 기울여 들었습니다. 상대방이 말한 것을 반복했습니다. '나' 전달법을 사용하여 당신의 입장에 대해서 설명했습니다. 미안하다고 말했습니다.**
- 질문: "논쟁이 끝난 것 같나요?"
  - 대답: 아니요.
- 설명: "다음 단계는 문제를 해결하려고 노력하는 것입니다. 잘 보고 (보조 치료자 2의 이름)이/가 어떤 단계들을 따랐는지 이야기해주세요."
- [보조 치료자 2는 **침착함을 유지하고, 상대방의 말을 먼저 귀 기울여 듣고, 상대방이 말한 것을 반복하고, '나' 전달법을 사용하여 당신의 입장에 대해서 설명하고, 미안하다고 말하고, 문제를 해결하려고 노력하는** 모든 단계를 보여준다.] ▶

적절하고 완성된 역할극

- 보조 치료자 1: "(보조 치료자 2의 이름)아/야, 나 너 때문에 정말 화가 났어! 애들이 그러는데 네가 뒤에서 내 이야기를 하고 다니면서, 내가 (이름)을/를 좋아한다는 것을 모두에게 말했다며!"
- 보조 치료자 2: (침착함을 유지하고, 화 내지 않고 귀 기울여 듣는다.)
- 보조 치료자 1: "네가 모두에게 그걸 말했다니 정말 믿을 수가 없다! 그건 비밀이었잖아. 이제는 모두가 다 알게 되었고 내 뒤에서 이야기하고 있어."
- 보조 치료자 2: "너 정말 화가 많이 난 것 같다."
- 보조 치료자 1: "그래, 나 정말 화가 났어! 내가 너한테 그건 비밀이라고 했으니 말하지 않을 줄 알았어. 그런데 이제 모두들 내 일을 알고 나를 놀리고 있어."
- 보조 치료자 2: (미안해하는 것처럼 보인다.) "어…… 난 그게 비밀인지 몰랐어. 난 사람들이 이미 알고 있다고 생각했기 때문에 뒤에서 네 이야기를 한다고 생각하지 않았어. 그래서 사람들이 너를 놀릴 거라고는 상상도 못했어."
- 보조 치료자 1: "그런데 지금 사람들이 날 놀리고 있고, 그건 다 네 잘못이야! 네가 아무 말 안 했다면 이런 일은 없었을 거 아니야."
- 보조 치료자 2: (미안해하는 것처럼 보인다.) "내가 너를 기분 나쁘게 했다면 미안해. 나는 네 비밀을 이야기하려는 의도는 아니었어."
- 보조 치료자 1: "하지만 이미 넌 말을 했고, 이제 되돌리기에는 너무 늦었어."
- 보조 치료자 2: "맞아, 하지만 난 이런 일이 일어날 거라고는 생각도 못했어. 이제 사람들에게 네 이야기를 하지 않도록 더 주의할게. 그리고 네 뒤에서 이야기하지 않겠다고 약속할게."
- 보조 치료자 1: (잠시) "좋아." (마지못해 말하지만 아직 약간 짜증 나 있다.)

- 치료자: "자, 여기까지입니다. (보조 치료자 2의 이름)이/가 어떤 단계들을 따랐지요?"
  - 대답: 침착함을 유지했습니다. 상대방의 말을 먼저 귀 기울여 들었습니다. 상대방이 말한 것을 반복했습니다. '나' 전달법을 사용하여 당신의 입장에 대해서 설명했습니다. 미안하다고 말했습니다. 문제를 해결하려고 노력했습니다.
- 질문: "논쟁이 끝난 것 같나요?"
  - 대답: 예. 어느 정도는 끝났습니다.
- 다음과 같은 **조망 수용 질문**을 한다.
  - "마지막에 (보조 치료자 1의 이름)이/가 어떤 기분이었을 것 같나요?"
    - 대답: 화가 가라앉았습니다. 기분이 풀렸습니다. 부드러워졌습니다.
  - "(보조 치료자 1의 이름)이/가 (보조 치료자 2의 이름)에 대해서 어떻게 생각했을 것 같나요?"
    - 대답: 잘 들어줍니다. 공감할 줄 압니다. 미안해합니다.
  - "(보조 치료자 1)이/가 (보조 치료자 2)와/과 다시 만나고 싶어 할 것 같나요?"
    - 대답: 예. 오히려 둘의 우정이 전보다 더 돈독해질 수 있습니다.
- 보조 치료자 1에게 같은 **조망 수용 질문**을 한다.
  - "마지막에 기분이 어땠나요?"
  - "마지막에 (보조 치료자 2의 이름)에 대해서 어떻게 생각했나요?"
  - "(보조 치료자 2의 이름)와/과 다시 만나고 싶나요?"

행동 연습: 논쟁에 대응하기

- 설명: "이제부터 여러분이 돌아가면서 논쟁에 대응하기 각 단계를 연습할 것입니다. 제가 여러분에게 각각 다른 이유 때문에 화가 났다고 가정하고 여러분은 각 단계를 연습할 것입니다. 보여준 역할극처럼 중간에 멈추고 다시 시작하고를 반복하지 않을 것입니다. 따라서 자유롭게 칠판을 보면서 각 단계를 잘 따르고 있는지 확인해도 됩니다."
- 다른 집단원들이 보고 있는 동안 각 성인이 돌아가면서 집단 치료자와 함께 각 단계를 따라 행동 연습을 하게 한다.
  - 집단 치료자는 각 성인에게 조금씩 다른 상황을 제시한다.
  - 성인들이 **논쟁에 대응하기** 각 단계를 따라 하기 위해 보드에 적힌 내용을 자유롭게 볼 수 있게 한다.
  - 성인이 어떤 단계에서 막힌다면 치료자는 특정 단계를 짚어 주면서 다음에 무엇을 할지 상기시켜 준다.
    - 언어 촉진을 하면서 행동 연습을 방해하지 않도록 한다.
  - 만약 성인이 뭔가를 부적절하게 한다면 연습을 잠시 중단하고, 부드럽게 실수를 지적하고, 처음부터 시작해서 단계를 성공적으로 따라갈 수 있을 때까지 하도록 한다.
  - 행동 연습을 할 때는 각 성인이 논쟁 주제 중에서 서로 다른 예를 사용하게 한다.
    - 예
      - 성인이 당신을 놀려서 당신 기분이 상했다.
      - 성인이 당신의 비밀을 다른 사람들에게 이야기해서 당신이 화가 났다.
      - 성인이 당신에게 주말에 약속해 놓고 지키지 않아서 당신 기분이 상했다.
      - 성인이 당신에게 연락한다고 말해 놓고 약속을 지키지 않아서 당신이 화가 났다.

    ☐ 성인이 당신을 그룹 프로젝트에 뽑지 않아서 당신이 배신감을 느꼈다.

    ☐ 성인이 당신이 싫어하는 사람과 어울려서 당신이 화가 났다.

    ☐ 성인이 당신을 모임에 초대하지 않아서 당신이 서운했다.

    ☐ 다른 사람들이 당신을 놀리는 동안 성인이 함께 웃어서 당신이 화가 났다.

    ☐ 성인이 당신과 점심 시간에 밥을 같이 먹지 않아서 당신이 서운했다.

    ☐ 다른 사람이 당신을 비난할 때 성인이 당신을 편들어 주지 않아서 당신이 속상해했다.

● 각각의 성인이 연습을 끝낼 때마다 박수를 쳐준다.

논쟁 제기하기를 위한 단계

● 설명: "논쟁 다루기의 다른 부분은 문제를 제기하고 여러분의 입장을 설명하는 것입니다. 때로는 친구나 연인이 당신의 기분을 상하게 하는 말 혹은 행동을 할 수 있습니다. 화를 내거나 아무 말을 하지 않는 것보다는 여러분의 입장을 설명하고 문제를 제기하는 방법을 알아야 합니다. 다른 사람이 우리 때문에 속상해서 논쟁에 대응할 때와 마찬가지로 우리가 속상해서 논쟁을 제기할 때도 따라야 하는 구체적인 단계들이 있습니다."

1. 적절한 장소와 때를 기다린다.

● 치료자: "논쟁 제기하기를 위한 첫 번째 단계는 문제에 대해서 의논하기 위해 적절한 장소와 때를 기다리는 것입니다. 적절한 장소와 때는 언제일까요?"

    ○ 대답: 혼자 있을 때, 주위에 다른 사람들이 없을 때, 두 사람 모두 흥분된 상태가 아닐 때, 이야기할 시간이 충분할 때, 방해받지 않을 때

2. 침착함을 유지한다.

● 치료자: "논쟁 제기하기를 위한 다음 단계는 침착함을 유지하는 것입니다. 침착함을 유지한다는 것은 무엇을 의미하나요?"

    ○ 대답: 흥분하지 않고, 화내지 않으며 침착함을 잃지 않는 것입니다.

● 질문: "침착함을 유지하지 않는다면 무엇이 문제가 될 수 있을까요?"

    ○ 대답: 침착함을 유지하지 않으면 논쟁이 악화될 수 있습니다. 상황을 잘 다루지 못하여 문제를 일으킨 사람이 될 수 있습니다. 친구 혹은 연인과의 관계가 더 나빠질 수 있습니다.

● 질문: "침착함을 유지하기 위한 방법에는 어떤 것들이 있을까요?"

    ○ 대답: 크게 심호흡을 한다. 속으로 천천히 10까지 숫자를 센다. 이야기를 하기 전에 진정할 시간을 갖는다.

3. 따로 개인적으로 이야기할 수 있는지 물어본다.

● 치료자: "다음 단계는 상대방에게 따로 개인적으로 이야기할 수 있는지 물어보는 것입니다. 여러분의 기분이 상하여 문제를 제기할 때 개인적으로 이야기할 수 있는지 물어보는 것이 좋은 이유는 무엇일까요?"

    ○ 대답: 다른 사람들이 당신의 개인적인 문제를 알지 못하게 하기 위해서입니다. 다른 사람들이 대화를 엿듣게 된다면, 당신과 상대방이 곤란할 수 있기 때문입니다. 다른 사람들이 당신 문제에 대해서 떠들고 다닐 수 있습니다. 논쟁을 하는 것은 대개 개인적인 공간에서 이루어집니다.

- 질문: "따로 개인적으로 이야기할 수 있는지 어떻게 물어볼 수 있을까요?"
  - 예시: "개인적으로 이야기하고 싶은 것이 있는데 괜찮아?"
  - 예시: "함께 이야기하고 싶은 것이 있는데, 사람들이 없는 곳으로 가도 괜찮을까?"
  - 예시: " 우리 서로 이야기할 필요가 있는 것 같아요. 개인적으로 이야기 나눌 수 있을까요?"

4. '나' 전달법을 사용하여 당신의 입장에 대해 설명한다.

- 설명: "논쟁 제기하기의 다음 단계는 '나' 전달법을 사용하여 당신 입장에 대해 설명하는 것입니다. '나' 전달법이란 무엇인가요?"
  - 대답: "나는 …… 생각해." 혹은 "나는 ……(이)라고 느껴."와 같이 자기 자신을 주어로 시작하는 문장입니다.
- 질문: "그렇다면 '너' 전달법이란 무엇일까요?"
  - 대답: "너는 …… 했어." 혹은 "너는 나를 ……(이)라고 느끼게 만들어."와 같이 상대를 주어로 시작하는 문장을 말합니다.
- 질문: "그렇다면 '나' 전달법 대신 '너' 전달법을 쓴다면 무엇이 문제가 될 수 있을까요?"
  - 대답: '너' 전달법을 사용하면 사람들은 방어적이 됩니다. '나' 전달법은 자신의 감정에 초점을 두고 상대를 탓하지 않기 때문에 덜 공격적입니다.
- 질문: 논쟁을 제기하기 위한 '나' 전달법의 예시로는 어떤 것들이 있을까요?
  - 예시: "나는 네가 우리의 계획을 취소했을 때 기분이 상했어."
  - 예시: "나는 네가 나한테 그렇게 말할 때 기분이 안 좋아."
  - 예시: "저는 당신이 제 문자에 답장을 주지 않으면 기분이 좋지 않아요."

5. 상대방의 말을 귀 기울여 듣는다.

- 치료자: "논쟁 제기하기를 위한 다음 단계는 상대방의 말을 귀 기울여 듣는 것입니다. 상대방 때문에 기분이 상했을 때 그 사람의 말을 귀 기울여 듣는 것이 중요한 이유는 무엇일까요?"
  - 대답: 상대방의 이야기를 귀 기울여 듣지 않는다면 당신이 싫어하는 행동 혹은 말을 상대방이 왜 했는지 모르기 때문입니다. 상대방의 입장을 설명할 기회가 필요합니다. 상대방의 말을 귀 기울여 듣지 않으면 논쟁이 해결되지 않을 수 있습니다.

6. 상대방이 말한 것을 반복한다.

- 치료자: "논쟁 제기하기를 위한 다음 단계는 상대방이 말한 것을 반복하는 것입니다. 상대방이 말한 것을 반복하는 것이 중요한 이유는 무엇일까요?"
  - 대답: 당신이 상대방의 말을 들었다는 것을 알아야 합니다. 상대방이 말한 것을 반복하지 않으면 계속해서 자신의 입장을 설명하려고 할 것입니다. 상대방이 말한 것을 반복하지 않으면 논쟁이 해결되지 않을 수 있습니다.
  - 질문: "상대방이 말한 것을 어떻게 반복할 수 있을까요?"
    - 대답: 상대방이 말한 것을 요약합니다. "너의 이야기를 들어보니 ……"와 같이 문장을 시작하며 상대방이 말한 것을 반복할 수 있습니다.

7. 상대방이 어떻게 해주었으면 좋겠는지 알려준다.

- 설명: "논쟁 제기하기를 위한 다음 단계는 상대방이 어떻게 해주었으면 좋겠는지 알려주는 것입니다. 대부분의 사람은 논쟁에 대응하기 위한 모든 단계를 잘 알지 못합니다. 그러나 모든 단계를 따르지 않으면 논쟁이 끝나지 않을 수 있습니다."
- 질문: "당신을 화나게 한 사람이 논쟁에 대응하기 위한 모든 단계를 따르지 않는다면 어떻게 해야 하나요?"
  - 대답: 상대방이 어떻게 해주었으면 좋겠는지 알려줍니다.
- 질문: "상대방이 당신 입장을 들으려고 하지 않는다면, 상대방이 어떻게 해주었으면 좋겠는지 어떻게 알려줄 수 있나요?"
  - 예시: "내가 설명할 수 있는 기회를 줬으면 좋겠어."
  - 예시: "내가 말하는 것을 진지하게 들었으면 좋겠어."
  - 예시: "제가 지금 어떤 기분인지 설명할 수 있는 기회를 주면 안 될까요?"
- 질문: "당신이 말한 것을 상대방이 반복하지 않는다면, 상대방이 어떻게 해주었으면 좋겠는지 어떻게 알려줄 수 있나요?"
  - 예시: "제 입장에서 이해해줄 수 있을까요?"
  - 예시: "내가 무슨 말을 하는지 이해가 되니?"
  - 예시: "제가 왜 화났는지 이해가 되나요?"
- 질문: "상대방이 '나' 전달법을 사용하여 당신 입장을 설명하지 않는다면, 상대방이 어떻게 해주었으면 좋겠는지 어떻게 알려줄 수 있나요?"
  - 예시: "이게 어떻게 된 것인지 설명해줄 수 있어?"
  - 예시: "네가 왜 그랬는지 내가 이해할 수 있도록 도와줘."
  - 예시: "당신이 왜 그런 생각을 하는지 설명해주면 도움이 될 것 같아요."
- 질문: "당신은 미안하다는 이야기를 듣고 싶으나 상대방이 먼저 이야기하지 않는다면, 이것을 어떻게 표현할 수 있을까요?"
  - 예시: "당신이 미안해한다는 것을 표현해주면 제 마음이 편해질 것 같아요."
  - 예시: "네가 미안해한다는 것을 알면 내 기분이 풀릴 것 같아."
  - 예시: "당신이 미안해한다는 것을 알면 문제가 해결될 것 같아요."

8. 문제를 해결하려고 노력한다.

- 설명: "친구 혹은 연인과 논쟁 제기하기를 위한 마지막 단계는 문제를 해결하려고 노력하는 것입니다. 나로 인해 화가 난 사람과의 논쟁에 대응하는 것과 마찬가지로 몇 가지 방법을 통해 문제를 해결하려고 노력할 수 있습니다."
- **당신이 앞으로 어떻게 다르게 행동할 것인지 말한다.**
  - 설명: "문제를 해결하려고 노력하기 위한 방법 중 하나는 당신이 앞으로 어떻게 다르게 행동할 것인지 이야기하는 것입니다."
    - 예시: "앞으로는 너무 예민하게 굴지 않도록 할게."
    - 예시: "다시는 그러지 않도록 노력할게."

- 예시: "다음에는 더 이해하려고 노력할게요."
- **당신이 어떻게 하기를 원하는지 상대방에게 물어본다.**
  - 설명: "문제를 해결하려고 노력하기 위한 다른 방법은 당신이 어떻게 하기를 원하는지 상대방에게 물어보는 것입니다."
    - 예시: "이런 일이 다시 일어나지 않을 수 있도록 내가 무엇을 안 했으면 좋겠니?"
    - 예시: "다음에는 내가 어떻게 했으면 좋겠니?"
    - 예시: "우리가 어떻게 해야 이 문제를 해결할 수 있을까요?"
- **상대방에게 원하는 것을 제안한다.**
  - 설명: "문제를 해결하려고 노력하기 위한 다른 방법은 상대방에게 원하는 것을 제안하는 것입니다."
    - 예시: "앞으로는 나한테 그렇게 말하지 않았으면 좋겠어."
    - 예시: "다음에는 내 기분도 생각해주었으면 좋겠어."
    - 예시: "다음에도 이런 일이 생긴다면 저에게 말해주었으면 좋겠어요."
- **문제를 해결할 수 없다면 침착함을 유지한다.**
  - 질문: "논쟁 혹은 의견충돌에서의 문제를 항상 해결할 수 있나요?"
    - 대답: 아니요.
  - 질문: "문제를 해결할 수 없을 때 화를 내고 침착함을 잃어도 될까요?"
    - 대답: 아니요. 문제를 해결할 수 없더라도 침착함을 유지해야 합니다.
  - 설명: "문제를 해결할 수 없다면 침착함을 유지해야 합니다. 상대방이 자신의 잘못을 인정하는 것을 기대하지 않습니다. 친구 혹은 연인과의 관계를 생각한다면 당신의 목표는 상대방이 사과하거나 잘못을 인정하도록 하는 것이 아닙니다. 당신의 목표는 논쟁을 끝내려고 노력하는 것입니다."
- **의견 차이를 인정한다.**
  - 질문: "나를 화나게 한 사람과의 논쟁을 다룰 때 때로는 의견 차이를 인정해야 하나요?"
    - 대답: 논쟁 혹은 의견충돌에서 의견 차이를 인정해야 할 때도 있습니다.
  - 치료자: "친구 혹은 연인과의 관계를 유지하고 싶다면 앞으로 나아가기 위해 때로는 의견 차이를 인정해야 할 때가 있습니다."

9. **우정과 데이트는 선택임을 기억한다.**
   - 치료자: "마지막으로 우정과 데이트는 선택임을 기억합니다. 당신은 모든 사람과 친구 혹은 연인이 되거나, 모든 사람이 당신과 친구 혹은 연인이 되어야 하나요?"
     - 대답: 아니요.
   - 설명: "친구 혹은 연인과 논쟁이 생기고, 이것이 만약 당신을 매우 화나게 한다면 계속해서 친구 혹은 연인관계를 유지할 필요는 없습니다. 다만 친구 혹은 연인과의 논쟁은 매우 흔하게 일어난다는 것을 기억해야 하며, 아주 격렬하지 않은 논쟁 때문에 친구 혹은 연인과의 관계가 끝나게 되지는 않습니다. 그러나 우정과 데이트는 선택임을 기억해야 합니다."

역할극: 논쟁 제기하기 ▶

[보조 치료자 2명이 단계별로 **논쟁 제기하기**의 적절한 역할극을 보여준다. 각 단계는 개별적으로 보여주며, 이전 역할극에 새로운 단계를 추가해서 연속적으로 보여준다. 보조 치료자들이 논쟁을 여러 번 보여줄 것이며,

할 때마다 새로운 단계를 추가하여 보여줄 것이라고 설명한다. 이렇게 하면 각 단계가 중요하다는 것을 보여줄 수 있다.]

- 치료자: "논쟁을 일으키는 첫 세 단계는 적절한 장소와 때를 기다리고, 침착함을 유지하고, 개인적으로 이야기할 수 있는지 물어보는 것입니다. 잘 보고 (보조 치료자 1의 이름)이/가 어떤 단계들을 따랐는지 이야기해주세요."
- [보조 치료자 1은 **적절한 장소와 때를 기다리고, 침착함을 유지하고, 따로 개인적으로 이야기할 수 있는지 물어본다**를 보여준다.] ▶

적절하지만 미완성된 역할극의 예

- 보조 치료자 1: (침착함을 유지하고 화를 내지 않는다.) "안녕, (보조 치료자 2의 이름)아/야. 우리 둘 다 쉬는 시간인 것 같은데, 둘이 따로 이야기 좀 할 수 있을까?"
- 보조 치료자 2: (침착함을 유지하고, 화를 내지 않고 귀 기울여 듣는다.) "그래."

- 치료자: "자, 여기까지입니다. (보조 치료자 1의 이름)이/가 어떤 단계들을 따랐지요?"
  - 대답: **적절한 장소와 때를 기다렸습니다. 침착함을 유지했습니다. 따로 개인적으로 이야기할 수 있는지 물어봤습니다.**
- 질문: "논쟁이 끝난 것 같나요?"
  - 대답: 아니요.
- 설명: "다음 단계는 '나' 전달법을 사용하여 당신의 입장에 대해 설명하는 것입니다. 잘 보고 (보조 치료자 1의 이름)이/가 어떤 단계들을 따랐는지 이야기해주세요."
- [보조 치료자 1은 **적절한 장소와 때를 기다리고, 침착함을 유지하고, 따로 개인적으로 이야기할 수 있는지 물어보고, '나' 전달법을 사용하여 당신의 입장에 대해 설명한다**를 보여준다.] ▶

적절하지만 미완성된 역할극의 예

- 보조 치료자 1: (침착함을 유지하고 화를 내지 않는다.) "안녕, (보조 치료자 2의 이름)아/야. 우리 둘 다 쉬는 시간인 것 같은데, 둘이서 따로 이야기 좀 할 수 있을까?"
- 보조 치료자 2: (침착함을 유지하고, 화를 내지 않고 귀 기울여 듣는다.) "그래."
- 보조 치료자 1: (침착함을 유지하고 화를 내지 않는다.) "나 조금 화가 났어. 네가 내 뒤에서 내 이야기를 하고 다니면서, 내가 (이름)을/를 좋아한다는 것을 모두에게 말했다고 들었어."
- 보조 치료자 2: (침착함을 유지하고, 화 내지 않고 귀 기울여 듣는다.) "아……"
- 보조 치료자 1: (침착함을 유지하고 화를 내지 않는다.) "네가 모두에게 그걸 말했다니 믿을 수가 없어! 그건 비밀이었잖아. 이제는 모두가 다 알게 되었어."
- 보조 치료자 2: (침착함을 유지하고, 화 내지 않고 귀 기울여 듣는다.)

- 치료자: "자, 여기까지입니다. (보조 치료자 1의 이름)이/가 어떤 단계들을 따랐지요?"
  - 대답: **적절한 때와 장소를 기다렸습니다. 침착함을 유지했습니다. 따로 개인적으로 이야기할 수 있는지 물**

어봤습니다. '나' 전달법을 사용하여 당신의 입장에 대해 설명했습니다.

- 질문: "논쟁이 끝난 것 같나요?"
  - 대답: 아니요.
- 설명: "다음 단계는 상대방의 말을 듣는 것입니다. 잘 보고 (보조 치료자 1의 이름)이/가 어떤 단계들을 따랐는지 이야기해주세요."
- [보조 치료자 1은 **적절한 때와 장소를 기다리고, 침착함을 유지하고, 따로 개인적으로 이야기할 수 있는지 물어보고, '나' 전달법을 사용하여 당신의 입장에 대해 설명하고, 상대방의 말을 듣는다**를 보여준다.] ▶

적절하지만 미완성된 역할극의 예

- 보조 치료자 1: (침착함을 유지하고 화를 내지 않는다.) "안녕, (보조 치료자 2의 이름)아/야. 우리 둘 다 쉬는 시간인 것 같은데, 둘이서 따로 이야기 나눌 수 있을까?"
- 보조 치료자 2: (침착함을 유지하고, 화를 내지 않고 귀 기울여 듣는다.) "그래."
- 보조 치료자 1: (침착함을 유지하고 화를 내지 않는다.) "나 조금 화가 났어. 네가 내 뒤에서 내 이야기를 하고 다니면서, 내가 (이름)을/를 좋아한다는 것을 모두에게 말했다고 들었어."
- 보조 치료자 2: (침착함을 유지하고, 화 내지 않고 귀 기울여 듣는다.) "아……"
- 보조 치료자 1: (침착함을 유지하고 화를 내지 않는다.) "네가 모두에게 그걸 말했다니 믿을 수가 없어! 그건 비밀이었잖아. 이제는 모두가 다 알게 되었어."
- 보조 치료자 2: "너는 나한테 정말 화가 많이 난 것 같구나."
- 보조 치료자 1: (침착함을 유지하고 화를 내지 않는다.) "그래, 화가 났어. 내가 너한테 그건 비밀이라고 말했으니 말하지 않을 줄 알았어. 그런데 이제 모두들 내 일을 알고 뒤에서 나를 놀리고 있어."
- 보조 치료자 2: (미안해하는 것처럼 보인다.) "어…… 난 그게 비밀인지 몰랐어. 난 사람들이 이미 알고 있다고 생각했기 때문에 뒤에서 네 얘길 한다고 생각하지 않았어. 그래서 사람들이 너를 놀릴 거라고는 상상도 못했어."

- 치료자: "자, 여기까지입니다. (보조 치료자 1의 이름)이/가 어떤 단계들을 따랐지요?"
  - 대답: 적절한 때와 장소를 기다렸습니다. 침착함을 유지했습니다. 따로 개인적으로 이야기할 수 있는지 물어봤습니다. '나' 전달법을 사용하여 당신의 입장에 대해 설명했습니다. 상대방의 말을 들었습니다.
- 질문: "논쟁이 끝난 것 같나요?"
  - 대답: 아니요.
- 설명: "다음 단계는 상대방이 말한 것을 반복하는 것입니다. 잘 보고 (보조 치료자 1의 이름)이/가 어떤 단계들을 따랐는지 이야기해주세요."
- [보조 치료자 1은 **적절한 장소와 때를 기다리고, 침착함을 유지하고, 따로 개인적으로 이야기할 수 있는지 물어보고, '나' 전달법을 사용하여 당신의 입장에 대해 설명하고, 상대방의 말을 듣고, 상대방이 말한 것을 반복한다**를 보여준다.] ▶

적절하지만 미완성된 역할극의 예

- 보조 치료자 1: (침착함을 유지하고 화를 내지 않는다.) "안녕, (보조 치료자 2의 이름)아/야. 우리 둘

다 쉬는 시간인 것 같은데, 둘이서 따로 이야기 좀 할 수 있을까?"

○ 보조 치료자 2: (침착함을 유지하고, 화를 내지 않고 귀 기울여 듣는다.) "그래."

○ 보조 치료자 1: (침착함을 유지하고 화를 내지 않는다.) "나 조금 화가 났어. 네가 내 뒤에서 내 이야기를 하고 다닌다면서? 내가 (이름)을/를 좋아한다는 것을 모두에게 말했다고 들었어."

○ 보조 치료자 2: (침착함을 유지하고, 화 내지 않고 귀 기울여 듣는다.) "아……"

○ 보조 치료자 1: (침착함을 유지하고 화를 내지 않는다.) "네가 모두에게 그걸 말했다니 믿을 수가 없어! 그건 비밀이었잖아. 이제는 모두가 다 알게 되었어."

○ 보조 치료자 2: "너는 나한테 정말 화가 많이 난 것 같구나."

○ 보조 치료자 1: (침착함을 유지하고 화를 내지 않는다.) "그래, 화가 났어. 내가 너한테 그건 비밀이라고 말했으니 말하지 않을 줄 알았어. 그런데 이제 모두들 내 일을 알고 뒤에서 나를 놀리고 있어."

○ 보조 치료자 2: (미안해하는 것처럼 보인다.) "어…… 난 그게 비밀인지 몰랐어. 난 사람들이 이미 알고 있다고 생각했기 때문에 뒤에서 네 얘길 한다고 생각하지 않았어. 그래서 사람들이 너를 놀릴 거라고는 상상도 못했어."

○ 보조 치료자 1: (침착함을 유지하고 화를 내지 않는다.) "네가 그것이 비밀인지 몰랐던 것 같네. 하지만 그래도 지금 내가 매우 창피한 상황인 것은 어쩔 수 없어."

○ 보조 치료자 2: (미안해하는 것처럼 보인다.) "알아. 다른 사람들에게 말해서 정말 미안해. 내 실수였어."

● 치료자: "자, 여기까지입니다. (보조 치료자 1의 이름)이/가 어떤 단계들을 따랐지요?"

○ 대답: 적절한 장소와 때를 기다렸습니다. 침착함을 유지했습니다. 따로 개인적으로 이야기할 수 있는지 물어봤습니다. '나' 전달법을 사용하여 당신의 입장에 대해 설명했습니다. 상대방의 말을 들었습니다. 상대방이 말한 것을 반복했습니다.

● 질문: "논쟁이 끝난 것 같나요?"

○ 대답: 아니요.

● 설명: "다음 단계는 상대방이 무엇을 해주었으면 좋겠는지 알려주는 것입니다. 잘 보고 (보조 치료자 1의 이름)이/가 어떤 단계들을 따랐는지 이야기해주세요."

● [보조 치료자 1은 적절한 장소와 때를 기다리고, 침착함을 유지하고, 따로 개인적으로 이야기할 수 있는지 물어보고, '나' 전달법을 사용하여 당신의 입장에 대해 설명하고, 상대방의 말을 듣고, 상대방이 말한 것을 반복하고, 상대방이 어떻게 해주었으면 좋겠는지 알려준다를 보여준다.] ▶

<u>적절하지만 미완성된 역할극의 예</u>

○ 보조 치료자 1: (침착함을 유지하고 화를 내지 않는다.) "안녕, (보조 치료자 2의 이름)아/야. 우리 둘 다 쉬는 시간인 것 같은데, 둘이서 따로 이야기 좀 할 수 있을까?"

○ 보조 치료자 2: (침착함을 유지하고, 화를 내지 않고 귀 기울여 듣는다.) "그래."

○ 보조 치료자 1: (침착함을 유지하고 화를 내지 않는다.) "나 조금 화가 났어. 네가 내 뒤에서 내 이야기를 하고 다닌다면서? 내가 (이름)을/를 좋아한다는 것을 모두에게 말했다고 들었어."

○ 보조 치료자 2: (침착함을 유지하고, 화 내지 않고 귀 기울여 듣는다.) "아……"

○ 보조 치료자 1: (침착함을 유지하고 화를 내지 않는다.) "네가 모두에게 그걸 말했다니 믿을 수가 없어! 그건 비밀이었잖아. 이제는 모두가 다 알게 되었어."

○ 보조 치료자 2: "너는 나한테 정말 화가 많이 난 것 같구나."

○ 보조 치료자 1: (침착함을 유지하고 화를 내지 않는다.) "그래, 화가 났어. 내가 너한테 그건 비밀이라고 말했으니 말하지 않을 줄 알았어. 그런데 이제 모두들 내 일을 알고 뒤에서 나를 놀리고 있어."

○ 보조 치료자 2: (미안해하는 것처럼 보인다.) "어…… 난 그게 비밀인지 몰랐어. 난 사람들이 이미 알고 있다고 생각했기 때문에 뒤에서 네 얘길 한다고 생각하지 않았어. 그래서 사람들이 너를 놀릴 거라고는 상상도 못했어."

○ 보조 치료자 1: (침착함을 유지하고 화를 내지 않는다.) "네가 그것이 비밀인지 몰랐던 것 같네. 하지만 그래도 지금 내가 매우 창피한 상황인 것은 어쩔 수 없어."

○ 보조 치료자 2: (미안해하는 것처럼 보인다.) "알아. 다른 사람들에게 말해서 정말 미안해. 내 실수였어."

○ 보조 치료자 1: (침착함을 유지하고 화를 내지 않는다.) "이제 되돌리기에는 너무 늦었지만 앞으로는 내가 비밀이라고 이야기한 것은 다른 사람들에게 말하지 않았으면 좋겠어. 다른 사람들이 내 개인적인 일을 몰랐으면 좋겠어."

○ 보조 치료자 2: (미안해하는 것처럼 보인다.) "네 말이 맞아. 이런 일이 일어날 거라고 생각도 못했어. 앞으로는 그러지 않도록 더 주의할게."

● 치료자: "자, 여기까지입니다. (보조 치료자 1의 이름)이/가 어떤 단계들을 따랐지요?"

○ 대답: 적절한 장소와 때를 기다렸습니다. 침착함을 유지했습니다. 따로 개인적으로 이야기할 수 있는지 물어봤습니다. '나' 전달법을 사용하여 당신의 입장에 대해 설명했습니다. 상대방의 말을 들었습니다. 상대방이 말한 것을 반복했습니다. 상대방이 어떻게 해주었으면 좋겠는지 알려주었습니다.

● 질문: "논쟁이 끝난 것 같나요?"

○ 대답: 아니요.

● 설명: "논쟁 제기하기의 마지막 단계는 문제를 해결하려고 노력하는 것입니다. 잘 보고 (보조 치료자 1의 이름)이/가 어떤 단계들을 따랐는지 이야기해주세요."

● [보조 치료자 1은 적절한 때와 장소를 기다리고, 침착함을 유지하고, 개인적으로 이야기할 수 있는지 물어보고, '나' 전달법을 사용하여 당신의 입장에 대해 설명하고, 상대방의 말을 듣고, 상대방이 말한 것을 반복하고, 상대방이 어떻게 해주었으면 좋겠는지 알려주고, 문제를 해결하려고 노력한다를 보여준다.] ▶

적절하고 완성된 역할극

○ 보조 치료자 1: (침착함을 유지하고 화를 내지 않는다.) "안녕 (보조 치료자 2의 이름)아/야. 우리 둘 다 쉬는 시간인 것 같은데, 둘이서 따로 이야기 좀 할 수 있을까?"

○ 보조 치료자 2: (침착함을 유지하고, 화를 내지 않고 귀 기울여 듣는다.) "그래."

○ 보조 치료자 1: (침착함을 유지하고 화를 내지 않는다.) "나 조금 화가 났어. 네가 내 뒤에서 내 이야기

를 하고 다닌다면서? 내가 (이름)을/를 좋아한다는 것을 모두에게 말했다고 들었어."

- 보조 치료자 2: (침착함을 유지하고, 화 내지 않고 귀 기울여 듣는다.) "아……"
- 보조 치료자 1: (침착함을 유지하고 화를 내지 않는다.) "네가 모두에게 그걸 말했다니 믿을 수가 없어! 그건 비밀이었잖아. 이제는 모두가 다 알게 되었어."
- 보조 치료자 2: "너는 나한테 정말 화가 많이 난 것 같구나."
- 보조 치료자 1: (침착함을 유지하고 화를 내지 않는다.) "그래, 화가 났어. 내가 너한테 그건 비밀이라고 말했으니 말하지 않을 줄 알았어. 그런데 이제 모두들 내 일을 알고 뒤에서 나를 놀리고 있어."
- 보조 치료자 2: (미안해하는 것처럼 보인다.) "어…… 난 그게 비밀인지 몰랐어. 난 사람들이 이미 알고 있다고 생각했기 때문에 뒤에서 네 얘길 한다고 생각하지 않았어. 그래서 사람들이 너를 놀릴 거라고는 상상도 못했어."
- 보조 치료자 1: (침착함을 유지하고 화를 내지 않는다.) "네가 그것이 비밀인지 몰랐던 것 같네. 하지만 그래도 지금 내가 매우 창피한 상황인 것은 어쩔 수 없어."
- 보조 치료자 2: (미안해하는 것처럼 보인다.) "알아. 다른 사람들에게 말해서 정말 미안해. 내 실수였어."
- 보조 치료자 1: (침착함을 유지하고 화를 내지 않는다.) "이제 되돌리기에는 너무 늦었지만 앞으로는 내가 비밀이라고 이야기한 것은 다른 사람들에게 말하지 않았으면 좋겠어. 다른 사람들이 내 개인적인 일을 몰랐으면 좋겠어."
- 보조 치료자 2: (미안해하는 것처럼 보인다.) "네 말이 맞아. 이런 일이 일어날 거라고 생각도 못했어. 앞으로는 그러지 않도록 더 주의할게."
- 보조 치료자 1: (침착함을 유지하고 화를 내지 않는다.) "응, 그렇게 해줘. 다른 사람들과 내 얘기 안 했으면 좋겠어."
- 보조 치료자 2: (미안해한다.) "당연하지. 약속할게."

- 치료자: "자, 여기까지입니다. (보조 치료자 1의 이름)이/가 어떤 단계들을 따랐지요?"
  - 대답: 적절한 장소와 때를 기다렸습니다. 침착함을 유지했습니다. 따로 개인적으로 이야기할 수 있는지 물어봤습니다. '나' 전달법을 사용하여 당신의 입장에 대해 설명했습니다. 상대방의 말을 들었습니다. 상대방이 말한 것을 반복했습니다. 상대방이 어떻게 해주었으면 좋겠는지 알려주었습니다. 문제를 해결하려고 노력했습니다.
- 질문: "논쟁이 끝난 것 같나요?"
  - 대답: 예. 어느 정도는 끝났습니다.
- 다음과 같은 **조망 수용 질문**을 한다.
  - "마지막에 (보조 치료자 2의 이름)이/가 어떤 기분이었을 것 같나요?"
    - 대답: 마음이 놓입니다. 안심이 됩니다. 잘 해결되었습니다.
  - "(보조 치료자 2의 이름)이/가 (보조 치료자 1의 이름)에 대해서 어떻게 생각했을 것 같나요?"
    - 대답: 말이 잘 통합니다. 차분합니다. 이해심이 있습니다. 합리적인 사람입니다.
  - "(보조 치료자 2의 이름)이/가 (보조 치료자 1의 이름)와/과 다시 만나고 싶어 할 것 같나요?"
    - 대답: 예. 오히려 둘의 우정이 전보다 더 돈독해질 수 있습니다.

- 보조 치료자 2에게 같은 **조망 수용 질문**을 한다.
  - "마지막에 기분이 어땠나요?"
  - "마지막에 (보조 치료자 1의 이름)에 대해서 어떻게 생각했나요?"
  - "(보조 치료자 1의 이름)와/과 다시 만나고 싶나요?"

- 설명: "논쟁에 대응하기와 마찬가지로 논쟁 제기하기의 단계 중 하나를 따라 한다고 해서 논쟁이 끝나는 것이 아닙니다. 모든 단계를 따라 해야만 합니다. 하나의 단계를 빠트린다면 논쟁이 끝나지 않을 수 있기 때문에 위와 같이 모든 단계를 순서에 맞게 따라야 합니다."

행동 연습 : 논쟁 제기하기

- 설명: "이제부터 여러분이 돌아가면서 논쟁 제기하기의 각 단계를 연습할 것입니다. 여러분이 각각 다른 이유로 저에게 화가 났다고 가정하고 여러분은 각 단계를 연습할 것입니다. 보여준 역할극처럼 중간에 멈추고 다시 시작하고를 반복하지 않을 것입니다. 따라서 자유롭게 칠판을 보면서 각 단계를 잘 따르고 있는지 확인해도 됩니다."

- 다른 집단원들이 보고 있는 동안에 각 성인이 돌아가면서 집단 치료자와 함께 각 단계를 따라 행동 연습을 하게 한다.
  - 집단 치료자는 각 성인에게 조금씩 다른 상황을 제시한다.
  - 성인들이 **논쟁 제기하기** 각 단계를 따라 하기 위해 보드에 적힌 내용을 자유롭게 볼 수 있게 한다.
    - 성인이 어떤 단계에서 막힌다면 치료자는 특정 단계를 짚어 주면서 다음에 무엇을 할지 상기시켜 준다.
      - 언어 촉진을 하면서 행동 연습을 방해하지 않도록 한다.
    - 만약 성인이 뭔가를 부적절하게 한다면 연습을 잠시 중단하고, 부드럽게 실수를 지적하고, 처음부터 시작해서 단계를 성공적으로 따라갈 수 있을 때까지 하도록 한다.
  - 행동 연습을 할 때는 각 성인이 논쟁 주제 중에서 서로 다른 예를 사용하게 한다.
    - 예
      - 당신이 성인을 놀려서 성인 기분이 상했다.
      - 당신이 성인의 비밀을 다른 사람들에게 이야기해서 성인이 화가 났다.
      - 당신이 성인에게 주말에 약속해 놓고 지키지 않아서 성인 기분이 상했다.
      - 당신이 성인에게 연락한다고 말해 놓고 약속을 지키지 않아서 성인이 화가 났다.
      - 당신이 성인을 그룹 프로젝트에 뽑지 않아서 성인이 배신감을 느꼈다.
      - 당신이 성인이 싫어하는 사람과 어울려서 성인이 화가 났다.
      - 당신이 성인을 모임에 초대하지 않아서 성인이 서운해했다.
      - 다른 사람들이 성인을 놀리는 동안 당신이 함께 웃어서 성인이 화가 났다.
      - 당신이 성인과 점심 시간에 밥을 같이 먹지 않아서 성인이 서운해했다.
      - 다른 사람이 성인을 비난할 때 당신이 성인을 편들어 주지 않아서 성인이 속상해했다.
- 각각의 성인이 연습을 끝낼 때마다 박수를 쳐준다.

● 설명: "지금까지 우리는 논쟁 제기하기의 규칙과 단계를 배웠습니다. 친구 혹은 연인과의 논쟁이 흔하다는 것을 알고 있습니다. 너무 과격하지 않은 흔하게 일어나는 논쟁 때문에 친구 혹은 연인과의 관계를 끝낼 필요는 없습니다. 그러나 과격한 논쟁이 자주 일어난다면 친구 혹은 연인이 당신에게 좋은 선택인지 생각해 봐야 합니다."

행동 연습

함께 어울리기

필요한 자료

- 실내 게임(예: 비디오 게임, 카드 게임, 보드 게임)
  - 비디오 게임을 선택권으로 제공하고자 한다면 모든 집단원이 동시에 가지고 놀 수 있도록 여러 개의 게임용 콘솔을 준비한다.
  - 휴대용의 조그마한 게임용 장치를 사용하면 순서를 기다리는 사람들은 지루해할 수 있기 때문에 이것은 사용하지 않는다.
  - 다른 게임들을 가지고 있지 않다면 카드 몇 팩을 가지고 오는 것만으로도 충분하다.
- 선택사항: 유튜브 동영상을 볼 수 있는 아이패드나 휴대용 컴퓨터, 인터넷 서핑, 컴퓨터 게임
  - 아이패드나 휴대용 컴퓨터를 선택권에 포함하고자 한다면 모든 집단원이 동시에 가지고 놀 수 있도록 여러 개를 준비한다.
- [주: PEERS® 프로그램을 진행하는 곳에서 게임기, 아이패드, 휴대용 컴퓨터와 같이 값비싼 물품을 구비하기는 대체로 어렵다. **활동에 바탕을 둔 함께 어울리기**를 진행하기 위해서는 몇 가지 카드 게임을 준비하는 정도면 충분하다.]

행동 연습

- 성인들에게 **함께 어울리기**를 연습한다고 알린다.
  - 주: 성인들은 더 이상 **함께 어울리기 시작하고 마무리하기**를 연습하지 않을 것이다.
- 성인들을 작은 집단으로 나눈다.
- 각각의 성인이 단계를 따르면서 **함께 어울리는 동안**에 어떻게 행동해야 하는지를 연습하게 한다.
  - **정보를 교환한다.**
  - **공통의 관심사를 찾는다.**
  - 치료팀이 제공하는 게임 및 아이템을 가지고 논다(예: 비디오 게임, 카드 게임, 보드 게임, 아이패드, 컴퓨터 등)
- 필요에 따라 친구를 만들고 그 관계를 유지하기 위한 규칙에 관한 **사회성 코칭**을 제공한다.

다시 만나기

- 성인들에게 사회성 코치와 다시 만날 것이라고 안내한다.
  - ○ 성인들은 각자의 사회성 코치 곁에 서 있거나 앉아 있는다.
  - ○ 다시 만나는 시간이 시작되기 전에, 조용히 하고 집단에 완전히 집중하게 한다.
  - ○ 사회성 코치들이 옆에서 듣고 있는 동안에 성인들이 이번 회기에서 배웠던 내용을 이야기하게 한다.
- 치료자: "오늘 우리는 논쟁에 대응하기와 논쟁 제기하기에 대해서 이야기를 나눴습니다. 논쟁에 대응하기
  위한 단계들에는 어떤 것들이 있었나요?"(표 14.3 참조)
- 질문: "논쟁 제기하기를 위한 단계들에는 어떤 것들이 있었나요?"(표 14.3 참조)

표 14.3 논쟁 다루기를 위한 단계

논쟁에 대응하기	논쟁 제기하기
1. 침착함을 유지한다.	1. 적절한 장소와 때를 기다린다.
2. 상대방의 말을 먼저 귀 기울여 듣는다.	2. 침착함을 유지한다.
3. 상대방이 말한 것을 반복한다.	3. 따로 개인적으로 이야기할 수 있는지 물어본다.
4. '나' 전달법을 사용하여 당신의 입장에 대해 설명한다.	4. '나' 전달법을 사용하여 당신의 입장에 대해 설명한다.
5. 미안하다고 말한다.	5. 상대방의 말을 듣는다.
6. 문제를 해결하려고 노력한다.	6. 상대방이 말한 것을 반복한다.
	7. 상대방이 어떻게 해주었으면 좋겠는지 알려준다.
	8. 문제를 해결하려고 노력한다.

- 치료자: "성인들은 논쟁 다루기를 연습했으며 이를 훌륭히 수행했습니다. 다 같이 박수를 쳐줍시다."

과제 안내하기

성인들에게 사회성 코칭 유인물을 나눠주고 다음과 같이 과제를 안내한다.

1. 친구와 **함께 어울리기**를 한다.
   - 사회성 코치들은 성인들이 **다섯 가지 요소**를 사용하여 함께 어울리기를 계획할 수 있도록 도와준다.
     - ○ **누구**와 할 것인지
     - ○ **무엇**을 할 것인지
     - ○ **언제** 함께 어울리기를 할 것인지
     - ○ **어디서** 함께 어울리기를 할 것인지
     - ○ **어떻게** 함께 어울리기가 이루어질 수 있도록 준비할 것인지
   - 연습 전에 사회성 코치들은 성인들과 **함께 어울리기** 규칙과 단계를 점검한다.
   - **함께 어울리기** 연습 이후에 사회성 코치들은 성인들에게 다음과 같은 **사회성 코칭 질문**을 한다.
     - ○ 무엇을 하기로 결정했으며 함께할 활동을 누가 선택했나요?
     - ○ 정보를 교환했나요? 함께 어울리는 시간의 몇 %를 정보를 교환하는 데 사용했나요?

○ 공통의 관심사는 무엇이었나요? 만약 두 사람이 함께 시간을 보내게 된다면 그 정보를 가지고 무엇을 할 수 있나요?

○ 당신과 친구는 좋은 시간을 보냈나요?

○ 다시 만나 시간을 보내기에 적합한 사람인 것 같나요?

2. 사회성 코치와 함께 **논쟁 다루기**를 연습한다.

● 연습 전에 **논쟁에 대응하기** 및 **논쟁 제기하기** 규칙과 단계를 점검한다.

● 연습을 한 이후에 사회성 코치들은 성인들에게 다음과 같은 **사회성 코칭 및 조망 수용 질문**을 한다.

○ 어떤 단계들을 따랐나요?

○ 마지막에 제 기분이 어땠을 것 같나요?

○ 마지막에 제가 당신에 대해서 어떻게 생각했을 것 같나요?

○ 제가 당신과 다시 만나고 싶어 할 것 같나요?

3. 자연스러운 상황이라면 친구 혹은 연인과 **논쟁 다루기**를 연습한다.

● 연습 전에 사회성 코치들은 성인들과 **논쟁에 대응하기** 및 **논쟁 제기하기** 규칙과 단계를 점검한다.

● 연습을 한 이후에 사회성 코치들은 성인들에게 다음과 같은 **사회성 코칭 및 조망 수용 질문**을 한다.

○ 어떤 단계들을 따랐나요?

○ 마지막에 당신의 기분은 어땠고, 상대방의 기분은 어땠을 것 같나요?

○ 마지막에 서로에 대해서 어떻게 생각했나요?

○ 두 사람이 서로 다시 만나고 싶을 것 같나요?

4. 상대에게 내가 관심이 있다는 것 알리기, 데이트 신청하기 및/혹은 데이트하기를 연습한다.

● 성인들이 누군가를 연애 상대로 좋아하고 있다면

○ 상대에게 내가 관심이 있다는 것을 알린다.

○ 데이트를 신청한다.

○ 데이트한다.

○ 상대에게 연애 상대로서의 호감을 갖기 전까지는 시도하지 않는다.

● 성인들이 편하게 느낀다면 사회성 코치들과 **상대에게 내가 관심이 있다는 것 알리기, 데이트 신청하기, 데이트하기**를 연습하도록 한다.

● 연습 전에 사회성 코치들은 **데이트 예절** 규칙과 단계를 점검한다.

● 각 연습이 끝나면 사회성 코치들은 성인들에게 다음과 같은 **사회성 코칭 질문**을 한다.

○ 상대에게 내가 관심이 있다는 것 알리기

■ 누구와 연습했나요? 그리고 상대에게 내가 관심이 있다는 것을 알리기 위해 무엇을 했나요?

■ 상대는 어떻게 반응했나요?

■ 데이트 상대로서 좋은 선택인 것 같나요? 당신과 데이트하기에 적합한 사람인 것 같나요?

○ 데이트 신청하기

■ 누구에게 데이트를 신청했나요? 어떤 단계들을 따랐나요?

■ 상대는 어떻게 반응했나요?

○ 데이트하기

- 무엇을 하기로 결정했나요?
- 정보를 교환했나요? 데이트를 한 시간의 몇 %를 정보를 교환하는 데 사용했나요?
- 공통의 관심사는 무엇이었나요? 만약 두 사람이 다시 데이트를 하게 된다면 그 정보를 가지고 무엇을 할 수 있나요?
- 당신과 데이트 상대는 좋은 시간을 보냈나요?
- 데이트 상대로서 좋은 선택인 것 같나요? 당신과 다시 만나 데이트하기에 적합한 사람인 것 같나요?

개별적으로 확인하기

각각의 성인 및 사회성 코치들이 각자 개별적으로 다음과 같은 내용들을 협의한다.

1. 돌아오는 주에 **누구와** 함께 **어울리기**를 할 것인지
   - 친구들에게 **무엇을** 하자고 할 계획인지
   - 친구들에게 **언제** 그리고 **어디서** 만나자고 할 것인지
   - **어떻게** 함께 어울리기가 이루어질 수 있도록 준비할 것인지(예: 티켓 구매를 해야 되는지, 무엇을 타고 이동할 것인지 등)

2. 사회성 코치와 **논쟁 다루기**를 언제 연습할 것인지

3. **상대에게 내가 관심이 있다는 것 알리기** 시도를 어떻게 그리고 누구에게 할 것인지, 그리고 **데이트 신청하기**를 어떻게 할 것인지
   - 돌아오는 주에 **누구와** **데이트**를 할 계획인지
   - **무엇을** 하자고 할 계획인지
   - **언제** 그리고 **어디서** 만나자고 할 것인지
   - **어떻게** 데이트가 이루어질 수 있도록 준비할 것인지(예: 티켓 구매를 해야 되는지, 무엇을 타고 이동할 것인지 등)

사회성 코칭 유인물

논쟁에 대응하기 위한 단계

1. 침착함을 유지한다.

2. 상대방의 말을 먼저 귀 기울여 듣는다.

3. 상대방이 말한 것을 반복한다.
   - 예시: "너의 이야기를 들어보니 네가 속이 상한 것 같다."
   - 예시: "너의 이야기를 들어보니 네가 화가 난 것 같다."
   - 예시: "당신의 이야기를 들어보니 당신의 기분이 상한 것 같네요."

4. '나' 전달법을 사용하여 당신의 입장에 대해 설명한다.
   - 예시: "나는 너를 화나게 할 의도는 없었어."
   - 예시: "나는 우리 사이에 오해가 있다고 생각해."
   - 예시: "저는 저희 사이에 의사소통이 잘 안 되었다고 생각해요."

5. 미안하다고 말한다.
   - 예시: "네가 기분이 나빴다면 미안해."
   - 예시: "이런 일이 생기게 되어 미안해."
   - 예시: "당신의 기분이 상했다면 미안해요."

6. 문제를 해결하려고 노력한다.
   - 상대방에게 당신이 앞으로 어떻게 다르게 행동할 것인지 말한다.
     - 예시: "너를 다시 언짢게 하지 않도록 노력할게."
     - 예시: "다시는 그런 일이 없도록 노력할게."
     - 예시: "다음에는 더 조심하도록 노력할게요."
   - 당신이 어떻게 하기를 원하는지 상대방에게 물어본다.
     - 예시: "내가 어떻게 하면 네 기분이 나아질 수 있을까?"
     - 예시: "내가 어떻게 했으면 좋겠니?"
     - 예시: "제가 어떻게 하면 이것이 해결될 수 있을까요?"
   - 당신이 상대방에게 원하는 것을 제안한다.
     - 예시: "내가 너의 기분을 또 언짢게 한다면 말해줬으면 좋겠어."
     - 예시: "다음에는 네가 무엇을 원하는지 알 수 있게 해줬으면 좋겠어."
     - 예시: "다음에도 이런 일이 생긴다면 저에게 말해줬으면 좋겠어요."
   - 문제를 해결할 수 없다면 침착함을 유지한다.
   - 의견 차이를 인정한다.
   - 모든 단계를 따라야 한다는 것을 기억한다.

논쟁 제기하기를 위한 단계

1. **적절한 장소와 때를 기다린다.**

2. **침착함을 유지한다.**

3. **따로 개인적으로 이야기할 수 있는지 물어본다.**
   - 예시: "개인적으로 이야기하고 싶은 것이 있는데 괜찮아?"
   - 예시: "함께 이야기하고 싶은 것이 있는데, 사람들이 없는 곳으로 가도 괜찮을까?"
   - 예시: "우리 서로 이야기할 필요가 있는 것 같아요. 개인적으로 이야기 나눌 수 있을까요?"

4. **'나' 전달법을 사용하여 당신의 입장에 대해 설명한다.**
   - 예시: "나는 네가 우리의 계획을 취소했을 때 기분이 상했어."
   - 예시: "나는 네가 나한테 그렇게 말할 때 기분이 안 좋아."
   - 예시: "저는 당신이 제 문자에 답장을 주지 않을 때 기분이 좋지 않아요."

5. **상대방의 말을 귀 기울여 듣는다.**

6. **상대방이 말한 것을 반복한다.**

7. **상대방이 어떻게 해주었으면 좋겠는지 알려준다.**
   - 예시: "내가 설명할 수 있는 기회를 줬으면 좋겠어."
   - 예시: "내 입장에서 이해해줄 수 있을까요?"
   - 예시: "이게 어떻게 된 것인지 설명해줄 수 있어?"
   - 예시: "당신이 미안해한다는 것을 표현해주면 제 마음이 편해질 것 같아요."

8. **문제를 해결하려고 노력한다.**
   - **당신이 앞으로 어떻게 다르게 행동할 것인지 말한다.**
     - 예시: "앞으로는 너무 예민하게 굴지 않도록 할게."
     - 예시: "다시는 그러지 않도록 노력할게."
     - 예시: "다음에는 더 이해하려고 노력할게요."
   - **당신이 어떻게 하기를 원하는지 상대방에게 물어본다.**
     - 예시: "이런 일이 다시 일어나지 않을 수 있도록 내가 무엇을 안 했으면 좋겠니?"
     - 예시: "다음에는 내가 어떻게 했으면 좋겠니?"
     - 예시: "우리가 어떻게 해야 이 문제를 해결할 수 있을까요?"
   - **상대방에게 원하는 것을 제안한다.**
     - 예시: "앞으로는 나한테 그렇게 말하지 않았으면 좋겠어."
     - 예시: "다음에는 내 기분도 생각해줬으면 좋겠어."
     - 예시: "다음에도 이런 일이 생긴다면 저에게 말해줬으면 좋겠어요."
   - **문제를 해결할 수 없다면 침착함을 유지한다.**
   - **의견 차이를 인정한다.**
   - **우정과 데이트는 선택이라는 것을 기억한다.**

과제 안내하기

1. 친구와 **함께 어울리기**를 한다.
   - 사회성 코치들은 성인들이 **다섯 가지 요소**를 사용하여 함께 어울리기를 계획할 수 있도록 도와준다.
     - **누구**와 할 것인지
     - **무엇**을 할 것인지
     - **언제** 함께 어울리기를 할 것인지
     - **어디서** 함께 어울리기를 할 것인가?
     - **어떻게** 함께 어울리기가 이루어질 수 있도록 준비할 것인지
   - 연습 전에 사회성 코치들은 성인들과 **함께 어울리기** 규칙과 단계를 점검한다.
   - 함께 어울리기 연습 이후에 사회성 코치들은 성인들에게 다음과 같은 **사회성 코칭 질문**을 한다.
     - 무엇을 하기로 결정했으며 함께할 활동을 누가 선택했나요?
     - 정보를 교환했나요? 함께 어울리는 시간의 몇 %를 정보를 교환하는 데 사용했나요?
     - 공통의 관심사는 무엇이었나요? 만약 두 사람이 함께 시간을 보내게 된다면 그 정보를 가지고 무엇을 할 수 있나요?
     - 당신과 친구는 좋은 시간을 보냈나요?
     - 다시 만나 시간을 보내기에 적합한 사람인 것 같나요?

2. 사회성 코치와 함께 **논쟁 다루기**를 연습한다.
   - 연습 전에 **논쟁에 대응하기** 및 **논쟁 제기하기** 규칙과 단계를 점검한다.
   - 연습을 한 이후에 사회성 코치들은 성인들에게 다음과 같은 **사회성 코칭 및 조망 수용 질문**을 한다.
     - 어떤 단계들을 따랐나요?
     - 마지막에 제 기분이 어땠을 것 같나요?
     - 마지막에 제가 당신에 대해서 어떻게 생각했을 것 같나요?
     - 제가 당신과 다시 만나고 싶어 할 것 같나요?

3. 자연스러운 상황이라면 친구 혹은 연인과 **논쟁 다루기**를 연습한다.
   - 연습 전에 사회성 코치들은 성인들과 **논쟁에 대응하기** 및 **논쟁 제기하기** 규칙과 단계를 점검한다.
   - 연습을 한 이후에 사회성 코치들은 성인들에게 다음과 같은 **사회성 코칭과 조망 수용 질문**을 한다.
     - 어떤 단계들을 따랐나요?
     - 마지막에 당신의 기분은 어땠고, 상대방의 기분은 어땠을 것 같나요?
     - 마지막에 서로에 대해서 어떻게 생각했나요?
     - 두 사람이 서로 다시 만나고 싶을 것 같나요?

4. 상대에게 내가 관심이 있다는 것 알리기, 데이트 신청하기 및/혹은 데이트하기를 연습한다.
   - 성인들이 누군가를 연애 상대로 좋아하고 있다면
     - 상대에게 내가 관심이 있다는 것을 알린다.
     - 데이트를 신청한다.
     - 데이트한다.

○ 상대에게 연애 상대로서의 호감을 갖기 전까지는 시도하지 않는다.
- 성인들이 편하게 느낀다면 사회성 코치들과 **상대에게 내가 관심이 있다는 것 알리기, 데이트 신청하기, 데이트하기**를 연습하도록 한다.
- 연습 전에 사회성 코치들은 **데이트 예절** 규칙과 단계를 점검한다.
- 각 연습이 끝나면 사회성 코치들은 성인들에게 다음과 같은 **사회성 코칭 질문**을 한다.
  ○ 상대에게 내가 관심이 있다는 것 알리기
    - 누구와 연습했나요? 그리고 상대에게 내가 관심이 있다는 것을 알리기 위해 무엇을 했나요?
    - 상대는 어떻게 반응했나요?
    - 데이트 상대로서 좋은 선택인 것 같나요? 당신과 데이트하기에 적합한 사람인 것 같나요?
  ○ 데이트 신청하기
    - 누구에게 데이트를 신청했나요? 그리고 어떤 단계들을 따랐나요?
    - 상대는 어떻게 반응했나요?
  ○ 데이트하기
    - 무엇을 하기로 결정했나요?
    - 정보를 교환했나요? 데이트를 한 시간의 몇 %를 정보를 교환하는 데 사용했나요?
    - 공통의 관심사는 무엇이었나요? 만약 두 사람이 다시 데이트를 하게 된다면 그 정보를 가지고 무엇을 할 수 있나요?
    - 당신과 당신의 데이트 상대는 좋은 시간을 보냈나요?
    - 데이트 상대로서 좋은 선택인 것 같나요? 당신과 다시 만나 데이트하기에 적합한 사람인 것 같나요?

* 각 기술에 해당하는 역할극 동영상을 보고 싶다면(영어로 된 자료에 익숙한 경우) *The Science of Making Friends DVD*(Laugeson, 2013) 혹은 *FriendMaker* 모바일 앱을 확인한다.

주요 용어

'나' 전달법	논쟁 제기하기	의견충돌
'너' 전달법	문제해결을 위한 노력하기	침착함 유지하기
논쟁 다루기	우정과 데이트는 선택	
논쟁에 대응하기	의견 차이 인정하기	

직접적 괴롭힘 다루기

사회성 코치 치료자 가이드

사회성 코치 회기 준비하기

이번 회기에는 직접적 괴롭힘 및 또래로부터 거절당하는 것을 다루는 방법에 초점을 둘 것이다. 여기에는 놀림 및 신체적 괴롭힘이 포함된다. 연구에 의하면 청소년들이 또래로부터 거절당하는 것은 정신건강 문제의 발생을 예측하는 가장 강력한 요인인 것으로 나타났다. 예를 들어 청소년이나 심지어 초기 성인기에 또래로부터 거절당하는 것은 불안과 우울의 강력한 예측요인이다. PEERS®의 목적은 성인들이 친구를 만들고, 그 관계를 유지하며, 연인관계를 형성하도록 도와주는 것이지만, 이런 관계들을 발전시키는 데 방해가 될 수 있는, 괴롭힘을 비롯하여 여러 가지 형태의 거절에 대처하는 방법을 다루어야만 비로소 완성된 치료라고 할 수 있다. 남은 두 회기의 목적은 괴롭힘을 비롯한 여러 가지 형태의 거절을 다루는 방법에 초점을 둘 것이다.

괴롭힘은 서로 다른 행동의 복잡한 조합으로 나타나기는 하지만 연구에 의하면 대개 네 가지 유형으로 분류할 수 있다. 이러한 유형에는 (놀림이라고도 알려진) **언어적 괴롭힘** 및 **신체적 괴롭힘**을 포함하는 **직접적 괴롭힘**과 (사이버 폭력과 같은) e-커뮤니케이션에서의 **괴롭힘** 및 (소문, 뒷이야기, 사회적 고립과 같은) **관계적 괴롭힘**을 포함하는 **간접적 괴롭힘**이 있다. 이번 회기에서는 **직접적 괴롭힘**을 다루는 방법을 제공할 것이며, 15회기에서는 **간접적 괴롭힘**을 다루는 방법에 초점을 둘 것이다.

교육이 진행되면서 당신은 성인들이 예전에 배웠던 **놀림 다루기** 방법들이 별로 효과적이지 못했다는 것을 알게 될 것이다. 놀림을 받는 성인들은 대부분 놀리는 사람을 무시하거나, 다른 곳으로 피하거나, 다른 사람에게 말하거나 함께 놀리라는 충고를 받아왔을 것이다. 그러나 대다수의 성인이 이러한 방법이 효과적이지 못했다고 말할 것이다. 이러한 방법이 옳지 못했다는 것을 이야기해주면 성인들은 치료자를 더 믿게 되고, 치료자가 알려주게 될 놀림에 적절히 대응하는 방식을 더 신뢰하게 될 것이다. 그러나 이것이 오히려 지금까지 잘못된 충고를 했던 사회성 코치들에게는 자책감과 죄책감을 느끼게 할 수도 있다. 이에 대해 대부분의 좋은 의도를 가지고 있는 어른들은 이와 똑같은 조언을 하게 되고, 사회성 코치들이 어렸을 때도 비슷한 이야기를 들었을 것이라고 언급하며, 이를 정상적인 경험으로 만들어 주면 집단적인 죄책감을 줄일 수 있을 것이다. 여기서 중요한 것은 무시하기, 다른 곳으로 피하기, 다른 사람에게 말하기, 함께 놀리기와 같은 것들이 **놀림 다루기**의 유용한 전략이 될 것이라는 오래된 믿음을 바꾸게 하는 것이다. 대신에 사회적 관계에서 잘 받아들여지는 성인들이 사용하는 **생태학적으로 타당한 기술**을 사회성 코치들에게 제공해준다.

　놀림을 무력화시키는 말과 행동에 관한 규칙 사용을 설명한 이후에 일어날 수 있는 흔한 이슈 중 하나는 사회성 코치들이 자신만의 **놀림을 무력화시키는 짧은 말하기**를 만들어 내고자 하는 것이다. 경험에 의하면 대부분의 사회성 코치 및 성인은 타인의 놀림에 대해 적절하게 반응하는 기술이 충분하지 않기 때문에 이번 회기에서 제공하는 **놀림을 무력화시키는 짧은 말하기** 및 **놀림을 무력화시키는 비언어적 표현하기** 방법들을 그대로 사용하는 것이 가장 좋다. 이러한 말들은 사회적 관계에서 잘 받아들여지는 성인들이 사용하는 **생태학적으로 타당한** 반응들이므로 회기에서 제시한 방법을 그대로 사용하는 쪽이 더 안전할 것이다. 한국어판에서는 우리나라의 성인들이 많이 사용하는 말들을 조사하여 추가하였다.

　이번 회기에서 가장 자주 제기되는 이슈 중 하나는 사회성 코치들이 성인들이 괴롭힘을 당해 왔던 이야기를 하려고 하는 것이다. 성인들이 어떤 방식으로 괴롭힘을 당했는지 구체적으로 이야기를 나누는 것에 시간을 보내지 않도록 한다. 대신에 사회성 코치들이 개인적인 이야기를 하는 것에 대해 다음과 같이 부드럽게 언급한다. "우리는 괴롭힘이 매우 자주 일어나며 괴롭힘당하는 사람에게 큰 고통을 준다는 것을 잘 알고 있습니다. 그러나 우리는 성인들이 어떤 방식으로 괴롭힘을 당했는지에 관한 이야기를 오래 하지는 않을 것입니다. 대신에 앞으로는 이런 일들이 일어나지 않을 수 있도록, 이런 상황에서 무엇을 할 수 있을지 알려주는 것에 초점을 맞출 것입니다." 성인 회기에서는 비슷한 접근 방식을 사용할 것이다. 그 이유는 좀 다르다. 괴롭힘에 관한 주제를 가지고 이야기를 나누는 것은 성인들을 감정적으로 자극할 수 있으며, 적절하게 다루어지지 않을 경우에는 고통을 유발하고 심리적인 균형을 잃어버리게 만들 수 있다. 성인들에게 자신이 괴롭힘당했던 이야기를 하게 한다면, 어떤 성인들은 수업 내용에 집중하지 못하고, 앞으로 같은 상황에 놓일 경우 대처할 수 있는 방법을 배우지 못하게 될 것이다. 이 주제는 사회성 코치들에게도 마찬가지로 마음 아프게 느껴질 수 있다. 하지만 사회성 코치 회기에서 과거 경험을 길게 이야기하지 못하게 하는 주된 이유는 수업 내용의 주제에서 벗어나게 하고, 수업에서 가르치려고 하는 내용을 모두 다루기 어렵게 만들기 때문이다. 따라서 사회성 코치 집단과 성인 집단 모두 성인이 괴롭힘당한 경험을 이야기하려고 한다면, 치료자는 부드럽고 존중하는 태도로 본래의 주제로 되돌아오도록 환기시켜 주어야 한다. 만약 특정 사회성 코치 혹은 성인이 이번 주제에 특히 민감하게 영향을 받는 것 같으면, 회기가 끝나고 **개별적 면담**을 통해 그들과 함께 이야기 나눌 것을 권한다.

과제 점검

[다음의 과제를 검토하고 발생 가능한 **문제해결**을 의논한다. 성공적으로 과제를 완수한 사람부터 시작한다. 시간이 된다면 (과제를 다 하지 못한 사람들에게) 왜 과제를 완수할 수 없었는지 이유를 질문할 수 있으며, 다음 주에 어떻게 이것을 할 수 있을지에 대한 **문제해결**을 시도해볼 수 있다. 과제를 점검하는 동안에는 반드시 (**볼드체로 표시된**) **우리끼리 단어**를 사용한다. **함께 어울리**가 이번 회기의 가장 중요한 과제이므로 과제 점검 시간 대부분을 여기에 할애한다.]

1. 친구와 **함께 어울리기**를 한다.
   ● 치료자: "이번 주의 주요 과제 중 하나는 성인들이 그들의 친구와 함께 어울리기를 하는 것이었습니다. 이 과제를 완수했거나 완수하고자 노력하신 분이 있나요?"

- 질문
  - 성인이 다섯 가지 요소를 사용하여 함께 어울리기를 계획할 수 있도록 도와줬나요?"
  - 함께 어울리기를 하기 전에 어떤 사회성 코칭을 했나요?"
  - 성인은 무엇을 누구와 하기로 결정했나요?"
  - 함께 어울리기를 어떻게 시작했나요?"
  - 함께할 활동들은 누가 선택했나요?"
  - 그들은 서로 정보를 교환했나요? 함께 어울리는 시간의 몇 %를 정보를 교환하는 데 사용했나요?
  - 함께 어울리기를 어떻게 마무리했나요?"
  - 함께 어울리기를 한 이후에 어떤 사회성 코칭을 했나요?"
    - 적절한 사회성 코칭 질문
      - 무엇을 하기로 결정했으며 함께할 활동을 누가 선택했나요?
      - 정보를 교환했나요? 함께 어울리는 시간의 몇 %를 정보를 교환하는 데 사용했나요?
      - 공통의 관심사는 무엇이었나요? 만약 두 사람이 함께 시간을 보내게 된다면 그 정보를 가지고 무엇을 할 수 있나요?
      - 당신과 친구는 좋은 시간을 보냈나요?
      - 다시 만나 시간을 보내기에 적합한 사람인 것 같나요?
  - 함께 어울리기 상대로서 좋은 선택인 것 같나요? 성인이 다시 만나 시간을 보내기에 적합한 사람인 것 같나요?

표 15.1 집에서 함께 어울리기 시작하기 및 마무리하기를 위한 단계

함께 어울리기 시작하기	함께 어울리기 마무리하기
1. 손님에게 인사를 한다.	1. 활동이 잠시 멈출 때를 기다린다.
2. 손님을 집 안으로 맞이한다.	2. 함께 어울리기를 마무리하기 위한 꼬리말을 한다.
3. 손님이 모르는 사람들에게는 손님을 소개한다.	3. 친구를 문까지 배웅한다.
4. 집 안을 안내해준다.	4. 친구에게 함께 어울리기를 해서 고맙다고 말한다.
5. 간단한 간식을 권한다.	5. 친구에게 즐거운 시간을 보냈다고 말한다.
6. 손님에게 무엇을 하고 싶은지 물어본다.	6. 잘 가라고 인사하고, 나중에 다시 보자고 한다.

2. 사회성 코치와 함께 **논쟁 다루기**를 연습한다.
   - 치료자: "이번 주 또 다른 과제는 성인들이 사회성 코치와 함께 논쟁 다루기를 연습하는 것이었습니다. 이번 과제를 완수했거나 완수하고자 노력하신 분이 있나요?"
   - 질문
     - "연습을 하기 전에 어떤 사회성 코칭을 했나요?"
     - "성인이 논쟁에 대응하기 위해 어떤 단계들을 따랐나요?"
     - "성인이 논쟁을 제기하기 위해 어떤 단계들을 따랐나요?"
     - "연습한 이후에 어떤 사회성 코칭을 했나요?"

- 적절한 사회성 코칭 및 조망 수용 질문
  - 어떤 단계들을 따랐나요?
  - 마지막에 제 기분이 어땠을 것 같나요?
  - 마지막에 제가 당신에 대해서 어떻게 생각했을 것 같나요?
  - 제가 당신과 다시 만나고 싶어 할 것 같나요?

표 15.2 논쟁 다루기를 위한 단계

논쟁에 대응하기	논쟁 제기하기
1. 침착함을 유지한다.	1. 적절한 장소와 때를 기다린다.
2. 상대방의 말을 먼저 귀 기울여 듣는다.	2. 침착함을 유지한다.
3. 상대방이 말한 것을 반복한다.	3. 따로 개인적으로 이야기할 수 있는지 물어본다.
4. '나' 전달법을 사용하여 당신의 입장에 대해 설명한다.	4. '나' 전달법을 사용하여 당신의 입장에 대해 설명한다.
5. 미안하다고 말한다.	5. 상대방의 말을 듣는다.
6. 문제를 해결하려고 노력한다.	6. 상대방이 말한 것을 반복한다.
	7. 상대방이 어떻게 해주었으면 좋겠는지 알려준다.
	8. 문제를 해결하려고 노력한다.

3. 자연스러운 상황이라면 친구 혹은 연인과 **논쟁 다루기**를 연습한다.
- 치료자: "이번 주 또 다른 과제는 자연스러운 상황이라면 친구 혹은 연인과 논쟁 다루기를 연습하는 것이었습니다. 이번 과제를 완수했거나 완수하고자 노력하신 분이 있나요?"
- 질문
  - "성인은 누구와 연습했으며 논쟁은 무엇에 관한 것이었나요?"
  - "성인은 논쟁에 대응하거나 논쟁을 제기하기 위해 어떤 단계들을 따랐나요?"
  - "연습한 이후에 어떤 사회성 코칭을 했나요?"
    - 적절한 **사회성 코칭** 및 **조망 수용 질문**
      - 어떤 단계들을 따랐나요?
      - 마지막에 당신의 기분은 어땠고, 상대방의 기분은 어땠을 것 같나요?
      - 마지막에 서로에 대해서 어떻게 생각했나요?
      - 두 사람이 서로 다시 만나고 싶을 것 같나요?

4. **상대에게 내가 관심이 있다는 것 알리기, 데이트 신청하기 및/혹은 데이트하기**를 연습한다.
- 치료자: "이번 주 또 다른 과제는 성인들이 상대에게 내가 관심이 있다는 것 알리기, 데이트 신청하기 및/혹은 데이트하기를 연습하는 것이었습니다. 이 과제는 상대방에게 데이트 상대로 호감을 가지고 있을 때만 시도하는 것이었습니다. 성인들이 편안하게 느낄 경우에는 사회성 코치와 연습을 했어도 상관없습니다. 이번 과제를 완수했거나 완수하고자 노력하신 분이 있나요?"
- 질문
  - 연습을 하기 전에 어떤 사회성 코칭을 했나요?"

- ○ 성인은 무엇을 누구와 연습했나요?"
- ○ 상대에게 자신이 관심이 있다는 것을 알리기 위해 성인은 무엇을 했나요? 그리고 상대는 어떻게 반응했나요?"
- ○ 성인은 데이트 신청을 했나요? 했다면 상대는 어떻게 반응했나요?"
- ○ 데이트를 했다면 다음과 같이 질문한다.
  - "그들은 무엇을 하기로 결정했나요?"
  - "그들은 서로 정보를 교환했나요? 함께 있는 시간의 몇 %를 정보를 교환하는 데 사용했나요?"
  - "성인과 그의 데이트 상대는 좋은 시간을 보냈나요?"
- ○ 연습한 이후에 어떤 사회성 코칭을 했나요?"
- ○ 데이트 상대로서 좋은 선택인 것 같나요? 성인과 다시 만나 데이트하기에 적합한 사람인 것 같나요?

- [사회성 코치 과제 기록지를 수거한다. 만약 사회성 코치가 과제 기록지 가져오는 것을 잊어버렸다면, 과제를 책임지고 할 수 있게 새로운 용지에 완성하게끔 한다.]

교육: 직접적 괴롭힘 다루기

- 사회성 코칭 유인물을 나눠준다.
  - ○ 사회성 코치 치료자 가이드에서 **볼드체**로 표시된 부분은 사회성 코칭 유인물에서 그대로 가져온 것이다.
  - ○ 사회성 코치들에게 **볼드체**로 표시된 부분은 **우리끼리 단어**임을 상기시킨다. 이 단어들은 PEERS® 교육 과정의 중요한 개념들에 해당하므로 사회성 코칭을 할 때 최대한 많이 사용해야 한다고 설명한다.
- 설명: "오늘 우리는 괴롭힘을 다루는 방법에 대해서 이야기를 나눌 것입니다. 청소년들 사이에 괴롭힘이 매우 흔하다는 것을 알고 있으며, 불행하게도 이는 성인들 사이에서도 자주 있는 일입니다. 놀림 혹은 신체적 괴롭힘과 같이 직접적 괴롭힘을 다루는 방법에 대해서 먼저 이야기 나누도록 하겠습니다. 이러한 유형의 괴롭힘은 인터넷상에서 혹은 당사자의 뒤에서 일어나는 일이 아니기 때문에 직접적 괴롭힘이라고 할 수 있습니다. 다음 회기에서는 사이버 폭력, 소문 및 뒷이야기와 같이 간접적 괴롭힘을 다루는 방법에 대해서 이야기를 하겠습니다."

놀림 다루기

- 설명: "말로 다른 사람을 괴롭히는 놀림에 관해서 먼저 이야기를 나누도록 하겠습니다. 놀림을 받는 상황을 최소화하기 위한 중요한 방법 중 하나는 그것에 어떻게 반응하는지와 관련 있습니다. 어떻게 반응해야 하는지 알기 위해서는 사람들이 누군가를 놀리는 이유에 대해서 생각해보면 도움이 될 수 있습니다."
- 질문: "사람들이 누군가를 놀리는 이유는 무엇인가요?"
  - ○ 대답: 당신으로부터 반응을 얻기 위해서입니다. 당신이 화를 내거나, 당황하길 원해서입니다. 혹은 서로 놀림을 주고받는 것이 재미있기 때문입니다.
- 다음과 같이 질문한다. "당신이 화를 내면 ……"
  - ○ …… 당신은 놀리는 사람이 원하는 반응을 보이고 있는 것일까요?"
    - 대답: 예.
  - ○ …… 놀리는 사람은 당신을 놀리는 것이 재미있을까요?"

- 대답: 예.
  - ○ …… 당신은 다음에 놀림을 더 받을까요, 덜 받을까요?"
    - 대답: 또 놀림을 당할 것 같습니다.
- 치료자: "많은 성인들이 놀림을 받을 때 그에 대처하는 방법에 대해서 충고를 받았을 것입니다. 대부분의 성인들은 놀림에 어떻게 대처하라고 충고를 받나요?"
  - ○ 대답: 무시해라. 다른 곳으로 피해라. 다른 사람에게 말해라. 함께 놀려라.
- 설명: "안타깝게도 대부분의 성인들은 이러한 방법들이 효과가 없다고 할 것입니다."

놀림을 다루기 위한 방법

- **놀림을 무시하지 않는다.**
  - ○ 질문: "놀림을 무시하면 어떤 일이 일어날 수 있을까요?"
    - 대답: 상대가 계속 놀립니다. 당신이 약해 보입니다. 당신은 놀리기 쉬운 대상이 됩니다.
- **자리를 바로 떠나지 않는다.**
  - ○ 질문: "자리를 바로 떠나면 어떤 일이 일어날 수 있을까요?"
    - 대답: 상대방이 계속 따라다닙니다. 계속 놀립니다. 당신이 약해 보입니다. 당신은 놀리기 쉬운 대상이 됩니다.
- **바로 다른 사람에게 말하지 않는다.**
  - ○ 질문: "바로 다른 사람에게 말하면 어떤 일이 일어날 수 있을까요?"
    - 대답: 놀리는 사람을 화나게 합니다. 당신에게 복수를 하고 싶어 할 수 있습니다. 당신은 '고자질쟁이', '마마보이/마마걸'이라는 평판을 얻을 수 있습니다.
- **놀리는 사람을 똑같이 놀리지 않는다.**
  - ○ 치료자: "몇몇 사람들은 놀리는 사람을 똑같이 놀리면 앞으로 놀림을 덜 받을 것이라고 생각합니다. 놀리는 사람을 똑같이 놀리면 무엇이 문제가 될 수 있을까요?"
    - 대답: 당신이 곤경에 처할 수 있습니다. 오히려 당신이 나쁜 사람처럼 보일 수 있습니다. 나쁜 평판을 얻을 수 있습니다. 놀리는 사람이 원하는 반응일 수도 있습니다. 앞으로 더 놀림을 받을 수 있습니다.
- **험한 농담을 주고받지 않는다.**
  - ○ 치료자: "일부 친구들, 특히 남자들 사이에서는 서로 놀리는 것을 좋아합니다. 이러한 놀림은 일종의 장난이며, 상대방에게 상처를 주기 위한 것은 아닙니다. 이러한 놀림을 '험한 농담'이라고 합니다. '험한 농담'이 성인들 사이에서 흔하다고 하더라도, 험한 농담을 하면 무엇이 문제가 될 수 있을까요?"
    - 대답: 험한 농담이 점점 심해질 수 있습니다. 서로 상대보다 더 심한 장난을 치려고 할 수 있습니다. 끝내 누군가가 화를 낼 수도 있습니다.
  - ○ 설명: "당신의 목표가 친구를 만들고 그 관계를 유지하는 것이라면 험한 농담은 매우 위험하다는 것을 이해해야 합니다. 위험한 일이 생기는 것을 막기 위해서는 험한 농담을 멈추기 위한 놀림 다루기 방법들을 사용할 수 있습니다."
- **상대가 한 말에 전혀 신경 쓰지 않는 것처럼 행동한다.**
  - ○ 치료자: "험한 농담이든 아니든 놀리는 사람이 놀리는 것을 재미없게 만드는 방법 중 하나는 상대가 한 말에 전혀 신경 쓰지 않는 것처럼 행동하는 것입니다. 상대방의 놀림이 당신의 기분을 상하게 하더라도

그렇지 않은 것처럼 행동해야 합니다. 상대가 한 말에 전혀 신경 쓰지 않는 것처럼 행동하는 것이 중요한 이유는 무엇일까요?"

- 대답: 놀리는 사람이 원하는 반응을 얻지 못하게 됩니다. 놀리는 사람을 재미없게 만듭니다. 앞으로 당신을 덜 놀리고 싶어 할 것입니다.

● **상대가 한 말이 재미없거나 어리석은 말인 것처럼 행동한다.**
  ○ 치료자: "놀리는 사람을 재미없게 하는 다른 방법은 상대가 한 말이 재미없거나 어리석은 말인 것처럼 행동하는 것입니다. 상대가 한 말이 재미없거나 어리석은 말인 것처럼 행동하는 것이 중요한 이유는 무엇일까요?"
    - 대답: 놀리는 사람을 당황하게 합니다. 놀리는 사람을 재미없게 만듭니다. 앞으로 당신을 덜 놀리고 싶어 할 것입니다.

● **놀림을 무력화시키는 짧은 말을 한다.**
  ○ 치료자: "놀리는 말에 신경 쓰지 않으며 놀리는 말이 재미없다는 것을 보여주기 위한 가장 좋은 방법은 놀림을 무력화시키는 짧은 말을 하는 것입니다. 놀림을 무력화시키는 말을 짧게 하는 것이 중요한 이유는 무엇일까요?"
    - 대답: 만약 너무 길게 말한다면 당신이 그의 말에 신경 쓴다고 생각할 것입니다.
  ○ 치료자: "놀림을 무력화시키는 짧은 말을 할 때는 당신이 상대방의 말에 신경을 쓰지 않으며, 놀리는 말이 재미없다는 인상을 주어야 함을 기억해야 합니다. 성인들은 다음과 같이 말할 수 있습니다."
    - "어쩌라고?"
    - "좋아, 그래서?"
    - "그래서?"
    - "그래서 하고 싶은 말이 뭔데?"
    - "내가 왜 상관해야 되는데?"
    - "웃기려고 하는 말이지?"
    - "그게 무슨 큰일이라고!"
    - "그래서 뭐!"
    - "마음대로 생각해라."
    - "누가 신경 쓴대?"
    - "어디가 재미있는 거야?"
    - "요점이 뭐야?"
    - "뭐 어쨌든 ……" (놀림을 무력화시키는 말을 끝내고 다른 곳으로 가기 좋은 표현)
  ○ **따분한 듯한 말투로 말한다.**
    - 설명: "어떤 사람들은 놀림을 무력화시키는 말을 할 때 따분하거나 무관심한 것처럼 이야기합니다. 예를 들어 따분하고 무관심한 말투로 가볍게 '어쩌라고?'라고 말합니다."
  ○ **당신이 신경 쓰지 않는 태도를 드러내 보여준다.**
    - 설명: "다른 사람들은 말로 놀림을 무력화시킬 때 신경 쓰지 않는다는 듯이 행동합니다. 예를 들어 (일부러 더 따분한 말투로) '어쩌라고?'라고 말합니다."
    - 치료자: "당신이 더 편하게 느끼는 어떠한 방식으로 해도 괜찮습니다."

- ○ 항상 놀림을 무력화시키는 짧은 말을 최소한 몇 개는 준비해 놓는다.
    - 질문: "놀림을 무력화시키는 짧은 말을 한 번 사용했다고 해서 상대방이 놀리는 것을 그만둘까요?"
        - □ 대답: 아니요. 대개 여러 번 더 시도합니다.
    - 설명: "놀리는 사람이 놀림을 몇 번 더 시도할 것임을 알기 때문에 항상 놀림을 무력화시키는 짧은 말을 몇 개 준비해 놓습니다."
- ○ 놀림을 무력화시키는 짧은 말을 할 때는 앞뒤가 맞아야 한다.
    - 치료자: "놀림을 무력화시키기는 짧은 말을 할 때는 앞뒤가 맞아야 하는 것 또한 중요합니다. 놀리는 사람이 '넌 정말 멍청해!'라고 말을 했는데 '좋아, 그래서?'라고 대답한다면 무엇이 문제가 될 수 있을까요?"
        - □ 대답: 놀리는 사람의 말에 동의하는 것입니다. 놀리는 사람이 더 심하게 놀릴 수 있습니다.

- ● 놀림을 무력화시키는 비언어적 표현을 한다.
    - ○ 설명: "많은 사람들이 놀림을 무력화시키는 짧은 말을 하는 것과 더불어, 놀리는 사람을 신경 쓰지 않는다는 것을 보여주기 위해 놀림을 무력화시키는 비언어적 표현을 하기도 합니다. 항상 놀림을 무력화시키는 짧은 말을 하는 것이 더 좋지만, 어떤 상황에서는 놀림을 무력화시키는 비언어적 표현을 하는 것이 도움이 될 수도 있습니다. 놀림을 무력화시키는 비언어적 표현에는 다음과 같은 행동들이 포함됩니다."
        - 눈을 굴린다.
        - 어깨를 으쓱한다.
        - 고개를 갸우뚱한다.

- ● 놀림 무력화시키기를 하고 난 후 그 자리를 떠난다.
    - ○ 치료자: "적절하게 놀림 무력화시키기를 하고 난 후 그 자리를 떠나야 합니다. 자연스럽게 시선을 돌리거나 천천히 자리를 떠날 수 있습니다. 놀림을 무력화시키고 그 자리에 서 있거나 그 사람을 쳐다보고 있으면 무엇이 문제가 될 수 있을까요?"
        - 대답: 그것은 거의 더 놀려 달라고 요청하는 것이나 다름이 없습니다. 당신은 놀리는 말이 따분하고, 더 이상 놀리는 말을 듣지 않겠다는 인상을 주어야 합니다.

- ● 놀림은 사라지기 전에 더 심해질 수 있다.
    - ○ 설명: "종종 놀리는 사람은 당신에게 다른 반응을 얻으려고 할 수 있습니다. 과거에는 당신이 속상해하거나 함께 놀렸을 수도 있습니다. 놀리는 사람이 예상했던 당신의 반응을 당신이 보여주지 않으면, 처음에는 더 심하게 놀릴 수 있습니다. 즉, 놀림이 사라지기 전에 더 심해질 수도 있다는 의미입니다."

- ● 상대방이 언제든 다시 놀릴 수 있음을 예상하고 있어야 한다.
    - ○ 설명: "놀림을 무력화시키기 위해 계속 노력한다면, 결국에는 놀리는 사람이 지루해할 것입니다. 그러나 나중에 다시 시도할 수 있습니다. 즉, 놀림이 멈췄다고 생각해도 놀리는 사람이 언제든 다시 시도할 것이라고 예상하고 있어야 한다는 의미입니다."

- ● 신체적인 공격을 하는 사람들에게는 놀림 무력화시키기를 사용하지 않는다.
    - ○ 설명: "놀림 무력화시키기가 효과적인 이유는 놀리는 사람을 당황스럽게 만들고, 놀리는 재미를 감소시키기 때문입니다. 놀림 무력화시키기는 놀리는 사람을 당황스럽게 만들기 때문에 신체적인 공격을 하는 사람들에게는 놀림 무력화시키기를 사용하지 않습니다. 놀림 무력화시키기는 놀리는 사람을 당황스럽게 만들기 때문에 신체적인 공격을 하는 사람들에게는 놀림 무력화시키기를 사용하지 않습니다."

- ○ 질문: "신체적인 공격을 하는 사람들은 당황했을 때 어떻게 행동할까요?"
  - 대답: 대부분 약이 올라 신체적인 공격으로 보복할 것입니다.
- ○ 설명: "이후에 신체적 괴롭힘을 다루는 방법에 대해서 이야기를 나누겠습니다. 신체적 공격을 하는 사람들에게는 이후에 배우게 될 방법들을 사용하는 것이 더 적절합니다."
- **권위 있는 사람들에게는 놀림 무력화시키기를 사용하지 않는다.**
  - ○ 치료자: "놀림 무력화시키기의 마지막 규칙은 권위 있는 사람들에게는 이것을 사용하지 않는 것입니다. 권위 있는 사람들에는 누가 있을까요?"
    - 대답: 사회성 코치, 부모님, 교수/선생님, 학과장/학장, 지도 감독자, 직장 상사, 선임/선배, 법을 집행하는 사람들
  - ○ 질문: "권위 있는 사람들에게 놀림 무력화시키기를 사용한다면 무엇이 문제가 될 수 있을까요?"
    - 대답: 무례합니다. 곤란한 상황에 처할 수 있습니다. 나쁜 평판을 얻을 수 있습니다. 당신을 강의실에서 나가게 할 수 있습니다. 직장에서 불이익을 당하거나 심하면 해고를 당할 수도 있습니다.

- [참고사항(영어로 된 자료에 익숙하다면): PEERS® *Role Play Video Library*(www.routledge.com/cw/laugeson) 혹은 *FriendMaker* 모바일 앱에서 **말로 놀림 무력화시키기**의 역할극 동영상을 보여주고 역할극 다음에 오는 **조망 수용 질문**을 할 수도 있다.]

당황스러운 피드백 다루기

- 설명: "때때로 사람들은 여러분을 당황스럽게 만드는 말을 하거나 심지어 놀리려는 의도의 말을 합니다. 그러나 어떤 경우에 그것은 여러분이 타인에게 어떻게 보이는지에 대한 중요한 정보를 줄 수도 있습니다. 특히 많은 사람들이 같은 내용의 피드백을 주거나, 소수의 사람이라도 반복해서 같은 피드백을 준다면 그것은 사실일 수 있습니다. 이런 피드백을 듣게 된다면 기분이 상하거나 화를 내기보다는 타인이 여러분을 보는 시각을 변화시키는 데 그 정보를 이용하는 것이 좋습니다. 사람들이 당황스러운 피드백을 했을 때 사람들이 무엇을 말하려고 하는 것인지 잘 생각해본다면, 여러분은 다른 방식으로 행동할 수 있게 될 것입니다. 때로는 이것이 앞으로 여러분이 놀림을 덜 받을 수 있게 도와줄 것입니다."
- [표 15.3]에 제시되어 있는 당황스러운 피드백의 예들을 점검하고, 성인들이 이러한 피드백에 반응하여 어떻게 다르게 행동할 수 있는지 사회성 코치들이 생각해보게 한다.
  - ○ 당황스러운 피드백의 각 예에 대하여 다음과 같이 말한다. "많은 사람들이 당신의 성인에게 (아래의 예에서 선택)와/과 같은 피드백을 준다고 가정합시다."
  - ○ 질문: "그러면 이런 피드백에 대해서 여러분의 성인들이 어떻게 달라지는 것을 보여줄 수 있을까요?"
  - ○ 놀림을 받지 않도록 성인들이 어떻게 다르게 행동할 수 있는지 이야기해보게 한다.
  - ○ [주: 자신을 바꾸는 것은 선택이다. 즉, 만약 성인들이 놀림받을 이유를 바꾸고 싶어 하지 않는다면 그래도 된다는 의미이다.]

표 15.3 당황스러운 피드백의 예와 이용 방법

당황스러운 피드백의 예	피드백을 이용하는 방법
옷에 관한 부정적인 피드백	옷에 변화를 주는 것을 고려한다. 속해 있는 사회 집단의 규준을 따르는 옷차림을 하도록 노력한다. 옷을 규칙적으로 갈아입고 세탁한다. 사회성 코치, 친구, 가족, 상점 점원에게 조언을 구하거나 패션 관련 블로그 혹은 요즘 옷차림 트렌드에 관한 인터넷 사이트를 찾아볼 수 있다.
체취에 관한 부정적인 피드백	탈취제(데오도란트)를 사용한다. 비누를 사용하여 자주 씻는다. 샴푸를 사용하여 규칙적으로 머리를 감는다. 향수를 좀 덜 뿌린다.
비듬에 관한 부정적인 피드백	비듬샴푸를 규칙적으로 사용한다.
구강 위생에 관한 부정적인 피드백	매일 칫솔질을 한다. 구취 제거제를 사용한다. 치실을 규칙적으로 사용한다. 껌을 씹는다. 구강청결제를 사용한다. 특정 음식은 피한다. 치과를 규칙적으로 방문한다.
유머에 관한 부정적인 피드백	유머에 대한 반응에 주의를 기울인다. 유머를 듣는 사람(방청객)이 되는 쪽을 생각해본다. 누군가를 처음 알아갈 때는 조금 더 진지해보려고 노력한다.
특이한 행동에 관한 부정적인 피드백	가능하다면 행동을 바꾸거나 하지 않으려고 노력한다.

신체적 괴롭힘 다루기

● 설명: "지금까지 놀림 및 당황스러운 피드백에 대처하는 방법에 대해서 이야기를 했습니다. 지금부터는 신체적 괴롭힘을 당할 때 어떻게 대처해야 하는지에 대해서 배워보겠습니다. 신체적 괴롭힘에는 다른 사람의 물건을 빼앗거나, 욕을 하거나, 모욕적인 말을 하거나, 의도적으로 골탕을 먹이거나, 심한 장난을 치는 것들이 포함됩니다. 심한 경우에는 밀치거나 물건을 던지는 것도 포함됩니다. 신체적 괴롭힘과 놀림은 직접적 괴롭힘에 포함되지만 그것을 다루는 방법은 매우 다릅니다."

● **괴롭히는 사람을 피한다.**
　○ 치료자: "신체적 괴롭힘을 다루기 위한 가장 좋은 방법은 괴롭히는 사람을 피하는 것입니다. 즉, 이것은 우리가 괴롭히는 사람과 마주칠 수 있는 거리에서 벗어나야 한다는 것을 의미합니다. 예를 들어 만약 여러분이 괴롭히는 사람의 자리가 정해져 있다면 여러분은 그 근처에 가야 할까요?"
　　■ 대답: 가야만 하는 이유가 없다면 가지 않습니다.
　○ 질문: "괴롭히는 사람을 피하는 것이 중요한 이유는 무엇일까요?"
　　■ 대답: 괴롭히는 사람이 당신을 발견하지 못한다면 괴롭힐 수 없기 때문입니다.

● **동선을 잘 짠다.**
　○ 치료자: "괴롭히는 사람을 피하는 방법 중 하나는 여러분의 동선을 잘 짜는 것입니다. 예를 들어 괴롭히는 사람이 교정의 특정한 구역에서 자주 논다면 그 구역을 어떻게 피할 수 있을까요?"
　　■ 대답: 그 구역을 피하기 위한 **동선을 잘 짭니다.** 다른 길로 갈 수 있다면 그 길을 선택합니다.
　○ 설명: "물리적인 동선뿐만 아니라 수강 신청을 할 때도 마주치지 않고 싶은 사람과 스케줄을 다르게 짜는 것들이 여기에 포함됩니다."

● **괴롭히는 사람이 주위에 있을 때 눈에 띄게 행동하지 않는다.**
　○ 치료자: "신체적 괴롭힘에 대처하기 위한 다른 방법 중 하나는 괴롭히는 사람이 주위에 있을 때 눈에 띄게 행동하지 않는 것입니다. 이것은 괴롭히는 사람이 주위에 있을 때 돌출 행동을 하지 않고 남들의 주의를 끄는 행동을 하지 않는 것을 의미합니다. 괴롭히는 사람 주위에 있을 때 눈에 띄게 행동하지 않는

것이 중요한 이유는 무엇일까요?"

- 대답: 괴롭히는 사람이 당신을 눈치채지 못한다면 당신을 괴롭힐 가능성이 더 작습니다.

● **괴롭히는 사람과 친구가 되려고 노력하지 않는다.**

○ 치료자: "또한 괴롭히는 사람과 이야기하지 않고 친구가 되려고 노력하지 않는 것이 중요합니다. 어떤 사람들은 괴롭히는 사람을 자기편으로 만들 수 있다고 생각하지만 이것은 거의 불가능합니다. 그것은 그저 괴롭히는 사람의 주의를 끌 뿐입니다. 괴롭히는 사람과 친구가 되려고 노력한다면 무엇이 문제가 될 수 있을까요?"

- 대답: 아마도 별로 효과가 없을 것입니다. 주의를 끌게 만들 뿐입니다. 당신을 더 괴롭히게 될 것입니다. 당신과 친구인 척하고 당신을 이용할 수 있습니다. 괴롭히는 사람은 좋은 친구가 될 수 없습니다.

● **괴롭히는 사람을 자극하지 않는다.**

○ 치료자: "신체적 괴롭힘을 다루기 위한 또 다른 중요한 방법은 괴롭히는 사람을 자극하지 않는 것입니다. 괴롭히는 사람을 어떻게 자극할 수 있을까요?"

- 대답: 괴롭히는 사람을 웃음거리로 만듭니다. 그들을 놀립니다. 그들을 비웃습니다. 그들의 실수를 지적합니다. 그들을 곤란한 상황에 처하게 합니다. 그들의 옆에서 장난을 칩니다.

○ 질문: "괴롭히는 사람을 자극한다면 무엇이 문제가 될 수 있을까요?"

- 대답: 복수를 하고 싶어 할 수 있습니다. 괴롭힘이 더 심해질 수 있습니다.

● **괴롭히는 사람을 놀리지 않는다.**

○ 치료자: "괴롭히는 사람을 자극하지 않으려면 그를 놀리지 않아야 합니다. 괴롭히는 사람을 놀리면 무엇이 문제가 될 수 있을까요?"

- 대답: 복수를 하고 싶어 할 수 있습니다. 괴롭힘이 더 심해질 수 있습니다.

● **괴롭히는 사람에게 이래라저래라 하지 않는다.**

○ 질문: "괴롭히는 사람을 자극하지 않기 위해서는 그에게 이래라저래라 하지 않는 것 또한 중요합니다. 괴롭히는 사람이 출근을 늦게 하거나 수업에 빠진 것과 같이 사소한 규칙위반을 했다고 그에게 이래라저래라 한다면 무엇이 문제가 될 수 있을까요?"

- 대답: 복수를 하고 싶어 할 수 있습니다. 괴롭힘이 더 심해질 수 있습니다. 당신이 나쁜 사람처럼 보일 수 있습니다.

○ 질문: "만약 괴롭히는 사람이 다른 사람을 해칠 수 있는 위험하거나 불법적인 것을 한다면 어떻게 해야 하나요? 누군가에게 말해야 할까요?"

- 대답: 예. 당연히 말해야 합니다.

○ 치료자: "만약 괴롭히는 사람에 대해서 이야기를 해야 한다면 사람들 앞에서 해야 할까요?"

- 대답: 아니요. 누군가에게 비밀스럽게 이야기해야 합니다. 가능하다면 다른 사람들한테 괴롭히는 사람에 대해 이야기했다는 것을 말하지 않도록 합니다.

● **다른 사람들과 어울린다.**

○ 질문: "괴롭히는 사람은 혼자 있는 사람 혹은 집단을 이루어 모여 있는 사람들 중에서 누구를 괴롭힐 가능성이 더 큰가요?"

- 대답: 혼자 있는 사람을 괴롭힐 가능성이 더 큽니다.

○ 질문: "혼자 있는 사람을 괴롭힐 가능성이 더 큰 이유는 무엇일까요?"

- 대답: 혼자 있다면 괴롭히기 쉬운 대상이 되고, 당신을 보호해주거나 당신 편이 되어줄 사람이 없기 때문입니다.
  - 설명: "신체적 괴롭힘에 대처하는 가장 효과적인 방법 중 하나는 다른 사람들과 어울리는 것입니다. 즉, 이것은 여러분이 혼자 있지 않도록 해야 한다는 것을 의미합니다. 괴롭히는 사람들은 혼자 있어서 다른 사람들의 보호를 받지 못할 때 사람들을 괴롭히길 좋아합니다."
- **괴롭히는 사람이 주위에 있을 때 권위 있는 사람 근처에 있는다.**
  - 질문: "괴롭히는 사람이 주위에 있을 때 친구와 같이 있기 힘들다면, 권위 있는 사람 근처에 있는 것 또한 방법입니다. 권위 있는 사람들에는 누가 있을까요?"
    - 치료자: 교수/선생님, 학과장/학장, 지도 감독자, 직장 상사, 믿을 만한 선임/선배
  - 설명: "권위 있는 사람이 근처에 있다면 괴롭히는 사람들은 여러분을 괴롭히지 않을 것입니다. 그러므로 괴롭히는 사람이 주위에 있을 때 교수, 지도 감독자, 매니저 혹은 직장 상사 근처에 있도록 합니다. 이것은 그들과 시간을 함께 보내라는 것을 의미하는 것은 아닙니다. 그저 괴롭히는 사람이 주위에 있다면 그들 근처에 있는 것이 좋다는 것을 의미합니다."
- **마지막 대안으로는 신고하는 것을 고려할 수 있다.**
  - 치료자: "마지막으로 만약 지금까지 제시한 신체적 괴롭힘에 대처하는 방법들이 효과가 없거나 위협 혹은 괴롭힘을 당하고 있다고 느껴진다면, 신고하는 것을 고려할 수 있습니다. 누구에게 신고하는 것을 고려할 수 있을까요?"
    - 대답: 교수/선생님, 학과장/학장, 지도 감독자, 매니저, 직장 상사, 인사담당부서/인사과/직장의 고충 처리부서, 학생생활지원부서/상담실/지원실. (심한 경우라면) 경찰이나 법의 도움을 받는 것도 고려할 수 있습니다.
  - 설명: "대개 다른 방법을 사용해도 효과가 없거나 위협, 괴롭힘 혹은 위험에 처해 있다고 느껴진다면, 마지막 대안으로는 신고하는 것을 고려할 수 있습니다. 신고를 한다는 것은 중요한 결정이며 보통 다른 사람의 도움이 요구되기 때문에 성인들이 신고를 하려고 하기 전에 사회성 코치로서 함께 의논을 하도록 합니다."
  - 설명: "그러나 성폭력과 같은 경우에는 즉시 학교 혹은 직장 내에 위치한 상담실을 찾아가서 비밀스럽게 이야기하여 신고하는 것을 고려할 수 있습니다. 또한 학교 혹은 직장에서의 선배/선임들 사이에서의 심각한 위계질서 문제로 인해 괴롭힘을 당하고 있다고 느껴진다면, 믿을 만하다고 생각되는 선배 혹은 선임이 아닌 비밀이 확실히 보장될 수 있는 교수/선생님, 학교생활지원부서 혹은 인사담당부서에 신고하는 것을 고려해볼 수 있습니다."

과제 안내하기

[사회성 코치에게 사회성 코치 과제 기록지(부록 E)를 배부하고, 작성해서 다음 회기에 제출하게 한다.]

1. 친구와 함께 어울리기를 한다.

- 사회성 코치는 성인이 **다섯 가지 요소**를 사용하여 함께 어울리기를 계획할 수 있도록 도와주어야 한다.
  - **누구와** 할 것인지
  - **무엇을** 할 것인지

○ **언제** 함께 어울리기를 할 것인지

○ **어디서** 함께 어울리기를 할 것인지

○ **어떻게** 함께 어울리기가 이루어질 수 있도록 준비할 것인지

● 연습 전에 사회성 코치들은 성인들과 **함께 어울리기** 규칙과 단계를 점검한다.

● **함께 어울리기** 연습 이후에 사회성 코치들은 성인들에게 다음과 같은 **사회성 코칭 질문**을 한다.

○ 무엇을 하기로 결정했으며 함께할 활동을 누가 선택했나요?

○ 정보를 교환했나요? 함께 어울리는 시간의 몇 %를 정보를 교환하는 데 사용했나요?

○ 공통의 관심사는 무엇이었나요? 만약 두 사람이 함께 시간을 보내게 된다면 그 정보를 가지고 무엇을 할 수 있나요?

○ 당신과 친구는 좋은 시간을 보냈나요?

○ 다시 만나 시간을 보내기에 적합한 사람인 것 같나요?

2. 사회성 코치와 함께 **놀림 다루기**를 연습한다.

● 연습 전에 **놀림 다루기**를 위한 방법들을 점검한다.

● 성인들은 연습할 때 사용하고 싶은 **놀림을 무력화시키는 짧은 말**을 3개씩 선택한다.

● 사회성 코치들은 순화된 놀림말을 사용해야 한다(예: "네 신발 이상해!").

● 연습을 한 이후에 사회성 코치들은 성인들에게 다음과 같은 **조망 수용 질문**을 한다.

○ 제 기분이 어땠을 것 같나요?

○ 제가 당신에 대해서 어떻게 생각했을 것 같나요?

○ 제가 당신을 다시 놀리고 싶어 할 것 같나요?

3. 자연스러운 상황이라면 친구와 함께 **직접적 괴롭힘 다루기**를 연습한다.

● 자연스러운 상황이라면 연습을 한 이후에 사회성 코치들은 성인들에게 다음과 같은 **사회성 코칭 및 조망 수용 질문**을 한다.

○ 놀림에 대처하기 위해 무엇을 했나요? 혹은 어떤 말을 했나요?

■ 상대방의 기분이 어땠을 것 같나요?

■ 상대방이 당신에 대해서 어떻게 생각했을 것 같나요?

■ 상대방이 당신을 다시 놀리고 싶어 할 것 같나요?

○ 상대방이 당황스러운 피드백을 주었나요? 이것에 대해 더 이상 놀림을 받고 싶지 않다면 무엇을 다르게 할 수 있을까요?

○ 신체적 괴롭힘을 다루기 위해 무엇을 했나요? 혹은 어떤 말을 했나요?

4. 사회성 코치와 함께 **논쟁 다루기**를 연습한다.

● 연습 전에 **논쟁에 대응하기** 및 **논쟁 제기하기** 규칙과 단계를 점검한다.

○ 연습을 한 이후에 사회성 코치들은 성인들에게 다음과 같은 **사회성 코칭 및 조망 수용 질문**을 한다.

■ 어떤 단계들을 따랐나요?

■ 마지막에 제 기분이 어땠을 것 같나요?

■ 마지막에 제가 당신에 대해서 어떻게 생각했을 것 같나요?

■ 제가 당신과 다시 만나고 싶어 할 것 같나요?

5. 자연스러운 상황이라면 친구 혹은 연인과 **논쟁 다루기**를 연습한다.
   - 연습 전에 사회성 코치들은 성인들과 **논쟁에 대응하기** 및 **논쟁 제기하기**의 규칙과 단계를 점검한다.
   - 연습을 한 이후에 사회성 코치들은 성인들에게 다음과 같은 **사회성 코칭**과 **조망 수용 질문**을 한다.
     - 어떤 단계들을 따랐나요?
     - 마지막에 당신의 기분은 어땠고, 상대방의 기분은 어땠을 것 같나요?
     - 마지막에 서로에 대해서 어떻게 생각했나요?
     - 두 사람이 서로 다시 만나고 싶을 것 같나요?

6. 상대에게 내가 관심이 있다는 것 알리기, 데이트 신청하기 및/혹은 데이트하기를 연습한다.
   - 성인들이 누군가를 연애 상대로 좋아하고 있다면
     - 상대에게 내가 관심이 있다는 것을 알린다.
     - 데이트를 신청한다.
     - 데이트를 한다.
     - 상대에게 연애 상대로서의 호감을 갖기 전까지는 시도하지 않는다.
   - 성인들이 편하게 느낀다면 사회성 코치들과 **상대에게 내가 관심이 있다는 것 알리기, 데이트 신청하기, 데이트하기**를 연습하도록 한다.
   - 연습 전에 사회성 코치들은 **데이트 예절** 규칙과 단계를 점검한다.
   - 각 연습이 끝나면 사회성 코치들은 성인들에게 다음과 같은 **사회성 코칭 질문**을 한다.
     - 상대에게 내가 관심이 있다는 것 알리기
       - 누구와 연습했나요? 상대에게 내가 관심이 있다는 것을 알리기 위해 무엇을 했나요?
       - 상대는 어떻게 반응했나요?
       - 데이트 상대로서 좋은 선택인 것 같나요? 당신과 데이트하기에 적합한 사람인 것 같나요?
     - 데이트 신청하기
       - 누구에게 데이트를 신청했나요? 어느 단계들을 따랐나요?
       - 상대는 어떻게 반응했나요?
     - 데이트하기
       - 무엇을 하기로 결정했나요?
       - 정보를 교환했나요? 함께 있는 시간의 몇 %를 정보를 교환하는 데 사용했나요?
       - 공통의 관심사는 무엇이었나요? 만약 두 사람이 다시 데이트를 하게 된다면 그 정보를 가지고 무엇을 할 수 있나요?
       - 당신과 데이트 상대는 좋은 시간을 보냈나요?
       - 데이트 상대로서 좋은 선택인 것 같나요? 당신과 다시 만나 데이트하기에 적합한 사람인 것 같나요?

사회성 코칭 팁

직접적 괴롭힘 다루기 방법에 관한 더 자세한 정보 혹은 자료를 찾는다면, (영어로 된 자료에 익숙한 경우) 다음을 권장한다.

- 당신의 성인과 함께 *The Science of Making Friends: Helping Socially Challenged Teens and Young Adults*(Laugeson, 2013)를 읽는다.
  - **직접적 괴롭힘**에 관한 자세한 정보는 두 장에 걸쳐 설명되어 있다.
    - 제10장: 언어적 놀림 다루기
    - 제13장: 신체적 괴롭힘 피하기
  - 성인들을 위해 각 장의 내용 요약이 포함되어 있다.
  - 수업마다 사회성 코칭 팁이 주어진다.
- *The Science of Making Friends DVD*(Laugeson, 2013) 혹은 *FriendMaker* 앱을 사용하여
  - 놀림 다루기 및 신체적 괴롭힘 다루기 방법을 점검한다.
  - '언어적 놀림 다루기'에 관한 역할극 동영상을 본다.
  - 남녀 역할극이 포함되어 있다.
  - 역할극 다음에 오는 **조망 수용 질문**을 의논한다.
- 성인은 *FriendMaker* 앱을 '가상의 코치'로 이용하여 실생활에서 일어나는 문제들을 해결하는 데 도움을 받도록 한다.
  - "언어적 놀림 다루기"
  - "당황스러운 피드백에 대처하기"
  - "신체적 괴롭힘 피하기"

졸업식 안내
- 졸업식 안내문을 나눠준다.
- 치료자: "2주 후면 졸업식입니다. 졸업식이 얼마 남지 않은 현 시점에서 우리는 앞으로 남은 내용을 배우고 PEERS®가 끝나면 앞으로 어떻게 해야 하는지에 관해서 이야기를 나눌 것입니다. 여러분이 열심히 회기마다 참여한 것을 축하하기 위해 성인들은 졸업파티를 열 예정이며, 여러분은 졸업식을 할 것입니다."
- 자료에 따라 조금 다를 수 있는 졸업파티 및 졸업식에 관해서 설명해준다.
  - 졸업파티 및 졸업식에 관한 내용은 16회기 성인 치료자 가이드에서 확인한다.

성인 치료자 가이드

성인 회기 준비하기

이번 회기의 가장 큰 목표는 성인들에게 **직접적 괴롭힘을 다룰** 수 있는, 새롭고 좀 더 효과적인 전략들을 제공하는 것이다. **언어적 괴롭힘** 및 **신체적 괴롭힘**과 같은 직접적 유형의 괴롭힘은 서로 밀접하게 관련되어 있지만, 각각의 괴롭힘을 다루는 전략은 상당히 다르다. 따라서 더 적절한 대응 전략을 선택할 수 있도록 치료자와 성인들이 두 가지 개념을 각각 다르게 이해하는 것이 중요하다.

사회성 코치 치료자 가이드에서도 설명한 것처럼 연구를 통해 일반적으로 네 가지의 괴롭힘 유형이 있다는 것을 확인하였다. 이러한 유형에는 (놀림과 같은) **언어적 괴롭힘** 및 (공격적 혹은 신체적 행동과 같은) **신체적 괴롭힘**을 포함하는 **직접적 괴롭힘**과 (사이버 폭력과 같은) **e-커뮤니케이션에서의 괴롭힘** 및 (소문, 뒷이야기, 사회적 고립과 같은) **관계적 괴롭힘**을 포함하는 **간접적 괴롭힘**이 있다. 이번 회기에서는 **직접적 괴롭힘**을 다루는 방법을 제공할 것이며, 15회기에서는 **간접적 괴롭힘**을 다루는 방법에 초점을 둘 것이다.

집단에 속해 있는 많은 성인들이 오랫동안 괴롭힘을 받은 경험을 갖고 있을 것이다. 따라서 이번 회기는 많은 성인들에게 감정적으로 자극되는 회기가 될 수 있다. 성인들이 감정적으로 반응하지 않게 도우려면, 성인들이 구체적으로 어떻게 괴롭힘을 당해 왔는지를 이야기하지 않게 하는 것이 중요하다. 다른 집단 구성원들의 감정적인 반응에 압도되어 주의가 분산되지 않아야 성인들이 괴롭힘에 대처하는 방법을 배우는 데 더 집중할 수 있을 것이다. 지금까지 성인들은 하나의 집단으로서 결속력 있는 유대감을 형성해왔을 것이다. 이번 주제를 조금 더 이른 회기에서 의논했다면 느낄 수 있는 불안을 서로 간의 지지를 통해 최소화할 수 있을 것이다.

이번 회기에서 나타나는 현상 중 하나는 성인들이 "저는 한 번도 놀림을 당한 적이 없어요." 혹은 "저는 한 번도 신체적인 괴롭힘을 당한 적이 없어요."와 같이 말하는 것이다. 청소년기에서 성인기로 접어들면서 괴롭힘이 줄어드는 것은 사실이지만, 대부분의 성인들은 다른 심한 괴롭힘까지는 아니더라도 간혹 놀림을 받는다. 이렇게 말하는 이유는 대개 체면을 유지하거나 사회적 거절과 무관한 것처럼 보이기 위해서인 경우가 많다. 성인들이 놀림이나 괴롭힘을 당한 것을 밝히게 하는 것은 중요하지 않다. 그러나 성인들이 괴롭힘당했던 것을 수치스럽게 여기지 않도록 하는 것 또한 중요하다. 성인들에게 대부분의 사람들이 때때로 놀림을 받거나 괴롭힘을 당한다고 설명함으로써 이런 경험들을 일반화하는 것이 도움이 된다. 놀림 혹은 괴롭힘을 받은 경험이 고통스러울 수 있지만 드문 일이 아니라는 뜻이다.

반대로 어떤 성인들은 괴롭힘당한 자신의 경험을 고백하고 이것을 아주 길게 이야기하기고 싶어 할 수 있다. 이렇게 감정적으로 고통스러운 경험을 고백하는 것은 다른 성인들이 수업에 집중하는 것을 어렵게 만들 수 있으므로 너무 오랫동안 논의하지 않도록 한다. 어떤 성인에게는 놀림이나 괴롭힘을 받은 경험을 이야기하는 것이 불편하지 않다 하더라도, 이것을 듣는 다른 성인에게는 단순이 이야기를 듣는 것만으로도 과거의 외상을 재경험하게 할 수 있다. 성인들에게 다음과 같이 상기시켜 주는 것이 도움이 될 수 있다. "우리는 괴롭힘이 매우 흔하며, 괴롭힘을 받는 사람에게 큰 고통을 줄 수 있다는 것을 잘 알고 있습니다. 그러나 우리는 어떤 구체적 방식으로 괴롭힘을 받았는지에 대해 이야기를 나누지는 않을 것입니다. 대신에 앞으로는 놀림이나 괴롭힘을 당하는 일이 일어나지 않도록 이러한 상황에서 우리가 무엇을 할 수 있는지에 초점을 맞출 것입니다." 이렇게 명료화하게 되면 많은 성인들은 안도감을 느낄 것이다.

성인들 중에서 간혹 자신이 다른 사람을 놀렸거나 괴롭혔다는 것을 고백하는 경우도 있다. 이런 경우 타인을 괴롭힌다면 어떤 문제가 따를 수 있는지를 간략하게 이야기할 수는 있다. 하지만 이런 이야기가 다른 집단 구성원에게 야기할 수 있는 불안을 감소시키려면 이 주제를 너무 길게 이야기하지 않도록 한다. 다음과 같이 말할 수 있다. "다른 사람을 놀리면 무엇이 문제가 될 수 있을까요?" 혹은 "다른 사람을 괴롭힌다면 무엇이 문제가 될 수 있을까요?" 이 질문을 할 때는 이야기를 한 성인 개인을 향해 물어봄으로써 그를 괴롭힘을 하는 사람으로 지목하는 것처럼 만들기보다는 집단 전체에 터놓고 묻는 방식을 취해야 한다. 타인을 괴롭히는 것이 왜 나쁜지를 간략하게 이야기한다면, 이것은 받아들일 수 없는 행동이라는 메시지를 주게 되며, 동시에 길게 이야기하지 않음으로써 다른 성인들에게 생길 수 있는 불안을 최소화할 수 있고, **직접적 괴롭힘 다루기**의 방법을 가르치는 수업의 초점을 유지할 수 있다. 친구를 만들고 유지하기 위해서는 다른 성인을 놀리거나 신체적으로 괴롭히는 것은 좋지 않은 방법이라는 교훈을 주는 것으로 이 주제와 관련된 이야기를 마무리하도록 한다. 이 문제가 해결되지 않았다는 생각이 든다면 다른 사람을 괴롭혔다고 고백한 성인 및 사회성 코치와 **개별적 면담**을 갖고 이야기할 것을 권한다.

놀림을 무력화시키는 비언어적 표현 방법(예: 눈 굴리기, 어깨 으쓱하기, 고개를 갸우뚱하기)에 관한 내용을 보여줄 때는 간결한 **행동 연습**을 해보면 성인들이 이 기법을 적절하게 사용할 수 있는지를 판단할 수 있을 것이다. 자폐스펙트럼장애 또는 움직임이 어색한 일부 성인들에게는 적절하게 눈을 굴리거나 어깨를 으쓱하는 것이 어려울 수 있다. **행동 연습**을 하는 동안에 각각의 성인이 이런 행동들을 연습해보게 한다. 만약 어색하게 느껴질 경우(예: 눈을 굴릴 때 경련하는 것처럼 보이거나 어깨를 으쓱할 때 너무 뻣뻣하게 움직이는 경우)에는 비언어적 표현 방법을 사용하는 것은 원래 어려운 것이고, 그들에게 최선의 선택이 아닐 수 있으므로 대신에 **놀림을 무력화시키는 짧은 말**을 사용하는 것이 더 효과적일 것 같다고 말해준다. 성인들이 이를 부끄럽게 여기지 않도록 모든 사람이 눈을 굴리거나 어깨를 으쓱하는 것을 잘하지는 않으므로 잘 안 돼도 상관없다고 알려준다. 그렇게 하는 것이 편안하다면 성인들이 **놀림을 무력화시키는 비언어적 표현** 방법을 사용할지 말지 정하는 부분에서 치료자와 보조 치료자가 심사위원단과 같은 역할을 해서 재미있고 오락적인 분위기를 만들 수도 있다. 치료팀의 경험에 의하면 이번 회기에서 이 부분은 많은 웃음을 유발한다. 연습하는 동안 너무 진지한 분위기를 만들게 되면, 오히려 **놀림을 무력화시키는 비언어적 표현**을 적절하게 사용하지 못하는 성인들이 좀 부끄럽게 느끼게 될 수도 있다.

이번 회기에서 **역할극과 행동 연습**을 수행할 때 별로 문제될 것 없는 놀리는 말을 사용하는 것이 매우 중요하다. 성인들이 이번 회기의 내용을 배우고 연습할 수 있게 하려면 감정을 자극할 수 있는 내용들은 피하는 것이 필수적이기 때문이다. "너는 실패자야." 혹은 "너는 이상해."와 같이 실제 많이 사용되는 놀리는 말을 사용한다면 성인들이 수업에 집중하는 데 방해가 될 수 있다. 절대로 이러한 실수를 하지 않도록 한다. 대신에 매뉴얼에서 제시해주는 "네 신발 별로야."를 그대로 사용한다. 지금까지 이 말은 성인들에게 상처가 되거나 그들을 화나게 하지 않았으며, 많이 불편해하지 않고 **놀림을 무력화시키기는 말과 행동** 방법을 연습할 수 있었다. 이때도 신발에 관한 주제가 좀 민감하다고 판단이 되거나 집단 구성원 중 누군가가 이런 놀림으로 인해 공격받았다고 느낄 가능성이 있다면 연습하는 동안 다른 부드러운 주제의 놀림거리를 사용한다. 이때도 모든 성인에게 동일한 놀리는 말을 사용해야 한다는 점을 꼭 기억하기 바란다.

이번 회기의 **교육**을 진행하면서 초기에 성인들의 감정을 다소 자극할 가능성이 있지만 이번 회기는 성인들이 앞으로 괴롭힘을 받는 경험이 줄어들 수 있도록 성인들이 **직접적 괴롭힘 다루기**에 관한 구체적인 전략들을 적절하게 사용하는 것을 배우는 데 초점을 두어야 한다. 이 장에서 설명된 내용에 따라서 수업을 진행한다면 실제로 이번 회기는 성인들에게 즐거우면서도 힘을 실어주는 회기가 될 수 있다.

과제 점검

[다음의 과제를 검토하고 발생 가능한 **문제해결**을 의논한다. 성공적으로 과제를 완수한 사람부터 시작한다. 시간이 된다면 (과제를 다 하지 못한 사람들에게) 왜 과제를 완수할 수 없었는지 이유를 질문할 수 있으며, 다음 주에 어떻게 이것을 할 수 있을지에 대한 **문제해결**을 시도해볼 수 있다. 과제를 점검하는 동안에는 반드시 (볼드체로 표시된) **우리끼리 단어**를 사용한다. **함께 어울리기**가 이번 회기의 가장 중요한 과제이므로 **과제 점검** 시간 대부분을 여기에 할애한다.]

1. 친구와 **함께 어울리기**를 한다.
   ● 치료자: "이번 주의 주요 과제 중 하나는 여러분이 친구와 함께 어울리기를 하는 것이었습니다. 이번 주에 친구와 함께 어울리기를 한 사람은 손을 들어주세요."
   ● 질문
     ○ "누구와 함께 어울렸으며 무엇을 하기로 결정했나요?"
     ○ "다섯 가지 요소를 사용하여 함께 어울리기를 계획했나요?"
     ○ "함께 어울리기를 어떻게 시작했나요?"
     ○ "함께할 활동들은 누가 선택했나요?"
     ○ "서로 정보를 교환했나요? 함께 어울리는 시간의 몇 %를 정보를 교환하는 데 사용했나요?"
     ○ "함께 어울리기를 어떻게 마무리했나요?"
     ○ "당신과 친구는 좋은 시간을 보냈나요?"
     ○ "다시 만나 시간을 보내기에 적합한 사람인 것 같나요?"

표 15.1 집에서 함께 어울리기 시작하기 및 마무리하기를 위한 단계

함께 어울리기 시작하기	함께 어울리기 마무리하기
1. 손님에게 인사를 한다.	1. 활동이 잠시 멈출 때를 기다린다.
2. 손님을 집 안으로 맞이한다.	2. 함께 어울리기를 마무리하기 위한 꼬리말을 한다.
3. 손님이 모르는 사람들에게는 손님을 소개한다.	3. 친구를 문까지 배웅한다.
4. 집 안을 안내해준다.	4. 친구에게 함께 어울리기를 해서 고맙다고 말한다.
5. 간단한 간식을 권한다.	5. 친구에게 즐거운 시간을 보냈다고 말한다.
6. 손님에게 무엇을 하고 싶은지 물어본다.	6. 잘 가라고 인사하고, 나중에 다시 보자고 한다.

2. 사회성 코치와 함께 **논쟁 다루기**를 연습한다.
   ● 치료자: "이번 주 또 다른 과제는 사회성 코치와 함께 논쟁 다루기를 연습하는 것이었습니다. 사회성 코치와 함께 논쟁 다루기를 연습한 사람은 손을 들어주세요."
   ● 질문
     ○ "논쟁에 대응하기 위해 어떤 단계들을 따랐나요?"
     ○ "논쟁을 제기하기 위해 어떤 단계들을 따랐나요?"

표 15.2 논쟁 다루기를 위한 단계

논쟁에 대응하기	논쟁 제기하기
1. 침착함을 유지한다.	1. 적절한 장소와 때를 기다린다.
2. 상대방의 말을 먼저 귀 기울여 듣는다.	2. 침착함을 유지한다.
3. 상대방이 말한 것을 반복한다.	3. 따로 개인적으로 이야기할 수 있는지 물어본다.
4. '나' 전달법을 사용하여 당신의 입장에 대해 설명한다.	4. '나' 전달법을 사용하여 당신의 입장에 대해 설명한다.
5. 미안하다고 말한다.	5. 상대방의 말을 듣는다.
6. 문제를 해결하려고 노력한다.	6. 상대방이 말한 것을 반복한다.
	7. 상대방이 어떻게 해주었으면 좋겠는지 알려준다.
	8. 문제를 해결하려고 노력한다.

3. 자연스러운 상황이라면 친구 혹은 연인과 **논쟁 다루기**를 연습한다.
   - 치료자: "이번 주 또 다른 과제는 자연스러운 상황이라면 친구 혹은 연인과 논쟁 다루기를 연습하는 것이었습니다. 친구 혹은 연인과 논쟁 다루기를 연습한 사람은 손을 들어주세요."
   - 질문
     ○ "누구와 연습했으며 논쟁은 무엇에 관한 것이었나요?"
     ○ "논쟁에 대응하거나 논쟁을 제기하기 위해 어떤 단계들을 따랐나요?"
     ○ "마지막에 당신의 기분은 어땠고, 상대방의 기분은 어땠을 것 같나요?"
     ○ "마지막에 서로에 대해서 어떻게 생각했나요?"
     ○ "두 사람이 서로 다시 만나고 싶을 것 같나요?"

4. **상대에게 내가 관심이 있다는 것 알리기, 데이트 신청하기** 및/혹은 **데이트하기**를 연습한다.
   - 치료자: "이번 주 또 다른 과제는 상대에게 내가 관심이 있다는 것 알리기, 데이트 신청하기 및/혹은 데이트하기를 연습하는 것이었습니다. 이 과제는 상대방에게 연애 상대로서의 호감을 갖기 전까지는 시도하지 않는 것이었습니다. 이 과제를 한 사람은 손을 들어주세요."
   - 질문
     ○ "누구와 연습했나요?"
     ○ "상대에게 내가 관심이 있다는 것을 알리기 위해 무엇을 했나요? 상대는 어떻게 반응했나요?"
     ○ "데이트 신청은 했나요? 했다면 상대는 어떻게 반응했나요?"
     ○ 데이트를 했다면 다음과 같은 질문을 한다.
       - "무엇을 하기로 결정했나요?"
       - "정보를 교환했나요? 데이트를 한 시간의 몇 %를 정보를 교환하는 데 사용했나요?"
       - "공통의 관심사는 무엇이었나요? 만약 두 사람이 다시 데이트를 하게 된다면 그 정보를 가지고 무엇을 할 수 있나요?"
       - "당신과 데이트 상대는 좋은 시간을 보냈나요?
     ○ "데이트 상대로서 좋은 선택인 것 같나요? 당신과 다시 만나 데이트하기에 적합한 사람인 것 같나요?"

교육: 직접적 괴롭힘 다루기

- 설명: "오늘 우리는 괴롭힘을 다루는 방법에 대해서 이야기를 나눌 것입니다. 청소년들 사이에 괴롭힘이 매우 흔하다는 것을 알고 있으며 불행하게도 이는 성인들 사이에서도 자주 있는 일입니다. 놀림 혹은 신체적 괴롭힘과 같이 직접적 괴롭힘을 다루는 방법에 대해서 먼저 이야기 나누도록 하겠습니다. 이러한 유형의 괴롭힘은 인터넷상에서 혹은 당사자의 뒤에서 일어나는 일이 아니기 때문에 직접적 괴롭힘이라고 할 수 있습니다. 다음 회기에서는 사이버 폭력, 소문 및 뒷이야기와 같이 간접적 괴롭힘을 다루는 방법에 대해서 이야기를 하겠습니다. 우리는 어떤 방식으로 괴롭힘을 받았는지 혹은 괴롭힘을 받을 때 어떤 기분이 들었는지에 대해서 이야기하지 않을 것입니다. 우리는 괴롭힘을 받으면 큰 상처가 될 수 있다는 것을 잘 알고 있습니다. 대신에 앞으로는 괴롭힘받는 일이 일어나지 않을 수 있도록 이러한 상황에서 어떻게 대처해야 하는지에 초점을 맞출 것입니다."
- [주: 성인들이 어떻게 괴롭힘을 당했는지에 대해서 이야기하려고 한다면 다음과 같이 말하며 수업에 집중하게 한다. "우리는 어떤 방식으로 괴롭힘을 받았는지에 관한 이야기를 나누지는 않을 것입니다. 대신에 앞으로는 놀림 혹은 괴롭힘받는 일이 일어나지 않을 수 있도록 이러한 상황에서 어떻게 대처해야 하는지에 초점을 맞출 것입니다."]
- [다음 중요 항목과 **볼드체**로 표시된 **우리끼리 단어**를 칠판에 적으면서 **직접적 괴롭힘 다루기**에 관한 규칙을 제시한다. 수업이 끝날 때까지 규칙을 지우지 않는다. 영어로 된 자료에 익숙하다면 ▶ 표시가 있는 각 역할극에 해당하는 역할극 동영상이 PEERS® *Role Play Video Library*(www.routledge.com/cw/laugeson)에 포함되어 있으니 참고해볼 수도 있다.]

놀림 다루기

- 설명: "말로 다른 사람을 괴롭히는 놀림에 관해서 먼저 이야기를 나누도록 하겠습니다. 놀림을 받는 상황을 최소화하기 위한 중요한 방법 중 하나는 그것에 어떻게 반응하는지와 관련 있습니다. 어떻게 반응해야 하는지 알기 위해서는 사람들이 누군가를 놀리는 이유에 대해서 생각해보면 도움이 될 수 있습니다."
- 질문: "사람들이 누군가를 놀리는 이유는 무엇인가요?"
  - 대답: 당신으로부터 반응을 얻기 위해서입니다. 당신이 화를 내거나, 당황하길 원해서입니다. 혹은 서로 놀림을 주고받는 것이 재미있기 때문입니다.
- 다음과 같이 질문한다. "당신이 화를 내면 ……"
  - "…… 당신은 놀리는 사람이 원하는 반응을 보이고 있는 것일까요?"
    - 대답: 예.
  - "…… 놀리는 사람은 당신을 놀리는 것이 재미있을까요?"
    - 대답: 예.
  - "…… 당신은 다음에 놀림을 더 받을까요, 덜 받을까요?"
    - 대답: 또 놀림을 당할 것 같습니다.
- 치료자: "많은 성인들이 놀림을 받을 때 그것에 대처하는 방법에 대해서 충고를 받았을 것입니다. 대부분의 성인들은 놀림에 어떻게 대처하라고 충고를 받나요?"
  - 대답: 무시해라. 다른 곳으로 피해라. 다른 사람에게 말해라. 똑같이 놀려라.

- 질문: "이러한 충고가 실제로 도움이 되었나요?"
  - 대답: 아니요.
- 설명: "지금까지 들었던 충고와는 달리 여러분에게 괴롭히는 사람을 무시하거나, 그 사람이 없는 다른 곳으로 가거나 다른 사람에게 말을 하거나, 당신을 놀리는 사람을 똑같이 놀리라고 하지 않을 것입니다. 그 이유는 대개 이러한 방법이 도움이 되지 않기 때문입니다."

놀림을 다루기 위한 방법

- **놀림을 무시하지 않는다.**
  - 질문: "놀림을 무시하면 어떤 일이 일어날 수 있을까요?"
    - 대답: 상대가 계속 놀립니다. 당신이 약해 보입니다. 당신은 놀리기 쉬운 대상이 됩니다.
  - 질문: "당신을 더 놀리게 될까요, 덜 놀리게 될까요?"
    - 대답: 더 놀리게 될 것입니다.
- **자리를 바로 떠나지 않는다.**
  - 질문: "자리를 바로 떠나면 어떤 일이 일어날 수 있을까요?"
    - 대답: 상대방이 계속 따라다닙니다. 계속 놀립니다. 당신이 약해 보입니다. 당신은 놀리기 쉬운 대상이 됩니다.
  - 질문: "당신을 더 놀리게 될까요, 덜 놀리게 될까요?"
    - 대답: 더 놀리게 될 것입니다.
- **바로 다른 사람에게 말하지 않는다.**
  - 질문: "바로 다른 사람에게 말하면 어떤 일이 일어날 수 있을까요?"
    - 대답: 놀리는 사람을 화나게 합니다. 당신에게 복수를 하고 싶어 할 수 있습니다. 당신은 '고자질쟁이', '마마보이/마마걸'이라는 평판을 얻을 수 있습니다.
  - 질문: "당신을 더 놀리게 될까요, 덜 놀리게 될까요?"
    - 대답: 더 놀리게 될 것입니다.
  - 질문: "다른 사람에게 언제 말하는 것이 적절할까요?"
    - 대답: 놀림을 다루는 다른 방법들이 도움이 되지 않고 혼자서 해결할 수 없을 때 말해야 합니다. 신체적인 공격을 받았다고 생각할 때 말해야 합니다.
- **놀리는 사람을 똑같이 놀리지 않는다.**
  - 치료자: "몇몇 사람들은 놀리는 사람을 똑같이 놀리면 앞으로 놀림을 덜 받을 것이라고 생각합니다. 놀리는 사람을 똑같이 놀리면 무엇이 문제가 될 수 있을까요?"
    - 대답: 당신이 곤경에 처할 수 있습니다. 오히려 당신이 나쁜 사람처럼 보일 수 있습니다. 나쁜 평판을 얻을 수 있습니다. 놀리는 사람이 원하는 반응일 수도 있습니다. 앞으로 더 놀림을 받을 수 있습니다.
- **험한 농담을 주고받지 않는다.**
  - 치료자: "일부 친구들, 특히 남자들 사이에서는 서로 놀리는 것을 좋아합니다. 이러한 놀림은 일종의 장난이며, 상대방에게 상처를 주기 위한 것은 아닙니다. 이러한 놀림을 '험한 농담'이라고 합니다. '험한 농담'이 성인들 사이에서 흔하다고 하더라도, 험한 농담을 하면 무엇이 문제가 될 수 있을까요?"
    - 대답: 험한 농담이 점점 심해질 수 있습니다. 서로 상대보다 더 심한 장난을 치려고 할 수 있습니다.

끝내 누군가가 화를 낼 수도 있습니다.

○ 설명: "당신의 목표가 친구를 만들고 그 관계를 유지하는 것이라면 험한 농담은 매우 위험하다는 것을 이해해야 합니다. 위험한 일이 생기는 것을 막기 위해서는 험한 농담을 멈추기 위한 놀림 다루기 방법들을 사용할 수 있습니다."

● **상대가 한 말에 전혀 신경 쓰지 않는 것처럼 행동한다.**

○ 치료자: "험한 농담이든 아니든 놀리는 사람이 놀리는 것을 재미없게 만드는 방법 중 하나는 상대가 한 말에 전혀 신경 쓰지 않는 것처럼 행동하는 것입니다. 상대방의 놀림이 당신의 기분을 상하게 하더라도 그렇지 않은 것처럼 행동해야 합니다. 상대가 한 말에 전혀 신경 쓰지 않는 것처럼 행동하는 것이 중요한 이유는 무엇일까요?"

■ 대답: 놀리는 사람이 원하는 반응을 얻지 못하게 됩니다. 놀리는 사람을 재미없게 만듭니다. 앞으로 당신을 덜 놀리고 싶어 할 것입니다.

● **상대가 한 말이 재미없거나 어리석은 말인 것처럼 행동한다.**

○ 치료자: "놀리는 사람을 재미없게 하는 다른 방법은 상대가 한 말이 재미없거나 어리석은 말인 것처럼 행동하는 것입니다. 상대가 한 말이 재미없거나 어리석은 말인 것처럼 행동하는 것이 중요한 이유는 무엇일까요?"

■ 대답: 놀리는 사람을 당황하게 합니다. 놀리는 사람을 재미없게 만듭니다. 앞으로 당신을 덜 놀리고 싶어 할 것입니다.

● **놀림을 무력화시키는 짧은 말을 한다.**

○ 치료자: "놀리는 말에 신경 쓰지 않으며 놀리는 말이 재미없다는 것을 보여주기 위한 가장 좋은 방법은 놀림을 무력화시키는 짧은 말을 하는 것입니다. 놀림을 무력화시키는 말을 짧게 하는 것이 중요한 이유는 무엇일까요?"

■ 대답: 만약 너무 길게 말한다면 당신이 그의 말에 신경 쓴다고 생각할 것입니다.

○ 치료자: "놀림을 무력화시키는 짧은 말을 할 때는 당신이 상대방의 말에 신경을 쓰지 않으며, 놀리는 말이 재미없다는 인상을 주어야 함을 기억해야 합니다. 성인들은 다음과 같이 말할 수 있습니다." [다음 예시들을 칠판에 적는다. 간혹 부적절할 수 있기 때문에 성인들 스스로가 놀림을 무력화시키는 짧은 말을 만들게 하지 않는다.]

■ "어쩌라고?"

■ "좋아, 그래서?"

■ "그래서?"

■ "그래서 하고 싶은 말이 뭔데?"

■ "내가 왜 상관해야 되는데?"

■ "웃기려고 하는 말이지?"

■ "그게 무슨 큰 일이라고!"

■ "그래서 뭐!"

■ "마음대로 생각해라."

■ "누가 신경 쓴대?"

■ "어디가 재미있는 거야?"

- ■ "요점이 뭐야?"
- ■ "뭐 어쨌든 ……" (놀림을 무력화시키는 말을 끝내고 다른 곳으로 가기 좋은 표현)

○ 따분한 듯한 말투로 말한다.
- ■ 설명: "어떤 사람들은 놀림을 무력화시키는 말을 할 때 따분하거나 무관심한 것처럼 이야기합니다. 예를 들어 따분하고 무관심한 말투로 가볍게 '어쩌라고?'라고 말합니다."

○ 당신이 신경 쓰지 않는 태도를 드러내 보여준다.
- ■ 설명: "다른 사람들은 말로 놀림을 무력화시킬 때 신경 쓰지 않는다는 듯이 행동합니다. 예를 들어 (일부러 더 따분한 말투로) '어쩌라고?'라고 말합니다."
- ■ 치료자: "당신에게 더 편하게 느껴지는 어떠한 방식으로 해도 괜찮습니다."

○ 항상 놀림을 무력화시키는 짧은 말을 최소한 몇 개는 준비해 놓는다.
- ■ 질문: "놀림을 무력화시키는 짧은 말을 한 번 사용했다고 해서 상대방이 놀리는 것을 그만둘까요?"
  - □ 대답: 아니요. 대개 여러 번 더 시도합니다.
- ■ 설명: "놀리는 사람이 놀림을 몇 번 더 시도할 것임을 알기 때문에 항상 놀림을 무력화시키는 짧은 말을 몇 개 준비해 놓습니다."

○ 놀림을 무력화시키는 짧은 말을 할 때는 앞뒤가 맞아야 한다.
- ■ 치료자: "놀림을 무력화시키는 짧은 말을 할 때는 앞뒤가 맞아야 하는 것 또한 중요합니다. 놀리는 사람이 '넌 정말 멍청해!'라고 말을 했는데 '좋아, 그래서?'라고 대답한다면 무엇이 문제가 될 수 있을까요?"
  - □ 대답: 놀리는 사람의 말에 동의하는 것입니다. 놀리는 사람이 더 심하게 놀릴 수 있습니다.

● 놀림을 무력화시키는 비언어적 표현을 한다.
○ 설명: "많은 사람들이 놀림을 무력화시키는 짧은 말을 하는 것과 더불어, 놀리는 사람을 신경 쓰지 않는다는 것을 보여주기 위해 놀림을 무력화시키는 비언어적 표현을 하기도 합니다. 항상 놀림을 무력화시키는 짧은 말을 하는 것이 더 좋지만, 어떤 상황에서는 놀림을 무력화시키는 비언어적 표현을 하는 것이 도움이 될 수도 있습니다. 놀림을 무력화시키는 비언어적 표현에는 다음과 같은 행동들이 포함됩니다."
- ■ **눈을 굴린다.**
- ■ **어깨를 으쓱한다.**
- ■ **고개를 갸우뚱한다.**

○ 설명: "모든 사람이 눈을 굴리고 어깨를 으쓱하는 것을 잘하는 것은 아닙니다. 여러분이 이상해 보일 수도 있는 것을 하는 것은 바라지 않기 때문에 돌아가면서 눈을 굴린 다음에 어깨를 으쓱하는 것을 연습해 보도록 합시다. 본인이 못할 것 같다는 생각이 든다면 연습하지 않아도 됩니다."
- ■ 빠르게 각각의 성인이 눈 굴리는 것을 연습하게 한다.
- ■ 빠르게 각각의 성인이 어깨를 으쓱하는 것을 연습하게 한다.

○ 각각의 성인이 연습할 때마다 당신과 보조 치료자가 방금 연습한 성인이 놀림을 무력화시키는 비언어적 표현을 사용해도 되는지 정한다.
- ■ 다른 성인들이 의견을 내지 않도록 한다.
- ■ 성인들이 창피해하지 않도록 즐거운 분위기를 조성한다.
- ■ 모든 사람이 이것을 할 수 없으며 할 필요가 없다는 것을 알려준다.

○ 치료자: "모든 사람이 눈을 굴리거나 어깨를 으쓱할 필요는 없으며, 이것을 사용하지 못한다고 해서 문제가 되는 것은 아닙니다. 그러나 여러분 모두가 항상 놀림을 무력화시키는 짧은 말을 해야 합니다."

● **놀림 무력화시키기를 하고 난 후 그 자리를 떠난다.**

○ 치료자: "적절하게 놀림 무력화시키기를 하고 난 후 그 자리를 떠나야 합니다. 자연스럽게 시선을 돌리거나 천천히 자리를 떠날 수 있습니다. 놀림을 무력화시키고 그 자리에 서 있거나 그 사람을 쳐다보고 있으면 무엇이 문제가 될 수 있을까요?"

■ 대답: 그것은 거의 더 놀려 달라고 요청하는 것이나 다름이 없습니다. 당신은 놀리는 말이 따분하고, 더 이상 놀리는 말을 듣지 않겠다는 인상을 주어야 합니다.

● **놀림은 사라지기 전에 더 심해질 수 있다.**

○ 설명: "종종 놀리는 사람은 당신에게 다른 반응을 얻으려고 할 수 있습니다. 과거에는 당신이 속상해하거나 함께 놀렸을 수도 있습니다. 놀리는 사람이 예상했던 당신의 반응을 당신이 보여주지 않으면, 처음에는 더 심하게 놀릴 수 있습니다. 즉, 놀림이 사라지기 전에 더 심해질 수도 있다는 의미입니다. 그러나 당신의 놀림 무력화시키기 기법을 계속 사용해야 합니다."

○ 질문: "놀림을 무력화시키는 방법을 사용하지 않고 다시 화를 내거나 함께 놀린다면 무엇이 문제가 될 수 있을까요?"

■ 대답: 놀리는 사람이 원하는 것을 해주게 됩니다. 놀리는 사람이 조금 더 심하게 놀리면 그가 원하는 것을 얻을 수 있다는 것을 보여주게 되는 것입니다. 당신이 또 다시 놀림받을 가능성이 커집니다.

● **상대방이 언제든 다시 놀릴 수 있음을 예상하고 있어야 한다.**

○ 설명: "놀림을 무력화시키기 위해 계속 노력한다면 결국에는 놀리는 사람이 지루해할 것입니다. 그러나 나중에 다시 시도할 수 있습니다. 즉, 놀림이 멈췄다고 생각해도 놀리는 사람이 언제든 다시 시도할 것이라고 예상하고 있어야 한다는 의미입니다."

○ 질문: "놀리는 사람은 왜 다시 놀리는 것을 시도하려고 할까요?"

■ 대답: 놀리는 사람이 원하는 반응을 당신이 보여줄지 궁금해서 다시 시도할 수 있습니다.

● **신체적인 공격을 하는 사람들에게는 놀림 무력화시키기를 사용하지 않는다.**

○ 설명: "놀림 무력화시키기가 효과적인 이유는 놀리는 사람을 당황스럽게 만들고, 놀리는 재미를 감소시키기 때문입니다. 놀림 무력화시키기는 놀리는 사람을 당황스럽게 만들기 때문에 신체적인 공격을 하는 사람들에게는 놀림 무력화시키기를 사용하지 않습니다."

○ 질문: "신체적인 공격을 하는 사람들은 당황했을 때 어떻게 행동할까요?"

■ 대답: 대부분 약이 올라 신체적인 공격으로 보복할 것입니다.

○ 설명: "이후에 신체적 괴롭힘을 다루는 방법에 대해서 이야기를 나누겠습니다. 신체적 공격을 하는 사람들에게는 이후에 배우게 될 방법들을 사용하는 것이 더 적절합니다."

● **권위 있는 사람들에게는 놀림 무력화시키기를 사용하지 않는다.**

○ 치료자: "놀림 무력화시키기의 마지막 규칙은 권위 있는 사람들에게는 이것을 사용하지 않는 것입니다. 권위 있는 사람들에는 누가 있을까요?"

■ 대답: 사회성 코치, 부모님, 교수/선생님, 학과장/학장, 지도 감독자, 직장 상사, 선임/선배, 법을 집행하는 사람들

○ 질문: "권위 있는 사람들에게 놀림 무력화시키기를 사용한다면 무엇이 문제가 될 수 있을까요?"

■ 대답: 무례합니다. 곤란한 상황에 처할 수 있습니다. 나쁜 평판을 얻을 수 있습니다. 당신을 강의실에서 나가게 할 수 있습니다. 직장에서 불이익을 당하거나 심하면 해고를 당할 수도 있습니다.

적절한 역할극: 놀림 다루기 ▶

[집단 치료자와 보조 치료자가 함께 집단 치료자가 **놀림을 무력화시키는 짧은 말을 하고 놀림을 무력화시키는 비언어적 표현**을 사용하면서 **놀림 다루기**의 적절한 역할극을 보여준다.]

● 치료자: "이제 역할극을 보여줄 것입니다. 잘 보고 제가 놀림을 다루면서 무엇을 잘했는지 이야기해주세요."

적절한 역할극의 예

○ 보조 치료자: "네 신발 너무 이상해!"
○ 집단 치료자: (눈을 굴리며) "그래서?" (신경 안 쓴다는 태도로 다른 곳을 본다.)
○ 보조 치료자: "너 이거 좀 심각해. 네 신발 진짜로 이상하거든!"
○ 집단 치료자: "무슨 상관이야?" (무심하게 말하고 다른 곳을 본다.)
○ 보조 치료자: "더럽고 형편없는데도 상관 안 할 거야?"
○ 집단 치료자: "아무렴 어때 ……" (어깨를 으쓱하며 머리를 흔들고, 자연스럽게 다른 곳으로 걸어간다.)
○ 보조 치료자: (더 이상 할 말이 없어 보인다.)

● 치료자: "자, 여기까지입니다. 제가 놀림을 다루면서 무엇을 잘했지요?"
  ○ 대답: **놀림을 무력화시키는 짧은 말과 놀림을 무력화시키는 비언어적 표현을 사용했습니다. 놀리는 말에 신경 쓰지 않고 지루하다는 것처럼 행동했습니다. 놀림 무력화시키기는 짧은 말을 몇 개 준비해 놓았습니다. 놀림 무력화시키기를 하고 난 후 그 자리를 떠났습니다.**
● 다음과 같은 **조망 수용 질문**을 한다.
  ○ "(보조 치료자의 이름)이/가 어떤 기분이었을 것 같나요?"
    ■ 대답: 재미없습니다. 당황스럽습니다. 약이 오릅니다.
  ○ "(보조 치료자의 이름)이/가 저에 대해서 어떻게 생각했을 것 같나요?"
    ■ 대답: 화가 나지 않았습니다. 신경쓰지 않았습니다. 무관심합니다.
  ○ "(보조 치료자의 이름)이/가 저를 다시 놀리고 싶어 할 것 같나요?"
    ■ 대답: 아마도 아닐 것 같습니다.
● 보조 치료자에게 같은 **조망 수용 질문**을 한다.
  ○ "기분이 어땠나요?"
  ○ "저에 대해서 어떻게 생각했나요?"
  ○ "저를 다시 놀리고 싶을 것 같나요?"

행동 연습: 놀림 다루기

● 설명: "지금부터 여러분은 놀림에 대응하여 놀림을 무력화시키는 짧은 말을 연습할 것입니다. 여러분 모두 칠판에 적혀 있는 놀림을 무력화시키는 짧은 말 3개를 고를 것입니다. 역할극에서처럼 여러분의 신발에 대

해서 놀리겠습니다."

- 각각의 성인이 돌아가면서 연습할 때 사용하고 싶은 **놀림을 무력화시키는 짧은 말**을 3개씩 고르게 한다.
  - 자신만의 **놀림 무력화시키기** 반응을 찾아내는 시도는 하지 못하게 한다.
  - 만약 자신만의 반응법을 찾았다면 좋은 반응의 요건에 맞는지 확인한다(즉, 짧고, 신경 쓰지 않으며 지루하다는 인상을 주는 말).
- **놀림을 무력화시키는 짧은 말**을 3개씩 고른 뒤에는 즉시 행동 연습을 시행한다. 그렇게 하지 않으면 말하려고 했던 반응이 무엇이었는지 잊어버릴 수 있다.
- 집단 치료자는 순화된 놀림말을 사용해야 한다. "네 신발 이상해!"
  - 각각의 성인에게 똑같은 순화된 놀림을 사용한다. 그렇지 않으면 성인은 그 말을 자신에게 하는 말로 받아들일 수 있다.
  - 만약 신발에 대해 놀렸을 때 성인이 상처를 받을 수 있다고 생각된다면 다른 순화된 놀림말을 사용한다. 그러나 모든 성인에게 똑같은 순화된 놀림말을 사용해야 한다.
  - 놀림말을 연속해서 3번 반복하며 성인이 매번 다른 **놀림을 무력화시키는 짧은 말**을 사용해보게 한다.
- 성인들은 사전에 사용하기로 약속된 **놀림을 무력화시키는 짧은 말** 및 (적절한 경우) **놀림을 무력화시키는 비언어적 표현**을 사용하여 놀림을 다룬다.
- 수행에 대한 피드백을 주고 다음으로 진행하기 전까지 각각의 성인이 이 기법을 충분히 익힐 수 있도록 한다.
  - 만약 놀림에 대응하여 성인이 속상하거나, 슬프거나 화가 난 것처럼 들린다면, 이것을 부드럽게 지적하고 놀림말을 신경 쓰지 않는다는 인상을 줄 때까지 다시 연습하게 한다.
- 이 활동을 하는 동안에 성인끼리 서로 놀리는 연습을 하게 하지는 않는다.
  - 성인이 부적절한 사회적 행동을 보여주거나 연습하게 하는 것은 어떠한 상황에서도 적절하지 않다.
- 각각의 성인이 연습을 끝낼 때마다 박수를 쳐준다.

당황스러운 피드백 다루기

- 설명: "때때로 사람들은 여러분을 당황스럽게 만드는 말을 하거나, 심지어 놀리려는 의도의 말을 합니다. 그러나 어떤 경우에 그것은 여러분이 타인에게 어떻게 보이는지에 대한 중요한 정보를 줄 수도 있습니다. 특히 많은 사람들이 같은 내용의 피드백을 주거나, 소수의 사람이라도 반복해서 같은 피드백을 준다면 그것은 사실일 수 있습니다. 이런 피드백을 듣게 된다면 기분이 상하거나 화를 내기보다는 타인이 여러분을 보는 시각을 변화시키는 데 그 정보를 이용하는 것이 좋습니다. 사람들이 당황스러운 피드백을 했을 때 사람들이 무엇을 말하려고 하는 것인지 잘 생각해본다면, 여러분은 다른 방식으로 행동할 수 있게 될 것입니다. 때로는 이것이 앞으로 여러분이 놀림을 덜 받을 수 있게 도와줄 것입니다."
- [표 15.3]에 제시되어 있는 당황스러운 피드백의 예들을 점검하고, 성인들이 이러한 피드백에 반응하여 어떻게 다르게 행동할 수 있는지 생각해보게 한다.
  - 당황스러운 피드백의 각 예에 대하여 다음과 같이 말한다. "많은 사람들이 당신에게 (아래의 예에서 선택)와/과 같은 피드백을 준다고 가정합시다."
  - 질문: "그러면 이런 피드백에 대해서 여러분은 어떻게 달라지는 것을 보여줄 수 있을까요?"
  - 놀림을 받지 않도록 성인들이 어떻게 다르게 행동할 수 있는지 이야기해보게 한다.

○ [주: 자신을 바꾸는 것은 선택이다. 즉, 만약 성인들이 놀림받을 이유를 바꾸고 싶어 하지 않는다면 그래도 된다는 의미이다.]

표 15.3 당황스러운 피드백의 예와 이용 방법

당황스러운 피드백의 예	피드백을 이용하는 방법
옷에 관한 부정적인 피드백	옷에 변화를 주는 것을 고려한다. 속해 있는 사회 집단의 규준을 따르는 옷차림을 하도록 노력한다. 옷을 규칙적으로 갈아입고 세탁한다. 사회성 코치, 친구, 가족, 상점 점원에게 조언을 구하거나 패션 관련 블로그 혹은 요즘 옷차림 트렌드에 관한 인터넷 사이트를 찾아볼 수 있다.
체취에 관한 부정적인 피드백	탈취제(데오도란트)를 사용한다. 비누를 사용하여 자주 씻는다. 샴푸를 사용하여 규칙적으로 머리를 감는다. 향수를 좀 덜 뿌린다.
비듬에 관한 부정적인 피드백	비듬샴푸를 규칙적으로 사용한다.
구강 위생에 관한 부정적인 피드백	매일 칫솔질을 한다. 구취 제거제를 사용한다. 치실을 규칙적으로 사용한다. 껌을 씹는다. 구강청결제를 사용한다. 특정 음식은 피한다. 치과를 규칙적으로 방문한다.
유머에 관한 부정적인 피드백	유머에 대한 반응에 주의를 기울인다. 유머를 듣는 사람(방청객)이 되는 쪽을 생각해본다. 누군가를 처음 알아갈 때는 조금 더 진지해보려고 노력한다.
특이한 행동에 관한 부정적인 피드백	가능하다면 행동을 바꾸거나 하지 않으려고 노력한다.

신체적 괴롭힘 다루기

● 설명: "지금까지 놀림 및 당황스러운 피드백에 대처하는 방법에 대해서 이야기를 했습니다. 지금부터는 신체적 괴롭힘을 당할 때 어떻게 대처해야 하는지에 대해서 배워보겠습니다. 신체적 괴롭힘에는 다른 사람의 물건을 빼앗거나, 욕을 하거나, 모욕적인 말을 하거나, 의도적으로 골탕을 먹이거나, 심한 장난을 치는 것들이 포함됩니다. 심한 경우에는 밀치거나 물건을 던지는 것도 포함됩니다. 신체적 괴롭힘과 놀림은 직접적 괴롭힘에 포함되지만 그것을 다루는 방법은 매우 다릅니다."

● **괴롭히는 사람을 피한다.**
  ○ 치료자: "신체적 괴롭힘을 다루기 위한 가장 좋은 방법은 괴롭히는 사람을 피하는 것입니다. 즉, 이것은 우리가 괴롭히는 사람과 마주칠 수 있는 거리에서 벗어나야 한다는 것을 의미합니다. 예를 들어 만약 여러분이 괴롭히는 사람의 자리가 정해져 있다면 여러분은 그 근처에 가야 할까요?"
    ■ 대답: **가야만 하는 이유가 없다면 가지 않습니다.**
  ○ 질문: "괴롭히는 사람을 피하는 것이 중요한 이유는 무엇일까요?"
    ■ 대답: 괴롭히는 사람이 당신을 발견하지 못한다면 괴롭힐 수 없기 때문입니다.

● **동선을 잘 짠다.**
  ○ 치료자: "괴롭히는 사람을 피하는 방법 중 하나는 여러분의 동선을 잘 짜는 것입니다. 예를 들어, 괴롭히는 사람이 교정의 특정한 구역에서 자주 논다면 그 구역을 어떻게 피할 수 있을까요?"
    ■ 대답: 그 구역을 피하기 위한 **동선을 잘 짭니다.** 다른 길로 갈 수 있다면 그 길을 선택합니다.
  ○ 설명: "물리적인 동선뿐만 아니라 수강 신청을 할 때도 마주치지 않고 싶은 사람과 스케줄을 다르게 짜는 것들이 여기에 포함됩니다."

● **괴롭히는 사람이 주위에 있을 때 눈에 띄게 행동하지 않는다.**

○ 치료자: "신체적 괴롭힘에 대처하기 위한 다른 방법 중 하나는 괴롭히는 사람이 주위에 있을 때 눈에 띄게 행동하지 않는 것입니다. 이것은 괴롭히는 사람이 주위에 있을 때 돌출 행동을 하지 않고 남들의 주의를 끄는 행동을 하지 않는 것을 의미합니다."

○ 질문: "괴롭히는 사람 주위에 있을 때 눈에 띄게 행동하지 않는 것이 중요한 이유는 무엇일까요?"

  ■ 대답: 괴롭히는 사람이 당신을 눈치채지 못한다면 당신을 괴롭힐 가능성이 더 작습니다.

● **괴롭히는 사람과 친구가 되려고 노력하지 않는다.**

○ 치료자: "또한 괴롭히는 사람과 이야기하지 않고 친구가 되려고 노력하지 않는 것이 중요합니다. 어떤 사람들은 괴롭히는 사람을 자기편으로 만들 수 있다고 생각하지만 이것은 거의 불가능합니다. 그것은 그저 괴롭히는 사람의 주의를 끌 뿐입니다."

○ 질문: "괴롭히는 사람과 친구가 되려고 노력한다면 무엇이 문제가 될 수 있을까요?"

  ■ 대답: 아마도 별로 효과가 없을 것입니다. 주의를 끌게 만들 뿐입니다. 당신을 더 괴롭히게 될 것입니다. 당신과 친구인 척하고 당신을 이용할 수 있습니다. 괴롭히는 사람은 좋은 친구가 될 수 없습니다.

● **괴롭히는 사람을 자극하지 않는다.**

○ 치료자: "신체적 괴롭힘을 다루기 위한 또 다른 중요한 방법은 괴롭히는 사람을 자극하지 않는 것입니다. 괴롭히는 사람을 어떻게 자극할 수 있을까요?"

  ■ 대답: 괴롭히는 사람을 웃음거리로 만듭니다. 그들을 놀립니다. 그들을 비웃습니다. 그들의 실수를 지적합니다. 그들을 곤란한 상황에 처하게 합니다. 그들의 옆에서 장난을 칩니다.

○ 질문: "괴롭히는 사람을 자극한다면 무엇이 문제가 될 수 있을까요?"

  ■ 대답: 복수를 하고 싶어 할 수 있습니다. 괴롭힘이 더 심해질 수 있습니다.

● **괴롭히는 사람을 놀리지 않는다.**

○ 치료자: "괴롭히는 사람을 자극하지 않으려면 그를 놀리지 않아야 합니다. 괴롭히는 사람을 놀리면 무엇이 문제가 될 수 있을까요?"

  ■ 대답: 복수를 하고 싶어 할 수 있습니다. 괴롭힘이 더 심해질 수 있습니다.

● **괴롭히는 사람에게 이래라저래라 하지 않는다.**

○ 질문: "괴롭히는 사람을 자극하지 않기 위해서는 그에게 이래라저래라 하지 않는 것 또한 중요합니다. 괴롭히는 사람이 출근을 늦게 하거나 수업에 빠진 것과 같이 사소한 규칙 위반을 했다고 그에게 이래라저래라 한다면 무엇이 문제가 될 수 있을까요?"

  ■ 대답: 복수를 하고 싶어 할 수 있습니다. 괴롭힘이 더 심해질 수 있습니다. 당신이 나쁜 사람처럼 보일 수 있습니다.

○ 질문: "만약 괴롭히는 사람이 다른 사람을 해칠 수 있는 위험하거나 불법적인 것을 한다면 어떻게 해야 하나요? 누군가에게 말해야 할까요?"

  ■ 대답: 예. 당연히 말해야 합니다.

○ 치료자: "만약 괴롭히는 사람에 대해서 이야기를 해야 한다면 사람들 앞에서 해야 할까요?"

  ■ 대답: 아니요. 누군가에게 비밀스럽게 이야기해야 합니다. 가능하다면 다른 사람들한테 괴롭히는 사람에 대해 이야기했다는 것을 말하지 않도록 합니다.

○ 설명: "만약 괴롭히는 사람에 대해서 이야기를 해야 한다면, 다른 사람들이 없을 때 비밀스럽게 해야 합니다. 그리고 비밀스럽게 이야기했다는 것을 친구들에게 말하지 않아야 합니다. 친구들에게 말한다면

괴롭히는 사람이 이를 알아내고 당신에게 보복하려고 할 수 있습니다."

● 다른 사람들과 어울린다.
  ○ 질문: "괴롭히는 사람은 혼자 있는 사람 혹은 집단을 이루어 모여 있는 사람들 중에서 누구를 괴롭힐 가능성이 더 큰가요?"
    ■ 대답: 혼자 있는 사람을 괴롭힐 가능성이 더 큽니다.
  ○ 질문: "혼자 있는 사람을 괴롭힐 가능성이 더 큰 이유는 무엇일까요?"
    ■ 대답: 만약 혼자 있다면 괴롭히기 쉬운 대상이 되고, 당신을 보호해주거나 당신 편이 되어줄 사람이 없기 때문입니다.
  ○ 설명: "신체적 괴롭힘에 대처하는 가장 효과적인 방법 중 하나는 다른 사람들과 어울리는 것입니다. 즉, 이것은 여러분이 혼자 있지 않도록 해야 한다는 것을 의미합니다. 괴롭히는 사람들은 혼자 있어서 다른 사람들의 보호를 받지 못할 때 사람들을 괴롭히길 좋아합니다."

● 괴롭히는 사람이 주위에 있을 때 권위 있는 사람 근처에 있는다.
  ○ 질문: "괴롭히는 사람이 주위에 있을 때 친구와 같이 있기 힘들다면, 권위 있는 사람 근처에 있는 것 또한 방법입니다. 권위 있는 사람들에는 누가 있을까요?"
    ■ 치료자: 교수/선생님, 학과장/학장, 지도 감독자, 직장 상사, 믿을 만한 선임/선배
  ○ 설명: "권위 있는 사람이 근처에 있다면 괴롭히는 사람들은 여러분을 괴롭히지 않을 것입니다. 그러므로 괴롭히는 사람이 주위에 있을 때 교수, 지도 감독자, 매니저 혹은 직장 상사 근처에 있도록 합니다. 이것은 그들과 시간을 함께 보내라는 것을 의미하는 것은 아닙니다. 그저 괴롭히는 사람이 주위에 있다면 그들 근처에 있는 것이 좋다는 것을 의미합니다."

● 마지막 대안으로는 신고하는 것을 고려할 수 있다.
  ○ 치료자: "마지막으로 만약 지금까지 제시한 신체적 괴롭힘에 대처하는 방법들이 효과가 없거나 위협 혹은 괴롭힘을 당하고 있다고 느껴진다면, 신고하는 것을 고려할 수 있습니다. 괴롭힘이 학교 내에서 일어난다면 누구에게 신고할 수 있을까요?"
    ■ 대답: 교수/선생님, 학과장/학장, 학생생활지원부서/상담실/지원실
  ○ 질문: "괴롭힘이 직장 내에서 일어난다면 누구에게 항의를 제기할 수 있을까요?"
    ■ 대답: 지도 감독자, 매니저, 직장 상사, 인사담당부서/인사과/직장의 고충처리부서
  ○ 질문: "누군가가 우리를 처음 신체적으로 괴롭혔을 때 신고를 해야 할까요?"
    ■ 대답: 아니요. 일단 다른 방법들을 먼저 사용해야 합니다.
  ○ 설명: "대개 다른 방법을 사용해도 효과가 없거나 위협, 괴롭힘 혹은 위험에 처해 있다고 느껴진다면, 마지막 대안으로는 신고하는 것을 고려할 수 있습니다. 신고를 한다는 것은 중요한 결정이며 보통 다른 사람의 도움이 요구되기 때문에 신고를 하려고 하기 전에 사회성 코치와 함께 의논을 하도록 합니다."

행동 연습

함께 어울리기

필요한 자료

- 실내 게임(예: 비디오 게임, 카드 게임, 보드 게임)
  - 비디오 게임을 선택권으로 제공하고자 한다면 모든 집단원이 동시에 가지고 놀 수 있도록 여러 개의 게임용 콘솔을 준비한다.
  - 휴대용의 조그마한 게임용 장치를 사용하면 순서를 기다리는 사람들은 지루해할 수 있기 때문에 이것은 사용하지 않는다.
  - 다른 게임들을 가지고 있지 않다면 카드 몇 팩을 가지고 오는 것만으로도 충분하다.
- 선택사항: 유튜브 동영상을 볼 수 있는 아이패드나 휴대용 컴퓨터, 인터넷 서핑, 컴퓨터 게임
  - 아이패드나 휴대용 컴퓨터를 선택권에 포함하고자 한다면 모든 집단원이 동시에 가지고 놀 수 있도록 여러 개를 준비한다.
- [주: PEERS® 프로그램을 진행하는 곳에서 게임기, 아이패드, 휴대용 컴퓨터와 같이 값비싼 물품을 구비하기는 대체로 어렵다. **활동에 바탕을 둔 함께 어울리기**를 진행하기 위해서는 몇 가지 카드 게임을 준비하는 정도면 충분하다.]

행동 연습

- 성인들에게 **함께 어울리기**를 연습한다고 알린다.
  - 주: 성인들은 더 이상 **함께 어울리기 시작하고 마무리하기**를 연습하지 않을 것이다.
- 성인들을 작은 집단으로 나눈다.
- 각각의 성인이 단계를 따르면서 **함께 어울리는 동안**에 어떻게 행동해야 하는지를 연습하게 한다.
  - **정보를 교환한다.**
  - **공통의 관심사를 찾는다.**
  - 치료팀이 제공하는 게임 및 아이템을 가지고 논다(예: 비디오 게임, 카드 게임, 보드 게임, 아이패드, 컴퓨터 등)
- 필요에 따라 친구를 만들고 그 관계를 유지하기 위한 규칙에 관한 **사회성 코칭**을 제공한다.

다시 만나기

- 성인들에게 사회성 코치와 다시 만날 것이라고 안내한다.
    - ○ 성인들은 각자의 사회성 코치 곁에 서 있거나 앉아 있는다.
    - ○ 다시 만나는 시간이 시작되기 전에, 조용히 하고 집단에 완전히 집중하게 한다.
    - ○ 사회성 코치들이 옆에서 듣고 있는 동안에 성인들이 이번 회기에서 배웠던 내용을 이야기하게 한다.
- 치료자: "오늘 우리는 직접적 괴롭힘에 대처할 수 있는 방법들에 대해서 이야기를 나눴습니다. 여기에는 놀림과 신체적 괴롭힘이 포함됩니다. 놀림을 무력화시키기 위한 짧은 말에는 어떤 것들이 있었나요?"
    - ○ "어쩌라고?"
    - ○ "좋아, 그래서?"
    - ○ "그래서?"
    - ○ "그래서 하고 싶은 말이 뭔데?"
    - ○ "내가 왜 상관해야 되는데?"
    - ○ "웃기려고 하는 말이지?"
    - ○ "그게 무슨 큰일이라고!"
    - ○ "그래서 뭐!"
    - ○ "마음대로 생각해라."
    - ○ "누가 신경 쓴대?"
    - ○ "어디가 재미있는 거야?"
    - ○ "요점이 뭐야?"
    - ○ "뭐 어쨌든 ……"
- 질문: "신체적 괴롭힘을 다루기 위한 방법들에는 어떤 것들이 있었나요?"
    - ○ 괴롭히는 사람을 피한다.
    - ○ 동선을 잘 짠다.
    - ○ 괴롭히는 사람이 주위에 있을 때 눈에 띄게 행동하지 않는다.
    - ○ 괴롭히는 사람과 친구가 되려고 노력하지 않는다.
    - ○ 괴롭히는 사람을 자극하지 않는다.
    - ○ 괴롭히는 사람을 놀리지 않는다.
    - ○ 괴롭히는 사람에게 이래라저래라 하지 않는다.
    - ○ 다른 사람들과 어울린다.
    - ○ 괴롭히는 사람이 주위에 있을 때 권위 있는 사람 근처에 있는다.
    - ○ 마지막 대안으로는 신고하는 것을 고려할 수 있다.
- 설명: "성인들은 놀림 다루기를 연습했으며, 이를 훌륭히 수행했습니다. 다 같이 박수를 쳐줍시다."

과제 안내하기

성인들에게 사회성 코칭 유인물을 나눠주고 다음과 같이 과제를 안내한다.

1. 친구와 **함께 어울리기**를 한다.
   - 사회성 코치들은 성인들이 **다섯 가지 요소**를 사용하여 함께 어울리기를 계획할 수 있도록 도와준다.
     - ○ **누구와** 할 것인지
     - ○ **무엇을** 할 것인지
     - ○ **언제** 함께 어울리기를 할 것인지
     - ○ **어디서** 함께 어울리기를 할 것인지
     - ○ **어떻게** 함께 어울리기가 이루어질 수 있도록 준비할 것인지
   - 연습 전에 사회성 코치들은 성인들과 **함께 어울리기** 규칙과 단계를 점검한다.
   - **함께 어울리기** 연습 이후에 사회성 코치들은 성인들에게 다음과 같은 **사회성 코칭 질문**을 한다.
     - ○ 무엇을 하기로 결정했으며 함께할 활동을 누가 선택했나요?
     - ○ 정보를 교환했나요? 함께 어울리는 시간의 몇 %를 정보를 교환하는 데 사용했나요?
     - ○ 공통의 관심사는 무엇이었나요? 만약 두 사람이 함께 시간을 보내게 된다면 그 정보를 가지고 무엇을 할 수 있나요?
     - ○ 당신과 친구는 좋은 시간을 보냈나요?
     - ○ 다시 만나 시간을 보내기에 적합한 사람인 것 같나요?

2. 사회성 코치와 함께 **놀림 다루기**를 연습한다.
   - 연습 전에 **놀림 다루기**를 위한 방법들을 점검한다.
   - 성인들은 연습할 때 사용하고 싶은 **놀림을 무력화시키는 짧은 말**을 3개씩 선택한다.
   - 사회성 코치들은 순화된 놀림말을 사용해야 한다(예: "네 신발 이상해!").
   - 연습을 한 이후에 사회성 코치들은 성인들에게 다음과 같은 **조망 수용 질문**을 한다.
     - ○ 제 기분이 어땠을 것 같나요?
     - ○ 제가 당신에 대해서 어떻게 생각했을 것 같나요?
     - ○ 제가 당신을 다시 놀리고 싶어 할 것 같나요?

3. 자연스러운 상황이라면 친구와 함께 **직접적 괴롭힘 다루기**를 연습한다.
   - 자연스러운 상황이라면 연습을 한 이후에 사회성 코치들은 성인들에게 다음과 같은 **사회성 코칭 및 조망 수용 질문**을 한다.
     - ○ 놀림에 대처하기 위해 무엇을 했나요? 혹은 어떤 말을 했나요?
       - ■ 상대방의 기분이 어땠을 것 같나요?
       - ■ 상대방이 당신에 대해서 어떻게 생각했을 것 같나요?
       - ■ 상대방이 당신을 다시 놀리고 싶어 할 것 같나요?
     - ○ 상대방이 당황스러운 피드백을 주었나요? 이것에 대해 더 이상 놀림을 받고 싶지 않다면 무엇을 다르게 할 수 있을까요?
     - ○ 신체적 괴롭힘을 다루기 위해 무엇을 했나요? 혹은 어떤 말을 했나요?

4. 사회성 코치와 함께 **논쟁 다루기**를 연습한다.
   - 연습 전에 **논쟁에 대응하기** 및 **논쟁 제기하기** 규칙과 단계를 점검한다.
   - 연습을 한 이후에 사회성 코치들은 성인들에게 다음과 같은 **사회성 코칭 및 조망 수용 질문**을 한다.

○ 어떤 단계들을 따랐나요?

○ 마지막에 제 기분이 어땠을 것 같나요?

○ 마지막에 제가 당신에 대해서 어떻게 생각했을 것 같나요?

○ 제가 당신과 다시 만나고 싶어 할 것 같나요?

5. 자연스러운 상황이라면 친구 혹은 연인과 **논쟁 다루기**를 연습한다.

● 연습 전에 사회성 코치들은 성인들과 **논쟁에 대응하기** 및 **논쟁 제기하기** 규칙과 단계를 점검한다.

● 연습을 한 이후에 사회성 코치들은 성인들에게 다음과 같은 **사회성 코칭과 조망 수용** 질문을 한다.

○ 어떤 단계들을 따랐나요?

○ 마지막에 당신의 기분은 어땠고, 상대방의 기분은 어땠을 것 같나요?

○ 마지막에 서로에 대해서 어떻게 생각했나요?

○ 두 사람이 서로 다시 만나고 싶을 것 같나요?

6. 상대에게 내가 관심이 있다는 것 알리기, 데이트 신청하기 및/혹은 데이트하기를 연습한다.

● 성인들이 누군가를 연애 상대로 좋아하고 있다면

○ 상대에게 내가 관심이 있다는 것을 알린다.

○ 데이트를 신청한다.

○ 데이트한다.

○ 상대에게 연애 상대로서의 호감을 갖기 전까지는 시도하지 않는다.

● 성인들이 편하게 느낀다면 사회성 코치들과 **상대에게 내가 관심이 있다는 것 알리기, 데이트 신청하기, 데이트하기**를 연습하도록 한다.

● 연습 전에 사회성 코치들은 **데이트 예절** 규칙과 단계를 점검한다.

● 각 연습이 끝나면 사회성 코치들은 성인들에게 다음과 같은 **사회성 코칭** 질문을 한다.

○ 상대에게 내가 관심이 있다는 것 알리기

■ 누구와 연습했나요? 그리고 상대에게 내가 관심이 있다는 것을 알리기 위해 무엇을 했나요?

■ 상대는 어떻게 반응했나요?

■ 데이트 상대로서 좋은 선택인 것 같나요? 당신과 데이트하기에 적합한 사람인 것 같나요?

○ 데이트 신청하기

■ 누구에게 데이트를 신청했나요? 그리고 어떤 단계들을 따랐나요?

■ 상대는 어떻게 반응했나요?

○ 데이트하기

■ 무엇을 하기로 결정했나요?

■ 정보를 교환했나요? 데이트를 한 시간의 몇 %를 정보를 교환하는 데 사용했나요?

■ 공통의 관심사는 무엇이었나요? 만약 두 사람이 다시 데이트를 하게 된다면 그 정보를 가지고 무엇을 할 수 있나요?

■ 당신과 데이트 상대는 좋은 시간을 보냈나요?

■ 데이트 상대로서 좋은 선택인 것 같나요? 당신과 다시 만나 데이트하기에 적합한 사람인 것 같나요?

졸업식 안내

● 졸업식 안내문을 나눠준다.

● 치료자: "2주 후면 졸업식입니다. 졸업식이 얼마 남지 않은 시점에서 남은 내용들을 배우고 PEERS®가 끝나면 앞으로 어떻게 해야 하는지에 관해서 이야기를 나눌 것입니다. 여러분이 열심히 회기마다 참여한 것을 축하하기 위해 성인들은 졸업파티를 열 예정이며, 사회성 코치와 함께 졸업식을 할 것입니다."

● 자료에 따라 조금 다를 수 있는 졸업파티 및 졸업식에 관해서 설명해준다.

○ 졸업파티 및 졸업식에 관한 내용은 16회기 성인 치료자 가이드를 통해서 확인할 수 있다.

개별적으로 확인하기

각각의 성인 및 사회성 코치들이 각자 개별적으로 다음과 같은 내용들을 협의한다.

1. 돌아오는 주에 **누구**와 **함께 어울리기**를 할 것인지

● 친구들에게 **무엇**을 하자고 할 계획인지

● 친구들에게 **언제** 그리고 **어디서** 만나자고 할 것인지

● **어떻게** 함께 어울리기가 이루어질 수 있도록 준비할 것인지(예: 티켓 구매를 해야 되는지, 무엇을 타고 이동할 것인지 등)

2. 사회성 코치와 **놀림 다루기**를 언제 연습할 것인지

3. 사회성 코치와 **논쟁 다루기**를 언제 연습할 것인지

4. **상대에게 내가 관심이 있다는 것 알리기** 시도를 어떻게 그리고 누구에게 할 것인지, 그리고 **데이트 신청하기**를 어떻게 할 것인지

● 돌아오는 주에 **누구**와 **데이트**를 할 계획인지

● **무엇**을 하자고 할 계획인지

● **언제** 그리고 **어디서** 만나자고 할 것인지

● **어떻게** 데이트가 이루어질 수 있도록 준비할 것인지(예: 티켓 구매를 해야 되는지, 무엇을 타고 이동할 것인지 등)

사회성 코칭 유인물

놀림 다루기

- 놀림을 무시하지 않는다.

- 자리를 바로 떠나지 않는다.

- 바로 다른 사람에게 말하지 않는다.

- 놀리는 사람을 똑같이 놀리지 않는다.

- 험한 농담을 주고받지 않는다.

- 상대가 한 말에 전혀 신경 쓰지 않는 것처럼 행동한다.

- 상대가 한 말이 재미없거나 어리석은 말인 것처럼 행동한다.

- 놀림을 무력화시키는 짧은 말을 한다.

  ○ 예

  - "어쩌라고?"

  - "좋아, 그래서?"

  - "그래서?"

  - "그래서 하고 싶은 말이 뭔데?"

  - "내가 왜 상관해야 되는데?"

  - "웃기려고 하는 말이지?"

  - "그게 무슨 큰 일이라고!"

  - "그래서 뭐!"

  - "마음대로 생각해라."

  - "누가 신경 쓴대?"

  - "어디가 재미있는 거야?"

  - "요점이 뭐야?"

  - "뭐 어쨌든 ……" (놀림을 무력화시키는 말을 끝내고 다른 곳으로 가기 좋은 표현)

  ○ 따분한 듯한 말투로 말한다.

  ○ 당신이 신경 쓰지 않는 태도를 드러내 보여준다.

  ○ 항상 놀림을 무력화시키는 짧은 말을 최소한 몇 개는 준비해 놓는다.

  ○ 놀림을 무력화시키는 짧은 말을 할 때는 앞뒤가 맞아야 한다.

- 놀림을 무력화시키는 비언어적 표현을 한다.

  ○ 눈을 굴린다.

  ○ 어깨를 으쓱한다.

  ○ 고개를 갸우뚱한다.

- 놀림 무력화시키기를 하고 난 후 그 자리를 떠난다.

- 놀림은 사라지기 전에 더 심해질 수 있다.

- 상대방이 언제든 다시 놀릴 수 있음을 예상하고 있어야 한다.

- 신체적인 공격을 하는 사람들에게는 놀림 무력화시키기를 사용하지 않는다.
- 권위 있는 사람들에게는 놀림 무력화시키기를 사용하지 않는다.

표 15.3 당황스러운 피드백의 예와 이용 방법

당황스러운 피드백의 예	피드백을 이용하는 방법
옷에 관한 부정적인 피드백	옷에 변화를 주는 것을 고려한다. 속해 있는 사회 집단의 규준을 따르는 옷차림을 하도록 노력한다. 옷을 규칙적으로 갈아입고 세탁한다. 사회성 코치, 친구, 가족, 상점 점원에게 조언을 구하거나 패션 관련 블로그 혹은 요즘 옷차림 트렌드에 관한 인터넷 사이트를 찾아볼 수 있다.
체취에 관한 부정적인 피드백	탈취제(데오도란트)를 사용한다. 비누를 사용하여 자주 씻는다. 샴푸를 사용하여 규칙적으로 머리를 감는다. 향수를 좀 덜 뿌린다.
비듬에 관한 부정적인 피드백	비듬샴푸를 규칙적으로 사용한다.
구강 위생에 관한 부정적인 피드백	매일 칫솔질을 한다. 구취 제거제를 사용한다. 치실을 규칙적으로 사용한다. 껌을 씹는다. 구강청결제를 사용한다. 특정 음식은 피한다. 치과를 규칙적으로 방문한다.
유머에 관한 부정적인 피드백	유머에 대한 반응에 주의를 기울인다. 유머를 듣는 사람(방청객)이 되는 쪽을 생각해본다. 누군가를 처음 알아갈 때는 조금 더 진지해보려고 노력한다.
특이한 행동에 관한 부정적인 피드백	가능하다면 행동을 바꾸거나 하지 않으려고 노력한다.

신체적 괴롭힘 다루기

- 괴롭히는 사람을 피한다.
  - 괴롭히는 사람이 당신을 발견하지 못한다면 괴롭힐 수 없기 때문이다.
- 동선을 잘 짠다.
- 괴롭히는 사람이 주위에 있을 때 눈에 띄게 행동하지 않는다.
  - 괴롭히는 사람이 당신을 눈치채지 못한다면, 당신을 괴롭힐 가능성이 더 작다.
- 괴롭히는 사람과 친구가 되려고 노력하지 않는다.
- 괴롭히는 사람을 자극하지 않는다.
- 괴롭히는 사람을 놀리지 않는다.
- 괴롭히는 사람에게 이래라저래라 하지 않는다.
- 다른 사람들과 어울린다.
- 괴롭히는 사람이 주위에 있을 때 권위 있는 사람 근처에 있는다.
- 마지막 대안으로는 신고하는 것을 고려할 수 있다.

과제 안내하기

1. 친구와 **함께 어울리기**를 한다.
   - 사회성 코치들은 성인들이 **다섯 가지 요소**를 사용하여 함께 어울리기를 계획할 수 있도록 도와준다.
     - **누구**와 할 것인지
     - **무엇**을 할 것인지
     - **언제** 함께 어울리기를 할 것인지

○ **어디서** 함께 어울리기를 할 것인지

○ **어떻게** 함께 어울리기가 이루어질 수 있도록 준비할 것인지

● 연습 전에 사회성 코치들은 성인들과 **함께 어울리기** 규칙과 단계를 점검한다.

● **함께 어울리기** 연습 이후에 사회성 코치들은 성인들에게 다음과 같은 **사회성 코칭 질문**을 한다.

○ 무엇을 하기로 결정했으며 함께할 활동을 누가 선택했나요?

○ 정보를 교환했나요? 함께 어울리는 시간의 몇 %를 정보를 교환하는 데 사용했나요?

○ 공통의 관심사는 무엇이었나요? 만약 두 사람이 함께 시간을 보내게 된다면 그 정보를 가지고 무엇을 할 수 있나요?

○ 당신과 친구는 좋은 시간을 보냈나요?

○ 다시 만나 시간을 보내기에 적합한 사람인 것 같나요?

2. 사회성 코치와 함께 **놀림 다루기**를 연습한다.

● 연습 전에 놀림 다루기를 위한 방법들을 점검한다.

● 성인들은 연습할 때 사용하고 싶은 **놀림을 무력화시키는 짧은 말**을 3개씩 선택한다.

● 사회성 코치들은 순화된 놀림말을 사용해야 한다(예: "네 신발 이상해!").

● 연습을 한 이후에 사회성 코치들은 성인들에게 다음과 같은 **조망 수용 질문**을 한다.

○ 제 기분이 어땠을 것 같나요?

○ 제가 당신에 대해서 어떻게 생각했을 것 같나요?

○ 제가 당신을 다시 놀리고 싶어 할 것 같나요?

3. 자연스러운 상황이라면 친구와 함께 **직접적 괴롭힘 다루기**를 연습한다.

● 자연스러운 상황이라면 연습을 한 이후에 사회성 코치들은 성인들에게 다음과 같은 **사회성 코칭 및 조망 수용 질문**을 한다.

○ 놀림에 대처하기 위해 무엇을 했나요? 혹은 어떤 말을 했나요?

▪ 상대방의 기분이 어땠을 것 같나요?

▪ 상대방이 당신에 대해서 어떻게 생각했을 것 같나요?

▪ 상대방이 당신을 다시 놀리고 싶어 할 것 같나요?

○ 상대방이 당황스러운 피드백을 주었나요? 이것에 대해 더 이상 놀림을 받고 싶지 않다면 무엇을 다르게 할 수 있을까요?

○ 신체적 괴롭힘을 다루기 위해 무엇을 했나요? 혹은 어떤 말을 했나요?

4. 사회성 코치와 함께 **논쟁 다루기**를 연습한다.

● 연습 전에 **논쟁에 대응하기** 및 **논쟁 제기하기** 규칙과 단계를 점검한다.

● 연습을 한 이후에 사회성 코치들은 성인들에게 다음과 같은 **사회성 코칭 및 조망 수용 질문**을 한다.

○ 어떤 단계들을 따랐나요?

○ 마지막에 제 기분이 어땠을 것 같나요?

○ 마지막에 제가 당신에 대해서 어떻게 생각했을 것 같나요?

○ 제가 당신과 다시 만나고 싶어 할 것 같나요?

5. 자연스러운 상황이라면 친구 혹은 연인과 **논쟁 다루기**를 연습한다.
   ● 연습 전에 사회성 코치들은 성인과 **논쟁에 대응하기** 및 **논쟁 제기하기** 규칙과 단계를 점검한다.
   ● 연습을 한 이후에 사회성 코치들은 성인들에게 다음과 같은 **사회성 코칭과 조망 수용 질문**을 한다.
     ○ 어떤 단계들을 따랐나요?
     ○ 마지막에 당신의 기분은 어땠고, 상대방의 기분은 어땠을 것 같나요?
     ○ 마지막에 서로에 대해서 어떻게 생각했나요?
     ○ 두 사람이 서로 다시 만나고 싶을 것 같나요?

6. 상대에게 내가 관심이 있다는 것 알리기, 데이트 신청하기 및/혹은 데이트하기를 연습한다.
   ● 성인들이 누군가를 연애 상대로 좋아하고 있다면
     ○ 상대에게 내가 관심이 있다는 것을 알린다.
     ○ 데이트를 신청한다.
     ○ 데이트한다.
     ○ 상대에게 연애 상대로서의 호감을 갖기 전까지는 시도하지 않는다.
   ● 성인들이 편하게 느낀다면 사회성 코치들과 **상대에게 내가 관심이 있다는 것 알리기, 데이트 신청하기, 데이트하기**를 연습하도록 한다.
   ● 연습 전에 사회성 코치들은 **데이트 예절** 규칙과 단계를 점검한다.
   ● 각 연습이 끝나면 사회성 코치들은 성인들에게 다음과 같은 **사회성 코칭 질문**을 한다.
     ○ 상대에게 내가 관심이 있다는 것 알리기
       ■ 누구와 연습했나요? 그리고 상대에게 내가 관심이 있다는 것을 알리기 위해 무엇을 했나요?
       ■ 상대는 어떻게 반응했나요?
       ■ 데이트 상대로서 좋은 선택인 것 같나요? 당신과 데이트하기에 적합한 사람인 것 같나요?
     ○ 데이트 신청하기
       ■ 누구에게 데이트를 신청했나요? 어떤 단계들을 따랐나요?
       ■ 상대는 어떻게 반응했나요?
     ○ 데이트하기
       ■ 무엇을 하기로 결정했나요?
       ■ 정보를 교환했나요? 데이트를 한 시간의 몇 %를 정보를 교환하는 데 사용했나요?
       ■ 공통의 관심사는 무엇이었나요? 만약 두 사람이 다시 데이트를 하게 된다면 그 정보를 가지고 무엇을 할 수 있나요?
       ■ 당신과 데이트 상대는 좋은 시간을 보냈나요?
       ■ 데이트 상대로서 좋은 선택인 것 같나요? 당신과 다시 만나 데이트하기에 적합한 사람인 것 같나요?

안내사항: 2주 후에 PEERS® 졸업식이 있습니다!

*각 기술에 해당하는 역할극 동영상을 보고 싶다면(영어로 된 자료에 익숙한 경우) *The Science of Making Friends DVD*(Laugeson, 2013) 혹은 *FriendMaker* 모바일 앱을 확인한다.

주요 용어

간접적 괴롭힘

관계적 괴롭힘

권위 있는 사람

놀림을 무력화시키는 비언어적
    표현

놀림 다루기

놀림 무력화시키기

놀림을 무력화시키는 짧은 말

눈에 띄게 행동하지 않기

당황스러운 피드백

신체적 괴롭힘

언어적 괴롭힘

직접적 괴롭힘

피드백을 이용하는 방법

험한 농담

e-커뮤니케이션에서의 괴롭힘

간접적 괴롭힘 다루기

사회성 코치 치료자 가이드

사회성 코치 회기 준비하기

이번 회기의 초점은 간접적 유형의 괴롭힘을 다루는 전략들을 제공하는 데 있다. 여기에는 (**사이버 폭력**이라고도 알려진) **e-커뮤니케이션에서의 괴롭힘** 및 **소문과 뒷이야기를 퍼뜨리기**와 같은 **관계적 괴롭힘**이 포함된다. 이러한 유형을 간접적이라고 하는 이유는 이런 괴롭힘들이 인터넷 혹은 놀림을 받는 사람의 뒤에서 이루어지기 때문이다.

　　사이버폭력이란 타인의 기분을 상하게 하거나 타인을 괴롭히기 위해 인터넷이나 e-커뮤니케이션을 이용하는 것으로 지난 몇 년간 증가하는 추세를 보이고 있다. 이것은 특히 스마트폰이나 인터넷과 같이 **사이버 폭력**이 일어날 수 있는 e-커뮤니케이션을 자주 사용하는 성인들 사이에서 많이 일어난다. **사이버 폭력**은 비교적 최근에 생긴 현상이기 때문에 일부 사회성 코치들은 **사이버 폭력**과 관련된 행동들에 관해 잘 모를 수도 있다. 따라서 치료자는 **사이버 폭력**의 여러 가지 유형에 관한 간략한 설명을 제공할 수 있도록 준비하는 것이 좋다.

　　사이버 폭력에는 스마트폰, 컴퓨터 혹은 소셜네트워킹사이트에서 타인을 괴롭히거나 위협하거나 타인에게 굴욕감을 주는 메시지를 보내는 것들이 포함된다. 연구를 통해 **사이버 폭력**의 여섯 가지 유형이 확인되었다.

- **모욕:** 표적이 된 사람의 평판에 해를 줄 수 있는 가짜 정보를 흘리거나 퍼뜨리는 것
- **괴롭힘:** 악의적이고 그 사람을 괴롭히는 메시지나 문자를 반복해서 보내는 행동
- **표적화하기(=집단 괴롭힘):** 표적으로 삼은 뒤 다른 사람들을 초대하여 그 사람을 집단적으로 놀리거나 괴롭히는 것
- **아이디 도용:** 마치 다른 사람인 것처럼 가장하여 표적이 된 사람이 말하거나 하지 않은 것들을 마치 한 것처럼 보이게 하는 행동
- **업로딩:** 창피하거나 곤란한 순간을 담은 이메일이나 사진을 메일을 공유하거나 그 사람의 사진을 공유하는 행동
- **제외하기(=따돌리기):** 특정 집단에서 한 사람을 제외하도록 다른 사람들을 압박하는 행동

사이버 폭력을 다루기 위해 제시된 전략들은 매우 명료하기 때문에 사회성 코치들은 여기에 크게 저항을 보이지 않을 것이다. 그러나 **사이버 폭력**의 본질에 관한 질문을 제기하는 경우들이 있다.

간접적 괴롭힘의 다른 유형에는 **소문과 뒷이야기 퍼뜨리기**가 있다. **소문과 뒷이야기**를 퍼뜨리는 행동은 다른 사람의 개인적인 이야기를 사람들과 공유하는 보편적인 방식 가운데 하나이다. **소문과 뒷이야기**는 성인들 사이에서 매우 흔하게 일어나는 일이다. 이는 TV 연예 프로그램이나 포털 뉴스 연예란이 얼마나 인기 있는지를 생각해보는 것만으로도 알 수 있다. **소문과 뒷이야기**가 저속하고 무자비하고 무례하다고 여겨지는 **관계적 괴롭힘**의 한 유형이기는 하지만 이것은 사람들이 사회적인 관계를 맺을 때 서로를 연결하고 서로 친해지기 위해 사용하는 의사소통의 한 유형으로 볼 수도 있다. 연구에 의하면 뒷이야기를 하는 것은 실제로 공유된 의사소통의 형태로 큰 집단의 사회적 유대감을 높이는 쪽으로 작동한다고 한다. 어떤 경우이든 **소문과 뒷이야기**는 매우 흔하며, 이것이 우리가 살고 있는 사회에서 사라질 가능성은 희박하다는 것을 이해하는 것이 중요하다.

교육의 후반부에는 성인들이 **소문과 뒷이야기 다루기** 방법을 배우는 것을 돕기 위해 사회성 코치들에게 이를 이해하도록 교육하는 데 초점을 둔다. 이 기법을 대중문화와 연결해서 설명하면 이러한 방법들이 얼마나 실용적인지를 더 잘 보여줄 수 있다. 예를 들어 **소문과 뒷이야기 다루기** 전략 중 하나는 **소문이 사실이 아님을 입증하려고 하지 않는다**는 것이다. 소문이 사실이 아님을 입증하려고 하거나 부인한다면 소문의 대상자는 방어적이면서 뭔가 실제로 잘못이 있는 것처럼 보이며, 오히려 불난 집에 부채질하는 격이 될 수 있다. 이러한 흔한 사회적 실수를 사회성 코치들이 이해할 수 있도록 돕기 위해서 유명인 중에 자신에 대한 소문이 사실이 아님을 입증하려고 하다가 실패하고 오히려 언론 매체와 소송에 들어가거나 소문을 부추기고만 예들을 떠올려 보게 한다. 한편으로 **소문과 뒷이야기 다루기**를 위한 조금 더 적극적인 방법 중 하나는 **자신에 대한 또 다른 소문을 스스로 퍼뜨리는 것**이다. 이것은 **소문에 신경을 쓰고 그것을 믿는 사람이 있다는 것에 놀라는 반응을 보임**으로써 소문의 중요성과 신빙성을 떨어뜨리는 전략이다. 마찬가지로 사회성 코치들이 이러한 방법이 얼마나 효과적인지를 이해하도록 도우려면 이것을 정말로 잘하는 유명인과 못하는 유명인이 누구인지 생각하게 하는 것이 도움이 될 수 있다. **소문과 뒷이야기 다루기**에 관한 회기의 공식적인 교육 내용은 아니지만 이런 짧은 연습은 사회성 코치들에게 재미를 줄 수 있을 뿐만 아니라 이런 전략들의 효과를 강조하는 데 도움을 준다.

과제 점검

[다음의 과제를 검토하고 발생 가능한 **문제해결**을 의논한다. 성공적으로 과제를 완수한 사람부터 시작한다. 시간이 된다면 (과제를 다 하지 못한 사람들에게) 왜 과제를 완수할 수 없었는지 이유를 질문할 수 있으며, 다음 주에 어떻게 이것을 할 수 있을지에 대한 **문제해결**을 시도해볼 수 있다. 과제를 점검하는 동안에는 반드시 (볼드체로 표시된) 우리끼리 단어를 사용한다. **함께 어울리기**가 이번 회기의 가장 중요한 과제이므로 과제 점검 시간 대부분을 여기에 할애한다.]

1. 친구와 **함께 어울리기**를 한다.
   - 치료자: "이번 주의 주요 과제 중 하나는 성인들이 그들의 친구와 함께 어울리기를 하는 것이었습니다. 이번 과제를 완수했거나 완수하고자 노력하신 분이 있나요?"
   - 질문
     ○ "성인이 다섯 가지 요소를 사용하여 함께 어울리기를 계획할 수 있도록 도와줬나요?"
     ○ "함께 어울리기를 하기 전에 어떤 사회성 코칭을 했나요?"

○ "성인은 무엇을 누구와 하기로 결정했나요?"

○ "함께 어울리기를 어떻게 시작했나요?"

○ "함께할 활동들은 누가 선택했나요?"

○ "그들은 서로 정보를 교환했나요? 함께 어울리는 시간의 몇 %를 정보를 교환하는 데 사용했나요?

○ "함께 어울리기를 어떻게 마무리했나요?"

○ "함께 어울리기를 한 이후에 어떤 사회성 코칭을 했나요?"

　■ 적절한 사회성 코칭 질문

　　□ 무엇을 하기로 결정했으며 함께할 활동을 누가 선택했나요?

　　□ 정보를 교환했나요? 함께 어울리는 시간의 몇 %를 정보를 교환하는 데 사용했나요?

　　□ 공통의 관심사는 무엇이었나요? 만약 두 사람이 함께 시간을 보내게 된다면 그 정보를 가지고 무엇을 할 수 있나요?

　　□ 당신과 친구는 좋은 시간을 보냈나요?

　　□ 다시 만나 시간을 보내기에 적합한 사람인 것 같나요?

○ "함께 어울리기 상대로서 좋은 선택인 것 같나요?" 성인이 다시 만나 시간을 보내기에 적합한 사람인 것 같나요?"

표 16.1 집에서 함께 어울리기 시작하기 및 마무리하기를 위한 단계

함께 어울리기 시작하기	함께 어울리기 마무리하기
1. 손님에게 인사를 한다.	1. 활동이 잠시 멈출 때를 기다린다.
2. 손님을 집 안으로 맞이한다.	2. 함께 어울리기를 마무리하기 위한 꼬리말을 한다.
3. 손님이 모르는 사람들에게는 손님을 소개한다.	3. 친구를 문까지 배웅한다.
4. 집 안을 안내해준다.	4. 친구에게 함께 어울리기를 해서 고맙다고 말한다.
5. 간단한 간식을 권한다.	5. 친구에게 즐거운 시간을 보냈다고 말한다.
6. 손님에게 무엇을 하고 싶은지 물어본다.	6. 잘 가라고 인사하고, 나중에 다시 보자고 한다.

2. 사회성 코치와 함께 **놀림 다루기**를 연습한다

● 치료자: "이번 주 또 다른 과제는 성인들이 사회성 코치와 함께 놀림 다루기를 연습하는 것이었습니다. 이번 과제를 완수했거나 완수하고자 노력하신 분이 있나요?"

● 질문

○ "연습 전에 어떤 사회성 코칭을 했나요?"

○ "성인은 놀림을 다루기 위해 무엇을 했나요? 혹은 어떤 말을 했나요?"

○ "연습을 한 이후에 어떤 사회성 코칭을 했나요?"

　■ 적절한 조망 수용 질문

　　□ 마지막에 제 기분이 어땠을 것 같나요?

　　□ 마지막에 제가 당신에 대해서 어떻게 생각했을 것 같나요?

　　□ 제가 당신을 또 놀리고 싶어 할 것 같나요?

3. 자연스러운 상황이라면 친구와 함께 **직접적 괴롭힘 다루기**를 연습한다.
   - 치료자: "이번 주 또 다른 과제는 자연스러운 상황이라면 성인들이 친구와 직접적 괴롭힘 다루기를 연습하는 것이었습니다. 이번 과제를 완수했거나 완수하고자 노력하신 분이 있나요?"
   - 질문
     - "성인은 누구와 연습했으며 어떤 유형의 직접적 괴롭힘이었나요?"
     - "성인은 직접적 괴롭힘을 다루기 위해 무엇을 했나요? 혹은 어떤 말을 했나요?"
     - "연습을 한 이후에 어떤 사회성 코칭을 했나요?"
       - 적절한 사회성 코칭 및 조망 수용 질문
         - 놀림을 다루기 위해 무엇을 했나요? 혹은 어떤 말을 했나요?
           - 상대방의 기분이 어땠을 것 같나요?
           - 상대방이 당신에 대해서 어떻게 생각했을 것 같나요?
           - 상대방이 당신을 다시 놀리고 싶어 할 것 같나요?
         - 상대방이 당황스러운 피드백을 주었나요? 이것에 대해 더 이상 놀림을 받고 싶지 않다면 무엇을 다르게 할 수 있을까요?
         - 신체적 괴롭힘을 다루기 위해 무엇을 했나요? 혹은 어떤 말을 했나요?

4. 사회성 코치와 함께 **논쟁 다루기**를 연습한다.
   - 치료자: "이번 주 또 다른 과제는 성인들이 사회성 코치와 함께 논쟁 다루기를 연습하는 것이었습니다. 이번 과제를 완수했거나 완수하고자 노력하신 분이 있나요?"
   - 질문
     - "연습을 하기 전에 어떤 사회성 코칭을 했나요?"
     - "성인이 논쟁에 대응하기 위해 어떤 단계들을 따랐나요?"
     - "성인이 논쟁을 제기하기 위해 어떤 단계들을 따랐나요?"
       - 적절한 사회성 코칭 및 조망 수용 질문
         - 어떤 단계들을 따랐나요?
         - 마지막에 제 기분이 어땠을 것 같나요?
         - 마지막에 제가 당신에 대해서 어떻게 생각했을 것 같나요?

표 16.2 논쟁 다루기를 위한 단계

논쟁에 대응하기	논쟁 제기하기
1. 침착함을 유지한다.	1. 적절한 장소와 때를 기다린다.
2. 상대방의 말을 먼저 귀 기울여 듣는다.	2. 침착함을 유지한다.
3. 상대방이 말한 것을 반복한다.	3. 따로 개인적으로 이야기할 수 있는지 물어본다.
4. '나' 전달법을 사용하여 당신의 입장에 대해 설명한다.	4. '나' 전달법을 사용하여 당신의 입장에 대해 설명한다.
5. 미안하다고 말한다.	5. 상대방의 말을 듣는다.
6. 문제를 해결하려고 노력한다.	6. 상대방이 말한 것을 반복한다.
	7. 상대방이 어떻게 해주었으면 좋겠는지 알려준다.
	8. 문제를 해결하려고 노력한다.

□ 제가 당신과 다시 만나고 싶어 할 것 같나요?

5. 자연스러운 상황이라면 친구 혹은 연인과 **논쟁 다루기**를 연습한다.
- 치료자: "이번 주 또 다른 과제는 자연스러운 상황이라면 친구 혹은 연인과 논쟁 다루기를 연습하는 것이었습니다. 이번 과제를 완수했거나 완수하고자 노력하신 분이 있나요?"
- 질문
   ○ "성인은 누구와 연습했으며 논쟁은 무엇에 관한 것이었나요?"
   ○ "성인은 논쟁에 대응하거나 논쟁을 제기하기 위해 어떤 단계들을 따랐나요?"
   ○ "연습한 이후에 어떤 사회성 코칭을 했나요?"
      ■ 적절한 **사회성 코칭 및 조망 수용 질문**
         □ 어떤 단계들을 따랐나요?
         □ 마지막에 당신의 기분은 어땠고 상대방의 기분은 어땠을 것 같나요?
         □ 마지막에 서로에 대해서 어떻게 생각했나요?
         □ 두 사람이 서로 다시 만나고 싶을 것 같나요?

6. **상대에게 내가 관심이 있다는 것 알리기, 데이트 신청하기** 및/혹은 **데이트하기**를 연습한다.
- 치료자: "이번 주 또 다른 과제는 성인들이 상대에게 내가 관심이 있다는 것 알리기, 데이트 신청하기 및/혹은 데이트하기를 연습하는 것이었습니다. 이 과제는 상대방에게 데이트 상대로 호감을 가지고 있을 때에만 시도하는 것이었습니다. 성인들이 편안하게 느낄 경우에는 사회성 코치와 연습을 했어도 상관없습니다. 이번 과제를 완수했거나 완수하고자 노력하신 분이 있나요?"
- 질문
   ○ "연습 전에 어떤 사회성 코칭을 했나요?"
   ○ "성인은 무엇을 누구와 연습했나요?"
   ○ "상대에게 자신이 관심이 있다는 것을 알리기 위해 성인은 무엇을 했나요? 그리고 상대는 어떻게 반응했나요?"
   ○ "성인은 데이트 신청을 했나요? 했다면 상대는 어떻게 반응했나요?"
   ○ 데이트를 했다면 다음과 같이 질문한다.
      ■ "그들은 무엇을 하기로 결정했나요?"
      ■ "그들은 서로 정보를 교환했나요? 함께 있는 시간의 몇 %를 정보를 교환하는 데 사용했나요?"
      ■ "성인과 데이트 상대는 좋은 시간을 보냈나요?"
   ○ "연습한 이후에 어떤 사회성 코칭을 했나요?"
   ○ "데이트 상대로서 좋은 선택인 것 같나요? 성인과 다시 만나 데이트하기에 적합한 사람인 것 같나요?"
- [사회성 코치 과제 기록지를 수거한다. 만약 사회성 코치가 과제 기록지 가져오는 것을 잊어버렸다면, 과제를 책임지고 할 수 있게 새로운 용지에 완성하게끔 한다.]

교육: 간접적 괴롭힘 다루기

- 사회성 코칭 유인물을 나눠준다.
   ○ 사회성 코치 치료자 가이드에서 **볼드체**로 표시된 부분은 사회성 코칭 유인물에서 그대로 가져온 것이다.

○ 사회성 코치들에게 **볼드체**로 표시된 부분은 **우리끼리 단어**임을 상기시킨다. 이 단어들은 PEERS® 교육 과정의 중요한 개념들에 해당하므로 사회성 코칭을 할 때 최대한 많이 사용해야 한다고 설명한다.

● 설명: "오늘 우리는 괴롭힘을 다루는 방법에 대해서 이야기를 나눌 것입니다. 지난 회기에서는 놀림과 신체적 괴롭힘을 포함하는 직접적 괴롭힘을 다루는 방법에 대해서 이야기를 나눴습니다. 놀림과 신체적 괴롭힘은 대상자에게 직접 일어나기 때문에 직접적 유형의 괴롭힘이라고 할 수 있습니다. 오늘 우리는 사이버 폭력, 소문 그리고 뒷이야기와 같은 간접적 유형의 괴롭힘에 대해 이야기 나눠볼 것입니다. 이러한 유형의 괴롭힘은 인터넷 혹은 우리의 뒤에서 일어나기 때문에 간접적이라고 할 수 있습니다. 각각의 괴롭힘 유형이 완전히 다르듯이 이것을 다루는 방법 또한 매우 다릅니다."

사이버 폭력 다루기

● 설명: "사람들이 다른 사람을 간접적으로 괴롭히는 방법 중 하나는 e-커뮤니케이션을 이용하는 것입니다. 우리는 이것을 사이버 폭력이라고도 합니다. 비록 사람들이 e-커뮤니케이션을 이용하여 다른 사람을 놀리기도 하지만, 직접적 놀림을 다루는 방법과 사이버 폭력을 다루는 방법은 매우 다릅니다."

● 질문: "사람들이 사이버 폭력을 행사하는 방법에는 어떤 것들이 있나요?"
  ○ 대답
    ▪ 위협적이거나 공격적이고 다른 사람의 기분을 상하게 할 수 있는 메일, 문자 혹은 메시지를 보낸다.
    ▪ 소셜네트워킹사이트에 소문과 뒷이야기를 퍼뜨린다.
    ▪ 누군가를 표적으로 삼아서 소셜네트워킹사이트를 만든다.
    ▪ 다른 사람의 동의 없이 그 사람의 사진이나 개인 정보를 인터넷에 올린다.
    ▪ 다른 사람들에게 공개적으로 망신을 주기 위해 그 사람인 척 가장하여 그 사람의 개인 정보를 드러낸다. 누군가에게 공개적으로 망신을 주거나 개인 정보를 드러내게 만들기 위해 다른 사람인 척 가장한다.

● 설명: "e-커뮤니케이션을 사용하여 다른 사람을 괴롭히는 방법에는 여러 가지가 있습니다. 지금부터 다양한 유형의 사이버 폭력을 다루는 방법들에 대해서 이야기를 나눠볼 것입니다."

사이버 폭력을 다루기 위한 방법

● **악플러에 반응하지 않는다.**
  ○ 치료자: "소셜네트워킹사이트와 게시판 등에 다른 사람에게 나쁜 댓글을 다는 사람들을 악플러라고 합니다. 악플러들은 재미와 여러분의 반응을 얻어내기 위해 나쁜 댓글을 다는 것입니다. 그들이 여러분으로부터 원하는 반응은 무엇일까요?"
    ▪ 대답: 당신이 화를 내고 스스로 방어적으로 행동하거나 악플러와의 싸움을 시작하여 일을 더 크게 만드는 것을 원합니다.
  ○ 치료자: "악플러와 사이버 폭력을 행사하는 사람들은 직접적으로 폭력을 행사하는 사람들과 크게 다르지 않습니다. 그들은 늘 상대방이 반응하기를 원합니다. 따라서 당신이 화를 내고, 방어적으로 행동하거나 싸움을 시작한다면 어떤 일이 일어날까요?"
    ▪ 대답: 사이버 폭력을 행사하는 사람이 즐거워할 것입니다.
  ○ 질문: "만약 당신이 화를 내거나 싸움을 시작한다면 당신이 사이버 폭력의 대상이 될 확률이 더 높아질

까요, 더 낮아질까요?"

- 대답: 더 높아질 것입니다.

○ 설명: "따라서 악플러에 반응하지 않습니다. 악플러들을 대면하거나 그들만의 게임에서 이기려고 하지 말라는 의미입니다. 화면상에서는 상대방의 감정을 읽을 수 없기 때문에 단지 '그래서?'라고 반응하는 것도 도움이 되지 않습니다. 악플러에 반응한다면 이미 진 게임이고 그들의 재미를 불러일으켜 그들이 여러분을 더 괴롭히고 싶게 만드는 것입니다. 악플러에 반응하지 않는다면 그들은 지루해져서 괴롭힐 수 있는 다른 사람을 찾으러 갈 것입니다."

- **친구들이 당신 편에 서게 한다.**
  - 치료자: "직접적 괴롭힘을 행사하는 사람들과 마찬가지로 사이버 폭력을 행사하는 사람들은 혼자 있는 사람을 찾아 괴롭히기를 좋아합니다. 사이버 폭력을 행사하는 사람들이 혼자 있는 사람 혹은 다른 사람들의 보호를 받지 못할 것 같은 사람을 고르는 이유는 무엇일까요?"
    - 대답: 혼자 있으면 당신 편에 설 사람이 없기 때문입니다. 더 쉬운 표적이 됩니다.
  - 설명: "사이버 폭력에 대처하는 방법 중 하나는 친구들이 당신 편에 서게 하는 것입니다. 스스로를 방어하는 것은 도움이 되지 않는다는 것에 대해 이미 이야기를 나눴습니다. 이것은 사이버 폭력을 행사하는 사람이 원하는 것입니다. 대신에 친구 혹은 당신과 나이가 비슷한 가족 구성원이 당신 편에 서면 당신이 혼자가 아니라는 것을 알게 할 수 있습니다."

- **당분간 온라인에서 눈에 띄지 않게 행동한다.**
  - 설명: "특히 소셜네트워킹사이트와 같이 온라인에서 여러 사이버 폭력이 이루어집니다. 누군가가 여러분에게 사이버 폭력을 행사하여 문제를 겪고 있다면 이것에 대처할 수 있는 좋은 방법 중 하나는 당분간 온라인에서 눈에 띄지 않게 행동하는 것입니다."
  - 질문: "당분간 온라인에서 눈에 띄지 않게 행동하는 것은 무엇을 의미할까요? 그리고 이것이 사이버 폭력을 당하지 않는 데 어떻게 도움이 될 수 있을까요?"
    - 대답: 소셜네트워킹사이트에 당분간 들어가지 않습니다. 다른 사람의 글 혹은 게시판에 댓글을 달지 않습니다. 이것은 당신과 사이버 폭력을 행사하는 사람 사이에 거리를 만들게 됩니다. 사이버 폭력을 행사하는 사람이 지루해질 수 있는 기회를 줍니다. **사이버 폭력을 가하는 사람이 당신을 발견하지 못한다면 당신을 괴롭힐 수 없습니다.**

- **사이버 폭력을 행사하는 사람을 차단한다.**
  - 설명: "몇몇 사이버 폭력은 문자, 카톡, 메일 및 소셜네트워킹사이트에서 이루어지기 때문에 사이버 폭력을 행사하는 사람이 누군지 알 수 있습니다. 따라서 사이버 폭력에 대처할 수 있는 가장 쉬운 방법 중 하나는 사이버 폭력을 행사하는 사람을 차단하는 것입니다."
  - 질문: "사이버 폭력을 행사하는 사람을 차단하는 것은 무엇을 의미할까요? 그리고 이것이 어떻게 사이버 폭력을 막을 수 있을까요?"
    - 대답: 스마트폰, 메일 혹은 소셜네트워크 페이지에 사이버 폭력을 행사하는 사람의 메시지를 받을 수 없게 해놓는 것입니다. **사이버 폭력을 행사하는 사람이 당신을 발견하지 못한다면 당신을 괴롭힐 수 없습니다.**

- **증거를 확보한다.**
  - 치료자: "사이버 폭력을 행사하는 사람으로부터 스스로를 보호할 수 있는 또 다른 좋은 방법은 증거를

확보하는 것입니다. 증거를 확보하는 것은 무엇을 의미하고 이것이 중요한 이유는 무엇일까요?"

- 대답: 당신을 괴롭히거나 위협하고 창피하게 만드는 대화를 저장해 놓습니다. 사이버 폭력이 멈추지 않는다면 이것을 신고해야 할 수도 있기 때문입니다.
  - 질문: "다른 사람들도 볼 수 있는 페이스북과 같은 소셜네트워킹사이트에서 사이버 폭력이 일어난다면 어떻게 해야 할까요?"
    - 대답: 해당 화면을 캡처해 증거를 확보합니다. 다른 사람들이 볼 수 없게 올린 글을 지웁니다.
- 마지막 대안으로는 사이버 폭력을 신고하는 것을 고려할 수 있다.
  - 설명: "어떤 경우에는 마지막 대안으로 적절한 권위자에게 사이버 폭력을 신고하는 것을 고려할 수 있습니다. 적절한 권위자로는 온라인 서비스 제공자, 웹사이트 관리자, 학생생활지원부서/상담실/지원실, 인사담당부서/인사과/직장의 고충처리부서가 있으며, 심한 경우라면 경찰이나 법의 도움을 받는 것도 고려할 수 있습니다. 사이버 폭력을 신고하는 것을 언제, 어떻게 해야 하는지 성인들이 알기 어려울 수 있기 때문에 사이버 폭력을 신고하는 것이 언제가 적절한지 그리고 누구에게 해야 하는지를 사회성 코치로서 함께 의논을 하도록 합니다."

소문과 뒷이야기 다루기

- 치료자: "사람들이 다른 사람을 괴롭히는 다른 간접적인 방법은 소문과 뒷이야기를 퍼뜨리는 것입니다. 소문과 뒷이야기는 직장과 학교에서 매우 흔하게 발생합니다. 안타깝게도 사람들이 뒷이야기를 하지 않게 막는 방법은 매우 적습니다. 그러나 사람들이 소문과 뒷이야기를 하는 이유를 아는 것이 도움이 될 수 있습니다."
- 질문: "사람들이 뒷이야기를 하는 이유는 무엇일까요?"
  - 대답: 못되게 굴기 위해서입니다. 다른 사람의 기분을 상하게 하기 위해서입니다. 복수하기 위해서입니다. 다른 사람들을 조종하기 위해서입니다. 위협하기 위해서입니다. 관심을 받기 위해서입니다. 인기를 얻기 위해서입니다. 의사소통의 한 유형입니다.
- 다음과 같이 말하며 아래의 내용을 설명한다. "소문과 뒷이야기는 _____(으)로 사용되기도 합니다."
  - 사회적 무기
    - 뒷이야기를 퍼뜨리는 것은 악의적으로 다른 사람에게 상처를 주기 위해 사용됩니다. 좋아하지 않거나 질투의 대상이 되는 누군가의 평판에 손상을 주기 위해 사용됩니다.
  - 사회적 보복의 한 유형
    - 뒷이야기를 퍼뜨리는 것은 다른 사람이 했던 일에 대해 복수하기 위해 사용되기도 합니다. 다른 사람을 조종하고 위협할 목적으로 사용됩니다(예: "내가 하라는 대로 하지 않으면, 나는 모두에게 ~~을/를 말할 것이다).
  - 관심을 끌기 위한 방법
    - 뒷이야기를 퍼뜨리는 것은 어떤 성인들에게는 다른 사람들의 관심을 얻고, 자신의 중요성을 느끼기 위한 것입니다(예: 아무도 모르는 중요한 것을 혼자만 알고 있다고 생각한다).
  - 인기를 얻기 위한 방법
    - 뒷이야기를 퍼뜨리는 것은 어떤 성인들에게는 다른 사람의 관심과 주목을 받음으로써 인기를 얻기 위해 사용되기도 합니다. 또한 다른 사람들에게 자신의 힘을 과시하기 위해 사용됩니다.

- ○ 의사소통의 한 유형
  - 대개 뒷이야기를 퍼뜨리는 것은 성인들의 대화의 한 일부이기도 합니다. 또한 주위에서 무슨 일이 일어나는지를 알기 위한 하나의 방법이기도 합니다.
- 설명: "간혹 소문과 뒷이야기는 단지 의사소통의 한 유형으로 사용되며, 성인들이 자신의 주위에서 어떤 일이 일어나는지 알기 위해서 사용되기 때문에 사람들이 소문과 뒷이야기를 퍼뜨리지 않게 하기 위한 방법은 매우 적습니다."

뒷이야기의 대상이 되지 않는 방법

- 설명: "사람들이 뒷이야기를 하는 이유를 이제 알기 때문에 사람들이 우리에 대한 뒷이야기를 최소화하기 위한 방법들을 아는 것이 도움이 될 수 있습니다. 제일 먼저 생각해봐야 할 것은 소문과 뒷이야기의 대상이 되는 것을 피하는 방법입니다."
- **험담꾼과 친구가 되지 않는다.**
  - ○ 설명: "소문과 뒷이야기의 대상이 되는 것을 피하기 위한 첫 번째 규칙은 험담꾼과 친구가 되지 않는 것입니다. 험담꾼은 다른 사람들에 대한 소문을 퍼뜨리거나, 다른 사람들의 뒷이야기 하기를 좋아하는 사람입니다."
  - ○ 질문: "험담꾼과 친구가 된다면 무엇이 문제가 될 수 있을까요?"
    - 대답: 험담꾼을 화나게 한다면 당신에 대한 뒷이야기를 할 수 있습니다. 험담꾼인 사람은 신뢰하기 어렵습니다. 당신의 비밀을 다른 사람들과 공유할 수 있습니다. 당신이 그들과 친구이기 때문에 당신에 대해서 그들이 하는 말을 다른 사람들은 믿을 것입니다. 당신이 험담꾼과 어울리기 때문에 사람들은 당신과 친구가 되고 싶어 하지 않을 수 있습니다.
- **험담꾼과 적대적인 관계가 되지 않는다.**
  - ○ 설명: "소문과 뒷이야기의 대상이 되는 것을 피하기 위한 다음 규칙은 험담꾼과 적대적인 관계가 되지 않는 것입니다. 이것은 험담꾼의 비밀을 다른 친구들에게 말하고 다니거나, 험담꾼에 관한 뒷이야기를 하거나 그들을 놀리거나 감시하지 말라는 의미입니다."
  - ○ 질문: "험담꾼과 적대적인 관계가 되면 무엇이 문제가 될 수 있을까요?"
    - 대답: 험담꾼을 자극하여 그가 당신에게 보복하고 싶게 만들 수 있습니다. 당신은 험담꾼이 퍼뜨리는 뒷이야기의 대상이 될 수 있습니다.
- **험담꾼과 중립적인 관계를 지킨다.**
  - ○ 치료자: "험담꾼과 친구가 되거나 적이 되는 것보다는 험담꾼과 최대한 중립적인 관계를 지키도록 합니다. 중립적인 관계를 지킨다는 것은 무엇을 의미할까요?"
    - 대답: 험담꾼과 친구가 되지 않고 적도 되지 않는 것을 의미합니다. 그들의 관심 범위에서 벗어나는 것을 의미합니다.
- **다른 사람에 대한 소문을 퍼뜨리지 않는다.**
  - ○ 치료자: "소문과 뒷이야기의 대상이 되는 것을 피하기 위한 마지막 규칙은 다른 사람에 대한 소문을 퍼뜨리지 않는 것입니다. 다른 사람에 대한 소문을 퍼뜨리면 무엇이 문제가 될 수 있을까요?"
    - 대답: 다른 사람에게 상처가 될 수 있기 때문에 사람들은 당신과 친구가 되고 싶어 하지 않을 수 있습니다. 당신이 퍼뜨린 뒷이야기의 대상이 보복하기 위해 당신에 대한 뒷이야기를 퍼뜨릴 수 있습니다.

뒷이야기의 대상이 되었을 때 해야 할 일

● 설명: "뒷이야기의 대상이 되지 않기 위해 열심히 노력했음에도 불구하고 뒷이야기의 대상이 되는 일이 일어날 수 있습니다. 따라서 뒷이야기의 대상이 되었을 때 어떻게 하면 그 충격을 최소화할 수 있는지를 알아야 합니다."

● **우리가 본능적으로 떠올리는 대응 방법은 모두 잘못된 것임을 기억한다.**

  ○ 설명: "소문과 뒷이야기의 대상이 되었을 때 일어나는 일 중에서 기억해야 할 점은 우리가 본능적으로 떠올리는 대응 방법은 모두 잘못된 것이라는 사실입니다!"

  ○ 질문: "사람들은 대개 뒷이야기의 대상이 되었을 때 무엇을 하고 싶어 하나요?"

    ■ 대답: 소문이 사실이 아님을 입증하려고 합니다. 스스로를 방어하려고 합니다. 화를 냅니다. 소문을 퍼뜨리는 사람을 직면합니다.

● **소문이 사실이 아님을 입증하려고 노력하지 않는다.**

  ○ 치료자: "소문과 뒷이야기의 대상이 되었을 때 우리는 본능적으로 그것이 사실이 아님을 입증하려고 노력하거나 그것을 부인하려고 합니다. 소문이 사실이 아님을 입증하려고 하거나 부인한다면 어떻게 보일 수 있을까요?"

    ■ 대답: 방어적으로 보이거나 잘못한 것이 있는 것처럼 보입니다.

  ○ 설명: "소문과 뒷이야기의 대상이 되었을 때 우리가 본능적으로 떠올리는 대응 방법은 모두 잘못된 것임을 기억해야 합니다. 소문이 사실이 아님을 입증하려고 한다면 방어적으로 보이거나 무엇인가를 잘못한 것처럼 보일 수 있습니다. 이것은 사람들에게 좋은 뒷이야깃거리가 되며 '불난 집에 부채질하는' 격입니다."

● **화가 났다는 것을 드러내지 않는다.**

  ○ 치료자: "소문과 뒷이야기의 대상이 되었을 때 우리는 본능적으로 화가 났다는 것을 드러냅니다. 화가 났다는 것을 드러낸다면 무엇이 문제가 될 수 있을까요?"

    ■ 대답: 방어적으로 보이거나 잘못한 것이 있는 것처럼 보입니다.

  ○ 설명: "소문과 뒷이야기의 대상이 되었을 때 우리가 본능적으로 떠올리는 대응 방법은 모두 잘못된 것임을 기억해야 합니다. 화가 났다는 것을 드러내거나 학교 혹은 직장을 그만둔다면 사람들은 당신이 무엇인가를 숨기고 있을 것이라 추측하게 됩니다. 당신이 얼마나 화가 났는지에 대해서 새로운 소문이 퍼질 수 있습니다. 이것은 사람들에게 좋은 뒷이야깃거리가 되며 '불난 집에 부채질하는' 격입니다."

● **소문을 신경 쓰지 않는 것처럼 행동한다.**

  ○ 치료자: "소문과 뒷이야기의 대상이 되었을 때 화가 날 수 있으나 소문을 신경 쓰지 않는 것처럼 행동해야 합니다. 가족 혹은 친구에게 개별적으로 소문에 대해서 이야기를 할 수는 있으나 공개적으로 화가 났다는 것을 드러내지 않습니다."

  ○ 질문: "소문을 신경 쓰지 않는 것처럼 행동해야 하는 이유는 무엇일까요?"

    ■ 대답: 화가 났다는 것을 드러내지 않는다면 덜 방어적이고 덜 잘못이 있는 것처럼 보일 것입니다.

● **뒷이야기를 만들어낸 사람과 직면하지 않는다.**

  ○ 설명: "여러분은 종종 누가 여러분에 대한 뒷이야기를 퍼뜨리고 다니는지 알고 있을 때가 있습니다. 이런 경우에는 본능적으로 뒷이야기를 만들어낸 사람과 직면하고 싶어 할 것입니다. 그러나 이것은 오히려 문제를 더 악화시키고 '불난 집에 부채질하는' 격입니다."

- 질문: "뒷이야기를 만들어낸 사람과 직면하면 무엇이 문제가 될 수 있을까요?"
  - 대답: 그 사람은 당신에 대한 뒷이야기를 더 퍼뜨리기 시작할 수도 있습니다. 결국 말다툼이나 심하게는 몸싸움으로 이어질 수 있습니다. 그 사람은 당신에 대한 뒷이야기를 퍼뜨리는 것이 정당하다고 느끼게 될 것입니다.
- 설명: "소문과 뒷이야기의 대상이 되었을 때 우리가 본능적으로 떠올리는 대응 방법은 모두 잘못된 것임을 기억합니다. 뒷이야기를 만들어낸 사람과 직면한다면 당신이 방어적이고 무엇인가를 잘못한 것처럼 보일 수 있습니다. 당신이 흥분을 하고 뒷이야기를 만들어낸 사람과 직면했다는 것이 새로운 소문이 될 것입니다. 이것은 사람들에게 좋은 뒷이야깃거리가 되며 '불 난 집에 부채질하는' 격입니다."

● **뒷이야기를 퍼뜨리는 사람을 피한다.**
  - 치료자: "당신에 대한 뒷이야기를 퍼뜨리는 사람이 누구인지 안다고 가정합시다. 사람들은 당신이 어떻게 행동하기를 기대하나요?"
    - 대답: 당신이 뒷이야기를 만들어낸 사람과 직면하는 것을 기대할 것입니다.
  - 치료자: "당신이 뒷이야기를 만들어낸 사람과 직면하지 않는다 하더라도 그와 같은 자리에 있는 것만으로도 당신이 무엇을 하든 이길 수 없다는 것이 문제입니다. 그를 쳐다보지 않는다면 어떤 새로운 소문이 퍼질까요?"
    - 대답: 당신이 그를 쳐다보지 못했다는 것이 새로운 소문이 될 것입니다.
  - 질문: "만약 당신이 그를 쳐다보았다면 어떤 새로운 소문이 퍼질까요?"
    - 대답: 당신이 그를 노려봤다는 것이 새로운 소문이 될 것입니다.
  - 설명: "이런 경우에는 당신이 무엇을 하든 이길 수 없습니다. 따라서 뒷이야기를 퍼뜨리는 사람을 피하는 것이 가장 좋은 방법입니다. 이것은 학교나 직장을 그만두라는 의미가 아닙니다. 단지 여러분의 동선을 잘 짜서 소문이 없어질 때까지 뒷이야기를 퍼뜨린 사람을 피하라는 의미입니다."

● **소문에 신경을 쓰고 그것을 믿는 사람이 있다는 것에 의외라는 반응을 보인다.**
  - 설명: "당신이 소문과 뒷이야기의 대상이 되었을 때 사람들은 당신의 반응을 보기 위해 당신에게 소문에 대한 이야기를 꺼낼 수 있습니다. 비록 여러분은 본능적으로 소문이 사실이 아님을 입증하고 부인하고 싶겠지만, 이것은 당신이 잘못한 것이 있는 것처럼 보이게 할 뿐입니다. 대신에 소문에 신경을 쓰고 그것을 믿는 사람이 있다는 것에 의외라는 듯한 반응을 보입니다. 소문이 사실이어도 상관없습니다. 소문이 사실이라면 소문에 신경을 쓰는 사람이 있다는 것에 의외라는 반응을 보이고, 소문이 사실이 아니라면 소문을 믿는 사람이 있다는 것에 의외라는 반응을 보입니다."
  - 소문에 신경을 쓰는 사람이 있다는 것에 의외라는 반응의 예
    - "그런 소문을 신경 쓰는 사람이 있다니 믿을 수 있어?"
    - "그런 소문을 신경 쓰는 사람이 있기나 할까?"
    - "사람들이 할 일이 되게 없나 보다."
    - "사람들이 다른 흥밋거리를 찾아야 할 것 같아요."
    - "사람들이 더 재미있는 이야깃거리를 찾아야 할 것 같아요."
  - 소문을 믿는 사람이 있다는 것에 의외라는 반응의 예
    - "그런 이야기를 믿는 사람이 있다는 것이 말이 되니?"
    - "그것을 믿는 사람이 있어?"

- ■ "사람들이 정말 귀가 얇다."
- ■ "사람들은 뭐든 믿는 것 같아요."
- ■ "그런 이야기를 믿는 사람이 있다니 놀라울 따름이에요."
  - ○ 질문: "소문에 신경을 쓰고 그것을 믿는 사람이 있다는 것에 의외라는 듯한 반응을 보이는 것이 중요한 이유는 무엇일까요?"
    - ■ 대답: 소문이 얼마나 우스운지를 보여주기 때문입니다. 당신이 소문의 중요성과 신빙성을 떨어뜨렸기 때문에 사람들이 소문을 믿을 확률이 줄어듭니다. 소문에 신경을 쓰거나 그것을 믿는 것은 귀가 얇은 것처럼 보일 수 있기 때문에 사람들이 계속해서 소문을 퍼뜨릴 확률이 줄어듭니다.
- ● **자신에 대한 또 다른 소문을 스스로 퍼뜨린다.**
  - ○ 설명: "소문에 신경을 쓰고 그것을 믿는 사람이 있다는 것에 의외라는 반응을 보이는 것이 뒷이야기에 관한 질문에 대처하는 좋은 방법이 될 수 있으나 이것보다 더 적극적일 필요가 있습니다. 자신에 대한 또 다른 소문을 스스로 퍼뜨려야 합니다. 이것이 이상하게 들릴 수 있지만 효과가 좋습니다! 소문의 중요성과 신빙성을 떨어뜨리기 위해 자신에 대한 또 다른 소문을 스스로 퍼뜨리는 것은 적극적인 방법입니다. 자신에 대한 또 다른 소문을 스스로 퍼뜨리기 위해 따라야 할 매우 구체적인 단계들이 있습니다."

자신에 대한 또 다른 소문을 스스로 퍼뜨리기 위한 단계

1. **당신 편에 서줄 수 있는 친구를 찾는다.**
   - ● 치료자: "자신에 대한 또 다른 소문을 스스로 퍼뜨리기 위한 첫 번째 단계는 당신 편에 서줄 수 있는 친구를 찾는 것입니다. 당신 편에 서줄 수 있는 친구를 찾아야 하는 이유는 무엇일까요?"
     - ○ 대답: 친구가 뒤에서 당신 편을 들어줄 수 있습니다. 소문에 관해서 당신이 하고 싶은 말에 동의를 해줄 것입니다.

2. **대화를 들을 수 있는 사람들을 찾는다.**
   - ● 치료자: "다음 단계는 대화를 들을 수 있는 사람들을 찾는 것입니다. 대화를 들을 수 있는 사람들을 찾아야 하는 이유는 무엇일까요?"
     - ○ 대답: 당신의 대화를 들을 수 있는 사람들 앞에서 **자신에 대한 또 다른 소문을 스스로 퍼뜨려야** 기존 소문의 중요성이나 신빙성을 떨어뜨릴 수 있습니다.

3. **소문이 있다는 것을 인정한다.**
   - ● 치료자: "자신에 대한 또 다른 소문을 스스로 퍼뜨리기 위한 다음 단계는 소문이 있다는 것을 인정하는 것입니다. 당신 편에 서줄 수 있는 친구에게 '나에 대해 돌고 있는 소문 들었어?'라고 말하며 시작할 수 있습니다."

4. **소문에 신경을 쓰고 그것을 믿는 사람이 있다는 것에 의외라는 반응을 보인다.**
   - ● 설명: "다음 단계는 방금 전에 배웠던 표현을 사용하여 소문에 신경을 쓰고 그것을 믿는 사람이 있다는 것에 의외라는 반응을 보이는 것입니다."
   - ● 질문: "소문에 신경을 쓰고 그것을 믿는 사람이 있다는 것에 의외라는 반응을 보이기 위해 할 수 있는 표현에는 어떤 것들이 있을까요?"
     - ○ 대답

- ■ "사람들이 그런 소문을 믿다니 참 신기해."
- ■ "사람들이 그런 소문을 믿다니 정말 이상해."
- ■ "그런 소문에 신경을 쓰는 사람이 있다니 믿기니?"
- ■ "사람들이 그런 소문에 신경을 쓰는 것이 참 이상해요."
- ■ "사람들이 할 일이 정말 없나 봐요. 다른 이야깃거리를 찾아야 할 것 같은데."
- ■ "사람들이 다른 흥밋거리를 찾거나 더 재미있는 이야깃거리가 필요한 것 같아요."

5. 당신 편에 서줄 수 있는 다른 친구들에게 이 과정을 반복한다.

- 치료자: "자신에 대한 또 다른 소문을 스스로 퍼뜨리기 위한 마지막 단계는 당신 편에 서줄 수 있는 다른 친구들에게 이 과정을 반복하는 것입니다. 여러 친구에게 자신에 대한 또 다른 소문을 스스로 퍼뜨리는 것이 중요한 이유는 무엇일까요?"
  - ○ 대답: 소문이 얼마나 우스운지 더 많은 사람들이 들을 수 있기 때문입니다. 여러 사람 앞에서 간접적으로 소문의 신빙성을 떨어뜨립니다. 소문의 중요성과 신빙성을 떨어뜨리면 소문이 더 이상 어떠한 효력도 발휘할 수 없습니다. 우스워 보일 수 있기 때문에 사람들이 더 이상 소문을 퍼뜨리지 않으려고 할 것입니다.
- 치료자: "여러 사람 앞에서 자신에 대한 또 다른 소문을 스스로 퍼뜨리고 소문에 신경을 쓰고 그것을 믿는 사람이 있다는 것에 의외라는 반응을 보인다면 어떤 새로운 소문이 생길까요?"
  - ○ 대답: 이전에 돌아다녔던 소문이 얼마나 우스운지가 새로운 소문이 될 것입니다.
- 설명: "자신에 대한 또 다른 소문을 스스로 퍼뜨리는 것은 뒷이야기가 우스운 것처럼 보이게 하기 때문에 소문이 사라질 것입니다. 자신이 무슨 이야기를 하는지 모르는 것처럼 보일 수 있기 때문에 사람들은 소문에 관한 이야기를 더 이상 하지 않을 것입니다. 소문의 효력을 완전히 누그러뜨리는 방법이기도 합니다."

- [참고사항(영어로 된 자료에 익숙하다면): PEERS® *Role Play Video Library*(www.routledge.com/cw/laugeson) 혹은 *FriendMaker* 모바일 앱에서 **소문과 뒷이야기 다루기**의 부적절한 역할극과 적절한 역할극 동영상을 보여주고 역할극 다음에 오는 **조망 수용 질문**을 할 수도 있다.]

과제 안내하기

[사회성 코치에게 사회성 코치 과제 기록지(부록 E)를 배부하고, 작성해서 다음 회기에 제출하게 한다.]

1. 친구와 **함께 어울리기**를 한다.

- 사회성 코치는 성인이 **다섯 가지 요소**를 사용하여 함께 어울리기를 계획할 수 있도록 도와주어야 한다.
  - ○ **누구**와 할 것인지
  - ○ **무엇**을 할 것인지
  - ○ **언제** 함께 어울리기를 할 것인지
  - ○ **어디서** 함께 어울리기를 할 것인지
  - ○ **어떻게** 함께 어울리기가 이루어질 수 있도록 준비할 것인지
- 연습 전에 사회성 코치들은 성인들과 **함께 어울리기** 규칙과 단계를 점검한다.
- **함께 어울리기** 연습 이후에 사회성 코치들은 성인들에게 다음과 같은 **사회성 코칭 질문**을 한다.

○ 무엇을 하기로 결정했으며 함께할 활동을 누가 선택했나요?

○ 정보를 교환했나요? 함께 어울리는 시간의 몇 %를 정보를 교환하는 데 사용했나요?

○ 공통의 관심사는 무엇이었나요? 만약 두 사람이 함께 시간을 보내게 된다면 그 정보를 가지고 무엇을 할 수 있나요?

○ 당신과 친구는 좋은 시간을 보냈나요?

○ 다시 만나 시간을 보내기에 적합한 사람인 것 같나요?

2. 사회성 코치와 함께 **자신에 대한 또 다른 소문을 스스로 퍼뜨리기**를 연습한다.
   - 연습 전에 **자신에 대한 또 다른 소문을 스스로 퍼뜨리기** 방법을 점검한다.
   - 성인들이 자신에 대한 또 다른 소문을 스스로 퍼뜨리기를 연습할 수 있도록 소문의 예를 제공한다.
   - 연습을 한 이후에 사회성 코치들은 성인들에게 다음과 같은 **조망 수용 질문**을 한다.
     ○ 제 기분이 어땠을 것 같나요?
     ○ 제가 당신에 대해서 어떻게 생각했을 것 같나요?
     ○ 제가 소문을 믿을 것 같나요?

3. 사회성 코치와 함께 **놀림 다루기**를 연습한다.
   - 연습 전에 **놀림 다루기**를 위한 방법들을 점검한다.
   - 성인들은 연습할 때 사용하고 싶은 **놀림을 무력화시키는 짧은 말**을 3개씩 선택한다.
   - 사회성 코치들은 순화된 놀림말을 사용해야 한다(예: "네 신발 이상해!").
   - 연습을 한 이후에 사회성 코치들은 성인들에게 다음과 같은 **조망 수용 질문**을 한다.
     ○ 제 기분이 어땠을 것 같나요?
     ○ 제가 당신에 대해서 어떻게 생각했을 것 같나요?
     ○ 제가 당신을 다시 놀리고 싶어 할 것 같나요?

4. 자연스러운 상황이라면 친구와 함께 **직접적 혹은 간접적 괴롭힘 다루기**를 연습한다.
   - 자연스러운 상황이라면 연습을 한 이후에 사회성 코치들은 성인들에게 다음과 같은 **사회성 코칭** 및 **조망 수용 질문**을 한다.
     ○ 놀림을 다루기 위해 무엇을 했나요? 혹은 어떤 말을 했나요?
       ■ 상대방의 기분이 어땠을 것 같나요?
       ■ 상대방이 당신에 대해서 어떻게 생각했을 것 같나요?
       ■ 상대방이 당신을 다시 놀리고 싶어 할 것 같나요?
     ○ 상대방이 당황스러운 피드백을 주었나요? 이것에 대해 더 이상 놀림을 받고 싶지 않다면 무엇을 다르게 할 수 있을까요?
     ○ 신체적 괴롭힘을 다루기 위해 무엇을 했나요? 혹은 어떤 말을 했나요?
     ○ 사이버 폭력을 다루기 위해 무엇을 했나요?
     ○ 소문과 뒷이야기를 다루기 위해 무엇을 했나요? 혹은 어떤 말을 했나요?

5. 자연스러운 상황이라면 친구 혹은 연인과 **논쟁 다루기**를 연습한다.
   - 연습 전에 사회성 코치들은 성인들과 **논쟁에 대응하기** 및 **논쟁 제기하기** 규칙과 단계를 점검한다.

- 연습을 한 이후에 사회성 코치들은 성인들에게 다음과 같은 **사회성 코칭** 및 **조망 수용 질문**을 한다.
  - 어떤 단계들을 따랐나요?
  - 마지막에 당신의 기분은 어땠고, 상대방의 기분은 어땠을 것 같나요?
  - 마지막에 서로에 대해서 어떻게 생각했나요?
  - 두 사람이 서로 다시 만나고 싶을 것 같나요?

6. 상대에게 내가 관심이 있다는 것 알리기, 데이트 신청하기 및/혹은 데이트하기를 연습한다.
   - 성인들이 누군가를 연애 상대로 좋아하고 있다면
     - 상대에게 내가 관심이 있다는 것을 알린다.
     - 데이트를 신청한다.
     - 데이트를 한다.
     - 상대에게 연애 상대로서의 호감을 갖기 전까지는 시도하지 않는다.
   - 성인들이 편하게 느낀다면 사회성 코치들과 **상대에게 내가 관심이 있다는 것 알리기, 데이트 신청하기, 데이트하기**를 연습하도록 한다.
   - 연습 전에 사회성 코치들은 **데이트 예절** 규칙과 단계를 점검한다.
   - 각 연습이 끝나면 사회성 코치들은 성인들에게 다음과 같은 **사회성 코칭 질문**을 한다.
     - 상대에게 내가 관심이 있다는 것 알리기
       - 누구와 연습했나요? 그리고 상대에게 내가 관심이 있다는 것을 알리기 위해 무엇을 했나요?
       - 상대는 어떻게 반응했나요?
       - 데이트 상대로서 좋은 선택인 것 같나요? 당신과 데이트하기에 적합한 사람인 것 같나요?
     - 데이트 신청하기
       - 누구에게 데이트를 신청했나요? 어떤 단계들을 따랐나요?
       - 상대는 어떻게 반응했나요?
     - 데이트하기
       - 무엇을 하기로 결정했나요?
       - 정보를 교환했나요? 데이트를 한 시간의 몇 %를 정보를 교환하는 데 사용했나요?
       - 공통의 관심사는 무엇이었나요? 만약 두 사람이 다시 데이트를 하게 된다면 그 정보를 가지고 무엇을 할 수 있나요?
       - 당신과 데이트 상대는 좋은 시간을 보냈나요?
       - 데이트 상대로서 좋은 선택인 것 같나요? 당신과 다시 만나 데이트하기에 적합한 사람인 것 같나요?

사회성 코칭 팁

간접적 괴롭힘 다루기 방법에 관한 더 자세한 정보를 찾는다면(영어로 된 자료에 익숙할 경우) 다음을 권장한다.

- 당신의 성인과 함께 *The Science of Making Friends: Helping Socially Challenged Teens and Young Adults*(Laugeson, 2013)를 읽는다.
  - **간접적 괴롭힘**에 관한 자세한 정보는 두 장에 걸쳐 설명되어 있다.
    - 제11장: 사이버 폭력 다루기

> - 제12장: 소문과 뒷이야기 다루기
- ○ 성인들을 위해 각 장의 내용 요약이 포함되어 있다.
- ○ 수업마다 사회성 코칭 팁이 주어진다.
- *The Science of Making Friends* DVD(Laugeson 2013) 혹은 *FriendMaker* 앱을 사용하여
  - ○ **사이버 폭력 다루기** 및 **소문과 뒷이야기 다루기** 방법을 복습한다.
  - ○ '소문과 뒷이야기 다루기'에 관한 역할극 동영상을 본다.
    - 적절한 역할극과 부적절한 역할극이 포함되어 있다.
  - ○ 역할극 다음에 오는 **조망 수용 질문**을 의논한다.
- 성인은 *FriendMaker* 앱을 '가상의 코치'도 이용하여 실생활에서 일어나는 문제들을 해결하는 데 도움을 받도록 한다.
  - ○ "사이버 폭력 다루기"
  - ○ "소문과 뒷이야기 다루기"

졸업식 안내

- 졸업식 안내문을 나눠준다.
- 치료자: "다음 주에 졸업식입니다. 다음 주에 남은 내용을 배우고 PEERS®가 끝나면 앞으로 어떻게 해야 하는지에 관해서 이야기를 나눌 것입니다. 여러분이 열심히 회기마다 참여한 것을 축하하기 위해 성인들은 졸업파티를 열 예정이며, 여러분은 졸업식을 할 것입니다."
- 자료에 따라 조금 다를 수 있는 졸업파티 및 졸업식에 관해서 설명해준다.
  - ○ 졸업파티 및 졸업식에 관한 내용은 16회기 성인 치료자 가이드에서 확인한다.

성인 치료자 가이드

성인 회기 준비하기

이번 회기에서는 인터넷이나 놀림받는 사람의 뒤에서 이루어지는 **간접적 괴롭힘 다루기**를 위한 적절한 방법에 초점을 둔다. 여기에는 **사이버폭력**이나 **소문과 뒷이야기 퍼뜨리기** 같은 것이 포함된다. 지난 회기에서는 **놀림 및 신체적 괴롭힘**과 같은 직접적 유형의 괴롭힘을 다루는 전략에 초점을 두었다. 지난 회기에서와 마찬가지로 괴롭힘의 특정 유형에 따라 다루는 전략도 상당히 다르다.

사이버 폭력 다루기 전략을 가르치는 수업식 교육 내용은 상당히 직접적이고 명확하다. 이 회기에서 가장 많이 마주하는 이슈 중 하나는 성인들이 자신이나 혹은 다른 사람이 어떻게 사이버 폭력을 당했는지에 관한 이야기를 하려고 하는 것이다. 이런 이야기는 집단 구성원들에게 감정적으로 민감한 주제일 수 있기 때문에 이 논의로부터 방향을 전환하는 것이 매우 중요하다. 어떤 형태든 또래로부터의 괴롭힘에 관한 이야기를 계속하게 한다면 다른 집단 구성원들에게 고통을 유발하고, 심지어 심리적 위기를 초래할 수도 있을 뿐 아니라 수업 내용을 따라오기 어렵게 만들 수도 있다. 논의 방향을 전환하기 위한 가장 좋은 방법은 다음과 같이 말하는 것이다. "우리는 괴롭힘이 매우 흔하며, 괴롭힘을 받는 사람에게 큰 고통을 줄 수 있다는 사실을 잘 알고 있습니다. 그러나 우리는 어떤 구체적인 방식으로 괴롭힘을 받았는지에 대해 이야기를 나누지는 않을 것입니다. 대신에 앞으로는 놀림이나 괴롭힘을 당하는 일이 일어나지 않을 수 있도록 이러한 상황에서 우리가 무엇을 할 수 있는지에 초점을 맞출 것입니다." 이전 회기에서도 이와 같은 접근을 사용했기 때문에 이번 회기에서는 성인들이 자신의 경험을 드러내 이야기하려고 시도하는 성인은 더 적을 것이다. 그러나 성인의 이야기에 추가적으로 주의를 기울여야 한다는 생각이 든다면 성인과 사회성 코치와 함께 집단 밖에서 **개별적 면담**을 가질 수 있다.

교육의 후반부에는 간접적 괴롭힘의 또 다른 유형인 **소문과 뒷이야기 다루기** 방법을 가르치는 것에 초점을 둘 것이다. **소문과 뒷이야기**를 퍼뜨리는 것은 의사소통의 한 유형으로서 사용되기도 하지만 이것 역시 **관계적 괴롭힘**이라고 볼 수 있다. **소문과 뒷이야기**를 퍼뜨리는 것은 저속한 행동이고, 때로는 다른 사람에게 고통을 주기 위해 사용되기도 한다. 이런 유형의 **사회적 무기**는 누군가에게 복수를 하기 위해 사용되기도 하고, 누군가 자신에게 한 일을 되갚아 주는 수단이기도 하며, 좋아하지 않거나 질투하는 대상의 평판을 손상시키기 위해 사용되기도 한다. 소문과 뒷이야기를 잘 퍼뜨리는 사람을 **험담꾼**이라고도 하는데, 이들이 **소문과 뒷이야기**를 퍼뜨리는 것은 나쁜 의도를 갖고 있는 경우도 있지만, 그보다는 관심을 받거나 스스로 중요한 사람이 된 것처럼 느끼기 위해 그런 행동을 하는 경우가 더 많다. 타인의 사생활에 관한 시시콜콜한 비밀을 안다는 것은 일종의 권력을 갖게 되는 것이고, 때로는 더 큰 동료집단 내에서의 사회적 위치를 상승시켜 주기도 한다. 그렇기 때문에 많은 젊은 성인들은 또래 사이에서 인기를 얻기 위한 방법으로 **소문과 뒷이야기** 퍼뜨리기를 사용한다.

이번 회기의 목표는 성인들이 **소문과 뒷이야기**의 대상이 되었을 때 이를 다루기 위해 필요한 도구를 만들어 주는 것이다. 소문이 사실이 아님을 입증하려고 하거나, 화가 났다는 것을 드러내거나, 뒷이야기를 퍼뜨리는 사람과 **직면하는 것**이 효과적이지 않다는 것을 배우게 된다. 대신에 **뒷이야기를 신경 쓰거나 믿는 사람이 있다는 것에 의외라는 반응을 보이는 것**을 통해 이것은 소문의 중요성과 신빙성을 떨어뜨리고 소문이 우스운 것처럼 보이게 하는 최선의 전략이다. 이렇게 하면 다른 사람들에 대한 소문을 계속 퍼뜨리고 다니는 것이 '별로 멋지지 않은' 일처럼 느껴지게 만들 수 있다. 성인들은 또한 자신이 뒷이야기의 대상이 되었을 때 오히려 **자신에 대한**

또 다른 소문을 스스로 퍼뜨리는 방법도 배우게 된다. 이렇게 하는 것은 소문의 중요성과 신빙성을 떨어뜨리는 더 적극적인 방법이 될 수 있다. **자신에 대한 또 다른 소문을 스스로 퍼뜨리기** 행동 연습은 실제로 활기 있고 즐거운 분위기로 진행된다. 이전 회기의 **놀림 다루기**와 마찬가지로 이런 구체적인 기술은 기술이 성인들에게 힘이 될 수 있고, 따라서 매우 즐거운 마음으로 배울 수 있다.

사회적으로 고립되어 있거나 위축되어 있는 성인들에게 **소문 혹은 뒷이야기 다루기**와 같은 기술은 크게 필요하지 않을 수도 있다. 그러나 **나쁜 평판**과 관련하여 또래로부터 거절을 당한 경험이 있는 성인에게는 해결하기 힘든 사회적 상황을 희석시킬 수 있는 매우 중요한 기술이 될 수 있다.

과제 점검

[다음의 과제를 검토하고 발생 가능한 **문제해결**을 의논한다. 성공적으로 과제를 완수한 사람부터 시작한다. 시간이 된다면 (과제를 다 하지 못한 사람들에게) 왜 과제를 완수할 수 없었는지 이유를 질문할 수 있으며, 다음 주에 어떻게 이것을 할 수 있을지에 대한 **문제해결**을 시도해볼 수 있다. 과제를 점검하는 동안에는 반드시 (**볼드체**로 표시된) **우리끼리 단어**를 사용한다. **함께 어울리기**가 이번 회기의 가장 중요한 과제이므로 과제 점검 시간 대부분을 여기에 할애한다.]

1. 친구와 **함께 어울리기**를 한다.
   - 치료자: "이번 주의 주요 과제 중 하나는 여러분이 친구와 함께 어울리기를 하는 것이었습니다. 이번 주에 친구와 함께 어울리기를 한 사람은 손을 들어주세요."
   - 질문
     ○ "누구와 함께 어울렸으며 무엇을 하기로 결정했나요?"
     ○ "다섯 가지 요소를 사용하여 함께 어울리기를 계획했나요?"
     ○ "함께 어울리기를 어떻게 시작했나요?"
     ○ "함께할 활동들은 누가 선택했나요?"
     ○ "서로 정보를 교환했나요? 함께 어울리는 시간의 몇 %를 정보를 교환하는 데 사용했나요?"
     ○ "함께 어울리기를 어떻게 마무리했나요?"
     ○ "당신과 친구는 좋은 시간을 보냈나요?"
     ○ "다시 만나 시간을 보내기에 적합한 사람인 것 같나요?"

표 16.1 집에서 함께 어울리기 시작하기 및 마무리하기를 위한 단계

함께 어울리기 시작하기	함께 어울리기 마무리하기
1. 손님에게 인사를 한다.	1. 활동이 잠시 멈출 때를 기다린다.
2. 손님을 집 안으로 맞이한다.	2. 함께 어울리기를 마무리하기 위한 꼬리말을 한다.
3. 손님이 모르는 사람들에게는 손님을 소개한다.	3. 친구를 문까지 배웅한다.
4. 집 안을 안내해준다.	4. 친구에게 함께 어울리기를 해서 고맙다고 말한다.
5. 간단한 간식을 권한다.	5. 친구에게 즐거운 시간을 보냈다고 말한다.
6. 손님에게 무엇을 하고 싶은지 물어본다.	6. 잘 가라고 인사하고, 나중에 다시 보자고 한다.

2. 사회성 코치와 함께 **놀림 다루기**를 연습한다.
   ● 치료자: "이번 주 또 다른 과제는 사회성 코치와 함께 놀림 다루기를 연습하는 것이었습니다. 사회성 코치와 함께 놀림 다루기를 연습한 사람은 손을 들어주세요."
   ● 질문: "사회성 코치와 함께 연습하면서 놀림을 다루기 위해 무엇을 했나요? 혹은 어떤 말을 했나요?
     ○ 성인들이 연습하면서 사용한 **놀림을 무력화시키는 짧은 말**과 **놀림을 무력화시키는 비언어적 표현**을 말하게 한다.

3. 자연스러운 상황이라면 친구와 함께 **직접적 괴롭힘 다루기**를 연습한다.
   ● 치료자: "이번 주 또 다른 과제는 자연스러운 상황이라면 친구와 함께 직접적 괴롭힘 다루기를 연습하는 것이었습니다. 우리는 놀림과 신체적 괴롭힘이 매우 흔하다는 것을 알고 있고, 여러분이 이 전략을 사용하는 것은 연습할 기회가 많을 것이라고 예상합니다. 친구와 함께 직접적 괴롭힘 다루기를 연습한 사람은 손을 들어주세요."
   ● 질문
     ○ "놀림, 신체적 괴롭힘 혹은 두 가지 모두 중 어떤 것을 다루는 연습을 했나요?"
     ○ "놀림에 대처하기 위해 무엇을 했나요? 혹은 어떤 말을 했나요? 친구가 당신을 놀리기 위해 무엇을 했는지 알고 싶지 않습니다. 당신이 친구의 놀림을 무력화시키기 위해 무엇을 말했고 무엇을 했는지를 알고 싶습니다."
     ○ "상대방의 기분이 어땠을 것 같나요?"
     ○ "상대방이 당신에 대해서 어떻게 생각했을 것 같나요?"
     ○ "상대방이 당신을 다시 놀리고 싶어 할 것 같나요?"
     ○ "상대방이 당황스러운 피드백을 주었나요? 이것에 대해 더 이상 놀림을 받고 싶지 않다면 무엇을 다르게 할 수 있을까요?"
     ○ "신체적 괴롭힘을 다루기 위해 무엇을 했나요? 혹은 어떤 말을 했나요?"

4. 사회성 코치와 함께 **논쟁 다루기**를 연습한다.
   ● 치료자: "이번 주 또 다른 과제는 사회성 코치와 함께 논쟁 다루기를 연습하는 것이었습니다. 사회성 코치와 논쟁 다루기를 연습한 사람은 손을 들어주세요."

표 16.2 논쟁 다루기를 위한 단계

논쟁에 대응하기	논쟁 제기하기
1. 침착함을 유지한다.	1. 적절한 장소와 때를 기다린다.
2. 상대방의 말을 먼저 귀 기울여 듣는다.	2. 침착함을 유지한다.
3. 상대방이 말한 것을 반복한다.	3. 따로 개인적으로 이야기할 수 있는지 물어본다.
4. '나' 전달법을 사용하여 당신의 입장에 대해 설명한다.	4. '나' 전달법을 사용하여 당신의 입장에 대해 설명한다.
5. 미안하다고 말한다.	5. 상대방의 말을 듣는다.
6. 문제를 해결하려고 노력한다.	6. 상대방이 말한 것을 반복한다.
	7. 상대방이 어떻게 해주었으면 좋겠는지 알려준다.
	8. 문제를 해결하려고 노력한다.

- 질문
  - ○ "논쟁에 대응하기 위해 어떤 단계들을 따랐나요?"
  - ○ "논쟁을 제기하기 위해 어떤 단계들을 따랐나요?"

5. 자연스러운 상황이라면 친구 혹은 연인과 **논쟁 다루기**를 연습한다.
   - 치료자: "이번 주 또 다른 과제는 자연스러운 상황이라면 친구 혹은 연인과 논쟁 다루기를 연습하는 것이었습니다. 친구 혹은 연인과 논쟁 다루기를 연습한 사람은 손을 들어주세요."
   - 질문
     - ○ "누구와 연습했으며 논쟁은 무엇에 관한 것이었나요?"
     - ○ "논쟁에 대응하거나 논쟁을 제기하기 위해 어떤 단계들을 따랐나요?"
     - ○ "마지막에 당신과 상대방의 기분은 어땠을 것 같나요?"
     - ○ "마지막에 서로에 대해서 어떻게 생각했을 것 같나요?"
     - ○ "서로 다시 만나고 싶어 할 것 같나요?"

6. **상대에게 내가 관심이 있다는 것 알리기, 데이트 신청하기** 및/혹은 **데이트하기**를 연습한다.
   - 치료자: "이번 주 또 다른 과제는 상대에게 내가 관심이 있다는 것 알리기, 데이트 신청하기 및/혹은 데이트하기를 연습하는 것이었습니다. 이 과제는 상대방에게 연애 상대로서의 호감을 갖기 전까지는 시도하지 않는 것이었습니다. 이 과제를 한 사람은 손을 들어주세요."
   - 질문
     - ○ "누구와 연습했나요?"
     - ○ "상대에게 내가 관심이 있다는 것을 알리기 위해 무엇을 했나요? 상대는 어떻게 반응했나요?"
     - ○ "데이트 신청은 했나요? 했다면 상대는 어떻게 반응했나요?"
     - ○ 데이트를 했다면 다음과 같은 질문을 한다.
       - "무엇을 하기로 결정했나요?"
       - "정보를 교환했나요? 데이트를 한 시간의 몇 %를 정보를 교환하는 데 사용했나요?"
       - "공통의 관심사는 무엇이었나요? 만약 두 사람이 다시 데이트를 하게 된다면 그 정보를 가지고 무엇을 할 수 있나요?"
       - "당신과 데이트 상대는 좋은 시간을 보냈나요?
     - ○ "데이트 상대로서 좋은 선택인 것 같나요? 당신과 다시 만나 데이트하기에 적합한 사람인 것 같나요?"

교육: 간접적 괴롭힘 다루기

- 설명: "오늘 우리는 괴롭힘을 다루는 방법에 대해서 이야기를 나눌 것입니다. 지난 회기에서는 놀림과 신체적 괴롭힘을 포함하는 직접적 괴롭힘을 다루는 방법에 대해서 이야기를 나눴습니다. 놀림과 신체적 괴롭힘은 대상자에게 직접 일어나기 때문에 직접적 유형의 괴롭힘이라고 할 수 있습니다. 오늘 우리는 사이버 폭력, 소문 그리고 뒷이야기와 같은 간접적 유형의 괴롭힘에 대해 이야기 나눠볼 것입니다. 이러한 유형의 괴롭힘은 인터넷 혹은 우리의 뒤에서 일어나기 때문에 간접적이라고 할 수 있습니다. 각각의 괴롭힘 유형이 완전히 다르듯이 이것을 다루는 방법 또한 매우 다릅니다."
- [다음 중요 항목과 **볼드체**로 표시된 **우리끼리 단어**를 칠판에 적으면서 **간접적 괴롭힘** 다루기에 관한 규칙을

제시한다. 수업이 끝날 때까지 규칙을 지우지 않는다. 영어로 된 자료에 익숙하다면 ▶ 표시가 있는 각 역할극에 해당하는 역할극 동영상이 PEERS® *Role Play Video Library*(www.routledge.com/cw/laugeson)에 포함되어 있으니 참고해볼 수도 있다.]

사이버 폭력 다루기

- 설명: "사람들이 다른 사람을 간접적으로 괴롭히는 방법 중 하나는 e-커뮤니케이션을 이용하는 것입니다. 우리는 이것을 사이버 폭력이라고도 합니다. 비록 사람들이 e-커뮤니케이션을 이용하여 다른 사람을 놀리기도 하지만, 직접적 놀림을 다루는 방법과 사이버 폭력을 다루는 방법은 매우 다릅니다. 우리는 사이버 폭력을 받으면 큰 상처가 될 수 있다는 것을 잘 알고 있습니다. 그러나 우리는 여러분이 어떤 방식으로 사이버 폭력을 받았는지 혹은 괴롭힘을 받을 때 어떤 기분이 들었는지에 대해서 이야기하지 않을 것입니다. 대신에 앞으로는 사이버 폭력을 받는 일이 일어나지 않을 수 있도록 이러한 상황에서 어떻게 대처해야 하는지에 초점을 맞출 것입니다."

- [주: 성인들이 어떻게 사이버 폭력을 당했는지에 대해서 이야기하려고 한다면 다음과 같이 말하며 수업에 집중하게 한다. "우리는 어떤 방식으로 사이버 폭력을 받았는지에 관한 이야기를 나누지는 않을 것입니다. 대신에 앞으로는 사이버 폭력을 받는 일이 일어나지 않을 수 있도록 이러한 상황에서 어떻게 대처해야 하는지에 초점을 맞출 것입니다."]

- 질문: "사이버 폭력이란 무엇인가요?"
  - 대답: (스마트폰, 인터넷, 소셜네트워킹사이트와 같이) e-커뮤니케이션을 이용하여 다른 사람을 위협하거나 공격하고 다른 사람들에게 공개적으로 망신을 주는 행동입니다.

- 질문: "사람들이 사이버 폭력을 행사하는 방법에는 어떤 것들이 있나요?"
  - 대답
    - 위협적이거나 공격적이고 다른 사람의 기분을 상하게 할 수 있는 메일, 문자 혹은 메시지를 보낸다.
    - 소셜네트워킹사이트에 소문과 뒷이야기를 퍼뜨린다.
    - 누군가를 표적으로 삼아서 소셜네트워킹사이트를 만든다.
    - 다른 사람의 동의 없이 그 사람의 사진이나 개인 정보를 인터넷에 올린다.
    - 다른 사람들에게 공개적으로 망신을 주기 위해 그 사람인 척 가장하여 그 사람의 개인 정보를 드러낸다. 누군가에게 공개적으로 망신을 주거나 개인 정보를 드러내게 만들기 위해 다른 사람인 척 가장한다.

- 설명: "e-커뮤니케이션을 사용하여 다른 사람을 괴롭히는 방법에는 여러 가지가 있습니다. 지금부터 다양한 유형의 사이버 폭력을 다루는 방법들에 대해서 이야기를 나눠볼 것입니다."

사이버 폭력을 다루기 위한 방법

- **악플러에 반응하지 않는다.**
  - 치료자: "여러분은 '악플러'에 대해서 들어봤을 것입니다. '악플러'는 어떤 사람들이고, 그들이 하는 일은 무엇인가요?"
    - 악플러들은 사이버 폭력을 행사하는 사람들입니다. 그들은 온라인에서 다른 사람들에 관한 부정적인 댓글을 달기 좋아합니다.

- 설명: "소셜네트워킹사이트와 게시판 등에 다른 사람에게 나쁜 댓글을 다는 사람들을 악플러라고 합니다. 악플러들은 재미와 여러분의 반응을 얻어내기 위해 나쁜 댓글을 다는 것입니다."
- 질문: "그들이 여러분으로부터 원하는 반응은 무엇일까요?"
  - 대답: 당신이 화를 내고 스스로 방어적으로 행동하거나 악플러와의 싸움을 시작하여 일을 더 크게 만드는 것을 원합니다.
- 치료자: "악플러와 사이버 폭력을 행사하는 사람들은 직접적으로 폭력을 행사하는 사람들과 크게 다르지 않습니다. 그들은 늘 상대방이 반응하기를 원합니다. 따라서 당신이 화를 내고, 방어적으로 행동하거나 싸움을 시작한다면 어떤 일이 일어날까요?"
  - 대답: 사이버 폭력을 행사하는 사람이 즐거워할 것입니다.
- 질문: "만약 당신이 화를 내거나 싸움을 시작한다면 당신이 사이버 폭력의 대상이 될 확률이 더 높아질까요, 더 낮아질까요?"
  - 대답: 더 높아질 것입니다.
- 설명: "따라서 악플러에 반응하지 않습니다. 악플러들을 대면하거나 그들만의 게임에서 이기려고 하지 말라는 의미입니다. 화면상에서는 상대방의 감정을 읽을 수 없기 때문에 단지 '그래서?'라고 반응하는 것도 도움이 되지 않습니다. 악플러에 반응한다면 이미 진 게임이고 그들의 재미를 불러일으켜 그들이 여러분을 더 괴롭히고 싶게 만드는 것입니다. 악플러에 반응하지 않는다면 그들은 지루해져서 괴롭힐 수 있는 다른 사람을 찾으러 갈 것입니다."

- **친구들이 당신 편에 서게 한다.**
  - 치료자: "직접적 괴롭힘을 행사하는 사람들과 마찬가지로 사이버 폭력을 행사하는 사람들은 혼자 있는 사람을 찾아 괴롭히기를 좋아합니다. 사이버 폭력을 행사하는 사람들이 혼자 있는 사람 혹은 다른 사람들의 보호를 받지 못할 것 같은 사람을 고르는 이유는 무엇일까요?"
    - 대답: 혼자 있으면 당신 편에 설 사람이 없기 때문입니다. 더 쉬운 표적이 됩니다.
  - 설명: "사이버 폭력에 대처하는 방법 중 하나는 친구들이 당신 편에 서게 하는 것입니다. 스스로를 방어하는 것은 도움이 되지 않는다는 것에 대해 이미 이야기를 나눴습니다. 이것은 사이버 폭력을 행사하는 사람이 원하는 것입니다. 대신에 친구 혹은 당신과 나이가 비슷한 가족 구성원이 당신 편에 서면 당신이 혼자가 아니라는 것을 알게 할 수 있습니다."

- **당분간 온라인에서 눈에 띄지 않게 행동한다.**
  - 설명: "특히 소셜네트워킹사이트와 같이 온라인에서 여러 사이버 폭력이 이루어집니다. 누군가가 여러분에게 사이버 폭력을 행사하여 문제를 겪고 있다면 이것에 대처할 수 있는 좋은 방법 중 하나는 당분간 온라인에서 눈에 띄지 않게 행동하는 것입니다."
  - 질문: "당분간 온라인에서 눈에 띄지 않게 행동하는 것은 무엇을 의미할까요?"
    - 대답: 소셜네트워킹 사이트에 당분간 들어가지 않습니다. 다른 사람의 글 혹은 게시판에 댓글을 달지 않습니다.
  - 질문: "당분간 온라인에서 눈에 띄지 않게 행동하면 어떤 일이 일어날까요? 이것이 사이버 폭력을 당하지 않는 데 어떻게 도움이 될 수 있을까요?"
    - 대답: 이것은 당신과 사이버 폭력을 행사하는 사람 사이에 거리를 만들게 됩니다. 사이버 폭력을 행사하는 사람이 지루해질 수 있는 기회를 줍니다. **사이버 폭력을 행사하는 사람이 당신을 발견하지 못한**

다면 당신을 괴롭힐 수 없습니다.

- ○ 설명: "만약 사이버 폭력이 페이스북에서 이루어진다면 당신의 페이스북을 당분간 정지하는 것도 도움이 될 수 있습니다."

- ● **사이버 폭력을 행사하는 사람을 차단한다.**
  - ○ 설명: "몇몇 사이버 폭력은 문자, 카톡, 메일 및 소셜네트워킹사이트에서 이루어지기 때문에 사이버 폭력을 행사하는 사람이 누군지 알 수 있습니다. 따라서 사이버 폭력에 대처할 수 있는 가장 쉬운 방법 중 하나는 사이버 폭력을 행사하는 사람을 차단하는 것입니다."
  - ○ 질문: "사이버 폭력을 행사하는 사람을 차단하는 것은 무엇을 의미할까요? 그리고 이것이 어떻게 사이버 폭력을 막을 수 있을까요?"
    - ■ 대답: 스마트폰, 메일 혹은 소셜네트워크 페이지에 사이버 폭력을 행사하는 사람의 메시지를 받을 수 없게 해놓는 것입니다. **사이버 폭력을 행사하는 사람이 당신을 발견하지 못한다면 당신을 괴롭힐 수 없습니다.**
  - ○ 설명: "사이버 폭력을 행사하는 사람들을 페이스북에서 차단한다면 그들은 여러분의 프로필을 볼 수 없으며, 사람 찾기 혹은 연락처에서 당신을 찾을 수 없습니다. 따라서 당신이 그들과 나눴던 연결을 모두 차단하게 되는 것입니다. 사이버 폭력을 행사하는 사람을 여러분의 스마트폰에서 차단한다면 그들이 여러분에게 문자를 하거나 전화를 할 수 없습니다. 비록 이것이 다른 인터넷상의 활동에서 그들이 여러분을 찾지 못하도록 보장하지는 않지만, 사이버 폭력을 행사하는 사람들을 차단하는 것이 당신과 그들의 연결고리를 끊어주는 좋은 방법입니다."

- ● **증거를 확보한다.**
  - ○ 치료자: "사이버 폭력을 행사하는 사람으로부터 스스로를 보호할 수 있는 또 다른 좋은 방법은 증거를 확보하는 것입니다. 증거를 확보하는 것은 무엇을 의미하고 이것이 중요한 이유는 무엇일까요?"
    - ■ 대답: 당신을 괴롭히거나 위협하고 창피하게 만드는 대화를 저장해 놓습니다. 사이버 폭력이 멈추지 않는다면 이것을 신고해야 할 수도 있기 때문입니다.
  - ○ 질문: "다른 사람들도 볼 수 있는 페이스북과 같은 소셜네트워킹사이트에서 사이버 폭력이 일어난다면 어떻게 해야 할까요?"
    - ■ 대답: 해당 화면을 캡처해 증거를 확보하고, 다른 사람들이 더 이상 볼 수 없게 올린 글을 지웁니다.
  - ○ 설명: "만약 누군가가 당신에게 위협적이거나 괴롭히는 문자 혹은 사진을 보내거나 인터넷에 당신에 대한 안 좋은 댓글을 올린다면 사이버 폭력을 신고하기 위해 증거를 확보해야 합니다."

- ● **마지막 대안으로는 사이버 폭력을 신고하는 것을 고려할 수 있다.**
  - ○ 설명: "어떤 경우에는 마지막 대안으로 적절한 권위자에게 사이버 폭력을 신고하는 것을 고려할 수 있습니다. 적절한 권위자로는 온라인 서비스 제공자, 웹사이트 관리자, 학생생활지원부서/상담실/지원실, 인사담당부서/인사과/직장의 고충처리부서가 있으며, 심한 경우라면 경찰이나 법의 도움을 받는 것도 고려할 수 있습니다."
  - ○ 질문: "사이버 폭력을 신고하기 전에 여러분의 사회성 코치에게 도움을 받는 것이 중요할까요? 이것이 좋은 이유는 무엇일까요?"
    - ■ 대답: 사이버 폭력을 언제, 어떻게 신고하는지 알기 어려울 수 있습니다. 사회성 코치와 함께 사이버 폭력을 어떻게 신고할 것인지를 의논해야 합니다.

○ 설명: "위의 방법들이 효과가 없거나 다른 사람으로부터 위협을 받고 공격을 받고 있다는 느낌이 든다면 마지막 대안으로는 사이버 폭력을 신고하는 것을 고려할 수 있습니다. 사이버 폭력을 신고할 때는 여러분의 사회성 코치들에게 도움을 받는 것이 중요합니다."

소문과 뒷이야기 다루기

● 치료자: "사람들이 다른 사람을 괴롭히는 다른 간접적인 방법은 소문과 뒷이야기를 퍼뜨리는 것입니다. 소문과 뒷이야기는 직장과 학교에서 매우 흔하게 있습니다. 안타깝게도 사람들이 뒷이야기를 하지 않게 막는 방법은 매우 적습니다. 그러나 사람들이 소문과 뒷이야기를 하는 이유를 아는 것이 도움이 될 수 있습니다."

● 질문: "사람들이 뒷이야기를 하는 이유는 무엇일까요?"

○ 대답: 못되게 굴기 위해서입니다. 다른 사람의 기분을 상하게 하기 위해서입니다. 복수하기 위해서입니다. 다른 사람들을 조종하기 위해서입니다. 위협하기 위해서입니다. 관심을 받기 위해서입니다. 인기를 얻기 위해서입니다. 의사소통의 한 유형입니다.

● 다음과 같이 말하며 아래의 내용을 설명한다. "소문과 뒷이야기는 _____(으)로 사용되기도 합니다."

○ **사회적 무기**
■ 뒷이야기를 퍼뜨리는 것은 악의적으로 다른 사람에게 상처를 주기 위해 사용됩니다. 좋아하지 않거나 질투의 대상이 되는 누군가의 평판에 손상을 주기 위해 사용됩니다.

○ **사회적 보복의 한 유형**
■ 뒷이야기를 퍼뜨리는 것은 다른 사람이 했던 일에 대해 복수하기 위해 사용되기도 합니다. 다른 사람을 조종하고 위협하기 위한 목적으로 사용됩니다(예: "내가 하라는 대로 하지 않으면, 나는 모두에게 ~~을/를 말할 것이다).

○ **관심을 끌기 위한 방법**
■ 뒷이야기를 퍼뜨리는 것은 어떤 성인들에게는 다른 사람들의 관심을 얻고, 자신의 중요성을 느끼기 위한 것입니다(예: 아무도 모르는 중요한 것을 혼자만 알고 있다고 생각한다).

○ **인기를 얻기 위한 방법**
■ 뒷이야기를 퍼뜨리는 것은 어떤 성인들에게는 다른 사람의 관심과 주목을 받음으로써 인기를 얻기 위해 사용되기도 합니다. 또한 다른 사람들에게 자신의 힘을 과시하기 위해 사용됩니다.

○ **의사소통의 한 유형**
■ 대개 뒷이야기를 퍼뜨리는 것은 성인들의 대화의 한 일부이기도 합니다. 또한 주위에서 무슨 일이 일어나는지를 알기 위한 하나의 방법이기도 합니다.

● 설명: "간혹 소문과 뒷이야기는 단지 의사소통의 한 유형으로 사용되며, 성인들이 자신의 주위에서 어떤 일이 일어나는지 알기 위해서 사용되기 때문에 사람들이 소문과 뒷이야기를 퍼뜨리지 않게 하기 위한 방법은 매우 적습니다."

뒷이야기의 대상이 되지 않는 방법

● 설명: "사람들이 뒷이야기를 하는 이유를 이제 알기 때문에 사람들이 우리에 대한 뒷이야기를 최소화하기 위한 방법들을 아는 것이 도움이 될 수 있습니다. 제일 먼저 생각해봐야 할 것은 소문과 뒷이야기의 대상이

되는 것을 피하는 방법입니다."

- **험담꾼과 친구가 되지 않는다.**
  - 설명: "소문과 뒷이야기의 대상이 되는 것을 피하기 위한 첫 번째 규칙은 험담꾼과 친구가 되지 않는 것입니다. 험담꾼은 다른 사람들에 대한 소문을 퍼뜨리거나, 다른 사람들의 뒷이야기 하기를 좋아하는 사람입니다."
  - 질문: "험담꾼과 친구가 된다면 무엇이 문제가 될 수 있을까요?"
    - 대답: 험담꾼을 화나게 한다면 당신에 대한 뒷이야기를 할 수 있습니다. 험담꾼인 사람을 신뢰하기 어렵습니다. 당신의 비밀을 다른 사람들과 공유할 수 있습니다. 당신이 그들과 친구이기 때문에 당신에 대해서 그들이 하는 말을 다른 사람들은 믿을 것입니다. 당신이 험담꾼과 어울리기 때문에 사람들은 당신과 친구가 되고 싶어 하지 않을 수 있습니다.
- **험담꾼과 적대적인 관계가 되지 않는다.**
  - 설명: "소문과 뒷이야기의 대상이 되는 것을 피하기 위한 다음 규칙은 험담꾼과 적대적인 관계가 되지 않는 것입니다. 이것은 험담꾼의 비밀을 다른 친구들에게 말하고 다니거나, 험담꾼에 관한 뒷이야기를 하거나 그들을 놀리거나 감시하지 말라는 의미입니다."
  - 질문: "험담꾼과 적대적인 관계가 되면 무엇이 문제가 될 수 있을까요?"
    - 대답: 험담꾼을 자극하여 그가 당신에게 보복하고 싶게 만들 수 있습니다. 당신은 험담꾼이 퍼뜨리는 뒷이야기의 대상이 될 수 있습니다.
  - 질문: "험담꾼의 전 남자친구/여자친구를 사귀는 것이 여기에 포함이 될까요?"
    - 대답: 예. 전 남자친구/여자친구를 사귄다면 뒷이야기의 대상이 될 수 있습니다.
  - 질문: "이것은 험담꾼의 전 남자친구/여자친구와 절대로 사귀어서는 안 된다는 의미일까요?"
    - 대답: 아니요. 하지만 자신이 어떤 상황에 놓일 수 있는지를 잘 생각해봐야 합니다.
- **험담꾼과 중립적인 관계를 지킨다.**
  - 치료자: "험담꾼과 친구가 되거나 적이 되는 것보다는 험담꾼과 최대한 중립적인 관계를 지키도록 합니다. 중립적인 관계를 지킨다는 것은 무엇을 의미할까요?"
    - 대답: 험담꾼과 친구가 되지 않고 적도 되지 않는 것을 의미합니다. 그들의 관심 범위에서 벗어나는 것을 의미합니다.
- **다른 사람에 대한 소문을 퍼뜨리지 않는다.**
  - 치료자: "소문과 뒷이야기의 대상이 되는 것을 피하기 위한 마지막 규칙은 다른 사람에 대한 소문을 퍼뜨리지 않는 것입니다. 다른 사람에 대한 소문을 퍼뜨리면 무엇이 문제가 될 수 있을까요?"
    - 대답: 다른 사람에게 상처가 될 수 있기 때문에 사람들은 당신과 친구가 되고 싶어 하지 않을 수 있습니다. 당신이 퍼뜨린 뒷이야기의 대상이 보복하기 위해 당신에 대한 뒷이야기를 퍼뜨릴 수 있습니다.

뒷이야기의 대상이 되었을 때 해야 할 일

- 설명: "뒷이야기의 대상이 되지 않기 위해 열심히 노력했음에도 불구하고 뒷이야기의 대상이 되는 일이 일어날 수 있습니다. 따라서 뒷이야기의 대상이 되었을 때 어떻게 하면 그 충격을 최소화할 수 있는지를 알아야 합니다."
- **우리가 본능적으로 떠올리는 대응 방법은 모두 잘못된 것들임을 기억한다.**

○ 설명: "소문과 뒷이야기의 대상이 되었을 때 일어나는 일 중에서 기억해야 할 점은 우리가 본능적으로 떠올리는 대응 방법은 모두 잘못된 것이라는 사실입니다!"

○ 질문: "사람들은 대개 뒷이야기의 대상이 되었을 때 무엇을 하고 싶어 하나요?"

  ■ 대답: 소문이 사실이 아님을 입증하려고 합니다. 스스로를 방어하려고 합니다. 화를 냅니다. 소문을 퍼뜨리는 사람을 직면합니다.

○ 설명: "사람들은 대개 뒷이야기의 대상이 되었을 때 소문이 사실이 아님을 입증하려고 하거나, 소문을 부인하거나, 심지어는 소문을 퍼뜨리는 사람과 직면하기를 원합니다. 그러나 이것은 '불난 집에 부채질하는' 격입니다."

○ 질문: "그렇다면 '불난 집에 부채질하는' 격이라는 것은 무엇을 의미할까요?"

  ■ 대답: 소문을 키우는 것을 의미합니다.

● **소문이 사실이 아님을 입증하려고 노력하지 않는다.**

○ 치료자: "소문과 뒷이야기의 대상이 되었을 때 우리는 본능적으로 그것이 사실이 아님을 입증하려고 노력하거나 그것을 부인하려고 합니다. 소문이 사실이 아님을 입증하려고 하거나 부인한다면 어떻게 보일 수 있을까요?"

  ■ 대답: 방어적으로 보이거나 잘못한 것이 있는 것처럼 보입니다.

○ 치료자: "소문이 사실이 아님을 입증하기가 매우 어렵다는 것이 여러 문제 중 하나입니다. 소문이 한 번 퍼지면 그것이 사실이 아님을 완전히 입증하는 것은 어렵습니다. 소문이 사실이 아니라는 증거가 있을 수도 있으나, 다른 사람들에게 가서 소문이 사실이 아님을 설득하려고 한다면 어떤 새로운 소문이 생길 까요?"

  ■ 대답: 당신이 흥분을 했거나 소문이 사실이 아님을 입증하려고 한다는 것이 새로운 소문이 될 수 있 습니다.

○ 질문: "소문이 사실이 아님을 입증하려고 하는 것은 결국 여러분의 상황을 더 좋게 만드나요? 더 나쁘게 만드나요?"

  ■ 대답: 더 나쁘게 만듭니다.

○ 설명: "소문과 뒷이야기의 대상이 되었을 때 우리가 본능적으로 떠올리는 대응 방법은 모두 잘못된 것임을 기억합니다. 소문이 사실이 아님을 입증하려고 한다면 방어적으로 보이거나 무엇인가를 잘못한 것처럼 보일 수 있습니다. 이것은 사람들에게 좋은 뒷이야깃거리가 되며 '불난 집에 부채질하는' 격입니다."

● **화가 났다는 것을 드러내지 않는다.**

○ 치료자: "소문과 뒷이야기의 대상이 되었을 때 우리는 본능적으로 화가 났다는 것을 드러냅니다. 화가 났다는 것을 드러낸다면 무엇이 문제가 될 수 있을까요?"

  ■ 대답: 방어적으로 보이거나 잘못한 것이 있는 것처럼 보입니다.

○ 질문: "화가 났다는 것을 드러내면 어떤 새로운 소문이 생길까요?"

  ■ 대답: 당신이 얼마나 화가 났는지가 새로운 소문이 될 것입니다.

○ 질문: "만약 너무 화가 나서 학교나 직장을 그만 다닌다면 어떤 새로운 소문이 생길까요?"

  ■ 대답: 당신이 얼마나 화가 났는지가 새로운 소문이 될 것입니다.

○ 질문: "화가 나서 학교 혹은 직장을 그만 다닌다면 여러분의 상황을 더 좋게 만드나요, 더 나쁘게 만드나 요?"

■ 대답: 더 나쁘게 만듭니다.
  ○ 설명: "소문과 뒷이야기의 대상이 되었을 때 우리가 본능적으로 떠올리는 대응 방법은 모두 잘못된 것임을 기억합니다. 화가 났다는 것을 드러내거나 학교 혹은 직장을 그만둔다면 사람들은 당신이 무엇인가를 숨기고 있을 것이라 추측하게 됩니다. 당신이 얼마나 화가 났는지에 대해서 새로운 소문이 퍼질 수 있습니다. 이것은 사람들에게 좋은 뒷이야깃거리가 되며 '불난 집에 부채질하는' 격입니다."

● **소문을 신경 쓰지 않는 것처럼 행동한다.**
  ○ 치료자: "소문과 뒷이야기의 대상이 되었을 때 화가 날 수 있으나 소문을 신경 쓰지 않는 것처럼 행동해야 합니다. 가족 혹은 친구에게 개별적으로 소문에 대해서 이야기를 할 수는 있으나 공개적으로 화가 났다는 것을 드러내지 않습니다."
  ○ 질문: "소문을 신경 쓰지 않는 것처럼 행동해야 하는 이유는 무엇일까요?"
    ■ 대답: 화가 났다는 것을 드러내지 않는다면 덜 방어적이고 덜 잘못이 있는 것처럼 보일 것입니다.

● **뒷이야기를 만들어낸 사람과 직면하지 않는다.**
  ○ 설명: "여러분은 종종 누가 여러분에 대한 뒷이야기를 퍼뜨리고 다니는지 알고 있을 때가 있습니다. 이런 경우에는 본능적으로 뒷이야기를 만들어낸 사람과 직면하고 싶어 할 것입니다. 그러나 이것은 오히려 문제를 더 악화시키고 '불난 집에 부채질하는' 격입니다."
    ■ 질문: "뒷이야기를 만들어낸 사람과 직면하면 무엇이 문제가 될 수 있을까요?"
  ○ 대답: 그 사람은 당신에 대한 뒷이야기를 더 퍼뜨리기 시작할 수도 있습니다. 결국 말다툼이나 심하게는 몸싸움으로 이어질 수 있습니다. 그 사람은 당신에 대한 뒷이야기를 퍼뜨리는 것이 정당하다고 느끼게 될 것입니다.
  ○ 질문: "뒷이야기를 만들어낸 사람과 직면하면 어떤 새로운 소문이 생길까요?"
    ■ 대답: 당신이 흥분을 했고 뒷이야기를 만들어낸 사람과 직면한 것이 새로운 소문이 될 것입니다.
  ○ 질문: "뒷이야기를 만들어낸 사람과 직면하면 여러분의 상황을 더 좋게 만드나요, 더 나쁘게 만드나요?"
    ■ 대답: 더 나쁘게 만듭니다.
  ○ 설명: "소문과 뒷이야기의 대상이 되었을 때 우리가 본능적으로 떠올리는 대응 방법은 모두 잘못된 것임을 기억합니다. 뒷이야기를 만들어낸 사람과 직면한다면 당신이 방어적이고 무엇인가를 잘못한 것처럼 보일 수 있습니다. 당신이 흥분을 하고 뒷이야기를 만들어낸 사람과 직면했다는 것이 새로운 소문이 될 것입니다. 이것은 사람들에게 좋은 뒷이야깃거리가 되며 '불난 집에 부채질하는' 격입니다."

● **뒷이야기를 퍼뜨리는 사람을 피한다.**
  ○ 설명: "소문과 뒷이야기를 다루기 어려운 이유는 사람들이 그것에 대해서 이야기를 계속하고 싶어 한다는 것입니다. 사람들은 늘 새로운 정보를 얻으려고 하고 당신의 반응을 확인하려고 합니다."
  ○ 치료자: "당신에 대한 뒷이야기를 퍼뜨리는 사람이 누구인지 안다고 가정합시다. 사람들은 당신이 어떻게 행동하기를 기대하나요?"
    ■ 대답: 당신이 뒷이야기를 만들어낸 사람과 직면하는 것을 기대할 것입니다.
  ○ 설명: "당신이 뒷이야기를 만들어낸 사람과 직면하지 않는다 하더라도 그와 같은 자리에 있는 것만으로도 당신이 무엇을 하든 이길 수 없다는 것이 문제입니다."
  ○ 질문: "당신이 그와 같은 장소에 있는데 그를 쳐다보지 않는다면 어떤 새로운 소문이 퍼질까요?"
    ■ 대답: 당신이 그를 쳐다보지 못했다는 것이 새로운 소문이 될 것입니다.

○ 질문: "만약 당신이 그를 쳐다보았다면 어떤 새로운 소문이 퍼질까요?"

   ■ 대답: 당신이 그를 노려봤다는 것이 새로운 소문이 될 것입니다.

○ 설명: "이런 경우에는 당신이 무엇을 하든 이길 수 없습니다. 따라서 뒷이야기를 퍼뜨리는 사람을 피하는 것이 가장 좋은 방법입니다. 이것은 학교나 직장을 그만두라는 의미가 아닙니다. 단지 여러분의 동선을 잘 짜서 소문이 없어질 때까지 뒷이야기를 퍼뜨린 사람을 피하라는 의미입니다."

● **소문에 신경을 쓰고 그것을 믿는 사람이 있다는 것에 의외라는 반응을 보인다.**

   ○ 설명: "당신이 소문과 뒷이야기의 대상이 되었을 때 사람들은 당신의 반응을 보기 위해 당신에게 소문에 대한 이야기를 꺼낼 수 있습니다. 비록 여러분은 본능적으로 소문이 사실이 아님을 입증하고 부인하고 싶겠지만, 이것은 당신이 잘못한 것이 있는 것처럼 보이게 할 뿐입니다. 대신에 소문에 신경을 쓰고 그것을 믿는 사람이 있다는 것에 의외라는 반응을 보입니다. 소문이 사실이어도 상관없습니다. 소문이 사실이라면 소문에 신경을 쓰는 사람이 있다는 것에 의외라는 반응을 보이고, 소문이 사실이 아니라면 소문을 믿는 사람이 있다는 것에 의외라는 반응을 보입니다."

   ○ **소문에 신경을 쓰는 사람이 있다는 것에 의외라는 반응의 예**

      ■ "그런 소문을 신경 쓰는 사람이 있다니 믿을 수 있어?"

      ■ "그런 소문을 신경 쓰는 사람이 있기나 할까?"

      ■ "사람들이 할 일이 되게 없나 보다."

      ■ "사람들이 다른 흥밋거리를 찾아야 할 것 같아요."

      ■ "사람들이 더 재미있는 이야깃거리를 찾아야 할 것 같아요."

   ○ **소문을 믿는 사람이 있다는 것에 의외라는 반응의 예**

      ■ "그런 이야기를 믿는 사람이 있다는 것이 말이 되니?"

      ■ "그것을 믿는 사람이 있어?"

      ■ "사람들이 정말 귀가 얇다."

      ■ "사람들은 뭐든 믿는 것 같아요."

      ■ "그런 이야기를 믿는 사람이 있다니 놀라울 따름이에요."

   ○ 질문: "소문에 신경을 쓰고 그것을 믿는 사람이 있다는 것에 의외라는 반응을 보이는 것이 중요한 이유는 무엇일까요?"

      ■ 대답: 소문이 얼마나 우스운지를 보여주기 때문입니다. 당신이 소문의 중요성과 신빙성을 떨어뜨렸기 때문에 사람들이 소문을 믿을 확률이 줄어듭니다. 소문에 신경을 쓰거나 그것을 믿는 것은 귀가 얇은 것처럼 보일 수 있기 때문에 사람들이 계속해서 소문을 퍼뜨릴 확률이 줄어듭니다.

   ○ 설명: "소문에 신경을 쓰고 그것을 믿는 사람이 있다는 것에 의외라는 반응을 보이면 소문의 중요성과 신빙성을 떨어뜨립니다."

● **자신에 대한 또 다른 소문을 스스로 퍼뜨린다.**

   ○ 설명: "소문에 신경을 쓰고 그것을 믿는 사람이 있다는 것에 의외라는 반응을 보이는 것이 뒷이야기에 관한 질문에 대처하는 좋은 방법이 될 수 있으나 이것보다 더 적극적일 필요가 있습니다. 자신에 대한 또 다른 소문을 스스로 퍼뜨려야 합니다. 이것이 이상하게 들릴 수 있지만 효과가 좋습니다! 소문의 중요성과 신빙성을 떨어뜨리기 위해 자신에 대한 또 다른 소문을 스스로 퍼뜨리는 것은 적극적인 방법입니다. 자신에 대한 또 다른 소문을 스스로 퍼뜨리기 위해 따라야 할 매우 구체적인 단계들이 있습니다."

자신에 대한 또 다른 소문을 스스로 퍼뜨리기 위한 단계

● 설명: "소문이 사실이 아님을 입증하려고 하거나 화가 났다는 것을 드러내기보다는 자신에 대한 또 다른 소문을 스스로 퍼뜨려야 합니다. 이것은 뒷이야기의 중요성과 신빙성을 떨어뜨립니다. 자신에 대한 또 다른 소문을 스스로 퍼뜨리기 위한 매우 구체적인 단계들이 있습니다."

1. **당신 편에 서줄 수 있는 친구를 찾는다.**
   ● 치료자: "자신에 대한 또 다른 소문을 스스로 퍼뜨리기 위한 첫 번째 단계는 당신 편에 서줄 수 있는 친구를 찾는 것입니다. 당신 편에 서줄 수 있는 친구를 찾아야 하는 이유는 무엇일까요?"
   ○ 대답: 친구가 뒤에서 당신 편을 들어줄 수 있습니다. 소문에 관해서 당신이 하고 싶은 말에 동의를 해줄 것입니다.

2. **대화를 들을 수 있는 사람을 찾는다.**
   ● 치료자: "다음 단계는 대화를 들을 수 있는 사람을 찾는 것입니다. 대화를 들을 수 있는 사람이 필요한 이유는 무엇일까요?"
   ○ 대답: 당신의 대화를 들을 수 있는 사람들 앞에서 **자신에 대한 또 다른 소문을 스스로 퍼뜨려야** 기존 소문의 중요성이나 신빙성을 떨어뜨릴 수 있습니다.
   ● 질문: "대화를 들을 수 있는 사람을 찾을 수 있는 좋은 시간과 장소는 언제 그리고 어디인가요?"
   ○ 대답: 점심 시간. 직장 혹은 학교의 쉬는 시간. 공강 시간. 사람들이 모여 있는 동안

3. **소문이 있다는 것을 인정한다.**
   ● 치료자: "자신에 대한 또 다른 소문을 스스로 퍼뜨리기 위한 다음 단계는 소문이 있다는 것을 인정하는 것입니다. 당신 편에 서줄 수 있는 친구에게 '나에 대해 돌고 있는 소문 들었어?'라고 말하며 시작할 수 있습니다."
   ● 질문: "소문에 대해서 상세하게 이야기해야 할까요?"
   ○ 대답: 아니요. 간단하게 언급해야 합니다. 소문에 관해 짧게 한 번만 언급해야 합니다.

4. **소문에 신경을 쓰고 그것을 믿는 사람이 있다는 것에 의외라는 반응을 보인다.**
   ● 설명: "다음 단계는 방금 전에 배웠던 표현을 사용하여 소문에 신경을 쓰고 그것을 믿는 사람이 있다는 것에 의외라는 반응을 보이는 것입니다."
   ● 질문: "소문에 신경을 쓰고 그것을 믿는 사람이 있다는 것에 의외라는 반응을 보이기 위해 할 수 있는 표현에는 어떤 것들이 있을까요?"
   ○ 대답
      ■ "사람들이 그런 소문을 믿다니 참 신기해."
      ■ "사람들이 그런 소문을 믿다니 정말 이상해."
      ■ "그런 소문에 신경을 쓰는 사람이 있다니 믿기니?"
      ■ "사람들이 그런 소문에 신경을 쓰는 것이 참 이상해요."
      ■ "사람들이 할 일이 정말 없나 봐요. 다른 이야깃거리를 찾아야 할 것 같은데."
      ■ "사람들이 다른 흥미거리를 찾거나 더 재미있는 이야깃거리가 필요한 것 같아요."

5. 당신 편에 서줄 수 있는 다른 친구들에게 이 과정을 반복한다.

- 치료자: "자신에 대한 또 다른 소문을 스스로 퍼뜨리기 위한 마지막 단계는 당신 편에 서줄 수 있는 다른 친구들에게 이 과정을 반복하는 것입니다. 여러 친구에게 자신에 대한 또 다른 소문을 스스로 퍼뜨리는 것이 중요한 이유는 무엇일까요?"
  - 대답: 소문이 얼마나 우스운지 더 많은 사람들이 들을 수 있기 때문입니다. 여러 사람 앞에서 간접적으로 소문의 신빙성을 떨어뜨립니다. 소문의 중요성과 신빙성을 떨어뜨리기 때문에 소문이 더 이상 어떠한 효력도 발휘할 수 없습니다. 우스워 보일 수 있기 때문에 사람들이 더 이상 소문을 퍼뜨리지 않으려고 할 것입니다.
- 질문: "여러 사람 앞에서 자신에 대한 또 다른 소문을 스스로 퍼뜨리고 소문에 신경을 쓰고 그것을 믿는 사람이 있다는 것에 의외라는 듯 반응을 보인다면 어떤 새로운 소문이 생길까요?"
  - 대답: 이전에 돌아다녔던 소문이 얼마나 우스운지가 새로운 소문이 될 것입니다.
- 설명: "자신에 대한 또 다른 소문을 스스로 퍼뜨리는 것은 뒷이야기가 우스운 것처럼 보이게 하기 때문에 소문이 사라질 것입니다. 자신이 무슨 이야기를 하는지 모르는 것처럼 보일 수 있기 때문에 사람들은 소문에 관한 이야기를 더 이상 하지 않을 것입니다. 소문의 효력을 완전히 누그러뜨리는 방법이기도 합니다."

부적절한 역할극: 자신에 대한 또 다른 소문을 스스로 퍼뜨리기 ▶

[집단 치료자는 보조 치료자와 함께 자신에 대한 또 다른 소문을 스스로 퍼뜨리기의 부적절한 역할극을 보여준다.]

- 치료자: "이제 역할극을 보여줄 것입니다. 잘 보고 제가 자신에 대한 또 다른 소문을 스스로 퍼뜨리면서 무엇을 잘못했는지 이야기해주세요. 먼저 보조 치료자가 제 편에 서줄 수 있는 친구이고, 여러분은 대화를 듣는 사람들입니다. 이 역할극에서 제가 두 가지 잘못된 행동을 할 것입니다."

부적절한 역할극의 예

- 집단 치료자: (화를 내며) "나에 대한 소문 들었어? 사람들이 내가 ○○○을/를 좋아한다고 이야기한다며?"
- 보조 치료자: "응, 들었어."
- 집단 치료자: (방어적이고 흥분한 것처럼 보인다.) "정말 말도 안 돼! 너 나 알잖아. ○○○은/는 내 이상형과는 거리가 멀어. 우리는 심지어 공통의 관심사도 없단 말이야!"
- 보조 치료자: (확신이 서지 않는 말투로) "네가 그렇게 말하면 그런가 보지."
- 집단 치료자: (방어적이고, 잘못한 것이 있는 것처럼 보인다.) "정말 말도 안 돼! 당연히 사실이 아니지! 정말 이상한 소문이야!"
- 보조 치료자: (확신이 서지 않는 말투로) "알겠어."
- 집단 치료자: (걱정되고 흥분된 말투로) "정말 만들어낸 이야기야! 믿지 마!"
- 보조 치료자: (확신이 서지 않는 말투로 어깨를 으쓱하며) "알겠어."

- 치료자: "자, 여기까지입니다. 제가 자신에 대한 또 다른 소문을 스스로 퍼뜨릴 때 무엇을 잘못했지요?"
  - 대답: 소문이 사실이 아님을 입증하려고 했습니다. 화가 났다는 것을 드러냈습니다.

- 다음과 같은 **조망 수용 질문**을 한다.
  - ○ "(보조 치료자의 이름)이/가 어떤 기분이었을 것 같나요?"
    - ■ 대답: 혼란스럽습니다. 이상합니다. 의아합니다.
  - ○ "(보조 치료자의 이름)이/가 저에 대해서 어떻게 생각했을 것 같나요?"
    - ■ 대답: 방어적입니다. 무엇인가를 잘못한 것 같습니다. 흥분했습니다. 신경질적입니다.
  - ○ "(보조 치료자의 이름)이/가 제 말을 믿을 것 같나요?"
    - ■ 대답: 아니요. 당신은 무엇인가를 잘못한 것처럼 보였습니다.
- 보조 치료자에게 같은 **조망 수용 질문**을 한다.
  - ○ "기분이 어땠나요?"
  - ○ "저에 대해서 어떻게 생각했나요?"
  - ○ "제 말을 믿었나요?"

적절한 역할극: 자신에 대한 또 다른 소문을 스스로 퍼뜨리기 ▶

[집단 치료자는 보조 치료자와 함께 **자신에 대한 또 다른 소문을 스스로 퍼뜨리기**의 적절한 역할극을 보여준다.]

- 치료자: "이제 또 다른 역할극을 보여줄 것입니다. 잘 보고 제가 자신에 대한 또 다른 소문을 스스로 퍼뜨리기를 하면서 무엇을 잘했는지 이야기해주세요."

적절한 역할극의 예

- ○ 집단 치료자 & 보조 치료자: (다른 사람들이 대화를 엿들을 수 있는 거리에 있다.)
- ○ 집단 치료자: (침착하게) "나에 대한 소문 들었어? 사람들이 내가 ○○○을/를 좋아한다고 이야기한다며?"
- ○ 보조 치료자: "응, 들었어."
- ○ 집단 치료자: (침착하게) "그 이야기를 믿는 사람도 있어?"
- ○ 보조 치료자: (자연스럽게) "그러게, 그런 이야기를 믿는 사람이 있을까?"
- ○ 집단 치료자: (의외라는 반응으로) "진짜 유치해. 그런 이야기를 신경 쓰는 사람이 어디 있다고."
- ○ 보조 치료자: (동의하며) "그러게, 누가 신경이나 쓸까?"
- ○ 집단 치료자: (신경 쓰지 않는다는 말투로) "정말 한심하더라. 사람들이 더 재미있는 이야깃거리가 필요한 것 같아."
- ○ 보조 치료자: "정말 그런 것 같아."
- ○ 집단 치료자: "새로운 흥밋거리 같은 거 말이야."
- ○ 보조 치료자: "진짜 그래야겠다!"
- ○ 집단 치료자: (의외라는 반응으로) "진짜 우스워."
- ○ 보조 치료자: (동의하며) "내 말이."

- 치료자: "자, 여기까지입니다. 제가 자신에 대한 또 다른 소문을 스스로 퍼뜨릴 때 무엇을 잘했지요?"
  - ○ 대답: **소문에 신경을 쓰고 그것을 믿는 사람이 있다는 것에 의외라는 반응을 보였습니다.** 다른 사람들이 들을 수 있는 곳에서 당신 편에 서줄 수 있는 사람과 자신에 대한 또 다른 소문을 스스로 퍼뜨렸습니다.

- 다음과 같은 **조망 수용 질문**을 한다.
  ○ "(보조 치료자의 이름)이/가 어떤 기분이었을 것 같나요?"
    ■ 대답: 괜찮습니다. 적절합니다.
  ○ "(보조 치료자의 이름)이/가 저에 대해서 어떻게 생각했을 것 같나요?"
    ■ 대답: 괜찮습니다. 침착합니다. 신경 쓰지 않습니다.
  ○ "(보조 치료자의 이름)이/가 제 말을 믿을 것 같나요?"
    ■ 대답: 예. 아마도 그럴 것 같습니다.
- 보조 치료자에게 같은 **조망 수용 질문**을 한다.
  ○ "기분이 어땠나요?"
  ○ "저에 대해서 어떻게 생각했나요?"
  ○ "제 말을 믿었나요?"

행동 연습: 자신에 대한 또 다른 소문을 스스로 퍼뜨리기

- 설명: "이제부터 여러분이 돌아가면서 자신에 대한 또 다른 소문을 스스로 퍼뜨리는 방법을 연습할 것입니다. 여러분에 관한 소문이 무엇인지 제가 알려주면 다른 사람들이 보고 있는 동안에 자신에 대한 또 다른 소문을 스스로 퍼뜨릴 것입니다."
- 다른 집단원들이 보고 있는 동안에 성인이 **자신에 대한 또 다른 소문을 스스로 퍼뜨리기**를 연습하게 한다.
  ○ 각 성인에게 다른 소문을 제공한다.
  ○ 성인들은 자신에 대한 또 다른 소문을 스스로 퍼뜨리기 규칙과 단계를 따라 하기 위해 칠판에 적힌 내용을 자유롭게 볼 수 있게 한다.
    ■ 의외라는 반응의 몇 가지를 칠판에 적어 놓는다면 도움이 될 수 있다(예: "그것을 믿는 사람이 있어?", "그것을 신경 쓰는 사람이 있어?")
- 성인마다 아래에 제시되어 있는 소문 목록 중 각기 다른 예시를 제공하면서 다음과 같이 말한다. "자, 지금부터 저에게 스스로에 대한 소문을 퍼뜨려 보세요."
  ○ "소문의 내용은 당신이 학교 수업을 따라가지 못한다는 것입니다."
  ○ "소문의 내용은 당신이 모임에서 취해서 걷지도 못했다는 것입니다."
  ○ "소문의 내용은 당신이 직장동료를 좋아한다는 것입니다."
  ○ "소문의 내용은 당신이 친구의 뒤에서 이야기를 한다는 것입니다."
  ○ "소문의 내용은 당신이 당신 상사를 좋아하지 않는다는 것입니다."
  ○ "소문의 내용은 당신이 제때 졸업을 할 수 없을지도 모른다는 것입니다."
  ○ "소문의 내용은 당신이 해고될 수도 있다는 것입니다."
  ○ "소문의 내용은 당신이 지각을 해서 직장 상사에게 경고를 받았다는 것입니다."
  ○ "소문의 내용은 당신이 선배와 싸웠다는 것입니다."
- 각 행동 연습이 끝나면 그에 관한 피드백을 주고 난 다음 성인이 연습하기 전에 방금 연습했던 성인이 **자신에 대한 또 다른 소문을 스스로 퍼뜨리기** 기술을 완전히 습득할 수 있게 한다.
  ○ 만약 성인이 화가 난 것처럼 들리거나 소문이 사실이 아님을 입증하려고 한다면 이를 부드럽게 지적하면서 **자신에 대한 또 다른 소문을 스스로 퍼뜨리기**를 적절하게 수행할 때까지 다시 연습하게 한다.
- 각각의 성인이 연습을 끝낼 때마다 박수를 쳐준다.

행동 연습

함께 어울리기

필요한 자료

- 실내 게임(예: 비디오 게임, 카드 게임, 보드 게임)
  - 비디오 게임을 선택권으로 제공하고자 한다면 모든 집단원이 동시에 가지고 놀 수 있도록 여러 개의 게임용 콘솔을 준비한다.
  - 휴대용의 조그마한 게임용 장치를 사용하면 순서를 기다리는 사람들은 지루해할 수 있기 때문에 이것은 사용하지 않는다.
  - 다른 게임들을 가지고 있지 않다면 카드 몇 팩을 가지고 오는 것만으로도 충분하다.
- 선택사항: 유튜브 동영상을 볼 수 있는 아이패드나 휴대용 컴퓨터, 인터넷 서핑, 컴퓨터 게임
  - 아이패드나 휴대용 컴퓨터를 선택권에 포함하고자 한다면 모든 집단원이 동시에 가지고 놀 수 있도록 여러 개를 준비한다.
- [주: PEERS® 프로그램을 진행하는 곳에서 게임기, 아이패드, 휴대용 컴퓨터와 같이 값비싼 물품을 구비하기는 대체로 어렵다. **활동에 바탕을 둔 함께 어울리기**를 진행하기 위해서는 몇 가지 카드 게임을 준비하는 정도면 충분하다.]

행동 연습

- 성인들에게 **함께 어울리기**를 연습한다고 알린다.
  - 주: 성인들은 더 이상 **함께 어울리기 시작하고 마무리하기**를 연습하지 않을 것이다.
- 성인들을 작은 집단으로 나눈다.
- 각각의 성인이 단계를 따르면서 **함께 어울리는 동안**에 어떻게 행동해야 하는지를 연습하게 한다.
  - **정보를 교환한다.**
  - **공통의 관심사를 찾는다.**
  - 치료팀이 제공하는 게임 및 아이템을 가지고 논다(예: 비디오 게임, 카드 게임, 보드 게임, 아이패드, 컴퓨터 등).
- 필요에 따라 친구를 만들고 그 관계를 유지하기 위한 규칙에 관한 **사회성 코칭**을 제공한다.

다시 만나기

- 성인들에게 사회성 코치와 다시 만날 것이라고 안내한다.
  - 성인들은 각자의 사회성 코치 곁에 서 있거나 앉아 있는다.
  - 다시 만나는 시간이 시작되기 전에, 조용히 하고 집단에 완전히 집중하게 한다.
  - 사회성 코치들이 옆에서 듣고 있는 동안에 성인들이 이번 회기에서 배웠던 내용을 이야기하게 한다.
- 치료자: "오늘 우리는 간접적 괴롭힘에 대처할 수 있는 방법들에 대해서 이야기를 나눴습니다. 여기에는 사이버 폭력, 소문 그리고 뒷이야기가 포함됩니다. 사이버 폭력을 다루기 위한 방법들에는 어떤 것들이 있었나요?
  - 악플러에 반응하지 않는다.
  - 친구들이 당신의 편에 서게 한다.
  - 당분간 온라인에서 눈에 띄지 않게 행동한다.
  - 사이버 폭력을 행사하는 사람을 차단한다.
  - 증거를 확보한다.
  - 마지막 대안으로는 사이버 폭력을 신고하는 것을 고려할 수 있다.
- 질문: "뒷이야기의 대상이 되었을 때 소문과 뒷이야기를 다루는 방법들에는 어떤 것들이 있었나요?"
  - 우리가 본능적으로 떠올리는 대응 방법은 모두 잘못된 것임을 기억한다.
  - 소문이 사실이 아님을 입증하려고 노력하지 않는다.
  - 화가 났다는 것을 드러내지 않는다.
  - 소문을 신경 쓰지 않는 것처럼 행동한다.
  - 뒷이야기를 만들어낸 사람과 직면하지 않는다.
  - 뒷이야기를 퍼뜨리는 사람을 피한다.
  - 소문에 신경을 쓰고 그것을 믿는 사람이 있다는 것에 의외라는 반응을 보인다.
  - 자신에 대한 또 다른 소문을 스스로 퍼뜨린다.
- 설명: "성인들은 소문과 뒷이야기를 다루는 방법을 연습했으며 이를 훌륭히 수행했습니다. 다 같이 박수를 쳐줍시다."

과제 안내하기

성인들에게 사회성 코칭 유인물을 나눠주고 다음과 같이 과제를 안내한다.

1. 친구와 **함께 어울리기**를 한다.
   - 사회성 코치들은 성인들이 **다섯 가지 요소**를 사용하여 함께 어울리기를 계획할 수 있도록 도와준다.
     - **누구와** 할 것인지
     - **무엇을** 할 것인지
     - **언제** 함께 어울리기를 할 것인지
     - **어디서** 함께 어울리기를 할 것인지
     - **어떻게** 함께 어울리기가 이루어질 수 있도록 준비할 것인지

- 연습 전에 사회성 코치들은 성인들과 함께 **함께 어울리기** 규칙과 단계를 점검한다.
- **함께 어울리기** 연습 이후에 사회성 코치들은 성인들에게 다음과 같은 **사회성 코칭 질문**을 한다.
  ○ 무엇을 하기로 결정했으며 함께할 활동을 누가 선택했나요?
  ○ 정보를 교환했나요? 함께 어울리는 시간의 몇 %를 정보를 교환하는 데 사용했나요?
  ○ 공통의 관심사는 무엇이었나요? 만약 두 사람이 함께 시간을 보내게 된다면 그 정보를 가지고 무엇을 할 수 있나요?
  ○ 당신과 친구는 좋은 시간을 보냈나요?
  ○ 다시 만나 시간을 보내기에 적합한 사람인 것 같나요?

2. 사회성 코치와 함께 자신에 대한 또 다른 소문을 스스로 **퍼뜨리기**를 연습한다.
   - 연습 전에 자신에 대한 또 다른 소문을 스스로 **퍼뜨리기** 방법을 점검한다.
   - 성인들이 자신에 대한 또 다른 소문을 스스로 **퍼뜨리기**를 연습할 수 있도록 소문의 예를 제공한다.
   - 연습을 한 이후에 사회성 코치들은 성인들에게 다음과 같은 **조망 수용 질문**을 한다.
     ○ 제 기분이 어땠을 것 같나요?
     ○ 제가 당신에 대해서 어떻게 생각했을 것 같나요?
     ○ 제가 소문을 믿을 것 같나요?

3. 사회성 코치와 함께 **놀림 다루기**를 연습한다.
   - 연습 전에 **놀림 다루기**를 위한 방법들을 점검한다.
   - 성인들은 연습할 때 사용하고 싶은 **놀림을 무력화시키는 짧은 말**을 3개씩 선택한다.
   - 사회성 코치들은 순화된 놀림말을 사용해야 한다(예: "네 신발 이상해!").
   - 연습을 한 이후에 사회성 코치들은 성인들에게 다음과 같은 **조망 수용 질문**을 한다.
     ○ 제 기분이 어땠을 것 같나요?
     ○ 제가 당신에 대해서 어떻게 생각했을 것 같나요?
     ○ 제가 당신을 다시 놀리고 싶어 할 것 같나요?

4. 자연스러운 상황이라면 친구와 함께 **직접적 혹은 간접적 괴롭힘 다루기**를 연습한다.
   - 자연스러운 상황이라면 연습을 한 이후에 사회성 코치들은 성인들에게 다음과 같은 **사회성 코칭 및 조망 수용 질문**을 한다.
     ○ 놀림에 대처하기 위해 무엇을 했나요? 혹은 어떤 말을 했나요?
       ■ 상대방의 기분이 어땠을 것 같나요?
       ■ 상대방이 당신에 대해서 어떻게 생각했을 것 같나요?
       ■ 상대방이 당신을 다시 놀리고 싶어 할 것 같나요?
     ○ 상대방이 당황스러운 피드백을 주었나요? 이것에 대해 더 이상 놀림을 받고 싶지 않다면 무엇을 다르게 할 수 있을까요?
     ○ 신체적 괴롭힘을 다루기 위해 무엇을 했나요? 혹은 어떤 말을 했나요?
     ○ 사이버 폭력을 다루기 위해 무엇을 했나요?
     ○ 소문 및 뒷이야기를 다루기 위해 무엇을 했나요? 혹은 어떤 말을 했나요?

5. 자연스러운 상황이라면 친구 혹은 연인과 함께 **논쟁 다루기**를 연습한다.
   - 연습 전에 사회성 코치들은 성인들과 **논쟁에 대응하기** 및 **논쟁 제기하기** 규칙과 단계를 점검한다.
   - 연습을 한 이후에 사회성 코치들은 성인들에게 다음과 같은 **사회성 코칭** 및 **조망 수용 질문**을 한다.
     - 어떤 단계들을 따랐나요?
     - 마지막에 당신의 기분은 어땠고, 상대방의 기분은 어땠을 것 같나요?
     - 마지막에 서로에 대해서 어떻게 생각했나요?
     - 두 사람이 서로 다시 만나고 싶을 것 같나요?

6. 상대에게 내가 관심이 있다는 것 알리기, 데이트 신청하기 및/혹은 데이트하기를 연습한다.
   - 성인들이 누군가를 연애 상대로 좋아하고 있다면
     - 상대에게 내가 관심이 있다는 것을 알린다.
     - 데이트를 신청한다.
     - 데이트한다.
     - 상대에게 연애 상대로서의 호감을 갖기 전까지는 시도하지 않는다.
   - 성인들이 편하게 느낀다면 사회성 코치들과 **상대에게 내가 관심이 있다는 것 알리기, 데이트 신청하기, 데이트하기**를 연습하도록 한다.
   - 연습 전에 사회성 코치들은 **데이트 예절** 규칙과 단계를 점검한다.
   - 각 연습이 끝나면 사회성 코치들은 성인들에게 다음과 같은 **사회성 코칭 질문**을 한다.
     - 상대에게 내가 관심이 있다는 것 알리기
       - 누구와 연습했나요? 그리고 상대에게 내가 관심이 있다는 것을 알리기 위해 무엇을 했나요?
       - 상대는 어떻게 반응했나요?
       - 데이트 상대로서 좋은 선택인 것 같나요? 당신과 데이트하기에 적합한 사람인 것 같나요?
     - 데이트 신청하기
       - 누구에게 데이트를 신청했나요? 그리고 어떤 단계들을 따랐나요?
       - 상대는 어떻게 반응했나요?
     - 데이트하기
       - 무엇을 하기로 결정했나요?
       - 정보를 교환했나요? 데이트를 한 시간의 몇 %를 정보를 교환하는 데 사용했나요?
       - 공통의 관심사는 무엇이었나요? 만약 두 사람이 다시 데이트를 하게 된다면 그 정보를 가지고 무엇을 할 수 있나요?
       - 당신과 당신의 데이트 상대는 좋은 시간을 보냈나요?
       - 데이트 상대로서 좋은 선택인 것 같나요? 당신과 다시 만나 데이트하기에 적합한 사람인 것 같나요?

졸업식 안내

- 졸업식 안내문을 나눠준다.
- 치료자: "다음 주에 졸업식입니다. 졸업식이 얼마 남지 않은 시점에서 남은 내용들을 배우고 PEERS®가 끝나면 앞으로 어떻게 해야 하는지에 관해서 이야기를 나눌 것입니다. 여러분이 열심히 회기마다 참여한 것을 축하하기 위해 성인들은 졸업파티를 할 예정이며, 사회성 코치와 함께 졸업식을 할 것입니다."

● 자료에 따라 조금 다를 수 있는 졸업파티 및 졸업식에 관해서 설명해준다.

○ 졸업파티 및 졸업식에 관한 내용은 16회기 성인 치료자 가이드를 통해서 확인할 수 있다.

개별적으로 확인하기

각각의 성인 및 사회성 코치들이 각자 개별적으로 다음과 같은 내용들을 협의한다.

1. 돌아오는 주에 **누구**와 **함께 어울리기**를 할 것인지

   ● 친구들에게 **무엇**을 하자고 할 계획인지

   ● 친구들에게 **언제** 그리고 **어디서** 만나자고 할 것인지

   ● **어떻게** 함께 어울리기가 이루어질 수 있도록 준비할 것인지(예: 티켓 구매를 해야 되는지, 무엇을 타고 이동할 것인지 등)

2. 사회성 코치와 **자신에 대한 또 다른 소문을 스스로 퍼뜨리기**를 언제 연습할 것인지

3. 사회성 코치와 **놀림 다루기**를 언제 연습할 것인지

4. **상대에게 내가 관심이 있다는 것 알리기** 시도를 어떻게 그리고 누구에게 할 것인지, 그리고 **데이트 신청하기**를 어떻게 할 것인지

   ● 돌아오는 주에 **누구**와 데이트를 할 계획인지

   ● **무엇**을 하자고 할 계획인지

   ● **언제** 그리고 **어디서** 만나자고 할 것인지

   ● **어떻게** 데이트가 이루어질 수 있도록 준비할 것인지(예: 티켓 구매를 해야 되는지, 무엇을 타고 이동할 것인지 등)

사회성 코칭 유인물

사이버 폭력 다루기

- 악플러에 반응하지 않는다.
- 친구들이 당신 편에 서게 한다.
- 당분간 온라인에서 눈에 띄지 않게 행동한다.
- 사이버 폭력을 행사하는 사람을 차단한다.
- 증거를 확보한다.
- 마지막 대안으로는 사이버 폭력을 신고하는 것을 고려할 수 있다.

뒷이야기의 대상이 되지 않는 방법

- 험담꾼과 친구가 되지 않는다.
- 험담꾼과 적대적인 관계가 되지 않는다.
- 험담꾼과 중립적인 관계를 지킨다.
- 다른 사람에 대한 소문을 퍼뜨리지 않는다.

뒷이야기의 대상이 되었을 때 해야 할 일

- 우리가 본능적으로 떠올리는 대응 방법은 모두 잘못된 것임을 기억한다.
- 소문이 사실이 아님을 입증하려고 노력하지 않는다.
- 화가 났다는 것을 드러내지 않는다.
- 소문을 신경 쓰지 않는 것처럼 행동한다.
- 뒷이야기를 만들어낸 사람과 직면하지 않는다.
- 뒷이야기를 퍼뜨리는 사람을 피한다.
- 소문에 신경을 쓰고 그것을 믿는 사람이 있다는 것에 의외라는 반응을 보인다.
  - 소문에 신경을 쓰는 사람이 있다는 것에 의외라는 반응의 예
    - "그런 소문을 신경 쓰는 사람이 있다니 믿을 수 있어?"
    - "그런 소문을 신경 쓰는 사람이 있기나 할까?"
    - "사람들이 할 일이 되게 없나 보다."
    - "사람들이 다른 흥밋거리를 찾아야 할 것 같아요."
    - "사람들이 더 재미있는 이야깃거리를 찾아야 할 것 같아요."
  - 소문을 믿는 사람이 있다는 것에 의외라는 반응의 예
    - "그런 이야기를 믿는 사람이 있다는 것이 말이 되니?"
    - "그것을 믿는 사람이 있어?"
    - "사람들 정말 귀가 얇다."
    - "사람들은 뭐든 믿는 것 같아요."
    - "그런 이야기를 믿는 사람이 있다니 놀라울 따름이에요."

● 자신에 대한 또 다른 소문을 스스로 퍼뜨린다.

자신에 대한 또 다른 소문을 스스로 퍼뜨리기 위한 단계

1. 당신 편에 서줄 수 있는 친구를 찾는다.

2. 대화를 들을 수 있는 사람을 찾는다.

3. 소문이 있다는 것을 인정한다.

4. 소문에 신경을 쓰고 그것을 믿는 사람이 있다는 것에 의외라는 반응을 보인다.

5. 당신 편에 서줄 수 있는 다른 친구들에게 이 과정을 반복한다.

과제 안내하기

1. 친구와 **함께 어울리기**를 한다.
   ● 사회성 코치들은 성인들이 **다섯 가지 요소**를 사용하여 함께 어울리기를 계획할 수 있도록 도와준다.
     ○ **누구와** 할 것인지
     ○ **무엇을** 할 것인지
     ○ **언제** 함께 어울리기를 할 것인지
     ○ **어디서** 함께 어울리기를 할 것인지
     ○ **어떻게** 함께 어울리기가 이루어질 수 있도록 준비할 것인지
   ● 연습 전에 사회성 코치들은 성인들과 **함께 어울리기** 규칙과 단계를 점검한다.
   ● 함께 어울리기 연습 이후에 사회성 코치들은 성인들에게 다음과 같은 **사회성 코칭 질문**을 한다.
     ○ 무엇을 하기로 결정했으며 함께할 활동을 누가 선택했나요?
     ○ 정보를 교환했나요? 함께 어울리는 시간의 몇 %를 정보를 교환하는 데 사용했나요?
     ○ 공통의 관심사는 무엇이었나요? 만약 두 사람이 함께 시간을 보내게 된다면 그 정보를 가지고 무엇을 할 수 있나요?
     ○ 당신과 친구는 좋은 시간을 보냈나요?
     ○ 다시 만나 시간을 보내기에 적합한 사람인 것 같나요?

2. 사회성 코치와 함께 자신에 대한 또 다른 소문을 스스로 퍼뜨리기를 연습한다.
   ● 연습 전에 자신에 대한 또 다른 소문을 스스로 퍼뜨리기 방법을 점검한다.
   ● 성인들이 자신에 대한 또 다른 소문을 스스로 퍼뜨리기를 연습할 수 있도록 소문의 예를 제공한다.
   ● 연습을 한 이후에 사회성 코치들은 성인들에게 다음과 같은 **조망 수용 질문**을 한다.
     ○ 제 기분이 어땠을 것 같나요?
     ○ 제가 당신에 대해서 어떻게 생각했을 것 같나요?
     ○ 제가 소문을 믿을 것 같나요?

3. 사회성 코치와 함께 **놀림 다루기**를 연습한다.
   ● 연습 전에 **놀림 다루기**를 위한 방법들을 점검한다.
   ● 성인들은 연습할 때 사용하고 싶은 **놀림을 무력화시키는 짧은 말**을 3개씩 선택한다.
   ● 사회성 코치들은 순화된 놀림말을 사용해야 한다(예: "네 신발 이상해!").

● 연습을 한 이후에 사회성 코치들은 성인들에게 다음과 같은 **조망 수용 질문**을 한다.
  ○ 제 기분이 어땠을 것 같나요?
  ○ 제가 당신에 대해서 어떻게 생각했을 것 같나요?
  ○ 제가 당신을 다시 놀리고 싶어 할 것 같나요?

4. 자연스러운 상황이라면 친구와 함께 **직접적 혹은 간접적 괴롭힘 다루기**를 연습한다.
  ● 자연스러운 상황이라면 연습을 한 이후에 사회성 코치들은 성인들에게 다음과 같은 **사회성 코칭 및 조망 수용 질문**을 한다.
    ○ 놀림에 대처하기 위해 무엇을 했나요? 혹은 어떤 말을 했나요?
      ▪ 상대방의 기분이 어땠을 것 같나요?
      ▪ 상대방이 당신에 대해서 어떻게 생각했을 것 같나요?
      ▪ 상대방이 당신을 다시 놀리고 싶어 할 것 같나요?
    ○ 상대방이 당황스러운 피드백을 주었나요? 이것에 대해 더 이상 놀림을 받고 싶지 않다면 무엇을 다르게 할 수 있을까요?
    ○ 신체적 괴롭힘을 다루기 위해 무엇을 했나요? 혹은 어떤 말을 했나요?
    ○ 사이버 폭력을 다루기 위해 무엇을 했나요?
    ○ 소문과 뒷이야기를 다루기 위해 무엇을 했나요? 혹은 어떤 말을 했나요?

5. 자연스러운 상황이라면 친구 혹은 연인과 **논쟁 다루기**를 연습한다.
  ● 연습 전에 사회성 코치들은 성인들과 **논쟁에 대응하기** 및 **논쟁 제기하기** 규칙과 단계를 점검한다.
  ● 연습을 한 이후에 사회성 코치들은 성인들에게 다음과 같은 **사회성 코칭과 조망 수용 질문**을 한다.
    ○ 어떤 단계들을 따랐나요?
    ○ 마지막에 당신의 기분은 어땠고, 상대방의 기분은 어땠을 것 같나요?
    ○ 마지막에 서로에 대해서 어떻게 생각했나요?
    ○ 두 사람이 서로 다시 만나고 싶을 것 같나요?

6. **상대에게 내가 관심이 있다는 것 알리기, 데이트 신청하기 및/혹은 데이트하기**를 연습한다.
  ● 성인들이 누군가를 연애 상대로 좋아하고 있다면
    ○ 상대에게 내가 관심이 있다는 것을 알린다.
    ○ 데이트를 신청한다.
    ○ 데이트한다.
    ○ 상대에게 연애 상대로서의 호감을 갖기 전까지는 시도하지 않는다.
  ● 성인들이 편하게 느낀다면 사회성 코치들과 **상대에게 내가 관심이 있다는 것 알리기, 데이트 신청하기, 데이트하기**를 연습하도록 한다.
  ● 연습 전에 사회성 코치들은 **데이트 예절** 규칙과 단계를 점검한다.
  ● 각 연습이 끝나면 사회성 코치들은 성인들에게 다음과 같은 **사회성 코칭 질문**을 한다.
    ○ 상대에게 내가 관심이 있다는 것 알리기
      ▪ 누구와 연습했나요? 그리고 상대에게 내가 관심이 있다는 것을 알리기 위해 무엇을 했나요?
      ▪ 상대는 어떻게 반응했나요?

- 데이트 상대로서 좋은 선택인 것 같나요? 당신과 데이트하기에 적합한 사람인 것 같나요?
  ○ 데이트 신청하기
    - 누구에게 데이트를 신청했나요? 어떤 단계들을 따랐나요?
    - 상대는 어떻게 반응했나요?
  ○ 데이트하기
    - 무엇을 하기로 결정했나요?
    - 정보를 교환했나요? 데이트를 한 시간의 몇 %를 정보를 교환하는 데 사용했나요?
    - 공통의 관심사는 무엇이었나요? 만약 두 사람이 다시 데이트를 하게 된다면 그 정보를 가지고 무엇을 할 수 있나요?
    - 당신과 데이트 상대는 좋은 시간을 보냈나요?
    - 데이트 상대로서 좋은 선택인 것 같나요? 당신과 다시 만나 데이트하기에 적합한 사람인 것 같나요?

안내사항: 2주 후에 PEERS® 졸업식이 있습니다!

*각 기술에 해당하는 역할극 동영상을 보고 싶다면(영어로 된 자료에 익숙한 경우) *The Science of Making Friends* DVD(Laugeson, 2013) 혹은 *FriendMaker* 모바일 앱을 참조한다.

주요 용어

눈에 띄지 않게 행동하기	소문과 뒷이야기	직면하지 않기
본능적으로 떠올리는 대응 방법	의외라는 반응	험담꾼
사이버 폭력	자신에 대한 또 다른 소문을	
사회적 무기	스스로 퍼뜨리기	
사회적 보복		

졸업과 마무리

사회성 코치 치료자 가이드

사회성 코치 회기 준비하기

이번 회기의 가장 중요한 목표는 앞으로 나아가야 할 방향을 제시해주는 것이다. 마지막 교육 시간에는 앞으로 나아갈 방향을 제시하는 것 이외에 새로 교육하는 내용은 없다. 회기가 시작하는 시점에 치료 후 효과를 측정할 것을 권한다. 특히 치료를 시작하기 전에 사회적 기능에 관한 측정을 시행한 경우라면 마지막 회기를 시작하면서 치료 후 효과 판정을 시행할 것을 강력히 권한다. 치료 효과를 판정하는 데 적절한 도구들은 이 매뉴얼의 제1장에 소개하였다. 이번 회기에 치료 후 효과를 측정하려고 계획했다면 (측정도구의 개수에 따라) 회기 시간을 조금 늘려야 할 수도 있다. 3개 이상의 평가 도구를 사용하고자 한다면 30분을 추가할 것을 권한다.

사회성 코칭 집단에서는 성인 집단에서와 같은 공식적인 졸업파티를 하지는 않는다. 그러나 성인들의 졸업 파티에 제공하는 음식을 사회성 코치들과도 함께 나누면 좋다. 사회성 코치들만의 파티를 여는 것은 아니지만 음식과 음료를 제공함으로써 축하하는 분위기를 함께 즐길 수 있을 것이며, 사회성 코치들이 모이는 교실을 한두 개의 배너로 꾸미는 것도 졸업식과 같은 분위기를 살릴 수 있다.

사회성 코치 집단에게 앞으로 나아가야 할 방향에 관한 제안을 제공하는 시간을 가진 다음, 성인들과 함께 졸업식에 참여한다. 졸업식의 목적은 프로그램의 종료를 기념하고, 그동안 구성원들이 해온 노력을 축하하기 위한 것이다. 가능하다면 성인들에게 졸업장을 나눠주는 것이 좋다(졸업장의 예시는 부록 G 참조). 졸업장은 수료 증명과 같은 역할을 하며, 성인들은 졸업장을 보면서 그동안 회기에 참여하면서 해낸 일을 기억할 수 있을 것이다. 마지막 회기이기 때문에 다소 양가적인 감정이 들 수는 있으나, 졸업식은 즐겁고 축제 같은 분위기 속에서 성인들의 사회성 기술이 그동안 얼마나 발전했는지를 축하해주는 데 초점을 맞추어야 한다. 그들이 그 발전을 이루어내기 위해 얼마나 열심히 노력했는지 인정해주는 것도 잊어서는 안 된다. 졸업식은 시작할 때부터 끝날 때까지 대개 30분 정도 소요되며 (졸업식이 끝나고 함께 모여 이야기를 나누는 시간까지 고려하여) 그에 맞춰 회기를 계획하도록 한다.

끝날 시점에 가장 흔히 대두되는 이슈는 사회성 코치들은 물론 성인들의 불안도 높아진다는 것이다. 프로그램이 사회성 코치들은 종종 집단이 끝나면 그들이 지금까지 목격했던 성인들의 발전이 얼마간 사라질 것이라고 걱정한다. 이러한 두려움에 대한 반응으로 그들은 PEERS®에 다시 한 번 참여해도 되는지 질문한다. 사회성 코치들에게 성인들이 PEERS®에서 배운 기술을 밖에서 활용하고, 이를 사회성 코치들이 도와준다면 집단에서 얻은 경험이 유지될 수 있다는 점을 알려줌으로써 그들이 불안해하지 않도록 돕는 것이 중요하다. 자폐스펙트럼장애 성인들을 대상으로 한 장기 추적 연구를 예로 들어줄 수도 있다. 여러 연구 결과에 의하면 보호자와 함께 PEERS®에 참여한 청소년의 경우 집단 회기가 끝날 무렵에 달성한 치료 효과가 유지되었을 뿐만 아니라, 많은 사람들이 치료가 끝나고 1~5년이 지난 후에도 사회적으로 더 잘 적응했다는 것이다. 이런 변화들은 성인기에 들어서는 자폐스펙트럼장애를 가진 전환기의 청소년들에서 저절로 일어나는 일반적인 경로는 아니다. 그보다는 보호자들을 사회성 코치로 치료에 참여시킨 데서 나온 힘이라고 보는 것이 타당하다. 사회성 코치들이 계속해서 사회성 기술을 강화하고 코치하기 때문에 실제로는 치료 개입이 집단 회기가 끝난 한참 뒤에도 유지된다는 의미로 해석할 수 있다.

치료자가 이렇게 안심시켜 주었음에도 불구하고 새로 배운 기술을 잊을지도 모른다는 두려움으로 인해 바로 다음 다음 집단에 또 참여하겠다고 요청하는 사회성 코치와 성인이 있을 것이다. 이러한 사항을 다루기 위해 UCLA PEERS® 클리닉에서 사용한 효과적인 방법 중 하나는 다음과 같이 말하는 것이다. "일단 몇 개월 동안은 상황을 지켜보도록 합시다. 만약 그래도 다시 참여해야 할 필요성을 느낀다면 저희에게 연락을 주십시오." 실제로 PEERS®에 다시 참여하기 위해 전화를 주는 경우는 극히 드물다. 대신에 성인의 생활 속에서 일어나는 흥미로운 발전을 알려주기 위해 메일을 보내거나 전화를 할 것이다.

PEERS®가 끝나고 계속해서 치료를 받고 싶어 하는 사회성 코치와 성인의 요구가 자주 있으므로 여러 집단 치료자들은 추가 회기 혹은 유지 치료 프로그램이 적절한지 질문하곤 한다. 다시 말하면 PEERS®에서 배운 기술을 정교화하거나 강화하기 위한 목적으로 주기적으로 집단 구성원들과 만나는 것이 필요한지, 혹은 적절한지에 관한 것이다. 매뉴얼 작업이 이루어지고 있는 현재로서는 PEERS® 교육 과정을 사용한 추가 회기 혹은 유지 치료 프로그램의 효과를 알아보기 위한 연구가 이루어지지는 않은 상태이다. 그렇다고 해서 이러한 유형의 프로그램이 추가적인 치료 효과를 제공하지 못한다는 것은 아니다. 아마도 최소한 이로 인해 해를 끼치게 되지는 않을 것이다. UCLA PEERS® 클리닉에서 제안한 향후 연구에서는 PEERS®를 졸업한 집단 구성원들을 위한 유지 치료 프로그램인 Club PEERS®를 시행하고 프로그램의 효과를 검증할 예정이다. 이와 같은 프로그램의 효과에 대해 더 잘 알게 되기 전까지는 각자의 치료자들이 생각하는 최선의 방법으로 가족들의 요구를 충족하는 것이 필요하지만, 그 효과에 대해서 확언하지 않을 것을 권한다. 치료가 끝나고 향후 앞으로 계속 나아갈 수 있는 또 다른 방법은 사회성 코치들이 계속해서 PEERS® 기술에 관한 사회성 코칭을 제공하고, 사회성 코칭 유인물에 있는 추가적인 자료들을 활용하도록 격려하는 것이다.

사후 치료 효과 평가(선택사항)

[프로그램이 효과가 있는지 검증하기 위해서는 치료 후 효과를 평가하는 것이 필수적이다. 사후 치료 효과 평가는 프로그램의 질적인 수준을 유지하는 중요한 방법이다. 아래는 PEERS®와 관련된 연구에서 사용한 측정도구의 목록 중 일부이다. 사회성 기술을 측정하는 표준화된 평가들이 여기 포함되어 있다. 측정도구들은 쉽게 이용 가능하며 프로그램 전후 측정한 결과에 유의미한 변화가 있다는 것을 확인하였다.]

● 평가를 시행할 경우에는 사후 치료 효과 평가를 위해 충분한 시간을 할애한다.
　○ 사후 효과 평가를 위해 3개 이상의 측정도구를 사용할 계획이라면 마지막 회기를 30분가량 더 길게 배

정한다(참여하는 사람들을 30분 일찍 도착하게 하거나, 끝난 뒤에 30분만 더 머물게 할 수 있도록 계획한다).

- 이 매뉴얼의 제1회기에 권장하는 측정도구에 대한 개요와 설명이 제공되어 있다.
- 사회성 코치들이 평정할 수 있는 측정도구의 예시는 다음과 같다.
  - *Quality of Socialization Questionnaire*(QSQ; Appendix B)
  - *Social Responsiveness Scale Second Edition*(SRS-2; Constantino, 2012).
  - *Social Skills Improvement System*(SSIS; Gresham & Elliot, 2008).
  - *Empathy Quotient*(EQ; Baron-Cohen & Wheelwright, 2004).

과제 점검

[다음의 과제를 검토하고 발생 가능한 **문제해결**을 의논한다. 성공적으로 과제를 완수한 사람부터 시작한다. 시간이 된다면 (과제를 다 하지 못한 사람들에게) 왜 과제를 완수할 수 없었는지 이유를 질문할 수 있으며, 다음 주에 어떻게 이것을 할 수 있을지에 대한 **문제해결**을 시도해볼 수 있다. 과제를 점검하는 동안에는 반드시 (**볼드체로 표시된**) **우리끼리 단어**를 사용한다. **함께 어울리기**가 이번 회기의 가장 중요한 과제이므로 과제 점검 시간 대부분을 여기에 할애한다.]

1. 친구와 **함께 어울리기**를 한다.
   - 치료자: "이번 주의 주요 과제 중 하나는 성인들이 그들의 친구와 함께 어울리기를 하는 것이었습니다. 이번 과제를 완수했거나 완수하고자 노력하신 분이 있나요?"
   - 질문
     - "성인이 다섯 가지 요소를 사용하여 함께 어울리기를 계획할 수 있도록 도와줬나요?"
     - "함께 어울리기를 하기 전에 어떤 사회성 코칭을 했나요?"
     - "성인은 무엇을 누구와 하기로 결정했나요?"
     - "함께 어울리기를 어떻게 시작했나요?"
     - "함께할 활동들은 누가 선택했나요?"
     - "그들은 서로 정보를 교환했나요? 함께 어울리는 시간의 몇 %를 정보를 교환하는 데 사용했나요?"
     - "함께 어울리기를 어떻게 마무리했나요?"
     - "함께 어울리기를 한 이후에 어떤 사회성 코칭을 했나요?"

표 17.1 집에서 함께 어울리기 시작하기 및 마무리하기를 위한 단계

함께 어울리기 시작하기	함께 어울리기 마무리하기
1. 손님에게 인사를 한다.	1. 활동이 잠시 멈출 때를 기다린다.
2. 손님을 집 안으로 맞이한다.	2. 함께 어울리기를 마무리하기 위한 꼬리말을 한다.
3. 손님이 모르는 사람들에게는 손님을 소개한다.	3. 친구를 문까지 배웅한다.
4. 집 안을 안내해준다.	4. 친구에게 함께 어울리기를 해서 고맙다고 말한다.
5. 간단한 간식을 권한다.	5. 친구에게 즐거운 시간을 보냈다고 말한다.
6. 손님에게 무엇을 하고 싶은지 물어본다.	6. 잘 가라고 인사하고, 나중에 다시 보자고 한다.

- 적절한 사회성 코칭 질문
    - 무엇을 하기로 결정했으며 함께할 활동을 누가 선택했나요?
    - 정보를 교환했나요? 함께 어울리는 시간의 몇 %를 정보를 교환하는 데 사용했나요?
    - 공통의 관심사는 무엇이었나요? 만약 두 사람이 함께 시간을 보내게 된다면 그 정보를 가지고 무엇을 할 수 있나요?
    - 당신과 친구는 좋은 시간을 보냈나요?
    - 다시 만나 시간을 보내기에 적합한 사람인 것 같나요?
  - "함께 어울리기 상대로서 좋은 선택인 것 같나요? 성인이 다시 만나 시간을 보내기에 적합한 사람인 것 같나요?"

2. 사회성 코치와 함께 **자신에 대한 또 다른 소문을 스스로 퍼뜨리기**를 연습한다.
   - 치료자: "이번 주 또 다른 과제는 사회성 코치와 함께 자신에 대한 또 다른 소문을 스스로 퍼뜨리기를 연습하는 것이었습니다. 이 과제를 완수했거나 완수하고자 노력하신 분이 있나요?"
   - 질문
     - "연습 전에 어떤 사회성 코칭을 했나요?"
     - "성인은 자신에 대한 또 다른 소문을 퍼뜨리기 위해 어떤 단계들을 따랐나요?"
       1. 당신 편에 서줄 수 있는 친구를 찾는다.
       2. 대화를 들을 수 있는 사람들을 찾는다.
       3. 소문이 있다는 것을 인정한다.
       4. 소문에 신경을 쓰고 그것을 믿는 사람이 있다는 것에 의외라는 반응을 보인다.
       5. 당신 편에 서줄 수 있는 다른 친구들에게 이 과정을 반복한다.
     - "연습을 한 이후에 어떤 사회성 코칭을 했나요?"
       - 적절한 조망 수용 질문
         - 마지막에 제 기분이 어땠을 것 같나요?
         - 마지막에 제가 당신에 대해서 어떻게 생각했을 것 같나요?
         - 제가 소문을 믿을 것 같나요?

3. 사회성 코치와 함께 **놀림 다루기**를 연습한다.
   - 치료자: "이번 주 또 다른 과제는 성인들이 사회성 코치와 함께 놀림 다루기를 연습하는 것이었습니다. 이번 과제를 완수했거나 완수하고자 노력하신 분이 있나요?"
   - 질문
     - "연습 전에 어떤 사회성 코칭을 했나요?"
     - "성인은 놀림을 다루기 위해 무엇을 했나요? 혹은 어떤 말을 했나요?"
     - "연습을 한 이후에 어떤 사회성 코칭을 했나요?"
       - 적절한 **조망 수용 질문**
         - "마지막에 제 기분이 어땠을 것 같나요?"
         - "마지막에 제가 당신에 대해서 어떻게 생각했을 것 같나요?"
         - "제가 당신을 또 놀리고 싶어 할 것 같나요?"

4. 자연스러운 상황이라면 친구와 함께 **직접적 혹은 간접적 괴롭힘 다루기**를 연습한다.

- 치료자: "이번 주 또 다른 과제는 자연스러운 상황이라면 친구와 함께 직접적 혹은 간접적 괴롭힘 다루기를 연습하는 것이었습니다. 이번 과제를 완수했거나 완수하고자 노력하신 분이 있나요?"
- 질문
  - "성인은 누구와 연습했으며 괴롭힘은 무엇에 관한 것이었나요?"
  - "성인은 괴롭힘을 다루기 위해 무엇을 했나요? 혹은 어떤 말을 했나요?"
  - "연습을 한 이후에 어떤 사회성 코칭을 했나요?"
    - 적절한 사회성 코칭 및 조망 수용 질문
      - 놀림을 다루기 위해 무엇을 했나요? 혹은 어떤 말을 했나요?
      - 상대방의 기분이 어땠을 것 같나요?
      - 상대방이 당신에 대해서 어떻게 생각했을 것 같나요?
      - 상대방이 당신을 다시 놀리고 싶어 할 것 같나요?
      - 상대방이 당황스러운 피드백을 주었나요? 이것에 대해 더 이상 놀림을 받고 싶지 않다면 무엇을 다르게 할 수 있을까요?
      - 신체적 괴롭힘을 다루기 위해 무엇을 했나요? 혹은 어떤 말을 했나요?
      - 사이버 괴롭힘을 다루기 위해 무엇을 했나요?
      - 소문과 뒷이야기를 다루기 위해 무엇을 했나요? 혹은 어떤 말을 했나요?

5. 자연스러운 상황이라면 친구 혹은 연인과 **논쟁 다루기**를 연습한다.

- 치료자: "이번 주 또 다른 과제는 자연스러운 상황이라면 친구 혹은 연인과 논쟁 다루기를 연습하는 것이었습니다. 이번 과제를 완수했거나 완수하고자 노력하신 분이 있나요?"
- 질문
  - "성인은 누구와 연습했으며 논쟁은 무엇에 관한 것이었나요?"
  - "성인은 논쟁에 대응하거나 논쟁을 제기하기 위해 어떤 단계들을 따랐나요?"
  - "연습한 이후에 어떤 사회성 코칭을 했나요?"
    - 적절한 사회성 코칭 및 조망 수용 질문
      - 어떤 단계들을 따랐나요?

표 17.2 논쟁 다루기를 위한 단계

논쟁에 대응하기	논쟁 제기하기
1. 침착함을 유지한다.	1. 적절한 장소와 때를 기다린다.
2. 상대방의 말을 먼저 귀 기울여 듣는다.	2. 침착함을 유지한다.
3. 상대방이 말한 것을 반복한다.	3. 따로 개인적으로 이야기할 수 있는지 물어본다.
4. '나' 전달법을 사용하여 당신의 입장에 대해 설명한다.	4. '나' 전달법을 사용하여 당신의 입장에 대해 설명한다.
5. 미안하다고 말한다.	5. 상대방의 말을 듣는다.
6. 문제를 해결하려고 노력한다.	6. 상대방이 말한 것을 반복한다.
	7. 상대방이 어떻게 해주었으면 좋겠는지 알려준다.
	8. 문제를 해결하려고 노력한다.

□ 마지막에 당신의 기분은 어땠고, 상대방의 기분은 어땠을 것 같나요?

□ 마지막에 서로에 대해서 어떻게 생각했나요?

□ 두 사람이 서로 다시 만나고 싶을 것 같나요?

6. **상대에게 내가 관심이 있다는 것 알리기, 데이트 신청하기 및/혹은 데이트하기**를 연습한다.

- 치료자: "이번 주 또 다른 과제는 성인들이 상대에게 내가 관심이 있다는 것 알리기, 데이트 신청하기, 데이트하기를 연습하는 것이었습니다. 이 과제는 상대방에게 데이트 상대로 호감을 가지고 있을 때만 시도하는 것이었습니다. 성인들이 그것을 편안하게 느낄 경우에는 사회성 코치와 연습을 했어도 상관없습니다. 이번 과제를 완수했거나 완수하고자 노력하신 분이 있나요?"

- 질문

  ○ "연습 전에 어떤 사회성 코칭을 했나요?"

  ○ "성인은 무엇을 누구와 연습했나요?"

  ○ "상대에게 자신이 관심이 있다는 것을 알리기 위해 성인은 무엇을 했나요? 그리고 상대는 어떻게 반응했나요?"

  ○ "성인은 데이트 신청을 했나요? 했다면 상대는 어떻게 반응했나요?"

  ○ 데이트를 했다면 다음과 같이 질문한다.

    ▪ "그들은 무엇을 하기로 결정했나요?"

    ▪ "그들은 서로 정보를 교환했나요? 함께 있는 시간의 몇 %를 정보를 교환하는 데 사용했나요?"

    ▪ "성인과 그의 데이트 상대는 좋은 시간을 보냈나요?"

  ○ "연습한 이후에 어떤 사회성 코칭을 했나요?"

  ○ "데이트 상대로서 좋은 선택인 것 같나요? 성인과 다시 만나 데이트하기에 적합한 사람인 것 같나요?

- [사회성 코치 과제 기록지를 수거한다. 만약 사회성 코치가 과제 기록지 가져오는 것을 잊어버렸다면, 과제를 책임지고 할 수 있게 새로운 용지에 완성하게끔 한다.]

교육 : 앞으로 나가야 할 방향

- 사회성 코칭 유인물을 나눠준다.

  ○ 사회성 코치 치료자 가이드에서 **볼드체**로 표시된 부분은 사회성 코치 유인물에서 그대로 가져온 것이다.

  ○ 사회성 코치들에게 **볼드체**로 표시된 부분은 **우리끼리 단어**임을 상기시킨다. 이 단어들은 PEERS® 교육 과정의 중요한 개념들에 해당하므로 사회성 코칭을 할 때 최대한 많이 사용해야 한다고 설명한다.

- 설명: "오늘은 PEERS®의 마지막 회기입니다. 그러나 모임이 끝났다고 해서 여러분의 할 일 또한 끝났다는 것을 의미하지는 않습니다. 지금부터 여러분과 성인들이 앞으로 나아가기 위해서 정확히 무엇을 해야 하는지에 초점을 맞추어 이야기하고자 합니다."

- **정기적으로 사회적 활동에 참여한다.**

  ○ 치료자: "여러분의 성인들이 계속해서 새로운 친구를 사귈 수 있는 곳을 찾고 사회적 활동에 참여하는 것이 중요합니다. 정기적으로 사회적 활동에 참여하는 것이 중요한 이유는 무엇일까요?"

    ▪ 대답: **공통의 관심사**를 가진 **새로운 친구를 사귈 수 있는 곳**이기 때문입니다.

  ○ 설명: "친구를 사귀고 더 나아가 데이트 상대를 만나기 위해서 성인들은 정기적으로 사회적 활동에 참여

해야 합니다. 공통의 관심사를 가진 사람들을 만나기 위해 사회적 활동은 성인들이 좋아하는 것과 관련되어야 합니다."

○ 설명: "공통의 관심사를 가진 친구들과 만날 수 있도록 성인들이 '일주일에 적어도 한 번'은 사회적 활동에 **참여할 것을 권합니다."**

○ 바람직한 **사회적 활동**의 기준

■ 성인의 관심사에 근거한다.

■ 매주 혹은 적어도 2주에 한 번 만난다.

■ 성인을 받아들여주는 비슷한 나이대의 또래들이 포함되어 있다.

■ 다른 사람들과 어울릴 수 있는 구조화되지 않은 시간이 있다.

■ 앞으로 2주 안에 활동이 시작된다.

○ 설명: "사회적 활동은 성인들의 관심사에 근거해야 한다는 것을 기억해야 합니다. 성인들의 관심사를 고려하여 참여할 수 있는 사회적 활동의 예시는 사회성 코칭 유인물에 표로 제시되어 있습니다."

■ [표 17.3]에 나오는 몇 가지 예시를 함께 점검한다.

표 17.3 가능한 사회적 활동

관심사	관련 사회적 활동
컴퓨터/기계	컴퓨터 수업을 듣는다. 컴퓨터/기계공학 부서의 이벤트에 참석한다. 기계 관련 단체 혹은 클럽에 참여한다. 컴퓨터 관련 단체 혹은 클럽에 참여한다.
컴퓨터/비디오 게임	친구들과 오락실/PC방에 간다. 게임 대회에 나간다. 게임 스토어에 찾아간다. 게임 관련 단체 혹은 클럽에 참여한다.
과학	과학 박물관 이벤트에 참석한다. 과학 수업을 듣는다. 과학 관련 단체 혹은 클럽에 참여한다. 로봇 관련 클럽에 참여한다.
만화책/애니	만화 대회에 나간다. 만화책 스토어에 찾아간다. 만화/애니메이션 수업을 듣는다. 만화/애니메이션 관련 단체 및 클럽에 참여한다.
보드 게임	보드 게임 대회에 나간다. 보드 게임 관련 단체 혹은 클럽에 참여한다.
코스프레	만화 대회에 나간다. 의상을 직접 만들 수 있도록 바느질 수업을 듣는다. 코스프레 관련 단체 혹은 클럽에 참여한다.
영화	영화 감상회에 참석한다. 영화 관련 단체 혹은 동호회에 참여한다.
스포츠	스포츠 팀에 가입한다. 지역 센터 등에서 스포츠를 배운다. 스포츠 연합에 가입한다. 스포츠 이벤트/스포츠 캠프에 참석한다. 스포츠 관련 단체 혹은 클럽에 참여한다.
자동차	자동차 쇼/자동차 박물관을 방문한다. 자동차 관련 수업을 듣는다. 자동차 관련 단체 혹은 클럽에 참여한다.
음악	콘서트에 간다. 대학생 밴드에 가입한다. 음악 관련 수업을 듣는다. 음악 관련 단체 혹은 클럽에 참여한다.
어학	어학 수업을 듣는다. 어학 관련 단체 혹은 클럽에 참여한다. 언어 교환 프로그램에 참여한다. 문화원에 간다.
요리	요리 수업을 듣는다. 요리 관련 단체 혹은 클럽에 참여한다. 요리 대회에 나간다.

● **정기적으로 함께 어울리기를 한다.**

○ 치료자: "앞으로 나아가기 위해서 성인들이 정기적으로 함께 어울리기를 하는 것 또한 중요합니다. 정기적으로 함께 어울리기를 하는 것이 중요한 이유는 무엇일까요?"

■ 대답: 정기적으로 **함께 어울리기**를 한다면 친구관계를 발전시킬 수 있습니다. 친구와 **함께 어울리기**를 하지 않는 것은 아마도 친한 사이가 아니기 때문일 것입니다.

○ 설명: "함께 어울리기를 하는 것은 친한 친구를 사귀고 그 관계를 유지하는 방법입니다. 누군가와 처음 친구가 되어 갈 때 서로에 대해서 더 잘 알아가기 위해 함께 어울리기를 하도록 노력해야 합니다. 그 사람과 친구가 되었다고 하더라도 그 관계를 유지하기 위해서는 함께 어울리기를 통해 정기적으로 만남을 가져야 합니다."

○ 설명: "성인들이 '일주일에 적어도 한 번' 함께 어울리기를 할 것을 권합니다. 정기적으로 함께 어울리기를 하는 것은 친구와 더 가까운 관계를 발전시키는 방법입니다."

○ 함께 어울리기를 할 때 기억해야 할 것

- 다섯 가지 요소를 사용하여 계획한다.
- 함께 어울리기는 활동에 바탕을 두어야 하며, 공통의 관심사에 초점을 두어야 한다.
- 함께 어울리기를 진행하는 총시간의 50%는 정보를 교환하는 데 쓴다.
- 처음에는 짧고 즐거운 함께 어울리기를 가진다(활동에 따라 처음부터 바로 두 시간 이상 함께 어울리지 않는다).

● 또래들로부터 받아들여졌는지의 여부를 알려주는 신호들을 통해 이를 평가한다.

○ 설명: "앞으로 나아가기 위해서는 또래들로부터 받아들여졌는지의 여부를 알려주는 신호들을 통해 이를 평가하는 것 또한 중요합니다. 당신이 친구가 되고 싶어 하는 사람을 찾는 것은 쉽지만 상대방이 당신과 친구가 되고 싶어 하는지를 어떻게 알 수 있을까요?"

- 대답: [표 17.4]를 참조합니다.

○ 질문: "다른 사람들이 당신과 친구가 되고 싶어 하지 않는다는 것은 어떻게 알 수 있을까요?"

- 대답: [표 17.4]를 참조합니다.

표 17.4 받아들여졌는지 혹은 받아들여지지 않았는지를 알 수 있는 신호

받아들여졌다는 신호	받아들여지지 않았다는 신호
어떤 일/활동을 하자고 당신에게 개인적으로 혹은 그룹과 함께 만나자고 한다.	어떤 일/활동을 하자고 당신에게 만나자고 하지 않는다.
함께 이야기를 나누려는 당신의 시도에 반응을 보이고 당신과 대화를 나눈다.	함께 이야기를 나누려는 당신의 시도를 무시하거나 당신에게 반응하지 않는다.
당신에게 자신의 연락처를 준다.	당신에게 자신의 연락처를 주지 않는다.
당신의 연락처를 물어본다.	당신의 연락처를 물어보지 않는다.
그냥 이야기를 나누려는 목적으로 당신에게 문자, 메시지, 이메일을 보내거나 전화를 한다.	당신에게 문자, 메시지, 이메일을 보내거나 전화를 하지 않는다.
당신의 문자, 메시지, 이메일 혹은 전화에 답한다.	당신의 문자, 메시지, 이메일 혹은 전화를 받지 않거나 이에 답장하지 않는다.
어떤 일/활동에 당신을 초대한다.	어떤 일/활동에 당신을 초대하지 않는다.
어떤 일/활동을 하자고 하는 당신의 초대를 받아들인다.	어떤 일/활동을 하자고 하는 당신의 초대를 받아들이지 않거나 나중에 하자고 미룬다.
소셜네트워킹사이트(SNS)에 당신을 친구로 추가한다.	소셜네트워킹사이트(SNS)에서 당신의 친구 추가 요청을 수락하지 않는다.
당신에게 친절한 말을 하거나 칭찬을 한다.	당신을 비웃거나 조롱한다.

- **우정과 데이트는 선택이라는 것을 기억한다.**
  - 설명: "친구와의 관계 혹은 데이트 상대와의 관계에서 받아들여졌는지를 평가하는 동안에 우정과 데이트는 선택이라는 것을 기억하는 것 또한 중요합니다."
  - 질문: "우리는 모든 사람과 친구가 되거나 데이트를 할 수 있나요?"
    - 대답: 아니요.
  - 질문: "모든 사람이 우리와 친구가 되거나 데이트를 할 수 있나요?"
    - 대답: 아니요.
  - 설명: "우정과 데이트는 선택입니다. 만약 누군가가 우리와 친구가 되고 싶어 하지 않거나 데이트를 하고 싶어 하지 않는다면 이것을 중요하게 생각할 필요가 없습니다. 여러분과 친구가 되고 싶어 하거나 데이트를 하고 싶어 하는 다른 사람을 찾으면 됩니다."
- **사회성 코칭을 계속 유지한다.**
  - 치료자: "앞으로 나아가면서 성인들에게 계속해서 사회성 코칭을 유지하는 것 또한 중요합니다. 사회성 코칭을 계속 유지하는 것이 중요한 이유는 무엇일까요?"
    - 대답: 성인들이 사회성 기술을 사용할 수 있도록 해줍니다. 사회성 코칭을 유지하지 않는다면 성인들이 더 이상 사회성 기술을 사용하지 않을 수도 있습니다.
  - 설명: "연구를 통해서 PEERS®의 효과를 성공적으로 검증할 수 있었던 이유는 여러분과 같은 보호자 및 사회성 코치를 포함했기 때문입니다. 여러분의 프로그램 참여는 집단이 끝난 후에도 프로그램의 효과가 유지되는 것을 보장해줍니다. 즉, 여러분은 계속해서 PEERS®에서 사용한 우리끼리 단어와 함께 사용한 언어를 계속 사용해야 하며, 성인들이 정기적으로 사회적 활동에 참여하고 함께 어울리기를 하는지를 확인해야 합니다."
- **PEERS® 기술을 계속 사용한다.**
  - 치료자: "앞으로 나아가기 위한 마지막 조언은 여러분과 성인들이 계속해서 PEERS® 기술을 사용하는 것입니다. PEERS®에서 배운 기술을 계속 사용하는 것이 중요한 이유는 무엇일까요?"
    - 대답: 성인들이 PEERS® 기술을 계속 사용하지 않는다면 그들이 프로그램을 통해 얻은 효과가 더 지속되거나 발전할 수 없을 것입니다.
  - 설명: "이번 회기가 마지막이라고 해서 성인들이 PEERS® 기술 사용을 멈춰야 하는 것은 아닙니다. 지금까지 배운 기술은 우리가 친구를 사귀며 그 관계를 유지하고, 데이트 상대를 만들기 위해 필요한 것들입니다. 친구를 사귀며 그 관계를 유지하는 것은 평생에 걸친 여정이며 따라서 지금까지 배운 기술을 앞으로도 계속해서 어디를 가든 사용할 수 있게 계획해야 합니다!"

추가 자료

● 설명: "마지막으로 집단이 끝나고 도움을 받고자 하는 분들에게는 사회성 코칭 유인물에 추가 자료를 제공하였습니다."

● 영어로 된 자료에 익숙하다면 *The Science of Making Friends: Helping Socially Challenged Teens and Young Adults*(Laugeson, 2013)[†]와 *FriendMaker* 모바일 앱[‡]을 참고할 수 있다.

[†] 이 책은 PEERS®에서 청소년과 성인, 사회성 코치에게 가르치는 친구를 만들고 유지하는 것과 관련된 기술들에 대한 전반적인 내용을 포함하고 있다. 사회적 코치를 위한 교육 내용 설명 및 코칭 팁, 청소년과 성인을 위한 교육 내용의 요약, 각 기술에 대한 역할극 및 조망 수용 질문, DVD, 각 기술에 대한 연습 방법으로 구성되어 있다.

[‡] 이 애플리케이션은 청소년과 성인, 사회성 코치에게 '가상의 사회성 코치' 역할을 할 것이다. PEERS®에서 가르치는 친구를 만들고 유지하는 방법과 관련된 기술들에 대한 전반적인 내용을 제공한다. 사회적 행동의 규칙과 단계가 개요로 정리되어 있으며, 각 기술에 대한 역할극 동영상과 조망 수용 질문들이 포함되어 있다.

성인 치료자 가이드

성인 회기 준비하기

성인 집단 마지막 회기의 목표는 **졸업파티**를 통해 치료를 하는 동안 열심히 노력한 성인들을 칭찬해주고, 즐거움과 축하 속에서 프로그램을 마무리하는 것이다. 이번 회기의 사회성 코칭 치료자 가이드에 언급되어 있듯이 치료 후 효과를 평가하고자 한다면(실제로 이를 시행할 것을 권한다) 설문지를 완성할 수 있는 충분한 시간을 확보하여 파티를 하는 시간이 줄어들지 않도록 한다. 축하하는 분위기를 내기 위해 졸업파티가 열리는 방을 멋지게 꾸미도록 한다. 졸업식이라는 것을 나타내는 표지판이나 배너 등이 흔히 사용되며(이것은 다음 집단 때 다시 써도 된다), 풍선, 주름종이, 띠 및 장식용 식탁보를 이용하기도 한다. 방을 꾸민다면 성인들은 더 축하받는 느낌을 받을 것이고, 파티답게 즐길 수 있을 것이다.

사용 가능한 자원이 있다면 **졸업파티**를 위해 음식과 음료를 제공할 수 있다. 졸업식 전에 어떤 것들이 가능한지를 미리 결정해야 한다. 대부분의 PEERS® 졸업식에서는 집단 구성원들이 각자 간식이나 디저트 같은 음식을 가져와서 다른 사람들과 나누는 **포트럭 파티**를 한다. 음식을 제공할 경우 일어날 수 있는 이슈 중 하나는 특정 집단 구성원이 음식물 알레르기가 있거나, 칼로리 제한을 해야 하거나, 특정 음식을 선호하는 경향이 있을 수 있다는 것이다. 집단의 모든 구성원의 취향과 식이 특이성을 고려하여 음식을 제공하는 것은 어렵기 때문에 음식과 음료를 제공하고자 한다면 가족들에게 미리 무엇을 제공할 것인지를 알려주고, 각자가 음식을 조금씩 가져와서 **포트럭 파티** 형태로 즐길 수 있게 한다. 이렇게 하면 모든 사람의 식사에 대한 요건과 취향을 만족시켜야 하는 부담에서 벗어날 수 있을 것이다. 14회기와 15회기의 다시 만나기 시간에 **포트럭 파티** 형식에 대한 안내를 포함한 졸업식 공지를 하도록 한다. 이를 같은 회기에 나눠주는 **졸업식 안내문**에도 명시해 둔다.

졸업파티와 졸업식이 진행되는 동안 대다수의 성인들은 축하하는 분위기 속에서 즐거워할 것이다. 그러나 프로그램 종결에 대한 반응으로 눈에 띄게 불안해하거나 슬퍼하는 성인이 한두 명 있을 수 있다. 치료자가 이러한 반응에 공감해주는 것도 중요하지만, 각각의 성인이 이루어낸 발전과 그들이 성취한 것에 대해 느끼는 자랑스러움에 초점을 맞춤으로써 부정적인 기분을 전환하는 것도 중요하다. 조금 더 불안해하는 성인들은 집단에 다시 참여하는 것에 대해 관심을 표현하기도 할 것이다. **사회성 코칭 치료자 가이드**에 언급한 것처럼 이런 질문을 하는 성인들에게 다음과 같이 말할 수 있다. "일단 몇 개월 동안은 상황을 지켜보도록 합시다. 만약 그래도 다시 참여해야 할 필요성을 느낀다면 저희에게 연락을 주십시오." 우리의 경험에 의하면 성인들이 집단을 마치고 나서 처음에 느끼는 불안을 극복하면 아주 소수만이 다시 참여하겠다고 표현하게 된다.

PEERS® 마지막 회기에서 자주 제기되는 또 다른 요구 중 하나는 함께했던 집단 구성원들과 다시 만나고 싶어 하는 것이다. 이제 집단이 끝나게 되므로 성인들은 자유롭게 집단 구성원들과 만날 수 있으며, 치료진이 주관하여 집단이 다시 만나게 하는 것이 성인들에게 나쁜 영향을 줄 것 같지는 않지만, 이러한 상호작용이 추가적으로 도움이 되는지에 대해서는 아직 모른다. 모두에게 효과적일 수 있는 접근은 존재하지 않으며, 앞으로 집단 구성원들끼리 연락하는 것이 서로에게 도움이 될지를 판단하는 것은 당신이 가장 잘 판단할 수 있을 것이다. 앞으로의 치료에 관해 당신이 어떠한 선택을 내리든, 이번 회기를 그동안 수고한 성인들의 노력을 칭찬하고, 집단을 통해 이룬 훌륭한 성과들을 축하하며, 이런 성공의 뒷편에서 수고한 모든 사람을 치하할 수 있는 기회로 만들도록 한다.

과제 점검

[다음의 과제를 완수한 경우 손을 들게 한다. 과제 수행 기록지에 과제 완성 여부를 표기한다. 대부분의 시간은 졸업파티에 할애해야 하기 때문에 과제 점검은 5분이 넘지 않도록 한다.]

1. 친구와 **함께 어울리기**를 한다.
   - 치료자: "이번 주의 주요 과제 중 하나는 여러분이 친구와 함께 어울리기를 하는 것이었습니다. 이번 과제를 완수했거나 완수하고자 노력한 사람은 손을 들어주세요."

2. 사회성 코치와 함께 **자신에 대한 또 다른 소문을 스스로 퍼뜨리기**를 연습한다.
   - 치료자: "이번 주 또 다른 과제는 사회성 코치와 함께 자신에 대한 또 다른 소문을 스스로 퍼뜨리기를 연습하는 것이었습니다. 이번 과제를 완수했거나 완수하고자 노력한 사람은 손을 들어주세요."

3. 사회성 코치와 함께 **놀림 다루기**를 연습한다.
   - 치료자: "이번 주 또 다른 과제는 여러분이 사회성 코치와 함께 놀림 다루기를 연습하는 것이었습니다. 이번 과제를 완수했거나 완수하고자 노력한 사람은 손을 들어주세요."

4. 자연스러운 상황이라면 친구와 함께 **직접적 혹은 간접적 괴롭힘 다루기**를 연습한다.
   - 치료자: "이번 주 또 다른 과제는 자연스러운 상황이라면 친구와 함께 직접적 혹은 간접적 괴롭힘 다루기를 연습하는 것이었습니다. 이번 과제를 완수했거나 완수하고자 노력한 사람은 손을 들어주세요."

5. 자연스러운 상황이라면 친구 혹은 연인과 **논쟁 다루기**를 연습한다.
   - 치료자: "이번 주 또 다른 과제는 자연스러운 상황이라면 친구 혹은 연인과 논쟁 다루기를 연습하는 것이었습니다. 이번 과제를 완수했거나 완수하고자 노력한 사람은 손을 들어주세요."

6. **상대에게 내가 관심이 있다는 것 알리기, 데이트 신청하기** 및/혹은 **데이트하기**를 연습한다.
   - 치료자: "이번 주 또 다른 과제는 여러분이 상대에게 내가 관심이 있다는 것 알리기, 데이트 신청하기, 데이트하기를 연습하는 것이었습니다. 이 과제는 상대방에게 데이트 상대로 호감을 가지고 있을 때만 시도하는 것이었습니다. 여러분이 편하게 느낄 경우에는 사회성 코치와 연습을 했어도 상관없습니다. 이번 과제를 완수했거나 완수하고자 노력한 사람은 손을 들어주세요."

교육: 앞으로 나아가야 할 방향

설명: "오늘은 PEERS®의 마지막 회기입니다. 그러나 모임이 끝났다고 해서 여러분의 할 일 또한 끝났다는 것을 의미하지는 않습니다. 지금부터 여러분이 앞으로 나아가기 위해서 정확히 무엇을 해야 하는지에 초점을 맞추어 이야기하고자 합니다."

- **정기적으로 사회적 활동에 참여한다.**
  - 치료자: "여러분이 계속해서 새로운 친구를 사귈 수 있는 곳을 찾고 사회적 활동에 참여하는 것이 중요합니다. 정기적으로 사회적 활동에 참여하는 것이 중요한 이유는 무엇일까요?"
    - 대답: 공통의 관심사를 가진 새로운 친구를 사귈 수 있는 곳이기 때문입니다.
  - 설명: "공통의 관심사를 가진 친구들과 만날 수 있도록 '일주일에 적어도 한 번은 사회적 활동'에 참여할 것을 권합니다."

- **정기적으로 함께 어울리기를 한다.**
  - 치료자: "앞으로 나아가기 위해서 정기적으로 함께 어울리기를 하는 것 또한 중요합니다. 정기적으로 함께 어울리기를 하는 것이 중요한 이유는 무엇일까요?"
    - 대답: 정기적으로 **함께 어울리기**를 한다면 친구관계를 발전시킬 수 있습니다. 친구와 **함께 어울리기**를 하지 않는 것은 아마도 친한 사이가 아니기 때문일 것입니다.
  - 설명: "'일주일에 적어도 한 번 함께 어울리기'를 할 것을 권합니다. 정기적으로 함께 어울리기를 가지는 것은 친구와 더 가까운 관계를 발전시키는 방법입니다."
- **또래들로부터 받아들여졌는지의 여부를 알려주는 신호를 통해 이를 평가한다.**
  - 설명: "앞으로 나아가기 위해서는 또래들로부터 받아들여졌는지의 여부를 알려주는 신호들을 통해 이를 평가하는 것 또한 중요합니다. 당신이 친구가 되고 싶어 하는 사람을 찾는 것은 쉽지만 상대방이 당신과 친구가 되고 싶어 하는지를 어떻게 알 수 있을까요?"
    - 대답: e-커뮤니케이션을 통해 당신에게 문자를 하거나 연락을 합니다. 어떤 일/활동에 당신을 초대합니다. 어떤 일/활동을 하자고 하는 당신의 초대를 받아들입니다.
  - 질문: "다른 사람들이 여러분과 친구가 되고 싶어 하지 않는다는 것은 어떻게 알 수 있을까요?"
    - 대답: e-커뮤니케이션을 통해 당신에게 문자를 하거나 연락을 하지 않습니다. 어떤 일/활동에 당신을 초대하지 않습니다. 어떤 일/활동을 하자고 하는 당신의 초대를 받아들이지 않거나 나중에 하자고 미룹니다.
- **우정과 데이트는 선택이라는 것을 기억한다.**
  - 설명: "친구와의 관계 혹은 데이트 상대와의 관계에서 받아들여졌는지를 평가하는 동안에 우정과 데이트는 선택이라는 것을 기억하는 것 또한 중요합니다."
  - 질문: "우리는 모든 사람과 친구가 되거나 데이트를 할 수 있나요?"
    - 대답: 아니요.
  - 질문: "모든 사람이 우리와 친구가 되거나 데이트를 할 수 있나요?"
    - 대답: 아니요.
  - 설명: "우정과 데이트는 선택입니다. 만약 누군가가 우리와 친구가 되고 싶어 하지 않거나 데이트를 하고 싶어 하지 않는다면 이것을 중요하게 생각할 필요가 없습니다. 여러분과 친구가 되고 싶어 하거나 데이트를 하고 싶어 하는 다른 사람을 찾으면 됩니다."
- **사회성 코칭을 계속 유지한다.**
  - 치료자: "앞으로 나아가면서 여러분의 사회성 코치들과 계속 함께 노력하는 것 또한 중요합니다. 사회성 코칭을 계속 유지하는 것이 중요한 이유는 무엇일까요?"
    - 대답: 사회성 기술을 사용할 수 있도록 해줍니다. 사회성 코치들이 코칭을 제공하지 않는다면 더 이상 사회성 기술을 사용하지 않을 수도 있습니다.
- **PEERS® 기술을 계속 사용한다.**
  - 치료자: "앞으로 나아가기 위한 마지막 조언은 여러분이 계속해서 PEERS® 기술을 사용하는 것입니다. PEERS®에서 배운 기술을 계속 사용하는 것이 중요한 이유는 무엇일까요?"
    - 대답: PEERS® 기술을 계속 사용하지 않는다면 프로그램을 통해 얻은 효과가 더 지속되거나 발전할 수 없을 것입니다.

○ 설명: "이번 회기가 마지막이라고 해서 PEERS® 기술 사용을 멈춰야 하는 것은 아닙니다. 지금까지 배운 기술은 우리가 친구를 사귀며 그 관계를 유지하고, 데이트 상대를 만들기 위해 필요한 것들입니다. 친구를 사귀며 그 관계를 유지하는 것은 일생에 걸친 여정이며 따라서 지금까지 배운 기술을 평생 어디를 가든 사용할 수 있게 계획해야 합니다!"

졸업파티에 대한 제안

- 졸업파티 전에 성인들이 사용하는 집단 치료실을 축제 분위기가 나도록 꾸민다.
  - 이번 회기를 위해 성인 치료자 가이드를 참고한다.
- 치료팀이 졸업파티에 간단한 음식과 음료를 준비한다.
  - PEERS® 졸업파티에서 가장 인기 있는 음식 아이템은 피자와 치킨이다.
  - 음식과 음료를 제공한다면 접시, 냅킨, 컵 및 식기류를 준비한다.
- 각 집단 구성원이 간단한 간식과 후식을 가져와 나누어 먹을 수 있도록 준비할 수도 있다.
  - 성인들과 사회성 코치들에게 졸업 안내문에서 이를 미리 안내하며, 14회기 및 15회기 졸업식 안내 시간에 언급한다.
- **함께 어울리기**를 할 때처럼 졸업파티를 하는 동안 친구와 대화를 나누고 어울릴 수 있도록 성인들을 격려한다.
- 성인들은 대화를 나누면서 게임을 하거나 음악을 듣고, 영화 보는 것을 즐긴다.
  - 치료팀이 선택 가능한 영화들을 준비해 놓는 것이 좋다.
    - 선택 가능한 영화들은 모든 집단 구성원에게 적합한 영화여야 한다(예: 폭력적이거나 성적인 장면이 포함된 영화는 일부 성인에게 거부감을 느끼게 할 수 있다).
    - 영화를 봤다면 성인들이 함께 그 영화에 관한 이야기를 나누게 한다.
    - 영화를 관람하는 것보다는 그 영화에 관한 이야기를 나누는 것이 더 중요하다.
  - 치료팀이 선택 가능한 게임들을 준비해 놓는 것이 좋다.
    - **함께 어울리기**를 연습하기 위해 행동 연습에서 사용했던 게임들이어도 좋다.
    - 성인들 스스로가 놀고 싶은 게임을 고르게 한다.
  - 성인들이 음악을 틀어놓게 하는 것도 좋다(대개 스마트폰을 사용한다).
    - 성인들이 음악을 듣고 싶어 한다면 함께 어떤 음악을 들을지를 선택하게 한다.
- 졸업파티는 성인들이 함께 어울릴 수 있도록 비구조화되어야 한다.
  - 이 시점(혹은 졸업식 이후에)에서 많은 성인들이 서로 연락처를 교환할 것이다. 집단이 거의 끝나가는 시점에서 이것은 매우 적절한 행동이다.
- 졸업파티를 진행하는 동안 서로 어울리며 재미있고 축제 같은 분위기를 만들 것을 격려한다.

졸업식

졸업식에 대한 제안

[졸업식은 (끝나고 함께 어울리는 시간까지 고려하여) 대개 30분을 할당해야 하기 때문에 이에 맞게 회기를 준비하도록 한다.]

- 졸업식을 위해 성인들에게 사회성 코치와 다시 만날 것이라고 안내한다.
  - 성인들은 각자의 사회성 코치 곁에 서 있거나 앉아 있는다.
- 사회성 코칭 유인물을 성인들에게 나눠준다.
- 집단 치료자 및 보조 치료자들은 성인들과 사회성 코치들과 마주 볼 수 있도록 치료실 앞쪽에 서 있는다.
  - 졸업식이 시작되기 전에, 조용히 하고 집단에 완전히 집중하게 한다.
- 집단 치료자들은 졸업식을 진행한다.
- 집단 치료자들은 성인들과 사회성 코치들이 열심히 프로그램을 해낸 것에 대해 칭찬의 말을 하는 것으로 시작한다.
  - 집단이 이뤄낸 향상에 대해 격려의 말을 한다.
  - 구체적으로 구성원 개개인에 대한 언급은 하지 않는다. 구성원 개개인에 대한 언급은 항상 공평할 수 없으며, 일부 성인들 혹은 사회성 코치들의 기분이 상할 수 있기 때문이다.
- 보조 치료자 중에서도 성인들과 사회성 코치들이 열심히 프로그램을 해낸 것에 대해 칭찬의 말을 할 수 있다.
- 집단 치료자들은 졸업식의 시작을 알리고, 졸업식 순서에 대해 설명한다.
  - 자신의 이름이 호명되면 성인은 졸업장을 받기 위해 앞으로 나온다.
  - 모든 사람이 앞으로 나온 성인을 위해 힘찬 박수를 보낸다.
  - 집단 치료자들은 성인과 악수를 하고 다른 한 손으로는 졸업장을 수여한다.
  - 졸업장을 받은 성인은 보조 치료자들과 각각 악수(혹은 하이파이브)를 한다.
  - 성인이 자리에 다시 앉을 때까지 모두 계속 박수를 치며 축하해준다.
- 집단 치료자들은 졸업장을 수여한다.
  - 조금 더 드라마틱한 분위기를 연출하기 위해 집단 구성원들이 책상을 치며 효과음을 내는 동안, "첫 번째/다음 PEERS® 졸업장은 (성인의 이름)에게 갑니다!"라고 외친다.
  - 각 성인을 치료실 앞으로 나오게 하고 졸업장을 수여한다.
  - 각 성인의 이름이 호명될 때마다 집단 모두가 박수를 치고 환호하게 한다.
  - 성인들이 집단 치료자 및 보조 치료자들과 악수(혹은 하이파이브)를 하게 한다.
  - 각 성인이 자리로 돌아가는 동안 다른 집단 구성원들은 계속 박수를 치고 환호해줄 것을 격려한다.
    - 치료자: "(성인의 이름)을/를 위해 한 번 더 박수를 쳐줍시다."
    - 치료자: "(성인의 이름)을/를 위해 더 크게 박수를 쳐줍시다."

- 마지막 성인이 졸업장을 받고 나면, 집단이 보여준 놀라운 발전에 대해 간단한 마무리 인사말을 한다.
- 치료가 끝났다고 해서 기술의 사용도 끝난 것이 아님을 성인들과 사회성 코치들에게 상기시킨다.
- 성인들이 친구를 사귀고 그 관계를 유지하며, 데이트 상대를 만나고 그 관계를 지속하기 위해 습득한 기술을 계속적으로 연습하도록 격려한다.
- 모두에게 격려와 작별 인사를 하며 마지막으로 함께 박수를 친다.
- [선택사항: '졸업 선물'로 성인들과 사회성 코치들에게 사회성 코칭 유인물 16부를 새로 나눠준다. 사회성 코칭 유인물을 새로 나눠준다면 앞으로 나아가기 위해 필요한 모든 정보를 가지고 갈 수 있다.]

사회성 코칭 유인물

앞으로 나아가야 할 방향에 대한 제안

- 정기적으로 사회적 활동에 참여한다.
  - 공통의 관심사를 가진 친구들과 만날 수 있도록 성인들이 **일주일에 적어도 한 번은 사회적 활동**에 참여할 것을 권합니다.
  - 바람직한 **사회적 활동**의 기준
    - 성인의 관심사에 근거한다.
    - 매주 혹은 적어도 2주에 한 번 만난다.
    - 성인을 받아들여주는 비슷한 나이대의 또래들이 포함되어 있다.
    - 다른 사람들과 어울릴 수 있는 구조화되지 않은 시간이 있다.
    - 앞으로 2주 안에 활동이 시작된다.

표 17.3 가능한 사회적 활동

관심사	관련 사회적 활동
컴퓨터/기계	컴퓨터 수업을 듣는다. 컴퓨터/기계공학 부서의 이벤트에 참석한다. 기계 관련 단체 혹은 클럽에 참여한다. 컴퓨터 관련 단체 혹은 클럽에 참여한다.
컴퓨터/비디오 게임	친구들과 오락실/PC방에 간다. 게임 대회에 나간다. 게임 스토어에 찾아간다. 게임 관련 단체 혹은 클럽에 참여한다.
과학	과학 박물관 이벤트에 참석한다. 과학 수업을 듣는다. 과학 관련 단체 혹은 클럽에 참여한다. 로봇 관련 클럽에 참여한다.
만화책/애니	만화 대회에 나간다. 만화책 스토어에 찾아간다. 만화/애니메이션 수업을 듣는다. 만화/애니메이션 관련 단체 및 클럽에 참여한다.
보드 게임	보드 게임 대회에 나간다. 보드 게임 관련 단체 혹은 클럽에 참여한다.
코스프레	만화 대회에 나간다. 의상을 직접 만들 수 있도록 바느질 수업을 듣는다. 코스프레 관련 단체 혹은 클럽에 참여한다.
영화	영화 감상회에 참석한다. 영화 관련 단체 혹은 동호회에 참여한다.
스포츠	스포츠 팀에 가입한다. 지역 센터 등에서 스포츠를 배운다. 스포츠 연합에 가입한다. 스포츠 이벤트/스포츠 캠프에 참석한다. 스포츠 관련 단체 혹은 클럽에 참여한다.
자동차	자동차 쇼/자동차 박물관을 방문한다. 자동차 관련 수업을 듣는다. 자동차 관련 단체 혹은 클럽에 참여한다.
음악	콘서트에 간다. 대학생 밴드에 가입한다. 음악 관련 수업을 듣는다. 음악 관련 단체 혹은 클럽에 참여한다.
어학	어학 수업을 듣는다. 어학 관련 단체 혹은 클럽에 참여한다. 언어 교환 프로그램에 참여한다. 문화원에 간다.
요리	요리 수업을 듣는다. 요리 관련 단체 혹은 클럽에 참여한다. 요리 대회에 나간다.

- 정기적으로 함께 어울리기를 한다.
  - 성인들이 **적어도 일주일에 한 번 함께 어울리기**를 할 것을 권합니다.
  - 정기적으로 함께 어울리기를 하는 것은 친구와 더 가까운 관계를 발전시키는 방법입니다.
  - 함께 어울리기를 할 때 기억해야 할 것
    - 다섯 가지 요소를 사용하여 계획한다.
    - 함께 어울리기는 활동에 바탕을 두어야 하며, 공통의 관심사에 초점을 두어야 한다.
    - 함께 어울리기를 진행하는 총시간의 50%는 정보를 교환하는 데 쓴다.
    - 처음에는 짧고 즐거운 함께 어울리기를 한다(활동에 따라 처음부터 바로 두 시간 이상 함께 어울리지 않는다).

- 또래들로부터 받아들여졌는지의 여부를 알려주는 신호를 통해 이를 평가한다.

표 17.4 사회적 모임으로부터 받아들여졌는지 혹은 받아들여지지 않았는지를 알 수 있는 신호

받아들여졌다는 신호	받아들여지지 않았다는 신호
어떤 일/활동을 하자고 당신에게 개인적으로 혹은 그룹과 함께 만나자고 한다.	어떤 일/활동을 하자고 당신에게 만나자고 하지 않는다.
함께 이야기를 나누려는 당신의 시도에 반응을 보이고 당신과 대화를 나눈다.	함께 이야기를 나누려는 당신의 시도를 무시하거나 당신에게 반응하지 않는다.
당신에게 자신의 연락처를 준다.	당신에게 자신의 연락처를 주지 않는다.
당신의 연락처를 물어본다.	당신의 연락처를 물어보지 않는다.
그냥 이야기를 나누려는 목적으로 당신에게 문자, 메시지, 이메일을 보내거나 전화를 한다.	당신에게 문자, 메시지, 이메일을 보내거나 전화를 하지 않는다.
당신의 문자, 메시지, 이메일 혹은 전화에 답한다.	당신의 문자, 메시지, 이메일 혹은 전화를 받지 않거나 이에 답장하지 않는다.
어떤 일/활동에 당신을 초대한다.	어떤 일/활동에 당신을 초대하지 않는다.
어떤 일/활동을 하자고 하는 당신의 초대를 받아들인다.	어떤 일/활동을 하자고 하는 당신의 초대를 받아들이지 않거나 나중에 하자고 미룬다.
소셜네트워킹사이트(SNS)에 당신을 친구로 추가한다.	소셜네트워킹사이트(SNS)에서 당신의 친구 추가 요청을 수락하지 않는다.
당신에게 친절한 말을 하거나 칭찬을 한다.	당신을 비웃거나 조롱한다.

- 우정과 데이트는 선택이라는 것을 기억한다.
- 사회성 코칭을 계속 유지한다.
- PEERS® 기술을 계속 사용한다.

추가 자료

- 설명: "마지막으로 집단이 끝나고 도움을 받고자 하는 분들에게는 사회성 코칭 유인물에 추가 자료를 제공하였습니다."

- 영어로 된 자료에 익숙하다면 *The Science of Making Friends: Helping Socially Challenged Teens and Young Adults*(Laugeson, 2013)[†]와 *FriendMaker* 모바일 앱[‡]을 참고할 수 있다.

주요 용어

또래들로부터 받아들여졌는지 여부를 알려주는 신호	우정과 데이트는 선택	졸업식
	정기적인 함께 어울리기	졸업장
사후 효과 평가	졸업파티	

그동안 PEERS® 프로그램에 참여해주셔서 감사합니다!
앞으로 더 좋은 일들이 가득하시기를 기원합니다!

[†] 이 책은 PEERS®에서 청소년과 성인, 사회성 코치에게 가르치는 친구를 만들고 유지하는 것과 관련된 기술들에 대한 전반적인 내용을 포함하고 있다. 사회적 코치를 위한 교육 내용 설명 및 코칭 팁, 청소년과 성인을 위한 교육 내용의 요약, 각 기술에 대한 역할극 및 조망 수용 질문, DVD, 각 기술에 대한 연습 방법으로 구성되어 있다.

[‡] 이 애플리케이션은 청소년과 성인, 사회성 코치에게 '가상의 사회성 코치' 역할을 할 것이다. PEERS®에서 가르치는 친구를 만들고 유지하는 방법과 관련된 기술들에 대한 전반적인 내용을 제공한다. 사회적 행동의 규칙과 단계가 개요로 정리되어 있으며, 각 기술에 대한 역할극 동영상과 조망 수용 질문이 포함되어 있다.

결석 예정일 알림표

부모님과 성인이 PEERS®의 **모든 회기**에 참석하는 것은 매우 중요합니다. 그러나 만약 부득이하게 회기에 결석할 일이 생기실 경우 참석이 어려운 날짜에 미리 표시해주시기 바랍니다.

성인 이름 : _____

부모 이름 : _____

회기	날짜	결석 예정일
1		
2		
3		
4		
5		
6		
7		
8		
9		
10		
11		
12		
13		
14		
15		
16		졸업

결석 예정일에 대한 사전 정보는 결석 예정인 성인이 몇 명인지에 따라 특정 회기의 일정을 변경해야 할 필요가 있는지를 판단하는 일에 사용될 것입니다.

만약 결석 예정일이 있으실 경우 이 양식에 기입하여 첫 번째 혹은 두 번째 만남까지 제출해주시기 바랍니다.

PEERS® 전화번호부

전화번호부(phone roster)는 집단 구성원과의 전화 혹은 영상 통화를 하는 데 사용됩니다. 이 표는 성인이 매주 배정된 사람들과 통화를 할 수 있도록 도와주는 데 사용합니다. 매주 어떤 사람과 통화하기로 했는지 기억하기 위해서 통화하기로 약속한 사람 이름과 요일, 시간을 아래 표에 기록해 두십시오.

	성인 이름	부모 이름	전화번호	요일	시간	나의 역할	과제 여부
1주				요일	오전/오후 ____시	발신/수신	
				요일	오전/오후 ____시	발신/수신	
2주				요일	오전/오후 ____시	발신/수신	
				요일	오전/오후 ____시	발신/수신	
3주				요일	오전/오후 ____시	발신/수신	
				요일	오전/오후 ____시	발신/수신	
4주				요일	오전/오후 ____시	발신/수신	
				요일	오전/오후 ____시	발신/수신	
5주				요일	오전/오후 ____시	발신/수신	
				요일	오전/오후 ____시	발신/수신	
6주				요일	오전/오후 ____시	발신/수신	
				요일	오전/오후 ____시	발신/수신	

집단 구성원들과의 전화 혹은 영상 통화 배정표

1주

발신인 _____   수신인 _____

발신인 _____   수신인 _____

발신인 _____   수신인 _____

발신인 _____   수신인 _____

발신인 _____   수신인 _____

발신인 _____   수신인 _____

2주

발신인 _____   수신인 _____

발신인 _____   수신인 _____

발신인 _____   수신인 _____

발신인 _____   수신인 _____

발신인 _____   수신인 _____

발신인 _____   수신인 _____

3주

발신인 _____   수신인 _____

발신인 _____   수신인 _____

발신인 _____   수신인 _____

발신인 _____   수신인 _____

발신인 _____   수신인 _____

발신인 _____   수신인 _____

4주

발신인 _____   수신인 _____

발신인 _____   수신인 _____

발신인 _____   수신인 _____

발신인 _____   수신인 _____

발신인 _____   수신인 _____

발신인 _____   수신인 _____

5주

발신인 _____   수신인 _____

발신인 _____   수신인 _____

발신인 _____   수신인 _____

발신인 _____   수신인 _____

발신인 _____   수신인 _____

발신인 _____   수신인 _____

6주

발신인 _____   수신인 _____

발신인 _____   수신인 _____

발신인 _____   수신인 _____

발신인 _____   수신인 _____

발신인 _____   수신인 _____

발신인 _____   수신인 _____

과제 수행 기록지

PEERS® 과제 수행 기록지

회기	1	2	3	4	5	6	7	8	9	10	11	12	13	14	15	16
날짜																

C = 완성(Completed)　　P = 부분 완성(Partially Completed)　　I = 미완성(Incomplete)

이름	개인 물건	사회성 코치와 연습하기	집단 구성원과의 전화	친구를 사귈 수 있는 곳	대화 시작하고 유지하기	유머에 대한 반응	대화 들어가고 빠져 나오기	함께 어울리기	데이트	논쟁 다루기	놀림	기타

사회성 코치
과제 기록지(1~15회기)

사회성 코치 과제 기록지 : 1회기

다음 회기 전까지 기록지를 작성하여 집단에 가져오시기 바랍니다.
각 질문에 답하시고, 칸이 남는다면 추가적인 코멘트를 적어주십시오.

성명 :

	기술을 연습하기 전 성인과 함께 규칙을 복습했나요?	성인이 과제를 완수했나요?	성인이 기술을 연습할 때 칭찬하고 사회성 코칭을 했나요?
집단 구성원과의 전화 혹은 영상 통화 ● 전화하기 전 ○ 전화를 위한 날짜와 시간을 정했나요? ● 전화하는 동안 ○ 정보를 교환하고 공통의 관심사를 찾았나요? ● 전화한 후 ○ 공통의 관심사가 무엇이었는지 물어보았나요? ○ 만약 두 사람이 함께 시간을 보내게 된다면 그 정보를 가지고 무엇을 할 수 있을지 물어보았나요?			
사회성 코치와 대화 시작하기 및 정보 교환하기 ● 공통의 관심사를 찾았나요? ● 만약 당신과 성인이 함께 시간을 보내게 된다면 그 정보를 가지고 무엇을 할 수 있을지 물어보았나요?			

사회성 코치 과제 기록지 : 2회기

다음 회기 전까지 기록지를 작성하여 집단에 가져오시기 바랍니다.

각 질문에 답하시고, 칸이 남는다면 추가적인 코멘트를 적어주십시오.

성명 :

	기술을 연습하기 전 성인과 함께 규칙을 복습했나요?	성인이 과제를 완수했나요?	성인이 기술을 연습할 때 칭찬하고 사회성 코칭을 했나요?
집단 구성원과의 전화 혹은 영상 통화 ● 전화하기 전 　○ 전화를 위한 날짜와 시간을 정했나요? ● 전화하는 동안 　○ 정보를 교환하고 공통의 관심사를 찾았나요? ● 전화한 후 　○ 공통의 관심사가 무엇이었는지 물어보았나요? 　○ 만약 두 사람이 함께 시간을 보내게 된다면 그 정보를 가지고 무엇을 할 수 있을지 물어보았나요?			
사회성 코치와 대화 시작하고 유지하기 ● 공통의 관심사를 찾았나요? ● 만약 당신과 성인이 함께 시간을 보내게 된다면 그 정보를 가지고 무엇을 할 수 있을지 물어보았나요?			

사회성 코치 과제 기록지 : 3회기

다음 회기 전까지 기록지를 작성하여 집단에 가져오시기 바랍니다.
각 질문에 답하시고, 칸이 남는다면 추가적인 코멘트를 적어주십시오.

성명 :

	기술을 연습하기 전 성인과 함께 규칙을 복습했나요?	성인이 과제를 완수했나요?	성인이 기술을 연습할 때 칭찬하고 사회성 코칭을 했나요?
새로운 친구를 사귈 수 있는 곳 찾기 • 참여할 수 있는 사회적 활동들에 대해 성인과 함께 상의하고 결정했나요?			
집단 구성원과의 전화 혹은 영상 통화 • 전화하기 전 　○ 전화를 위한 날짜와 시간을 정했나요? • 전화하는 동안 　○ 정보를 교환하고 공통의 관심사를 찾았나요? • 전화한 후 　○ 공통의 관심사가 무엇이었는지 물어보았나요? 　○ 만약 두 사람이 함께 시간을 보내게 된다면 그 정보를 가지고 무엇을 할 수 있을지 물어보았습니까?			
사회성 코치와 대화 시작하고 유지하기 • 공통의 관심사를 찾았나요? • 만약 당신과 성인이 함께 시간을 보내게 된다면 그 정보를 가지고 무엇을 할 수 있을지 물어보았나요?			
성인이 정보를 교환하기 위한 개인 물건을 가져왔나요?			

사회성 코치 과제 기록지 : 4회기

다음 회기 전까지 기록지를 작성하여 집단에 가져오시기 바랍니다.
각 질문에 답하시고, 칸이 남는다면 추가적인 코멘트를 적어주십시오.

성명 :

	기술을 연습하기 전 성인과 함께 규칙을 복습했나요?	성인이 과제를 완수했나요?	성인이 기술을 연습할 때 칭찬하고 사회성 코칭을 했나요?
새로운 친구를 사귈 수 있는 곳 찾기 ● 참여할 수 있는 사회적 활동들에 대해 성인과 함께 상의하고 결정했나요?			
또래와 대화 시작하기 및 정보 교환하기 ● 성인이 대화를 마친 뒤 적절한 사회성 코칭 질문을 했나요?			
집단 구성원과의 전화 혹은 영상 통화 ● 전화하기 전 　○ 전화를 위한 날짜와 시간을 정했나요? ● 전화하는 동안 　○ 정보를 교환하고 공통의 관심사를 찾았나요? ● 전화한 후 　○ 공통의 관심사가 무엇이었는지 물어보았나요? 　○ 만약 두 사람이 함께 시간을 보내게 된다면 그 정보를 가지고 무엇을 할 수 있을지 물어보았습니까?			
사회성 코치와 전화 시작하고 끝내기 및 정보 교환하기 연습하기 ● 공통의 관심사를 찾았나요? ● 만약 당신과 성인이 함께 시간을 보내게 된다면 그 정보를 가지고 무엇을 할 수 있을지 물어보았나요?			
성인이 정보를 교환하기 위한 개인 물건을 가져왔나요?			

	사회성 코치 과제 기록지 : 5회기

다음 회기 전까지 기록지를 작성하여 집단에 가져오시기 바랍니다.
각 질문에 답하시고, 칸이 남는다면 추가적인 코멘트를 적어주십시오.

성명 :

	기술을 연습하기 전 성인과 함께 규칙을 복습했나요?	성인이 과제를 완수했나요?	성인이 기술을 연습했을 때 칭찬하고 사회성 코칭을 했나요?
새로운 친구를 사귈 수 있는 곳 찾기 ● 참여할 수 있는 사회적 활동들에 대해 성인과 함께 상의하고 결정했나요?			
또래와 대화 시작하기 및 정보 교환하기 ● 성인이 대화를 마친 뒤 적절한 사회성 코칭 질문을 했나요?			
유머에 대한 반응에 주의 기울이기 ● 성인이 유머를 하게 되었을 때 개별적으로 적절한 사회성 코칭 질문을 했나요?			

집단 구성원과의 전화 혹은 영상 통화
● 전화하기 전
  ○ 전화를 위한 날짜와 시간을 정했나요?
 	
● 전화하는 동안
  ○ 정보를 교환하고 공통의 관심사를 찾았나요?
 	
● 전화한 후
  ○ 공통의 관심사가 무엇이었는지 물어보았나요?
 	
  ○ 만약 두 사람이 함께 시간을 보내게 된다면 그 정보를 가지고 무엇을 할 수 있을지 물어보았나요?			

성인이 정보를 교환하기 위한 개인 물건을 가져왔나요?			

사회성 코치 과제 기록지 : 6회기

다음 회기 전까지 기록지를 작성하여 집단에 가져오시기 바랍니다.
각 질문에 답하시고, 칸이 남는다면 추가적인 코멘트를 적어주십시오.

성명 :

	기술을 연습하기 전 성인과 함께 규칙을 복습했나요?	성인이 과제를 완수했나요?	성인이 기술을 연습할 때 칭찬하고 사회성 코칭을 했나요?
새로운 친구를 사귈 수 있는 곳 찾기 ● 참여할 수 있는 사회적 활동들에 대해 성인과 함께 상의하고 결정했나요?			
사회성 코치가 포함된 여러 사람이 하는 대화에 들어가기 ● 성인이 사회성 코치와 또 다른 사람이 포함된 여러 사람이 하는 대화에 들어가기를 연습했나요? ● 연습 후 적절한 사회성 코칭 질문을 했나요?			
또래들끼리 하고 있는 여러 사람이 하는 대화에 들어가기 ● 성인이 또래들끼리 하고 있는 여러 사람이 하는 대화에 들어가기를 연습했나요? ● 연습 후 적절한 사회성 코칭 질문을 했나요?			
유머에 대한 반응에 주의 기울이기 ● 만약 성인이 유머를 하게 되었을 때 개별적으로 적절한 사회성 코칭 질문을 했나요?			
새로운 친구를 사귈 수 있는 곳 찾기 ● 참여할 수 있는 사회적 활동들에 대해 성인과 함께 상의하고 결정했나요?			

(계속)

사회성 코치 과제 기록지 : 6회기(계속)

다음 회기 전까지 기록지를 작성하여 집단에 가져오시기 바랍니다.

각 질문에 답하시고, 칸이 남는다면 추가적인 코멘트를 적어주십시오.

성명 :

	기술을 연습하기 전 성인과 함께 규칙을 복습했나요?	성인이 과제를 완수했나요?	성인이 기술을 연습할 때 칭찬하고 사회성 코칭을 했나요?
집단 구성원과의 전화 혹은 영상 통화 ● 전화하기 전 　○ 전화를 위한 날짜와 시간을 정했나요? ● 전화하는 동안 　○ 정보를 교환하고 공통의 관심사를 찾았나요? ● 전화한 후 　○ 공통의 관심사가 무엇이었는지 물어보았나요? 　○ 만약 두 사람이 함께 시간을 보내게 된다면 그 정보를 가지고 무엇을 할 수 있을지 물어보았나요?			
성인이 정보를 교환하기 위한 개인 물건을 가져왔나요?			

사회성 코치 과제 기록지 : 7회기

다음 회기 전까지 기록지를 작성하여 집단에 가져오시기 바랍니다.
각 질문에 답하시고, 칸이 남는다면 추가적인 코멘트를 적어주십시오.

성명 :			
	기술을 연습하기 전 성인과 함께 규칙을 복습했나요?	성인이 과제를 완수했나요?	성인이 기술을 연습할 때 칭찬하고 사회성 코칭을 했나요?
사회성 코치가 포함된 대화에 들어가고 빠져나오기 연습하기 ● 성인이 사회성 코치와 또 다른 사람이 포함된 여러 사람이 하는 대화에 들어가고 빠져나오기를 연습했나요? ● 성인이 다음과 같은 상황에서 빠져나오기를 연습했나요? ○ 전혀 받아들여지지 않았을 때 ○ 처음에는 받아들여졌으나 그 이후에 제외되었을 때 ○ 완전히 받아들여졌을 때 ● 이후 적절한 사회성 코칭 질문을 했나요?			
또래들끼리 하고 있는 여러 사람이 하는 대화에 들어가기 ● 성인이 또래들끼리 하고 있는 여러 사람이 하는 대화에 들어가기를 연습했나요? ● 이후 적절한 사회성 코칭 질문을 했나요?			
유머에 대한 반응에 주의 기울이기 ● 성인이 유머를 하게 되었을 때 개별적으로 적절한 사회성 코칭 질문을 했나요?			

사회성 코치 과제 기록지 : 8회기

다음 회기 전까지 기록지를 작성하여 집단에 가져오시기 바랍니다.
각 질문에 답하시고, 칸이 남는다면 추가적인 코멘트를 적어주십시오.

성명 :

	기술을 연습하기 전 성인과 함께 규칙을 복습했나요?	성인이 과제를 완수했나요?	성인이 기술을 연습할 때 칭찬하고 사회성 코칭을 했나요?
함께 어울리기 • 성인이 다섯 가지 요소를 사용하여 함께 어울리기를 계획하도록 도왔나요? • 함께 어울리기 후 적절한 사회성 코칭 질문을 했나요?			
사회성 코치가 포함된 대화에 들어가고 빠져 나오기 연습하기 • 성인이 사회성 코치와 또 다른 사람이 포함된 여러 사람이 하는 대화에 들어가고 빠져나오기를 연습했나요? • 성인이 다음과 같은 상황에서 빠져나오기를 연습했나요? 　○ 전혀 받아들여지지 않았을 때 　○ 처음에는 받아들여졌으나 그 이후에 제외되었을 때 　○ 완전히 받아들여졌을 때 • 연습 후 적절한 사회성 코칭 질문을 했나요?			
유머에 대한 반응에 주의 기울이기 • 성인이 유머를 하게 되었을 때 개별적으로 적절한 사회성 코칭 질문을 했나요?			

사회성 코치 과제 기록지 : 9회기

다음 회기 전까지 기록지를 작성하여 집단에 가져오시기 바랍니다.
각 질문에 답하시고, 칸이 남는다면 추가적인 코멘트를 적어주십시오.

성명 :

	기술을 연습하기 전 성인과 함께 규칙을 복습했나요?	성인이 과제를 완수했나요?	성인이 기술을 연습할 때 칭찬하고 사회성 코칭을 했나요?
함께 어울리기 ● 성인이 다섯 가지 요소를 사용하여 함께 어울리기를 계획하도록 도왔나요? ● 함께 어울리기 후 적절한 사회성 코칭 질문을 했나요?			
상대에게 내가 관심이 있다는 것 알리기 ● 성인이 연애 상대로 좋아하는 사람이 있다고 이야기했나요? ● '상대에게 내가 관심이 있다는 것 알리기' 규칙을 연습했나요? ● 성인이 그에게 관심이 있다는 것을 알렸나요? ● 연습 후 적절한 사회성 코칭 질문을 했나요?			
사회성 코치가 포함된 대화에 들어가고 빠져나오기 연습하기 ● 성인이 사회성 코치와 또 다른 사람이 포함된 여러 사람이 하는 대화에 들어가고 빠져나오기를 연습했나요? ● 성인이 다음과 같은 상황에서 빠져나오기를 연습했나요? 　○ 전혀 받아들여지지 않았을 때 　○ 처음에는 받아들여졌으나 그 이후에 제외되었을 때 　○ 완전히 받아들여졌을 때 ● 연습 후 적절한 사회성 코칭 질문을 했나요?			

사회성 코치 과제 기록지 : 10회기

다음 회기 전까지 기록지를 작성하여 집단에 가져오시기 바랍니다.
각 질문에 답하시고, 칸이 남는다면 추가적인 코멘트를 적어주십시오.

성명 :

	기술을 연습하기 전 성인과 함께 규칙을 복습했나요?	성인이 과제를 완수했나요?	성인이 기술을 연습할 때 칭찬하고 사회성 코칭을 했나요?
함께 어울리기 • 성인이 다섯 가지 요소를 사용하여 함께 어울리기를 계획하도록 도왔나요? • 함께 어울리기 후 적절한 사회성 코칭 질문을 했나요?			
상대에게 내가 관심이 있다는 것 알리기 • 성인이 연애 상대로 좋아하는 사람이 있다고 이야기했나요? • '상대에게 내가 관심이 있다는 것 알리기' 규칙을 연습했나요? • 성인이 그에게 관심이 있다는 것을 알렸나요? • 연습 후 적절한 사회성 코칭 질문을 했나요?			
또래들끼리 하고 있는 여러 사람이 하는 대화에 들어가기 • 성인이 또래들끼리 하고 있는 여러 사람이 하는 대화에 들어가기를 연습했나요? • 이후 적절한 사회성 코칭 질문을 했나요?			

사회성 코치 과제 기록지 : 11회기

다음 회기 전까지 기록지를 작성하여 집단에 가져오시기 바랍니다.
각 질문에 답하시고, 칸이 남는다면 추가적인 코멘트를 적어주십시오.

성명 :

	기술을 연습하기 전 성인과 함께 규칙을 복습했나요?	성인이 과제를 완수했나요?	성인이 기술을 연습할 때 칭찬하고 사회성 코칭을 했나요?
함께 어울리기 ● 성인이 다섯 가지 요소를 사용하여 함께 어울리기를 계획하도록 도왔나요? ● 함께 어울리기 후 적절한 사회성 코칭 질문을 했나요?			
상대에게 내가 관심이 있다는 것 알리기 및 데이트 신청하기 ● 성인이 연애 상대로 좋아하는 사람이 있다고 이야기했나요? ● '상대에게 내가 관심이 있다는 것 알리기' 규칙을 연습했나요? ● 성인이 그에게 관심이 있다는 것을 알리고 데이트를 신청했나요? ● 연습 후 적절한 사회성 코칭 질문을 했나요?			
또래들끼리 하고 있는 여러 사람이 하는 대화에 들어가기 ● 성인이 또래들끼리 하고 있는 여러 사람이 하는 대화에 들어가기를 연습했나요? ● 이후 적절한 사회성 코칭 질문을 했나요?			

사회성 코치 과제 기록지 : 12회기

다음 회기 전까지 기록지를 작성하여 집단에 가져오시기 바랍니다.
각 질문에 답하시고, 칸이 남는다면 추가적인 코멘트를 적어주십시오.

성명 :

	기술을 연습하기 전 성인과 함께 규칙을 복습했나요?	성인이 과제를 완수했나요?	성인이 기술을 연습할 때 칭찬하고 사회성 코칭을 했나요?
함께 어울리기 • 성인이 다섯 가지 요소를 사용하여 함께 어울리기를 계획하도록 도왔나요? • 함께 어울리기 후 적절한 사회성 코칭 질문을 했나요?			
상대에게 내가 관심이 있다는 것 알리기 및 데이트 신청하기 • 성인이 연애 상대로 좋아하는 사람이 있다고 이야기했나요? • '상대에게 내가 관심이 있다는 것 알리기 및 데이트 신청하기' 단계를 연습했나요? • 성인이 그에게 관심이 있다는 것을 알리고 데이트를 신청했나요? • 연습 후 적절한 사회성 코칭 질문을 했나요?			
또래들끼리 하고 있는 여러 사람이 하는 대화에 들어가기 • 성인이 또래들끼리 하고 있는 여러 사람이 하는 대화에 들어가기를 연습했나요? • 이후 적절한 사회성 코칭 질문을 했나요?			

사회성 코치 과제 기록지 : 13회기

다음 회기 전까지 기록지를 작성하여 집단에 가져오시기 바랍니다.
각 질문에 답하시고, 칸이 남는다면 추가적인 코멘트를 적어주십시오.

성명 :

	기술을 연습하기 전 성인과 함께 규칙을 복습했나요?	성인이 과제를 완수했나요?	성인이 기술을 연습할 때 칭찬하고 사회성 코칭을 했나요?
함께 어울리기 • 성인이 다섯 가지 요소를 사용하여 함께 어울리기를 계획하도록 도왔나요? • 함께 어울리기 후 적절한 사회성 코칭 질문을 했나요?			
사회성 코치와 논쟁 다루기 연습하기 • 논쟁에 대응하기 위한 단계들을 연습했나요? • 논쟁을 제기하기 위한 단계를 연습했나요? • 연습 후 적절한 사회성 코칭 질문을 했나요?			
친구 또는 연인과 논쟁하기 연습하기 • 친구 또는 연인과 논쟁하기를 연습했나요? • 만약 그렇다면 이후 단계를 복습하고 적절한 사회성 코칭 질문을 했나요?			
상대에게 내가 관심이 있다는 것 알리기 및 데이트 신청하기 • 성인이 연애 상대로 좋아하는 사람이 있다고 이야기했나요? • '상대에게 내가 관심이 있다는 것 알리기 및 데이트 신청하기' 단계를 연습했나요? • 성인이 그에게 관심이 있다는 것을 알리고 데이트를 신청했나요? • 연습 후 적절한 사회성 코칭 질문을 했나요?			

사회성 코치 과제 기록지 : 14회기

다음 회기 전까지 기록지를 작성하여 집단에 가져오시기 바랍니다.
각 질문에 답하시고, 칸이 남는다면 추가적인 코멘트를 적어주십시오.

성명 :

	기술을 연습하기 전 성인과 함께 규칙을 복습했나요?	성인이 과제를 완수했나요?	성인이 기술을 연습할 때 칭찬하고 사회성 코칭을 했나요?
함께 어울리기 • 성인이 다섯 가지 요소를 사용하여 함께 어울리기를 계획하도록 도왔나요? • 함께 어울리기 후 적절한 사회성 코칭 질문을 했나요?			
사회성 코치와 놀림 다루기 연습하기 • 놀림 다루기 규칙을 연습했나요? • 연습 전에 놀림을 무력화시키는 짧은 말 3개를 선택했나요? • 놀림을 무력화시키는 짧은 말을 했나요? • 연습 후 적절한 사회성 코칭 질문을 했나요?			
친구와 함께 직접적 괴롭힘 다루기 • 친구와 함께 직접적 괴롭힘 다루기를 연습했나요? • 만약 그렇다면 연습 후 적절한 사회성 코칭 질문을 했나요?			
사회성 코치와 논쟁 다루기 연습하기 • 논쟁에 대응하기 위한 단계들을 연습했나요? • 논쟁을 제기하기 위한 단계를 연습했나요? • 연습 후 적절한 사회성 코칭 질문을 했나요?			

사회성 코치 과제 기록지 : 14회기(계속)

다음 회기 전까지 기록지를 작성하여 집단에 가져오시기 바랍니다.
각 질문에 답하시고, 칸이 남는다면 추가적인 코멘트를 적어주십시오.

성명 :

	기술을 연습하기 전 성인과 함께 규칙을 복습했나요?	성인이 과제를 완수했나요?	성인이 기술을 연습할 때 칭찬하고 사회성 코칭을 했나요?
친구 또는 연인과 논쟁 다루기 • 친구 또는 연인과 논쟁 다루기를 연습했 나요? • 만약 그렇다면 이후 단계를 복습하고 적절한 사회성 코칭 질문을 했나요?			
상대에게 내가 관심이 있다는 것 알리기 및 데이트 신청하기 • 성인이 연애 상대로 좋아하는 사람이 있다고 이야기했나요? • '상대에게 내가 관심이 있다는 것 알리기 및 데이트 신청하기' 단계를 연습했나요? • 성인이 그에게 관심이 있다는 것을 알리고 데이트를 신청했나요? • 연습 후 적절한 사회성 코칭 질문을 했나요?			

사회성 코치 과제 기록지 : 15회기

다음 회기 전까지 기록지를 작성하여 집단에 가져오시기 바랍니다.
각 질문에 답하시고, 칸이 남는다면 추가적인 코멘트를 적어주십시오.

성명 :

	기술을 연습하기 전 성인과 함께 규칙을 복습했나요?	성인이 과제를 완수했나요?	성인이 기술을 연습할 때 칭찬하고 사회성 코칭을 했나요?
함께 어울리기 • 성인이 다섯 가지 요소를 사용하여 함께 어울리기를 계획하도록 도왔나요? • 함께 어울리기 후 적절한 사회성 코칭 질문을 했나요?			
사회성 코치와 자신에 대한 또 다른 소문 스스로 퍼뜨리기 연습하기 • 자신에 대한 또 다른 소문 퍼뜨리기 단계를 연습했나요? • 성인들이 연습할 수 있도록 소문의 예를 제공했나요? • 연습 후 적절한 사회성 코칭 질문을 했나요?			
사회성 코치와 놀림 다루기 연습하기 • 놀림 다루기 규칙을 연습했나요? • 연습 전에 놀림을 무력화시키는 짧은 말 3개를 선택했나요? • 놀림을 무력화시키는 짧은 말을 했나요? • 연습 후 적절한 사회성 코칭 질문을 했나요?			
친구와 함께 직접적/간접적 괴롭힘 다루기 • 친구와 함께 직접적/간접적 괴롭힘 다루기를 연습했나요? • 만약 그렇다면 연습 후 적절한 사회성 코칭 질문을 했나요?			

사회성 코치 과제 기록지 : 15회기(계속)

다음 회기 전까지 기록지를 작성하여 집단에 가져오시기 바랍니다.
각 질문에 답하시고, 칸이 남는다면 추가적인 코멘트를 적어주십시오.

성명 :

	기술을 연습하기 전 성인과 함께 규칙을 복습했나요?	성인이 과제를 완수했나요?	성인이 기술을 연습할 때 칭찬하고 사회성 코칭을 했나요?
친구 또는 연인과 논쟁 다루기 ● 친구 또는 연인과 논쟁 다루기를 연습했나요? ● 만약 그렇다면 이후 단계를 복습하고 적절한 사회성 코칭 질문을 했나요?			
상대에게 내가 관심이 있다는 것 알리기 및 데이트 신청하기 ● 성인이 연애 상대로 좋아하는 사람이 있다고 이야기했나요? ● '상대에게 내가 관심이 있다는 것 알리기 및 데이트 신청하기' 규칙을 연습했나요? ● 성인이 상대에게 관심이 있다는 것을 알리고 데이트를 신청했나요? ● 연습 후 적절한 사회성 코칭 질문을 했나요?			

졸업식 안내문

졸업파티 안내

PEERS® 졸업파티
20○○년 ○월 ○일(○요일), 저녁 7시

PEERS®-YA-K의 마지막 모임은 20○○년 ○월 ○일(○요일), 저녁 7시입니다.

사회성 코치 집단에서 부모님과의 마무리 회기가 진행되는 동안 성인 집단에서는 졸업파티가 진행될 것입니다. 성인들이 함께 파티를 즐길 수 있도록 서로 나누어 먹을 수 있는 간단한 음식을 준비해 오실 수 있습니다. 모임 마무리 즈음에는 다 함께 모여 간단한 졸업식을 진행할 것입니다.

모든 성인이 파티에 참석할 수 있도록 협조해주시면 진심으로 감사하겠습니다.

성인들의 비밀보장을 위하여 사진촬영은 금합니다.

졸업장 샘플

졸업장

○○○

위 사람은 ○○ 소아청소년 클리닉에서 실시한

『성인을 위한 PEERS® 사회기술훈련 프로그램』

(20○○년 ○○월~20○○년 ○○월, 16회기)을 성실하게

이수하였으므로 본 증서를 수여합니다.

20○○년 ○월 ○일

○○ 소아청소년 클리닉

참고문헌

Adolphs, R., Sears, L., & Piven, J. (2001). Abnormal processing of social information from faces in autism. *Journal of Cognitive Neuroscience, 13*(2), 232–240.

Allen, K. D., Wallace, D. P., Renes, D., Bowen, S. L., & Burke, R. V. (2010). Use of video modeling to teach vocational skills to adolescents and young adults with autism spectrum disorders. *Education and Treatment of Children, 33*(3), 339–349.

Altman, I., & Taylor, D. (1973). *Social penetration: The development of interpersonal relationships.* New York: Holt, Rinehart & Winston.

Anckarsäter, H., Stahlberg, O., Larson, T., Hakansson, C., Jutblad, S. B., Niklasson, L., & Rastam, M. (2006). The impact of ADHD and autism spectrum disorders on temperament, character, and personality development. *American Journal of Psychiatry, 163,* 1239–1244.

Attwood, T. (2000). Strategies for improving the social integration of children with Asperger syndrome. *Autism, 4,* 85–100.

Attwood, T. (2003). Frameworks for behavioral interventions. *Child and Adolescent Psychiatric Clinics of North America, 12,* 65–86.

Azmitia, M. (2002). Self, self-esteem, conflicts, and best friendships in early adolescence. In T. M. Brinthaupt (Ed.), *Understanding early adolescent self and identity: Applications and interventions* (pp. 167–192). Albany, NY: State University of New York Press.

Barnhill, G. P. (2007). Outcomes in adults with Asperger syndrome. *Focus on Autism and Other Developmental Disabilities, 22,* 116–126.

Barnhill, G. P., Cook, K. T., Tebbenkanmp, K., & Myles, B. S. (2002). The effectiveness of social skills intervention targeting nonverbal communication for adolescents with Asperger syndrome and related pervasive developmental delays. *Focus on Autism and Other Developmental Disabilities, 17,* 112–118.

Baron-Cohen, S. (1988). Social and pragmatic deficits in autism: Cognitive or affective? *Journal of Autism and Developmental Disorders, 18*(3), 379–402.

Baron-Cohen, S. (1995). *Mindblindness: An Essay on Autism and Theory of Mind.* Cambridge, MA: MIT Press.

Baron-Cohen, S., Leslie, A., & Frith, U. (1985). Does the autistic child have a "theory of mind"? *Cognition, 21,* 37–46.

Baron-Cohen, S., & Wheelwright, S. (2004). The empathy quotient: An investigation of adults with Asperger syndrome or high functioning autism, and normal sex differences. *Journal of Autism and Developmental Disorders, 34*(2), 163–175.

Barry, T. D., Klinger, L. G., Lee, J. M., Palardy, N., Gilmore, T., & Bodin, S. D. (2003). Examining the effectiveness of an outpatient clinic-based social skills group for high-functioning children with autism. *Journal of Autism and Developmental Disorders, 33,* 685–701.

Baumeister, R. F., Zhang, L., & Vohs, K. D. (2004). Gossip as cultural learning. *Review of General Psychology, 8,* 111–121.

Bauminger, N., & Kasari, C. (2000). Loneliness and friendship in high-functioning children with autism. *Child Development, 71,* 447–456.

Bauminger, N., Shulman, C., & Agam, G. (2003). Peer interaction and loneliness in high-functioning children with autism. *Journal of Autism and Developmental Disorders, 33,* 489–507.

Bauminger, N., Solomon, M., Aciezer, A., Heung, K., Gazit, L., Brown, J., & Rogers, S. J. (2008). Children with autism and their friends: A multidimensional study in high functioning autism spectrum disorders. *Journal of Abnormal Child Psychology, 36,* 135–150.

Baxter, A. (1997). The power of friendship. *Journal on Developmental Disabilities, 5*(2), 112–117.

Beauchamp, M. H., & Anderson, V. (2010). SOCIAL: An integrative framework for the development of social skills. *Psychological Bulletin, 136*(1), 39.

Beaumont, R., & Sofronoff, K. (2008). A multi-component social skills intervention for children with Asperger syndrome: The Junior Detective Training Program. *Journal of Child Psychology and Psychiatry, 49,* 743–753.

Bellini, S. (2004). Social skill deficits and anxiety in high-functioning adolescents with autism spectrum disorders. *Focus on Autism and Other Developmental Disabilities, 19*(2), 78–86.

Bellini, S., & Akullian, J. (2007). A meta-analysis of video modeling and video self-modeling interventions for children and adolescents with autism spectrum disorders. *Exceptional Children, 73*(3), 264–287.

Bellini, S., Peters, J. K., Benner, L., & Hopf, A. (2007). A meta-analysis of school-based social skills interventions for children with autism spectrum disorders. *Remedial and Special Education, 28*(3), 153–162.

Berndt, T. J., Hawkins, J. A., & Jiao, Z. (1999). Influences of friends and friendships on adjustment to junior high school. *Merrill-Palmer Quarterly, 45*, 13–41.

Bock, M. A. (2007). The impact of social-behavioral learning strategy training on the social interaction skills of four students with Asperger syndrome. *Focus on Autism and Other Developmental Disabilities, 22*, 88–95.

Bordia, P., DiFonzo, N., Haines, R., & Chaseling, E. (2005). Rumors denials as persuasive messages: Effects of personal relevance, source, and message characteristics. *Journal of Applied Social Psychology, 35*, 1301–1331.

Boulton, M. J., & Underwood, K. (1992). Bully/victim problems among middle school children. *British Journal of Educational Psychology, 62*, 73–87.

Bowler, D. M., Gaigg, S. B., & Gardiner, J. M. (2008). Subjective organization in the free recall learning of adults with Asperger's syndrome. *Journal of Autism and Developmental Disorders, 38*, 104–113.

Brown, B. B., & Lohr, M. J. (1987). Peer-group affiliation and adolescent self-esteem: An integration of ego-identity and symbolic-interaction theories. *Journal of Personality and Social Psychology, 52*, 47–55.

Buhrmester, D. (1990). Intimacy of friendship, interpersonal competence, and adjustment during preadolescence and adolescence. *Child Development, 61*, 1101–1111.

Buhrmester, D., & Furman, W. (1987). The development of companionship and intimacy. *Child Development, 58*, 1101–1113.

Bukowski, W. M., Hoza, B., & Boivin, M. (1993). Popularity, friendship, and emotional adjustment during early adolescence. In B. Laursen (Ed.), *Close friendships in adolescence* (pp. 23–37). San Francisco, CA: Jossey-Bass.

Bukowski, W. M., Hoza B., & Boivin, M. (1994). Measuring friendship quality during pre- and early adolescence: The development and psychometric properties of the Friendship Qualities Scale. *Journal of Social and Personal Relationships, 11*(3), 471–484.

Burack, J. A., Root, R., & Zigler, E. (1997). Inclusive education for students with autism: Reviewing ideological, empirical, and community considerations. In D. J. Cohen & F. Volkmar (Eds.), *Handbook of autism and pervasive developmental disorders* (pp. 796–807) New York: Wiley.

Capps, L., Sigman, M., & Yirmija, N. (1996). Self-competence and emotional understanding in high-functioning children with autism. *Annual Progress in Child Psychiatry and Child Development*, 260–279.

Carter, A. S., Davis, N. O., Klin, A., & Volkmar, F. R. (2005). Social development in autism. In F. R. Volkmar, R. Paul, A. Klin, & D. Cohen (Eds.), *Handbook of autism and pervasive developmental disorders* (pp. 312–334). Hoboken, NJ: John Wiley & Sons.

Castorina, L. L., & Negri, L. M. (2011). The inclusion of siblings in social skills training groups for boys with Asperger syndrome. *Journal of Autism and Developmental Disorders, 41*, 73–81.

Cederlund, M., Hagberg, B., & Gillberg, C. (2010). Asperger syndrome in adolescent and young adult males. Interview, self- and parent assessment of social, emotional, and cognitive problems. *Research in Developmental Disabilities, 31*, 287–298.

Chang, Y. C., Laugeson, E. A., Gantman, A., Dillon, A. R., Ellingsen, R., & Frankel, F. (2013). Predicting treatment success in social skills training for adolescents with Autism Spectrum Disorders: The UCLA Program for the Education and Enrichment of Relational Skills. *Autism: The International Journal of Research and Practice.* DOI: 1362361313478995.

Charlop-Christy, M. H., & Daneshvar, S. (2003). Using video modeling to teach perspective taking to children with autism. *Journal of Positive Behavior Interventions, 5*(1), 12–21.

Charlop-Christy, M. H., Le, L., & Freeman, K. A. (2000). A comparison of video modeling with in vivo modeling for teaching children with autism. *Journal of Autism and Developmental Disorders, 30*(6), 537–552.

Chevallier, C., Kohls, G., Troiani, V., Brodkin, E. S., & Schultz, R. T. (2012). The social motivation theory of autism. *Trends in Cognitive Sciences, 16*(4), 231–239.

Chung, K. M., Reavis, S., Mosconi, M., Drewry, J., Matthews, T., & Tassé, M. J. (2007). Peer-mediated social skills training program for young children with high-functioning autism. *Research in Developmental Disabilities, 28*(4), 423–436.

Church, C., Alisanski, S., & Amanullah, S. (2000). The social, behavioral, and academic experiences of children with Asperger syndrome. *Focus on Autism and Other Developmental Disabilities, 15*, 12–20.

Coie, J. D., Dodge, K. A., & Kupersmidt, J. B. (1990). Peer group behavior and social status. In S. R. Asher & J. D. Coie (Eds.), *Peer rejection in childhood* (pp. 17–59). New York: Cambridge University Press.

Coie, J. D., & Kupersmidt, J. B. (1983). A behavioral analysis of emerging social status. *Child Development, 54*, 1400–1416.

Coie, J., Terry, R., Lenox, K., Lochman, J., & Hyman, C. (1995). Childhood peer rejection and aggression as predictors of stable patterns of adolescent disorder. *Development and Psychopathology, 7*, 697–713.

Collins, W. A., & Madsen, S. D. (2006). Personal relationships in adolescence and early adulthood. In A. L. Vangelisti & D. Perlman (Eds.), *The Cambridge handbook of personal relationships* (pp. 191–209). New York: Cambridge University Press.

Constantino, J. N. (2012). *Social Responsiveness Scale*. Los Angeles, CA: Western Psychological Services.

Constantino, J. N., & Todd, R. D. (2005). Intergenerational transmission of subthreshold autistic traits in the general population. *Biological Psychiatry, 57*, 655–660.

Crick, N. R., & Grotpeter, J. K. (1996). Children's treatment by peers: Victims of relational and overt aggression. *Development and Psychopathology, 8*, 367–380.

Crick, N. R., & Ladd, G. W. (1990). Children's perceptions of the outcomes of social strategies: Do the ends justify being mean? *Developmental Psychology, 26*, 612–620.

Croen, L. A., Grether, J. K., Hoogstrate, J., & Selvin, S. (2002). The changing prevalence of autism in California. *Journal of Autism and Developmental Disorders, 32*, 207–215.

DeRosier, M. E., & Marcus, S. R. (2005). Building friendships and combating bullying: Effectiveness of S.S.GRIN at one-year follow-up. *Journal of Clinical Child and Adolescent Psychology, 24*, 140–150.

DiSalvo, C. A., & Oswald, D. P. (2002). Peer-mediated interventions to increase the social interaction of children with autism consideration of peer expectancies. *Focus on Autism and Other Developmental Disabilities, 17*(4), 198–207.

DiTommaso, E., & Spinner, B. (1993). The development and initial validation of the Social and Emotional Loneliness Scale for Adults (SELSA). *Personality and Individual Differences, 14*(1), 127–134.

Dodge, K. A., Schlundt, D. C., Schocken, I., & Delugach, J. D. (1983). Social competence and children's sociometric status: The role of peer group entry strategies. *Merrill-Palmer Quarterly, 29*, 309–336.

Eaves, L. C., & Ho, H. H. (2008). Young adult outcome of autism spectrum disorders. *Journal of Autism and Developmental Disorders, 38*(4), 739–747.

Elder, L. M., Caterino, L. C., Chao, J., Shacknai, D., & De Simone, G. (2006). The efficacy of social skills treatment for children with Asperger syndrome. *Education & Treatment of Children, 29*, 635–663.

Emerich, D. M., Creaghead, N. A., Grether, S. M., Murray, D., & Grasha, C. (2003). The comprehension of humorous materials by adolescents with high-functioning autism and Asperger's Syndrome. *Journal of Autism and Developmental Disorders, 33*, 253–257.

Fraley, R., & Davis, K. E. (1997). Attachment formation and transfer in young adults' close friendships and romantic relationships. *Personal Relationships, 4*, 131–144.

Frankel, F. (1996). *Good Friends are Hard to Find: Help Your Child Find, Make, and Keep Friends*. Los Angeles, CA: Perspective Publishing.

Frankel, F., & Myatt, R. (2003). *Children's Friendship Training*. New York: Brunner-Routledge.

Frankel, F., Myatt, R., Whitham, C., Gorospe, C., & Laugeson, E. A. (2010). A controlled study of parent-assisted Children's Friendship Training with children having Autism Spectrum Disorders. *Journal of Autism and Developmental Disorders, 40*, 827–842.

Frith, U. (2004). Emanuel Miller lecture: Confusions and controversies about Asperger syndrome. *Journal of Child Psychology and Psychiatry, 45*, 672–686.

Gantman, A., Kapp, S. K., Orenski, K, & Laugeson, E. A. (2012). Social skills training for young adults with high-functioning autism spectrum disorders: A randomized controlled pilot study. *Journal of Autism and Developmental Disorders, 42*(6), 1094–1103.

Gauze, C., Bukowski, W. M., Aquan-Assee, J., & Sippola, L. K. (1996). Interactions between family environment and friendship and associations with self-perceived well-being during early adolescence. *Child Development, 67*, 2201–2216.

George, T. P., & Hartmann, D. P. (1996). Friendship networks of unpopular, average, and popular children. *Child Development, 67*, 2301–2316.

Gerhardt, P. F., & Lainer, I. (2011). Addressing the needs of adolescents and adults with autism: A crisis on the horizon. *Journal of Contemporary Psychotherapy, 41*, 37–45.

Gillott, A., & Standen, P. J. (2007). Levels of anxiety and sources of stress in adults with autism. *Journal of Intellectual Disabilities, 11*(4), 359–370.

Golan, O., & Baron-Cohen, S. (2006). Systemizing empathy: Teaching adults with Asperger syndrome or high-functioning autism to recognize complex emotions using interactive multimedia. *Development and Psychopathology, 18*(2), 591–617.

Goldstein, A. P., & McGinnis, E. (2000). *Skill Streaming the Adolescent: New Strategies and Perspectives for Teaching Prosocial Skills*. Champaign, IL: Research Press.

Gonzalez-Lopez, A., & Kamps, D. M. (1997). Social skills training to increase social interactions between children with autism and their typical peers. *Focus on Autism and Other Developmental Disabilities, 12*(1), 2–14.

Gougeon, N. A. (2010). Sexuality and autism: A critical review of selected literature using a social-relational model of disability. *American Journal of Sexuality Education, 5*(4), 328–361.

Gralinski, J. H., & Kopp, C. (1993). Everyday rules for behavior: Mother's requests to young children. *Developmental Psychology, 29*, 573–584.

Gresham, F., & Elliott, S. N. (2008). *Social Skills Improvement System (SSIS) Rating Scales*. San Antonio, TX: Pearson Education.

Gresham, F. M., Sugai, G., & Horner, R. H. (2001). Interpreting outcomes of social skills training for students with high-incidence disabilities. *Exceptional Children, 67*, 331–345.

Griffin, H. C., Griffin, L. W., Fitch, C. W., Albera, V., & Gingras, H. G. (2006). Educational interventions for individuals with Asperger Syndrome. *Intervention in School and Clinic, 41*, 150–155.

Harper, C. B., Symon, J. B., & Frea, W. D. (2008). Recess is time-in: Using peers to improve social skills of children with autism. *Journal of Autism and Developmental Disorders, 38*(5), 815–826.

Hartup, W. W. (1993). Adolescents and their friends. In B. Laursen (Ed.), *Close friendships in adolescence*. San Francisco, CA: Jossey-Bass. (pp. 3–22).

Hauck, M., Fein, D., Waterhouse, L., & Feinstein, C. (1995). Social initiations by autistic children to adults and other children. *Journal of Autism and Developmental Disorders, 25*(6), 579–595.

Head, A. M., McGillivray, J. A., & Stokes, M. A. (2014). Gender differences in emotionality and sociability in children with autism spectrum disorders. *Molecular Autism, 5*(1), 1.

Hendricks, D. (2010). Employment and adults with autism spectrum disorders: Challenges and strategies for success. *Journal of Vocational Rehabilitation, 32*(2), 125–134.

Hendricks, D. R., & Wehman, P. (2009). Transition from school to adulthood for youth with autism spectrum disorders: Review and recommendations. *Focus on Autism and Other Developmental Disabilities*.

Hill, E. L. (2004). Executive dysfunction in autism. *Trends in Cognitive Sciences, 8*, 26–32.

Hillier, A., Fish, T., Coppert, P., & Beversdorf, D. Q. (2007). Outcomes of a social and vocational skills support group for adolescents and young adults on the autism spectrum. *Focus on Autism and Other Developmental Disabilities, 22*, 107–115.

Hillier, A. J., Fish, T., Siegel, J. H., & Beversdorf, D. Q. (2011). Social and vocational skills training reduces self-reported anxiety and depression among young adults on the autism spectrum. *Journal of Developmental and Physical Disabilities, 23*(3), 267–276.

Hodgdon, L. Q. (1995). Solving social-behavioral problems through the use of visually supported communication. In K. A. Quill (Ed.), *Teaching children with autism: Strategies to enhance communication and socialization* (pp. 265–286). New York: Delmar.

Hodges, E., Boivin, M., Vitaro, F., & Bukowski, W. M. (1999). The power of friendship: Protection against an escalating cycle of peer victimization. *Developmental Psychology, 35*, 94–101.

Hodges, E., Malone, M. J., & Perry, D. G. (1997). Individual risk and social risk as interacting determinants of victimization in the peer group. *Developmental Psychology, 33*, 1032–1039.

Hodges, E. V. E., & Perry, D. G. (1999). Personal and interpersonal antecedents and consequences of victimization by peers. *Journal of Personality & Social Psychology, 76*, 677–685.

Hollingshead, A. B. (1975). *Four factor index of social status*. (Available from P.O. Box 1965, Yale Station, New Haven, CT 06520, USA.)

Howlin, P. (2000). Outcome in adult life for more able individuals with autism or Asperger syndrome. *Autism, 4*(1), 63–83.

Howlin, P., Alcock, J., & Burkin, C. (2005). An 8 year follow-up of a specialist supported employment service for high-ability adults with autism or Asperger syndrome. *Autism, 9*(5), 533–549.

Howlin, P., & Goode, S. (1998). Outcome in adult life for people with autism, Asperger syndrome. In F. R. Volkmar (Ed.), *Autism and pervasive developmental disorders* (pp. 209–241). New York: Cambridge University Press.

Howlin, P., Mawhood, L., & Rutter, M. (2000). Autism and developmental receptive language disorder: A follow-up comparison in early adult life. II: Social, behavioural, and psychiatric outcomes. *Journal of Child Psychology and Psychiatry, 41*(5), 561–578.

Howlin, P., & Yates, P. (1999). The potential effectiveness of social skills groups for adults with autism. *Autism, 3*(3), 299–307.

Hume, K., Loftin, R., & Lantz, J. (2009). Increasing independence in autism spectrum disorders: A review of three focused interventions. *Journal of Autism and Developmental Disorders, 39*, 1329–1338.

Humphrey, N., & Symes, W. (2010). Perceptions of social support and experience of bullying among pupils with autistic spectrum disorders in mainstream secondary schools. *European Journal of Special Needs Education, 25*, 77–91.

Hurlbutt, K., & Chalmers, L. (2002). Adults with autism speak out perceptions of their life experiences. *Focus on Autism and Other Developmental Disabilities, 17*(2), 103–111.

Jobe, L. E., & White, S. W. (2007). Loneliness, social relationships, and a broader autism phenotype in college students. *Personality and Individual Differences, 42*(8), 1479–1489.

Johnson, S. A., Blaha, L. M., Houpt, J. W., & Townsend, J. T. (2010). Systems factorial technology provides new insights on global-local information processing in autism spectrum disorders. *Journal of Mathematical Psychology, 54*, 53–72.

Kandalaft, M. R., Didehbani, N., Krawczyk, D. C., Allen, T. T., & Chapman, S. B. (2013). Virtual reality social cognition training for young adults with high-functioning autism. *Journal of Autism and Developmental Disorders, 43*(1), 34–44.

Kapp, S. K., Gantman, A., & Laugeson, E. A. (2011). Transition to adulthood for high-functioning individuals with autism spectrum disorders. In M. R. Mohammadi (Series Ed.), *A comprehensive book on autism spectrum disorders*.

Kasari, C., & Locke, J. (2011). Social skills interventions for children with autism spectrum disorders. In D. G. Amaral, G. Dawson and D. H. Geschwind (Eds.), *Autism Spectrum Disorders* (pp. 1156–1166). New York: Oxford University Press.

Kasari, C., Rotheram-Fuller, E., Locke, J., & Gulsrud, A. (2012). Making the connection: Randomized controlled trial of social skills at school for children with autism spectrum disorders. *Journal of Child Psychology and Psychiatry, 53*(4), 431–439.

Kerbel, D., & Grunwell, P. (1998). A study of idiom comprehension in children with semantic-pragmatic difficulties. Part I: Task effects on the assessment of idiom comprehension in children. *International Journal of Language and Communication Disorders, 33*, 1–22.

Klin, A. (2011). From Asperger to modern day. In D. G. Amaral, G. Dawson and D. H. Geschwind (Eds.), *Autism Spectrum Disorders* (pp. 44–59). New York: Oxford University Press.

Klin, A., Jones, W., Schultz, R., & Volkmar, F. (2003). The enactive mind, or from actions to cognition: Lessons from autism. *Philosophical Transactions of the Royal Society of London B: Biological Sciences, 358*(1430), 345–360.

Klin, A., & Volkmar, F. R. (2003). Asperger syndrome: Diagnosis and external validity. *Child and Adolescent Psychiatric Clinics of North America, 12*, 1–13.

Klin, A., Volkmar, F. R., & Sparrow, S. S. (2000). *Asperger Syndrome*. New York: Guilford.

Kobayashi, R., & Murata, T. (1998). Behavioral characteristics of 187 young adults with autism. *Psychiatry and clinical neurosciences, 52*(4), 383–390.

Koegel, L. K., Koegel, R. L., Hurley, C., & Frea, W. D. (1992). Improving social skills and disruptive behavior in children with autism through self-management. *Journal of Applied Behavior Analysis, 25*, 341–353.

Koning, C., & Magill-Evans, J. (2001). Social and language skills in adolescent boys with Asperger syndrome. *Autism, 5*, 23–36.

Krasny L., Williams B. J., Provencal S., & Ozonoff, S. (2003). Social skills interventions for the autism spectrum: Essential ingredients and a model curriculum. *Child and Adolescent Psychiatric Clinics of North America, 12*(1), 107–122.

Landa, R., Klin, A., Volkmar, F., & Sparrow, S. (2000). Social language use in Asperger syndrome and high-functioning autism. *Asperger Syndrome*, 125–155.

Larson, R., & Richards, M. H. (1991). Daily companionship in late childhood and early adolescence: Changing developmental contexts. *Child Development, 62*, 284–300.

Lasgaard, M., Nielsen, A., Eriksen, M. E., & Goossens, L. (2009). Loneliness and social support in adolescent boys with autism spectrum disorders. *Journal of Autism and Developmental Disorders, 40*, 218–226.

Laugeson, E. A., Ellingsen, R., Sanderson, J., Tucci, L., & Bates, S. (2014). The ABC's of teaching social skills to adolescents with autism spectrum disorders in the classroom: The UCLA PEERS program. *Journal of Autism and Developmental Disorders*. DOI: 10.1007/s10803–014–2108–8.

Laugeson, E. A., & Frankel, F. (2010). *Social Skills for Teenagers with Developmental and Autism Spectrum Disorders: The PEERS Treatment Manual*. New York: Routledge.

Laugeson, E. A., Frankel, F., Gantman, A., Dillon, A. R., & Mogil, C. (2012). Evidence-based social skills training for adolescents with autism spectrum disorders: The UCLA PEERS program. *Journal of Autism and Developmental Disorders, 42*(6), 1025–1036.

Laugeson, E. A., Frankel, F., Mogil, C., & Dillon, A. R. (2009). Parent-assisted social skills training to improve friendships in teens with autism spectrum disorders. *Journal of Autism and Developmental Disorders, 39*, 596–606.

Laugeson, E. A., Gantman, A., Kapp, S. K., Orenski, K., & Ellingsen, R. (2015). A randomized controlled trial to improve social skills in young adults with autism spectrum disorder: The UCLA PEERS® program. *Journal of Autism and Developmental Disorders*, 1–12. DOI: 10.1007/s10803–015–2504–8.

Laugeson, E. A., Paley, B., Frankel, F., & O'Connor, M. (2011). *Project Good Buddies trainer workbook*. Atlanta, GA: U.S. Department of Health and Human Services, Centers for Disease Control and Prevention.

Laugeson, E. A., Paley, B., Schonfeld, A., Frankel, F., Carpenter, E. M., & O'Connor, M. (2007). Adaptation of the Children's Friendship Training program for children with fetal alcohol spectrum disorders. *Child and Family Behavior Therapy, 29*(3), 57–69.

Laugeson, E. A., & Park, M. N. (2014). Using a CBT approach to teach social skills to adolescents with autism spectrum disorder and other social challenges: The PEERS® method. *Journal of Rational-Emotive and Cognitive Behavioral Therapy*. DOI: 10.1007/s10942-014-0181-8.

Laursen, B., & Koplas, A. L. (1995). What's important about important conflicts? Adolescents' perceptions of daily disagreements. *Merrill-Palmer Quarterly, 41*, 536–553.

Little, L. (2001). Peer victimization of children with Asperger spectrum disorders. *Journal of the American Academy of Child and Adolescent Psychiatry, 40*, 995.

McGuire, K. D., & Weisz, J. R. (1982). Social cognition and behavior correlates of preadolescent chumship. *Child Development, 53*, 1478–1484.

Macintosh, K., & Dissanayake, C. (2006). Social skills and problem behaviours in school aged children with high-functioning autism and Asperger's disorder. *Journal of Autism and Developmental Disorders, 36*(8), 1065–1076.

McKenzie, R., Evans, J. S. B. T., & Handley, S. J. (2010). Conditional reasoning in autism: Activation and integration of knowledge and belief. *Developmental Psychology, 46*, 391–403.

Mandelberg, J., Frankel, F., Cunningham, T., Gorospe, C., & Laugeson, E. A. (2013). Long-term outcomes of parent-assisted social skills intervention for high-functioning children with autism spectrum disorders. *Autism: The International Journal of Research and Practice*. DOI: 10.1177/1362361312472403.

Mandelberg, J., Laugeson, E. A., Cunningham, T. D., Ellingsen, R., Bates, S., & Frankel, F. (2014). Long-term treatment outcomes for parent-assisted social skills training for adolescents with autism spectrum disorders: The UCLA PEERS program. *Journal of Mental Health Research in Intellectual Disabilities, 7*(1), 45–73. DOI: 10.1080/19315864.2012.730600.

Marriage, K. J., Gordon, V., & Brand, L. (1995). A social skills group for boys with Asperger's syndrome. *Australian & New Zealand Journal of Psychiatry, 29*, 58–62.

Mathur, S. R., Kavale, K. A., Quinn, M. M., Forness, S. R., & Rutherford Jr, R. B. (1998). Social skills interventions with students with emotional and behavioral problems: A quantitative synthesis of single-subject research. *Behavioral Disorders*, 193–201.

Matson, J. L. (2007). Determining treatment outcome in early intervention programs for autism spectrum disorders: A critical analysis of measurement issues in learning based interventions. *Research in Developmental Disabilities, 28*, 207–218.

Matson, J. L., Dempsey, T., & Fodstad, J. C. (2009). The effect of autism spectrum disorders on adaptive independent living skills in adults with severe intellectual disability. *Research in Developmental Disabilities, 30*(6), 1203–1211.

Matson, J. L., Dempsey, T., & LoVullo, S. V. (2009). Characteristics of social skills for adults with intellectual disability, autism and PDD-NOS. *Research in Autism Spectrum Disorders, 3*(1), 207–213.

Matson, J. L., Fodstad, J. C., & Rivet, T. T. (2009). The relationship of social skills and problem behaviors in adults with intellectual disability and autism or PDD-NOS. *Research in Autism Spectrum Disorders, 3*(1), 258–268.

Matson, J. L., Matson, M. L., & Rivet, T. T. (2007). Social-skills treatments for children with autism spectrum disorders: An overview. *Behavior Modification, 31*, 682–707.

Matson, J. L., & Wilkins, J. (2007). A critical review of assessment targets and methods for social skills excesses and deficits for children with autism spectrum disorders. *Research in Autism Spectrum Disorders, 1*(1), 28–37.

Mehzabin, P., & Stokes, M. A. (2011). Self-assessed sexuality in young adults with high-functioning autism. *Research in Autism Spectrum Disorders, 5*(1), 614–621.

Mesibov, G. B. (1984). Social skills training with verbal autistic adolescents and adults: A program model. *Journal of Autism and Developmental Disorders, 14*, 395–404.

Mesibov, G. B. (1992). Treatment issues with high-functioning adolescents and adults with autism. In E. Schopler & G. B. Mesibov (Eds.), *High-functioning individuals with autism* (pp. 143–155). New York: Springer US.

Mesibov, G. B., & Stephens, J. (1990). Perceptions of popularity among a group of high-functioning adults with autism. *Journal of Autism and Developmental Disorders, 20*, 33–43.

Miller, P. M., & Ingham, J. G. (1976). Friends, confidants and symptoms. *Social Psychiatry, 11*, 51–58.

Morgan, S. H., & Morgan, H. (1996). *Adults with Autism: A Guide to Theory and Practice*. Cambridge: Cambridge University Press.

Morrison, L., Kamps, D., Garcia, J., & Parker, D. (2001). Peer mediation and monitoring strategies to improve initiations and social skills for students with autism. *Journal of Positive Behavior Interventions, 3*, 237–250.

Müller, E., Schuler, A., & Yates, G. B. (2008). Social challenges and supports from the perspective of individuals with Asperger syndrome and other autism spectrum disabilities. *Autism, 12*, 173–190.

Murray, D. S., Ruble, L. A., Willis, H., & Molloy, C. A. (2009). Parent and teacher report of social skills in children with autism spectrum disorders. *Language, Speech and Hearing Services in Schools, 40*, 109–115.

Nelson, J., & Aboud, F. E. (1985). The resolution of social conflict between friends. *Child Development, 56*, 1009–1017.

Newcomb, A. F., & Bagwell, C. L. (1995). Children's friendship relations: A meta-analytic review. *Psychological Bulletin, 117*, 306–347.

Newcomb, A. F., Bukowski, W. M., & Pattee, L. (1993). Children's peer relations: A meta-analytic review of popular, rejected, neglected, controversial, and average sociometric status. *Psychological Bulletin, 113*, 99–128.

Newman, B., Reinecke, D. R., & Meinberg, D. L. (2000). Self-management of varied responding in three students with autism. *Behavioral Interventions, 15*, 145–151.

Nikopoulos, C. K., & Keenan, M. (2003). Promoting social initiation in children with autism using video modeling. *Behavioral Interventions, 18*(2), 87–108.

Njardvik, U., Matson, J. L., & Cherry, K. E. (1999). A comparison of social skills in adults with autistic disorder, pervasive developmental disorder not otherwise specified, and mental retardation. *Journal of Autism and Developmental Disorders, 29*(4), 287–295.

O'Connor, A. B., & Healy, O. (2010). Long-term post-intensive behavioral intervention outcomes for five children with autism spectrum disorder. *Research in Autism Spectrum Disorders, 4*, 594–604.

O'Connor, M. J., Frankel, F., Paley, B., Schonfeld, A. M., Carpenter, E., Laugeson, E., & Marquardt, R. (2006). A controlled social skills training for children with fetal alcohol spectrum disorders. *Journal of Consulting and Clinical Psychology, 74*(4), 639–648.

O'Connor, M., Laugeson, E. A., Mogil, C., Lowe, E., Welch-Torres, K., Keil, V., & Paley, B. (2012). Translation of an evidence-based social skills intervention for children with prenatal alcohol exposure in a community mental health setting. *Alcoholism: Clinical and Experimental Research, 36*(1), 141–152.

Olweus, D. (1993). Bullies on the playground: The role of victimization. In C. H. Hart (Ed.), *Children on play-grounds* (pp. 45–128). Albany, NY: State University of New York Press.

Orsmond, G. L., Krauss, M. W., & Selzter, M. M. (2004). Peer relationships and social and recreational activities among adolescents and adults with autism. *Journal of Autism and Developmental Disorders, 34*, 245–256.

Ousley, O. Y., & Mesibov, G. B. (1991). Sexual attitudes and knowledge of high-functioning adolescents and adults with autism. *Journal of Autism and Developmental Disorders, 21*(4), 471–481.

Ozonoff, S., & Miller, J. N. (1995). Teaching theory of mind: A new approach to social skills training for individuals with autism. *Journal of Autism and Developmental Disorders, 25*, 415–433.

Parker, J. G., & Asher, S. R. (1993). Friendship and friendship quality in middle childhood: Links with peer group acceptance and feelings of loneliness and social dissatisfaction. *Developmental Psychology, 29*, 611–621.

Parker, J., Rubin, K., Price, J., & de Rosier, M. (1995). Peer relationships, child development, and adjustment. In D. Cicchetti, & D. Cohen (Eds.), *Developmental psychopathology, vol 2: Risk, disorder, and adaptation* (pp. 96–161). New York: Wiley.

Parsons, S., & Mitchell, P. (2002). The potential of virtual reality in social skills training for people with autistic spectrum disorders. *Journal of Intellectual Disability Research, 46*(5), 430–443.

Perry, D. G., Kusel, S. J., & Perry, L. C. (1988). Victims of aggression. *Developmental Psychology, 24*, 807–814.

Perry, D. G., Williard, J. C., & Perry, L. C. (1990). Peer perceptions of the consequences that victimized children provide aggressors. *Child Development, 61*, 1310–1325.

Phillips, C. A., Rolls, S., Rouse, A., & Griffiths, M. D. (1995). Home video game playing in schoolchildren: A study of incidence and patterns of play. *Journal of Adolescence, 18*, 687–691.

Putallaz, M., & Gottman, J. M. (1981). An interactional model of children's entry into peer groups. *Child Development, 52*, 986–994.

Rao, P. A., Beidel, D. C., & Murray, M. J. (2008). Social skills interventions for children with Asperger's syndrome or high-functioning autism: A review and recommendations. *Journal of Autism and Developmental Disorders, 38*, 353–361.

Rapin, I. (1999). Appropriate investigations for clinical care versus research in children with autism. *Brain and Development, 21*, 152–156.

Reichow, B., & Volkmar, F. R. (2010). Social skills interventions for individuals with autism: Evaluation for evidence-based practices within a best evidence synthesis framework. *Journal of Autism and Developmental Disorders, 40*, 149–166.

Remington, A., Swettenham, J., Campbell, R., & Coleman, M. (2009). Selective attention and perceptual load in autism spectrum disorder. *Psychological Science, 20*, 1388–1393.

Renty, J. O., & Roeyers, H. (2006). Quality of life in high-functioning adults with autism spectrum disorder: The predictive value of disability and support characteristics. *Autism, 10*(5), 511–524.

Riggio, R. (1989). Assessment of basic social skills. *Journal of Personality and Social Psychology, 51*, 649–660.

Rogers, S. J. (2000). Interventions that facilitate socialization in children with autism. *Journal of Autism and Developmental Disorders, 30*(5), 399–409.

Rubin, Z., & Sloman, J. (1984). How parents influence their children's friendships. In M. Lewis (Ed.), *Beyond the dyad* (pp. 223–250). New York: Plenum.

Sansosti, F. J., & Powell-Smith, K. A. (2006). Using social stories to improve the social behavior of children with Asperger syndrome. *Journal of Positive Behavior Interventions, 8*, 43–57.

Schopler, E., & Mesibov, G. B. (Eds.). (1983). *Autism in Adolescents and Adults*. New York: Springer Science & Business Media.

Schopler, E., & Mesibov, G. B. (Eds.). (2013). *High-functioning Individuals with Autism*. New York: Springer Science & Business Media.

Schopler, E., Mesibov, G. B., Kunce, L. J. (1998). *Asperger's Syndrome or High Functioning Autism?* New York: Plenum Press.

Shantz, D. W. (1986). Conflict, aggression and peer status: An observational study. *Child Development, 57,* 1322–1332.

Shattuck, P., Seltzer, M., Greenberg, M. M., Orsmond, G. I., Bolt, D., Kring, S., et al. (2007). Change in autism symptoms and maladaptive behaviors in adolescents and adults with an autism spectrum disorder. *Journal of Autism and Developmental Disorders, 37,* 1735–1747.

Shore, S. (2002). Dating, marriage and autism. *Advocate, 4*(3), 24–27.

Shtayermann, O. (2007). Peer victimization in adolescents and young adults diagnosed with Asperger's syndrome: A link to depressive symptomatology, anxiety symptomatology and suicidal ideation. *Issues in Comprehensive Pediatric Nursing, 30,* 87–107.

Shukla-Mehta, S., Miller, T., & Callahan, K. J. (2009). Evaluating the effectiveness of video instruction on social and communication skills training for children with autism spectrum disorders: A review of the literature. *Focus on Autism and Other Developmental Disabilities.*

Sigman, M., & Ruskin, E. (1999). Continuity and change in the social competence of children with autism, Down syndrome, and developmental delays. *Monographs of the Society for Research in Child Development, 64,* 114.

Simpson, A., Langone, J., & Ayres, K. M. (2004). Embedded video and computer based instruction to improve social skills for students with autism. *Education and Training in Developmental Disabilities,* 240–252.

Smith, K. R., & Matson, J. L. (2010). Social skills: Differences among adults with intellectual disabilities, co-morbid autism spectrum disorders and epilepsy. *Research in Developmental Disabilities, 31*(6), 1366–1372.

Smith T., Scahill, L., Dawson, G., Guthrie, D., Lord, C., & Odom, S., et al. (2007). Designing research studies on psychosocial interventions in autism. *Journal of Autism and Developmental Disorders, 37,* 354–366.

Solomon, M., Goodlin-Jones, B., & Anders, T. F. (2004). A social adjustment enhancement intervention for high-functioning autism, Asperger's syndrome, and pervasive developmental disorder NOS. *Journal of Autism & Developmental Disabilities, 34*(6), 649–668.

Sperry, L. A., & Mesibov, G. B. (2005). Perceptions of social challenges of adults with autism spectrum disorder. *Autism, 9*(4), 362–376.

Starr, E., Szatmari, P., Bryson, S., & Zwaigenbaum, L. (2003). Stability and change among high-functioning children with pervasive developmental disorders: A 2-year outcome study. *Journal of Autism and Developmental Disorders, 33,* 15–22.

Stokes, M. A., & Kaur, A. (2005). High-functioning autism and sexuality a parental perspective. *Autism, 9*(3), 266–289.

Stokes, M., Newton, N., & Kaur, A. (2007). Stalking, and social and romantic functioning among adolescents and adults with autism spectrum disorder. *Journal of Autism and Developmental Disorders, 37*(10), 1969–1986.

Sullivan, A., & Caterino, L. C. (2008). Addressing the sexuality and sex education of individuals with autism spectrum disorders. *Education and Treatment of Children, 31*(3), 381–394.

Sutton, J., Smith, P. K., & Swettenham, J. (1999). Bullying and 'theory of mind': A critique of the 'social skills deficit' view of anti-social behaviour. *Social Development, 8*(1), 117–127.

Swain, D., Scarpa, A., White, S., & Laugeson, E. (2015). Emotion Dysregulation and Anxiety in Aduits with ASD: Does Social Motivation Play a Role? *Journal of Autism and Developmental Disorders,* 1–7. DOI: 10.1007/s10803–015–2567–6.

Tantam, D. (2003). The challenge of adolescents and adults with Asperger syndrome. *Child and Adolescent Psychiatric Clinics of North America, 12,* 143–163.

Taylor, J. L., & Seltzner, M. M. (2010). Changes in autism behavioral phenotype during the transition to adulthood. *Journal of Autism and Developmental Disorders, 40,* 1431–1446.

Tetreault, A. S., & Lerman, D. C. (2010). Teaching social skills to children with autism using point-of-view video modeling. *Education and Treatment of Children, 33*(3), 395–419.

Thurlow, C., & McKay, S. (2003). Profiling "new" communication technologies in adolescence. *Journal of Language and Social Psychology, 22,* 94–103.

Tissot, C. (2009). Establishing a sexual identity case studies of learners with autism and learning difficulties. *Autism, 13*(6), 551–566.

Travis, L. L., & Sigman, M. (1998). Social deficits and interpersonal relationships in autism. *Mental Retardation and Developmental Disabilities Research Reviews, 4,* 65–72.

Tse, J., Strulovitch, J., Tagalakis, V., Meng, L., & Fombonne, E. (2007). Social skills training for adolescents with Asperger syndrome and high functioning autism. *Journal of Autism and Developmental Disorders, 37,* 1960–1968.

Turner-Brown, L. M., Perry, T. D., Dichter, G. S., Bodfish, J. W., & Penn, D. L. (2008). Brief report: Feasibility of social cognition and interaction training for adults with high functioning autism. *Journal of Autism and Developmental Disorders, 38*(9), 1777–1784.

VanBergeijk, E., Klin, A., & Volkmar, F. (2008). Supporting more able students on the autism spectrum: College and beyond. *Journal of Autism and Developmental Disorders, 38*(7), 1359–1370.

Van Bourgondien, M. E., & Mesibov, G. B. (1987). Humor in high-functioning autistic adults. *Journal of Autism and Developmental Disorders, 17*, 417–424.

Van Bourgondien, M. E., Reichle, N. C., & Palmer, A. (1997). Sexual behavior in adults with autism. *Journal of Autism and Developmental Disorders, 27*(2), 113–125.

Van Bourgondien, M. E., Reichle, N. C., & Schopler, E. (2003). Effects of a model treatment approach on adults with autism. *Journal of Autism and Developmental Disorders, 33*(2), 131–140.

Venter, A., Lord, C., & Schopler, E. (1992). A follow-up study of high-functioning autistic children. *Journal of Child Psychology and Psychiatry, 33*(3), 489–597.

Volkmar, F. R., & Klin, A. (1998). Asperger syndrome and nonverbal learning disabilities. In E. Schopler, G. B. Mesibov, & L. J. Kunce (Eds.), *Asperger syndrome or high functioning autism?* (pp. 107–121). New York: Plenum Press.

Wang, P., & Spillane, A. (2009). Evidence-based social skills interventions for children with autism: A meta-analysis. *Education and Training in Developmental Disabilities*, 318–342.

Warm, T. R. (1997). The role of teasing in development and vice versa. *Journal of Developmental & Behavioral Pediatrics, 18*, 97–101.

Webb, B. J., Miller, S. P., Pierce, T. B., Strawser, S., & Jones, P. (2004). Effects of social skills instruction for high-functioning adolescents with autism spectrum disorders. *Focus on Autism and Other Developmental Disabilities, 19*, 53–62.

Weiss, M. J., & Harris, S. L. (2001). Teaching social skills to people with autism. *Behavior Modification, 25*(5), 785–802.

Wentzel, K. R., Barry, C. M., & Caldwell, K. A. (2004). Friendships in middle school: Influences on motivation and school adjustment. *Journal of Educational Psychology, 96*, 195–203.

White, S. W. (2011). *Social Skills Training for Children with Asperger Syndrome and High-functioning Autism.* New York: Guilford Press.

White, S. W., Koenig, K., & Scahill, L. (2007). Social skills development in children with autism spectrum disorders: A review of the intervention research. *Journal of Autism and Developmental Disorders, 37*, 1858–1868.

White, S. W., Koenig, K., & Scahill, L. (2010). Group social skills instruction for adolescents with high-functioning autism spectrum disorders. *Focus on Autism and Other Developmental Disabilities, 25*, 209–219.

White, S. W., & Robertson-Nay, R. (2009). Anxiety, social deficits, and loneliness in youth with autism spectrum disorders. *Journal of Autism and Developmental Disorders, 39*, 1006–1013.

Whitehouse, A. J., Durkin, K., Jaquet, E., & Ziatas, K. (2009). Friendship, loneliness and depression in adolescents with Asperger's syndrome. *Journal of Adolescence, 32*, 309–322.

Williams, T. I. (1989). A social skills group for autistic children. *Journal of Autism and Developmental Disorders, 19*(1), 143–155.

Wing, L. (1983). Social and interpersonal needs. In E. Schopler & G. Mesibov (Eds.), *Autism in adolescents and adults* (pp. 337–354). New York: Plenum Press.

Wing, L. (1988). The continuum of autistic characteristics. In E. Schopler & G. B. Mesibov (Eds.), *Diagnosis and assessment in autism* (pp. 91–110). New York: Springer US.

Wing, L. (1992). Manifestations of social problems in high-functioning autistic people. In E. Schopler & G. B. Mesibov (Eds.), *High-functioning individuals with autism* (pp. 129–142). New York: Springer US.

Winter, M. (2003). *Asperger Syndrome: What Teachers Need to Know.* London, UK: Jessica Kingsley Publishers.

Wong, C., Odom, S. L., Hume, K. A., Cox, A. W., Fettig, A., Kucharczyk, S., & Schultz, T. R. (2015). Evidence-based practices for children, youth, and young adults with autism spectrum disorder: A comprehensive review. *Journal of Autism and Developmental Disorders, 45*(7), 1951–1966.

Wood, J. J., Drahota, A., Sze, K., Har, K., Chiu, A., & Langer, D. A. (2009). Cognitive behavioral therapy for anxiety in children with autism spectrum disorders: A randomized, controlled trial. *Journal of Child Psychology and Psychiatry, 50*, 224–234.

Wood, J. J., Drahota, A., Sze, K., Van Dyke, M., Decker, K., Fujii, C., Bahng, C., Renno, P., Hwang, W., & Spiker, M. (2009). Effects of cognitive behavioral therapy on parent-reported autism symptoms in school-aged children with high-functioning autism. *Journal of Autism and Developmental Disabilities, 39*, 1608–1612.

Woodward, L. J., & Fergusson, D. M. (2000). Childhood peer relationship problems and later risks of educational under-achievement and unemployment. *Journal of Child Psychology and Psychiatry, 41*, 191–201.

Yoo, H. J., Bahn, G., Cho, I. H., Kim, E. K., Kim, J. H., Min, J. W., Lee, W. H., Seo, J. S., Jun, S. S., Bong, G., Cho, S., Shin, M.S., Kim, B. N., Kim, J. W., Park, S., & Laugeson. E. A. (2014). A randomized controlled trial of the Korean version of the PEERS® parent-assisted social skills training program for teens with ASD. *Autism Research.*

찾아보기

지은이

Elizabeth A. Laugeson

미국 공인 임상심리학자이자 UCLA의 Semel Institute for Neuroscience and Human Behavior 에 있는 Department of Psychiatry and Biobehavioral Sciences의 임상부교수로 재직 중이다. Laugeson박사는 ASD, ADHD, 우울증, 불안, 그 외 사회성에 어려움이 있는 사람들의 삶 전반 에 걸쳐 부모 혹은 보호자 조력형 사회기술훈련을 제공하는, 병원 외래 기반 프로그램인 UCLA PEERS® 클리닉의 설립자이자 책임자이다. 또한 UCLA UCEDD(Tarjan Centre for Excellence in Developmental Disabilities)의 수련 책임자이자, ASD 아동과 청소년들의 치료를 위해 임상에 적용할 수 있는 연구를 개발하고 보급하기 위한 공동 연구 네트워크인 The Help Group-UCLA Autism Research Alliance의 책임자를 맡고 있다.

Laugeson 박사는 미국 국가 자금 지원을 받은 유아부터 성인까지 사회성에 어려움을 겪는 사람들을 위한 다양한 사회기술훈련 연구의 책임연구자와 공동연구자를 맡았고, 이 매뉴얼의 근간이 된 근거 기반 사회기술훈련 프로그램인 PEERS®(*Program for the Education and Enrichment of Relational Skills*)의 공동 개발자이다. 2010년부터 Laugeson 박사는 사회기술훈련에 관련된 책 *Program for the Education and Enrichment of Relational Skills*(Laugeson & Frankel 2010), *The Science of Making Friends: Helping Socially Challenged Teens and Young Adults*(Laugeson, 2013), *The PEERS® Curriculum for School-Based Professionals: Social Skills Training for Adolescents with Autism Spectrum Disorder*(Laugeson, 2014)를 집필하였다.

2004년에 페퍼다인대학교에서 임상심리학으로 박사학위를 받았으며, 박사 전 심리학 인턴십과 박사 후 연구 펠로우십을 UCLA에서 각각 2004, 2007년에 마쳤다. 근거 기반의 사회기술훈련에 있어서 세계 최고의 전문가 중 한 명이며, 미국국립보건원(NIH)에서 수여하는 Ruth L. Kirschstein National Research Service Award를 2004년과 2006년에 두 차례 받았으며, 2008년에는 Semel Scholar Award for Junior Faculty Career Development를, 2010년에는 페퍼다인대학교에서 Distinguished Alumnus Award를 수상하였다.

Laugeson 박사는 몇천 명의 정신건강 전문가, 교육자, 그리고 가족 들에게 PEERS® 기법을 훈련하고, 인생 전반에 걸친 사회기술 향상을 위한 근거 기반의 치료를 개발하고 평가하며, 이러한 경험을 바탕으로 연구를 통해 검증된 프로그램을 전 세계에 알리는 데 기여하였다. PEERS® 매뉴얼은 현재 10개가 넘는 언어들로 번역되었으며, 25개가 넘는 국가에서 시행되고 있다. Laugeson 박사는 자신의 혁신적인 연구들을 미국, 캐나다, 영국, 핀란드, 네덜란드, 스페인, 이탈리아, 포르투갈, 호주, 인도, 홍콩, 아이슬란드, 러시아, 일본을 포함한 전 세계의 국제학회에서 발표하였다. 그녀의 활동은 *People Magazine*, *USA Today*, *LA Times*, *New York Times*, *Washington Post*, CBS, ABC, NBC, Fox, NPR, 그리고 영국의 Channel 4를 포함한 국제적인 언론 매체에 소개되었다.

본 매뉴얼에서 Laugeson 박사는 ASD가 있거나 기타 사회성에 어려움이 있는 성인들에게 사회성 기술을 가르치기 위한 연구 기반의 전략들을 여러분에게 공유하고자 한다.

옮긴이 |

대표 역자

유희정

서울대학교 의과대학 및 분당서울대학교병원 정신건강의학과 교수
경희대학교 의과대학 의학 박사
경희대학교 의과대학 부속병원 전공의 수료
서울대학교병원 소아정신과 임상강사
청소년을 위한 PEERS® 및 다양한 자폐스펙트럼장애의 치료 프로그램 검증 연구 및
　생물학적 메커니즘 규명 연구 수행 중

김주현

분당서울대학교병원 정신건강의학과 임상심리 전문가
서울대학교병원 소아정신과 임상심리 수련
성신여자대학교 심리학 박사
청소년을 위한 PEERS®를 포함한 다양한 자폐스펙트럼장애 치료 프로그램 검증 연구와
　치료 프로그램을 진행 중

공역자

오미애

경희대학교병원 정신건강의학과 임상교수
경희대학교 의과대학 의학 박사

이경아

도닥임 아동발달센터 센터장
단국대학교 특수교육학 박사

김지윤

마음뜨락 임상심리센터 대표
서울대학교 심리학 석사

이승하

더 트리그룹 심리치료사
유니버시티 칼리지 런던 아동발달심리학 석사